떠먹는 국어독서 [비문학]

하루 1시간 총 21일 만에 완전정복

Day 01 ☐	Day 02 ☐	Day 03 ☐	Day 04 ☐	Day 05 ☐	Day 06 ☐
I. 잘못된 독해 습관 클리닉 솔루션 ①, ②, ③, ④	II. 독해력 강화 ; 종합 솔루션 스텝 ①, ②, ③	III.「독서」내신 특강 ; 교과서 개념/문제 총정리 1.「독서」교과서 필수 개념 2. 내신 실전문제 훈련	IV. 독해력 강화 ; 영역별 실전문제 훈련 1. 인문 (1) 동양 윤리와 사상 01, 02, 03	IV. 독해력 강화 ; 영역별 실전문제 훈련 1. 인문 (2) 서양 윤리와 사상 01, 02, 03	IV. 독해력 강화 ; 영역별 실전문제 훈련 1. 인문 (2) 서양 윤리와 사상 04, 05, 06
Day 07 ☐	**Day 08 ☐**	**Day 09 ☐**	**Day 10 ☐**	**Day 11 ☐**	**Day 12 ☐**
IV. 독해력 강화 ; 영역별 실전문제 훈련 2. 사회 (1) 경제 01, 02, 03	IV. 독해력 강화 ; 영역별 실전문제 훈련 2. 사회 (1) 경제 04, 05, 06	IV. 독해력 강화 ; 영역별 실전문제 훈련 2. 사회 (2) 정치와 법 01, 02, 03	IV. 독해력 강화 ; 영역별 실전문제 훈련 2. 사회 (2) 정치와 법 04, 05 (3) 사회·문화 01	IV. 독해력 강화 ; 영역별 실전문제 훈련 2. 사회 (3) 사회·문화 02, 03, 04	IV. 독해력 강화 ; 영역별 실전문제 훈련 3. 예술 01, 02, 03, 04, 05
Day 13 ☐	**Day 14 ☐**	**Day 15 ☐**	**Day 16 ☐**	**Day 17 ☐**	**Day 18 ☐**
IV. 독해력 강화 ; 영역별 실전문제 훈련 4. 과학 (1) 물리학 01, 02, 03	IV. 독해력 강화 ; 영역별 실전문제 훈련 4. 과학 (1) 물리학 04, 05 (2) 화학 01	IV. 독해력 강화 ; 영역별 실전문제 훈련 4. 과학 (2) 화학 02, 03 (3) 생명과학 01	IV. 독해력 강화 ; 영역별 실전문제 훈련 4. 과학 (3) 생명과학 02, 03, 04	IV. 독해력 강화 ; 영역별 실전문제 훈련 4. 과학 (3) 생명과학 05, 06, 07	IV. 독해력 강화 ; 영역별 실전문제 훈련 4. 과학 (3) 생명과학 08 (4) 지구과학 01, 02
Day 19 ☐	**Day 20 ☐**	**Day 21 ☐**			
IV. 독해력 강화 ; 영역별 실전문제 훈련 4. 과학 (4) 지구과학 03, 04	IV. 독해력 강화 ; 영역별 실전문제 훈련 5. 기술 01, 02, 03	IV. 독해력 강화 ; 영역별 실전문제 훈련 5. 기술 04, 05, 06			

❶ **계획적인 공부** 위의 계획표를 참고하여 자신에게 맞는 학습 분량을 정해 보세요. 매일 공부하는 것도 좋지만, 일주일에 3번 정도도 괜찮아요. 중요한 것은 계획적이고 꾸준한 공부 습관이니까요. 조금씩이라도 꾸준하고 성실하게 공부해야만 제대로 된 실력을 갖출 수 있어요. *^^*

❷ ☐**학습체크** 정해진 학습 분량을 공부하고 나서는 ☐에 꼭 ✓체크하고, 공부한 날짜도 적으세요. 계획표에 맞춰 꼼꼼하게 이 책을 끝내고 나면, 어떤 글도 거뜬히 읽어 낼 수 있는 독해력을 기르게 될 거예요!

❸ **함께 공부하면 더 좋은「떠먹는 국어문법」,「떠먹는 국어문학」**
어렵게만 느껴지는 국어문법을 누구나 이해하기 쉽게 풀어낸 문법 공부책「떠먹는 국어문법」, 막막하고 지루한 국어문학을 쉽고 재미있게 풀어낸 문학 공부책「떠먹는 국어문학」을 통해, 여러분의 국어 실력을 한 단계 더 업그레이드해 보세요.
「떠먹는 국어문법」과「떠먹는 국어문학」을 통해 국어문법과 국어문학을 마스터한다면, 여러분들은 고등국어에 완벽하게 대비할 수 있는 개념과 문제해결력을 갖추게 될 거예요.

딱딱한 독서가 말랑말랑해진다!

떠먹는 국어독서 [비문학]

떠먹는
국어독서 [비문학]

3판 2쇄 2025년 7월 28일

지은이 서울대 국어교육과 페다고지 프로젝트
　　　　정다운·현유석 & 한미경(사회)·원영신(과학)
펴낸이 유인생
편집인 우정아·김명진
마케팅 박성하·김기진
디자인 NAMIJIN DESIGN
편집·조판 김미수
펴낸곳 (주) 쏠티북스
주소 (04037) 서울시 마포구 양화로 7길 20 (서교동, 남경빌딩 2층)
대표전화 070-8615-7800
팩스 02-322-7732
홈페이지 www.saltybooks.com
이메일 saltybooks@naver.com
출판등록 제313-2009-140호

ISBN 979-11-92967-17-2

{수능/내신 완벽대비} 국어 노베이스를 위한 비문학 기본 문제집

떠먹는 국어독서 [비문학]

3rd Edition

서울대 국어교육과 페다고지 프로젝트

정다운 · 현유석 & 한미경(사회) · 원영신(과학)

쏠티북스

❶ 이 책이 탄생하게 된 계기는?

안녕하세요. 『떠먹는 국어 문법』과 『떠먹는 국어 문학』에 이어 『떠먹는 국어 독서[비문학]』라는 교재로 여러분과 만나게 되어 정말 반갑습니다. 『떠먹는 국어』 시리즈에 보내 주신 여러분들의 관심과 사랑에 힘입어 『떠먹는 국어 독서[비문학]』라는 교재가 세상에 나오게 되었고, 어느새 두 번째 개정을 맞게 되었습니다.

교직에 들어선 지 7년 차 되던 해에 고3 학생들을 가르치게 된 저는, 수능 대비라는 목적 아래 독서 과목을 가르치는 임무를 맡게 되었습니다. 이때 저는 과목으로서의 '독서' 이전에, 글을 읽는 '독서' 행위 자체 앞에 놓인 학생들에 대해 깊게 고민했습니다. 단순히 지문을 풀고 문제를 풀이해 주는 수업 방식이 과연 얼마나 효과가 있는지, 이를 대체할 방법은 없는지에 대한 의문이 들었기 때문이에요.

"글에 대한 이해력의 차이는 어디서 비롯되는 것일까?"
"어떻게 하면 스스로 글을 이해하는 힘을 키울 수 있을까?"
"어떻게 하면 단순 문제 풀이에서 벗어난 학습을 하게 할 수 있을까?"

이런 여러 고민들 속에서 찾은 방법이 바로 '독해지도'였어요. 독해지도란 글을 읽고 자신의 머릿속에서 내용을 재구성하여 나타낸 것을 의미해요. 각 문단을 중심 내용과 세부 내용으로 나누어 요약한 후, 문단과 문단의 관계를 연결한 그림이 바로 독해지도에 해당하죠.
큰 결심을 하고, 고3 학생들에게 글을 읽고 독해지도를 그리게 하는 수행평가를 실시했어요. 학생들은 매주 두 지문에 대한 독해지도를 그려 제출했어요. 그리고 신청을 받아 자신이 그린 독해지도에 대해 발표할 수 있도록 했고요. 그래서 매 수업 시간은 학생들의 발표와 저의 부가 설명으로 이루어졌지요.
저는 이 수업이 굉장히 성공적이었다고 생각해요. 일단 놀랍게도 대다수 학생이 매주 숙제를 내 주는 것에 불평하지 않고 잘 따라와 줬고요. 독해지도를 미리 그려 온 덕분에, 학생들의 머릿속에 글의 내용이 정돈되어 있었고, 그중에서 이해가 안 되는 내용이 무엇인지 스스로 잘 파악하고 있었어요. 그래서 저는 글 전체의 내용을 설명할 필요 없이 일부 어려운 부분만 설명해 주면 되었죠. 이러한 과정을 통해, 독해지도를 스스로 그려 볼 경우, 글에 대한 이해도가 훨씬 높아지며 내용이 어려운 글일수록 그 효과가 배가된다는 것을 느낄 수 있었어요. 학생들 역시 효과를 체감했고, 수업을 재미있어했죠. 수행평가와 관계없이 혼자 공부할 때에도 독해지도를 그리는 학생들이 생길 정도로요.

저는 바로 이 독해지도를 더 많은 학생들에게 알려 주고 싶었어요. 이것이 바로 『떠먹는 국어 독서[비문학]』가 탄생하게 된 계기랍니다. 사실 그전까지는 독서[비문학] 분야의 교재를 집필할 용기를 내지 못했어요. 어떻게 해야 학생들에게 도움이 되는 책을 쓸 수 있을지 갈피를 잡기 어려웠거든요. 그런데 학생들과의 수업을 통해 비로소 효과적인 방법을 찾게 되었고 확신을 얻을 수 있었습니다. 역시 '교학상장(敎學相長 ; 가르치고 배우는 과정에서 스승과 제자가 함께 성장함)'이란 말은 진리인가 봅니다.

이 책의 목표는 스스로 글을 이해하는 힘을 기르는 데에 있는데, 그에 대한 구체적인 학습 방법이 바로 독해지도인 거지요. 독해지도가 어떤 건지 궁금해할 여러분들을 위해, 당시 고3 학생들이 지문을 읽고 그린 독해지도를 가져와 봤어요.

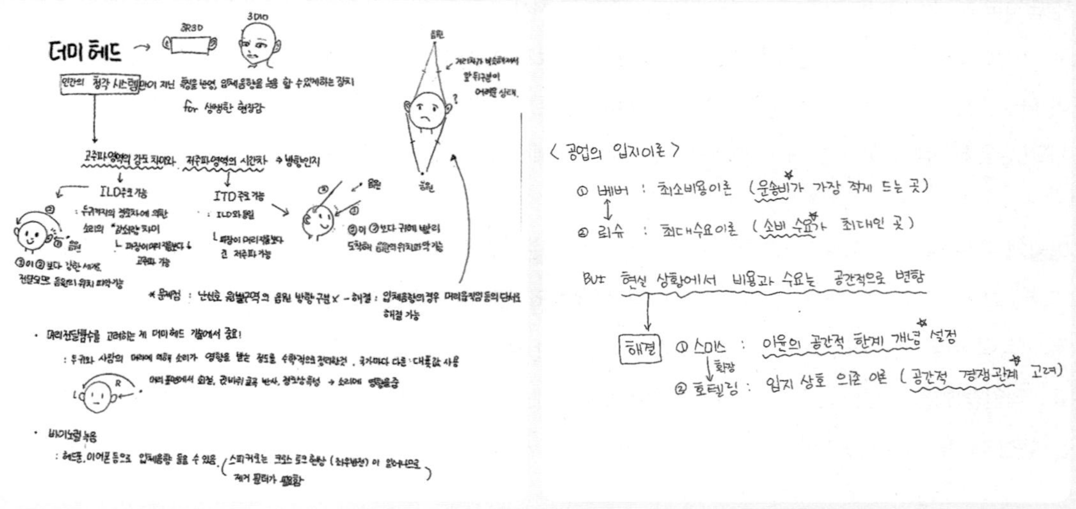

어떤가요? 두 가지 독해지도가 조금 다르죠? 왼쪽 독해지도는 글의 내용에 해당하는 그림까지 덧붙이면서 세부 내용을 자세하고 꼼꼼하게 그렸어요. 이와 대조적으로 오른쪽 독해지도는 정말 필요한 핵심 내용만 적혀 있는 것 같네요. 그런데 여기서 중요한 것은!! 왼쪽이 잘 그린 것, 오른쪽이 못 그린 것이 아니라는 거예요.

뒤에서 다시 설명하겠지만 독해지도를 '자세하고 꼼꼼하게' 그리는 것에 연연할 필요는 없어요. 우리가 독해지도를 그리면서 얻고자 하는 것은 단순히 중심 단어를 찾거나 문단 내용을 요약하는 것이 아니라 스스로 글을 이해하는 힘을 기르는 거니까요. 서툴고 거칠더라도 스스로 글의 내용을 이해하고 문단 간의 관계를 파악할 수 있다면 독해지도로서의 역할은 충분해요. 독해지도를 '잘' 그리는 것보다는, 독해지도 '그리는 연습을 열심히' 하는 것이 중요하다는 것, 이 점을 잊지 마세요!

『떠먹는 국어 독서[비문학]』는 모두 네 부분으로 구성되어 있어요. 그중 첫 단원 'Ⅰ. 잘못된 독해 습관 클리닉'은 자신의 독해 습관을 점검하면서 부족한 부분을 발견하고, 그에 맞는 세부적인 솔루션을 훈련하는 과정이에요. 문장, 문단 단위에서의 읽기 연습과 실전에서 도움이 되는 비법이 많이 담겨 있기 때문에 "나는 비문학 읽기 좀 한다!" 하는 학생이라도 꼭 한 번은 보고 넘어가길 권합니다.

이어서 'Ⅱ. 독해력 강화 ; 종합 솔루션'에서는 문단을 기준으로 글 전체의 흐름을 파악하면서 독해지도를 그리는 방법을 알아볼 거예요. 앞에서도 설명했지만, 여기서 주의할 점은 독해 과정에서 읽는 사람마다 내용을 다르게 재구성하기 때문에, 같은 글이라도 사람마다 독해지도를 다르게 그릴 수 있다는 거예요. 그러니까 독해지도에는 '정답'이라는 것이 없는 거죠. 또 독해지도를 정확하고 자세하게 그리는 것 자체가 우리 목표도 아니고요. 독해지도 그리는 과정을 거치면서 글의 짜임과 내용을 깊이 있게 이해하는 것이 가장 중요해요. 다시 한번 강조하지만, 이 단원에서 독해지도 그리기의 절차에만 몰두하느라 정작 중요한 독해를 소홀히 해서는 안 된다는 점, 잊지 마세요! 당연히 〈정답 및 해설〉에서 제시한 '쌤이 그린 독해지도' 역시 참고하는 용도로만 보도록 하세요.

이렇게 글을 읽으며 독해지도 그리는 방법을 익힌 후에는 'Ⅲ. 「독서」 내신 특강 ; 교과서 개념/문제 총정리'에서 「독서」 교과서의 주요 개념들을 압축해서 살펴볼 거예요. 관련된 기출문제도 풀어 보고요. 「독서」 과목의 목표인 독서 능력 키우기는 우리가 Ⅰ, Ⅱ단원에서 훈련한 읽기 방법과 그 표현은 다르지만, 크게 보면 둘 다 글을 읽는 효과적인 방법을 다룬다는 점에서 일맥상통해요. 때문에 이 단원은 앞에서 배운 내용들을 「독서」 교과서에 나오는 핵심 개념들과 관련지으면서 갈무리하는 과정이라고 생각하면 될 거예요.

마지막으로 'Ⅳ. 독해력 강화 ; 영역별 실전문제 훈련'에서는 영역별로 엄선된 기출 지문을 읽고 문제를 풀면서, 실전 감각을 익힐 수 있어요. 물론 지문마다 독해지도도 그려 보면서 글의 내용에 대한 이해를 심화할 수 있도록 했어요. 이 훈련을 꾸준히 하다 보면, 독해지도가 여러분의 독해 능력을 쑥쑥 끌어올려 준다는 것을 느낄 수 있을 거예요.

그런데 여러분은 수능 국어 독서(비문학) 영역 지문이 어떤 기준으로 출제되는지 알고 있나요? 수능을 출제하는 한국교육과정평가원에서 매년 발표하는 국어 독서 영역 평가목표를 보면 "인문학·사회학·자연과학·기술공학·예술·생활 분야의 다양한 글을 제재로 하되, … 지문에 포함된 내용을 이해하는 데 필요한 배경지식의 수준과 범위가 고교 교육과정을 벗어나지 않도록 한다."라고 되어 있어요. 뭔가 여러분들이 수업 시간에 배우는 여러 과목들의 내용과 비슷하지 않나요? 그래서 이 책에서는 사회와 과학에 해당하는 고교 교육과정을 바탕으로, 독서(비문학) 영역을 '동양 윤리와 사상, 서양 윤리와 사상 … 생명과학, 지구과학, …' 등과 같이 세분화해 구성했어요. 이렇게 교과 과목들과 관련지어 지문을 살펴보면, 수능 국어 독서(비문학)가 사실은 다른 과목에서 배운 지식들을 기반으로 하고 있으며, 이에 대한 기초 지식이 있을 경우 독해가 훨씬 더 쉬워진다는 것을 알 수 있어요.

이러한 과정에서 사회를 가르치시는 한미경 선생님과 과학을 가르치시는 원영신 선생님이 활약해 주셨어요. 수능과 평가원 모의고사, 교육청 학력평가 13년치를 분석하여 세분화된 영역별로 분류해 주셨고, 사회과와 과학과 교육과정에 비추어 볼 때 여러분이 알아 두면 좋은 배경지식을 '이해력 UP'에서 쉽게 풀이해 주셨어요. 고등학교에서 사회·과학을 가르치고 계신 선생님들인 만큼 그 정확함은 우리가 믿어도 되겠지요? 제가 학생들과 수업을 하면서 뜻밖에 느꼈던 점이 글을 이해하는 데 생각보다 배경지식의 역할이 꽤 크다는 점이었거든요. 이 책으로 공부하면, 사회 선생님과 과학 선생님의 전문적인 도움을 등에 업고 배경지식이라는 든든한 뒷배도 갖게 될 거예요!

흔히들 물고기를 잡아 주지 말고 잡는 법을 가르쳐 주라고 하는데, 국어 독서(비문학)에서만큼은 물고기도 잡아 주고, 물고기 잡는 법도 가르쳐 주고 싶었어요. 정말 많은 학생들이 독서(비문학) 영역은 공부해도 성적이 안 오른다, 공부를 했더니 오히려 성적이 더 떨어졌다고 하소연하는 것을 들었기 때문이에요. 그리고 또 독서(비문학) 영역을 어떻게 공부해야 할지, 무엇을 공부해야 할지 막막하게 느낀다는 사실도 알기 때문이죠. 『떠먹는 국어 독서[비문학]』가 여러분의 막막함을 조금이나마 해소해 줄 수 있기를 바라고, 또한 여러분이 한 단계 더 성장하는 데 이바지할 수 있기를 바랍니다.

언제나 여러분을 응원합니다.

– 정다운

'나'의 독해법, 어떤 점을 고쳐야 할까?
잘못된 독해 습관 클리닉

'나'의 독해 습관을 테스트하여 잘못된 점, 부족한 점을 알아봅니다. 그리고 각 항목에 맞추어 정확하게 설계된 솔루션을 거치며 독해력의 기초를 탄탄하게 다집니다. 독해 습관 클리닉을 통해 독서(비문학) 지문 읽기의 기본기를 확실하게 익힐 수 있습니다.

어떻게 해야 어려운 지문도 잘 읽을 수 있을까?
독해력 강화를 위한 초강력 솔루션 – 독해지도 그리기

독해 기본기를 바탕으로 문단 읽기를 거쳐 글 전체의 흐름을 파악해 봅니다.
독해 방법을 추상적으로 흐리멍덩하게 제시하는 다른 교재들과 달리, '독해지도'라는 구체적인 방법을 안내하여 앞으로 독해력을 어떻게 강화해 나가야 할지 보여 줍니다.
'독해력 강화 ; 종합 솔루션'을 통해 어려운 독서(비문학) 지문을 빠르고 정확하게 읽는 법을 익힐 수 있습니다.

독해력 강화와 함께 「독서」 과목 내신까지 레벨 업!
「독서」 교과서 필수 개념과 문제까지 총정리

「독서」 교과서의 필수 개념을 압축하여 정리하고, 이러한 독서 개념들이 문제로는 어떻게 출제되는지 실제 기출문제를 통해 확인해 봅니다.
Ⅰ, Ⅱ단원의 독해력 강화 방법과 「독서」 교과서의 필수 개념은 사실상 그 내용이 거의 유사합니다. 따라서 이 단원을 공부하면 앞 단원을 복습하면서 내신 등급까지 향상시킬 수 있습니다.

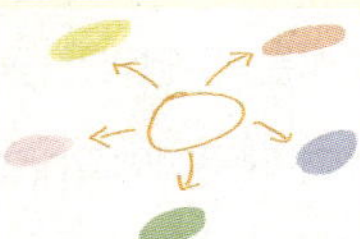
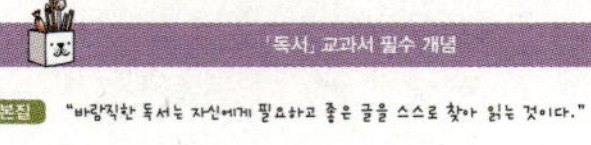

독해력 강화의 비결은 실전 같은 연습, 또 연습뿐!
독해력 강화 ; 영역별 실전문제 훈련

인문, 사회, 예술, 과학, 기술 영역을 고등학교 교과목별로 보다 세분화하여 구성하고, 해당하는 기출문제를 풀어 보도록 하였습니다. 사회·과학 쌤이 분석한 출제 경향을 통해 앞으로 독서(비문학) 영역을 어떻게 공부해 나가야 할지 알 수 있습니다.
또한 실전처럼 연습을 마친 후, 독해지도를 직접 그려 봄으로써 해당 영역에서 어떤 식으로 글이 전개되는지 자연스럽게 파악할 수 있습니다.

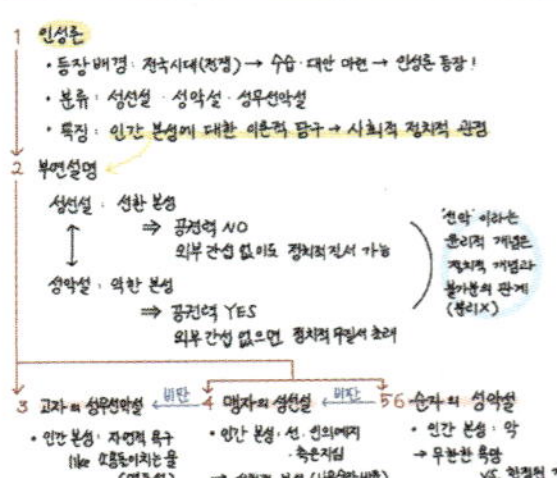

정답 및 해설, 낱낱이 파헤쳐 단 한 점의 의심도 남지 않도록!
지문, 발문, 〈보기〉, 선택지까지 완벽 분석

'쌤이 그린 독해지도'를 시작으로, 지문 독해 방법을 고스란히 담은 지문 분석, 문제의 출제 의도를 파악하도록 돕는 발문 분석, 문제 풀이의 핵심이 되는 〈보기〉 분석, 정답이 정답인 이유, 오답이 오답인 이유까지, 이 모든 것을 다! 담았습니다.
실전에서 문제를 풀면서 머릿속에서 일어나야 할 모든 사고과정을 꾹꾹 눌러 담았기 때문에, 정답 및 해설을 통해 시험을 위한 독해력 강화 훈련을 더욱 더 치밀하게 할 수 있습니다.

국어 독서(비문학) 영역이 요구하는 고등 교육과정 속 배경지식
사회·과학 쌤이 직접 집필한 이해력 UP

인문·사회·예술 영역은 사회 쌤이, 과학·기술 영역은 과학 쌤이 최근 13년치 지문을 검토한 후, 어려운 독서(비문학) 지문 이해를 위해 알아 두면 좋은 배경지식만을 골라 '이해력 UP'으로 정리하였습니다.
사회, 과학 쌤의 수업 노하우가 알알이 박힌 '이해력 UP'을 통해, 독해력과 배경지식을 한번에 향상시킬 수 있습니다.

정답 및 해설(책 속의 책)

I

잘못된 독해 습관 클리닉

나는 글을 어떻게 읽고 있을까?

　여러분은 평소 글을 읽을 때 어떤 방식으로 읽나요? 취미로 소설이나 잡지 등을 읽을 때는 줄거리만 파악하며 빠르게 읽어 나간다거나, 관심이 있는 내용만 읽고 넘어갈 수도 있을 거예요. 하지만 학교에서 교과서를 읽거나 시험을 볼 때 그런 식으로 글을 읽는다면 꽤 곤란하겠죠. 그러므로 글의 종류, 글을 읽는 상황과 목적에 맞는 읽기 습관을 들이는 것이 아주 중요해요.

　여러분이 평소에 가장 많이 접하는 글은 아마 국어 과목과 관련된 글일 거예요. 그중에서 독서[비문학] 지문은 길이도 길고, 내용도 어려운 게 많기 때문에, 글을 읽는 데 어려움을 많이 느낄 수 있어요. 그러므로 독서[비문학] 지문 역시 그에 알맞은 읽기 습관을 들이는 것이 꼭 필요해요. 독서[비문학] 지문의 종류와 내용에 적절한 읽기 습관을 들이면 독해력을 크게 향상시킬 수 있지요.

　이 책에서는 가장 먼저 여러분의 독해 습관을 돌아보며 부족한 부분을 점검하고, 그에 맞는 세부적인 솔루션을 진행할 거예요. 그럼 테스트부터 진행해 볼까요? 아래의 테스트 항목을 순서대로 읽고 여러분의 읽기 습관에 해당하는 내용에 ✓표 해 보세요.

독해 습관 진단 테스트

항목	
1. 글의 세부 내용을 잘 놓쳐서 꼭 한 문제씩 틀린다.	→ 솔루션 ①
2. 글을 읽을 때 눈으로만 읽거나 모든 문장에 밑줄을 그으면서 읽는다.	→ 솔루션 ②
3. 문단을 요약하는 것이 힘들다.	
4. 문제를 풀 때 내용이 기억나지 않아 처음부터 다시 읽을 때가 많다.	→ 솔루션 ③
5. 글의 구조에 대해 생각해 본 적이 없다.	
6. 그래프가 나오면 정신이 혼미해진다.	→ 솔루션 ④

　테스트 잘 했나요? 혹시나 체크된 항목이 너무 많다고 해서 낙담하지는 마세요! 이제부터 시작할 개별 솔루션을 통해 개선하면 되니까요! 그럼, 여러분들이 테스트 항목에 체크하게 된 원인이 무엇인지 차례차례 알아봅시다.

1. 글의 세부 내용을 잘 놓쳐서 꼭 한 문제씩 틀린다.

　문장을 꼼꼼하게 읽는 습관이 부족한 경우예요. 문장이 길거나 내용이 복잡한데 허투루 읽으면 이런 문제가 발생할 수 있어요. 솔루션 ① 에서 문장 정교하게 읽기 연습을 통해 해결해 보도록 하죠.

2. 글을 읽을 때 눈으로만 읽거나 모든 문장에 밑줄을 그으면서 읽는다.

3. 문단을 요약하는 것이 힘들다.

　2번과 3번은 각 문단의 중요 내용을 선별하지 않고 흘려 읽는 경우예요. 글을 읽을수록 쌓여 가는 정보를 정리해야, 정보의 홍수에서 허우적대지 않을 수 있어요. 글의 내용 정리는 문단별로 하는 게 효율적이기 때문에, 솔루션 ② 에 문단 정리하며 읽기 연습을 준비했어요.

4. 문제를 풀 때 내용이 기억나지 않아 처음부터 다시 읽을 때가 많다.

5. 글의 구조에 대해 생각해 본 적이 없다.

4번과 5번은 글의 구조적 읽기에 대한 개념 정립과 훈련이 부족한 경우예요. 모든 글은 '구조'로 이루어져 있어요. 이 구조를 인식하며 읽으면 글의 전체적인 내용을 파악하는 게 훨씬 수월해집니다. 그래서 솔루션 3 에 글의 구조 고려하며 읽기 연습을 준비했어요.

6. 그래프가 나오면 정신이 혼미해진다.

마지막으로 6번은 그래프를 읽는 방법을 잘 모르는 경우예요. 잘 모르기 때문에 두려움이 생기는 거죠. 독서[비문학]의 경제나 과학 지문에는 그래프가 등장하는 경우가 매우 많아요. 그렇기 때문에, 그래프에 대한 두려움은 반드시 극복해야 해요. 솔루션 4 에서 그래프를 읽는 방법을 기초부터 차근차근 배울 수 있도록 준비했으니 이를 잘 활용하길 바라요.

이처럼 솔루션 1 ~ 4 에는 주로 문장, 문단과 같은 비교적 작은 단위에서의 읽기 연습이 담겨 있고, 더불어 실전 독해에 도움이 되는 비법이 곳곳에 담겨 있어요. 그렇기 때문에 비문학 독해에 자신 있는 친구들도 솔루션 1 ~ 4 까지 꼭 한 번씩 공부하기를 강.력.추.천.합니다!

진단 테스트에 따른 개별 솔루션

솔루션 1 문장을 정교하게 읽어라

솔루션 2 문단을 정리하며 읽어라

솔루션 3 글의 구조를 고려하며 읽어라

솔루션 4 그래프는 보지 말고 읽어라

솔루션 ❶ 문장을 정교하게 읽어라

수능 국어 지문에 나오는 문장은 정보의 밀도가 높은 경우가 많아요. 한 문장에 많은 내용이 담겨 있다는 것이죠. 게다가 요즘에는 독서[비문학] 지문에서 변별력을 두려는 추세가 강합니다. 그래서인지 지문의 전체적인 흐름만 이해하면 되는 것이 아니라, 그 안에 담긴 세부 정보까지 모두 이해하기를 요구하고 있어요. 지문을 탈탈 털어서 낼 수 있는 문제란 문제는 다 내기 때문에, 어느 한 부분도 중요하지 않은 게 없는 거죠. 그래서 문장을 정교하게 읽지 않으면 자기도 모르게 한 문제씩 틀릴 수 있어요. 어떻게 하면 이런 문제점을 해결할 수 있을까요? 지금부터 그 방법을 크게 세 가지로 나누어 알아보도록 할게요.

1. 문장 끊어 읽기

문장이 길어서 한눈에 들어오지 않을 때에는 차근차근 끊어서 이해하는 것이 좋습니다. 그렇다면 "문장을 어디서 끊어야 하나요?"라는 질문이 생길 텐데, 가장 좋은 방법은 내용 덩어리로 끊는 것입니다. 그리고 동시에 그 내용 덩어리에 이름표를 붙이는 것이 좋아요. 쌤이 예를 들어 볼 테니까, 여러분이 먼저 **/**로 끊어 가면서 아래 글을 읽어 보세요.

> 광통신은 빛을 이용하기 때문에 정보의 전달은 매우 빠를 수 있지만, 광통신 케이블의 길이가 증가함에 따라 빛의 세기가 감소하기 때문에 원거리 통신의 경우 수신되는 광신호는 매우 약해질 수 있다.

쌤은 이렇게 끊어 읽어 보았습니다.

> 광통신은 빛을 이용하기 때문에 / **[특징]** 정보의 전달은 매우 빠를 수 있지만, / **[장점]** 광통신 케이블의 길이가 증가함에 따라 빛의 세기가 감소하기 때문에 / **[특징]** 원거리 통신의 경우 수신되는 광신호는 매우 약해질 수 있다. / **[단점]**

위의 문장을 네 가지의 내용 덩어리로 나누고, 각각 '광통신의 특징(빛을 이용함) – 이로 인한 장점(빠름) – 특징(케이블이 길어지면 빛의 세기가 감소함) – 이로 인한 단점(원거리는 신호가 약함)'으로 이해했습니다. 혹시 여러분들의 머릿속에서도 저와 비슷한 사고(똑같지는 않더라도)가 이루어졌나요? 그렇다면 아주 잘하고 있는 겁니다. 사실 저 문장은 정보의 밀도가 꽤 높은 문장입니다. 이런 문장을 그냥 눈으로만 훑고 넘어가면, '읽었으나 읽지 않은 상태'가 됩니다.

방금 본 문장은 사실 전체 지문의 첫 번째 문장이에요. 그리고 전체 지문의 핵심 소재는 '애벌랜치 광다이오드'입니다. '광통신'이 아니고요. 그래서 2문단부터 끝까지 '애벌랜치 광다이오드'에 대해서만 다뤄집니다. 이런 경우에 미숙한 독자들은 방금 읽은 그 문장을 소홀히 여기고 넘어갈 수 있습니다. 핵심 소재와 거리가 멀어 보이고 별로 중요해 보이지 않으니까요. 하지만 실제로는 이런 부분까지 꼼꼼히 챙겨서 문제가 나옵니다. 다음 선택지를 한번 볼까요?

> ④ 광통신 케이블의 길이를 100m로 바꾼다면, 측정되는 전류는 100nA보다 작아지겠군.

앞서 읽은 문장을 근거로 해서 출제된 선택지가 바로 이것입니다. 이 문제에 주어진 〈보기〉에서는 케이블의 길이가 원래 1m였어요. 이를 100m로 바꾼다는 것은 바로 케이블의 길이를 늘린다는 뜻이죠. 그럼 이제 이 선택지와 관련된 내용을 아까 읽은 지문에서 다시 찾아봅시다.

광통신은 빛을 이용하기 때문에 정보의 전달은 매우 빠를 수 있지만, <u>광통신 케이블의 길이가 증가함에 따라 빛의 세기가 감소하기 때문에 원거리 통신의 경우 수신되는 광신호는 매우 약해질 수 있다.</u>

케이블 길이가 길어지면 어떻게 된다고요? 그렇죠. 빛의 세기가 감소하여 광신호가 약해지겠죠.

문장의 내용을 생각하면서 읽은 사람들은 '케이블의 길이를 100m로 바꾼다'라는 말의 의도를 정확히 파악할 수 있습니다. 하지만 눈으로만 읽었다면? 어디에 그런 내용이 있었는지조차 모를 가능성이 높겠죠. 바로 이와 같은 경우가 있기 때문에 그 어떤 문장도 소홀히 대하지 말아야 합니다.

자, 그럼 문장 끊어 읽기에서 자주 사용되는 '이름표'를 한번 정리해 줄게요. 이름표를 붙이고 싶어도 어떤 이름표가 있는지 잘 떠오르지 않을 수 있으니까요. 단, 제시된 이름표를 모두 외우려고 하지는 말기를 바랍니다. 문장을 내용 덩어리로 끊는 동시에, 어떤 이름표든 떠올릴 수 있다면(아래 제시된 것과 같은 명칭이 아니더라도) 그것으로 좋습니다. 독해에서의 기준은 무조건 '자기 자신'이에요. 나 스스로 문장을 읽고 이해했다면 그것으로 충분합니다.

> 개념, 특징, 부연 설명, 목적, 배경, 유래, 의의, 의미, 문제점, 해결책, 원인, 결과, 이유, 예시, 종류, 장점, 단점, 과정, 구성 요소, 영향, 반대, 전환, 정리, 주장, 근거, 반론, 입장, 가정, 결론, 조건, 비판 …

예시로 지문을 두 개 더 볼게요. 예시를 보며 '문장 끊어 읽기'에 익숙해집시다!

> 기업은 근로자에게 제공하는 보상에 비해 근로자가 더 많이 노력하기를 바라는 반면, / [입장] 근로자는 자신이 노력한 것에 비해 기업으로부터 더 많은 보상을 받기를 바란다. / [입장] 이처럼 기업과 근로자 간의 이해가 상충되는 문제를 완화하기 위해 / [목적] 근로자가 받는 보상에 근로자의 노력이 반영되도록 하는 약속이 인센티브 계약이다. / [개념]

> 패러다임이란 한 시대 사람들의 견해나 사고를 지배하고 있는 이론적 틀이나 개념의 집합체를 뜻하는 말로 / [개념] 과학철학자인 토머스 쿤이 새롭게 제시하여 널리 쓰이는 개념이다. / [제시한 사람] 쿤은 패러다임 속에서 진행되는 연구 활동을 정상 과학이라고 하였으며, / [개념] 기존의 패러다임에서는 예상하지 못했던 현상을 변칙 사례라고 하였다. / [개념]

01 다음 문장을 적절하게 끊어 읽어 보세요. (/ 표시, 이름표 떠올리기)

(1)
> 열전달 과정에서 단위 시간 동안 열이 전달되는 비율을 열전달률이라고 하는데 열전달률은 결국 열이 짧은 시간 동안 얼마나 많이 전달되는가를 나타내므로 음식의 조리에서 고려할 중요한 요소가 된다.

(2)
> '키네틱 아트'는 움직임을 의미하는 그리스어 키네티코스에서 유래한 말로 움직임을 중시하거나 그것을 주요 요소로 하는 예술 작품을 뜻하는데 대량 생산과 기술의 발달로 인해 급격하게 기계 문명 사회로 변화하던 시기를 배경으로 출현하였다.

(3)
> 파생상품이란 기초자산의 가치 변동에 따라 가격이 결정되는 금융상품이다. 이때 기초자산은 농축산물이나 원자재 같은 실물 자산뿐만 아니라 주식이나 채권 등 가격이 매겨질 수 있는 모든 대상을 의미하는데, 기초자산의 가치 변동에 따른 파생상품의 가격 변화는 거래 당사자에게 손익을 발생시킨다.

(4)
> 효율 임금은 노동자의 생산성을 유도하는 임금을 말하는데, 효율 임금 이론은 노동자의 생산성이 임금을 결정한다는 전통적인 임금 이론과 달리 임금이 높을수록 노동자의 생산성이 높아진다고 주장했다. 기업이 노동자에게 높은 임금을 지급함으로써 노동자의 이직과 태만을 방지할 수 있기 때문이라는 것이다.

예시 답안

01

(1)
> 열전달 과정에서 단위 시간 동안 열이 전달되는 비율을 열전달률이라고 하는데 / **[개념]** 열전달률은 결국 열이 짧은 시간 동안 얼마나 많이 전달되는가를 나타내므로 / **[원인]** 음식의 조리에서 고려할 중요한 요소가 된다. / **[결과]**

(2)
> '키네틱 아트'는 움직임을 의미하는 그리스어 키네티코스에서 유래한 말로 / **[유래]** 움직임을 중시하거나 그것을 주요 요소로 하는 예술 작품을 뜻하는데 / **[개념]** 대량 생산과 기술의 발달로 인해 급격하게 기계 문명 사회로 변화하던 시기를 배경으로 출현하였다. / **[출현 배경]**

(3)
> 파생상품이란 기초자산의 가치 변동에 따라 가격이 결정되는 금융상품이다. / **[개념]** 이때 기초자산은 농축산물이나 원자재 같은 실물 자산뿐만 아니라 주식이나 채권 등 가격이 매겨질 수 있는 모든 대상을 의미하는데, / **[개념]** 기초자산의 가치 변동에 따른 파생상품의 가격 변화는 / **[원인]** 거래 당사자에게 손익을 발생시킨다. / **[결과]**

(4)
> 효율 임금은 노동자의 생산성을 유도하는 임금을 말하는데, / **[개념]** 효율 임금 이론은 노동자의 생산성이 임금을 결정한다는 전통적인 임금 이론과 달리 / **[반대]** 임금이 높을수록 노동자의 생산성이 높아진다고 주장했다. / **[주장]** 기업이 노동자에게 높은 임금을 지급함으로써 / **[원인]** 노동자의 이직과 태만을 방지할 수 있기 때문이라는 것이다. / **[주장]**

글을 읽다 보면 독자들의 이해를 돕기 위해 예시를 드는 경우가 많다는 것을 알 수 있어요. 그런데 문장에 예시가 들어가면 자연스럽게 문장이 길어져서 문장이 한눈에 들어오지 않고, 독해 또한 어려워지죠. 이런 경우에 어떻게 하면 더 쉽게 문장을 읽을 수 있을지 알아봅시다. 먼저, 예시가 들어간 문장 세 개를 살펴볼게요.

> ⑴ 우리는 일상에서 '약자를 돕는 것은 옳다'와 같은 도덕적 판단을 한다.
> ⑵ 청세포는 작업장의 소음과 같이 특정 주파수에 반복 노출되면 손상될 수 있다.
> ⑶ 새로운 정보재를 이용하려면 그것에 익숙해지기 위해 많은 돈, 노력, 시간 등의 전환비용이 필요하다.

각 문장에서 예시를 발견했나요? 맞아요! ⑴과 ⑵에서는 'A와 같은/같이'의 형식으로 예시가 제시되었고, ⑶에서는 'A, B, C 등'의 형식으로 예시가 제시되었습니다. 이런 경우, 예시들을 괄호로 묶어 처리하면 좋아요.

> ⑴ 우리는 일상에서 (**'약자를 돕는 것은 옳다'와 같은**) <u>도덕적 판단</u>을 한다.
> ⑵ 청세포는 (**작업장의 소음과 같이**) <u>특정 주파수</u>에 반복 노출되면 손상될 수 있다.
> ⑶ 새로운 정보재를 이용하려면 그것에 익숙해지기 위해 (**많은 돈, 노력, 시간 등**)의 <u>전환비용</u>이 필요하다.

위 문장들에서 괄호 안과 밖이 분리되는 것이 느껴지나요? 이때 문장의 핵심은 괄호 바깥의 오른쪽에 있어요. ⑴은 '도덕적 판단'이, ⑵는 '특정 주파수'가, ⑶은 '전환비용'이 포인트인데, 그 앞의 예시들을 괄호로 묶어 보면 한눈에 들어옵니다.

그렇다고 해서 괄호 안의 내용을 무시해서는 안 돼요. 가뜩이나 지면도 좁은데 예까지 들어 가며 설명하는 데는 다 이유가 있거든요. ⑴을 먼저 보면, 괄호 안의 내용이 있어야 '도덕적 판단'이 무엇인지 확실하게 알 수 있어요. '약자를 돕는 것은 옳다=도덕적 판단'이라는 거잖아요. 즉, 어떤 행동에 대해 옳고 그름을 판단하는 것이 곧 도덕적 판단임을 알려 주는 거예요. ⑵ 역시 '작업장의 소음'을 떠올리면 해당 내용을 보다 쉽게 이해할 수 있고, ⑶도 괄호 안의 내용 없이는 '전환비용'이 무엇인지 파악할 수 없어요.

이처럼 괄호를 치면 예시와 핵심이 분리되는 효과가 발생해요. 또한 읽기를 잠시 멈추고 괄호 안의 정보로 괄호 밖의 개념을 이해하는 시간을 가질 수 있게 됩니다. 그래서 괄호를 적극 활용하라고 하는 거예요. 또한 'A, B, C 등'에 괄호를 치는 것은 특히 실전에서 유용할 때가 많습니다. 다음과 같이 말이에요. 글이 조금 어렵더라도 짧으니까 한번 읽어 보세요.

> 취미 판단은 오로지 대상의 형식적 국면을 관조하여 그것이 일으키는 감정에 따라 미, 추를 판정하는 것 이외의 어떤 다른 목적도 배제하는 순수한 태도, 즉 미감적 태도를 전제로 한다. 취미 판단에는 (**대상에 대한 지식뿐 아니라, 실용적 유익성, 교훈적 내용 등**) 일체의 다른 맥락이 끼어들지 않아야 하는 것이다.

실제로 이 지문에서는 이런 문제가 출제되었어요.

> **'취미 판단'에 대한 이해로 적절하지 <u>않은</u> 것은?**
>
> ② '유용하다'는 취미 판단 명제의 술어가 될 수 없다.
> ④ '이 영화의 주제는 권선징악이어서 아름답다.'는 취미 판단에 해당한다.
> ⑤ '이 소설은 액자식 구조로 이루어져 있다.'는 취미 판단에 해당하지 않는다.

취미 판단에서 배제해야 할 맥락으로 세 가지가 나왔고 거기에 괄호를 쳤잖아요? 이것들을 ②, ④, ⑤에 하나씩 연결해서 이해해 볼까요? 각 선택지에 해당하는 내용을 찾아 선으로 이어 봅시다.

② 유용하다 ·   · (1) 대상에 대한 지식
④ 이 영화의 주제는 권선징악이어서 아름답다. ·   · (2) 실용적 유익성
⑤ 이 소설은 액자식 구조로 이루어져 있다. ·   · (3) 교훈적 내용

'②＝(2)', '④＝(3)', '⑤＝(1)' 이렇게 연결되겠죠? 그러니까 ②, ④, ⑤는 전부 다 제대로 된 취미 판단이 아닌 거예요. 그런데 선택지 ④에서는 해당 문장이 취미 판단에 '해당'한다고 했죠? 지문의 내용과 정반대로 이야기하고 있으므로 적절하지 않아 정답이 되는 거예요.

지금 본 것처럼 나열된 예시들은 어떤 문제의 선택지에 하나씩 대응되는 경우가 많습니다.

그러니까 여러분, 뭔가 나열된다 싶을 때, 그 부분에 괄호를 딱 쳐 주면서 '여기서 문제 하나 나오겠는데?'라고 예상을 해 볼 수 있는 거예요. 그리고 실제로 관련 문제가 출제되었을 때 예시와 선택지를 하나씩 대응시켜 보면서 문제를 풀면, 훨씬 더 빠르고 쉽게 판단할 수 있습니다.

예제 | 연습문제 

01 다음 문장에서 필요한 부분을 괄호로 묶으면서 읽어 보세요. (괄호 또는 밑줄로 표시)

(1)
> 키네틱 아트 작가들은 기계의 움직임을 예술적 요소로 수용하여 작품 전체나 일부를 움직이게 함으로써 창작 의도를 표현하고자 했다. 이러한 움직임은 바람이나 빛과 같은 외부적인 자연의 힘이나 동력 장치와 같은 내부적인 힘에 의해 구현되었다.

(2)
> 형식주의 비평가들은 작품 속에 표현된 사물, 인간, 풍경 같은 내용보다는 선, 색, 형태 등의 조형 요소와 비례, 율동, 강조 등과 같은 조형 원리를 예술 작품의 우수성을 판단하는 기준이라고 주장한다.

 예시 답안

01

(1)
> 키네틱 아트 작가들은 기계의 움직임을 예술적 요소로 수용하여 작품 전체나 일부를 움직이게 함으로써 창작 의도를 표현하고자 했다. 이러한 움직임은 (바람이나 빛과 같은) 외부적인 자연의 힘이나 (동력 장치와 같은) 내부적인 힘에 의해 구현되었다.

(2)
> 형식주의 비평가들은 작품 속에 표현된 (사물, 인간, 풍경 같은) 내용보다는 (선, 색, 형태 등의) 조형 요소와 (비례, 율동, 강조 등과 같은) 조형 원리를 예술 작품의 우수성을 판단하는 기준이라고 주장한다.

'눈이 내렸다.'라는 문장이 있다고 해 봅시다. 객관적인 사실로 보이는 이 문장도 뒤에 어떤 문장이 오느냐에 따라 함축하고 있는 의미가 달라집니다.

> ㉠ 눈이 내렸다. 길이 미끄러울 것이므로 사고를 조심해야 한다.
> ㉡ 눈이 내렸다. 그러나 날씨가 따뜻해 금방 녹고 말았다.

㉠은 눈이 내리면 길이 미끄럽다는 사실을 근거로 하여, 사고를 조심해야 한다는 결론을 내리고 있어요. 반면 ㉡에는 눈이 내렸지만 날씨가 따뜻해 눈이 쌓이지 않고 금방 녹았다는 내용이 담겨 있어요. 즉, 같은 문장이라도 앞뒤에 어떤 문장이 오느냐에 따라 글쓴이가 전달하려는 내용이 달라지게 되는 거죠. 따라서 문장 하나하나를 잘 해석하는 것도 중요하지만, 문장들을 연결하며 읽는 것도 그에 못지않게 중요합니다.

문장을 연결하며 읽으려면 기본적으로 '**접속 표현**'과 '**지시하는 말**'을 주의 깊게 살펴보아야 해요. 접속 표현은 단어와 단어, 구절과 구절, 문장과 문장을 이어 주는 구실을 하는 표현들을 말하는데, '그런데, 그러나, 그러므로, 따라서' 등이 여기에 해당해요.

자주 쓰이는 접속 표현으로는 다음과 같은 것이 있는데, 접속 표현과 그 기능을 연결하여 기억해 두세요!

접속 표현	기능	도식화
또 / 또한 / 그리고	앞뒤 내용을 나란히 연결할 때	문장 — 문장
그래서 / 그러므로 / 따라서 / 그렇기 때문에	앞의 내용이 뒤의 내용의 원인이나 근거, 조건 따위가 될 때	원인, 근거, 조건 문장 → 문장
그러나 / 그렇지만 / 하지만 / 반면 / 그런데	앞의 내용과 상반되는 내용을 이끌 때	문장 ↔ 문장
그런데 / 한편 ※ 참고로 '그런데'는 앞의 내용과 상반되는 내용을 이끌 때 쓰이기도 하고, 앞의 내용과 다른 내용을 말할 때 쓰이기도 해요.	앞에서 말한 측면과 다른 측면을 말할 때	문장 → 문장

다음은 '지시하는 말'입니다. 지시하는 말은 '이, 그, 저, 이것, 저것, 그것, 이렇게, 저렇게, 그렇게' 등 앞서 나온 것을 다시 가리킬 때 쓰는 말을 일컬어요. 지시하는 말이 나오면, 그 지시어가 앞에 있는 어떤 단어(혹은 구절, 문장)를 가리키는지 반드시 확인할 필요가 있어요. 대충 보다가 지시하는 내용을 잘못 파악하면 글을 잘못 이해할 수도 있거든요.

접속 표현과 지시하는 말을 고려하여 문장 간의 관계를 어떻게 파악할 수 있는지 예를 들어 보여 줄게요.

> 상속과 증여는 모두 재산을 주는 이의 의지에 따라 재산을 받는 이가 결정된다. 그런데 상속의 경우 재산을 물려주는 이가 유언 없이 사망하였을 때, 그의 상속 의지를 알 수 없다. 이에 대비하여 상속인의 범위를 민법에 명확히 규정하고 있다. 민법에 따르면 상속 1순위는 자녀, 손자와 같은 직계비속이고, 2순위는 부모, 조부모와 같은 직계존속, 3순위는 형제자매, 4순위는 조카, 백부모, 숙부모와 같은 4촌 이내의 방계혈족이다.

총 네 문장으로 이루어진 한 문단이에요. 여기서는 접속 표현 1개, 지시하는 말 2개를 확인할 수 있어요. 한 문장씩 내용과 함께 살펴볼까요?

❶ 상속과 증여는 모두 재산을 주는 이의 의지에 따라 재산을 받는 이가 결정된다.

첫 번째 문장에서는 상속과 증여에서 재산을 받는 이를 어떻게 결정하는지 설명하고 있어요.

❷ 그런데 상속의 경우 재산을 물려주는 이가 유언 없이 사망하였을 때, 그의 상속 의지를 알 수 없다.

우선 지시하는 말인 '그'가 등장하는데, 문맥을 통해 '그'가 가리키는 대상이 '재산을 물려주는 이'임을 알 수 있어요. 그리고 접속 표현인 '그런데'가 사용되었죠? 이를 통해 이 문장이 앞선 문장과는 조금 다른 방향으로 내용이 전환될 것임을 짐작할 수 있어요. 실제로 내용도 '상속과 증여' 중에서 '상속'의 경우로 한정 짓고 있으니까 한쪽으로 방향을 틀었다고 볼 수 있죠. 앞 문장에서 재산을 주는 이의 '의지'에 따라 재산을 받는 이가 결정된다고 했었잖아요. 그런데 두 번째 문장에서 '의지를 알 수 없는 경우'에 대해 얘기하고 있죠? 즉, 첫 번째 문장이 일반적인 상황이라면, 두 번째 문장은 특수한 상황, 즉 문제 상황이라고 할 수 있겠어요.

❸ 이에 대비하여 상속인의 범위를 민법에 명확히 규정하고 있다.

'이'가 가리키는 바를 찾아봐야겠죠? 어렵진 않아요. 그건 바로 앞서 말한 '상속 의지를 알 수 없는 경우'를 가리켜요. '상속 의지를 알 수 없는 때'에 대비하여, 민법에서 상속인(재산을 받는 이)의 범위를 규정하고 있다는 것이지요.

❹ 민법에 따르면 상속 1순위는 자녀, 손자와 같은 직계비속이고, 2순위는 부모, 조부모와 같은 직계존속, 3순위는 형제자매, 4순위는 조카, 백부모, 숙부모와 같은 4촌 이내의 방계혈족이다.

네 번째 문장에서는 세 번째 문장에서 말한 '상속인의 범위'가 어디까지인지 구체적으로 설명해 주고 있어요.

위에 설명한 내용을 정리해 보면 다음과 같아요.

❶ 상속과 증여는 모두 재산을 주는 이의 의지에 따라 재산을 받는 이가 결정된다. ❷ 문제 상황으로의 전환 그런데 상속의 경우 재산을 물려주는 이가 유언 없이 사망하였을 때, 그의 상속 의지를 알 수 없다. ❸ 해결 방안 이에 대비하여 상속인의 범위를 민법에 명확히 규정하고 있다. ❹ 부연 설명 민법에 따르면 상속 1순위는 자녀, 손자와 같은 직계비속이고, 2순위는 부모, 조부모와 같은 직계존속, 3순위는 형제자매, 4순위는 조카, 백부모, 숙부모와 같은 4촌 이내의 방계혈족이다.

이처럼 접속 표현, 지시하는 말과 문장의 내용을 고려하면 문장 간의 연결 관계를 파악할 수 있어요. 이렇게 문장 간의 관계를 연결하며 읽어야 글의 흐름과 맥락을 놓치지 않고 따라갈 수 있어요. 그리고 문장을 연결하며 읽으려면 앞서 읽은 내용을 어느 정도 기억해야 해요. 한 문장, 한 문장 읽어 나가면서 기억을 누적해야 하고, 그 문장들을 서로 연관 짓는 습관을 들이는 것이 좋아요.

딱! 세 줄 요약

1. 긴 문장은 내용 덩어리로 끊고, 이름표를 붙이자!
2. 예시는 괄호로 묶어 주자!
3. 접속 표현과 지시하는 말을 고려해 문장 간의 연결 관계를 파악하자!

01 다음 글을 읽고 ◯◯◯가 의미하는 것을 찾아 쓰세요.

(1)
건강 상태를 진단하거나 범죄의 현장에서 혈흔을 조사하기 위해 검사용 키트가 널리 이용된다. 키트 제작에는 다양한 과학적 원리가 적용되는데, 적은 비용으로 쉽고 빠르고 정확하게 검사할 수 있는 키트를 제작하는 것이 요구된다. 이러한 필요에 따라 항원−항체 반응을 응용하여 시료에 존재하는 성분을 분석하는 다양한 형태의 키트가 개발되고 있다.

(2)
새고전학파는 케인즈학파가 거시 경제 변수 간의 관계를 임의로 가정하고 과거 자료만으로 이 관계를 추정하려 했다는 점을 비판하면서, 경제 주체의 합리적 선택에 대한 미시적 분석을 바탕으로 거시 경제 현상을 분석해야 한다고 주장했다. 이에 따라 이들은 시장 불균형이 발생한 경우 가격이 조정되는 속도는 매우 빠르다는 고전학파의 전제를 유지하면서, 경기 변동을 균형 자체가 변화하는 현상으로 분석했다.

(1) (　　　　　　　　　　　　　　　　　　　　　　　　　　　　　)

(2) (　　　　　　　　　　　　　　　　　　　　　　　　　　　　　)

02 다음 글을 읽고 문장 간의 관계를 파악해 보세요.

❶ 경험론자들은 귀납법을 통해 구체적이고 개별적인 사례들에서 인간과 자연에 대한 보편적인 법칙을 알아갈 수 있다고 생각했다. ❷ 하지만 조금 더 생각해 보면 경험론은 한계가 있음을 알 수 있다. (1) ❸ 예를 들어 똑같은 장소를 걸어서 지나친 여행자와 기차를 타고 지나친 여행자를 생각해 보자. (2) ❹ 장소는 동일하지만 두 여행자가 그 장소를 바라봤던 경험은 분명 다를 것이다. 그런 점에서 경험의 세계는 절대적으로 확신하기가 어려운 것이다. (3) ❺ 그러므로 자신의 경험에 오류가 있을 수도 있음을 받아들이는 겸허한 태도가 필요하다.

*　**귀납법** : 개별적인 특수한 사실이나 원리를 전제로 하여 일반적인 사실이나 원리로서의 결론을 이끌어 내는 연구 방법
(↔ 연역법 : 귀납법과는 거꾸로 일반적인 사실이나 원리를 전제로 하여 개별적인 특수한 사실이나 원리를 결론으로 이끌어 내는 추리 방법)

(1) (　　　　　　　　　)　　(2) (　　　　　　　　　)　　(3) (　　　　　　　　　)

예시 답안

01
(1) '이러한 필요' : 적은 비용으로 쉽고 빠르고 정확하게 검사할 수 있는 키트를 제작하는 것이 요구됨
(2) '이 관계' : 거시 경제 변수 간의 관계
　'이' : 경제 주체의 합리적 선택에 대한 미시적 분석을 바탕으로 거시 경제 현상을 분석해야 한다는 주장
　'이들' : 새고전학파

02
(1) 반론　(2) 예시　(3) 결론 또는 주장

솔루션 2 문단을 정리하며 읽어라

여러분은 어떤 식으로 글을 읽나요? 펜을 전혀 사용하지 않고 눈으로만 읽을 수도 있고, 반대로 모든 문장에 밑줄을 그으면서 읽을 수도 있겠지요. 이런 방법이 나쁘다고 단언하기는 어렵지만, 시험을 볼 때만큼은 이런 습관을 고치는 것이 좋아요. 글이 복잡하고 어려울수록 내용 정리가 필요한데, 이런 방법들은 내용을 정리하기가 쉽지 않기 때문이죠. 정리를 하려면 중요한 내용에만 표시를 해야 합니다. 아래 그림은 펜을 전혀 사용하지 않거나, 모든 문장에 밑줄을 그으면서 읽은 경우를 나타낸 거예요. 중요한 내용이 한눈에 들어오지 않죠?

(펜을 전혀 사용하지 않기 ×)

(모든 문장에 밑줄 긋기 ×)

이번에는 다른 그림을 한번 봅시다. 같은 글을 읽으면서 중요한 부분에만 표시한 경우예요.

(중요한 부분에만 표시하기 ○)

얼핏 보기만 해도 문단의 어디에 중요한 내용이 나오는지 알 수 있겠죠?

위와 같이 중요한 내용에 표시하며 글을 읽어 내려갈 때 그 내용은 문단별로 정리하는 것이 효율적이에요. 이때 문단이란 '여러 개의 문장이 모여 하나의 생각을 나타내는 글의 부분'을 말해요. 즉, 한 문단에는 하나의 생각만 담겨 있어요. 만약 다른 이야기를 꺼내고 싶다면 문단을 나눠 다음 문단에서 시작해야 하죠. 이게 글쓰기의 기본 원칙이에요. 그래서 한 문단은 하나의 중심 내용과 여러 개의 뒷받침 내용으로 이루어져 있어요. 독자 입장에서 중요한 것이 바로 이 하나의 중심 내용을 찾는 거예요. 문단의 중심 내용은 '삭제 → 선택 → 재구성'의 단계에 따라 찾을 수 있어요.

우선 '삭제'는 사소하고 불필요한 문장을 삭제하는 것인데, 단순히 글을 시작하기 위한 서두, 사례, 인용, 자문자답을 위한 질문 등이 삭제 대상이에요.

이렇게 삭제한 후에는 '선택'을 해야 합니다. 그 문단의 주제가 드러나는 문장과 주제의 근거가 되는 문장을 선택하는 것인데, 주요 개념, 자문자답에서의 대답, 주장과 근거, 원인과 결과 등이 선택 대상이에요. 선택한 문장에 밑줄 등의 표시를 해 두는 것이 좋지요.

마지막 단계는 '재구성'이에요. 선택한 문장에서 중복 어휘를 삭제하고 접속 표현을 사용하여 연결하거나 일반화하는 등 내용을 재구성하는 것입니다.

| 문단의 중심 내용 찾기 |

1단계 **삭제** 사소하고 불필요한 문장은 삭제한다.

2단계 **선택** 그 문단의 주제가 드러난 문장과 주제의 근거가 되는 문장을 선택한다.

3단계 **재구성** 중복 어휘 삭제, 접속 표현 사용, 일반화, 범주화 등 내용을 재구성한다.

이 세 단계를 예를 들어서 설명해 보자면 다음과 같아요.

> ❶ 우주에서 지구의 북극을 내려다보면 지구는 시계 반대 방향으로 빠르게 자전하고 있지만 우리는 그 사실을 인지하지 못한다. ❷ 지구의 자전 때문에 일어나는 현상 중 하나는 지구상에서 운동하는 물체의 운동 방향이 편향되는 것이다. ❸ 이러한 현상의 원인이 되는 가상적인 힘을 전향력이라 한다.

1단계 **삭제** ❶ (삭제 이유 – 우리가 인지하지 못하지만 지구가 자전하고 있다는 사실을 서두로 제시함. 다른 문장에 비해 중요해 보이지 않음)

2단계 **선택** ❷ (선택 이유 – 자전 때문에 발생하는 현상 중 하나를 콕 짚어 이야기하고 있으므로, 이 현상이 글의 주제일 것임)

❸ (선택 이유 – ❷의 현상을 설명할 수 있는 '전향력'이라는 개념을 제시함)

3단계 **재구성** 전향력의 개념

이런 식으로 문단에서 어떤 문장이 중요한지 생각해 보는 거고요, 선택할 문장에는 밑줄 등의 표시를 하면 됩니다. 그리고 3단계에서 그 내용을 재구성하여 핵심만 남게 정리하는 것이죠.

그런데 어떤 문단의 경우에는 어느 문장이 중요한지 명료하지 않을 때가 있어요. 심지어는 모든 문장이 다 중요해 보일 때도 있죠. 사실 수능에 나오는 지문은 설명 위주이기 때문에 그런 경우가 꽤 많아요. 다음 문단을 보죠.

> **1문단** ❶ 지문은 손가락의 진피로부터 땀샘이 표피로 융기되어 일정한 흐름 모양으로 만들어진 것으로 솟아오른 부분을 융선, 파인 부분을 골이라고 한다. ❷ 지문은 진피 부분이 손상되지 않는 한 평생 변하지 않는다. ❸ 이 때문에 홍채, 정맥, 목소리 등과 함께 지문은 신원을 확인하기 위한 중요한 생체 정보로 널리 쓰이고 있다.

❶은 지문의 개념, ❷는 지문의 특징, ❸은 지문의 용도예요. 셋 다 중요해 보이지 않나요? 셋 중에 어떤 것이 중심 내용일까요? 이렇게 아리송할 때는 다른 문단을 함께 보면서 생각해 보아야 해요. 문장이 다른 문장과의 연결 관계 속에서 의미가 달라지는 것처럼, 문단도 마찬가지예요. 다른 문단과의 관계를 생각하면 그 문단에서 말하고자 하는 바가 무엇인지 분명하게 드러난답니다. 윗글의 다음 문단은 이렇게 시작해요.

> **2문단** 지문 인식 시스템은 등록된 지문과 조회하는 지문이 동일한지 판단함으로써 신원을 확인하는 생체 인식 시스템이다.

자, 2문단을 보니 알겠죠? 1문단에서 하고 싶었던 말은 '지문이 신원 확인에 사용된다'는 내용이었어요. 즉, ❸이 가장 중요한 문장인 거죠. 이처럼 어떤 문단의 중심 내용이 아리송할 때는 앞뒤의 다른 문단과의 관계를 살펴보는 것이 좋아요.

딱! 세 줄 요약

1. 문단에서 사소하거나 불필요한 내용은 삭제하자!
2. 문단의 주제를 드러내거나 주제의 근거가 되는 내용은 선택하자!
3. 선택한 내용을 재구성하자!

01 다음 글을 읽으면서 단계별로 중심 내용을 찾아보세요.

❶ 화석 연료에만 의존한 에너지 사용은 국가 간의 분쟁뿐 아니라 전 지구적인 기후 변화를 일으킨다. ❷ 지금 지구는 화석 연료로부터 배출된 온실 가스로 인한 온난화 현상으로 골치를 썩고 있으며 기상 이변도 해마다 늘어나 그 피해도 점점 커지고 있다. ❸ 따라서 수많은 문제를 일으키는 원인이 되며 머지않아 고갈될 것으로 추정되는 화석 연료를 계속해서 사용하는 것은 미래의 후손을 고려하지 않는 무책임한 행위이다. ❹ 무언가 화석 연료를 대신할 방안을 찾아야 한다.

(1) **1단계** 삭제할 문장의 번호 :

(2) **2단계** 선택할 문장의 번호 :

(3) **3단계** 재구성 :

02 다음 글을 읽으면서 단계별로 중심 내용을 찾아보세요.

❶ 건강을 위해서는 면역 반응이 활발하여 세균과 바이러스, 기생충과 같은 외부 물질을 완벽하게 제거할 수 있어야 한다. ❷ 그러나 면역 반응이 과도해지면 오히려 인체에 해를 끼치기도 한다. ❸ 최근 급증하는 알레르기나 천식, 자가면역질환은 불필요한 면역 반응으로 인해 발생한다. ❹ 면역계가 일반적으로는 해가 되지 않는 물질들인 꽃가루나 먼지뿐만 아니라 자신의 조직까지 제거해야 할 대상으로 인식하여 공격하는 것이다.

(1) **1단계** 삭제할 문장의 번호 :

(2) **2단계** 선택할 문장의 번호 :

(3) **3단계** 재구성 :

예시 답안

01

(1) ❶ (도입 문장), ❷ (현상에 대한 설명)

(2) ❸, ❹ (문단의 핵심 주장)

(3) 화석 연료를 대신할 방안의 필요성

02

(1) ❶ (도입 문장), ❸ (예시)

(2) ❷ (문단의 중심 문장), ❹ (중심 문장에 대한 부연 설명)

(3) 면역 반응이 과도해지면 자신의 조직까지도 제거해야 할 대상으로 인식해서 공격하기도 한다.

솔루션 ❸ 글의 구조를 고려하며 읽어라

선우와 태오가 막장 드라마를 보며 대화를 나누고 있습니다.

> 선우 : 얘랑 쟤랑 알고 보면 남매 사이겠네.
>
> 태오 : 뭐? 말도 안 돼. 절대 아닐걸?
>
> 선우 : (남매 사이로 밝혀진 후) 저럴 줄 알았어. 내 말 맞지?
>
> 태오 : 대박!! 어떻게 알았어???

막장 드라마를 많이 본 사람은 선우처럼 막장 드라마의 일부만 보고도 내용이 어떻게 전개될지 예상할 수 있습니다. 막장 드라마의 '공식'을 알고 있기 때문이죠.

글의 구조에도 일종의 '공식' 같은 것이 존재해요. 글의 종류에 따라 공식처럼 자주 사용되는 구조 유형이 있다는 말이에요. 만약 특정 공식에 가까운 글이 제시되고 독자가 그 공식을 알고 있다면, 그 독자는 매우 순조롭게 글을 이해할 수 있을 뿐만 아니라 글의 내용도 잘 기억할 수 있어요. 실제로 능숙한 독자는 정보를 식별하고 조직하기 위해 글의 구조에 관한 지식을 충분히 활용한다고 합니다. 따라서 독해력을 향상하고 싶다면 자주 사용되는 글의 구조 유형에 대해 알고 있을 필요가 있어요. 아래 표를 보세요.

구조 유형	설명	도식화
나열	여러 사실을 늘어놓는 것	
시간 순서(=선후 관계) (=통시적 구조)	시간 순서대로 배열함	
원인과 결과(=인과 관계)	화제 사이의 인과적 관계를 밝힘	
문제와 해결	문제와 이에 대한 해결 방안을 제시함	
비교와 대조	두 화제 사이의 유사점 혹은 차이점을 설명함	
분석	화제의 전체를 이루는 부분들을 분해하여 구조적 또는 기능적으로 설명함	
분류	어떤 기준에 따라 화제들을 나누어 설명함	
반론	통념(사람들의 일반적인 생각)이나 어떤 이론에 대해 반대되는 의견이나 이론 등을 제시함	

<table>
<tr><td>한계와 보완</td><td>어떤 이론이나 관점의 한계를 밝히고, 그 한계를 보완하기 위해 나온 다른 이론이나 관점을 연쇄적으로 설명함</td><td></td></tr>
</table>

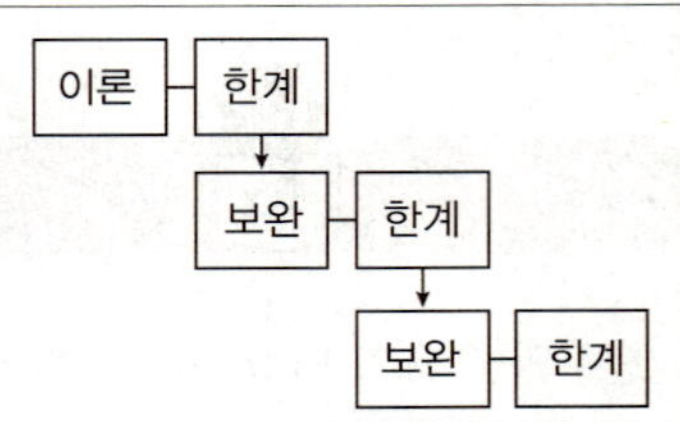

이러한 구조 유형은 글, 문단, 문장 등 모든 층위에서 사용될 수 있고, 하나의 글에 여러 유형이 사용될 수도 있어요. 예를 들어 글 전체는 시간 순서로 배열되어 있는데, 문단 단위에서는 비교와 대조가 이루어져 있고, 문장 단위에서는 분류가 사용되었을 수 있어요.

그럼 각 구조 유형에 대한 예시를 보여 줄게요. 쓰윽 살펴보면서 이 구조 유형이 이런 거구나, 하고 이해하면 돼요.

[1] 나열

'철 그른 동남풍'이란 말이 있다. 버스 떠난 뒤에 손 든다는 식으로 때를 놓쳤을 때 흔히 하는 말이다. (중략) 제철을 모르고서는 제대로 농사를 지을 수 없다는 뜻에서 의미가 확장된 것으로 보인다. 이처럼 우리말은 농경문화의 특성이 반영되어 절후에 대한 인식이나 그것을 부르는 명칭도 먹고 사는 일, 이른바 농사일과 결부되어 있다.

'어정 칠월, 동동 팔월'이란 속담도 있다. 우리네 농가에서 7월 한 달은 하릴없이 어정거리지만 8월이 오면 갑자기 바빠져 동동거린다고 하여 일컫는 말이다. '동동 팔월'을 혹은 '건들 팔월'이라고도 하는데, 이는 바쁘긴 해도 건들바람처럼 그렇게 훌쩍 가 버린다는 뜻이다.

'오월 농부, 팔월 신선'이란 말도 있다. 보릿고개의 절정인 음력 5월은 농사짓는 사람으로서는 더할 수 없이 어려운 시기다. 그러나 한가위가 낀 8월은 그 풍족함이 어떤 신선도 부럽지 않다는 데서 이런 말이 생겼다.

[2] 시간 순서

19세기 말 당시 학자들은 염색체 속의 단백질이 유전물질이라고 굳게 믿고 있었다. (중략)

1982년 폐렴균의 발병성을 연구하던 그리피스의 실험 과정에서 단백질이 유전물질이라는 믿음에 의문을 품게 하는 사실이 발견되었다. (중략)

1950년 허시와 체이스는 박테리오파지라는 바이러스를 이용해 실험한 결과 바이러스가 단백질이 아닌 DNA를 통해 자가 복제한다는 사실을 밝혀냈다.

[3] 원인과 결과

관심의 경제학은 인간의 관심 그 자체가 경제적인 가치를 가지고 있다는 인식에서 출발한다. 현대 사회에서는 인터넷이 기업을 알릴 수 있는 중요한 수단으로 자리 잡아 많은 기업이 홈페이지를 보유하고 있다. 그런데 홈페이지에 실린 정보는 개인이 인터넷에 접속하여 적극적으로 탐색함으로써 노출된다. [원인] 따라서 이제는 정보를 일방적으로 밀어 보내는 것이 아니라 개인의 관심을 끌어당기는 것이 중요하게 되었다. 이러한 관심이 기업의 이익 창출로 이어질 수 있다고 보아 개인의 관심에 경제적 가치를 부여하게 된 것이다. [결과]

[4] 문제와 해결

촉매는 마법의 돌이라고 불린다. 화학 공정을 통하여 저렴하고 풍부한 원료로부터 원하는 물질을 제조하고자 할 때, 촉매는 활성화 에너지가 낮은 새로운 반응 경로를 제공하여 마치 마술처럼 원하는 반응이 쉽게 일어나도록 돕기 때문이다. (중략) 그러나 전통적인 공업용 촉매 개발은 시행착오를 반복하다가 요행히 촉매를 발견하는 식이었기 때문에 '촉매가 보였다'고 말하기도 한다. [문제]

이러한 문제점을 해결하기 위해 촉매 설계 방법이 제안되었는데, 이는 표면 화학 기술과 촉매 공학의 발전으로 가능해졌다. [해결]

(5) 비교와 대조

인간의 언어는 의사소통 과정에서 송신자인 말하는 이와 수신자인 듣는 이가 상황에 따라 그 역할을 바꾸어 가며 대화를 진행할 수 있다. 그러나 동물의 언어는 송신자의 기능과 수신자의 기능이 분리되어 있어 교신이 일방적으로 이루어진다. 또한 인간의 언어는 과거의 사실을 지금 전달할 수 있고 다른 곳의 상황을 이 자리에서 표현할 수도 있지만, 동물의 언어는 항상 지각되는 현재만을 나타낼 수 있을 뿐이다.

(6) 분석

전통 자물쇠의 기본형은 ㄷ자형 자물쇠이다. 이 자물쇠는 크게 '자물통'과 '잠글쇠'로 구성되어 있다. 자물통은 정면과 측면 모두 직사각형에 가까운 형태로, 주기능부인 잠글쇠를 보호하는 역할을 한다. 그리고 잠글쇠는 줏대와 속청이라는 V자형 판형 스프링으로 되어 있다. 이 속청이 자물통 안의 구조물과 맞물렸다 떨어졌다 하면서 자물쇠가 잠겼다 열렸다 한다.

(7) 분류

역사 연구는 거시사적 연구와 미시사적 연구로 나눌 수 있다. 이는 역사 연구를 통해 서술하고자 하는 대상이 무엇이냐에 따른 것으로, 거시사적 연구가 정치, 경제, 사회의 전체적인 구조를 대상으로 한다면 미시사적 연구는 주로 개인들의 구체적인 삶을 대상으로 한다.

(8) 반론

사람들은 대부분 자신이 한 행동에 대한 보상이 많으면 많을수록 그 행동을 더 자주하게 될 것이라고 생각한다. [통념] 그런데 이런 생각은 정말 옳은 것일까? [반론]
에드워드 데시는 이와 관련하여 한 가지 실험을 하였다. 그는 학생들을 두 집단으로 나누어 그중 한 집단은 퍼즐을 풀 때마다 보상을 주었고, 나머지 한 집단에게는 퍼즐을 풀어도 보상을 주지 않았다. 이렇게 퍼즐을 몇 번 풀게 한 후에 학생들을 실험실에서 내보내고 다시 퍼즐을 할 기회를 주었다. 두 집단의 학생들 중 어떤 학생들이 퍼즐 놀이에 많이 참여했을까? 보상 없이 퍼즐을 풀었던 집단의 학생들은 대부분 퍼즐 놀이를 한 반면, 보상을 받고 퍼즐을 풀었던 학생들은 퍼즐 놀이에 별로 참여하지 않았다. 이 실험은 다른 심리학자들에 의해서 다양한 조건으로 변형되어 반복되었고 그때마다 거의 비슷한 결과가 나타났다. [반론의 근거]

(9) 한계와 보완

1791년에 처음으로 프랑스 과학아카데미는 북극에서 파리를 지나 적도까지 이르는 자오선 길이의 1000만분의 1을 '1미터'라고 정의하였다. 그러나 자오선 길이는 측정이 어렵기 때문에 이 정의에 따라 눈금자를 만드는 일은 쉽지 않았다. [한계]
그 뒤 1875년 미터 조약이 만들어졌고 이에 따라서 1889년에 열린 제1차 국제도량형총회(CGPM)는 안정성 높은 백금 – 이리듐 합금 막대로 제작된 '미터 원기'를 새 표준으로 정의하였다. [보완] 그러나 이렇게 만들어진 국제 미터 원기는 온도나 압력에 따라 물리적 특성이 변하거나 훼손될 경우, 원래와 똑같이 복원하는 것이 불가능하다. [한계] (중략)
원자는 내부에 일정한 에너지 준위들이 형성되어 있다. 이때 원자 안의 전자가 높은 준위에서 낮은 준위로 전이될 때 방출되는 복사선들은 각각 불면하는 고유의 파장을 가지고 있다. 따라서 1960년 제11차 총회는 크립톤이라는 원자에서 나오는 오렌지색 복사선의 파장을 길이의 표준으로 정의하였다. [보완] (중략)
그러나 이 정의도 크립톤 램프에서 나오는 빛의 세기가 약하므로 실제로 활용하려면 여전히 어려움이 많았다. [한계]

1. 글의 구조를 고려하면서 읽자!
2. 글의 구조 유형에는 나열, 시간 순서, 원인과 결과, 문제와 해결, 비교와 대조, 분석, 분류, 반론, 한계와 보완 등이 있다!

예제 연습문제

01 다음 글을 읽고, 글의 구조 유형으로 알맞은 것을 고르세요.

(1)

> 본래 우리 눈은 자동 초점 기능이 있어서 보고자 하는 대상과의 거리가 바뀔 때 초점을 순식간에 맞출 수 있다. 그런데 휴대폰을 오랜 시간 동안 보는 습관을 갖게 되면 조절 긴장증이 생겨 눈의 자동 초점 기능이 저하된다. 왜 그런 현상이 생기는 것일까?
>
> 수정체를 둘러싸고 있는 근육을 섬모체근이라고 하고, 섬모체근과 수정체를 잇는 조직을 걸이 인대라고 한다. 먼 곳을 볼 때에는 섬모체근이 늘어나면서 걸이 인대가 팽팽한 상태가 된다. 그러면 걸이 인대가 잡아당기고 있는 수정체가 납작해져 초점을 맞출 수 있게 된다. 가까운 곳을 볼 때에는 그 반대가 된다. 휴대폰을 오래 보게 되면 걸이 인대가 이완된 상태가 지속되어 나중에는 자동 초점 기능이 저하된다.

① 나열   ② 분류   ③ 결과와 원인
④ 시간 순서   ⑤ 비교와 대조

(2)

> 관여도란 주어진 상황에서 특정 제품에 대해 개인이 자신과의 관련성을 지각하는 정도를 의미한다. 소비자의 관여도를 결정하는 요인에는 개인적 요인, 제품에 의한 요인, 상황적 요인이 있다. 개인적 요인은 개인에게 국한되는 성향이나 자아 정체성 등을 의미하는데, 이는 쉽게 변하지 않는 특징을 가진다. 소비자는 이 요인을 통해 의미를 부여한 특정 제품에 지속적으로 높은 관여도를 가지게 된다. 다음으로 제품에 의한 요인은 특정 제품이 지닌 특징을 의미하는데, 이 특징은 대다수의 소비자들이 가지고 있는 욕구를 충족시킬 수 있는 것이다. 따라서 소비자들은 제품의 이러한 특징으로 인해 이 제품에 높은 관여도를 가지게 된다. 마지막으로 상황적 요인은 소비자가 제품의 구매와 관련된 특정 상황을 의미하는데, 상황은 끊임없이 변화하기 때문에 상황적 요인은 개인적 요인에 비해 지속적이지 않다.

① 반론   ② 분류   ③ 문제와 해결
④ 한계와 보완   ⑤ 통시적 구조

(3)

> 경험론의 전통은 멀리 고대 그리스의 소피스트, 키레네 학파까지 올라가지만, 합리론에 대립되는 본격적인 경험론은 프랜시스 베이컨이 체계를 세웠다. 사실 이 두 사상은 모두 자연과학 발전의 영향을 받았지만, 그 발전의 핵심 동력은 다르게 파악하며 철학적 토대를 닦아나갔다. 경험론자들은 관찰과 실험에 입각한 귀납적 방법이, 합리론자들은 이성적 사고에 기반을 둔 연역적 추론이 각각 자연과학의 발전을 이끌었다고 여겼다.

① 분석   ② 나열   ③ 문제와 해결
④ 시간 순서   ⑤ 비교와 대조

예시 답안

01
(1) ③   (2) ②   (3) ⑤

솔루션 ④ 그래프는 보지 말고 읽어라

그래프는 '시각적'으로 표현되어 있지만, 사실 '읽어야' 하는 대상이에요. 그래프를 대할 때 여러분들의 정신이 혼미해지는 이유는, 어디서부터, 어떻게 읽어야 하는지 그 방법을 잘 모르기 때문이죠. 그래서 이번에는 그래프를 정확하게 읽는 방법에 대해 배워 보도록 합시다.

※ 주의 : 앞으로 우리가 볼 그래프의 내용들은 아무런 과학적 근거도 없습니다. 믿지 마세요.

1. x축은 '원인', y축은 '결과'

기본적으로 그래프는 x축(가로)을 먼저 읽고, y축(세로)을 나중에 읽습니다. 왜냐하면 그래프는 태생부터 'x축의 변화에 대한 y축의 변화를 나타내도록' 설계(?)됐기 때문이에요. 쉽게 말해 x축이 원인이고, y축이 그에 따른 결과라고 보면 편합니다. 예를 들어 다음과 같이 x축과 y축을 순서대로 읽기만 해도, 그래프가 어느 정도 분석이 됩니다.

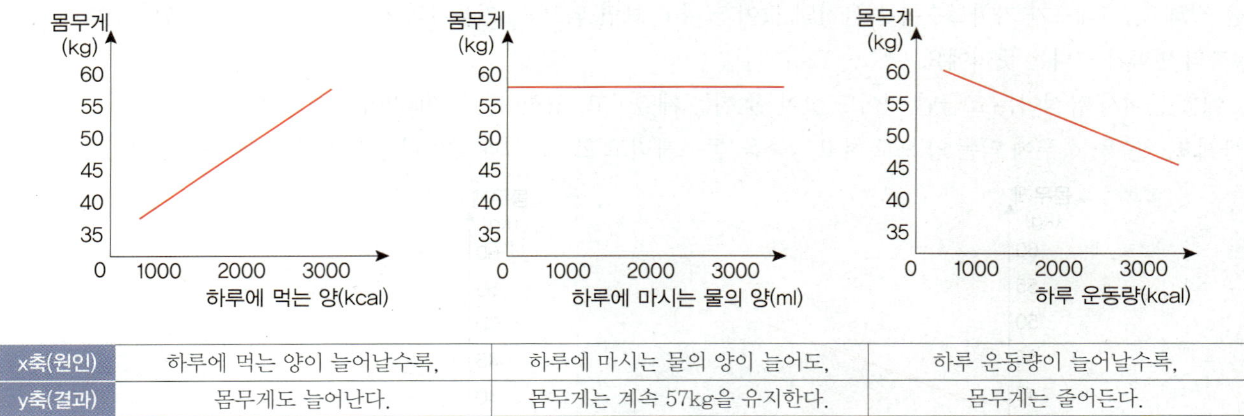

x축(원인)	하루에 먹는 양이 늘어날수록,	하루에 마시는 물의 양이 늘어도,	하루 운동량이 늘어날수록,
y축(결과)	몸무게도 늘어난다.	몸무게는 계속 57kg을 유지한다.	몸무게는 줄어든다.

2. 비례와 반비례

앞에서 본 그래프를 조금 더 분석해 볼게요. 우선 첫 번째 그래프를 봅시다.

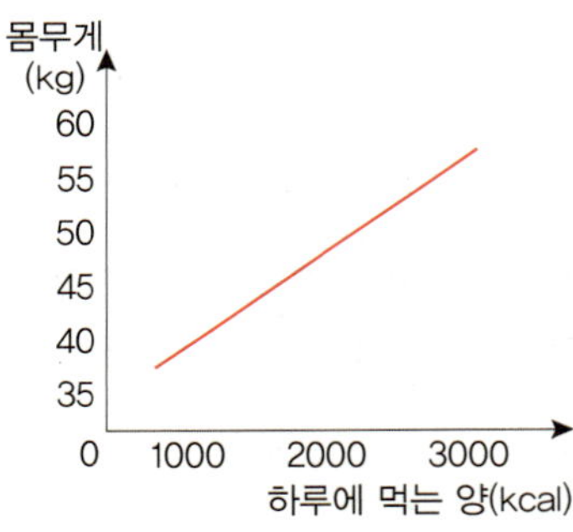

x축의 값이 커질수록 y축의 값도 커지고 있어요. 선의 방향이 왼쪽에서 오른쪽으로 올라가는 우상향(오른 右, 위 上, 향할 向) 형태를 그리고 있죠. 이럴 때 우리는 비례 관계라고 합니다. 따라서 '하루에 먹는 양'과 '몸무게'는 비례 관계에 있다고 해석하게 됩니다.

x축(원인)	하루에 먹는 양이 늘어날수록,
y축(결과)	몸무게도 늘어난다.

그다음 두 번째 그래프를 볼까요?

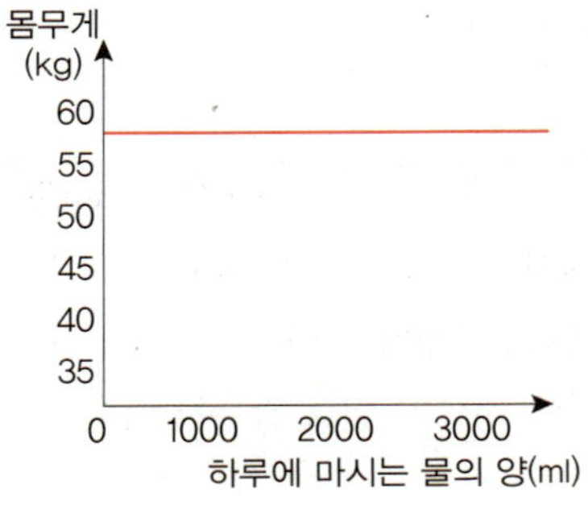

x축의 값이 커지더라도 y축 값에는 변화가 일어나지 않고 있어요. 이는 x축과 y축 간에 상관관계가 없다는 의미로 이해할 수 있어요. 즉, 마시는 물의 양과 몸무게에는 서로 영향을 주고받는 관계가 없다고 해석하게 됩니다.

x축(원인)	하루에 마시는 물의 양이 늘어도,
y축(결과)	몸무게는 계속 57kg을 유지한다.

세 번째 그래프는 어떨까요?

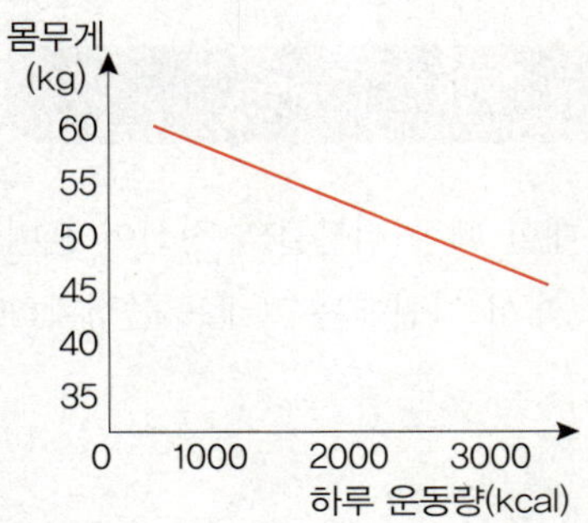

x축의 값이 커질수록 y축의 값은 작아지고 있어요. 그러면서 선의 방향이 왼쪽에서 오른쪽으로 내려가는 우하향(오른 右, 아래 下, 향할 向) 형태를 그리고 있어요. 이럴 때 우리는 반비례 관계라고 합니다. 따라서 '하루 운동량'과 '몸무게'는 반비례 관계에 있다고 해석하게 되겠죠.

x축(원인)	하루 운동량이 늘어날수록,
y축(결과)	몸무게는 줄어든다.

3. 기울기와 모양

[1] 기울기

그래프에서는 '기울기'라는 개념도 매우 중요해요. 기울기란 **그래프가 얼마나 기울어졌는지 그 정도를 나타내는 값**을 말해요. 그래프가 가파를수록 기울기의 값이 크다고 보면 되고요. **기울기의 값이 크다**는 것은 **x축의 변화에 대한 y축의 변화가 크다**는 뜻이에요.

예를 들어서 유석이는 조금만 먹어도 살이 잘 찌는 체질이고, 영신이는 많이 먹어도 살이 잘 안 찌는 체질이라고 해 볼게요. x축을 '하루에 먹는 양'으로 하고, y축을 '몸무게'라고 할 때, 그래프가 다음과 같이 나타나게 됩니다.

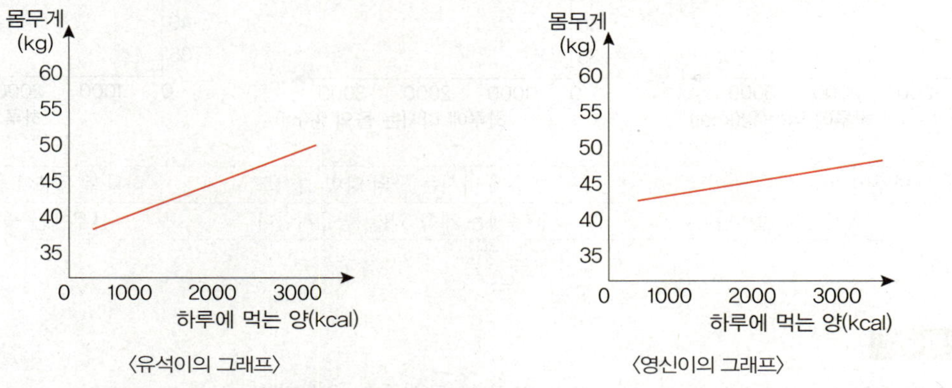

〈유석이의 그래프〉　　　　　　　〈영신이의 그래프〉

유석이는 x축의 변화에 대한 y축의 변화가 큰 사람이죠? 그래서 영신이의 그래프보다 더 가파른, 즉 기울기가 큰 그래프가 나오게 되는 거예요.

[2] 모양

그래프가 반듯하지 않고 곡선 모양일 수도 있어요. 이는 각각의 지점에서 **기울기 값을 계산했을 때 그 값이 일정하지 않고 변화한다**는 거예요. 즉 **x축의 변화에 대한 y축의 변화 '정도'가 달라지는** 그래프라고 볼 수 있죠. 아래 예시를 볼게요.

오른쪽 그래프의 x축은 소비량, y축은 총효용이라고 되어 있어요. 이때 '효용'이란 '재화(상품)를 소비함으로써 얻는 개인의 주관적 만족도'를 말해요.(이 개념은 경제 지문에 자주 나오니까 이참에 알아 두도록 합시다!) 그러므로 이 그래프는 어떤 상품의 소비에 따른 만족도를 나타낸 것이라고 보면 돼요. 해당 상품을 '빵'이라고 가정해 봅시다. 빵을 처음 먹었을 때는 만족도가 컸을 거예요. 2개까지도 꽤 괜찮았겠죠. 하지만 3개, 4개

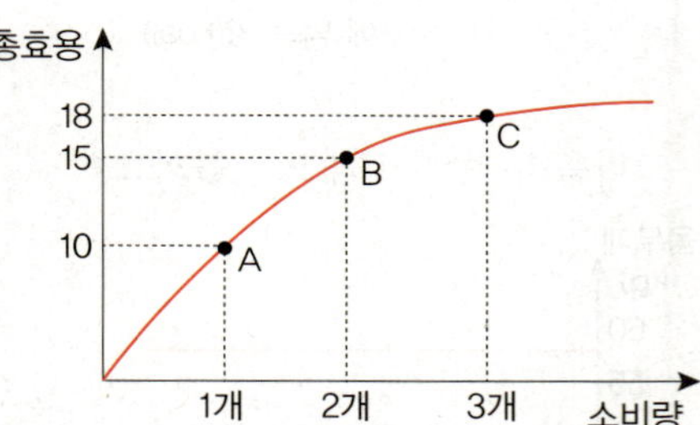

넘어가기 시작하면 배가 부르면서 빵 1개에 대한 만족도는 점차 작아질 거예요. 그래서 그래프에서 소비량이 1개에서 2개로 넘어갈 때는 만족도가 +5였는데, 2개에서 3개로 넘어갈 때는 +3밖에 되지 않고, 3개에서 4개로 넘어갈 때는 그래프가 거의 평평해지는 것을 볼 수 있어요. 즉, x축의 증가에 대해 y축이 증가하는 정도가 뒤로 갈수록 작아지는 것을 볼 수 있어요.

데이터를 언제 수집했느냐에 따라 그래프의 모양은 조금씩 달라질 텐데요, 만약에 앞서 본 〈유석이의 그래프〉를, 2016년, 2018년, 2020년 이렇게 총 3번 조사하여 그렸다고 해 봅시다.

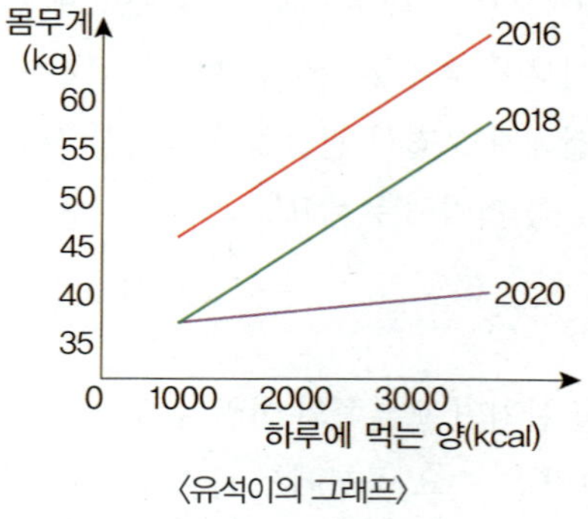

〈유석이의 그래프〉

2016년에 비해 2018년에 그래프가 아래로 이동한 것 보이시나요? 이때 그래프의 기울기는 변하지 않았죠? 이렇게 기울기가 그대로인 상태에서 그래프 전체가 움직일 때가 있는데, 이런 현상은 그래프에서 나타내는 요소가 아닌, **다른 외적인 요소가 개입되어 변화가 일어났을 때** 나타나요. 예를 들어 유석이가 아파서 몸무게가 줄었다고 하면, 먹는 양과 관계없이 그렇게 된 거잖아요? 즉, 다른 외적인 요소가 개입된 것이죠. 이럴 때, 2018년 그래프와 같이 아래로 평행하게 이동할 수 있는 겁니다.

반면 2018년에 비해 2020년 그래프는 기울기가 완만해졌죠? 이는 **먹는 양과 몸무게의 관계 자체**에 변화가 생긴 거예요. 예를 들어 근육이 많아져서 기초 대사량이 높아지면, **많이 먹어도** 살이 잘 안 찔 수 있어요. 그러면 x축의 변화에 대해 y축의 변화가 작아지는 거겠죠. 즉, 기울기가 작아지게 됩니다.(유석이가 운동을 열심히 했나 봐요!)

이처럼 '그래프 이동'과 '기울기 변화'에는 큰 차이가 있습니다. 이 둘의 차이를 알아야 그래프를 제대로 읽을 수 있어요.

그래프 이동	그래프에서 나타내는 요소가 아닌, 다른 외적인 요소가 개입되어 변화가 일어났을 때
기울기 변화	x축, y축이 나타내는 요인들 간의 관계에 변화가 일어났을 때

많은 학생들이 경제 그래프를 특히 어려워하는데요,(사실 쌤한테도 어려워요ㅠㅠ) 그래서 기본적인 경제 그래프 읽기에 대해 알려 줄까 해요. 조금 어려울 수 있지만 천천히 잘 따라와 보세요. 우선 경제학에서 가장 기본이 되는 것은 수요·공급 곡선이에요.

[1] 수요 곡선과 공급 곡선

수요는 소비자가 상품을 구매하고자 하는 욕구를 말해요. 이때 특정 가격 수준에서 사람들이 구매하고자 하는 상품의 수량을 **수요량**이라고 하죠. 상품의 가격이 오르면 구매를 포기하는 사람들이 생기기 때문에 수요량은 줄어들 수밖에 없어요. 그래서 가격과 수요량은 반비례 관계에 해당해요. 이를 그래프로 표현한 것이 수요 곡선이에요.

반면 **공급**은 생산자가 상품을 판매하고자 하는 의도를 말해요. 특정 가격 수준에서 사람들이 판매하고자 하는 상품의 수량을 **공급량**이라고 하죠. 상품의 가격이 오르면 더 많은 사람들이 공급을 원하게 되므로, 가격과 공급량은 비례하게 돼요. 이를 그래프로 표현한 것이 공급 곡선이에요.

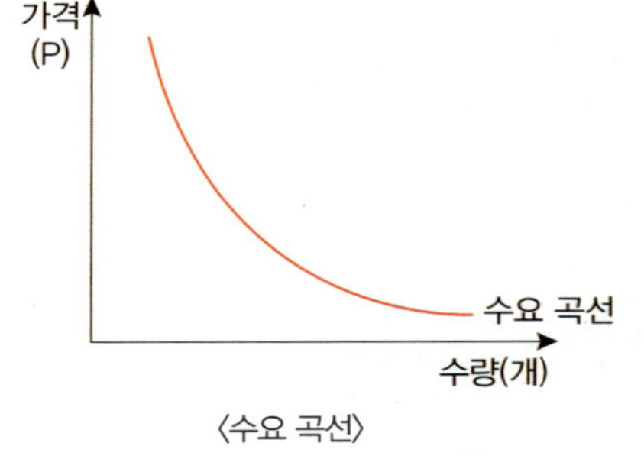

〈수요 곡선〉

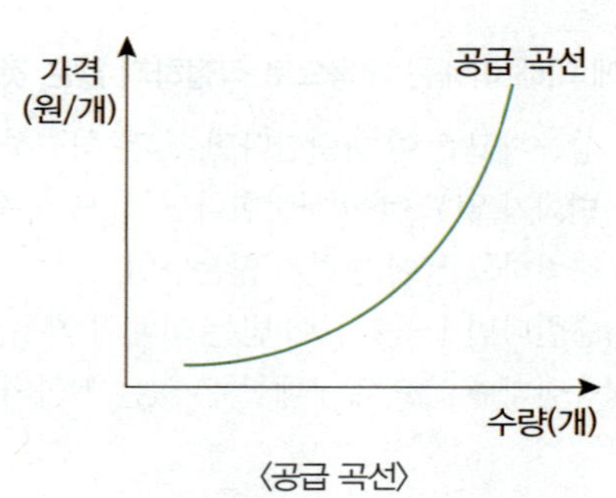

〈공급 곡선〉

그런데 좀 이상한 거 못 느꼈어요? 쌤이 앞에서 분명히, 그래프를 읽을 때 x축이 원인이니 x축부터 읽으라고 했었죠? 그런데 수요·공급 곡선 그래프에서는 '가격'이 오르면 '수요'가 준다, '가격'이 오르면 '공급'이 늘어난다, 이렇게 y축부터 읽고, 그다음에 x축을 읽었어요. 혼란스럽지 않나요?ㅠㅠ

사실은 x축에 가격이 오고, y축에 수량이 와야 제대로 그린 그래프인 게 맞아요. 그런데 수요·공급 곡선을 맨 처음에 만든 '마셜'이라는 학자가 있거든요? 이분이 글쎄 x축을 수량으로, y축을 가격으로 해 버린 거예요. 그리고 이렇게 잘못 그려진 그래프가 지금까지 그대로 전해져 오면서 관습처럼 굳어졌답니다. 그래서 **수요·공급과 관련된 그래프는 x축과 y축이 반대**로 되어 있어요. 이 점을 꼭 기억해 두세요!

〔2〕수요·공급 곡선

수요 곡선 그래프와 공급 곡선 그래프를 합치면 오른쪽의 이런 수요·공급 곡선 그래프가 나와요. 이때 x축의 '수량'은 수요 곡선에서 볼 때는 '수요량'이 되고, 공급 곡선에서 볼 때는 '공급량'이 된다고 보면 돼요. 그리고 수요 곡선과 공급 곡선이 만나는 지점에서 상품의 적정 수량과 적정 가격이 결정돼요. 그러니까 오른쪽 그래프의 상품은 500원의 값으로 2000개가 시중에 유통되고 있다고 볼 수 있어요.

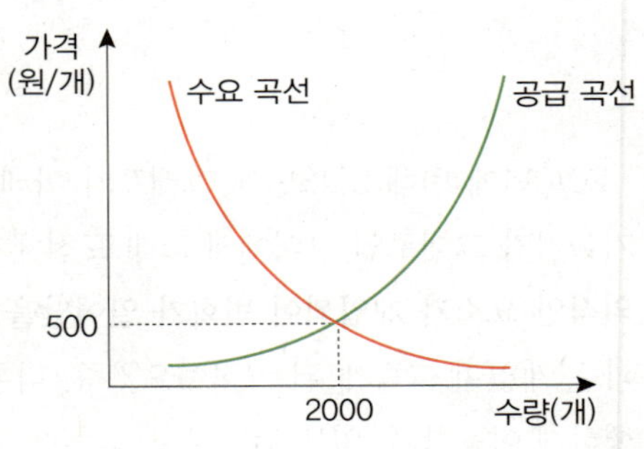

〔3〕수요·공급 곡선에서의 그래프 이동

수요·공급 곡선에서도 '그래프 이동'이 나타날 수 있어요. 원리는 앞서 본 것과 똑같아요.

그래프 이동	그래프에서 나타내는 요소가 아닌, 다른 외적인 요소가 개입되어 변화가 일어났을 때

수요 곡선을 가지고 생각해 봅시다. 만약 어떤 특정 과자가 청소년들 사이에서 유행한다고 해 볼게요. 그러면 그 과자는 가격과 관계없이, 다른 외적인 요소에 의해 수요가 늘어난 거예요. 이럴 때는 수요 곡선 그래프가 오른쪽으로 평행 이동하게 되죠.(다른 예로는 소비자들의 소득 수준이 향상된 경우 등이 있어요.)

참고로 앞서 보았던 비례, 반비례 관계는 그래프가 아니라, 지문에서 줄글로 등장할 때도 있어요. 예를 들어 'A가 오르면, B는 오르지만 C는 하락한다.'와 같이 말이죠. 이렇게 문장으로 보면 은근히 헷갈릴 수 있어요. **이럴 때는 수식으로 정리하는 것이 좋습니다.**

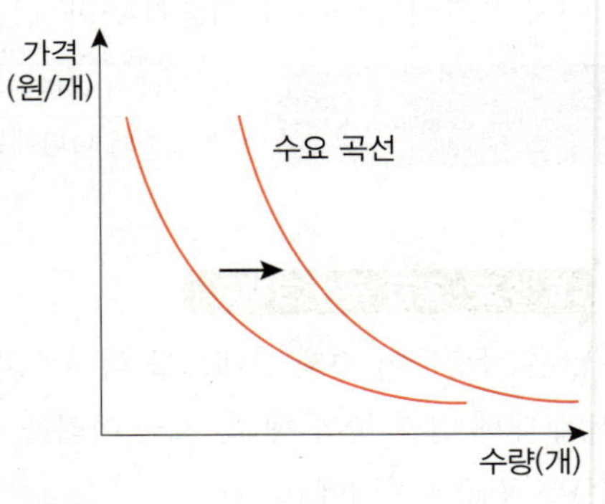

만약 A, B, C가 있는데, A가 B와는 비례하고, C와는 반비례한다면 이렇게 표현할 수 있어요. $\{A=\dfrac{B}{C}\}$ 이 식을 보면 분자 B가 커지면 A도 커질 것이고, 분모 C가 커지면 A는 작아지겠죠. 이렇게 정리해 두면, 설령 이해를 못 한 지문일지라도 해당 문제만큼은 틀리지 않을 수 있어요. 최근에 나온 문제를 하나 봅시다.

이들에 의하면 노동자들이 받는 화폐의 액수를 의미하는 명목임금이 변하지 않은 상태에서, 경기 침체로 인해 물가가 하락하게 되면 ㉠명목임금을 물가로 나눈 값, 즉 임금의 실제 가치를 의미하는 ㉡실질임금은 상승하게 된다.

22. ㉠과 ㉡에 대해 이해한 내용으로 적절하지 않은 것은?

① 물가가 상승하고 ㉠이 하락한다면, ㉡은 상승하겠군.
② 물가의 변화가 없고 ㉠이 하락한다면, ㉡도 하락하겠군.
③ 물가가 하락하고 ㉠이 변하지 않는다면, ㉡은 상승하겠군.
④ ㉠이 상승한다면 노동자들이 받는 화폐의 액수는 증가하겠군.
⑤ ㉡이 상승한다면 ㉠으로 구매할 수 있는 재화의 양이 증가하겠군.

위 지문을 보면 명목임금을 물가로 나눈 값이 실질임금이라고 했어요. '$\frac{명목임금}{물가}$=실질임금'이죠. 즉, 실질임금은 명목임금과 비례하고, 물가와 반비례한다고 보면 돼요.

분자에 변화가 있을 때(비례)	$\frac{명목임금\uparrow}{물가}$ = 실질임금$\uparrow$	$\frac{명목임금\downarrow}{물가}$ = 실질임금$\downarrow$
분모에 변화가 있을 때(반비례)	$\frac{명목임금}{물가\uparrow}$ = 실질임금$\downarrow$	$\frac{명목임금}{물가\downarrow}$ = 실질임금$\uparrow$

그럼 이제 선택지를 볼까요?

① 물가가 상승하고 ㉠ 명목임금이 하락한다면, ㉡ 실질임금은 상승하겠군.

[풀이] $\frac{명목임금\downarrow}{물가\uparrow}$ = 실질임금$\downarrow$

선택지에서는 실질임금이 상승한다고 했네요. 적절하지 않은 선택지, 벌써 찾았네요!

② 물가의 변화가 없고 ㉠ 명목임금이 하락한다면, ㉡ 실질임금도 하락하겠군.
③ 물가가 하락하고 ㉠ 명목임금이 변하지 않는다면, ㉡ 실질임금은 상승하겠군.

[풀이] $\frac{명목임금\downarrow}{물가}$ = 실질임금$\downarrow$, $\frac{명목임금}{물가\downarrow}$ = 실질임금$\uparrow$

④ ㉠ 명목임금이 상승한다면 노동자들이 받는 화폐의 액수는 증가하겠군.

[풀이] 명목임금은 '노동자들이 받는 화폐의 액수'를 의미한다고 했으니까 당연한 말이죠.

⑤ ㉡ 실질임금이 상승한다면 ㉠ 명목임금으로 구매할 수 있는 재화의 양이 증가하겠군.

[풀이] 실질임금이 상승한다는 것은 '임금의 실제 가치'가 높아졌다는 뜻이므로, 이전보다 더 많은 물건을 구매할 수 있게 되었다는 의미예요.

딱! 여섯 줄 요약

1. x축을 먼저 읽고, y축을 나중에 읽는다!
2. 비례는 우상향 형태로, 반비례는 우하향 형태로 나타난다!
3. 기울기가 크다=그래프가 가파르다=x축의 변화에 대한 y축의 변화가 크다!
4. 곡선 모양의 그래프는 기울기 값이 일정하지 않다!
5. x축, y축의 관계가 변하면 기울기가 달라지고, 다른 외적인 요소가 개입하면 그래프가 이동한다!
6. 수요 곡선과 공급 곡선이 만나는 지점에서 적정 가격과 적정 수량이 결정된다!

예제 연습문제

01 다음 글을 읽고 물음에 답하시오.

> 기업은 제품이 어떤 가격에서 어느 정도 판매될 것인지를 예상하여 제품을 생산한다. 그런데 기업이 예상한 만큼 판매가 이루어지지 않으면 예상보다 적은 이익을 얻거나, 손해를 볼 수 있다. 따라서 기업은 자신들이 제품을 최소한 어느 정도 판매해야 손해를 피할 수 있는지를 분석해야 한다. 이 과정에서 활용할 수 있는 것이 손익 분기점이다.
>
> 손익 분기점은 기업의 수익과 비용이 일치하는 지점을 말한다. 손익 분기점을 이해하기 위해서는 기업의 수익과 비용의 개념을 알아야 한다. 기업의 수익은 제품의 가격과 판매량의 곱이고, 비용은 고정 비용과 변동 비용을 합한 금액이다. 이때 수익에서 비용을 빼면 기업의 이익이 된다. 그러므로 손익 분기점은 수익과 비용이 같아지는 지점의 판매량으로 나타낼 수 있고, 이 판매량을 손익 분기점 판매량이라 한다.
>
> 여기에서 고정 비용은 생산량이나 판매량에 따라 변하지 않는 비용이다. 생산 설비에 대한 투자 비용, 임대료, 연구 개발비 등이 대표적인 고정 비용이다. 일반적으로 제품 생산에는 일정 수준의 고정 비용이 발생한다. 반면에 변동 비용은 생산량이나 판매량에 따라 변하는 비용이다. 제품 생산을 위한 원자재 비용, 포장비 등이 변동 비용에 속한다. 변동 비용은 제품 생산량이 늘어남에 따라 증가한다. 그리고 고정 비용과 변동 비용을 합한 비용을 생산량으로 나누면 해당 제품의 단위당 비용이 된다. 마찬가지로 고정 비용과 변동 비용을 각각 생산량으로 나누면 해당 제품의 단위당 고정 비용, 단위당 변동 비용이 된다. 이러한 개념들을 바탕으로 손익 분기점 판매량을 산출해 보면, 고정 비용이나 단위당 변동 비용이 늘어날수록 손익 분기점 판매량은 커지게 된다는 것을 알 수 있다.

윗글을 바탕으로 〈보기〉의 A~E를 이해한 내용으로 적절하지 <u>않은</u> 것은?

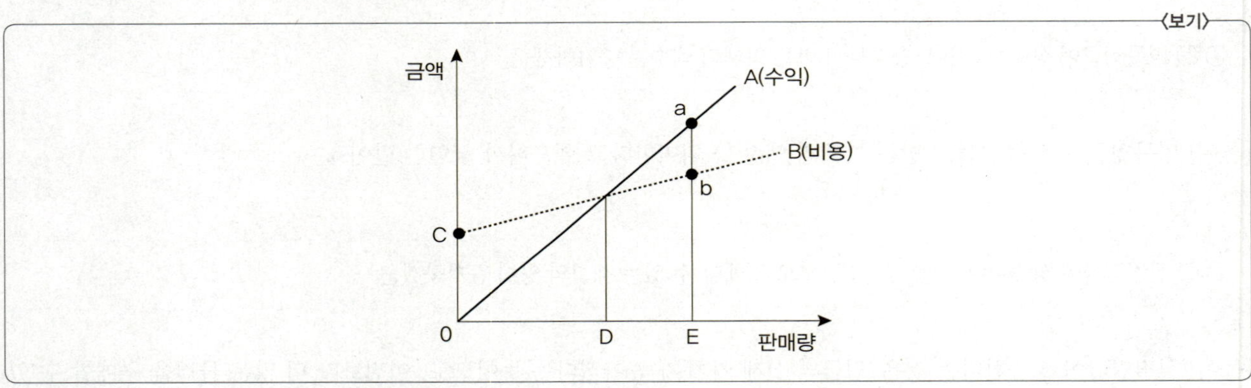

① A : 가격과 판매량을 곱한 금액이다.
② B : 단위당 변동 비용을 합한 금액이다.
③ C : 판매량에 관계없이 지출되는 고정 비용이다.
④ D : 수익과 비용이 일치하는 손익 분기점 판매량이다.
⑤ E : a와 b의 차액만큼 이익이 되는 판매량이다.

> 채권의 매입 시부터 만기일까지의 기간인 만기도 채권의 가격에 영향을 준다. 일반으로 다른 조건이 동일하다면 만기가 긴 채권일수록 가격은 금리 변화에 더 민감하므로 가격 변동의 위험이 크다. 채권은 발행된 이후에는 만기가 점점 짧아지므로 ㉠만기일이 다가올수록 채권 가격은 금리 변화에 덜 민감해진다. 따라서 투자자들은 만기가 긴 채권일수록 높은 순수익을 기대하므로 액면 이자율이 더 높은 채권을 선호한다.
>
> 한편 채권은 서로 대체가 가능한 금융 자산의 하나이기 때문에, 다른 자산 시장의 상황에 따라 가격에 영향을 받기도 한다. 가령 주식 시장이 호황이어서 ㉡주식 투자를 통한 수익이 커지면 상대적으로 채권에 대한 수요가 줄어 채권 가격이 하락할 수도 있다.

〈보기〉의 A는 어떤 채권의 가격과 금리 간의 관계를 나타낸 그래프이다. 윗글의 ㉠과 ㉡에 따른 A의 변화 결과를 바르게 예측한 것은?

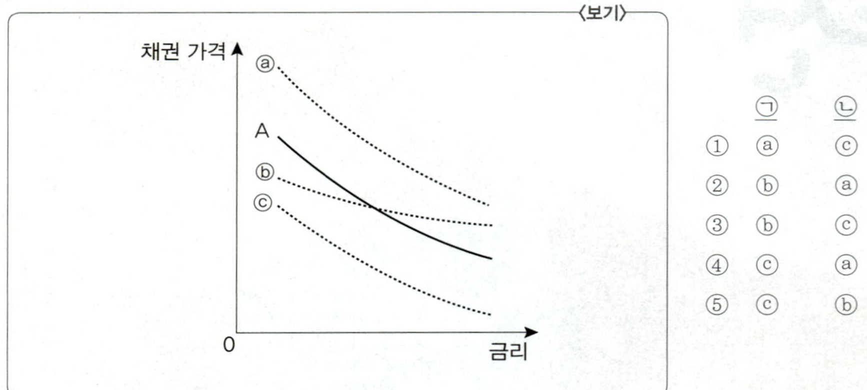

	㉠	㉡
①	ⓐ	ⓒ
②	ⓑ	ⓐ
③	ⓑ	ⓒ
④	ⓒ	ⓐ
⑤	ⓒ	ⓑ

예시 답안

01 ②

B는 고정 비용과 변동 비용을 합한 금액이에요. 단위당 변동 비용을 합한 금액은 고정 비용이 빠진 것이기 때문에 B로 적절하지 않아요.

02 ③

우선 그래프를 보면, 전반적으로 금리(x축)가 높아질수록 채권 가격(y축)은 하락하는 관계임을 알 수 있어요. 이런 상황에서 ㉠은 만기일이 다가올수록 채권 가격이 금리 변화에 덜 민감해진다고 했죠. x축과 y축의 관계에 변화가 생긴 거니까, 이럴 때는 그래프의 기울기가 달라집니다. 금리가 커지는 것에 비해 채권 가격이 덜 하락하는 것이기 때문에, 그래프가 더 완만한 모양으로, 즉 기울기가 작은 그래프로 바뀌어야 해요. 그런 그래프는 ⓑ밖에 없어요.

㉡은 채권에 대한 수요가 줄어 채권 가격이 하락할 때에 대한 얘기예요. 채권 가격과 금리의 관계는 그대로인 상태에서 채권 가격이 전체적으로 낮아진 거죠? 즉, 다른 외적인 요소가 개입한 것이므로, 기울기에는 변화가 없어야 해요. 기울기가 그대로인 상태에서 아래로 평행 이동한 ⓒ가 답임을 알 수 있어요.

II

독해력 강화;
종합 솔루션

국어 1등급으로 가는 지름길, 독해지도!

　국어를 잘하기 위해서는 무엇보다도 독해력 향상이 필요합니다. 하지만 단순히 문제만 많이 풀면서 독해력이 오르기를 바라는 것은 가까운 길을 빙 돌아서 가는 것과 같습니다. 앞으로 우리는 독해력 향상을 향해 지름길로 빠르게 달려갈 거예요. 바로 '독해지도'를 통해서 말이죠!

　'독해지도가 뭐지?'라고 생각한 친구들이 있을 거예요. 독해지도와 비슷한 개념으로 마인드맵을 들 수 있겠네요. 마인드맵은 다 알죠?

　위 그림처럼 중심 생각을 바탕으로 곁가지가 뻗어 나가듯이 생각을 펼치는 것을 마인드맵이라고 하는데, 독해지도의 모양은 마인드맵과 크게 다르지 않습니다. 독서[비문학] 지문을 바탕으로 그린 마인드맵이 바로 독해지도라고 할 수 있어요. 각 문단을 중심 내용과 세부 내용으로 나눠 요약한 후, 문단과 문단의 관계를 연결한 그림이 바로 독해지도입니다. 이해를 돕기 위해 어떤 지문을 읽고 쌤이 그린 독해지도를 보여 줄게요.

그렇다면 독해지도는 어떻게 그리는 것일까요? 먼저 각 문단 간의 관계를 파악할 수 있어야 합니다. 문단 간의 관계를 파악할 수 있다는 것은 글의 전체적인 흐름을 파악할 수 있다는 것과 같은 의미거든요. 그리고 그 흐름을 파악하려면 각 문단의 핵심 내용을 찾고, 이를 요약해야 하는데, 그 과정에서 내용에 대한 이해도가 높아집니다. 즉, 독해지도를 그리는 동안 우리의 독해력이 자연스럽게 올라가게 되는 거죠.

| **독해지도를 그려야 하는 이유** |

1 글의 전체적인 흐름을 파악할 수 있다.
2 글의 내용에 대한 이해도가 높아진다.
→ 결론 : 독해력 향상!!

자, 그럼 이제 본격적으로 독해지도 활용법을 배워 봅시다. 처음에는 '독해지도? 나의 국어 성적을 바꿔줄지도?'라고 의심을 품겠지만, 책을 끝까지 공부한 후에는

독해지도! 내 국어 성적을 바꿔줄 지도!

라는 확신이 생길 거예요!

쌤의 팁 독해지도를 그릴 때 참고할 점

1. 시험 시간에 그리는 게 아니다!
   시험 때는 문제 풀기도 바쁜데 독해지도를 그리고 있을 시간이 없죠. 시험을 다 치고 난 후 오답 체크를 할 때 독해지도를 그려 보며 내가 왜 이 문제를 틀렸는지, 어느 부분에서 읽다가 막혔는지 확인하는 거예요.
2. 모든 지문의 독해지도를 그리는 게 아니다!
   모든 지문의 독해지도를 그려야 한다는 부담감은 버리세요. 문제를 많이 틀린 지문, 어려워서 이해가 잘 안 되는 지문 위주로 독해지도를 그리면 됩니다.
3. 자세하고 꼼꼼하게 그리는 게 아니다!
   독해지도를 그리는 목적은 스스로 글을 이해하는 힘을 기르는 거예요. 결과물이 서툴고 거칠더라도 독해지도를 그리면서 스스로 글의 내용과 구조를 파악할 수 있었다면 독해지도로서의 역할은 충분해요.

독해지도를 그리기 위한 첫 단계로 '문단 단순화하기'를 배워 보겠습니다! 독해지도 그리기는 지문을 요약 및 정리하여 내용을 효과적으로 이해하기 위한 작업이기 때문에, 문단을 단순화하는 과정이 필요합니다. '문단 단순화하기'는 독해지도를 만들기 위한 위대한 첫걸음인 거죠.

앞 단원에서 문단의 중심 내용 찾는 법을 배웠죠? 이번에 공부할 '문단 단순화하기'에서는 이전에 배운 솔루션 **2** 문단을 정리하며 읽어라 를 활용할 거예요. 본격적으로 '문단 단순화하기' 공부를 시작하기에 앞서, 문단 중심 내용 찾기를 짧게 복습해 봅시다.

문단은 여러 개의 문장이 모여 하나의 생각을 나타내기 때문에, 한 문단은 하나의 중심 내용을 가지고 있다고 했어요. 그 중심 내용을 찾는 방법으로 '삭제 → 선택 → 재구성'의 단계를 거쳤죠. 문단 중심 내용 찾기의 1~3단계와, 앞에서 다뤘던 문단 예시를 다시 봅시다.

| 문단의 중심 내용 찾기 |
1단계 삭제 사소하고 불필요한 문장은 삭제한다.
2단계 선택 그 문단의 주제가 드러난 문장과 주제의 근거가 되는 문장을 선택한다.
3단계 재구성 중복 어휘 삭제, 접속 표현 사용, 일반화, 범주화 등 내용을 재구성한다.

❶ 우주에서 지구의 북극을 내려다보면 지구는 시계 반대 방향으로 빠르게 자전하고 있지만 우리는 그 사실을 인지하지 못한다. ❷ 지구의 자전 때문에 일어나는 현상 중 하나는 지구상에서 운동하는 물체의 운동 방향이 편향되는 것이다. ❸ 이러한 현상의 원인이 되는 가상적인 힘을 전향력이라 한다.

1단계 삭제 ❶ (삭제 이유 – 우리가 인지하지 못하지만 지구가 자전하고 있다는 사실을 서두로 제시함. 다른 문장에 비해 중요해 보이지 않음)

2단계 선택 ❷ (선택 이유 – 자전 때문에 발생하는 현상 중 하나를 콕 짚어 이야기하고 있으므로, 이 현상이 글의 주제일 것임)

❸ (선택 이유 – ❷의 현상을 설명할 수 있는 '전향력'이라는 개념을 제시함)

3단계 재구성 전향력의 개념

위와 같은 과정을 거쳐 문단의 중심 내용을 찾을 수 있었어요.

'문단 단순화하기'에서는 이 과정에서 한 단계가 더 추가됩니다.

1~3단계를 거쳐 '전향력의 개념'이라는 문단의 중심 내용을 찾았습니다. 하지만 '전향력의 개념'이라는 중심 내용만 보고 문단을 이해할 수 있나요? '전향력'이 무엇인지 알 수 있나요? 물론 아닙니다! 그러므로 글을 정확하게 이해하기 위해서는 필요한 세부 내용을 추가로 채워 넣어야 해요.

❶ 우주에서 지구의 북극을 내려다보면 지구는 시계 반대 방향으로 빠르게 자전하고 있지만 우리는 그 사실을 인지하지 못한다. ❷ 지구의 자전 때문에 일어나는 현상 중 하나는 지구상에서 운동하는 물체의 운동 방향이 편향되는 것이다. ❸ 이러한 현상의 원인이 되는 가상적인 힘을 전향력이라 한다.

1단계 삭제 ❶ (삭제 이유 – 우리가 인지하지 못하지만 지구가 자전하고 있다는 사실을 서두로 제시함. 다른 문장에 비해 중요해 보이지 않음)

2단계 선택 ❷ (선택 이유 – 자전 때문에 발생하는 현상 중 하나를 콕 짚어 이야기하고 있으므로, 이 현상이 글의 주제일 것임)

❸ (선택 이유 – ❷의 현상을 설명할 수 있는 '전향력'이라는 개념을 제시함)

3단계 재구성 전향력의 개념

4단계 세부 내용 채우기 전향력의 개념 – 자전하는 지구상에서 물체의 운동 방향이 편향되게 하는 가상적인 힘

기존 문단	단순화한 문단
❶ 우주에서 지구의 북극을 내려다보면 지구는 시계 반대 방향으로 빠르게 자전하고 있지만 우리는 그 사실을 인지하지 못한다. ❷ 지구의 자전 때문에 일어나는 현상 중 하나는 지구상에서 운동하는 물체의 운동 방향이 편향되는 것이다. ❸ 이러한 현상의 원인이 되는 가상적인 힘을 전향력이라 한다.	전향력의 개념 – 자전하는 지구상에서 물체의 운동 방향이 편향되게 하는 가상적인 힘

자, 1~4단계를 거쳐 문단 단순화하기를 완료했습니다. 기존 문단과 단순화한 문단을 비교해 볼까요?

기존 문단의 ❶번 문장과 같이 중요하지 않은 문장은 삭제되었고, 전향력의 개념을 다룬 ❷, ❸번 문장은 축약되었어요. 축약하는 과정에서 문단의 중심 내용인 '전향력의 개념'은 가장 첫 줄에, 세부 내용은 다음 줄에 배치했어요. 길었던 문단이 한눈에 들어오죠? 문단 단순화하기를 통해 중요한 내용과 중요하지 않은 내용을 구분함으로써 문단의 핵심을 파악할 수 있고, 세부 내용을 축약하며 문단에 대한 이해도를 높일 수 있습니다. 이렇게 단순화한 문단은 이후에 독해지도 그리기에 활용될 거예요.

| 문단 단순화하기가 필요한 이유 |
1 문단의 핵심을 파악하게 됨
2 문단에 대한 이해도가 높아짐

그럼, 예시를 하나 더 살펴봅시다.

❶ 가능세계는 일관성이라는 성질을 갖는다. ❷ 가능세계는 명칭 그대로 가능한 세계이므로 어떤 것이 가능하지 않다면 그것이 성립하는 가능세계는 없다. ❸ 또한 가능세계는 포괄성을 가지고 있다. ❹ 이것은 어떤 것이 가능하다면 그것이 성립하는 가능세계는 존재한다는 것이다. ❺ 마지막으로 가능세계는 완결성을 가지고 있다. ❻ 어느 세계에서든 임의의 명제 P와 ~P 중 하나는 반드시 참이라는 것이다.*

* 기호 '~'은 부정을 나타낸다.

지문이 다소 어렵습니다. '가능세계'라는 단어도 낯설고 '명제 P와 ~P'는 또 무슨 말인지 모르겠습니다.(쌤도 잘 모르는 내용이니, 나만 모르는 거 아닌가 걱정하지 않아도 됩니다. 시험을 볼 때도 '내게 어렵다면 다른 친구들에게도 어려울 거다!'라고 생각하며 멘탈을 다잡으세요!) 낯선 개념이 나오지만, 우리의 목적은 핵심을 추출해 문단을 단순화하는 것이니 여기에 집중합시다!

문단 단순화하기

1단계 **삭제** ❷, ❹, ❻ (삭제 이유 – 가능세계의 일관성, 포괄성, 완결성에 대한 부가 설명임)

2단계 **선택** ❶, ❸, ❺ (선택 이유 – 가능세계의 성질인 일관성, 포괄성, 완결성을 제시함)

3단계 **재구성** 가능세계의 성질 – 일관성, 포괄성, 완결성

4단계 **세부 내용 채우기** 가능세계의 성질

- 일관성 : 어떤 것이 가능하지 않음 → 그것(= 어떤 것)이 성립하는 가능세계 없음
- 포괄성 : 어떤 것이 가능 → 그것(= 어떤 것)이 성립하는 가능세계 존재
- 완결성 : 어느 세계에서든 임의의 명제 P 혹은 ~P 중 하나는 반드시 참

위 문단의 핵심은 '가능세계의 성질'입니다. 이후에는 '가능세계의 성질'에 어떤 것들이 있는지 나열하고 있기 때문에 핵심만 잘 파악했다면 게임 끝입니다. **1단계**에서 '가능세계의 성질'에 대한 부가 설명은 삭제하고, **2단계**에서 '가능세계의 성질'에 속하는 '일관성', '포괄성', '완결성'을 제시한 문장을 선택합니다. **3단계**에서 문단의 핵심인 '가능세계의 성질'을 맨 앞에 배치하고, 하위개념인 '일관성', '포괄성', '완결성'은 뒤에 배치합니다. '일관성', '포괄성', '완결성'에 대한 정의가 필요하기 때문에 **4단계**에서는 **1단계**에서 삭제한 내용을 축약해 채워 줍니다.

'가능세계'라는 낯선 개념을 다룬 문단이라 쉽지는 않네요. 하지만 문단을 단순화하니 문단의 구조가 보이고, 내용에 대한 이해도가 높아졌을 거예요. 문단을 단순화하면 문단이 말하고자 하는 바가 보이니, 문단 단순화하기를 연습, 또 연습합시다!

이런 의문을 갖는 학생이 있을 수 있어요.

"[1단계]에서 삭제한 내용을 [4단계] 세부 내용 채우기에서 왜 다시 살려야 하나요? 삭제하지 않으면 더 편하지 않나요?"

물론 이렇게 생각할 수도 있지만, 이는 문단을 잘 이해하기 위해서 꼭 필요한 과정입니다. [1~3단계]인 삭제, 선택, 재구성을 거치며 문단의 중심 내용을 먼저 파악해야, 문단에서 말하고자 하는 핵심이 무엇인지 알 수 있거든요. 이 과정을 거치지 않으면, 중심 내용과 세부 내용이 섞여 핵심을 놓칠 수 있습니다. 글을 이해하기 위한 훈련 과정이라고 생각하고 [1~4단계]를 단계적으로 밟읍시다!

01 다음 글을 읽고 문단을 단순화해 보세요.

> ❶ 최근 언어 처리 과정에 대한 이론은 뇌의 여러 영역들이 결합하여 언어를 처리한다는 결합주의 이론이 지배적이다. ❷ 최초의 결합주의 이론은 베르니케가 주장한 '베르니케 모형'으로, 그는 베르니케 영역과 브로카 영역 간의 긴밀한 정보 교류에 의해서 언어가 처리된다는 이론을 발표하였다. ❸ 이후 1885년 리시트하임은 베르니케 모형에 개념 중심부를 추가하여 베르니케 영역, 브로카 영역, 개념 중심부가 결합하여 언어가 처리된다는 '리시트하임 모형'을 제시하였다. ❹ 그에 의하면 베르니케 영역은 일종의 머릿속 사전으로, 단어가 소리의 형태로 저장되어 있는 언어 중추이고, 브로카 영역은 단어를 조합하여 문장이나 발화를 생성하는 언어 중추, 그리고 개념 중심부는 의미를 형성하거나 해석하는 언어 중추이다.

(1) **1단계** 삭제할 문장의 번호 :　　　　　　　　　　　(2) **2단계** 선택할 문장의 번호 :

(3) **3단계** 재구성 :

(4) **4단계** 세부 내용 채우기 :

02 다음 글을 읽고 문단을 단순화해 보세요.

> ❶ 빛이 어떤 물질을 통과하는 것을 투과라 한다. ❷ 오른쪽의 그림처럼 빛이 한 매질로부터 다른 매질로 들어갈 경우 빛은 입사광선과 입사점의 경계면에서 수직으로 세운 법선을 기준으로 꺾이게 되는데, 이를 굴절이라 한다. ❸ 이때 빛은 밀도가 작은 매질에서 큰 매질로 투과할 때는 감속하며 법선 쪽으로 꺾이지만, 밀도가 큰 매질에서 작은 매질로 투과할 때에는 반대 방향으로 꺾인다. ❹ 이를 통해 여러 가지 자연 현상을 설명할 수 있다.

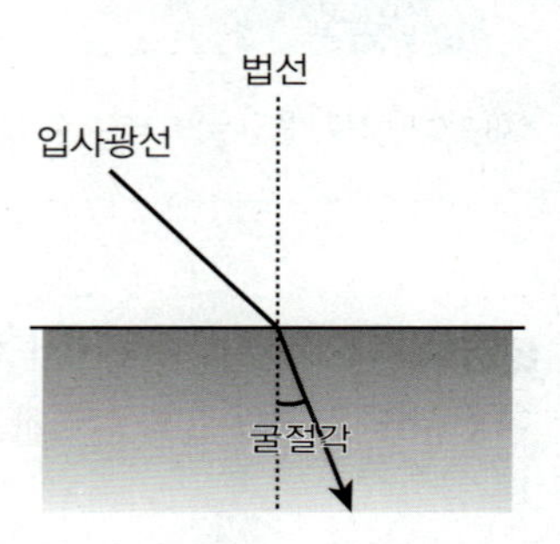

(1) **1단계** 삭제할 문장의 번호 :　　　　　　　　　　　(2) **2단계** 선택할 문장의 번호 :

(3) **3단계** 재구성 :

(4) **4단계** 세부 내용 채우기 :

01

(1) ❶, ❹　　　　　　　　　　　(2) ❷, ❸

(3) 결합주의 이론의 흐름 : 베르니케 모형 → 리시트하임 모형

(4) 결합주의 이론의 흐름

　• 베르니케 모형 : 베르니케 영역과 브로카 영역 간의 긴밀한 교류로 언어 처리

　　　　　　↓

　• 리시트하임 모형 : 베르니케 영역과 브로카 영역, 개념 중심부가 결합해 언어 처리

　　　　　베로니케 영역 : 단어가 소리의 형태로 저장됨

　　　　　브로카 영역 : 단어를 조합해 문장이나 발화 생성

　　　　　개념 중심부 : 의미를 형성하거나 해석

02

(1) ❸, ❹　　　　　　　　　　　(2) ❶, ❷

(3) 굴절 – 빛이 한 매질 → 다른 매질로 투과할 때 빛이 입사광선과 입사점의 경계면에서 법선을 기준으로 꺾이는 것

(4) 굴절 – 빛이 한 매질 → 다른 매질로 투과할 때 빛이 입사광선과 입사점의 경계면에서 법선을 기준으로 꺾이는 것

　• 밀도가 작은 매질 → 큰 매질 : 법선 쪽으로 꺾임

　• 밀도가 큰 매질 → 작은 매질 : 반대 방향으로 꺾임

<u>스텝 **1** 문단 단순화하기</u> 에서 우리는 문단을 단순화시켰습니다. 독해지도를 그리기 위해서는 각 문단을 단순화하는 것을 넘어, 문단 간의 관계를 파악하는 것이 필요합니다. 앞에서와 마찬가지로 예시를 통해 보여 줄게요. 이전까지 짧은 글들만 보았다면, 이번에는 글 한 편, 즉 지문 하나를 쭉 이어서 볼 거예요. 앞서 배웠던 방법들을 최대한 적용하면서 아래 글을 읽어 봅시다.

1문단 ❶ 세금이란 정부 또는 지방 정부가 수입을 얻기 위해 / **[목적]** 법률의 규정에 따라 직접적인 반대급부* 없이 / **[조건]** 자연인이나 법인에게 / **[대상]** 부과하는 경제적 부담이다. / **[개념]** ❷ 즉, 세금은 정부가 사회 안전과 질서를 유지하고 국민 생활에 필요한 공공재를 공급하는 비용을 마련하기 위해 / **[목적]** 가계나 기업의 소득을 가져가는 부의 강제 이전인 것이다. / **[개념]**

* **반대급부** : 어떤 일에 대응하여 얻게 되는 이익

문단 단순화하기

1단계 삭제 ❷ (부연 설명) 　　　　　　**2단계** 선택 ❶ (개념)

3단계, 4단계 **재구성 & 세부 내용 채우기** 세금의 개념 – 정부 또는 지방 정부가 수입을 얻기 위해 자연인이나 법인에게 부과하는 경제적 부담

쌤의 팁

재구성만으로 문단을 요약할 수 있다면 재구성과 세부 내용 채우기를 한 번에 진행해도 문제없습니다!

2문단 ❶ 납세자들은 정부에서 제공하는 각종 재정 활동, 즉 (각종 공공 시설, 보건 의료, 복지 및 후생 등)의 편익*에 대해서 더 큰 혜택을 원한다. ❷ 그러나 공공 서비스 확충을 위하여 세금을 더 많이 내겠다고 나서는 사람은 보기 드물다.

* **편익** : 편리하고 유익함

문단 단순화하기

1단계 삭제 ✕ 　　　　　　**2단계** 선택 ❶, ❷

3단계, 4단계 **재구성 & 세부 내용 채우기** 납세자들의 입장 – 더 큰 혜택을 원하나, 증세는 원하지 않음

3문단 ❶ 역사적으로 볼 때 (시민 혁명이나 민중 봉기 등)의 배경에는 정부의 과다한 세금 징수도 하나의 요인으로 자리 잡고 있다. ❷ 현대에도 정부가 세금을 인상하여 어떤 재정 사업을 하려고 할 때, 국민들은 자신들에게 별로 혜택이 없거나 부당하다고 생각될 경우 납세 거부 운동을 펼치거나 정치적 선택으로 조세 저항을 표출하기도 한다. ❸ 그래서 세계 대부분의 국가는 원활한 재정 활동을 위한 조세 정책에 골몰하고 있다.

문단 단순화하기

1단계 삭제 ❶ 　　　　　　**2단계** 선택 ❷, ❸

3단계, 4단계 **재구성 & 세부 내용 채우기** 원활한 재정 활동을 위한 조세 정책에 골몰하는 국가

4문단 ❶ 경제학의 시조인 아담 스미스를 비롯한 많은 경제학자들이 제시하는 바람직한 조세 원칙 중 가장 대표적인 것이 공평과 효율의 원칙이라 할 수 있다. ❷ 공평의 원칙이란 특권 계급을 인정하지 않고 국민은 누구나 자신의 능력에 따라 세금을 부담해야 한다는 의미이고 / **[개념]** 효율의 원칙이란 정부가 효율적인 제도로 세금을 과세*해야 하며 납세자들로부터 불만을 최소화할 수 있는 방안으로 징세*해야 한다는 의미이다. / **[개념]**

* **과세** : 세금을 정하여 그것을 내도록 의무를 지움 　　* **징세** : 세금을 거두어들임

1단계 삭제 ❷   2단계 선택 ❶

3단계 재구성 바람직한 조세 원칙 – 공평의 원칙 & 효율의 원칙

4단계 세부 내용 채우기 바람직한 조세 원칙

· 공평의 원칙 : 누구나 능력에 따라 세금 부담

· 효율의 원칙 : 효율적인 제도 + 불만을 최소화할 수 있는 방안으로 과세

5문단 ❶ 조세 원칙을 설명하려고 할 때 프랑스 루이 14세 때의 재상 콜베르의 주장을 대표적으로 원용*한다. ❷ 콜베르는 가장 바람직한 조세의 원칙은 거위의 털을 뽑는 것과 같다고 하였다. ❸ 즉, 거위가 소리를 가장 적게 지르게 하면서 털을 가장 많이 뽑는 것이 가장 훌륭한 조세 원칙이라는 것이다.

* 원용 : 자기의 주장이나 학설을 세우기 위하여 문헌이나 관례 따위를 끌어다 씀(=인용)

1단계 삭제 ❶, ❷   2단계 선택 ❸

3단계, 4단계 재구성 & 세부 내용 채우기 콜베르의 주장 – 가장 바람직한 조세 원칙은 거위가 소리를 가장 적게 지르게 하면서 털을 가장 많이 뽑는 것

6문단 ❶ 거위의 깃털을 뽑는 과정에서 거위를 함부로 다루면 거위는 소리를 지르거나 달아나 버릴 것이다. ❷ 동일한 세금을 거두더라도 납세자들이 세금을 내는 것 자체가 불편하지 않게 해야 한다는 의미이다. ❸ 또 어떤 거위도 차별하지 말고 공평하게 깃털을 뽑아야 한다. ❹ 이것은 모든 납세자들에게 공평한 과세를 해야 한다는 의미이다. ❺ (신용 카드 영수증 복권 제도나 현금 카드 제도 등)도 공평한 과세를 위해서이다.

1단계 삭제 ❶, ❸, ❺   2단계 선택 ❷, ❹

3단계, 4단계 재구성 & 세부 내용 채우기 콜베르의 주장 – 세금 내는 것을 불편하지 않게 해야 하고(효율의 원칙), 공평한 과세를 해야 함(공평의 원칙)

자, 그럼 이제 문단별로 단순화한 내용을 모아 봅시다. 이때 단순히 모아 놓기만 할 것이 아니라, 문단 간의 연결 관계를 파악하면서 보는 것이 필요해요. 다음과 같이 말이죠.

문단 단순화하기	문단 간의 관계
1문단 세금의 개념	
2문단 납세자들의 입장	1문단의 내용과 관련되지만 다른 방향으로 전환
3문단 원활한 재정 활동을 위한 조세 정책에 골몰하는 국가	2문단의 내용과 관련한 과거와 현대의 사례
4문단 바람직한 조세 원칙 · 공평의 원칙 : 누구나 능력에 따라 세금 부담 · 효율의 원칙 : 효율적인 제도 + 불만을 최소화할 수 있는 방안으로 과세	2문단, 3문단에서 다룬 문제에 대한 해결책
5문단 콜베르의 주장 – 가장 바람직한 조세 원칙은 거위가 소리를 가장 적게 지르게 하면서 털을 가장 많이 뽑는 것	4문단과 관련한 특정인의 주장
6문단 콜베르의 주장 – 세금 내는 것을 불편하지 않게 해야 하고(효율의 원칙), 공평한 과세를 해야 함(공평의 원칙)	5문단에 대한 부연 설명

세금의 기본 개념이 제시된 후 조세 정책에 대한 어려움으로 이어졌습니다. 이에 대한 해결책으로 '공평의 원칙'과 '효율의 원칙'이 제시되었고, 이와 관련한 콜베르의 주장이 이어졌죠.

어때요? 문단별로 추출한 핵심을 모아서 연결해 보니 글의 흐름이 한눈에 보이죠?

이제 점점 독해지도의 형태가 나오고 있어요. 문단 단순화하기와 문단 간의 관계 파악하기만 잘해도 독해지도 그리는 법을 거의 다 익혔다고 할 수 있습니다. 글을 읽으면서, 문단별 핵심과 문단 간의 관계가 어느 정도 머릿속에서 정리가 되어야 해요. 아직은 익숙하지 않아서 어려울 수 있지만, 자꾸 연습하다 보면 자연스럽게 정리가 될 거예요. 다음의 연습문제를 풀어 보면서 문단 간의 관계를 파악하는 연습을 해 보세요.

예제 연습문제

| 01~02 | 다음 글을 읽고 물음에 답하세요.

01 다음 글을 읽으며 문단을 단순화해 보세요.

> **1문단** 개인이 제작하여 다수의 사람들에게 영상 콘텐츠를 제공하는 방송을 1인 방송이라고 한다. 최근 들어 1인 방송이 활성화되고 있으며, 이에 따라 화장하는 방법을 소개하는 방송, 음식을 먹는 모습을 보여 주는 방송, 게임을 소개하는 방송 등의 1인 방송을 즐겨 찾는 청소년들이 점점 늘어나고 있다.
>
> (1) 문단 단순화하기 :
>
> **2문단** 1인 방송이 청소년 사이에서 확산되는 이유는 무엇일까? 그것은 1인 방송이 청소년들이 관심을 가질 만한 다양한 콘텐츠를 생산하고 있기 때문이다. 다양한 콘텐츠를 생산할 수 있었던 배경으로는 고성능 스마트 기기 카메라와 영상 편집 애플리케이션의 보편화로 누구나 쉽게 다양한 콘텐츠를 제작할 수 있게 되었다는 점을 들 수 있다.
>
> (2) 문단 단순화하기 :
>
> **3문단** 그렇다면 청소년들은 1인 방송을 보며 어떤 긍정적 효과를 얻을 수 있을까? 우선 청소년들은 1인 방송을 통해 기존의 미디어에서 접하기 어려웠던 진로나 취미 생활 등에 대한 유익한 정보를 얻을 수 있을 뿐만 아니라 여가를 즐김으로써 스트레스를 해소할 수 있다. 또한 댓글을 달거나 채팅을 통해 진행자와 직접적으로 소통하며 방송에 참여하는 색다른 묘미와 즐거움을 느낄 수 있다.
>
> (3) 문단 단순화하기 :
>
> **4문단** 그런데 최근 시청자의 관심을 끌기 위해 비속어 등 규범에 맞지 않는 언어 표현을 하거나 선정적, 폭력적 내용을 담고 있는 방송이 늘어나고 있다. 문제는 청소년이 모방 심리가 강하기 때문에 이러한 방송에 지속적으로 노출될 경우 언어생활이나 가치관에 부정적인 영향을 끼칠 수 있다는 것이다. 실제로 1인 방송 진행자가 사용하는 막말과 비속어 등이 청소년들 사이에서 유행어처럼 번지고, 1인 방송에서 본 잘못된 행동을 모방하는 사례가 늘고 있다.
>
> (4) 문단 단순화하기 :

02 다음은 윗글의 문단 관계를 정리한 거예요. 괄호 안에 들어갈 내용으로 적절한 것을 골라 ○표 하세요.

1문단	
2문단	1문단의 (원인 / 요약)
3문단	2문단의 내용과 관련되지만 다른 내용으로 전환
4문단	(3문단의 결과 / 3문단과 상반)

| 03~04 | 다음 글을 읽고 물음에 답하세요.

03 다음 글을 읽으며 문단을 단순화해 보세요.

1문단 정서의 본질에 대한 전통적인 논의는 크게 두 방향의 이론으로 설명할 수 있는데, 하나는 '감정 이론'이고 다른 하나는 '인지주의적 이론'이다. 다음 사례에서 드러나는 정서의 요소를 바탕으로 두 이론의 대립하는 방향성을 확인할 수 있다. 민호가 전신주 옆에서 버스를 기다리고 있을 때, 전신주 변압기에서 연기가 솟아났고 민호는 갑자기 공포에 빠져들게 된 상황을 가정해 보자. 이때 민호의 공포라는 정서에서 감정적 요소에 해당하는 것은 민호가 느끼는 공포감이라는 느낌이고, 인지적 요소에 해당하는 것은 민호가 연기를 보았을 때 '민호 자신이 위험한 상황에 처했다.'라는 명제로 표현될 수 있는 판단이나 믿음이다. 감정 이론은 전자를 중심으로 정서를 정의하는 이론이고, 인지주의적 이론은 후자를 중심으로 정서를 정의하는 이론이다.

(1) 문단 단순화하기 :

2문단 감정 이론은 특정 정서를 그 정서가 내포하는 특정 감정, 즉 자신도 모르게 생기는 느낌과 동일시하는 이론이다. 감정 이론에 따르면, 정서를 이해하는 것은 인지적인 요소가 아니라 감정적인 요소를 통해서 가능하다. 즉 상황에 대해서 어떻게 판단하고 믿느냐가 아니라 어떻게 느끼느냐를 이해하는 것을 통해서만 가능하다는 것이다. 감정 이론은 앞의 예에서 공포라는 민호의 정서를 공포감이라는 감정적 요소와 동일시하면서 민호의 정서를 이해하는 데 있어 인지적 요소는 배제한다. 인지적 요소인 판단과 믿음은 앞의 예에서 민호가 연기를 보았다고 가정했을 때 그 '연기'와 같은 구체적인 대상을 전제하는데, 감정 이론은 판단과 믿음을 배제하기 때문에 정서의 지향적인 성격을 부정한다. 또한 감정 이론을 바탕으로 할 때, 감정은 정서와 동일시되므로 의지에 의해 통제되기 힘든 감정의 속성은 그대로 정서의 속성이 된다.

(2) 문단 단순화하기 :

3문단 인지주의적 이론은 정서의 인지적 요소를 정서와 동일시하거나 적어도 정서의 필수적인 요소로 인정하는 이론이다. 이 이론에 따르면, 감정 자체는 정서와 동일시될 수 없고 판단이나 믿음과 같은 인지적 요소들의 복합체에 의해 초래되는 결과일 뿐이다. 인지주의적 이론은, 앞의 예에서 민호가 자신의 머리 위에 변압기가 떨어질 수 있다고 판단하여 위험한 상황에 처했다고 믿는 것을 민호가 경험하는 공포라는 정서 상태와 동일시하거나 적어도 이 공포라는 정서를 규정하는 데 필수적인 요소로 인정한다. 그리고 민호의 공포감은 민호의 판단과 믿음의 결과로 가지게 된 감정일 뿐이라고 본다.

(3) 문단 단순화하기 :

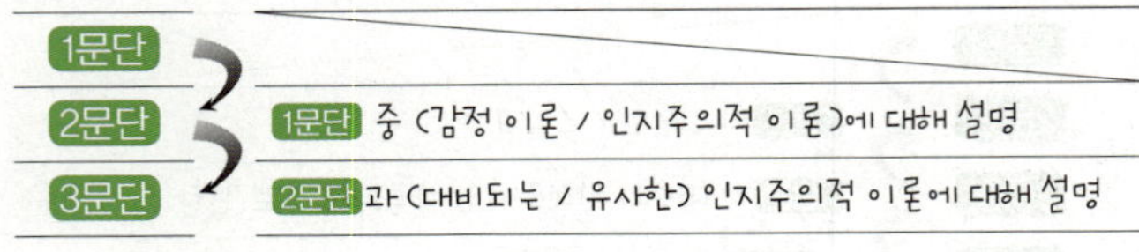

예시 답안

01~02

	01 문단 단순화하기	02 문단 간의 관계
1문단	1인 방송의 개념과 확산 – 1인 방송 : 개인이 제작하여 다수의 사람들에게 영상 콘텐츠를 제공하는 방송	
2문단	1인 방송이 청소년 사이에서 확산되는 이유 : 다양한 콘텐츠 생산 – 고성능 스마트 기기 카메라, 영상 편집 애플리케이션의 보편화	1문단 의 원인
3문단	1인 방송의 긍정적 효과 – 유익한 정보 획득, 스트레스 해소, 방송에 참여하는 색다른 묘미와 즐거움	2문단 의 내용과 관련되지만 다른 내용으로 전환
4문단	1인 방송의 문제점 – 청소년의 언어생활이나 가치관에 부정적인 영향을 끼칠 수 있음	3문단 과 상반

03~04

	03 문단 단순화하기	04 문단 간의 관계
1문단	정서의 본질에 대한 두 이론 – 감정 이론 : 감정적 요소를 중심으로 정서를 정의 – 인지주의적 이론 : 판단이나 믿음을 중심으로 정서를 정의	
2문단	감정 이론 – 특정 정서를 그 정서가 내포하는 특정 감정과 동일시하는 이론 – 인지적 요소가 아닌 감정적 요소를 통해 정서를 이해 – 의지에 의해 통제되기 힘든 감정의 속성은 그대로 정서의 속성이 됨	1문단 중 감정 이론에 대해 설명
3문단	인지주의적 이론 – 정서의 인지적 요소를 정서와 동일시하거나 적어도 정서의 필수적인 요소로 인정하는 이론 – 감정 자체는 정서와 동일시될 수 없고 인지적 요소(판단, 믿음)들의 복합체에 의해 초래되는 결과	2문단 과 대비되는 인지주의적 이론에 대해 설명

스텝 1 문단 단순화하기 와 스텝 2 문단 간의 관계 파악하기 에 이어 이번에는 스텝 3 도식화하기 를 배워 보겠습니다.

'도식화'라… 단어가 좀 어려운가요? 우리가 앞으로 다룰 '도식화하기'란 글의 구조를 한눈에 볼 수 있도록 그림으로 정리하는 작업을 뜻합니다. 그래도 어렵다면, 더 쉽게 예시를 보여 줄게요.

> 치킨은 '치느님'이라고 불릴 정도로 많은 사람들에게 사랑받는 배달음식이다. 치킨의 종류에는 크게 후라이드치킨과 양념치킨이 있다. 이때 양념치킨은 크게 고추장을 베이스로 한 양념으로 만든 양념치킨과 간장을 베이스로 한 간장치킨으로 나뉜다. 치킨 외에도 피자, 족발도 인기 있는 배달음식이다.

쌤이 지금 저녁도 못 먹고 책을 쓰고 있어서 치킨에 관한 글을 써 봤어요. 얼른 쓰고 치킨 시켜 먹어야겠…이 아니고, 위의 글을 다들 이해했죠? 이 글을 간단하게 그림으로 어떻게 표현할 수 있을까요?

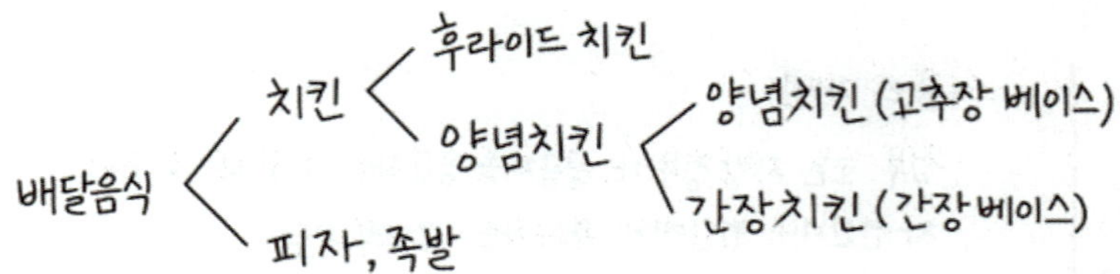

쌤은 위와 같이 표현해 봤어요. 이게 바로 우리가 앞으로 배울 '도식화하기'입니다. '도식화하기'라는 단어 자체는 좀 딱딱하지만, 어렵지 않습니다!

여기서 우리가 도식화해야 할 대상은 무엇일까요? 앞서 스텝 2 문단 간의 관계 파악하기 를 통해 문단 간의 연결 관계를 살펴봤는데요, 앞으로 우리는 문단 간의 연결 관계를 그림으로 도식화할 거예요. 앞에서 활용한 지문을 통해 설명해 볼게요. 스텝 2 문단 간의 관계 파악하기 에서 설명했다시피 다음과 같이 문단과 문단을 연결해 볼 수 있었습니다.

문단 단순화하기	문단 간의 관계
1문단 세금의 개념	
2문단 납세자들의 입장	1문단의 내용과 관련되지만 다른 방향으로 전환
3문단 원활한 재정 활동을 위한 조세 정책에 골몰하는 국가	2문단의 내용과 관련한 과거와 현대의 사례
4문단 바람직한 조세 원칙 • 공평의 원칙 : 누구나 능력에 따라 세금 부담 • 효율의 원칙 : 효율적인 제도 + 불만을 최소화할 수 있는 방안으로 과세	2문단, 3문단에서 다룬 문제에 대한 해결책
5문단 콜베르의 주장 – 가장 바람직한 조세 원칙은 거위가 소리를 가장 적게 지르게 하면서 털을 가장 많이 뽑는 것	4문단과 관련한 특정인의 주장
6문단 콜베르의 주장 – 세금 내는 것을 불편하지 않게 해야 하고(효율의 원칙), 공평한 과세를 해야 함(공평의 원칙)	5문단에 대한 부연 설명

1문단은 도입부로 세금의 개념을 설명합니다. 2문단, 3문단은 세금 징수의 어려움에 대해 다루고 있어요. 4문단에서는 이에 대한 해결책으로 바람직한 조세 원칙을 제시했고, 5문단, 6문단은 바람직한 조세 원칙과 관련한 콜베르의 주장을 다루고 있습니다. 정리해 보니, 이제 지문의 흐름이 보이는 것 같지 않나요? 방금 설명한 내용을 그림으로 도식화하면 다음과 같습니다.

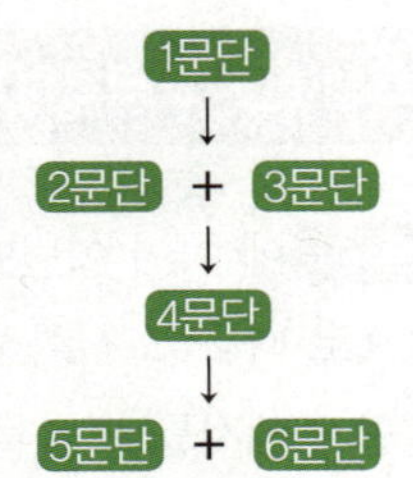

같은 내용을 다루고 있는 2문단과 3문단을 한 덩어리로, 5문단과 6문단을 한 덩어리로 묶었습니다. 1문단 / 2문단, 3문단 / 4문단 / 5문단, 6문단은 순차적으로 이어지고 있기 때문에 화살표로 연결했고요.

이와 같이 '도식화하기'가 필요한 이유는 도식화를 통해 글의 흐름을 명확히 파악할 수 있기 때문이에요. 위 지문도 도식화를 통해 세금 징수의 어려움과 이에 대한 해결책에 대해 다루고 있음을 명확하게 파악할 수 있었습니다.

스텝 1 ~ 스텝 3 에서 배운 모든 내용을 적용하면 아래와 같이 독해지도를 그릴 수 있습니다. 글의 흐름과 내용이 한눈에 들어오죠? 독해지도만 봐도 글에서 말하고자 하는 바를 충분히 이해할 수 있어요.

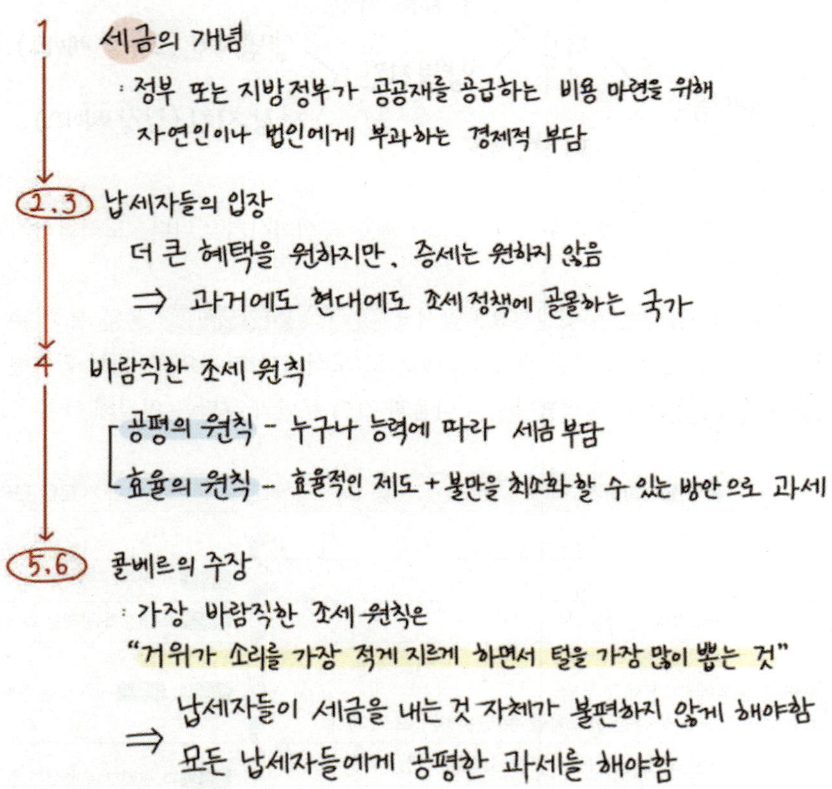

독해지도 그리기를 본격적으로 훈련하기에 앞서, '도식화하기'를 수월하게 하기 위해 문단과 문단 간의 연결 관계 유형을 살펴봅시다. 다음과 같은 유형들이 있음을 알고, 이를 활용해 글을 도식화하면 됩니다!

[1] I형
· ㄱ문단과 ㄴ문단이 순차적으로 연결되는 유형 – 시간 순서, 인과 관계, 순차적 전개 등

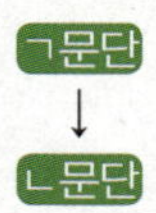

- ㄱ문단과 ㄴ문단이 서로 대립되는 유형 – 대립, 비교 등

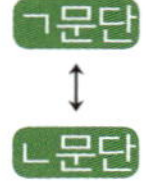

(2) V형

- ㄱ문단이 상위 개념으로, ㄴ문단과 ㄷ문단이 하위 개념으로 분류되는 유형. 이때 ㄴ문단과 ㄷ문단은 병렬 관계

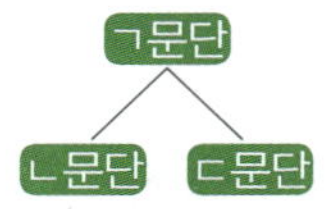

- ㄱ문단과 ㄴ문단의 내용이 ㄷ문단으로 수렴되는 유형. 이때 ㄱ문단과 ㄴ문단은 병렬 관계

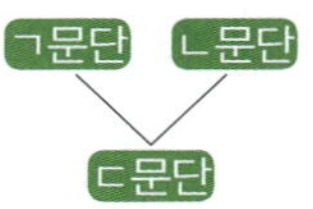

(3) O형

- 여러 문단이 하나의 내용으로 묶이는 유형

'독해지도 그리기' 세 줄 요약

1. '삭제 → 선택 → 재구성'을 통해 중심 내용을 찾은 후 세부 내용을 채우자!
2. 문단과 문단 간의 연결 관계를 파악하자!
3. I형, V형, O형을 떠올리며 글을 도식화하자!

예제 연습문제

01 다음 글을 읽고 문단 간의 관계를 파악하여 도식화해 보세요.

(1)

> **1문단** 우리말에는 한 음운이 일정한 환경에 따라 다르게 발음되는 경우가 있다. 이런 현상을 '음운 변동'이라고 하며 비음화, 거센소리되기, 모음 탈락 등이 이에 해당한다.
>
> **2문단** 비음화는 비음이 아닌 'ㄱ, ㄷ, ㅂ'이 뒤에 오는 비음 'ㄴ, ㅁ'의 영향을 받아 각각 비음인 'ㅇ, ㄴ, ㅁ'으로 바뀌어 발음되는 현상을 말한다.
>
> **3문단** 거센소리되기는 'ㄱ, ㄷ, ㅂ, ㅈ'이 'ㅎ'과 합쳐져 거센소리인 'ㅋ, ㅌ, ㅍ, ㅊ'으로 발음되는 현상을 말한다.
>
> **4문단** 모음 탈락은 두 모음이 이어질 때 그중 한 모음이 탈락하는 현상을 말한다.
>
> **5문단** 한편 음운 변동은 한 단어 안에서 한 번만 일어나기도 하고, 여러 차례 일어나기도 한다. 예를 들어 '앞마당'은 먼저 음절 끝의 자음 'ㅍ'이 'ㅂ'으로 바뀐 후 비음화가 일어나 [암마당]으로 발음된다.

(2)

> **1문단** 공자는 부자 관계에서 자식이 부모를 사랑하는 것을 정치로 간주하였고, 이러한 사랑이 국가 차원으로 확장된다고 여겼다.
>
> **2문단** 한편 플라톤은 정치와 관련하여 사적 영역인 가정을 이상 국가를 만드는 데 방해물로 보았다. 국가를 위해서는 개인의 욕망을 절제해야 하는데 가정은 개인의 욕망을 보호하는 역할을 하기 때문이다.
>
> **3문단** 그래서 플라톤은 정치가들에게 자식과 재산을 공유할 것을 주장하며, 공적인 것을 위해 사적인 것을 지양해야 한다고 강조했다.

예시 답안

01

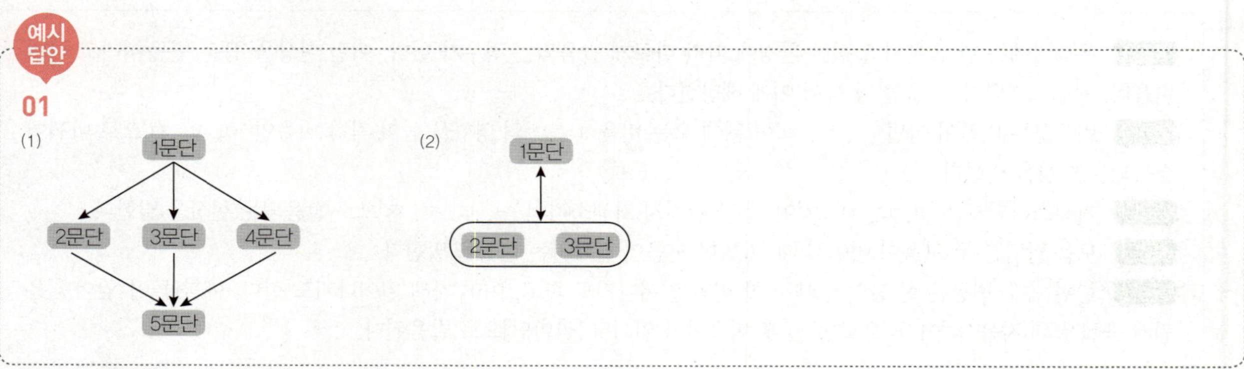

자, 그럼 이제 'Ⅱ. 독해력 강화 ; 종합 솔루션' 스텝 1 , 스텝 2 , 스텝 3 에서 배운 모든 내용을 적용한 종합 예제를 풀어 봅시다!

예제 종합문제

| 01~03 | 다음 글을 읽고 물음에 답하세요.

01 다음 글을 읽으며 문단을 단순화해 보세요.

1문단 인간의 정신세계에 주목하여 문화 현상을 바라보는 관점을 관념론적 관점이라 한다. 이 관점에 의하면 문화 현상은 인간의 내면적인 정신 활동에 의한 산물이 된다. 인류학자 제임스 프레이저(James Frazer)는 특정 동물에 대한 금기가 그 동물을 숭배하던 전통 때문에 생긴 것이라고 설명한다. 결국 관념론적 관점은 문화 현상 속에 담긴 인간의 정신세계를 이해하는 데에 적합한 방법이다.

(1) 문단 단순화하기 :

2문단 예를 들어 인도인들은 심한 기근으로 굶는 경우에도 암소를 잡아먹지 않는다. 인도인들의 정신세계를 지배하고 있는 힌두교에서 암소를 생명의 상징으로 여기기 때문이다. 이슬람 신앙을 가진 사람들이 돼지고기를 먹지 않는 것은 역시 이를 금지하는 종교적 규율 때문이다. 이는 인간의 정신세계가 그 사회의 문화를 형성하는 데에 적지 않은 영향을 미친다는 점을 보여 준다.

(2) 문단 단순화하기 :

3문단 이와 달리 유물론적 관점에서는 문화 현상을 만들어 내는 인간의 정신 활동이 자연 환경에 적응하기 위한 특정한 생존 방식이나 노동 방식의 영향을 받는다고 본다. 즉 정신이 사물을 만들어 내는 것이 아니라 사물이 정신을 만들어 낸다는 견해를 기본적인 출발점으로 삼는다. 이런 점에서 관념론적 관점과는 차이가 있다.

(3) 문단 단순화하기 :

4문단 인류학자 마빈 해리스(Marvin Harris)는 특정 부류의 사람들이 특정 동물의 고기를 금기시하는 현상에 대해 유물론적 관점으로 접근한다. 해리스의 견해에 따르면 인도인들이 암소 고기를 먹는 것은 그들의 생활 방식에 맞지 않다. 수소를 이용하여 농사를 짓는 인도에서는 암소의 존재가 매우 중요하다. 농사에 필요한 수소를 생산하기 위해서는 반드시 암소가 있어야 하기 때문이다. 뿐만 아니라 암소는 추수하고 남은 농작물 찌꺼기나 시장터의 쓰레기를 먹어 치우는가 하면 인간에게 유용한 우유를 제공해 주기도 한다. 암소의 고기를 먹는다는 것은 이러한 암소의 유용성을 포기하는 것이 된다. 중동 지역에서 돼지를 사육하지 않는 것도 그들의 생활 방식 때문이다. 돼지는 되새김질을 하지 않기 때문에 섬유소가 적은 사료를 먹어야 한다. 따라서 먹이를 놓고 인간과 경쟁 관계에 있게 된다. 농사보다는 유목을 통해 생존을 유지하던 중동 지역의 사람들에게 돼지를 기르는 것은 매우 사치스러운 일이다.

(4) 문단 단순화하기 :

 이상에서 살펴본 것처럼 관념론적 관점과 유물론적 관점은 동일한 문화 현상에 대하여 다른 시각에서 접근하기 때문에 이에 대한 해석도 서로 다르다. 두 관점은 표면적으로 볼 때 서로 배치되어 보이지만, 실제로는 인간의 문화 현상을 좀 더 심층적으로 이해할 수 있게 해 준다는 점에서 상호 보완적인 관계라고 할 수 있다.

> (5) 문단 단순화하기 :

02 윗글의 문단 관계를 파악해 보고, 괄호 안에 들어갈 내용으로 적절한 것을 골라 ○표 하세요.

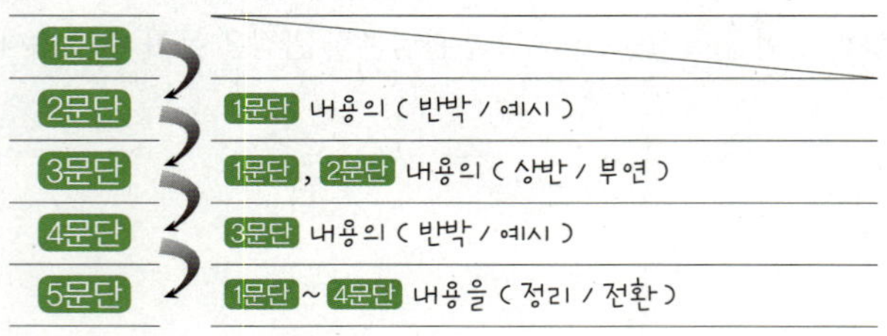

03 윗글의 구조를 도식화한 것으로 적절한 것은 무엇인가요?

| 04~06 | 다음 글을 읽고 물음에 답하세요.

04 다음 글을 읽으며 문단을 단순화해 보세요.

> **1문단** 우리 몸은 바이러스에 의해 지속감염이 일어나기도 하고 급성감염이 일어나기도 한다. 급성감염은 일반적으로 짧은 기간 안에 일어나는데, 바이러스는 감염된 숙주 세포를 증식 과정에서 죽이고 바이러스가 또 다른 숙주 세포에서 증식하며 질병을 일으킨다. 시간이 흐르면서 체내의 방어 체계에 의해 바이러스를 제거해 나가면 체내에는 더 이상 바이러스가 남아 있지 않게 된다.
>
> (1) 문단 단순화하기 :

2문단 반면 지속감염은 급성감염에 비해 상대적으로 오랜 기간 동안 바이러스가 체내에 잔류한다. 지속감염에서는 바이러스가 장기간 숙주 세포를 파괴하지 않으면서도 체내의 방어 체계를 회피하며 생존한다. 지속감염은 바이러스의 발현 양상에 따라 잠복감염과 만성감염, 지연감염으로 나뉜다.

(2) 문단 단순화하기 :

3문단 잠복감염은 초기 감염으로 증상이 나타난 후 한동안 증상이 사라졌다가 특정 조건에서 바이러스가 재활성화되어 증상을 다시 동반한다. 이때 같은 바이러스에 의한 것임에도 첫 번째와 두 번째 질병이 다르게 발현되기도 한다.

(3) 문단 단순화하기 :

4문단 만성감염은 감염성 바이러스가 숙주로부터 계속 배출되어 항상 검출되고 다른 사람에게 옮길 수 있는 감염 상태이다. 하지만 사람에 따라서 질병이 발현되거나 되지 않기도 하며 때로는 뒤늦게 발현될 수도 있다는 특성이 있다. 지연감염은 초기 감염 후 특별한 증상이 나타나지 않다가, 장기간에 걸쳐 감염성 바이러스의 수가 점진적으로 증가하여 반드시 특정 질병을 유발하는 특성이 있다.

(4) 문단 단순화하기 :

05 윗글의 문단 관계를 파악해 보고, 괄호 안에 들어갈 내용으로 적절한 것을 골라 ○표 하세요.

1문단
2문단 — **1문단** 내용과 (순차 / 병렬)적 관계
3문단 — **2문단** 내용을 (반박 / 심화)
4문단 — **3문단** 내용과 (순차 / 병렬)적 관계

06 윗글을 도식화해 보세요.

07 05~06에서 작성한 내용을 바탕으로 윗글의 독해지도를 그려 보세요.

01~02

	01 문단 단순화하기	02 문단 간의 관계
1문단	관념론적 관점 : 문화 현상은 인간의 정신 활동에 의한 산물임	
2문단	관념론적 관점의 예시 : 금기의 원인을 '종교적 규율'로 봄	1문단 내용의 예시
3문단	유물론적 관점 : 특정한 생존 방식이나 노동 방식이 정신 활동을 만들어 냄	1문단 , 2문단 내용의 상반
4문단	유물론적 관점의 예시 : 금기의 원인을 '생활 방식'으로 봄	3문단 내용의 예시
5문단	관념론적 관점&유물론적 관점은 문화 현상을 심층적으로 이해할 수 있게 해 주는 상호 보완적인 관계	1문단 ~ 4문단 내용을 정리

03 ②

	04 문단 단순화하기	05 문단 간의 관계
1문단	– 바이러스에 의해 일어나는 지속감염과 급성감염 – 급성감염 : 짧은 기간 안에 발생 　바이러스가 감염된 숙주 세포를 증식 과정에서 죽이고 또 다른 숙주 세포에서 　증식하며 발생 / 체내의 방어 체계에 의해 바이러스를 제거하면 바이러스가 　남아 있지 않게 됨	
2문단	– 지속감염 : 급성감염 대비 오랜 기간 바이러스가 체내 잔류 　체내의 방어 체계 회피하며 생존 　바이러스 발현 양상에 따라 잠복감염, 만성감염, 지연감염으로 나뉨	1문단　내용과 병렬적 관계
3문단	– 잠복감염 : 초기 감염으로 증상 나타난 후 한동안 사라졌다가 특정 조건에서 　바이러스 재활성화됨. 다른 질병이 발현되기도 함	2문단　내용을 심화
4문단	– 만성감염 : 감염성 바이러스가 계속 배출돼 다른 사람에게 옮길 수 있는 상태. 　질병 발현 안 되거나 뒤늦게 발현될 수도 있음 – 지연감염 : 초기엔 특별한 증상 X, 바이러스 수가 점진적으로 증가해 반드시 　질병 유발	3문단　내용과 병렬적 관계

06

1문단 ↔ 2문단
↓
(3문단　4문단)

07

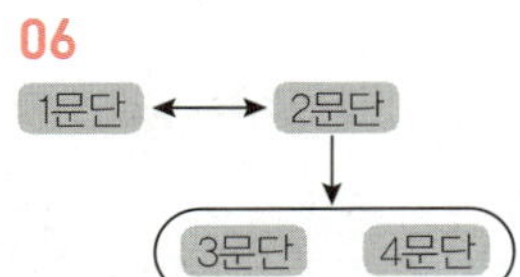

「독서」 내신 특강 ;
교고과서 개념/문제
총정리1

1. 「독서」 교과서 필수 개념
2. 내신 실전문제 훈련

우리는 앞에서 자신의 읽기 습관을 진단하고 그 결과를 바탕으로 독해력을 향상시키는 방법을 알아보았어요. 이러한 독해 방법들을 반복하여 연습하면서 잘 익히면, 이 **솔루션**들이 바람직한 읽기 습관으로 체화되어, 평소에 글을 읽을 때나 수능국어 독서(비문학) 지문을 읽고 문제를 풀 때 글의 난이도에 관계없이 여러분의 든든한 버팀목이 되어 줄 거예요.

뿐만 아니라 독해력 향상을 위한 다양한 **솔루션**들은 여러분이 국어 시간에 배우는 「독서」라는 과목과도 직접적인 관련이 있어요. 「독서」 과목의 학습 목표는 비판적이고 창의적인 독서 능력을 기르고 독서 태도를 함양하는 것인데, 우리가 Ⅰ, Ⅱ단원에서 배운 독해 방법들이 바로 그와 같은 독서 능력을 키우기 위한 것들이거든요. 또한 수능국어의 독서 영역 역시 「독서」 과목의 학습 목표와 내용을 바탕으로 출제되기 때문에, Ⅰ, Ⅱ단원에서 배운 독해 방법과 「독서」 과목을 같이 살펴보는 것은 큰 의미가 있어요.

이 단원에서는 Ⅰ, Ⅱ단원에서 배운 독해 방법들을 바탕으로 「독서」 과목의 학습 내용을 살펴볼 거예요. 앞 단원과 겹치는 내용도 있고, 조금 생소한 내용들도 있을 거예요. 우선 「독서」 과목의 큰 틀부터 볼까요?

「독서」 과목은 '독서의 본질, 독서의 방법, 독서의 분야, 독서의 태도' 이렇게 총 네 부분으로 이루어져 있어요. 한눈에 알아볼 수 있도록 전체적인 내용을 마인드맵으로 살펴볼게요.

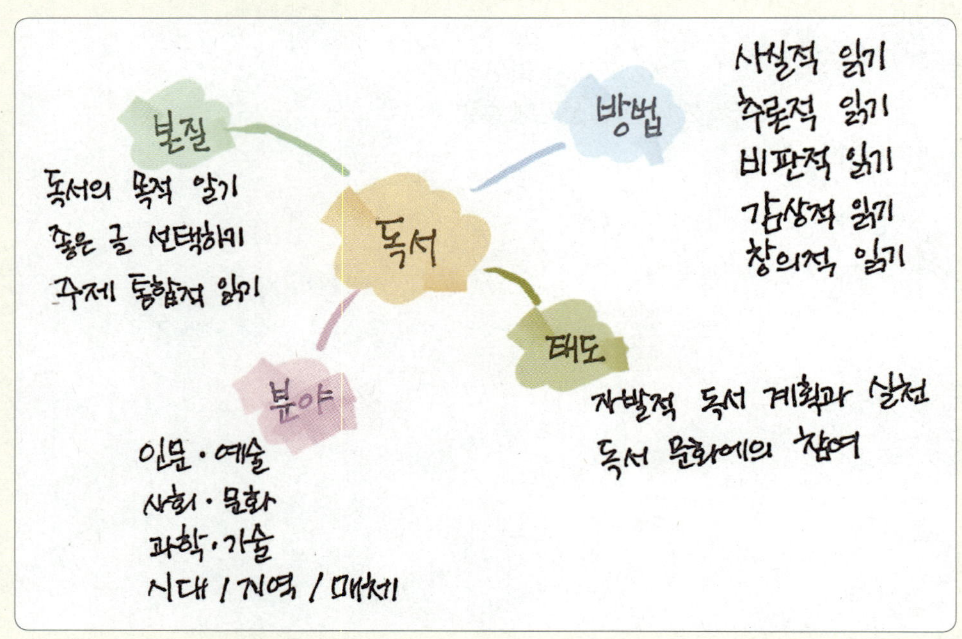

간단히 설명하자면, 독서의 본질은 '독서란 무엇일까?'에 대한 답을, 독서의 방법은 '독서는 어떻게 하면 좋을까?'에 대한 답을 탐색해 보는 것이라고 할 수 있어요. 그리고 독서의 분야는 '다양한 글의 특성에 알맞은 독서 방법은 무엇일까?'에 대한 답을, 독서의 태도는 '어떤 자세로 독서를 대하는 것이 좋을까?'에 대한 답을 탐색해 보는 과정이라고 볼 수 있죠.

그럼 이제 각 단원별로 알아 두어야 할 내용을 정리하면서 내신까지 함께 대비해 볼까요?

1. 독서의 본질 "바람직한 독서는 자신에게 필요하고 좋은 글을 스스로 찾아 읽는 것이다."

독서 교과서 성취기준
> 독서의 목적에는 어떤 것들이 있는지 알아야 해요.
- 독서의 목적이나 글의 가치 등을 고려하여 좋은 글을 선택하여 읽는다.
> 좋은 글을 선택하려면 어떤 글이 가치 있는 글인지 선별할 줄 알아야 해요. 즉, 좋은 글의 기준이 무엇인지 알아야겠죠.
- 동일한 화제의 글이라도 서로 다른 관점과 형식으로 표현됨을 이해하고 다양한 글을 주제 통합적으로 읽는다.
> 주제 통합적 읽기가 무엇인지 알아야 해요.

⑴ 독서의 목적에는 어떤 것들이 있을까요?

글을 선택할 때에는 자신이 어떤 목적으로 글을 읽으려 하는지를 먼저 생각해 보고, 이를 고려하여 독서 자료를 선택해야 얻고자 하는 결과를 얻을 수 있어요. 우리가 글을 읽는 목적에는 다음과 같은 것들이 있어요.

> 정보나 지식 습득, 지식 보존 및 전달, 문제 해결, 타인과의 관계 형성 및 유지, 여가나 교양 등

상황에 따라 독서의 목적은 위의 항목 중 한 가지일 수도 있고, 여러 가지가 될 수도 있어요.

⑵ 어떤 글이 가치 있는 글일까요?

좋은 글은 독자에게 지식과 감동, 즐거움을 주고, 성찰의 계기를 마련하여 독자의 지적·정신적 성장을 이끌어 주며, 공동체가 지향하는 바람직한 가치를 담은 글이에요. 좋은 글을 선택할 때 도움이 되는 기준은 '독자, 글, 맥락'의 세 측면에서 다음과 같이 정리할 수 있어요.

독자	글	맥락
• 읽기 목적에 맞는가? • 독자의 관심과 흥미를 충족하는가? • 독자의 배경지식과 읽기 능력에 맞는가?	• 글의 내용이 믿을 만한가? • 글의 내용이 이치에 맞는가? • 글의 내용이 어느 한쪽에 치우치지 않았는가? • 글의 내용이 읽기 쉽게 쓰여 있는가? • 책의 편집이 읽기 쉽고 편하게 구성되어 있는가?	• 글과 필자에 대한 독서 공동체의 평가가 긍정적인가? • 여러 세대를 통해 검증된 가치 있는 글인가?

⑶ 주제 통합적 읽기란 무엇일까요?

주제 통합적 읽기란 하나의 화제에 대해 다양한 관점과 형식을 보이는 글들을 비교·대조하면서 통합적으로 읽고 재구성하는 독서 활동을 말해요. 예를 들어 토론을 준비하면서 찬성 의견이 담긴 기사와 반대 의견이 담긴 기사를 대조하며 읽거나, '남녀 간의 이별'을 주제로 한 시와 소설을 비교하며 읽는 것 등이 주제 통합적 읽기에 해당해요.

개념 쏙쏙 '상호 텍스트성'이란?

> 글감이나 주제가 유사한 글 사이의 유기적 관련성을 말해요. 화제나 주제 등에서 서로 밀접한 관계에 있는 글을 읽는 것, 비슷한 주제를 담고 있는 글을 읽는 것 등이 모두 상호 텍스트적 읽기에 해당합니다.

  "능숙한 독자는 독서의 맥락과 글의 특성을 바탕으로 하여 적절하고 전략적인 방법으로 글을 읽는다."

독서 교과서 성취기준

- 글에 드러난 정보를 바탕으로 중심 내용, 주제, 글의 구조와 전개 방식 등 사실적 내용을 파악하며 읽는다.
  → 사실적 읽기를 위해 파악해야 하는 요소들이에요.
- 글에 드러나지 않은 정보를 예측하여 필자의 의도나 글의 목적, 숨겨진 주제, 생략된 내용을 추론하며 읽는다.
  → 추론적 읽기를 위해 파악해야 하는 요소들이에요.
- 글에 드러난 관점이나 내용, 글에 쓰인 표현 방법, 필자의 숨겨진 의도나 사회·문화적 이념을 비판하며 읽는다.
  → 비판적 읽기에서 비판의 대상이 될 수 있는 요소들이에요.
- 글에서 공감하거나 감동적인 부분을 찾고 이를 바탕으로 글이 주는 즐거움과 깨달음을 수용하며 감상적으로 읽는다.
  → 감상적 읽기란 공감하고 즐거움을 느끼며 깨달음을 얻는 거예요.
- 글에서 자신과 사회의 문제를 해결하는 방법이나 필자의 생각에 대한 대안을 찾으며 창의적으로 읽는다.
  → 창의적 읽기란 문제의 해결 방법이나 대안을 찾는 거예요.

---

(1) 사실적 읽기

글에 드러난 정보를 종합하여 글의 표면적 의미를 파악하는 것

> 솔루션 **2** 에서 배운 내용이에요.

중심 내용과 주제 파악하기	하나의 문단은 중심 문장과 뒷받침 문장으로 구성되고, 한 편의 글은 중심 문단과 뒷받침 문단으로 구성됩니다. 문단별로 중심 문장을 찾아 정리하고, 이를 바탕으로 글 전체의 내용을 요약하면 글의 중심 내용과 주제를 정리할 수 있습니다.
글의 구조와 전개 방식 파악하기	한 편의 글은 보통 여러 문단으로 구성됩니다. 각 문단별로 중심 내용을 정리하고 담화 표지 등을 주의 깊게 살피며 문단 사이의 유기적인 관계를 파악해야 합니다. 또한 글의 종류에 따라 관습적으로 굳어진 구조를 고려하는 것이 좋습니다. (논설문의 '서론 – 본론 – 결론', 설명문의 '머리말 – 본문 – 맺음말' 등)

> 솔루션 **3** 에서 배운 내용이에요.

사실적 읽기는 다른 읽기 방법에 선행되어야 하는, 가장 기본이 되는 읽기 방법이에요. 우리가 앞서 배운 **솔루션**들이 바로 이 사실적 읽기를 잘할 수 있도록 도와주는 내용이랍니다.

---

(2) 추론적 읽기

글의 전체 맥락과 배경지식 등을 활용하여 생략된 내용이나 글에 드러나 있지 않은 의미 등을 파악하며 읽는 것

> 솔루션 **1** 3. 문장 간의 관계 파악하기 에서 배운 내용이에요.

생략된 내용 추론하기	글쓴이는 전달 효과를 높이기 위해 당연한 내용이나 쉽게 짐작할 수 있는 내용은 생략하기도 해요. 생략된 내용을 추론하며 읽기 위해서는, 글과 관련된 자신의 배경지식이나 경험, 글에 사용된 어휘나 문맥, 담화 표지 등을 적극적으로 활용해야 해요.
글쓴이의 의도나 목적, 숨겨진 주제 추론하기	글쓴이는 원하는 표현 효과를 얻기 위해 의도나 목적, 주제 등을 직접 서술하지 않고 감추어 두기도 해요. 특히 광고문, 논평, 정치 담화문 등과 같은 글에서는 여러 가지 복합적인 상황을 고려하여 글의 의도나 목적 등을 숨길 때가 많죠. 숨겨진 의도, 목적, 주제 등을 파악하기 위해서는 글의 전체적인 내용, 글이 쓰인 사회·문화적 맥락, 표현 방법 등을 토대로 추론하며 읽어야 해요.

개념 쏙쏙   '담화 표지'란?

텍스트의 내용과 구조를 알려 주는 단어를 말해요. '첫째, 둘째'와 같이 내용의 열거를 나타내는 담화 표지, '예를 들어, 예컨대'와 같이 예시를 나타낼 때의 담화 표지, '마지막으로, 정리하자면'과 같이 글의 마무리를 나타내는 담화 표지, '그리고, 그러나, 한편'과 같이 문장이나 문단 간의 관계를 나타내는 담화 표지 등이 있어요.

(3) 비판적 읽기

글에 사용된 자료가 정확한지, 표현이 적절한지, 글에 나타난 글쓴이의 주장이나 의견이 타당하며 공정한지를 따지며 읽는 것

내용의 타당성 따져 보기	• 글에 사용된 자료가 사실에 부합하는가? • 글에 사용된 자료의 출처가 분명하고 믿을 만한 것인가? • 글에 사용된 자료가 주장이나 내용을 뒷받침하는 데 적절한가? • 글쓴이의 주장이 보편적인 이치나 상식에 부합하는가?
관점의 공정성 따져 보기	• 글쓴이의 관점이 특정 견해를 옹호하거나 비난하는 등 한쪽으로 치우치지 않았는가?
표현의 적절성 따져 보기	• 과장된 표현이나 사실을 왜곡하는 표현은 없는가? • 글의 내용을 효과적으로 드러내고 있는가?
가치관이나 이념 따져 보기	• 글쓴이의 의도나 가치관이 우리 사회에서 용인하는 범위에서 벗어나지는 않았는가? • 글에 담긴 사회·문화적 이념이 인류 보편적 정서나 가치에 비추어 옳은 것인가?

(4) 감상적 읽기

글에서 공감하거나 감동적인 부분을 찾아 그 내용을 감상하며 읽는 것

- 공감하거나 감동적인 부분 찾기
- 글을 통해 얻은 생각이나 교훈을 내면화하기
- 동일한 글을 읽고도 정서적 반응이 사람마다 다를 수 있음을 이해하기

개념 쏙쏙   '내면화'란?

글의 내용과 독서의 과정에서 얻은 즐거움과 깨달음, 가치나 태도, 정서 등을 자신의 것으로 수용하는 것을 말해요.

(5) 창의적 읽기

글의 내용과 관련하여 새로운 생각을 펼치며 읽는 것

- 글의 주제나 내용을 새로운 관점으로 재구성하기
- 글의 내용을 삶의 문제와 연관 지어 해결 방안 떠올리기
- 글쓴이가 생각하지 못한 내용을 보완하거나 대안 제시하기

(6) 그 밖에 세부적인 독서 방법 → 이런 세부적인 독서 방법에 대한 문제가 전국연합학력평가에서 출제된 바 있어요.

음독	소리 내어 읽는 것
묵독	소리를 내지 않고 눈과 마음속으로 읽는 것
정독	한 권의 책을 주의 깊게 읽는 것
다독	여러 가지 책을 많이 읽는 것
통독	처음부터 끝까지 읽는 것
발췌독	필요하거나 중요한 부분만 가려 뽑아서 읽는 것
속독	빠른 속도로 읽는 것
SQ3R	Survey(훑어보기) – Question(질문하기) – Read(자세히 읽기) – Recite(되새기기) – Review(다시 보기)

독서 교과서 성취기준

- 인문·예술 분야의 글을 읽으며 제재에 담긴 인문학적 세계관, 예술과 삶의 문제를 대하는 인간의 태도, 인간에 대한 성찰 등을 비판적으로 이해한다.
- 사회·문화 분야의 글을 읽으며 제재에 담긴 사회적 요구와 신념, 사회적 현상의 특성, 역사적 인물과 사건의 사회·문화적 맥락 등을 비판적으로 이해한다.
- 과학·기술 분야의 글을 읽으며 제재에 담긴 지식과 정보의 객관성, 논거의 입증 과정과 타당성, 과학적 원리의 응용과 한계 등을 비판적으로 이해한다.
- 시대의 사회·문화적 특성이 글쓰기의 관습이나 독서 문화에 반영되어 있음을 이해하고 다양한 시대에서 생산된 가치 있는 글을 읽는다.
- 지역의 사회·문화적 특성이 다양한 형식과 내용으로 글에 반영되어 있음을 이해하고 다양한 지역에서 생산된 가치 있는 글을 읽는다.
- 매체의 유형과 특성을 고려하여 글의 수용과 생산 과정을 이해하고 다양한 매체 자료를 주체적이고 비판적으로 읽는다.

⑴ 인문·예술 분야의 글을 읽는 방법

글에서 다루고 있는 핵심 용어나 개념을 이해하고, 글쓴이의 사상, 신념, 세계관, 태도 등을 살펴 비판적으로 읽어야 해요.

⑵ 사회·문화 분야의 글을 읽는 방법

글에서 다루고 있는 사회 현상이나 사건을 파악하고, 그것이 나타나게 된 사회·문화적 배경이 무엇인지를 살펴 내용을 이해해야 해요. 그리고 관점에 따라 문제 인식, 평가, 대책 등이 달라질 수 있으므로, 글에 나타난 설명, 해석, 평가 등이 타당한지 따져 보며 읽어야 해요.

⑶ 과학·기술 분야의 글을 읽는 방법

글에서 다루고 있는 과학적 원리, 기계의 작동 원리, 기술의 적용 원리 등을 정확하게 이해하고, 원리의 입증 과정이나 현실성 여부, 기술 발전 가능성 등을 판단하며 읽어야 해요.

⑷ 다양한 시대의 글을 읽는 방법

다양한 시대의 글을 읽을 때에는 당대의 사회·문화적 배경을 고려하여 그 시대적 특성을 살피며 읽어야 해요.

⑸ 다양한 지역의 글을 읽는 방법

다양한 지역의 글을 읽을 때에는 그 지역의 환경과 관습을 이해한 후 균형적인 시각을 갖추고 글을 이해하려는 태도를 가져야 해요.

⑹ 다양한 매체 자료를 읽는 방법

매체 자료를 읽을 때는 정보 통신 기술의 발전에 따라 나타나는 다양한 독서 매체의 특성을 이해하고 이를 고려하여 읽되, 자료의 타당성, 신뢰성, 공정성 등을 판단하며 이를 비판적으로 수용해야 해요.

독서 교과서 성취기준

- 장기적인 독서 계획을 세워 자발적으로 독서를 실천함으로써 건전한 독서 문화를 형성한다.
- 의미 있는 독서 활동에 참여함으로써 타인과 교류하고 다양한 삶의 방식과 세계관을 이해하는 태도를 지닌다.

---

(1) 독서 계획을 세우고 실천하는 과정

1단계	독서의 목적과 자신의 관심 분야, 자신의 독서 이력과 배경지식을 점검해요.

⇩

2단계	• 다양한 매체를 이용하거나 주변 사람들에게 조언을 얻어 독서 자료를 찾아요. • 장기적으로 읽을 도서 목록을 정리해요.

⇩

3단계	• 계획에 따라 자발적으로 독서를 실천해요. • 독서 기록장을 작성하면서 인상적인 부분, 느낀 점, 비판할 점, 의미 등을 정리해요.

독서 계획을 세우고 독서를 실천한 후 독서 이력을 기록하는 습관을 기르면 독서의 효용을 얻을 뿐 아니라 독자로서의 정체성을 형성하는 데에도 도움이 될 거예요.

(2) 의미 있는 독서 활동

의미 있는 독서 활동에 참여	독서 동아리, 독서 토론 등의 모임을 통해 타인과 생각을 공유하면서 책의 내용을 깊이 있게 이해할 수 있어요.
다양한 삶의 방식과 세계관 이해	책을 읽고 타인과 교류하며 생각을 나누는 과정을 통해 다양한 가치관과 세계관을 경험할 수 있어요.

| 01~03 | 다음은 학생이 쓴 독서 일지이다. 물음에 답하시오.

　미술사를 다루고 있는 좋은 책이 많지만 학술적인 지식이 부족하면 이해하기 어려운 경우가 많다고 한다. 이런 점에서 미술에 대해 막 알아 가기 시작한 나와 같은 독자도 이해할 수 있다고 알려진, 곰브리치의 『서양 미술사』를 택해 서양 미술의 흐름을 살펴본 것은 좋은 결정이었다.

　이 책을 통해 저자는 미술사를 어떻게 이해할 것인가를 설명한다. 저자는 서론에서 '미술이라는 것은 사실상 존재하지 않는다. 다만 미술가들이 있을 뿐이다.'라고 밝히며, 미술가와 미술 작품에 주목하여 미술사를 이해하려는 자신의 관점을 설명한다. 저자는 27장에서도 해당 구절을 들어 자신의 관점을 다시 설명하고 있었기 때문에, 27장의 내용을 서론의 내용과 비교하여 읽으면서 저자의 관점을 더 잘 이해할 수 있었다.

　책의 제목을 처음 접했을 때는, 이 책이 유럽만을 대상으로 삼고 있을 거라고 생각했다. 하지만 책의 본문을 읽기 전에 목차를 살펴보니, 총 28장으로 구성된 이 책이 유럽 외의 지역도 포함하고 있음을 알 수 있었다. 1~7장에서는 아메리카, 이집트, 중국 등의 미술도 설명하고 있었고, 8~28장에서는 6세기 이후 유럽 미술에서부터 20세기 미국의 실험적 미술까지 다루고 있었다. 이처럼 책이 다룬 내용이 방대하기 때문에, 이전부터 관심을 두고 있었던 유럽의 르네상스에 대한 부분을 먼저 읽은 후 나머지 부분을 읽는 방식으로 이 책을 읽어 나갔다.

　㉠『서양 미술사』는 자료가 풍부하고 해설을 이해하기 어렵지 않아서, 저자가 해설한 내용을 저자의 관점에 따라 받아들이는 것만으로도 충분히 만족스러웠다. 물론 분량이 700여 쪽에 달하는 점은 부담스러웠지만, 하루하루 적당한 분량을 읽도록 계획을 세워서 꾸준히 실천하다 보니 어느새 다 읽었을 만큼 책의 내용은 흥미로웠다.

01 윗글을 쓴 학생이 책을 선정할 때 고려한 사항 중, 윗글에서 확인할 수 있는 것은?

① 자신의 지식수준에 비추어 적절한 책인가?
② 다수의 저자들이 참여하여 집필한 책인가?
③ 다양한 연령대의 독자에게서 추천받은 책인가?
④ 이전에 읽은 책과 연관된 내용을 담고 있는 책인가?
⑤ 최신의 학술 자료를 활용하여 믿을 만한 내용을 담고 있는 책인가?

02 윗글에 나타난 독서 방법으로 적절하지 <u>않은</u> 것은?

① 책에서 내용상 관련된 부분을 비교하며 읽는다.
② 책의 목차를 통해 책의 구성을 파악하고 읽는다.
③ 자신의 경험과 저자의 경험을 연관 지으며 읽는다.
④ 책의 분량을 고려하여 독서 계획을 세워서 읽는다.
⑤ 자신의 관심에 따라서 읽을 순서를 정하여 읽는다.

03 윗글을 쓴 학생에게 ㉠과 관련하여 〈보기〉를 바탕으로 조언할 때, 그 내용으로 가장 적절한 것은? [3점]

〈보기〉

　　예술 분야의 책을 읽을 때, 책에 담긴 저자의 해설 외에도 다양한 해설이 있다는 점을 염두에 두어야 한다. 저자의 해설에도 저자가 속한 시대의 사회·문화적 환경에서 비롯된 영향이 반영되기 마련이다. 이러한 점을 고려하여, 독자는 책의 내용을 무비판적으로 수용하기보다는 자신의 주관을 가지고 책의 내용에 대해 판단할 필요가 있다.

① 책의 자료를 자의적 기준에 의해 정리하기보다는 저자의 관점에 따라 정리하는 게 좋겠어.
② 책이 유발한 사회·문화적 영향을 파악하기보다는 책에 대한 다양한 해설을 찾아보는 게 좋겠어.
③ 다양한 분야를 균형 있게 다룬 책보다는 하나의 분야를 집중적으로 다루고 있는 책을 읽는 게 좋겠어.
④ 책의 내용을 자신의 취향에 따라 골라 읽기보다는 전문가인 저자가 책을 구성한 방식대로 읽는 게 좋겠어.
⑤ 책의 내용을 그대로 받아들이려 하기보다는 자신의 관점을 바탕으로 저자의 관점을 판단하며 읽는 게 좋겠어.

독자 중심의 독서 교육 이론이 등장하기 전에는 독자를 글 안에 담겨 있는 의미를 발견하는 수동적 존재로 여기는 독서 교육 이론이 주를 이루었다. 그러나 독자 중심의 독서 교육 이론에서는 독서를 독자가 자신의 경험과 지식을 활용하여 글과 상호 작용하며 의미를 구성하는 행위라고 정의했다. 의미 구성에 활용하는 경험과 지식을 '배경지식'이라 하는데, 이는 크게 두 유형으로 구분된다. 내용 배경지식은 글의 화제나 주제와 관련해 이미 독자가 지니고 있는 경험과 지식이고, 형식 배경 지식은 글의 구조나 담화 관습 등 글의 구성과 표현에 관한 경험과 지식이다.

독자 중심의 독서 교육 이론에 의하면 글의 의미 구성을 효과적으로 하는 독자는 읽기 전에 배경지식을 활용해 글에 담긴 내용이나 글의 구조 등을 예측한다. 그러면 머릿속에 이상적 정보 구조를 형성함으로써 글을 읽을 때 새로운 정보를 쉽게 받아들일 수 있고, 독서 목적에 맞는 정보만 선택적으로 수용할 수 있다. 읽는 중에는 배경지식을 활용해 글에 나와 있는 내용을 쉽게 이해하고, 글에 직접 언급되지 않은 정보를 추론한다. 독자는 이 과정에서 얻게 된 새로운 정보를 바탕으로 자신의 배경지식을 수정하기도 하고, 새로운 정보를 기억에 저장하여 이후 다른 독서를 할 때 배경지식으로 활용하기도 한다. 글을 모두 읽은 후에는 배경지식을 활용해 정보를 조리 있게 재구성하는데, 그렇게 재구성된 정보는 오랫동안 기억된다.

독자 중심의 독서 교육 이론가들은 배경지식을 효율적으로 활용하는 방안을 연구했는데, 그중 대표적인 방법이 글과 관련해 연상한 내용을 조직화하는 것이다. 글의 화제나 주제와 관련한 모든 지식과 경험을 떠올린 후, 이것들을 관련 있는 것끼리 묶어 상하위 개념으로 위계화해 보는 것이다. 이렇게 독자가 글과 관련해 자신의 인지를 미리 조직화하면 글에 대한 이해도가 높아지고, 글의 내용도 정확히 구조화할 수 있다.

한편 독자 중심의 독서 교육 이론가들은 연구 초기에는 같은 글을 읽더라도 독자마다 구성되는 의미가 다른 이유를 독자가 지닌 배경지식의 양이 다르기 때문이라고 생각했다. 그래서 독자의 독서 능력을 향상하기 위해 더 많은 배경지식을 쌓는 방법을 연구하였다. 그러나 실제 독서 상황에서 배경지식이 오히려 정확한 독해를 방해하는 경우도 있음을 알게 되었다. 따라서 독자 중심의 독서 교육 이론가들은 배경지식의 양 이외에 ㉠독서 능력에 영향을 주는 또 다른 요소에 대한 연구를 진행하였다.

04 독자 중심의 독서 교육 이론의 내용에 부합하지 않는 것은?

① 글의 의미는 독자와 글의 상호 작용을 통해 구성된다.
② 배경지식은 읽기 전, 중, 후의 모든 과정에서 활용될 수 있다.
③ 같은 글을 읽더라도 독자마다 구성하는 의미가 다를 수 있다.
④ 독서 과정에서 새로 알게 된 정보는 다른 글을 읽을 때에 배경지식으로 활용될 수 있다.
⑤ 독서를 할 때 배경지식을 잘못 활용하면 독서 목적에 맞는 정보만을 선택적으로 수용하게 된다.

05 다음은 독서 활동을 하는 학생 생각의 일부이다. 이를 독자 중심의 독서 교육 이론의 관점에서 이해한 내용으로 적절하지 <u>않은</u> 것은? [3점]

> 읽을 책이 『서양 건축사의 이해』야. 제목에 '○○사'란 말이 들어간 글은 대개 내용이 시간순으로 구성되니, 이 책도 그렇겠군. 이제 서양 건축과 관련한 것들을 떠올려 보자. '로마네스크, 고딕, 샤르트르 대성당…….' 이 중에 '로마네스크'와 '고딕'은 서양 건축 양식의 하위 개념에 배치하고, 샤르트르 대성당은 로마네스크의 하위 개념에 배치하자. 이제 본문을 읽어 보자. "고딕 양식은 이전 양식에 비해 화려하며, 대표 건축물은 샤르트르 대성당이다." 아, 샤르트르 대성당은 로마네스크 양식이 아니라 고딕 양식이었구나. 꼭 기억해 두자. 음, 이전 양식에 비해 화려하다는 말로 볼 때 고딕 양식이 로마네스크 양식보다 화려하겠군. 또 고딕 양식의 종교 건축물은 대부분 색유리를 활용했다고 했으니, 책에 언급되지 않았지만 고딕 양식인 아미앵 대성당에도 색유리가 활용되었겠군.

① 책 본문에 있는 '이전 양식에 비해 화려하며'를 통해 로마네스크 양식의 유행 시기를 파악한 것은 배경지식을 활용해 독서 과정에서 얻은 정보를 조리 있게 재구성한 것이로군.

② 책을 읽으며 샤르트르 대성당이 고딕 양식이라는 정보를 확인하여 기억하겠다는 것은 독서 과정에서 얻게 된 정보를 바탕으로 기존의 배경지식을 수정한 것이로군.

③ 서양 건축과 관련하여 떠올린 로마네스크와 고딕을 서양 건축 양식의 하위 개념에 배치한 것은 읽을 글과 관련한 자신의 인지를 미리 조직화한 것이로군.

④ 색유리에 대한 정보를 바탕으로 아미앵 대성당의 특징에 대해 추측한 것은 내용 배경지식을 활용해 글에 직접 언급되지 않은 정보를 추론한 것이로군.

⑤ 책 제목에 있는 '건축사'라는 말을 바탕으로 읽을 글의 전체 구성을 추측한 것은 형식 배경지식을 활용한 것이로군.

06 〈보기〉를 바탕으로 ㉠을 이해한 내용으로 가장 적절한 것은?

> 〈보기〉
> 독서 능력이 부족한 독자는 종종 읽을 글과 관련 없는 배경지식까지 활성화하여 통제하지 못하는 상황에 놓이는데, 그렇게 되면 독서에 대한 집중력이 떨어져 독서 목적과 관련 없는 내용을 심화하게 된다.

① 독서 능력이 뛰어난 독자는 읽을 글과 관련해 자신이 지닌 배경지식의 양을 점검한다.

② 독서 능력은 독서 목적에 맞는 배경지식을 선별하여 활용하는 능력과 관련이 있다.

③ 독서 능력은 독서에 집중할 수 있는 공간 분위기를 조성해야 발휘될 수 있다.

④ 독서 능력을 기르려면 되도록 다양한 경험을 쌓아야 한다.

⑤ 독서 능력은 독서 방식에 대한 지식이 많을수록 향상된다.

(가)

한 편의 완성된 글은 구조를 갖고 있으며 그 속에는 글쓴이의 중심 생각은 물론 글쓰기 전략도 들어 있다. 글을 쓰는 목적이 무엇이냐에 따라 글쓰기 전략이 달라진다. 정보를 전달하는 글은 정보를 쉽고 명료하게 조직하는 전략을 사용하고, 설득하는 글은 서론 – 본론 – 결론의 짜임을 취하며 주장을 설득력 있게 펼친다.

독자 입장에서는 글이 구조를 갖고 있다는 점을 염두에 두고 글쓴이가 글을 쓴 목적이나 의도를 추리하며 글을 읽어야 한다. 글의 구조를 고려한 독서의 방법에는 ㉠ 내용 요약하기와 ㉡ 조직자 활용하기 방법이 있다. 내용 요약하기는 문단의 중심 화제를 한두 문장 또는 구절로 표현해 보는 일이다. 조직자란 내용을 조직하는 단위들이다. 예컨대 '주장 – 반대 주장 / 주장 – 근거 / 원인 – 결과 / 문제 – 해결' 등으로 짜여 있는 글에서 각각이 조직자가 된다. 이를 잘 찾아내면 글의 요점을 파악하기 쉽다.

SQ3R* 방법을 수정, 활용해서 글을 읽는 방법도 있다. 먼저 ㉢ 제목 또는 소제목 활용하기다. 이는 제목을 토대로 내용을 예측해 본 다음, 글을 전체적으로 훑어 읽어 가며 내용을 파악하는 방법이다. ㉣ 질문하기 – 답 찾기도 유용한 방법이다. 중심 내용에 대해 스스로 질문해 보고 답을 찾기 위해 글을 자세히 읽는다. 끝으로 글을 다시 읽고 ㉤ 전체의 중심 내용을 확인한 뒤 암송한다.

능숙한 독자가 되기 위해서는 앞서 언급한 다양한 독서의 방법으로 글을 읽을 뿐 아니라 글의 제재에 따라 서로 다른 배경지식을 동원할 줄 알아야 한다. 또한 글쓴이의 주장이나 논지 전개의 타당성 여부를 비판적으로 검토하면서 읽어야 한다.

(나)

연암 박지원은 「소단적치인(騷壇赤幟引)」에서 글을 잘 쓰는 방법을 장수가 병법(兵法)을 훌륭히 구사하는 것에 빗대어 논한 바 있다. 글자는 비유컨대 병사이고, 뜻은 비유하면 장수라고 했다. 글자를 묶어 구절을, 구절을 엮어 문장을 이루는 것은 마치 병사들이 대오를 갖추어 행진하는 것과 같다고 보았다. 또한 제목이라는 것은 마치 적국(敵國)과 같아서, 성벽을 먼저 기어 올라가 적들을 사로잡는 것과 같이 제목의 의미를 공략하는 것이 중요함을 역설했다. 그리고 글을 쓰면서 옛날의 책이나 고사에서 인용하는 것은 싸움터에서 탄탄하게 진지를 구축하는 것과 같다고 했으며, 같은 의미라도 말을 잘 다듬어 표현하는 것은 나팔과 북으로써 병사들에게 용기를 주는 것과 같다고 보았다.

* **SQ3R** : '훑어보기 – 질문하기 – 자세히 읽기 – 새기기 – 다시 보기'의 독서 전략.

07 (가)의 글쓴이가 (나)의 글쓰기 방법에서 주목할 만한 독서의 요령으로 가장 적절한 것은?

① 글쓴이가 조직한 세부 정보를 메모하며 읽는다.
② 글쓴이가 쓴 내용과 유사한 주제의 글을 찾아 읽는다.
③ 글쓴이의 전략을 고려하여 글의 짜임에 유의하며 읽는다.
④ 독자가 이미 아는 지식보다 알고 싶은 지식을 찾아 읽는다.
⑤ 글쓴이가 가진 생각의 타당성을 생각하며 비판적으로 읽는다.

08 다음 자료로 '영희'는 읽기 과제를 수행했다. ㉠~㉤의 방법으로 수행한 독서 활동 중 적절하지 <u>않은</u> 것은?

제목 : 사회 변동과 문화 변동

근대화는 전통 사회의 생활양식에 큰 변화를 가져온다. 특히 급속한 근대화로 인해 전통 사회의 해체 과정이 빨라진 만큼 문화도 급격한 변화를 일으킨다. 생활양식의 급격한 변화는 전통 사회 문화의 해체 과정이라고 보아도 무방할 정도이다.

전통 문화의 해체는 새롭게 변화하는 사회 구조에 대해서 전통적인 문화가 당면하게 되는 적합성(適合性)의 위기에서 초래되는 것이다. 오랫동안 생활양식으로 유지되었던 전통 사회의 문화가 사회 구조 변화의 속도에 맞먹을 정도로 신속하게 변화할 수는 없다.

따라서 문화적 전통을 확립한다는 것은 과거의 전통 문화가 고유성을 유지하면서도 현재의 변화된 사회에 적합성을 가지는 것이라 할 수 있다.

---

① ㉠ : 1~2문단은 '근대화에 따른 전통 문화의 위기와 그 원인'을, 3문단은 '문화적 전통의 확립'에 관한 내용을 다루고 있군.

② ㉡ : 문제의 원인에 관해 기존의 주장과 상이한 관점을 다루고 있으므로 '주장 – 반대 주장'의 조직자를 갖고 있군.

③ ㉢ : 제목을 보니 근대화에 따른 문화의 변동에 대해 다루겠군.

④ ㉣ : '적합성의 위기'란 의미가 무엇일까? 이는 전통 문화가 새롭게 변화하는 사회에 적합하지 않게 된다는 의미이군.

⑤ ㉤ : 결국 전통 문화는 고유성을 지니면서도 적합성을 지녀야 한다는 것이 글쓴이의 주장이니 이를 잘 확인해야겠군.

| 09~10 | 다음은 읽기 과제를 수행하는 두 학생의 사고 과정을 보여 주는 자료이다. 물음에 답하시오.

과제 : 『현대 사회의 소비문화』라는 책에서 현대인의 소비 현상과 관련된 내용을 찾아 읽고, 그것의 구체적 사례를 찾아서 발표하기

수진 : (책의 목차를 살핀 후) '어플루엔자', '디드로 효과', '베블런 효과' …… 모두 생소한 용어들이네. 우선 인터넷으로 검색해서 뜻부터 알아보자. (한참 인터넷을 검색하고 살핀 후) '베블런 효과'가 재밌겠다. (책을 읽다가) '비싸지 않은 아름다운 물건은 아름답지 않다.'고? 무슨 뜻이지? '싼 게 비지떡'이라는 말인가? 이 부분을 읽어 보자. (한참 책을 읽은 후) 내 예상과 다른데…… '베블런 효과'는 부자들의 비합리적인 소비 행태를 비판하면서 생긴 말이군. 사회적 지위나 부를 과시하려는 허영심 때문에 가격이 비쌀수록 오히려 소비가 늘어나는 효과가 있다는 것이군. 이것이 부자들에게만 해당될까? (다시 책을 읽다가) 부자들의 소비 행태가 일반인에게도 확산되었구나. 그렇다면 '베블런 효과'는 현대인들의 '명품 열풍'에서도 찾아볼 수 있겠어. 요즘 친구들이 옷이나 신발을 고를 때 무조건 비싼 상품을 선호하는 것을 구체적 사례로 활용하면 되겠네. 자, 그럼 이제부터 발표 계획을 세워 볼까?

영수 : 제목은 쉬운 것 같더니, 목차는 낯선 용어들로 가득하네. 전부 다 읽을 수도 없고 어쩌지? 우선 대충 훑어보고 어떻게 할지 정하자. (소제목을 중심으로 책을 전체적으로 훑어본 후) 이렇게 대충 훑어봐서는 어느 부분을 읽어야 할지 정하지 못하겠네. 내가 관심 있는 분야를 찾아 읽으면 좋을 것 같은데. 그렇지! 내가 좋아하는 '쇼핑'과 관련된 부분이 낫겠다. (잠시 읽더니) '어플루엔자'라? '끊임없이 더 많은 것을 추구하는 부자병으로 전염성이 강하다.'고? 이것도 쉽지는 않네. 안 되겠다. 먼저 이 부분에 나오는 낯선 용어부터 찾아 정리하자. 용어부터 알아야 글을 이해할 수 있겠어. (사전을 찾으며 용어를 이해한 후) 이제 '어플루엔자'가 무슨 뜻인지 대충 이해가 되네. ㉠ <u>그럼 이 부분을 읽고 중심 내용만 요약하면 과제는 끝나는군.</u>

09 '수진'과 '영수'의 독서 방법에 대한 설명으로 적절하지 <u>않은</u> 것은?

① '수진'은 글을 읽기 전에 관련 용어를 이해하기 위한 활동부터 하였다.
② '수진'은 글을 읽어 가는 도중에 글의 내용에 대해 질문하기 활동을 하였다.
③ '영수'는 글을 읽기 전에 관련된 배경지식과 경험부터 활성화하였다.
④ '영수'는 글을 읽는 중에 자신의 읽기 방법을 순간순간 바꾸어 나갔다.
⑤ '수진'과 '영수'는 모두 과제 수행에 필요하다고 생각하는 부분을 발췌하여 읽었다.

10 ㉠에 대해 '수진'이 할 수 있는 조언으로 가장 적절한 것은? [3점]

① 수행할 과제를 다시 확인하여 글을 읽는 목적부터 분명하게 점검할 필요가 있어.
② 매체에 따라 읽기 방법이 다르니까 과제 수행에 필요한 매체의 특성부터 살필 필요가 있어.
③ 중심 내용을 요약하기 위해서는 우선 모르는 용어부터 알아야 한다는 걸 명심할 필요가 있어.
④ 과제 수행을 제대로 하기 위해서는 책을 처음부터 끝까지 자세하게 다시 읽을 필요가 있어.
⑤ 읽기는 능동적인 의사소통 과정이므로 중심 내용뿐만 아니라 작가의 집필 의도까지 확인할 필요가 있어.

| 11~12 | 다음은 '승호'의 독서 기록장이다. 물음에 답하시오.

읽은 책	멋진 신세계		
작가	올더스 헉슬리	읽은 기간	2013. 3. 2. ~ 3. 6.
독서 활동 기록	㉠ 며칠 전 스마트폰에 중독되는 사람들이 많아진다는 신문 기사를 보았다. 나는 과학 기술이 참된 인간의 삶을 방해한다고 생각하기 때문에 기사를 읽으며 스마트폰 중독은 과학 기술의 부정적 부산물이라고 생각했다. 그날 서점에 갔다가 이 책을 보게 되었다. 「멋진 신세계」라는 제목을 보고, 나는 이상적인 인류의 미래상을 그린 책일 것이라고 생각하였다. 　　이 제목은 윤리 시간에 배운 토마스 모어의 '유토피아'를 떠올리게 했다. 토마스 모어의 '유토피아'는 소유로 인한 불평등이 존재하지 않는 이상적인 사회였다. 그러나 '유토피아'는 어디에도 존재하지 않는다는 뜻이기도 하다. 그래서 '과연 멋진 신세계가 가능할까?', '과학 기술이 비약적으로 발달했을 미래 사회에서 인류가 행복할까?' 등의 의문이 떠올랐다. 　　'멋진 신세계'는 고도로 발달된 과학 기술에 의해 만들어진 안락한 사회였지만, 이 세계의 주민들은 자동화된 생산 시스템에 의해 태어나 부모가 없었다. 책을 읽으면서 나는 작가에게 '왜 아버지와 어머니의 존재를 없앴습니까?' 하는 질문을 반복해서 던지며 작가가 '멋진 신세계'를 그렇게 그려 놓은 의도를 파악하고자 했다. 그리고 과학 기술의 발달에 대해 나처럼 회의적인 생각을 품었는지도 궁금했다. 그런데 답을 찾는 것이 쉽지 않았다. 그 이유를 생각해 보았다. 문제는 '멋진 신세계'의 사회 시스템을 세밀하게 이해하며 읽지 않은 나의 독서에 있었다. 그래서 다시 처음부터 꼼꼼하게 내용을 이해하면서 읽었다.
느낀 점	작가는 과학 기술로 모든 것이 해결되리라고 믿는 과학만능주의를 비판하고 있었다. 이 책을 읽고 나 또한 과학 기술을 맹신하며 그것에 의존하는 삶을 살고 있지 않은지 돌아보고 반성했다. 그리고 ㉡ 과학 기술의 발달이 인간의 존엄성과 자율성을 해치지 않는지 경계하는 것이 무엇보다 중요하다고 생각했다.

11 '승호'의 독서 과정을 다음과 같이 정리했을 때, 적절하지 <u>않은</u> 것은?

○ 읽기 전 활동
- 책의 제목을 통해 책의 내용을 예측하는 활동을 했다.
- 배경지식을 떠올리고 책의 내용에 관해 궁금한 것을 질문으로 만들었다. ………………………………… ①

○ 읽기 중 활동
- 작가의 의도를 추리하면서 작가와 의사소통하는 독서를 했다. ……………………………………………… ②
- 독서 과정에서 생겨난 문제의 해결을 위해 독서 활동을 점검하고 조정했다. ……………………………… ③

○ 읽기 후 활동
- 깨달은 내용을 바탕으로 자신의 생활을 점검하고 반성했다. ……………………………………………… ④
- 새롭게 알게 된 정보의 구체적인 활용 방안을 찾았다. ……………………………………………………… ⑤

12 ㉠과 ㉡에 주목해 '승호'의 독서에 대해 보인 반응으로 적절한 것은?

① '승호'는 ㉠의 독서 상황을 고려해 ㉡과 같이 독서 활동의 의미에 대해 서술했군.
② '승호'는 ㉠의 독서 목적에 따라 참고 자료를 조사해 ㉡과 같은 결론을 내렸군.
③ ㉠에 나타난 '승호'의 가치관이 ㉡과 같이 의미를 구성하는 데에 영향을 미쳤겠군.
④ ㉠에 제시된 경험 때문에 '승호'는 ㉡과 같이 책 내용의 타당성을 비판한 것이겠군.
⑤ ㉠의 문제점을 해결하느라고 '승호'는 ㉡과 같이 의미를 구성하는 데에 어려움을 겪었군.

| 13~14 | 다음 글을 읽고 물음에 답하시오.

(가)

　이번 시험 범위에 「흥부전」이 들어 있지? 어디 한 번 꼼꼼하게 교과서를 읽어 볼까? 원문을 그대로 옮겼는지 한자어가 꽤 많은걸! 사전을 찾아보면서 읽어야겠다. 흥부가 생계 때문에 매품을 파는구나. 당시에는 생계 때문에 다른 사람 대신 매를 맞아 주는 일들이 비일비재했다던걸. 아, 이제 흥부 부부가 박을 타는 장면이네. 온갖 보물이 쏟아지는구나. 흥부에게 이제 봄날이 왔구나. 흥부의 무능력을 비판하는 사람들은 이 상황이 마음에 안 들겠군. 그렇지만 당시 흥부가 처한 상황을 감안해서 판단해야 된다고 생각해.

(나)

　감상적 독해는 독자가 글에 대해 정서적으로 반응하며 읽는 것이다. 독자는 글을 읽으면서 자신의 상황과 관련하여 감동적인 부분을 찾고 이를 내면화한다. 독자는 글 속의 인물이나 사건에 대해 희로애락(喜怒哀樂) 등의 정서적 반응을 보이며, 때로는 등장인물과 동일시되는 경험을 하기도 한다. 이 과정을 통해 독자는 깨달음을 얻거나 정서가 순화되는 변화를 보이기도 한다.

13 (가)에서 확인할 수 있는 독서의 특성이 <u>아닌</u> 것은?

① 독서는 지역과 지역이 만나는 사회적인 소통 행위이다.
② 독자는 자신이 처한 문제를 해결하는 수단으로 독서를 한다.
③ 독자는 독서 과정에서 발생하는 문제를 해결해 가면서 독서를 한다.
④ 같은 글이라도 읽는 독자의 가치관에 따라 의미가 다르게 전달될 수 있다.
⑤ 독서는 시대를 초월하여 지식과 문화를 접하게 해 주는 의사소통 행위이다.

14 (나)의 관점에서 (가)의 사고과정에 추가할 수 있는 것으로 가장 적절한 것은?

① 박을 탔더니 보물이 쏟아져 나왔다는 것은 너무 비현실적인 설정인 것 같아.
② 교과서에 나온 부분은 흥부전의 줄거리를 고려한다면 위기와 절정으로 볼 수 있겠네.
③ 박에서 온갖 보물이 쏟아져 나왔을 때 흥부가 얼마나 기쁘고 흥분되었을지 공감이 돼.
④ 놀부 외에 악한 인물을 하나 더 등장시키면 극적 요소를 더하는 데 효과적일 것 같아.
⑤ 흥부가 복을 받는 과정을 통해 글쓴이는 선과 악의 대립 구도에서 선이 승리함을 이야기하고 싶었군.

| 15~16 | 다음은 독서 수업의 일부이다. 물음에 답하시오.

선생님 : 여러분, 글을 능숙하게 읽기 위해서는 글의 특성에 따라 다양한 차원의 독해를 할 수 있어야 합니다. 단어나 문장 등의 문맥적 의미, 글의 전개 방식 등을 파악하는 것을 사실적 독해라고 하고, 문맥을 통해 생략된 내용이나 필자의 의도 등을 짐작해 보는 것을 추론적 독해라고 하며, 글에서 공감하거나 반박할 부분을 찾고 필자의 생각을 비판하는 것을 비판적 독해라고 합니다. 자, 그럼 지금까지 말한 내용을 읽기 자료에 적용해 볼까요?

[읽기 자료]

　나는 여섯 살 때부터 독서할 줄을 알아 이제 30여 년이 되었다. 대개 일찍이 널리 배우고 많이 듣는 일에 뜻을 두었으나 그 **요령**을 얻지 못하여 무릇 제자백가, 술수서에서 패관잡기와 황당무계하고 자질구레하며 불경스러운 이야기에 이르기까지 모두 닥치는 대로 마구 읽었다. 그러다 보니 오히려 옛것을 상고하는 경전과 세상을 다스리는 업무에 대해서는 도리어 공부할 겨를이 없었다. 중도에 그러한 사실을 깨달아 비로소 점차로 간략함을 따랐다. 그러나 총명함이 미치지 못함이 개탄스럽고 **나이가 따르기 어려움을 느꼈다.** 매양 꼿꼿이 앉아서 책을 어루만질 때마다 멍하게 회한이 남지 않은 적이 없었다.

　내 동생 헌중 역시 학문에 뜻을 두어, 경사(經史)의 여러 서적에 대해 대략을 섭렵하였다. 문장을 짓는 것이 거침없고 끝이 없다. 진실로 힘쓰고 게으르지 않으면 앞으로 성취할 것이 헤아릴 수 없이 많을 것이다. 그러나 헌중은 재주가 높고 민첩하여 그것을 얻기는 아주 쉽지만 나는 그가 스스로 만족하여 중도에 그칠까 두려워하고, 또 **그가 나처럼 마구 읽어서 요령을 얻지 못할까 염려된다.**

　이에 무릇 내가 일찍이 읽어서 감명을 받은 것과 또 대개 읽고 싶었지만 읽지 못한 책을 취하여 그 **제목을 나열하고 그 대강의 내용을 기록**하여 헌중에게 고하여 말하기를 "천하의 책 가운데 볼 만한 것이 아주 많으니 너는 바라건대 번다한 도서의 마구잡이 독서를 면했으면 한다."라고 하였다.

－ 홍석주, 「홍씨독서록」 중에서 －

15 선생님의 수업 내용을 바탕으로, 학생들이 수행한 활동으로 적절하지 <u>않은</u> 것은? [3점]

① 1문단의 '요령'이라는 단어를 통해 이 글이 독서를 하는 방법과 관련이 있음을 알 수 있군.

② 1문단의 '나이가 따르기 어려움을 느꼈다'라는 구절은 문맥적으로 올바른 독서 방법을 깨닫기에는 '동생의 나이가 너무 어리다'는 의미로 해석할 수 있군.

③ 2문단의 '그가 나처럼 마구 읽어서 요령을 얻지 못할까 염려된다'는 내용으로 보아 동생의 독서 상황을 걱정하는 글쓴이의 마음을 추론할 수 있군.

④ 3문단의 '이에'라는 단어를 통해 '이에' 앞과 뒤의 내용이 원인과 결과로 이어지는 글의 전개 방식임을 알 수 있군.

⑤ 3문단의 '제목을 나열하고 그 대강의 내용을 기록'하여 동생에게 독서 목록까지 전하는 것은 오히려 동생의 주체적인 독서를 방해할 수도 있겠군.

16 '읽기 자료'의 글쓴이가 동생에게 권유한 독서법으로 가장 적절한 것은?

① 책을 선별하여 읽는 것이 중요하다.

② 다양한 종류의 책을 읽는 것이 중요하다.

③ 한 권의 책을 여러 번 읽는 것이 중요하다.

④ 핵심 내용을 기록하며 읽는 것이 중요하다.

⑤ 궁금한 점은 스스로 질문을 하며 읽는 것이 중요하다.

| 17~18 | 다음 글을 읽고 물음에 답하시오.

『대학』,『논어』,『맹자』,『중용』 등의 사서(四書)는 배움을 위한 첫 단계에서 읽어야 할 책이다. 그 뒤를 이어 읽을 책은『격몽요결』,『소학』,『근사록』,『성학집요』로 그 체제와 내용이 정밀하여 얕은 데서 깊은 데로 들어가는 것이니 내가 일찍이 이를 후사서(後四書)라고 불렀다. 이를 반복하여 읽어 모두 이해하고 환히 알게 되면 자연히 효과가 있을 것이니 매양 동료들에게 배움의 규범으로 삼기를 권하였다.

　사서 육경(四書六經)과 송나라 시대의 성리학 책은 사람이 평생토록 익히기를, 마치 농부가 오곡을 심고 가꾸듯 해야 한다. 하나의 경서를 읽고 익힐 때마다 반드시 자신의 능력을 다하여 철저하게 해야 한다. 첫째, 경서의 글을 익숙하도록 반복하여 읽어야 한다. 둘째, 여러 사람의 의견을 모두 참고하여 같은 점과 다른 점을 분별하고 장점과 단점을 비교하며 읽어야 한다. 셋째, 정밀히 생각하여 의심나는 것을 풀어 가며 읽되 감히 자신해서는 안 된다. 넷째, 명확하게 분별하여 그릇된 것을 버리면서 읽되 감히 스스로 옳다고 여기지 말아야 한다. 하나의 경서에서 그 문을 찾아 방으로 들어간다면, 방을 같이 하면서도 들어가는 문이 다른 여러 책들을 유추하여 통할 수 있을 것이다. 옛날 학업을 이루어 세상에 이름난 사람은 반드시 이와 같이 했다. 이상은 용촌(榕村) 이광지(李光地)의 독서법이니 배우는 사람이 본받을 만하다.

ー 이덕무, 「사소절(士小節)」 ー

17 윗글을 읽고 자신의 독서에 도움을 얻고자 하는 학생의 반응으로 적절하지 <u>않은</u> 것은?

① 독서 수준과 단계를 고려해서 만들어진 권장 도서 목록을 참고하여 책을 읽어야겠어.
② 책을 읽어 가는 과정에서 떠오르는 의문들을 능동적으로 해결해 가며 책을 읽어야겠어.
③ 책의 내용을 수동적으로 받아들이기보다는 그 옳고 그름을 생각하면서 책을 읽어야겠어.
④ 다양한 분야의 지식을 습득하기 위해서 정독의 방법보다는 다독의 방법으로 책을 읽어야겠어.
⑤ 내가 알고 있는 사실이나 생각이 항상 옳은 것은 아니라는 겸허한 자세를 가지고 책을 읽어야겠어.

18 윗글과 〈보기〉에서 공통적으로 강조하는 독서 방법으로 가장 적절한 것은?

〈보기〉

　현대 사회에서는 방대한 정보 속에서 필요한 정보를 탐색하고 선별하기 위한 독서가 필요한데, 이를 위한 방법은 다음과 같다. 첫째, 책의 차례나 서문 등을 살핀 뒤에 필요한 정보를 포함하고 있는 책을 선정하여 읽는다. 둘째, 필요한 정보의 유무를 파악하며 빠르게 훑어 읽는다. 셋째, 책의 내용을 있는 그대로 받아들이기보다 그 책의 내용과 관련한 여러 관점들을 비교·대조해 가며 책을 읽는다.

① 책의 내용을 요약해 가면서 읽는다.
② 글의 구조와 전개 방식을 파악해 가면서 책을 읽는다.
③ 많은 양의 책을 읽기 위해 전체 내용을 빠르게 훑어 읽는다.
④ 책의 내용에 대한 여러 관점들을 함께 견주어 가며 책을 읽는다.
⑤ 차례나 서문을 통해 필요한 정보가 있다고 판단한 책을 골라 읽는다.

| 19 | 다음 글을 읽고 물음에 답하시오.

인간은 이 세상에서 정신과 물질을 동시에 지닌 유일한 존재로 여겨진다. 정신은 과연 물질, 곧 육체와 별도로 존재하는 것일까? 컴퓨터와 같은 완전히 물리적인 체계는 정신을 가질 수 없는가? 오래전부터 정신을 비물리적 대상으로 간주하는 사람이 많았고 지금도 크게 다르지 않다. 이렇게 육체는 원자로 이루어져 있으며 화학적 조성을 띠지만 정신은 비물리적 대상이라고 주장하는 이론이 이원론이다. 이에 견줘 동일론은 정신은 육체, 그중에서 두뇌의 물리적 상태와 동일한 것으로 존재하지, 육체와 독립되어 존재하지 않는다고 주장한다. 무엇인가가 독립되어 존재하지 않는다는 것을 증명하기 위해서는 그것이 독립적으로 존재할 모든 가능성을 들여다보며 "여기도 없군. 저기도 없네." 하며 철저히 점검할 필요는 없다. 다만 그것이 존재한다고 말하는 주장들을 조목조목 반박해 나가면 된다. 그런 식으로 동일론은 이원론을 반박한다.

원자나 엑스선은 눈으로 볼 수 없지만 그것을 가정함으로써 다양한 현상들을 가장 잘 설명할 수 있다. 이원론자는 정신도 눈에 보이지 않지만 그것을 가정해야만 설명할 수 있는 특성들이 있다고 주장한다. 라이프니츠는 만일 X와 Y가 동일하다면 이들이 똑같은 특성을 갖는다는 '동일자 식별 불가능성 원리'를 제시했는데, 어떠한 물리적 대상도 갖지 못할 특성을 정신이 갖는다면, 이 원리에 따라 정신은 물리적 대상과는 다를 것이다.

대표적 이원론자인 데카르트는 그런 특성으로 언어와 수학적 추론을 제시한다. 그는 완전히 물리적인 체계가 사람처럼 언어를 사용하거나 수학적인 추론을 해낼 수는 없으리라고 보았다. 그러나 이런 주장은 그 힘이 처음 생각했던 것보다 약하다. 먼저 컴퓨터 언어라는 개념은 이제 상식적인 것이 되었다. 컴퓨터 언어는 인간이 쓰는 언어에 비해서 구조와 내용의 면에서 단순하지만 그 차이라 하는 것은 종류의 차이가 아니라 정도의 차이이다. 한편 데카르트의 저술이 나타난 이래로 수세기 동안 여러 학자들은 수학적 추론의 일반적 원리들을 이럭저럭 찾아낼 수 있게 되었고, 컴퓨터 기술자들은 그런 원리를 바탕으로 하여 데카르트를 깜짝 놀라게 했을 법한 기계를 만들어 내게 되었다. 독립적인 정신을 가정하지 않고서도 언어와 수학적 추론을 설명할 수 있는 가능성이 생긴 것이다. 이와 같이 더 복잡한 것을 끌어들이지 않고 무언가를 충분히 설명할 수 있다면, 그것을 끌어들이지 말라는 '단순성의 원리'에 의해 독립적인 정신을 가정할 필요가 없다.

데카르트는 동일자 식별 불가능성 원리로 이원론을 지지하는 또 다른 논증으로, 육체의 존재는 얼마든지 의심할 수 있지만 정신은 의심할 수 없다는 것을 든다. 의심하기 위해서는 내 정신이 또렷하게 존재해야 하기 때문이다. 그렇다면 육체와 정신 중 하나는 의심 가능하다는 특성을 갖지만 다른 하나는 갖지 않으므로 그 둘은 동일하지 않다는 결론이 나온다. 이 논증을 평가하기 위해 사실은 같은 사람인 정약용과 다산을 생각해 보자. 『목민심서』를 정약용이 썼다는 것을 의심하지 않더라도 다산이 썼다는 것은 얼마든지 의심할 수 있다. 다산이 썼어도 쓰지 않았다고 의심하는 것은 논리적으로 모순된 것이 아니기 때문이다. 그렇다고 해서 정약용과 다산이 동일한 존재가 아닌 것은 아니다. 동일자 식별 불가능성 원리는, 식별하는 데 사용되는 특성이 의심이나 생각 같은 것을 포함한 경우에는 적용되지 않는 것이다.

19 독서의 목적을 고려하여 윗글을 추천하고자 할 때, ㉠에 들어갈 내용으로 가장 적절한 것은?

> __________________ ㉠ __________________ 분에게 추천합니다.

① 감정을 정화하기 위해 감동적인 경험을 소개하는 글을 읽으려는
② 인간관계를 유지하고 발전시키기 위해 타인의 일상을 담은 글을 읽으려는
③ 학문적인 정보를 얻기 위해 기술에 적용된 원리를 설명하는 글을 읽으려는
④ 사회적 문제를 해결하는 방안을 찾기 위해 사회 현상의 원인을 분석한 글을 읽으려는
⑤ 인간과 세계를 이해하기 위해 인간과 사물의 본질을 논쟁적으로 다룬 글을 읽으려는

(가)

춘추 전국 시대의 논쟁 주제 중 하나였던 음악은 진나라 때 저작인 『여씨춘추』에서도 비중 있게 다뤄졌다. 이 저작에서는 음악을 인간의 자연스러운 감정이 표출되어 형성된 것이자 백성 교화의 수단으로 인식하면서도 즐거움을 주는 욕구의 대상으로 보는 것에 주안점을 두었다. 지배층의 사치스러운 음악 향유를 거론하며 음악을 아예 거부하는 묵자에 대해 이는 인간의 자연적 욕구를 거스르는 것이라 비판하고, 좋은 음악이란 신분, 연령 등을 막론하고 모든 사람들에게 즐거움을 주는 것이라고 주장하였다.

이전까지는 음악이 모든 사람에게 동일한 영향을 미친다고 여겼지만, 『여씨춘추』에서는 음악을 듣는 주체의 수준과 감성에 따라 동일한 음악이라도 상이한 느낌과 결과를 유발한다고 보았다. 인간이 감정을 가진 것처럼 음악에도 감정이 담겨 있다고 전제하고, 음악을 통해 감정을 적절히 해소하거나 표현하면 결과적으로 장수할 수 있다고 주장하였다. 음악을 통해 감정의 표현이 적절해지면 사람의 마음은 편안해지며, 생명 연장까지도 가능하다고 본 것이다.

『여씨춘추』에 따르면, 천지를 채운 기(氣)가 음악을 통해 균형을 이루는데, 음악의 조화로운 소리가 자연의 기와 공명하여 천지의 조화에 기여할 수 있고, 인체 내에서도 기의 원활한 순환을 돕는다. 음악은 우주 자연의 근원에서 비롯되어 음양의 작용에 따라 자연에서 생겨나지만, 조화로운 소리는 적절함을 위해 인위적 과정을 거쳐야 한다고 지적하고, 좋은 음악은 소리의 세기와 높낮이가 적절해야 한다고 주장하였다.

음악에 대한 『여씨춘추』의 입장은 인간의 선천적 욕구의 추구를 인정하면서도 음악을 통한 지나친 욕구의 추구는 적절히 통제되어야 한다는 것이라 할 수 있다. 이러한 입장은 『여씨춘추』의 '생명을 귀하게 여긴다.'는 '귀생(貴生)'의 원칙을 통해 분명하게 확인할 수 있다. 이 원칙에 따르면, 인간은 자연적인 욕구에 따라 음악을 즐기면서도 그것이 생명에 도움이 되는지의 여부에 따라 그것의 좋고 나쁨을 판단하고 취사선택해야 한다. 이에 따라 『여씨춘추』에서는 개인적인 욕구에 따른 일차적인 자연적 음악보다 인간의 감정과 욕구를 절도 있게 표현한 선왕(先王)들의 음악을 더 중시하였다. 그리고 선왕들의 음악이 민심을 교화하는 도덕적 기능이 있다고 지적하였다.

(나)

음악적 아름다움의 본질은 무엇인가? 19세기 미학자 한슬리크는 "음악의 아름다움은 외부의 어떤 것에도 의존하지 않고, 오로지 음과 음의 결합에 의해 이루어진다."라고 주장했다. 예를 들면, 모차르트의 '교향곡 제40번 사단조'는 '사' 음을 으뜸음으로 하는 단음계로 작곡된 조성 음악으로, 여기에는 제목이나 가사 등 음악 외적인 어떤 것도 개입하지 않는다. 다만 7개의 음을 사용하여 음계를 구성하고, 으뜸, 딸림, 버금딸림 등 각각의 기능에 따라 규칙적인 화성 진행을 한다. 조성 음악의 체계는 17세기 이후 지속된 서양 음악의 구조적 기본틀이었다.

그러나 20세기 초 서양 음악은 전통적인 아름다움의 개념을 거부하고 새로운 미적 가치를 추구하였다. 불협화음이 반드시 협화음으로 해결되어야 한다는 기존의 조성 음악으로부터의 탈피를 보여 주는 대표적인 음악들 중의 하나가 표현주의 음악이다. 표현주의는 20세기 초반에 나타난 예술 사조로서 미술에서 시작하여 음악과 문학 등 예술의 제 분야에 영향력을 미쳤다. 표현주의 예술은 소외된 인간 내면의 주관적인 감성을 충실하게 표현하려는 사조이다. 표현주의 음악의 주된 특성은 조성 음악의 체계가 상실된 것이며, 이는 곧 '무조 음악'의 탄생으로 이어졌다. 당시 쇤베르크가 발표한 음악 프로그램 노트에는 이렇게 적혀 있다. "처음으로 나는 지난 시기 미학의 모든 울타리를 부숴 버렸으며, 사명을 띠고 한 이념을 부르짖는다."

무조 음악은 12개의 음을 자유롭게 사용하며, 다양한 불협화음을 다룬다. 대표적인 예는 쇤베르크가 1912년에 발표한 작품 '달에 홀린 피에로'이다. 이 작품은 상징주의 시인인 지로가 발표한 연시집에 수록된 50편의 시 중에서 21편을 가사로 삼아 작곡한 성악곡이다.

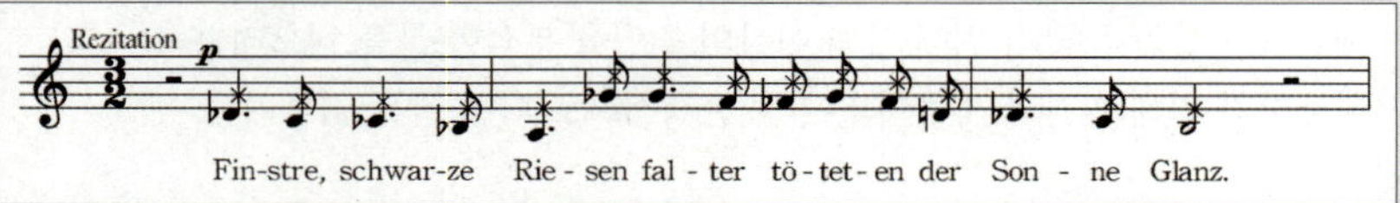

이 곡의 성악 성부는 새로운 성악 기법으로 주목을 받았다. 즉 악보에 음표를 표기하기는 하였으나, 모든 음표에 ×표를 하여 연주할 때에는 음높이를 정확하게 드러내지 않고 '말하는 선율'로 연주하도록 하였다. 피에로로 분장한 낭송자가 날카로운 사회 비판과 풍자를 담은 가사를 읊는다. 또한 기악 성부는 다양한 악기 배합과 주법을 통해 새로운 음향을 창출한다. 이 곡은 무조적 짜임새를 기본으로 하여, 낭송조의 표현적 측면을 강조한 새로운 성악 기법과, 새로운 연주 기법을 시도한 색채적 음향 등을 통해 표현주의 음악의 특징을 드러내는 작품이라고 볼 수 있다.

20 다음은 (가), (나)를 읽고 학생이 작성한 활동지의 일부이다. ⓐ~ⓒ에 대한 평가를 바르게 짝지은 것은?

공통점	○ 음악에 대한 견해를 설명하기 위해 그 견해와 대비되는 견해를 제시함. ⟶ ⓐ ⋮
차이점	○ (가)와 달리 (나)는 특정 음악 작품을 예로 제시함. ⟶ ⓑ ○ (나)와 달리 (가)는 음악을 다른 예술 갈래와 비교함. ⟶ ⓒ ⋮

	ⓐ	ⓑ	ⓒ
①	적절	적절	적절
②	적절	적절	부적절
③	적절	부적절	적절
④	부적절	적절	적절
⑤	부적절	부적절	부적절

21 다음은 학생의 독서 활동 과정이다. 학생이 재구성하기 단계에서 쓴 글로 가장 적절한 것은? [3점]

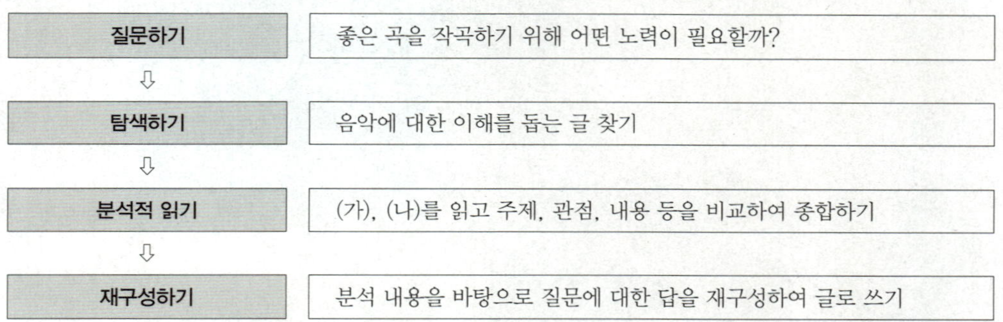

① 두 글은 모두 음악이 구조적인 기본틀을 제대로 갖추어야 아름다움을 느낄 수 있다고 제시하였다. 다양한 음악 작품의 구조를 분석해 보고 내가 작곡할 때에도 적용해 보아야겠다.

② 두 글은 창작자와 감상자가 각각의 입장에 따라 음악의 가치를 서로 다르게 판단한다고 제시하였다. 감상하는 사람뿐만 아니라 연주하는 사람에게도 인정받을 수 있는 음악을 작곡할 수 있도록 노력해야겠다.

③ 두 글은 좋은 음악으로 인정받기 위한 조건으로 도덕적 기능이 있어야 한다는 것을 공통적으로 제시하였다. 사람들의 정서에 긍정적인 영향을 끼쳐서 세상을 아름답게 가꾸는 데 기여할 수 있는 음악을 만들어야겠다.

④ 두 글은 동서양을 막론하고 음악이 감정을 표현하는 도구로 쓰였지만, 음악에 대한 인식이 고정되어 있는 것이 아님을 보여 주었다. 작곡을 할 때 한 가지 기준이나 방법만 고집할 것이 아니라 다양한 시도를 해 보아야겠다.

⑤ 두 글은 시대적 상황이 음악에 영향을 끼친다는 것을 보여 주었다. 역사에 대한 배경지식이 부족하여 글을 이해하기 힘들었는데, 글을 제대로 이해하는 데 필요한 배경지식을 갖출 수 있도록 다양한 책 읽기를 실천해야겠다.

독해력 강화 ; 영역별 실전문제 훈련

사회와 과학 교과서 내용을 바탕으로, 사회 쌤과 과학 쌤이 수능, 평가원 모의고사, 교육청 학력평가에서 출제되었던 비문학 독서 지문들을 살펴봤어요. 교육과정 내에서 어떤 내용들이 자주 출제되었는가를 분석하여 출제 경향 분석표로 정리했답니다. 각 영역마다 기출문제를 풀어 보기 전에 제시한 출제 경향 분석표를 보면 사회나 과학 교과서에서 배운 내용들이 국어 과목에서 어떻게 배경지식으로 활용되는지 알 수 있어요. 이걸 토대로 여러분이 알아 두면 좋은 배경지식이 무엇인지도 쉽게 파악할 수 있을 거예요.

출제 경향 분석표는 교육과정에서 주요 내용 요소를 추출한 뒤, 주제가 일치하는 지문을 해당 내용 요소 칸에 연도별로 정리하였어요. 고1~2는 2015년부터 2024년까지 실시된 전국연합학력평가, 고3은 2013년부터 2024년까지 실시된 전국연합학력평가, 평가원이 출제한 수능 모의평가와 수능 기출문제를 정리했답니다. 이 표를 보면 빈출 주제가 무엇인지 한눈에 알 수 있어요. 참고로 형광펜으로 칠한 지문은 쌤이 특별히 골라서 이 교재에 수록한 지문인데, 각 영역의 특성이 두드러지게 나타나고 여러분의 독해력을 쭈욱 향상시켜 줄 만한 것들이에요!

그럼, 이제 앞에서 연습한 독해 기술들을 알차게 써먹으며 기출문제를 풀러 갈까요?

수능 국어에서 인문 영역으로 출제되는 내용은 크게 '동양 윤리와 사상 / 서양 윤리와 사상'으로 나누어 볼 수 있는데, 주요 단원을 간추려 기출 지문과 관련지어 보면 아래 표와 같아요.

● 동양 윤리와 사상

동양 윤리는 고대 중국의 제자백가와 조선 시대의 성리학에 관련된 지문이 자주 출제되었어요. 특히 춘추 전국 시대의 대표적 사상가들의 철학에 대한 내용이 많이 나왔죠. 이에 비해 불교 사상과 우리나라의 근대 동양 철학은 아직 다루어진 적이 없어요. 동양 윤리 지문에서는 여러 사상가들의 핵심 이론을 파악하여 서로 비교·대조할 수 있는지가 중요하답니다. 한 명의 사상가와 그 지론을 다루는 경우에도 언급된 철학적 개념을 정확히 이해해야 해요. '분류'와 '나열' 등을 활용하여 독해지도를 그리면서 지문을 꼼꼼하게 읽는 게 큰 도움이 될 거예요.

지문 선정 이유 ★ 동양 윤리에서 자주 출제되는 주제인 고대 중국 관련 지문 위주로 선정했어요. 특히 여러 사상가들의 핵심 이론이 비교·대조되어 서술된 지문들을 수록했어요. 그리고 조선 시대 이기론 관련 지문도 자주 출제되기 때문에 풀어 보면 큰 도움이 될 거예요!

동양 윤리 기출 영역

시대	세부 내용	2013~2025학년도
고대 중국	유교(공자, 맹자, 순자), 경학, 훈고학, 주자학(주희)	[2024학년도 수능] (가) 『노자』의 도에 대한 한비자의 견해 / (나) 『노자』의 도에 대한 유학자들의 견해 [2024년 3월 고1] (가) 순자의 철학 / (나) 홉스의 철학 [2019년 6월 고1] 맹자, 고자, 순자의 인성론 [2018년 6월 고1] 순자의 불구지천 [2016년 6월 고2] 맹자, 순자, 한비자의 '욕망' [2015년 11월 고2] 순자의 심, 폐, 허일정, 대청명 [2015학년도 9월 고3 B형] 맹자의 '의' [2013학년도 9월 고3] 공자의 예와 도덕적 인격
	대승불교, 소승불교, 교종, 선종	
	노자, 장자, 황로학, 현학	[2016학년도 6월 고3 B형] 장자의 '상호 의존성' [2016년 3월 고2] 노자의 '명'
삼국 시대 고려	불교(원효, 의천, 지눌), 한국 교종, 한국 선종	
조선	성리학(이황, 이이), 실학	[2024학년도 9월 고3] (가) 조선 시대 신분 제도의 변화 양상 / (나) 실학자들의 신분제 개혁론 [2023학년도 수능] (가) 유서의 특성과 의의 / (나) 조선 후기 유서 편찬에서 서학의 수용 양상 [2023년 9월 고2] 정약용의 철학 [2023학년도 6월 고3] (가) 육가의 사상 / (나) 세종과 집현전 학자들의 사상 [2022년 11월 고1] 군주의 통치술 [2022년 6월 고1] 홍대용의 사상과 그 의의 [2021학년도 수능] 18세기 청의 모습과 북학파 [2021학년도 6월 고3] 과거제에 대한 상이한 관점 [2021년 6월 고1] 인간의 본성에 대한 주희의 관점을 비판하는 정약용의 관점 [2021년 3월 고3] (가) 서구 철학의 인식론 / (나) 동양 철학의 인식론 [2021년 3월 고1] 조선 시대 학자들이 제시한 백성에 대한 관점 [2019학년도 6월 고3] 서학과 조선의 인체관 [2018학년도 6월 고3] 율곡의 이기론과 법제 개혁론 [2017년 6월 고2] 조선의 이기론 [2014학년도 9월 고3 B형] 우리나라의 유학 사상
근대	강화학파, 동학(인본주의)	

● **서양 윤리와 사상**

서양 윤리는 그리스 철학을 근본으로 하여 전개된 만큼, 지문 역시 고대 그리스 사상을 중심으로 꾸준히 출제되고 있어요. 이들 사상은 단독으로 출제되는 경우도 있지만 대부분 근현대 철학 사상의 발전 과정을 설명하는 지문에서 그 시작점으로 제시되는 경우가 많아요. 시기별로 분석했을 때, 기독교 윤리를 포함한 중세 철학 사상은 거의 찾아볼 수 없었던 반면, 근대 철학 사상은 여러 사조가 고루 중요하게 다루어졌어요. 최근에는 언어철학, 도덕심리철학과 같은 현대 철학 사상도 등장하고 있지요. 서양 윤리 지문에서는 고대와 근대를 중심으로 주요 사상가들의 의견이 무엇인지 파악하고, 그 연원을 지문 안에서 분석적으로 이해할 수 있어야 해요. 철학사의 흐름을 읽을 수 있다면 서양 윤리 지문과 문제에 보다 쉽게 접근할 수 있을 거예요.

지문 선정 이유 ★ 서양 윤리에서는 우선 출제 빈도는 낮지만, 그리스 철학자 아리스토텔레스와 관련된 지문을 선정했는데, 그 이유는 그가 서양 철학의 기본이기 때문이에요. 그리고 출제 빈도가 높았던 근대 철학의 지문들을 많이 선정했어요. 마지막으로 현대 철학에서는 앞으로도 자주 출제가 될 것 같은, 각광받고 있는 철학자들을 중심으로 지문을 선정했답니다.

서양 윤리 기출 영역

시대	세부 내용	2013~2025학년도
고대	소피스트, 소크라테스, 플라톤, 아리스토텔레스, 에피쿠로스학파, 스토아학파	[2020학년도 6월 고3] 에피쿠로스의 이신론 / [2018년 11월 고3] 아리스토텔레스의 목적론 [2017년 11월 고2] 아리스토텔레스의 '변화' [2017년 9월 고2] 피론주의의 에포케와 아타락시아
중세	그리스도교 윤리, 아우구스티누스, 아퀴나스	[2021년 11월 고1] 사랑에 대한 아퀴나스와 칸트의 이론
근대	합리론(데카르트, 스피노자), 경험론(흄), 관념론(칸트, 헤겔, 쇼펜하우어), 공리주의(벤담, 밀), 실존주의(니체), 실용주의(듀이), 현상학(후설, 셸러)	[2023년 6월 고2] 니체의 철학 / [2022학년도 9월 고3] 반자유의지 논증 [2022년 9월 고2] 후설과 메를로퐁티의 대상의 인식 [2022학년도 6월 고3] 베카리아의 형벌론 / [2022년 3월 고2] 계몽의 변증법과 표현주의 [2021년 9월 고2] 기억과 망각에 대한 피히테와 니체의 사상 [2020년 9월 고2] 로크, 헤겔, 마르크스의 노동관 [2020년 6월 고2] 사르트르의 실존주의 / [2019년 11월 고2] 공리주의의 발전 [2019년 9월 고1] 니체의 실존론과 표현주의 / [2018년 11월 고2] 아도르노의 비동일성 철학 [2018년 9월 고2] 근대 철학의 이성론과 인상주의 [2018년 9월 고1] 스피노자의 코나투스 / [2018년 3월 고1] 흄의 경험론 [2016학년도 수능 A형] 귀납의 과학적 입지 / [2016년 11월 고2] 후설의 체험적 시간관 [2016년 11월 고1] 막스 뮐러의 '에우다이모니아' [2016년 9월 고2] 셸러의 인격론과 도덕 교육 [2015학년도 수능 A, B형] 합리론 관점의 미적 판단 [2015년 11월 고1] 철학적 인간학 / [2015년 9월 고2] 후설의 의식 주체와 데리다의 차연 [2015년 6월 고1] 경험론의 발달 / [2014학년도 수능 B형] 심신일원론과 심신이원론 [2014학년도 9월 고3 A형] 버클리의 반실재론 [2014학년도 6월 고3 B형] 철학사에서 본질의 의미
현대	사회정치철학, 도덕심리철학, 언어철학(비트겐슈타인)	[2025학년도 6월 고3] (가) 도덕 문장의 진리 적합성에 대한 에이어의 견해 / (나) 도덕 문장의 논증에 대한 논리학자들의 관점 [2024년 9월 고2] 퍼트넘의 의미 외재주의 [2024년 9월 고1] (가) 하이데거의 철학 / (나) 사르트르의 철학 [2024학년도 6월 고3] (가) 심리철학에서 의식을 설명하는 여러 관점 / (나) 체험으로서의 지각 [2024년 6월 고2] 리쾨르의 자기 해석학 [2024년 3월 고3] (가) 메야수의 실재론 / (나) 버전에 대한 굿맨의 주장 [2023년 11월 고2] 기술 철학 [2023년 6월 고1] 상담 이론이자 상담 기법인 현실 요법 [2023년 3월 고3] (가) 인간의 모방 메커니즘 / (나) 밈 이론 [2023년 3월 고1] (가) 성격심리학 / (나) 분석심리학 [2022년 11월 고2] 시뮬라르크에 대한 관점 [2022년 9월 고1] 소유와 존재에 대한 에리히 프롬의 사상 [2022학년도 6월 고3] (가) 새먼의 과정 이론 / (나) 동아시아의 재이론 [2022년 6월 고2] 빅터 프랭클의 심리학과 심리치료 [2022년 3월 고3] 리드의 행위자 인과 이론 [2021년 11월 고2] 언어에 대한 소쉬르와 비트겐슈타인의 이론 [2021년 6월 고2] 레비나스의 타자 중심의 철학 [2020년 9월 고1] 한나 아렌트의 정치 이론 [2020년 3월 고2] 도덕적 갈등을 바라보는 관점 [2019년 11월 고1] 비트겐슈타인의 복합명제 [2016학년도 수능 B형] 도덕적 운과 도덕적 평가 [2016학년도 9월 고3 B형] 사색적 삶의 소외 [2016학년도 6월 고3 A형] 규범 윤리학과 정서주의 [2015년 3월 고2] 비트겐슈타인과 로쉬의 범주화 [2015년 3월 고1] 콜버그의 도덕성 발달 이론 [2014학년도 6월 고3 A형] 냉전에 대한 여러 관점

01 동양 윤리의 출발, 유교 ①

| 01~04 | **다음 글을 읽고 물음에 답하시오.**

중국 역사에서 전국 시대는 전쟁으로 점철된 시대였다. 여러 사상가들이 혼란한 정국을 수습하고 백성들을 고통에서 벗어나게 하기 위한 대안을 마련하였는데, 이 과정에서 그들의 이론을 뒷받침할 형이상학적 체계로서의 인성론이 대두되었다. 인성론은, 인간의 본성은 선하다는 성선설, 인간의 본성이 악하다는 성악설, 인간의 본성에는 애초에 선과 악이라는 구분이 전혀 없다는 성무선악설 등으로 분류될 수 있다. 맹자와 순자를 비롯한 사상가들은 인간 본성에 대한 이론적 탐구에서 더 나아가 사회적·정치적 관점으로 인성론을 구성하고 변형시켜 왔다.

[A] 맹자의 성선설이 국가 공권력에 저항하기 위해 호족들 및 지주들이 선한 본성을 갖춘 자신들을 간섭하지 말라는 이념적 논거로 사용되었다면, 순자나 법가의 성악설은 군주가 국가 공권력을 정당화할 때 그 논거로서 사용되었다. 즉 선악이란 윤리적 개념이 정치적 개념과 불가분의 관계에 놓여 있다는 사실을 확인할 수 있다. 성선설에서는 개체가 외부의 강제적인 간섭 없이도 '정치적 질서'를 낳고 유지할 수 있다고 본 반면, 성악설에서는 외부의 간섭이 없을 경우 개체는 '정치적 무질서'를 초래할 뿐인 존재라고 본 것이다.

한편 ㉠고자는 성무선악설을 통해 인간이 가지고 있는 식욕과 같은 자연적인 욕구가 본성이므로 이를 정치적이면서 동시에 윤리적인 범주로서의 선과 악의 개념으로 다룰 수 없다고 주장했다. 그는 인간의 본성을 '소용돌이치는 물'로 비유했는데, 이러한 관점은 소용돌이처럼 역동적인 삶의 의지를 지닌 인간을 규격화함으로써 그 역동성을 마비시키려는 일체의 외적 간섭에 저항하는 입장을 취하도록 하였다.

㉡맹자는, 인간의 본성을 역동적인 것으로 간주한 고자의 인성론을 비판하였다. 맹자는 살아 있는 버드나무와 그것으로 만들어진 나무 술잔의 비유를 통해, 나무 술잔으로 쓰일 수 있는 본성이 이미 버드나무 안에 있다고 보았다. 맹자는 인간이 선천적으로 지닌 이러한 본성을 인의예지 네 가지로 규정하였다. 고통에 빠진 타인을 측은히 여기는 동정심, 즉 측은지심은 인간이라면 누구나 갖고 있다고 보고, 측은한 마음은 인간의 의식적 노력에서 나온 것이 아니라 불쌍한 타인을 목격할 때 저절로 내면 깊은 곳에서 흘러나온다고 본 것이 맹자의 관점이었다. 다시 말해 인간은 스스로의 노력으로 본성을 실현할 수 있는 존재, 즉 타인의 힘이 아닌 자력으로 수양할 수 있는 존재라고 보았다. 이것이 바로 맹자 수양론의 기본 전제이다.

모든 인간은 선한 본성을 지니고 있고, 이 선한 본성의 실현은 주체 자신의 노력에 의해서만 가능하다는 맹자의 성선설을 순자는 사변적이고 낙관적이며 현실 감각이 결여된 주장으로 보았다. 선한 인간이 되기 위해서 인간은 국가 질서, 학문, 관습 등과 같은 외적인 것에 의존할 필요가 없다고 본 맹자의 논리는 현실 사회에서 국가 공권력과 사회 규범의 역할을 전적으로 부정하는 논거로도 사용될 수 있었기 때문이다. ㉢순자의 견해처럼 인간의 본성이 악하다고 전제할 때 그것을 교정하고 순치할 수 있는 외적인 강제력, 다시 말해 국가 권력이나 전통적인 제도들이 부각될 수 있다. 국가 질서와 사회 규범을 정당화하기 위한 순자의 견해는 성악설뿐만 아니라 현실주의적 인간관에서 비롯되었다.

순자는 인간의 욕망이 무한하지만 그것을 충족시켜 줄 재화는 매우 한정되어 있다고 보고 이런 모순을 해결하기 위해서 국가에 의해 예(禮)가 만들어졌다는 입장을 견지하였다. 만약 인간에게 외적인 공권력과 사회 규범이 없는 경우를 가정한다면 인간들은 자신들의 욕망 충족에 있어 턱없이 부족한 재화를 놓고 일종의 전쟁 상태에 빠지게 될 것이고, 그 결과 사회는 걷잡을 수 없는 무질서 상태로 전락하게 될 것이다. 맹자의 성선설이 비현실적일 뿐만 아니라 정치적 질서를 해칠 가능성이 있다고 본 순자의 비판은, 바로 인간과 사회에 대한 이와 같은 견해로부터 나온 것이다.

01 윗글에 대한 설명으로 가장 적절한 것은?

① 인성에 대한 세 견해의 장단점을 비교하고 있다.
② 인성론의 등장 배경과 다양한 견해를 소개하고 있다.
③ 인성론의 역사적 의의와 한계에 대해 분석하고 있다.
④ 인성론이 등장한 시대적 상황을 구체적 자료를 통해 제시하고 있다.
⑤ 인성에 대한 두 견해를 제시하며 이를 절충한 이론을 소개하고 있다.

02 [A]를 통해 '인성론'에 대해 이해한 내용으로 가장 적절한 것은?

① 사회의 발전을 위한 갈등 유지의 당위성을 인정하였다.
② 권력자의 윤리 의식과 통치력이 상반된다고 판단하였다.
③ 정치적 입장을 정당화하는 이념적인 수단으로 사용되었다.
④ 초자연적 존재와 대비되는 인간 본성의 우위를 추구하였다.
⑤ 인간의 타고난 본성을 거스르는 인위적 노력을 배격하였다.

03 윗글의 '순자'와 〈보기〉의 '홉스'가 모두 동의할 만한 진술로 가장 적절한 것은? [3점]

〈보기〉

　홉스의 「리바이어던」에 따르면, 인간은 본성이 이기적이므로 자신의 이익을 극대화하기 위해 '자연 상태'에서 '만인의 만인에 대한 투쟁' 상태로 비참하게 살아갈 수밖에 없다. 이를 극복하기 위해 공동의 권력을 만들었는데 이것이 바로 리바이어던이다. 이는 공동의 평화와 방어를 위해 필요한 모든 힘과 수단을 이용할 수 있는 절대 권력이다. 사람들은 리바이어던 같은 절대 통치자에게 복종을 약속하고 대신 통치자는 사람들의 안전을 보장해 주는데, 국가는 바로 이러한 계약에 따라 만들어졌다.

① 인간의 이기적 본성이 사회의 혼란과 무질서를 초래함을 인정해야 한다.
② 인간은 공동의 평화를 위해 국가 권력에 대해 비판적 태도를 지녀야 한다.
③ 통치자는 권력을 유지하기 위해 한정된 재화의 균등한 분배에 힘써야 한다.
④ 대립적 상황의 해결을 위하여 인간의 본성이 발현되는 자연 상태로 돌아가야 한다.
⑤ 사회의 질서를 유지하기 위한 제도와 규범은 구성원들의 계약에 의해 마련되어야 한다.

04 ㉠~㉢의 관점에서 〈보기〉를 이해한 것으로 적절하지 <u>않은</u> 것은?

〈보기〉

　　가난과 배고픔 때문에 빵을 훔친 장발장은 체포되어 19년 동안 감옥 생활을 한다. 출소한 장발장은 신분증에 전과가 적혀 있어 잠잘 곳도, 일자리도 구할 수 없게 된다. 오직 미리엘 주교만은 이런 그를 따뜻하게 맞아주었으나, 장발장은 은촛대를 훔치다가 경관에게 붙잡힌다. 하지만 미리엘 주교는 은촛대는 장발장이 훔친 것이 아니라 선물로 준 것이라고 말하며 사랑을 베풀어 주었고, 이에 감동받은 장발장은 정체를 숨기고 선행을 베풀며 살아간다.

① ㉠ : 장발장이 배가 고파 빵을 먹고 싶은 것은 인간의 자연스러운 욕구에서 비롯된 것으로 이해할 수 있다.

② ㉠ : 미리엘 주교가 은촛대를 장발장에게 준 선물이라고 말한 것은 역동적 삶의 의지를 규격화하려는 행위로 볼 수 있다.

③ ㉡ : 미리엘 주교가 장발장에게 편히 쉴 곳을 마련해 준 것은 불쌍한 사람을 측은히 여기는 마음에 따른 것으로 이해할 수 있다.

④ ㉡ : 장발장이 선행을 베풀며 살아가는 모습은 스스로의 노력으로 선한 본성을 실현하는 것으로 볼 수 있다.

⑤ ㉢ : 장발장이 체포되어 수감된 것은 본성을 바로잡기 위한 사회 규범에 의거한 것으로 볼 수 있다.

독해지도 쓱쓱

글의 중심 제재인 인성론을 '맹자의 성선설 / 순자의 성악설 / 고자의 성무선악설'로 분류해서 다루고 있어요. 각각 어떤 내용을 담고 있는지, 누가 누구를 비판했는지 등을 독해지도로 정리해 보세요.

02 동양 윤리의 출발, 유교 ②

| 01~04 | **다음 글을 읽고 물음에 답하시오.**

공자가 살았던 춘추 시대는 주나라 봉건제가 무너지고 제후국들이 주도권을 놓고 치열하게 전쟁을 일삼던 시기였다. 이러한 사회적 혼란을 극복하기 위한 방법으로 공자는 예(禮)를 제안하였다. 예란 인간의 도덕적 본성을 그 사회에 맞게 규범화한 것으로 단순히 신분적 차이를 드러내거나 행동을 타율적으로 규제하는 억압 장치는 아니었다. 예는 개인의 윤리 규범이면서 사회와 국가의 질서를 바로잡는 제도였으며, 인간관계를 올바르게 형성하는 사회적 장치였다.

공자는 예에 기반을 둔 정치는 정명(正名)에서 시작한다고 하며, 정명을 실현할 주체로서 군자를 제시하였다. 정명이란 '이름을 바로잡는다'라는 뜻으로, 다양한 사회적 관계 속에서 자신이 마땅히 해야 할 도리를 행하는 것을 의미한다. 군주는 군주다운 덕성을 갖추고 그에 ⓐ <u>맞는</u> 예를 실천해야 하며, 군주뿐만 아니라 신하, 부모 자식도 그러해야 한다. 만일 군주가 예에 의하지 아니하고 법과 형벌에 ⓑ <u>기대어</u> 정치를 한다면, 백성들은 형벌을 면하기 위해 법을 지킬 뿐, 무엇이 옳고 그른지 스스로 판단하려 하지 않는 문제가 생길 것이라고 공자는 보았다.

공자가 제시한 군자는 도덕적 인격을 완성하기 위해 애쓰는 사람이기도 하면서 자신의 도덕적 수양을 통해 예를 실현하는 사람이다. 원래 군자는 정치적 지배 계층을 ⓒ <u>가리키는</u> 말로 일반 서민을 가리키는 소인과 대비되는 개념이었다. 공자는 이러한 개념을 확장하여 군자와 소인을 도덕적으로도 구별하였다. 사리사욕에 ⓓ <u>사로잡혀</u> 자신의 이익과 욕심을 채우는 데만 몰두하는 소인과 도덕적 수양을 최우선으로 삼는 군자를 도덕적으로 차별화한 것이다. 군자는 이익을 따지기보다는 무엇이 옳고 그른지를 먼저 판단해야 한다고 하였다.

공자는 군주는 군자다운 성품을 지녀야 한다고 함으로써 정치적 지도자가 가져야 할 덕목으로 도덕적 수양과 실천을 강조하였다. 이는 공자가 당시 지배 계층에게 도덕적 본성을 요구했다는 점에서 큰 의미가 있다. 인간의 도덕적 본성에 근거한 정치를 시행해야 한다는 유학적 정치 이념을 제시한 것이기 때문이다. 또한 공자는 소인도 군자가 될 수 있다고 강조하여 사회 전반에 걸쳐 정명을 통한 예의 실천을 구현하고자 하였다.

공자는 군자가 되기 위해서는 항상 마음이 참되고 미더운 상태가 되도록 자신의 내면을 잘 ⓔ <u>살피라고</u> 하였다. 이렇게 도덕적 수양을 할 뿐만 아니라 옛 성현의 책을 읽고 육예(六藝)를 고루 익혀 다양한 학문적 소양을 갖춰야 한다고 하였다. 이를 통해 어느 한 가지 특정 분야에서 뛰어나기보다는 어떤 상황에서든 그에 맞는 제 역할을 다하는 사람이 되라고 독려하였다.

유학에서 말하는 이상적인 인간은 성인(聖人)이다. 공자도 자신을 성인이라고 자처하지 않았다. 성인은 도덕적 수양이 더 이상 필요 없는, '인간의 도덕적 본성'을 완성한 인격자를 가리키는데 언제 어디서건 인간의 도리를 벗어나는 일을 하지 않는 완전한 존재로 보았다. 따라서 군자는 일상생활에서의 도덕적 수양을 통해 성인의 경지에 도달할 것을 목표로 삼아야 한다고 하였다. 공자는 정치적 지도자뿐만 아니라 일반 서민의 지속적인 도덕적 수양을 통해 혼란스러운 당시의 세상을 이상적인 사회로 이끌고자 하였다.

---

01 윗글의 내용과 일치하지 <u>않는</u> 것은?

① 공자가 살았던 시기는 제후국의 패권 경쟁이 심하던 시대였다.
② 공자는 군자의 개념을 확장하고 유학적 정치 이념을 제시하였다.
③ 공자는 예에 기반을 둔 정치를 실현할 주체로 군자를 제시하였다.
④ 공자는 다양한 학문적 소양을 군자가 갖추어야 할 요소로 보았다.
⑤ 공자는 도덕적 판단의 기준으로 법과 형벌의 중요성을 강조하였다.

02 윗글에 나타난 '예(禮)'에 대한 설명으로 적절하지 <u>않은</u> 것은?

① 인간관계를 올바르게 형성하는 사회적 장치이다.
② 당시 사회의 혼란을 극복할 방법으로 제안되었다.
③ 인간의 도덕적 본성을 사회적으로 규범화한 것이다.
④ 사회 구성원의 신분적 평등 관계를 추구하는 규범이다.
⑤ 모든 계층에게 도덕성을 요구하는 규범으로 강조되었다.

03 윗글의 내용에 부합하는 것을 〈보기〉에서 고른 것은?

〈보기〉

ㄱ. 소인이 군자가 되면 인간의 도리를 벗어나는 법이 없다.
ㄴ. 군자는 완전한 인격체로서 유학에서 목표로 삼는 대상이다.
ㄷ. 소인도 도덕적 수양을 하고 학문적 소양을 갖추면 군자가 될 수 있다.
ㄹ. 군자와 성인을 구별하는 기준으로는 도덕적 본성의 완성 여부를 들 수 있다.

① ㄱ, ㄴ   ② ㄱ, ㄷ   ③ ㄴ, ㄷ   ④ ㄴ, ㄹ   ⑤ ㄷ, ㄹ

04 ⓐ~ⓔ를 한자어로 바꾼 것으로 적절하지 <u>않은</u> 것은?

① ⓐ : 합당(合當)한   ② ⓑ : 의거(依據)하여   ③ ⓒ : 지칭(指稱)하는
④ ⓓ : 매수(買收)되어   ⑤ ⓔ : 성찰(省察)하라고

독해지도 쓱쓱

'군자, 소인, 성인' 등의 개념이 등장합니다. 각 개념을 헷갈리지 않게 잘 구분하는 것이 제일 중요해요!

03 성리학과 실학

| 01~04 | **다음 글을 읽고 물음에 답하시오.**

　　조선 시대 유학자들은 도덕적이고 규범적이며 사람다운 삶을 강조하는 성리학을 받아들였다. 성리학은 우주의 근원과 질서, 그리고 인간의 심성과 질서를 '이(理)'와 '기(氣)' 두 가지를 통해 설명하고, 이를 바탕으로 인간과 세계를 연구하는 학문이다. 그래서 성리학을 '이기론' 또는 '이기 철학'이라고도 부른다. 성리학에서 일반적으로 '이'는 만물에 ⓐ 내재하는 원리이고, '기'는 그 원리를 현실에 드러내 주는 방식과 구체적인 현실의 모습이라 할 수 있다. '이'는 '기'를 통해서 드러난다. '이'는 언제나 한결같지만 '기'는 여러 가지 모습으로 존재하므로, 우주 만물의 원리는 그대로지만 형체는 다양하다. 이러한 '이'와 '기'를 어떻게 보는가에 따라 성리학자들이 현실을 해석하고 인식하는 자세가 달라진다.

　　'기'를 중시했던 대표적인 성리학자로 **서경덕**을 들 수 있다. 그는 '기'를 우주 만물의 근원이라고 보았다. 서경덕에 의하면, 태초에 '기'가 음기와 양기가 되고, 음기와 양기가 모이고 흩어지고를 반복하면서 하늘과 땅, 해와 달과 별, 불과 물 등의 만물이 만들어졌다. '기'는 어떤 외부의 원리나 힘에 의해 움직이는 것이 아니라 스스로 움직여 만물을 생성하고 변하게 한다. 하지만 '이'는 '기' 속에 있으면서 '기'가 작용하는 원리로 존재할 뿐 독립적으로 드러나거나 ⓑ 작용하지 않는다. 즉, '이'와 '기'는 하나이며, 세계에 드러나는 것은 '기'뿐이라는 것이다. 이와 같은 입장을 '기일원론(氣一元論)'이라 한다. 기일원론의 바탕에는, 현실 세계의 모습은 '기'의 움직임에 의한 것이므로, '기'가 다시 움직이면 현실도 변할 수 있을 것이라는 사고가 깔려 있다.

　　'이'를 중시했던 대표적인 성리학자는 **이황**이다. 이황은 서경덕의 논의를 단호하게 ⓒ 비판하며 '이'와 '기'는 하나가 아니라는 주장을 펼쳤다. 그는 '이'를 우주 만물의 근원이자 변하지 않는 절대적 가치이며 도덕 법칙이라고 보았다. '이'는 하늘의 뜻, 즉 천도(天道)이며, 만물이 선천적으로 지니고 태어나는 본성이라고 여겼다. 따라서 인간이 '이'를 깨우치고 실행하면 하늘이 부여한 본성을 회복하고, 인간 사회는 천도에 맞는 이상적이고 도덕적인 질서를 확립한다고 보았다. 현실 사회가 비도덕적이고 타락한 모습을 보이는 이유는 인간이 본성을 잃어버리고 사악한 마음을 따르기 때문인데, 이러한 사악한 마음은 인간의 생체적 욕구, 욕망 등인 '기'에서 나오는 것이다. 따라서 '이'와 '기'가 하나일 수는 없으며, 둘은 철저히 ⓓ 구분되어야 한다는 것이 이황의 주장이다. 이러한 입장을 '이기이원론(理氣二元論)'이라 한다. 이황은 '이'가 원리로서만 존재하는 것이 아니라 발동*한다고 보았다. '이'가 발동하면 그에 따라 '기'도 작용하여 인간이나 사회는 도덕적인 모습이 되지만, '이'가 발동하지 않고 '기'만 작용하면 인간이나 사회는 비도덕적 모습이 될 수 있다. 이황은 인간이 '이'를 깨우치고 실행하기 위해서는 학문과 수양에 힘써야 한다고 생각하였다. 그는 현실의 문제 상황은 학문과 수양을 통해 '이'를 회복함으로써 해결될 수 있다는 점을 강조하였다.

　　한편, **이이**는 서경덕과 이황의 논의가 양극단을 달리는 오류를 범하고 있다고 비판하면서, '이'와 '기'의 관계를 새롭게 ⓔ 규정하였다. 이이는 '이'를 모든 사물의 근원적 원리로, '기'를 그 원리를 담는 그릇으로 보았다. 둥근 그릇에 물을 담으면 물의 모양이 둥글고 모난 그릇에 물을 담으면 물의 모양이 모나 보이지만, 그 속에 담긴 물의 속성은 달라지지 않는다. 이처럼 '기'는 현실에서 다양한 모습으로 존재하지만 그 속에 담겨 있는 '이'는 달라지지 않는다. 물이 그릇에 담겨 있지만 물과 그릇이 다른 존재이듯이, '이'와 '기'도 한 몸처럼 붙어 있지만 '이'와 '기'로 각각 존재한다는 것이다. 이이에 따르면, '이'는 현실에 아무 작용을 하지 않고 '기'만 작용한다. 현실의 모습이 문제를 드러내고 있다면, 이는 '이'가 잘못된 것이 아니라 '기'가 잘못된 것이다. 그러므로 '이'를 회복하기보다는 '기'로 나타난 현실의 모습 자체를 바꾸기 위해 싸워야 한다는 것이 이이의 주장이다. 이이가 조선 사회의 변화를 위한 여러 가지 개혁론을 펼칠 수 있었던 것은 이러한 사고가 바탕을 이루고 있었기 때문이다.

＊**발동(發動)** : 일어나 움직임.

01 **윗글에 대한 설명으로 가장 적절한 것은?**

① 철학적 용어의 현대적 의미를 재조명하고 있다.

② 철학적 용어에 대한 사회적 통념을 비판하고 있다.

③ 문답의 형식을 통해 철학적 용어의 개념을 드러내고 있다.

④ 현실을 해석하는 철학적 용어가 등장한 배경을 소개하고 있다.

⑤ 철학적 용어의 관계를 바라보는 다양한 관점을 나열하고 있다.

02 **윗글을 참고할 때, 아래의 'ㄱ'과 'ㄴ'에 들어갈 내용으로 가장 적절한 것은?**

	서경덕	이황
'이'와 '기'란 무엇인가?	'이'란 만물에 내재하는 원리이고, '기'란 '이'를 현실에 드러내 주는 방식과 구체적인 현실의 모습이다.	
'이'와 '기'의 성격은 어떠한가?	ㄱ	ㄴ

① ┌ ㄱ : '이'와 '기'는 하나이다.
　└ ㄴ : '이'와 '기'는 철저히 구분된다.

② ┌ ㄱ : '이'는 '기'와 별도로 작용한다.
　└ ㄴ : '이'는 '기'와 동시에 작용한다.

③ ┌ ㄱ : 현실로 나타나는 것은 '이'이다.
　└ ㄴ : 현실로 나타나는 것은 '기'이다.

④ ┌ ㄱ : '기'는 '이' 속에 포함되어 있다.
　└ ㄴ : '이'는 '기' 속에 포함되어 있다.

⑤ ┌ ㄱ : 생체적 욕구와 욕망을 '기'라고 본다.
　└ ㄴ : 생체적 욕구와 욕망을 '이'라고 본다.

03 **윗글을 바탕으로 〈보기〉에 대해 '이이'가 할 수 있는 말로 가장 적절한 것은?** [3점]

〈보기〉

　양반이 되어야 군포를 면제받을 수 있기 때문에 백성들은 밤낮으로 양반이 되는 길을 모색한다. 고을 호적부에 기록되면 양반이 되고, 거짓 족보를 만들면 양반이 되고, 고향을 떠나 먼 곳으로 이사하면 양반이 되고, 두건을 쓰고 과거 시험장에 드나들면 양반이 된다. 몰래 불어나고, 암암리에 늘어나고, 해마다 증가하고, 달마다 불어나 장차 온 나라 사람들이 모두 양반이 되고 말 것이다.

－ 정약용, 「신포의(身布議)」 －

① 양반이 되려는 백성들의 문제는 본성을 잃어버려서 생긴 문제이므로, 학문과 수양을 통해 본성을 회복해야 합니다.

② 편법으로 쉽게 양반이 될 수 있는 현실이 백성을 이렇게 만든 것이므로, 이러한 현실의 모습을 우선적으로 개선해야 합니다.

③ 백성들의 행동은 현실에 내재하는 원리가 잘못되어 나타난 현상이므로, 현실의 문제를 근본부터 해결하기 위해서는 이 원리부터 바꾸어야 합니다.

④ 양반이 되려는 백성들의 모습은 음양의 작용에 의해 생겨난 것이므로, 인위적인 노력보다는 음양의 또 다른 작용을 통해 해결되기를 기다려야 합니다.

⑤ 백성들이 양반이 되고자 하는 것은 군포를 면제받고자 하는 잘못된 욕구에서 나온 것이므로, 이러한 욕구를 따르지 않도록 천도에 맞는 질서를 확립해야 합니다.

04 ⓐ~ⓔ의 사전적 의미로 적절하지 <u>않은</u> 것은?

① ⓐ : 내부적으로 미리 정함.

② ⓑ : 어떤 현상을 일으키거나 영향을 미침.

③ ⓒ : 옳고 그름을 판단하여 밝히거나 잘못을 지적함.

④ ⓓ : 일정한 기준에 따라 갈라 나눔.

⑤ ⓔ : 내용이나 성격 따위를 밝혀 정함.

독해지도 쓱쓱

이 지문에는 '서경덕, 이황, 이이' 세 학자의 '이'와 '기'에 대한 견해가 담겨 있어요. 하나의 사안에 대해 각 학자들이 어떤 견해를 가지고 있는지, 그 공통점과 차이점은 무엇인지에 집중해서 독해지도를 정리하면 지문이 한눈에 들어올 거예요!

01 서양 윤리의 출발, 아리스토텔레스

| 01~04 | **다음 글을 읽고 물음에 답하시오.**

　자연에서 발생하는 모든 일은 목적 지향적인가? 자기 몸통보다 더 큰 나뭇가지나 잎사귀를 허둥대며 운반하는 개미들은 분명히 목적을 가진 듯이 보인다. 그런데 가을에 지는 낙엽이나 한밤중에 쏟아지는 우박도 목적을 가질까? 아리스토텔레스는 모든 자연물이 목적을 추구하는 본성을 타고나며, 외적 원인이 아니라 내재적 본성에 따른 운동을 한다는 목적론을 제시한다. 그는 자연물이 단순히 목적을 갖는 데 그치는 것이 아니라 목적을 실현할 능력도 타고나며, 그 목적은 방해받지 않는 한 반드시 실현될 것이고, 그 본성적 목적의 실현은 운동 주체에 항상 바람직한 결과를 가져온다고 믿는다. 아리스토텔레스는 이러한 자신의 견해를 "자연은 헛된 일을 하지 않는다!"라는 말로 요약한다.

　근대에 접어들어 모든 사물이 생명력을 갖지 않는 일종의 기계라는 견해가 강조되면서, 아리스토텔레스의 목적론은 비과학적이라는 이유로 많은 비판에 직면한다. 갈릴레이는 목적론적 설명이 과학적 설명으로 사용될 수 없다고 주장하며, 베이컨은 목적에 대한 탐구가 과학에 무익하다고 평가하고, 스피노자는 목적론이 자연에 대한 이해를 왜곡한다고 비판한다. 이들의 비판은 목적론이 인간 이외의 자연물도 이성을 갖는 것으로 의인화한다는 것이다. 그러나 이런 비판과는 달리 아리스토텔레스는 자연물을 생물과 무생물로, 생물을 식물·동물·인간으로 나누고, 인간만이 이성을 지닌다고 생각했다.

　일부 현대 학자들은, 근대 사상가들이 당시 과학에 기초한 기계론적 모형이 더 설득력을 갖는다는 일종의 교조적 믿음에 의존했을 뿐, 아리스토텔레스의 목적론을 거부할 충분한 근거를 제시하지 못했다고 비판한다. 이런 맥락에서 볼로틴은 근대 과학이 자연에 목적이 없음을 보이지도 못했고 그렇게 하려는 시도조차 하지 않았다고 지적한다. 또한 우드필드는 목적론적 설명이 과학적 설명은 아니지만, 목적론의 옳고 그름을 확인할 수 없기 때문에 목적론이 거짓이라 할 수도 없다고 지적한다.

　17세기의 과학은 실험을 통해 과학적 설명의 참·거짓을 확인할 것을 요구했고, 그런 경향은 생명체를 비롯한 세상의 모든 것이 물질로만 구성된다는 물질론으로 이어졌으며, 물질론 가운데 일부는 모든 생물학적 과정이 물리·화학 법칙으로 설명된다는 환원론으로 이어졌다. 이런 환원론은 살아 있는 생명체가 죽은 물질과 다르지 않음을 함축한다. 하지만 아리스토텔레스는 자연물의 물질적 구성 요소를 알면 그것의 본성을 모두 설명할 수 있다는 엠페도클레스의 견해를 반박했다. 이 반박은 자연물이 단순히 물질로만 이루어진 것이 아니며, 또한 그것의 본성이 단순히 물리·화학적으로 환원되지도 않는다는 주장을 내포한다.

　첨단 과학의 발전에도 불구하고 생명체의 존재 원리와 이유를 정확히 규명하는 과제는 아직 진행 중이다. 자연물의 구성 요소에 대한 아리스토텔레스의 탐구는 자연물이 존재하고 운동하는 원리와 이유를 밝히려는 것이었고, 그의 목적론은 지금까지 이어지는 그러한 탐구의 출발점이라 할 수 있다.

01 **윗글의 논지 전개 방식으로 가장 적절한 것은?**

① 대립되는 두 이론을 소개하고 각 이론의 장단점을 비교하고 있다.
② 특정 이론에 대한 상반된 주장을 제시하여 절충 방안을 모색하고 있다.
③ 특정 이론에 대한 다양한 비판의 타당성을 검토한 후 새로운 이론을 도출하고 있다.
④ 특정 이론에 대한 비판들을 시대순으로 제시하여 그 이론의 부당성을 주장하고 있다.
⑤ 특정 이론에 대한 비판들을 검토하고 그 이론에 대한 해석을 제시하여 의의를 밝히고 있다.

02 **윗글에 나타난 아리스토텔레스의 견해에 대한 이해로 가장 적절한 것은?**

① 개미의 본성적 운동은 이성에 의한 것으로 설명된다.
② 자연물의 목적 실현은 때로는 그 자연물에 해가 된다.
③ 본성적 운동의 주체는 본성을 실현할 능력을 갖고 있다.
④ 낙엽의 운동은 본성적 목적 개념으로는 설명되지 않는다.
⑤ 자연물의 본성적 운동은 외적 원인에 의해 야기되기도 한다.

03 윗글에 나타난 목적론에 대한 논의를 적절하게 진술한 것은?

① 갈릴레이와 볼로틴은 목적론이 근대 과학에 기초한 기계론적 모형이라고 비판한다.
② 갈릴레이와 우드필드는 목적론적 설명이 과학적 설명이 아니라는 데 동의한다.
③ 베이컨과 우드필드는 목적론적 설명이 교조적 신념에 의존했다고 비판한다.
④ 스피노자와 볼로틴은 목적론이 자연에 대한 이해를 확장한다고 주장한다.
⑤ 스피노자와 우드필드는 목적론이 사물을 의인화하기 때문에 거짓이라고 주장한다.

04 윗글을 바탕으로 〈보기〉를 이해한 내용으로 가장 적절한 것은? [3점]

〈보기〉

　　생물학자 마이어는 생명체의 특징을 보여 주는 이론으로 창발론을 제시한다. 그는 생명체가 분자, 세포, 조직에서 개체, 개체군에 이르기까지 단계적으로 점점 더 복잡한 체계를 구성하며, 세포 이상의 단계에서 각 체계의 고유 활동은 미리 정해진 목적을 수행한다고 생각한다. 창발론은 복잡성의 수준이 한 단계씩 오를 때마다 구성 요소에 관한 지식만으로는 예측할 수 없는 특성들이 나타난다는 이론이다. 마이어는 여전히 생명체가 물질만으로 구성된다고 보지만, 물리·화학적 법칙으로 모두 설명되지는 않는다고 본다.

① 마이어는 아리스토텔레스처럼, 엠페도클레스의 물질론적 견해가 적절하다고 보겠군.
② 마이어는 아리스토텔레스처럼, 자연물이 물질만으로 구성된다는 물질론에 동의하겠군.
③ 마이어는 아리스토텔레스처럼, 생명체의 특성들은 구성 요소들에 관한 지식만으로 예측할 수 없다고 보겠군.
④ 마이어는 아리스토텔레스와 달리, 모든 자연물이 목적 지향적으로 운동한다고 보겠군.
⑤ 마이어는 아리스토텔레스와 달리, 모든 자연물의 본성에 대한 물리·화학적 환원을 인정하겠군.

독해지도 쓱쓱

글의 구조가 좀 복잡해요. 아리스토텔레스의 견해에 대한 근대 학자들의 비판이 나오고, 이에 대한 재반박이 나오다가, 다시 아리스토텔레스의 견해로 돌아갑니다. 시간 순서대로 진행되는 글이 아니기 때문에 문단 간의 관계 파악에 집중하며 독해지도를 그려 보세요.

02 근대 철학 - 경험론부터 현상학까지 ①

| 01~03 | 다음 글을 읽고 물음에 답하시오.

중세 서양인들은 세계가 완전한 천상계와 불완전한 지상계로 이루어져 있다고 생각했다. 천체들은 5원소로 이루어져 있고 원운동을 하며, 천체들을 움직이는 힘은 신의 의지라고 생각했다. 상상에 의존하는 이러한 세계관은 천체들을 직접 관측하고, 망원경으로 확인하면서 서서히 흔들렸다. 사람들은 머리로만 생각해 왔던 이상적 질서들이 '경험'을 통해 부정될 수 있다는 사실을 새삼 깨달았다. 근대 경험론은 이런 과정을 통해 탄생했다고 볼 수 있다.

경험론이란 인간의 인식이나 지식의 근원을 인간의 지각, 즉 경험에서 찾는 철학적 입장을 가리킨다. 굳이 '지혜는 경험의 딸이다.'라는 레오나르도 다빈치의 말이 아니더라도 경험이 어떤 가르침을 준다는 사실을 부인할 사람은 드물 것이다. 경험을 통해 무엇을 알게 되는 것은 모든 사람이 일상적으로 겪는 과정이기 때문에 이 입장을 거부하는 것은 쉽지 않다.

경험론의 전통은 멀리 고대 그리스의 소피스트, 키레네 학파까지 올라가지만, ㉠합리론에 대립되는 본격적인 ㉡경험론은 프랜시스 베이컨이 체계를 세웠다. 사실 이 두 사상은 모두 자연과학 발전의 영향을 받았지만, 그 발전의 핵심 동력은 다르게 파악하며 철학적 토대를 닦아나갔다. 경험론자들은 관찰과 실험에 입각한 귀납적 방법이, 합리론자들은 이성적 사고에 기반을 둔 연역적 추론이 각각 자연과학의 발전을 이끌었다고 여겼다.

경험론자들은 귀납법을 통해 구체적이고 개별적인 사례들에서 인간과 자연에 대한 보편적인 법칙을 알아갈 수 있다고 생각했다. 하지만 조금 더 생각해 보면 경험론은 한계가 있음을 알 수 있다. 예를 들어 똑같은 장소를 걸어서 지나친 여행자와 기차를 타고 지나친 여행자를 생각해 보자. 장소는 동일하지만 두 여행자가 그 장소를 바라봤던 경험은 분명 다를 것이다. 그런 점에서 경험의 세계는 절대적으로 확신하기가 어려운 것이다. 그러므로 자신의 경험에 오류가 있을 수도 있음을 받아들이는 겸허한 태도가 필요하다.

그럼에도 불구하고 인간에게 있어 의미 있고 근거 있는 인식은 경험에서 출발한다는 경험론의 입장은 여전히 설득력이 있다. 그리고 근대 이후 철학들은 경험론에서 바라본 경험의 의미를 존중하면서 그 의미를 나름대로 확장했다. 칸트의 관념론은 '정신의 경험'까지, 라캉의 구조론은 '무의식의 경험'까지 의미를 넓힌 것이다. 이처럼 근대 이후 철학의 상당 부분은 경험론의 영향 아래 진행되었다고 해도 과언이 아니다.

01 윗글에서 확인할 수 있는 내용으로 적절하지 <u>않은</u> 것은?

① 경험론의 종류
② 경험론의 개념
③ 경험론의 배경
④ 경험론의 한계
⑤ 경험론의 의의

02 ㉠과 ㉡에 대한 설명으로 적절하지 <u>않은</u> 것은?

① ㉠은 이성적 사고에 기반한 연역법을 사용한다.
② ㉡은 귀납적 방법을 통해 보편적 지식을 추구한다.
③ ㉡은 머리로만 생각해 왔던 이상적 질서를 부정한다.
④ ㉡은 절대적이고 완전한 지식을 만들어 내기 어렵다.
⑤ ㉠은 ㉡과 달리 근대 자연과학의 발전에서 영향을 받았다.

03 〈보기〉의 사례를 윗글에 활용하려고 할 때, 그 활용 방안으로 가장 적절한 것은? [3점]

〈보기〉

　　옛날 인도의 어떤 왕이 여러 명의 장님을 불러 손으로 코끼리를 만져 보고 각자 코끼리에 대해 말해 보도록 했다. 배를 만진 이는 장독, 등을 만진 이는 평상, 다리를 만진 이는 절구와 같다고 제각기 다른 말을 했다. 이에 왕은 "보아라. 코끼리는 하나이거늘 저 장님들은 제각기 자기가 알고 있는 것만을 코끼리로 알고 있구나. 진리를 아는 것도 또한 이와 같은 것이니라."라고 하였다.

① 경험이야말로 진리를 얻을 수 있는 가장 빠른 길이라는 사실을 이야기하는 사례로 활용한다.
② 경험에는 오류가 있을 수도 있음을 인정하는 겸허한 태도를 지녀야 함을 강조하는 사례로 활용한다.
③ 지각이 부족한 사람들의 경험은 머리로만 생각하는 사고에 미치지 못함을 증명하는 사례로 활용한다.
④ 하나의 대상이 그 의미를 확장해 나가면서 차츰 철학의 발전을 유도하게 됨을 보여 주는 사례로 활용한다.
⑤ 개별적인 개인의 경험을 모두 모은다면 보편적인 지식으로 전환될 수 있음을 알려 주는 사례로 활용한다.

독해지도 쓱쓱

경험론에 대한 배경지식이 있다면 크게 어렵지 않은 글이에요. 인문 분야에서 경험론과 합리론은 자주 나오는 개념이므로 이번 기회에 잘 알아 둡시다!

03 근대 철학 - 경험론부터 현상학까지 ②

| 01~05 | 다음 글을 읽고 물음에 답하시오.

소크라테스 이후의 전통 형이상학에서는 현실 세계를 불완전하고 거짓된 세계로 간주하고, 보편적 진리로 이루어진 현실 너머의 세계를 참된 세계라고 여겼다. 그들은 삶의 목적이 현실 너머에 있는 초월적 가치의 추구에 있다고 보았으며, 이성적 사유를 통해 이를 발견하고자 하였다. 이것은 삶의 외부에 있는 절대적 가치를 토대로 삶의 의미를 찾고자 하는 사유 방식이었다. 바로 이 점에 반기를 든 철학자가 니체이다.

니체에 따르면, 삶은 삶을 둘러싼 가치들의 근원이며, 가치 평가의 출발점이다. 그리고 가치는 삶에 유용한가, 즉 그것이 삶을 더 강하게 만들어 주는가에 따라 평가된다. 그런데 전통 형이상학은 ㉠'도덕적 선'이라는 절대적 가치를 삶의 궁극적인 목적으로 여기고, 이에 따라 개별적 삶을 재단하려 하였다. 이에 따르면 삶의 본능적 욕망은 억압되어야 하는 것이며, 현실적인 삶은 개선되어야 하는 부정적인 것이다. 따라서 현실적인 삶을 긍정하고 그 속에서 끊임없이 발전하고자 하는 태도는 '도덕적 선'에 부합하지 않는, 무가치한 현실적 욕구들을 충족하려는 태도에 지나지 않게 된다. 결국 현실적인 삶 자체도 무의미한 것이 되고 만다. 니체는 그 자체로 목적이어야 할 삶을 초월적 가치 실현의 수단으로 간주하는 전도된 사유 방식에 전적으로 반대하였다.

니체는 전통 형이상학의 도덕 가치를 좇으며 '노예'로 살아가는 대신 각자가 '주인'으로서 스스로의 삶을 살아갈 것을 강조했다. 그러기 위해서는 끊임없이 무언가를 넘어서고 더 높은 것으로 나아가고자 하는 욕망, 즉 ⓐ'힘에의 의지'가 필요하다고 보았다. 이것은 자신 내면의 힘과 능력을 더 높은 차원으로 발휘하고자 하는 의지이기도 하다. 하나의 '힘에의 의지'가 다른 '힘에의 의지'를 이겨도 또 다른 '힘에의 의지'가 수시로 나타나므로, 이것은 창조와 생산이 무한히 이루어지게 하는 의지이다. 니체는 '힘에의 의지'를 자연스러운 것으로 수용할 때 현재의 자신을 극복하고 새로운 가치를 창조할 수 있다고 보았다.

니체에 따르면, 삶을 긍정하고 상승시키고자 하는 '강자'들은 삶에 유용한 가치들을 끊임없이 추구한다. 각각의 삶이 자신의 상승을 위해 '힘에의 의지'를 중심으로 경합하기도 하는데, 이때 필요한 것이 '아곤(Agon)', 즉 경쟁이다. 이것은 자신과 동등하거나 자신보다 뛰어난 사람을 넘어서려고 하는 것으로, 자신이 가진 힘의 크기를 확인하고 더 상승시키기 위해 필요한 과정이다. 그렇기에 아곤의 궁극적 목적은 경쟁자의 제압이 아니라 자신의 성장에 있다. 자신이 뛰어넘고자 하는 강자는 자신을 자극하고 발전시키는 선의의 파트너가 된다. 상대를 이기고자 하는 데서 오는 고통이 클수록 상대가 강하다는 뜻이며, 이때 고통은 오히려 성장의 원동력이 된다. 물론 강자들 사이에서도 힘의 차이에 따르는 위계는 존재한다. 그러나 이때의 위계는 일방적 계급 질서가 아니다. 승패는 존재하지만, 비교를 통해서 자신의 힘을 평가하고 좀 더 성장하고자 노력하였음을 서로 인정하므로, 강자와 상대적 약자 간의 힘의 위계는 지배적 형태가 아니라 상호 존중의 형태로 드러난다. 즉, 니체의 아곤은 자신의 삶을 긍정하고 자신의 성장을 위해 타자를 존중하는 태도라고 할 수 있다.

니체는 삶을 긍정한다는 것은 삶이 마주하는 어려움을 잘 극복하고 성장하고자 하는 태도를 의미한다고 보았다. '강자를 넘어서려고 하는 의지'를 옹호한 니체의 철학은, 현실을 살아가는 우리 자신의 삶을 그 자체로 긍정할 수 있는 철학적 토대를 마련하였다는 점에서 의미가 있다.

01 다음은 윗글을 읽고 학생이 수행한 활동지의 일부이다. 학생의 응답으로 적절하지 <u>않은</u> 것은?

질문	학생의 응답	
	예	아니요
① 니체 철학의 등장 배경을 전통 형이상학과 관련지어 제시하였는가?	✓	
② 니체 철학과 전통 형이상학의 공통점과 차이점을 밝혔는가?		✓
③ 니체 철학의 변천 과정을 통시적인 관점에서 드러내었는가?		✓
④ 니체 철학의 핵심 개념을 사례를 들어 설명하였는가?	✓	
⑤ 니체 철학이 지닌 의의를 밝히며 마무리하였는가?	✓	

02 윗글의 내용과 일치하지 <u>않는</u> 것은?

① 전통 형이상학에서는 현실 세계와 별개로 참된 세계가 존재한다고 생각하였다.

② 전통 형이상학에서는 절대적 가치를 발견하는 방법으로 이성적 사유를 제시하였다.

③ 니체는 무가치한 현실적 욕구를 충족하려는 태도도 삶을 개선하는 데 기여한다고 보았다.

④ 니체는 사람들이 자신보다 우월한 사람을 넘어서고자 하는 의지를 긍정적으로 평가하였다.

⑤ 니체는 삶에서 오는 어려움을 극복하고 성장하고자 하는 것이 삶을 긍정하는 태도라고 여겼다.

03 니체의 입장을 고려하여 ㉠의 의미를 파악한 내용으로 가장 적절한 것은?

① 개별적 삶을 바탕으로 절대적 가치가 지닌 유용성을 판단하였다.

② 개별적 삶에 절대적 가치를 실현하여 삶이 무의미하다는 점을 밝혀내었다.

③ 절대적 가치에 부합하는 현실적 욕구들을 바탕으로 개별적 삶을 규정하였다.

④ 절대적 가치를 추구하는 것만으로는 삶을 더욱 완전하게 만들 수 없다고 보았다.

⑤ 가치 평가의 기준이어야 할 삶을 삶 외부의 절대적 가치를 기준으로 평가하였다.

04 윗글의 ⓐ와 〈보기〉의 ⓑ를 비교한 내용으로 가장 적절한 것은?

쇼펜하우어는 살고자 하는 맹목적 욕망, 즉 ⓑ '삶에의 의지'가 인간의 행위와 인식을 지배한다고 보았다. 욕망이 충족되면 행복을 느끼지만, 이것은 금방 권태로 변하여 또 다른 욕망을 낳는다. 이 의지는 결핍과 권태 사이를 왔다 갔다 하면서 영원히 고통을 발생시키며, 이 의지가 격렬할수록 고통도 커지게 된다. 따라서 고통의 굴레에서 벗어나려면 예술과 명상, 금욕을 통해 이를 다스려야 하며, 참된 행복을 위해서는 이 의지를 완전히 버리는 것이 필요하다고 단언하였다.

① 니체는 ⓐ를 창조적인 삶을 이끄는 힘으로, 쇼펜하우어는 ⓑ를 안정적인 삶을 유지하는 힘으로 보았다.

② 니체는 ⓐ를 더 강해지고자 하는 내적 동기로, 쇼펜하우어는 ⓑ를 더 행복해지게 만드는 외적 동기로 보았다.

③ 니체는 ⓐ를 타인의 존재와 무관한 욕망으로, 쇼펜하우어는 ⓑ를 타인과의 비교를 전제로 한 욕망으로 보았다.

④ 니체는 ⓐ를 자연스럽게 받아들이는 것이, 쇼펜하우어는 ⓑ를 포기하는 것이 더 나은 삶을 만들 수 있다고 보았다.

⑤ 니체는 ⓐ를 최소한으로 가짐으로써, 쇼펜하우어는 ⓑ를 최대한으로 추구함으로써 삶의 고통에서 벗어날 수 있다고 보았다.

05 윗글을 읽은 학생이 〈보기〉에 대해 보인 반응으로 적절하지 <u>않은</u> 것은? [3점]

기록 경기인 △△ 종목에서 늘 1, 2위를 다투는 '갑'과 '을'의 라이벌전이 ○○ 올림픽에서 펼쳐졌다. 먼저 출전한 '을'이 신기록을 달성하자 관중들이 열광하였는데, 이때 '을'은 뒤이어 출전하는 '갑'을 위해 관중에게 자제를 요청하였다. 결국 경기는 '을' 1위, '갑' 2위로 종료되었다. 각각 은메달과 금메달을 목에 건 '갑'과 '을'은 서로에게 박수를 보냈으며, 어깨를 감싸안은 채 경기장을 돌며 관중들에게 답례하였다.

① '늘 1, 2위를 다투는' '갑'과 '을'은 서로에게 끊임없이 자극을 제공하고 성장을 돕는, 선의의 파트너로 볼 수 있군.

② '○○ 올림픽'은 각자의 삶을 상승시키고자 하는 '갑'과 '을'의 힘에의 의지가 맞서 겨루는 장이 된 것으로 볼 수 있군.

③ '신기록'을 세운 뒤 '갑'의 경기를 배려하는 '을'의 모습은 동등한 조건에서 힘의 크기를 비교하여 상대의 능력을 확인하려는 것으로 볼 수 있군.

④ 경기 종료 후 '갑'에게 '은메달'이, '을'에게 '금메달'이 주어진 것은 힘의 차이에 따른 위계를 반영한 것으로 볼 수 있군.

⑤ '갑'과 '을'이 '서로에게 박수를 보낸' 모습은 강자와 상대적 약자 간에 상호 존중의 형태로 힘의 위계가 드러난 것으로 볼 수 있군.

독해지도 쓱쓱

전통 형이상학에서와 다른 관점을 지녔던 니체 철학의 특징을 중심으로 독해지도를 그려 보세요. 특히 핵심 개념인 '힘에의 의지'와 '아곤'을 정확하게 이해해야 해요.

04 근대 철학 - 경험론부터 현상학까지 ③

| 01~04 | 다음 글을 읽고 물음에 답하시오.

독일의 철학자 후설(Edmund Husserl)이 말하는 '의식 주체'는 서양 근대 철학의 형이상학적 사고방식을 잘 보여 준다. 후설에 의하면 의식 주체는 다른 것의 도움 없이 스스로 존재하는 것, 즉 현존하는 것이며, 사유의 대상인 객체에 비해 우월하며 본질적이다. 이와 같은 맥락에서 의식 주체인 정신은 곧 '나'의 본질로, 그 자체로 완전하고 절대적이며 어떤 상황에서도 변하지 않는 자기 동일성을 지닌 것으로 ㉠간주된다. 그런데 이러한 관점은 이원 대립적 사고방식을 바탕으로 주체와 객체가 우열 관계 내지 착취 관계에 있다고 보아 객체에 대한 주체의 지배를 정당화한다는 데 문제가 있다. 주체 개념의 정립이 17, 18세기 자본주의의 소유 이론과 맞물려 있다는 것은 우연이 아니다.

이와 같은 이원 대립과 위계의 가치 질서를 만들어 낸 후설의 의식 주체를 비판하는 입장에서, 데리다(Jacques Derrida)는 **차연**이라는 개념을 ㉡개진한다. '차연'을 뜻하는 신조어 '디페랑스(différance)'는 '차이(差異)'와 '연기(延期)'의 의미를 지닌다. 예를 들어 사전에서 어떤 단어(A)의 의미를 설명하기 위해 또 다른 단어(B)를 사용하는 경우가 있는데, 이때 단어의 의미는 고정되는 것이 아니라 또 다른 단어와의 차이에 의해 그 의미가 ㉢구별되면서 끊임없이 연기된다. 이와 마찬가지로 데리다에게 주체란 그 자체로 완전하고 절대적인 의미를 갖고 있는 것이 아니라, 다른 대상들과의 차이에 의해 의미가 드러나고 그 의미에 대한 최종 해석은 계속 연기되는 것이다.

데리다가 말하는 차연은 단순히 의식 주체에 대한 대립 개념이 아니라, 의식 주체의 절대적 위상 속에 ㉣은폐되어 있는 객체의 가치를 밝히는 새로운 개념이다. 데리다가 의식 주체 개념에 문제를 제기하는 이유는 형이상학적 전통 철학에서는 주체가 다른 것들과의 관계 속에서 그 의미가 드러난다는 것을 은폐하고 그 자체로 고정 불변의 가치를 지닌다고 믿었기 때문이다. 또한 그 믿음으로 인해 형이상학적 전통 철학은 차이와 다양성으로 이루어진 세계를 절대 주체를 중심으로 재편하려는 욕망을 합리화했기 때문이다.

이러한 차연 개념을 통해 데리다가 주장하는 바는 자기 동일성을 지닌 주체란 허구이자 환상에 불과하므로 이를 해체해야 한다는 것이다. 데리다는 절대적 진리나 절대적 주체의 부재를 확인하고, 주체는 다른 것들과의 차이에 의해 구성되는 것이지 자기 동일성을 지닌 우월한 대상이 아니라는 것을 강조한다. 데리다는 그 어느 것에도 특권을 부여하지 않음으로써 형이상학적 전통 철학에서 전제하고 있는 절대적 진리의 '있음'을 '없음'으로 ㉤대체했다. 그의 사상은 대상마다 나름의 가치를 지니고 있다는 것을 강조함으로써 닫힌 세계에서 열린 세계로 나아가는 계기를 마련해 주며 다원적 사고에 대한 가능성을 제시해 준다는 점에서 그 의의를 찾을 수 있다.

01 윗글에서 언급된 내용으로 적절하지 <u>않은</u> 것은?

① 정신에 대한 후설의 인식
② 데리다의 사상이 갖는 의의
③ 의식 주체 개념이 지닌 문제점
④ 형이상학적 사고방식의 정립 계기
⑤ 주체의 자기 동일성에 대한 데리다의 견해

02 윗글의 **차연**에 대한 이해로 가장 적절한 것은?

① 주체의 의미는 고정되지 않으며 다른 것들과의 관계 속에서 구성된다.
② 객체는 주체로부터 비롯되고 주체와의 본질적인 차이에 의해 의미가 결정된다.
③ 주체가 지닌 절대적 지위는 나머지 다른 것들을 구별하는 확고한 기준이 된다.
④ 주체가 그 자체로 완전해지기 위해서는 어떤 상황에서도 변하지 않아야 한다.
⑤ 주체의 의미를 변별하기 위해서는 의미의 모호성을 유발하는 요소들을 제거해야 한다.

03 데리다의 관점에서 〈보기〉에 대해 평가한 내용으로 적절하지 **않은** 것은? [3점]

　　식민주의란 약육강식을 근간으로 삼는 차별적 이데올로기이다. 이는 힘이 센 나라(종주국)가 자신보다 약한 나라(식민국)를 무력으로 침략하여 물적·인적 자원을 약탈하고, 그곳을 지배하는 행위를 정당화한다. 서양 근대 철학은 이러한 식민주의의 이념적 뒷받침이 되었다.

① 식민국이 스스로 열등성을 극복할 수 있어야 식민주의를 해체할 수 있겠군.
② 종주국은 식민국과 대등하지 않다는 것을 근거로 식민 지배를 합리화하겠군.
③ 식민주의는 종주국을 절대적 주체로 설정하면서 식민국의 가치를 은폐하려는 이데올로기이군.
④ 종주국의 무력 침략은 종주국을 중심으로 세계를 재편하려는 욕망을 드러낸 것이라고 할 수 있겠군.
⑤ 식민주의의 문제는 상대적 차이를 지닌 나라들의 관계를 위계질서를 지닌 것으로 바라보는 것이겠군.

04 ㉠～㉤의 사전적 의미로 적절하지 **않은** 것은?

① ㉠ : 상태, 모양, 성질 따위가 그와 같다고 봄.
② ㉡ : 주장이나 사실 따위를 밝히기 위하여 의견이나 내용을 드러내어 말하거나 글로 씀.
③ ㉢ : 사물의 가치나 수준 따위를 평함.
④ ㉣ : 덮어 감추거나 가리어 숨김.
⑤ ㉤ : 다른 것으로 대신함.

후설과 데리다가 말하는 내용들이 굉장히 어렵습니다. 특히 데리다의 '차연' 개념은 여러 번 읽어도 이해되지 않을 수 있어요. 주체와 객체를 바라보는 시선에서 후설과 데리다가 구분되기 때문에 이 부분에 집중해서 읽으면 이해에 도움이 될 거예요.

05 현대 철학 ①

| 01~05 | **다음 글을 읽고 물음에 답하시오.**

 심리치료는 심리학적 지식을 바탕으로 심리적 고통과 부적응 문제를 해결하고자 한다. 이에 대부분의 심리치료는 상처, 결핍, 장애 등의 신경증에 초점을 맞추고, 이들이 제거되어 고통에서 벗어난 일상을 지향한다. 그러나 아우슈비츠 수용소에서 살아남은 빅터 프랭클은 삶의 고통은 인간 실존의 일반적 구성 요소이며, 삶의 일부로 받아들여야 한다고 보았다. 그러므로 심리치료는 고통을 제거하는 것이 아니라 고통 속에서도 견뎌내는 힘을 길러주는 것이어야 한다고 주장하였다. 프랭클은 현대인이 자신의 존재가 목적도 없고 이유도 없다고 느끼는 감정, 즉 실존적 공허감을 겪고 있다고 보아 인간 존재의 본질에 대한 해답을 찾고자 하였다. 그는 프로이트와 아들러로 대표되는 기존의 심리학을 비판적으로 수용하면서 자신의 이론을 펼쳤다.

 프로이트의 심리학은 인간의 무의식을 발견하고 그 중요성에 주목했다는 점에서 프랭클에게 큰 영향을 미쳤다. 프로이트는 인간이 심리적 고통과 부적응을 겪는 원인을 밝히는 데 주력하였다. 그 결과 그는 무의식 속에 억압되어 있는 인간의 원초적 욕구를 원인으로 지목하였다. 프로이트에 따르면 인간은 성적 본능, 공격성 등과 같은 쾌락 의지를 원초적 욕구로 갖는데, 어린 시절에 이러한 쾌락 의지가 좌절되어 무의식 속에 억압되어 있다가 이후 신경증을 유발한다. 프로이트는 사람의 행동, 사상, 정서를 결정하는 원인을 오직 쾌락 의지라고 보았다. 따라서 그의 심리치료는 잠재된 무의식 속 성적 본능, 공격성 등을 의식의 영역으로 끌어오는 것을 통해 이루어진다.

 프랭클은 프로이트가 인간을 단순히 성적 본능이나 공격성 등에 따라 행동하는 존재로 파악하는 점에 한계가 있다고 보았다. 프랭클은 무의식이 인간의 본질을 규명하는 중요한 요소라는 점에 동의하면서도 인간은 본능과 충동의 차원을 넘어선 영적 존재라고 생각하였다. 이에 인간의 무의식 속에는 본능과 충동만 있는 것이 아니라 보다 중요한 책임감, 양심 등이 감추어져 있다고 보았다. 프랭클은 이를 영적 무의식이라 명명하고, 현대인의 심리적 고통과 부적응은 영적 존재로서 인간의 본질을 잃어버렸기 때문이라고 설명한다.

 아들러의 심리학은 프랭클이 자유와 책임을 인간 존재의 본질로 파악하는 밑거름이 되었다. 아들러는 인간의 원초적 욕구를 타인보다 우월하고 싶은 권력 의지로 보았다. 그런데 인간의 타고난 기질적 불완전성 때문에 우월성에 대한 추구는 자동적으로 열등감을 발생시키고, 그 결과 인간은 누구나 열등감을 갖게 된다. 이에 인간은 열등감을 극복하고 권력 의지의 욕구를 충족하기 위해 끊임없이 노력하는데, 열등감을 극복하기 위해 어떤 행동을 선택하느냐는 개인의 자유이다. 이 과정에서 삶의 목적을 부적절하게 설정하거나 부적응적 행동을 선택하게 되면 신경증이 발생한다. 따라서 그의 심리치료는 자신의 삶에 책임감을 가지고 올바른 목적을 설정하여 부적절한 동기와 행동을 변화시키는 데 초점을 맞춘다.

 프랭클은 아들러가 인간을 자기 결정권과 자유의지를 지닌 존재로 보았다는 점에서 긍정적으로 평가하였지만, 원초적 욕구를 인간 행동을 설명하는 결정적 요소로 보는 한계가 있다고 지적했다. ㉠<u>프랭클은 인간이 원초적 욕구에 따라 행동하는 존재이기는 하지만, 원초적 욕구가 인간의 본질이 될 수는 없다고 보았다.</u> 이처럼 프로이트와 아들러의 심리학을 비판적으로 수용한 프랭클은 자유의지를 지닌 영적 존재로서 인간의 본질을 파악하였다. 그는 실존적 공허감에서 벗어날 수 있는 심리치료 기법으로 의미 치료를 제시하였다. 의미 치료는 삶에 대한 책임 의식을 바탕으로 자신의 인생에 긍정적이고 가치 있는 의미를 부여하여 삶의 목적을 찾는 것을 핵심으로 한다.

 프랭클은 삶의 의미를 찾은 사람은 더 이상 상황에 의해 결정되는 존재가 아니라고 보았다. 그는 힘겨운 상황 속에서도 어떤 태도를 보이느냐 하는 것은 개인의 선택에 달려 있다는 것을 강조했다. 아무리 부정적이고 나아질 수 없는 상황이라 할지라도, 고통에 좌절하지 않고 대항할 수 있는 자유가 그에게 있기 때문이다. 이처럼 인간이 주어진 상황과 조건들에 맞설 수 있는 자유를 가지고 있다고 본 점은 프랭클 심리학의 중요한 특징이라고 할 수 있다.

01 **윗글에 대한 설명으로 가장 적절한 것은?**

① 중심 화제의 특징을 다른 이론들과의 관계 속에서 설명하고 있다.
② 중심 화제의 개념을 정의하고 이를 바탕으로 장단점을 설명하고 있다.
③ 중심 화제의 문제점과 해결 방안을 구체적 사례를 들어 제시하고 있다.
④ 중심 화제의 변화 과정을 바탕으로 앞으로의 전개 방향을 예측하고 있다.
⑤ 중심 화제의 등장 배경을 제시한 후 다양한 분야에 미친 영향을 소개하고 있다.

02 **윗글을 이해한 내용으로 적절하지 않은 것은?**

① 프로이트는 사람의 행동이 성적 본능이나 공격성에 따라 결정된다고 보았다.
② 아들러는 열등감은 누구나 갖는 것으로 그 자체는 신경증이 아니라고 보았다.
③ 아들러는 열등감으로 인해 타인보다 우월해지고 싶은 욕구가 생긴다고 보았다.
④ 프랭클은 인간을 본능과 충동의 차원을 넘어선 영적 존재로 보았다.
⑤ 프랭클은 무의식이 인간의 본질을 규명하는 중요한 요소라고 보았다.

03 **㉠의 이유로 가장 적절한 것은?**

① 인간의 고통은 원초적 욕구에 따라 행동하는 과정에서 나타난 것이기 때문에
② 원초적 욕구로는 인간이 존재하는 목적과 이유를 파악할 수 없기 때문에
③ 심리학자에 따라 원초적 욕구가 무엇인지 다르게 보았기 때문에
④ 인간은 원초적 욕구를 극복하고자 끊임없이 노력하기 때문에
⑤ 원초적 욕구가 인간에게만 존재하는 것이 아니기 때문에

04 '프랭클'의 관점에서 〈보기〉에 대해 반응한 내용으로 가장 적절한 것은? [3점]

〈보기〉
　　아우슈비츠 수용소의 극한 상황에서 유대인 수용자들이 보인 태도는 다양하였다. 자신의 상황을 비관하여 자포자기하는 사람들도 있었지만, 아픈 몸으로 노약자를 보살펴 주거나 독가스실로 끌려가면서 승리의 노래를 부르는 사람들도 있었다.

① 극한 상황에 처한 수용자들을 통해 고통은 인간 실존의 일반적 구성 요소가 아님을 확인할 수 있다.

② 독가스실에 끌려가면서도 승리의 노래를 부르는 사람은 자신이 처한 상황에 좌절한 존재라고 할 수 있다.

③ 아픈 몸으로 노약자를 보살펴 주는 사람은 고통을 제거하기 위해 긍정적 삶의 의미를 찾는 존재라고 할 수 있다.

④ 자신의 상황을 비관하여 자포자기하는 사람은 삶에 대한 책임 의식을 바탕으로 자유롭고자 하는 존재라고 할 수 있다.

⑤ 수용자들이 보인 다양한 반응을 통해 힘겨운 상황 속에서도 어떤 태도를 보이느냐는 것은 개인의 선택에 달려 있음을 확인할 수 있다.

05 윗글을 읽고 〈보기〉를 이해한 내용으로 적절하지 <u>않은</u> 것은?

〈보기〉
　　A는 형과 비교당하며 어린 시절을 보냈다. 형은 건강하고 활발한 모범생이었으나, A는 병치레로 학교에 제대로 다니지 못했다. 이후 신체적 병은 나았지만, A는 여전히 자신이 무가치한 존재라는 생각에 괴로워하며 매사 자신감 없이 행동한다.

① 프로이트의 심리치료는 A의 어린 시절에 주목하여 당시에 억압된 쾌락 의지가 있다고 전제한다.

② 프로이트의 심리치료는 A가 겪는 괴로움의 원인을 의식의 영역으로 끌어오는 것을 통해 이루어진다.

③ 아들러의 심리치료는 A가 올바른 목적을 설정하여 자신감 없는 행동을 변화시킬 수 있다고 전제한다.

④ 아들러의 심리치료는 A가 학교에 제대로 다니지 못했던 것이 권력 의지가 좌절된 원인임을 밝히는 데 초점을 둔다.

⑤ 프랭클의 심리치료는 A가 자신을 무가치한 존재로 여기는 실존적 공허감에서 벗어나 인생에 의미를 부여하도록 돕는다.

독해지도 쓱쓱

빅터 프랭클의 심리학과 심리치료에 대한 글이에요. 빅터 프랭클이 프로이트와 아들러의 심리학을 비판적으로 수용하여 발전시켰다는 점에 유념하여 독해 지도를 그려 보세요.

06 현대 철학 ②

| 01~05 | 다음 글을 읽고 물음에 답하시오.

도움이 필요한 할머니를 외면하고 약속 시간을 지키는 것이 옳은가, 아니면 늦더라도 할머니를 돕는 것이 옳은가? 이렇게 대립하는 가치들 중 어떤 가치를 선택해야 하는가의 문제, 즉 도덕적 갈등 문제를 바라보는 다양한 관점이 있다.

먼저 ⑦ 도덕적 원칙주의자는 합리적인 이성을 통해 찾을 수 있는 선험적인 도덕 법칙이 존재한다고 본다. 그리고 모든 인간은 이를 반드시 따라야 한다고 주장한다. 따라서 도덕적 원칙주의자는 갈등 상황이 생겼을 때 주관적 욕구나 개인이 처한 상황을 고려하지 말고 도덕 법칙에 따라 행동하라고 말한다.

도덕적 원칙주의는 인간의 합리적인 이성을 신뢰하고 이를 통해 윤리적으로 올바른 삶이란 무엇인가를 ⓐ 규명하려고 했다는 점에서 의의가 있다. 하지만 어느 사회에나 보편적으로 적용되는 선험적인 도덕 법칙이 존재한다면, 도덕적 갈등은 나타나지 않거나 나타나더라도 쉽게 해결이 돼야 하는데 실제로는 그렇지 않다는 점에서 한계가 있다.

ⓛ 도덕적 자유주의자는 도덕적 원칙주의자와 달리 선험적인 도덕 법칙이 존재하지 않는다고 본다. 대신 개인들이 합의를 통해 만든 상위 원리를 바탕으로 갈등을 해결해야 한다고 주장한다. 자신의 이익만을 생각하는 편협한 입장에서 벗어나 객관적이고 공평한 지점에서 상위 원리를 만들 수 있다고 보기 때문이다. 상위 원리를 통해 법과 같은 현실적인 규범이나 지침을 만들면 사람들이 이를 ⓑ 준수함으로써 도덕적 갈등이 해결된다는 것이다. 따라서 도덕적 자유주의자는 공정한 형식적 절차를 마련하는 것을 최우선으로 삼는다.

도덕적 자유주의는 인간의 자율성을 ⓒ 보장하면서 갈등 상황을 해결할 수 있는 현실적인 방법을 만들어 냈다는 데 의의가 있다. 하지만 누구나 동의할 수 있는 상위 원리를 만들어 내는 것이 항상 가능한 것은 아니다. 또한 합의를 통해 상위 원리를 만들었다고 하더라도 구체적인 규범과 지침을 마련하는 과정에서 또 다른 갈등이 발생할 수 있다.

[가]

한편 도덕적 다원주의자는 해결 불가능한 도덕적 갈등이 있다고 주장한다. 이는 도덕적 가치의 우선순위를 판단하는 통일된 지표를 마련하는 것이 어려운 경우가 존재한다고 보기 때문이다. 가령 자유나 평등처럼 가치가 본래 지닌 내재적 속성이 상충되어 어느 하나를 추구하다 보면 다른 것을 상대적으로 덜 중시할 수밖에 없는 경우도 있으며, 어떤 조건에서는 우선시되는 가치가 다른 조건에서는 그렇지 않은 경우도 있다.

따라서 도덕적 다원주의자는 중재를 통해 타협점을 ⓓ 모색하는 방식을 제안한다. 가령 정의라는 가치가 중요하더라도 특정 갈등 상황에서 배려라는 가치가 더 중요하다면 타협을 통해 그것을 선택할 수도 있다고 말한다. 또한 타협하는 과정에서 기존의 도덕적 가치들 외에 새로운 가치를 생성할 수도 있다고 본다. 도덕적 다원주의자는 도덕적 갈등 상황에서 어떤 가치가 옳고 그른지 판단하는 것보다 갈등 당사자 간의 인간관계가 ⓔ 훼손되지 않는 것을 중시한다. 갈등 당사자들이 서로 다른 도덕적 가치를 주장한다고 하더라도 한 공동체 안에서 상호 작용하며 살아가야 하는 구성원들이라고 보기 때문이다.

도덕적 다원주의는 도덕적 갈등을 해결할 수 있는 현실적인 지침을 제공하지 않는다는 비판을 받기도 한다. 하지만 갈등 상황에서 따라야 할 단일 기준을 내세우지 않는다는 것은 상황에 따라 문제를 해결할 수 있는 풍부한 기지와 창조력을 발휘할 수 있는 기회를 제공한다고도 할 수 있다. 이러한 점에서 도덕적 다원주의는 도덕적 갈등을 바라보는 근본적인 인식을 바꾸었다는 의의가 있다.

01 **윗글의 내용 전개 방식으로 가장 적절한 것은?**

① 도덕적 갈등 문제에 대한 상반된 관점을 제시하고 절충 방안을 모색하고 있다.

② 도덕적 갈등 문제에 대한 다양한 관점을 비교하면서 그 한계와 의의를 밝히고 있다.

③ 도덕적 갈등 문제에 대한 관점을 유형별로 나누면서 그 분류 기준의 문제점을 설명하고 있다.

④ 도덕적 갈등 문제에 대한 관점이 시대에 따라 달라지는 과정을 서술하고 새로운 관점이 나타날 것을 전망하고 있다.

⑤ 도덕적 갈등 문제에 대한 관점이 분화된 배경을 제시하고 관점들이 혼재하게 될 경우 나타날 문제점을 서술하고 있다.

02 **㉠과 ㉡에 대한 설명으로 적절하지 <u>않은</u> 것은?**

① ㉠은 어느 사회에나 보편적으로 적용되는 도덕 법칙이 있다고 본다.

② ㉡은 상위 원리를 통해 현실적인 규범을 만들 수 있다고 본다.

③ ㉠은 ㉡과 달리 도덕적 가치의 우선순위를 판단할 수 있다고 본다.

④ ㉡은 ㉠과 달리 선험적인 도덕 법칙을 인정하지 않는다.

⑤ ㉠과 ㉡ 모두 도덕적 갈등 상황을 해결할 수 있다고 본다.

03 **[가]의 '도덕적 다원주의자'의 관점에서 〈보기〉를 설명한 내용으로 가장 적절한 것은?**

〈보기〉

　　A는 친구 B에게 1,000만 원을 빌렸지만 형편이 어려워 B에게 돈을 갚지 못했다. 이에 B는 소송을 제기했다. ㉮ 판사 C는 A의 상황이 딱하다고 생각했으나 A가 법을 어긴 것은 잘못이라고 판단하여, A가 B에게 돈을 갚으라고 판결하였다.

　　한편, 판사 C의 친구 D는 C에게서 1,000만 원을 빌렸지만 형편이 어려워 C에게 돈을 갚지 못하고 있다. 이에 ㉯ C는 소송을 제기할 것을 고민했으나, 친구의 어려움을 배려하는 것이 더 중요하다고 생각해서 소송을 단념했다.

① ㉮와 ㉯에서 C가 올바른 가치 판단을 하기 위해서는 통일된 지표가 있어야 한다.

② ㉮와 ㉯에서 C가 서로 다르게 판단한 것은 조건에 따라 가치의 우선순위가 다를 수 있기 때문이다.

③ ㉮에서 C가 우선시한 가치와 ㉯에서 C가 우선시한 가치는 동일하다.

④ ㉮에서 C는 통일된 지표에 따라 판단하였고, ㉯에서 C는 조건에 따라 판단하였다.

⑤ ㉮에서는 두 가치 간의 내재적 속성이 상충되지만, ㉯에서는 두 가치 간의 내재적 속성이 상충되지 않는다.

〈보기〉

> 이웃에 살고 있는 갑과 을은 공공장소에 CCTV 설치를 확대해야 하는가를 두고 갈등하고 있다. 갑은 CCTV가 없는 곳에서 범죄를 당한 적이 있다며, 공공의 안전이라는 가치를 위해 CCTV 수를 늘려야 한다고 주장한다. 반면 을은 CCTV로 인해 개인정보가 노출된 적이 있다며, 사생활 보호라는 가치를 위해 CCTV 수를 늘리면 안 된다고 주장한다.

① 도덕적 원칙주의자는 CCTV 설치 확대를 둘러싼 갈등을 해결하는 데 갑이 범죄를 당한 적이 있다는 사실을 고려해서는 안 된다고 생각하겠군.

② 도덕적 자유주의자는 공정한 절차에 따른 합의에 의해 CCTV 설치 확대가 결정된다면 을은 그 결정을 따라야 한다고 생각하겠군.

③ 도덕적 자유주의자는 CCTV로 인해 개인정보가 노출된 적이 있는 을의 입장이 고려되어 한다는 점에서 갑이 양보해야 한다고 생각하겠군.

④ 도덕적 다원주의자는 갑과 을이 CCTV 설치 확대 문제를 이분법적으로 결정하기보다는 타협할 수 있는 지점을 찾아야 한다고 생각하겠군.

⑤ 도덕적 다원주의자는 갑과 을이 CCTV 설치 확대 문제를 둘러싼 갈등으로 인해 둘 사이의 관계가 나빠지지 않도록 하는 것이 중요하다고 생각하겠군.

05 ⓐ~ⓔ의 사전적 의미로 적절하지 <u>않은</u> 것은?

① ⓐ : 어떤 사실을 자세히 따져서 바로 밝힘.

② ⓑ : 전례나 규칙, 명령 따위를 그대로 좇아서 지킴.

③ ⓒ : 잘 보호하여 기름.

④ ⓓ : 일이나 사건 따위를 해결할 수 있는 방법이나 실마리를 더듬어 찾음.

⑤ ⓔ : 헐거나 깨뜨려 못 쓰게 만듦.

독해지도 쓱쓱

도덕적 원칙주의, 도덕적 자유주의, 도덕적 다원주의의 주장이 서로 어떤 차이가 있는지, 각각의 한계와 의의는 무엇인지를 중심으로 독해지도를 그려 보세요.

| 2. 사회 | 사회 쌤이 살펴본 사회 분야 출제 경향

수능 국어에서 사회 영역으로 출제되는 내용은 크게 '경제, 정치와 법, 사회·문화'로 나누어 볼 수 있는데, 주요 단원을 간추려 기출 지문과 관련지어 보면 아래 표와 같아요.

● 경제

경제 지문은 유일하게 매년 출제되고 있어요. 국민 경제의 '물가, 금리, 조세', 그리고 국제 경제의 '환율' 등을 다루는 지문의 비중이 높지요. 금융 상품을 다루는 지문과 입지론을 설명하는 지문도 종종 출제되니까 그냥 지나치지 말고 한 번쯤 이해하고 넘어가는 게 좋아요. 경제 지문을 까다롭게 느끼는 학생들이 많은데, 그 이유 중 하나는 그래프가 등장하기 때문이에요. 그래프나 수식이 등장하더라도 당황하지 말고 '그래프 읽기'를 활용하여 그래프가 의미하는 바를 먼저 확인해 보세요. 독해지도를 그리면서 비례·반비례 관계, 특정 시점에서의 비용이나 이윤, 효용, 그리고 그때의 합리적 선택이 무엇인지 파악해 보는 연습을 하다 보면, 경제 지문을 독해하는 실력이 향상될 거예요!

지문 선정 이유 ★ 경제 지문은 매년 출제되고 있기 때문에, 다양한 내용의 지문들을 골고루 선정했어요. 가장 기본적인 개념인 기회비용부터 환율, 금리, 미시/거시 정책 등이 다뤄질 거예요. 또한 그래프가 등장하는 지문을 많이 선정했으니, 앞에서 배운 내용을 바탕으로 그래프를 잘 해석해 보세요.

경제 기출 영역

세부 분야	세부 내용	2013~2025학년도
경제 문제와 합리적 선택	기회비용, 수요, 공급	[2025학년도 6월 고3] 기업 경영에서의 과두제적 경영 [2023년 11월 고1] 원가회계 [2023학년도 6월 고3] 이중차분법 [2023년 6월 고2] (가) 독점기업의 이윤 추구 과정 / (나) 공정거래법의 이해 [2022년 11월 고2] 차선의 이론 [2021년 6월 고1] 수요의 가격탄력성 / [2020년 9월 고2] 기업의 합리적 선택에 따른 의사 결정 [2019년 9월 고1] 구독경제와 합리적 선택 이론/ [2019년 3월 고1] 행동 경제학의 발달 [2017년 11월 고1] 정보재의 특성 / [2017년 6월 고1] 경매의 특성과 유형 [2016년 9월 고2] 기회비용과 손익분기점 / [2016년 6월 고1] 비합리적 소비 모형 [2015학년도 6월 고3 A형] 인센티브 계약 / [2015년 3월 고1] 손익분기점
경제 체제와 시장 경제 원리	시장 경제, 시장 실패, 정부 실패, 외부 효과	[2022년 11월 고1] 플랫폼과 네트워크 외부성 [2020년 3월 고2] 새고전학파와 새케인즈학파의 발달 [2019년 11월 고1] 거래비용이론 / [2019년 3월 고2] 2기간 소비 모형 [2016년 3월 고2] 가격 차별의 유형 / [2015년 11월 고1] 최적가격 형성 [2012학년도 수능] 외부성 / [2010학년도 수능] 기업 결합 [2009학년도 10월 고3] 시장 경제에서 잉여의 의미
국민 경제	실업, 인플레이션, 재정 정책, 조세 정책, 통화 정책, 금리	[2024년 6월 고2] 조세 채권의 이행 과정 [2023년 3월 고1] 유동성 함정 / [2020년 9월 고1] 은행의 기능과 수익 구조 [2020학년도 6월 고3] 미시 건전성 정책과 거시 건전성 정책 [2020년 3월 고3] 조세 부과의 원리와 한계 효용에 따른 균등 원칙 [2019년 9월 고2] 통화주의와 케인즈주의의 경기 안정 정책 [2019년 6월 고2] 물가지수 / [2018학년도 6월 고3] 중앙은행의 통화 정책과 신뢰성 [2018년 3월 고1] 조세의 효율성과 공평성 / [2017년 11월 고2] 환경 정책의 간접 규제 유형 [2017년 9월 고1] 금리와 실효수익률 / [2017년 6월 고2] 국내총생산 관련 개념들 [2016학년도 9월 고3 A형] 소비자 권익을 위한 국가 정책 [2015학년도 수능 A형] 공공 서비스의 성질 / [2015년 3월 고2] 금리를 설명하는 지표
국제 경제	비교우위, 무역, 환율	[2022학년도 수능] 브레턴우즈 체제와 트리핀 딜레마 [2020년 3월 고1] 사회적 잉여에 따른 관세 정책의 영향 [2018학년도 수능] 통화량과 환율의 관계 / [2018년 11월 고2] 신무역이론 [2017년 3월 고1] 무역 이론 – 비교 우위 / [2015년 6월 고2] 명목환율, 실질환율
금융 생활	자산 관리, 금융 상품	[2021년 11월 고1] 손해보험의 이해 / [2019년 11월 고2] 파생상품과 선물 거래 [2019학년도 9월 고3] 채권과 CDS 프리미엄 / [2017학년도 수능] 보험의 원리와 고지 의무 [2017년 3월 고2] 투자 성향과 기대 효용
입지론	입지론	[2018년 3월 고2] 고전경제학파와 신고전경제학파의 지대론 [2016년 11월 고2] 도시내부구조 모델의 변화 [2016년 11월 고1] 준최적입지론 / [2016년 9월 고1] 전략적 공약의 조건

● 정치와 법

정치와 법은 '정치학'과 '법학' 두 분야의 내용을 다루는 영역이에요. 정치학 지문은 드물게 출제된 데 비해, 법학 관련 지문은 민법을 중심으로 꾸준히 출제되고 있답니다. 정치와 법 지문과 문제에서는 갈등 사례를 주고 이에 대한 법적 판단을 요구하는 경우가 많아요. 지문을 꼼꼼히 읽고, 사례에서 제시한 상황별 조건과 법률의 적용 범위 및 과정을 잘 정리하여 문제를 해결해야 해요.

지문 선정 이유 ★ 법학 관련 지문의 출제 빈도가 높기 때문에, 민법, 형법, 사회법을 세부적으로 살펴볼 수 있도록 법 체계별 지문을 고루 선정했어요. 이에 비해 출제 빈도가 낮은 정치학 관련 지문은 정치의 기본 원리를 다루는 수준의 지문으로 선정했어요.

정치와 법 기출 영역

세부 분야	세부 내용	2013~2025학년도
민주주의와 헌법	민주주의, 헌법, 기본권	[2021년 9월 고2] 헌법의 특질과 헌법관 [2018년 9월 고2] '동맹'에 대한 현실주의와 구성주의의 관점
정부 형태와 국가 기관	대통령제, 지방자치, 국회, 법원, 헌법재판소, 행정부	[2022년 9월 고2] 합리적 행위자 모델과 조직 과정 모델 [2022년 3월 고3] (가) 딜레마와 제도 설계 / (나) 재정학 [2021학년도 9월 고3] 행정입법에 따른 행정 규제 [2015학년도 9월 고3 B형] 지방 자치 단체의 정책 결정
선거와 정치 주체	선거, 정당, 이익집단, 시민단체, 언론	[2015년 9월 고2] 현대 민주주의에서 의회의 역할
법치주의와 법체계	민법(계약, 불법행위, 손해배상, 가족 간 법률 행위), 형법, 사회법, 행정법	[2025학년도 9월 고3] 공정거래법과 표시광고법 [2024학년도 9월 고3] 데이터 소유권과 데이터 이동권 [2024년 9월 고2] 공유물 분할 / [2024년 9월 고1] 형법상 범죄 행위 성립 요건 및 고의와 과실 [2024년 6월 고1] 법의 효력 / [2024년 3월 고3] 친족상속법 / [2024년 3월 고2] 행정 행위의 부관 [2023학년도 수능] 법조문에 사용된 불확정 개념과 이에 대한 재량 판단 [2023년 11월 고2] 신뢰보호원칙 [2023학년도 9월 고3] 유류분권의 개념과 유류분 부족액의 반환 방법 [2023년 9월 고2] (가) 언론 매체 접근·이용권 / (나) 정정 보도 청구권과 반론 보도 청구권 [2023년 9월 고1] 법률 행위와 법률 효과 [2023년 6월 고1] 공공 선택 이론 / [2023년 3월 고3] 물권법 [2023년 3월 고2] 주택임대차보호법 / [2022년 9월 고1] 저작권과 저작물 [2022년 6월 고2] 식물 신품종 보호법 [2022년 3월 고2] 개인정보자기결정권의 헌법상 근거와 보호영역 [2021학년도 수능] 법적 권리로서의 예약 / [2021년 9월 고1] 제한능력자제도 [2021년 6월 고2] 내용증명의 특징과 기능 / [2021년 3월 고3] 법률 행위의 해석 [2021년 3월 고1] 손실 보상 청구권 / [2020학년도 9월 고3] 소유권 공시 방법 [2020년 6월 고2] 국민참여재판 / [2019학년도 수능] 계약과 채무 – 채권 관계 [2019학년도 6월 고3] 계약 자유 원칙의 제한 / [2019년 6월 고1] 제조물 책임법 [2018년 6월 고2] 근로자의 권리 / [2018년 6월 고1] 법의 원칙과 민, 형법 [2017학년도 9월 고3] 사단 법인의 법인격 / [2016학년도 수능 A형/B형] 부관의 법률적 효력 [2016학년도 6월 고3 A형/B형] 징벌적 손해 배상 제도 / [2016년 6월 고2] 상속 및 증여와 세금 산정 [2015년 11월 고2] 행정구제제도 / [2015학년도 9월 고3 A형] 자연법 사상에서 법률실증주의로의 발전 [2015년 9월 고1] 유교 사회의 법과 법치주의 / [2014학년도 9월 고3 A형/B형] 공동 소송 제도 [2014학년도 6월 고3 A형] 손해 배상에서의 입증 책임
국제법	국제법, 국제기구	[2021년 11월 고2] UN해양협약에 따른 분쟁 해결 [2020학년도 수능] 바젤 협약과 BIS 규제

● 사회·문화

사회·문화에서는 사회 현상을 설명하는 이론이나 현대 사회 양상을 조망하는 지문이 주로 출제되고 있어요. 더불어 사회·문화에서 주요하게 다루는 주제인 사회 불평등과 대중매체에 대한 내용이 출제될 가능성도 항상 염두에 둡시다. 사회·문화 지문은 독해가 까다롭지 않은 편이지만, 사회학 개념을 정확히 이해하였는지를 묻거나, 특정 사회학적 관점을 실제 사회 현상에 적용하여 해결하는 문제가 다수 출제되고 있어요. 따라서 여러 개념들과, 다른 관점을 서로 혼동하지 않도록 '비교와 대조', '분석', '한계와 보완', 문제와 해결 등을 활용하여 지문을 분석적으로 구조화하여 읽는 게 중요해요.

지문 선정 이유 ★ 사회·문화에는 심리학, 사회학, 경영학 등 사회 현상을 분석하는 다양한 학문적 접근이 존재해요. 각각의 학문적 접근 방식을 배울 수 있도록 다양한 지문을 선정하였어요.

사회·문화 기출 영역

세부 분야	세부 내용	2013~2025학년도
사회·문화 현상과 이론	사회화, 심리, 일탈, 사회집단, 사회조직	[2024학년도 6월 고3] 공포 소구 [2022학년도 9월 고3] (가) 독점적 경쟁 시장에서 광고의 기능 / (나) 광고가 경제에 미치는 영향 [2022년 6월 고1] 가설 검정과 오류 / [2022년 3월 고1] 보드리야르의 소비 이론 [2021년 3월 고2] 이타적 행동 / [2020년 3월 고1] 언어 처리 과정에 대한 이론 [2019학년도 9월 고3] 생산학파와 소비학파의 접합 / [2019년 6월 고2] 교류 분석 이론 [2019년 3월 고2] 허구에 대한 감정을 설명하는 이론 / [2018년 11월 고1] '정서'를 설명하는 이론 [2018학년도 9월 고3] 집합 의례 / [2017년 11월 고1] 공감을 설명하는 이론 [2016학년도 수능 B형] 지식 경영론 / [2015년 수능 B형] 사회 이론의 형성 배경 [2015년 6월 고2] 윌슨의 통섭과 인문학
문화와 대중매체	대중문화	[2024학년도 수능] 경마식 보도의 특성과 보완 방법 / [2020년 6월 고1] 공급 사슬망과 채찍 효과 [2018년 11월 고1] 소비자 관여도와 마케팅 전략 / [2016년 3월 고1] 소비의 인지 부조화와 광고 효과
사회 불평등	최약계층, 사회복지제도	[2017년 9월 고2] 최저소득보장제와 기본소득제
현대 사회 변화	세계화, 정보화, 저출산, 고령화, 세계시민	[2021학년도 6월 고3] 지식 재산 보호와 디지털세 / [2018년 9월 고1] 범죄학의 발달과 셉테드 [2018년 6월 고2] 감정노동 종사자와 감정조절 전략 / [2016학년도 6월 고3 B형] 현대의 개체화 현상 [2015년 9월 고1] 전자 패놉티콘의 등장과 대처 / [2015년 6월 고1] 협동조합의 특징과 운영 방식 [2014학년도 수능 A형/B형] 간접 광고와 미디어 교육 / [2014학년도 6월 고3 B형] 저작물 권리 보호

01 경제 문제와 합리적 선택

| 01~04 | **다음 글을 읽고 물음에 답하시오.**

직장인들이 퇴사를 결심하고 창업을 하는 큰 이유 중 하나는 더 많은 이윤을 얻기 위함일 것이다. 그렇다면 창업을 고려할 때, 회사를 다닐 때와 창업 후의 이윤을 비교해 볼 필요가 있는데, 연봉 3,600만 원의 직장인 철수가 제과점을 개업한 사례를 들어 이를 알아보자.

총수입		1억 원
명시적 비용	재료비	1,000만 원
	직원 인건비	3,500만 원
	대출 이자	500만 원
	세금	400만 원
회계학적 이윤		4,600만 원

2014년, 철수는 여유 자금 2억 원에 1억 원의 은행 대출을 받아 본인이 소유하고 있던 매장에 제과점을 개업했다. 1년 동안, 철수의 총수입과 제과점 ⓐ 운영을 위해 직접 소비한 명시적 비용은 〈표〉와 같다. 총수입에서 명시적 비용을 뺀 회계학적 이윤은 4,600만 원이다. 그렇다면 철수는 회사를 다닐 때보다 이윤이 늘어난 것일까?

창업 후의 정확한 이윤을 알기 위해서는, 총수입에서 명시적 비용을 뺀 ㉠'회계학적 이윤'보다는 ㉡'경제학적 이윤'을 따져 보아야 한다. 경제학적 이윤은 총수입에서 명시적 비용과 암묵적 비용을 뺀 금액이다. 암묵적 비용은 어떤 선택 때문에 포기한 활동을 통해 얻을 수 있는 가치로, 철수의 경우 직장을 계속 다녔다면 1년 동안 벌 수 있었던 3,600만 원과 본인 소유의 매장을 다른 사람에게 임대하여 받을 수 있는 임대료 1,000만 원, 또 제과점을 열기 위해 사용한 자본금을 은행에 예금하여 받을 수 있는 이자 수익 600만 원(예금금리 3% 가정)을 합한 금액인 5,200만 원이 암묵적 비용에 해당할 것이다. 철수네 제과점은 회계학적 이윤으로는 이익이 발생했지만, 철수가 ⓑ 간과한 암묵적 비용까지 고려한다면 경제학적 이윤으로는 600만 원의 손실을 본 셈이다.

또한 '손익분기점'을 사용하여 이윤을 ⓒ 파악할 수도 있다. 손익분기점이란 일정 기간에 발생하는 총수입과 투입된 총비용이 같아 손실도 이익도 발생하지 않는 지점이다. 손익분기점은 고정비와 매출액에 대한 변동비의 비율을 활용하여 계산하는데, 고정비는 직원 인건비와 가게 임대료, 대출 이자, 세금과 같이 매출과 관련 없이 고정적으로 발생하는 비용이며, 변동비는 재료비처럼 매출에 따라 변하는 비용이다. 총수입이 늘거나, ⓓ 투입된 총비용이 줄면 손익분기점은 낮아진다. 이처럼 손익분기점은 총수입과 총비용과의 관계에서 손실이 발생하지 않는 매출 수준을 알 수 있다는 장점이 있지만, 손익분기점 역시 암묵적인 비용이 ⓔ 반영되지 않기 때문에 창업을 고려할 때는 경제학적 이윤과 함께 따져 보는 것이 필요하다.

01 **윗글의 서술 방식으로 가장 적절한 것은?**

① 예외적인 현상을 통해 경제학적 이론의 형성 과정을 제시하고 있다.
② 하나의 경제학 관점으로 다양한 이론의 장·단점을 비교하고 있다.
③ 경제학적 개념을 구체적인 사례를 들어 이해하기 쉽게 설명하고 있다.
④ 전문가의 견해를 인용하여 문제를 해결하기 위한 방안을 검토하고 있다.
⑤ 여러 사례의 공통점을 추출하여 새로운 경제학적 개념을 도출하고 있다.

02 **㉠과 ㉡에 대한 이해로 적절하지 않은 것은?**

① 총수입의 변화가 없을 때, 명시적 비용이 줄면 ㉠은 늘어난다.
② ㉡에는 제과점 운영을 위해 직접 소비한 비용이 반영되어 있다.
③ ㉠과 달리 ㉡에는 암묵적 비용이 반영되어 있다.
④ ㉡에 이익이 발생할 경우 ㉠에도 항상 이익이 발생한다.
⑤ 정확한 이윤을 알기 위해서는 ㉡보다는 ㉠을 확인해야 한다.

03 〈보기〉는 철수의 2015년 결산 자료이다. 윗글을 바탕으로, 〈보기〉를 이해한 것으로 적절하지 <u>않은</u> 것은? [3점]

〈보기〉

	2015년 제과점의 총수입	1억 원
명시적 비용	재료비	800만 원
	직원 인건비	3,500만 원
	대출 이자	500만 원
	세금	400만 원
회계학적 이윤		4,800만 원

※ 암묵적 비용은 2014년과 동일함.

① 2015년의 손익분기점은 2014년에 비해 높아졌군.

② 2015년에도 경제학적 이윤으로는 손실을 보았군.

③ 2014년과 2015년에 고정비로 지출한 금액은 동일하군.

④ 2014년에 비해 2015년의 회계학적 이윤이 높아진 것은 변동비가 줄었기 때문이군.

⑤ 2015년의 직원 인건비, 대출 이자, 세금은 제과점의 총수입과 관련 없이 고정적으로 발생하였군.

04 ⓐ~ⓔ의 사전적 의미로 적절하지 <u>않은</u> 것은?

① ⓐ : 어떤 대상을 관리하고 운용하여 나감.

② ⓑ : 큰 관심 없이 대강 보아 넘김.

③ ⓒ : 어떤 대상의 내용이나 본질을 확실하게 이해하여 앎.

④ ⓓ : 귀중한 물품이나 정보를 밖으로 내보냄.

⑤ ⓔ : 다른 것에 영향을 받아 어떤 현상이 나타남.

독해지도 쓱쓱

'회계학적 이윤, 경제학적 이윤' 등이 글로 설명되어 있어서 복잡해 보이지만, 수식으로 써 보면 훨씬 간단하게 정리할 수 있어요! 지문에 철수의 제과점 창업 사례가 금액과 함께 친절하게 제시되어 있으므로 수식으로 정리해 보세요.

02 경제 체제와 시장 경제 원리

| 01~04 | **다음 글을 읽고 물음에 답하시오.**

　시장에서 소비자가 상품을 구매하는 것은 해당 재화를 통해 ⓐ 만족감을 얻기 위해서이다. 이 만족감은 소비자가 해당 상품에 부여한 가치이며 이를 위해 소비자는 일정한 금액을 지불할 용의가 있다. 그런데 소비자와 생산자의 수요와 공급에 의해 결정된 시장 가격(균형 가격)은 일반적으로 소비자가 지불할 용의가 있는 금액과 차이가 있다. 소비자가 만족감을 얻기 위해 해당 상품에 대해 지불할 용의가 있는 금액에서 실제로 지불한 가격을 빼면 그 구매에서 소비자가 얻는 이득이 되는데 이를 '소비자잉여' 라고 한다.

　예를 들어 S라는 ⓑ 장난감을 구매하기 위해 갑, 을, 병, 정 네 사람이 시장에 갔다고 하자. 장난감을 구매하는 데 갑은 1만 원, 을은 8천 원, 병은 7천 원, 정은 5천 원을 지불할 용의가 있다. 그런데 장난감의 시장 가격이 7천 원일 경우 소비자잉여는 어떻게 될까?

　갑, 을, 병은 장난감의 시장 가격이 본인들이 지불할 용의가 있는 금액보다 같거나 낮기 때문에 장난감을 구매할 것이고 정은 구매를 포기할 것이다. 이때 갑은 3천 원의 소비자잉여가 발생하고, 을은 1천 원의 소비자잉여가 발생한다. 그리고 병은 지불할 용의가 있는 금액과 장난감의 시장 가격이 같기 때문에 소비자잉여는 발생하지 않는다. 따라서 소비자잉여의 합은 4천 원이 되는 것이다. 그런데 장난감의 시장 가격이 5천 원으로 하락하면 소비자잉여는 어떻게 될까? 시장 가격이 하락함으로써 갑과 을은 2천 원의 추가 소비자잉여가 발생하고, 병은 최초로 2천 원의 소비자잉여가 발생한다. 하지만 시장 가격이 5천 원으로 형성되어도 정의 소비자잉여는 발생하지 않는다.

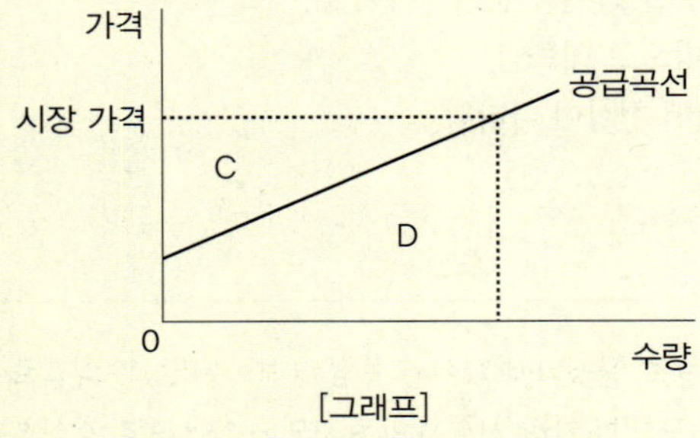

　소비자잉여와 대응되는 개념으로 '생산자잉여'가 있다. 생산자잉여는 생산자가 상품을 판매하고 실제로 받은 금액 중 최소한 받아야 하겠다고 생각하는 금액을 초과하는 부분을 뜻한다. 즉 생산자잉여는 생산자가 시장에서 실제로 받은 금액에서 생산자가 최소한 받아야 하겠다고 생각하는 금액을 뺀 것과 같다. [그래프]에서 공급곡선과 시장 가격에서 수평으로 그어 만들어진 면적(C)이 생산자잉여가 된다.

　소비자잉여와 생산자잉여를 합친 것을 총잉여라고 한다. 그런데 소비자잉여가 발생하는 과정에서 소비자가 실제로 지불한 금액과 생산자잉여가 발생하는 과정에서 생산자가 실제로 받은 금액은 동일하기 때문에 총잉여는 소비자가 부여한 가치에서 생산자가 최소한 받아야 하겠다고 생각하는 금액을 뺀 것과 같다.

01 윗글의 내용과 일치하지 <u>않는</u> 것은?

① 시장 가격의 변동에 따라 소비자잉여는 변화한다.
② 소비자잉여와 생산자잉여의 합을 총잉여라고 한다.
③ 소비자잉여는 상품에 대해 소비자가 부여한 가치이다.
④ 일반적으로 시장 가격은 소비자가 지불할 용의가 있는 금액과 다르다.
⑤ 소비자가 실제로 지불하는 금액과 생산자가 실제로 받은 금액은 같다.

02 윗글을 바탕으로 〈보기〉에 대해 이해한 것으로 **틀린** 것은?

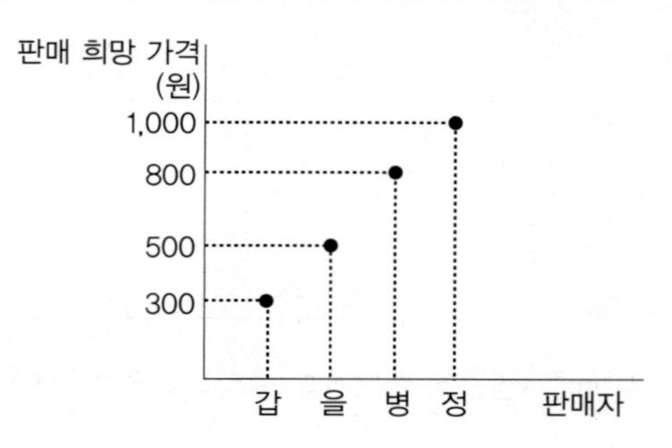

① 가격이 900원이면 시장에는 3개의 연필만 공급되겠군.
② 시장 가격이 1,000원이면 정은 생산자잉여가 발생하지 않는군.
③ 가격이 1,000원으로 형성되면 시장에는 4개의 연필이 공급되겠군.
④ 시장 가격이 1,000원이면 갑, 을, 병, 정의 생산자잉여의 합은 1,400원이 되겠군.
⑤ 시장 가격이 1,000원이면 갑의 생산자잉여는 을과 병의 생산자잉여를 합한 것보다 많겠군.

03 윗글을 바탕으로 판단할 때 〈보기〉의 그래프에서 상한가격이 설정되었을 경우 생산자잉여에 해당하는 것은? [3점]

※ 상한가격은 수요와 공급에 의해 시장에서 형성되는 시장 가격(G)이 너무 높을 때 국가가 개입하여 설정하는 것이
다. 상한가격으로 상거래가 이루어지면, 상한가격 이하에도 상품을 공급할 수 있는 공급자만 시장에 참여하고 소비
자는 공급한 수량 이상을 구매할 수 없게 된다.

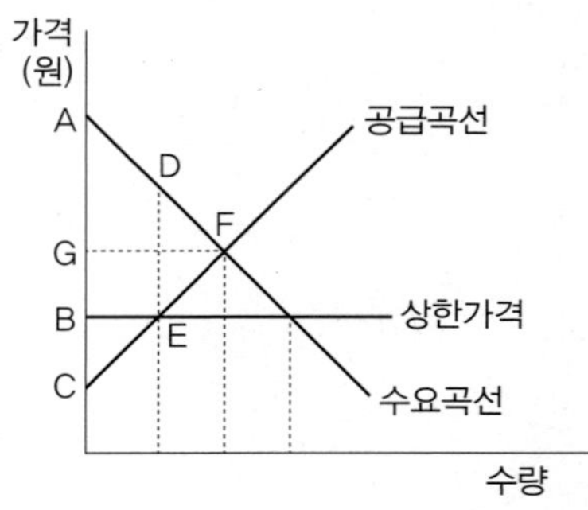

① 사다리꼴 ABED　　　　② 사다리꼴 ACED
③ 삼각형 AGF　　　　　 ④ 삼각형 BCE
⑤ 삼각형 CFG

04 ㉠, ㉡의 '감'과 의미가 가까운 것끼리 연결된 것은?

① ㉠ – 신랑감, ㉡ – 양념감
② ㉠ – 책임감, ㉡ – 놀잇감
③ ㉠ – 사윗감, ㉡ – 한복감
④ ㉠ – 장군감, ㉡ – 양념감
⑤ ㉠ – 구경감, ㉡ – 초조감

독해지도 쓱쓱

'소비자잉여, 생산자잉여, 총잉여'의 개념이 혼동될 수 있어요. 수식으로 정리하며 독해지도를 그리면 각 개념이 무엇을 의미하는지 쉽게 이해할 수 있습니다.

03 국민 경제 - 물가와 금리 ①

| 01~03 | 다음 글을 읽고 물음에 답하시오.

금리는 이자 금액을 원금으로 나눈 비율로 '이자율'이라고 한다. 자금의 수요자에게는 자금을 빌린 대가로 지급하는 비용이 발생하며, 공급자에게는 현재의 소비를 희생한 대가로 이자 수익이 생긴다. 금융시장에서 금리는 자금의 수요자와 공급자를 연결시키는 역할을 한다.

금리는 일반적으로 '명목금리'와 '실질금리'로 구분한다. 명목금리는 금융 자산의 액면 금액에 대한 금리이며, 실질금리는 물가상승률을 감안한 금리로 명목금리에서 물가상승률을 빼면 알 수 있다. 물가상승률이 높아지면 돈의 실제 가치인 실질금리는 낮아지고, 물가상승률이 낮아지면 실질금리는 높아진다. 예를 들어 1년 만기 정기예금의 명목금리가 6%인데 1년 사이 물가가 7% 올랐다면, 실질금리는 −1%로 예금 가입자는 돈의 가치인 구매력에서 손해를 본 셈이다.

그리고 명목금리보다는 일정 기간 실현된 실제의 이자 수익률인 '실효수익률'을 따져 보아야 한다. 실효수익률은 이자의 계산 방식에 따라 달라진다. 예를 들어 보통 '만기 1년의 연리 6%'는 돈을 12개월 동안 은행에 예치할 경우 6%의 이자가 붙는다는 의미이다. 정기예금은 목돈인 100만 원을 납입하고 1년 뒤에 이자로 6만 원을 받지만, 매월 일정액을 불입해 목돈을 만드는 정기적금은 계산법이 다르다. 정기적금은 첫째 달에 불입한 10만 원은 만기까지 12개월 분 6%의 이자가 붙지만, 둘째 달에 불입한 10만 원은 11개월의 이자 5.5%만 받는다. 돈의 예치 기간이 줄면 이자도 줄어 실효수익률은 3.9%에 불과하다. 이런 이자 계산의 방식은 대출금리도 유사하다. 1년 뒤에 원금을 한 번에 갚는다면, 대출금리가 연 6%일 경우 6만 원을 이자로 내야 한다. 하지만 원금을 12개월로 나누어 갚으면, 줄어든 원금만큼 매월 이자도 적어진다.

또 예금이나 적금의 기간이 길어서 이자를 여러 번 받는다면, 매번 지급된 이자가 원금이 되어서 이자에 이자가 붙는 복리인지, 원금에 대한 이자만 붙는 단리인지도 살펴야 실효수익률을 알 수 있다. 여기에 이자는 금융소득이어서 소득세 14.0%와 주민세 1.4%를 내야 한다는 것도 생각해야만 실제로 내 손에 들어오는 이자 금액이 나온다.

결국 돈을 어떻게 쓰고, 모으고, 굴리고, 빌릴지의 선택 상황에서 정확한 계산을 해야 손해를 보지 않는다. 현재의 소비를 늦추고 미래를 계획하는 사람이라면, 자신의 자산을 안전하게 형성할 필요가 있다. 금리에 대한 정확한 이해와 계산이 현재의 소비와 미래의 소비를 결정하는 중요한 기준이라는 점을 잊지 말아야 한다.

01 윗글을 읽은 학생이 정리한 메모이다. 적절하지 <u>않은</u> 것은?

- **금리** : (이자 금액 ÷ 원금) × 100 ──────────────── ①
- **실질금리** : 금융 자산의 액면 금액 − 물가상승률 ──────── ②
- **실효수익률** : 일정 기간 실현된 실제 이자 수익률 ────── ③
- **복리** : 이자도 원금이 되어 이자가 붙는 방식 ─────── ④
- **금융소득의 세금** : 소득세 + 주민세 ──────────── ⑤

02 윗글을 통해 알 수 있는 내용으로 적절하지 <u>않은</u> 것은?

① 금리는 자금의 수요자와 공급자가 존재해야 결정될 수 있다.
② 물가가 하락하면 실질금리가 명목금리보다 더 커지는 상황이 발생할 수 있다.
③ 금리는 지금 소비할 것인가와 소비를 늦출 것인가를 판단하는 기준이 될 수 있다.
④ 실효수익률을 알아내려면 이자가 붙는 시기와 이자가 계산되는 방식을 따져 보아야 한다.
⑤ 정기예금은 목돈을 형성할 때, 정기적금은 목돈이 형성되었을 때 각각 이용되는 방법이다.

03 윗글을 참고할 때, 〈보기〉의 [A]에 들어갈 내용으로 가장 적절한 것은? [3점]

　　영수는 자영업을 하는 부모님을 도와드리며 용돈으로 매월 15만 원을 받고, 5만 원을 학용품비로 사용하고 있다. 학교에서 금융교육을 받고 380만 원 정도인 대학입학등록금을 혼자 힘으로 마련할 생각으로, 은행의 저축상품을 알아보았다. 현재 연 6% 금리의 3년 만기 정기적금과 정기예금이 있으며, 모두 단리로 계산된다고 한다. 영수가 따져 보았더니, 정기적금의 실효수익률은 9.25%이었다. 영수의 상황을 들은 아버지가 [　A　]라고 조언하였다.

① 용돈 5만 원을 매월 정기적금에 넣으면, 3년 뒤에는 목돈이 생겨 대학입학등록금을 낼 수 있어.

② 용돈 15만 원 전부를 3년 동안 매월 정기적금에 넣어도 은행 금리가 낮아서, 대학입학등록금은 마련할 수 없어.

③ 쓰고 남은 용돈 10만 원을 매월 정기예금에 넣으면, 3년 후에 원금과 이자를 받아 380만 원이 넘는 목돈이 되네.

④ 3년 동안 매월 10만 원씩 내는 정기적금에 들면, 20만 원이 넘는 이자가 생겨서 대학입학등록금을 충당할 수 있지.

⑤ 정기예금의 실효이자율이 정기적금보다 높으니, 3년 동안 매월 10만 원을 정기예금에 넣으면 대학입학등록금을 마련할 수 있어.

독해지도 쓱쓱

금리를 다루는 글로, '명목금리, 실질금리, 실효수익률'을 설명하고 있어요. 각 개념을 독해지도로 정리하며 명확히 알아 갑시다! (재테크에도 도움이 될, 피가 되고 살이 되는 지식입니다!)

04 국민 경제 - 물가와 금리 ②

| 01~04 | **다음 글을 읽고 물음에 답하시오.**

　전통적인 통화 정책은 정책 금리를 활용하여 물가를 안정시키고 경제 안정을 도모하는 것을 목표로 한다. 중앙은행은 경기가 과열되었을 때 정책 금리 인상을 통해 경기를 진정시키고자 한다. 정책 금리 인상으로 시장 금리도 높아지면 가계 및 기업에 대한 대출 감소로 신용 공급이 축소된다. 신용 공급의 축소는 경제 내 수요를 줄여 물가를 안정시키고 경기를 진정시킨다. 반면 경기가 침체되었을 때는 반대의 과정을 통해 경기를 부양시키고자 한다.

　금융을 통화 정책의 전달 경로로만 보는 전통적인 경제학에서는 금융감독 정책이 개별 금융 회사의 건전성 확보를 통해 금융 안정을 달성하고자 하는 ㉠ 미시 건전성 정책에 집중해야 한다고 보았다. 이러한 관점은 금융이 직접적인 생산 수단이 아니므로 단기적일 때와는 달리 장기적으로는 경제 성장에 영향을 미치지 못한다는 인식과, 자산 시장에서는 가격이 본질적 가치를 초과하여 폭등하는 버블이 존재하지 않는다는 효율적 시장 가설에 기인한다. 미시 건전성 정책은 개별 금융 회사의 건전성에 대한 예방적 규제 성격을 가진 정책 수단을 활용하는데, 그 예로는 향후 손실에 대비하여 금융 회사의 자기자본 하한을 설정하는 최저 자기자본 규제를 들 수 있다.

　이처럼 전통적인 경제학에서는 금융감독 정책을 통해 금융 안정을, 통화 정책을 통해 물가 안정을 달성할 수 있다고 보는 이원적인 접근 방식이 지배적인 견해였다. 그러나 글로벌 금융 위기 이후 금융 시스템이 와해되어 경제 불안이 확산되면서 기존의 접근 방식에 대한 자성이 일어났다. 이 당시 경기 부양을 목적으로 한 중앙은행의 저금리 정책이 자산 가격 버블에 따른 금융 불안을 야기하여 경제 안정이 훼손될 수 있다는 데 공감대가 형성되었다. 또한 금융 회사가 대형화되면서 개별 금융 회사의 부실이 금융 시스템의 붕괴를 야기할 수 있게 됨에 따라 금융 회사 규모가 금융 안정의 새로운 위험 요인으로 등장하였다. 이에 기존의 정책으로는 금융 안정을 확보할 수 없고, 경제 안정을 위해서는 물가 안정뿐만 아니라 금융 안정도 필수적인 요건임이 밝혀졌다. 그 결과 미시 건전성 정책에 ㉡ 거시 건전성 정책이 추가된 금융감독 정책과 물가 안정을 위한 통화 정책 간의 상호 보완을 통해 경제 안정을 달성해야 한다는 견해가 주류를 형성하게 되었다.

　거시 건전성이란 개별 금융 회사 차원이 아니라 금융 시스템 차원의 위기 가능성이 낮아 건전한 상태를 말하고, 거시 건전성 정책은 금융 시스템의 건전성을 추구하는 규제 및 감독 등을 포괄하는 활동을 의미한다. 이때, 거시 건전성 정책은 미시 건전성이 거시 건전성을 담보할 수 있는 충분조건이 되지 못한다는 '구성의 오류'에 논리적 기반을 두고 있다. 거시 건전성 정책은 금융 시스템 위험 요인에 대한 예방적 규제를 통해 금융 시스템의 건전성을 추구한다는 점에서, 미시 건전성 정책과는 차별화된다.

　거시 건전성 정책의 목표를 효과적으로 달성하기 위해서는 경기 변동과 금융 시스템 위험 요인 간의 상관관계를 감안한 정책 수단의 도입이 필요하다. 금융 시스템 위험 요인은 경기 순응성을 가진다. 즉 경기가 호황일 때는 금융 회사들이 대출을 늘려 신용 공급을 팽창시킴에 따라 자산 가격이 급등하고, 이는 다시 경기를 더 과열시키는 반면 불황일 때는 그 반대의 상황이 일어난다. 이를 완화할 수 있는 정책 수단으로는 경기 대응 완충자본 제도를 들 수 있다. 이 제도는 정책 당국이 경기 과열기에 금융 회사로 하여금 최저 자기자본에 추가적인 자기자본, 즉 완충자본을 쌓도록 하여 과도한 신용 팽창을 억제시킨다. 한편 적립된 완충자본은 경기 침체기에 대출 재원으로 쓰도록 함으로써 신용이 충분히 공급되도록 한다.

01 윗글을 통해 알 수 있는 것은?

① 글로벌 금융 위기 이전에는, 금융이 단기적으로 경제 성장에 영향을 미치지 못한다고 보았다.

② 글로벌 금융 위기 이전에는, 개별 금융 회사가 건전하다고 해서 금융 안정이 달성되는 것은 아니라고 보았다.

③ 글로벌 금융 위기 이전에는, 경기 침체기에는 통화 정책과 더불어 금융감독 정책을 통해 경기를 부양시켜야 한다고 보았다.

④ 글로벌 금융 위기 이후에는, 정책 금리 인하가 경제 안정을 훼손하는 요인이 될 수 있다고 보았다.

⑤ 글로벌 금융 위기 이후에는, 경기 변동이 자산 가격 변동을 유발하나 자산 가격 변동은 경기 변동을 유발하지 않는다고 보았다.

02 ⊙과 ⓒ에 대한 설명으로 적절하지 <u>않은</u> 것은?

① ⊙에서는 물가 안정을 위한 정책 수단과는 별개의 정책 수단을 통해 금융 안정을 달성하고자 한다.

② ⓒ에서는 신용 공급의 경기 순응성을 완화시키는 정책 수단이 필요하다.

③ ⊙은 ⓒ과 달리 예방적 규제 성격의 정책 수단을 사용하여 금융 안정을 달성하고자 한다.

④ ⓒ은 ⊙과 달리 금융 시스템 위험 요인을 감독하는 정책 수단을 사용한다.

⑤ ⊙과 ⓒ은 모두 금융 안정을 달성하기 위해 금융 회사의 자기자본을 이용한 정책 수단을 사용한다.

03 윗글을 바탕으로 할 때, 〈보기〉의 A~D에 들어갈 말을 바르게 짝지은 것은?

〈보기〉

  미시 건전성 정책과 거시 건전성 정책 간에는 정책 수단 운용에서 입장 차이가 존재한다. 경기가 (A)일 때 (B) 건전성 정책에서는 완충자본을 (C)하도록 하고, (D) 건전성 정책에서는 최소 수준 이상의 자기자본을 유지하도록 하여 개별 금융 회사의 건전성을 확보하려 한다.

	A	B	C	D
①	불황	거시	사용	미시
②	호황	거시	사용	미시
③	불황	거시	적립	미시
④	호황	미시	적립	거시
⑤	불황	미시	사용	거시

04 윗글과 〈보기〉에 대한 이해로 적절하지 <u>않은</u> 것은? [3점]

〈보기〉

  현실에서의 통화 정책 효과는 경기에 대해 비대칭적인 것으로 알려져 있다. 통화 정책은 경기 과열을 억제하는 데는 효과적이지만 경기 침체를 벗어나는 데는 효과가 미미하기 때문이다. 경기 침체를 극복하기 위해 중앙은행의 정책 금리 인하로 은행이 대출을 늘려 신용 공급을 확대하려 해도, 가계의 소비 심리가 위축되었거나 기업이 투자할 대상이 마땅치 않을 경우 전통적인 통화 정책에서 기대되는 효과는 나타나지 않게 된다. 오히려 확대된 신용 공급이 주식이나 부동산 등 자산 시장으로 과도하게 유입되어 의도치 않은 문제를 일으킬 수 있다.

  경제학자들은 경제 주체들이 경기 상황에 대해 비대칭적으로 반응하기 때문에 나타나는 이러한 현상을 '끈 밀어올리기(pushing on a string)'라고 부른다. 이는 끈을 당겨서 아래로 내리는 것은 쉽지만, 밀어서 위로 올리는 것은 어렵다는 것에 빗댄 것이다.

① '끈 밀어올리기'를 통해 경기 침체기에 자산 가격 버블이 발생하는 경우를 설명할 수 있겠군.

② 현실에서 경기가 침체되었을 경우 정책 금리 인하에 따른 경기 부양 효과는 경제 주체의 심리에 따라 달라질 수 있겠군.

③ '끈 밀어올리기'가 있을 경우 경기 침체기에 금융 안정을 달성하려면 경기 대응 완충자본 제도의 도입이 필요하겠군.

④ 통화 정책 효과가 경기에 대해 비대칭적이라면 경기 침체기에는 정책 금리 조정 이외의 방안을 도입할 필요가 있겠군.

⑤ 통화 정책 효과가 경기에 대해 비대칭적이라면 정책 금리 인상은 신용 공급을 축소시킴으로써 경기를 진정시킬 수 있겠군.

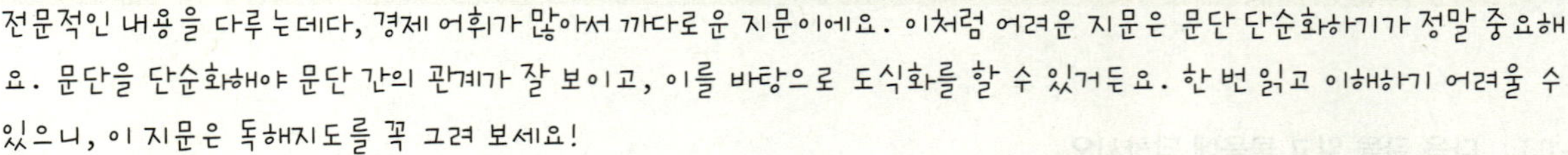

전문적인 내용을 다루는 데다, 경제 어휘가 많아서 까다로운 지문이에요. 이처럼 어려운 지문은 문단 단순화하기가 정말 중요해요. 문단을 단순화해야 문단 간의 관계가 잘 보이고, 이를 바탕으로 도식화를 할 수 있거든요. 한 번 읽고 이해하기 어려울 수 있으니, 이 지문은 독해지도를 꼭 그려 보세요!

| 01~03 | 다음 글을 읽고 물음에 답하시오.

　가격이 시장에서 수요자와 공급자들의 의사 결정을 조절하는 기능을 수행하듯이 국제 가격도 국제 거래에서 수요자와 공급자들의 의사 결정을 조절하는 역할을 한다. 여러 국제 가격 중에서 대표적인 것으로 명목환율과 실질환율을 들 수 있다.

　명목환율은 한 나라의 통화와 다른 나라 통화 사이의 교환 비율이다. 그런데 미국의 달러화가 기축통화*이기 때문에 많은 나라에서 1달러와 교환되는 자국 화폐 단위를 표시하는 방법을 채택하는 경향이 있다. 가령, 1달러가 우리나라 원화 1,000원과 교환된다면 '원/달러 명목환율'은 '1,000원/달러'로 표시한다. 만일 1달러와 교환되는 원화가 1,100원이 되어 원/달러 명목환율이 상승하면, 상대적으로 원화의 가치는 하락한다. 같은 원리로 원/달러 명목환율이 하락하면 상대적으로 원화의 가치는 상승한다. 이러한 명목환율은 한 나라의 통화가 가지는 대외적 가치를 보여 준다는 점에서 유용하다.

　실질환율은 두 나라 사이의 재화나 서비스 교환 비율로, 외국 상품 한 단위와 교환되는 국내 상품 단위 수로 표시한다. '원/달러 실질환율'은 '원/달러 명목환율$\left[\dfrac{원}{달러}\right]$'과 '각 나라의 통화 단위로 표시된 두 나라 물건 값$\left[\dfrac{미국\ 가격}{우리나라\ 가격}\right]$'의 곱으로 구한다. 원/달러 명목환율이 1,000원/달러이고 우리나라 쌀 1kg의 값이 2,000원, 미국 쌀 1kg의 값이 1달러라고 하자. 두 나라 쌀 사이의 원/달러 실질환율은 $\left(\dfrac{1,000원}{1달러} \times \dfrac{1달러}{2,000원} = \dfrac{1}{2}\right)$이 된다. 이는 미국 쌀 1kg과 우리나라 쌀 0.5kg이 같은 값으로 교환된다는 의미이므로, 우리나라 쌀값이 미국 쌀값의 2배라고 볼 수 있다. 만일 우리나라 쌀값이 미국 쌀값보다 상승폭이 크면 $\left[\dfrac{미국\ 가격}{우리나라\ 가격}\right]$이 작아지게 되므로, 원/달러 실질환율이 하락하게 된다. 이것은 우리나라 쌀의 국제적인 가격경쟁력이 하락하는 것을 의미한다. 반대로 미국 쌀값이 우리나라 쌀값보다 상승폭이 크면 원/달러 실질환율이 상승하게 되어 우리나라 쌀의 국제적인 가격경쟁력도 상승한다. 실질환율은 외국 통화에 대한 자국 통화의 상대적인 구매력이 반영된 것이므로 한 나라 상품의 국제적인 가격경쟁력을 측정하는 데 널리 이용된다.

　한 나라의 실질환율은 재화나 서비스의 수출과 수입에 영향을 미치는 중요한 변수이므로 실질환율의 변화는 국내외 경제에 큰 영향을 미친다. 우리나라의 실질환율이 상승하면 우리나라 제품의 값이 외국 제품에 비해 더 싸지므로 수출이 증가하고 수입이 감소하여 국내 경기가 활성화된다. 반면에 우리나라의 실질환율이 하락하면 우리나라 제품의 값이 외국 제품에 비해 더 비싸지므로 수출이 감소하고 수입이 증가하여 국내 경기가 침체될 수 있다. 따라서 우리나라와 같이 수출 의존도가 높은 나라는 실질환율 하락으로 큰 타격을 입을 수 있다.

* **기축통화** : 국제 거래에서 주된 교환 수단으로 쓰이는 특정 나라의 통화(화폐).

01 윗글의 서술상 특징으로 가장 적절한 것은?

① 대상의 특성을 다양한 관점에서 살피고 있다.
② 대상의 장점과 단점을 비교하여 설명하고 있다.
③ 잘 알려진 대상에 새로운 의미를 부여하고 있다.
④ 대상의 개념을 설명하고 구체적인 예를 들고 있다.
⑤ 대상의 변화 과정을 제시하고 이유를 분석하고 있다.

02 윗글의 내용과 일치하지 <u>않는</u> 것은?

① 명목환율은 두 나라 통화 사이의 교환 비율이다.

② 명목환율을 대체하기 위해 만든 국제 가격이 실질환율이다.

③ 실질환율이 하락하면 수출은 감소하고 수입은 증가하게 된다.

④ 명목환율과 실질환율은 국제 거래에서 의사 결정을 조절하는 역할을 한다.

⑤ 실질환율은 외국 통화에 대한 자국 통화의 상대적인 구매력을 반영한 교환 비율이다.

03 윗글을 바탕으로 〈보기〉를 이해한 내용으로 적절하지 <u>않은</u> 것은? [3점]

〈보기〉

구분	우리나라(원화)		미국(달러화)	
	1월	7월	1월	7월
명목환율(원/달러)	1,000원/달러	1,100원/달러	—	
A상품 가격(kg당)	3,000원	8,800원	3달러	4달러

① 원/달러 명목환율은 달러화를 기준으로 삼고 있군.

② 1월과 비교할 때 7월에 원화의 가치는 하락하였군.

③ 1월에는 두 나라의 A상품에 대한 상대적인 구매력이 같다고 볼 수 있군.

④ 7월 원/달러 실질환율을 볼 때 우리나라 A상품은 미국보다 2배 비싸군.

⑤ 1월과 비교할 때 7월에 우리나라 A상품의 원/달러 실질환율은 상승하였군.

독해지도 쓱쓱

명목환율과 실질환율은 수식으로 정리할 때 훨씬 이해가 쉬워요. 줄글을 수식으로 간단히 정리하며 독해지도를 그려 봅시다!

06 국제 경제 - 무역

| 01~05 | **다음 글을 읽고 물음에 답하시오.**

무역이 발생하는 이유는 무엇일까? 고전적 무역 이론 중 비교우위론에서는 개별 국가들이 가지고 있는 노동 생산성 또는 보유 자원의 차이가 무역을 발생시킨다고 주장하였다. 일반적으로 각 나라는 상대적으로 더 유리한 자국의 산업에 집중하게 되는데 이를 특화라고 한다. 이때 특화된 자원이나 상품은 수출만 이루어지고, 자국이 보유하지 못한 자원이나 수입하는 것이 더 이득인 상품은 수입만 이루어진다고 보았다. 따라서 이 이론에서는, 무역이 발생하는 이유는 무역을 통해 해당 국가가 가지지 못하거나 상대적으로 덜 가진 상품을 간접 생산하여 이익을 얻기 위해서라고 보았다. 하지만 이러한 무역 이론은 서로 다른 산업 간의 무역은 설명 가능하지만, 동일한 산업에 속한 상품들이 서로 교환되는 산업 내 무역은 나타나지 않는다고 보았으므로 오늘날의 무역 양상을 설명하는 데에는 한계가 있었다.

이러한 무역 양상을 설명하기 위해 나타난 신무역이론에서는 만약 두 국가에 각각 독점적 경쟁시장이 형성되어 있고, 그 시장에 '규모의 경제'가 존재할 경우 두 국가 간에는 산업 내 무역이 이루어질 수 있다고 보았다. 먼저 ㉠독점적 경쟁시장은 시장 내에 다수의 기업이 존재하며, 이들의 시장 진입과 퇴출이 자유롭다. 그리고 다수의 기업들이, 완전히 동일한 상품은 아니지만 서로 유사한 기능을 하면서도 질적으로 차별화된 상품을 생산한다. 예를 들어 자동차들은 기본적으로 기능은 동일하지만 자동차 산업에는 승용차, 트럭, 승합차 등 차별된 상품이 존재하는 것이다. 이때 소비자들은 일반적으로 특정 상품에 대한 자신의 선호를 쉽게 바꾸지 않으려는 경향이 있어서 해당 기업은 어느 정도 독점적인 지위를 가진다. 따라서 해당 기업은 제품 가격을 결정할 권한을 가질 수도 있다. 하지만 다수의 경쟁 기업이 존재하므로 다른 기업의 상품들은 해당 기업의 상품에 대해 어느 정도의 대체성도 가지고 있다. 따라서 해당 기업의 시장 지배력은 불완전하다고 할 수 있다.

한편 '규모의 경제'란 생산량이 증가함에 따라 평균생산비용이 하락하는 것을 말한다. 이때 평균생산비용이란 총생산비용을 총생산량으로 나눈 값을 의미한다. 상품을 생산하는 데에는 기본적으로 투자해야 하는 초기 투자비용이 높기 때문에 기업은 생산량이 늘어날수록 평균생산비용을 낮출 수 있다. 하지만 시장의 크기는 제한되어 있기 때문에 시장 내에서 기업의 수가 증가하면 각 기업의 규모의 경제 효과는 감소하게 된다.

〈그림〉은 규모의 경제가 존재하는 독점적 경쟁시장을 가정하여, 동일 산업 내에 존재하는 기업의 수는 어떻게 결정되며, 그렇게 결정된 기업의 수를 통해 상품의 가격 및 생산량이 어떻게 정해지는지를 보여 주고 있다. 〈그림〉의 X축은 기업의 수

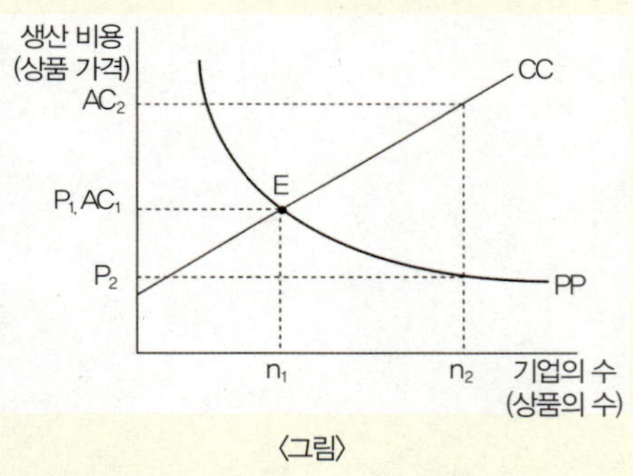

〈그림〉

혹은 상품의 수, Y축은 생산 비용 혹은 상품 가격을 나타낸다. 또한 CC는 시장 내 기업의 평균생산비용곡선, PP는 시장 내 기업이 생산하는 상품의 가격곡선을 나타낸다. 이때 두 곡선이 교차하는 지점 E에서 균형점이 형성되며 이때 균형 기업의 수는 n_1이라고 할 수 있다. 그런데 시장의 크기가 정해져 있다는 것은 어떤 산업의 총수요량이 일정하다는 것을 의미한다. 만약 이 상황에서 기업의 수가 n_1에서 n_2로 증가하면 그 영향으로 일부 기업의 생산량은 감소하게 된다. 규모의 경제가 존재하는 상황이므로 생산량 감소에 따라 기업들의 평균생산비용은 AC_1에서 AC_2로 증가하게 될 것이다. 또한 이 경우 새로운 경쟁 기업의 진입으로 인해 기존 기업들의 독점력은 약화되어, 상품 가격은 P_1에서 P_2로 자연스럽게 하락하게 될 것이다. 결국 일부 기업들은 시장에서 퇴출되고, 이로 인해 소비자가 선택할 수 있는 상품의 다양성은 줄어들게 될 것이다.

신무역이론에서는 이러한 상황을 극복하기 위해 필요한 것이 바로 산업 내 무역이라고 생각하였다. 먼저 기업의 입장에서 보면, 이전에는 시장의 크기가 제한되어 있어 규모의 경제 효과를 제대로 살릴 수가 없었지만, 무역이 이루어지면서 ㉡시장의 크기가 확대되어 생산량 증가에 따른 평균생산비용의 감소 효과를 얻게 되는 것이다. 소비자의 입장에서 보면, 무역을 통해 경쟁 기업이 증가함으로써 상품 가격이 하락하게 되어 소비자의 후생이 증가하게 된다. 또한 기존 국내 기업의 상품뿐만 아니라 외국 기업이 생산한 상품도 이용할 수 있게 되어 상품 선택의 다양성이 증가하게 된다.

01 윗글에서 언급한 내용이 <u>아닌</u> 것은?

① 생산량과 평균생산비용의 관계
② 규모의 경제가 적용되지 않는 산업의 예
③ 산업 내 무역이 소비자에게 끼치는 영향
④ 독점적 경쟁시장에서 생산되는 상품의 특성
⑤ 고전적 무역 이론인 비교우위론이 가지는 한계

02 윗글을 참고할 때, 〈보기〉의 (가)와 (나)에 나타난 무역 양상에 대한 이해로 적절하지 <u>않은</u> 것은?

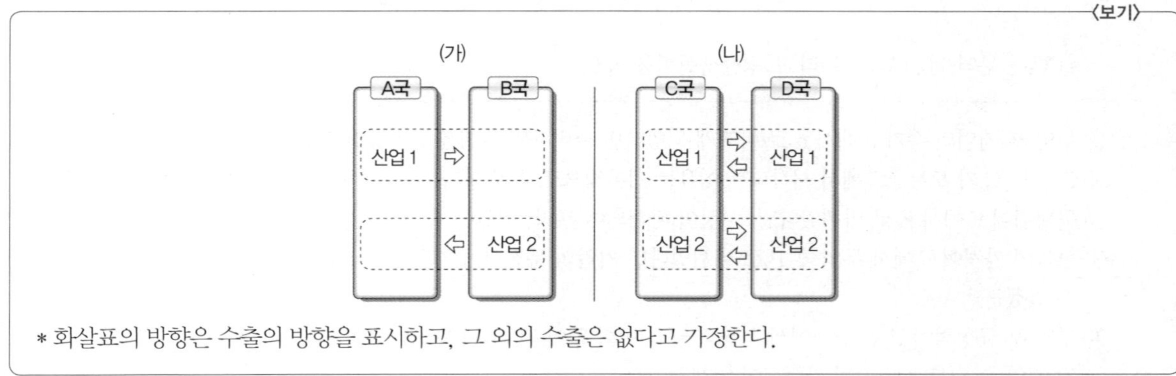

* 화살표의 방향은 수출의 방향을 표시하고, 그 외의 수출은 없다고 가정한다.

① (가)와 달리 (나)에서는 특화된 상품이 아니더라도 수출이 가능하겠군.
② (가)와 달리 (나)에서는 동일한 산업 내에서도 수출이 발생할 수 있겠군.
③ (나)와 달리 (가)에서는 국가 간의 노동 생산성과 보유 자원의 차이가 없다면 무역이 발생하지 않겠군.
④ (나)와 달리 (가)에서는 해당 국가가 보유하지 못하거나 상대적으로 덜 가진 상품은 무역을 통해 간접 생산하겠군.
⑤ (나)와 달리 (가)에서는 완전히 동일한 상품은 아니지만 질적으로 차별화된 상품을 수출하여 이익을 얻는다고 할 수 있겠군.

03 윗글의 ㉠과 〈보기〉의 [A], [B]를 비교하여 이해한 내용으로 적절하지 <u>않은</u> 것은?

〈보기〉

[A] 완전 경쟁시장은 상품의 공급자와 수요자가 다수이며, 완전히 동일한 상품이 거래되기 때문에 기업은 가격을 결정할 권한을 가질 수 없다. 또한 기업의 시장 진·출입이 자유롭고, 공급자나 수요자들이 시장 정보에 관해서 완전히 알고 있다는 특징이 있다.

[B] 독점 시장은 하나의 공급자가 한 종류의 상품을 판매하는 시장의 형태를 말한다. 독점 시장에서 공급자는 이윤이 극대화되도록 생산량과 가격을 조절할 수 있다. 또한 시장을 지배하는 기업의 영향력으로 인해 다른 기업의 진입이 매우 어렵다.

① ㉠은 시장에 참여하는 기업의 수가 다수라는 점에서 [A]와 유사하지만, 판매되는 상품들 간의 차별화 정도는 다르다고 할 수 있다.
② ㉠은 연필, 볼펜, 만년필 등의 차별화된 상품이 존재하는 필기구 시장이, [A]는 한 종류의 동일한 쌀을 여러 가게에서 팔고 있는 쌀 시장이 각각의 사례라고 할 수 있다.
③ ㉠은 기업이 상품에 대해 독점력을 가진다는 점에서는 [B]와 유사하지만, 기업의 시장 지배력은 다르다고 할 수 있다.
④ ㉠에서 상품 가격은 차별화된 상품을 생산하는 기업의 수에 영향을 받지만, [B]에서는 소비자의 선택에 따라 상품 가격이 결정된다고 할 수 있다.
⑤ ㉠에서는 상품들이 대체성을 갖고 있기 때문에 기업들은 경쟁 관계에 있지만, [B]에서는 다른 기업의 시장 진입이 쉽지 않아 경쟁 관계가 형성되기 어렵다고 할 수 있다.

 윗글을 바탕으로 〈보기〉를 이해한 내용으로 적절하지 <u>않은</u> 것은? [3점]

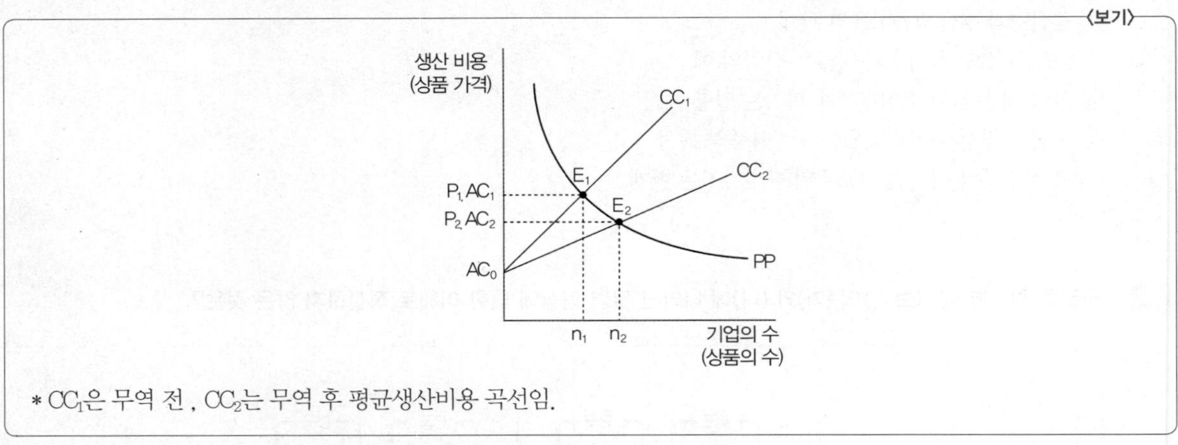

* CC_1은 무역 전 , CC_2는 무역 후 평균생산비용 곡선임.

① 무역 후 기업의 수가 n_1에서 n_2로 바뀌게 되었다면 소비자의 후생은 증가했다고 볼 수 있겠군.

② CC_1과 CC_2가 모두 AC_0에서 시작되는 이유는 기본적으로 초기 투자비용이 들어가기 때문이라고 볼 수 있겠군.

③ 균형점이 E_1에서 E_2로 바뀌었다면, 시장이 확대되어 무역 전보다 더 많은 기업이 시장에 진입한 것이라고 볼 수 있겠군.

④ 상품의 가격이 P_1에서 무역 후 P_2로 바뀌었다면 기업의 독점력이 약화되어 상품의 다양성이 줄어든 것이 원인이라고 할 수 있겠군.

⑤ 무역 후 균형점이 E_2인 상태에서 시장의 크기 변화 없이 기업의 수가 n_2보다 늘어났다면, 평균생산비용이 AC_2보다 높아져 기업 중 일부는 퇴출될 가능성이 있겠군.

 ⓒ이 일어났을 때와 유사한 효과가 나타날 수 있는 상황으로 가장 적절한 것은?

① 상품의 가격이 큰 폭으로 상승하였다.

② 국가가 보유한 자원이 단기간에 감소하였다.

③ 기업의 초기 투자비용이 갑자기 상승하였다.

④ 평균생산비용이 기하급수적으로 상승하였다.

⑤ 단기간에 한 국가의 인구가 급격하게 증가하였다.

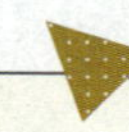

독해지도 쓱쓱

그래프와 글을 연결시켜 이해하는 것이 중요해요! 그런데 두 개의 그래프가 합쳐져서 제시되어 있기 때문에 어려울 수 있어요.
이해가 안 된다면, 이 부분에 대한 이해력UP을 참고하세요!

01 정부 형태와 국가 기관

| 01~05 | 다음 글을 읽고 물음에 답하시오.

국가, 지방 자치 단체와 같은 행정 주체가 행정 목적을 ⓐ 실현하기 위해 국민의 권리를 제한하거나 국민에게 의무를 부과하는 '행정 규제'는 국회가 제정한 법률에 근거해야 한다. 그러나 국회가 아니라, 대통령을 수반으로 하는 행정부나 지방 자치 단체와 같은 행정 기관이 제정한 법령인 행정입법에 의한 행정 규제의 비중이 커지고 있다. 드론과 관련된 행정 규제 사항들처럼, 첨단 기술과 관련되거나, 상황 변화에 즉각 대처해야 하거나, 개별적 상황을 ⓑ 반영하여 규제를 달리해야 하는 행정 규제 사항들이 늘어나고 있기 때문이다. 행정 기관은 국회에 비해 이러한 사항들을 다루기에 적합하다.

행정입법의 유형에는 위임명령, 행정규칙, 조례 등이 있다. 헌법에 따르면, 국회는 행정 규제 사항에 관한 법률을 제정할 때 특정한 내용에 관한 입법을 행정부에 위임할 수 있다. 이에 따라 제정된 행정입법을 위임명령이라고 한다. 위임명령은 제정 주체에 따라 대통령령, 총리령, 부령으로 나누어진다. 이들은 모두 국민에게 적용되기 때문에 입법예고, 공포 등의 절차를 거쳐야 한다. 위임명령은 입법부인 국회가 자신의 권한의 일부를 행정부에 맡겼기 때문에 정당화될 수 있다. 그래서 특정한 행정 규제의 근거 법률이 위임명령으로 제정할 사항의 범위를 정하지 않은 채 위임하는 포괄적 위임은 헌법상 삼권 분립 원칙에 저촉된다. 위임된 행정 규제 사항의 대강을 위임 근거 법률의 내용으로부터 ⓒ 예측할 수 있어야 한다는 것이다. 다만 행정 규제 사항의 첨단 기술 관련성이 클수록 위임 근거 법률이 위임할 수 있는 사항의 범위가 넓어진다. 한편, 위임명령이 법률로부터 위임받은 범위를 벗어나서 제정되거나, 위임 근거 법률이 사용한 어구의 의미를 확대하거나 축소하여 제정되어서는 안 된다. ㉠ 위임명령이 이러한 제한을 위반하여 제정되면 효력이 없다.

행정규칙은 원래 행정부의 직제나 사무 처리 절차에 관한 행정입법으로서 고시(告示), 예규 등이 여기에 속한다. 일반 국민에게는 직접 적용되지 않기 때문에, 법률로부터 위임받지 않아도 유효하게 제정될 수 있고 위임명령 제정 시와 동일한 절차를 거칠 필요가 없다. 그러나 행정 규제 사항에 관하여 행정규칙이 제정되는 예외적인 경우도 있다. 위임된 사항이 첨단 기술과의 관련성이 매우 커서 위임명령으로는 ⓓ 대응하기 어려워 불가피한 경우, 위임 근거 법률이 행정입법의 제정 주체만 지정하고 행정입법의 유형을 지정하지 않았다면 위임된 사항이 고시나 예규로 제정될 수 있다. 이런 경우의 행정규칙은 위임명령과 달리, 입법예고, 공포 등을 거치지 않고 제정된다.

조례는 지방 의회가 제정하는 행정입법으로 지역의 특수성을 반영하여 제정되고 지역에서 발생하는 사안에 대해 적용된다. 제정 주체가 지방 자치 단체의 기관인 지방 의회라는 점에서 행정부에서 제정하는 위임명령, 행정규칙과 ⓔ 구별된다. 조례도 행정 규제 사항을 규정하려면 법률의 위임에 근거해야 한다. 또한 법률로부터 포괄적 위임을 받을 수 있지만 위임 근거 법률이 사용한 어구의 의미를 다르게 사용할 수 없다. 조례는 입법예고, 공포 등의 절차를 거쳐 제정된다.

01 **윗글의 내용과 일치하는 것은?**

① 행정입법에 속하는 법령들은 제정 주체가 동일하다.

② 행정입법에 속하는 법령들은 모두 개별적 상황과 지역의 특수성을 반영한다.

③ 행정입법에 속하는 법령들은 모두 정당성을 확보하기 위하여 국회의 위임에 근거한다.

④ 행정 규제 사항에 적용되는 행정입법은 모두 포괄적 위임이 금지되어 있다.

⑤ 행정부가 국회보다 신속히 대응할 수 있는 행정 규제 사항은 행정입법의 대상으로 적합하다.

02 ⊙의 이유로 가장 적절한 것은?

① 그 위임명령이 법률의 근거 없이 행정 규제 사항을 규정했기 때문이다.
② 그 위임명령이 포괄적 위임을 받아 제정된 경우에 해당하기 때문이다.
③ 그 위임명령이 첨단 기술에 대한 내용을 정확히 반영하지 않았기 때문이다.
④ 그 위임명령이 국민의 권리를 제한하는 권한을 행정 기관에 맡겼기 때문이다.
⑤ 그 위임명령이 구체적 상황의 특성을 반영한 융통성 있는 대응을 하지 못했기 때문이다.

03 행정규칙에 관한 설명 중 적절하지 않은 것은?

① 행정부의 직제나 사무 처리 절차를 규정하는 경우, 법률의 위임이 요구되지 않는다.
② 행정부의 직제나 사무 처리 절차를 규정하는 경우, 일반 국민에게 직접 적용되지 않는다.
③ 행정 규제 사항을 규정하는 경우, 위임명령의 제정 절차를 따르지 않는다.
④ 행정 규제 사항을 규정하는 경우, 위임 근거 법률의 위임을 받은 제정 주체에 의해 제정된다.
⑤ 행정 규제 사항을 규정하는 경우, 위임 근거 법률로부터 위임받을 수 있는 사항의 범위가 위임명령과 같다.

04 윗글을 바탕으로 〈보기〉의 ㉮～㉳에 대해 이해한 내용으로 가장 적절한 것은? [3점]

〈보기〉

갑은 새로 개업한 자신의 가게 홍보를 위해 인근 자연공원에 현수막을 설치하려고 한다. 현수막 설치에 관한 행정 규제의 내용을 확인하기 위해 ○○시청에 문의하고 아래와 같은 회신을 받았다.

> 문의하신 내용에 대해 다음과 같이 알려 드립니다.
> ㉮「옥외광고물 등의 관리와 옥외광고산업 진흥에 관한 법률」 제3조(광고물 등의 허가 또는 신고)에 따른 허가 또는 신고 대상 광고물에 관한 사항은 대통령령인 ㉯「옥외광고물 등의 관리와 옥외광고산업 진흥에 관한 법률 시행령」 제5조에 규정되어 있습니다. 이에 따르면 문의하신 규격의 현수막을 설치하시려면 설치 전에 신고하셔야 합니다.
> 또한 위 법률 제16조(광고물 실명제)에 의하면, 신고 번호, 표시 기간, 제작자명 등을 표시하도록 규정하고 있습니다. 표시하는 방법에 대해서는 ㉰ ○○시 지방 의회에서 제정한 법령에 따르셔야 합니다.

① ㉮의 제3조의 내용에서 ㉯의 제5조의 신고 대상 광고물에 관한 사항의 구체적 내용을 확인할 수 있겠군.
② ㉯의 제5조는 ㉮의 제16조로부터 제정할 사항의 범위가 정해져 위임을 받았겠군.
③ ㉯는 ㉰와 달리 입법예고와 공포 절차를 거쳤겠군.
④ ㉯에 나오는 '광고물'의 의미와 ㉰에 나오는 '광고물'의 의미는 일치하겠군.
⑤ ㉰를 준수해야 하는 국민 중에는 ㉯를 준수하지 않아도 되는 국민이 있겠군.

05 문맥상 ⓐ~ⓔ와 바꿔 쓰기에 가장 적절한 것은?

① ⓐ : 나타내기
② ⓑ : 드러내어
③ ⓒ : 헤아릴
④ ⓓ : 마주하기
⑤ ⓔ : 달라진다

독해지도 쓱쓱

이 글은 행정입법의 세 가지 유형을 비교·대조하는 것이 핵심인데, 눈으로만 읽기에는 내용이 복잡하기 때문에 꼭 독해지도를 그려 보기를 추천해요. '행정입법, 행정규칙, 행정 규제'의 구분에 주의하세요. 비슷해 보이지만 개념이 서로 다르답니다. 이들을 명확히 구별해야 해요!

02 법치주의와 법체계 ①

| 01~04 | 다음 글을 읽고 물음에 답하시오.

매매 계약, 유언 등과 같은 법률 행위가 법률 효과를 발생시키려면 성립 요건과 효력 요건을 갖추어야 한다. 성립 요건은 법률 행위가 성립되기 위한 요건으로, 성립 요건을 갖추지 못한 경우 법률 행위가 불성립했다고 한다. 효력 요건은 이미 성립한 법률 행위가 효력을 발생하는 데 필요한 요건으로, 이를 갖추어 효력을 발생시켰을 때 법률 행위가 유효하다고 한다.

그런데 법률 행위는 성립하였지만, 효력 요건이 불충분하여 그 법률 행위가 성립한 당시부터 법률상 당연히 그 효력이 발생하지 않는 경우 그 법률 행위는 무효가 된다. ㉠ 법률 행위의 무효는 무효 사유가 존재한다면 특정인의 무효 주장이 없이도 그 법률 행위가 처음부터 효력이 없는 것이 되며, 기간이 경과해도 무효라는 사실은 변하지 않는다.

한편 ㉡ 법률 행위의 취소는 법률 행위로서 일단 효력이 발생하였다가 어떤 사유가 있어 그 법률 행위가 성립한 당시로 소급하여 효력을 잃게 되는 경우를 말한다. 법률 행위의 취소가 확정되면 법률상의 효력이 무효와 같아지지만, 취소 사유가 존재하더라도 취소권을 가진 특정인이 취소를 주장할 때만 그 법률 행위의 효력이 없어질 수 있다는 점에서 무효와 차이가 있다. 또한 취소권은 일정한 기간이 경과하면 소멸되고, 취소권이 소멸된 법률 행위는 결국 유효한 것으로 확정된다.

무효인 법률 행위에서는 아무런 효력도 생기지 않으며, 법적으로는 아무것도 없는 것이라 보기 때문에 소급하여 유효로 할 수 있는 대상이 없는 상태라 할 수 있다. 그래서 무효인 법률 행위, 즉 무효 행위는 다른 법률 행위로 전환을 하기도 하고, 추인함으로써 그때부터 새로운 법률 행위가 되게 만들기도 한다. 무효는 이미 성립된 법률 행위를 전제로 하기 때문에 이러한 전환이나 추인이 가능한 것이며, 만약 법률 행위가 불성립했다면 전환이나 추인은 할 수 없다. 무효 행위를 전환한다는 것은 무효인 법률 행위가 다른 법률 행위로서의 효력 요건은 갖추고 있을 때, 그 법률 행위로서의 효력을 인정하는 것을 말한다. 이때 전환을 위해서는 당사자가 무효임을 알았더라면, 그 법률 행위가 아니라 처음부터 다른 법률 행위를 했을 것이라고 인정되어야 한다. 무효 행위의 전환의 예로는, 징계 해고로서 효력 요건을 갖추지 못해 무효가 된 법률 행위가 징계 휴직으로서의 효력 요건은 갖추고 있을 때 징계 휴직으로 전환하여 법률 행위가 유효가 되는 경우를 들 수 있다.

무효 행위를 추인한다는 것은 무효가 된 법률 행위가 갖추지 못했던 효력 요건을 추후에 보충하여 새로운 법률 행위로서의 효력을 인정하는 것을 말한다. ㉮ 무효 행위를 추인하면 그 무효 행위가 처음 성립한 때로 소급하여 유효한 것이 되는 것이 아니라 추인한 때부터 새로운 법률 행위를 한 것으로 본다. 민법은 원칙적으로 무효 행위의 추인을 인정하지 않지만, 무효 원인이 소멸한 상태이고 당사자가 기존 법률 행위가 무효임을 알고 추인한 경우에 한해서는 추인을 인정하고 있다.

법률 행위가 무효가 되면 그 법률 행위에 따른 법률 효과도 생기지 않으므로 무효 행위를 근거로 하는 청구권도 부인된다. 따라서 해당 법률 행위에 따라 채무가 있는 경우 상대방이 청구권을 행사할 수 없으므로 채무를 이행할 필요가 없다. 만약 이미 채무가 이행된 경우라면 수령자는 해당 이득을 반환해야 하는 부당 이득 반환 의무를 진다. 무효는 시간이 흘러도 그대로 유지되지만, 부당 이득의 반환 청구권은 소멸 시효가 있으므로 영구적으로 주장할 수 있는 것은 아니다.

01 윗글의 내용과 일치하지 <u>않는</u> 것은?

① 법률 행위가 불성립한 경우에도 법률 행위의 전환이나 추인을 할 수 있다.
② 성립 요건과 효력 요건을 모두 갖추어야 법률 행위는 법률 효과를 발생시킬 수 있다.
③ 법률 행위가 효력을 발생시켰더라도 어떤 사유가 있어 그 효력을 잃게 되기도 한다.
④ 법률 행위가 무효가 되면 해당 법률 행위에 따른 채무가 발생한 경우라도 그 채무를 이행할 필요가 없다.
⑤ 법률 행위가 무효라는 사실이 그대로 유지되더라도 부당 이득의 반환 청구권을 영구적으로 주장할 수 있는 것은 아니다.

02 ㉠, ㉡에 대한 이해로 적절하지 <u>않은</u> 것은?

① ㉠은 효력 요건이 불충분하여 법률상 당연히 효력이 발생하지 않는 경우이다.
② ㉡은 취소 사유가 존재하더라도 법률 행위의 효력이 발생하는 경우가 있다.
③ ㉠과 ㉡은 모두 법률 행위가 성립한 것을 전제로 한다.
④ ㉡은 ㉠과 달리 법률 행위의 효력 유무에 변화를 줄 수 있는 기한이 존재한다.
⑤ ㉡은 ㉠과 달리 특정인의 주장이 없어도 법률 행위의 효력이 없어질 수 있다.

03 윗글을 바탕으로 〈보기〉의 ⓐ와 ⓑ에 대해 이해한 내용으로 가장 적절한 것은? [3점]

〈보기〉

　갑은 자신의 유언을 법적으로 인정받고자 ⓐ '비밀증서에 의한 유언'의 형태로 유언증서를 남겼다. 하지만 갑의 사망 후 이 유언증서는 봉인상의 확정일자를 받아야 한다는 조건을 충족하지 않아 무효임이 밝혀졌다. 이에 대해 법원에서는 해당 유언증서가 다른 형태의 유언증서인 ⓑ '자필서명에 의한 유언'의 조건은 모두 충족하고 있으며 갑이 자신의 유언증서가 무효임을 알았다면 이러한 형태의 유언증서를 남겼을 것이라 보아, '자필서명에 의한 유언'으로서는 유효하다고 판단했다.

① ⓐ가 무효가 되면서 ⓑ의 성립 요건도 불충분하게 된 것이군.
② ⓐ는 효력 요건을 갖추지 못했지만 ⓑ는 효력 요건을 갖추고 있군.
③ ⓐ의 부족한 효력 요건이 추후에 보충되어 ⓑ가 유효하게 된 것이군.
④ ⓐ는 ⓑ로 바뀌면서 무효 원인이 소멸되어 다시 효력을 가지게 되는군.
⑤ ⓐ의 효력이 발생하려면 ⓑ가 무효임을 당사자가 알았다는 조건이 충족되어야 하는군.

04 ㉮의 이유를 추론한 내용으로 가장 적절한 것은?

① 법률 행위를 추인할 때 추인의 조건을 갖춘 상태라면 이를 소급하여 유효한 것으로 만들 수도 있기 때문이다.
② 추인으로 인해 무효 행위의 유효 요건이 보충되면서 새로운 법률 행위로서 효력을 발생시킬 필요가 없어졌기 때문이다.
③ 무효인 법률 행위는 법적으로 아무것도 없는 것이어서 소급해서 추인할 수 있는 대상 자체가 없는 상태이기 때문이다.
④ 무효인 법률 행위가 성립한 때를 정확하게 증명할 수 없다면 추인을 통해 유효하게 된 시점도 특정할 수 없기 때문이다.
⑤ 무효인 법률 행위는 원칙적으로 추인할 수 없도록 법률상으로 정해 놓은 것이어서 추인을 통해 유효한 것이 될 수는 없기 때문이다.

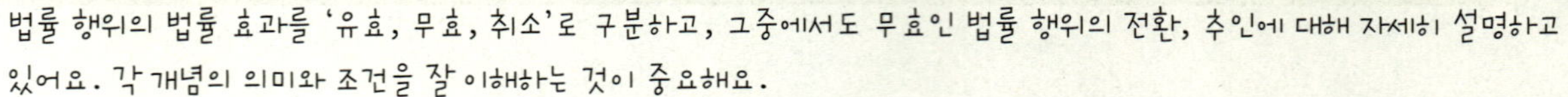

독해지도 쓱쓱

법률 행위의 법률 효과를 '유효, 무효, 취소'로 구분하고, 그중에서도 무효인 법률 행위의 전환, 추인에 대해 자세히 설명하고 있어요. 각 개념의 의미와 조건을 잘 이해하는 것이 중요해요.

법률 행위의 법률 효과를 '유효, 무효, 취소'로 구분하고, 그중에서도 무효인 법률 행위의 전환, 추인에 대해 자세히 설명하고 있어요. 각 개념의 의미와 조건을 잘 이해하는 것이 중요해요.

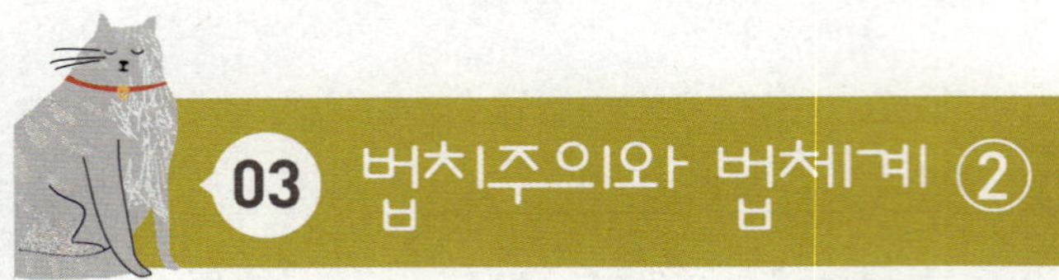

03 법치주의와 법체계 ②

| 01~05 | 다음 글을 읽고 물음에 답하시오.

인간은 집단생활을 하기 때문에 분쟁이 발생할 수밖에 없다. 그래서 문제가 발생하는 것을 예방하거나 문제를 원만히 해결하기 위해 규칙을 만든다. 여러 규칙 중 사회 구성원들의 합의에 따라 만들어지고 강제성을 가진 규칙을 **법**이라고 한다. 이때 강제성은 공공의 이익을 실현하기 위해 사회 구성원들이 동의할 때만 발휘될 수 있다. 이러한 법은 몇 가지 특징이 있는데 먼저 법은 행동의 결과를 중시한다. 왜냐하면 다른 사람이 행동을 평가할 수 있고 그 변화도 확인할 수 있어야 하기 때문이다. 그리고 법은 국민의 자유와 권리를 보호한다. 만약 법이 없다면 권력자나 국가 기관이 멋대로 권력을 휘두를 수 있을 것이다. 마지막으로 법은 최소한의 간섭만 한다. 개인이 처리해도 되는 일까지 법이 간섭한다면 사람들은 숨이 막혀 평온하게 살기 힘들 것이다.

대표적인 법에는 ㉠ 민법과 형법이 있다. 민법은 국가 기관이 아닌, 사람들 간의 권리관계를 다루는 법률로서 재산 관계와 가족 관계로 구성되어 있다. 근대 사회에서 형성된 민법의 원칙은 오늘날까지도 중요하게 여겨지고 있다. 중요 원칙 중 하나는 개인의 사유 재산에 대해 절대적 지배를 인정하고 국가를 비롯한 단체나 개인은 다른 사람의 사유 재산 행사에 간섭하지 못한다는 것이다. 그리고 다른 사람에게 끼친 손해는 그 행위가 위법이고 동시에 고의나 과실에 의한 경우에만 책임을 진다는 원칙도 있다. 그런데 이 원칙들은 경제적 강자가 경제적 약자를 지배하는 수단으로 악용되기도 하여 20세기에 들면서 제한이 생겼다. 그 결과 개인의 사유 재산에 대한 지배는 여전히 보장되지만 공공복리에 적합하도록 행사해야 한다는 것과 같은 수정된 원칙들이 적용되고 있다.

반면, 형법은 범죄와 형벌을 규정하는 법률로서 ㉡ '죄형법정주의'라는 기본 원칙이 있다. 죄형법정주의는 범죄의 행위와 그 범죄에 대한 처벌을 미리 법률로 정해 두어야 한다는 것이다. 그래서 범죄 발생 당시에는 없었던 법이 나중에 생겨도 그것을 소급해서 적용할 수 없다. 또한 민법과 달리 어떤 사항을 직접 규정한 법규가 없을 때, 그와 비슷한 사항을 규정한 법규를 유추하여 적용할 수도 없다.

[A] 형법을 위반한 범죄가 발생하면, 먼저 수사 기관이 수사를 한다. 수사를 개시하는 단서로는 고소, 고발, 인지가 있는데, 이 중 고소는 피해자가 하는 반면 고발은 제3자가 한다. 일반적으로 범죄는 수사기관이 인지하는 것만으로도 수사를 시작할 수 있다. 하지만 명예훼손죄, 폭행죄 등은 수사를 진행했더라도 피해자가 원하지 않으면 처벌하지 않는다. 수사 결과 피의자*가 죄를 범했다고 의심할 만한 충분한 이유가 있다면 구속 영장을 받아 체포해 구속한다. 만약 범죄를 실행 중인 경우는 구속 영장 없이 체포 가능한데, 이 경우 48시간 이내에 구속 영장을 신청해야 하고, 법원은 신청서가 접수된 시간으로부터 48시간 이내에 구속 영장의 발부 여부를 결정해야 한다. 수사 결과 범죄 혐의가 인정되면 검사는 재판을 청구하는데 이를 기소라고 한다. 이때 검사는 피의자의 나이, 환경, 동기 등을 참작하여 기소를 하지 않을 수 있다. 기소로 재판 절차가 시작되면 법원은 사건을 심리*하여 범죄 사실이 확인된 경우 유죄를 선고한다. 유죄가 인정되면 법원이 형을 선고하고 집행 절차에 들어간다.

그런데 만약 동물이 위법한 행동을 하여 다른 사람에게 손해를 끼치면 어떻게 될까? 결론부터 말하면 동물은 아무런 책임이 없다. 법에서는 인간 이외의 것들은 생명의 유무와 상관없이 모두 물건으로 보는데 물건에는 법적 권리가 없다. 법적 권리가 없는 것은 의무와 책임도 없다. 그러므로 동물은 민, 형법상의 책임을 지지 않아도 된다. 다만 손해를 입은 사람은 민법에 따라 동물의 점유자*에게 배상을 받을 수 있다.

* **피의자** : 수사 기관으로부터 범죄의 의심을 받게 되어 수사를 받고 있는 자.
* **심리** : 재판의 기초가 되는 사실이나 법률적 판단을 심사하는 행위.
* **점유자** : 어떤 물건을 소유하고 사실상 지배하는 사람.

01 ⬛ **법**에 관한 설명으로 적절하지 <u>않은</u> 것은?

① 문제가 발생하는 것을 예방하기 위해 사회 구성원의 의사를 반영하여 만든다.

② 권력자의 권력 행사를 제한하여 국민들의 자유와 권리를 지키는 역할을 한다.

③ 법의 간섭이 지나치게 커지게 되면 개인이 삶을 평온하게 유지하기 힘들 것이다.

④ 다른 사람들이 행동을 평가하고 그 변화를 확인할 수 있어야 하므로 결과를 중시한다.

⑤ 목적이 공익과 무관하더라도 사회 구성원의 동의가 있다면 강제성이 발휘될 수 있다.

02 ㉠에 대한 설명으로 적절하지 <u>않은</u> 것은?

① 경제적 강자로부터 경제적 약자를 보호하기 위해 원칙이 수정되었다.

② 국가 기관이 아닌 사람들 간의 권리관계에 문제가 생겼을 경우 적용한다.

③ 위법한 행위가 발생했을 때 의도적으로 잘못을 한 경우에만 책임을 물을 수 있다.

④ 20세기에 들면서 공공복리에 적합하지 않을 경우 개인의 재산권 행사를 제한할 수 있게 되었다.

⑤ 개인이 재산을 사용하는 것에 대해 국가나 타인이 간섭하지 못한다는 원칙이 근대 사회에서 형성되었다.

03 ㉡과 관련 있는 말로 적절한 것은?

① 착한 사람은 법이 필요 없고 나쁜 사람은 법망을 피해 간다.

② 법의 생명은 논리에 있는 것이 아니라 경험에 있다.

③ 형법의 반은 이익보다는 해를 끼칠지 모른다.

④ 법률이 없으면 범죄도 없고 형벌도 없다.

⑤ 철학 없는 법학은 출구 없는 미궁이다.

04 [A]를 바탕으로 〈보기〉를 이해한 내용으로 적절한 것은?

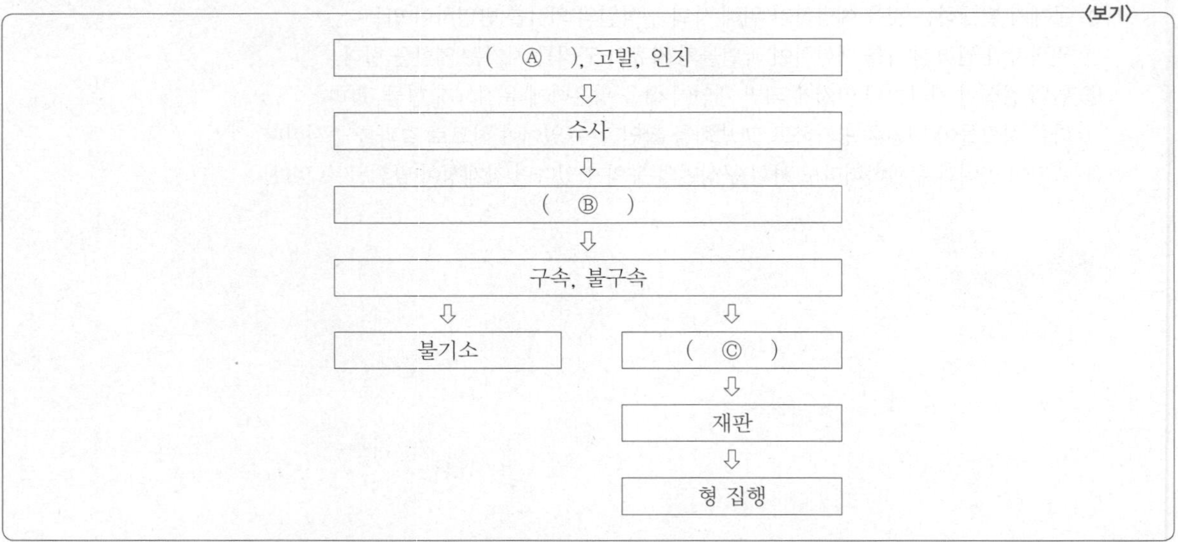

① Ⓐ는 범죄의 피해자와 연관이 있는 제3자가 한다.
② 명예훼손죄, 폭행죄는 Ⓐ가 없어도 수사를 진행할 수 있다.
③ 범죄를 실행 중인 범인을 Ⓑ하였을 경우 48시간 이내에 구속 영장을 발부받아야 한다.
④ 범죄 혐의가 인정될 경우 반드시 Ⓒ를 해야 한다.
⑤ 재판에서 심리를 담당하는 주체가 Ⓒ의 여부를 결정한다.

05 윗글과 〈보기 1〉을 참조하여 〈보기 2〉를 이해한 내용으로 적절하지 <u>않은</u> 것은? [3점]

〈보기 1〉

민법 제759조(동물의 점유자의 책임)
　① 동물의 점유자는 그 동물이 타인에게 가한 손해를 배상할 책임이 있다. …….

형법 제257조(상해, 존속상해)
　① 사람의 신체를 상해한 자는 7년 이하의 징역, 10년 이하의 자격정지 또는 1천만 원 이하의 벌금에 처한다. …….

〈보기 2〉

　A는 사고로 몸의 대부분을 기계로 대체해 로봇같이 보이지만 여전히 직장생활을 하고 세금을 내는 등 이전과 같은 생활을 하고 있다. B는 C가 구입한 로봇으로 행동과 겉모습이 인간과 구별이 안 된다. 그런데 만약 A와 B가 사람을 때려 다치게 하였다면 법적으로 어떻게 해야 할까?

① 민법 제759조 ①에 따르면 B는 동물과 같이 물건이므로 법적 책임이 없다.
② 민법 제759조 ①을 유추하여 적용한다면 B의 점유자인 C에게 손해 배상 책임을 물을 수 있다.
③ 형법 제257조 ①에 따르면 A는 '사람의 신체를 상해한 자'에 해당하므로 형법에 따른 책임을 져야 한다.
④ 형법 제257조 ①을 유추하여 적용한다면 C는 징역이나 벌금에 처해질 수 있다.
⑤ 형법 제257조에 향후 B가 사람을 다치게 한 행위에 관한 조항이 추가되더라도 이번 사건에 대해서는 B를 처벌할 수 없다.

독해지도 쓱쓱

4문단에 제시된, 형법을 위반한 범죄 발생 시의 절차는 꽤 많은 과정을 거치기 때문에 눈으로만 훑으면 헷갈릴 수 있어요. 꼭 독해지도로 그려 보세요!

04 법치주의와 법체계 ③

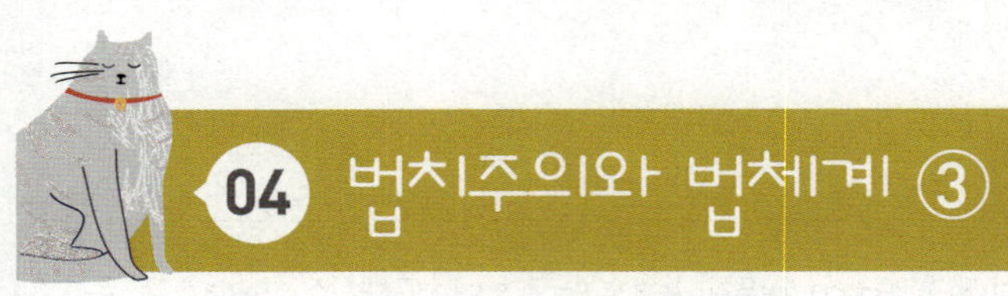

| 01~05 | **다음 글을 읽고 물음에 답하시오.**

사람은 살아가는 동안 여러 약속을 한다. 계약도 하나의 약속이다. 하지만 이것은 친구와 뜻이 맞아 주말에 영화 보러 가자는 약속과는 다르다. 일반적인 다른 약속처럼 계약도 서로의 의사 표시가 합치하여 성립하지만, 이때의 의사는 일정한 법률 효과의 발생을 목적으로 한다는 점에서 차이가 있다. 한 예로 매매 계약은 '팔겠다'는 일방의 의사 표시와 '사겠다'는 상대방의 의사 표시가 합치함으로써 성립하며, 매도인은 매수인에게 매매 목적물의 소유권을 이전하여야 할 의무를 짐과 동시에 매매 대금의 지급을 청구할 권리를 갖는다. 반대로 매수인은 매도인에게 매매 대금을 지급할 의무가 있고 소유권의 이전을 청구할 권리를 갖는다. 양 당사자는 서로 권리를 행사하고 서로 의무를 이행하는 관계에 놓이는 것이다.

이처럼 의사 표시를 필수적 요소로 하여 법률 효과를 발생시키는 행위들을 법률 행위라 한다. 계약은 법률 행위의 일종으로서, 당사자에게 일정한 청구권과 이행 의무를 발생시킨다. 청구권을 내용으로 하는 권리가 채권이고, 그에 따라 이행을 해야 할 의무가 채무이다. 따라서 채권과 채무는 발생한 법률 효과가 동전의 양면처럼 서로 다른 방향에서 파악되는 것이라 할 수 있다. 채무자가 채무의 내용대로 이행하여 채권을 소멸시키는 것을 변제라 한다.

갑과 을은 을이 소유한 그림 A를 갑에게 매도하는 것을 내용으로 하는 매매 계약을 체결하였다. ㉠ 을의 채무는 그림 A의 소유권을 갑에게 이전하는 것이다. 동산인 물건의 소유권을 이전하는 방식은 그 물건을 인도하는 것이다. 갑은 그림 A가 너무나 마음에 들었기 때문에 그것을 인도받기 전에 대금 전액을 금전으로 지급하였다. 그런데 갑이 아무리 그림 A를 넘겨달라고 청구하여도 을은 인도해 주지 않았다. 이런 경우 갑이 사적으로 물리력을 행사하여 해결하는 것은 엄격히 금지된다.

채권의 내용은 민법과 같은 실체법에서 규정하고 있고, 그것을 강제적으로 실현할 수 있도록 민사 소송법이나 민사 집행법 같은 절차법이 갖추어져 있다. 갑은 소를 제기하여 판결로써 자기가 가진 채권의 존재와 내용을 공적으로 확정받을 수 있고, 나아가 법원에 강제 집행을 신청할 수도 있다. 강제 집행은 국가가 물리적 실력을 행사하여 채무자의 의사에 구애받지 않고 채무의 내용을 실행시켜 채권이 실현되도록 하는 제도이다.

을이 그림 A를 넘겨주지 않은 까닭은 갑으로부터 매매 대금을 받은 뒤에 을의 과실로 불이 나 그림 A가 타 없어졌기 때문이다. ㉮ 결국 채무는 이행 불능이 되었다. 소송을 하더라도 불능의 내용을 이행하라는 판결은 ⓐ 나올 수 없다. 그림 A의 소실이 계약 체결 전이었다면, 그 계약은 실현 불가능한 내용을 담고 있기 때문에 체결할 때부터 계약 자체가 무효이다. 이행 불능이 채무자의 과실 때문에 일어난 것이라면 채무자가 채무 불이행에 대한 책임을 져야 한다.

이때 채무 불이행은 갑이나 을의 의사 표시가 작용한 것이 아니라, 매매 목적물의 소실에 따른 이행 불능으로 말미암은 것이다. 이러한 사건을 통해서도 법률 효과가 발생한다. 채무 불이행에 대한 책임은 갑으로 하여금 계약을 해제할 수 있는 권리를 갖게 한다. 갑이 계약 해제권을 행사하면 그때까지 유효했던 계약이 처음부터 효력이 없는 것으로 된다. 이때의 계약 해제는 일방의 의사 표시만으로 성립한다. 따라서 갑이 해제권을 행사하는 데에 을의 승낙은 요건이 되지 않는다. 이러한 법률 행위를 단독 행위라 한다.

갑은 계약을 해제하였다. 이로써 그 계약으로 발생한 채권과 채무는 없던 것이 된다. 당연히 계약의 양 당사자는 자신의 채무를 이행할 필요가 없다. 이미 이행된 것이 있다면 계약이 체결되기 전의 상태로 돌려놓아야 한다. 이를 청구할 수 있는 권리가 원상회복 청구권이다. 계약의 해제로 갑은 원상회복 청구권을 행사할 수 있으며, 이러한 ㉡ 갑의 채권은 결국 을에게 매매 대금을 반환해 달라고 청구할 수 있는 권리가 된다.

01 윗글의 내용과 일치하지 <u>않는</u> 것은?

① 실체법에는 청구권에 관한 규정이 있다.
② 절차법에 강제 집행 제도가 마련되어 있다.
③ 법률 행위가 없으면 법률 효과가 발생하지 않는다.
④ 법원을 통하여 물리력으로 채권을 실현할 수 있다.
⑤ 실현 불가능한 것을 내용으로 하는 계약은 무효이다.

02 ㉠, ㉡에 대한 이해로 가장 적절한 것은?

① ㉠은 매도인의 청구와 매수인의 이행으로 소멸한다.
② ㉡은 채권자와 채무자의 의사 표시가 작용하여 성립한 것이다.
③ ㉠과 ㉡은 ㉠이 이행되면 그 결과로 ㉡이 소멸하는 관계이다.
④ ㉠과 ㉡은 동일한 계약의 효과를 서로 다른 측면에서 바라본 것이다.
⑤ ㉠에는 물건을 인도할 의무가 있고, ㉡에는 금전의 지급을 청구할 권리가 있다.

03 ㉮의 상황에 대한 설명으로 적절한 것은?

① '을'의 과실로 이행 불능이 되어 '갑'의 계약 해제권이 발생한다.
② '갑'은 소를 제기하여야 매매의 목적이 된 재산권을 이전받을 수 있다.
③ '갑'은 원상회복 청구권을 행사하여야 '그림 A'의 소유권을 회복할 수 있다.
④ '갑'과 '을'은 애초부터 실현 불가능한 내용의 계약을 체결하였기 때문에 이행 불능이 되었다.
⑤ '을'이 '갑'에게 '그림 A'를 인도하는 것은 불가능해졌지만 '을'은 채무 불이행에 대한 책임을 지지 않는다.

04 윗글을 바탕으로 할 때, 〈보기〉에 대한 분석으로 적절하지 <u>않은</u> 것은? [3점]

〈보기〉

　증여는 당사자의 일방이 자기의 재산을 무상으로 상대방에게 줄 의사를 표시하고 상대방이 이를 승낙함으로써 성립하는 계약이다. 증여자만 이행 의무를 진다는 점이 특징이다. 유언은 유언자의 사망과 동시에 일정한 법률 효과를 발생시키려는 것을 목적으로 하는데, 유언자의 의사 표시만으로 유효하게 성립하고 의사 표시의 상대방이 필요 없다는 점에서 증여와 차이가 있다.

① 증여, 유언, 매매는 모두 법률 행위로서 의사 표시를 요소로 한다.
② 증여와 유언은 법률 효과를 발생시키려는 목적이 있다는 점이 공통된다.
③ 증여는 변제의 의무를 발생시키지 않는다는 점에서 매매와 차이가 있다.
④ 증여는 당사자 일방만이 이행한다는 점에서 양 당사자가 서로 이행하는 관계를 갖는 매매와 차이가 있다.
⑤ 증여는 양 당사자의 의사 표시가 서로 합치하여 성립한다는 점에서 의사 표시의 합치가 필요 없는 유언과 차이가 있다.

05 문맥상 의미가 ⓐ와 가장 가까운 것은?

① 오랜 연구 끝에 만족할 만한 실험 결과가 나왔다.
② 그 사람이 부드럽게 나오니 내 마음이 누그러졌다.
③ 우리 마을은 라디오가 잘 안 나오는 산간 지역이다.
④ 이 책에 나오는 옛날이야기 한 편을 함께 읽어 보자.
⑤ 그동안 우리 지역에서는 걸출한 인물들이 많이 나왔다.

독해지도 쓱쓱

갑과 을의 사례를 이해하는 것이 핵심이에요. 갑과 을의 상황 변화에 주의하며 독해지도를 그려 봅시다!

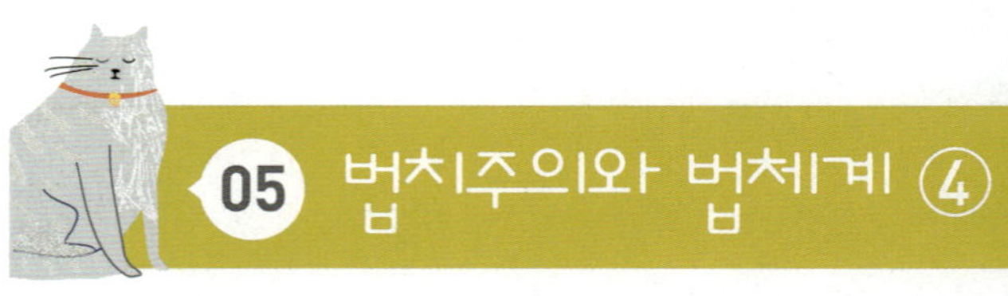

| 01~04 | **다음 글을 읽고 물음에 답하시오.**

　근로자란 직업의 종류를 불문하고 사업장에서 임금을 받을 목적으로 일하는 사람을 의미한다. 정규직 근로자에서부터 단시간 근로자 즉 아르바이트까지 근로자에 포함된다. 그런데 단시간 근로자의 경우 법적으로는 엄연한 근로자이면서도 여러 가지 이유에서 법적인 보호에서 벗어나 있는 경우가 많다.

　사업주가 근로자를 채용할 경우에는 근로 조건을 명시(明示)한 근로 계약서를 작성해야 한다. 근로 계약이란 근로자가 근로 조건에 대해서 사업주와 약속하는 것을 말한다. 이러한 약속은 구두로 하기보다는 나중에 문제가 생겼을 때를 대비하여 반드시 문서로 작성해야 한다. 근로 계약서에는 일을 하기로 한 기간, 일할 장소, 해야 할 일, 하루에 일해야 하는 시간과 쉬는 시간, 쉬는 날, 임금과 임금을 받는 날 등 중요한 내용이 반드시 나타나 있어야 한다. 근로 계약서는 사업주와 근로자 본인이 작성해야 하며, 다른 사람이 대신할 수는 없다. 또 1일 근로 시간이 4시간인 경우에는 30분 이상, 8시간인 경우에는 1시간 이상의 쉬는 시간이 주어져야 하고, 1주간의 정해진 근로 일수대로 일한 근로자에게는 1주에 1일의 유급 주휴일*이 보장되어야 한다. 4인 이하의 사업장을 제외하고는 휴일에 근무할 경우 임금의 50%를 가산(加算)하여 받을 수 있으며, 1년간 정해진 근로 일수에 따라 성실히 근무한 경우에는 연차 유급 휴가*를 보장받을 수 있다. 다만 1주간의 정해진 근로 시간이 15시간 미만일 경우에는 퇴직금, 유급 주휴일, 연차 휴가 규정이 적용되지 않는다. 만약 사업주가 근로 계약서 작성을 거부할 경우 신고할 수 있으며, 이 경우 사업주는 500만 원 이하의 벌금형을 받을 수 있다. 사업주가 근로 계약서를 작성하고 근로자에게 이를 교부(交付)하지 않았을 경우에도 처벌 대상이 된다.

　모든 근로자는 최저임금법에서 정한 최저임금 이상의 임금을 받을 권리가 있다. 보호자의 동의를 얻어 일을 하는 만 18세 미만의 연소 근로자도 동일한 적용을 받는다. 근로자로 채용된 이후에 기업의 필요에 따라 교육이나 연수를 받고 있는 수습 근로자의 경우, 일하기 시작한 날부터 3개월 이내에는 최저임금의 90%를, 3개월이 지나면 최저임금 전액을 지급받아야 한다. 하지만 단순노무직 근로자이거나 계약 기간이 1년 미만인 근로자의 경우에는 수습 기간에도 100% 임금을 지급받아야 한다. 만약 사업주가 최저임금 미만의 임금을 지급할 경우에는 최저임금법 제28조에 의해 3년 이하의 징역 또는 2,000만 원 이하의 벌금형에 처해질 수 있다.

　임금은 '정기적으로', '해당 근로자에게 직접', '전액을', '현금으로' 지급해야 한다. 임금은 일, 주, 월 단위로 지급할 수 있고, 현물이나 상품권은 안 되며, 통장으로 지급하는 것은 가능하다. 이 기준을 지키지 못하면 임금 체불이 된다. 대표적인 임금 체불 사례를 보면, 정기적으로 지급하기로 한 날에 지급하지 않는 경우, 임금 중 일부만 지급하는 경우, 퇴사 후 14일 이내에 당사자 간 약속 없이 임금을 지급하지 않는 경우 등이다. 그리고 일을 하기 위해 출근하였으나 갑자기 일이 없어 집으로 되돌아가야 하는 경우, 그 이유가 사업주에게 있다면 4인 이하의 사업장을 제외하고는 평균 임금의 70%에 해당하는 휴업 수당을 받아야 한다. 만약 임금을 받지 못하면 독촉장을 발송하거나 고용노동부에 진정서를 제출하여 문제를 해결할 수 있다.

　사업주는 근로 계약 기간이 끝나기 전에 정당한 이유 없이 근로자를 해고할 수 없다. 아르바이트로 일하는 경우에도 근로기준법에서 정한 해고 관련 내용 등이 동일하게 적용된다. 만약 사업주에게 부당하게 해고를 당했을 경우 일정 금액의 해고 수당을 받을 수 있다. 다만 일용 근로자로서 3개월을 연속 근무하지 않은 경우, 2개월 이내의 기간을 정하여 근무하는 경우, 계절적 업무에 6개월 이내의 기간을 정하여 근무하는 경우, 3개월 이내의 수습 기간을 정하여 근무 중인 경우에는 해고 수당을 청구(請求)할 수 없다. 정당한 이유 없이 근로자를 해고한 경우에는 5년 이하의 징역 또는 3,000만 원 이하의 벌금형에 처해질 수 있다.

　일하다가 다쳤을 경우 사업주가 보험에 가입하지 않았거나 근로자 본인의 과실(過失)을 이유로 치료비 지급을 거부하더라도 치료비를 본인이 부담할 필요는 없다. 산업재해보상보험법(산재보험)에 따라 근로복지공단에서 치료 및 보상을 받을 수 있기 때문이다. 또한 근로기준법 제7조, 제8조에 따르면 사업주 또는 관리자가 근로자에게 기분이 나쁠 정도의 폭언이나 지나친 성적 농담을 하는 경우 또는 신체적인 체벌을 하는 경우에는 위법이므로 고용노동부나 경찰서 등 관련 기관에 신고할 수 있다.

* **유급 주휴일** : 1주간의 정해진 근로 일수대로 일하였을 때 임금을 받으면서 쉴 수 있는 날.

* **연차 유급 휴가** : 해마다 종업원에게 주도록 정하여진 유급 휴가.

01 윗글의 내용과 일치하지 <u>않는</u> 것은?

① 아르바이트는 근로자임에도 법적인 보호를 받지 못하는 경우가 많다.

② 근로 계약이란 근로 조건에 대해서 근로자와 사업주가 약속하는 것을 말한다.

③ 1주일의 근로 시간이 15시간 미만일 경우에도 연차 휴가를 보장받을 수 있다.

④ 아르바이트의 경우에도 근로기준법에서 정한 해고 관련 내용이 동일하게 적용된다.

⑤ 근로기준법에 의하면 사업주 또는 관리자가 근로자에게 폭언이나 지나친 성적 농담을 하는 것은 위법이다.

02 윗글을 읽은 후 추가할 수 있는 질문으로 적절하지 <u>않은</u> 것은?

① 사업주가 근로 계약서 작성을 거부할 경우 어디에 신고하면 되나요?

② 사업주가 근로자를 해고할 수 있는 정당한 이유에는 어떤 것들이 있나요?

③ 아르바이트를 하다가 사업주에게 체벌을 받았을 경우에는 어떻게 해야 하나요?

④ 수습 기간에도 최저임금 전액을 받을 수 있는 단순노무직에는 어떤 것들이 있나요?

⑤ 임금이 체불된 경우 독촉장을 발송하거나 진정서를 제출하는 것 말고는 다른 방법이 없나요?

[03~04] 〈보기〉는 직원이 10여 명인 ◇◇ 식당에서 근무하게 된 '박○○' 군의 근로 계약서이다. 두 물음에 답하시오.

〈보기〉

연소 근로자 근로 계약서

김△△(이하 "사업주"라 함)와 박○○(이하 "근로자"라 함)는 다음과 같이 근로 계약을 체결한다.

1. 근로 계약 기간 : 2018년 5월 1일부터 2018년 6월 20일까지

2. 근무 장소 : ◇◇ 식당 홀

3. 업무의 내용 : 홀 서빙 및 청소

4. 근로 시간/휴게 시간 : 16시 30분부터 21시 30분까지····································⑦

5. 근무일/휴일 : 매주 5일 근무 / 매주 토, 일요일 ····································⑭

6. 임금
   - 시간급 : 7,530원 ····································⑭
   - 임금 지급일 : 매월 20일(휴일의 경우는 전일 지급)
   - 지급 방법 : 근로자에게 직접 지급(   ), 근로자 명의 예금통장에 입금(✓)

7. 가족관계증명서 및 동의서
   - 가족관계기록사항에 관한 증명서 제출 여부 :   ✓
   - 친권자 또는 후견인의 동의서 구비 여부 :   ✓ ····································⑭

8. 사회보험 가입 여부(해당란에 체크)
   ☑ 고용보험 ☐ 산재보험 ☐ 국민연금 ☑ 건강보험

2018년 4월 25일

(사업주) 사업체명 : ◇◇ 식당(전화 : ×××-××××-××××)

　　　　　주　소 : □□시 □□구 □□로 48

　　　　　대표자 : 김△△　(서명)

(근로자) 주　소 : □□시 □□구 □□로 28 ····································⑭

　　　　　연락처 : ×××-××××-××××

　　　　　성　명 : 박○○　(서명)

03 윗글을 바탕으로 〈보기〉를 이해한 내용으로 적절하지 <u>않은</u> 것은?

① 1일 근로 시간이 4시간 이상이므로 ㉮에는 30분 이상의 쉬는 시간을 명시해야 한다.

② ㉯의 내용대로 1주일을 정해진 근로 일수대로 근무하였다면 1일의 유급 주휴일을 보장받을 수 있다.

③ ㉰에는 최저임금법에 규정되어 있는 최저임금 이상을 명시해야 한다.

④ 만 18세 미만의 연소자일 경우 ㉱처럼 보호자의 동의를 받아야 한다.

⑤ ㉲에서 내용의 확인 및 서명은 필요한 경우 다른 사람이 대신할 수 있다.

04 다음의 '박○○' 군에게 해 줄 수 있는 말로 가장 적절한 것은? [3점]

> 박○○ 군은 5월 둘째 주 월요일에 사업주의 사정으로 일을 하지 못하고 그냥 돌아왔다. 그 주 토요일에는 일손이 모자라 근무하였다. 그 후 서빙 중 본인의 실수로 화상을 입었는데, 본인의 잘못으로 다쳤다는 이유로 사업주는 치료비 지급을 거부하였다. 그뿐만 아니라 다친 상태로 일을 할 수 없다는 이유로 박○○ 군에게 해고를 통보하였다.

① 휴일인 토요일에 근무하였으므로 가산된 임금을 적용받을 수 있습니다.

② 근로 기간 중에 해고당한 근로자이므로 해고 수당을 받을 수 있습니다.

③ 업무 수행 중이지만 본인 과실로 다쳤으므로 치료비를 보상받을 수 없습니다.

④ 사업주 사정으로 근무일에 일하지 못하고 돌아왔으므로 휴업 수당을 요구할 수 없습니다.

⑤ 사업주가 산업재해보상보험에 가입되어 있지 않으므로 치료비를 보상받을 수 없습니다.

독해지도 쓱쓱

근로자의 권리에 대해 '근로 계약, 임금, 해고, 산재, 폭언·성희롱·폭력' 등의 내용을 상세히 다루고 있어요. 문제에서도 세부 내용을 묻고 있기 때문에 어떤 문단에서 어떤 내용을 다루고 있는지 대략의 구조를 알고 있어야 해요. 이를 바탕으로 헷갈리는 부분은 해당 문단으로 다시 돌아가 확인하며 독해지도를 그려 봅시다!

01 사회·문화 현상의 탐구

│01~05│ 다음 글을 읽고 물음에 답하시오.

　㉠마르크스는 사물의 경제적 가치를 사용가치와 교환가치로 구분하면서 자본주의 사회에서는 경제적 가치가 교환가치에 의해 결정된다고 보았다. 사용가치는 사물의 기능적 가치를, 교환가치는 시장 거래를 통해 부여된 가치를 의미하는데 사물 자체의 유용성은 고정적이므로 시장에서의 수요와 공급에 의해서만 경제적 가치가 결정된다고 보았기 때문이다. 또한 그는 사물의 거래 가격은 결국 사물의 생산 비용에 의해 결정된다는 점에서 소비를 생산에 종속된 현상으로 보고 소비의 자율성을 인정하지 않았다.

　마르크스의 이러한 주장과 달리 ㉡보드리야르는 교환가치가 아닌 사용가치가 경제적 가치를 결정하며, 자본주의 사회는 소비 우위의 사회라고 주장했다. 이때 보드리야르가 제시한 사용가치는 사물 자체의 유용성에 대한 가치가 아니라 욕망의 대상으로서 기호(sign)가 ⓐ지니는 기능적 가치, 즉 기호가치를 의미한다.

　기호는 어떤 대상을 지시하는 상징으로서 문자나 음성같이 감각으로 지각되는 기표와 의미 내용인 기의로 구성되는데, 기표와 기의의 관계는 자의적이다. 가령 '남성'이란 문자는 필연적으로 어떤 대상을 지시하는 것이 아니며 '여성'이란 기호와의 관계 속에서 의미 내용이 결정된다. 다시 말해, 어떤 기호의 의미 내용을 결정하는 것은 기표와 기의의 관계가 아니라 기호들 간의 관계, 즉 기호 체계이다.

　[A] 　보드리야르는 자본주의 사회에서 대량 생산 기술이 급속하게 발전하면서 소비자가 기호가치 때문에 사물을 소비한다고 보았다. 대량 생산 기술의 발전으로 수요를 충족하고 남을 만큼의 공급이 이루어져 사물 자체의 유용성은 더 이상 소비를 결정하는 요인으로 작용할 수 없기 때문이다. 예를 들어 소비자는 특정 계층 또는 집단의 일원이라는 상징을 얻기 위해 명품 가방을 소비한다. 이때 사물은 소비자가 속하고 싶은 집단과 다른 집단 간의 차이를 부각하는 기호로서 기능한다. 따라서 보드리야르에 따르면 자본주의 사회에서 소비의 원인은 사물이 상징하는 특정 사회적 지위에 대한 욕구이다.

　보드리야르는 현대인이 자연 발생적인 욕구에 따라 자유롭게 소비하는 것처럼 보이지만 사실은 강제된 욕구에 따르는 것에 불과하다고 보았다. 이는 기호가 다른 기호와의 관계 속에서 그 의미 내용이 결정되는 것과 관계된다. 특정 사물의 상징은 기호 체계, 즉 사회적 상징체계 속에서 유동적이며, 따라서 ㉢상징체계 변화에 따라 욕구도 유동적이다. 이때 대중매체는 사물의 기의에 영향을 미침으로써 욕구를 강제할 수 있다. 현실이 대중매체를 통해 전달될 때 현실은 현실 그 자체가 아니라 다른 기호와 조합될 수 있는 기호로서 추상화되기 때문이다. 가령 텔레비전 속 유명 연예인이 소비하는 사물은 유명 연예인이라는 기호에 의해 새로운 의미 내용이 부여된다. 요컨대 특정 사물에 대한 현대인의 욕망은 대중매체를 매개로 하여 자기도 모르는 사이에 강제된다.

　보드리야르는 기술 문명이 초래한 사물의 풍요 속에서 현대인의 일상생활이 사물의 기호가치와 이에 대한 소비에 의해 규정된다고 보고 자본주의 사회를 소비사회로 명명하였다. 그의 이론은 소비가 인간에 미치는 영향을 비판적으로 성찰해야 한다는 점을 시사한다.

01 '자본주의 사회'에 대한 ㉠, ㉡의 주장을 이해한 내용으로 가장 적절한 것은?

① ㉠ : 소비가 생산에 종속되므로 사용가치와 교환가치는 결국 동일하다.
② ㉠ : 사물 자체의 유용성은 변하지 않으므로 소비자의 욕구를 중심으로 분석해야 한다.
③ ㉡ : 소비자에게 소비의 자율성이 존재하므로 교환가치가 사용가치를 결정한다.
④ ㉡ : 개인에게 욕구가 강제되므로 소비를 통해 집단 간의 사회적 차이가 소멸한다.
⑤ ㉡ : 경제적 가치는 사회적 상징체계에 따라 결정되므로 기호가치가 소비의 원인이다.

02 기호 체계 를 바탕으로 [A]를 이해한 내용으로 적절하지 않은 것은?

① 사물은 기표로서의 추상성과 기의로서의 구체성을 갖는다.
② 사물과 그것이 상징하는 특정한 사회적 지위와의 관계는 자의적이다.
③ 사물은 사물 자체가 아닌 사물 간의 관계를 통해 의미 내용이 결정된다.
④ 소비는 사물이라는 기호를 통해 특정 계층 또는 집단의 일원이라는 상징을 얻는 행위이다.
⑤ 기호가치는 사물의 기의와 그에 대한 소비자의 욕구와 관련될 뿐 사물의 기표에 의해 결정되는 것은 아니다.

03 ㉢의 전제로 가장 적절한 것은?

① 상징체계 변화에 의해 사물 자체의 유용성이 변화한다.
② 사물에 대한 욕구는 사람마다 제각기 다른 양상을 보인다.
③ 사물의 기호가치가 변화하면 사물에 대한 욕구도 변화한다.
④ 사물을 소비하는 행위는 개인의 자연 발생적 욕구에 따른 것이다.
⑤ 사물이 지시하는 의미 내용과 사물에 대한 욕구는 서로 독립적이다.

04 윗글의 '보드리야르'의 관점을 바탕으로 〈보기〉를 이해한 내용으로 적절하지 <u>않은</u> 것은? [3점]

> 개성이란 타인과 구별되는 개인만의 고유한 특성으로, 현대 사회의 개인은 개성을 추구함으로써 자신의 고유함을 드러내려 한다. 이때 사물은 개성을 드러낼 수 있는 수단이다. 찢어진 청바지를 입는 것, 타투나 피어싱을 하는 것은 사물을 통한 개성 추구의 사례이다. 이런 점에서 '당신의 삶에 차이를 만듭니다'와 같은 광고 문구는 개성에 대한 현대인의 지향을 단적으로 드러낸 것이라 할 수 있다.

① 타인과 구별되는 개성이란 개인이 소속되길 바라는 집단의 차별화된 속성일 수 있겠군.

② 소비사회에서 사물을 통한 개성의 추구는 그 사물의 기호가치에 대한 욕구에서 비롯되겠군.

③ 찢어진 청바지는 개인만의 고유한 특성을 드러내는 수단이자 젊은 세대의 일원이라는 기호를 상징하는 것일 수 있겠군.

④ '당신의 삶에 차이를 만듭니다'라는 광고 문구는 그 광고의 상품을 소비함으로써 사회적 차이를 드러내고 싶다는 욕구를 강제하는 것일 수 있겠군.

⑤ 타투나 피어싱을 한 유명 연예인을 텔레비전에서 보고, 이를 따라하기 위해 돈을 지불하는 것은 대중매체를 매개로 하여 추상화된 기호를 소비하는 것일 수 있겠군.

05 문맥상 의미가 ⓐ와 가장 가까운 것은?

① 그는 항상 지갑에 현금을 <u>지니고</u> 있었다.

② 그녀는 어릴 때의 모습을 그대로 <u>지니고</u> 있다.

③ 우리는 자기가 맡은 일에 책임을 <u>지녀야</u> 한다.

④ 사람은 누구나 고정 관념을 <u>지니고</u> 살기 마련이다.

⑤ 그는 어린 시절의 추억을 항상 마음속에 <u>지니고</u> 있다.

독해지도 쓱쓱

마르크스와 상반된 주장을 한 보드리야르의 이론을 자세히 설명하는 글이에요. 보드리야르가 자본주의 사회와 소비에 대해 어떤 주장을 하고 있는지 그 논리에 집중하며 독해 지도를 그려 봅시다.

02 사회 조직 이론

| 01~04 | 다음 글을 읽고 물음에 답하시오.

현대 사회에서 지식의 중요성이 커지면서 기업에서도 지식 경영을 강조하는 목소리가 높다. 지식 경영은 기업 경쟁력의 원천이 조직적인 학습과 혁신 능력, 즉 기업의 지적 역량에 있다고 보아 지식의 활용과 창조를 강조하는 경영 전략이다.

지식 경영론 중에는 마이클 폴라니의 '암묵지' 개념을 활용하는 경우가 많다. 폴라니는 명확하게 표현되지 않고 주체에게 체화된 암묵지 개념을 통해 모든 지식이 지적 활동의 주체인 인간과 분리될 수 없다는 것을 강조했다. 그에 따르면 우리의 일상적 지각뿐만 아니라 고도의 과학적 지식도 지적 활동의 주체가 몸담고 있는 구체적인 현실로부터 유리된 것이 아니다. 어떤 지각 활동이나 관찰, 추론 활동에도 우리의 몸이나 관찰 도구, 지적 수단이 항상 수반되고 그에 의해 이러한 활동이 암묵적으로 영향을 받기 때문이다. 요컨대 모든 지식에는 암묵적 요소들과 이들을 하나로 통합하는 '인간적 행위'가 전제되어 있다는 것이다. "우리는 우리가 말할 수 있는 것보다 훨씬 더 많이 알고 있다."라는 폴라니의 말은 모든 지식이 암묵지에 기초하고 있음을 강조한다.

노나카 이쿠지로는 지식에 대한 폴라니의 탐구를 실용적으로 응용하여 지식 경영론을 펼쳤다. 그는 폴라니의 '암묵지'를 신체 감각, 상상 속 이미지, 지적 관심 등과 같이 객관적으로 표현하기 어려운 주관적 지식으로 파악했다. 또한 '명시지'를 문서나 데이터베이스 등에 담긴 지식과 같이 객관적이고 논리적으로 형식화된 지식으로 파악하고, 이것이 암묵지에 비해 상대적으로 지식의 공유 가능성이 높다고 보았다.

암묵지와 명시지의 분류에 기초하여, 노나카는 개인, 집단, 조직 수준에서 이루어지는 지식 변환 과정을 네 가지로 유형화하였다. 암묵지가 전달되어 타자의 암묵지로 변환되는 것은 대면 접촉을 통한 모방과 개인의 숙련 노력에 의해 이루어지는 것으로서 '공동화'라 한다. 암묵지에서 명시지로의 변환은 암묵적 요소 중 일부가 형식화되어 객관화되는 것으로서 '표출화'라 한다. 또 명시지들을 결합하여 새로운 명시지를 형성하는 것은 '연결화'라 하고, 명시지가 숙련 노력에 의해 암묵지로 전환되는 것은 '내면화'라 한다. 노나카는 이러한 변환 과정이 원활하게 일어나 기업의 지적 역량이 강화되도록 기업의 조직 구조도 혁신되어야 한다고 주장하였다.

이러한 주장대로 지식 경영이 실현되기 위해서는 지식 공유 과정에 대한 구성원들의 참여가 전제되어야 한다. 하지만 인간에게 체화된 무형의 지식을 공유하는 것은 쉬운 일이 아니다. 단순한 정보와 유용한 지식을 구분하기도 쉽지 않고, 이를 계량화하여 평가하는 것도 어렵다. 따라서 지식 경영의 성패는 지식의 성격에 대한 정확한 이해에 기초하여 구성원들이 지식 공유와 확산 과정에 자발적으로 참여하도록 하는 방안을 마련하는 것에 달려 있다고 할 수 있다.

01 윗글의 내용 전개에 대한 설명으로 가장 적절한 것은?

① 지식의 성격이 변화된 원인을 분석하고 지식 경영론의 등장 배경을 탐색하고 있다.

② 지식이 분리되어 가는 과정에 따른 지식 변환의 단계를 설명하고 지식 경영론의 문제점을 살펴보고 있다.

③ 지식에 대한 논의에 기초하여 지식 경영론을 소개하고 지식 경영의 성패를 좌우하는 요건을 검토하고 있다.

④ 지식에 대한 견해의 변화 과정을 순차적으로 살펴보고 그에 대비되는 지식 경영론의 발전 과정을 소개하고 있다.

⑤ 지식에 대한 두 견해의 장단점을 비교하고 이를 바탕으로 지식 경영의 유용성을 새로운 시각에서 조명하고 있다.

02 윗글을 통해 알 수 있는 내용으로 적절하지 <u>않은</u> 것은?

① 폴라니는 고도로 형식화된 과학 지식도 암묵지를 기초로 하여 형성된다고 본다.

② 폴라니는 지적 활동의 주체와 분리되어 독립된 객체로서 존재하는 지식은 없다고 본다.

③ 노나카는 암묵지가 그 속성 때문에 지식의 공유 가능성이 명시지에 비해 상대적으로 높다고 본다.

④ 노나카의 지식 경영론은 지식이 원활하게 변환되도록 기업의 조직 구조가 재설계되어야 한다고 본다.

⑤ 폴라니는 지식에서 암묵지의 중요성을 강조하고, 노나카는 지식들 간의 변환 과정에 주목한다.

03 지식 변환의 사례에 대한 설명으로 가장 적절한 것은?

① A사의 직원이 자사 오토바이 동호회 회원들과 계속 접촉하여 소비자들의 느낌을 포착해 낸 것은 '연결화'의 사례이다.

② B사가 자동차 부품 관련 특허 기술들을 부문별로 재분류하고 이를 결합하여 신기술을 개발한 것은 '표출화'의 사례이다.

③ C사의 직원이 경쟁 기업의 터치스크린 매뉴얼들을 보고 제품을 실제로 반복 사용하여 감각적 지식을 획득한 것은 '내면화'의 사례이다.

④ D사가 교재로 항공기 조종 교육을 실시하고 직원들이 반복적인 시뮬레이션 학습을 통해 조종술에 능숙하게 된 것은 '연결화'의 사례이다.

⑤ E사의 직원이 성공적인 제품 디자인들에 동물 형상이 반영되었음을 감지하고 장수하늘소의 몸체가 연상되는 청소기 디자인을 완성한 것은 '공동화'의 사례이다.

04 윗글을 바탕으로 〈보기〉에 나타난 F사의 문제를 해결하기 위해 제시할 만한 방안으로 적절하지 <u>않은</u> 것은? [3점]

〈보기〉

　F사는 회사에 도움이 되는 지식의 산출을 독려하고 이를 체계적인 지식 데이터베이스에 축적하였다. 보고서와 제안서 등의 가시적인 지식의 산출에 대해서는 보상했지만, 경험적 지식이나 창의적 아이디어 같은 무형의 지식에 대한 평가 및 보상 제도는 갖추지 않았다. 그 결과, 유용성이 낮은 제안서가 양산되었고, 가시적인 지식을 산출하지 못하는 직원들의 회사에 대한 애착과 헌신은 감소했으며, 경험 많은 직원들이 퇴직할 때마다 해당 부서의 업무 공백이 발생했다.

① 창의적 아이디어가 문서 형태로 표현되기 어려울 수 있음을 감안하여 다양한 의견 제안 방식을 마련할 필요가 있다.

② 직원들이 회사에서 사용할 논리적이고 형식화된 지식을 제안하도록 권장하고 이를 데이터베이스에 축적할 필요가 있다.

③ 숙련된 직원들의 노하우를 공유할 수 있도록 면대면 훈련 프로그램을 도입하여 집단적 업무 역량을 키울 필요가 있다.

④ 직원들의 체화된 무형의 지식이 보상받을 수 있도록 평가 제도를 개선하여 회사에 대한 직원들의 헌신성을 높일 필요가 있다.

⑤ 직원들 각자가 지닌 업무 경험과 기능을 존중하고 유·무형의 노력과 능력을 평가하기 위한 조직 문화와 동기 부여 시스템을 발전시킬 필요가 있다.

독해지도 쓱쓱

폴라니의 '암묵지' 개념을 설명한 후 노나카의 '지식 경영론'으로 내용이 전개되고 있어요. 문단 간의 관계 파악하기를 통해 글의 흐름을 따라가며 독해지도를 그려 봅시다!

03 사회 불평등과 취약 계층

|01~04| 다음 글을 읽고 물음에 답하시오.

세계경제포럼의 일자리 미래 보고서는 기술이 발전함에 따라 향후 5년간 500만 개 이상의 일자리가 사라질 것으로 경고했다. 실업률이 증가하면 사회적으로 경제적 취약 계층인 저소득층도 늘어나게 되는데, 지금까지는 '최저소득보장제'가 저소득층을 보호하는 역할을 담당해 왔다.

[A]
최저소득보장제는 경제적 취약 계층에게 일정 생계비를 보장해 주는 제도로 이를 실시할 경우 국가는 가구별 총소득*에 따라 지원 가구를 선정하고 동일한 최저생계비를 보장해 준다. 가령 최저생계비를 80만 원까지 보장해 주는 국가라면, 총소득이 50만 원인 가구는 국가로부터 30만 원을 지원받아 80만 원을 보장받는 것이다. 국가에서는 이러한 최저생계비의 재원을 마련하기 위해 일정 소득을 ⓐ 넘어선 어느 지점부터 총소득에 대한 세금을 부과하게 된다. 이때 세금이 부과되는 기준 소득을 '면세점'이라 하는데, 총소득이 면세점을 넘는 경우 총소득 전체에 대해 세금이 부과되어 순소득*이 총소득보다 줄어들게 된다. 그런데 국가에서 최저생계비를 보장할 경우 면세점 이하나 그 부근의 소득에 속하는 일부 실업자, 저소득층은 일을 하여 소득을 올리는 것보다 일을 하지 않고 최저생계비를 보장받는 것이 더 유리하다고 판단할 수 있다. 또한 지원 대상을 선정하기 위한 소득 및 자산 심사를 하게 되므로 관리 비용이 추가로 지출되며, 실제로는 최저생계비를 보장 받을 자격이 있지만 서류를 갖추지 못해 지원 대상에서 제외되는 가구가 생기기도 한다.

이러한 문제로 인해 기존의 복지 재원을 하나로 모아 국가 또는 지방자치단체에서 모든 구성원 개개인에게 아무 조건 없이 정기적으로 현금을 지급하는 ㉠'기본소득제'가 대안으로 제시되고 있다. 모든 국민에게 일정액을 현금으로 지급할 경우 저소득층 또한 일을 한 만큼 소득이 늘어나게 되므로 최저생계비를 보장받기 위해 사람들이 일부러 일자리를 구하지 않을 가능성이 낮다는 것이다. 동시에 기본소득제는 자격 심사 과정이 없어 관리 비용이 절약될 뿐만 아니라 제도에서 소외된 빈곤 인구도 줄일 수 있다. 하지만 기본소득제는 모든 국민에게 일정액이 지급되는 만큼, 이에 만족하는 사람들이 늘어나면 최저소득보장제를 실시할 때보다 오히려 일자리를 찾는 사람이 전체적으로 줄어들 것이란 우려도 동시에 제기되고 있다. 또한 복지 예산이 상대적으로 부족한 국가에서는 시행하기 어렵고 기본 소득 이상의 혜택을 받아야 하는 취약 계층에 더 많은 경제적 지원을 할 수 없는 문제 등이 있어 기본소득제를 현실 사회에 적용하기까지는 많은 난관이 있을 것으로 예상된다.

그럼에도 불구하고 기본소득제의 도입을 모색하고 있는 국가나 지방자치단체는 모든 국민들이 소득을 일정 부분 보장받는 만큼 생산과 소비가 촉진되고, 이로 인해 전체 경제가 활성화될 것이라 예상한다. 그래서 기본소득제는 최근 인공 지능과 같은 기술의 발달이 몰고 올 실업 문제와 경제 불황을 효율적으로 극복하기 위한 현명한 대안으로 검토되고 있는 것이다.

* **총소득** : 세금 부과 이전, 또는 정부 지원 이전의 전체 소득.
* **순소득** : 세금 부과 이후, 또는 정부 지원 이후의 실제 소득.

01 윗글을 통해 해결할 수 없는 질문은?

① 최저소득보장제와 기본소득제의 개념은 무엇인가?
② 최저소득보장제는 사회에서 어떤 역할을 담당하였는가?
③ 기본소득제를 도입하여 얻을 수 있는 경제적 효과는 무엇인가?
④ 기본소득제가 최저소득보장제의 대안으로 제시된 이유는 무엇인가?
⑤ 기본소득제를 국가나 지방자치단체 차원에서 도입한 사례에는 어떤 것이 있는가?

02 〈보기〉는 '최저소득보장제'를 채택한 어느 국가의 가구별 소득을 나타낸 표이다. [A]를 바탕으로 〈보기〉를 이해한 것으로 적절하지 <u>않은</u> 것은?

<보기>

단위 : 만 원

가구	㉮ 가구	㉯ 가구	㉰ 가구	㉱ 가구	㉲ 가구
총소득	40	80	50	110	200
순소득	100	100	50	88	160

＊ 최저생계비를 면세점인 100만 원까지 보장해 줌.
＊ 총소득이 면세점을 넘는 경우 20% 균등 세율을 적용함.

① ㉮ 가구는 국가로부터 60만 원을 지원받았겠군.
② ㉯ 가구는 순소득이 100만 원이 되었으므로 세금이 부과되겠군.
③ ㉰ 가구의 총소득과 순소득을 보니 국가로부터 지원을 받지 못한 가구이겠군.
④ ㉱ 가구의 경우 세금을 내지 않고 최저생계비를 보장받기 위해 일부러 일을 하지 않을 수도 있겠군.
⑤ ㉲ 가구의 경우 세금이 부과되어 순소득이 총소득보다 줄어든 것이겠군.

03 윗글을 바탕으로 할 때, ㉠을 시행할 경우 나타날 수 있는 문제점으로 가장 적절한 것은? [3점]

① 과도한 생산으로 자원이 낭비되어 국가 경제가 침체될 것이다.
② 국가의 지원에 만족하는 사람이 늘어나 일자리가 전체적으로 줄어들 것이다.
③ 기본 소득을 동일하게 제공하므로 경제적 취약 계층에 대한 차등 지원이 어려울 것이다.
④ 소득에 대한 자격 심사를 하지 않아 국가 지원에서 제외되는 빈곤 인구가 늘어날 것이다.
⑤ 경제적 사회 안전망이 취약해지므로 일부 실업자는 국가의 지원을 받을 수 없을 것이다.

04 〈보기〉를 바탕으로 할 때, 단어의 결합 방식이 ⓐ와 <u>다른</u> 것은?

<보기>

　　합성어는 어근들의 결합 방식에 따라 통사적 합성어, 비통사적 합성어로 나눌 수 있다. 우리말의 일반적인 단어 배열법과 일치하는 합성어를 통사적 합성어, 일치하지 않는 합성어를 비통사적 합성어라고 한다. 윗글의 ⓐ는 용언의 어간과 어간이 연결 어미로 연결되어 형성된 통사적 합성어이다.

① 주고받다
② 타고나다
③ 알아듣다
④ 갈아입다
⑤ 오르내리다

독해지도 쓱쓱

‘최저소득보장제’와 ‘기본소득제’에 대한 배경지식이 있다면 크게 어렵지 않았을 거예요. 문제에서 틀린 부분 위주로만 독해지도를 그려 보고, 다 맞았다면 다음 지문으로!

04 현대 사회의 변화 - 정보화

| 01~03 | **다음 글을 읽고 물음에 답하시오.**

18세기 영국의 공리주의자인 벤담이 처음 제안한 원형 감옥인 패놉티콘은 한 명의 간수가 수백 명의 죄수를 감시할 수 있다. 전체적으로 동심원 구조로 되어 있는 패놉티콘은 간수가 있는 중앙의 공간을 항상 어둡게 유지하여 죄수는 자신이 감시당하고 있다는 사실은커녕 간수의 존재 자체도 알 수 없었다. 반면 바깥쪽의 둥그런 감옥에는 건물 내부를 향한 창이 있어서 자신들의 모습이 간수에게 시시각각 포착되어 죄수들은 늘 감시받고 있다는 느낌을 가지게 되었다. 벤담은 이런 패놉티콘의 구조는 죄수들에게 규율과 감시를 내면화해서 스스로를 감시하게 하기 때문에 최소 비용으로 최대 효과를 볼 수 있는 획기적인 방법이라 주장하였다.

[A] 1970년대 중반 이른바 정보 혁명의 시대가 도래하면서 '전자 감시'가 패놉티콘을 통한 감시와 흡사하다는 인식이 급속히 퍼지면서 당시에는 큰 관심을 끌지 못했던 벤담의 패놉티콘은 다시 주목을 받기 시작했다. 우리가 살아가고 있는 정보화 사회에서는 컴퓨터 데이터베이스를 통해 막대한 양의 정보가 수집되고 있으며 CCTV는 도로와 거리, 건물 내·외에 자리 잡고 우리의 일상을 지켜보고 있다. 또한 신용 카드와 같은 전자 결제를 통해 나의 소비 정보가 고스란히 드러나고, 심지어는 전화 통화, 문자 내용까지도 저장되어 필요할 땐 다시 복원할 수 있다. 바야흐로 정보 수집을 통한 다양한 감시와 통제, 즉 '전자 패놉티콘'의 시대가 시작된 것이다.

여기서 '정보'는 벤담의 패놉티콘에서의 '시선'을 대신해서 규율과 통제의 기제로 작용한다. 일단 이 둘은 '불확실성'의 공통점이 있다. 죄수가 늘 자신을 보고 있다고 생각하는 간수 때문에 매사의 행동에 조심하는 것처럼, 정보가 수집되는 사람은 자신에 대한 정보가 언제, 어떻게 열람될지 확신할 수 없기 때문에 자신의 행동에 주의를 기울인다. 이 둘의 또 다른 공통점으로 '비대칭성'을 들 수 있다. 패놉티콘에 죄수는 볼 수 없고 간수만 볼 수 있게 만든 시선의 비대칭성이 있다면 전자 패놉티콘에는 수집된 정보에 대한 접근의 비대칭성이 존재한다. 방대하게 수집된 정보를 열람할 때 접근자의 신분에 따른 차등을 두는 것이다.

정보 혁명의 시대를 거쳐 정보의 바다인 21세기를 살아가는 우리는 '전자 패놉티콘'에 어떻게 대처해야 할까? 단순히 생각해 보면 전자 패놉티콘의 두 가지 부정적인 속성을 해결하면 의외로 답은 간단할 수 있다. 우리를 막연한 불안감, 불확실성에 떨게 하는 무차별적인 정보의 과다 수집을 금하고, 이미 수집된 정보에 대한 접근을 좀 더 평등하게 만드는 것이다. 공유할 수 있는 정보를 투명하게 공개할 때 보통 사람들이 권력자를 감시하는 ㉠ <u>역감시</u>의 결과도 낳을 수 있고 이는 투명한 사회를 향한 첫걸음이 될 것이다.

01 윗글을 읽고 해결할 수 있는 질문으로 적절하지 <u>않은</u> 것은?

① 전자 패놉티콘 사회의 특징은?
② 패놉티콘의 기원과 구조적 특징은?
③ 패놉티콘이 초기에 주목받지 못한 원인은?
④ 패놉티콘과 전자 패놉티콘의 공통점과 차이점은?
⑤ 전자 패놉티콘 사회의 문제점을 해결할 수 있는 방안은?

02 ㉠의 예로 가장 적절한 것은?

① 쓰레기를 무단으로 버리는 장소에 CCTV를 설치하자 쓰레기 무단 투기가 급격하게 줄어들었다.
② 학교 폭력 신고함을 각 교실마다 설치하고 수시로 확인하자 학교 폭력 건수가 눈에 띄게 감소하였다.
③ 백화점을 찾은 고객의 카드 사용 내역을 정밀하게 분석하여 소비 형태에 따른 마케팅 전략을 수립하였다.
④ 신호를 무시하고 무단 횡단을 하는 장소에 경찰관을 상시 배치하자 사람들이 무단 횡단을 하지 않게 되었다.
⑤ 일 년마다 고위 공직자의 재산을 공공기관에 등록하게 하고 신고 재산을 언론이 공개하자 공직자의 비리가 많이 줄었다.

03 〈보기〉의 자료를 활용하여 〈조건〉에 맞게 구상한 내용으로 가장 적절한 것은?

〈보기〉

　서구에서는 19세기 초엽부터 정부가 주체가 되어 국민에 대한 대대적인 조사 활동을 벌였는데, 나이, 가족 수, 가구, 수입, 주거 환경, 범죄 기록, 작업 환경, 질병 등의 광범위한 조사였다. 정부는 이 조사 결과를 분석하여 새로운 법률과 정책을 위한 기초 자료로 활용하였는데, 이는 오늘날 모든 국민에게 기초적인 삶의 질을 보장하는 복지 사회로 가는 초석이 되었다.

〈조건〉

ㅇ 목적 : [A]에 대한 비판적 고찰을 담을 것
ㅇ 표현 : 문맥에 맞는 비유적 표현을 활용할 것

① 정보화 사회의 역기능만을 중점적으로 다루고 해결책을 제시한 글쓴이의 태도는 문제가 있어. 좀 더 새로운 시각이 필요하겠어.

② 소 잃고 외양간 고친다는 말이 있잖아. 이미 정보화 사회의 폐해는 돌이킬 수 없는 지경이 되어 버렸는데 낙관적 전망만 해서는 안 되겠지.

③ 양날의 검처럼 쓰는 사람에 따라 이로울 수도 불리할 수도 있는 거야. 사회현상에 대해 한쪽 면만 보고 편협한 생각을 하는 것은 문제가 있어.

④ 시간은 천금이라고 했어. 복지 국가 건설이라는 커다란 목표를 실현하기 위해서 국민 개개인의 희생이 어느 정도 필요하다는 의견은 타당성이 있어.

⑤ 구슬이 서 말이라도 꿰어야 보배라는 말처럼 아무리 좋은 정책이라도 기초가 부실하다면 그 효과는 오래가지 않을 것이라는 생각에 전적으로 동감해.

독해지도 쓱쓱

'패놉티콘'의 개념과 구조에 대해서만 알면 지문을 이해하는 게 크게 어렵지 않을 거예요. 패놉티콘의 개념이 전자 패놉티콘에도 그대로 적용되니까요. 틀린 문제 위주로 독해지도를 정리해 봅시다!

| 3. 예술 | 사회 쌤이 살펴본 예술 분야 출제 경향

예술 영역은 인문사회 교과와 직접적으로 관련된 것은 아니지만, 예술 작품이 창작된 시대적 배경과 밀접한 관련이 있고, 철학이나 사학 분야와 뗄 수 없기 때문에 함께 살펴보는 게 도움이 돼요. 예술은 교육과정과의 직접적인 관련성을 따지기보다는, 어떤 세부 분야에서 어떤 지문들이 출제되었는지에 중점을 두어 정리해 보았답니다. 예술에는 크게 '음악, 미술·회화, 건축·조형, 영화·사진' 분야가 있는데, 기출 지문과 관련지어 보면 아래 표와 같아요.

● 예술

예술 영역에서는 미술·회화와 관련된 지문이 꾸준히 출제되고 있어요. 미술 사조에서 각각 중요하게 평가되는 인물이나 기법, 학파를 다루고 있죠. 이에 비해 음악, 건축·조형, 영화·사진과 관련된 지문은 모두 드물게 등장하고 있답니다. 예술 지문은 흥미로운 내용으로 비교적 쉽게 읽을 수 있지만, 문제를 풀 때는 지문의 내용을 문항에 제시된 구체적인 사례에 적용해야 하는 경우가 많아요. 음악에서는 지문 내용을 바탕으로 악보를 해석하는 문항, 미술에서는 역시 작품을 보여 주고 특징을 파악하여 감상하는 문항이 자주 출제되고 있지요. 지문을 정교하게 읽는 연습을 하고, 독해지도를 그리며 '세부내용 채우기'에서 필요한 정보와 필요하지 않은 정보를 구분하는 데 익숙해져야 합니다.

지문 선정 이유 ★ 음악 분야와 건축 분야는 최근 들어 출제 빈도가 줄고 있어 한 지문 정도씩만 선정했고, 미술 분야는 꾸준하게 자주 출제되고 있어 동·서양 미술에 관한 두 지문을 선정했어요. 출제 빈도는 낮지만 대중적으로 인기가 많은 영화·사진 분야에서도 한 지문을 선정했습니다.

예술 지문 기출 영역

세부 분야	2013~2025학년도
음악	[2021년 9월 고1] 국악의 정간보 기보법 [2017학년도 6월 고3] 다양한 음악적 요소 [2017년 6월 고1] 음악 해석 [2015년 9월 고2] 우연성 음악 [2015년 9월 고1] 그레고리안 선법 [2015년 3월 고2] 음악수사학 [2014학년도 수능] 베토벤 교향곡의 성공 배경
미술·회화	[2024년 3월 고1] 큐비즘 [2021학년도 9월 고3] 예술 정의에 대한 논의와 주요 비평 방법 [2020년 3월 고1] 미래주의 회화와 기법 [2019년 3월 고1] 엑스레이 아트 [2018학년도 9월 고3] 리얼리즘 기법 [2018년 3월 고1] 인상주의와 후기 인상주의 [2017년 9월 고1] 진경산수화 [2017년 3월 고2] 섬유 예술의 발전, 기법, 사례 [2016년 11월 고2] 조선 시대의 초상화 [2016년 11월 고1] 평면의 규칙적 분할 [2016년 9월 고2] 현대 회화의 창조적 역행 [2016년 3월 고1] 키네틱 아트의 특징과 발전 [2015년 11월 고2] 미적 지각과 미적 대상 [2015년 11월 고1] 페르난도 보테로 그림의 특징 [2015학년도 9월 고3 A형/B형] 김정희의 묵란화 [2014학년도 9월 고3 B형] 20세기 미술의 특징

세부 분야	2013~2025학년도
건축 · 조형	[2023년 11월 고1] (가) 모더니즘 건축에 대한 다양한 관점 / (나) 포스트모더니즘 건축에 대한 다양한 관점 [2023년 3월 고2] 짐멜과 베냐민의 공간관 [2018년 3월 고2] 조각의 의미와 발전 [2017학년도 9월 고3] 콘크리트의 발전 [2017년 3월 고1] 범종의 계승 [2016년 9월 고1] 한옥 공간의 특징과 가능성 [2016년 6월 고2] 도시 경관과 가로 경관 [2016년 6월 고1] 안토니오 가우디의 건축 양식 [2014학년도 수능 A형] 승선교의 건축 양식 [2014학년도 9월 고3 A형] 한옥 건축의 창호 [2014학년도 6월 고3 A형/B형] 캄파돌리오 광장
영화 · 사진	[2025학년도 9월 고3] (가) 바쟁의 영화 이론 / (나) 정신분석학적 영화 이론 [2020학년도 9월 고3] 역사의 영화적 해석 [2019년 9월 고2] 브레송의 결정적 순간 [2016학년도 9월 고3 A형/B형] 회화주의 사진 [2015학년도 6월 고3 A형/B형] 작가주의 비평 [2015년 3월 고1] 숄더샷 프레임 [2013학년도 수능] 영화적 재현과 만화적 재현
미학	[2024년 6월 고1] (가) 아방가르드 / (나) 비디오 아트 [2024년 3월 고2] 신고전주의와 낭만주의 [2023학년도 9월 고3] 아도르노의 미학 이론 [2023년 9월 고1] (가) 예술과 세계 / (나) 예술과 일상의 구분 지우기 [2022학년도 수능] 변증법을 바탕으로 한 헤겔의 미학 [2022년 3월 고1] 플라톤과 아리스토텔레스의 예술관 [2021년 3월 고2] 미의 본질에 대한 플로티노스의 견해

| 01~03 | 다음 글을 읽고 물음에 답하시오.

　지휘자와 오케스트라가 베토벤의 교향곡을 소리로 재현해 내지 않는다면 베토벤의 명곡은 결코 우리 앞에 '생생한 소리'로서 존재할 수 없다. 지휘자와 오케스트라가 작곡가의 악보를 소리로 바꾸는 과정에서 '**음악 해석**'이라는 것이 이루어진다. 지휘자는 자신의 음악적 관점을 리허설을 통해 전달하고, 여러 가지 손동작과 표정, 몸짓 등으로 감정을 표현하거나 음악의 느낌을 단원들에게 전달하며 훌륭한 연주를 이끌어 낸다. 그 순간 지휘자는 단지 박자만 맞추는 것이 아니라 음악을 해석하고 있는 것이다.

　일반인들에게 음악 해석이란 말은 조금 낯설지도 모른다. 엄연히 작곡가가 남긴 악보가 있고, 지휘자나 연주자는 악보에 써 있는 대로 음악을 지휘하거나 연주를 하면 될 테니 연주의 차이도 거기서 거기 아니냐고 할 수도 있다. 하지만 막상 악보를 보고 연주를 해 보면 이것이 간단한 문제가 아니라는 것을 알게 된다. 가령 '점점 느리게 연주하라'는 뜻의 '리타르단도'라든가 '점점 빠르게 연주하라'는 뜻의 '스트린젠도'라는 기호가 나타났을 때 과연 어디서부터 어떻게 느려져야 하고 어떻게 빨라져야 할까? 작곡가가 아무리 악보를 정교하게 그린다 해도 작곡가는 연주자들에게 자신이 의도한 음악을 정확하게 전달해 낼 수 없다. 이것이 바로 '악보의 불완전성'이며 이 불완전성이야말로 다양한 음악 해석을 가능하게 한다.

　그럼 베토벤의 「교향곡 5번」이 지휘자의 관점에 따라 얼마나 다르게 연주될 수 있는지 살펴보자. 1악장 도입부만 해도 지휘자마다 천차만별이다. 베토벤 「교향곡 5번」을 여는 '따따따딴~'의 네 음은 베토벤의 운명이 문을 두드리는 소리라고 해서 흔히 '운명의 동기'라고 불린다. 운명의 동기가 나타나는 1악장의 첫 페이지에 베토벤은 '알레그로 콘 브리오' 즉 '빠르고 활기 있게' 연주하라고 적어 놓았다. 그리고 그 옆에는 정확한 템포를 지시하기 위해 2분 음표를 메트로놈 108로 연주하라고 적어 놓았다. 1악장은 2/4박자의 곡이므로 2분 음표의 템포는 곧 한 마디의 템포인 셈인데, 한 마디를 메트로놈 108의 속도로 연주한다는 것은 연주자들을 긴장시킬 만한 매우 빠른 템포이다.

　하지만 정확하고 무자비하기로 유명한 지휘자 토스카니니는 정확하게 베토벤이 원하는 템포 그대로 운명의 동기를 연주한다. 그리고 운명의 동기를 반복적으로 구축하며 운명이 추적해 오는 것 같은 뒷부분도 사정없이 몰아친다. 그의 해석으로 베토벤 음악의 추진력은 더욱 돋보인다.

　반면 음악을 주관적으로 해석하기로 유명한 푸르트벵글러는 베토벤이 적어 놓은 메트로놈 기호에 별로 신경을 쓰지 않았다. 푸르트벵글러의 지휘로 재탄생한 운명의 노크 소리는 매우 느린 템포로 연주된다. 그럼에도 불구하고 한 음 한 음 힘 있고 또렷하게 표현된 그 소리는 그 어느 노크 소리보다 가슴을 울리는 웅장함을 담고 있다. 두 번째 노크 소리의 여운이 끝나기가 무섭게 시작되는 '운명의 추적' 부분에서도 푸르트벵글러는 이 작품에 대한 독특한 시각을 보여 준다. 그는 여기서 도입부의 느린 템포와는 전혀 다른 매우 빠른 템포로 음악을 이끌어 가면서 웅장하게 표현된 운명의 동기와는 대조적으로 더욱 긴박감 넘치는 운명의 추적을 느끼게 한다. 푸르트벵글러는 비록 1악장 도입부에서 베토벤이 적어 놓은 메트로놈 기호를 지키지는 않았다. 하지만 도입부에 나타난 두 번의 노크 소리를 느리고 웅장하게 연주한 후 뒷부분의 음악은 빠르고 긴박감 넘치게 이끌어 감으로써 베토벤 음악이 지닌 웅장함과 역동성을 더욱 잘 부각시키고 있다. 그렇다면 푸르트벵글러의 해석이 틀렸다고 할 수 있을까? 악보에 충실하고자 했던 토스카니니와 악보 너머의 음악적 느낌에 더 충실하고자 했던 푸르트벵글러 중 누가 옳은 것일까?

　음악에선 틀린 음을 연주하는 것 이외에 틀린 것이란 없다. 틀린 것이 아니라 다른 것이다. 여러 가지 '다름'을 허용하는 것이야말로 클래식 음악을 더욱 생동감 넘치는 현재의 음악으로 재현하는 원동력이 된다.

01　윗글의 논지 전개 방식으로 가장 적절한 것은?

　① 화제의 변천 과정을 역사적으로 살펴보고 있다.
　② 낯선 개념을 익숙한 대상에 빗대어 설명하고 있다.
　③ 다양한 관점을 소개하면서 절충안을 모색하고 있다.
　④ 구체적인 사례를 들어 화제에 대한 이해를 돕고 있다.
　⑤ 대상에 대한 서로 다른 관점의 장·단점을 비교하고 있다.

02 '음악 해석'에 대한 이해로 적절하지 <u>않은</u> 것은?

① 동일한 곡이라도 지휘자마다 연주자에게 다른 요구를 할 수 있다.

② 악보를 통해 작곡가의 의도를 연주자에게 완벽하게 전달하기는 어렵다.

③ 작곡가가 악보에 자신의 의도를 정확하게 담았다면 음악 해석은 불필요하다.

④ 음악 해석은 지휘자나 연주자가 작곡가의 악보를 소리로 재현할 때 이루어진다.

⑤ 지휘자는 동작이나 표정을 통해 연주자들에게 자신이 해석한 음악의 느낌을 전달한다.

03 윗글을 바탕으로 〈보기〉에 대해 보인 반응으로 적절하지 <u>않은</u> 것은? [3점]

〈보기〉

> 베토벤 당시의 호른으로는 재현부에서 C장조로 낮아진 제2주제의 팡파르를 연주할 수 없었다. 그래서 베토벤은 자신의 「교향곡 5번」 1악장 재현부에서 제2주제 팡파르를 호른과 음색이 가장 유사한 목관 악기인 바순으로 연주하도록 했다. 그러나 19세기에 관악기의 개량이 이루어지면서 어떤 음이든 연주할 수 있는 호른이 널리 보급되었다. 그러자 어떤 지휘자들은 베토벤 「교향곡 5번」 1악장의 재현부에서 제2주제 팡파르를 호른으로 연주해야 한다고 주장했다. 하지만 어떤 지휘자들은 베토벤이 악보에 적어 놓은 그대로 바순의 연주를 고집했다.

① 베토벤은 당시 악기의 한계 때문에 자신이 의도한 바를 정확하게 구현하지 못했겠군.

② 토스카니니는 베토벤이 악보에 적어 놓은 그대로 바순으로 연주하는 데 동조했겠군.

③ 자신의 음악 해석에 따라 호른이나 바순 이외의 악기로 연주하는 지휘자도 있을 수 있겠군.

④ 호른으로 연주를 해야 한다고 주장한 지휘자들은 악보에 충실한 음악 해석을 중요시했겠군.

⑤ 윗글의 글쓴이는 바순과 호른 중 어떤 악기로 연주해도 그 지휘자의 연주가 틀렸다고는 생각하지 않겠군.

독해지도 쓱쓱

토스카니니와 푸르트뱅글러의 차이를 예로 들어 친절하게 설명하고 있기 때문에 이해하기 쉬웠을 거예요. 토스카니니와 푸르트뱅글러의 지휘에 어떤 차이가 있는지에 유의하며 독해지도를 정리해 봅시다!

| 01~03 | 다음 글을 읽고 물음에 답하시오.

조선 시대에는 조상과 성현의 높은 덕행을 기리고 권계(勸誡)하기 위해 제사를 중요시했다. 조선 시대 자화상을 비롯한 대다수의 초상화는 이러한 점에 많은 영향을 받았다.

조선 시대 대부분의 초상화는 별도의 배경이나 현실 공간에 대한 묘사 없이 초상화의 주인공만이 다소곳이 화폭에 자리 잡고 있는 것을 확인할 수 있다. 이는 대상 인물을 시각적으로 강조하여 한 사람에게만 주의를 집중할 수 있도록 함으로써 보는 이에게 경건한 태도를 갖도록 하기 위한 것이다. 그리고 주인공의 얼굴이 정면에서 좌측이나 우측으로 돌려진 칠분면이나 팔분면을 취하게 하고 시선은 얼굴과 같은 방향으로 처리했는데, 이는 보는 이로 하여금 안정감을 느끼게 하고 화폭 속 인물에 대해 공경심을 불러일으키게 한다. 또한 얼굴을 강조하기 위해 손을 노출시키지 않거나 예의바른 공수 자세를 취하게 한 것도 숭앙심(崇仰心)을 느끼게 하기 위한 것이다.

㉠ 조선 시대 초상화가는 담담하고 절제된 군자의 자세나 반듯하고 흐트러짐 없는 모습을 대상의 외모와 복장을 통해 그려 내고자 했다. 예를 들면 임금의 초상인 어진은 용포를 입은 군주의 외모를 통해 위풍당당한 모습을 표현했고, 공신상의 경우도 관복을 입은 외모를 통해 위엄 있는 모습을 나타냈다. 그리고 사대부상의 경우 야복*으로 욕심 없는 은일의 태도를 표현하거나 관복으로 유학자의 풍채를 보여 주기도 했다.

조선 시대 초상화는 얼굴이나 의복을 표현하는 데 있어서 시대의 추이에 따라 인물의 실체감을 더 강조하는 화법으로 변모해 갔다. 특히 안면이나 옷 주름의 음영 묘사는 평면적인 묘사 기법에서 후기로 갈수록 안면이나 옷 주름 선 주변에 형성된 음영을 나타내어, 입체적인 느낌이 더욱 뚜렷해진다. 그런데 이러한 변화도 인물이 지닌 바람직한 성정을 효과적으로 드러내려는 노력이라는 점에는 변함이 없었다.

이처럼 조선 시대 초상화는 인물의 모습을 사실적으로 재현함과 동시에 인물이 지닌 바람직한 성정을 표현했다. 즉 조선 시대 초상화가는 초상화 속 인물과 실제 인물과의 내외적인 닮음을 추구하였던 것이다. 이러한 초상화는 제사를 지내는 사람들이 마음속으로 공경할 수 있도록 커다란 크기로 사당이나 서원에 걸렸고, 우리 조상들은 초상화 속 인물을 단순한 그림 속 인물이 아닌 조상과 성현 그 자체로 인식했다.

* **야복** : 야인이 입는 옷. 여기서는 관복이 아닌 평상복을 말함.

01 '조선 시대 초상화'에 대한 설명으로 적절하지 **않은** 것은?

① 조선 시대 초상화는 조상과 성현에 대한 제사의 영향을 받았다.
② 조선 시대 초상화에서 인물의 시선은 얼굴과 같은 방향으로 처리되었다.
③ 조선 시대 초상화는 대상의 외모와 복장을 통해 절제된 군자의 자세를 드러냈다.
④ 조선 시대 초상화의 커다란 크기는 초상화를 보는 사람들의 마음가짐과 관련 있다.
⑤ 조선 시대 초상화는 인물의 성정을 드러내기 위해 평면적인 묘사 기법을 유지했다.

02 윗글을 읽고 〈보기〉를 감상한 내용으로 적절하지 <u>않은</u> 것은?

〈보기〉

〈강세황 70세 자화상〉은 조선 후기작으로, 팔분면에 머리에는 관모를 쓰고 의복은 야복을 입은 전신부좌상이다.

① 인물의 손을 드러내지 않은 것으로 보아 얼굴을 부각하려고 한 것이겠군.
② 야복을 입은 것으로 보아 인물의 위풍당당한 모습을 드러내려고 한 것이겠군.
③ 옷 주름 선 주변에 음영을 표현한 것으로 보아 입체감을 나타내려고 한 것이겠군.
④ 안면을 우측으로 돌려 팔분면을 취한 것으로 보아 안정감을 느끼게 하려고 한 것이겠군.
⑤ 특별한 현실 공간을 표현하지 않은 것으로 보아 보는 사람이 인물에만 집중하도록 한 것이겠군.

03 윗글의 ㉠과 〈보기〉의 ㉡의 '초상화 그리기'를 비교한 내용으로 가장 적절한 것은?

〈보기〉

㉡ 빈센트 반 고흐의 초상화는 인물의 내적 세계인 정신에 초점을 맞추었기 때문에 인물을 사진처럼 똑같이 그리는 방법이 아닌 선을 강화하거나 왜곡하고 보색의 병치를 활용하여 드러냈다. 그런데 이러한 과정에서 자신의 주관적인 감정까지 초상화에 표출되기도 했다.

① ㉠과 달리 ㉡은 인물이 지닌 미덕을 드러내기 위한 묘사에 주목하였다.
② ㉠과 달리 ㉡은 인물의 모습을 사진처럼 똑같이 있는 그대로 표현하였다.
③ ㉡과 달리 ㉠은 인물의 내적 세계의 표현을 중요시하면서도 외적 유사성을 추구하였다.
④ ㉠과 ㉡은 모두 대상에 대한 화가의 주관적 감정을 배제하려고 노력했다.
⑤ ㉠과 ㉡은 모두 인물에게서 느끼는 감정을 표현하기 위해 선을 강화하거나 왜곡하였다.

독해지도 쏙쏙

조선 시대 초상화의 특징이 나오고, 그 특징을 통해 노린 효과가 제시되어 있어요. 특징과 효과를 잘 연결하며 정리해 봅시다!

중세 회화에 등장하는 아이들은 아이 특유의 신체적 특성이 고려되지 않은 채 그저 어른을 작게 그린 '축소된 어른'의 모습으로 묘사되었다. 그런 면에서 현대 회화의 작가들은 16세기 초 카로토의 〈그림을 든 빨간 머리 소년〉이라는 작품에 주목한다. 이 작품 속에 등장하는 소년은 아이 특유의 신체적 특성과 장난기 머금은 웃음을 통해 아동만의 매력을 보여 준다.

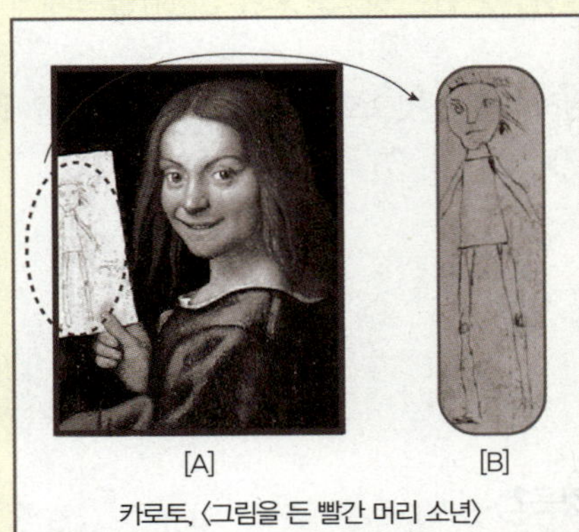

카로토, 〈그림을 든 빨간 머리 소년〉

이 작품은 아이를 아이답게 묘사했다는 점 외에, 아이가 그린 그림이 소재로 쓰였다는 점에서도 주목을 받는다. 아주 오랫동안 아이가 그린 그림이 서구 회화에 등장하지 않았기 때문이다. [A]에는 작품 속 소년이 그린 것처럼 보이는 그림 [B]가 등장하는데, 전문가에 따르면 [B]는 그림 속 소년보다는 더 어린 아이가 그린 것으로 보인다고 한다. 즉, [B]는 진짜 소년이 그린 그림이라기보다는 화가가 생각하는 아이의 그림이라는 얘기다. 카로토는 대상을 눈에 보이는 것과 똑같이 재현하는 것을 중시했던 당시 르네상스 회화의 경향과는 다르게, 상상한 것을 꾸밈없이 순수하게 드러내는 아이들의 표현 방식을 따랐던 것이다. 그 이유는 카로토가 르네상스 이래로 내려오는 사실적 재현이 유일한 가치가 아님을 인식했기 때문이라고 볼 수 있다.

르네상스를 거치면서 실물을 꼭 닮게 그리는 기술은 거의 완성 단계에 도달했고 19세기에 카메라까지 발명되면서, 도처에서 사물을 꼭 빼닮은 이미지를 볼 수 있게 되었다. 이런 현실은 당시 화가들에게는 위기였고, 그래서 새로운 출발로 선택한 방식이 근원으로 돌아가는 것이었다. 그리하여 몇몇의 현대 화가들은 사회화를 겪지 않은 아동을 상상력과 잠재력의 근원으로 보고, 유년기의 화풍으로 돌아가기로 했던 것이다.

현대 화가들이 이처럼 유년기의 화풍으로 돌아가려 했던 것은 결코 사실적 묘사 '능력'이 부족해서가 아니다. 미술사를 ㉠ <u>사실적 재현 기술의 발전 과정으로 보는 사람들</u>에게는 이러한 유년기 화풍이 미숙함의 산물일 수 있다. 하지만 미술사를 움직이는 것은 '능력'이 아니라 '의지'라고 말한 미술사학자 알로이스 리글처럼 미술사를 ㉡ <u>상이한 '표현 의지'들이 교차하는 장(場)으로 보는 사람들</u>에게는 유년기 화풍이 어른의 것과는 완전히 다른 예술 의지의 표현일 것이다. 현대 화가들이 유년기 화풍에 주목한 것은 바로 이러한 점 때문이다.

이러한 변화는 현대 회화의 과제가 외부의 '재현'에서 내면의 '표현'으로 바뀐 것과 관련이 있다. 원근법처럼 대상을 '보이는 대로' 재현하기 위해 사용되는 방법은 오히려 '표현'에 방해가 될 수 있다. '느끼는 대로' 그리는 데 필요한 것은 학습되지 않은, 순수함과 솔직함이기 때문이다. 이런 의미에서 현대 화가들의 시도는 '퇴화'가 아니라, '창조적 역행'이라 할 수 있다.

01 윗글을 읽고 알 수 있는 내용으로 가장 적절한 것은?

① 중세 회화에 등장하는 아이들은 특유의 신체적 특징이 충실히 반영된 모습이었다.

② 중세 시대부터 아이들이 그린 그림은 서구 회화에서 꾸준하게 관심을 받고 있었다.

③ 르네상스 시기의 화가들은 외형을 사실적으로 묘사하는 데에 큰 관심을 갖고 있었다.

④ 사진의 등장으로 당시의 화가들은 실물을 꼭 닮게 그리는 기술을 완성할 수 있었다.

⑤ 현대 화가들은 재현 기술의 발전을 위해 사회화를 겪지 않은 아이들이 그린 그림에 주목하였다.

02 ㉠과 ㉡의 입장에서 〈보기〉의 작품을 이해한 것으로 적절하지 <u>않은</u> 것은? [3점]

이 작품은 화가 김점선(1946~2009)의 도롱뇽 알 그림 연작 중 하나이다. 화가는 아이의 그림 연습장을 우연히 보고, 자신의 어린 시절 기억을 표현하였다고 한다.

① ㉠은 〈보기〉의 작품을 아이가 그린 그림처럼 미숙하다고 볼 것이다.
② ㉠은 〈보기〉의 작품을 보이는 대로 재현하는 기법을 강조한 것으로 볼 것이다.
③ ㉡은 〈보기〉의 작품을 '유년기의 화풍'으로 화가의 내면을 표현한 것으로 볼 것이다.
④ ㉡은 '느끼는 대로' 그린 화가의 표현 의지가 〈보기〉의 작품에 드러나 있는지에 주목할 것이다.
⑤ ㉡은 '재현' 능력보다는 화가 내면에 있는 순수함과 솔직함이 〈보기〉의 작품에 담겨 있는지에 주목할 것이다.

독해지도 쓱쓱

카로 토의 그림을 통해 현대 화가들이 유년기 화풍으로 돌아간 이유를 설명하고 있어요. 문단 간의 관계를 파악해 도식화하며 독해지도를 그려 봅시다!

| 01~04 | 다음 글을 읽고 물음에 답하시오.

출퇴근에 대한 관념은 근대 이후에 형성되었다. 집과 일터의 경계가 뚜렷하지 않았던 전근대 사회와 달리 19세기 이후의 도시적 삶에서는 주거를 위한 사적 공간과 노동을 위한 공적 공간이 분리되었다. 여가를 즐길 수 있는 곳은 사적 공간으로, 경제적 활동을 하는 곳은 공적 공간으로 인식되었으며 이 둘의 관계는 내부와 외부, 실내와 거리의 관계에 대응된다.

게오르크 짐멜은 대표적인 사적 공간인 실내의 공간적 의미를 도시의 삶과 관련지어 분석하였다. 짐멜은 도시에서 살아가는 개인이 외적 자극의 과잉으로 인해 신경과민에 빠지게 되는데, 이에 대응하는 전형적인 방식이 내면으로의 침잠이라고 설명하였다. 외부와 차단된 실내는 내면을 지키기에 가장 유리한 공간이라는 것이다. 또한 짐멜은 개인이 개성을 실현할 수 있는 공간이라는 의미를 실내에 부여하였다. 19세기에는 실내를 가구와 공예품으로 빈틈없이 장식하는 것이 유행했는데, 그는 다양한 양식을 지닌 사물을 취향에 따라 조합함으로써 일상에서 개성을 드러낼 수 있다는 점에서 이를 긍정적으로 평가하였다. 또 양식이라는 보편적인 표현 형태를 매개로 하는 공예품은 평온함과 안정감을 줄 수 있다고 덧붙였다. ㉠ 실내에 대한 짐멜의 설명은 도시적 삶이 가져오는 불안과 몰개성을 사적 공간에서 해소하려는 개인의 욕망에 부응한다. 실내가 개인의 은신처이자 일상의 심미화를 추구할 수 있는 공간으로 자리매김함에 따라, 거주자를 외부로부터 보호하고 자유로운 개성 표현을 보장하는 실내의 설계가 당시 건축의 주요한 구성 원리로 등장하였다.

발터 베냐민은 실내 장식에 집착한 19세기의 주거 문화를 '주거 중독증'으로 표현하면서 이는 도시의 공적 공간에서 개인적 흔적을 남길 수 없는 데 대한 보상 심리에서 기인한 것이라고 설명하였다. 베냐민은 실내가 사회적 세계와의 연관성을 잃어가면서 점점 더 인위적인 공간이 되었으며 그곳에서의 은둔은 공적 공간으로부터의 도피를 의미한다고 보았다. 그는 신화나 자연에서 모티프를 딴 가구와 공예품들의 조합을 통해 몽환적 분위기를 조성했던 19세기의 실내 풍경을 예로 들면서, 이러한 실내는 거주자를 환상에 빠지게 함으로써 도피에 대한 욕망을 충족시킬 뿐이라고 주장하였다.

실내에 대한 베냐민의 비판적 고찰은 사적 공간과 공적 공간의 괴리를 문제 삼는 데로 이어지는데, 이때 베냐민이 주목한 것은 파리의 '파사주'이다. 파사주는 몇 채의 건물을 잇는 통로 형태의 상가로, 베냐민에 따르면 유행의 리듬이 지배하는 최초의 자본주의적 소비 공간이다. 유행은 새로운 것을 부단히 연출함으로써 상품을 향한 욕망을 재생산한다. 서로 마주 보는 상점들이 늘어선 구조는 오가는 이들의 시선을 붙잡아 소비를 부추겼다. 또한 파사주는 건축학적으로 거리와 실내 사이에 위치하는 '사이공간'이다. 베냐민은 그렇기 때문에 파사주에서는 외부와 내부가 혼동되는 경험이 가능하다고 보았다. 전적으로 공적이지도 않고 사적이지도 않은 중간 영역의 존재는 경계 해체의 단초를 제공한다.

사적 공간과 공적 공간의 분리를 신봉하는 낡은 개념을 대신할 새로운 주거 개념을 탐색하면서, 베냐민은 신건축과의 관계에서 파사주의 의미를 다시 조명하였다. 1920년대에 등장한 신건축은 산업 기술의 발전에도 불구하고 건축의 미학화 경향이 지속되는 상황에 대한 반론의 성격을 띤다. 베냐민은 공간의 이분법을 극복하려는 사유의 연장선상에서 신건축의 구성 원리를 탐구하였다. 신건축에서는 철골을 재료로 사용하면서 벽을 제거하는 설계가 가능해져 내부와 외부의 경계를 완화할 수 있게 되었다. 또 빛이 투과하는 유리 사용의 확대는 내부와 외부의 통합을 공간적으로 구현할 수 있게 했다. 이에 비해 파사주는 새로운 재료를 사용하면서도 과거의 건축 양식들이 절충적으로 혼합되어 지어졌다는 점에서 기술의 발전에 부합하는 건축 양식으로 이어지지 못했다는 것이 베냐민의 설명이다. 이처럼 베냐민은 파사주의 한계를 지적하면서도, 외부로부터 차단된 '그릇 속에서의 삶'이 지배했던 19세기에서 '관계와 투과'의 원리가 지배하는 20세기로 넘어가는 문지방의 의미를 파사주에서 발견하였다.

01 **윗글에 대한 설명으로 가장 적절한 것은?**

① 건축 재료의 발달 과정을 중심으로 건축사를 단계별로 설명하고 있다.

② 주거 문화에 대한 관점이 기술의 발전에 미친 영향을 인과적으로 밝히고 있다.

③ 특정 도시의 다양한 사회상을 제시하고 이를 시대적 기준에 따라 분류하고 있다.

④ 사적 공간과 공적 공간을 대비하고 이들 공간의 긍정적 측면과 부정적 측면을 각각 분석하고 있다.

⑤ 실내에 대한 학자들의 견해를 제시하면서 그러한 견해의 형성 배경 및 견해 간의 차이를 드러내고 있다.

02 **㉠을 이해한 내용으로 적절하지 <u>않은</u> 것은?**

① 주거와 여가를 구분하면 일상의 심미화가 가능하다고 보았다.

② 신경과민 상태의 개인이 내면을 보호하려는 자구책이라고 보았다.

③ 양식화된 공예품의 조합에 따라 개인의 개성이 표현된다고 보았다.

④ 양식의 보편성을 매개로 평온함과 안정감을 얻을 수 있다고 보았다.

⑤ 도시적 삶에서 오는 자극에 대응하기 위하여 내면으로의 침잠이 나타나게 된다고 보았다.

03 **윗글의 베냐민의 관점에서 본 '파사주'에 대한 이해로 적절하지 <u>않은</u> 것은?**

① 유행의 교체를 통해 욕망을 끊임없이 자아내는 공간이다.

② 소비 심리를 자극하는 방식으로 상점들이 배치된 공간이다.

③ 거리와 실내의 경계가 모호해지는 경험을 가능하게 하는 공간이다.

④ 최신 기술과 소재에 부합하는 새로운 건축 양식을 사용하여 지어진 공간이다.

⑤ 사적 공간에서 칩거하는 시대에서 사적 공간과 공적 공간의 통합을 지향하는 시대로 이행 중임을 보여 주는 공간이다.

04 윗글을 바탕으로 〈보기〉를 이해한 내용으로 적절하지 <u>않은</u> 것은? [3점]

〈보기〉

⑦는 오스트리아의 건축가 로스가 지은 '차라 하우스'이다. 거주자의 취향에 따라 가구, 공예품 등을 배치하기 좋도록 건물의 내벽이나 천장, 바닥 등은 장식 없이 간결하게 마감되어 있다. 건물의 한쪽 면에만 배치된 창을 통해 외부를 차단하고, 채광을 조절하여 은신처의 아늑한 느낌을 유지한다. ④는 프랑스의 건축가 르 코르뷔지에가 지은 '빌라 사보아'로, 신건축을 대표하는 주택이다. 철골 기둥만으로 건물 본체를 지탱하는 구조로 설계되어 건물이 공중에 떠 있는 듯한 느낌을 준다. 수평으로 넓게 퍼진 창은 내부를 넘어 외부 풍경으로 열려 있는 공간을 구현하였다.

① 채광을 조절하여 아늑한 느낌이 유지되도록 설계된 ⑦에 대해, 베냐민은 외부로부터 도피하기 위한 공간이라고 생각하겠군.

② 건물의 한쪽 면에만 창을 배치하여 외부와 차단되도록 설계된 ⑦에 대해, 짐멜은 거주자가 내면을 지키기에 적합한 공간이라고 생각하겠군.

③ 장식 없이 간결하게 마감되어 거주자가 취향에 따라 꾸밀 수 있도록 설계된 ⑦에 대해, 짐멜은 개성을 표현할 수 있는 공간이라고 생각하겠군.

④ 수평으로 넓게 퍼진 창을 통해 외부를 향해 개방되도록 설계된 ④에 대해, 베냐민은 내부와 외부의 통합을 추구하는 공간이라고 생각하겠군.

⑤ 기둥만으로 건물을 떠받치는 구조를 통해 공중에 떠 있는 느낌이 들도록 설계된 ④에 대해, 짐멜은 도시적 삶을 추구하는 개인의 욕망에 부응하는 공간이라고 생각하겠군.

독해지도 쓱쓱 

'실내'에 대한 짐멜와 베냐민의 견해를 대조하며 설명한 글이에요. 두 견해가 서로 어떻게 다른지 그 차이를 파악하는 데 중점을 두고 독해지도를 그려 보세요.

| 01~05 | **다음 글을 읽고 물음에 답하시오.**

과거는 지나가 버렸기 때문에 역사가가 과거의 사실과 직접 만나는 것은 불가능하다. 역사가는 사료를 매개로 과거와 만난다. 사료는 과거를 그대로 재현하는 것은 아니기 때문에 불완전하다. 사료의 불완전성은 역사 연구의 범위를 제한하지만, 그 불완전성 때문에 역사학이 학문이 될 수 있으며 역사는 끝없이 다시 서술된다. 매개를 거치지 않은 채 손실되지 않은 과거와 만날 수 있다면 역사학이 설 자리가 없을 것이다. 역사학은 전통적으로 문헌 사료를 주로 활용해 왔다. 그러나 유물, 그림, 구전 등 과거가 남긴 흔적은 모두 사료로 활용될 수 있다. 역사가들은 새로운 사료를 발굴하기 위해 노력한다. 알려지지 않았던 사료를 찾아내기도 하지만, 중요하지 않게 여겨졌던 자료를 새롭게 사료로 활용하거나 기존의 사료를 새로운 방향에서 파악하기도 한다. 평범한 사람들의 삶의 모습을 중점적인 주제로 다루었던 미시사 연구에서 재판 기록, 일기, 편지, 탄원서, 설화집 등의 이른바 ‘서사적’ 자료에 주목한 것도 사료 발굴을 위한 노력의 결과이다.

시각 매체의 확장은 사료의 유형을 더욱 다양하게 했다. 이에 따라 역사학에서 영화를 통한 역사 서술에 대한 관심이 일고, 영화를 사료로 파악하는 경향도 나타났다. 역사가들이 주로 사용하는 문헌 사료의 언어는 대개 지시 대상과 물리적·논리적 연관이 없는 추상화된 상징적 기호이다. 반면 영화는 카메라 앞에 놓인 물리적 현실을 이미지화하기 때문에 그 자체로 물질성을 띤다. 즉, 영화의 이미지는 닮은꼴로 사물을 지시하는 도상적 기호가 된다. 광학적 메커니즘에 따라 피사체로부터 비롯된 영화의 이미지는 그 피사체가 있었음을 지시하는 지표적 기호이기도 하다. 예를 들어 다큐멘터리 영화는 피사체와 밀접한 연관성을 갖기 때문에 피사체의 진정성에 대한 믿음을 고양하여 언어적 서술에 비해 호소력 있는 서술로 비춰지게 된다.

그렇다면 영화는 역사와 어떻게 관계를 맺고 있을까? 역사에 대한 영화적 독해와 영화에 대한 역사적 독해는 영화와 역사의 관계에 대한 두 축을 이룬다. 역사에 대한 영화적 독해는 영화라는 매체로 역사를 해석하고 평가하는 작업과 연관된다. 영화인은 자기 나름의 시선을 서사와 표현 기법으로 녹여내어 역사를 비평할 수 있다. 역사를 소재로 한 역사 영화는 역사적 고증에 충실한 개연적 역사 서술 방식을 취할 수 있다. 혹은 역사적 사실을 자원으로 삼되 상상력에 의존하여 가공의 인물과 사건을 덧대는 상상적 역사 서술 방식을 취할 수도 있다. 그러나 비단 역사 영화만이 역사를 재현하는 것은 아니다. 모든 영화는 명시적이거나 우회적인 방법으로 역사를 증언한다. 영화에 대한 역사적 독해는 영화에 담겨 있는 역사적 흔적과 맥락을 검토하는 것과 연관된다. 역사가는 영화 속에 나타난 풍속, 생활상 등을 통해 역사의 외연을 확장할 수 있다. 나아가 제작 당시 대중이 공유하던 욕망, 강박, 믿음, 좌절 등의 집단적 무의식과 더불어 이상, 지배적 이데올로기 같은 미처 파악하지 못했던 가려진 역사를 끌어내기도 한다.

영화는 주로 허구를 다루기 때문에 역사 서술과는 거리가 있다고 보는 사람도 있다. 왜냐하면 역사가들은 일차적으로 사실을 기록한 자료에 기반해서 연구를 펼치기 때문이다. 또한 역사가는 ⓐ 자료에 기록된 사실이 허구일지도 모른다는 의심을 버리지 않고 이를 확인하고자 한다. 그러나 문헌 기록을 바탕으로 하는 역사 서술에서도 허구가 배격되어야 할 대상만은 아니다. 역사가는 ㉮ 허구의 이야기 속에서 그 안에 반영된 당시 시대적 상황을 발견하여 사료로 삼으려고 노력하기도 한다. 지어낸 이야기는 실제 있었던 사건에 대한 기록이 아니지만 사고방식과 언어, 물질문화, 풍속 등 다양한 측면을 반영하며, 작가의 의도와 상관없이 혹은 작가의 의도 이상으로 동시대의 현실을 전달해 주기도 한다. 어떤 역사가들은 허구의 이야기에 반영된 사실을 확인하는 것에서 더 나아가 ㉯ 사료에 직접적으로 나타나지 않은 과거를 재현하기 위해 허구의 이야기를 활용하여 사료에 기반한 역사적 서술을 보완하기도 한다. 역사가가 허구를 활용하는 것은 실제로 존재했던 과거에 접근하고자 하는 고민의 결과이다.

[A] 영화는 허구적 이야기에 역사적 사실을 담아냄으로써 새로운 사료의 원천이 될 뿐 아니라, 대안적 역사 서술의 가능성까지 지니고 있다. 영화는 공식 제도가 배제했던 역사를 사회에 되돌려 주는 ‘아래로부터의 역사’의 형성에 기여한다. 평범한 사람들의 회고나 증언, 구전 등의 비공식적 사료를 토대로 영화를 만드는 작업은 빈번하게 이루어지고 있다. 그리하여 영화는 하층 계급, 피정복 민족처럼 역사 속에서 주변화된 집단의 묻혀 있던 목소리를 표현해 낸다. 이렇듯 영화는 공식 역사의 대척점에서 활동하면서 역사적 의식 형성에 참여한다는 점에서 역사 서술의 한 주체가 된다.

01 윗글의 내용 전개 방식으로 가장 적절한 것은?

① 역사의 개념을 밝히면서 영화와 역사 간의 공통점과 차이점을 비교하고 있다.

② 영화의 변천 과정을 통시적으로 밝혀 사료로서 영화가 지닌 의의를 강조하고 있다.

③ 역사에 대한 서로 다른 견해를 대조하여 사료로서 영화가 지닌 한계를 비판하고 있다.

④ 영화의 사료로서의 특성을 밝히면서 역사 서술로서 영화가 지닌 가능성을 제시하고 있다.

⑤ 다양한 영화의 유형별 장단점을 분석하여 영화가 역사 서술의 대안이 될 수 있는지에 대해 평가하고 있다.

02 윗글에 대한 이해로 가장 적절한 것은?

① 개인적 기록은 사료로 활용하기에 적절하지 않다.

② 역사가가 활용하는 공식적 문헌 사료는 매개를 거치지 않은 과거의 사실이다.

③ 기존의 사료를 새로운 방향에서 파악하는 것은 사료의 발굴이라고 할 수 있다.

④ 문헌 사료의 언어는 다큐멘터리 영화의 이미지에 비해 지시 대상에 대한 지표성이 강하다.

⑤ 카메라를 매개로 얻어진 영화의 이미지는 지시 대상과 닮아 있다는 점에서 상징적 기호이다.

03 ㉮, ㉯의 사례로 적절한 것만을 〈보기〉에서 있는 대로 찾아 바르게 짝지은 것은?

〈보기〉

ㄱ. 조선 후기 유행했던 판소리를 자료로 활용하여 당시 음식 문화의 실상을 파악하고자 했다.

ㄴ. B.C. 3세기경에 편찬된 것으로 알려진 경전의 일부에 사용된 어휘를 면밀히 분석하여, 그 경전의 일부가 후대에 첨가되었을 가능성을 검토했다.

ㄷ. 중국 명나라 때의 상거래 관행을 연구하기 위해 명나라 때 유행한 다양한 소설들에서 상업 활동과 관련된 내용을 모아 공통된 요소를 분석했다.

ㄹ. 17세기의 사건 기록에서 찾아낸 한 평범한 여성의 삶에 대한 역사서를 쓰면서 그 여성의 심리를 묘사하기 위해 같은 시대에 나온 설화집의 여러 곳에서 문장을 차용했다.

	㉮	㉯		㉮	㉯
①	ㄱ, ㄷ	ㄹ	②	ㄱ, ㄹ	ㄴ
③	ㄴ, ㄷ	ㄱ	④	ㄷ	ㄴ, ㄹ
⑤	ㄹ	ㄱ, ㄴ			

04 ㉠에 나타난 역사가의 관점에서 [A]를 비판한 내용으로 가장 적절한 것은?

① 영화는 많은 사실 정보를 담고 있기 때문에 사료로서의 가능성을 가지고 있다.

② 하층 계급의 역사를 서술하기 위해서는 영화와 같이 허구를 포함하는 서사적 자료에 주목해야 한다.

③ 영화가 늘 공식 역사의 대척점에 있는 것은 아니며, 공식 역사의 입장에서 지배적 이데올로기를 선전하는 수단으로 활용되곤 한다.

④ 주변화된 집단의 목소리는 그 집단의 이해관계를 반영하기 때문에 그것에 바탕을 둔 영화는 주관에 매몰된 역사 서술일 뿐이다.

⑤ 기억이나 구술 증언은 거짓이거나 변형될 가능성이 있기 때문에 다른 자료와 비교하여 진위 여부를 검증한 후에야 사료로 사용이 가능하다.

05 윗글을 바탕으로 〈보기〉를 이해한 내용으로 적절하지 **않은** 것은? [3점]

> 　1982년 작 영화「마르탱 게르의 귀향」은 16세기 중엽 프랑스 농촌의 보통 사람들 간의 사건에 관한 재판 기록을 토대로 한다. 당시 사건의 정황과 생활상에 관한 고증을 맡은 한 역사가는 영화 제작 이후 재판 기록을 포함한 다양한 문서들을 근거로 동명의 역사서를 출간했다. 1993년, 영화「마르탱 게르의 귀향」은 19세기 중엽 미국을 배경으로 하여 허구적 인물과 사건으로 재구성한 영화「서머스비」로 탈바꿈되었다. 두 작품에서는 여러 해 만에 귀향한 남편이 재판 과정에서 가짜임이 드러난다. 전자는 당시 생활상을 있는 그대로 복원하는 데 치중했다. 반면 후자는 가짜 남편을 마을에 바람직한 변화를 가져온 지도자로 묘사하면서 미국 근대사를 긍정적으로 평가하고자 하는 대중의 욕망을 반영했다.

① 「서머스비」에 반영된, 미국 근대사를 긍정적으로 평가하려는 대중의 욕망은 영화가 제작된 당시 사회의 집단적 무의식에 해당하는군.

② 실화에 바탕을 둔 영화「마르탱 게르의 귀향」을 가공의 인물과 사건으로 재구성한「서머스비」에서는 영화에 대한 역사적 독해를 시도하기 어렵겠군.

③ 영화「마르탱 게르의 귀향」은 실제 사건의 재판 기록을 토대로 제작됐지만, 그 속에도 역사에 대한 영화인 나름의 시선이 표현 기법으로 나타났겠군.

④ 영화「마르탱 게르의 귀향」은 역사적 고증에 바탕을 두고 당시 사건과 생활상을 충실히 재현하기 위해 노력했다는 점에서 개연적 역사 서술 방식에 가깝겠군.

⑤ 역사서「마르탱 게르의 귀향」은 16세기 프랑스 농촌의 평범한 사람들의 삶의 모습을 서사적 자료에 근거하여 다루었다는 점에서 미시사 연구의 방식을 취했다고 볼 수 있군.

독해지도 쓱쓱

'무엇'에 대한 설명을, 어떤 순서로 하고 있는지 떠올리며 각 문단의 중심 내용을 차근차근 정리해 볼까요?

| 4. 과학 | 과학 쌤이 살펴본 과학 분야 출제 경향

과학 분야에서 출제되는 내용은 '물리학, 화학, 생명과학, 지구과학'으로 나누어 볼 수 있는데, 각 분야의 주요한 내용들을 묶어 기출문제를 분류해 보았더니 다음 표와 같았어요. 고등학교 교육과정과 관련된 부분도 많이 있었고 분야별로 눈에 띄게 자주 출제되는 내용들도 있었는데, 전반적인 흐름을 함께 살펴보면서 과학 지문에 대한 두려움을 조금은 극복해 봅시다!

● 물리학

고전역학과 현대물리, 파동에 대한 지문들이 주로 출제되었어요. 어떤 현상에 작용하는 힘과 운동의 원리에 대한 내용이 많이 보여요. 지문에서 개념의 정의가 '힘=질량×가속도'와 같이 수학적으로 주어지고, 이를 적용하는 문항이 나와요. 따라서 수학적 정의, 관계 등이 등장하면 이를 명확히 확인할 필요가 있어요.

지문 선정 이유 ★ 물리학의 기본 내용이자 꾸준히 출제되고 있는 고전역학과 파동 관련 지문들을 선정했어요. 또 내용은 쉽지 않지만 현대물리에서 매우 중요한 내용인 양자 역학과 관련한 지문을 수록했습니다.

물리 지문 기출 영역

세부 분야	세부 내용	2013~2025학년도
고전역학	힘, 에너지, 운동, 뉴턴의 운동법칙, 역학적 에너지, 에너지보존	[2023년 6월 고1] 소용돌이의 종류와 특성 [2017년 11월 고2] 자동차 현가장치의 스프링과 쇼크업소버의 작동 원리 [2017년 9월 고1] 스윙바이 / [2016학년도 수능 A형] 지레와 돌림힘 [2016학년도 수능 B형] 빗방울의 종단 속도 [2015년 9월 고1] 우주정거장에서의 페수의 여과 [2014학년도 9월 고3 B형] 각운동량
열역학	열효율, 열의 일당량	[2018년 6월 고1] 에너지의 전달 원리 / [2017학년도 9월 고3] 열역학에 대한 탐구 [2017년 3월 고1] 계와 주위
전자기학	전기장, 정전기유도, 유전분극 자기장, 전자기유도, 유도기전력	[2024학년도 9월 고3] 초정밀 저울의 작동 원리와 그 응용
파동	파동의 요소, 전자기파, 음파, 굴절과 간섭	[2017학년도 6월 고3] 다양한 특성의 음 / [2015년 3월 고2] 빛의 투과와 굴절, 분산 [2015년 3월 고1] 음파의 속성과 어군 탐지기 및 지구 온난화 연구 [2014학년도 6월 고3 A형] 태양빛의 산란
현대물리	상대성 이론, 양자 역학, 입자성과 파동성, 불확정성 원리	[2021년 6월 고2] 차원해석 / [2021년 3월 고1] 핵분열 발전과 핵융합 발전 [2018학년도 9월 고3] 양자 역학과 비고전 논리 [2012학년도 수능] 양자 역학의 불확정성 원리

● 화학

다른 분야에 비해 출제 빈도가 낮은 편으로, 물질의 기본적인 성질이나 생활 속에서 볼 수 있는 현상을 주로 다루고 있어요. 실험이나 현상에 대해 설명하는 지문의 경우, 제시된 조건에 유의해서 읽어야 해요. 예를 들어, 지문에서는 특정 온도 조건하에서 설명하고, 문항에서는 그보다 높거나 낮은 온도 조건하의 자료를 해석하게 할 수 있거든요. 또, 그래프 자료가 주어지기 좋은 분야이기도 합니다.

지문 선정 이유 ★ 화학은 다른 분야에 비해 출제 빈도가 낮지만, 자연과학의 기본이 되는 물질의 성질과 관련된 지문들은 읽어 두면 나중에 다른 과학 지문을 읽을 때에도 도움이 되기 때문에 선정했어요. 그래프 해석이 필요한 지문도 포함되어 있으니까 주의 깊게 살펴보세요.

화학 지문 기출 영역

세부 분야	세부 내용	2013~2025학년도
물질의 구조	원자구조, 분자구조, 화학결합	[2025학년도 6월 고3] 플라스틱의 분자 구조와 형성 원리 [2016학년도 6월 고3 A형] 원자 모형에 대한 탐구 [2014학년도 수능 A형] 분광 분석법
물질의 상태	고체, 액체, 기체, 용액, 분자간 상호작용, 분자운동	[2022년 9월 고1] 석빙고의 원리 [2019년 3월 고2] 온도와 압력에 따른 물질의 상변화 [2015년 6월 고1] 용액의 끓는점 변화
화학반응	산화, 환원, 중화반응, 화학평형, 반응속도, 에너지의 출입	[2024학년도 6월 고3] 고체 촉매의 구성 요소 [2019년 9월 고2] 연소 이론으로 본 과학혁명 가설 [2016학년도 9월 고3 A형] 지방질의 산패

● 생명과학

여러 가지 주제에서 골고루 출제되고 있으며, 특히 사람이나 동물의 생리적 원리, 의학적 지식을 다루는 지문이 자주 출제된 편이에요. 지문의 거의 모든 문장이 세부 정보를 담고 있으며 이를 꼼꼼히 확인해야 풀 수 있는 문항이 자주 출제돼요. 지문의 내용을 바탕으로 어떤 실험이나 현상을 해석하거나 추론하게 하기도 하고요. 해석과 추론의 근거가 되는 문장을 지문 속에서 찾을 수 있도록 연습해야겠습니다.

지문 선정 이유 ★ 생명과학은 다양한 주제가 출제되고 있어 이 주제들을 최대한 포함하면서도 중요 내용을 담은 지문을 선정했어요. 특히 최근 들어 더 눈에 띄는 의학 관련 지문들도 주의 깊게 풀어 보는 게 좋아요.

생명과학 지문 기출 영역

세부 분야	세부 내용	2013~2025학년도
생명체의 구성 물질과 물질대사	탄수화물, 단백질, 지방, 핵산, 물질대사, 세포호흡, 광합성	[2023학년도 수능] 생명체의 기초 대사량 측정 방법 [2023학년도 6월 고3] 비타민 K의 기능 [2021학년도 9월 고3] 항미생물 화학제 / [2020년 9월 고2] 바이러스 감염 과정과 종류 [2020년 6월 고2] 면역 반응과 위생가설 / [2020년 3월 고2] 수용체와 리간드 [2018년 9월 고2] 생체 내 촉매 반응 / [2017년 6월 고2] 체지방 [2016년 3월 고1] 박테리오파지의 구성과 복제 과정 [2015학년도 수능 A형] 단백질의 분해와 합성 / [2015년 11월 고2] 알츠하이머병
동물의 구조와 기능	세포, 소화, 순환, 호흡, 배설, 감각, 신경계, 내분비계, 근육, 면역	[2024년 3월 고2] 소리의 높낮이를 지각하는 원리 [2023년 9월 고2] 후각 자극의 신호 전달 과정 [2022년 6월 고2] 방수의 기능 / [2022년 6월 고1] 청각의 원리와 골전도 이어폰 [2021년 9월 고2] 독의 종류와 특성 / [2021년 6월 고1] 식욕의 작용 원리 [2020학년도 수능] 장기 이식과 내인성 레트로바이러스 [2020년 3월 고3] 통각 수용 / [2019년 9월 고1] 오토파지 [2019년 6월 고3] LFIA 키트 / [2018년 9월 고1] 간의 구조와 기능 [2017학년도 수능] 반추 동물 / [2017년 11월 고1] 심장과 혈액 순환 [2017년 6월 고1] 신장의 작용 / [2016년 11월 고2] 외호흡과 내호흡 [2016년 11월 고1] 염증 반응 / [2016학년도 9월 고3 B형] 항암제 [2016년 9월 고1] 베르그만의 법칙 / [2016년 6월 고2] 길 찾기와 신경 세포 [2015년 11월 고1] 뼈의 재구성 / [2015학년도 9월 고3 A형] 인간의 후각 [2014학년도 6월 고3 B형] 입체 지각
식물의 구조와 기능	뿌리, 줄기, 잎, 증산 작용	[2019년 6월 고1] 식물이 물을 끌어 올리는 힘 [2016년 3월 고2] 식물의 굴광성과 옥신
DNA와 유전	DNA, RNA, 유전자, 염색체, 전사, 번역, 유전자 발현	[2023년 6월 고2] STR 분석법과 DNA 프로필 [2023년 3월 고2] mRNA 백신의 핵심 기술인 지질 나노 입자 [2022학년도 6월 고3] 전통적 PCR와 실시간 PCR의 원리 [2015년 9월 고1] PCR의 과정
진화	생명의 기원, 내부공생설, 진화의 과정, 종, 계통수, 분류체계	[2020학년도 6월 고3] 공생발생설에 따른 진핵생물의 발생 [2019년 6월 고2] 해밀턴의 포괄적합도 이론 [2017년 9월 고2] 동물의 눈동자
생태계와 환경	개체군, 군집, 생태계, 생태계 평형, 생물다양성, 물질순환, 에너지흐름	[2015년 6월 고2] 섬생물지리평형설

● **지구과학**

자전, 공전과 같은 천체의 운동을 물리학적 개념 및 원리로 설명하는 지문, 우주관의 역사적 변천에 대한 지문 등 천문 현상과 관련한 내용이 주로 출제되고 있어요. 지문 내용에 대한 이해를 바탕으로 관련한 구체적인 현상이나 그림 자료를 올바르게 해석할 수 있는지 확인하는 문항이 눈에 띄어요. 특히 천체의 운동을 다루는 지문에서는 방향과 위치, 시간 등에 유의하며 읽고 문항의 보기에서도 이를 꼼꼼히 확인하도록 합시다.

지문 선정 이유 ★ 자주 출제되는 개념인 천문 현상 관련 지문을 주로 선정했어요. 그림 자료에 대한 해석이 필요한 지문들도 수록되었으니, 유의하며 풀어 보세요.

지구과학 지문 기출 영역

세부 분야	세부 내용	2013~2025학년도
지구	지구의 형성, 지구 내부구조, 판구조론, 지구의 구성물질	[2020년 6월 고1] 방사성 동위원소
대기의 운동과 순환	기압, 태풍, 편서풍, 단열 변화, 대기안정도, 대기의 정역학	[2014학년도 수능 B형] 전향력
해수의 성질과 순환	수온, 연분, 표층 순환, 심층 순환, 조석	
대기와 해양의 상호 작용	대기 대순환, 엘니뇨, 라니냐, 지구온난화, 기후변화	
태양계의 구성과 운동	우주관의 변천, 케플러의 법칙, 자전, 공전, 좌표계	[2019학년도 수능] 동서양의 천문 이론 [2018년 11월 고1] 천체의 겉보기 운동과 금성의 관측 [2015학년도 수능 B형] 달과 지구의 공전 [2015년 9월 고2] 지구 자전 속도
별의 특성과 진화	별의 물리량, 외계 행성계, H−R도, 별의 진화, 천체의 거리	[2015학년도 6월 고3 B형] 별의 겉보기 등급과 절대 등급
우주의 구조와 진화	은하 분류, 빅뱅 우주, 우리은하, 성간물질	[2016학년도 6월 고3 B형] 우주의 암흑 물질

01 힘과 운동 ①

| 01~03 | 다음 글을 읽고 물음에 답하시오.

인간의 몸은 약 70%의 물로 구성되며, 물은 영양소와 산소를 몸 전체에 운반하고 노폐물을 소변, 땀 등을 통해 몸 밖으로 내보낸다. 이러한 물이 절대적으로 한정된 달 기지나 우주정거장에서는 버려진 물을 여과하여 사용해야 한다. 물을 지구에서 우주로 실어 나르기에는 너무 큰 비용이 발생하기 때문이다. 일반적으로 중력이 작용하는 지구에서는 폐수가 필터를 통해 아래로 이동하며 여과된다. 달 기지에서도 물이 아래로 흘러 필터를 통과하지만, 중력이 낮아 그 속도가 매우 느리다. 그렇다면 중력이 거의 없는 우주정거장에서는 어떻게 폐수를 여과할까?

가장 좋은 방법은 중력처럼 작용하는 힘을 만들어 주는 것이다. 뉴턴의 운동 법칙에 의하면, 외부의 힘이 작용하지 않을 때 운동하는 물체는 등속직선운동을 한다. 물체의 운동 방향을 바꾸려면 외부의 힘이 필요하다. 그리고 운동 방향에 수직으로 일정한 크기의 외부 힘이 작용하면 물체는 등속원운동을 하게 된다. 이렇게 원의 중심 방향으로 작용하여 원운동을 유지하는 힘이 구심력이다. 구심력과 반대 방향인 원심력은 원운동을 하는 물체가 중심 밖으로 나가려는 가상의 힘으로, 어떤 힘이 존재하는 것이 아니라 물체가 등속직선운동하려는 관성에 의한 효과이다. 그리고 사람이 회전하는 물체 안에 있다면 원심력을 중력처럼 인식하게 된다.

중력이 거의 없는 우주 공간에서는 이 원심력을 이용해 물을 여과할 수 있다. 회전하는 우주정거장의 외곽에 거주하는 우주인은 등속직선운동을 하려는 관성을 가지고 있다. 회전하는 우주정거장은 우주인을 나가지 못하게 잡아두고, 우주인은 원심력을 정거장의 바깥에서 자신을 끌어당기는 중력처럼 인식하게 된다. 폐수에도 원심력이 작용할 것이고, 이 힘을 이용해 지구에서처럼 폐수를 여과할 수 있다. 즉 수만 명이 살아갈 거대한 우주 거주 시설은 다량의 폐수를 정화해야 하고 이를 위해서는 회전 운동을 통해 원심력을 만들어 내야 한다.

이렇듯 우리가 알고 있는 물체의 운동과 힘, 운동 방향 등의 원리를 이해하면, 인간이 생존하기 힘든 우주 공간에서도 살아갈 수 있는 것이다. 문제는 거대한 우주정거장을 어떻게 만들고, 회전시킬 것이냐 하는 것이다. 우리의 미래 세대가 영화 속의 우주정거장을 건설할 날을 기대한다.

---

01 윗글의 논지 전개 방식을 〈보기〉에서 모두 고른 것은?

〈보기〉

ㄱ. 다른 대상과의 비교를 통해 가설을 입증하고 있다.
ㄴ. 과학적 원리를 적용하여 해결 방안을 제시하고 있다.
ㄷ. 예상되는 상황을 제시하여 독자의 관심을 유도하고 있다.
ㄹ. 통념의 문제점을 지적하고 새로운 이론을 주장하고 있다.

① ㄱ, ㄴ　　　　　② ㄱ, ㄷ　　　　　③ ㄴ, ㄷ
④ ㄴ, ㄹ　　　　　⑤ ㄷ, ㄹ

---

02 윗글을 통해 알 수 있는 내용으로 적절하지 **않은** 것은?

① 원심력은 물체의 회전 운동을 발생시킨다.
② 중력의 크기는 물의 여과 속도에 영향을 미친다.
③ 물체의 운동 방향이 변하려면 외부의 힘이 있어야 한다.
④ 회전하는 물체 안의 사람은 원심력을 중력처럼 인식한다.
⑤ 지구에서 물이 흐르는 이유는 중력이 존재하기 때문이다.

03 윗글의 내용으로 볼 때, ⟨보기⟩의 '물'의 이동 방향으로 적절한 것은? [3점]

⟨보기⟩

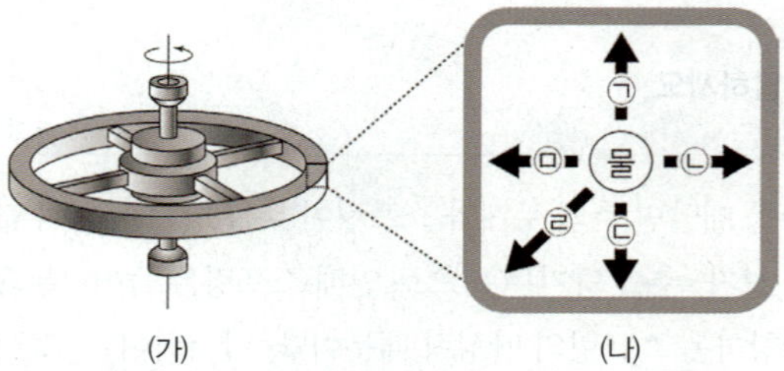

(가)는 중력이 거의 없는 상태에서 회전하는 우주정거장이고, (나)는 (가)의 외곽에 있는 구조물의 종단면이다.

① ㉠   ② ㉡   ③ ㉢

④ ㉣   ⑤ ㉤

독해지도 쓱쓱

글을 읽기만 했을 때는 물체에 가해지는 힘이나 그에 따른 운동 방향 등이 머리에 잘 안 들어올 수 있어요. 이럴 땐 그림으로 내용을 정리하며 독해지도를 그려 보세요!

02 힘과 운동 ②

| 01~05 | 다음 글을 읽고 물음에 답하시오.

선반에 고정된 스프링 끝에 추를 매달면 추의 무게와 스프링이 추를 당기는 힘이 같아지는 지점에서 추는 멈추게 된다. 이 상태에서 추를 아래로 잡아당겨 보자. 추를 당기는 힘으로 인해 스프링은 늘어나는데 아래로 잡아당길수록 더 큰 힘이 필요하다. 이는 추를 당기는 힘에 대항하는 스프링의 탄성력 때문이다. 탄성력이란 고무줄이나 스프링같이 탄성을 가진 물체가 원래의 모양으로 되돌아가려는 힘이며, 길이를 늘이거나 압축하는 방향의 반대 방향으로 작용한다. 당겼던 추를 놓으면 탄성력에 의해 추는 상하로 진동하다가 추를 당기기 전과 동일한 지점에서 멈추게 된다. 이 지점을 평형점이라고 한다.

㉠ 이러한 추의 진동 과정은 에너지의 전환 과정으로도 설명될 수 있다. 추를 잡아당길 때, 추를 잡아당기는 데에 사용한 에너지가 스프링에 저장되었다고 할 수 있는데 이때 저장된 에너지를 탄성력에 의한 '퍼텐셜 에너지'라고 한다. 당겼던 추를 놓으면 스프링은 탄성력에 의해 스프링에 저장된 퍼텐셜 에너지만큼 추를 수직 방향으로 상향, 가속시키는 일을 한다. 즉 스프링에 저장된 퍼텐셜 에너지가 추의 운동 에너지로 전환되는 것이다. 수직 상향하던 추는 평형점을 지날 때에 속력이 가장 빠르고 운동 에너지는 최대가 된다. 이후 추는 계속 상향하면서 스프링을 누르는 일을 하여 결국 속도가 0인 최고점에 도달하게 된다. 즉 평형점을 지나면서 추의 운동 에너지는 스프링의 퍼텐셜 에너지로 전환되는 것이다. 이후 스프링에 저장된 퍼텐셜 에너지는 상향으로 운동할 때와 방향이 반대일 뿐, 같은 과정을 거쳐 운동 에너지로 전환되어 추를 수직 하향하게 한다. 만약 추의 운동을 방해하는 힘이 없고 공기 저항 등으로 인한 손실이 전혀 없다고 가정한다면 이러한 에너지 전환 과정이 반복되면서 스프링과 추는 계속 진동하게 될 것이다. 즉 퍼텐셜 에너지와 운동 에너지의 합은 항상 일정한 상태로 유지되는 것이다. 하지만 실제로는 공기와 스프링의 마찰 등에 의해 추의 운동 에너지가 열에너지로 전환되므로 에너지 전환 과정이 반복될수록 진동은 점차적으로 줄기 마련이다. 이를 '감쇠 현상'이라고 한다.

이와 같이 진동에서 일어나는 에너지 전환과, 감쇠의 원리를 적절히 응용한 것이 현가장치*의 스프링과 쇼크업소버이다. 먼저 차체와 바퀴 사이에 위치한 스프링은 진동을 활용하여 지면에서 받는 충격이 차체로 전달되는 것을 줄여 주는 역할을 한다. 예를 들어 ㉡ 평지를 달리던 자동차가 과속 방지턱을 지난 후 높이 변화가 없는 평지를 계속 달리고 있다고 하자. 과속 방지턱에서 받은 충격으로 스프링은 차체와 바퀴 사이에서 눌려 퍼텐셜 에너지가 스프링에 저장된다. 이 에너지로 인해 스프링은 스프링 상단의 차체를 밀어 올리는 일을 하게 된다. 따라서 차체는 수직으로 상향, 가속되다가 평형점을 지나 감속되면서 운동 에너지가 퍼텐셜 에너지로 완전히 전환되는 최고점에 이른다. 이후 차체는 하향, 가속되다가 평형점을 지나 최저점에 도달하게 된다. 이와 같은 에너지 전환이 반복되면서 차체와 스프링은 진동하게 되는 것이다. 하지만 스프링만으로는, 차체 진동의 평형점에서 최고점이나 최저점까지의 거리인 진폭을 줄이는 데 시간이 오래 걸리므로 차에 탄 사람에게 불쾌감을 주게 된다. 그래서 스프링의 진동을 줄여 주는 장치가 추가로 필요한데, 그것이 바로 스프링과 연결되어 있는 ㉢ 쇼크업소버이다.

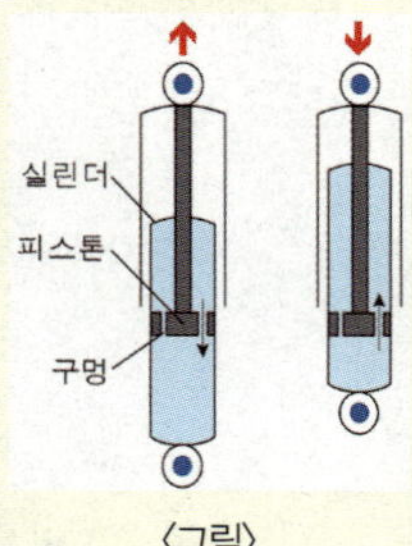

〈그림〉에서와 같이 쇼크업소버는 액체로 가득 찬 밀폐된 실린더와, 그 속에 여러 개의 작은 구멍이 뚫린 피스톤으로 구성되어 있으며 실린더의 윗부분은 차체, 아랫부분은 바퀴와 연결되어 있다. 자동차가 과속 방지턱을 지나 차체와 스프링이 진동할 때, 피스톤도 실린더의 상단이나 하단으로 이동하게 된다. 예를 들어 차체가 수직으로 하향할 때 피스톤도 실린더의 하단으로 이동하게 된다. 이때 피스톤 아래에 있던 액체는 작은 구멍을 통해 피스톤 위로 이동하게 되는데 구멍의 크기가 작아 액체와 구멍 사이에서 마찰이 발생하기 때문에 피스톤이 하단으로 이동하는 속도가 그만큼 줄어들어 천천히 움직이게 된다. 이때 마찰에 의해 열이 발생하여 실린더 내부의 온도가 상승하게 되는데, 이를 에너지의 전환으로 설명하면 운동 에너지가 열에너지로 흩어지게 되는 것이다. 이와 같은 과정을 통해 쇼크업소버는 차체 진동의 진폭을 줄이게 된다. 결국 자동차의 승차감은 현가장치의 스프링과 쇼크업소버의 기능이 적절히 결합해 만들어지는 것이다.

* **현가장치** : 자동차가 주행 중 노면으로부터 바퀴를 통하여 받게 되는 충격을 흡수하여 차체나 화물의 손상을 방지하고 승차감을 좋게 하는 장치.

01 **윗글의 표제와 부제로 가장 적절한 것은?**

① 현가장치 스프링과 쇼크업소버의 역사
    – 에너지 전환 이론을 중심으로
② 현가장치 스프링과 쇼크업소버의 역할
    – 평형점의 이동 원리를 중심으로
③ 현가장치 스프링과 쇼크업소버의 작동 원리
    – 에너지 전환과 진동의 감쇠를 중심으로
④ 현가장치 스프링과 쇼크업소버의 장점과 단점
    – 에너지의 발생과 감쇠를 중심으로
⑤ 현가장치 스프링과 쇼크업소버의 주요 기능
    – 열에너지의 감소 과정을 중심으로

02 **㉠에 대한 이해로 적절하지 <u>않은</u> 것은?**

① 스프링 대신 고무줄을 사용해도 유사한 현상이 발생할 것이다.
② 추를 수직 하향으로 당기면 스프링의 탄성력은 수직 상향으로 작용한다.
③ 추를 당겨서 스프링을 늘이려면 스프링의 탄성력보다 큰 힘이 필요하다.
④ 추를 당겼다 놓은 후 추가 진동하다 멈추는 것은 공기의 저항 등에 따른 감쇠 현상 때문일 것이다.
⑤ 추를 잡아당겼다 놓으면 스프링의 진동은 추를 당기기 전보다 높은 지점에서 결국 멈추게 될 것이다.

[03~04] 〈보기〉는 윗글의 ㉡의 상황에서 나타난 차체의 진동을 그래프로 표현한 것이다. 윗글과 〈보기〉를 바탕으로 **03**번과 **04**번 물음에 답하시오.

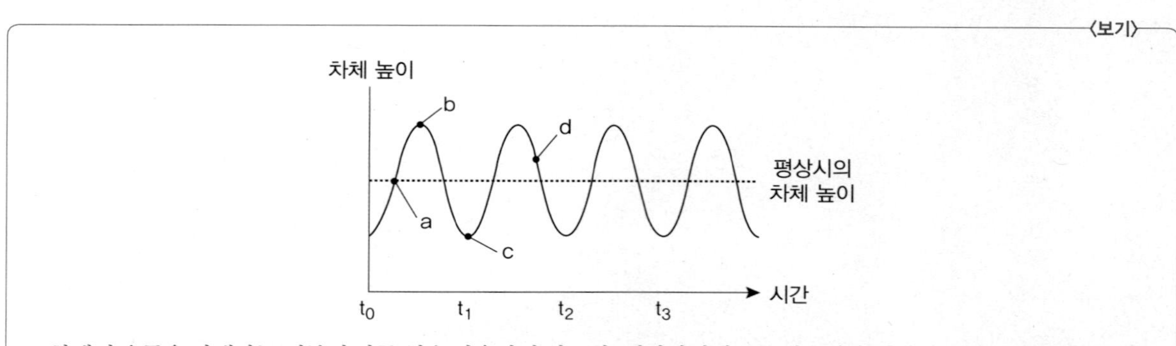

* 차체의 운동을 방해하는 외부의 다른 힘은 작용하지 않으며, 현가장치에 쇼크업소버가 설치되지 않은 상황이라고 가정한다.
* t₀은 자동차가 과속 방지턱을 지난 수 초 후이며, t₀에서 t₃까지 걸린 시간은 3초이다.

03 **윗글을 바탕으로 〈보기〉를 이해한 학생의 반응으로 적절하지 <u>않은</u> 것은?** [3점]

① a는 차체 진동의 평형점으로, a에서의 차체의 수직 방향의 속력은 d에서보다 더 빠르겠군.
② b는 수직으로 운동하는 차체의 운동 에너지보다 스프링에 저장된 퍼텐셜 에너지가 큰 지점이겠군.
③ b와 c는 스프링이 수직 방향으로 움직이는 속도가 0이 되는 지점이겠군.
④ c는 수직 하향하던 차체의 운동 에너지가 0이 되는 지점이겠군.
⑤ d는 차체의 높이가 낮아지면서 탄성력에 의해 스프링이 늘어나고 있는 지점이겠군.

04 〈보기〉의 상황에서 ⓒ을 추가로 설치했다고 할 때, 추론한 내용으로 적절하지 **않은** 것은?

① 차체의 높이가 a를 지날 때 ⓒ의 피스톤은 실린더의 윗부분으로 이동하고 있을 것이다.

② 차체의 높이가 a에서 b가 되는 과정에서 ⓒ의 피스톤 아래의 액체는 피스톤 위로 이동하게 될 것이다.

③ 차체의 높이 변화라고 할 수 있는 b에서 c까지의 수직 거리는 ⓒ의 실린더에서 발생한 마찰로 인해 시간이 흐를수록 감소하게 될 것이다.

④ 차체의 높이가 c를 지나게 되면 실린더의 아래쪽으로 이동하던 ⓒ의 피스톤의 방향은 전환되었을 것이다.

⑤ 차체의 높이가 d일 때 ⓒ의 피스톤 아래의 액체가 작은 구멍을 통과하면서 실린더 내부에는 열이 발생할 것이다.

05 윗글의 [현가장치]에 대해 이해한 내용으로 가장 적절한 것은?

① 스프링은 열을 탄성력으로 바꾸고, 쇼크업소버는 진동의 충격을 열로 바꾸는군.

② 스프링은 충격이 차체로 전달되는 것을 줄여 주고, 쇼크업소버는 차체 진동의 진폭을 줄이는군.

③ 스프링은 차체의 진동 방향을 바꾸고, 쇼크업소버는 차체 진동의 속도를 높이는 역할을 하는군.

④ 스프링에서는 운동 에너지가 열에너지로 전환되고, 쇼크업소버에서는 열에너지가 운동 에너지로 전환되는군.

⑤ 스프링에서는 공기와 스프링의 마찰을 늘려서, 쇼크업소버에서는 액체와 피스톤의 마찰을 억제해서 열이 발생되는군.

독해지도 쓱쓱

추의 진동 과정을 설명하는 2문단이 굉장히 어려워요. '추의 속도 - 운동 에너지 - 퍼텐셜 에너지 간의 관계'에 유의하며 독해지도를 그려 봅시다!

03 파동 ①

| 01~04 | **다음 글을 읽고 물음에 답하시오.**

소리는 진동으로 인해 발생한 파동이 전달되는 현상으로, 이때 전달되는 파동을 음파라고 한다. 음파는 일정한 방향으로 나아가려는 직진성이 있고, 물체에 부딪치면 반사되는 성질을 갖고 있다.

음파는 주파수의 크기에 따라 고주파와 저주파로 나뉜다. 고주파는 직진성이 강하고 작은 물체에도 반사파가 잘 생기며 물에 흡수되는 양이 많아 수중에서의 도달 거리가 짧다. 반면, 저주파는 직진성이 약하고 작은 물체에는 반사파가 잘 생기지 않으며 물에 흡수되는 양이 적어 수중에서의 도달 거리가 길다.

음파는 파동을 전달하는 물질의 밀도가 높을수록 속도가 빨라진다. 그래서 음파의 속도는 공기 중에 비해 물속에서 훨씬 빠르다. 또한 음파의 속도는 물의 온도나 압력에 따라 변화한다. 일반적으로 수온이나 수압이 높아질 경우 속도가 빨라지고, 수온이나 수압이 낮아지면 속도는 느려진다. 300m 이내의 수심에서 음파는 초당 약 1,500m의 속도로 나아간다.

한편 음파는 이러한 속성을 바탕으로 어업과 해양 탐사, 지구 환경 조사, 군사적 용도 등으로 폭넓게 사용된다. 음파를 활용하는 대표적인 예로는 물고기의 위치를 탐지하는 어군 탐지기와 지구 온난화와 관련된 실험을 들 수 있다.

어군 탐지기는 음파가 물체에 부딪쳐 반사되는 원리를 이용한 기기이다. 고깃배에서 발신한 음파가 물고기에 부딪쳐 반사되는 방향과 속도를 분석하여 물고기가 있는 위치를 알아낸다. 예를 들어 어군 탐지기가 특정 방향으로 발신한 음파가 0.1초 만에 반사되어 돌아왔다면, 목표물은 발신 방향으로 75m(1,500m/s×0.1s×0.5) 거리에 있음을 알 수 있다. 일반적으로 가까운 거리에 있는 물고기를 찾을 때에는 반사파가 잘 생기는 고주파를 사용한다. 이에 반해 먼 거리에 있는 물고기 떼를 찾을 때에는 도달 거리가 긴 저주파를 사용한다.

음파를 활용하면 지구 온난화 연구에 대한 기초 자료를 얻을 수도 있다. ㉠미국의 한 연구팀은 미국 서부 해안의 특정 지점에서 발신한 음파가 호주 해안의 특정 지점에 도달하는 시간을 주기적으로 측정하였다. 이를 통해 연구팀은 수온이 지속적으로 높아지고 있다는 결론을 내렸다. 연구팀은 이러한 결과가 ㉡지구 온난화를 입증할 수 있는 증거 중의 하나라고 주장하였다.

01 윗글을 통해 알 수 있는 내용이 아닌 것은?

① 소리는 파동이 전달되는 현상이다.
② 물의 밀도는 공기의 밀도보다 높다.
③ 수중에서 음파는 물을 매개로 전달된다.
④ 음파의 속도는 수압에 따라 달라질 수 있다.
⑤ 멀리 있는 물체일수록 반사파의 양은 많아진다.

02 〈보기〉의 ⓐ와 ⓑ에 대해 설명한 내용으로 적절하지 <u>않은</u> 것은? [3점]

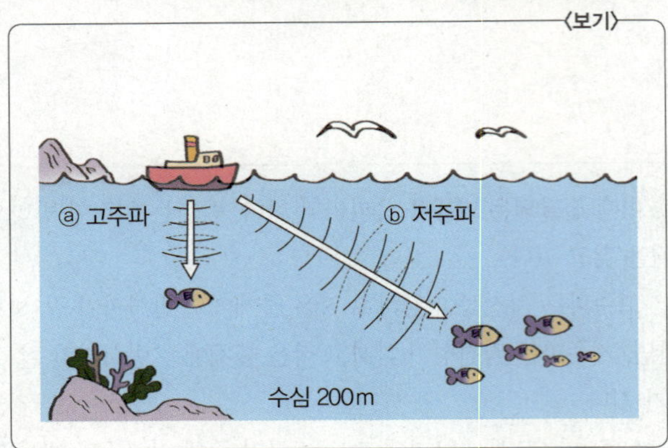

① ⓐ나 ⓑ로 물고기를 찾을 수 있는 것은 음파가 반사되어 돌아왔기 때문이군.

② ⓐ나 ⓑ가 0.1초 만에 고깃배로 돌아왔다면 물고기는 75m 거리에 있겠군.

③ ⓐ는 ⓑ에 비해 작은 물체에도 반사파가 잘 발생하므로 작은 물고기를 찾을 때 유리하겠군.

④ ⓐ는 직진성이 약하기 때문에 가까운 곳에 있는 물고기를 찾는 데 이용되는군.

⑤ ⓑ가 먼 곳에 있는 물고기를 찾는 데 이용되는 것은 물에 흡수되는 음파의 양이 적기 때문이군.

03 ㉡을 고려하여 ㉠의 결과를 추론한 내용으로 가장 적절한 것은?

① 음파의 양이 증가하는 추세를 보였겠군.

② 음파의 속도가 느려지는 추세를 보였겠군.

③ 음파의 주파수가 높아지는 추세를 보였겠군.

④ 음파의 도달 거리가 길어지는 추세를 보였겠군.

⑤ 음파의 도달 시간이 짧아지는 추세를 보였겠군.

04 윗글을 읽을 때 사용할 독서 전략으로 가장 적절한 것은?

① 핵심 제재의 발전 과정에 주목하며 읽는다.

② 핵심 제재에 대한 다양한 견해를 비교하며 읽는다.

③ 핵심 제재에 대한 글쓴이의 주장을 비판하며 읽는다.

④ 핵심 제재가 지닌 속성을 사실적으로 이해하며 읽는다.

⑤ 핵심 제재가 갖는 문제점과 해결 방안을 정리하며 읽는다.

독해지도 쓱쓱

고주파와 저주파의 차이점, 음파의 속도에 영향을 미치는 요소 등 핵심 포인트만 놓치지 않으면 크게 어렵지 않은 지문이에요. (다 맞았다면 독해지도 그리기는 패스해도 될지도...?)

04 파동 ②

빛이 물체에 닿으면 물체를 구성하는 원자 내의 전자가 진동하면서 전자기파를 방출하는데, 인간의 눈에 보이는 빛의 색깔은 방출되는 전자기파의 고유한 진동수에 따라 결정된다. 인간의 눈에 보이는 가시광선 중 가장 낮은 진동수의 빛은 빨간색 광선이며, 진동수가 가장 높은 빛은 보라색 광선이다. 보라색 광선보다 더 높은 진동수를 지닌 자외선이나, 빨간색 광선보다 더 낮은 진동수를 지닌 적외선은 인간의 눈에 보이지 않는다. 빛이 물체에 닿을 때, 물체는 흡수한 빛 중에서 특정 진동수의 가시광선을 우리 눈의 방향으로 다시 방출하여 우리 눈은 그 방출된 빛을 보게 된다. 장미가 빨갛게 보이는 이유는 장미가 흡수한 빛 중에서 빨간색 광선에 해당하는 진동수의 빛을 우리 눈의 방향으로 방출하기 때문이다.

그렇다면 유리와 같은 투명체는 왜 특정 색깔을 띠지 않고 투명해 보이는 것일까? 인간의 눈에는 빛이 직진하여 그대로 유리를 통과하는 것처럼 보이지만, 실제로는 그렇지 않다. 즉 유리를 구성하는 원자가 흡수한 빛 가운데, 적외선과 자외선은 유리에 대부분 흡수되어 열에너지의 형태로 남고, 가시광선 영역에 해당하는 대부분은 사방으로 재방출된다. 유리가 투명해 보이는 이유는 이 때문이다.

그런데 유리 원자가 가시광선을 흡수했다가 방출하기까지는 약간의 시간이 소요되며, 소요된 시간만큼 빛의 속력이 줄어들게 된다. 공기 중에서의 빛의 속력의 값을 c로 놓을 때, 유리나 물과 같은 투명체를 통과하는 빛의 속력은 c의 대략 70%에 불과하다. 이렇게 느려진 빛은 다시 공기 중으로 나오면서 원래의 속력을 회복하게 된다. 빛의 속력은 매질의 밀도가 높을수록 낮아지는데, 공기 중보다 유리에서 빛의 속력이 낮아지는 것은 유리의 밀도가 공기의 밀도보다 높기 때문이다.

빛이 이렇게 물질마다 다른 속력으로 진행하기 때문에, 다른 물질의 경계 면에 닿았을 때 수직으로 진행하는 경우를 제외하면 언제나 빛의 경로가 꺾이게 된다. 이러한 현상을 굴절이라고 한다. 굴절 현상을 이해하기 위해, 매끈한 아스팔트에서 바퀴가 잘 구르지 않는 잔디밭으로 장난감 자동차가 비스듬히 들어가는 경우를 생각해 보자. 잔디에 먼저 도착한 쪽의 바퀴의 속력은 느려지지만 아스팔트 위를 달리고 있는 쪽의 바퀴의 속력은 빠르게 유지되기 때문에 자동차의 진행 방향은 잔디에 먼저 도착한 쪽의 바퀴가 있는 방향으로 꺾이게 된다. 빛이 공기 중에서 물로 비스듬히 들어갈 때에도, 빛의 파면*의 아랫부분이 물에 먼저 도착하여 속력이 느려지면서 빛이 파면의 아랫부분으로 꺾이게 된다.

또한 빛이 투명체를 지날 때 굴절되면서 진동수에 따라 다양한 광선으로 분리되는데, 이를 빛의 분산이라고 한다. 빛이 공기 중에서 투명체로 비스듬히 들어갈 때, 진동수가 높은 보라색 광선은 진동수가 낮은 빨간색 광선보다 투명체 안에서의 속력이 더 느려지기 때문에, 더 많이 굴절된다. 이에 따라 투명체를 통과하는 빛은 서로 다른 색깔의 광선으로 나뉘어 각기 다른 진행 경로로 방출된다.

* **빛의 파면** : 빛을 파동으로 보았을 때 빛의 진행 방향과 수직인 면. 본래 파면은 곡선이나 태양과 거리가 먼 지구에서의 빛의 파면은 거의 직선이다.

01 윗글에서 다룬 내용이 <u>아닌</u> 것은?

① 자외선이 유리에 흡수되는 이유

② 빛의 색깔에 따른 진동수의 차이

③ 빛의 진행 과정에서 일어나는 현상

④ 유리와 같은 물체가 투명하게 보이는 이유

⑤ 투명체를 통과할 때 빛의 속력이 감소하는 이유

02 〈보기〉의 현상이 나타나는 원인과 가장 관련이 깊은 것은?

투명한 연못 속의 금붕어를 물가에 서서 비스듬히 내려다 볼 때, 관찰자의 눈에는 금붕어가 본래의 위치보다 수면에 가까이 있는 것처럼 보인다. 이는 금붕어에 닿은 빛이 되돌아와 우리 눈에 보이는 과정에서 일어난 현상이다.

① 밀도가 다른 매질에서 빛의 속력이 변함.
② 빛이 수면과 수직 방향으로 들어가고 나옴.
③ 가시광선이 물속에서 빠른 속력으로 직진함.
④ 물이 특정 색의 가시광선만 흡수했다 방출함.
⑤ 빛이 진동수에 따라 여러 빛깔의 광선으로 분리됨.

03 윗글을 읽고 〈보기〉의 그림에 대해 설명한 내용으로 적절한 것은? [3점]

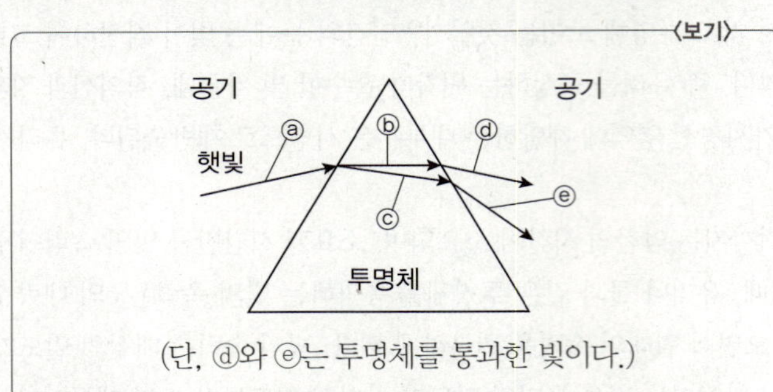

① ⓐ와 ⓓ의 속력은 다르다.
② ⓐ~ⓔ 중, ⓒ의 속력이 가장 느리다.
③ ⓐ와 ⓔ에는 자외선이 들어 있지 않다.
④ ⓑ의 진동수는 ⓒ의 진동수보다 높다.
⑤ ⓑ와 ⓔ의 진동수는 같다.

독해지도 쓱쓱

과학 시간에 배워서 익숙한 내용일 거예요! '빛의 색깔, 속력, 굴절, 분산'이 순서대로 서술되고 있어서 글의 흐름만 잘 따라가면 정리하기 쉬워요.

05 현대 물리

| 01~03 | 다음 글을 읽고 물음에 답하시오.

양자 역학의 불확정성 원리는 우리가 물체를 '본다'는 것의 의미를 재고하게 한다. 책을 보기 위해서는 책에서 반사된 빛이 우리 눈에 도달해야 한다. 다시 말해 무엇을 본다는 것은 대상에서 방출되거나 튕겨 나오는 광양자를 지각하는 것이다.

광양자는 대상에 부딪쳐 튕겨 나올 때 대상에 충격을 주게 되는데, 우리는 왜 글을 읽고 있는 동안 책이 움직이는 것을 볼 수 없을까? 그것은 빛이 가하는 충격이 책에 의미 있는 운동을 일으키기에는 턱없이 작기 때문이다. 날아가는 야구공에 플래시를 터뜨려도 야구공의 운동에 아무 변화가 없어 보이는 것도 마찬가지이다. 책이나 야구공에 광양자가 충돌할 때에도 교란이 생기지만 그 효과는 무시할 만하다.

어떤 대상의 물리량을 측정하려면 되도록 그 대상을 교란하지 않아야 한다. 측정 오차를 줄이기 위해 과학자들은 주의 깊게 실험을 설계하고 더 나은 기술을 사용함으로써 이러한 교란을 줄여 나갔다. 그들은 원칙적으로 측정의 정밀도를 높이는 데 한계가 없다고 생각했다. 그러나 물리학자들은 소립자의 세계를 다루면서 이러한 생각이 잘못임을 깨달았다.

㉠'전자를 보는 것'은 ㉡'책을 보는 것'과 큰 차이가 있다. 우리가 어떤 입자의 운동 상태를 알려면 운동량과 위치를 알아야 한다. 여기에서 운동량은 물체의 질량과 속도의 곱으로 정의되는 양이다. 특정한 시점에서 특정한 전자의 운동량과 위치를 알려면, 되도록 전자에 교란을 적게 일으키면서 동시에 두 가지 물리량을 측정해야 한다.

이상적 상황에서 전자를 '보기' 위해 빛을 쏘아 전자와 충돌시킨 후 튕겨 나오는 광양자를 관측한다고 해 보자. 운동량이 작은 광양자를 충돌시키면 전자의 운동량을 적게 교란시켜 운동량을 상당히 정확하게 측정할 수 있다. 그러나 운동량이 작은 광양자로 이루어진 빛은 파장이 길기 때문에, 관측 순간의 전자의 위치, 즉 광양자와 전자의 충돌 위치의 측정은 부정확해진다. 전자의 위치를 더 정확하게 측정하기 위해서는 파장이 짧은 빛을 써야 한다. 그런데 파장이 짧은 빛, 곧 광양자의 운동량이 큰 빛을 쓰면 광양자와 충돌한 전자의 속도가 큰 폭으로 변하게 되어 운동량 측정의 부정확성이 오히려 커지게 된다. 이처럼 관측자가 알아낼 수 있는 전자의 운동량의 불확실성과 위치의 불확실성은 반비례 관계에 있으므로, 이 둘을 동시에 줄일 수 없음이 드러난다. 이것이 불확정성 원리이다.

01 윗글을 통해 알 수 있는 내용으로 적절하지 **않은** 것은?

① 광양자가 전자와 충돌하면 전자의 운동량이 변한다.
② 물리학자들은 측정의 정밀도를 높이는 데 관심이 많다.
③ 질량이 변하지 않으면 전자의 운동량은 속도에 비례한다.
④ 플래시를 터뜨리는 것은 촬영 대상에 광양자를 쏘는 것이다.
⑤ 전자의 운동량을 측정하려면 전자보다 광양자의 운동량이 커야 한다.

02 윗글에서 ㉡과 구별되는 ㉠의 특성으로 가장 적절한 것은?

① 대상을 교란하는 효과를 무시할 수 없다.
② 대상을 매개물 없이 직접 지각할 수 있다.
③ 대상이 너무 작아 감지하기가 불가능하다.
④ 대상이 전달하는 의미를 해석할 필요가 없다.
⑤ 대상에서 반사되는 빛을 감지하여 이루어진다.

03 윗글을 바탕으로 〈보기〉에 대해 탐구한 내용으로 옳지 <u>않은</u> 것은? [3점]

〈보기〉

일정한 전압에 의해 가속된 전자 빔이 x축 방향으로 진행할 때, 전자 빔에 일정한 파장의 빛을 쏘아서 측정한 전자의 운동량은 ⓐ 1.87×10^{-24}kg·m/s였다. 그 측정 오차 범위는 ⓑ 9.35×10^{-27}kg·m/s보다 줄일 수 없었는데, 불확정성 원리에 따라 계산해 보니 이때 전자의 x축 방향의 위치는 ⓒ 5.64×10^{-9}m의 측정 오차 범위보다 정밀하게 확정할 수 없었다.

① 빛이 교란을 일으킨 전자의 운동량이 ⓐ이겠군.
② 전자의 질량을 알면 ⓐ로부터 전자의 속도를 구할 수 있겠군.
③ 같은 파장의 빛을 사용하더라도 실험의 정밀도에 따라 전자 운동량의 측정 오차는 ⓑ보다 커질 수 있겠군.
④ 광양자의 운동량이 더 큰 빛을 사용하면 전자 운동량의 측정 오차 범위는 ⓑ보다 커지겠군.
⑤ 더 긴 파장의 빛을 사용하면 전자 위치의 측정 오차 범위를 ⓒ보다 줄일 수 있겠군.

독해지도 쓱쓱

'양자 역학', '불확정성 원리', '광양자' 등 낯선 용어들이 연달아 나와서 머리가 지끈지끈한 학생들이 있을 수 있어요. 하지만 낯선 용어에 쫄지 말고(?) 찬찬히 읽어 보세요. 글에서 다루는 내용은 생각보다 어렵지 않아요. 독해지도를 그리며 정리한다면 충분히 이해할 수 있는 지문이에요!

01 물질의 구조

| 01~03 | 다음 글을 읽고 물음에 답하시오.

과거에는 물질이 더 이상 쪼개지지 않는 작은 원자들로 구성되어 있다고 생각되었지만, 오늘날에는 원자가 전자, 양성자, 중성자로 구성된 복잡한 구조라는 것이 밝혀졌다.

음전기를 띠고 있는 전자는 세 입자 중 가장 작고 가볍다. 1897년에 톰슨이 기체 방전관 실험에서 음전기의 흐름을 확인하여 전자를 발견하였다. 같은 음전기를 띠고 있는 전자들은 서로 반발하므로 원자 안에 모여 있기 어렵다. 이에 전자끼리 흩어지지 않고 원자의 형태를 유지하는 이유를 설명하기 위해 톰슨은 '건포도빵 모형'을 제안하였다. 양전기가 빵 반죽처럼 원자에 ㉠ 고르게 퍼져 있고, 전자는 건포도처럼 점점이 박혀 있어서 원자가 평소에 전기적으로 중성이라고 생각한 것이다.

양전기를 띠고 있는 양성자는 전자보다 대략 2,000배 정도 무거워서 작은 에너지로 전자처럼 분리해 내거나 가속시키기 쉽지 않다. 그러나 1898년 마리 퀴리가 천연 광물에서 라듐을 발견한 이후 새로운 실험이 가능해졌다. 라듐은 강한 방사성 물질이어서 양전기를 띤 알파 입자를 큰 에너지로 방출한다. 1911년에 러더퍼드는 라듐에서 방출되는 알파 입자를 얇은 금박에 충돌시키는 실험을 하였다. 그 결과 알파 입자는 금박의 대부분을 통과했지만 일부 지점들은 통과하지 못하고 튕겨 나갔다. 이 실험을 통해 러더퍼드는 양전기가 빵 반죽처럼 원자 전체에 퍼져 있는 것이 아니라 아주 좁은 구역에만 모여 있다는 것을 알게 되었고, 이 구역을 '원자핵'이라고 하였다. 그는 실험 결과를 바탕으로 태양이 행성들을 당겨 공전시키는 것처럼 양전기를 띤 원자핵도 전자를 잡아당겨 공전시킨다는 '태양계 모형'을 제안하여 톰슨의 모형을 수정하였다.

그런데 러더퍼드의 모형은 각각의 원자에서 나타나는 고유한 스펙트럼을 설명하지 못했다. 1913년에 닐스 보어는 전자가 핵 주위의 특정한 궤도만을 돌 수 있다는 '에너지 양자화 가설'이라는 것을 제안하였다. 이를 통해 양성자 1개와 전자 1개로 이루어져 구조가 단순한 수소 원자의 스펙트럼을 설명할 수 있었다. 1919년에 러더퍼드는 질소 원자에 대한 충돌 실험을 통하여 핵에서 떨어져 나오는 양성자를 확인하였다. 그는 또한 핵 속에 전기를 띠지 않는 입자인 중성자가 있다는 것을 예측하였다. 1932년에 채드윅은 전기적으로 중성이며 질량이 양성자와 비슷한 입자인 중성자를 발견하였다. 1935년에 일본의 유카와 히데키는 중성자가 중간자라는 입자를 통해 핵력이 작용하게 하여 양성자를 잡아당긴다는 가설을 제안하였다. 여러 개의 양성자를 가진 원자에서는 같은 양전기를 띠고 있는 양성자들이 서로 밀어내려 하는데, 이러한 반발력보다 더 큰 힘이 있어야만 여러 개의 양성자가 핵에 속박될 수 있다. 그의 제안을 이용하면 양성자들이 흩어지지 않고 핵 안에 모여 있음을 설명할 수 있었다.

01 윗글에 대한 설명으로 적절하지 <u>않은</u> 것은?

① 원자를 구성하는 입자들의 질량이 비교되어 있다.
② 원자를 구성하는 입자들의 내부 구조를 제시하고 있다.
③ 원자를 구성하는 입자들의 전기적 성질을 제시하고 있다.
④ 원자를 구성하는 입자들이 발견된 순서를 제시하고 있다.
⑤ 원자를 구성하는 입자들 사이에 작용하는 힘을 제시하고 있다.

02 윗글에 대한 이해로 적절한 것은? [3점]

① 라듐이 발견됨으로써 러더퍼드는 원자핵을 발견하게 된 실험을 할 수 있었다.
② 질소 충돌 실험에서 양성자가 발견됨으로써 유카와 히데키의 가설이 입증되었다.
③ 채드윅은 양성자가 핵 안에서 흩어지지 않는 이유를 설명하는 가설을 제안했다.
④ 원자 모형은 19세기 말에 전자가 발견됨으로써 '태양계 모형'에서 '건포도빵 모형'으로 수정되었다.
⑤ 알파 입자가 금박의 일부분에서 튕겨 나간다는 사실을 통해 양전기가 원자 전체에 퍼져 있음이 입증되었다.

03 ㉠의 문맥적 의미와 가장 가까운 것은?

① 그 식물은 전국에 고른 분포를 보인다.
② 국어사전에서 적당한 단어를 골라야 한다.
③ 그는 목소리를 고르며 차례를 기다리고 있다.
④ 울퉁불퉁한 곳을 흙으로 메워 판판하게 골랐다.
⑤ 날씨가 고르지 못한 환절기에 아이가 감기에 들었다.

독해지도 쓱쓱

원자의 구조를 탐구한 과학자들과 그 탐구 내용을 시간 순서대로 서술하고 있어요. 시간 순서에 맞게 독해지도를 정리해 보세요!

| 01~04 | 다음 글을 읽고 물음에 답하시오.

라면을 끓일 때, 스프를 미리 넣으면 물만 끓일 때보다 끓는 데 더 오랜 시간이 걸린다. 이것은 스프가 물에 녹으면 물의 끓는점이 높아져서 더 많은 열을 가해야 하기 때문이다. 그렇다면 스프를 넣은 물의 끓는점이 순수한 물의 끓는점보다 높은 이유는 무엇일까?

밀폐된 용기 속에 물을 담아 두면 물 분자들은 표면에서 일정한 속도로 증발한다. 이 과정에서 액체 상태의 물이 기체 상태로 변하기 때문에 물의 양은 점점 줄어든다. 그렇지만 일정 시간이 지나면 물의 양은 더 이상 줄어들지 않는다. 그 이유는 물에서 증발하는 분자 수와 물로 ⊙ 돌아오는 분자 수가 같아지기 때문이다. 기체 상태의 분자들이 액체로 돌아오는 과정을 응축이라 하는데, 밀폐된 용기 속에서 증발된 기체 분자 수가 많아질수록 응축 속도가 빨라져 결국 증발 속도와 같아진다. 증발 속도와 응축 속도가 같은 때를 평형 상태라고 하는데, 이때부터 물의 양은 더 이상 줄어들지 않는다. 평형 상태에서 증기가 나타내는 압력을 액체의 증기압이라고 한다.

라면 스프를 넣은 물은 일종의 용액인데, 용액의 증기압은 용액의 농도와 온도, 용매의 종류에 따라 변한다. 순수한 용매만 있을 때에는 용매의 표면 전체에서 증발이 일어난다. 그러나 용액은 표면에서 비휘발성 용질이 차지하는 부분만큼 증발이 일어나지 않아, 용액의 증기압은 순수한 용매의 증기압보다 낮아진다. 용액에 비휘발성 용질이 많이 녹아 있을수록, 즉 용액의 농도가 진할수록 표면에서 증발하는 용매 분자 수가 적어지기 때문에 용액의 증기압이 더 낮아진다. 한편 온도가 높아지면 분자의 운동이 활발해져서 증발하는 용매 분자 수가 많아지고, 이에 따라 용액의 증기압도 높아진다.

라면 스프를 넣은 물의 끓는점이 높아지는 이유는 용액의 증기압 변화를 통해 설명할 수 있다. '끓는다'는 것을 과학적으로 정의하면 액체의 증기압이 대기압과 같아져서 액체 내부에서 기체 상태로 변한 분자들(기포)이 액체의 표면 바깥으로 나오는 것이라고 할 수 있다. 그러므로 끓는점은 액체의 증기압이 대기압과 같아지는 온도로 정의할 수 있다. 비휘발성 용질을 녹인 용액은 순수한 용매보다 증기압이 낮기 때문에 더 높은 온도가 되어야 용액의 증기압과 대기압이 같아진다. 라면 스프를 넣은 물이 순수한 물에 비해 끓는점이 높은 이유는 이 때문이다. 반면 높은 산에 올라가면 대기압이 낮아지기 때문에 평지보다 액체의 증기압이 낮은 상태에서도 끓게 되는 것이다.

01 온도가 일정한 밀폐된 용기 속에 용액을 넣고 관찰한다고 할 때, 이에 대한 설명으로 적절하지 <u>않은</u> 것은?

① 증발이 계속되면 응축 속도는 느려진다.
② 용액의 증발 속도는 일정하게 유지된다.
③ 평형 상태에서 증발 속도는 응축 속도와 같다.
④ 증발 속도가 응축 속도보다 빠르면 용액이 줄어든다.
⑤ 용액의 농도가 진할수록 증발하는 용매 분자 수가 적어진다.

아래 모형은 순수한 물인 (가)와 물에 비휘발성 용질을 녹인 (나)를 나타낸 것이다. (가)와 (나)는 동일한 조건에 있다.

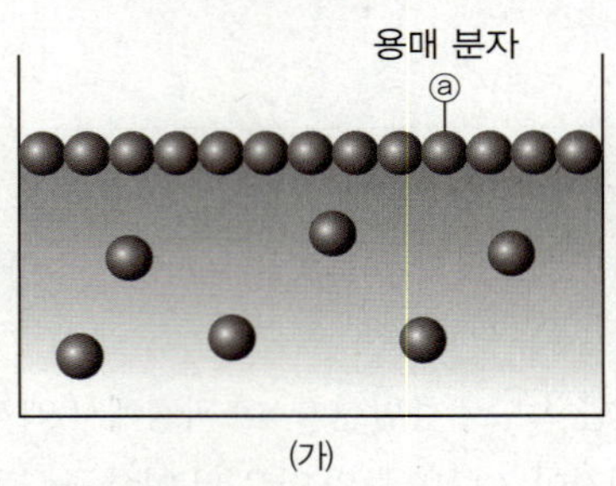

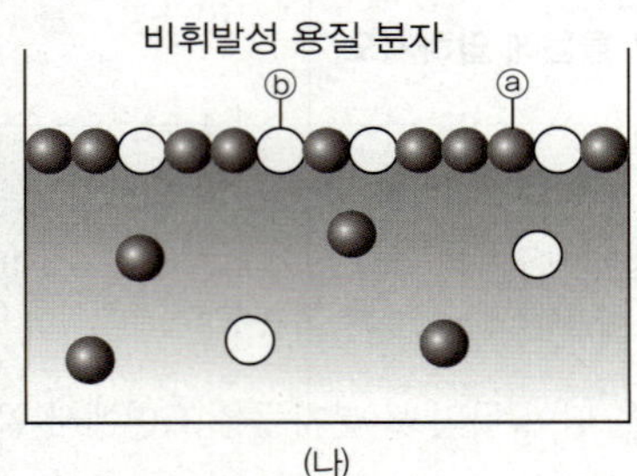

02 **(가)와 (나)에 대한 설명으로 적절하지 않은 것은?** [3점]

① (가)에서는 표면 전체에서 증발이 일어난다.

② (나)의 표면에서 ⓑ가 차지하는 부분만큼 증발이 일어나지 않는다.

③ (나)에서 ⓑ의 수가 많아질수록 용액의 증기압이 높아진다.

④ (가)는 (나)보다 ⓐ의 수가 줄어드는 속도가 빠르다.

⑤ (가)와 (나) 모두 온도가 높아지면 증발되는 ⓐ의 수가 많아진다.

03 **(가)의 끓는점(㉮), (나)의 끓는점(㉯)을 나타낸 그래프로 가장 적절한 것은?**

① 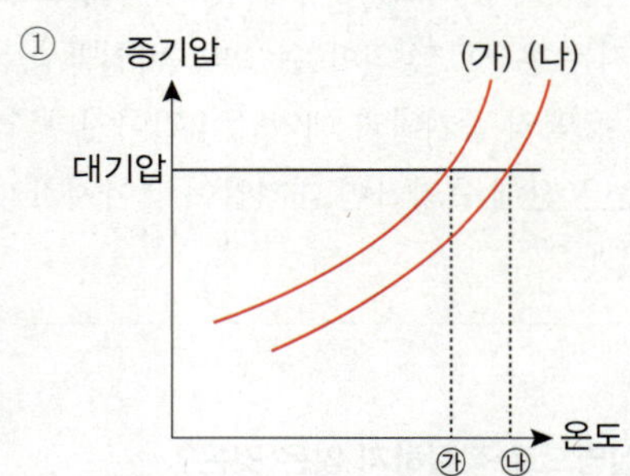

② 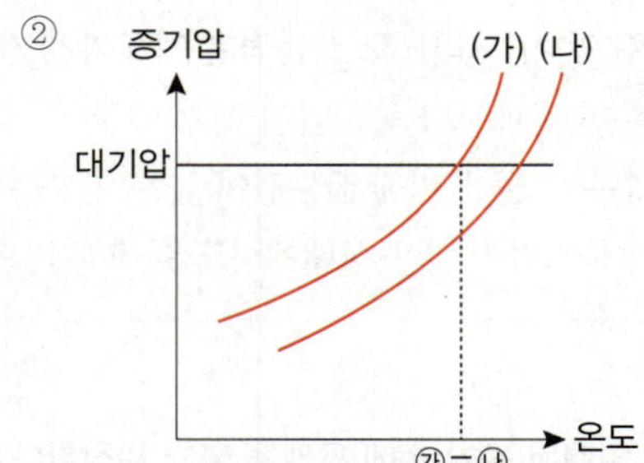

③ 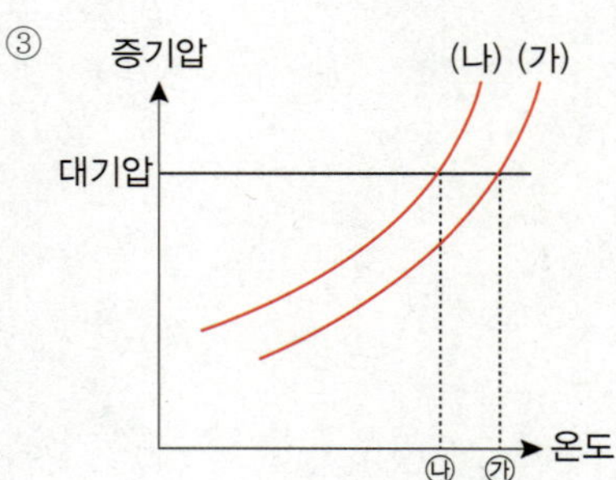

④ 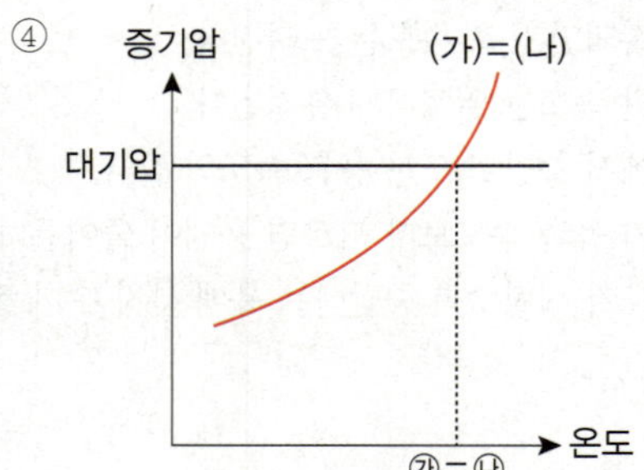

⑤ 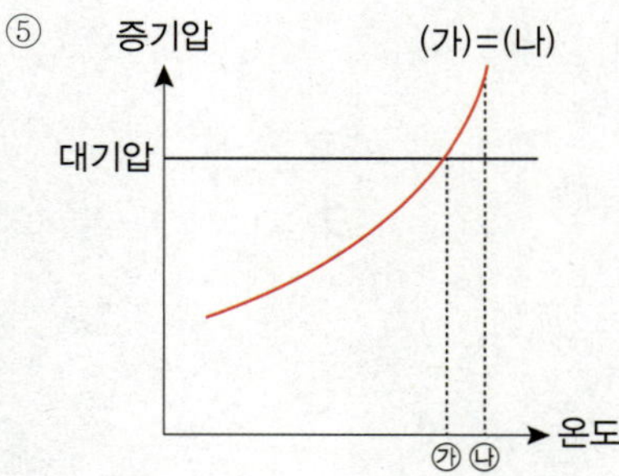

04 **밑줄 친 단어 중 ㉠과 문맥적 의미가 가장 유사한 것은?**

① 그는 원래 있던 자리로 다시 돌아왔다.

② 이제 곧 내가 발표할 차례가 돌아온다.

③ 나는 지름길을 두고 먼 길을 돌아왔다.

④ 우리 부서에 돌아온 것은 비난뿐이었다.

⑤ 모퉁이를 돌아오면 처음에 보이는 집이 우리 집이다.

독해지도 쓱쓱

1문단에서 '스프를 넣은 물의 끓는점이 순수한 물의 끓는점보다 높은 이유'에 대해 물어본 뒤, 4문단에서 이에 대한 답을 하고 있어요. 2, 3문단은 답을 하기 위한 중간 설명이고요. 글에서 말하고자 하는 바가 무엇인지만 파악해도 도식화하기가 훨씬 쉬워집니다!

03 물질의 상태 ②

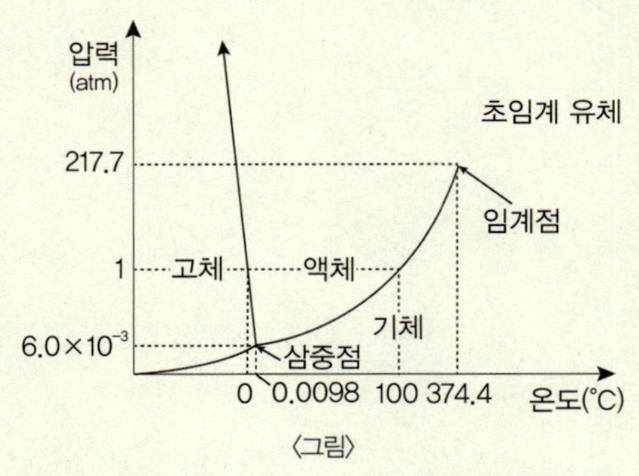

물질은 여러 가지 다른 상(phase)으로 ⓐ <u>존재</u>할 수 있다. 물질의 상이란 화학적 조성은 물론 물리적 상태가 전체적으로 균질한 물질의 형태를 말하며, 일반적으로 고체, 액체, 기체로 ⓑ <u>구분</u>된다. 고체는 일정한 부피와 모양을 가지고 있으며, 물질을 구성하는 원자들이 각자의 위치를 중심으로 결합되어 서로 고정된 상태이다. 액체는 일정한 부피를 가지나 모양이 일정하지는 않으며, 물질을 구성하는 분자 간 인력이 분자 위치를 고정할 만큼 강하지 못하여 분자가 액체 내부를 무질서하게 돌아다니는 상태이다. 기체는 부피와 모양이 모두 일정하지 않으며, 물질을 구성하는 분자 간 인력이 매우 작은 편으로 기체의 분자 간 평균적인 거리는 고체나 액체일 경우에 비해 매우 먼 상태이다.

물질은 압력과 온도 조건의 변화에 따라 다른 상으로 변할 수 있다. 화학적 조성의 변화는 ⓒ <u>수반</u>되지 않으면서 물질의 상이 전환되는 현상을 상변화(phase change)라 하며, 압력은 동일하지만 온도가 더 높은 조건에서 존재하는 상일 때의 물질을 높은 상 물질이라고 한다. 이러한 모든 상변화에서는 물질의 내부 에너지 변화가 일어나는 특징이 있다.

상평형 그림(phase diagram)은 닫힌계*에서 압력과 온도 조건의 변화에 따른 물질의 상변화를 나타낼 수 있는 방법이다. 아래의 〈그림〉은 물의 상평형 그림으로, 압력과 온도 조건에 따른 물의 상을 보여 준다. 상평형 그림에서 상과 상 사이의 선들을 상 경계라고 하는데, 선의 각 점은 두 상이 평형을 이루는 압력과 온도 조건을 나타내며, 상 경계는 두 상이 평형을 이루는 압력과 온도 조건의 집합이 된다. 상평형 그림에서 고체상과 액체상이 평형을 이루는 조건을 융해 곡선, 기체상과 고체상이 평형을 이루는 조건을 승화 곡선, 기체상과 액체상이 평형을 이루는 조건을 증기 압력 곡선이라 한다.

[A]
닫힌계에서 기체상과 액체상이 평형을 이루는 상태에 대해 설명해 보자. 액체가 기체로 상이 전환되는 것은, 같은 온도에서도 액체의 분자가 각각 서로 다른 에너지를 가지고 있을 수 있어서 그중 높은 에너지를 갖는 분자가 증발할 수 있기 때문이다. 액체의 분자들을 한데 묶어 두는 분자 간 인력이 존재함에도 불구하고, 액체의 표면에 있는 분자들은 각각 다른 정도의 운동 에너지를 갖기 때문에 그중 운동 에너지가 큰 분자들은 분자 간 인력을 극복하고 증발하여 기체 상태로 변한다. 하지만 기체의 분자들 일부는 반대로 에너지를 잃고 응결되어 액체로 변한다. 그리고 이러한 과정의 초기에는 액체의 표면을 떠나는 분자의 수가 돌아오는 수보다 훨씬 많으나, 기체의 분자 수 증가로 기체의 압력 또한 높아져 액체의 표면에서 응결되는 분자 수 또한 증가하게 된다. 결국 분자들의 증발 또는 응결은 지속적으로 이루어지고 있으나, 특정한 압력과 온도 조건에서 액체의 증발 속도와 기체의 응결 속도는 같아지게 되어 거시적으로 평형을 유지하게 된다. 그리고 이러한 상태에서의 압력과 온도 조건들이 상평형 그림의 증기 압력 곡선이 된다.

한편, 위 〈그림〉에서 고체와 기체 사이의 상 경계를 따라가면 두 선이 ⓓ <u>분기</u>하는 점이 나타난다. 이 점은 세 개의 상이 평형을 이루며 공존하는 상태로, ㉠ <u>삼중점(triple point)</u>이라고 한다. 그리고 액체와 기체 사이의 상 경계를 따라가면 선이 끝나는 임계점을 만나는데, 이때의 온도를 임계 온도, 압력을 임계 압력이라 한다. 임계 온도는 아무리 압력을 높여도 기체가 액화되지 않는 온도이며, 임계 압력은 아무리 온도를 높여도 액체가 증발되지 않는 압력으로, 임계점에서 두 상은 액체도 기체도 아닌 초임계 유체를 ⓔ <u>형성</u>한다.

* 닫힌계 : 주위와 물질 교환을 하지 않으나 에너지 교환은 할 수 있는 계.

01 윗글에 대한 설명으로 가장 적절한 것은?

① 물질의 상과 상변화 개념을 제시하고, 상평형 그림을 활용하여 물질의 상변화를 설명하고 있다.

② 물질의 상을 구분하고, 압력 변화에 따라 물질을 구성하는 원자나 분자가 달라지는 원인을 분석하고 있다.

③ 물질이 물리적 형태에 따라 나타내는 특성들을 제시하고, 다양한 물질의 예를 들어 각 특성들을 설명하고 있다.

④ 물질의 상과 상변화의 관련성을 설명하고, 압력과 온도 변화에 따른 물질의 화학적 조성 변화 원인을 분석하고 있다.

⑤ 물질의 상변화 과정에서 나타나는 압력과 온도 사이의 상관성을 분석하고, 물질의 화학적 변화 이유를 제시하고 있다.

02 〈보기〉와 윗글의 〈그림〉을 관련지어 이해한 내용으로 적절하지 <u>않은</u> 것은?

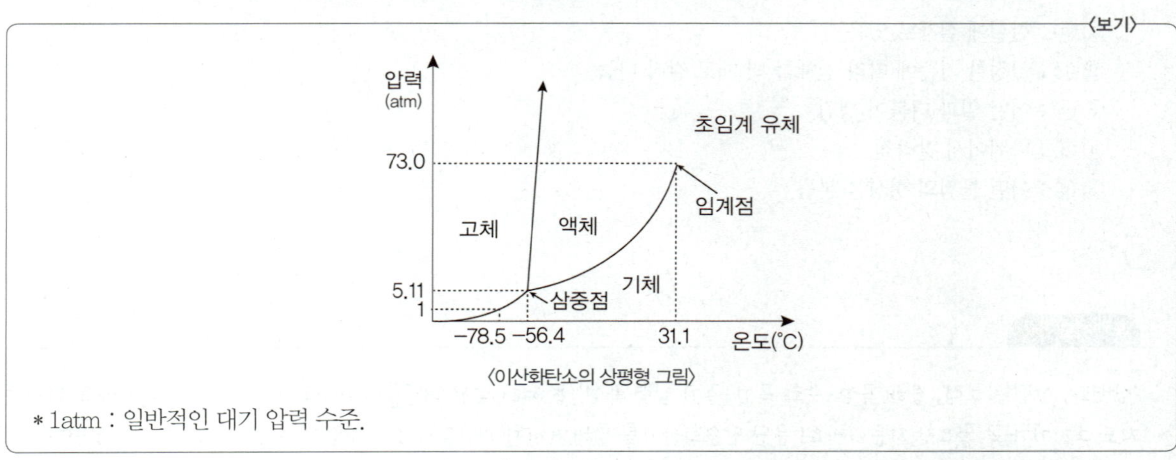

① 이산화탄소는 물에 비해 임계점이 상대적으로 더 낮은 압력과 온도 조건에 있군.

② 이산화탄소는 물과 달리 일반적인 대기 압력 수준에서 액체로 존재할 수 없겠군.

③ 물과 이산화탄소는 동일한 압력 조건에서 고체, 액체, 기체 중 기체가 높은 상 물질이겠군.

④ 물은 이산화탄소와 달리 온도가 높아질수록 고체와 액체 간 평형을 이루는 압력이 낮아지겠군.

⑤ 물과 이산화탄소는 어떤 압력과 온도 조건에서도 고체에서 기체로의 상변화가 일어날 수 없겠군.

03 [A]를 참고하여 〈보기〉를 이해한 내용으로 적절하지 <u>않은</u> 것은? [3점]

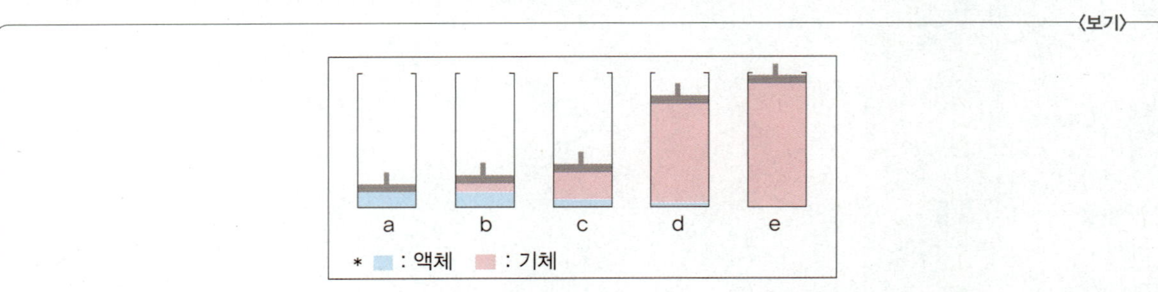

위 그림은 액체가 담긴 밀폐된 용기의 피스톤을 위로 당기는 과정을 단계적으로 도식화한 것이다. 그림의 a~e는 일정한 온도에서 압력의 감소에 따라 연속적으로 일어나는 액체에서 기체로의 전환을 보여 준다. a에서 e의 순서로 진행되며, a는 액체 상태, c만 상평형 상태, e는 기체 상태이다.

① a에서 e까지의 과정에서 액체의 분자 수는 감소하고 기체의 분자 수는 증가할 것이다.

② b는 액체의 표면을 떠나는 분자의 수가 기체에서 액체로 돌아오는 분자의 수보다 많은 상태일 것이다.

③ c는 액체의 분자가 증발하는 속도와 기체의 분자가 응결하는 속도가 같은 상태일 것이다.

④ c에서 e까지의 과정에서 액체의 분자와 기체의 분자는 모두 분자 간 인력이 커질 것이다.

⑤ e는 a에 비해 분자 간 평균적인 거리가 먼 상태일 것이다.

04 ㉠에 대한 이해로 가장 적절한 것은?

① 물질이 분자 수준에서는 상변화가 일어나고 있으나 거시적으로는 세 가지 상이 평형을 유지하고 있는 상태를 의미한다.

② 물질이 일정한 부피와 모양을 유지하면서 화학적 조성과 물리적 형태에는 변화가 없는 상태를 의미한다.

③ 물질이 세 가지 상으로 구별되나 압력과 온도의 변화에도 특정한 상을 유지하려는 상태를 의미한다.

④ 물질을 구성하는 분자 간의 인력이 강해지나 물질의 내부 에너지는 증가하는 상태를 의미한다.

⑤ 물질의 내부 에너지가 증가하며 지속적으로 압력과 온도가 상승하는 상태를 의미한다.

05 ⓐ~ⓔ의 사전적 의미로 적절하지 **않은** 것은?

① ⓐ : 현실에 실제로 있음.

② ⓑ : 일정한 기준에 따라 전체를 몇 개로 갈라 나눔.

③ ⓒ : 어떤 일과 더불어 생김.

④ ⓓ : 나뉘어서 갈라짐.

⑤ ⓔ : 어떤 물건의 형상을 본뜸.

독해지도 쓱쓱

'상변화, 상평형 그림, 융해 곡선·승화 곡선·증기 압력 곡선' 등 여러 낯선 개념들이 제시되어 있어요. 지문 이해를 위해 독해지도 그리기가 꼭 필요한 지문이에요! 문단 단순화하기를 통해 제시된 개념들의 뜻을 간단한 문장으로 요약하고, 상평형 그림을 활용해 독해지도를 그려 봅시다.

01 생명체의 구성 물질과 물질대사

|01~04| 다음 글을 읽고 물음에 답하시오.

바이러스란 스스로는 증식할 수 없고 숙주 세포에 기생해야만 증식할 수 있는 감염성 병원체를 일컫는다. 바이러스는 자신의 ㉠ 존속을 위한 최소한의 물질만을 가지고 있기 때문에 거의 모든 생명 활동에서 숙주 세포를 이용한다. 바이러스를 구성하는 기본 물질은 유전 정보를 담은 유전 물질과 이를 둘러싼 단백질 껍질이다.

1915년 영국의 세균학자 트워트는 포도상 구균을 연구하던 중, 세균 덩어리가 녹는 것처럼 투명하게 변하는 현상을 ㉡ 관찰했다. 뒤이어 1917년 프랑스에서 활동하던 데렐은 이질을 연구하던 중 환자의 분변에 이질균을 녹이는 물질이 포함되어 있다는 것을 발견하고, 이 미지의 존재를 '박테리오파지'라고 불렀다. 박테리오파지는 바이러스의 일종으로 '세균을 잡아먹는 존재'라는 뜻이다.

박테리오파지는 머리와 꼬리, 꼬리 섬유로 ㉢ <u>구성</u>되어 있다. 머리는 다면체로 되어 있고, 그 밑에는 
길쭉한 꼬리가, 꼬리 밑에는 갈고리 모양의 꼬리 섬유가 붙어 있다. 머리에는 박테리오파지의 핵심이라 할 수 있는 유전 물질이 있는데, 이 유전 물질은 단백질 껍질로 보호되어 있다. 꼬리는 머릿속의 유전 물질이 세균으로 이동하는 통로 역할을 하며, 꼬리 섬유는 세균에 단단히 달라붙는 기능을 한다.

박테리오파지는 증식을 위해 세균을 이용한다. 박테리오파지가 세균을 만나면 우선 꼬리 섬유가 세균의 세포막 표면에 존재하는 특정한 단백질, 다당류 등을 인식하여 복제를 위해 이용할 수 있는 세균인지의 ㉣ <u>여부</u>를 확인한다. 그리고 이용이 가능한 세균일 경우 갈고리 모양의 꼬리 섬유로 세균의 표면에 단단히 달라붙는다. 세균 표면에 자리를 잡은 박테리오파지는 머리에 들어 있는 유전 물질만을 세균 내부로 침투시킨다. 세균 내부로 침투한 박테리오파지의 유전 물질은 세균 내부의 DNA를 분해한다. 그리고 세균의 내부 물질과 여러 효소 등을 이용하여 새로운 박테리오파지를 형성할 유전 물질과 단백질을 만들어 낸다. 이렇게 만들어진 유전 물질과 단백질이 조립되면 새로운 박테리오파지가 복제되는 것이다.

박테리오파지에는 '독성 파지'와 '용원성 파지'가 있다. '독성 파지'는 충분한 양의 박테리오파지가 복제되면 복제를 중단하고 세균의 세포벽을 파괴하는 효소를 만든다. 그리고 그 효소로 세균의 세포벽을 터뜨리고 외부로 쏟아져 나온다. 이와 달리 '용원성 파지'는 세균을 ㉤ <u>이용</u>하는 것은 독성 파지와 같지만 세균을 파괴하지는 않는다. 대신 세균 속에서 계속 기생하여 세균이 분열함에 따라 같이 늘어난다.

01 윗글에서 언급된 '박테리오파지'에 대한 설명으로 적절하지 <u>않은</u> 것은?

① 세균을 숙주 세포로 삼아서 기생하는 바이러스이다.
② 머리에 있는 유전 물질은 단백질 껍질로 보호되어 있다.
③ 이질균을 녹이는 물질을 발견한 데렐에 의해 명명되었다.
④ 꼬리 섬유는 세균의 표면에 단단히 달라붙는 기능을 한다.
⑤ 세포막 표면에 존재하는 특정 단백질을 복제하여 증식한다.

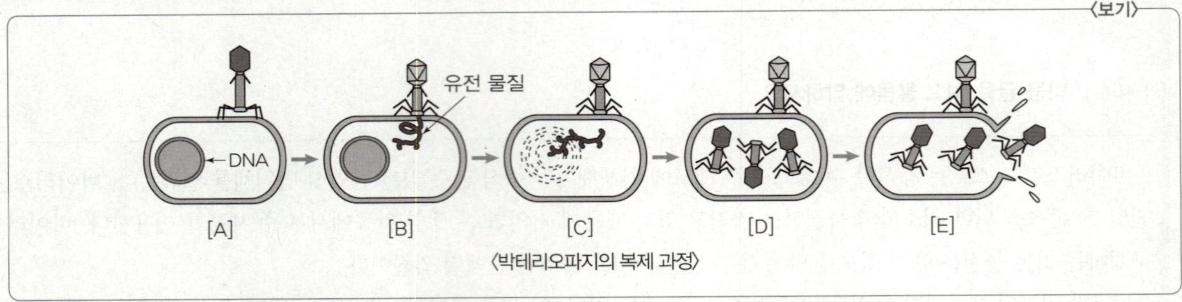

① [A] : 꼬리 섬유가 세포막 표면의 단백질, 다당류 등을 인식한 결과에 따라 유전 물질의 침투 여부가 결정되겠군.
② [B] : 박테리오파지의 머릿속에 있는 유전 물질은 꼬리를 통해 세균 안으로 유입되겠군.
③ [C] : 세균에 침투한 유전 물질은 세균의 내부 물질과 효소 등을 이용해 복제에 필요한 유전 물질과 단백질을 만들겠군.
④ [D] : 세균 속에서 기생하다 세균이 분열하는 과정에서 새로운 박테리오파지가 복제되겠군.
⑤ [E] : 복제된 박테리오파지가 세포 밖으로 터져 나오는 것을 보니 독성 파지가 증식된 것이겠군.

03 윗글을 참고하여 〈보기 1〉의 실험을 이해한 반응으로 적절한 것을 〈보기 2〉에서 골라 바르게 묶은 것은? [3점]

〈보기 1〉

　　과학자들이 단백질과 DNA 중 어느 것이 생명의 정보를 지닌 유전 물질인지에 대한 명확한 답을 얻지 못했을 당시인 1952년 허시와 체이스는 박테리오파지를 이용한 실험을 통해서 유전 물질이 무엇인지를 밝혀냈다. 허시와 체이스는 먼저 생명체의 DNA에는 인(P)이, 단백질에는 황(S)이 들어 있다는 점에 착안해 박테리오파지 DNA의 인(P)과 단백질의 황(S)을 각각 방사성 동위 원소인 인(^{32}P)과 황(^{35}S)으로 대체한 후, 이 박테리오파지를 대장균에 감염시켰다. 그리고 이들을 여러 세대에 걸쳐 배양한 뒤, 배양된 대장균의 내부에 어떤 방사성 동위 원소가 남아 있는지 확인함으로써 DNA가 유전 물질인 것을 밝혀냈다.

〈보기 2〉

　ㄱ. DNA의 구조와 복제 과정을 알고 있었기 때문에 가능한 실험이었겠군.
　ㄴ. 배양된 대장균의 내부에는 결과적으로 황(^{35}S)은 없고 인(^{32}P)만 관찰되었겠군.
　ㄷ. 박테리오파지가 유전 물질만을 세균 안으로 들여보낸다는 것을 이용한 실험이었겠군.
　ㄹ. 박테리오파지를 이용한 것은 박테리오파지가 있어야만 대장균이 분열할 수 있기 때문이었겠군.

① ㄱ, ㄴ　　　　　　　　② ㄱ, ㄷ　　　　　　　　③ ㄴ, ㄷ
④ ㄴ, ㄹ　　　　　　　　⑤ ㄷ, ㄹ

04 ㉠~㉤의 사전적 의미로 적절하지 <u>않은</u> 것은?

① ㉠ : 더 낫고 좋은 상태나 더 높은 단계로 나아감.

② ㉡ : 사물이나 현상을 주의하여 살펴봄.

③ ㉢ : 몇 가지 부분이나 요소들을 모아서 전체를 짜 이룸.

④ ㉣ : 그러함과 그러하지 아니함.

⑤ ㉤ : 대상을 필요에 따라 이롭게 씀.

독해지도 쓱쓱

박테리오파지의 구성 요소와 기능, 증식 과정을 파악하면 수월하게 지문을 이해할 수 있어요. 다 맞았다면 독해지도 그리기는 패스! 틀린 문제가 있다면 헷갈렸던 부분만 간단히 정리해 봅시다!

02 동물의 구조와 기능 ①

| 01~04 | **다음 글을 읽고 물음에 답하시오.**

자동차는 에너지가 있어야 달릴 수 있다. 마찬가지로 사람도 에너지가 있어야 활동할 수 있다. 에너지는 사람이 체온을 조절하고 유지하는 데 가장 많이 쓰이고 생장하거나 운동하는 등에 이용된다. 이러한 에너지를 얻게 되기까지의 일련의 과정을 호흡이라고 한다.

호흡은 외호흡과 내호흡으로 이루어진다. 외호흡은 폐의 폐포와 모세혈관 사이에서 일어나는 산소와 이산화탄소의 기체 교환을 말한다. 모세혈관과 조직 세포 사이에서도 산소와 이산화탄소의 기체 교환이 이루어지는데, 이에 의해 모세혈관을 통해 조직 세포에 들어온 산소가 영양소와 결합하여 영양소가 산화되면서 에너지가 발생하는 과정을 내호흡이라고 한다. 그렇다면 영양소가 산화되어 에너지가 발생하기까지의 과정은 어떻게 이루어질까? 이 과정은 세 가지의 주요 단계를 거쳐 일어난다.

[A]
먼저 소장에서 흡수된 포도당은 모세혈관을 타고 조직 세포로 운반된다. 이때 포도당 한 분자는 세포의 세포질에서 2개의 피루브산으로 분해되면서, 2개의 ATP*와 2개의 NADH라는 물질도 만들어 낸다.

다음으로 이때 생성된 피루브산은 미토콘드리아의 기질에 있는 TCA회로*에 투입된다. 피루브산 한 분자가 TCA회로에 투입되면 이산화탄소가 세 분자가 생성되고, 4개의 NADH와 1개의 $FADH_2$, 1개의 ATP가 함께 만들어진다. 포도당 한 분자로부터 피루브산이 두 분자 만들어지므로, TCA회로에서는 포도당 한 분자로부터 6개의 이산화탄소와 8개의 NADH, 2개의 $FADH_2$, 2개의 ATP가 만들어진다고 볼 수 있다. 지금까지의 과정을 통해 만들어진 물질 중 에너지원으로 사용되는 것이 바로 ATP이다. 그렇지만 이때까지 만들어진 ATP만을 사용하면 에너지의 양이 너무 적다.

호흡의 마지막 단계인 전자전달계*에서 이를 보완해 준다. 이전 단계들에서 만들어진 NADH와 $FADH_2$는 직접 에너지원으로 사용할 수는 없지만 이들을 이용해 미토콘드리아의 내막에 있는 전자전달계에서 ATP를 추가적으로 만들 수가 있는 것이다. NADH와 $FADH_2$는 전자전달계로 건너와 각각 3개, 2개씩의 ATP를 만든다. 이때 ㉠ 전자 수용체 역할을 하는 산소가 필요하다. 포도당 한 분자에 대해 ATP는 포도당이 피루브산으로 분해되는 과정에서 2개, TCA회로를 통해 2개, 전자전달계를 통해 34개가 만들어져 총 38개를 얻을 수 있다.

발효나 부패와 같은 산소를 이용하지 않는 무기호흡은 포도당 한 분자를 이용해 2개의 ATP를 만든다. 이러한 점을 감안하면 산소를 이용한 호흡이 매우 효율적인 에너지 생성 방법임을 알 수 있다.

* **ATP** : 아데노신에 인산기가 3개 달린 유기 화합물로 모든 생물의 세포 내 존재하여 에너지 대사에 매우 중요한 역할을 함.
* **TCA회로** : 시트르산 회로라고도 하며 피루브산의 산화 작용에 의해 이산화탄소로 완전 분해하는 8단계의 반응을 포함한 화학 회로.
* **전자전달계** : 산화 환원 반응 동안 전자를 운반하여 ATP를 생성할 수 있는 에너지를 방출하는 일련의 전자 운반체.

※ 원 기출문제 지문에는 'NADH₂'로 표기되어 있으나, 교과 내용상 'NADH'가 적절하므로 'NADH'로 표기함

01 윗글에서 알 수 있는 내용이 <u>아닌</u> 것은?

① 포도당 한 분자로부터 만들어진 NADH는 모두 8개이다.
② 외호흡은 폐포와 모세혈관 사이에서 일어나는 기체 교환이다.
③ 내호흡의 과정에서 기체 교환과 영양소의 산화가 일어난다.
④ 이산화탄소 분자는 포도당 한 분자로부터 6개가 만들어진다.
⑤ 사람은 체온을 유지하고 조절하는 데 많은 에너지를 사용한다.

02 〈보기〉는 [A]를 도식화한 것이다. 윗글을 통해 이를 이해한 내용으로 적절하지 <u>않은</u> 것은? [3점]

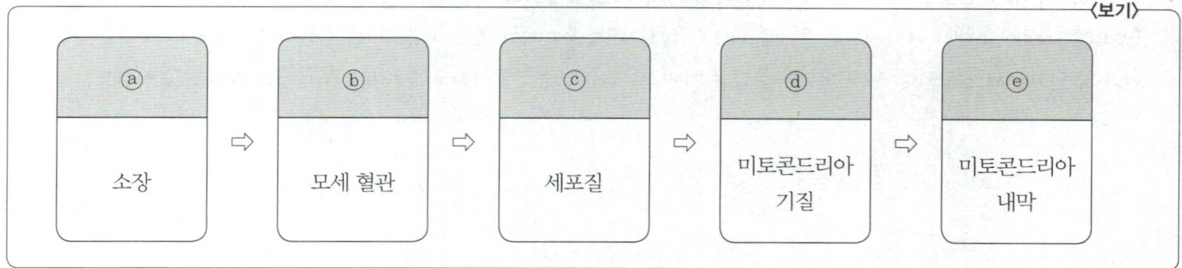

① ⓐ에서는 포도당의 흡수가 이루어지겠군.
② ⓑ를 통해서 영양소와 산소가 조직 세포로 운반되겠군.
③ ⓒ에서 포도당이 피루브산으로 분해되면서 에너지원을 생성하겠군.
④ ⓓ에서 피루브산 한 분자는 $FADH_2$는 2개, ATP는 2개를 생성하겠군.
⑤ ⓔ에서는 NADH와 $FADH_2$로부터 ATP가 추가적으로 생산되겠군.

03 윗글을 읽고 〈보기〉의 ㉮에 들어갈 말을 추론한 것으로 가장 적절한 것은?

〈보기〉

　　ATP를 생성하기 위해 효모는 주위 환경에 산소가 있으면 산소를 이용한 호흡을 하고, 산소가 없으면 발효를 한다. 만약 무산소 환경에서의 효모가 유산소 환경일 때와 동일한 양의 ATP를 같은 속도로 생산한다고 가정한다면 포도당의 소모량은 ______㉮______
　　(단, 포도당의 공급은 지속적으로 이루어지고 있다.)

① 약 2배 늘어날 것이다.　　　　　　② 약 19배 늘어날 것이다.
③ 약 2배 줄어들 것이다.　　　　　　④ 약 19배 줄어들 것이다.
⑤ 약 38배 늘어날 것이다.

04 〈보기〉를 근거로 할 때, ㉠의 이유로 가장 적절한 것은?

〈보기〉

　　원자 또는 분자 사이에서 다른 쪽의 전자를 받아들이기 쉬운 것을 전자 수용체라 한다. 그리고 하나의 분자에서 다른 분자로 전자가 이동하는 것을 산화 환원 반응이라 한다. 이때 전자를 잃는 반응을 산화, 전자를 얻는 반응을 환원이라 하는데, 산화와 환원은 항상 동시에 일어난다. 호흡의 과정에서 포도당은 수소 원자에 있던 전자를 잃어서 산화되고 최종적으로 전자는 위치 에너지를 잃고 그 결과로 에너지가 방출된다.

① 전자가 위치 에너지를 얻도록 하기 위해
② 수소 원자에 있던 전자를 얻어 환원되기 위해
③ 수소 원자에 있던 전자를 얻어 산화되기 위해
④ 산소 원자에 있던 전자를 방출하여 에너지를 얻기 위해
⑤ 수소 원자가 전자를 받아들여 에너지를 방출하기 위해

독해지도 쓱쓱

3, 4, 5문단에서 포도당이 ATP로 바뀌는 과정을 세 단계로 설명하고 있는데, 이를 잘 정리하며 읽지 않으면 내용을 따라가기 쉽지 않습니다. 다행히 여기에서는 문제로 나오진 않았지만, 출제자가 독한 마음(?)을 품었다면 포도당이 ATP로 바뀌는 과정이나 각 단계에서 생성되는 ATP 개수를 물었을 거예요. 3, 4, 5문단만이라도 독해지도를 꼼꼼하게 그려 봅시다!

03 동물의 구조와 기능 ②

| 01~05 | 다음 글을 읽고 물음에 답하시오.

전자 녹음 장치에 녹음된 자신의 목소리를 스피커를 통해 들으면 어색하게 느껴진다. 그 이유를 이해하기 위해서는 소리가 무엇이며 어떤 과정을 통해 들리게 되는지 살펴볼 필요가 있다.

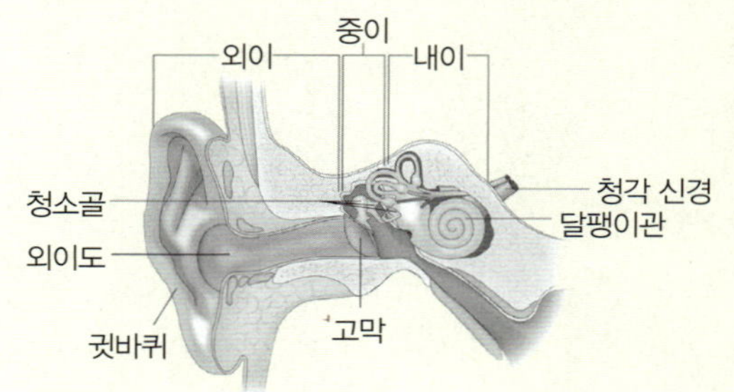

소리는 물체의 진동에 의해 발생하고 매질의 진동으로 전달되는 파동이다. 소리가 들린다는 것은 매질의 진동이 내이에 도달하여 달팽이관 속 림프액을 진동시켜 섬모가 흔들리고, 이로 인해 발생한 전기 신호가 청각 신경을 따라 뇌에 전달됨을 의미한다. 이때 소리가 내이에 도달하는 방식으로는 외이와 중이를 거치는 공기 전도와 이를 거치지 않는 골전도가 있다.

공기 전도는 공기를 매질로 소리가 내이에 전달되는 것을 의미한다. 물체의 진동이 주변 공기를 진동시키면 귓바퀴가 이 진동을 모아 귓속으로 보내고, 그 결과 진동은 외이도를 지나게 된다. 귓바퀴와 외이도 등 진동이 지나가는 각 지점에서는 소리의 공명이 발생한다. 공명이란 공명 주파수*에서 진폭이 커지는 현상을 말하는데 외이도의 경우 공명 주파수는 성인 기준으로 2,500~2,700Hz이다. 공명 주파수는 외이도의 길이에 반비례하기 때문에, 외이도의 길이가 성인보다 짧은 유아는 공명 주파수가 더 높다. 이러한 공명에 의해 증폭된 진동은 고막을 진동시키고 고막의 진동은 청소골에서 더욱 증폭되어 내이에 전달된다.

이에 반해 골전도는 귀 주변 뼈를 매질로 소리가 내이에 바로 전달되는 것이다. 대화할 때 들리는 자신의 목소리에는 성대에서 발생한 진동이 공기 전도를 통해 전달된 소리와 골전도를 통해 전달된 소리가 함께 있다. 자신의 목소리 중에서 20~1,000Hz의 소리는 골전도로는 잘 전달이 되지만, 외이와 중이에서 공명이 잘 일어나지 않아 공기 전도로는 잘 전달되지 않는다. 녹음된 자신의 목소리를 스피커를 통해 들으면 골전도를 통해 듣던 소리는 잘 들리지 않으므로 어색함을 느끼게 되는 것이다.

한편 외이와 중이에 이상이 있는 사람도 골전도를 통해서는 소리를 들을 수 있는데, 이를 이용한 보청기도 사용되고 있다. 최근에는 이어폰에도 골전도의 원리가 이용되고 있다. 이어폰 내부에는 일반적으로 내부 자기장을 형성하는 자석과 보이스코일이 있다. 보이스코일에 교류 전류를 가하면 내부 자기장에 의해 보이스코일에 인력과 척력이 교대로 작용하여 보이스코일에 진동이 발생한다. 이때 전류의 방향이 바뀌는 주기를 짧게 할수록 주파수가 높아져 높은 음의 소리가 난다. 또 전류를 세게 할수록 진폭이 커져 음량이 높아진다. ㉠ 일반적인 이어폰은 이러한 진동을 공기를 통해 전달하는데, ㉡ 골전도 이어폰은 귀 주변 뼈에 진동판을 밀착하여 진동을 내이로 직접 전달한다.

골전도 이어폰은 일반적인 이어폰과 달리 귀를 막지 않고 사용하기 때문에 다양한 장점이 있다. 우선 귀 내부가 습해지는 것을 방지할 수 있고 고막을 직접 자극하지 않는다. 또 야외 활동 시 착용해도 주변 소리를 들을 수 있어 위험 상황에 잘 대처할 수 있다. 그러나 골전도 이어폰을 사용해도 내이는 자극이 되므로 장시간 사용하면 청각 신경이 손상될 수 있어 주의해야 한다.

** **공명 주파수** : 공명 현상이 일어나거나 공명에 의해 강해지는 주파수.*

01 윗글에 대한 설명으로 가장 적절한 것은?

① 소리가 전달되는 두 가지 방식을 제시하고 이와 관련한 기술을 소개하고 있다.

② 이어폰 기술의 과학적 원리를 살펴보고 앞으로 전개될 발전 방향을 예측하고 있다.

③ 청각에 대한 두 가지 관점을 언급하고 이를 절충한 새로운 관점을 제시하고 있다.

④ 골전도 현상이 일어나는 과정을 제시하고 이에 대한 서로 다른 견해를 분석하고 있다.

⑤ 청각에 이상이 생기는 사례를 소개하고 이를 예방하기 위한 구체적인 방안을 제시하고 있다.

02 윗글을 읽고 알 수 있는 내용으로 적절하지 <u>않은</u> 것은?

① 주파수가 낮아지면 낮은 음의 소리가 난다.
② 고막의 진동은 청소골을 통과할 때 증폭된다.
③ 외이도의 길이가 짧을수록 공명 주파수는 높아진다.
④ 이어폰의 보이스코일에 흐르는 전류가 세지면 음량이 높아진다.
⑤ 20~1,000Hz의 소리는 물체의 진동에 의해서는 발생할 수 없다.

03 윗글의 내용을 고려할 때, 그 이유로 가장 적절한 것은?

① 평소에 골전도로 전달되는 소리를 들을 기회가 적었으므로
② 스피커에서 나온 녹음된 목소리는 내이를 거치지 않고 뇌에 전달되므로
③ 전자 장치의 전기적 에너지로 인해 청각 신경이 받는 자극의 크기가 커졌으므로
④ 녹음된 소리를 들을 때에는 골전도로 전달되는 주파수의 소리가 잘 들리지 않으므로
⑤ 자신이 말할 때 듣는 목소리에는 녹음된 목소리와 달리 외이에서 공명이 일어나는 소리가 빠져 있으므로

04 윗글을 바탕으로 〈보기〉에 대해 보인 반응으로 가장 적절한 것은? [3점]

〈보기〉

　　난청이란 소리가 잘 들리지 않거나 전혀 들리지 않는 증상으로 외이도에서 뇌에 이르기까지 소리가 전달되는 과정 중 특정 부분에 문제가 생기면 발생한다. 그중 전음성 난청은 외이와 중이에 문제가 있어 발생하는 증상으로, 이 경우 소리가 커지면 알아듣는 정도가 좋아질 수 있다.
　　이와 달리 감각 신경성 난청은 달팽이관까지 소리가 잘 전달되었음에도 소리가 잘 들리지 않는 것으로 달팽이관의 청각 세포나, 청각 자극을 뇌로 전달하는 청각 신경 또는 중추 신경계 이상 등으로 발생한다. 이 경우 소리가 커져도 그것을 알아듣는 정도가 좋아지지 않는다.

① 골전도 이어폰은 장시간 사용해도 감각 신경성 난청을 유발하지는 않겠군.
② 청각 신경의 이상으로 인한 난청이 있는 사람의 경우 이어폰의 음량을 높이면 잘 들을 수 있겠군.
③ 자신이 말하는 목소리가 전혀 들리지 않는 사람은 감각 신경성 난청 증상이 있다고 볼 수 있겠군.
④ 고막의 이상으로 난청이 있는 경우 골전도의 원리를 이용한 보청기는 사용해도 효과가 없겠군.
⑤ 전음성 난청이 있는 사람은 골전도 이어폰의 소리는 들을 수 없지만 일반적인 이어폰의 소리는 들을 수 있겠군.

05 ⊙, ⓒ에 대한 설명으로 적절하지 <u>않은</u> 것은?

① ⊙은 교류 전류를 진동으로 바꾸고 공기를 통해 그 진동을 내이에 전달한다.

② ⓒ은 진동판을 통해 뼈에 진동을 발생시켜 소리를 내이로 전달한다.

③ ⊙은 ⓒ과 달리 섬모의 흔들림을 유발하여 전기 신호를 발생시킨다.

④ ⓒ은 ⊙과 달리 야외 활동 시 사용해도 주변 소리를 들을 수 있어 위험 상황에 잘 대처할 수 있다.

⑤ ⊙과 ⓒ은 모두 내부 자기장과 교류 전류로 인해 인력과 척력이 발생한다.

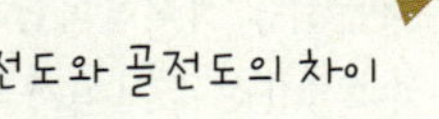

독해지도 쓱쓱

소리가 내이에 도달하는 방식을 설명하고 이를 토대로 골전도 이어폰의 원리를 제시하는 글이에요. 공기 전도와 골전도의 차이를 중점으로 글을 읽고 독해지도를 그려 보세요.

04 동물의 구조와 기능 ③

| 01~04 | 다음 글을 읽고 물음에 답하시오.

신체의 세포, 조직, 장기가 손상되어 더 이상 제 기능을 하지 못할 때에 이를 대체하기 위해 이식을 실시한다. 이때 이식으로 옮겨 붙이는 세포, 조직, 장기를 이식편이라 한다. 자신이나 일란성 쌍둥이의 이식편을 이용할 수 없다면 다른 사람의 이식편으로 '동종 이식'을 실시한다. 그런데 우리의 몸은 자신의 것이 아닌 물질이 체내로 유입될 경우 면역 반응을 일으키므로, 유전적으로 동일하지 않은 이식편에 대해 항상 거부 반응을 일으킨다. 면역적 거부 반응은 면역 세포가 표면에 발현하는 주조직적합복합체(MHC) 분자의 차이에 의해 유발된다. 개체마다 MHC에 차이가 있는데 서로 간의 유전적 거리가 멀수록 MHC에 차이가 커져 거부 반응이 강해진다. 이를 막기 위해 면역 억제제를 사용하는데, 이는 면역 반응을 억제하여 질병 감염의 위험성을 높인다.

이식에는 많은 비용이 소요될 뿐만 아니라 이식이 가능한 동종 이식편의 수가 매우 부족하기 때문에 이를 대체하는 방법이 개발되고 있다. 우선 인공 심장과 같은 '전자 기기 인공 장기'를 이용하는 방법이 있다. 하지만 이는 장기의 기능을 일시적으로 대체하는 데 사용되며, 추가 전력 공급 및 정기적 부품 교체 등이 요구되는 단점이 있고, 아직 인간의 장기를 완전히 대체할 만큼 정교한 단계에 이르지는 못했다.

다음으로는 사람의 조직 및 장기와 유사한 다른 동물의 이식편을 인간에게 이식하는 '이종 이식'이 있다. 그런데 이종 이식은 동종 이식보다 거부 반응이 훨씬 심하게 일어난다. 특히 사람이 가진 자연항체는 다른 종의 세포에서 발현되는 항원에 반응하는데, 이로 인해 이종 이식편에 대해서 초급성 거부 반응 및 급성 혈관성 거부 반응이 일어난다. 이런 거부 반응을 일으키는 유전자를 제거한 형질 전환 미니돼지에서 얻은 이식편을 이식하는 실험이 성공한 바 있다. 미니돼지는 장기의 크기가 사람의 것과 유사하고 번식력이 높아 단시간에 많은 개체를 생산할 수 있다는 장점이 있어, 이를 이용한 이종 이식편을 개발하기 위한 연구가 진행되고 있다.

이종 이식의 또 다른 문제는 ㉠ 내인성 레트로바이러스이다. 내인성 레트로바이러스는 생명체의 DNA의 일부분으로, 레트로바이러스로부터 유래된 것으로 여겨지는 부위들이다. 이는 바이러스의 활성을 가지지 않으며 사람을 포함한 모든 포유류에 존재한다. ㉡ 레트로바이러스는 자신의 유전 정보를 RNA에 담고 있고 역전사 효소를 갖고 있는 바이러스로서, 특정한 종류의 세포를 감염시킨다. 유전 정보가 담긴 DNA로부터 RNA가 생성되는 전사 과정만 일어날 수 있는 다른 생명체와는 달리, 레트로바이러스는 다른 생명체의 세포에 들어간 후 역전사 과정을 통해 자신의 RNA를 DNA로 바꾸고 그 세포의 DNA에 끼어들어 감염시킨다. 이후에는 다른 바이러스와 마찬가지로 자신이 속해 있는 생명체를 숙주로 삼아 숙주 세포의 시스템을 이용하여 복제, 증식하고 일정한 조건이 되면 숙주 세포를 파괴한다.

그런데 정자, 난자와 같은 생식 세포가 레트로바이러스에 감염되고도 살아남는 경우가 있었다. 이런 세포로부터 유래된 자손의 모든 세포가 갖게 된 것이 내인성 레트로바이러스이다. 내인성 레트로바이러스는 세대가 지나면서 돌연변이로 인해 염기 서열의 변화가 일어나며 해당 세포 안에서는 바이러스로 활동하지 않는다. 그러나 내인성 레트로바이러스를 떼어 내어 다른 종의 세포 속에 주입하면 이는 레트로바이러스로 변환되어 그 세포를 감염시키기도 한다. 따라서 미니돼지의 DNA에 포함된 내인성 레트로바이러스를 효과적으로 제거하는 기술이 개발 중에 있다.

그동안의 대체 기술과 관련된 연구 성과를 토대로 ⓐ 이상적인 이식편을 개발하기 위해 많은 연구가 수행되고 있다.

01 윗글에서 알 수 있는 내용으로 적절하지 <u>않은</u> 것은?

① 동종 간보다 이종 간이 MHC 분자의 차이가 더 크다.

② 면역 세포의 작용으로 인해 장기 이식의 거부 반응이 일어난다.

③ 이종 이식을 하는 것만으로도 바이러스 감염의 원인이 될 수 있다.

④ 포유동물은 과거에 어느 조상이 레트로바이러스에 의해 감염된 적이 있다.

⑤ 레트로바이러스는 숙주 세포의 역전사 효소를 이용하여 RNA를 DNA로 바꾼다.

02 ⓐ가 갖추어야 할 조건으로 적절하지 <u>않은</u> 것은?

① 이식편의 비용을 낮추어서 정기 교체가 용이해야 한다.
② 이식편은 대체를 하려는 장기와 크기가 유사해야 한다.
③ 이식편과 수혜자 사이의 유전적 거리를 극복해야 한다.
④ 이식편은 짧은 시간에 대량으로 생산이 가능해야 한다.
⑤ 이식편이 체내에서 거부 반응을 유발하지 않아야 한다.

03 다음은 신문 기사의 일부이다. 윗글을 참고할 때, 기사의 ㉑에 대한 반응으로 적절하지 <u>않은</u> 것은? [3점]

○○ 신 문
○○○○년 ○○월 ○○일

　최근에 줄기 세포 연구와 3D 프린팅 기술이 급속도로 발전하고 있다. 줄기 세포는 인체의 모든 세포나 조직으로 분화할 수 있다. 그러므로 수혜자 자신의 줄기 세포만을 이용하여 3D 바이오 프린팅 기술로 제작한 ㉑ 세포 기반 인공 이식편을 만들 수 있을 것으로 전망된다. 이미 미니 폐, 미니 심장 등의 개발 성공 사례가 보고되었다.

① 전자 기기 인공 장기와 달리 전기 공급 없이도 기능을 유지할 수 있겠군.
② 동종 이식편과 달리 이식 후 면역 억제제를 사용할 필요가 없겠군.
③ 동종 이식편과 달리 내인성 레트로바이러스를 제거할 필요가 없겠군.
④ 이종 이식편과 달리 유전자를 조작하는 과정이 필요하지는 않겠군.
⑤ 이종 이식편과 달리 자연항체에 의한 초급성 거부 반응이 일어나지 않겠군.

04 ㉠과 ㉡에 대한 설명으로 가장 적절한 것은?

① ㉠은 ㉡과 달리 자신이 속해 있는 생명체의 모든 세포의 DNA에 존재한다.
② ㉡은 ㉠과 달리 자신의 유전 정보를 DNA에 담을 수 없다.
③ ㉡은 ㉠과 달리 자신이 속해 있는 생명체에 면역 반응을 일으키지 않는다.
④ ㉠과 ㉡은 둘 다 자신이 속해 있는 생명체의 유전 정보를 가지고 있다.
⑤ ㉠과 ㉡은 둘 다 자신이 속해 있는 생명체의 세포를 감염시켜 파괴한다.

독해지도 쓱쓱

동종 이식의 어려움을 설명한 후, 동종 이식을 대체하기 위한 방법과 문제점, 이를 극복하기 위한 연구 등을 단계적으로 서술하고 있어요. 이 지문의 경우, 글의 논리적 흐름을 잘 따라가는 게 중요해요. 도식화하기를 통해 내용의 흐름을 정리하며 독해지도를 그려 봅시다!

05 식물의 구조와 기능 ①

| 01~06 | 다음 글을 읽고 물음에 답하시오.

식물의 생장에는 물이 필수적이다. 동물과 달리 식물은 잎에서 광합성을 통해 생장에 필요한 양분을 만들어 내는데, 물은 바로 그 원료가 된다. 물은 지구 중심으로부터 중력을 받기 때문에 높은 곳에서 낮은 곳으로 흐르지만, 식물은 지구 중심과는 반대 방향으로 자란다. 따라서 식물이 줄기 끝에 달려 있는 잎에 물을 공급하려면 중력의 반대 방향으로 물을 끌어 올려야 한다. 미국의 캘리포니아 레드우드 국립공원에는 세계에서 키가 가장 큰 세쿼이아가 있다. 이 나무는 키가 무려 112m에 이르며, 뿌리는 땅속으로 약 15m까지 뻗어 있다고 한다. 따라서 물이 뿌리에서 나무의 꼭대기에 있는 잎까지 도달하려면 127m나 끌어 올려져야 한다. 펌프 같은 장치도 보이지 않는데 대체 물이 어떻게 그 높은 곳까지 올라갈 수 있는 것일까? 식물은 어떤 힘을 이용하여 뿌리에서부터 잎까지 물을 끌어 올릴까? 식물이 물을 뿌리에서 흡수하여 잎까지 보내는 데는 뿌리압, 모세관 현상, 증산 작용으로 생긴 힘이 복합적으로 작용한다.

[A] 호박이나 수세미의 잎을 모두 ⓐ 떼어 내고 뿌리와 줄기만 남기고 자른 후 뿌리 끝을 물에 넣어 보면, 잘린 줄기 끝에서는 물이 힘차게 솟아오르지는 않지만 계속해서 올라온다. 뿌리털을 둘러싼 세포막을 경계로 안쪽은 땅에 비해 여러 가지 유기물과 무기물들이 더 많이 섞여 있어서 뿌리 바깥보다 용액의 농도가 높다. 다시 말해 뿌리털 안은 농도가 높은 반면, 흙 속에 포함되어 있는 물은 농도가 낮다. 이때 농도의 균형을 맞추기 위해 흙 속에 있는 물 분자는 뿌리털의 세포막을 거쳐 물 분자가 상대적으로 적은 뿌리 내부로 ⓑ 들어온다. 이처럼 농도가 낮은 흙 속의 물을 농도가 높은 뿌리 쪽으로 이동시키는 힘이 생기는데, 이를 뿌리압이라고 한다. 즉 뿌리압이란 뿌리에서 물이 흡수될 때 밀고 들어오는 압력으로, 물을 위로 밀어 올리는 힘이다.

물이 담긴 그릇에 가는 유리관을 ⓒ 꽂아 보면 유리관을 따라 물이 올라가는 것을 관찰할 수 있다. 이처럼 가는 관과 같은 통로를 따라 액체가 올라가거나 내려가는 것을 모세관 현상이라고 한다. 모세관 현상은 물 분자와 모세관 벽이 결합하려는 힘이 물 분자끼리 결합하려는 힘보다 더 크기 때문에 일어난다. 따라서 관이 가늘어질수록 물이 올라가는 높이가 높아진다. 식물체 안에는 뿌리에서 줄기를 거쳐 잎까지 연결된 물관이 있다. 물관은 말 그대로 물이 지나가는 통로인데, 지름이 $75\mu m$ (마이크로미터, $1\mu m=0.001mm$)로 너무 가늘어 눈으로는 볼 수 없다. 이처럼 식물은 물관의 지름이 매우 작기 때문에 ㉠ 모세관 현상으로 물을 밀어 올리는 힘이 생긴다.

뜨거운 햇볕이 내리쬐는 더운 여름철에는 큰 나무가 만들어 주는 그늘이 그렇게 고마울 수가 없다. 나무가 만들어 주는 그늘이 건물이 만들어 주는 그늘보다 더 시원한 이유는 무엇일까? ㉯ 나무의 잎은 물을 수증기 상태로 공기 중으로 내보내는데, 이때 물이 주위의 열을 흡수하기 때문에 나무의 그늘 아래가 건물이 만드는 그늘보다 훨씬 시원한 것이다. 식물의 잎에는 기공이라는 작은 구멍이 있다. 기공을 통해 공기가 들락날락하거나 잎의 물이 공기 중으로 증발하기도 한다. 이처럼 식물체 내의 수분이 잎의 기공을 통하여 수증기 상태로 증발하는 현상을 ㉢ 증산 작용이라고 한다. 가로 세로가 $10\times10cm$인 잔디밭에서 1년 동안 증산하는 물의 양을 조사한 결과, 놀랍게도 55톤이나 되었다. 이는 1리터짜리 페트병 5만 5천 개 분량에 해당하는 물의 양이다. 상수리나무는 6~11월 사이에 약 9,000kg의 물을 증산하며, 키가 큰 해바라기는 맑은 여름날 하루 동안 약 1kg의 물을 증산한다.

기공의 크기는 식물의 종류에 따라 ⓓ 다른데 보통 폭이 $8\mu m$, 길이가 $16\mu m$ 정도밖에 되지 않는다. 크기가 $1cm^2$인 잎에는 약 5만 개나 되는 기공이 있으며, 그 대부분은 잎의 뒤쪽에 있다. 이 기공을 통해 그렇게 엄청난 양의 물이 공기 중으로 증발해 버린다. 증산 작용은 물을 식물체 밖으로 내보내는 작용으로, 뿌리에서 흡수된 물이 줄기를 거쳐 잎까지 올라가는 원동력이다. 잎의 세포에서는 물이 공기 중으로 증발하면서 아래쪽의 물 분자를 끌어 올리는 현상이 일어난다. 즉, 물 분자들은 서로 잡아당기는 힘으로써 연결되는데, 이는 물 기둥을 형성하는 것과 같다. 사슬처럼 연결된 물 기둥의 한쪽 끝을 ⓔ 이루는 물 분자가 잎의 기공을 통해 빠져 나가면 아래쪽 물 분자가 끌어 올려지는 것이다. 증산 작용에 의한 힘은 잡아당기는 힘으로 식물이 물을 끌어 올리는 요인 중 가장 큰 힘이다.

01 윗글의 내용과 일치하지 <u>않는</u> 것은?

① 식물의 종류에 따라 기공의 크기가 다르다.
② 식물의 뿌리압은 중력과 동일한 방향으로 작용한다.
③ 식물이 광합성 작용을 하기 위해서는 반드시 물이 필요하다.
④ 뿌리에서 잎까지 물 분자들은 사슬처럼 서로 연결되어 있다.
⑤ 물관 내에서 물 분자와 모세관 벽이 결합하려는 힘으로 물이 위로 이동한다.

02 [A]와 〈보기〉를 이해한 것으로 적절하지 <u>않은</u> 것은? [3점]

〈보기〉

삼투 현상이란 용액의 농도가 낮은 곳에서 높은 곳으로 선택적 투과성 막을 통해 물이 이동하는 현상이다. 이때 물이 이동하는 힘을 삼투압이라 하며, 이 힘은 용액의 농도에 따라 비례한다. 삼투 현상의 예로 배추를 소금물에 담그면 소금 입자는 이동하지 못하고 배추에 있는 물이 소금물 쪽으로 이동하여 배추가 절여지는 것을 들 수 있다.

① 뿌리털을 둘러싼 세포막은 선택적 투과성 막 역할을 한다.
② 소금물에 소금을 추가하면 배추에서 빠져 나오는 물이 이동하는 힘이 커진다.
③ 선택적 투과성 막을 흙 속의 물 분자는 통과할 수 있지만 소금 입자는 통과할 수 없다.
④ 흙 속의 물과 배추의 물이 이동하면 뿌리털 안의 용액과 소금물의 농도가 높아진다.
⑤ 뿌리가 흙 속의 물을 흡수하는 것과 배추에서 물이 빠져 나오는 것은 용액의 농도 차이 때문에 발생한다.

03 ㉠과 ㉡에 대한 설명으로 적절하지 <u>않은</u> 것은?

① ㉠은 관의 지름에 따라 물이 올라가는 높이가 달라진다.
② ㉡이 일어나면 물이 식물체 내에서 빠져 나와 주변의 온도를 낮춘다.
③ ㉠에 의해서는 물의 상태가 바뀌지 않고, ㉡에 의해서는 물의 상태가 바뀐다.
④ ㉠으로 물을 위로 밀어 올리는 힘이, ㉡으로 물을 위에서 잡아당기는 힘이 생긴다.
⑤ ㉠에 의해 식물이 물을 밀어 올리는 힘보다 ㉡에 의해 식물이 물을 끌어 올리는 힘이 더 작다.

04 ㉮와 같은 현상이 일어나는 예로 적절한 것은?

① 피부에 알코올 솜을 문지를 때
② 주머니 난로의 액체가 하얗게 굳어갈 때
③ 음식물을 공기 중에 오래 두어 부패될 때
④ 이누이트 족이 얼음집 안에 물을 뿌릴 때
⑤ 폭죽에 들어 있는 화약이 터져 불꽃이 발생할 때

05 학생이 〈보기〉와 같은 실험을 하였다. 윗글을 바탕으로 〈보기〉에 대한 반응으로 적절한 것은?

〈보기〉

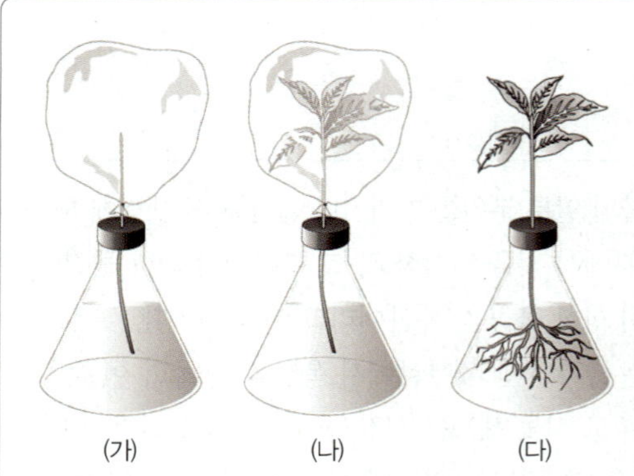

크기와 종류가 같은 식물 셋을 (가)는 줄기만, (나)는 줄기와 잎만을 남겨 비닐을 씌운다. (다)는 뿌리, 줄기, 잎을 그대로 둔다. 셋을 물에 담아 햇빛 등이 동일한 조건에서 변화를 관찰하였다.

① (가)보다 (나)의 비닐 안쪽 면에 물방울이 덜 맺힐 것이다.
② (가)의 용기에 담긴 물이 (나), (다)의 용기에 담긴 물보다 더 많이 줄어들 것이다.
③ (나)에서는 한 가지 힘이, (다)에서는 두 가지 힘이 작용하여 물이 이동한다.
④ (가), (나), (다) 모두 물 분자들이 연결된 물 기둥이 형성될 것이다.
⑤ (가), (나), (다) 모두 공기가 식물 내부로 출입하는 현상이 일어나지 않는다.

06 문맥상 ⓐ~ⓔ와 바꿔 쓰기에 가장 적절한 것은?

① ⓐ : 삭제(削除)하고
② ⓑ : 투입(投入)된다
③ ⓒ : 부착(附着)하면
④ ⓓ : 상이(相異)한데
⑤ ⓔ : 조성(造成)하는

독해지도 쓱쓱

식물이 물을 끌어올리는 방법으로 '뿌리압, 모세관 현상, 증산 작용' 등 총 세 가지가 제시되어 있어요. 세 가지 현상이 차례대로 서술되어 있기 때문에 독해지도를 그리는 것이 크게 어렵지는 않을 거예요. ^^

06 식물의 구조와 기능 ②

| 01~04 | 다음 글을 읽고 물음에 답하시오.

찰스 다윈은 어린 식물이 빛의 방향으로 휘는 것을 보고 어린 식물의 일부 부위를 가리거나 절단한 후 햇빛에 노출시키는 실험을 진행하였다. 이 실험 이후에 보이센옌센은 식물이 특정 부분에서 빛을 인식하고, 그 부분에서 화학 물질이 줄기를 따라 뿌리 쪽으로 이동한다는 것을 실험으로 확인하였다. 벤트는 이 화학 물질을 '옥신'이라고 이름 지었다.

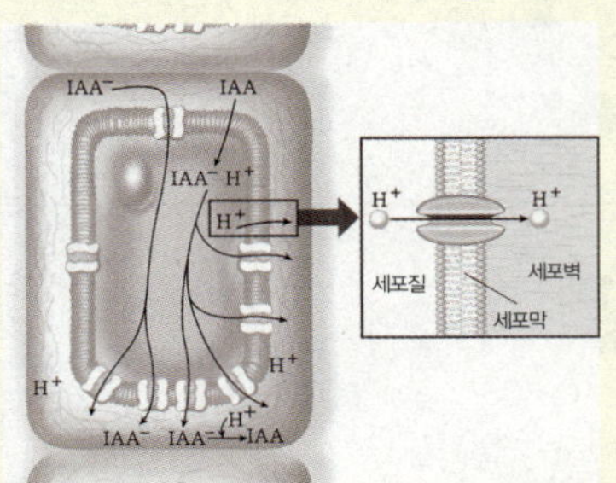

식물은 분열 조직이 있는 줄기의 맨 윗부분에서 옥신을 만들고, 이 옥신이 뿌리 쪽으로 이동한다. 옥신은 주로 식물 세포를 신장시키는 역할을 한다. 대표적인 옥신인 IAA는 이온화되지 않은 형태인 IAA와 이온화된 형태인 IAA^-의 두 가지로 세포벽에 존재한다. 이온화되지 않은 옥신은 확산되어 세포질로 유입된 후 IAA^-과 H^+으로 이온화된다. 하지만 세포벽에 이온화된 형태로 존재하는 옥신은 확산으로 세포막을 통과할 수 없기 때문에 세포막에 있는 옥신 유입 수송체를 거쳐야만 세포질로 들어갈 수 있다.

세포질로 유입된 옥신은 세포막에 있는 H^+ 펌프를 활성화한다. H^+ 펌프가 활성화되면 세포질의 H^+들은 H^+ 펌프가 작용해 세포벽으로 수송된다. H^+이 수송된 세포벽에서는 H^+이 증가하여 pH가 감소하게 되는데, 이 영향으로 섬유소 분자 간의 결합을 끊어 주는 쐐기 모양의 효소가 활성화된다. 이 쐐기 모양의 효소가 세포벽에 있는 섬유소들의 연결을 느슨하게 하면 삼투 현상에 의해 세포질로 물이 유입된다. 물이 유입된 세포질은 압력이 높아지면서 팽창하기 때문에 식물 세포가 신장하게 된다.

세포질에 이온화된 형태로 있는 옥신이 뿌리 쪽으로 이동하기 위해서는 세포질 밖으로 옥신이 유출되어야 하는데, 이온화된 형태로는 세포막을 통과하지 못한다. 이때 세포막을 통과하는 통로로 PIN 단백질이 이용된다. PIN 단백질은 세포막의 좌우나 아래쪽에 위치하여 옥신이 이동하는 방향을 결정한다. 식물이 빛을 향해 휘어지는 굴광성은 옥신이 세포막 좌우에 위치하고 있는 PIN 단백질을 거쳐 빛의 반대 방향으로 이동하기 때문에 일어나는 현상이다. 대체로 PIN 단백질은 세포막 아래쪽에 주로 ㉠ 퍼져 있는데, 이로 인해 옥신은 줄기에서 뿌리 쪽으로 이동하며 식물 세포의 신장을 촉진하게 된다.

01 윗글에 대한 설명으로 가장 적절한 것은?

① 옥신이 식물 세포에 작용하는 원리를 과정에 따라 설명하고 있다.
② 옥신의 구조가 빛의 영향으로 변화하는 과정을 순차적으로 설명하고 있다.
③ 형태가 다른 옥신이 생성되는 원리를 조건에 따라 구분하여 설명하고 있다.
④ 식물 세포의 종류에 따라 다른 형태의 옥신이 이동하는 원인을 설명하고 있다.
⑤ 식물의 분열 조직을 형성하는 데에 옥신이 미치는 영향을 단계적으로 설명하고 있다.

02 윗글의 내용과 일치하지 <u>않는</u> 것은?

① 세포질의 옥신은 PIN 단백질을 통해 세포벽으로 유출된다.
② 세포질로 물이 유입되면 삼투 현상이 발생해 세포질의 압력이 높아진다.
③ 활성화된 쐐기 모양의 효소는 세포벽에 있는 섬유소들의 연결을 느슨하게 한다.
④ H^+ 펌프의 작용으로 세포질의 H^+이 세포벽으로 이동해 세포벽의 pH가 감소된다.
⑤ 세포벽에 이온화된 형태로 있는 옥신은 옥신 유입 수송체를 통해 세포질로 유입된다.

03 〈보기〉는 다윈이 진행한 실험이다. 윗글을 고려하여 이해한 내용으로 알맞지 <u>않은</u> 것은? [3점]

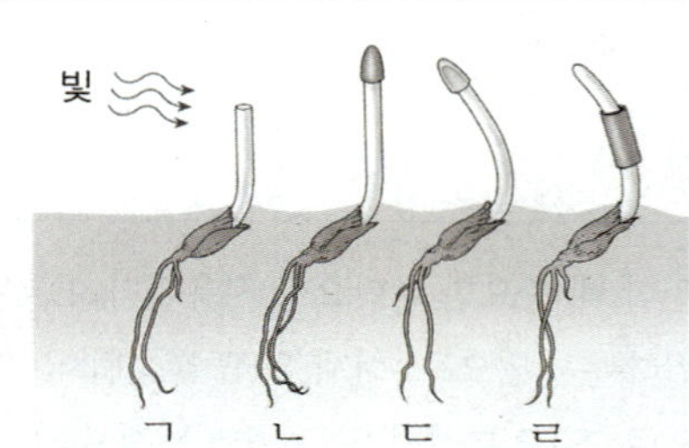

〈보기〉

다윈은 어린 식물의 끝부분을 자른 것(ㄱ), 빛이 통하지 않는 고깔을 씌운 것(ㄴ), 빛이 통하는 고깔을 씌운 것(ㄷ), 그리고 빛이 통하지 않는 가리개로 중간 부분을 가린 것(ㄹ)을 빛에 노출시키는 실험을 진행하여 그림과 같은 결과를 얻었다.

① ㄱ의 절단면에서는 옥신이 만들어지지 못하겠군.
② ㄱ과 ㄴ은 빛의 방향이 바뀌어도 휘어지지 않겠군.
③ ㄴ은 ㄷ과 달리 고깔이 있는 위쪽으로 옥신이 이동하겠군.
④ ㄴ은 고깔을 그대로 둔 채 ㄹ의 가리개로 중간 부분을 씌워도 휘어지지 않겠군.
⑤ ㄷ과 ㄹ의 휘어진 부분에서는 빛의 반대 방향의 세포가 더 신장되겠군.

04 ㉠과 바꿔 쓸 수 있는 말로 가장 적절한 것은?

① 공포하는데 ② 배포하는데 ③ 분포하는데
④ 살포하는데 ⑤ 유포하는데

독해지도 쓱쓱

옥신의 작용 원리가 서술되고 있는데 낯선 용어들이 계속해서 나오기 때문에 어려울 수 있어요. 낯선 용어들에 당황하지 말고, 찬찬히 독해지도를 그려 봅시다!

07 DNA와 유전

|01~04| **다음 글을 읽고 물음에 답하시오.**

　과학수사에서 'DNA 분석'은 범인을 ⓐ 추정하거나 피해자의 신분 등을 확인할 때 중요한 수단으로 사용된다. DNA 분석이란 혈흔이나 모발 같은 샘플로부터 DNA를 ⓑ 채취하여 동일인 여부를 확인하는 방법으로, 현재 'STR 분석법'이 가장 많이 사용되고 있다. 'STR(Short tandem repeat)'은 '짧은 연쇄 반복'이라는 뜻으로, 'STR 분석법'은 DNA의 특정 구간에서 짧은 염기 서열이 연쇄적으로 반복하여 나타나는 부분을 분석하는 방법이다.

　STR 분석법의 원리를 알기 위해서는 상동 염색체, DNA, 염기 서열에 대한 이해가 필요하다. 체세포의 핵에는 모양과 크기가 동일한 염색체가 2개씩 쌍으로 존재하는데, 이들 염색체를 '상동 염색체'라 한다. 상동 염색체는 부계(父系)와 모계(母系)에서 각각 하나씩 물려받는다. 이 상동 염색체를 구성하는 가장 중요한 물질이 유전자를 포함하고 있는 DNA이다. DNA는 아데닌(A), 구아닌(G), 사이토신(C), 타이민(T)이라는 네 종류의 염기 약 30억 개로 구성되는데, 이 염기들이 'AGGCTA…'와 같은 형태로 이어져 있다. 이것을 DNA의 염기 서열이라고 한다.

　상동 염색체 내 특정 위치의 DNA 염기 서열을 분석해 보면 짧은 염기 서열이 연속적으로 반복해서 나타나는 특정 구간이 있다. 그리고 사람마다 반복되는 횟수가 다르다는 특징이 있다. STR 분석법은 바로 이 점에 ⓒ 착안하여 샘플 간 비교를 통해 동일인 여부를 확인한다.

　STR 분석을 하기 위해서는 먼저, 분석하려는 염색체 내의 위치가 ⓓ 특정되어야 하는데, 이때 그 위치를 '좌위'라고 한다.

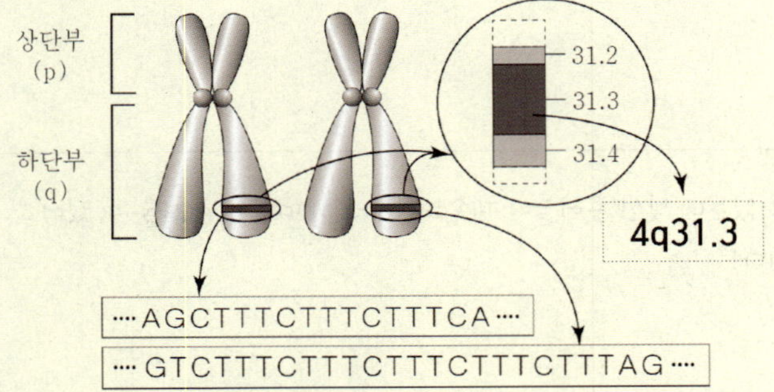

　'갑'이라는 사람의 어떤 좌위가 〈그림〉과 같이 '4q31.3'일 때, 이 좌위의 '4'는 염색체 번호를, 'q'는 염색체 하단부를, '31.3'은 염색대* 번호를 가리킨다. 이 좌위에는 염기 서열 'CTTT'가 반복되고 있는데, 왼쪽 염색체에서는 세 번, 오른쪽 염색체에서는 다섯 번 반복되고 있다. 이 경우 분석된 결과를 왼쪽부터 표시하여 '3-5' 형태로 나타낼 수 있다. 즉, '갑'은 4번 염색체 하단부(q)의 31.3번 염색대 위치에 'CTTT'가 '3-5'인 유전형을 가지고 있는 것이다. 이렇게 상동 염색체의 특정 위치에 나타나는 STR을 분석하여 '3-5'와 같은 결괏값으로 표기하는 것을 'DNA 프로필'이라고 한다.

　현재 우리나라를 비롯한 여러 나라에서는 20개의 좌위를 표준으로 하여 과학수사에 동일하게 활용하고 있다. 비교 샘플의 DNA 프로필이 20개 좌위에서 모두 동일하다면, 비교 샘플이 동일인의 것일 확률이 100%에 가깝다. 이런 이유로 STR 분석법은 과학수사에서 큰 성과를 거두고 있으며, 관련 기술이 발전할수록 좌위의 개수도 늘어나 더 ⓔ 정밀한 분석이 가능할 것이다.

* **염색대** : 염색체를 염색할 때 발생하는 띠 모양.

01 윗글에 대한 이해로 가장 적절한 것은?

① 사람마다 DNA를 구성하는 염기 종류가 다르다.
② 상동 염색체는 서로 다른 모양을 가진 한 쌍으로 존재한다.
③ STR 분석을 위해서는 먼저 염색체의 개수를 파악해야 한다.
④ 20개의 표준 좌위에서는 염기 서열의 STR이 나타나지 않는다.
⑤ STR 분석법은 DNA에 있는 30억 개 염기 중 일부를 대상으로 한다.

02 윗글을 읽고 추론한 내용으로 가장 적절한 것은?

① DNA에는 염기 서열이 연쇄적으로 반복하지 않아 STR 분석법에서 사용하기 힘든 구간도 존재하겠군.
② 상동 염색체의 동일한 위치에서는 부계와 모계에서 받은 염색체의 염색대 번호가 서로 다르겠군.
③ 동일인에서 채취한 서로 다른 샘플에서는 같은 좌위라도 염기 서열의 반복 횟수가 다르겠군.
④ STR 분석법은 네 종류의 염기가 모두 반복되는 특정 구간을 분석 대상으로 하겠군.
⑤ 국가 간에 공통적으로 사용하는 좌위가 없어 분석 결과를 공유하기 힘들겠군.

03 윗글을 바탕으로 〈보기〉를 이해한 내용으로 적절하지 <u>않은</u> 것은? [3점]

〈보기〉

보석 가게에 도난 사건이 발생하였다. 출동한 경찰은 범죄 현장에서 범인의 손톱을 발견하고 DNA를 분석하였다. 다음 날 목격자의 제보에 따라 '을'을 용의자로 지목한 후, '을'의 모발로 DNA 분석을 의뢰하였다.

〈범인 손톱의 DNA 프로필과 좌위 정보〉

DNA 프로필		좌위 정보	
좌위	결괏값	위치	반복되는 염기 서열
①	5 − 3	5q33.1	AGAT
②	6 − 6	13q31.1	TATC
③	2 − 7	5q23.2	AGAT
⋮	⋮	⋮	⋮
⑳	8 − 4	7q21.11	GATA

(단, 좌위는 임의로 4개의 정보만 제시함.)

① 범인은 7번 염색체의 하단부 특정 염색대에 'GATA' 배열이 네 번 반복되는 DNA를 가지고 있군.
② 범인은 부계와 모계에서 받은 염색체의 STR 반복 횟수가 동일하게 나오는 좌위를 하나 이상 가지고 있군.
③ '을'의 'DNA 프로필'을 만들기 위해서는 '을'의 5번 염색체가 두 번 이상 분석에 활용되겠군.
④ '을'이 범인이라면 ①과 ③에서 모계에서 받은 염색체의 'AGAT' 반복 횟수의 합이 12보다 클 수 없겠군.
⑤ '을'의 분석 결과가 ②에서 '4-8', ⑳에서 '8-4'로 나온다면 ⑳의 결괏값만으로도 '을'을 범인으로 확정할 수 있겠군.

04 ⓐ~ⓔ의 사전적 의미로 적절하지 <u>않은</u> 것은?

① ⓐ : 어떤 일에 대한 의견이나 느낌.
② ⓑ : 연구나 조사에 필요한 것을 찾거나 받아서 얻음.
③ ⓒ : 어떤 문제를 해결하기 위한 실마리를 잡음.
④ ⓓ : 특별히 지정함.
⑤ ⓔ : 아주 정교하고 치밀하여 빈틈이 없고 자세함.

독해지도 쓱쓱

어려운 용어에 대한 개념 정리가 잘 되어 있는 지문이니, 용어의 개념을 잘 확인하면서 독해지도를 그려 보세요.

08 진화

| 01~05 | 다음 글을 읽고 물음에 답하시오.

고래의 유선형 몸매나 북극곰의 흰색 털처럼 주어진 환경에 어울리는 생물학적 '적응'은 어떻게 일어났을까? 찰스 다윈은 『종의 기원』에서 '자연선택에 의한 진화'를 그 해답으로 제시하였다. 개체*의 번식에 도움이 되는 유전적 변이만을 여러 세대에 걸쳐 우직하게 골라내는 자연선택의 과정이 결국 환경에 딱 맞는 개체를 만들어 낸다는 것이다. 다윈은 자연선택이 각 개체의 적합도(fitness), 즉 번식 성공도를 높이는 방향으로 ⓐ 일어난다고 보았다.

그렇다면 자신은 번식을 하지 않으면서 집단을 위해 평생 헌신하는 일벌이나 일개미의 행동은 어떻게 설명할 수 있을까? 다윈은 그와 같은 경우 집단의 번성에 이득을 주므로 자연선택이 되었다고 결론을 내렸는데, 이것은 자연선택이 개체에게 이득이 되는 방향으로 일어난다는 그의 기본적인 생각에서 벗어난 것이었다.

윌리엄 해밀턴은 다윈 이론의 틀 안에서 일벌이나 일개미와 같은 개체의 이타적 행동이 자연선택 되는 과정을 규명하고자 하였다. 즉, 다윈 시대에는 없던 '유전자' 개념을 진화 이론에 도입함으로써, 개체 자신의 번식 성공도는 낮추면서 상대방의 번식 성공도를 높이는 이타적 행동이 여러 세대를 거치면서 결국은 개체 자신에게 이득이 되는 방향으로 자연선택이 됨을 입증하려 한 것이다.

다윈이 정리한 자연선택의 과정을 해밀턴은 각 개체가 다음 세대에 자신의 유전자 복제본을 더 많이 남기는 과정으로 보았다. 이때 행위 당사자인 개체는 자기 자신의 번식 성공도를 높임으로써 직접 자신의 유전자 복제본을 남길 수도 있지만, 자신과 유전자를 공유할 확률이 있는 상대의 번식 성공도를 높이는 데 도움을 줌으로써 간접적으로 자신의 유전자 복제본을 남길 수도 있다. 쉽게 설명하면, 철수는 스스로 자식을 많이 낳음으로써 직접 자신의 유전자 복제본을 다음 세대에 남길 수도 있지만, 유전자를 공유하고 있는 동생 영수가 자식을 많이 낳도록 도움으로써 자신의 유전자 복제본을 다음 세대에 남길 수도 있는 것이다. 해밀턴은 전자는 '직접 적합도'를 높이는 것으로, 후자는 ㉠'간접 적합도'를 높이는 것으로 설명하며, 개체의 자연선택은 두 적합도를 합한 '포괄 적합도'를 높이는 방향으로 일어난다고 보았다.

해밀턴에 따르면 이타적 행동 또한 개체의 포괄 적합도를 높이는 방향으로 자연선택이 일어난다. 그런데 이타적 행동은 개체 자신의 번식 성공도인 직접 적합도를 낮추게 되므로 그를 상쇄하고도 남을 정도로 간접 적합도를 높일 수 있어야 자연선택이 일어날 수 있다. 즉, 개체 자신이 남기는 유전자 복제본에 대한 손실보다 유전자를 공유할 확률이 있는 상대방을 통해 남기는 유전자 복제본에 대한 이득이 더 클 때 이타적 행동은 선택되는 것이다.

이때 개체와 상대방이 유전자를 공유할 확률을 '유전적 근연도'라 하는데, 유전적으로 100% 같은 경우는 유전적 근연도가 1이 된다. 유전적 근연도의 값이 클수록 개체와 상대방이 유전자를 공유할 가능성이 크므로, 개체가 상대방을 통해 자신의 유전자 복제본을 남길 수 있는 가능성 또한 커진다.

이를 바탕으로 해밀턴은 아래와 같은 '해밀턴 규칙'을 도출하였다.

$$rb > c \ (단, \ b > c > 0 으로 \ 가정함.)$$

[A]

즉, 이타적 행동은 그로 인해 상대방이 얻는 이득(b)이 충분히 커서 1보다 작은 유전적 근연도(r)를 가중하더라도 개체가 감수하는 손실(c)보다 클 때 선택된다는 것을 확인할 수 있다. 이러한 해밀턴의 규칙은 이득, 손실, 유전적 근연도의 세 가지 변수를 활용하여 이타성이 진화하는 조건을 알려 준다.

해밀턴의 '포괄 적합도 이론'은 다윈의 이론을 발전시켜 이타성이 왜 진화했는지를 매끄럽게 설명함으로써 진화생물학자들이 이타적 행동에 대해 통찰력을 가질 수 있는 계기를 제공하였으며, 자연선택이 유전자의 수준에서 일어난다는 점을 분명히 하여 이후 진화에 대한 연구의 길잡이가 되었다.

* **개체** : 하나의 독립된 생물체

01 윗글의 표제와 부제로 가장 적절한 것은?

① 진화생물학의 발전 과정
    – 적합도에 관한 논쟁을 중심으로
② 해밀턴 규칙의 성립 조건
    – 유전자, 개체, 집단의 위계성을 중심으로
③ 자연선택을 통한 생물학적 적응
    – 유전적 근연도 값을 중심으로
④ 포괄 적합도 이론의 의의와 한계
    – 진화의 패러다임 변화를 중심으로
⑤ 이타적 행동이 자연선택 되는 이유
    – 해밀턴의 이론을 중심으로

02 윗글을 이해한 내용으로 적절하지 <u>않은</u> 것은?

① 개체가 주어진 환경에 적응한 것은 자연선택의 결과이다.
② 유전적 근연도는 두 개체 간에 유전자를 공유할 확률을 의미한다.
③ 개체의 포괄 적합도를 높이는 데 기여하지 못하는 유전적 변이는 자연선택에서 도태된다.
④ 해밀턴은 다윈이 살았던 시기에는 없었던 개념을 적용하여 이타적 행동의 진화를 설명하였다.
⑤ 진화생물학자들은 이타성이 진화하는 다양한 이유를 제시하여 해밀턴의 이론을 뒷받침하였다.

03 [A]를 바탕으로 할 때, ㉮~㉰에 들어갈 말로 적절한 것은?

> 두 개체 사이의 유전적 근연도가 (㉮), 손실에 비해 이득이 (㉯) 이타적 행동은 선택되기 (㉰).

	㉮	㉯	㉰
①	낮을수록	작을수록	쉽다
②	낮을수록	클수록	어렵다
③	높을수록	작을수록	쉽다
④	높을수록	클수록	쉽다
⑤	높을수록	클수록	어렵다

04 〈보기〉를 참고하여 일벌 에 대해 이해한 내용으로 적절하지 <u>않은</u> 것은? [3점]

성 염색체에 의해 성이 결정되는 사람과 달리, 벌은 염색체 수에 의해 성이 결정된다. 한 짝의 염색체를 가지면 수컷, 두 짝의 염색체를 가지면 암컷이 된다. 암컷들은 수벌에게서 받는 한 짝의 염색체를 공유하고, 나머지 한 짝은 여왕벌이 가지고 있는 두 짝의 염색체 중에서 하나를 물려받는다. 암컷은 발육 과정에서 여왕벌과 일벌로 분화되는데, 그중 일벌은 번식을 포기하고 평생 친동생을 키우며 산다.

① 일벌들 간의 유전적 근연도는 1이다.
② 일벌의 직접 적합도는 0으로 볼 수 있다.
③ 일벌이 살아가는 모습은 이타적 행동으로 볼 수 있다.
④ 일벌의 간접 적합도를 높이는 방향으로 자연선택이 일어난다.
⑤ 일벌이 친동생을 키우는 것은 결국 개체 자신에게 이득이 되기 때문이다.

05 ㉠의 이유로 가장 적절한 것은?

① 개체 수준의 자연선택을 결정하는 요소이기 때문에
② 행위 당사자와 상대방의 유전자가 동일하기 때문에
③ 상대방을 통해 자신의 유전자 복제본을 남기는 것이 어렵기 때문에
④ 행위 당사자의 번식 성공도와 상대방의 번식 성공도는 무관하기 때문에
⑤ 다음 세대에 남기는 자신의 유전자 복제본 개수에 영향을 미칠 수 있기 때문에

독해지도 쓱쓱

다윈의 이론에 대해 설명한 후, 이 이론으로 설명되지 않는 사례를 제시했어요. 이후 해밀턴의 이론을 통해 다윈의 이론을 보완하고 있어요. 글의 흐름을 파악하면 글에서 무얼 말하고자 할지도 보일 거예요. 다윈의 이론이 가진 허점을 해밀턴의 이론이 어떻게 보완했을지가 가장 중요하겠죠? 이런 생각을 하며 글을 읽는 습관을 들여야 해요.

01 지구

| 01~05 | 다음 글을 읽고 물음에 답하시오.

19세기 초 지질학자들은 스테노와 스미스의 층서 원리를 적용하여 전 세계의 지질학적 연구 성과를 종합했다. 우리가 흔히 쓰는 '중생대 쥐라기'와 같은 '대', '기' 등으로 나타내는 지질학적 시간 척도는 이때 확립되었다. 그러나 이러한 지질학적 시간 척도는 상대적인 척도로 한 지층이 다른 지층보다 오래되었는지 아닌지를 말해 줄 수는 있어도 실질적으로 얼마나 오래되었느냐는 말해 줄 수 없었다.

이후 많은 사람들이 지층의 정확한 연대 측정을 시도한 끝에 1905년 러더포드가 방사성 동위원소를 이용하여 지층 연대의 측정에 성공했다. 그는 암석 내 우라늄의 양을 측정하여 한 암석의 연대를 계산해 냈다. 이것이 동위원소 연대 측정법의 시작이었다. 자연적으로 발생하는 방사성 동위원소를 사용해 암석의 연대를 결정하는 연대 측정 방법들은 그 후 수년간 더욱 개선되어 갔으며, 더 많은 방사성 동위원소들이 발견되고 방사성 붕괴 과정의 심층적인 이해가 이루어졌다.

지질학자들은 방사성 동위원소의 어떤 특성을 활용하여 암석의 연령을 측정하였을까? 이 질문의 답을 얻기 위해서는 먼저 방사성 동위원소가 무엇인지를 살펴볼 필요가 있다. 물질의 기본 단위인 원자 중심에는 양성자와 중성자로 이루어진 원자핵이 있다. 이 원자핵에 들어 있는 양성자 수에 따라 물질을 이루는 기본 성분인 원소의 종류가 결정된다. 탄소 원자핵에 있는 양성자 수는 6개이고, 산소 원자핵에 있는 양성자 수는 8개이다. 같은 원소라고 하더라도 원자핵에 있는 중성자 수가 다른 것들이 있는데 이를 '동위원소'라 한다. 예를 들면 탄소의 경우, '탄소－12'는 원자핵에 양성자 6개와 중성자 6개가 있는 원자이며, '탄소－14'는 양성자 6개와 중성자 8개가 있는 동위원소이다.

한편, 자연계의 모든 물질은 불안정한 상태에서 안정한 상태로 가려는 성질이 있다. 동위원소 중에는 양성자의 수가 중성자의 수에 비해 너무 많거나 또는 그 반대의 이유로 본래 원자핵의 상태가 불안정한 원소들이 있다. 그래서 불안정한 원자핵이 스스로 방사선을 방출하고 이를 통해 에너지를 잃고 안정된 상태로 가는 과정을 거치는데 이를 방사성 붕괴 또는 핵붕괴라 한다. 동위원소 중 방사성 붕괴를 ㉠ 일으키는 동위원소를 방사성 동위원소라 한다. 이들은 방사성 붕괴를 통해 불안정한 원자핵이 안정된 상태의 다른 종류의 원자핵으로 변한다. 예를 들면 방사성 동위원소인 '탄소－14'는 방사성 붕괴로 인해 중성자 1개가 붕괴되어 양성자로 바뀌고, 양성자 7개와 중성자 7개로 이루어진 원자핵을 가진 안정된 원소인 '질소－14'가 된다. 붕괴 전의 방사성 동위원소를 '모원소', 모원소의 방사성 붕괴에 의해 생성된 안정된 원소를 '자원소'라 일컫는다. 붕괴 전 방사성 동위원소인 '탄소－14'는 모원소이고 방사성 붕괴에 의해 생성된 안정된 원소인 '질소－14'는 자원소이다.

방사성 동위원소는 일정한 시간이 지나면 모원소의 개수가 원래 개수에서 절반으로 줄어드는 특성이 있다. 모원소의 개수가 원래 개수의 절반으로 줄어드는 데에 걸리는 시간을 반감기라 한다. 이때 줄어든 모원소의 개수만큼 자원소의 개수가 늘어난다. 첫 반감기 때 모원소의 개수는 처음의 반으로 줄고 두 번째 반감기에는 남은 모원수의 개수가 반으로 줄어 처음의 1/4로, 세 번째 반감기에는 또 남은 모원수의 개수가 반으로 줄어 처음의 1/8과 같은 식으로 줄어든다. 그래서 모원소와 자원소의 개수의 비율이 첫 반감기에는 1 : 1로 같아진다. 두 번째 반감기에는 1 : 3으로 되고, 세 번째 반감기에는 1 : 7로 된다. 다만, 원소에 따라 반감기가 다른데 '탄소－14'는 5730년, '포타슘－40'은 13억 년, '우라늄－238'은 44억 년의 반감기를 갖는다. 방사성 동위원소의 반감기는 온도나 압력에 영향을 받지 않는다. 따라서 어떤 암석에 포함된 모원소와 자원소의 비율을 알고, 그 결과와 방사성 동위원소의 반감기를 이용하면 암석이 만들어진 연대를 추정할 수 있다. 가령 어떤 암석이 생성될 때 '포타슘－40'을 함유하고 있고 이 원소가 외부 유입이나 유출, 암석의 변성작용 등 다른 외부 요인에 의한 변화가 없다고 할 때 이 암석의 방사성 동위원소 측정 결과 모원소와 자원소의 비율이 1 : 3이라면 반감기를 두 번 거쳤기 때문에 이 암석은 26억 년 전에 생성되었다고 볼 수 있다.

 윗글의 진술 방식으로 가장 적절한 것은?

① 방사성 동위원소의 개념을 예시를 통해 설명하고 있다.
② 원자핵의 구성 물질을 세부적 묘사를 통해 설명하고 있다.
③ 방사성 동위원소의 붕괴 과정을 유추를 통해 설명하고 있다.
④ 지층 연대 측정 방법의 발전 과정을 유형별로 분류하여 설명하고 있다.
⑤ 지질학적 시간 척도의 특징을 전문가의 의견을 인용하여 설명하고 있다.

02 **윗글에서 알 수 있는 내용으로 적절하지 <u>않은</u> 것은?**

① 방사성 동위원소의 핵은 불안정하여 붕괴된다.
② 질소 – 14의 원자핵은 양성자와 중성자의 개수가 같다.
③ 방사성 동위원소의 반감기는 온도나 압력에 영향을 받는다.
④ 19세기 초 지질학자들은 지층이 형성된 연도를 정확히 알 수 없었다.
⑤ 자연계의 모든 물질은 불안정한 상태에서 안정한 상태로 가려는 성질이 있다.

03 **윗글을 바탕으로 〈보기〉를 이해한 내용으로 적절하지 <u>않은</u> 것은?** [3점]

〈보기〉

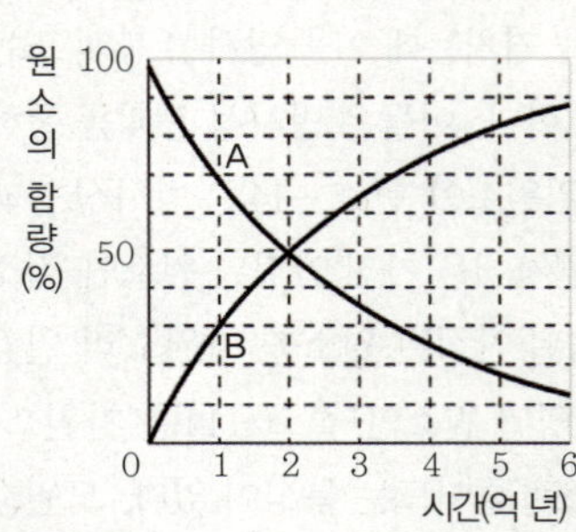

그림은 어떤 방사성 동위원소 ㉮가 붕괴할 때, 시간에 따른 모원소와 자원소의 함량을 나타낸 것이다.

암석 S가 생성될 때 방사성 동위원소 ㉮를 함유하고 있고 ㉮는 외부 유입이나 유출, 암석의 변성작용 등 다른 요인에 의한 변화는 없었다. 이 암석의 방사성 동위원소 ㉮를 측정한 결과 모원소와 자원소의 비율이 1 : 3이었다.

① B는 자원소와 관련이 있다.
② 암석 S의 생성 시기는 4억 년 전이다.
③ 4번의 반감기를 거치면 처음 A의 양은 1/16로 줄어든다.
④ 모원소와 자원소의 비율이 1 : 1로 같아지는 데 걸리는 시간은 2억 년이다.
⑤ 시간이 지날수록 자원소와 모원소의 개수를 더한 값은 감소한다.

04 **문맥상 ㉠의 단어와 가장 가까운 의미로 쓰인 것은?**

① 세찬 바람이 거친 파도를 <u>일으켰다</u>.
② 그의 행동은 모두에게 오해를 <u>일으켰다</u>.
③ 그는 혼자 힘으로 쓰러진 가세를 <u>일으켰다</u>.
④ 아침에 몸이 피곤했지만 억지로 몸을 <u>일으켰다</u>.
⑤ 그녀는 자전거를 타다 넘어진 아이를 <u>일으켰다</u>.

05 윗글을 바탕으로 〈보기〉를 이해한 내용으로 적절하지 <u>않은</u> 것은?

〈보기〉

> 탄소 – 14는 일정한 비율로 계속 붕괴하고 있지만 대기와 우주선(cosmic ray)의 충돌에 의하여 계속 공급된다. 연구에 의하면 지구 대기에서 탄소 – 14의 생성 비율이 탄소 – 14의 방사성 붕괴 비율과 같으며, 대기 중에 존재하는 탄소 – 12와 탄소 – 14의 구성 비율은 대체로 일정하다고 한다. 식물들은 대기 중의 이산화탄소와 물을 흡수하여 광합성을 하므로 모든 식물들은 약간의 방사성 탄소를 가지며, 식물 내 탄소 – 12와 탄소 – 14의 비율은 대기 중의 탄소 – 12와 탄소 – 14의 구성 비율과 일치한다. 아울러 그 식물의 몸을 흡수하여 탄소를 공급받는 동물과 그 동물을 먹는 동물도 결국 같은 비율이 유지된다. 그런데 생물이 죽으면 더 이상 대기 중의 탄소를 흡수하지도 배출하지도 않는다. 그래서 죽은 생물 내 탄소 – 12와 탄소 – 14의 비율에 변화가 생긴다. 방사성 동위원소인 탄소 – 14가 질소 – 14로 변하기 때문인데, 이때 생성된 질소 – 14는 기체이므로 죽은 생물 내부에서 외부로 빠져 나간다. 그렇지만 생물 유해나 화석의 탄소 – 12와 탄소 – 14의 비율을 측정하여 대기 중의 그 비율과 비교하면 탄소 – 14가 어느 정도 감소했는지 알 수 있고, 그 결과와 탄소 – 14의 반감기를 이용하면 그 생물이 죽은 연대를 계산할 수 있다. 다만 탄소 – 14는 6만 년이 지나면 측정하기 힘들 정도의 양만 남는다.

① 탄소 – 14를 이용한 연대 측정법의 연대 측정 범위는 제한적이겠군.
② 시간이 지날수록 죽은 생물 내부에 있는 탄소 – 14의 개수가 줄어들겠군.
③ 방사성 붕괴는 죽은 생물 내 탄소 – 12와 탄소 – 14의 비율에 변화를 일으키겠군.
④ 탄소 – 14를 이용한 연대 측정법으로는 살아 있는 생물의 나이를 측정할 수 없겠군.
⑤ 죽은 생물 안에 남아 있는 질소 – 14의 양만 알아도 생물이 죽은 연대를 정확히 추정할 수 있겠군.

독해지도 쓱쓱

> 지층의 정확한 연대 측정을 가능하게 한 방사성 동위원소의 특징을 차근차근 설명하고 있어요. 낯선 용어만 보고 겁먹지 말고, 개념을 하나씩 정리하며 독해지도를 그려 보세요.

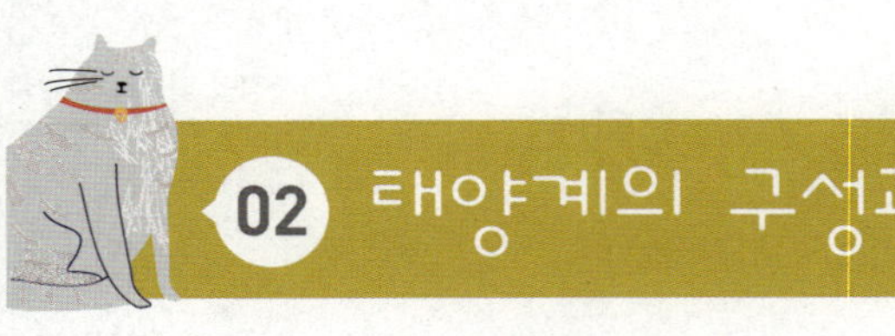

| 01~05 | **다음 글을 읽고 물음에 답하시오.**

금성의 다른 이름인 '샛별'은 새벽에 보이기 때문에 사람들이 금성에 ⓐ <u>붙인</u> 이름이다. 실제로 금성은 하루 종일 관측할 수 있는 것이 아니라 새벽이나 초저녁에만 볼 수 있다. 이러한 현상이 생기는 이유는 무엇일까?

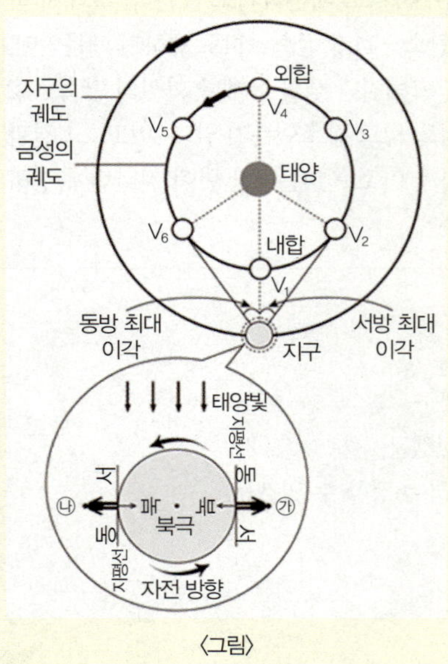

〈그림〉

이는 천체의 '겉보기 운동'과 관련이 있다. 지구는 하루에 한 바퀴 자전하면서 태양 주위를 일 년에 한 바퀴 공전한다. 이로 인해 지구상의 관측자가 하늘의 천체를 볼 때, 관측 시기에 따라 천체의 위치가 다르게 보이기도 한다. 왜냐하면 관측자에게는 지구가 움직이는 것이 아니라 상대적으로 하늘의 천체가 움직이는 것처럼 보이기 때문이다. 이처럼 지구의 자전이나 공전으로 인해 지구에서 관측할 때 천체가 움직이는 것처럼 보이거나 실제 움직임과는 다르게 보이는 현상을 '겉보기 운동'이라 한다.

겉보기 운동을 이해하기 위해서는 먼저 관측자에게 보이는 천체의 움직임에 대해 알아야 한다. 천체는 지구의 자전 때문에 지구 자전 방향의 반대 방향으로 움직이는 것처럼 보이게 된다. 이는 마치 고개를 왼쪽으로 돌리면 사물은 오른쪽으로 이동하는 것처럼 보이는 것과 같다. [그림]의 ㉮, ㉯에서처럼 관측자의 위치를 중심으로 할 때, 관측자가 북반구 중위도에서 북쪽을 바라보고 있으면 관측자의 왼쪽이 서쪽이 된다. 이때 지구의 자전 방향은 시계 반대 방향 즉, 서에서 동으로의 방향이므로 하늘의 천체는 상대적으로 동에서 서로 움직이는 것처럼 보이는 것이다. 결국 겉보기 운동은 관측자의 위치를 중심으로 천체가 움직이는 방향을 살펴본 것이다.

또한 천체들 사이의 상대적 위치 관계도 겉보기 운동을 이해하는 데 중요하다. 지구 공전 궤도보다 안쪽에서 공전하는 천체인 내행성, 지구, 태양의 위치 관계를 내행성 중 하나인 금성을 중심으로 살펴보면 다음과 같다. [그림]에서 태양, 금성, 지구가 일직선상에 위치할 때를 '합'이라고 하는데, 지구 – 금성 – 태양의 순서로 위치할 때를 '내합', 지구 – 태양 – 금성의 순서로 위치할 때를 '외합'이라고 한다. 또한 지구상의 관측자가 태양과 행성을 바라보았을 때, 관측자가 태양을 바라본 방향과 행성을 바라본 방향 사이의 각을 '이각'이라고 한다. 즉, 관측자가 보았을 때 금성이 태양으로부터 얼마만큼의 각거리*로 떨어져 있는가를 의미한다. '이각'은 다시 '동방 이각'과 '서방 이각'으로 나눌 수 있는데, 이는 [그림]의 V₅, V₆에서처럼 금성이 태양보다 동쪽에 있는 경우와 V₂, V₃에서처럼 서쪽에 있는 경우로 구분한 것이다. 또한 금성이 V₆과 V₂에 있을 때 태양으로부터 가장 멀리 떨어진 것처럼 보인다. 이때의 이각을 각각 '동방 최대 이각'과 '서방 최대 이각'이라고 한다.

관측자에게 보이는 천체의 움직임, 상대적 위치 관계 등을 바탕으로 금성이 관측되는 시각과 시간, 위상과 크기, 밝기를 살펴보면 다음과 같다. 먼저 금성이 관측되는 시각은 지구에서 바라본 금성의 위치에 따라 달라진다. 만약 [그림]에서 금성이 외합인 V₄에서 내합인 V₁ 사이인 동방 이각에 위치하고, 관측자가 ㉮에 서 있다면 금성은 관측자의 지평선 아래에 있게 되므로 관측되지 않는다. 하지만 지구의 자전으로 인해 관측자의 위치가 ㉯로 변하면, 금성은 관측자의 지평선 위에 있게 되고 태양은 지평선 아래에 있게 되므로 태양이 진 후 초저녁 서쪽 하늘에서 금성을 관측할 수 있다. 반대로 금성이 서방 이각에 위치하는 경우에는 동일한 이유로 관측자는 ㉯가 아닌 ㉮에서 금성을 관측할 수 있다. 또한 태양과 금성, 지구의 위치 관계가 내합과 외합일 때에는 금성이 태양과 함께 뜨고 지기 때문에 관측되기 어렵다. 따라서 금성은 동방 최대 이각 또는 서방 최대 이각의 안쪽에 위치할 때만 관측 가능하고, 합의 위치에서는 관측이 어려운 것이다. 한편 금성이 관측되는 시간은 금성의 이각에 따라 달라진다. 이각이 클수록 태양과 금성의 각거리는 커지므로 금성을 더 오래 볼 수 있다. 따라서 금성은 최대 이각에 위치할수록 오래 관측되고, 합에 위치할수록 짧게 관측된다. 이런 이유로 금성은 항상 태양을 중심으로 좌, 우 일정한 이각 내에서만 관측된다.

또한 금성이 관측되는 위상과 크기는 금성의 위치, 지구와 금성의 거리에 따라 달라진다. 금성의 위상은 금성이 태양과의 상대적 위치에 따라 지구상의 관측자에게 보이는 모양으로, 금성은 스스로 빛을 내지 못하고 태양빛을 받아 빛나는 것처럼 보인다. 이때 태양빛을 받는 면이 지구를 향하는 정도에 따라 보이는 형태가 다르다. 금성은 지구에서 멀어질수록 보이는 크기가 줄어들지만 태양빛을 받는 면의 전체를 볼 수 있어 보름달에 가까운 형태로 관측된다. 반면 지구로 가까워질수록 보이는 크기는 커지지만 태양빛을 받는 면의 일부분만 볼 수 있으므로 초승달 또는 그믐달에 가까운 형태로 관측된다. 그리고 최대 이각의 위치에 있을 때에는 반달에 가까운 형태로 관측된다.

마지막으로 금성의 밝기는 보이는 크기와 지구와의 거리에 따라 결정된다. 금성은 동방 최대 이각을 지나 내합으로 갈수록 점점 밝아지다가 밝기가 줄어든다. 일정 위치까지는 보이는 면이 줄어드는 효과보다 거리가 가까워지는 효과가 크게 작용을 하여 더 밝게 보인다. 그러다가 일정 위치를 지나 내합의 위치에 가까워질수록 거리가 가까워지는 효과보다 보이는 면이 줄어드는 효과가 커지기 때문에 밝기가 줄어든다. 마찬가지로 금성의 밝기는 내합을 지나 서방 최대 이각으로 갈수록 더 밝아지다가 서방 최대 이각에 가까워질수록 밝기가 줄어들게 된다.

* **각거리** : 관측자로부터 두 천체에 이르는 두 직선이 이루는 각도로 나타내는 천체 간 거리.

01 윗글을 이해한 내용으로 적절하지 <u>않은</u> 것은?

① 관측자가 관측한 천체의 움직임은 천체의 실제 움직임과는 다르다.
② 겉보기 운동은 천체를 중심으로 관측자의 위치 변화를 살펴본 것이다.
③ 지구상의 관측자에게 천체의 위치는 관측 시기에 따라 다르게 보인다.
④ 겉보기 운동에서 보이는 천체 움직임의 방향은 지구 자전 방향과 반대이다.
⑤ 북반구 중위도에 서서 북쪽을 바라보는 관측자에게 서쪽은 관측자의 왼쪽 방향에 해당한다.

[02~03] 다음은 금성의 이각을 일정 기간 지구에서 관측하여 그래프로 나타낸 것이다. 윗글과 그래프를 바탕으로 **02**번과 **03**번 물음에 답하시오.

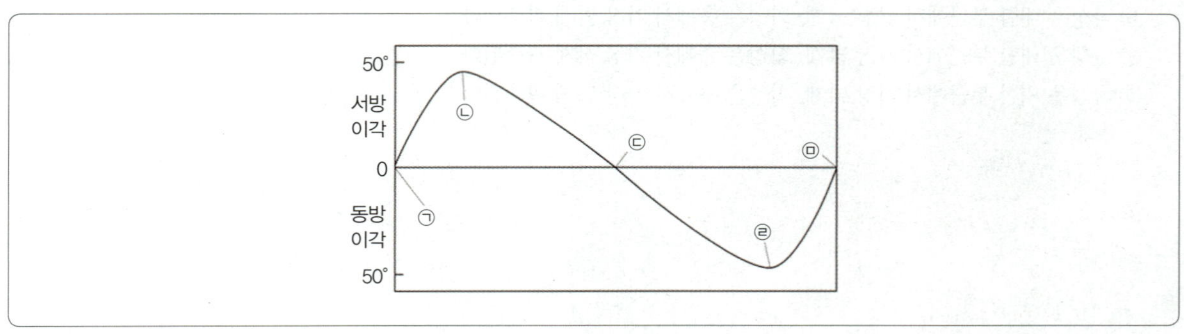

02 윗글을 읽은 학생이 ㉡에 대해 〈보기〉와 같이 반응했다고 할 때, ⓐ~ⓓ에 들어갈 말로 적절한 것은?

〈보기〉

"금성의 위치가 ㉡일 때, 금성은 태양보다 (ⓐ)에 위치하지만, 북반구 중위도에 있는 관측자가 보기에는 (ⓑ) 하늘에서 볼 수 있어. 그러므로 새벽에는 금성이 관측자의 지평선 (ⓒ)에, 초저녁에는 지평선 (ⓓ)에 있겠군."

	ⓐ	ⓑ	ⓒ	ⓓ
①	동쪽	서쪽	위	위
②	동쪽	서쪽	아래	위
③	서쪽	동쪽	위	아래
④	서쪽	동쪽	아래	위
⑤	서쪽	동쪽	아래	아래

03 윗글을 바탕으로 ㉠~㉤에 대해 이해한 내용으로 적절하지 <u>않은</u> 것은? [3점]

① 금성의 이각이 ㉠에서 ㉡으로 변할수록 각거리는 커지며, 금성을 볼 수 있는 시간은 길어진다.

② 금성의 이각이 ㉡에서 ㉢으로 변할수록 금성을 볼 수 있는 시간은 짧아지며, 점점 보름달에 가까운 형태로 볼 수 있다.

③ 금성의 이각이 ㉢에서 ㉣로 변할수록 금성을 볼 수 있는 시간은 길어지며, 점점 반달에 가까운 형태로 볼 수 있다.

④ 금성의 이각이 ㉣에서 ㉤으로 변할수록 각거리는 작아지며, 관측자에게 보이는 형태가 점점 달라진다.

⑤ 금성의 이각이 ㉣에서 ㉤으로 변할수록 금성을 볼 수 있는 시간은 길어지며, 점점 초승달에 가까운 형태로 볼 수 있다.

04 윗글과 〈보기〉에 대해 알 수 있는 내용으로 적절한 것은?

〈보기〉

지구 공전 궤도보다 바깥쪽을 도는 천체를 외행성이라 하는데, 지구에서 관측하기 쉬운 외행성은 화성이 대표적이다. 화성, 지구, 태양의 위치 관계를 살펴보면 태양 – 지구 – 화성의 순으로 위치할 때를 '충'이라고 하며, 화성 – 태양 – 지구의 순으로 위치할 때를 '합'이라 부른다. 또한 화성이 지구를 중심으로 태양과 90°로 놓이는 때를 '구'라고 하는데, 화성이 동쪽에 있으면 '동구', 서쪽에 있으면 '서구'로 구분한다. 또한 화성은 이각이 180°일 때 가장 밝게 보이며, 지구와의 거리에 따라 크기가 변한다. 즉 지구에서 가까울수록 더 크게 관측되지만, 멀수록 더 작게 관측된다.

① 금성은 최대 이각에서 가장 크게, 화성은 합에서 가장 밝게 관측된다.

② 금성은 최대 이각에서 가장 밝게, 화성은 합에서 가장 작게 관측된다.

③ 금성은 내합 부근에서 가장 크게, 화성은 충에서 가장 밝게 관측된다.

④ 금성은 내합 부근에서 가장 밝게, 화성은 충에서 가장 작게 관측된다.

⑤ 금성은 외합 부근에서 가장 밝게, 화성은 구에서 가장 크게 관측된다.

05 밑줄 친 단어 중, ⓐ와 문맥적 의미가 가장 유사한 것은?

① 운동을 해서 다리에 힘을 <u>붙였다</u>.

② 그는 나에게 다정하게 말을 <u>붙여</u> 왔다.

③ 아이와 정을 <u>붙이고</u> 나니 떨어지기가 싫다.

④ 아이들에게 희망을 <u>붙이고</u> 사는 것이 큰 낙이다.

⑤ 그는 자기 소설에 어떤 제목을 <u>붙일까</u> 고민 중이다.

독해지도 쓱쓱

글이 굉장히 길고 여러 개의 문단으로 구성되어 있기 때문에, 집중력을 잃으면 내용의 흐름을 따라가기 어렵습니다. 또한 '내합, 외합, 동방 최대 이각, 서방 최대 이각' 등 각 상황에 따라 금성의 관측 여부가 달라지기 때문에 정리하며 읽지 않으면 헷갈리기 쉬워요. 이 지문은 꼭 독해지도를 그려 봅시다!

03 별의 특성과 진화

| 01~02 | 다음 글을 읽고 물음에 답하시오.

별의 밝기는 별의 거리, 크기, 온도 등을 연구하는 데 중요한 정보를 제공한다. 별의 밝기는 등급으로 나타내며, 지구에서 관측되는 별의 밝기를 '겉보기 등급'이라고 한다. 고대의 천문학자 히파르코스는 맨눈으로 보이는 별의 밝기에 따라 가장 밝은 1등급부터 가장 어두운 6등급까지 6개의 등급으로 구분하였다. 이후 1856년에 포그슨은 1등급의 별이 6등급의 별보다 약 100배 밝고, 한 등급 간에는 밝기가 약 2.5배 차이가 나는 것을 알아내었다. 이러한 등급 체계는 망원경이나 관측 기술의 발달로 인해 개편되었다. 맨눈으로만 관측 가능했던 1~6등급 범위를 벗어나 그 값이 확장되었는데 6등급보다 더 어두운 별은 6보다 더 큰 수로, 1등급보다 더 밝은 별은 1보다 더 작은 수로 나타내었다.

별의 겉보기 밝기는 지구에 도달하는 별빛의 양에 의해 결정된다. 과학자들은 단위 시간 동안 단위 면적에 입사하는 빛 에너지의 총량을 '복사 플럭스'라고 정의하였는데 이 값이 클수록 별이 더 밝게 관측된다. 그러나 별의 복사 플럭스 값은 빛이 도달되는 거리의 제곱에 반비례하기 때문에 별과의 거리가 멀수록 그 별은 더 어둡게 보인다. 이처럼 겉보기 밝기는 거리에 따라 다르게 관측되기 때문에 별의 실제 밝기는 절대 등급으로 나타낸다. 예를 들어, '리겔'의 경우 겉보기 등급은 0.1 정도이지만, 절대 등급은 −6.8 정도에 해당한다.

절대 등급은 별이 지구로부터 10파섹*(약 32.6광년)의 거리에 있다고 가정했을 때 그 별의 겉보기 등급으로 정의한다. 별의 실제 밝기는 별이 매초 방출하는 에너지의 총량인 광도가 클수록 밝아지게 된다. 광도는 별의 반지름의 제곱과 별의 표면 온도의 네제곱에 비례한다. 즉, 별의 실제 밝기는 별의 표면적이 클수록, 표면 온도가 높을수록 밝다.

과학자들은 별의 겉보기 등급에서 절대 등급을 뺀 값인 거리 지수를 이용하여 별까지의 거리를 판단하며, 이 값이 큰 별일수록 지구에서 별까지의 거리가 멀다. 어떤 별의 거리 지수가 0이면 지구와 그 별 사이의 거리가 10파섹임을 나타내고, 0보다 크면 10파섹보다 멀다는 것을 의미한다. 예를 들어 '북극성'의 겉보기 등급은 2.0 정도이고, 절대 등급은 −3.6 정도이므로 거리 지수는 5.6이다. 이 값이 0보다 크기 때문에 북극성은 10파섹보다 멀리 있으며, 실제로 지구에서 133파섹 떨어져 있다. 이처럼 별의 밝기와 관련된 정보를 통해 멀리 떨어져 있는 별에 대해 탐구할 수 있다.

* **파섹** : 거리의 단위로서 1파섹은 3.086×10^{13} km, 즉 약 3.26광년에 해당한다.

01 윗글을 통해 알 수 있는 내용으로 적절하지 <u>않은</u> 것은?

① 별빛이 도달되는 거리가 3배가 되면 복사 플럭스 값은 $\frac{1}{9}$ 배가 되겠군.

② 망원경으로 관측한 별 중에 히파르코스의 등급 범위를 벗어난 것이 있겠군.

③ 겉보기 등급과 절대 등급이 같은 별은 지구에서 약 32.6광년 떨어져 있겠군.

④ 어떤 별과 지구 사이의 거리가 10파섹 미만이라면 그 별의 거리 지수는 0보다 작겠군.

⑤ 겉보기 등급이 −1인 별과 겉보기 등급이 1인 별의 밝기는 약 2.5배 차이가 나겠군.

02 윗글을 바탕으로 〈보기〉를 이해한 내용으로 적절한 것은? [3점]

〈보기〉

다음은 가상의 별 A, B에 대한 정보이다. 별 B의 반지름과 표면 온도는 각각 별 A의 반지름과 표면 온도를 1로 설정하여 계산한 값이다.

	겉보기 등급	절대 등급	거리 지수	반지름	표면 온도
A	2	−1	3	1	1
B	1	−6	7	0.1	10

① 별 A는 별 B보다 광도 값이 더 크다.

② 별 A는 '리겔'보다 실제 밝기가 더 밝은 별이다.

③ 별 B는 별 A보다 별의 실제 밝기가 약 100배 밝다.

④ 별 B는 지구에서 133파섹보다 더 가까운 거리에 있다.

⑤ 별 B는 지구에서 볼 때 '북극성'보다 더 어둡게 보인다.

독해지도 쓱쓱

별의 밝기와 관련된 여러 개념들이 등장합니다. 개념의 정의와 여러 개념 간의 관계에 대해 잘 정리하면 어렵지 않게 독해지도를 그릴 수 있을 거예요.

04 우주의 구조와 진화

| 01~02 | **다음 글을 읽고 물음에 답하시오.**

우주를 구성하는 전체 물질의 질량 중 약 85%는 눈에 보이지 않는 ㉠암흑 물질이 차지하고 있지만, 암흑 물질은 어떤 망원경으로도 관측되지 않으므로 그 존재가 오랫동안 알려지지 않았다. 1933년 츠비키는 머리털자리 은하단의 질량을 추정하다가 암흑 물질의 개념을 생각해 내었다. 그는 은하들의 속력으로부터 추정한 은하단의 질량이 은하들의 밝기로부터 추정한 은하단의 질량보다 훨씬 크다는 것을 확인하고 은하단 내부에 '실종된 질량'이 있다고 결론지었다.

1970년대에 루빈은 더 정확한 관측 결과를 바탕으로 이 '실종된 질량'의 실재를 확증하였다. 나선 은하에서 별과 같은 보통의 물질들은 중심부에 집중되어 공전한다. 중력 법칙을 써서 나선 은하에서 공전하는 별의 속력을 계산하면, 중심부에서는 은하의 중심으로부터 거리가 멀어질수록 속력이 증가함을 알 수 있다. 그런데 중심부 밖에서는 중심으로부터 멀어질수록 중심 쪽으로 별을 당기는 중력이 줄어들기 때문에 〈그림〉의 곡선 A에서처럼 거리가 멀어질수록 별의 속력이 줄어드는 것으로 나온다. 그렇지만 실제 관측 결과, 나선 은하 중심부 밖에서 공전하는 별의 속력은 〈그림〉의 곡선 B에서처럼 중심으로부터의 거리와 무관하게 거의 일정하다. 이것은 은하 중심에서 멀리 떨어진 별일수록 은하 중심 쪽으로 그 별을 당기는 물질이 그 별의 공전 궤도 안쪽에 많아져서 거리가 멀어질수록 줄어드는 중력을 보충해 주기 때문으로 보인다. 이로부터 루빈은 별의 공전 궤도 안쪽에 퍼져 있는 추가적인 중력의 원천, 곧 암흑 물질이 존재한다는 것을 추정하였다. 그 후 암흑 물질의 양이 보통의 물질보다 월등히 많다는 것도 확인되었다.

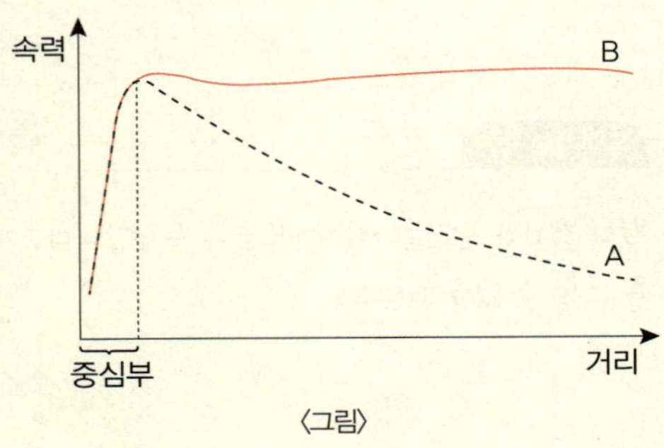

이후 2006년에 암흑 물질의 중요한 성질이 탄환 은하단의 관측을 바탕으로 밝혀졌다. 탄환 은하단은 두 개의 은하단이 충돌하여 형성되었다. 두 은하단이 충돌할 때 각각의 은하단에 퍼져 있던 고온의 가스는 서로 부딪쳐 탄환 은하단의 중앙에 모인다. 반면 각각의 은하단 안에서 은하들은 서로 멀리 떨어져 있어서 은하단이 충돌할 때 은하들끼리는 좀처럼 충돌하지 않고 서로 엇갈려 지나간다. 이때 각각의 은하단에 퍼져 있던 암흑 물질도 두 은하단의 은하들과 함께 엇갈려 이동한 것으로 확인된다. 이로써 암흑 물질은 가스나 별과 같은 보통의 물질뿐 아니라 다른 암흑 물질과도 거의 부딪치지 않는다는 것이 밝혀졌다.

01 **㉠에 대한 설명으로 적절하지 <u>않은</u> 것은?**

① 은하단 내부에 퍼져 있는 가스와 거의 충돌하지 않는다.
② 우주에서 눈에 보이는 물질의 질량보다 더 큰 질량을 차지한다.
③ 보통의 물질을 관측하는 데 사용되는 망원경으로 관측할 수 없다.
④ 은하 안에 퍼져 있으면서 그 은하 안의 별을 은하 중심 쪽으로 당긴다.
⑤ 은하들의 밝기로부터 추정한 은하단의 질량을 은하들의 속력으로부터 추정한 질량보다 더 크게 만든다.

02 〈그림〉의 곡선 B에 대한 설명으로 적절하지 않은 것은?

① 나선 은하를 관측한 결과를 근거로 그린 곡선이다.

② '실종된 질량'의 존재를 확인해 줄 정보를 포함하고 있다.

③ 중심부 밖의 경우, 별의 공전 속력에 영향을 미치는 중력이 A에서보다 더 큼을 보여 준다.

④ 중심부의 경우, 거리와 별의 공전 속력이 비례하는 것을 통해 암흑 물질이 중심부에 집중되어 있음을 보여 준다.

⑤ 중심부 밖의 경우, 은하의 중심에서 멀리 떨어져 있는 별일수록 그 별을 은하 중심으로 당기는 암흑 물질이 더 많음을 보여 준다.

독해지도 쓱쓱

'암흑 물질'이라는 낯선 개념에 대해 설명하고 있어요. 각 문단에서 암흑 물질의 존재와 관련한 발견을 시간 순서대로 다루고 있기 때문에, 이 흐름에 따라 독해지도를 그리면 돼요!

수능 국어에서 기술 영역으로 출제되는 내용은 사실 아주 다양한 주제를 가지고 있는데, '전기·전자 및 기계, 컴퓨터, 정보 처리 및 인공지능, 소재 및 건축, 기타 기술' 정도로 나눌 수 있을 것 같아요. 이렇게 정리한 표는 다음과 같답니다.

● 기술

과학 지문이 현상에 대한 일반적인 원리를 주로 다룬다면, 기술 지문은 많은 경우 특정한 기술의 구체적인 작동 원리와 세부적인 설명을 담고 있어요. 정보처리기술, 컴퓨터, 기계, 전기·전자, 건축 등 정말 다양한 기술을 다루고 있는데, 실생활에서 접할 수 있는 기계에 대한 내용이 자주 등장해요. 최근에는 하드웨어의 작동뿐만 아니라 데이터 처리나 프로그래밍과 같은 소프트웨어 측면의 기술이 많이 다루어지고 있어요. 지문의 내용이 대부분 매우 전문적이고 생소하기 때문에 이해하기 어렵게 느껴지지만, 핵심적인 개념과 원리를 파악한 후 근거가 되는 세부 정보를 정확히 확인해서 문항을 해결할 수 있도록 해야 해요. 원리와 과정에 대한 설명과 함께 주어지는 그림 자료도 내용에 유의하며 살펴보면 이해에 도움이 된답니다.

지문 선정 이유 ★ 기술 지문은 수능에서 최신 동향을 담아 하나씩 출제되고 있어요. 그래서 이왕이면 옛날 지문보다는 최근에 출제된 지문들을 선정했고, 다양한 분야의 내용을 담았어요. 특히 정보처리/인공지능은 크게 주목받는 분야이므로 앞으로도 나올 가능성이 높아요.

기술 지문 기출 영역

세부 분야	2013~2025학년도
전기·전자/ 기계	[2024년 9월 고2] (가) 햅틱 장치 / (나) 인간의 촉각 인지 과정
	[2024년 3월 고3] 디지털카메라의 이미지 센서
	[2023년 11월 고1] 해양 온도차 발전
	[2023년 3월 고3] 초임계 유체를 이용한 입자 제조
	[2023년 3월 고1] OLED 소재 및 소자의 기초와 응용
	[2021년 11월 고2] 터치스크린 패널의 원리
	[2021년 9월 고1] 수소전기차
	[2021학년도 6월 고3] 영상 안정화 기술
	[2021년 3월 고3] 다중 접속 기술
	[2021년 3월 고2] 타워 크레인의 작동 원리
	[2019학년도 9월 고3] 주사 터널링 현미경
	[2019년 9월 고1] 하이라이트 레인지와 인덕션 레인지
	[2018년 11월 고2] 가속도센서와 자이로스코프
	[2018년 9월 고1] 열차의 안전 운행을 위한 장치
	[2018년 6월 고2] 수원 화성 축성에 사용된 유형거
	[2017년 3월 고2] 다이내믹 스피커의 원리와 플레밍의 왼손 법칙
	[2016학년도 수능 A형] 애벌랜치 광다이오드
	[2015학년도 6월 고3 A형] 조명기구
	[2015년 6월 고2] 하이브리드 자동차
	[2014학년도 9월 고3 A형] 컴퓨터 단층 촬영장치
	[2014학년도 6월 고3 A형] 플래시 메모리
	[2013학년도 9월 고3] 반도체 생산 기술
컴퓨터	[2023년 9월 고1] 디지털 이미지 워터마킹
	[2020년 9월 고1] 캐시 기억 장치
	[2016년 6월 고1] 고속의 보조기억장치 SSD
	[2015학년도 9월 고3 A형] CPU 스케줄링
	[2014학년도 수능 A형] CD 드라이브의 정보 판독
	[2013학년도 6월 고3] 디스크 스케줄링

세부 분야	2013~2025학년도
정보처리/인공지능	[2025학년도 9월 고3] 블록체인 기술
	[2024학년도 수능] 데이터에서 결측치와 이상치의 처리 방법
	[2024년 9월 고1] 동형 암호
	[2023학년도 9월 고3] 검색 엔진의 웹 페이지 순서 결정
	[2022년 11월 고1] 튜링 기계의 작동 원리
	[2022년 9월 고2] 데이터 전송 오류 시 자동 반복 요청 방식(ARQ)
	[2022년 3월 고3] 다양한 예제로 학습하는 데이터 구조와 알고리즘
	[2022년 3월 고2] 인공지능 음성 언어 비서 시스템의 자연어 처리 기술
	[2022년 3월 고1] 데이터 전송 오류 검출 방법
	[2021학년도 수능] 3D 합성 영상을 위한 모델링과 렌더링
	[2020학년도 9월 고3] 스마트폰의 위치 측정
	[2020년 3월 고3] 부호화 절댓값과 보수법
	[2019년 11월 고2] 전자요금 징수시스템의 작동 과정
	[2019년 3월 고1] GPS의 원리
	[2018학년도 수능] 디지털 데이터의 부호화
	[2018학년도 6월 고3] DNS 스푸핑
	[2018년 3월 고2] 합성곱 신경망
	[2017학년도 6월 고3] 인공 신경망의 학습과 판정
	[2016학년도 9월 고3 A형] 해시 함수의 특성과 이용
	[2016학년도 6월 고3 A형] 지문 인식 시스템
	[2016년 3월 고2] 디지털 회로와 논리게이트
	[2015학년도 수능 A형] 디지털 영상
	[2015년 6월 고1] 네트워크상에서 패킷 교환 방식
	[2013학년도 수능] 음성 인식 기술
소재/건축	[2018년 3월 고1] 초고층 건물의 건축 기술
	[2017학년도 9월 고3] 콘크리트를 통해 본 건축 재료와 건축 미학
	[2015학년도 9월 고3 B형] 점탄성체
기타	[2024년 6월 고2] 페로브스카이트 태양전지
	[2024년 6월 고1] 해수 담수화 기술
	[2024년 3월 고1] 목제 유물의 제작 연도 규명
	[2023년 11월 고2] 연소 불안정
	[2022학년도 수능] 차량 주위 영상 제공 장치의 원리
	[2022년 11월 고2] 폐수의 정수 처리
	[2022학년도 9월 고3] 메타버스에서 몰입도를 높이는 기술
	[2021년 11월 고1] 양전자 단층 촬영의 원리
	[2019년 11월 고1] 물질의 상변화와 지역난방
	[2019년 9월 고2] 과학혁명의 구조
	[2017년 9월 고2] 미술 작품 복원과 X선의 활용
	[2017년 9월 고1] 제책 기술
	[2016년 9월 고2] 종이 접는 횟수
	[2016년 6월 고2] 가로 경관 디자인

| 01~04 | **다음 글을 읽고 물음에 답하시오.**

터치스크린 패널은 스크린의 특정 지점을 직접 접촉하면 그 위치를 파악하여 해당 위치에 설정된 기능을 직관적으로 조작할 수 있도록 설계된 장치를 말한다. 터치스크린 패널 중 정전용량방식의 패널은 전기가 통하는 전도성 물체를 스크린에 접촉했을 때 발생하는 정전용량*의 변화를 측정하여 접촉된 위치를 파악한다. 터치스크린 패널에 사용되는 정전용량방식에는 일반적으로 표면정전방식과 투영정전방식이 있다.

㉠ 표면정전방식은 패널의 네 모서리에 있는 각각의 감지회로가 동시에 정전용량의 변화를 감지하여 전도성 물체의 접촉 위치를 파악하는 방식이다. 표면정전방식에서는 패널의 표면에 덮인 전도성 투명 필름이 전도성 물체의 접촉을 인식하는 센서 역할을 한다. 센서에 전도성 물체가 접촉하게 되면 물체의 전하량과 패널의 전하량의 차이에 의해 전압이 변화하고, 이로 인해 형성된 전기장은 정전용량을 변화시킨다. 네 모서리에 있는 감지회로는 정전용량의 변화된 정도를 측정하여 물체가 접촉된 위치를 파악하는 것이다. 표면정전방식은 투영정전방식에 비해 구조가 단순하고 단가가 낮다는 장점이 있다. 하지만 접촉된 위치를 대략적으로만 파악할 수 있어 정확도가 낮고 한 번에 하나의 접촉만 인식할 수 있기 때문에 여러 지점을 접촉했을 때 인식이 불가능하다는 단점이 있다.

투영정전방식은 접촉을 감지할 수 있는 센서를 패널의 일정한 구역마다 배치하여 활용하는 방식으로 ㉡ 자기정전방식과 ㉢ 상호정전방식으로 나눌 수 있다. 자기정전방식은 패널에 전도성 물체가 접촉하면 물체의 전하량과 패널의 전하량의 차이에 의해 전압이 변화하고, 이때 형성된 전기장에 의해 증가하는 정전용량을 측정하는 방식이라는 점에서 그 원리가 표면정전방식과 유사하다. 하지만 자기정전방식은 표면정전방식과 달리 하나의 층에 여러 개의 행과 열의 형태로 배치된 각각의 센서들을 활용한다. 센서가 특정 지점의 접촉을 인식하면 센서의 각 행과 열의 끝에 배치된 감지회로가 접촉 지점에서 일어난 정전용량의 변화를 감지하고, 이를 바탕으로 행과 열의 교차점인 접촉 위치를 정교하고 빠르게 파악할 수 있다.

반면 상호정전방식은 가로축으로 배열된 센서인 구동 라인과 세로축으로 배열된 센서인 감지 라인이 두 개의 층을 이루고 있다. 패널에 전도성 물체와의 접촉이 없을 때 구동 라인에서는 전압에 의해 전기장이 형성되며, 이 전기장은 모두 감지 라인으로 들어가 일정한 크기의 전기장을 유지하여 구동 라인과 감지 라인 사이에 상호 정전용량을 형성한다. 하지만 패널에 전도성 물체가 접촉하게 되면 일정한 크기를 유지하던 전기장의 일부가 접촉된 물체로 흡수된다. 전기장이 물체에 흡수되면 구동 라인과 감지 라인 사이에 형성된 상호 정전용량이 감소하며 전기장의 크기 역시 줄어든다. 이때 접촉이 정확하게 일어날수록 해당 지점에 전기장이 더 많이 줄어들게 된다. 결국 패널에는 접촉 전과는 다른 전기장의 흐름이 나타나 상호 정전용량이 변화하고 구동 라인과 감지 라인의 교차점인 터치좌표쌍이 인식된다. 이때 터치좌표쌍은 구동 라인과 감지 라인이 개별적으로 인식된 교차점이기에 하나의 패널에서는 여러 개의 터치좌표쌍이 만들어질 수 있다.

이후 터치좌표쌍의 정보를 터치 컨트롤러가 디지털 신호로 변환해 이미지로 처리하여 중앙처리장치(CPU)에 전달함으로써 해당 터치스크린 패널은 전도성 물체의 접촉 여부 및 접촉한 위치를 최종적으로 판단하게 된다. 이러한 상호정전방식은 구동 라인과 감지 라인의 교차점을 개별적으로 인식하는 과정을 거치기에 측정 시간이 많이 소요되지만, ⓐ <u>두 지점을 접촉하는 멀티 터치가 가능</u>하여 최근 스마트폰이나 태블릿과 같은 기기에 많이 활용되는 추세이다.

* **정전용량** : 물체가 지니고 있는 전하의 용량. 여기서 전하는 물체가 가지고 있는 전기적 성질을 의미함.

01 **윗글의 내용과 일치하지 <u>않는</u> 것은?**

① 터치스크린 패널은 직접적인 접촉을 통한 직관적 조작이 가능하다.
② 자기정전방식은 접촉점에 해당하는 행과 열의 교차점을 터치 지점으로 인식한다.
③ 표면정전방식을 실현하기 위해서는 스크린에 전도성이 없는 투명 필름을 입혀야 한다.
④ 상호정전방식에서는 수집된 행과 열의 정보가 터치 컨트롤러에서 이미지로 처리된다.
⑤ 투영정전방식은 표면정전방식보다 구조가 복잡하지만 더욱 정교한 좌표 인식이 가능하다.

02 ㉠~㉢에 대해 이해한 내용으로 적절하지 <u>않은</u> 것은?

① ㉠~㉢은 모두 전도성 물체의 접촉에 따른 정전용량의 변화를 측정한다.
② ㉠~㉢은 모두 패널에 있는 센서를 이용하여 접촉 부분의 위치를 알아내는 방식이다.
③ ㉠과 달리 ㉡은 하나의 접촉점을 인식하기 위해 두 개 이상의 감지회로를 활용하는 방식이다.
④ ㉡과 달리 ㉢은 센서층이 두 개의 층을 이루고 있다.
⑤ ㉢과 달리 ㉡은 접촉 부분에서 증가하는 정전용량을 감지하는 방식이다.

03 윗글을 읽고 〈보기〉를 이해한 반응으로 적절하지 <u>않은</u> 것은? [3점]

〈보기〉

다음은 터치스크린 패널의 작동 원리를 이해하기 위해 설정된 자료이다. 〈자료 1〉은 터치스크린 패널의 한 종류를 도식화한 것이고, 〈자료 2〉는 〈자료 1〉의 ⓐ~ⓒ 지점에 형성된 전기장의 크기를 나타낸 그래프이다.

① ⓐ에서 접촉된 물체가 흡수한 전기장의 크기는 ⓑ에서 접촉된 물체가 흡수한 전기장의 크기보다 크겠군.
② 전기장의 크기로 보아 ⓑ보다 ⓐ에서 더 정확한 접촉이 이루어진 것으로 볼 수 있겠군.
③ ⓒ에서는 구동 라인에서 발생한 전기장의 크기와 감지 라인으로 들어가는 전기장의 크기가 일치하겠군.
④ ⓒ와 달리 ⓑ에서는 감지 라인으로 들어가야 할 전기장의 일부가 접촉된 물체로 흘러들어 갔겠군.
⑤ ⓐ와 ⓒ에서는 구동 라인과 감지 라인 사이에서 형성된 상호 정전용량이 감소했겠군.

04 Ⓐ에 대한 이유를 추론한 것으로 가장 적절한 것은?

① 교차점의 위치를 빠르게 측정할 수 있기 때문이다.
② 중앙처리장치가 행과 열의 정보를 분할하기 때문이다.
③ 센서의 행과 열 끝에 감지회로가 배치되어 있기 때문이다.
④ 구동 라인과 감지 라인의 교차점이 개별적으로 인식되기 때문이다.
⑤ 하나의 패널에서 한 개의 터치좌표쌍만 만들어질 수 있기 때문이다.

독해지도 쓱쓱

터치스크린 패널에 사용되는 정전용량방식의 종류와 각 종류별 작동 방식을 중점으로 독해지도를 그려 보세요.

| 01~03 | **다음 글을 읽고 물음에 답하시오.**

전기레인지는 용기를 가열하는 방식에 따라 하이라이트 레인지와 인덕션 레인지로 나눌 수 있다. 하이라이트 레인지는 상판 자체를 가열해서 열을 발생시키는 ㉠ 직접 가열 방식이고, 인덕션 레인지는 상판을 가열하지 않고 전자기유도 현상을 통해 용기에 자체적으로 열을 발생시키는 ㉡ 유도 가열 방식이다.

하이라이트 레인지는 주로 니크롬으로 만들어진 열선을 원형으로 배치하고 열선의 열을 통해 그 위의 세라믹글라스 판을 직접 가열한다. 이렇게 발생한 열이 용기에 전달되어 음식을 조리할 수 있게 된다. 하이라이트 레인지는 비교적 다양한 소재의 용기를 쓸 수 있지만 에너지 효율이 낮아 조리 속도가 느리고 상판의 잔열로 인한 화상의 우려가 있다.

인덕션 레인지는 표면이 세라믹글라스 판으로 되어 있고 그 밑에 나선형 코일이 설치되어 있다. 전원이 켜지면 코일에 2만Hz 이상의 고주파 교류 전류가 흐르면서 그 주변으로 1초에 2만 번 이상 방향이 바뀌는 교류 자기장이 발생하게 되고, 그 위에 도체인 냄비를 놓으면 교류 자기장에 의해 냄비 바닥에는 수많은 폐회로*가 생겨나며 그 회로 속에 소용돌이 형태의 유도 전류인 맴돌이전류가 발생한다. 이때 흐르는 맴돌이전류가 냄비 소재의 저항에 부딪혀 줄열 효과*가 나타나게 되고 이에 의해 냄비에 열이 발생하게 되는데, 이때 맴돌이전류의 세기는 나선형 코일에 흐르는 전류의 세기에 비례한다.

인덕션 레인지의 가열 원리는 강자성체의 자기 이력 현상과도 관련이 있다. 일반적으로 물체는 자기장의 영향을 받으면 자석의 성질을 갖게 되는데 이것을 자화라고 하며, 자화된 물체를 자성체라고 한다. 자성체의 자화 세기는 물체에 가해 준 자기장의 세기에 비례하여 커지다가 일정값 이상으로는 더 이상 커지지 않는데, 이를 자기 포화 상태라고 한다. 이때 물체에 가해 준 자기장의 세기를 줄이면 자화의 세기도 줄어들기 시작하며, 외부의 자기장이 사라지면 자석의 성질도 사라진다. 그런데 강자성체의 경우에는 외부 자기장의 세기가 줄어들어도 자화의 세기가 상대적으로 천천히 줄어들게 되고 외부 자기장이 사라져도 어느 정도 자화된 상태를 유지하게 되는데, 이를 자기 이력 현상이라고 하며 자성체에 남아 있는 자화의 세기를 잔류 자기라고 한다. 그리고 처음에 가해 준 외부 자기장의 역방향으로 일정 세기의 자기장을 가해 주면 자화의 세기가 0이 되고, 자기장을 더 세게 가해 주면 반대쪽으로 커져 자기 포화 상태가 된다. 이러한 과정을 반복하면 자기장의 세기에 따른 자화의 세기는 일정한 곡선을 그리게 되는데 이를 자기 이력 곡선이라고 한다. 이 과정에서 자기에너지는 열에너지로 전환되어 자성체의 온도를 높이는데, 이때 발생하는 열에너지는 자기 이력 곡선의 내부 면적과 비례한다. 만약 인덕션에 사용하는 냄비의 소재가 강자성체인 경우, 자기 이력 현상으로 인해 냄비에 추가로 열이 발생하게 된다.

이러한 가열 방식 때문에 인덕션 레인지는 음식 조리에 필요한 열을 낼 수 있도록 소재의 저항이 크면서 강자성체인 용기를 사용해야 한다는 제약이 있다. 또한 고주파 전류를 사용하기 때문에 조리 시 전자파에 대한 우려도 있다. 하지만 직접 가열 방식보다 에너지 효율이 높아 순식간에 용기가 가열되기 때문에 상대적으로 빠르게 음식을 조리할 수 있다. 그리고 무엇보다 상판이 직접 가열되지 않기 때문에 발화에 의한 화재의 가능성이 매우 낮고, 뜨거운 상판에 의한 화상 등의 피해로부터 비교적 안전하다는 장점이 있다.

* **폐회로** : 전류가 흐를 수 있도록 구성된 회로.
* **줄열 효과** : 도체에 전류를 흐르게 했을 때 도체의 저항 때문에 열에너지가 증가하는 현상.

01 **㉠과 ㉡에 대한 설명으로 적절한 것은?**

① ㉠은 유도 전류를 이용하여 용기를 가열한다.
② ㉡은 상판을 가열하여 그 열로 음식을 조리한다.
③ ㉠은 ㉡에 비해 상대적으로 화상의 위험이 적다.
④ ㉠은 ㉡과 달리 빠른 시간 안에 용기를 가열할 수 있다.
⑤ ㉡은 ㉠보다 사용할 수 있는 용기 소재에 제약이 많다.

윗글을 바탕으로 〈보기〉의 '전기레인지'를 이해한 내용으로 적절하지 <u>않은</u> 것은?

〈보기〉

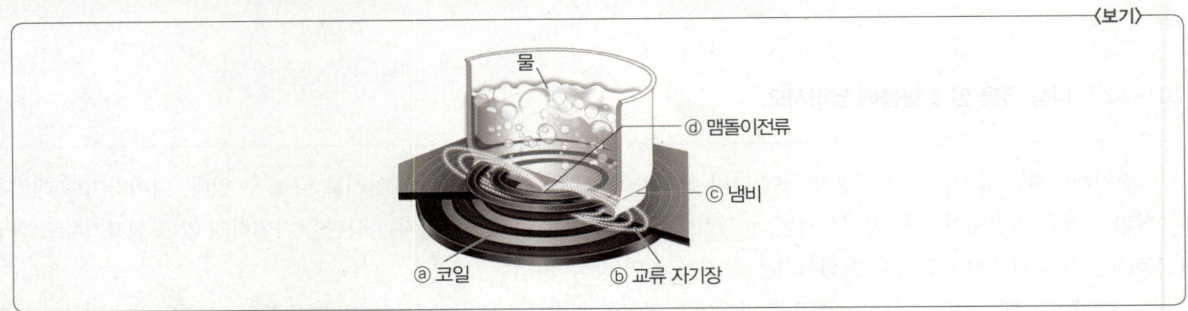

① ⓐ에 고주파 교류 전류가 흐르면 ⓑ가 만들어지는군.
② ⓑ의 영향을 받으면 ⓒ의 바닥에 ⓓ가 발생하는군.
③ ⓒ 소재의 저항이 커지면 ⓑ의 세기도 커지겠군.
④ ⓓ의 세기는 ⓐ에 흐르는 전류의 세기에 비례하겠군.
⑤ ⓓ가 흐르면 ⓒ 소재의 저항에 의해 열이 발생하는군.

03 윗글을 바탕으로 〈보기〉를 이해한 내용으로 적절하지 <u>않은</u> 것은? [3점]

〈보기〉

아래 그림은 두 물체 A, B의 자기장의 세기에 따른 자화 세기의 변화를 나타낸 자기 이력 곡선이다.

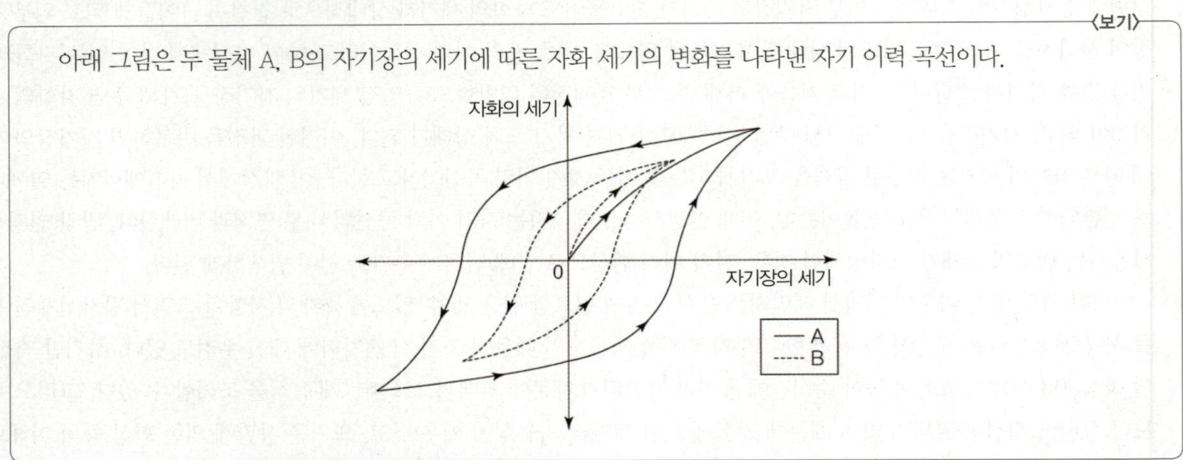

① 외부 자기장이 사라져도 자석의 성질을 지닌다는 점에서 A와 B는 모두 인덕션 레인지 용기의 소재로 적합하겠군.
② A 소재의 용기 외부에 가해지는 자기장의 세기가 커질수록 발생하는 열에너지의 크기는 계속 증가하겠군.
③ 인덕션 레인지의 전원을 차단했을 때 A 소재의 용기가 B 소재의 용기보다 잔류 자기의 세기가 더 크겠군.
④ 용기의 잔류 자기를 제거하기 위해서는 B 소재의 용기보다 A 소재의 용기에 더 큰 세기의 자기장을 가해 주어야겠군.
⑤ B 소재의 용기는 A 소재의 용기보다 자기장의 변화에 따라 발생하는 열에너지가 적겠군.

독해지도 쓱쓱

이 지문은 하이라이트 레인지 및 인덕션 레인지의 원리가 순서대로 설명되어 있어 선택, 삭제, 재구성이 쉽지 않아요. 문단의 모든 문장을 놓치지 말고 읽어야 하죠. 독해지도를 그리면서 전기레인지의 작동 방식 및 가열 원리를 정리해 보세요. 02번 문제 〈보기〉에 인덕션 레인지의 구조가 그림으로 나와 있고, 03번 문제 〈보기〉에 자기 이력 곡선이 나와 있으니 지문과 〈보기〉를 같이 보면 이해에 도움이 될 거예요.

| 01~04 | **다음 글을 읽고 물음에 답하시오.**

데이터를 처리할 때 데이터의 정확성은 매우 중요하다. 그런데 데이터에 결측치와 이상치가 포함되면 데이터의 특징을 제대로 ⓐ 나타내기 어렵다.

결측치는 데이터 값이 ⓑ 빠져 있는 것이다. 결측치를 처리하는 방법 중 하나인 대체는 다른 값으로 결측치를 채우는 것인데, 대체하는 값으로는 평균, 중앙값, 최빈값을 많이 사용한다. 중앙값은 데이터를 크기순으로 정렬했을 때 중앙에 위치한 값이다. 크기가 같은 값이 복수일 경우에도 순위를 매겨 중앙값을 찾고, 데이터의 개수가 짝수이면 중앙에 있는 두 값의 평균이 중앙값이다. 또 최빈값은 데이터에 가장 많이 나타나는 값을 이른다. 일반적으로 데이터 값이 연속적인 수치이면 평균으로, 석차처럼 순위가 있는 값에는 중앙값으로, 직업과 같이 문자인 경우에는 최빈값으로 결측치를 대체한다.

이상치는 데이터의 다른 값에 비해 유달리 크거나 작은 값으로, 데이터를 수집할 때 측정 오류 등에 의해 주로 ⓒ 생긴다. 그러나 정상적인 데이터라도 데이터의 특징을 왜곡하는 데이터 값이 있을 수 있다. 예를 들어, 데이터가 어떤 프로 선수들의 연봉이고 그중 한 명의 연봉이 유달리 많다면, 이상치가 포함된 데이터에 해당한다. 이런 데이터의 특징을 하나의 수치로 나타내려는 경우 ㉠ 대푯값으로 평균보다 중앙값을 주로 사용한다.

평면상에 있는 점들의 위치를 나타내는 데이터에서도 이상치를 발견할 수 있다. 대부분의 점들이 가상의 직선 주위에 모여 있다면 이 직선은 데이터의 특징을 잘 나타낸다고 할 수 있다. 이 직선을 직선 L이라고 하자. 그런데 직선 L로부터 멀리 떨어진 위치에도 몇 개의 점이 있다. 이 점들이 이상치이다.

㉡ 이상치를 포함하는 데이터에서 직선 L을 찾는다고 하자. 이때 사용할 수 있는 기법의 하나인 A 기법은 두 점을 무작위로 골라 정상치 집합으로 가정하고, 이 두 점을 ⓓ 지나는 후보 직선을 그어 나머지 점들과 후보 직선 사이의 거리를 구한다. 이 거리가 허용 범위 이내인 점들을 정상치 집합에 추가한다. 정상치 집합의 점의 개수가 미리 정해 둔 기준, 즉 문턱값보다 많으면 후보 직선을 최종 후보군에 넣는다. 반대로 점의 개수가 문턱값보다 적으면 후보 직선을 버린다. 만약 처음에 고른 점이 이상치이면, 대부분의 점들은 해당 후보 직선과의 거리가 너무 ⓔ 멀어 이 직선은 최종 후보군에서 제외되는 것이다. 이 과정을 반복하여 최종 후보군을 구하고, 최종 후보군에 포함된 직선 중에서 정상치 집합의 데이터 개수가 최대인 직선을 직선 L로 선택한다. 이 기법은 이상치가 있어도 직선 L을 찾을 가능성이 높다.

01 **윗글을 이해한 내용으로 적절하지 <u>않은</u> 것은?**

① 데이터가 수치로 구성되지 않아도 최빈값을 구할 수 있다.

② 데이터의 특징이 언제나 하나의 수치로 나타나는 것은 아니다.

③ 데이터가 정상적으로 수집되었다면 이상치가 존재하지 않는다.

④ 데이터에 동일한 수치가 여러 개 있어도 중앙값으로 결측치를 대체할 수 있다.

⑤ 데이터를 수집하는 과정에서 측정 오류가 발생한 값이라도 이상치가 아닐 수 있다.

02 윗글을 참고할 때, ㉠의 이유로 가장 적절한 것은?

① 중앙값은 극단에 있는 이상치의 영향을 덜 받기 때문이다.
② 중앙값을 찾기 위해 데이터를 나열할 때 이상치는 제외되기 때문이다.
③ 데이터의 개수가 많아질수록 이상치도 많아지고 평균을 구하기 어렵기 때문이다.
④ 이상치가 포함되면 평균을 구하는 것이 중앙값을 찾는 것보다 복잡하기 때문이다.
⑤ 이상치가 포함되면 평균은 데이터에 포함되지 않는 값일 가능성이 큰 반면 중앙값은 항상 데이터에 포함된 값이기 때문이다.

03 ㉡과 관련하여 윗글의 A 기법과 〈보기〉의 B 기법을 설명한 내용으로 가장 적절한 것은? [3점]

〈보기〉

다음과 같은 방법으로 직선 L을 찾는 B 기법을 가정해 보자. 후보 직선을 임의로 여러 개 가정한 뒤에 모든 점에서 각 후보 직선들과의 거리를 구하여 점들과 가장 가까운 직선을 선택한다. 그러나 이렇게 찾은 직선은 직선 L로 적합한 직선이 아니다. 이상치를 포함해서 찾다 보니 대부분 최적의 직선과 이상치 사이에 위치한 직선을 선택하게 된다.

① A 기법과 B 기법 모두 최적의 직선을 찾기 위해 최대한 많은 점을 지나는 후보 직선을 가정한다.
② A 기법은 이상치를 제외하고 후보 직선을 가정하지만 B 기법은 이상치를 제외하는 과정이 없다.
③ A 기법에서 최종적으로 선택한 직선은 이상치를 지나지 않지만 B 기법에서 선택한 직선은 이상치를 지난다.
④ A 기법은 이상치의 개수가 문턱값보다 적으면 후보 직선을 버리지만 B 기법은 선택한 직선이 이상치를 포함할 수 있다.
⑤ A 기법에서 후보 직선의 정상치 집합에는 이상치가 포함될 수 있고 B 기법에서 후보 직선은 이상치를 지날 수 있다.

04 문맥상 ⓐ~ⓔ와 바꿔 쓰기에 가장 적절한 것은?

① ⓐ : 형성(形成)하기
② ⓑ : 누락(漏落)되어
③ ⓒ : 도래(到來)한다
④ ⓓ : 투과(透過)하는
⑤ ⓔ : 소원(疏遠)하여

독해지도 쓱쓱

데이터에서 결측치와 이상치가 무엇인지, 그것들을 처리하는 방법에는 어떤 것이 있는지 설명하는 글이에요. 결측치보다는 이상치에 대해 설명하는 비중이 높으므로 그 부분을 정확하게 잘 이해해 봅시다.

| 01~04 | **다음 글을 읽고 물음에 답하시오.**

최근 스마트폰이나 자동차 등에서 인공지능 음성 언어 비서 시스템이 사용되고 있다. 이 시스템이 제대로 작동하기 위해서는 사용자의 음성이 올바르게 인식되어야 한다. 그런데 불분명하게 발음하거나 여러 단어를 쉼 없이 발음하는 경우 시스템이 어떻게 이를 올바른 문장으로 인식할 수 있을까? 이럴 때는 입력된 음성 언어를 문자 언어로 변환한 다음, 통계 데이터를 활용하여 단어나 문장의 오류를 보정하는 자연어 처리 기술이 사용된다. 이러한 기술에는 철자 오류 보정 방식과 띄어쓰기 오류 보정 방식이 있다.

[A]

철자 오류 보정 방식은 교정 사전과 어휘별 통계 데이터를 ⊙ 기반으로 잘못된 문자열*을 올바른 문자열로 바꿔 주는 방식이다. 철자 오류 보정은 '전처리, 오류 문자열 판단, 교정 후보 집합 생성, 최종 교정 문자열 탐색' 과정을 거친다. 먼저 '전처리'는 입력 문장에서 사용자의 발음이 불분명하게 입력되어 시스템에서 처리가 불가능한 문자열을 처리가 가능한 문자열로 바꿔 주는 과정이다. 가령, '실크'가 '싋'으로 인식될 경우, '싋'이라는 음절이 국어에 쓰이지 않으므로 '실크'로 바꿔 준다. 이렇게 전처리가 끝나면 다음 단계인 '오류 문자열 판단' 단계로 넘어간다. 이 단계에서는 입력된 문장을 어절 단위의 문자열로 ⓒ 구분하여, 각 문자열이 교정 사전의 오류 문자열에 존재하는지 여부를 확인한다. 교정 사전이란 오류 문자열과 이를 수정한 교정 문자열이 쌍을 이루어 구축되어 있는 사전이다. 예를 들어 사람들이 자주 틀리는 어휘인 '할려고'의 경우, 교정 사전의 오류 문자열에 '할려고', 이를 수정한 교정 문자열에 '하려고'가 들어가 있다.

처리된 문자열이 교정 사전의 오류 문자열에 존재하지 않을 경우 바로 결과 문장으로 도출되지만, 존재할 경우 '교정 후보 집합 생성' 단계로 넘어간다. 이 단계에서는 오류 문자열과 교정 문자열 모두를 교정 후보로 하는 교정 후보 집합을 ⓒ 생성한다. 예컨대 처리된 문자열이 '할려고'일 경우, '할려고'와 '하려고' 모두를 교정 후보로 하는 교정 후보 집합을 생성한다. 그런 다음 '최종 교정 문자열 탐색' 단계로 넘어간다. 여기서는 철자 오류가 거의 없는 교과서나 신문 기사와 같은 자료에서 어휘들의 사용 빈도를 추출한 어휘별 통계 데이터를 활용하여, 교정 후보 중 사용 빈도가 높은 문자열을 최종 교정 문자열로 선택하여 결과 문장을 도출한다. 만일 통계 데이터에서 '할려고'의 사용 빈도가 1회, '하려고'의 사용 빈도가 100회라면 '하려고'를 최종 교정 문자열로 선택하는 것이다.

띄어쓰기 오류 보정 방식은 잘못된 띄어쓰기를 통계 데이터와 비교하여 올바른 띄어쓰기로 바꿔 주는 방식이다. 이를 위해서는 입력된 문장의 띄어쓰기를 시스템에서 처리할 수 있도록 이진법으로 변환하는 과정이 요구된다. 이 과정에서 음절의 좌나 우, 혹은 음절의 사이에 공백이 있을 때 1, 공백이 없을 때 0으로 표기한다. 가령 '동생이 밥 을 먹었다'라는 문장에서 '밥'은 음절의 좌, 우에 모두 공백이 있으므로 이를 이진법으로 나타내 '1밥1'이 되는데, 이를 편의상 '밥(11)'로 나타낸다. 같은 방법으로 '밥 을'은 두 음절의 좌, 사이, 우에 모두 공백이 있으므로 '밥을(111)'이 되고, '밥 을 먹'은 '밥을먹(1110)'이 된다. 이때 문장의 처음과 끝은 공백이 있는 것으로 처리한다. 이렇게 띄어쓰기를 이진법으로 변환한 다음, 올바르게 띄어쓰기가 구현된 문장에서 ⓔ 추출한 통계 데이터와 비교한다. 그 결과 빈도수가 높은 띄어쓰기 결과에 맞춰 띄어쓰기 오류를 보정한다. 만약 통계 데이터에서 '밥을(111)'의 빈도수가 낮고 '밥을(101)'의 빈도수가 높을 경우, 이에 따라 '밥 을'은 '밥을'로 띄어쓰기가 보정된다.

이러한 방법들은 모두 올바른 단어나 문장에서 추출된 통계 데이터를 기반으로 보정이 이루어진다는 공통점이 있다. 보정의 정확도를 ⓜ 향상시키기 위해서는 통계 데이터의 양을 늘리는 것이 요구되지만, 이 경우 데이터 처리 속도가 감소하게 된다는 단점이 있다. 이러한 문제점을 해결하기 위해 최근 보정의 정확도와 데이터의 처리 속도를 모두 향상시키기 위한 방안이 지속적으로 연구되고 있다.

* **문자열** : 데이터로 다루는 일련의 문자.

01 윗글에서 알 수 있는 내용으로 적절하지 <u>않은</u> 것은?

① 잘못 입력된 문장이 보정되지 않으면 음성 언어 비서 시스템이 제 기능을 발휘하지 못한다.

② 음성 인식 오류를 보정할 때는 사용자의 음성 언어를 문자 언어로 변환하는 과정이 선행된다.

③ 철자 오류 보정 방식은 각 단계마다 입력된 문장을 음절 단위로 구분하여 데이터를 처리한다.

④ 띄어쓰기 오류 보정 방식에서 입력된 문장의 처음과 끝은 공백이 있는 것으로 처리된다.

⑤ 통계 데이터에 포함된 데이터의 양을 늘리면 보정의 정확도는 증가하지만 처리 속도는 감소한다.

02 [A]를 참고로 하여 〈보기〉의 ㉮~㉺를 설명한 내용으로 적절하지 <u>않은</u> 것은? [3점]

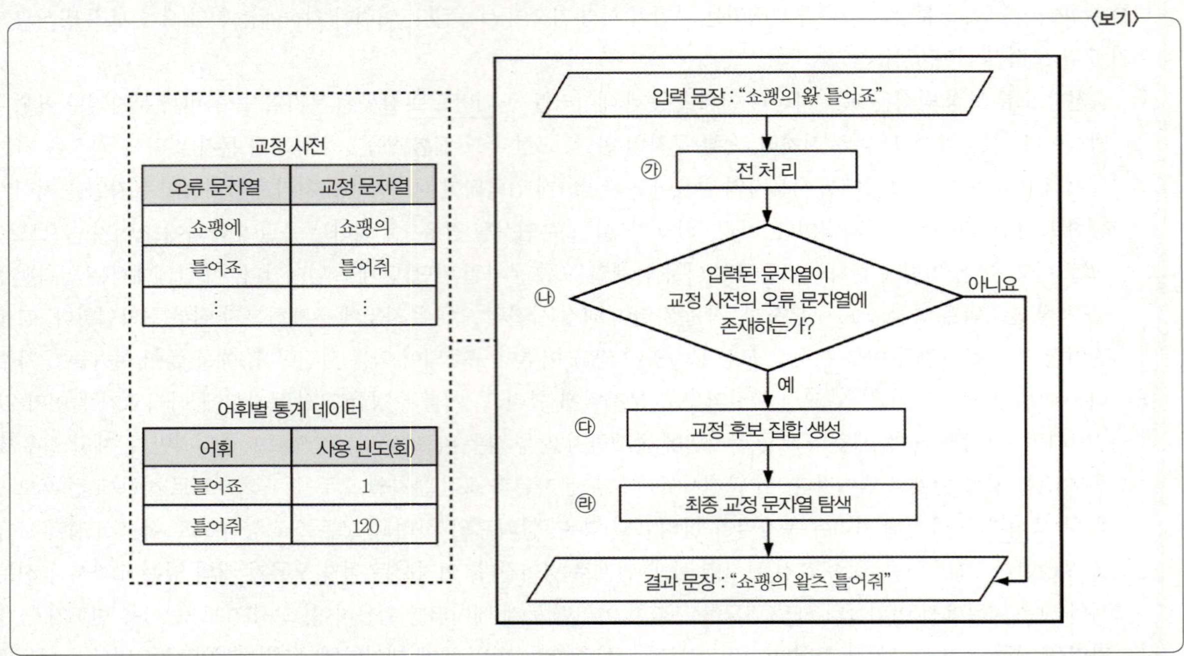

① ㉮ : '왏'를 '왈츠'로 교정하여 처리가 가능한 문자열로 바꿔 준다.

② ㉯ : '쇼팽의'를 교정 사전에서 확인한 결과 오류 문자열에 해당하지 않으므로 결과 문장으로 바로 보낸다.

③ ㉯ : '틀어죠'를 교정 사전에서 확인한 결과 오류 문자열에 해당하므로 '교정 후보 집합 생성' 단계로 보낸다.

④ ㉰ : '틀어죠'가 교정 사전의 오류 문자열에 있으므로 '틀어줘'만을 교정 후보로 하는 교정 후보 집합을 생성한다.

⑤ ㉱ : 어휘별 통계 데이터를 적용하여 사용 빈도가 높은 '틀어줘'를 최종 교정 문자열로 선택한다.

03 윗글을 바탕으로 할 때, ㄱ~ㅁ에서 〈보기〉의 띄어쓰기 오류 보정이 일어난 이유로 가장 적절한 것은?

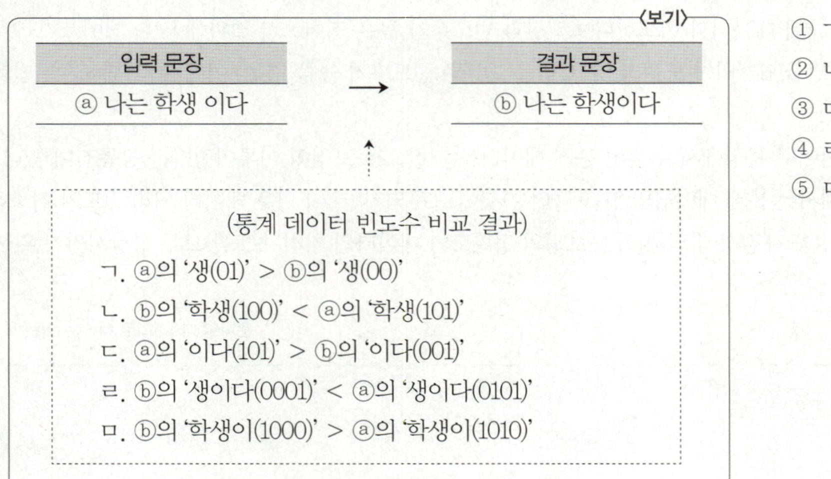

① ㄱ
② ㄴ
③ ㄷ
④ ㄹ
⑤ ㅁ

04 문맥에 맞게 ㉠~㉤을 바꿔 쓴 것으로 적절하지 <u>않은</u> 것은?

① ㉠ : 바탕으로 　② ㉡ : 나누어 　③ ㉢ : 만든다

④ ㉣ : 고친 　⑤ ㉤ : 높이기

독해지도 쓱쓱

인공지능 음성 언어 비서 시스템에서 단어나 문장의 오류를 보정하는 자연어 처리 기술의 종류와 각각의 작동 과정에 유의하며 독해지도를 그려 봅시다!

| 01~04 | **다음 글을 읽고 물음에 답하시오.**

컴퓨터는 0 또는 1로 표시되는 비트*를 최소 단위로 삼아 내부적으로 데이터를 표시한다. 컴퓨터가 한 번에 처리하는 비트 수는 정해져 있는데, 이를 워드라고 한다. 예를 들어 64비트의 컴퓨터는 64개의 비트를 1워드로 처리한다. 4비트를 1워드로 처리하는 컴퓨터에서 양의 정수를 표현하는 경우, 4비트 중 가장 왼쪽 자리인 최상위 비트는 0으로 표시하여 양수를 나타내고 나머지 3개의 비트로 정수의 절댓값을 나타낸다. 0111의 경우 가장 왼쪽 자리인 '0'은 양수를 표시하고 나머지 '111'은 정수의 절댓값 7을 이진수*로 나타낸 것으로, +7을 표현하게 된다. 이때 최상위 비트를 제외한 나머지 비트를 데이터 비트라고 한다.

그런데 음의 정수를 표현하는 경우에는 최상위 비트를 1로 표시한다. −3을 표현한다면 −3의 절댓값 3을 이진수로 나타낸 011에 최상위 비트 1을 덧붙이면 된다. 이러한 음수 표현 방식을 ㉠'부호화 절댓값'이라고 한다. 그러나 부호화 절댓값은 연산이 부정확하다. 예를 들어 7−3을 계산한다면 7+(−3)인 0111+1011로 표현된다. 컴퓨터에서는 0과 1만 사용하기 때문에 1에 1을 더하면 바로 윗자리 숫자가 올라가 10으로 표현된다. 따라서 0111에 1011을 더하면 10010이 된다. 10010은 4비트 컴퓨터가 처리하는 1워드를 초과하게 된 것으로, 이러한 현상을 오버플로라 한다. 부호화 절댓값에서는 오버플로를 처리하는 별도의 규칙이 없기 때문에 계산값이 부정확하다. 또한 0000 또는 1000이 0을 나타내어 표현의 일관성과 저장 공간의 효율성이 떨어진다.

음의 정수를 나타내는 또 다른 방식으로 ㉡'1의 보수법'이 있다. 보수란 보충을 해 주는 수를 의미하는 것으로, 어떤 수 a에 대한 n의 보수는 a와의 합이 n이 되는 수이다. 예를 들어 1에 대한 1의 보수는 0이고, 0에 대한 1의 보수는 1이다. 1의 보수법으로 음수를 표현하는 방법은 최상위 비트를 1로 표시하고 데이터 비트는 각 자리의 수에 대한 1의 보수로 나타내는 방식이다. 1의 보수는 각 자리의 수에 대해 합이 1이 되는 수이므로, −3을 1의 보수법으로 표현한다면 −3의 절댓값 3을 이진수로 나타낸 011에 대한 1의 보수 100이 데이터 비트가 된다. 여기에 음수를 표시하는 최상위 비트 1을 덧붙여 1100이 된다. 1의 보수법에서는 오버플로가 발생할 경우 별도의 처리 규칙을 활용하여 계산값을 정확하게 할 수 있다. 그러나 계산값이 0000 또는 1111인 경우 0을 나타내는 문제는 해결할 수 없다.

㉮ 0이 두 가지로 표현되는 문제점을 해결한 음수 표현 방식이 '2의 보수법'이다. 2의 보수법은 1의 보수로 나타낸 다음 데이터 비트에 1을 더하는 방식이다. 2의 보수법으로 −3을 표현한다면, −3의 절댓값 3을 이진수로 나타낸 011에 대한 1의 보수 100을 구한 다음, 1을 더한 101에 음수를 표시하는 최상위 비트 1을 덧붙여 1101이 된다. 4비트를 1워드로 처리하는 컴퓨터를 가정하여 7−3을 2의 보수법으로 계산해 보자. 양의 정수를 표현하는 경우에는 1의 보수법이나 2의 보수법을 사용할 필요가 없다. 따라서 7−3은 7+(−3)이므로 2의 보수법으로 0111+1101이 된다. 이를 연산하면 10100이 되어 4비트를 초과하게 된다. 2의 보수법에서는 오버플로가 발생하면 초과된 비트를 버려야 하므로 그 결과 0100이 나온다.

* **비트(bit)** : 컴퓨터가 0과 1을 이용하는 이진법으로 연산을 수행하기 위해 사용하는 최소의 정보 저장 단위.
* **이진수** : 이진법으로 나타낸 수. 십진수 0, 1, 2, 3, 4, 5, 6, 7은 이진수 000, 001, 010, 011, 100, 101, 110, 111로 나타냄.

---

01 **윗글을 읽고 해결할 수 있는 질문이 <u>아닌</u> 것은?**

① 컴퓨터에서 양의 정수인 경우 최상위 비트를 0으로 표시하도록 정한 이유는 무엇일까?

② 부호화 절댓값에서 저장 공간의 효율성이 떨어지는 이유는 무엇일까?

③ 컴퓨터에서 음의 정수를 표현하는 방식에는 어떤 것이 있을까?

④ 컴퓨터 내부에서 데이터를 표시하는 최소 단위는 무엇일까?

⑤ 부호화 절댓값의 연산이 부정확한 이유는 무엇일까?

02 **4비트를 1워드로 처리하는 컴퓨터에서 ㉠과 ㉡을 사용한다고 할 때, 이에 대해 이해한 내용으로 가장 적절한 것은?**

① ㉠과 달리 ㉡에서는 오버플로가 발생하지 않을 것이다.

② ㉠에 비해 ㉡에서 정수의 절댓값을 나타내는 비트의 개수가 많다.

③ ㉡과 달리 ㉠에서는 음의 정수를 표현할 때 최상위 비트가 1이다.

④ ㉡에 비해 ㉠에서의 계산값이 더 정확할 것이다.

⑤ ㉠으로 표현한 음의 정수를 ㉡으로 표현하면 서로 다른 데이터 비트가 나올 것이다.

03 **윗글을 바탕으로 〈보기〉를 이해할 때 적절하지 <u>않은</u> 것은?** [3점]

〈보기〉

(가) 4비트를 1워드로 처리하는 컴퓨터가 1의 보수법을 이용하여 4−7을 계산한다.

(나) 4비트를 1워드로 처리하는 컴퓨터가 2의 보수법을 이용하여 −3−4를 계산한다.

① (가)의 경우 0100에 1000을 더하면 1100이 되어 오버플로가 발생하지 않겠군.

② (가)의 경우와 (나)의 경우 모두 계산 과정에서 1의 보수가 활용되겠군.

③ (가)의 경우 4의 데이터 비트는 100, (나)의 경우 −4의 데이터 비트는 100으로 같게 나타나겠군.

④ (나)의 경우 오버플로가 발생하기 때문에 초과된 비트는 버려야 하겠군.

⑤ (나)의 경우 −4의 절댓값을 이진수로 나타낸 100에 1을 더하면 −4에 대한 2의 보수가 되겠군.

04 〈보기〉와 같이 ㉮의 이유를 설명할 때, ⓐ~ⓒ에 들어갈 내용으로 가장 적절한 것은?

(ⓐ)으로 표현된 (ⓑ)이 2의 보수법에서는 (ⓒ)(으)로 표현되기 때문이다.

	ⓐ	ⓑ	ⓒ
①	1의 보수법	0000	0001
②	1의 보수법	1111	0000
③	부호화 절댓값	0000	0001
④	부호화 절댓값	1000	1111
⑤	부호화 절댓값	1111	0000

독해지도 쓱쓱

독해지도를 통해 어려운 지문을 단순화하는 연습을 반복하면, 시험을 볼 때 어려운 지문이 나와도 덜 당황스러울 거예요. 연습만이 살 길입니다!!

| 01~05 | **다음 글을 읽고 물음에 답하시오.**

초고층 건물은 높이가 200미터 이상이거나 50층 이상인 건물을 말한다. 이런 초고층 건물을 지을 때는 건물에 ⓐ 작용하는 힘을 고려해야 한다. 건물에 작용하는 힘에는 수직 하중과 수평 하중이 있다. 수직 하중은 건물 자체의 무게로 인해 땅 표면에 수직 방향으로 작용하는 힘이고, 수평 하중은 바람이나 지진 등에 의해 건물에 가로 방향으로 작용하는 힘이다.

수직 하중을 견디기 위해서 ⓑ 고안된 가장 단순한 구조는 ㉠ 보기둥 구조이다. 보기둥 구조는 기둥과 기둥 사이를 가로지르는 수평 구조물인 보를 설치하고 그 위에 바닥판을 놓은 구조이다. 보기둥 구조에서는 설치된 보의 두께만큼 건물의 한 층당 높이가 높아지지만, 바닥판에 작용하는 하중이 기둥에 집중되지 않고 보에 의해 ⓒ 분산되기 때문에 수직 하중을 잘 견딜 수 있다.

위에서 아래 방향으로만 작용하는 수직 하중과 달리 수평 하중은 사방에서 작용하는 힘이기 때문에 초고층 건물의 안전에 미치는 영향이 수직 하중보다 훨씬 크다. 수평 하중은 초고층 건물의 안전을 위협하는 주요 요인인데, 바람은 건물에 작용하는 수평 하중의 90% 이상을 차지한다. 건물이 많은 도심에서는 넓은 공간에서 좁은 공간으로 바람이 불어오면서 풍속이 빨라지는 현상이 발생해 건물에 작용하는 수평 하중을 크게 만든다. 그리고 바람에 의해 공명 현상*이 발생하면 건물이 매우 크게 흔들리게 되어 건물의 안전을 위협하게 된다.

건물이 수평 하중을 견디기 위해서는 기본적으로 뼈대에 해당하는 보와 기둥을 아주 단단하게 붙여야 하지만, 초고층 건물의 경우 이것만으로는 수평 하중을 견디기 힘들다. 그래서 등장한 것이 ㉡ 코어 구조이다. 코어는 빈 파이프 모양의 철골 콘크리트 구조물을 건물 중앙에 세운 것으로, 코어에 건물의 보와 기둥들을 강하게 접합한다. 이렇게 하면 외부에서 작용하는 수평 하중에도 불구하고 코어로 인해 건물이 크게 흔들리지 않게 된다. 그런데 초고층 건물은 그 높이가 높아질수록 수평 하중이 커지고 그에 따라 코어의 크기도 커져야 한다. 코어 구조는 가운데 빈 공간이 있어 공간 활용의 효율성이 떨어지기 때문에 현대의 초고층 건물은 ㉮ 코어에 승강기나 화장실, 계단, 수도, 파이프 같은 시설을 설치하는 경우가 많다.

그런데 초고층 건물의 높이가 점점 높아지면 코어 구조만으로는 수평 하중을 완벽하게 견뎌 낼 수 없다. 그래서 ㉢ 아웃리거-벨트 트러스 구조를 사용하여 코어 구조를 보완한다. 아웃리거-벨트 트러스 구조에서 벨트 트러스는 철골을 사용하여 건물의 외부 기둥들을 삼각형 구조의 트러스로 짜서 벨트처럼 둘러 싼 것으로 수평 하중을 ⓓ 지탱하는 역할을 한다. 삼각형 구조의 트러스로 외부 기둥들을 연결하면 외부에서 작용하는 힘이 철골 접합부를 통해 전체적으로 분산되기 때문에 코어에 무리한 힘이 가해지는 것을 예방할 수 있다. 그리고 아웃리거는 콘크리트를 사용하여 건물 외벽에 설치된 벨트 트러스를 내부의 코어와 ⓔ 견고하게 연결한 것으로, 아웃리거와 벨트 트러스는 필요에 따라 건물 중간중간에 여러 개가 설치될 수 있다. 그런데 아웃리거는 건물 내부를 가로지를 수밖에 없어서 효율적인 공간 구성에 방해가 된다. 이런 단점을 극복하기 위해 ㉯ 아웃리거를 기계 설비층에 설치하거나 층과 층 사이, 즉 위층 바닥과 아래층 천장 사이에 설치하기도 한다.

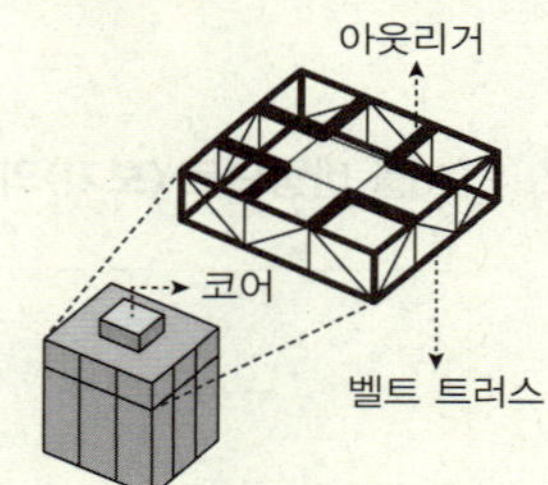

〈아웃리거-벨트 트러스 구조〉

[A]
　　초고층 건물은 특수한 설비를 이용하여 바람으로 인한 건물의 흔들림을 줄이기도 하는데 대표적인 것이 TLCD, 즉 동조 액체 기둥형 댐퍼이다. TLCD는 U자형 관 안에 수백 톤의 물이 채워진 것으로 초고층 건물의 상층부 중앙에 설치한다. 바람이 불어 건물이 한쪽으로 기울어져도 물은 관성의 법칙에 따라 원래의 자리에 있으려 하기 때문에 건물이 기울어진 반대 쪽에 있는 관의 물 높이가 높아진다. 그렇게 되면 그 관의 아래로 작용하는 중력도 커지고, 이로 인해 건물을 기울어지게 하는 힘을 약화시켜 흔들림이 줄어들게 된다. 물이 무거울수록 그리고 관 전체의 가로 폭이 넓어질수록 수평 방향의 흔들림을 줄여 주는 효과가 크다. 하지만 그에 따라 수직 하중이 증가하므로 TLCD는 수평 하중과 수직 하중을 함께 고려하여 설계해야 한다.

* **공명 현상** : 진동체가 그 고유 진동수와 같은 진동수를 가진 외부의 힘을 받아 진폭이 뚜렷하게 증가하는 현상.

 윗글의 내용에 대한 이해로 적절하지 <u>않은</u> 것은?

① 수직 하중은 수평 하중과 달리 사방에서 건물에 가해지는 힘이다.
② 건물이 높아질수록 건물에 가해지는 수직 하중은 증가한다.
③ 보기둥 구조에서 보의 두께는 한 층당 높이에 영향을 준다.
④ 넓은 공간에서 좁은 공간으로 바람이 불어오면 풍속이 빨라진다.
⑤ 공명 현상은 건물에 가해지는 수평 하중을 증가시키는 요인이 된다.

02 **㉠~㉢을 설명한 내용으로 적절하지 <u>않은</u> 것은?**

① ㉠은 기둥과 기둥 사이에 설치한 수평 구조물 위에 바닥판을 놓는 구조이다.
② ㉠에서 보는 건물에 작용하는 수직 하중이 기둥에 집중되는 것을 예방한다.
③ ㉡에서 코어는 건물의 높이가 높아짐에 따라 그 크기가 커져야 한다.
④ ㉢에서 트러스는 아웃리거와 코어의 결합력을 높여 수평 하중을 덜 받게 한다.
⑤ ㉡과 ㉢을 함께 사용하면 건물에 작용하는 수평 하중을 견디는 힘이 커진다.

03 **문맥을 고려할 때, ㉮와 ㉯의 이유로 가장 적절한 것은?**

① 건물의 외부 미관을 살리기 위해서
② 건물의 건설 비용을 줄이기 위해서
③ 건물의 공간을 효율적으로 활용하기 위해서
④ 건물에 작용하는 외부의 힘을 줄이기 위해서
⑤ 필요에 따라 공간의 용도를 변경하기 위해서

04 **[A]를 바탕으로 〈보기〉의 'TLCD'를 이해한 내용으로 적절하지 <u>않은</u> 것은?** [3점]

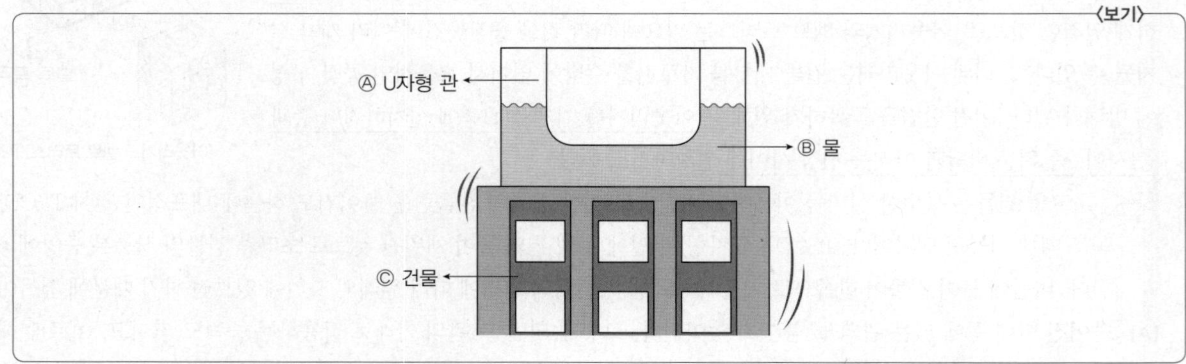

① Ⓐ가 한쪽으로 기울어도 Ⓑ는 원래의 자리에 있으려 할 것이다.
② Ⓐ가 왼쪽으로 기울면 오른쪽 관에 있는 Ⓑ의 높이가 왼쪽보다 높아질 것이다.
③ Ⓐ 전체의 가로 폭이 넓어질수록 Ⓒ가 수평 하중을 견디는 효과가 작아질 것이다.
④ Ⓐ 안에 있는 Ⓑ의 양이 많을수록 Ⓒ에 작용하는 수직 하중이 증가할 것이다.
⑤ Ⓐ에 채워진 Ⓑ의 무게가 무거울수록 Ⓒ의 수평 방향의 흔들림을 줄여 주는 효과가 클 것이다.

05 ⓐ~ⓔ의 사전적 의미로 적절하지 <u>않은</u> 것은?

① ⓐ : 어떠한 현상을 일으키거나 영향을 미침.
② ⓑ : 연구하여 새로운 것을 생각해 냄.
③ ⓒ : 갈라져 흩어짐.
④ ⓓ : 어떤 상태나 현상을 그대로 보존함.
⑤ ⓔ : 굳고 단단함.

독해지도 쓱쓱

초고층 건물을 지을 때 고려해야 하는 힘으로 수직 하중과 수평 하중이 제시되고 있어요. 각각의 힘을 견디기 위한 구조에 집중해서 독해지도를 그려 보세요.

실패란 넘어지는 것이 아니라
그 자리에 머무는 것이다.

Never give up!

떠먹는 국어독서 [비문학]

3rd Edition

서울대 국어교육과 페다고지 프로젝트

정다운 · 현유석 & 한미경(사회) · 원영신(과학)

정답 및 해설

쏠티북스

{수능/내신 완벽대비} 국어 노베이스를 위한 비문학 기본 문제집

떠먹는 국어독서 [비문학]

3rd Edition

정답 및 해설

쏠티북스

01 ①　02 ③　03 ⑤　04 ⑤　05 ①　06 ②　07 ③　08 ②　09 ③　10 ①　11 ⑤　12 ③
13 ①　14 ③　15 ②　16 ①　17 ④　18 ④　19 ⑤　20 ②　21 ④

01 [도서 선정 기준] 답 ①　　　　　　　[2022년 9월 고3 평가원]

〈발문〉 윗글을 쓴 학생이 책을 선정할 때 고려한 사항 중, 윗글에서 확인할 수 있는 것은?

☑ 자신의 지식수준에 비추어 적절한 책인가? ○

▶ 1문단에서 미술에 대해 막 알아 가기 시작한 자신과 같은 독자도 이해할 수 있는 책이기 때문에 곰브리치의 『서양 미술사』를 선택했다고 밝히고 있어요. 따라서 학생이 책을 선정할 때 고려한 사항은 '자신의 지식수준에 비추어 적절한 책인가?'임을 알 수 있어요.

② 다수의 저자들이 참여하여 집필한 책인가? ✕

▶ 글에서 확인할 수 없는 내용이에요.

③ 다양한 연령대의 독자에게서 추천받은 책인가? ✕

▶ 글에서 확인할 수 없는 내용이에요.

④ 이전에 읽은 책과 연관된 내용을 담고 있는 책인가? ✕

▶ 글에서 확인할 수 없는 내용이에요.

⑤ 최신의 학술 자료를 활용하여 믿을 만한 내용을 담고 있는 책인가? ✕

▶ 글에서 확인할 수 없는 내용이에요.

02 [독서의 방법] 답 ③　　　　　　　[2022년 9월 고3 평가원]

〈발문〉 윗글에 나타난 독서 방법으로 적절하지 않은 것은?

① 책에서 내용상 관련된 부분을 비교하며 읽는다. ○

▶ 2문단에서 책의 서론과, 그와 관련된 내용이 담긴 27장을 비교하며 읽은 것을 확인할 수 있어요.

② 책의 목차를 통해 책의 구성을 파악하고 읽는다. ○

▶ 3문단에서 목차를 통해 책의 구성을 파악하고 읽은 것을 확인할 수 있어요.

☑ 자신의 경험과 저자의 경험을 연관 지으며 읽는다. ✕

▶ 자신의 경험과 저자의 경험을 연관 지으며 책을 읽었는지는 독서 일지에서 확인할 수 없어요.

④ 책의 분량을 고려하여 독서 계획을 세워서 읽는다. ○

▶ 4문단에서 책의 분량을 고려하여 하루하루 적당한 분량을 읽도록 계획을 세워 실천했음을 확인할 수 있어요.

⑤ 자신의 관심에 따라서 읽을 순서를 정하여 읽는다. ○

▶ 3문단에서 이전부터 관심을 두고 있었던 유럽의 르네상스에 대한 부분을 먼저 읽은 후 나머지 부분을 읽었음을 확인할 수 있어요.

03 [예술 분야의 독서] 답 ⑤　　　　　　[2022년 9월 고3 평가원]

〈발문〉 윗글을 쓴 학생에게 ㉠과 관련하여 〈보기〉를 바탕으로 조언할 때, 그 내용으로 가장 적절한 것은? [3점]

① 책의 자료를 자의적 기준에 의해 정리하기보다는 저자의 관점에 따라 정리하는 게 좋겠어. ✕

▶ 학생이 책의 자료를 자의적 기준으로 정리하고 있지는 않아요. 또한 〈보기〉에서는 책에 담긴 저자의 해설 외에도 다양한 해설이 있으므로, 자신의 주관을 가지고 책의 내용을 판단할 필요가 있다고 했어요. 즉, 저자의 관점보다는 독자의 관점을 강조하고 있으므로, '저자의 관점에 따라 정리하는 게 좋다'는 조언은 적절하지 않아요.

② 책이 유발한 사회·문화적 영향을 파악하기보다는 책에 대한 다양한 해설을 찾아보는 게 좋겠어. ✕

▶ 학생이 책이 유발한 사회·문화적 영향을 파악하고 있지는 않아요. 또한 〈보기〉는 책이 사회·문화적 영향을 유발한다고 설명하고 있는 것이 아니라, 저자의 해설에 저자가 속한 시대의 사회·문화적 환경에서 비롯된 영향이 반영된다고 하였기 때문에, '책에 대한 다양한 해설을 찾아보는 게 좋다'는 조언은 적절하지 않아요.

③ 다양한 분야를 균형 있게 다룬 책보다는 하나의 분야를 집중적으로 다루고 있는 책을 읽는 게 좋겠어. ✕

▶ 〈보기〉에서 전혀 언급하지 않은 내용이므로, 적절하지 않아요.

④ 책의 내용을 자신의 취향에 따라 골라 읽기보다는 전문가인 저자가 책을 구성한 방식대로 읽는 게 좋겠어. ✕

▶ 〈보기〉에서 전혀 언급하지 않은 내용이므로, 적절하지 않아요.

☑ 책의 내용을 그대로 받아들이려 하기보다는 자신의 관점을 바탕으로 저자의 관점을 판단하며 읽는 게 좋겠어. ○

▶ 〈보기〉에서는 저자의 해설 외에 다양한 해설이 있음을 염두에 두어야 하며, 책의 내용을 무비판적으로 수용하기보다는 자신의 주관을 가지고 책의 내용을 판단할 필요가 있다고 했어요. ㉠에서 학생은 저자가 해설한 내용을 저자의 관점에 따라 수용했다고 하였으므로, 이 학생에게는 책의 내용을 그대로 받아들이려 하기보다는 자신의 관점을 바탕으로 저자의 관점을 판단하며 읽어야 한다고 조언할 수 있어요.

04 [독서의 특징] 답 ⑤　　　　　　[2022년 10월 고3 전국연합]

〈발문〉 독자 중심의 독서 교육 이론의 내용에 부합하지 않는 것은?

① 글의 의미는 독자와 글의 상호 작용을 통해 구성된다. ○

▶ 1문단에서 독자 중심의 독서 교육 이론에서는 독서를 '독자가 글과 상호 작용하며 의미를 구성하는 행위'로 정의했음을 확인할 수 있어요.

② 배경지식은 읽기 전, 중, 후의 모든 과정에서 활용될 수 있다. ○

▶ 2문단에서 읽기 전에는 배경지식을 활용해 글에 담긴 내용이나 글의 구조 등을 예측하고, 읽는 중에는 배경지식을 활용해 글의 내용을 쉽게 이해하고 정보를 추론하며, 읽은 후에는 배경지식을 활용해 정보를 재구성한다고 했어요. 따라서 읽기 전, 중, 후 모든 과정에서 배경지식이 활용됨을 알 수 있어요.

③ 같은 글을 읽더라도 독자마다 구성하는 의미가 다를 수 있다. ○

근거 찾기

4 한편 독자 중심의 독서 교육 이론가들은 연구 초기에는 같은 글을 읽더라도 독자마다 구성되는 의미가 다른 이유를 독자가 지닌 배경지식의 양이 다르기 때문이라고 생각했다.

④ 독서 과정에서 새로 알게 된 정보는 다른 글을 읽을 때에 배경지식으로 활용될 수 있다. ○

근거 찾기

2 독자는 이 과정에서 얻게 된 새로운 정보를 바탕으로 자신의 배경지식을 수정하기도 하고, 새로운 정보를 기억에 저장하여 이후 다른 독서를 할 때 배경지식으로 활용하기도 한다.

⑤ 독서를 할 때 배경지식을 잘못 활용하면 독서 목적에 맞는 정보만을 선택적으로 수용하게 된다. ✕
▶ 2문단에서 읽기 전에 배경지식을 활용해 글의 내용이나 구조를 예측하면 글을 읽을 때 새로운 정보를 쉽게 받아들일 수 있고, 독서 목적에 맞는 정보만 선택적으로 수용할 수 있다고 했어요. 따라서 선택지 ⑤는 독자 중심의 독서 교육 이론의 내용에 부합하지 않아요.

05 [독서의 과정] 답 ①　　　　　　[2022년 10월 고3 전국연합]

〈발문〉 다음은 독서 활동을 하는 학생 생각의 일부이다. 이를 독자 중심의 독서 교육 이론의 관점에서 이해한 내용으로 적절하지 **않은** 것은? [3점]

> 읽을 책이 『서양 건축사의 이해』야. 제목에 '○○사'란 말이 들어간 글은 대개 내용이 시간순으로 구성되니, 이 책도 그렇겠군. (▶ 배경지식을 활용해 글의 구성에 대해 예측하고 있어요.) 이제 서양 건축과 관련한 것들을 떠올려 보자. '로마네스크, 고딕, 샤르트르 대성당…….' 이 중에 '로마네스크'와 '고딕'은 서양 건축 양식의 하위 개념에 배치하고, 샤르트르 대성당은 로마네스크의 하위 개념에 배치하자. (▶ 글과 관련해 연상한 내용을 조직화하고 있어요.) 이제 본문을 읽어 보자. "고딕 양식은 이전 양식에 비해 화려하며, 대표 건축물은 샤르트르 대성당이다." 아, 샤르트르 대성당은 로마네스크 양식이 아니라 고딕 양식이었구나. (▶ 배경지식을 수정하고 있어요.) 꼭 기억해 두자. 음, 이전 양식에 비해 화려하다는 말로 볼 때 고딕 양식이 로마네스크 양식보다 화려하겠군. 또 고딕 양식의 종교 건축물은 대부분 색유리를 활용했다고 했으니, 책에 언급되지 않았지만 고딕 양식인 아미앵 대성당에도 색유리가 활용되었겠군. (▶ 배경지식을 활용해 글에 직접 언급되지 않은 내용을 추론하고 있어요.)

① 책 본문에 있는 '이전 양식에 비해 화려하며'를 통해 로마네스크 양식의 유행 시기를 파악한 것은 배경지식을 활용해 독서 과정에서 얻은 정보를 조리 있게 재구성한 것이로군. ✕
▶ 학생은 고딕 양식 이전에 로마네스크 양식이 유행했다는 배경지식을 토대로, '이전 양식에 비해 화려하며'라는 문장으로부터 고딕 양식이 로마네스크 양식보다 화려할 것임을 추론하고 있어요. 즉, '로마네스크 양식의 유행 시기'가 아니라 '고딕 양식의 특징'을 파악한 거예요. 또한 정보를 조리 있게 재구성하는 것은 글을 모두 읽은 후에 하는 활동이기 때문에, 읽는 도중에 정보를 재구성했다는 설명도 적절하지 않아요.

② 책을 읽으며 샤르트르 대성당이 고딕 양식이라는 정보를 확인하여 기억하겠다는 것은 독서 과정에서 얻게 된 정보를 바탕으로 기존의 배경지식을 수정한 것이로군. ○
▶ 학생은 샤르트르 대성당이 로마네스크 양식인 줄 알았으나, 책을 통해 고딕 양식임을 확인하게 되었어요. 즉, 기존의 잘못된 배경지식을 독서 과정에서 얻게 된 정보를 바탕으로 수정한 것으로 볼 수 있어요.

③ 서양 건축과 관련하여 떠올린 로마네스크와 고딕을 서양 건축 양식의 하위 개념에 배치한 것은 읽을 글과 관련한 자신의 인지를 미리 조직화한 것이로군. ○
▶ 학생은 글과 관련해 연상한 내용인 '로마네스크, 고딕, 샤르트르 대성당'을 상하위 개념으로 위계화하고 있는데, 이는 자신의 인지를 미리 조직화하는 과정이라고 할 수 있어요.

❸ 독자 중심의 독서 교육 이론가들은 배경지식을 효율적으로 활용하는 방안을 연구했는데, 그중 대표적인 방법이 글과 관련해 연상한 내용을 조직화하는 것이다. 글의 화제나 주제와 관련한 모든 지식과 경험을 떠올린 후, 이것들을 관련 있는 것끼리 묶어 상하위 개념으로

위계화해 보는 것이다. 이렇게 독자가 글과 관련해 자신의 인지를 미리 조직화하면 글에 대한 이해도가 높아지고, 글의 내용도 정확히 구조화할 수 있다.

④ 색유리에 대한 정보를 바탕으로 아미앵 대성당의 특징에 대해 추측한 것은 내용 배경지식을 활용해 글에 직접 언급되지 않은 정보를 추론한 것이로군. ○
▶ 학생은 '아미앵 대성당에도 색유리가 활용되었겠군.'이라며 아미앵 대성당의 특징을 추측하고 있어요. 이는 책에 제시된 정보(고딕 양식의 종교 건축물이 대부분 색유리를 활용했다)와 내용 배경지식(아미앵 대성당은 고딕 양식이다)을 활용해 글에 직접 언급되지 않은 정보를 추론한 결과로 볼 수 있어요.
⑤ 책 제목에 있는 '건축사'라는 말을 바탕으로 읽을 글의 전체 구성을 추측한 것은 형식 배경지식을 활용한 것이로군. ○
▶ 학생은 책 제목을 통해 글이 시간순으로 구성되었을 것이라고 예측하고 있어요. 글의 구성과 표현에 관한 경험과 지식은 형식 배경지식에 속하기 때문에 선택지 ⑤는 적절한 진술이에요.

06 [독서의 방법] 답 ②　　　　　　[2022년 10월 고3 전국연합]

〈발문〉 〈보기〉를 바탕으로 ⊙ '독서 능력에 영향을 주는 또 다른 요소'를 이해한 내용으로 가장 적절한 것은?

> 〈보기〉
> 독서 능력이 부족한 독자는 종종 읽을 글과 관련 없는 배경지식까지 활성화하여 통제하지 못하는 상황에 놓이는데, 그렇게 되면 독서에 대한 집중력이 떨어져 독서 목적과 관련 없는 내용을 심화하게 된다.

① 독서 능력이 뛰어난 독자는 읽을 글과 관련해 자신이 지닌 배경지식의 양을 점검한다. ✕
▶ ⊙은 배경지식의 양 이외에 독서 능력에 영향을 주는 또 다른 요소를 의미하므로, 배경지식의 양을 점검한다는 것은 적절하지 않아요.
② 독서 능력은 독서 목적에 맞는 배경지식을 선별하여 활용하는 능력과 관련이 있다. ○
▶ 〈보기〉를 통해 글과 관련 없는 배경지식까지 활성화하면 독서 목적과 관련 없는 내용을 심화하게 된다는 것을 확인할 수 있어요. 따라서 독서 능력에 영향을 주는 또 다른 요소로서, 글과 관련 있는 배경지식만 선별하여 활성화하는 능력이 필요함을 알 수 있어요.
③ 독서 능력은 독서에 집중할 수 있는 공간 분위기를 조성해야 발휘될 수 있다. ✕
▶ 〈보기〉에서 독서에 대한 집중력이 떨어지는 것은 글과 관련 없는 배경지식까지 활성화하여 통제하지 못하는 상황에 놓였기 때문이에요. 공간 분위기와는 관련이 없어요.
④ 독서 능력을 기르려면 되도록 다양한 경험을 쌓아야 한다. ✕
▶ 〈보기〉는 불필요한 배경지식을 활성화하지 않아야 한다는 내용이므로, '다양한 경험을 쌓는 것'과는 관련이 없어요.
⑤ 독서 능력은 독서 방식에 대한 지식이 많을수록 향상된다. ✕
▶ 〈보기〉는 불필요한 배경지식을 활성화하지 않아야 한다는 내용이므로, '독서 방식에 대한 지식의 양'과는 관련이 없어요.

07 [독서의 방법] 답 ③　　　　　　[2013년 3월 고2 전국연합 B형]

〈발문〉 (가)의 글쓴이가 (나)의 글쓰기 방법에서 주목할 만한 독서의 요령으로 가장 적절한 것은?
▶ 이 문제에서는 선택지의 내용이 (가)의 글쓴이가 언급한 내용과 일치하는지, 그리고 (나)에서 말하는 글쓰기 방법과 통하는 점이 있는지를 살펴봐야 해요. 이 두 가지를 모두 충족해야 답이 될 수 있어요.
① 글쓴이가 조직한 세부 정보를 메모하며 읽는다. ✕

▶ (가)에 내용 요약하기에 대한 내용이 있기 때문에 언뜻 보면 적절해 보이지만, (가)에서 요약하라고 한 것은 '세부 정보'가 아니라 문단의 중심 화제였어요. 따라서 이는 (가)의 글쓴이가 주목할 만한 독서 요령으로 적절하지 않아요. 뿐만 아니라 (나)에서도 확인할 수 없는 내용이에요.

② 글쓴이가 쓴 내용과 유사한 주제의 글을 찾아 읽는다. ✕

▶ (가)와 (나) 모두에서 확인할 수 없는 내용이에요.

✔ 글쓴이의 전략을 고려하여 글의 짜임에 유의하며 읽는다. ⭕

▶ (가)의 글쓴이는 2문단에서 글의 구조를 염두에 두고 글쓴이의 목적이나 의도를 추리하며 글을 읽을 것을 강조했어요. (나)에는 박지원의 글쓰기 방법이 제시되어 있는데, 박지원은 글을 잘 쓰는 방법을 장수가 병법을 훌륭히 구사하는 것에 빗대었어요. 이는 병사들이 대오를 갖추고 진지를 구축하는 것과 같이, 정보를 유기적으로 잘 조직(배치)하는 것이 중요하다는 것을 비유하여 나타낸 거예요. 따라서 (가)의 글쓴이는 (나)를 읽고 글쓴이의 전략을 고려하여 글이 가진 짜임에 유의하며 글을 읽어야 한다고 생각할 수 있어요.

④ 독자가 이미 아는 지식보다 알고 싶은 지식을 찾아 읽는다. ✕

▶ (가)와 (나) 모두에서 확인할 수 없는 내용이에요.

⑤ 글쓴이가 가진 생각의 타당성을 생각하며 비판적으로 읽는다. ✕

▶ (가)의 마지막 문단에 글쓴이의 주장이나 논지 전개의 타당성 여부를 비판적으로 검토하면서 읽어야 한다는 내용이 제시되어 있긴 하지만, (나)에서는 이와 관련된 내용을 확인할 수 없어요.

08 [독서의 방법] 답 ②
[2013년 3월 고2 전국연합 B형]

〈발문〉 다음 자료로 '영희'는 읽기 과제를 수행했다. ㉠~㉤의 방법으로 수행한 독서 활동 중 적절하지 않은 것은?

① ㉠ 내용 요약하기 : 1~2문단은 '근대화에 따른 전통 문화의 위기와 그 원인'을, 3문단은 '문화적 전통의 확립'에 관한 내용을 다루고 있군. ⭕

▶ 각 문단의 중심 화제를 한두 문장으로 표현하고 있고, 요약한 내용도 적절해요.

✔ ㉡ 조직자 활용하기 : 문제의 원인에 관해 기존의 주장과 상이한 관점을 다루고 있으므로 '주장 – 반대 주장'의 조직자를 갖고 있군. ✕

▶ 2문단에서 전통 문화의 해체가 일어나는 원인으로 적합성의 위기를 제시하고 있을 뿐, 이와 관련하여 상이한 관점을 제시하지는 않았어요. 따라서 '주장–반대 주장'이 아니라, '결과–원인'의 조직자를 갖고 있음을 알 수 있어요.

③ ㉢ 제목 또는 소제목 활용하기 : 제목을 보니 근대화에 따른 문화의 변동에 대해 다루겠군. ⭕

▶ 제목이 '사회 변동과 문화 변동'이므로, 이에 대한 내용임을 짐작할 수 있어요.

④ ㉣ 질문하기 – 답 찾기 : '적합성의 위기'란 의미가 무엇일까? 이는 전통 문화가 새롭게 변화하는 사회에 적합하지 않게 된다는 의미이군. ⭕

▶ 2문단에 '적합성의 위기'라는 구절이 나오는데, 해당 구절의 의미에 대해 질문을 던진 후, 그에 대한 답을 '오랫동안 생활양식으로 유지되었던 전통 사회의 문화가 사회 구조 변화의 속도에 맞먹을 정도로 신속하게 변화할 수는 없다.'라는 내용에서 찾고 있어요. 즉, '질문하기 – 답 찾기'의 방식을 적절하게 활용하고 있어요.

⑤ ㉤ 전체의 중심 내용을 확인 : 결국 전통 문화는 고유성을 지니면서도 적합성을 지녀야 한다는 것이 글쓴이의 주장이니 이를 잘 확인해야겠군. ⭕

▶ 글쓴이는 3문단에서 '문화적 전통을 확립한다는 것은 과거의 전통 문화가 고유성을 유지하면서도 현재의 변화된 사회에 적합성을 가지는 것'이라는 결론을 내리고 있어요. 이것이 바로 글 전체의 중심 내용이라고 할 수 있겠죠.

09 [독서의 방법] 답 ③
[2013년 3월 고2 전국연합 A형]

〈발문〉 '수진'과 '영수'의 독서 방법에 대한 설명으로 적절하지 않은 것은?

① '수진'은 글을 읽기 전에 관련 용어를 이해하기 위한 활동부터 하였다. ⭕

▶ '수진'은 생소한 용어들을 인터넷으로 검색해서 뜻부터 알아보고 있어요.

② '수진'은 글을 읽어 가는 도중에 글의 내용에 대해 질문하기 활동을 하였다. ⭕

▶ '수진'은 글을 읽으면서 "'비싸지 않은 아름다운 물건은 아름답지 않다.'고? 무슨 뜻이지?", "이것이 부자들에게만 해당될까?" 등과 같이 질문하기 활동을 하고 있어요.

✔ '영수'는 글을 읽기 전에 관련된 배경지식과 경험부터 활성화하였다. ✕

▶ '영수'는 목차를 살펴본 뒤 소제목을 중심으로 책을 훑어보고 관심 있는 분야를 찾아 읽다가 사전을 찾아보았을 뿐, 자신의 배경지식이나 경험을 활성화하고 있지는 않아요.

④ '영수'는 글을 읽는 중에 자신의 읽기 방법을 순간순간 바꾸어 나갔다. ⭕

▶ '영수'는 글을 읽는 중에 자신이 좋아하는 부분을 발췌하여 읽는다거나, 용어를 이해하기 위해 사전을 찾는 등 읽기 방법을 순간순간 바꾸어 나갔어요.

⑤ '수진'과 '영수'는 모두 과제 수행에 필요하다고 생각하는 부분을 발췌하여 읽었다. ⭕

▶ '수진'은 '베블런 효과' 부분을 발췌하여 읽었고, '영수'는 '쇼핑' 관련 부분을 발췌하여 읽었어요.

10 [독서의 목적] 답 ①
[2013년 3월 고2 전국연합 A형]

〈발문〉 ㉠ '그럼 이 부분을 읽고 중심 내용만 요약하면 과제는 끝나는군.'에 대해 '수진'이 할 수 있는 조언으로 가장 적절한 것은? [3점]

✔ 수행할 과제를 다시 확인하여 글을 읽는 목적부터 분명하게 점검할 필요가 있어. ⭕

▶ 수행 과제는 '현대인의 소비 현상과 관련된 내용을 찾아 읽고, 그것의 구체적 사례를 찾아서 발표하기'였어요. 그런데 '영수'는 '어플루엔자'와 관련된 내용을 읽고 요약하면 과제가 끝난다고 생각하고 있죠. 소비 현상의 구체적 사례까지 찾아야 하는데 이를 놓치고 있어요. 따라서 독서의 목적에 맞게 읽기를 수행하고 있는 '수진'이 할 수 있는 조언으로는, 수행 과제를 다시 확인하여 글을 읽는 목적부터 점검해야 한다는 내용이 적절해요.

② 매체에 따라 읽기 방법이 다르니까 과제 수행에 필요한 매체의 특성부터 살필 필요가 있어. ✕

▶ '영수'가 사용하고 있는 매체는 '책'밖에 없으므로 적절한 조언이 아니에요.

③ 중심 내용을 요약하기 위해서는 우선 모르는 용어부터 알아야 한다는 걸 명심할 필요가 있어. ✕

▶ '영수'는 모르는 용어를 사전에서 찾아본 뒤 중심 내용을 요약하려 하고 있어요. 이미 수행한 활동에 대해 조언하는 것은 적절하지 않아요.

④ 과제 수행을 제대로 하기 위해서는 책을 처음부터 끝까지 자세하게 다시 읽을 필요가 있어. ✕

▶ '영수'가 과제 수행을 제대로 하려면 소비 현상과 관련된 구체적 사례를 찾아야 해요. 책을 처음부터 끝까지 정독하라는 것은 적절한 조언이 아니에요.

⑤ 읽기는 능동적인 의사소통 과정이므로 중심 내용뿐만 아니라 작가의 집필 의도까지 확인할 필요가 있어. ✕

▶ 수행 과제에서 작가의 집필 의도를 분석하라고 한 것은 아니기 때문에 적절한 조언이 아니에요.

11 [독서의 과정] 답 ⑤　　　　　　[2013년 3월 고3 전국연합 A형]

〈발문〉 '승호'의 독서 과정을 다음과 같이 정리했을 때, 적절하지 <u>않은</u> 것은?

> ○ 읽기 전 활동
> ・책의 제목을 통해 책의 내용을 예측하는 활동을 했다.
> ・배경지식을 떠올리고 책의 내용에 관해 궁금한 것을 질문으로 만 들었다. ─────── ①　○
> ▶ 윤리 시간에 배운 '유토피아'라는 배경지식을 떠올리고, '과연 멋진 신 세계가 가능할까?' 등의 질문을 떠올렸으므로 ①은 적절해요.
> ○ 읽기 중 활동
> ・작가의 의도를 추리하면서 작가와 의사소통하는 독서를 했다. ② ○
> ・독서 과정에서 생겨난 문제의 해결을 위해 독서 활동을 점검하고 조정했다. ─────── ③　○
> ▶ 작가가 그려 낸 '멋진 신세계'는 사람이 자동화된 생산 시스템에 의해 태어나 부모가 없는 사회인데, 작가가 이렇게 표현한 의도를 파악하고자 하였으므로 ②는 적절해요. 또한 작가의 의도나 생각을 파악하지 못한 문 제를 해결하기 위해, 자신의 독서 활동을 점검한 후 처음부터 꼼꼼하게 내용을 다시 읽는 것으로 조정하였으므로 ③도 적절해요.
> ○ 읽기 후 활동
> ・깨달은 내용을 바탕으로 자신의 생활을 점검하고 반성했다. ④ ○
> ▶ 독서 기록장의 '느낀 점'을 보면, 과학 기술을 맹신하며 그것에 의존하 는 삶을 살고 있지 않은지 자신의 생활을 돌아보고 반성했다고 하였으므 로 ④는 적절해요.
> ・새롭게 알게 된 정보의 구체적인 활용 방안을 찾았다. ────── ⑤✕
> ▶ 새롭게 알게 된 정보의 구체적인 활용 방안을 찾고 있지 않으므로 ⑤ 는 적절하지 않아요.

12 [독서의 과정] 답 ③　　　　　　[2013년 3월 고3 전국연합 A형]

〈발문〉 ㉠과 ㉡에 주목해 '승호'의 독서에 대해 보인 반응으로 적절한 것은?

▶ ㉠에서 '승호'가 평소 과학 기술의 부정적 측면에 대해 크게 인식하고 있었 음을 알 수 있어요. 그리고 ㉡에서는 '승호'가 '멋진 신세계'를 읽은 뒤 과학 기 술의 발달이 인간의 존엄성과 자율성을 해치지 않는지 경계하는 것이 중요하 다고 의미를 구성했음을 알 수 있어요.

① '승호'는 ㉠의 독서 상황을 고려해 ㉡과 같이 독서 활동의 의미 에 대해 서술했군. ✕

▶ ㉠은 독서 상황이라기보다는 '승호'의 가치관을 보여 주는 거예요. 또한 ㉡과 같은 의미 구성이 ㉠의 상황을 고려해서 나온 것은 아니에요.

② '승호'는 ㉠의 독서 목적에 따라 참고 자료를 조사해 ㉡과 같은 결론을 내렸군. ✕

▶ 글의 내용을 봤을 때 ㉠을 '독서 목적'이라고 보기는 어려워요. 또한 '멋진 신세계'를 참고 자료로 조사한 것도 아니에요.

✔ ㉠에 나타난 '승호'의 가치관이 ㉡과 같이 의미를 구성하는 데 에 영향을 미쳤겠군. ○

▶ ㉠에 나타난 '승호'의 가치관, 즉 과학 기술에 대한 부정적 인식이 ㉡과 같 은 의미를 구성하는 데에 영향을 미쳤을 거예요.

④ ㉠에 제시된 경험 때문에 '승호'는 ㉡과 같이 책 내용의 타당성 을 비판한 것이겠군. ✕

▶ '승호'는 ㉡에서 책 내용의 타당성을 비판하지 않았어요. 오히려 이를 자신 의 것으로 내면화하며 수용하고 있죠.

⑤ ㉠의 문제점을 해결하느라고 '승호'는 ㉡과 같이 의미를 구성하 는 데에 어려움을 겪었군. ✕

▶ '승호'는 ㉠의 문제를 해결하려고 하지 않았고, ㉡과 같은 의미를 구성하는 데에 어려움을 겪지도 않았어요.

13 [독서의 특징] 답 ①　　　　　　[2013년 9월 고2 전국연합 A형]

〈발문〉 (가)에서 확인할 수 있는 독서의 특성이 <u>아닌</u> 것은?

✔ 독서는 지역과 지역이 만나는 사회적인 소통 행위이다. ✕

▶ (가)에서 지역과 지역이 만나는 사회적 소통 행위로서의 독서의 특징은 확 인할 수 없어요.

② 독자는 자신이 처한 문제를 해결하는 수단으로 독서를 한다. ○

▶ 시험 범위에 속해 있는 작품을 읽는 것이므로, 자신이 처한 문제를 해결하 는 수단으로서 독서를 하고 있음을 알 수 있어요.

③ 독자는 독서 과정에서 발생하는 문제를 해결해 가면서 독서를 한다. ○

▶ 독서 과정에서 한자어가 많다는 문제가 발생하자 사전을 찾아봄으로써 해 당 문제를 해결해 가며 독서를 하고 있어요.

④ 같은 글이라도 읽는 독자의 가치관에 따라 의미가 다르게 전달 될 수 있다. ○

▶ (가)의 독자는 '흥부의 무능력을 비판하는 사람들'과 달리, 흥부의 상황을 감안해서 판단해야 한다고 하였어요. 이 부분을 통해, 같은 글이라도 읽는 독 자의 가치관에 따라 의미가 다르게 전달될 수 있음을 확인할 수 있어요.

⑤ 독서는 시대를 초월하여 지식과 문화를 접하게 해 주는 의사소 통 행위이다. ○

▶ (가)의 독자는 오래 전에 창작된 「흥부전」을 읽으면서 당시의 지식과 문화 (한자어를 빈번하게 사용함. 생계 때문에 매품을 팔기도 했음)를 접하고 있어 요.

14 [감상적 독해] 답 ③　　　　　　[2013년 9월 고2 전국연합 A형]

〈발문〉 (나)의 관점에서 (가)의 사고과정에 추가할 수 있는 것으로 가 장 적절한 것은?

▶ (나)에서는 '감상적 독해'가 무엇인지 설명하고 있어요. 따라서 「흥부전」을 대상으로 '감상적 독해'를 하고 있는 선택지를 골라야 해요.

① 박을 탔더니 보물이 쏟아져 나왔다는 것은 너무 비현실적인 설 정인 것 같아. ✕

▶ 글의 내용을 비판적으로 이해하는 비판적 독해에 해당해요.

② 교과서에 나온 부분은 흥부전의 줄거리를 고려한다면 위기와 절정으로 볼 수 있겠네. ✕

▶ 글의 표면적 의미를 이해하는 사실적 독해에 해당해요.

✔ 박에서 온갖 보물이 쏟아져 나왔을 때 흥부가 얼마나 기쁘고 흥분되었을지 공감이 돼. ○

▶ 글 속의 인물이나 사건에 대해 정서적 반응을 보이고 있으므로 감상적 독 해라고 할 수 있어요.

④ 놀부 외에 악한 인물을 하나 더 등장시키면 극적 요소를 더하 는 데 효과적일 것 같아. ✕

▶ 글의 내용과 관련하여 새로운 생각을 펼치며 읽는 창의적 독해에 해당해요.

⑤ 흥부가 복을 받는 과정을 통해 글쓴이는 선과 악의 대립 구도 에서 선이 승리함을 이야기하고 싶었군. ✕

▶ 글에 드러나지 않은 글쓴이의 의도나 목적을 파악하는 추론적 독해에 해당 해요.

15 [독서의 방법] 답 ②　　　　　　[2013년 11월 고2 전국연합 A형]

〈발문〉 선생님의 수업 내용을 바탕으로, 학생들이 수행한 활동으로 적 절하지 <u>않은</u> 것은? [3점]

① 1문단의 '요령'이라는 단어를 통해 이 글이 독서를 하는 방법과 관련이 있음을 알 수 있군. ○

▶ 1문단에는 글쓴이가 독서를 30여 년 동안 했지만 그 요령을 얻지 못하여 제 가백가, 술수서뿐 아니라 패관잡기와 항당무계하고 자질구레하며 불경스러운

이야기까지 닥치는 대로 마구 읽었고 그에 대해 후회한다는 내용이 담겨 있어요. 이러한 맥락에서 봤을 때 '요령'은 독서를 하는 방법임을 알 수 있어요.

✔ 1문단의 '나이가 따르기 어려움을 느꼈다'라는 구절은 문맥적으로 올바른 독서 방법을 깨닫기에는 '동생의 나이가 너무 어리다'는 의미로 해석할 수 있군. ✕
▶ '나이가 따르기 어려움을 느꼈다'라는 구절은 동생이 아니라, 글쓴이 자신이 나이가 들어서 새로운 독서 방법을 적용하기가 어려웠다는 의미예요.

③ 2문단의 '그가 나처럼 마구 읽어서 요령을 얻지 못할까 염려된다'는 내용으로 보아 동생의 독서 상황을 걱정하는 글쓴이의 마음을 추론할 수 있군. ○
▶ '그가 나처럼 마구 읽어서 요령을 얻지 못할까 염려된다'에는 동생을 걱정하는 글쓴이의 마음이 담겨 있어요. 참고로 이 선택지는 문맥을 통해 필자의 의도를 짐작하는 추론적 읽기에 해당하네요.

④ 3문단의 '이에'라는 단어를 통해 '이에' 앞과 뒤의 내용이 원인과 결과로 이어지는 글의 전개 방식임을 알 수 있군. ○
▶ '이에'는 '이러하여서 곧'이라는 뜻으로, 앞뒤 내용을 원인과 결과로 이을 때 사용하는 담화 표지예요.

⑤ 3문단의 '제목을 나열하고 그 대강의 내용을 기록'하여 동생에게 독서 목록까지 전하는 것은 오히려 동생의 주체적인 독서를 방해할 수도 있겠군. ○
▶ 이 선택지는 글쓴이의 생각에 반박하는 비판적 독해에 해당하는 내용이네요. 글쓴이는 동생이 마구잡이 독서를 하지 않기를 바라는 마음에서 독서 목록을 전한다고 했지만, 글쓴이가 직접 동생이 읽을 책을 정해 준다는 면에서는 동생의 주체적인 독서를 방해한다고 볼 수도 있어요.

16 [독서의 방법] 답 ①   [2013년 11월 고2 전국연합 A형]

〈발문〉 '읽기 자료'의 글쓴이가 동생에게 권유한 독서법으로 가장 적절한 것은?

✔ 책을 선별하여 읽는 것이 중요하다. ○
▶ 글쓴이는 이러저러한 이야기를 닥치는 대로 마구 읽다 보니 오히려 경전과 세상을 다스리는 업무에 대해서는 공부할 겨를이 없었고, 뒤늦게 책을 선별하여 읽는 방법으로 바꾸려 하니 나이가 들어 힘들다고 개탄하고 있어요. 또한 동생도 자기처럼 될까 걱정이 되어 동생에게 읽을 만한 책의 목록을 전해 주겠다고 하였어요. 따라서 글쓴이가 동생에게 권유한 독서법은 책을 선별하여 읽는 것임을 알 수 있어요.

② 다양한 종류의 책을 읽는 것이 중요하다. ✕
③ 한 권의 책을 여러 번 읽는 것이 중요하다. ✕
④ 핵심 내용을 기록하며 읽는 것이 중요하다. ✕
⑤ 궁금한 점은 스스로 질문을 하며 읽는 것이 중요하다. ✕

17 [독서의 방법] 답 ④   [2014학년도 수능 B형]

〈발문〉 윗글을 읽고 자신의 독서에 도움을 얻고자 하는 학생의 반응으로 적절하지 않은 것은?

① 독서 수준과 단계를 고려해서 만들어진 권장 도서 목록을 참고하여 책을 읽어야겠어. ○
▶ 1문단에서 사서(『대학』, 『논어』, 『맹자』, 『중용』) 다음에 이어 읽을 책으로 후사서(『격몽요결』, 『소학』, 『근사록』, 『성학집요』)를 제시하면서, 이렇게 읽는 것을 '얕은 데서 깊은 데로 들어가는 것'이라고 표현했어요. 이를 고려하면 독서 수준과 단계를 고려해서 만들어진 권장 도서 목록을 참고하여 책을 읽겠다는 반응은 적절해요.

② 책을 읽어 가는 과정에서 떠오르는 의문들을 능동적으로 해결해 가며 책을 읽어야겠어. ○
▶ 2문단의 '셋째, 정밀히 생각하여 의심나는 것을 풀어 가며 읽되 감히 자신해서는 안 된다.'라는 내용을 볼 때, 의문을 능동적으로 해결해 가며 책을 읽어

야겠다는 반응은 적절해요.

③ 책의 내용을 수동적으로 받아들이기보다는 그 옳고 그름을 생각하면서 책을 읽어야겠어. ○
▶ 2문단의 '넷째, 명확하게 분별하여 그릇된 것을 버리면서 읽되'라는 내용을 볼 때, 옳고 그름을 생각하면서 책을 읽어야겠다는 반응은 적절해요.

✔ 다양한 분야의 지식을 습득하기 위해서 정독의 방법보다는 다독의 방법으로 책을 읽어야겠어. ✕
▶ '경서의 글을 익숙하도록 반복하여 읽어야 한다.', '정밀히 생각하여 의심나는 것을 풀어 가며' 읽어야 한다는 것에서 글쓴이가 정독을 강조하고 있음을 알 수 있어요. 따라서 정독보다 다독의 방법으로 책을 읽어야겠다는 반응은 이 글을 제대로 이해한 것이라고 보기 어려워요.

⑤ 내가 알고 있는 사실이나 생각이 항상 옳은 것은 아니라는 겸허한 자세를 가지고 책을 읽어야겠어. ○
▶ 2문단에서 '감히 자신해서는 안 된다.', '감히 스스로 옳다고 여기지 말아야 한다.'와 같은 내용을 확인할 수 있어요. 즉, 자기가 알고 있는 사실이나 생각이 항상 옳은 것은 아니라는 겸허한 자세로 책을 읽을 것을 강조하고 있어요.

18 [독서의 방법] 답 ④   [2014학년도 수능 B형]

〈발문〉 윗글과 〈보기〉에서 공통적으로 강조하는 독서 방법으로 가장 적절한 것은?

① 책의 내용을 요약해 가면서 읽는다. ✕
▶ 지문과 〈보기〉 어디에도 나와 있지 않은 방법이에요.

② 글의 구조와 전개 방식을 파악해 가면서 책을 읽는다. ✕
▶ 글의 구조와 전개 방식을 파악하는 것은 〈보기〉에서 책의 차례나 서문 등을 살피는 것과 관련이 있어요. 하지만 지문에서는 찾아볼 수 없어요.

③ 많은 양의 책을 읽기 위해 전체 내용을 빠르게 훑어 읽는다. ✕
▶ 필요한 정보의 유무를 파악하며 빠르게 훑어 읽는 것은 〈보기〉에 제시된 방법이에요. 하지만 지문에서는 찾아볼 수 없어요.

✔ 책의 내용에 대한 여러 관점들을 함께 견주어 가며 책을 읽는다. ○
▶ 지문과 〈보기〉에서 공통적으로 언급하고 있는 방법은 책의 내용에 대한 여러 관점을 비교해 보면서 책을 읽으라는 것이었으므로 가장 적절해요.

> **근거 찾기**
>
> ❷ 둘째, 여러 사람의 의견을 모두 참고하여 같은 점과 다른 점을 분별하고 장점과 단점을 비교하며 읽어야 한다.
> 〈보기〉 셋째, 책의 내용을 있는 그대로 받아들이기보다 그 책의 내용과 관련한 여러 관점들을 비교·대조해 가며 책을 읽는다.

⑤ 차례나 서문을 통해 필요한 정보가 있다고 판단한 책을 골라 읽는다. ✕
▶ 〈보기〉에서만 확인할 수 있고, 지문에서는 찾아볼 수 없어요.

19 [독서의 목적] 답 ⑤   [2022학년도 수능 예시문항]

〈발문〉 독서의 목적을 고려하여 윗글을 추천하고자 할 때, ㉮에 들어갈 내용으로 가장 적절한 것은?

> ________㉮________ 분에게 추천합니다.

① 감정을 정화하기 위해 감동적인 경험을 소개하는 글을 읽으려는 ✕
▶ 지문에서는 감동적인 경험을 소개하고 있지 않아요.

② 인간관계를 유지하고 발전시키기 위해 타인의 일상을 담은 글을 읽으려는 ✕
▶ 지문에서는 타인의 일상을 제시하고 있지 않아요.

③ 학문적인 정보를 얻기 위해 기술에 적용된 원리를 설명하는 글을 읽으려는 ✕
▶ 지문에서는 기술에 적용된 원리를 설명하고 있지 않아요.

④ 사회적 문제를 해결하는 방안을 찾기 위해 사회 현상의 원인을 분석한 글을 읽으려는 ✕
▶ 지문에서는 인간의 본질에 대한 논쟁을 제시한 것이지, 사회 현상의 원인을 분석한 것이 아니에요.

⑤ 인간과 세계를 이해하기 위해 인간과 사물의 본질을 논쟁적으로 다룬 글을 읽으려는 ○
▶ 지문은 정신이 두뇌의 물리적 상태와 동일한 것으로 존재한다는 '동일론'의 입장에서 '이원론'의 주장을 반박하는 내용이에요. 즉, 정신과 물질을 동시에 지닌 유일한 존재인 인간의 본질을 논쟁적으로 다룬 글이기 때문에, 선택지 ⑤가 가장 적절해요.

20 [주제 통합적 읽기] 답 ② [2022학년도 수능 예시문항]

〈발문〉 다음은 (가), (나)를 읽고 학생이 작성한 활동지의 일부이다. ⓐ~ⓒ에 대한 평가를 바르게 짝지은 것은?

공통점	○ 음악에 대한 견해를 설명하기 위해 그 견해와 대비되는 견해를 제시함. ⋯⋯⋯⋯⋯⋯⋯⋯⋯⋯⋯⋯ ⓐ ⋮
차이점	○ (가)와 달리 (나)는 특정 음악 작품을 예로 제시함. ⋯⋯⋯ ⓑ ○ (나)와 달리 (가)는 음악을 다른 예술 갈래와 비교함. ⋯ ⓒ

▶ (가)에서는 음악에 대한 『여씨춘추』의 견해를 소개하고 있는데, 1문단에서 음악을 거부한 묵자의 견해와 대비하여 『여씨춘추』의 견해를 제시하고 있어요. (나)에서는 음악적 아름다움의 본질에 대해 설명하고 있는데, 이를 위해 19세기 한슬리크의 견해, 20세기 초의 표현주의 사상을 대비하고 있어요. 따라서 ⓐ는 적절해요. 또한 (가)에는 특정 음악 작품이 제시되어 있지 않지만, (나)에서는 '달에 홀린 피에로'라는 특정 음악 작품이 예시로 사용되었으므로 ⓑ 역시 적절해요. 한편 (가)와 (나) 모두 음악을 다른 예술 갈래와 비교하고 있지는 않으므로, ⓒ는 적절하지 않아요.

ⓐ	ⓑ	ⓒ
적절	적절	부적절 ○

21 [독서의 과정] 답 ④ [2022학년도 수능 예시문항]

〈발문〉 다음은 학생의 독서 활동 과정이다. 학생이 재구성하기 단계에서 쓴 글로 가장 적절한 것은? [3점]

▶ 학생의 독서 활동 과정을 보면, '좋은 곡을 작곡하기 위해 어떤 노력이 필요할까?'라는 질문을 던지고, 이러한 질문의 답을 찾기 위해 음악에 대한 이해를 돕는 글인 (가)와 (나)를 찾아 비교하여 종합하며 읽었음을 알 수 있어요. 즉, 같은 화제에 대해 다른 관점의 글을 비교하며 읽는, 주제 통합적 읽기를 수행했다는 것이죠. 이런 앞선 단계들을 고려할 때, 재구성하기 단계에서 쓴 글은 '(가)와 (나)를 분석한 내용'과 부합해야 하고, '처음에 제기한 질문에 대한 답'이 포함되어 있어야 해요.

① 두 글은 모두 음악이 구조적인 기본틀을 제대로 갖추어야 아름다움을 느낄 수 있다고 제시하였다. 다양한 음악 작품의 구조를 분석해 보고 내가 작곡할 때에도 적용해 보아야겠다. ✕
▶ '좋은 곡을 작곡하기 위해 필요한 노력'에 대한 답인 것은 맞지만, (가)와 (나)의 내용에는 부합하지 않아요. 우선 (가)에서는 음악의 구조적인 틀에 대해 언급하고 있지 않아요. 또한 (나)에서는 19세기와 달리 20세기에 음악의 구조적인 기본틀을 깨고 '무조 음악'이 등장했다고 하였으므로, 음악의 구조를 강조하는 것은 (나)를 제대로 이해한 것이라고 볼 수 없어요.

② 두 글은 창작자와 감상자가 각각의 입장에 따라 음악의 가치를 서로 다르게 판단한다고 제시하였다. 감상하는 사람뿐만 아니라 연주하는 사람에게도 인정받을 수 있는 음악을 작곡할 수 있도록 노력해야겠다. ✕
▶ '좋은 곡을 작곡하기 위해 필요한 노력'에 대한 답인 것은 맞지만, (가)와 (나)의 내용에는 부합하지 않아요. (가)에서는 음악을 듣는 주체(감상자)의 수준과 감성에 따라 동일한 음악이라도 상이한 느낌과 결과를 유발한다고 했을 뿐, 창작자와 감상자가 음악의 가치를 각기 다르게 판단한다는 것이 아니에요. (나)에서는 이와 관련된 내용을 찾아볼 수 없어요.

③ 두 글은 좋은 음악으로 인정받기 위한 조건으로 도덕적 기능이 있어야 한다는 것을 공통적으로 제시하였다. 사람들의 정서에 긍정적인 영향을 끼쳐서 세상을 아름답게 가꾸는 데 기여할 수 있는 음악을 만들어야겠다. ✕
▶ '좋은 곡을 작곡하기 위해 필요한 노력'이 아니라 어떤 음악을 작곡할 것인지에 대해 쓰고 있어요. 또한 음악의 도덕적 기능을 언급한 것은 (가)였고, (나)에서는 그런 내용을 찾아볼 수 없어요.

④ 두 글은 동서양을 막론하고 음악이 감정을 표현하는 도구로 쓰였지만, 음악에 대한 인식이 고정되어 있는 것이 아님을 보여주었다. 작곡을 할 때 한 가지 기준이나 방법만 고집할 것이 아니라 다양한 시도를 해 보아야겠다. ○
▶ (가)는 동양, (나)는 서양의 관점인데, 둘 다 음악이 감정을 표현하는 도구로 쓰였다는 점과, 음악에 대한 인식이 다양함을 보여 주고 있어요. 선택지 ④에서는 바로 이 공통점들을 언급하면서, 작곡에서 다양한 시도를 해야겠다는 결론을 얻고 있어요. 이러한 결론은 '좋은 곡을 작곡하기 위해 필요한 노력'에 대한 답을 포함하고 있다고 볼 수 있어요.

⑤ 두 글은 시대적 상황이 음악에 영향을 끼친다는 것을 보여 주었다. 역사에 대한 배경지식이 부족하여 글을 이해하기 힘들었는데, 글을 제대로 이해하는 데 필요한 배경지식을 갖출 수 있도록 다양한 책 읽기를 실천해야겠다. ✕
▶ (가)의 경우 민심을 교화하는 것을 중요시했던 시대적 상황이 음악에 영향을 끼쳤음을 알 수 있고, (나)의 경우에는 시대별 사조에 따라 음악이 달라지는 것을 엿볼 수 있어요. 하지만 선택지 ⑤는 '좋은 곡을 작곡하기 위해 필요한 노력'에 대한 답을 포함하고 있지 않으므로 적절하지 않아요.

01 ②　**02** ③　**03** ①　**04** ②　　　　[2019년 6월 고1 전국연합]

쌤이 그린 독해지도 ▶

1　인성론
- 등장 배경: 전국 시대(전쟁) → 수습·대안 마련 → 인성론 등장!
- 분류: 성선설 · 성악설 · 성무선악설
- 특징: 인간 본성에 대한 이론적 탐구 → 사회적 정치적 관점

2　부연설명

성선설 : 선한 본성
⇒ 공권력 NO
외부 간섭 없이도 정치적 질서 가능

성악설 : 악한 본성
⇒ 공권력 YES
외부 간섭 없으면 정치적 무질서 초래

'선악' 이라는 윤리적 개념은 정치적 개념과 불가분의 관계 (윤리 X)

3　고자의 성무선악설 ← 비판 ← **4　맹자의 성선설** ← 비판 ← **5 6　순자의 성악설**

- 인간 본성 : 자연적 욕구 like 소용돌이치는 물 (역동성)
- → 정치적·윤리적 개념으로 다룰 수 없음
- ⇒ 일체의 **외부 간섭**에 저항 (역동성을 마비시킴)

- 인간 본성 : 선 · 인의예지 · 측은지심
- → 선천적 본성 (나무술잔 비유)
- → 자력 수양 가능 (수양론)
- ⇒ 외부간섭·공권력 없이 정치적 질서 유지 가능

- 인간 본성 : 악 → 무한한 욕망 vs. 한정된 재화
- → 전쟁· 정치적 무질서
- ⇨ 국가권력· 제도· 규범 필요 (국가에 의해 예가 만들어짐)

| 문장은 정교하게 & 문단은 정리하며 |

❶ 중국 역사에서 전국 시대는 전쟁으로 점철된 시대였다. 여러 사상가들이 혼란한 정국을 수습하고 백성들을 고통에서 벗어나게 하기 위한 대안을 마련하였는데, 이 과정에서 그들의 이론을 뒷받침할 형이상학적 체계로서의 인성론이 대두되었다. 인성론은, (인간의 본성은 선하다는 성선설, 인간의 본성이 악하다는 성악설, 인간의 본성에는 애초에 선과 악이라는 구분이 전혀 없다는 성무선악설 등)으로 분류될 수 있다. 맹자와 순자를 비롯한 사상가들은 인간 본성에 대한 이론적 탐구에서 더 나아가 사회적·정치적 관점으로 인성론을 구성하고 변형시켜 왔다.
▶ 인성론의 등장 배경과 종류 및 특징

❷ 맹자의 성선설이 국가 공권력에 저항하기 위해 호족들 및 지주들이 선한 본성을 갖춘 자신들을 간섭하지 말라는 이념적 논거로 사용되었다면, 순자나 법가의 성악설은 군주가 국가 공권력을 정당화할 때 그 논거로서 사용되었다. 즉 선악이란 윤리적 개념이 정치적 개념과 불가분의 관계에 놓여 있다는 사실을 확인할 수 있다. 성선설에서는 개체가 외부의 [A] 강제적인 간섭 없이도 '정치적 질서'를 낳고 유지할 수 있다

고 본 반면, 성악설에서는 외부의 간섭이 없을 경우 개체는 '정치적 무질서'를 초래할 뿐인 존재라고 본 것이다.
▶ 성선설과 성악설에서의 '선악'이란 윤리적 개념과 정치적 개념의 관계

❸ 한편 ㉠ 고자는 성무선악설을 통해 인간이 가지고 있는 식욕과 같은 자연적인 욕구가 본성이므로 이를 정치적이면서 동시에 윤리적인 범주로서의 선과 악의 개념으로 다룰 수 없다고 주장했다. 그는 인간의 본성을 '소용돌이치는 물'로 비유했는데, 이러한 관점은 소용돌이처럼 역동적인 삶의 의지를 지닌 인간을 규격화함으로써 그 역동성을 마비시키려는 일체의 외적 간섭에 저항하는 입장을 취하도록 하였다.
▶ 고자의 성무선악설 : 인간의 본성은 자연적 욕구이므로 선과 악의 개념으로 다룰 수 없음

❹ ㉡ 맹자는, 인간의 본성을 역동적인 것으로 간주한 고자의 인성론을 비판하였다. 맹자는 살아 있는 버드나무와 그것으로 만들어진 나무 술잔의 비유를 통해, 나무 술잔으로 쓰일 수 있는 본성이 이미 버드나무 안에 있다고 보았다. 맹자는 인간이 선천적으로 지닌 이러한 본성을 인의예지 네 가지로 규정하였다. 고통에 빠진 타인을 측은히 여기는 동정심, 즉 측은지심은 인간이라면 누구나 갖고 있다고 보고, 측은한 마음은 인간의 의식적 노력에서 나온 것이 아니라 불쌍한 타인을 목격할 때 저절로 내면 깊은

곳에서 흘러나온다고 본 것이 맹자의 관점이었다. 다시 말해 인간은 스스로의 노력으로 본성을 실현할 수 있는 존재, 즉 타인의 힘이 아닌 자력으로 수양할 수 있는 존재라고 보았다. 이것이 바로 맹자 수양론의 기본 전제이다.
▶ 맹자의 성선설 : 인간의 본성은 선천적이며 스스로의 노력으로 본성을 실현할 수 있음

⑤ 모든 인간은 선한 본성을 지니고 있고, 이 선한 본성의 실현은 주체 자신의 노력에 의해서만 가능하다는 맹자의 성선설을 순자는 사변적이고 낙관적이며 현실 감각이 결여된 주장으로 보았다.
마땅히 있어야 할 것이 빠져서 없거나 모자람
경험에 의하지 않고 순수한 이성에 의하여 인식하고 설명하는 것
선한 인간이 되기 위해서 인간은 (국가 질서, 학문, 관습 등)과 같은 외적인 것에 의존할 필요가 없다고 본 맹자의 논리는 현실 사회에서 국가 공권력과 사회 규범의 역할을 전적으로 부정하는 논거로도 사용될 수 있기 때문이다. ⓒ 순자의 견해처럼 인간의 본성이 악하다고 전제할 때 그것을 교정하고 순치할 수 있는 외적인 강제력, 다시 말해 국가 권력이나 전통적인 제도들이 부각될 수 있다.
목적한 상태로 차차 이르게 함
국가 질서와 사회 규범을 정당화하기 위한 순자의 견해는 성악설뿐만 아니라 현실주의적 인간관에서 비롯되었다.
▶ 순자의 성악설 : 인간의 본성은 악하므로 외적인 강제력이 필요함

⑥ 순자는 인간의 욕망이 무한하지만 그것을 충족시켜 줄 재화는 매우 한정되어 있다고 보고 이런 모순을 해결하기 위해서 국가에 의해 예(禮)가 만들어졌다는 입장을 견지하였다. 만약 인간에게
어떤 견해나 입장 따위를 굳게 지니거나 지킴
외적인 공권력과 사회 규범이 없는 경우를 가정한다면 인간들은 자신들의 욕망 충족에 있어 턱없이 부족한 재화를 놓고 일종의 전쟁 상태에 빠지게 될 것이고, 그 결과 사회는 걷잡을 수 없는 무질서 상태로 전락하게 될 것이다. 맹자의 성선설이 비현실적일
나쁜 상태나 타락한 상태에 빠짐
뿐만 아니라 정치적 질서를 해칠 가능성이 있다고 본 순자의 비판은, 바로 인간과 사회에 대한 이와 같은 견해로부터 나온 것이다.
▶ 순자의 성악설 : 공권력과 규범이 필요한 이유

이해력 UP

형이상학

'형이상학'은 우리가 눈으로 보고 손으로 만질 수 있는 경험들 너머에 존재하는 것들에 대한 학문을 의미합니다. 한자를 풀이해 보면, '모양 형(形)', '어조사 이(而)', '위 상(上)', '배울 학(學)'으로, '물질을 초월한 것을 다루는 학문'이라는 뜻이에요.

대표적인 형이상학적 질문은 "나는 누구인가?", "안다는 것은 무엇인가?", "신은 존재하는가?", "우주의 본질은 무엇인가?", "참으로 존재하는 것은 무엇인가?" 등이 있어요. 지문에 등장한 인성론은 "인간의 본성이란 무엇인가?"라는 질문에 대한 대답입니다. 그런데 '인간의 본성'이란 눈에 보이거나, 손에 잡히는 실체가 있는 대상인가요? 아니지요. 따라서 "인간의 본성이란 무엇인가?"라는 형이상학적 질문에 대해 공자는 '성선설', 순자는 '성악설', 고자는 '성무선악설'이라는 형이상학적 답변을 한 거랍니다.

그렇다면 '형이하학'이라는 말도 있을까요? 네, 있습니다. 우리가 살아가는 세계에는 유형의 물질과 무형의 관념이 모두 존재하니까요. 유형의 물질을 탐구하는 학문을 형이하학이라고 하고, 생명과학, 화학 등의 자연 과학이 여기에 해당해요.

---

01 [내용 전개 방식] 답 ②

〈발문〉 윗글에 대한 설명으로 가장 적절한 것은?

① 인성에 대한 세 견해의 ~~장단점~~을 비교하고 있다. ✕

▶ 인성에 대한 세 견해를 비교한 것은 맞지만, 장단점에 대해서는 언급하고 있지 않아요.

② 인성론의 등장 배경과 다양한 견해를 소개하고 있다. ○

▶ 1문단에서 인성론이 혼란한 정국을 수습하기 위한 대안을 마련하는 과정에서 등장했음을 제시하고 있고, 2~6문단에서 성선설, 성악설, 성무선악설 등 인성론에 대한 다양한 견해를 소개하고 있어요.

③ 인성론의 ~~역사적 의의와 한계~~에 대해 분석하고 있다. ✕

▶ 인성론의 다양한 견해를 소개하고 있을 뿐, 역사적 의의나 한계를 분석하고 있지는 않아요.

④ 인성론이 등장한 시대적 상황을 ~~구체적 자료~~를 통해 제시하고 있다. ✕

▶ 1문단에 중국 역사에서 전국 시대가 전쟁으로 혼란한 시대였다는 설명만 있을 뿐, 이에 대한 구체적 자료를 제시하고 있지는 않아요.

⑤ 인성에 대한 두 견해를 제시하며 이를 ~~절충한 이론~~을 소개하고 있다. ✕

▶ 절충이란 서로 다른 사물이나 의견, 관점 따위를 알맞게 조절하여 서로 잘 어울리게 한다는 뜻이에요. 고자가 주장한 성무선악설은 그 명칭 때문에 성악설과 성선설을 절충한 것처럼 여겨질 수 있지만, 내용을 읽어 보면 그렇지 않음을 알 수 있어요. 성선설은 성무선악설을 비판하였고, 성악설은 성선설을 비판하였으니까요.

02 [내용 이해] 답 ③

〈발문〉 [A]를 통해 '인성론'에 대해 이해한 내용으로 가장 적절한 것은?

> 맹자의 성선설이 국가 공권력에 저항하기 위해 호족들 및 지주들이 선한 본성을 갖춘 자신들을 간섭하지 말라는 이념적 논거로 사용되었다면, 순자나 법가의 성악설은 군주가 국가 공권력을 정당화할 때 그 논거로서 사용되었다. 즉 선악이란 윤리적 개
> **[A]** 념이 정치적 개념과 불가분의 관계에 놓여 있다는 사실을 확인할 수 있다. 성선설에서는 개체가 외부의 강제적인 간섭 없이도 '정치적 질서'를 낳고 유지할 수 있다고 본 반면, 성악설에서는 외부의 간섭이 없을 경우 개체는 '정치적 무질서'를 초래할 뿐인 존재라고 본 것이다.

| 비교 정리 |

	성선설	성악설
윤리적 개념	선한 본성	악한 본성
정치적 개념	국가 공권력에 저항	국가 공권력을 정당화
외부의 간섭이 없다면?	'정치적 질서' 유지 가능	'정치적 무질서' 초래

① 사회의 발전을 위한 갈등 유지의 당위성을 인정하였다. ✕

▶ 당위성이란 '마땅히 그렇게 하거나 되어야 할 성질'을 의미해요. 그러니까 선택지의 의미는, '갈등 유지'가 사회의 발전을 위해 마땅히 필요하다고 인식한다는 뜻이에요. 그런데 [A]를 보면, 성선설에서는 개체가 외부의 간섭 없이도 정치적 질서를 유지할 수 있다고 했고, 성악설에서는 외부의 간섭이 없으면 개체가 정치적 무질서를 초래하는 존재라고 했잖아요. 이를 통해 성선설과 성악설 모두 '질서가 유지되는 상태'를 바람직한 것으로 여기고 있음을 알 수 있어요. 반대로 무질서, 즉 갈등은 부정적으로 여기겠죠. 따라서 갈등 유지의 당위성을 인정한다는 말은 적절하지 않아요.

② 권력자의 윤리 의식과 통치력이 상반된다고 판단하였다. ✕

▶ 선택지는 권력자의 윤리 의식과 통치력(나라나 지역을 다스리는 힘)이 서로 반대됨을 의미하는데요. 예를 들어 권력자의 윤리 의식이 강하면 통치력은 약하고, 윤리 의식이 약하면 통치력은 강하다, 뭐 이런 겁니다. 그런데 [A]는 권력자의 윤리 의식과 통치력의 관계에 대한 내용이 아니죠. 인간의 본성을 어떻게 보느냐에 따라, 국가의 강한 통치가 '필요하다'라는 의견과 '필요하지 않다'라는 의견으로 나뉜다는 얘기를 하고 있어요.

✔ 정치적 입장을 정당화하는 이념적인 수단으로 사용되었다. ○
▶ 호족들과 지주들이 자신들을 간섭하지 말라고 할 때에는 성선설이 사용되었고, 군주가 국가 공권력을 정당화할 때에는 성악설이 사용되었다고 했어요. 즉, 각각의 정치적 입장을 정당화하는 이념적인 수단으로 인성론이 사용되었음을 알 수 있어요.

④ 초자연적 존재와 대비되는 인간 본성의 우위를 추구하였다. ✕
▶ 초자연적 존재라는 말은 자연을 초월한 존재라는 뜻이에요. 영혼이나 신 같은 것인데, [A]에서 이와 같은 초자연적 존재와 인간 본성을 대비하고 있지는 않아요. 인간 본성의 우위를 추구한다는 것은, 인간 본성이 초자연적 존재보다 더 우월함을 추구한다는 뜻인데, 그런 내용도 언급되지 않았어요.

⑤ 인간의 타고난 본성을 거스르는 인위적 노력을 배격하였다. ✕
▶ 성선설은 인간이 선한 본성을 타고나기 때문에 외부 개입이 필요하지 않다고 하였어요. 그러므로 타고난 본성을 거스르는 인위적 노력을 배격했다는 설명이 어느 정도 맞다고 볼 수는 있어요. 하지만 성악설은 인간의 본성이 악한 상황에서 질서를 유지하기 위해 외부 개입이 필요하다고 하였으므로, 도리어 본성을 거스르는 인위적 노력이 필요하다고 보았음을 알 수 있어요.

03 [비교 이해] 답 ①

〈발문〉 윗글의 '순자'와 〈보기〉의 '홉스'가 모두 동의할 만한 진술로 가장 적절한 것은? [3점]

> 〈보기〉
> 홉스의 「리바이어던」에 따르면, 인간은 본성이 이기적이므로 자신의 이익을 극대화하기 위해 '자연 상태'에서 '만인의 만인에 대한 투쟁' 상태로 비참하게 살아갈 수밖에 없다. 이를 극복하기 위해 공동의 권력을 만들었는데 이것이 바로 리바이어던이다. 이는 공동의 평화와 방어를 위해 필요한 모든 힘과 수단을 이용할 수 있는 절대 권력이다. 사람들은 리바이어던 같은 절대 통치자에게 복종을 약속하고 대신 통치자는 사람들의 안전을 보장해 주는데, 국가는 바로 이러한 계약에 따라 만들어졌다.

| 비교 정리 |

	'순자'의 성악설	'홉스'
윤리적 개념	악한 본성, 무한한 욕망	이기적 본성
정치적 개념	'국가 질서와 사회 규범'을 정당화	• 리바이어던(공동의 절대 권력)' 개념 • 통치자와 사람들의 '계약'에 따라 국가가 만들어짐
외부의 간섭이 없다면?	• '정치적 무질서' 초래 • 한정된 재화를 놓고 일종의 '전쟁 상태' 초래	'만인의 만인에 대한 투쟁 상태' 초래

✔ 인간의 이기적 본성이 사회의 혼란과 무질서를 초래함을 인정해야 한다. ○
▶ 5, 6문단에서 순자는 인간의 본성이 악하다고 보았고, 자신들의 욕망 충족에 있어 턱없이 부족한 재화를 놓고 일종의 전쟁 상태에 빠지게 될 것이며, 그 결과 사회는 무질서 상태로 전락하게 될 것이라고 했어요. 〈보기〉의 홉스도 인간의 본성이 이기적이어서 자신의 이익을 극대화하기 위해 '만인의 만인에 대한 투쟁' 상태가 될 것이라고 보았죠. 순자와 홉스 모두 인간의 이기적 본성이 사회의 혼란과 무질서를 초래한다고 보고 있음을 알 수 있어요.

② 인간은 공동의 평화를 위해 국가 권력에 대해 비판적 태도를 지녀야 한다. ✕
▶ 순자와 홉스 모두 질서와 평화를 위해 국가 권력을 옹호했어요.

③ 통치자는 권력을 유지하기 위해 한정된 재화의 균등한 분배에 힘써야 한다. ✕
▶ 순자는 인간의 욕망을 충족시켜 줄 재화가 한정되어 있어 일종의 전쟁 상태가 될 수 있다고 보았어요. 또한 〈보기〉의 홉스는 인간이 자신의 이익을 극대화하기 위해 투쟁 상태로 살아가게 된다고 보았죠. 그러므로 순자와 홉스 모

두 재화가 한정되어 있다는 사실에는 동의하고 있다고 볼 수 있어요. 하지만 그렇다고 해서 두 사람이 재화를 균등하게 분배해야 한다고 주장하고 있다고 보기는 어려워요. 전쟁, 투쟁 상태를 평화로 바꾸기 위해 권력이 필요하다는 말을 하고 있을 뿐이에요.

④ 대립적 상황의 해결을 위하여 인간의 본성이 발현되는 자연 상태로 돌아가야 한다. ✕
▶ 순자와 홉스 모두 인간의 본성을 부정적으로 여겼으므로 인간의 본성이 발현되는 자연 상태로 돌아가야 한다는 것은 적절하지 않아요.

⑤ 사회의 질서를 유지하기 위한 제도와 규범은 구성원들의 계약에 의해 마련되어야 한다. ✕
▶ 사회 구성원들의 계약은 홉스만 언급했어요.

04 [구체적 사례에 적용] 답 ②

〈발문〉 ⓐ 고자, ⓑ 맹자, ⓒ 순자의 관점에서 〈보기〉를 이해한 것으로 적절하지 않은 것은?

> 〈보기〉
> 가난과 배고픔 때문에 빵을 훔친 장발장은 체포되어 19년 동안 감옥 생활을 한다. 출소한 장발장은 신분증에 전과가 적혀 있어 잠잘 곳도, 일자리도 구할 수 없게 된다. 오직 미리엘 주교만은 이런 그를 따뜻하게 맞아주었으나, 장발장은 은촛대를 훔치다가 경관에게 붙잡힌다. 하지만 미리엘 주교는 은촛대는 장발장이 훔친 것이 아니라 선물로 준 것이라고 말하며 사랑을 베풀어 주었고, 이에 감동받은 장발장은 정체를 숨기고 선행을 베풀며 살아간다.

① ⓐ 고자(성무선악설) : 장발장이 배가 고파 빵을 먹고 싶은 것은 인간의 자연스러운 욕구에서 비롯된 것으로 이해할 수 있다. ○

근거 찾기
❸ 한편 고자는 성무선악설을 통해 인간이 가지고 있는 식욕과 같은 자연적인 욕구가 본성이므로 ~

✔ ⓐ 고자(성무선악설) : 미리엘 주교가 은촛대를 장발장에게 준 선물이라고 말한 것은 역동적 삶의 의지를 규격화하려는 행위로 볼 수 있다. ✕
▶ 고자는 '외적 간섭'이 인간을 규격화함으로써 역동성을 마비시키려 한다고 보았어요. 여기에서 외적 간섭은 국가 권력이나 제도 등을 의미해요. 미리엘 주교가 은촛대를 선물이라고 말한 것은 외적 간섭이 아니기 때문에, 이를 두고 역동적 삶의 의지를 규격화하려는 행위라고 볼 수는 없어요.

③ ⓑ 맹자(성선설) : 미리엘 주교가 장발장에게 편히 쉴 곳을 마련해 준 것은 불쌍한 사람을 측은히 여기는 마음에 따른 것으로 이해할 수 있다. ○
▶ 맹자는 인간이 불쌍한 타인을 목격하면 저절로 측은한 마음을 갖게 된다고 보았어요. 따라서 맹자는 미리엘 주교가 장발장을 따뜻하게 맞아준 것을, 측은한 마음 때문이라고 이해할 거예요.

④ ⓑ 맹자(성선설) : 장발장이 선행을 베풀며 살아가는 모습은 스스로의 노력으로 선한 본성을 실현하는 것으로 볼 수 있다. ○
▶ 맹자는 인간이 스스로의 노력으로 선한 본성을 실현할 수 있다고 보았어요. 장발장의 행동에 대해서도 그렇게 이해하겠죠.

⑤ ⓒ 순자(성악설) : 장발장이 체포되어 수감된 것은 본성을 바로 잡기 위한 사회 규범에 의거한 것으로 볼 수 있다. ○
▶ 순자는 인간의 본성이 악하다고 전제하고, 이를 교정하고 순치할 수 있는 국가 권력이나 제도가 필요하다고 하면서, 국가 질서와 사회 규범을 정당화했어요. 이러한 관점에서 장발장이 체포되어 수감된 것은 악한 본성을 교정하기 위한 것이며, 사회 규범에 의거한 것으로 이해할 수 있어요.

01 ⑤   02 ④   03 ⑤   04 ④   [2013학년도 9월 고3 평가원]

쌤이 그린 독해지도

1 공자 – 사회적 혼란 극복을 위해 예 제안
        인간의 도덕적 본성을 그 사회에 맞게 규범화한 것

   2·3·4·5

   군자 : 정명을 실현할 주체
        └ 마땅히 해야할 도리를 행하는 것
        도덕적 인격 완성을 위해 애쓰는 사람
        어떤 상황에서든 그에 맞는 제 역할을 다하는 사람

      * 군주 : 군자다운 성품을 지녀야 함
             도덕적 본성에 근거한 정치를 해야함
            (법과 형벌에 기댄 정치 NO!)

   소인 : 사리사욕에 사로잡힘. BUT 수양을 통해 군자가 될수 있다!

6 성인 : 군자의 최종 목표
        도덕적 수양이 더이상 필요 없는,
        '인간의 도덕적 본성을 완성한 인격자'

   ⇨ 공자 : 정치적 지도자 & 일반 서인의 도덕적 수양을 통해
            이상적인 사회를 이끌고자 함.

| 문장은 정교하게 & 문단은 정리하며 |

❶ 공자가 살았던 춘추 시대는 주나라 봉건제가 무너지고 제후국들이 주도권을 놓고 치열하게 전쟁을 일삼던 시기였다. 이러한
  (주동적인 위치에서 이끌어 나갈 수 있는 권리나 권력)
사회적 혼란을 극복하기 위한 방법으로 공자는 예(禮)를 제안하였다. 예란 인간의 도덕적 본성을 그 사회에 맞게 규범화한 것으로 단순히 신분적 차이를 드러내거나 행동을 타율적으로 규제하
  (자신의 의지와 관계없이 정해진 원칙이나 규율에 따라 움직이는 것)
는 억압 장치는 아니었다. 예는 개인의 윤리 규범이면서 사회와 국가의 질서를 바로잡는 제도였으며, 인간관계를 올바르게 형성하는 사회적 장치였다.   ▶ 사회적 혼란을 극복하기 위해 '예'를 제안한 공자

❷ 공자는 예에 기반을 둔 정치는 정명(正名)에서 시작한다고 하며, 정명을 실현할 주체로서 군자를 제시하였다. 정명이란 '이름을 바로잡는다'라는 뜻으로, 다양한 사회적 관계 속에서 자신이 마땅히 해야 할 도리를 행하는 것을 의미한다. 군주는 군주다운 덕성을 갖추고 그에 ⓐ 맞는 예를 실천해야 하며, 군주뿐만 아니
  (어질고 너그러운 성질)
라 신하, 부모 자식도 그러해야 한다. 만일 군주가 예에 의하지 아니하고 법과 형벌에 ⓑ 기대어 정치를 한다면, 백성들은 형벌을 면하기 위해 법을 지킬 뿐, 무엇이 옳고 그른지 스스로 판단하
  (책임이나 의무 따위를 지지 않기)
려 하지 않는 문제가 생길 것이라고 공자는 보았다.
        ▶ 공자가 제시한 군자의 개념 ① – 정명을 실현할 주체

❸ 공자가 제시한 군자는 도덕적 인격을 완성하기 위해 애쓰는 사람이기도 하면서 자신의 도덕적 수양을 통해 예를 실현하는 사람
  (몸과 마음을 갈고닦아 품성이나 지식 도덕 따위를 높은 경지로 끌어올림)

이다. 원래 군자는 정치적 지배 계층을 ⓒ 가리키는 말로 일반 서민을 가리키는 소인과 대비되는 개념이었다. 공자는 이러한 개념을 확장하여 군자와 소인을 도덕적으로도 구별하였다. 사리사욕
  (사사로운 이익과 욕심)
에 ⓓ 사로잡혀 자신의 이익과 욕심을 채우는 데만 몰두하는 소
  (어떤 일에 온 정신을 다 기울여 열중함)
인과 도덕적 수양을 최우선으로 삼는 군자를 도덕적으로 차별화한 것이다. 군자는 이익을 따지기보다는 무엇이 옳고 그른지를 먼저 판단해야 한다고 하였다.
        ▶ 공자가 제시한 군자의 개념 ② – 도덕적으로 소인과 대비되는 존재

❹ 공자는 군주는 군자다운 성품을 지녀야 한다고 함으로써 정치적 지도자가 가져야 할 덕목으로 도덕적 수양과 실천을 강조하였다. 이는 공자가 당시 지배 계층에게 도덕적 본성을 요구했다는 점에서 큰 의미가 있다. 인간의 도덕적 본성에 근거한 정치를 시행해야 한다는 유학적 정치 이념을 제시한 것이기 때문이다. 또한 공자는 소인도 군자가 될 수 있다고 강조하여 사회 전반에 걸쳐 정명을 통한 예의 실천을 구현하고자 하였다.
        ▶ 군자가 가져야 할 덕목 – 도덕적 수양과 실천

❺ 공자는 군자가 되기 위해서는 항상 마음이 참되고 미더운 상
  (믿음성이 있는)
태가 되도록 자신의 내면을 잘 ⓔ 살피라고 하였다. 이렇게 도덕적 수양을 할 뿐만 아니라 옛 성현의 책을 읽고 육예(六藝)를 고
  예(禮), 악(樂), 사(射), 어(御), 서(書), 수(數)의 여섯 가지 과목
  (성인(聖人)과 현인(賢人)을 아울러 이르는 말)
루 익혀 다양한 학문적 소양을 갖춰야 한다고 하였다. 이를 통해
  (항상 도덕적 수양을 하고 다양한 학문적 소양을 갖춤)
어느 한 가지 특정 분야에서 뛰어나기보다는 어떤 상황에서든 그
  (감독하며 격려함)
에 맞는 제 역할을 다하는 사람이 되라고 독려하였다.
        ▶ 군자가 되기 위해서는 도덕적 수양과 학문적 소양을 갖춰야 함

6 유학에서 말하는 이상적인 인간은 성인(聖人)이다. 공자도 자신을 성인이라고 자처하지 않았다. 성인은 도덕적 수양이 더 이상 필요 없는, '인간의 도덕적 본성'을 완성한 인격자를 가리키는 데 언제 어디서건 인간의 도리를 벗어나는 일을 하지 않는 완전한 존재로 보았다. 따라서 군자는 일상생활에서의 도덕적 수양을 통해 성인의 경지에 도달할 것을 목표로 삼아야 한다고 하였다. 공자는 정치적 지도자뿐만 아니라 일반 서민의 지속적인 도덕적 수양을 통해 혼란스러운 당시의 세상을 이상적인 사회로 이끌고자 하였다.

▶ 성인의 개념 및 공자가 원하는 사회

01 [내용 이해] 답 ⑤

〈발문〉 윗글의 내용과 일치하지 않는 것은?

① 공자가 살았던 시기는 제후국의 패권 경쟁이 심하던 시대였다. ○

▶ '패권'이란 '어떤 분야에서 우두머리나 으뜸의 자리를 차지하여 누리는 공인된 권리와 힘'을 말해요. 1문단에서 공자가 살았던 춘추 시대는 제후국들이 주도권을 놓고 치열하게 전쟁을 일삼던 시기였다고 했어요. 이 선택지에서는 이를 '제후국의 패권 경쟁'이라고 다르게 표현한 거예요.

② 공자는 군자의 개념을 확장하고 유학적 정치 이념을 제시하였다. ○

근거 찾기

3 원래 군자는 정치적 지배 계층을 가리키는 말로 일반 서민을 가리키는 소인과 대비되는 개념이었다. 공자는 이러한 개념을 확장하여 군자와 소인을 도덕적으로도 구별하였다.

4 공자는 군주는 군자다운 성품을 지녀야 한다고 함으로써 정치적 지도자가 가져야 할 덕목으로 도덕적 수양과 실천을 강조하였다. ~ 인간의 도덕적 본성에 근거한 정치를 시행해야 한다는 유학적 정치 이념을 제시한 것이기 때문이다.

③ 공자는 예에 기반을 둔 정치를 실현할 주체로 군자를 제시하였다. ○

근거 찾기

2 공자는 예에 기반을 둔 정치는 정명(正名)에서 시작한다고 하며, 정명을 실현할 주체로서 군자를 제시하였다.

④ 공자는 다양한 학문적 소양을 군자가 갖추어야 할 요소로 보았다. ○

근거 찾기

5 공자는 군자가 되기 위해서는 ~ 자신의 내면을 잘 살피라고 하였다. 이렇게 도덕적 수양을 할 뿐만 아니라 옛 성현의 책을 읽고 육예(六藝)를 고루 익혀 다양한 학문적 소양을 갖춰야 한다고 하였다.

⑤ 공자는 도덕적 판단의 기준으로 법과 형벌의 중요성을 강조하였다. ✕

▶ 공자는 법과 형벌에 기대어 정치를 하는 것에 대해 부정적인 생각을 가지고 있었어요. 따라서 법과 형벌의 중요성을 강조했다는 설명은 적절하지 않아요.

근거 찾기

2 만일 군주가 예에 의하지 아니하고 법과 형벌에 기대어 정치를 한다면, 백성들은 형벌을 면하기 위해 법을 지킬 뿐, 무엇이 옳고 그른지 스스로 판단하려 하지 않는 문제가 생길 것이라고 공자는 보았다.

02 [내용 이해] 답 ④

〈발문〉 윗글에 나타난 '예(禮)'에 대한 설명으로 적절하지 않은 것은?

① 인간관계를 올바르게 형성하는 사회적 장치이다. ○

근거 찾기

1 예는 개인의 윤리 규범이면서 사회와 국가의 질서를 바로잡는 제도였으며, 인간관계를 올바르게 형성하는 사회적 장치였다.

② 당시 사회의 혼란을 극복할 방법으로 제안되었다. ○

근거 찾기

1 이러한 사회적 혼란을 극복하기 위한 방법으로 공자는 예(禮)를 제안하였다.

③ 인간의 도덕적 본성을 사회적으로 규범화한 것이다. ○

근거 찾기

1 예란 인간의 도덕적 본성을 그 사회에 맞게 규범화한 것으로 단순히 신분적 차이를 드러내거나 행동을 타율적으로 규제하는 억압 장치는 아니었다.

④ 사회 구성원의 신분적 평등 관계를 추구하는 규범이다. ✕

▶ '예'가 신분적 평등 관계를 추구한다는 이해는 적절하지 않아요. 2문단에서 '정명'을 소개할 때, 다양한 사회적 관계 속에서 자신이 마땅히 해야 할 도리를 행하는 것이라고 했어요. 그래서 군주는 군주답게, 신하는 신하답게, 부모는 부모답게 그게 맞는 예를 실천해야 한다고 한 거죠. 이는 각 신분에 걸맞은 덕목과 예가 있다는 뜻으로, 신분적 차이를 인정한다는 의미로 해석할 수 있어요.

⑤ 모든 계층에게 도덕성을 요구하는 규범으로 강조되었다. ○

근거 찾기

6 공자는 정치적 지도자뿐만 아니라 일반 서민의 지속적인 도덕적 수양을 통해 혼란스러운 당시의 세상을 이상적인 사회로 이끌고자 하였다.

03 [내용 이해] 답 ⑤

〈발문〉 윗글의 내용에 부합하는 것을 〈보기〉에서 고른 것은?

〈보기〉

ㄱ. 조인이 군자가 되면 인간의 도리를 벗어나는 법이 없다. ✕

ㄴ. 군자는 완전한 인격체로서 유학에서 목표로 삼는 대상이다. ✕

▶ '군자와 소인, 성인'을 명확히 구분할 수 있어야 풀 수 있는 문제입니다. 이처럼 비슷하거나 대조되는 개념이 같이 등장할 경우, 이를 구분하는 문제가 자주 출제되기 때문에 주의 깊게 읽어야 해요! 특히 군자와 성인은 헷갈릴 수 있기 때문에 조심해야 합니다. ㄱ과 ㄴ에서 말하는 내용은 군자가 아니라 성인에 대한 설명이기 때문에, ㄱ과 ㄴ은 적절하지 않아요.

근거 찾기

6 유학에서 말하는 이상적인 인간은 성인(聖人)이다. 공자도 자신을 성인이라고 자처하지 않았다. 성인은 도덕적 수양이 더 이상 필요 없는, '인간의 도덕적 본성'을 완성한 인격자(ㄴ)를 가리키는데 언제 어디서건 인간의 도리를 벗어나는 일을 하지 않는 완전한 존재(ㄱ)로 보았다. 따라서 군자는 일상생활에서의 도덕적 수양을 통해 성인의 경지에 도달할 것을 목표로 삼아야 한다고 하였다.(ㄴ)

ㄷ. 소인도 도덕적 수양을 하고 학문적 소양을 갖추면 군자가 될 수 있다. ○

▶ 4문단에서 소인도 군자가 될 수 있다고 하였고, 5문단에서 군자가 되려면 다양한 학문적 소양을 갖춰야 한다고 하였어요.

ㄹ. 군자와 성인을 구별하는 기준으로는 도덕적 본성의 완성 여부를 들 수 있다. ○

▶ 6문단에서 '성인'은 도덕적 수양이 더 이상 필요 없는, '인간의 도덕적 본성'을 완성한 인격자라고 했어요. 그리고 군자는 이러한 성인의 경지에 도달할 것을 목표로 삼아야 한다고 하였으므로, 성인과 군자의 구별 기준은 바로 '도덕적 본성의 완성 여부'라고 할 수 있어요.

① ㄱ, ㄴ   ② ㄱ, ㄷ   ③ ㄴ, ㄷ
④ ㄴ, ㄹ   ⑤ ㄷ, ㄹ ○

04 [어휘] 답 ④

〈발문〉 ⓐ~ⓔ를 한자어로 바꾼 것으로 적절하지 <u>않은</u> 것은?

① 그에 ⓐ 맞는 : 합당(合當)한 ○

▶ '합당하다'는 '어떤 기준, 조건, 용도, 도리 따위에 꼭 알맞다.'라는 뜻이므로, '맞다' 대신에 사용할 수 있어요.

② 법과 형벌에 ⓑ 기대어 : 의거(依據)하여 ○

▶ '의거하다'는 '어떤 사실이나 원리 따위에 근거하다.'라는 뜻이에요. 법과 형벌에 기댄다는 것은 그것들에 근거한다는 뜻이므로, '기대다' 대신에 '의거하다'를 사용하는 것이 가능해요.

③ 정치적 지배 계층을 ⓒ 가리키는 : 지칭(指稱)하는 ○

▶ '지칭하다'는 '어떤 대상을 가리켜 이르다.'라는 뜻이므로, '가리키다' 대신에 사용할 수 있어요.

④ 사리사욕에 ⓓ 사로잡혀 : 매수(買收)되어 ✗

▶ '매수되다'는 '금품이나 그 밖의 수단 따위에 넘어가 그 편이 되다.'라는 뜻이에요. '사로잡히다'는 '생각이나 마음이 온통 한곳으로 쏠리게 되다.'라는 뜻이므로, 누군가의 수단에 넘어가 그 편이 되는 상황과는 거리가 멀어요.

⑤ 내면을 잘 ⓔ 살피라고 : 성찰(省察)하라고 ○

▶ '성찰하다'는 '자기의 마음을 반성하고 살피다.'라는 뜻이므로, '살피다' 대신에 사용할 수 있어요.

쌤이 그린 독해지도

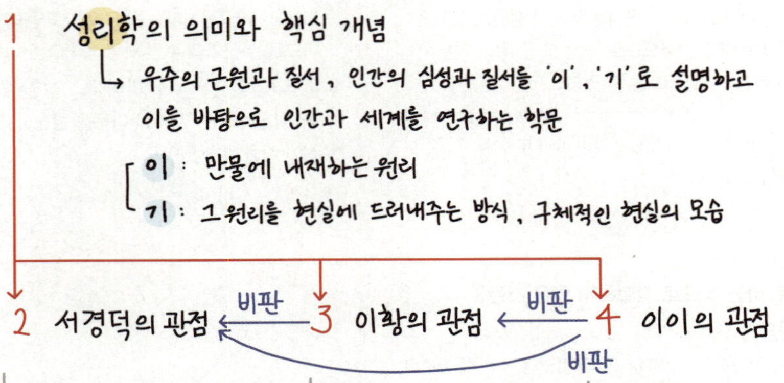

1 성리학의 의미와 핵심 개념
↳ 우주의 근원과 질서, 인간의 심성과 질서를 '이', '기'로 설명하고
이를 바탕으로 인간과 세계를 연구하는 학문

- 이 : 만물에 내재하는 원리
- 기 : 그 원리를 현실에 드러내주는 방식, 구체적인 현실의 모습

2 서경덕의 관점 ←비판→ **3 이황의 관점** ←비판→ **4 이이의 관점**
                                                          비판

	서경덕의 관점	이황의 관점	이이의 관점
	이: '기'가 작용하는 원리일 뿐 기: 우주 만물의 근원	이: 우주 만물의 근원 기: 사악한 마음이 나오는 곳	이: 모든 사물의 근원적 원리 기: 원리를 담는 그릇
'이'와 '기'의 관계	'이'와 '기'는 하나 (기일원론)	'이'와 '기'는 철저히 구분되어야 함 (이기이원론)	'이'와 '기'는 한 몸처럼 붙어있으나, 각각 존재
'이'와 '기'가 현실에 드러난 방식	'기'만 작용	'이'와 '기'가 각각 발동할 수 있음	'기'만 작용
현실 문제 해결 방식	'기'가 움직이면 현실도 변화	'이'를 회복해야함	'기'을 바꿔야함

| 문장은 정교하게 & 문단은 정리하며 |

❶ 조선 시대 유학자들은 도덕적이고 규범적이며 사람다운 삶을 강조하는 성리학을 받아들였다. 성리학은 우주의 근원과 질서, 그리고 인간의 심성과 질서를 '이(理)'와 '기(氣)' 두 가지를 통해 설명하고, 이를 바탕으로 인간과 세계를 연구하는 학문이다. 그래서 성리학을 '이기론' 또는 '이기 철학'이라고도 부른다. 성리학에서 일반적으로 '이'는 만물에 ⓐ 내재하는 원리이고, '기'는 그 원리를 현실에 드러내 주는 방식과 구체적인 현실의 모습이라 할 수 있다. '이'는 '기'를 통해서 드러난다. '이'는 언제나 한결같지만 '기'는 여러 가지 모습으로 존재하므로, 우주 만물의 원리는 그대로지만 형체는 다양하다. 이러한 '이'와 '기'를 어떻게 보는가에 따라 성리학자들이 현실을 해석하고 인식하는 자세가 달라진다.
▶ 성리학의 의미와 핵심 개념

❷ '기'를 중시했던 대표적인 성리학자로 서경덕을 들 수 있다. 그는 '기'를 우주 만물의 근원이라고 보았다. 서경덕에 의하면, 태초에 '기'가 음기와 양기가 되고, 음기와 양기가 모이고 흩어지고를 반복하면서 (하늘과 땅, 해와 달과 별, 불과 물 등)의 만물이 만들어졌다. '기'는 어떤 외부의 원리나 힘에 의해 움직이는 것이 아니라 스스로 움직여 만물을 생성하고 변하게 한다. 하지만 '이'는 '기' 속에 있으면서 '기'가 작용하는 원리로 존재할 뿐 독립적으로 드러나거나 ⓑ 작용하지 않는다. 즉, '이'와 '기'는 하나이며, 세계에 드러나는 것은 '기'뿐이라는 것이다. 이와 같은 입장을 '기일원론(氣一元論)'이라 한다. 기일원론의 바탕에는, 현실 세계의 모습은 '기'의 움직임에 의한 것이므로, '기'가 다시 움직이면 현실도 변할 수 있을 것이라는 사고가 깔려 있다.
▶ 이와 기에 대한 서경덕의 관점 – 기일원론

❸ '이'를 중시했던 대표적인 성리학자는 이황이다. 이황은 서경덕의 논의를 단호하게 ⓒ 비판하며 '이'와 '기'는 하나가 아니라는 주장을 펼쳤다. 그는 '이'를 우주 만물의 근원이자 변하지 않는 절대적 가치이며 도덕 법칙이라고 보았다. '이'는 하늘의 뜻, 즉 천도(天道)이며, 만물이 선천적으로 지니고 태어나는 본성이라고 여겼다. 따라서 인간이 '이'를 깨우치고 실행하면 하늘이 부여한 본성을 회복하고, 인간 사회는 천도에 맞는 이상적이고 도덕적인 질서를 확립한다고 보았다. 현실 사회가 비도덕적이고 타락한 모습을 보이는 이유는 인간이 본성을 잃어버리고 사악한 마음을 따르기 때문인데, 이러한 사악한 마음은 (인간의 생체적 욕구, 욕망) 등인 '기'에서 나오는 것이다. 따라서 '이'와 '기'가 하나일 수는 없으며, 둘은 철저히 ⓓ 구분되어야 한다는 것이 이황의 주장이다. 이러한 입장을 '이기이원론(理氣二元論)'이라 한다. 이황은 '이'가 원리로서만 존재하는 것이 아니라 발동한다고 보았다. '이'가 발

동하면 그에 따라 '기'도 작용하여 인간이나 사회는 도덕적인 모습이 되지만, '이'가 발동하지 않고 '기'만 작용하면 인간이나 사회는 비도덕적 모습이 될 수 있다. 이황은 인간이 '이'를 깨우치고 실행하기 위해서는 학문과 수양에 힘써야 한다고 생각하였다. 그는 현실의 문제 상황은 학문과 수양을 통해 '이'를 회복함으로써 해결될 수 있다는 점을 강조하였다.

④ 한편, 이이는 서경덕과 이황의 논의가 양극단을 달리는 오류를 범하고 있다고 비판하면서, '이'와 '기'의 관계를 새롭게 ⓔ 규정하였다. 이이는 '이'를 모든 사물의 근원적 원리로, '기'를 그 원리를 담는 그릇으로 보았다. 둥근 그릇에 물을 담으면 물의 모양이 둥글고 모난 그릇에 물을 담으면 물의 모양이 모나 보이지만, 그 속에 담긴 물의 속성은 달라지지 않는다. 이처럼 '기'는 현실에서 다양한 모습으로 존재하지만 그 속에 담겨 있는 '이'는 달라지지 않는다. 물이 그릇에 담겨 있지만 물과 그릇이 다른 존재이듯이, '이'와 '기'도 한 몸처럼 붙어 있지만 '이'와 '기'로 각각 존재한다는 것이다. 이이에 따르면, '이'는 현실에 아무 작용을 하지 않고 '기'만 작용한다. 현실의 모습이 문제를 드러내고 있다면, 이는 '이'가 잘못된 것이 아니라 '기'가 잘못된 것이다. 그러므로 '이'를 회복하기보다는 '기'로 나타난 현실의 모습 자체를 바꾸기 위해 싸워야 한다는 것이 이이의 주장이다. 이이가 조선 사회의 변화를 위한 여러 가지 개혁론을 펼칠 수 있었던 것은 이러한 사고가 바탕을 이루고 있었기 때문이다.

▶ 이와 기에 대한 이이의 관점

01 [내용 전개 방식] 답 ⑤

〈발문〉 윗글에 대한 설명으로 가장 적절한 것은?

① 철학적 용어의 현대적 의미를 재조명하고 있다. ✕
▶ 지문은 철학적 용어인 '이'와 '기'를 해석하고 인식하는 조선 시대 성리학자 세 사람의 관점을 소개하고 있어요. 철학적 용어의 현대적 의미를 재조명하지는 않았어요.

② 철학적 용어에 대한 사회적 통념을 비판하고 있다. ✕
▶ 사회적 통념이란 한 사회에서 일반적으로 널리 통하는 개념을 의미해요. 지문에서는 철학적 용어인 '이'와 '기'에 대한 서경덕, 이황, 이이의 서로 다른 관점을 설명하고 있을 뿐, 이런 용어에 대한 사회적 통념을 비판하고 있지는 않아요.

③ 문답의 형식을 통해 철학적 용어의 개념을 드러내고 있다. ✕
▶ 문답의 형식이 사용되었는지를 확인할 때에는 지문에 물음표로 끝나는 문장이 있는지, 그리고 그에 대한 답변이 있는지만 확인하면 돼요. 이 지문에는 물음표가 없죠? 따라서 문답의 형식은 사용되지 않았어요.

④ 현실을 해석하는 철학적 용어가 등장한 배경을 소개하고 있다. ✕
▶ 현실을 해석하는 철학적 용어인 '이'와 '기'를 설명하고 있지만. 이 용어들이 등장한 배경을 소개하고 있지는 않아요.

⑤ 철학적 용어의 관계를 바라보는 다양한 관점을 나열하고 있다. ○
▶ 지문은 철학적 용어인 '이'와 '기'에 대한 세 사람의 서로 다른 관점을 다루고 있어요. 그 세 사람은 모두 조선 시대 유학자로, 2문단에서는 서경덕. 3문단에서는 이황. 4문단에서는 이이의 관점을 차례대로 제시하면서, '이'와 '기'의 관계를 바라보는 여러 학자들의 다양한 입장을 보여 주고 있어요.

02 [내용 이해] 답 ①

〈발문〉 윗글을 참고할 때, 아래의 'ㄱ'과 'ㄴ'에 들어갈 내용으로 가장 적절한 것은?

	서경덕	이황
'이'와 '기'란 무엇인가?	'이'란 만물에 내재하는 원리이고, '기'란 '이'를 현실에 드러내 주는 방식과 구체적인 현실의 모습이다.	
'이'와 '기'의 성격은 어떠한가?	ㄱ	ㄴ

① ┌ ㄱ : '이'와 '기'는 하나이다. ○
　└ ㄴ : '이'와 '기'는 철저히 구분된다. ○
▶ 서경덕(ㄱ)은 '이'와 '기'가 하나라고 보았어요. 반면 이황(ㄴ)은 서경덕의 논의를 비판하며 '이'와 '기'가 하나일 수 없고, 둘은 철저히 구분되어야 한다고 보았어요.

근거 찾기
❷ 즉, '이'와 '기'는 하나이며, 세계에 드러나는 것은 '기'뿐이라는 것이다.
❸ 따라서 '이'와 '기'가 하나일 수는 없으며, 둘은 철저히 구분되어야 한다는 것이 이황의 주장이다.

② ┌ ㄱ : '이'는 '기'와 별도로 작용한다. ✕
　└ ㄴ : '이'는 '기'와 동시에 작용한다. ✕
▶ 서경덕(ㄱ)은 '이'가 '기' 속에 있으면서 '기'가 작용하는 원리로 존재할 뿐 독립적으로 드러나거나 작용하지 않는다고 보았어요. 따라서 "'이'는 '기'와 별도로 작용한다.'라는 내용은 적절하지 않아요. 한편 이황(ㄴ)은 '이'가 발동하면 그에 따라 '기'도 작용하는데, '이'가 발동하지 않고 '기'만 작용하기도 한다고 보았어요.

근거 찾기
❷ 하지만 '이'는 '기' 속에 있으면서 '기'가 작용하는 원리로 존재할 뿐 독립적으로 드러나거나 작용하지 않는다.
❸ '이'가 발동하면 그에 따라 '기'도 작용하여 인간이나 사회는 도덕적인 모습이 되지만, '이'가 발동하지 않고 '기'만 작용하면 인간이나 사회는 비도덕적 모습이 될 수 있다.

③ ┌ ㄱ : 현실로 나타나는 것은 '이'이다. ✕
　└ ㄴ : 현실로 나타나는 것은 '기'이다. ✕
▶ 서경덕(ㄱ)은 현실 세계의 모습은 '기'의 움직임에 의한 것이라고 보았어요. 이와 달리 이황(ㄴ)은 '이'가 발동하면 그에 따라 '기'도 작용하여 인간 사회는 도덕적인 질서를 확립할 수 있지만, '기'만이 작용하면 인간이나 사회가 비도덕적 모습이 될 수 있다고 보았어요. 즉, 이황은 '이'와 '기' 모두 현실로 나타난다고 보았음을 알 수 있죠.

근거 찾기
❷ '이'와 '기'는 하나이며, 세계에 드러나는 것은 '기'뿐이라는 것이다. ~ 기일원론의 바탕에는, 현실 세계의 모습은 '기'의 움직임에 의한 것이므로, '기'가 다시 움직이면 현실도 변할 수 있을 것이라는 사고가 깔려 있다.
❸ '이'가 발동하면 그에 따라 '기'도 작용하여 인간이나 사회는 도덕적인 모습이 되지만, '이'가 발동하지 않고 '기'만 작용하면 인간이나 사회는 비도덕적 모습이 될 수 있다.

④ ┌ ㄱ : '기'는 '이' 속에 포함되어 있다. ✕
　└ ㄴ : '이'는 '기' 속에 포함되어 있다. ✕
▶ 서경덕(ㄱ)은 '이'가 '기'에 속해 있다고 보았어요. 하지만 선택지는 이를 반대로 서술하고 있네요. 또한 이황(ㄴ) 역시 '이'와 '기'를 철저히 구분되는 개념으로 보았기 때문에 포함 관계로 인식하지는 않았어요.

2 하지만 '이'는 '기' 속에 있으면서 '기'가 작용하는 원리로 존재할 뿐 독립적으로 드러나거나 작용하지 않는다.

3 따라서 '이'와 '기'가 하나일 수는 없으며, 둘은 철저히 구분되어야 한다는 것이 이황의 주장이다.

⑤ ┌ ㄱ : 생체적 욕구와 욕망을 '기'라고 본다. 판정 불가
　　└ ㄴ : 생체적 욕구와 욕망을 '이'라고 본다. ✕
▶ 서경덕(ㄱ)이 생체적 욕구와 욕망을 '기'라고 보았는지는 지문을 통해 확인할 수 없어요. 반면 인간의 욕구와 의지에 주목한 이황(ㄴ)은 생체적 욕구와 욕망을 '기'로 보았음을 알 수 있어요.

3 현실 사회가 비도덕적이고 타락한 모습을 보이는 이유는 인간이 본성을 잃어버리고 사악한 마음을 따르기 때문인데, 이러한 사악한 마음은 인간의 생체적 욕구, 욕망 등인 '기'에서 나오는 것이다.

03 [구체적 사례에 적용] 답 ②

〈발문〉 윗글을 바탕으로 〈보기〉에 대해 '이이'가 할 수 있는 말로 가장 적절한 것은? [3점]

〈보기〉
　양반이 되어야 군포를 면제받을 수 있기 때문에 백성들은 밤낮으로 양반이 되는 길을 모색한다. 고을 호적부에 기록되면 양반이 되고, 거짓 족보를 만들면 양반이 되고, 고향을 떠나 먼 곳으로 이사하면 양반이 되고, 두건을 쓰고 과거 시험장에 드나들면 양반이 된다. 몰래 불어나고, 암암리에 늘어나고, 해마다 증가하고, 달마다 불어나 장차 온 나라 사람들이 모두 양반이 되고 말 것이다.
　　　　　　　　　　　　　　　　　　　　　　　- 정약용, 「신포의(身布議)」 -

① 양반이 되려는 백성들의 문제는 본성을 잃어버려서 생긴 문제이므로, 학문과 수양을 통해 본성을 회복해야 합니다. ✕ 이황
▶ 현실의 문제를 학문과 수양을 통해 '이'를 회복함으로써 해결해야 한다고 주장한 사람은 이이가 아니라 이황이에요. 이황은 인간이나 사회에 비도덕적인 모습이 나타나는 이유가 '이'는 발동하지 않고 '기'만 작용해서라고 보았기 때문에, 학문과 수양을 통해 '이'를 깨우치고 실행하면 하늘이 부여한 본성을 회복할 수 있다고 주장했어요.

3 인간이 '이'를 깨우치고 실행하면 하늘이 부여한 본성을 회복하고, ~ '이'가 발동하지 않고 '기'만 작용하면 인간이나 사회는 비도덕적 모습이 될 수 있다. 이황은 인간이 '이'를 깨우치고 실행하기 위해서는 학문과 수양에 힘써야 한다고 생각하였다.

☑ 편법으로 쉽게 양반이 될 수 있는 현실이 백성을 이렇게 만든 것이므로, 이러한 현실의 모습을 우선적으로 개선해야 합니다. ○ 이이
▶ 이이는 '이'와 '기'의 관계를 새롭게 규정하였는데, '이'는 현실에 아무 작용을 하지 않고 '기'만 작용한다고 보았어요. 즉, 현실에는 '기'만 작용하기 때문에, 문제 상황은 '기'로 나타난 현실의 모습 자체를 바꿔야 해결할 수 있다는 것이 이이의 입장임을 알 수 있어요.

4 이이에 따르면, '이'는 현실에 아무 작용을 하지 않고 '기'만 작용한다. 현실의 모습이 문제를 드러내고 있다면, 이는 '이'가 잘못된 것이 아니라 '기'가 잘못된 것이다. 그러므로 '이'를 회복하기보다는 '기'로 나타난 현실의 모습 자체를 바꾸기 위해 싸워야 한다는 것이 이이의 주장이다.

③ 백성들의 행동은 현실에 내재하는 원리가 잘못되어 나타난 현상이므로, 현실의 문제를 근본부터 해결하기 위해서는 이 원리부터 바꾸어야 합니다. ✕
▶ 현실에 내재하는 원리는 '이'를 의미해요. 성리학에서 '이'는 만물에 내재하는 원리로, 언제나 한결같다고 보기 때문에, 이를 바꾸어야 한다는 것은 적절하지 않아요.

1 성리학에서 일반적으로 '이'는 만물에 내재하는 원리이고, '기'는 그 원리를 현실에 드러내 주는 방식과 구체적인 현실의 모습이라 할 수 있다. ~ '이'는 언제나 한결같지만 '기'는 여러 가지 모습으로 존재하므로, 우주 만물의 원리는 그대로지만 형체는 다양하다.

④ 양반이 되려는 백성들의 모습은 음양의 작용에 의해 생겨난 것이므로, 인위적인 노력보다는 음양의 또 다른 작용을 통해 해결되기를 기다려야 합니다. ✕ 서경덕
▶ '기'가 음기와 양기가 되고, 스스로 움직여 만물을 생성하고 변하게 한다는 주장을 한 성리학자는 서경덕이에요. 인간과 사회의 모습이 '기'의 움직임에 의해 만들어진다는 입장이지요. 지문에 서경덕이 바라보는 문제 상황에 대한 해결 방안은 제시되어 있지 않지만, '기'의 또 다른 작용으로 그 해결을 기대할 것이라는 추론이 가능합니다.

2 서경덕에 의하면, 태초에 '기'가 음기와 양기가 되고, 음기와 양기가 모이고 흩어지고를 반복하면서 하늘과 땅, 해와 달과 별, 불과 물 등의 만물이 만들어졌다. '기'는 ~ 스스로 움직여 만물을 생성하고 변하게 한다. ~ 기일원론의 바탕에는, 현실 세계의 모습은 '기'의 움직임에 의한 것이므로, '기'가 다시 움직이면 현실도 변할 수 있을 것이라는 사고가 깔려 있다.

⑤ 백성들이 양반이 되고자 하는 것은 군포를 면제받고자 하는 잘못된 욕구에서 나온 것이므로, 이러한 욕구를 따르지 않도록 천도에 맞는 질서를 확립해야 합니다. ✕ 이황
▶ 잘못된 욕구에 의한 문제 상황을 천도에 맞는 질서로 해결해야 한다는 주장은 이황의 관점에 해당해요. 욕구는 '기'를, 천도는 '이'를 가리키기 때문입니다.

3 '이'는 하늘의 뜻, 즉 천도(天道)이며, 만물이 선천적으로 지니고 태어나는 본성이라고 여겼다. 따라서 인간이 '이'를 깨우치고 실행하면 하늘이 부여한 본성을 회복하고, 인간 사회는 천도에 맞는 이상적이고 도덕적인 질서를 확립한다고 보았다. ~ 사악한 마음은 인간의 생체적 욕구, 욕망 등인 '기'에서 나오는 것이다.

04 [어휘] 답 ①

〈발문〉 ⓐ~ⓔ의 사전적 의미로 적절하지 않은 것은?
☑ ⓐ 내재 : 내부적으로 미리 정함. ✕
▶ '내재'는 '어떤 사물이나 범위의 안에 들어 있음. 또는 그런 존재'라는 뜻이에요. '내부적으로 미리 정함'이라는 뜻을 가진 말은 '내정'이에요.
② ⓑ 작용 : 어떤 현상을 일으키거나 영향을 미침. ○
③ ⓒ 비판 : 옳고 그름을 판단하여 밝히거나 잘못을 지적함. ○
④ ⓓ 구분 : 일정한 기준에 따라 갈라 나눔. ○
⑤ ⓔ 규정 : 내용이나 성격 따위를 밝혀 정함. ○

01 ⑤   02 ③   03 ②   04 ③   [2018학년도 수능]

쌤이 그린 독해지도 ▶

1 아리스토텔레스 **목적론**

　모든 자연물은 목적을 추구 (내재적 본성) → 그에 따른 운동을 함

비판

2 아리스토텔레스의 목적론에 대한 **근대 학자들의 비판**
　　　　　　　　　　　　　　　↳ **기계론적 자연관**

　　갈릴레이 : 목적론적 설명 ≠ 과학적 설명

　　베이컨 : 목적에 대한 탐구 → 과학에 무익

　　스피노자 : 목적론 → 자연에 대한 이해 왜곡　　　　　**배경**
　　　　　　　　　　　　　　　　　　　　　　　　　(시대적 사조)
비판

3 아리스토텔레스 목적론을 비판한 근대학자들에 대한 **현대학자들의 비판**
　: 기계론이 더 설득력 있다는 것은 교조적 믿음일 뿐

　　볼로틴 : 근대과학이 목적론을 반박할 증명 X

　　우드필드 : 목적론적 설명 ≠ 과학적 설명
　　　　　　　But, 목적론이 거짓이라 할 수도 없음

4 근대과학에서 대두된 **물질론 & 환원론**과
　이와 관련된 아리스토텔레스의 견해

　　엠페도클레스 : 자연물의 물질적 구성요소을 알면 본성 설명 가능

　　아리스토텔레스 : 자연물은 단순히 물질로만 구성 X
　　　　　　　　　　본성이 단순히 물리·화학적으로 환원되지도 않음

5 아리스토텔레스의 목적론의 의의

　　→ 자연물의 존재와 운동 원리, 이유를 밝히는 탐구의 출발점

| 문장은 정교하게 & 문단은 정리하며 |

❶ 자연에서 발생하는 모든 일은 목적 지향적인가? 자기 몸통보다 더 큰 나뭇가지나 잎사귀를 허둥대며 운반하는 개미들은 분명히 목적을 가진 듯이 보인다. 그런데 가을에 지는 낙엽이나 한밤중에 쏟아지는 우박도 목적을 가질까? 아리스토텔레스는 모든 자연물이 목적을 추구하는 본성을 타고나며, 외적 원인이 아니라 내재적 본성에 따른 운동을 한다는 목적론을 제시한다. 그는 자연물이 단순히 목적을 갖는 데 그치는 것이 아니라 목적을 실현할 능력도 타고나며, [주장 1] 그 목적은 방해받지 않는 한 반드시 실현될 것이고, [주장 2] 그 본성적 목적의 실현은 운동 주체에 항상 바람직한 결과를 가져온다고 믿는다. [주장 3] 아리스토텔레스는 이러한 자신의 견해를 "자연은 헛된 일을 하지 않는다!"라는 말로 요약한다.
　　　　　　　▶ 아리스토텔레스의 목적론과 그 개념

❷ 근대에 접어들어 모든 사물이 생명력을 갖지 않는 일종의 기계라는 견해가 강조되면서, 아리스토텔레스의 목적론은 비과학적이라는 이유로 많은 비판에 직면한다. 갈릴레이는 목적론적 설명이 과학적 설명으로 사용될 수 없다고 주장하며, 베이컨은 목적에 대한 탐구가 과학에 무익하다고 평가하고, 스피노자는 목적론이 자연에 대한 이해를 왜곡한다고 비판한다. 이들의 비판은 목적론이 인간 이외의 자연물도 이성을 갖는 것으로 의인화한다는 것이다. 그러나 이런 비판과는 달리 아리스토텔레스는 자연물을 생물과 무생물로, 생물을 식물·동물·인간으로 나누고, 인간만이 이성을 지닌다고 생각했다.
　　　　　　　▶ 아리스토텔레스의 목적론에 대한 근대 학자들의 비판

❸ 일부 현대 학자들은, 근대 사상가들이 당시 과학에 기초한 기계론적 모형이 더 설득력을 갖는다는 일종의 교조적 믿음에 의존했을 뿐, 아리스토텔레스의 목적론을 거부할 충분한 근거를 제시하지 못했다고 비판한다. 이런 맥락에서 볼로틴은 근대 과학이 자연에 목적이 없음을 보이지도 못했고 그렇게 하려는 시도조차 하지 않았다고 지적한다. 또한 우드필드는 목적론적 설명이 과학적 설명은 아니지만, 목적론의 옳고 그름을 확인할 수 없기 때문에 목적론이 거짓이라 할 수도 없다고 지적한다.
　　　　　　　▶ 아리스토텔레스의 목적론을 비판한 근대 사상가들에 대한 일부 현대 학자들의 반박

4 17세기의 과학은 실험을 통해 과학적 설명의 참·거짓을 확인할 것을 요구했고, [배경] 그런 경향은 생명체를 비롯한 세상의 모든 것이 물질로만 구성된다는 물질론으로 이어졌으며, [결과 1] **물질론** 가운데 일부는 모든 생물학적 과정이 물리·화학 법칙으로 설명된다는 환원론으로 이어졌다. [결과 2] 이런 환원론은 살아 있는 생명체가 죽은 물질과 다르지 않음을 함축한다. 하지만
말이나 글이 많은 뜻을 담고 있음
아리스토텔레스는 자연물의 물질적 구성 요소를 알면 그것의 본성을 모두 설명할 수 있다는 엠페도클레스의 견해를 반박했다.
어떤 의견, 주장, 논설 따위에 반대하여 말함
이 반박은 자연물이 단순히 물질로만 이루어진 것이 아니며, 또한 그것의 본성이 단순히 물리·화학적으로 환원되지도 않는다
본디의 상태로 다시 돌아감. 또는 그렇게 되게 함
는 주장을 내포한다.
▶ 근대 과학의 물질론 & 환원론과 이와 관련한 아리스토텔레스의 견해
5 첨단 과학의 발전에도 불구하고 생명체의 존재 원리와 이유를 정확히 규명하는 과제는 아직 진행 중이다. 자연물의 구성 요소
어떤 사실을 자세히 따져서 바로 밝힘
에 대한 아리스토텔레스의 탐구는 자연물이 존재하고 운동하는 원리와 이유를 밝히려는 것이었고, 그의 목적론은 지금까지 이어지는 그러한 탐구의 출발점이라 할 수 있다.
▶ 아리스토텔레스 목적론의 의의

물질론과 환원론

17세기는 과학이 본격적으로 발전하기 시작한 시기예요. 여러분이 잘 알고 있는 뉴턴, 갈릴레이 등이 이때의 과학자들이랍니다. 당시의 과학자들은 실험을 통해 자연 현상의 참과 거짓을 증명하고자 했어요. 하나의 자연 현상에 대해, 이 자연 현상이 어떻게 구성되어 있는지를 알기 위해 실험을 통해 요소요소를 쪼개 보는 것이죠. 이를 이론적으로 정리한 것이 바로 물질론입니다. 세상의 모든 것이 물질로만 구성되어 있다는 주장이에요.
시간이 흘러서, 물질론의 일부는 환원론으로 이어졌어요. 환원론 역시 세상의 모든 것이 물질로 이루어져 있다는 데 동의하면서, 결국 그 구성 원리에는 동일한 법칙이 작용한다고 주장해요. 하나의 자연 현상에 대해 이 자연 현상을 구성하는 요소요소들에 내재하는 일정한 질서를 확인한 것이지요. 예를 들어, 물질론에서 '물은 수소 원자(H) 2개와 산소 원자(O) 1개로 구성되어 있다.'라는 것을 발견했다면, 환원론에서는 '물을 구성하는 수소 원자(H) 2개와 산소 원자(O) 1개는 화학 결합 법칙에 따라 결합하여 물이 된다.'라는 것을 확인한 것으로 볼 수 있어요!

01 [내용 전개 방식] 답 ⑤

〈발문〉 윗글의 논지 전개 방식으로 가장 적절한 것은?

▶ 독해지도를 봐서 알겠지만, 이 글은 '아리스토텔레스의 목적론 소개 → 이에 대한 근대 학자들의 비판 → 근대 학자들의 비판에 대한 현대 사상가들의 반박 → 17세기에 대두된 물질론 & 환원론과 이에 대한 아리스토텔레스의 반박 → 목적론의 의의'로 전개되고 있어요. 이런 흐름만 잘 안다면 문제없이 풀 수 있을 거예요!

① 대립되는 두 이론을 소개하고 각 이론의 장단점을 비교하고 있다. ✗

▶ 대립되는 두 이론이 아니라, 아리스토텔레스의 목적론에 대한 근대 학자들의 비판과 현대 학자들의 반박을 다루고 있어요. 또한 각 이론의 장단점을 비교하지도 않았어요.

② 특정 이론에 대한 상반된 주장을 제시하여 절충 방안을 모색하고 있다. ✗

▶ 아리스토텔레스의 목적론에 대한 근대 학자들의 비판과 일부 현대 학자들의 반박을 상반된 주장으로 볼 수는 있지만, 이를 절충하기 위한 방안을 모색

하고 있지는 않아요.

③ 특정 이론에 대한 다양한 비판의 타당성을 검토한 후 새로운 이론을 도출하고 있다. ✗

▶ 아리스토텔레스의 목적론에 대한 다양한 비판이 제시되어 있긴 하지만, 이에 대한 타당성을 검토하지는 않았어요. 또한 새로운 이론을 도출하고 있지도 않고요.

④ 특정 이론에 대한 비판들을 시대순으로 제시하여 그 이론의 부당성을 주장하고 있다. ✗

▶ 지문은 '아리스토텔레스의 목적론에 대한 근대 학자들의 비판 → 현대 학자들의 반박 → 17세기 물질론적·환원론적 사고와의 관련성' 순으로 전개되고 있어요. 근대 학자들의 비판에서 현대 학자들의 반박으로 이어진 것은 시대순으로 볼 수 있지만, 현대 학자들의 반박 이후 17세기 물질론적·환원론적 사고와의 관련성이 나오므로 시대순이 아님을 알 수 있어요. 또한 아리스토텔레스의 목적론의 부당성을 주장하고 있는 것도 아니에요.

⑤ 특정 이론에 대한 비판들을 검토하고 그 이론에 대한 해석을 제시하여 의의를 밝히고 있다. ○

▶ 지문의 처음에서 아리스토텔레스의 목적론을 소개한 후, 이에 대한 갈릴레이, 베이컨, 스피노자 등 근대 학자들의 비판을 제시하고 있어요. 그리고 이 비판들에 대한 일부 현대 학자들의 반박을 제시하였고요. 또한 마지막 문단에서 아리스토텔레스의 목적론은 자연물이 존재하고 운동하는 원리와 이유를 밝히려는 탐구의 출발점이라고 그 의의를 밝히고 있어요.

> **근거 찾기**
> **5** 자연물의 구성 요소에 대한 아리스토텔레스의 탐구는 자연물이 존재하고 운동하는 원리와 이유를 밝히려는 것이었고, 그의 목적론은 지금까지 이어지는 그러한 탐구의 출발점이라 할 수 있다.

02 [내용 이해] 답 ③

〈발문〉 윗글에 나타난 아리스토텔레스의 견해에 대한 이해로 가장 적절한 것은?

① 개미의 본성적 운동은 이성에 의한 것으로 설명된다. ✗

▶ 아리스토텔레스는 인간만이 이성을 지닌다고 생각했기 때문에 개미의 본성적 운동이 이성에 의한 것일 수는 없어요.

> **근거 찾기**
> **2** 아리스토텔레스는 자연물을 생물과 무생물로, 생물을 식물·동물·인간으로 나누고, 인간만이 이성을 지닌다고 생각했다.

② 자연물의 목적 실현은 때로는 그 자연물에 해가 된다. ✗

▶ 아리스토텔레스는 자연물의 목적 실현이 운동 주체에 항상 바람직한 결과를 가져온다고 믿었어요. 따라서 해가 되는 것이 아니라, 득이 된다고 보았을 거예요.

> **근거 찾기**
> **1** 그는 자연물이 ~ 목적을 실현할 능력도 타고나며, ~ 그 본성적 목적의 실현은 운동 주체에 항상 바람직한 결과를 가져온다고 믿는다.

③ 본성적 운동의 주체는 본성을 실현할 능력을 갖고 있다. ○

▶ 아리스토텔레스는 자연물이 단순히 목적을 갖는 데 그치는 것이 아니라 목적을 실현할 능력도 타고난다고 생각했어요.

> **근거 찾기**
> **1** 그는 자연물이 단순히 목적을 갖는 데 그치는 것이 아니라 목적을 실현할 능력도 타고나며, 그 목적은 방해받지 않는 한 반드시 실현될 것이고, ~

④ 낙엽의 운동은 본성적 목적 개념으로는 설명되지 않는다. ✗

⑤ 자연물의 본성적 운동은 외적 원인에 의해 야기되기도 한다. ✗

▶ 아리스토텔레스는 낙엽을 비롯해 모든 자연물이 목적을 추구하는 본성을 타고난다고 보았으므로, 낙엽의 운동도 본성적 목적 개념으로 설명할 수 있어요. 또한 이러한 자연물의 운동은 외적 원인이 아니라 내재적 본성에 따른 것이라고 보았어요.

❶ 가을에 지는 낙엽이나 한밤중에 쏟아지는 우박도 목적을 가질까? 아리스토텔레스는 모든 자연물이 목적을 추구하는 본성을 타고나며, 외적 원인이 아니라 내재적 본성에 따른 운동을 한다는 목적론을 제시한다.

03 [내용 이해] 답 ②

〈발문〉 윗글에 나타난 목적론에 대한 논의를 적절하게 진술한 것은?

▶ 선택지를 보면 '갈릴레이, 베이컨, 스피노자, 볼로틴, 우드필드'가 제시되어 있어요. '갈릴레이, 베이컨, 스피노자'는 2문단에, '볼로틴, 우드필드'는 3문단에 나와 있었죠? 따라서 지문의 내용이 잘 기억나지 않는다면 2, 3문단만 잘 살펴도 쉽게 해결할 수 있을 거예요. 또한 현대 학자인 '볼로틴, 우드필드'는 근대 학자인 '갈릴레이, 베이컨, 스피노자'를 반박했다는 점을 확인하고, 목적론을 바라보는 현대 학자와 근대 학자의 의견이 어떻게 다른지 정리해 본 후 문제를 풀어야 해요.

① 갈릴레이와 볼로틴은 목적론이 근대 과학에 기초한 기계론적 모형이라고 비판한다. ✕

▶ 갈릴레이는 근대 과학에 기초한 기계론적 모형에 동의한 학자라고 볼 수 있으며, 아리스토텔레스의 목적론을 비판했습니다. 그러므로 목적론이 근대 과학에 기초한 기계론적 모형이라는 설명은 적절하지 않아요. 또한 볼로틴이 목적론을 비판한 것도 아니에요.

❷ 근대에 접어들어 모든 사물이 생명력을 갖지 않는 일종의 기계라는 견해가 강조되면서, 아리스토텔레스의 목적론은 비과학적이라는 이유로 많은 비판에 직면한다. 갈릴레이는 목적론적 설명이 과학적 설명으로 사용될 수 없다고 주장하며, ~

❸ 일부 현대 학자들은, 근대 사상가들이 당시 과학에 기초한 기계론적 모형이 더 설득력을 갖는다는 일종의 교조적 믿음에 의존했을 뿐, 아리스토텔레스의 목적론을 거부할 충분한 근거를 제시하지 못했다고 비판한다.

②📍 갈릴레이와 우드필드는 목적론적 설명이 과학적 설명이 아니라는 데 동의한다. ⭕

▶ 갈릴레이는 목적론적 설명이 과학적 설명으로 사용될 수 없다고 주장했고, 우드필드도 목적론적 설명이 과학적 설명은 아니라고 했어요. 근대 학자(갈릴레이)와 현대 학자(우드필드)의 주장이 상반된다는 것만 생각하면 틀릴 수 있는 문제예요. 현대 학자가 근대 학자의 의견에 반박한 것은 맞지만, 목적론적 설명이 과학적 설명이 아니라는 것에는 갈릴레이와 우드필드 둘 다 동의하고 있어요.

❷ 갈릴레이는 목적론적 설명이 과학적 설명으로 사용될 수 없다고 주장하며, ~ 이들의 비판은 목적론이 인간 이외의 자연물도 이성을 갖는 것으로 의인화한다는 것이다.

❸ 우드필드는 목적론적 설명이 과학적 설명은 아니지만, 목적론의 옳고 그름을 확인할 수 없기 때문에 목적론이 거짓이라 할 수도 없다고 지적한다.

③ 베이컨과 우드필드는 목적론적 설명이 교조적 신념에 의존했다고 비판한다. ✕

▶ 베이컨이 목적론적 설명을 비판하긴 했지만, 교조적 신념에 의존했다고 비판한 것은 아니에요. 베이컨은 목적에 대한 탐구가 과학에 무익하다고 했을 뿐이에요. 또한 우드필드는 목적론적 설명이 아니라 근대 사상가들이 기계론적 모형에 기초한 교조적 믿음에 의존했다고 비판했어요.

❸ 일부 현대 학자들은, 근대 사상가들이 당시 과학에 기초한 기계론적 모형이 더 설득력을 갖는다는 일종의 교조적 믿음에 의존했을 뿐, 아리스토텔레스의 목적론을 거부할 충분한 근거를 제시하지 못했다고 비판한다.

④ 스피노자와 볼로틴은 목적론이 자연에 대한 이해를 확장한다고 주장한다. ✕

▶ 스피노자는 목적론이 자연에 대한 이해를 왜곡한다고 비판했어요. 또한 볼로틴은 목적론을 비판한 근대 학자의 견해에 반박했지만 목적론이 자연에 대한 이해를 확장한다고 주장하지는 않았어요.

⑤ 스피노자와 우드필드는 목적론이 사물을 의인화하기 때문에 거짓이라고 주장한다. ✕

▶ 스피노자는 목적론이 사물을 의인화한다고 비판했어요. 한편 우드필드는 목적론의 옳고 그름을 확인할 수 없기 때문에 목적론이 거짓이라 할 수도 없다고 지적했을 뿐, 사물의 의인화에 대해서는 언급하지 않았어요.

❷ 스피노자는 목적론이 자연에 대한 이해를 왜곡한다고 비판한다. 이들의 비판은 목적론이 인간 이외의 자연물도 이성을 갖는 것으로 의인화한다는 것이다.

04 [내용 이해 및 응용] 답 ③

〈발문〉 윗글을 바탕으로 〈보기〉를 이해한 내용으로 가장 적절한 것은?

[3점]

〈보기〉

생물학자 마이어는 생명체의 특징을 보여 주는 이론으로 창발론을 제시한다. 그는 생명체가 분자, 세포, 조직에서 개체, 개체군에 이르기까지 단계적으로 점점 더 복잡한 체계를 구성하며, 세포 이상의 단계에서 각 체계의 고유 활동은 미리 정해진 목적을 수행한다고 생각한다(a). 창발론은 복잡성의 수준이 한 단계씩 오를 때마다 구성 요소에 관한 지식만으로는 예측할 수 없는 특성들이 나타난다(b)는 이론이다. 마이어는 여전히 생명체가 물질만으로 구성된다고 보지만(c), 물리·화학적 법칙으로 모두 설명되지는 않는다고 본다(d).

▶ 선택지에서 마이어와 아리스토텔레스의 견해의 공통점과 차이점을 서술하고 있기 때문에 창발론과 목적론의 공통점과 차이점을 파악하며 풀어야 해요.

	아리스토텔레스의 목적론	마이어의 창발론
대상	자연물	생명체
공통점	– 모든 자연물/생명체는 목적 지향적이라고 봄(a) – 자연물/생명체의 물질적 구성 요소를 안다고 해서, 그것의 본성을 모두 설명할 수는 없음(b) ※ 자연물의 물질적 구성 요소를 알면 그것의 본성을 모두 설명할 수 있다는 엠페도클레스의 물질론적 견해와 대비됨 – 자연물/생명체가 물리·화학적 법칙으로 모두 설명되지는 않음(d)	
차이점	자연물이 물질만으로 구성된다는 물질론을 반박	물질론에 동의(c)

① 마이어는 아리스토텔레스처럼, 엠페도클레스의 물질론적 견해가 적절하다고 보겠군. ✕

▶ 지문에서 아리스토텔레스는 엠페도클레스의 물질론적 견해를 반박했어요. 그리고 〈보기〉의 마이어의 경우, 생명체가 물질만으로 구성된다고 본 부분은 엠페도클레스와 견해가 같아요. 하지만 복잡성의 수준이 한 단계씩 오를 때마다 구성 요소에 관한 지식만으로는 예측할 수 없는 특성들이 나타난다고 보았다는 점에서, 엠페도클레스의 견해와 차이가 있어요. 엠페도클레스는 자연물의 물질적 구성 요소를 알면 그것의 본성을 모두 설명할 수 있다고 했잖아요. 따라서 '마이어는 아리스토텔레스처럼, 엠페도클레스의 물질론적 견해가 적절하지 않다고 보겠군.'이라고 해야 적절한 이해가 돼요.

❹ 아리스토텔레스는 자연물의 물질적 구성 요소를 알면 그것의 본성을 모두 설명할 수 있다는 엠페도클레스의 견해를 반박했다.

② 마이어는 아리스토텔레스처럼, 자연물이 물질만으로 구성된다는 물질론에 동의하겠군. ✕

▶ 지문에서 아리스토텔레스는 자연물이 단순히 물질로만 이루어진 것이 아니라며 물질론을 반박했어요. 그러나 〈보기〉의 마이어는 생명체가 물질만으로 구성되어 있다고 보는 물질론에 동의하죠. 따라서 '마이어는 아리스토텔레스와 달리, 자연물이 물질만으로 구성된다는 물질론에 동의하겠군.'이라고 해야 적절한 이해가 돼요.

❹ 이 반박은 자연물이 단순히 물질로만 이루어진 것이 아니며, 또한 그것의 본성이 단순히 물리·화학적으로 환원되지도 않는다는 주장을 내포한다.

☑ 마이어는 아리스토텔레스처럼, 생명체의 특성들은 구성 요소들에 관한 지식만으로 예측할 수 없다고 보겠군. ○

▶ 지문에서 아리스토텔레스는 자연물의 물질적 구성 요소를 알면 그것의 본성을 모두 설명할 수 있다는 엠페도클레스의 견해를 반박했어요. 〈보기〉의 마이어 역시 복잡성의 수준이 한 단계씩 오를 때마다 구성 요소에 관한 지식만으로는 예측할 수 없는 특성들이 나타난다고 보았죠.

❹ 아리스토텔레스는 자연물의 물질적 구성 요소를 알면 그것의 본성을 모두 설명할 수 있다는 엠페도클레스의 견해를 반박했다.

④ 마이어는 아리스토텔레스와 달리, 모든 자연물이 목적 지향적으로 운동한다고 보겠군. ✕

▶ 지문에서 아리스토텔레스는 모든 자연물이 목적을 추구하는 본성을 타고난다고 보았어요. 〈보기〉의 마이어 역시 세포 이상의 단계에서 각 체계의 고유 활동은 미리 정해진 목적을 수행한다고 보았어요. 따라서 '마이어는 아리스토텔레스처럼, 모든 자연물이 목적 지향적으로 운동한다고 보겠군.'이라고 해야 적절한 이해가 돼요.

❶ 아리스토텔레스는 모든 자연물이 목적을 추구하는 본성을 타고나며, 외적 원인이 아니라 내재적 본성에 따른 운동을 한다는 목적론을 제시한다.

⑤ 마이어는 아리스토텔레스와 달리, 모든 자연물의 본성에 대한 물리·화학적 환원을 인정하겠군. ✕

▶ 지문에서 아리스토텔레스는 모든 자연물의 본성에 대한 물리·화학적 환원을 인정하지 않았습니다. 〈보기〉의 마이어 역시 생명체가 물리·화학적 법칙으로 모두 설명되지는 않는다고 보았어요. 따라서 '마이어는 아리스토텔레스처럼, 모든 자연물의 본성에 대한 물리·화학적 환원을 인정하지 않겠군.'이라고 해야 적절한 이해가 돼요.

❹ 이 반박은 자연물이 단순히 물질로만 이루어진 것이 아니며, 또한 그것의 본성이 단순히 물리·화학적으로 환원되지도 않는다는 주장을 내포한다.

쌤이 그린 독해지도

1 경험론의 탄생

: 이상적 질서들이 '경험'을 통해 부정될 수 있다는 깨달음에서 탄생

2 경험론의 개념

: 인간의 인식이나 지식의 근원을 경험에서 찾는 철학적 입장

3 경험론 ←——————→ 합리론

- 관찰과 실험에 입각한   - 이성적, 사고에 기반을 둔
  귀납적 방법이   연역적 추론이
  자연과학의 발전을 이끌었다   자연과학의 발전을 이끌었다

4 경험론의 한계

: 사람마다 경험이 다를 수 있음

　→ 경험의 세계를 확신할 수 없음

　　→ 경험에 오류가 있을 수 있음을 받아들이는 겸허한 태도 필요

5 경험론의 의의

: 의미 있고 근거 있는 인식은 경험에서 출발한다는 경험론은 여전히 설득력 있음

근대 이후 철학에 상당한 영향

Ex) 칸트의 관념론, 라캉의 구조론

| 문장은 정교하게 & 문단은 정리하며 |

❶ 중세 서양인들은 세계가 완전한 천상계와 불완전한 지상계로 이루어져 있다고 생각했다. 천체들은 5원소로 이루어져 있고 원운동을 하며, 천체들을 움직이는 힘은 신의 의지라고 생각했다. <u>우주에 존재하는 모든 물체</u> 상상에 의존하는 이러한 세계관은 천체들을 직접 관측하고, 망원경으로 확인하면서 서서히 흔들렸다. <u>육안이나 기계로 천체나 기상의 상태, 변화 따위를 관찰하여 측정하는 일</u> 사람들은 머리로만 생각해 왔던 이상적 질서들이 '경험'을 통해 부정될 수 있다는 사실을 새삼 깨달았다. <u>그렇지 아니하다고 단정되거나 옳지 아니하다고 반대됨</u> 근대 경험론은 이런 과정을 통해 탄생했다고 볼 수 있다.
<u>이상적 질서들이 경험을 통해 부정됨</u>　▶ 근대 경험론의 탄생 과정

❷ 경험론이란 인간의 인식이나 지식의 근원을 인간의 지각, 즉 경험에서 찾는 철학적 입장을 가리킨다. <u>알아서 깨달음. 또는 그런 능력</u> 굳이 '지혜는 경험의 딸이다.'라는 레오나르도 다빈치의 말이 아니더라도 경험이 어떤 가르침을 준다는 사실을 부인할 사람은 드물 것이다. <u>어떤 내용이나 사실을 옳거나 그러하다고 인정하지 아니함</u> 경험을 통해 무엇을 알게 되는 것은 모든 사람이 일상적으로 겪는 과정이기 때문에 이 입장을 거부하는 것은 쉽지 않다.　▶ 경험론의 개념

❸ 경험론의 전통은 멀리 고대 그리스의 소피스트, 키레네 학파 <u>고대 그리스에서, 기원전 5세기경에 나타난 쾌락주의를 주장하는 학파</u> 까지 올라가지만, ㉠ 합리론에 대립되는 본격적인 ㉡ 경험론은 <u>기원전 5세기 무렵 교양이나 학예, 특히 변론술을 가르치던 사람들</u> 프랜시스 베이컨이 체계를 세웠다. 사실 이 두 사상은 모두 자연 <u>합리론과 경험론</u> 과학 발전의 영향을 받았지만, 그 발전의 핵심 동력은 다르게 파 <u>어떤 일을 발전시키고 밀고 나가는 힘</u>

악하며 철학적 토대를 닦아나갔다. 경험론자들은 관찰과 실험에 <u>어떤 사실이나 주장 따위에 근거를 두어 그 입장에 섬</u> 입각한 귀납적 방법이, 합리론자들은 이성적 사고에 기반을 둔 <u>기초가 되는 바탕. 또는 사물의 토대</u> 연역적 추론이 각각 자연과학의 발전을 이끌었다고 여겼다.
▶ 경험론과 합리론의 공통점과 차이점

❹ 경험론자들은 귀납법을 통해 구체적이고 개별적인 사례들에서 인간과 자연에 대한 보편적인 법칙을 알아갈 수 있다고 생각 <u>모든 것에 두루 미치거나 통하는 것</u> 했다. 하지만 조금 더 생각해 보면 경험론은 한계가 있음을 알 수 있다. 예를 들어 똑같은 장소를 걸어서 지나친 여행자와 기차를 타고 지나친 여행자를 생각해 보자. 장소는 동일하지만 두 여행자가 그 장소를 바라봤던 경험은 분명 다를 것이다. 그런 점에서 경험의 세계는 절대적으로 확신하기가 어려운 것이다. 그러므로 자신의 경험에 오류가 있을 수도 있음을 받아들이는 겸허한 태도 <u>그릇되어 이치에 맞지 않는 일</u>　<u>스스로 자신을 낮추고 비우는 태도가 있는</u> 가 필요하다.　▶ 경험론의 한계

❺ 그럼에도 불구하고 인간에게 있어 의미 있고 근거 있는 인식은 경험에서 출발한다는 경험론의 입장은 여전히 설득력이 있다. 그리고 근대 이후 철학들은 경험론에서 바라본 경험의 의미를 존중하면서 그 의미를 나름대로 확장했다. 칸트의 관념론은 '정신의 경험'까지, 라캉의 구조론은 '무의식의 경험'까지 의미를 넓힌 것이다. 이처럼 근대 이후 철학의 상당 부분은 경험론의 영향 아래 진행되었다고 해도 과언이 아니다.　▶ 경험론의 의의
<u>지나치게 말을 함. 또는 그 말</u>

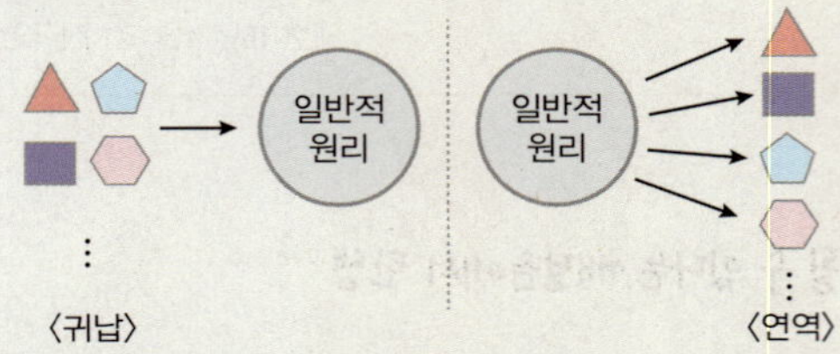

귀납은 '하나하나의 구체적인 사례를 종합하여 그것으로부터 일반적인
원리를 이끌어 내는 추론 방식'이에요. 흔히 귀납법이라고도 해요. 예를
들어, 여러분이 호수에서 백조를 관찰하고 있다고 가정해 봅시다. '백조
1은 하얗다. 백조 2는 하얗다. … 백조 500은 하얗다.' 이때 여러분은 이
구체적인 경험을 종합하여 '백조는 모두 하얗다.'라는 일반적인 원리를
이끌어 낼 수 있어요. 하지만 까만 백조가 나타난다면 어떨까요? 귀납
법은 추론의 출발점인 구체적인 사실에 예외가 존재할 경우 추론이 틀
릴 수 있다는 점에서 한계가 있습니다.
연역은 '일반적인 사실이나 원리로부터 구체적인 사례에 대한 결론을
이끌어 내는 추론 방식'이에요. 연역법이라고도 하고요. 예를 들어, '모든
새는 날 수 있다.'라는 일반적인 원리에서 출발해서 추론을 해 봅시다.
'까치'라는 구체적인 사례에 대해서 '까치는 새이다', 따라서 '따라서 까
치는 날 수 있다.'라는 결론을 이끌어 낼 수 있어요. 하지만 만약 일반적
인 원리가 잘못되었다면 어떨까요? 연역법 역시 추론의 출발점인 일반
적인 추론이 잘못되었을 경우 구체적인 사례에 대한 결론이 틀릴 수 있
다는 한계가 있어요.

01 [내용 이해] 답 ①

〈발문〉 윗글에서 확인할 수 있는 내용으로 적절하지 않은 것은?

① 경험론의 종류 ✕

▶ 경험론과 대비되는 사상인 합리론은 나오지만, 경험론의 종류는 나오지 않
았어요. 3문단에 소피스트와 키레네 학파, 프랜시스 베이컨의 경험론이 나오
지만 이는 경험론의 계보이지 종류가 아니에요. 또한 5문단에 칸트의 관념론
과 라캉의 구조론이 나오는데, 이는 경험론이 아니라, 경험론이 확장되어 등
장한 사상이기 때문에 경험론의 종류로 볼 수는 없습니다.

② 경험론의 개념 O

▶ 2문단에서 경험론의 개념을 밝히고 있어요.

③ 경험론의 배경 O

▶ '경험론의 배경'은 경험론이 어떻게 탄생했는지, 즉 출현 배경을 의미해요.
경험론의 출현 배경은 1문단에 나와 있어요.

④ 경험론의 한계 O

▶ 4문단에서 경험론의 한계를 확인할 수 있어요.

⑤ 경험론의 의의 O

▶ 5문단에서 경험론의 의의를 찾아볼 수 있어요.

02 [내용 이해] 답 ⑤

〈발문〉 ① 합리론과 ① 경험론에 대한 설명으로 적절하지 않은 것은?

▶ ⊙ '합리론'과 ⓒ '경험론'을 비교, 대조하고 있는 3문단을 중점적으로 살펴
보며 문제를 풀어 봅시다.

① ⊙ 합리론은 이성적 사고에 기반한 연역법을 사용한다. O

② ⓒ 경험론은 귀납적 방법을 통해 보편적 지식을 추구한다. O

▶ 3문단에서 합리론자들은 연역적 추론을, 경험론자들은 귀납적 방법을 옹호
했음을 알 수 있어요.

③ ⓒ 경험론은 머리로만 생각해 왔던 이상적 질서를 부정한다. O

■ 사람들은 머리로만 생각해 왔던 이상적 질서들이 '경험'을 통해 부
정될 수 있다는 사실을 새삼 깨달았다. 근대 경험론은 이런 과정을 통
해 탄생했다고 볼 수 있다.

④ ⓒ 경험론은 절대적이고 완전한 지식을 만들어 내기 어렵다. O

▶ 4문단 경험론의 한계를 설명한 부분에서 확인할 수 있어요.

⑤ ⊙ 합리론은 ⓒ 경험론과 달리 근대 자연과학의 발전에서 영향
을 받았다. ✕

▶ 3문단 두 번째 문장을 보면 경험론과 합리론 모두 자연과학 발전의 영향을
받았음을 알 수 있어요.

03 [구체적 사례에 적용] 답 ②

〈발문〉 〈보기〉의 사례를 윗글에 활용하려고 할 때, 그 활용 방안으로
가장 적절한 것은? [3점]

〈보기〉

　　옛날 인도의 어떤 왕이 여러 명의 장님을 불러 손으로 코끼리를 만
져 보고 각자 코끼리에 대해 말해 보도록 했다. 배를 만진 이는 장독,
등을 만진 이는 평상, 다리를 만진 이는 절구와 같다고 제각기 다른
말을 했다. 이에 왕은 "보아라, 코끼리는 하나이거늘 저 장님들은 제
각기 자기가 알고 있는 것만을 코끼리로 알고 있구나. 진리를 아는 것
도 또한 이와 같은 것이니라."라고 하였다.

▶ 〈보기〉의 사례를 잘 해석했다면 쉬운 문제예요. 장님들은 같은 코끼리
를 만졌지만 제각기 경험이 다릅니다. 경험론의 한계를 보여 주네요.

① 경험이야말로 진리를 얻을 수 있는 가장 빠른 길이라는 사실을
이야기하는 사례로 활용한다. ✕

▶ 여러 장님들은 같은 코끼리를 만졌지만 서로 다른 얘기를 하였고, 진리를
얻었다고 보기 어려워요. 이는 경험으로부터 진리를 얻을 수 있다는 사례로 활
용하기에 적절하지 않아요.

② 경험에는 오류가 있을 수도 있음을 인정하는 겸허한 태도를 지
녀야 함을 강조하는 사례로 활용한다. O

▶ 〈보기〉의 사례는 경험의 한계에 대해 이야기하고 있으므로 정답입니다!
4문단의 사례로 활용할 수 있겠네요.

③ 지각이 부족한 사람들의 경험은 머리로만 생각하는 사고에 미
치지 못함을 증명하는 사례로 활용한다. ✕

▶ 경험론의 한계에 대한 사례인 것은 맞지만, 이것만 가지고 경험이 사고에
미치지 못한다고 설명하는 것은 비약이에요. 문제를 풀 때는 지문 및 보기에
나온 내용만 바탕으로 해야 해요. 지문이나 〈보기〉보다 한 발 더 나아간 내용
을 함정으로 쓰는 경우가 많으니 주의하세요.

④ 하나의 대상이 그 의미를 확장해 나가면서 차츰 철학의 발전을
유도하게 됨을 보여 주는 사례로 활용한다. ✕

▶ 〈보기〉의 사례는, 경험에는 한계가 있고 오류가 있을 수도 있음을 설명하
고 있어요. 철학의 발전을 유도하는 사례로 활용하기에는 적절하지 않아요.

⑤ 개별적인 개인의 경험을 모두 모은다면 보편적인 지식으로 전
환될 수 있음을 알려 주는 사례로 활용한다. ✕

▶ 〈보기〉에서 여러 명의 장님들은 개별적인 경험을 모두 모았지만, 코끼리의
모습을 상상하는 데에 실패했어요. 따라서 개별적인 경험을 모으면 보편적인
지식으로 전환될 수 있다는 사례로 활용하기에 적절하지 않아요.

쌤이 그린 독해지도

1 전통 형이상학의 주장
- 현실 세계는 불완전하고 거짓된 세계
- 현실 너머의 세계는 참된 세계
  ↑ 반기를 든 니체

2 니체의 주장
- 삶은 그 자체로 목적이며, 수단이 아님

  vs. 전통 형이상학
  - 삶의 목적은 도덕적 선이라는 절대적 가치 추구
  - 현실적인 삶 ≠ 도덕적 선 (부합×)
    └→ 개선되어야 하는 부정적인 것
       무가치한 현실적 욕구를 충족하려는 태도
       무의미한 것

3 힘에의 의지
- 무언가를 넘어서고 더 높은 것으로
  나아가고자 하는 욕망
⇨ 힘에의 의지를 수용할 때
  현재의 자신을 극복하고
  새로운 가치 창조 가능

4 아곤 (경쟁)
- 자신과 동등하거나
  자신보다 뛰어난 사람을
  넘어서려고 하는 것
⇨ 경쟁자의 제압이 아니라
  자신의 성장을 위해 필요

5 니체 철학의 의의
: 우리의 삶 그 자체를 긍정할 수 있는 철학적 토대 마련
  └→ 삶이 마주하는 어려움을 극복, 성장

| 문장은 정교하게 & 문단은 정리하며 |

1 소크라테스 이후의 전통 형이상학에서는 현실 세계를 불완전하고 거짓된 세계로 간주하고, 보편적 진리로 이루어진 현실 너머의 세계를 참된 세계라고 여겼다. 그들은 삶의 목적이 현실 너머에 있는 초월적 가치의 추구에 있다고 보았으며, 이성적 사유를 통해 이를 발견하고자 하였다. 이것은 삶의 외부에 있는 절대적 가치를 토대로 삶의 의미를 찾고자 하는 사유 방식이었다. 바로 이 점에 반기를 든 철학자가 니체이다.
▶ 전통 형이상학에 반기를 든 니체

2 니체에 따르면, 삶은 삶을 둘러싼 가치들의 근원이며, 가치 평가의 출발점이다. 그리고 가치는 삶에 유용한가, 즉 그것이 삶을 더 강하게 만들어 주는가에 따라 평가된다. 그런데 전통 형이상학은 ㉠ '도덕적 선'이라는 절대적 가치를 삶의 궁극적인 목적으로 여기고, 이에 따라 개별적 삶을 재단하려 하였다. 이에 따르면 삶의 본능적 욕망은 억압되어야 하는 것이며, 현실적인 삶은 개선되어야 하는 부정적인 것이다. 따라서 현실적인 삶을 긍정하고 그 속에서 끊임없이 발전하고자 하는 태도는 '도덕적 선'에 부합
전통 형이상학에서 추구하는 절대적 가치로, 삶의 궁극적 목적임

하지 않는, 무가치한 현실적 욕구들을 충족하려는 태도에 지나지 않게 된다. 결국 현실적인 삶 자체도 무의미한 것이 되고 만다. 니체는 그 자체로 목적이어야 할 삶을 초월적 가치 실현의 수단
차례, 위치, 이치, 가치관 따위가 뒤바뀌어 원래와 달리 거꾸로 된
으로 간주하는 전도된 사유 방식에 전적으로 반대하였다.
▶ 니체의 주장 : 삶은 수단이 아닌 그 자체로 목적이어야 함

3 니체는 전통 형이상학의 도덕 가치를 좇으며 '노예'로 살아가는 대신 각자가 '주인'으로서 스스로의 삶을 살아갈 것을 강조했다. 그러기 위해서는 끊임없이 무언가를 넘어서고 더 높은 것으로 나아가고자 하는 욕망, 즉 ⓐ '힘에의 의지'가 필요하다고 보았다. 이것은 자신 내면의 힘과 능력을 더 높은 차원으로 발휘하고자 하는 의지이기도 하다. 하나의 '힘에의 의지'가 다른 '힘에의 의지'를 이겨도 또 다른 '힘에의 의지'가 수시로 나타나므로, 이것은 창조와 생산이 무한히 이루어지게 하는 의지이다. 니체는 '힘에의 의지'를 자연스러운 것으로 수용할 때 현재의 자신을 극복하고 새로운 가치를 창조할 수 있다고 보았다.
▶ 더 높은 것으로 나아가고자 하는 욕망인 '힘에의 의지'의 필요성

4 니체에 따르면, 삶을 긍정하고 상승시키고자 하는 '강자'들은 삶에 유용한 가치들을 끊임없이 추구한다. 각각의 삶이 자신의

상승을 위해 '힘에의 의지'를 중심으로 경합하기도 하는데, 이때 필요한 것이 '아곤(Agon)', 즉 경쟁이다. 이것은 자신과 동등하거나 자신보다 뛰어난 사람을 넘어서려고 하는 것으로, 자신이 가진 힘의 크기를 확인하고 더 상승시키기 위해 필요한 과정이다. 그렇기에 아곤의 궁극적 목적은 경쟁자의 제압이 아니라 자신의 성장에 있다. 자신이 뛰어넘고자 하는 강자는 자신을 자극하고 발전시키는 선의의 파트너가 된다. 상대를 이기고자 하는 데서 오는 고통이 클수록 상대가 강하다는 뜻이며, 이때 고통은 오히려 성장의 원동력이 된다. 물론 강자들 사이에서도 힘의 차이에 따르는 위계는 존재한다. 그러나 이때의 위계는 일방적 계급 질서가 아니다. 승패는 존재하지만, 비교를 통해서 자신의 힘을 평가하고 좀 더 성장하고자 노력하였음을 서로 인정하므로, 강자와 상대적 약자 간의 힘의 위계는 지배적 형태가 아니라 상호 존중의 형태로 드러난다. 즉, 니체의 아곤은 자신의 삶을 긍정하고 자신의 성장을 위해 타자를 존중하는 태도라고 할 수 있다.

▶ 성장을 위한 '아곤'의 필요성

5 니체는 삶을 긍정한다는 것은 삶이 마주하는 어려움을 잘 극복하고 성장하고자 하는 태도를 의미한다고 보았다. '강자를 넘어서려고 하는 의지'를 옹호한 니체의 철학은, 현실을 살아가는 우리 자신의 삶을 그 자체로 긍정할 수 있는 철학적 토대를 마련하였다는 점에서 의미가 있다.

▶ 니체 철학의 의의

---

01 [내용 전개 방식] 답 ④

〈발문〉 다음은 윗글을 읽고 학생이 수행한 활동지의 일부이다. 학생의 응답으로 적절하지 않은 것은?

▶ 이 문제는 글의 흐름을 이해하면 쉽게 풀 수 있는 문제예요. 하지만 질문에 대한 학생의 응답이 '예'인지 '아니요'인지 한 번 더 생각해야 하기 때문에 실수할 수 있어요. 알고 있는 내용인데 실수로 틀리면 너무 슬프겠죠? 질문의 내용과 학생의 응답이 적절한지 아닌지 찬찬히 살펴보며 문제를 풉시다!

질문	학생의 응답	
	예	아니요
① 니체 철학의 등장 배경을 전통 형이상학과 관련지어 제시하였는가?	✓	

○

▶ 1문단에서 전통 형이상학의 사유 방식에 철학자 니체가 반기를 들었다고 하였어요. 즉, 전통 형이상학과 니체 철학의 등장 배경이 관련지어 제시되었음을 알 수 있어요.

근거 찾기

1 소크라테스 이후의 전통 형이상학에서는 현실 세계를 불완전하고 거짓된 세계로 간주하고, 보편적 진리로 이루어진 현실 너머의 세계를 참된 세계라고 여겼다. (중략) 바로 이 점에 반기를 든 철학자가 니체이다.

질문	학생의 응답	
	예	아니요
② 니체 철학과 전통 형이상학의 공통점과 차이점을 밝혔는가?		✓

○

▶ 니체 철학과 전통 형이상학의 공통점은 지문에 나와 있지 않아요.

질문	학생의 응답	
	예	아니요
③ 니체 철학의 변천 과정을 통시적인 관점에서 드러내었는가?		✓

○

▶ '통시적인 관점'이라는 것은 시간의 흐름을 고려하여 대상을 바라보는 것을 의미해요. 니체 철학의 변천 과정이 시간의 흐름에 따라 제시되어 있지 않기 때문에 '아니요'가 맞죠? 만약 '통시적인 관점'의 뜻을 몰랐다 하더라도 니체 철학의 변천 과정은 지문에 나타나 있지 않기 때문에 학생의 응답이 적절하다는 것을 알 수 있었을 거예요.

질문	학생의 응답	
	예	아니요
④ 니체 철학의 핵심 개념을 사례를 들어 설명하였는가?	✓	

✕

▶ 니체 철학의 핵심 개념인 '힘에의 의지'와 '아곤'에 대해 설명하고 있지만, 이에 대한 사례는 나타나 있지 않아요. 즉, '아니요'에 표시되어 있어야 하는데 '예'에 표시되어 있으므로 이 선택지가 정답이겠군요.

질문	학생의 응답	
	예	아니요
⑤ 니체 철학이 지닌 의의를 밝히며 마무리하였는가?	✓	

○

▶ 5문단에서 현실을 살아가는 우리 자신의 삶을 그 자체로 긍정할 수 있는 토대를 마련하였다는 니체 철학의 의의를 밝히며 글을 마무리했어요.

근거 찾기

5 니체는 삶을 긍정한다는 것은 삶이 마주하는 어려움을 잘 극복하고 성장하고자 하는 태도를 의미한다고 보았다. '강자를 넘어서려고 하는 의지'를 옹호한 니체의 철학은, 현실을 살아가는 우리 자신의 삶을 그 자체로 긍정할 수 있는 철학적 토대를 마련하였다는 점에서 의미가 있다.

---

02 [내용 이해] 답 ③

〈발문〉 윗글의 내용과 일치하지 <u>않는</u> 것은?

① 전통 형이상학에서는 현실 세계와 별개로 참된 세계가 존재한다고 생각하였다. ○

▶ 1문단에서 전통 형이상학에서는 현실 세계를 거짓된 세계로 간주하고, 보편적 진리로 이루어진 현실 너머의 세계를 참된 세계라고 여겼다고 하였어요.

근거 찾기

1 소크라테스 이후의 전통 형이상학에서는 현실 세계를 불완전하고 거짓된 세계로 간주하고, 보편적 진리로 이루어진 현실 너머의 세계를 참된 세계라고 여겼다. 그들은 삶의 목적이 현실 너머에 있는 초월적 가치의 추구에 있다고 보았으며, 이성적 사유를 통해 이를 발견하고자 하였다.

② 전통 형이상학에서는 절대적 가치를 발견하는 방법으로 이성적 사유를 제시하였다. ○

▶ 1문단에서 전통 형이상학에서는 이성적 사유를 통해 초월적 가치를 발견하고자 했다고 하였어요.

근거 찾기

1 소크라테스 이후의 전통 형이상학에서는 현실 세계를 불완전하고 거짓된 세계로 간주하고, 보편적 진리로 이루어진 현실 너머의 세계

를 참된 세계라고 여겼다. 그들은 삶의 목적이 현실 너머에 있는 초월적 가치의 추구에 있다고 보았으며, 이성적 사유를 통해 이를 발견하고자 하였다.

③ 니체는 무가치한 현실적 욕구를 충족하려는 태도도 삶을 개선하는 데 기여한다고 보았다. ✕
▶ 자칫하면 선택지 ③도 맞는 말이라고 착각할 수 있어요. 대충 읽으면 삶을 긍정하는 니체의 철학과 부합하는 것처럼 보이거든요. 하지만 '무가치한 현실적 욕구들을 충족하려는 태도'는 현실적인 삶을 긍정하고 그 속에서 끊임없이 발전하고자 하는 태도에 대한 전통 형이상학의 입장이에요. 니체는 이러한 사유 방식에 전적으로 반대했어요.

> 근거 찾기
> ❷ 따라서 현실적인 삶을 긍정하고 그 속에서 끊임없이 발전하고자 하는 태도는 '도덕적 선'에 부합하지 않는, 무가치한 현실적 욕구들을 충족하려는 태도에 지나지 않게 된다. 결국 현실적인 삶 자체도 무의미한 것이 되고 만다. 니체는 그 자체로 목적이어야 할 삶을 초월적 가치 실현의 수단으로 간주하는 전도된 사유 방식에 전적으로 반대하였다.

④ 니체는 사람들이 자신보다 우월한 사람을 넘어서고자 하는 의지를 긍정적으로 평가하였다. ⭕
> 근거 찾기
> ❺ 니체는 삶을 긍정한다는 것은 삶이 마주하는 어려움을 잘 극복하고 성장하고자 하는 태도를 의미한다고 보았다. '강자를 넘어서려고 하는 의지'를 옹호한 니체의 철학은, 현실을 살아가는 우리 자신의 삶을 그 자체로 긍정할 수 있는 철학적 토대를 마련하였다는 점에서 의미가 있다.

⑤ 니체는 삶에서 오는 어려움을 극복하고 성장하고자 하는 것이 삶을 긍정하는 태도라고 여겼다. ⭕
> 근거 찾기
> ❺ 니체는 삶을 긍정한다는 것은 삶이 마주하는 어려움을 잘 극복하고 성장하고자 하는 태도를 의미한다고 보았다.

03 [비교 이해] 답 ⑤

〈발문〉 니체의 입장을 고려하여 ㉠의 의미를 파악한 내용으로 가장 적절한 것은?

① 개별적 삶을 바탕으로 절대적 가치가 지닌 유용성을 판단하였다. ✕
▶ 전통 형이상학의 주장인 ㉠은 절대적 가치를 기준으로 개별적 삶이 재단된다는 내용을 담고 있어요. 이와 달리 니체는 가치가 삶에 유용한가에 따라 평가된다고 보았어요. 즉, 삶이 기준이 되고, 가치는 평가 대상이 되는 거죠. 이러한 니체의 입장을 고려할 때 ㉠에서 전통 형이상학이 '절대적 가치의 유용성을 판단하였다'고 보는 것은 적절하지 않아요. 전통 형이상학은 '절대적 가치를 좇을' 뿐이니까요.

② 개별적 삶에 절대적 가치를 실현하여 삶이 무의미하다는 점을 밝혀내었다. ✕
▶ 전통 형이상학의 주장인 ㉠은 절대적 가치를 삶의 궁극적 목적으로 여긴다는 내용을 담고 있어요. 절대적 가치인 도덕적 선의 실현을 추구하며, 현실적인 삶은 무의미한 것으로 보는 거죠. 그러나 니체는 삶 자체를 긍정했어요. 이러한 니체의 입장을 고려할 때 ㉠에서 전통 형이상학이 '절대적 가치를 실현하여 삶이 무의미하다는 점을 밝혀냈다'고 보는 것은 적절하지 않아요. 오히려 니체는 이러한 전통 형이상학의 사유 방식에 반대했어요.

③ 절대적 가치에 부합하는 현실적 욕구들을 바탕으로 개별적 삶을 규정하였다. ✕
▶ '절대적 가치에 부합하는 현실적 욕구들'에 대한 니체의 견해는 지문에 나타나 있지 않아요. 또한 '절대적 가치에 부합하는 현실적 욕구들'은 전통 형이상학에도 맞지 않는 개념이에요.

④ 절대적 가치를 추구하는 것만으로는 삶을 더욱 완전하게 만들수 없다고 보았다. ✕
▶ 니체가 강자들이 삶에 유용한 가치들을 끊임없이 추구한다고 보고 있기는 해요. 하지만 이때 강자들이 전통적 형이상학에서의 절대적 가치를 추구하는 것은 아니며, 이를 통해 삶을 완전하게 만들고자 하는 것도 아니에요.

⑤ 가치 평가의 기준이어야 할 삶을 삶 외부의 절대적 가치를 기준으로 평가하였다. ⭕
▶ 니체는 삶을 가치의 근원이자 가치 평가의 출발점으로 보았어요. 하지만 전통 형이상학은 삶의 외부에 있는 절대적 가치에서 삶의 의미를 찾았죠. 니체의 입장을 고려할 때 전통 형이상학의 주장인 ㉠은 삶을 삶 외부의 절대적 가치를 기준으로 평가한 것이라고 볼 수 있어요.

04 [구체적 사례에 적용] 답 ④

윗글의 ⓐ '힘에의 의지'와 〈보기〉의 ⓑ '삶에의 의지'를 비교한 내용으로 가장 적절한 것은?

〈보기〉
쇼펜하우어는 살고자 하는 맹목적 욕망, 즉 ⓑ '삶에의 의지'가 인간의 행위와 인식을 지배한다고 보았다. 욕망이 충족되면 행복을 느끼지만, 이것은 금방 권태로 변하여 또 다른 욕망을 낳는다. 이 의지는 결핍과 권태 사이를 왔다 갔다 하면서 영원히 고통을 발생시키며, 이 의지가 격렬할수록 고통도 커지게 된다. 따라서 고통의 굴레에서 벗어나려면 예술과 명상, 금욕을 통해 이를 다스려야 하며, 참된 행복을 위해서는 이 의지를 완전히 버리는 것이 필요하다고 단언하였다.

▶ ⓐ '힘에의 의지'와 ⓑ '삶에의 의지'는 얼핏 보면 비슷한 개념 같지만 그 내용에는 차이가 있어요. ⓐ '힘에의 의지'는 끊임없이 무언가를 넘어서고 더 높은 것으로 나아가고자 하는 욕망을 뜻하고, ⓑ '삶에의 의지'는 살고자 하는 맹목적 욕망을 뜻해요. 그런데 니체는 '힘에의 의지'가 필요하다고 긍정하지만, 쇼펜하우어는 '삶에의 의지'가 고통을 가져오기 때문에 행복을 위해서는 '삶에의 의지'를 버려야 한다고 보았네요. 니체와 쇼펜하우어의 관점을 잘 파악해서 문제를 풀어 봅시다!

① 니체는 ⓐ '힘에의 의지'를 창조적인 삶을 이끄는 힘으로, 쇼펜하우어는 ⓑ '삶에의 의지'를 안정적인 삶을 유지하는 힘으로 보았다. ✕
▶ 니체는 ⓐ '힘에의 의지'를 창조와 생산이 무한히 이루어지게 하는 의지라고 보았어요. 즉 ⓐ를 창조적인 삶을 이끄는 힘으로 본 거죠. 하지만 쇼펜하우어는 ⓑ '삶에의 의지'가 영원히 고통을 발생시킨다고 보았어요. 그러므로 쇼펜하우어가 ⓑ를 안정적인 삶을 유지하는 힘으로 보았다는 것은 적절하지 않아요.

② 니체는 ⓐ '힘에의 의지'를 더 강해지고자 하는 내적 동기로, 쇼펜하우어는 ⓑ '삶에의 의지'를 더 행복해지게 만드는 외적 동기로 보았다. ✕
▶ 니체는 ⓐ '힘에의 의지'를 자신 내면의 힘과 능력을 더 높은 차원으로 발휘하고자 하는 내적 동기로 보았어요. 하지만 쇼펜하우어는 ⓑ '삶에의 의지'가 영원히 고통을 발생시킨다고 보았기 때문에 쇼펜하우어가 ⓑ를 '더 행복해지게 만드는 외적 동기'로 보았다는 것은 적절하지 않아요.

③ 니체는 ⓐ '힘에의 의지'를 타인의 존재와 무관한 욕망으로, 쇼펜하우어는 ⓑ '삶에의 의지'를 타인과의 비교를 전제로 한 욕망으로 보았다. ✕
▶ ⓐ '힘에의 의지'는 이후 나오는 '아곤', 즉 경쟁과 연결돼요. '아곤'은 자신보다 뛰어난 사람을 넘어서려고 하는 것이므로, 타인의 존재와 관련이 있어요.

ⓑ '삶에의 의지'는 살고자 하는 맹목적인 욕망을 뜻하는 것으로, 타인과의 비교를 전제로 하지 않아요.

④ 니체는 ⓐ '힘에의 의지'를 자연스럽게 받아들이는 것이, 쇼펜하우어는 ⓑ '삶에의 의지'를 포기하는 것이 더 나은 삶을 만들 수 있다고 보았다. ○

▶ 니체는 ⓐ '힘에의 의지'를 긍정하며 이를 자연스러운 것으로 수용할 때 현재의 자신을 극복하고 새로운 가치를 창조할 수 있다고 보았어요. 쇼펜하우어는 참된 행복을 위해서는 ⓑ '삶에의 의지'를 버려야 한다고 보았죠.

⑤ 니체는 ⓐ '힘에의 의지'를 최소한으로 가짐으로써, 쇼펜하우어는 ⓑ '삶에의 의지'를 최대한으로 즉임함으로써 삶의 고통에서 벗어날 수 있다고 보았다. ✗

▶ 니체는 ⓐ '힘에의 의지'를 수용해야 한다고 보았고, 쇼펜하우어는 ⓑ '삶에의 의지'를 버려야 한다고 보았어요. 정반대로 쓰여 있네요.

05 [구체적 사례에 적용] 답 ③

〈발문〉 윗글을 읽은 학생이 〈보기〉에 대해 보인 반응으로 적절하지 <u>않은 것은?</u> [3점]

〈보기〉

기록 경기인 △△ 종목에서 늘 1, 2위를 다투는 '갑'과 '을'의 라이벌전이 ○○ 올림픽에서 펼쳐졌다. 먼저 출전한 '을'이 신기록을 달성하자 관중들이 열광하였는데, 이때 '을'은 뒤이어 출전하는 '갑'을 위해 관중에게 자제를 요청하였다. 결국 경기는 '을' 1위, '갑' 2위로 종료되었다. 각각 은메달과 금메달을 목에 건 '갑'과 '을'은 서로에게 박수를 보냈으며, 어깨를 감싸안은 채 경기장을 돌며 관중들에게 답례하였다.

① '늘 1, 2위를 다투는' '갑'과 '을'은 서로에게 끊임없이 자극을 제공하고 성장을 돕는, 선의의 파트너로 볼 수 있군. ○

▶ 4문단에서 자신이 뛰어넘고자 하는 강자는 자신을 자극하고 발전시키는 선의의 파트너가 된다고 하였어요.

> 근거 찾기
>
> ❹ 이때 필요한 것이 '아곤(Agon)', 즉 경쟁이다. 이것은 자신과 동등하거나 자신보다 뛰어난 사람을 넘어서려고 하는 것으로, 자신이 가진 힘의 크기를 확인하고 더 상승시키기 위해 필요한 과정이다. 그렇기에 아곤의 궁극적 목적은 경쟁자의 제압이 아니라 자신의 성장에 있다. 자신이 뛰어넘고자 하는 강자는 자신을 자극하고 발전시키는 선의의 파트너가 된다.

② '○○ 올림픽'은 각자의 삶을 상승시키고자 하는 '갑'과 '을'의 힘에의 의지가 맞서 겨루는 장이 된 것으로 볼 수 있군. ○

▶ 4문단에서 강자들 각각의 삶이 자신의 상승을 위해 '힘에의 의지'를 중심으로 경합하기도 한다고 하였어요.

> 근거 찾기
>
> ❹ 니체에 따르면, 삶을 긍정하고 상승시키고자 하는 '강자'들은 삶에 유용한 가치들을 끊임없이 추구한다. 각각의 삶이 자신의 상승을 위해 '힘에의 의지'를 중심으로 경합하기도 하는데, 이때 필요한 것이 '아곤(Agon)', 즉 경쟁이다.

③ '신기록'을 세운 뒤 '갑'의 경기를 배려하는 '을'의 모습은 동등한 조건에서 힘의 크기를 비교하여 상대의 능력을 확인하려는 것으로 볼 수 있군. ✗

▶ 니체의 '아곤'은 경쟁자의 제압이 아니라 자신의 성장에 목적이 있어요. 따라서 신기록을 세운 뒤 '갑'의 경기를 배려하는 '을'의 모습은 상대의 능력을 확인하려는 것이 아니라 동등한 조건에서 공정하게 경쟁하려는 것으로 볼 수 있어요.

④ 경기 종료 후 '갑'에게 '은메달'이, '을'에게 '금메달'이 주어진 것은 힘의 차이에 따른 위계를 반영한 것으로 볼 수 있군. ○

▶ 4문단에서 강자들 사이에서도 힘의 차이에 따르는 위계가 존재한다고 하였어요. 을에게 '금메달', 갑에게 '은메달'이 주어진 것은 위계를 반영한 것이겠네요.

> 근거 찾기
>
> ❹ 물론 강자들 사이에서도 힘의 차이에 따르는 위계는 존재한다. 그러나 이때의 위계는 일방적 계급 질서가 아니다. 승패는 존재하지만, 비교를 통해서 자신의 힘을 평가하고 좀 더 성장하고자 노력하였음을 서로 인정하므로, 강자와 상대적 약자 간의 힘의 위계는 지배적 형태가 아니라 상호 존중의 형태로 드러난다.

⑤ '갑'과 '을'이 '서로에게 박수를 보낸' 모습은 강자와 상대적 약자 간에 상호 존중의 형태로 힘의 위계가 드러난 것으로 볼 수 있군. ○

▶ 4문단에서 강자와 상대적 약자 간 힘의 위계는 상호 존중의 형태로 드러난다고 하였어요. '갑'과 '을'이 서로에게 박수를 보낸 모습은 상호 존중의 형태로 힘의 위계가 드러난 것으로 볼 수 있죠.

> 근거 찾기
>
> ❹ 물론 강자들 사이에서도 힘의 차이에 따르는 위계는 존재한다. 그러나 이때의 위계는 일방적 계급 질서가 아니다. 승패는 존재하지만, 비교를 통해서 자신의 힘을 평가하고 좀 더 성장하고자 노력하였음을 서로 인정하므로, 강자와 상대적 약자 간의 힘의 위계는 지배적 형태가 아니라 상호 존중의 형태로 드러난다.

01 ④ 02 ① 03 ① 04 ③

쌤이 그린 독해지도

1 (비판)

후설의 '의식주체' - 다른 것의 도움 없이 스스로 존재하는 것
— 객체에 비해 우월, 본질적
— 의식주체의 정신 = '나'의 본질 · 완전하고 절대적 · 자기동일성을 지닌 것
⇨ **객체 (사유의 대상)에 대한 주체의 지배 정당화** (이원대립적 사고 방식)

(2,3,4) 데리다의 '차연'
; 의식 주체의 절대적 위상속에 은폐된 객체의 가치를 밝힘

• 주체 : 다른 대상들과의 차이에 의해 의미가 드러나고
　　　　그 의미에 대한 최종 해석은 계속 연기됨

• 의식주체 개념에 문제 제기
　전통철학 → 주체가 고정불변의 가치를 갖는다고 믿음
　　　　　세계를 절대 주체 중심으로 재편하려는 욕망 합리화

• 데리다의 주장
　: 주체는 허구이자 환상. 해체해야 함
　의의
　: 절대적, 진리, 주체의 부재 확인. 대상마다 나름의 가치를 지닌다는 것을 강조
　　→ **다원적 사고에 대한 가능성 제시**

| 문장은 정교하게 & 문단은 정리하며 |

1 독일의 철학자 후설(Edmund Husserl)이 말하는 '의식 주체'는 서양 근대 철학의 형이상학적 사고방식을 잘 보여 준다. 후설에 의하면 의식 주체는 다른 것의 도움 없이 스스로 존재하는 것, 즉 현존하는 것이며, 사유의 대상인 객체에 비해 우월하며 본질적이다. 이와 같은 맥락에서 의식 주체인 정신은 곧 '나'의 본질로, 그 자체로 완전하고 절대적이며 어떤 상황에서도 변하지 않는 자기 동일성을 지닌 것으로 ㉠ 간주된다. 그런데 이러한 관점은 이원 대립적 사고방식을 바탕으로 주체와 객체가 우열 관계 내지 착취 관계에 있다고 보아 객체에 대한 주체의 지배를 정당화한다는 데 문제가 있다. 주체 개념의 정립이 17, 18세기 자본주의의 소유 이론과 맞물려 있다는 것은 우연이 아니다.
▶ 후설의 '의식 주체'의 개념과 문제점

2 이와 같은 이원 대립과 위계의 가치 질서를 만들어 낸 후설의 의식 주체를 비판하는 입장에서, 데리다(Jacques Derrida)는 차연이라는 개념을 ㉡ 개진한다. '차연'을 뜻하는 신조어 '디페랑스(différance)'는 '차이(差異)'와 '연기(延期)'의 의미를 지닌다. 예를 들어 사전에서 어떤 단어(A)의 의미를 설명하기 위해 또 다른 단어(B)를 사용하는 경우가 있는데, 이때 단어의 의미는 고정되는 것이 아니라 또 다른 단어와의 차이에 의해 그 의미가 ㉢ 구별되면서 끊임없이 연기된다. 이와 마찬가지로 데리다에게 주체란 ㉠ 자체로 완전하고 절대적인 의미를 갖고 있는 것이 아니라, 다른 대상들과의 차이에 의해 의미가 드러나고 그 의미에 대한 최종 해석은 계속 연기되는 것이다.
▶ 데리다의 '차연' 개념에서의 주체의 의미

3 데리다가 말하는 차연은 단순히 의식 주체에 대한 대립 개념이 아니라, 의식 주체의 절대적 위상 속에 ㉣ 은폐되어 있는 객체의 가치를 밝히는 새로운 개념이다. 데리다가 의식 주체 개념에 문제를 제기하는 이유는 형이상학적 전통 철학에서는 주체가 다른 것들과의 관계 속에서 그 의미가 드러난다는 것을 은폐하고 그 자체로 고정 불변의 가치를 지닌다고 믿었기 때문이다. 또한 그 믿음으로 인해 형이상학적 전통 철학은 차이와 다양성으로 이루어진 세계를 절대 주체를 중심으로 재편하려는 욕망을 합리화했기 때문이다.
▶ 데리다의 '차연' 개념 및 형이상학 전통 철학에의 문제 제기

4 이러한 차연 개념을 통해 데리다가 주장하는 바는 자기 동일성을 지닌 주체란 허구이자 환상에 불과하므로 이를 해체해야 한다는 것이다. 데리다는 절대적 진리나 절대적 주체의 부재를 확인하고, 주체는 다른 것들과의 차이에 의해 구성되는 것이지 자기 동일성을 지닌 우월한 대상이 아니라는 것을 강조한다. 데리다는 그 어느 것에도 특권을 부여하지 않음으로써 형이상학적 전통 철학에서 전제하고 있는 절대적 진리의 '있음'을 '없음'으로 ㉤ 대체했다. 그의 사상은 대상마다 나름의 가치를 지니고 있다는 것을 강조함으로써 닫힌 세계에서 열린 세계로 나아가는 계기를 마련해 주며 다원적 사고에 대한 가능성을 제시해 준다는 점에서 그 의의를 찾을 수 있다.
▶ '차연' 개념의 주장과 의의 – 다원적 사고의 가능성 제시

자기 동일성

자기 동일성은 '항상 변함없이 똑같은 '나'의 성질'을 의미해요. 지금의 여러분은 5년 전에 비해 많이 성장했을 테지만, 그때나 지금이나 여전히 '나'로 존재하는 것처럼 말이죠. 그런데 이러한 자기 동일성의 개념에서는 '나'의 성질이 변함없고 똑같다는 것을 알기 위해서 비교 대상이 있을 수밖에 없어요. 즉, 자신과 외부의 대상을 구별하는 이원적 사고가 전제되는 거죠.

자신과 외부의 대상을 구별하는 순간부터, 자신과 외부는 하나가 되지 못하고 서로 싸울 수밖에 없어요. 그리고 그 싸움을 통해 자신과 외부 중 어느 하나는 궁극적으로 승리하고, 나머지 하나는 패배하게 됩니다. 결국 이원 대립적 사고방식은 둘 중 하나가 우월하거나 한쪽을 착취하는 관계를 형성하게 되는 거죠.

자, 그럼 지문으로 돌아가 생각해 볼까요? 후설은 의식 주체의 자기 동일성을 주장했지요. 자기 동일성을 지닌 주체와 그렇지 않은 객체로 나누고 주체가 더 우월하다고 보았어요. 즉, 이원 대립적 사고방식을 보여 준 거죠. 이 글에서는 후설의 이러한 관점이 주체가 객체를 착취하는 것을 정당화하는 데 사용되었다고 보고 있어요. 그리고 이와 비슷한 문제의식을 바탕으로 새로운 의견을 제시한 데리다의 이론을 설명하는 흐름으로 글이 이어지고 있어요.

01 [내용 이해] 답 ④

〈발문〉 윗글에서 언급된 내용으로 적절하지 **않은** 것은?

① 정신에 대한 후설의 인식 ○

근거 찾기

1 의식 주체인 정신은 곧 '나'의 본질로, 그 자체로 완전하고 절대적이며 어떤 상황에서도 변하지 않는 자기 동일성을 지닌 것으로 간주된다.

② 데리다의 사상이 갖는 의의 ○

근거 찾기

4 그의 사상은 대상마다 나름의 가치를 지니고 있다는 것을 강조함으로써 닫힌 세계에서 열린 세계로 나아가는 계기를 마련해 주며 다원적 사고에 대한 가능성을 제시해 준다는 점에서 그 의의를 찾을 수 있다.

③ 의식 주체 개념이 지닌 문제점 ○

근거 찾기

1 이러한 관점은 이원 대립적 사고방식을 바탕으로 주체와 객체가 우열 관계 내지 착취 관계에 있다고 보아 객체에 대한 주체의 지배를 정당화한다는 데 문제가 있다.

3 데리다가 의식 주체 개념에 문제를 제기하는 이유는 형이상학적 전통 철학에서는 주체가 다른 것들과의 관계 속에서 그 의미가 드러난다는 것을 은폐하고 그 자체로 고정 불변의 가치를 지닌다고 믿었기 때문이다. 또한 그 믿음으로 인해 형이상학적 전통 철학은 차이와 다양성으로 이루어진 세계를 절대 주체를 중심으로 재편하려는 욕망을 합리화했기 때문이다.

④ 형이상학적 사고방식의 정립 계기 ✕

▶ 1문단에는 후설의 의식 주체가 서양 근대 철학의 형이상학적 사고방식을 잘 보여 준다는 내용이, 3문단에는 주체에 관한 형이상학적 전통 철학의 입장이 어떤 결과를 낳았는지에 관한 내용이 제시되어 있어요. 하지만 무엇을 계기로 이러한 형이상학적 사고방식이 정립되었는지는 지문을 통해 확인할 수 없어요.

⑤ 주체의 자기 동일성에 대한 데리다의 견해 ○

근거 찾기

4 데리다가 주장하는 바는 자기 동일성을 지닌 주체란 허구이자 환상에 불과하므로 이를 해체해야 한다는 것이다. 데리다는 절대적 진리나 절대적 주체의 부재를 확인하고, 주체는 다른 것들과의 차이에 의해 구성되는 것이지 자기 동일성을 지닌 우월한 대상이 아니라는 것을 강조한다.

02 [내용 이해] 답 ①

〈발문〉 윗글의 **차연**에 대한 이해로 가장 적절한 것은?

① 주체의 의미는 고정되지 않으며 다른 것들과의 관계 속에서 구성된다. ○
　　　　　　　　연기　　　　　　　　차이

▶ 2문단에서 '차연'은 '차이(差異)'와 '연기(延期)'의 의미를 지닌다고 하였어요. '차이'란 주체의 의미가 다른 대상들과의 관계 속에서 구별되는 지점을 의미하고, '연기'란 그 과정에서 주체의 의미가 고정되지 않고 끊임없이 미루어지는 것을 말해요.

② 객체는 주체로부터 비롯되고 주체와의 본질적인 차이에 의해 의미가 결정된다. ✕

▶ 사유의 대상인 객체는 그 존재가 주체로부터 비롯되며, 객체의 의미는 주체와의 본질적 차이에 의해 결정된다고 보는 것은 1문단에 제시된 후설의 관점이에요. 데리다의 '차연' 개념은 이를 비판하는 입장이죠.

③ 주체가 지닌 절대적 지위는 나머지 다른 것들을 구별하는 확고한 기준이 된다. ✕

▶ 주체가 절대적 지위를 가지고 있어 어떤 상황에서도 변하지 않는 성질을 지녔기 때문에 객체와 같은 다른 것들을 구별하는 확고한 기준이 된다는 것 역시 1문단에 제시된 후설의 관점이에요.

④ 주체가 그 자체로 완전해지기 위해서는 어떤 상황에서도 변하지 않아야 한다. ✕

▶ 데리다의 '차연' 개념에서는 주체가 완전하고 절대적인 의미를 갖는 것이 아니라고 했어요. 따라서 '차연'의 개념에서 보면 '주체가 완전해지기 위해서'라는 가정을 세울 수 없겠죠. 또한 주체는 그 의미가 고정된 것이 아니라 다른 대상들과의 차이에 의해 드러나며, 그 의미에 대한 최종 해석은 계속 연기된다고 했어요. 즉, 어떤 상황에서도 변하지 않는 것이 아니라, 도리어 끊임없이 변하는 것이라고 보는 것이 적절해요.

⑤ 주체의 의미를 변별하기 위해서는 의미의 모호성을 유발하는 요소들을 제거해야 한다. ✕

▶ '모호성'이란 여러 뜻이 뒤섞여 있어서 정확하게 무엇을 나타내는지 알기 어려운 말의 성질을 의미해요. 데리다는 주체의 의미를 파악하기 위해 다른 대상들과의 차이를 계속해서 확인하고 구별하면서 최종 해석을 연기해 나간다고 했어요. 이러한 과정이 지속된다면 주체의 의미는 결국 하나의 설명으로 확정 지을 수 없겠죠? 그야말로 '모호'한 거예요. 따라서 주체의 의미를 변별하기 위해서 의미의 모호성을 유발하는 요소를 제거해야 한다는 것은 '차연'의 개념과 어긋나는 설명이에요. 모호성을 유발하는 요소를 제거한다면 주체의 의미가 완전하고, 절대적이고, 확실해질 테니까요.

03 [구체적 사례에 적용] 답 ①

〈발문〉 데리다의 관점에서 〈보기〉에 대해 평가한 내용으로 적절하지 **않은** 것은? [3점]

〈보기〉

식민주의란 약육강식을 근간으로 삼는 차별적 이데올로기이다. 이는 힘이 센 나라(종주국)가 자신보다 약한 나라(식민국)를 무력으로 침략하여 물적·인적 자원을 약탈하고, 그곳을 지배하는 행위를 정당화한다. 서양 근대 철학은 이러한 식민주의의 이념적 뒷받침이 되었다.

▶ 〈보기〉에서 식민주의의 이념적 근거가 되는 것이 서양 근대 철학이라는 힌트를 주었어요. 이와 관련된 1문단을 다시 봅시다.

<근거 찾기>

❶ 독일의 철학자 후설(Edmund Husserl)이 말하는 '의식 주체'는 서양 근대 철학의 형이상학적 사고방식을 잘 보여 준다. 후설에 의하면 의식 주체는 다른 것의 도움 없이 스스로 존재하는 것, 즉 현존하는 것이며, 사유의 대상인 객체에 비해 우월하며 본질적이다. 이와 같은 맥락에서 의식 주체인 정신은 곧 '나'의 본질로, 그 자체로 완전하고 절대적이며 어떤 상황에서도 변하지 않는 자기 동일성을 지닌 것으로 간주된다. 그런데 이러한 관점은 이원 대립적 사고방식을 바탕으로 주체와 객체가 우열 관계 내지 착취 관계에 있다고 보아 객체에 대한 주체의 지배를 정당화한다는 데 문제가 있다. 주체 개념의 정립이 17, 18세기 자본주의의 소유 이론과 맞물려 있다는 것은 우연이 아니다.

후설은 '의식 주체'와 '객체'를 이원화하여 설명했어요. 주체와 객체는 우열 또는 착취의 관계에 있다고 보았고요. 이러한 후설의 사상이 서양 근대 철학의 사고방식을 잘 보여 준다고 하니, 후설의 관점을 〈보기〉의 식민주의에 적용해 볼 수 있겠네요. '의식 주체'는 다른 것의 도움 없이 스스로 존재하는 '힘이 센 나라(종주국)'이고, '객체'는 '약한 나라(식민국)'에 해당해요. 따라서 〈보기〉의 식민주의는 '힘이 센 나라'가 '약한 나라'보다 우월하다고 보고, 식민국에 대한 종주국의 지배를 정당화하는 이념이라고 할 수 있어요. 데리다는 이러한 서양 근대 철학의 형이상학적 사고방식을 비판한 사상가예요. 이를 염두에 두고 선택지를 살펴볼게요.

☑ 식민국이 스스로 열등성을 극복할 수 있어야 식민주의를 해체할 수 있겠군. ✗

▶ 식민국이 열등성을 가졌다고 말하는 것은 주체와 객체를 이원화하여 바라보는 서양 근대 철학의 입장이에요. 종주국을 주체로, 식민국을 객체로 인식할 때, 식민국이 종주국에 비해 열등한 존재로 해석되는 거죠. 그러나 데리다는 절대적 주체의 부재를 확인하고 절대적 존재 자체를 부정했어요. 따라서 식민주의를 해체하기 위한 방법으로 식민국이 스스로 열등성을 극복할 수 있어야 한다는 것은 데리다의 관점으로 적절하지 않아요. 데리다는 식민주의를 해체하기 위해 허구와 허상에 불과한 절대적 주체를 해체하고, 그 어떤 것에도 특권을 부여하지 않음으로서 모든 대상의 나름의 가치를 인정해야 한다고 할 거예요.

<근거 찾기>

❹ 데리다가 주장하는 바는 자기 동일성을 지닌 주체란 허구이자 환상에 불과하므로 이를 해체해야 한다는 것이다. 데리다는 절대적 진리나 절대적 주체의 부재를 확인하고, 주체는 다른 것들과의 차이에 의해 구성되는 것이지 자기 동일성을 지닌 우월한 대상이 아니라는 것을 강조한다. 데리다는 그 어느 것에도 특권을 부여하지 않음으로써 형이상학적 전통 철학에서 전제하고 있는 절대적 진리의 '있음'을 '없음'으로 대체했다. 그의 사상은 대상마다 나름의 가치를 지니고 있다는 것을 강조함으로써 ~

② 종주국은 식민국과 대등하지 않다는 것을 근거로 식민 지배를 합리화하겠군. ⭘

▶ 데리다는 주체와 객체의 관계를 우열로 인식하여 객체에 대한 주체의 지배를 정당화하는 서양 근대 철학의 형이상학적 사고방식을 비판했어요. 따라서 데리다라면, 종주국이 식민국을 자신들과 대등하지 않은 것으로 설정함으로써 식민 지배를 합리화할 것이라고 생각할 거예요.

③ 식민주의는 종주국을 절대적 주체로 설정하면서 식민국의 가치를 은폐하려는 이데올로기이군. ⭘

④ 종주국의 무력 침략은 종주국을 중심으로 세계를 재편하려는 욕망을 드러낸 것이라고 할 수 있겠군. ⭘

▶ 종주국을 절대적 주체로 설정하면서 객체인 식민국의 가치를 은폐하려 한다는 설명은 데리다의 관점으로 적절해요(③). 또한 데리다는 서양 근대 철학이 절대 주체를 중심으로 세계를 재편하려는 욕망을 드러냈다는 점에서 이를 비판했어요. 따라서 데리다의 관점에서 볼 때, 종주국의 무력 침략은 주체인 종주국을 중심으로 세계를 재편하려는 욕망에 해당한다고 볼 수 있어요(④).

<근거 찾기>

❸ 데리다가 의식 주체 개념에 문제를 제기하는 이유는 형이상학적 전통 철학에서는 주체가 다른 것들과의 관계 속에서 그 의미가 드러난다는 것을 은폐하고(③) 그 자체로 고정 불변의 가치를 지닌다고 믿었기 때문이다. 또한 그 믿음으로 인해 형이상학적 전통 철학은 차이와 다양성으로 이루어진 세계를 절대 주체를 중심으로 재편하려는 욕망을 합리화했기 때문이다.(④)

⑤ 식민주의의 문제는 상대적 차이를 지닌 나라들의 관계를 위계질서를 지닌 것으로 바라보는 것이겠군. ⭘

▶ 데리다의 관점에서 세계는 차이와 다양성으로 이루어져 있고, 모든 대상은 나름의 가치를 가지고 있어요. 그런데 서양 근대 철학에서는 주체와 객체의 관계를 우열이 있는 관계, 즉 위계질서를 지닌 것으로 해석했어요. 따라서 데리다는 식민주의의 문제는 국가들 간의 상대적 차이를 인정하지 않고 서열화한 데에 있다고 볼 거예요.

04 [어휘] 답 ③

〈발문〉 ㉠~㉤의 사전적 의미로 적절하지 않은 것은?

① ㉠ 간주 : 상태, 모양, 성질 따위가 그와 같다고 봄. ⭘

② ㉡ 개진 : 주장이나 사실 따위를 밝히기 위하여 의견이나 내용을 드러내어 말하거나 글로 씀. ⭘

☑ ㉢ 구별 : 사물의 가치나 수준 따위를 평함. ✗

▶ '구별'은 '성질이나 종류에 따라 차이가 남. 또는 성질이나 종류에 따라 갈라놓음'이라는 뜻이에요. '사물의 가치나 수준 따위를 평함'이라는 뜻을 가진 말은 '평가'예요.

④ ㉣ 은폐 : 덮어 감추거나 가리어 숨김. ⭘

⑤ ㉤ 대체 : 다른 것으로 대신함. ⭘

쌤이 그린 독해지도

1 프랭클의 심리 치료

일반적 심리치료　vs.　프랭클의 심리 치료

고통의 제거　　　　　고통 속에서 견뎌내는 힘 기르기

⇒ 현대인의 고통 = 실존적 공허감

⟶ 인간 존재의 본질 탐구

2 프로이트 의 심리 치료

- 고통의 원인을 밝히는 데 주력

　원초적 욕구 (쾌락 의지)

- 어린 시절 원초적 욕구 좌절

　↓

　무의식 속에 억압

　↓

　신경증 유발

- 심리치료 : 잠재된 무의식 속 원초적 욕구를

　의식의 영역으로 끌어오는 것

4 아들러의 심리학

- 원초적 욕구

　: 타인보다 우월하고 싶은 권력 의지

- 우월성 추구 → 열등감 발생

　열등감 극복, 권력 의지 추구를 위해

　행동선택 (자유)

　적절　부적절

　신경증 발생

- 심리치료 : 책임감을 갖고 올바른 목적 설정

　⇒ 부적절한 동기와 행동 변화

3 프랭클의 비판적 수용

- 무의식 = 본능, 충동 + 책임감, 양심

　원초적 욕구　　영적 무의식

- 고통의 원인 : 영적 존재로서의 인간의

　본질을 잃어버렸기 때문

5 프랭클의 비판적 수용

- 원초적 욕구가 인간 행동을 설명하는 결정적 요소 ×

- 인간 본질 : 자유의지를 가진 영적 존재

- 의미치료 : 삶에 대한 책임의식 + 자기 삶에

　긍정적이고 가치 있는 의미 부여

　⇒ 삶의 목적 찾기

6 프랭클 심리학의 특징

- 삶의 의미를 찾은 사람은 상황에 의해 결정되는 존재가 아님

- 인간은 주어진 상황과 조건들에 맞설 수 있는 자유를 지님

| 문장은 정교하게 & 문단은 정리하며 |

❶ 심리치료는 심리학적 지식을 바탕으로 심리적 고통과 부적응 문제를 해결하고자 한다. 이에 대부분의 심리치료는 (상처, 결핍, 장애 등)의 신경증에 초점을 맞추고, 이들이 제거되어 고통에서 벗어난 일상을 지향한다. 그러나 아우슈비츠 수용소에서 살아남은 빅터 프랭클은 삶의 고통은 인간 실존의 일반적 구성 요소이며, 삶의 일부로 받아들여야 한다고 보았다. 그러므로 심리치료는 고통을 제거하는 것이 아니라 고통 속에서도 견뎌내는 힘을 길러주는 것이어야 한다고 주장하였다. 프랭클은 현대인이 자신의 존재가 목적도 없고 이유도 없다고 느끼는 감정, 즉 실존적 공허감을 겪고 있다고 보아 인간 존재의 본질에 대한 해답을 찾고자 하였다. 그는 프로이트와 아들러로 대표되는 기존의 심리학을 비판적으로 수용하면서 자신의 이론을 펼쳤다.

▶ 빅터 프랭클 – 현대인의 실존적 공허함을 치료하기 위해 인간 존재의 본질에 대해 탐구함

❷ 프로이트의 심리학은 인간의 무의식을 발견하고 그 중요성에 주목했다는 점에서 프랭클에게 큰 영향을 미쳤다. 프로이트는 인간이 심리적 고통과 부적응을 겪는 원인을 밝히는 데 주력하였다. 그 결과 그는 무의식 속에 억압되어 있는 인간의 원초적 욕구를 원인으로 지목하였다. 프로이트에 따르면 인간은 (성적 본능, 공격성 등과 같은) 쾌락 의지를 원초적 욕구로 갖는데, 어린 시절에 이러한 쾌락 의지가 좌절되어 무의식 속에 억압되어 있다가 이후 신경증을 유발한다. 프로이트는 사람의 (행동, 사상, 정서)를 결정하는 원인을 오직 쾌락 의지라고 보았다. 따라서 그의 심리치료는 잠재된 무의식 속 (성적 본능, 공격성 등)을 의식의 영역으로 끌어오는 것을 통해 이루어진다.

▶ 프로이트가 설정한 심리치료의 개념과 과정

❸ 프랭클은 프로이트가 인간을 단순히 성적 본능이나 공격성 등에 따라 행동하는 존재로 파악하는 점에 한계가 있다고 보았다. 프랭클은 무의식이 인간의 본질을 규명하는 중요한 요소라는 점에 동의하면서도 [긍정적 수용] 인간은 본능과 충동의 차원을 넘어

선 영적 존재라고 생각하였다. [비판적 수용] 이에 인간의 무의식
속에는 본능과 충동만 있는 것이 아니라 보다 중요한 (책임감, 양
심 등)이 감추어져 있다고 보았다. 프랭클은 이를 영적 무의식이
라 명명하고, 현대인의 심리적 고통과 부적응은 영적 존재로서
인간의 본질을 잃어버렸기 때문이라고 설명한다.
▶ 프로이트 심리학에 대한 프랭클의 비판적 수용과 '영적 무의식'의 개념

❹ 아들러의 심리학은 프랭클이 자유와 책임을 인간 존재의 본질
로 파악하는 밑거름이 되었다. 아들러는 인간의 원초적 욕구를
타인보다 우월하고 싶은 권력 의지로 보았다. 그런데 인간의 타
고난 기질적 불완전성 때문에 우월성에 대한 추구는 자동적으로
열등감을 발생시키고, 그 결과 인간은 누구나 열등감을 갖게 된
다. 이에 인간은 열등감을 극복하고 권력 의지의 욕구를 충족하
기 위해 끊임없이 노력하는데, 열등감을 극복하기 위해 어떤 행
동을 선택하느냐는 개인의 자유이다. 이 과정에서 삶의 목적을
부적절하게 설정하거나 부적응적 행동을 선택하게 되면 신경증
이 발생한다. 따라서 그의 심리치료는 자신의 삶에 책임감을 가
지고 올바른 목적을 설정하여 부적절한 동기와 행동을 변화시키
는 데 초점을 맞춘다. ▶ 아들러가 설정한 심리치료의 개념과 목적

❺ 프랭클은 아들러가 인간을 자기 결정권과 자유의지를 지닌 존
재로 보았다는 점에서 긍정적으로 평가하였지만[긍정적 수용], 원
초적 욕구를 인간 행동을 설명하는 결정적 요소로 보는 한계가 있
다고 지적했다[비판적 수용]. ㉠ 프랭클은 인간이 원초적 욕구에 따
라 행동하는 존재이기는 하지만, 원초적 욕구가 인간의 본질이
될 수는 없다고 보았다. 이처럼 프로이트와 아들러의 심리학을
비판적으로 수용한 프랭클은 자유의지를 지닌 영적 존재로서 인
간의 본질을 파악하였다. 그는 실존적 공허감에서 벗어날 수 있
는 심리치료 기법으로 의미 치료를 제시하였다. 의미 치료는 삶
에 대한 책임 의식을 바탕으로 자신의 인생에 긍정적이고 가치 있
는 의미를 부여하여 삶의 목적을 찾는 것을 핵심으로 한다.
▶ 아들러 심리학에 대한 프랭클의 비판적 수용과 의미 치료

❻ 프랭클은 삶의 의미를 찾은 사람은 더 이상 상황에 의해 결정
되는 존재가 아니라고 보았다. 그는 힘겨운 상황 속에서도 어떤
태도를 보이느냐 하는 것은 개인의 선택에 달려 있다는 것을 강
조했다. 아무리 부정적이고 나아질 수 없는 상황이라 할지라도,
고통에 좌절하지 않고 대항할 수 있는 자유가 그에게 있기 때문
이다. 이처럼 인간이 주어진 상황과 조건들에 맞설 수 있는 자유
를 가지고 있다고 본 점은 프랭클 심리학의 중요한 특징이라고
할 수 있다.
▶ 프랭클 심리학의 특징 – 삶의 의미를 찾은 인간은 자유를 가지고 고통에 대항할 수 있는 존재임

---

01 [내용 전개 방식] 답 ①

〈발문〉 윗글에 대한 설명으로 가장 적절한 것은?

① 중심 화제의 특징을 다른 이론들과의 관계 속에서 설명하고 있
다. ○
▶ 프랭클의 심리학과 심리치료를, 프로이트(2~3문단)와 아들러(4~5문단)의
심리학과의 관계 속에서 설명하고 있어요.

② 중심 화제의 개념을 정의하고 이를 바탕으로 장단점을 설명하

고 있다. ✕
▶ 이 글의 중심 화제는 '심리학과 심리치료'라고 할 수 있는데, 이러한 화제
들의 개념을 정의하거나 이에 대한 장단점을 설명하고 있지는 않아요.

③ 중심 화제의 문제점과 해결 방안을 구체적 사례를 들어 제시하
고 있다. ✕
▶ 프랭클이 프로이트와 아들러의 심리학을 비판적으로 수용하는 내용이 드러
나 있기는 하지만, 이를 문제점과 해결 방안으로 보는 것은 적절하지 않아요.

④ 중심 화제의 변화 과정을 바탕으로 앞으로의 전개 방향을 예측
하고 있다. ✕
▶ 프랭클이 프로이트와 아들러의 심리학에서 어떤 영향을 받았는지 확인할
수 있지만, 앞으로의 전개 방향을 예측하고 있지는 않아요.

⑤ 중심 화제의 등장 배경을 제시한 후 다양한 분야에 미친 영향
을 소개하고 있다. ✕
▶ 중심 화제인 '심리학과 심리치료'가 등장하게 된 배경을 제시하지 않았고,
'심리학과 심리치료'가 다양한 분야에 미친 영향을 소개하지도 않았어요.

02 [내용 이해] 답 ③

〈발문〉 윗글을 이해한 내용으로 적절하지 않은 것은?

① 프로이트는 사람의 행동이 성적 본능이나 공격성에 따라 결정
된다고 보았다. ○
▶ 2문단에서 프로이트는 인간은 성적 본능, 공격성 등과 같은 쾌락 의지를 원
초적 욕구로 갖고 있으며, 사람의 행동, 사상, 정서를 결정하는 원인을 오직 쾌
락 의지라고 보았으므로 적절한 진술이에요.

② 아들러는 열등감은 누구나 갖는 것으로 그 자체는 신경증이 아
니라고 보았다. ○
▶ 4문단에서 아들러는 타고난 기질적 불완전성 때문에 인간은 누구나 열등
감을 갖게 된다고 했어요. 다만 열등감을 극복하기 위한 행동을 선택하는 과
정에서 삶의 목적을 부적절하게 설정하거나 부적응적 행동을 선택하게 되면
신경증이 발생한다고 보았어요.

③ 아들러는 열등감으로 인해 타인보다 우월해지고 싶은 욕구가
생긴다고 보았다. ✕
▶ 4문단에서 아들러는 타인보다 우월하고 싶은 권력 의지를 인간의 원초적
욕구로 보았어요. 그러나 인간은 타고난 기질적 불완전성 때문에 우월성을 추
구하는 것은 자동적으로 열등감을 발생시킨다고 보았죠. 즉, 열등감으로 인해
타인보다 우월하고 싶은 욕구가 생기는 것이 아니라, 타인보다 우월하고 싶은
욕구로 인해 열등감이 생긴다고 본 거예요.

④ 프랭클은 인간을 본능과 충동의 차원을 넘어선 영적 존재로 보
았다. ○

⑤ 프랭클은 무의식이 인간의 본질을 규명하는 중요한 요소라고
보았다. ○

근거 찾기

❸ 프랭클은 무의식이 인간의 본질을 규명하는 중요한 요소라는 점
에 동의하면서도 인간은 본능과 충동의 차원을 넘어선 영적 존재라
고 생각하였다.

03 [내용 이해] 답 ②

〈발문〉 ㉠의 이유로 가장 적절한 것은?

① 인간의 고통은 원초적 욕구에 따라 행동하는 과정에서 나타난
것이기 때문에 ✕
▶ 프랭클은 현대인의 심리적 고통과 부적응이 영적 존재로서 인간의 본질을
잃어버렸기 때문이라고 설명했을 뿐, '원초적 욕구에 따라 행동하는 것'이 고
통의 원인이라고 본 것은 아니에요.

▶ 원초적 욕구로는 인간이 존재하는 목적과 이유를 파악할 수 없기 때문에 ○
▶ 프랭클은 현대인의 고통을 자신의 존재가 목적도 없고 이유도 없다고 느끼는 감정. 즉 실존적 공허감으로 인한 것으로 보았고, 이를 치료하기 위해 인간 존재의 본질에 대한 해답을 찾고자 했어요. 프로이트와 아들러의 심리학을 비판적으로 수용한 프랭클은 인간의 본질을 자유의지를 지닌 영적 존재로 파악했고, 인생에 긍정적이고 가치 있는 의미를 부여하여 삶의 목적을 찾는 의미 치료를 제시했어요. 이러한 내용들을 토대로 하면, 프랭클이 인간이 원초적 욕구에 따라 행동하는 것을 인정하면서도 원초적 욕구가 인간의 본질이 될 수는 없다고 본 이유를 이해할 수 있어요. 인간은 자유의지를 지닌 영적 존재로서, 원초적 욕구로는 그 실존적 공허감을 채울 수 없기 때문이에요. 즉, 프랭클은 원초적 욕구로는 인간이 존재하는 목적과 이유를 파악할 수 없다고 보았음을 알 수 있어요.

③ 심리학자에 따라 원초적 욕구가 무엇인지 다르게 보았기 때문에 ✕
▶ 프로이트와 아들러가 원초적 욕구를 서로 다르게 정의한 것은 맞아요. 하지만 프랭클이 원초적 욕구가 인간의 본질이 될 수 없다고 한 이유가 심리학자에 따라 원초적 욕구가 무엇인지 다르게 보았기 때문은 아니에요.

④ 인간은 원초적 욕구를 극복하고자 끊임없이 노력하기 때문에 ✕
▶ 아들러는 인간이 원초적 욕구인 권력 의지를 충족하기 위해 끊임없이 노력한다고 하였어요. 프랭클 역시 ㉠에서 인간은 원초적 욕구에 따라 행동하는 존재라고 하였어요. ㉠은 프랭클이 아들러의 이론을 비판적으로 수용하면서 보이는 반응이에요. 그런데 두 심리학자 모두 인간의 행동에는 원초적 욕구가 영향을 준다는 주장을 하고 있으므로 ㉠의 이유로는 적절하지 않아요.

⑤ 원초적 욕구가 인간에게만 존재하는 것이 아니기 때문에 ✕
▶ 원초적 욕구가 인간에게만 존재하는 것이 아니라는 내용은 글에서 확인할 수 없어요.

04 [구체적 사례에 적용] 답 ⑤

⟨발문⟩ '프랭클'의 관점에서 ⟨보기⟩에 대해 반응한 내용으로 가장 적절한 것은? [3점]

> ⟨보기⟩
> 아우슈비츠 수용소의 극한 상황에서 유대인 수용자들이 보인 태도는 다양하였다. 자신의 상황을 비관하여 자포자기하는 사람들도 있었지만, 아픈 몸으로 노약자를 보살펴 주거나 독가스실로 끌려가면서 승리의 노래를 부르는 사람들도 있었다.

① 극한 상황에 처한 수용자들을 통해 고통은 인간 실존의 일반적 구성 요소가 아님을 확인할 수 있다. ✕
▶ 프랭클은 고통이 인간 실존의 일반적 구성 요소라고 보았어요.

근거 찾기
> ❶ 아우슈비츠 수용소에서 살아남은 빅터 프랭클은 삶의 고통은 인간 실존의 일반적 구성 요소이며, 삶의 일부로 받아들여야 한다고 보았다.

② 독가스실에 끌려가면서도 승리의 노래를 부르는 사람은 자신이 처한 상황에 좌절한 존재라고 할 수 있다. ✕
▶ 프랭클은 힘겨운 상황 속에서 어떤 태도를 보일 것인지는 개인의 선택에 달려 있고, 인간에게는 아무리 부정적인 상황이라도 고통에 좌절하지 않고 대항할 수 있는 자유가 있다고 보았어요. 이러한 프랭클의 관점에서 독가스실에 끌려가는 힘든 상황에서도 승리의 노래를 부르는 사람은 죽음 앞에서도 이에 맞설 수 있는 자유를 가진 존재예요. 이를 자신이 처한 상황에 좌절한 존재라고 보는 것은 적절하지 않아요.

③ 아픈 몸으로 노약자를 보살펴 주는 사람은 고통을 제거하기 위해 긍정적 삶의 의미를 찾는 존재라고 할 수 있다. ✕

▶ 프랭클은 심리치료란 고통을 제거하는 것이 아니라, 고통을 견뎌 내는 힘을 길러 주는 것이라고 보았어요. 따라서 '고통을 제거하기 위해'라는 목적은 프랭클의 관점에 부합하지 않아요.

④ 자신의 상황을 비관하여 자포자기하는 사람은 삶에 대한 책임 의식을 바탕으로 자유롭고자 하는 존재라고 할 수 있다. ✕
▶ 프랭클은 삶에 대한 책임 의식을 바탕으로 자신의 인생에 '긍정적이고 가치 있는' 의미를 부여하여 삶의 목적을 찾으면 실존적 공허감에서 벗어날 수 있다고 보았어요. 따라서 자신의 상황을 비관하여 자포자기하는 사람이 삶에 대한 책임 의식을 바탕으로 자유롭고자 한다고 보는 것은 프랭클의 관점에 부합하지 않아요. 또한 프랭클은 삶의 의미를 찾은 사람에게 고통에 좌절하지 않고 대항할 수 있는 자유가 있다고 보았는데, 자포자기한 사람을 자유롭고자 하는 존재로 보기는 어렵겠죠.

⑤ 수용자들이 보인 다양한 반응을 통해 힘겨운 상황 속에서도 어떤 태도를 보이느냐는 것은 개인의 선택에 달려 있음을 확인할 수 있다. ○
▶ 프랭클은 힘겨운 상황 속에서 어떤 태도를 보일 것인지는 개인의 선택에 달려 있다고 보았어요. 수용자들이 극한의 상황에 보이는 다양한 반응은 이러한 프랭클의 관점으로 설명하기에 적절해요.

05 [구체적 사례에 적용] 답 ④

⟨발문⟩ 윗글을 읽고 ⟨보기⟩를 이해한 내용으로 적절하지 <u>않은</u> 것은?

> ⟨보기⟩
> A는 형과 비교당하며 어린 시절을 보냈다. 형은 건강하고 활달한 모범생이었으나, A는 병치레로 학교에 제대로 다니지 못했다. 이후 신체적 병은 나았지만, A는 여전히 자신이 무가치한 존재라는 생각에 괴로워하며 매사 자신감 없이 행동한다.

① 프로이트의 심리치료는 A의 어린 시절에 주목하여 당시에 억압된 쾌락 의지가 있다고 전제한다. ○
▶ 프로이트는 어린 시절의 좌절 경험으로 인해 무의식 속에 억압된 쾌락 의지가 신경증을 유발한다고 보았어요. 따라서 프로이트는 A의 어린 시절에 주목하여 심리치료를 할 거예요.

② 프로이트의 심리치료는 A가 겪는 괴로움의 원인을 의식의 영역으로 끌어오는 것을 통해 이루어진다. ○
▶ 프로이트의 심리치료는 억압된 쾌락의지를 무의식에서 의식의 영역으로 끌어오는 것을 통해 이루어진다고 하였어요. 따라서 프로이트는 A가 겪는 괴로움의 원인인 무의식 속에 억압된 인간의 원초적 본능을 의식의 영역으로 끌어오고자 할 거예요.

③ 아들러의 심리치료는 A가 올바른 목적을 설정하여 자신감 없는 행동을 변화시킬 수 있다고 전제한다. ○
▶ 아들러의 심리치료는 자신의 삶에 책임감을 가지고 올바른 목적을 설정하여 부적절한 동기와 행동을 변화시키는 데 초점을 맞춘다고 하였어요.

④ 아들러의 심리치료는 A가 학교에 제대로 다니지 못했던 것이 권력 의지가 좌절된 원인임을 밝히는 데 초점을 둔다. ✕
▶ 아들러의 심리치료는 자신의 삶에 책임감을 가지고 올바른 목적을 설정하여 부적절한 동기와 행동을 변화시키는 데 초점을 맞춘다고 했죠? 따라서 권력 의지가 좌절된 원인을 밝히는 데 초점을 둔다는 내용은 아들러의 관점에 부합하지 않아요. 인간의 심리적 고통과 부적응의 원인을 밝히는 데 초점을 맞춘 것은 아들러가 아니라 프로이트였어요.

⑤ 프랭클의 심리치료는 A가 자신을 무가치한 존재로 여기는 실존적 공허감에서 벗어나 인생에 의미를 부여하도록 돕는다. ○
▶ 프랭클의 심리치료 기법인 의미 치료는 실존적 공허감에서 벗어날 수 있는 기법으로, 삶에 대한 책임 의식을 바탕으로 자신의 인생에 긍정적이고 가치 있는 의미를 부여하여 삶의 목적을 찾는 것을 핵심으로 한다고 했어요.

쌤이 그린 독해지도

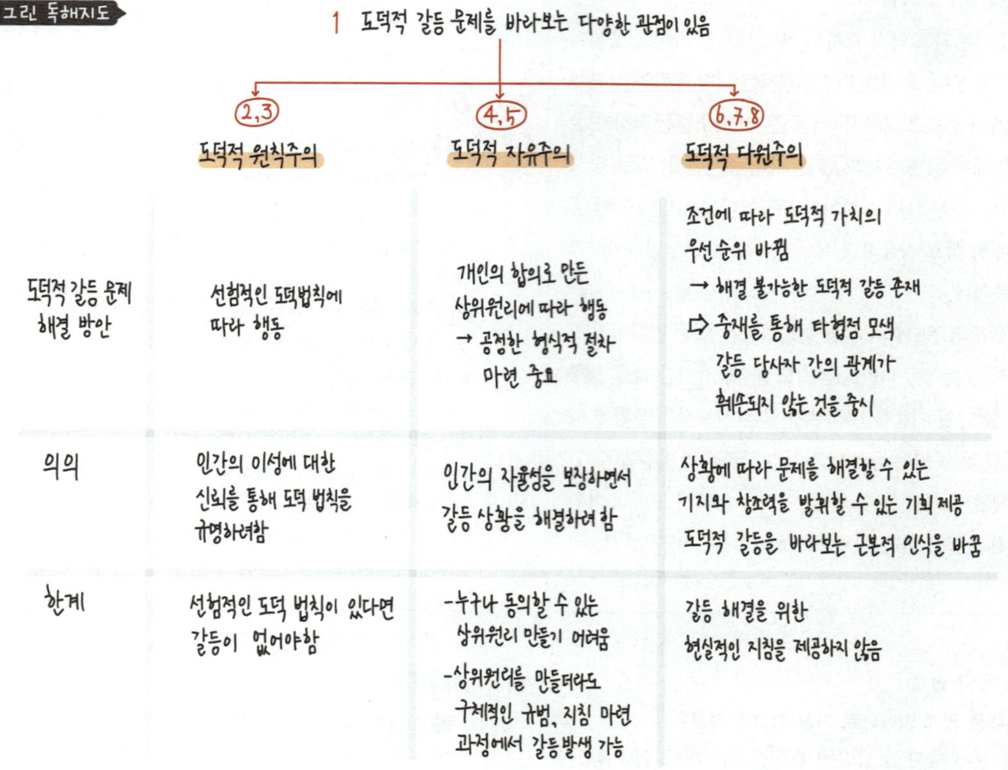

	도덕적 원칙주의 (2,3)	도덕적 자유주의 (4,5)	도덕적 다원주의 (6,7,8)
도덕적 갈등 문제 해결 방안	선험적인 도덕법칙에 따라 행동	개인의 합의로 만든 상위원리에 따라 행동 → 공정한 형식적 절차 마련 중요	조건에 따라 도덕적 가치의 우선 순위 바뀜 → 해결 불가능한 도덕적 갈등 존재 ⇨ 중재를 통해 타협점 모색 갈등 당사자 간의 관계가 훼손되지 않는 것을 중시
의의	인간의 이성에 대한 신뢰를 통해 도덕 법칙을 규명하려함	인간의 자율성을 보장하면서 갈등 상황을 해결하려 함	상황에 따라 문제를 해결할 수 있는 기지와 창의력을 발휘할 수 있는 기회 제공 도덕적 갈등을 바라보는 근본적 인식을 바꿈
한계	선험적인 도덕 법칙이 있다면 갈등이 없어야함	-누구나 동의할 수 있는 상위원리 만들기 어려움 -상위원리를 만들더라도 구체적인 규범, 지침 마련 과정에서 갈등 발생 가능	갈등 해결을 위한 현실적인 지침을 제공하지 않음

| 문장은 정교하게 & 문단은 정리하며 |

❶ 도움이 필요한 할머니를 외면하고 약속 시간을 지키는 것이 옳은가, 아니면 늦더라도 할머니를 돕는 것이 옳은가? 이렇게 대립하는 가치들 중 어떤 가치를 선택해야 하는가의 문제, 즉 도덕적 갈등 문제를 바라보는 다양한 관점이 있다.
　　▶ 도덕적 갈등 문제를 바라보는 다양한 관점

(의견이나 처지, 속성 따위가 서로 반대되거나 모순됨 또는 그런 관계)

❷ 먼저 ㉠도덕적 원칙주의자는 합리적인 이성을 통해 찾을 수 있는 선험적인 도덕 법칙이 존재한다고 본다. 그리고 모든 인간은 이를 반드시 따라야 한다고 주장한다. 따라서 도덕적 원칙주의자는 갈등 상황이 생겼을 때 주관적 욕구나 개인이 처한 상황을 고려하지 말고 도덕 법칙에 따라 행동하라고 말한다.
　　▶ 도덕적 원칙주의자의 관점

(경험에 앞서 이미 인간이 알고 있다고 주장하는 것)
(자기의 견해나 관점을 기초로 하는)

❸ 도덕적 원칙주의는 인간의 합리적인 이성을 신뢰하고 이를 통해 윤리적으로 올바른 삶이란 무엇인가를 ⓐ규명하려고 했다는 점에서 의의가 있다. 하지만 어느 사회에나 보편적으로 적용되는 선험적인 도덕 법칙이 존재한다면, 도덕적 갈등은 나타나지 않거나 나타나더라도 쉽게 해결이 돼야 하는데 실제로는 그렇지 않다는 점에서 한계가 있다.
　　▶ 도덕적 원칙주의의 의의와 한계

(모든 것에 두루 미치거나 통하는 것)

❹ ㉡도덕적 자유주의자는 도덕적 원칙주의자와 달리 선험적인 도덕 법칙이 존재하지 않는다고 본다. 대신 개인들이 합의를 통해 만든 상위 원리를 바탕으로 갈등을 해결해야 한다고 주장한다. 자신의 이익만을 생각하는 편협한 입장에서 벗어나 객관적이

(자기와의 관계에서 벗어나 제삼자의 입장에서 사물을 보거나 생각하는 것)
(한쪽으로 치우쳐 도량이 좁고 너그럽지 못한)

고 공평한 지점에서 상위 원리를 만들 수 있다고 보기 때문이다. 상위 원리를 통해 (법과 같은) 현실적인 규범이나 지침을 만들면 사람들이 이를 ⓑ준수함으로써 도덕적 갈등이 해결된다는 것이다. 따라서 도덕적 자유주의자는 공정한 형식적 절차를 마련하는 것을 최우선으로 삼는다.
　　▶ 도덕적 자유주의자의 관점

(생활이나 행동 따위의 지도적 방법이나 방향을 인도하여 주는 준칙)

❺ 도덕적 자유주의는 인간의 자율성을 ⓒ보장하면서 갈등 상황을 해결할 수 있는 현실적인 방법을 만들어 냈다는 데 의의가 있다. 하지만 누구나 동의할 수 있는 상위 원리를 만들어 내는 것이 항상 가능한 것은 아니다. 또한 합의를 통해 상위 원리를 만들었다고 하더라도 구체적인 규범과 지침을 마련하는 과정에서 또 다른 갈등이 발생할 수 있다.
　　▶ 도덕적 자유주의의 의의와 한계

(자기의 원칙에 따라 어떤 일을 하거나 스스로 자신을 통제하여 절제하는 성질이나 특성)

❻ 한편 도덕적 다원주의자는 해결 불가능한 도덕적 갈등이 있다고 주장한다. 이는 도덕적 가치의 우선순위를 판단하는 통일된 지표를 마련하는 것이 어려운 경우가 존재한다고 보기 때문이다. 가령 자유나 평등처럼 가치가 본래 지닌 내재 [가] 적 속성이 상충되어 어느 하나를 추구하다 보면 다른 것을 상대적으로 덜 중시할 수밖에 없는 경우도 있으며, 어떤 조건에서는 우선시되는 가치가 다른 조건에서는 그렇지 않은 경우도 있다.
　　▶ 도덕적 다원주의자의 관점 ①

(어떤 것을 먼저 차지하거나 사용할 수 있는 차례나 위치)
(방향이나 목적, 기준 따위를 나타내는 표지)
(어떤 현상이 안에 존재하는)
(맞지 아니하고 서로 어긋남)

7 따라서 도덕적 다원주의자는 중재를 통해 타협점을 ⓓ 모
색하는 방식을 제안한다. 가령 정의라는 가치가 중요하더라
도 특정 갈등 상황에서 배려라는 가치가 더 중요하다면 타협
을 통해 그것을 선택할 수도 있다고 말한다. 또한 타협하는
과정에서 기존의 도덕적 가치들 외에 새로운 가치를 생성할
수도 있다고 본다. 도덕적 다원주의자는 도덕적 갈등 상황에
서 어떤 가치가 옳고 그른지 판단하는 것보다 갈등 당사자 간
의 인간관계가 ⓔ 훼손되지 않는 것을 중시한다. 갈등 당사
자들이 서로 다른 도덕적 가치를 주장한다고 하더라도 한 공
동체 안에서 상호 작용하며 살아가야 하는 구성원들이라고
보기 때문이다. ▶ 도덕적 다원주의자의 관점 ②

8 도덕적 다원주의는 도덕적 갈등을 해결할 수 있는 현실적인 지
침을 제공하지 않는다는 비판을 받기도 한다. 하지만 갈등 상황
에서 따라야 할 단일 기준을 내세우지 않는다는 것은 상황에 따
라 문제를 해결할 수 있는 풍부한 기지와 창조력을 발휘할 수 있
는 기회를 제공한다고도 할 수 있다. 이러한 점에서 도덕적 다원
주의는 도덕적 갈등을 바라보는 근본적인 인식을 바꾸었다는 의
의가 있다. ▶ 도덕적 다원주의의 한계와 의의

---

01 [내용 전개 방식] 답 ②

〈발문〉 윗글의 내용 전개 방식으로 가장 적절한 것은?

① 도덕적 갈등 문제에 대한 상반된 관점을 제시하고 절충 방안을
모색하고 있다. ✕

▶ 도덕적 갈등 문제에 대한 상반된 관점이 아니라 다양한 관점이 제시되어
있어요. 또한 절충 방안 역시 나와 있지 않아요.

② 도덕적 갈등 문제에 대한 다양한 관점을 비교하면서 그 한계와
의의를 밝히고 있다. ○

▶ 도덕적 원칙주의, 도덕적 자유주의, 도덕적 다원주의 등 다양한 관점을 비
교하면서 각각의 한계와 의의를 밝히고 있어요.

③ 도덕적 갈등 문제에 대한 관점을 유형별로 나누면서 그 분류
기준의 문제점을 설명하고 있다. ✕

▶ 도덕적 갈등 문제에 대한 관점을 유형별로 나누기는 했지만, 분류 기준의
문제점을 설명하고 있지는 않아요.

④ 도덕적 갈등 문제에 대한 관점이 시대에 따라 달라지는 과정을
서술하고 새로운 관점이 나타날 것을 전망하고 있다. ✕

▶ 도덕적 갈등 문제에 대한 관점이 시대에 따라 달라지는 과정은 나와 있지
않아요. 새로운 관점이 나타날 것이라는 전망도 없어요.

⑤ 도덕적 갈등 문제에 대한 관점이 분화된 배경을 제시하고 관점
들이 혼재하게 될 경우 나타날 문제점을 서술하고 있다. ✕

▶ 도덕적 갈등 문제에 대한 관점이 분화된 배경은 나와 있지 않아요. 관점들
이 혼재하게 될 경우 나타날 문제점도 나오지 않았어요.

02 [내용 이해] 답 ③

〈발문〉 ㉠ 도덕적 원칙주의자와 ㉡ 도덕적 자유주의자에 대한 설명으
로 적절하지 않은 것은?

① ㉠ 도덕적 원칙주의자는 어느 사회에나 보편적으로 적용되는
도덕 법칙이 있다고 본다. ○

---

2 도덕적 원칙주의자는 합리적인 이성을 통해 찾을 수 있는 선험적
인 도덕 법칙이 존재한다고 본다. 그리고 모든 인간은 이를 반드시 따
라야 한다고 주장한다.

② ㉡ 도덕적 자유주의자는 상위 원리를 통해 현실적인 규범을 만
들 수 있다고 본다. ○

4 자신의 이익만을 생각하는 편협한 입장에서 벗어나 객관적이고
공평한 지점에서 상위 원리를 만들 수 있다고 보기 때문이다. 상위 원
리를 통해 법과 같은 현실적인 규범이나 지침을 만들면 사람들이 이
를 준수함으로써 도덕적 갈등이 해결된다는 것이다.

③ ㉠ 도덕적 원칙주의자는 ㉡ 도덕적 자유주의자와 달리 도덕적
가치의 우선순위를 판단할 수 있다고 본다. ✕

▶ ㉠ '도덕적 원칙주의자'는 선험적인 도덕 법칙, 즉 인간이라면 경험하지 않
았더라도 공통적으로 알 수 있는 보편적인 도덕 법칙이 있다고 주장했어요. 그
리고 ㉡ '도덕적 자유주의자'는 합의를 통해 상위 원리를 만들 수 있다고 주장
했죠. 여기서 '선험적 도덕 법칙'이나 '상위 원리'는, 도덕적 원칙주의자나 도덕
적 자유주의자가 다른 가치보다 우선적이라고 여기는 도덕적 가치에 해당해
요. 따라서 ㉠과 ㉡ 모두 도덕적 가치의 우선순위를 판단할 수 있다고 본다는
것을 알 수 있어요.

④ ㉡ 도덕적 자유주의자는 ㉠ 도덕적 원칙주의자와 달리 선험적
인 도덕 법칙을 인정하지 않는다. ○

2 도덕적 원칙주의자는 합리적인 이성을 통해 찾을 수 있는 선험적
인 도덕 법칙이 존재한다고 본다.

4 도덕적 자유주의자는 도덕적 원칙주의자와 달리 선험적인 도덕
법칙이 존재하지 않는다고 본다.

⑤ ㉠ 도덕적 원칙주의자와 ㉡ 도덕적 자유주의자 모두 도덕적 갈
등 상황을 해결할 수 있다고 본다. ○

▶ ㉠ '도덕적 원칙주의자'와 ㉡ '도덕적 자유주의자' 모두 각각의 방식을 통해
도덕적 갈등 상황을 해결할 수 있다고 보고 있어요.

03 [구체적 사례에 적용] 답 ②

〈발문〉 [가]의 '도덕적 다원주의자'의 관점에서 〈보기〉를 설명한 내용
으로 가장 적절한 것은?

〈보기〉

A는 친구 B에게 1,000만 원을 빌렸지만 형편이 어려워 B에게 돈을
갚지 못했다. 이에 B는 소송을 제기했다. ㉮ 판사 C는 A의 상황이 딱
하다고 생각했으나 A가 법을 어긴 것은 잘못이라고 판단하여, A가 B
에게 돈을 갚으라고 판결하였다.

한편, 판사 C의 친구 D는 C에게서 1,000만 원을 빌렸지만 형편이
어려워 C에게 돈을 갚지 못하고 있다. 이에 ㉯ C는 소송을 제기할 것
을 고민했으나, 친구의 어려움을 배려하는 것이 더 중요하다고 생각
해서 소송을 단념했다.

▶ [가]의 도덕적 다원주의자는 해결 불가능한 도덕적 갈등이 있고, 도덕
적 가치의 우선순위를 판단하기가 어려운 경우가 있다고 보았어요. 속성
이 서로 충돌하는 가치들이 존재할 수도 있고, 조건에 따라 우선시되는
가치가 달라질 수도 있으니까요. 이런 관점에서 〈보기〉를 볼까요? 판사
C는 유사한 두 상황에 대해서 각기 다른 판단을 내리고 있어요. ㉮에서는
돈을 빌린 사람이 돈을 갚게끔 판사다운(?) 판결을 내렸지만, ㉯에서는
돈을 빌린 친구의 어려움을 배려하는 모습을 보여 주고 있어요. 즉, 같은
상황에서도 조건에 따라 우선시된 가치가 달라졌음을 확인할 수 있어요.

① ㉮와 ㉯에서 C가 올바른 가치 판단을 하기 위해서는 ~~통일된 지 표가 있어야 한다.~~ ✗

> **근거 찾기**
> **⑥** 도덕적 다원주의자는 해결 불가능한 도덕적 갈등이 있다고 주장
> 한다. 이는 도덕적 가치의 우선순위를 판단하는 통일된 지표를 마련
> 하는 것이 어려운 경우가 존재한다고 보기 때문이다.

②✓ ㉮와 ㉯에서 C가 서로 다르게 판단한 것은 조건에 따라 가치의
우선순위가 다를 수 있기 때문이다. ○

▶ ㉮에서 C는 법을 우선시하고 있으며, ㉯에서 C는 친구의 어려움을 배려하
는 것을 우선시하고 있어요. 도덕적 다원주의자는 C의 서로 다른 판단을 조건
에 따라 가치의 우선순위가 달라진 것으로 이해할 거예요.

> **근거 찾기**
> **⑥** 가령 자유나 평등처럼 가치가 본래 지닌 내재적 속성이 상충되어
> 어느 하나를 추구하다 보면 다른 것을 상대적으로 덜 중시할 수밖에
> 없는 경우도 있으며, 어떤 조건에서는 우선시되는 가치가 다른 조건
> 에서는 그렇지 않은 경우도 있다.

③ ㉮에서 C가 우선시한 가치와 ㉯에서 C가 우선시한 가치는 ~~동 일하다.~~ ✗

▶ ㉮에서 C는 법을 우선시했고, ㉯에서 C는 친구의 어려움을 배려하는 것을
우선시했어요. 따라서 ㉮에서 C가 우선시한 가치와 ㉯에서 C가 우선시한 가
치는 동일하지 않아요.

④ ㉮에서 ~~C는 통일된 지표에 따라 판단하였고,~~ ㉯에서 C는 ~~조건~~
~~에 따라 판단하였다.~~ ✗

▶ ㉮에서 C가 우선시한 가치와 ㉯에서 C가 우선시한 가치가 다르기 때문에
통일된 지표가 존재한다고 볼 수는 없어요. 한편 ㉯에서 C는 조건에 따라 ㉮
와 다른 판단을 내렸기 때문에, '㉯에서 C는 조건에 따라 판단하였다'는 적절
한 설명이에요.

⑤ ㉮에서는 ~~두 가치 간의 내재적 속성이 상충~~되지만, ㉯에서는
두 가치 간의 내재적 속성이 상충되지 ~~않는다.~~ ✗

▶ ㉮와 ㉯ 모두, 법을 지키는 것과 친구의 어려움을 배려하는 것 사이에서 내
재적 속성이 상충된다고 볼 수 있어요.

04 [구체적 사례에 적용] 답 ③

〈발문〉 윗글을 바탕으로 〈보기〉에 대해 보인 반응으로 적절하지 <u>않은</u>
것은? [3점]

> 〈보기〉
> 이웃에 살고 있는 갑과 을은 공공장소에 CCTV 설치를 확대해야 하
> 는가를 두고 갈등하고 있다. 갑은 CCTV가 없는 곳에서 범죄를 당한
> 적이 있다며, 공공의 안전이라는 가치를 위해 CCTV 수를 늘려야 한
> 다고 주장한다. 반면 을은 CCTV로 인해 개인정보가 노출된 적이 있
> 다며, 사생활 보호라는 가치를 위해 CCTV 수를 늘리면 안 된다고 주
> 장한다.

① 도덕적 원칙주의자는 CCTV 설치 확대를 둘러싼 갈등을 해결
하는 데 갑이 범죄를 당한 적이 있다는 사실을 고려해서는 안
된다고 생각하겠군. ○

▶ 도덕적 원칙주의자는 갈등 상황이 생겼을 때 개인이 처한 상황을 고려하지
말고 도덕 법칙에 따라 행동해야 한다고 했어요. 그러므로 도덕적 원칙주의자는
갑이 범죄를 당한 적이 있다는 사실을 고려해서는 안 된다고 생각할 거예요.

> **근거 찾기**
> **②** 도덕적 원칙주의자는 갈등 상황이 생겼을 때 주관적 욕구나 개인
> 이 처한 상황을 고려하지 말고 도덕 법칙에 따라 행동하라고 말한다.

② 도덕적 자유주의자는 공정한 절차에 따른 합의에 의해 CCTV
설치 확대가 결정된다면 을은 그 결정을 따라야 한다고 생각하
겠군. ○

▶ 도덕적 자유주의자는 개인들의 합의를 통해 만든 상위 원리를 따라야 한다
고 주장했어요. 따라서 공정한 형식적 절차에 따라 CCTV 설치 확대라는 상위
원리가 만들어졌다면 그 결정을 따라야 한다고 생각할 거예요.

> **근거 찾기**
> **④** 도덕적 자유주의자는 ~ 개인들이 합의를 통해 만든 상위 원리를
> 바탕으로 갈등을 해결해야 한다고 주장한다.

③✓ 도덕적 자유주의자는 CCTV로 인해 개인정보가 노출된 적이
있는 을의 입장이 고려되어 한다는 점에서 갑이 양보해야 한다
고 생각하겠군. ✗

▶ 도덕적 자유주의자는 자신의 이익만을 생각하는 편협한 입장에서 벗어나
야 한다고 주장했어요. 따라서 을의 입장만을 생각하는 것이 아니라, 객관적
이고 공평한 지점에서 상위 원리를 만들어야 한다고 생각할 거예요.

> **근거 찾기**
> **④** 자신의 이익만을 생각하는 편협한 입장에서 벗어나 객관적이고
> 공평한 지점에서 상위 원리를 만들 수 있다고 보기 때문이다.

④ 도덕적 다원주의자는 갑과 을이 CCTV 설치 확대 문제를 이분
법적으로 결정하기보다는 타협할 수 있는 지점을 찾아야 한다
고 생각하겠군. ○

> **근거 찾기**
> **⑦** 도덕적 다원주의자는 중재를 통해 타협점을 모색하는 방식을 제
> 안한다.

⑤ 도덕적 다원주의자는 갑과 을이 CCTV 설치 확대 문제를 둘러
싼 갈등으로 인해 둘 사이의 관계가 나빠지지 않도록 하는 것
이 중요하다고 생각하겠군. ○

> **근거 찾기**
> **⑦** 도덕적 다원주의자는 도덕적 갈등 상황에서 어떤 가치가 옳고 그
> 른지 판단하는 것보다 갈등 당사자 간의 인간관계가 훼손되지 않는
> 것을 중시한다.

05 [어휘] 답 ③

〈발문〉 ⓐ~ⓔ의 사전적 의미로 적절하지 <u>않은</u> 것은?

① ⓐ 규명 : 어떤 사실을 자세히 따져서 바로 밝힘. ○

② ⓑ 준수 : 전례나 규칙, 명령 따위를 그대로 좇아서 지킴. ○

③✓ ⓒ 보장 : 잘 보호하여 기름. ✗

▶ '보장'은 '어떤 일이 어려움 없이 이루어지도록 조건을 마련하여 보증하거
나 보호함'이라는 뜻이에요. '잘 보호하여 기름'이라는 뜻을 가진 말은 '보양'
이에요.

④ ⓓ 모색 : 일이나 사건 따위를 해결할 수 있는 방법이나 실마리
를 더듬어 찾음. ○

⑤ ⓔ 훼손 : 헐거나 깨뜨려 못 쓰게 만듦. ○

01 ③ 02 ⑤ 03 ① 04 ④ [2016년 9월 고2 전국연합]

샘이 그린 독해지도

1 도입 : 회사 vs 창업 , 무엇이 더 이득일까?
   Ex) 연봉 3,600만원 철수의 제과점 창업

2 회계학적 이윤 = 총수입 – 명시적 비용
   철수의 회계학적 이윤 = 총수입 – (재료비 + 직원인건비 + 대출이자 + 세금)
   = 1억원 – (1,000만원 + 3,500만원 + 500만원 + 400만원)
   = 4,600 만원

3 경제학적 이윤
   = 총수입 – (명시적비용 + 암묵적 비용)
   선택 때문에 포기한
   활동으로 얻을 수 있는 가치
   (임대료 , 연봉, 이자수익)

   철수의 경제학적 이윤
   = 총수입 – (명시적 비용 + 연봉 + 임대료 + 이자수익)
   = 1억원 – (5,400만원 + 3,600만원 + 1,000만원 + 600만원)
   창업 후 정확한 이윤을 알기 위해서는
   경제학적 이윤을 따져 보아야 함

4 손익분기점
   : 총수입 = 총비용인 지점
   고정비   변동비
   인건비   (재료비)
   임대료
   이자
   세금

   암묵적 비용이 반영되지 않기 때문에
   경제학적 이윤과 함께 따져 보아야 함

| 문장은 정교하게 & 문단은 정리하며 |

❶ 직장인들이 퇴사를 결심하고 창업을 하는 큰 이유 중 하나는 (사업 따위를 처음으로 이루어 시작함) 더 많은 이윤을 얻기 위함일 것이다. 그렇다면 창업을 고려할 때, (장사 따위를 하여 남은 돈) (생각하고 헤아려 봄) 회사를 다닐 때와 창업 후의 이윤을 비교해 볼 필요가 있는데, 연봉 3,600만 원의 직장인 철수가 제과점을 개업한 사례를 들어 이를 알아보자. ▶ 회사를 다닐 때와 창업 후의 이윤 비교 – 직장인 철수의 개업 사례

❷ 2014년, 철수는 여유 자금 2억 원에 1억 원의 은행 대출을 받아 본인이 소유하고 있던 매장에 제과점을 개업했다. 1년 동안, 철수의 총수입과 제과점 ⓐ 운영을 위해 직접 소비한 명시적 비용은 〈표〉와 같다. 총수입에서 명시적 비용을 뺀 회계학적 이윤은 4,600만 원이다. (내용이나 뜻을 분명하게 드러내 보이는 것) 그렇다면 철수는 회사를 다닐 때보다 이윤이 늘어난 것일까? ▶ 회계학적 이윤을 통한 이윤 파악

	총수입	1억 원
명시적 비용	재료비	1,000만 원
	직원 인건비	3,500만 원
	대출 이자	500만 원
	세금	400만 원
회계학적 이윤		4,600만 원

❸ 창업 후의 정확한 이윤을 알기 위해서는, 총수입에서 명시적 비용을 뺀 ㉠ '회계학적 이윤'보다는 ㉡ '경제학적 이윤'을 따져 보아야 한다. 경제학적 이윤은 총수입에서 명시적 비용과 암묵적 비용을 뺀 금액이다. 암묵적 비용은 어떤 선택 때문에 포기한 활동을 통해 얻을 수 있는 가치로, 철수의 경우 직장을 계속 다녔다면 1년 동안 벌 수 있었던 3,600만 원과 본인 소유의 매장을 다른 사람에게 임대하여 받을 수 있는 임대료 1,000만 원, 또 제과점 (돈을 받고 자기의 물건을 남에게 빌려줌) 을 열기 위해 사용한 자본금을 은행에 예금하여 받을 수 있는 이자 수익 600만 원(예금금리 3% 가정)을 합한 금액인 5,200만 원이 암묵적 비용에 해당할 것이다. 철수네 제과점은 회계학적 이윤으로는 이익이 발생했지만, 철수가 ⓑ 간과한 암묵적 비용까지 (잃어버리거나 축나서 손해를 봄. 또는 그 손해) 고려한다면 경제학적 이윤으로는 600만 원의 손실을 본 셈이다. ▶ 경제학적 이윤을 통한 이윤 파악

❹ 또한 '손익분기점'을 사용하여 이윤을 ⓒ 파악할 수도 있다. 손익분기점이란 일정 기간에 발생하는 총수입과 투입된 총비용이 같아 손실도 이익도 발생하지 않는 지점이다. 손익분기점은 고정

비와 매출액에 대한 변동비의 비율을 활용하여 계산하는데, 고정비는 (직원 인건비와 가게 임대료, 대출 이자, 세금)과 같이 매출과 관련 없이 고정적으로 발생하는 비용이며, 변동비는 재료비처럼 매출에 따라 변하는 비용이다. 총수입이 늘거나, ⓓ 투입된 총비용이 줄면 손익분기점은 낮아진다. 이처럼 손익분기점은 총수입과 총비용과의 관계에서 손실이 발생하지 않는 매출 수준을 알 수 있다는 장점이 있지만, 손익분기점 역시 암묵적인 비용이 ⓔ 반영되지 않기 때문에 창업을 고려할 때는 경제학적 이윤과 함께 따져 보는 것이 필요하다.

▶ 손익분기점을 통한 이윤 파악

01 [내용 전개 방식] 답 ③

〈발문〉 윗글의 서술 방식으로 가장 적절한 것은?

① 예외적인 현상을 통해 경제학적 이론의 형성 과정을 제시하고 있다. ✕
▶ 예외적인 현상이나 경제학적 이론의 형성 과정을 보여 주고 있지는 않아요. 지문은 철수의 제과점 창업이라는 일반적인 사례를 들어 경제학적 개념을 설명하고 있어요.

② 하나의 경제학 관점으로 다양한 이론의 장·단점을 비교하고 있다. ✕
▶ 특정한 경제학 관점이 드러나 있지 않으며, 다양한 이론의 장·단점을 비교하는 것이 아니라, 이윤을 따져 보는 다양한 방법을 소개하고 있어요.

③ 경제학적 개념을 구체적인 사례를 들어 이해하기 쉽게 설명하고 있다. ○
▶ 경제학에서 사용하는 여러 가지 이윤 개념을 철수의 제과점 창업 사례를 들어 쉽게 설명하고 있어요.

④ 전문가의 견해를 인용하여 문제를 해결하기 위한 방안을 검토하고 있다. ✕
▶ 지문에 전문가의 견해는 나타나 있지 않아요.

⑤ 여러 사례의 공통점을 추출하여 새로운 경제학적 개념을 도출하고 있다. ✕
▶ 지문에는 철수의 제과점 창업 사례 하나만 제시되어 있어요. 하나의 사례를 통해 이윤을 따져 보는 다양한 방법을 살펴보고 있을 뿐, 여러 사례의 공통점을 추출하거나 이를 통해 새로운 경제학적 개념을 도출하고 있지는 않아요.

02 [내용 이해] 답 ⑤

〈발문〉 ㉠ 회계학적 이윤과 ㉡ 경제학적 이윤에 대한 이해로 적절하지 않은 것은?

▶ 3문단에서 ㉠ '회계학적 이윤'은 '총수입에서 명시적 비용을 뺀' 것이라고 하였고, ㉡ '경제학적 이윤'은 '총수입에서 명시적 비용과 암묵적 비용을 뺀 금액'이라고 하였어요. 이런 경우 지문을 읽으면서 간단한 수식을 적어 놓으면 좋아요.

회계학적 이윤=총수입-명시적 비용
경제학적 이윤=총수입-명시적 비용-암묵적 비용
　　　　　　혹은 총수입-(명시적 비용+암묵적 비용)

이렇게 정리하니 두 개념의 차이가 한눈에 보이죠?
① 총수입의 변화가 없을 때, 명시적 비용이 줄면 ㉠ 회계학적 이윤은 늘어난다. ○
▶ [㉠ '회계학적 이윤'=총수입-명시적 비용]이므로 총수입의 변화가 없을 때 명시적 비용이 줄어들면 회계학적 이윤이 늘어나요.

② ㉡ 경제학적 이윤에는 제과점 운영을 위해 직접 소비한 비용이 반영되어 있다. ○
▶ [㉡ '경제학적 이윤'=총수입-(명시적 비용+암묵적 비용)]이에요. 여기서 명시적 비용이란 재료비, 직원 인건비, 대출 이자, 세금 등 가게 운영을 위해 지불되는 비용을 말해요. 제과점 운영을 위해 직접 소비한 비용은 명시적 비용에 해당하므로 ㉡ 경제학적 이윤에 반영되어 있어요.

③ ㉠ 회계학적 이윤과 달리 ㉡ 경제학적 이윤에는 암묵적 비용이 반영되어 있다. ○
▶ [㉠ '회계학적 이윤'=총수입-명시적 비용]이고, [㉡ '경제학적 이윤'=총수입-(명시적 비용+암묵적 비용)]이에요. 암묵적 비용은 ㉡ '경제학적 이윤'에만 반영되어 있어요.

④ ㉡ 경제학적 이윤에 이익이 발생할 경우 ㉠ 회계학적 이윤에도 항상 이익이 발생한다. ○
▶ [㉠ '회계학적 이윤'=총수입-명시적 비용]이고, [㉡ '경제학적 이윤'=총수입-(명시적 비용+암묵적 비용)]이었죠? 두 식을 비교해 보면 ㉡ '경제학적 이윤'은 ㉠ '회계학적 이윤'에서 '암묵적 비용'을 추가로 더 뺀다는 것을 알 수 있어요. 암묵적 비용이 0인 경우를 제외하면, ㉡ '경제학적 이윤'은 항상 ㉠ '회계학적 이윤'보다 작을 수밖에 없겠네요. 따라서 ㉡ '경제학적 이윤'에 이익이 발생하면, ㉠ '회계학적 이윤' 역시 이익이 발생한다고 할 수 있어요.

⑤ 정확한 이윤을 알기 위해서는 ㉡ 경제학적 이윤보다는 ㉠ 회계학적 이윤을 확인해야 한다. ✕
▶ ㉠ '회계학적 이윤'은 암묵적 비용을 간과하고 계산한 이익이기 때문에, 정확한 이윤을 알기 위해서는 총수입, 명시적 비용, 암묵적 비용을 모두 고려하는 ㉡ '경제학적 이윤'을 확인해야 해요.

> **근거 찾기**
>
> ❸ 창업 후의 정확한 이윤을 알기 위해서는, 총수입에서 명시적 비용을 뺀 '회계학적 이윤'보다는 '경제학적 이윤'을 따져 보아야 한다.

03 [구체적 사례에 적용] 답 ①

〈발문〉 〈보기〉는 철수의 2015년 결산 자료이다. 윗글을 바탕으로, 〈보기〉를 이해한 것으로 적절하지 않은 것은? [3점]

〈보기〉

2015년 제과점의 총수입		1억 원
명시적 비용	재료비	800만 원
	직원 인건비	3,500만 원
	대출 이자	500만 원
	세금	400만 원
회계학적 이윤		4,800만 원

※ 암묵적 비용은 2014년과 동일함.

▶ 이 문항의 선택지를 보면 지문에 제시된 2014년의 제과점 이윤과 〈보기〉에 제시된 2015년의 제과점 이윤을 비교하고 있어요. 따라서 2014년의 이윤을 염두에 두며 풀어야 해요.
2014년의 회계학적 이윤은 4,600만 원이고 경제학적 이윤은 -600만 원(1억 원-5,400만 원-5,200만 원)이에요.
한편, 2015년의 회계학적 이윤은 4,800만 원이고, 암묵적 비용은 2014년과 동일하다고 했으므로, 경제학적 이윤은 -400만 원(1억 원-5,200만 원-5,200만 원)이겠네요.

① 2015년의 손익분기점은 2014년에 비해 낮아졌군. ✕
▶ 4문단에서 손익분기점은 총수입이 늘거나, 투입된 총비용이 줄면 낮아진다고 했어요. 여기서 총비용은 명시적 비용만을 의미해요. 손익분기점 역시 암묵적 비용을 반영하지 않기 때문이에요. 이제 손익분기점을 비교해 볼까요? 지문에 제시된 2014년의 총수입과 〈보기〉에 제시된 2015년의 총수입은 1억 원으로 같네요. 그런데 명시적 비용에서 2014년의 재료비는 1,000만 원, 2015년의 재료비는 800만 원으로 차이가 있어요. 이외에 직원 인건비, 대출 이자, 세

금은 모두 동일하므로 2015년의 총비용은 2014년에 비해 200만 원 감소하였음을 확인할 수 있어요. 즉, 전년도에 비해 총비용이 줄어들었으므로 2015년의 손익분기점은 낮아졌음을 알 수 있어요.

❹ 총수입이 늘거나, 투입된 총비용이 줄면 손익분기점은 낮아진다. 이처럼 손익분기점은 총수입과 총비용과의 관계에서 손실이 발생하지 않는 매출 수준을 알 수 있다는 장점이 있지만, 손익분기점 역시 암묵적인 비용이 반영되지 않기 때문에 ~

② 2015년에도 경제학적 이윤으로는 손실을 보았군. ⭕
▶ '경제학적 이윤=총수입－(명시적 비용+암묵적 비용)'이에요. 〈보기〉를 통해 2015년의 총수입은 1억 원이고, 명시적 비용은 5,200만 원임을 확인할 수 있어요. 암묵적 비용은 2014년과 동일하다고 했으니 5,200만 원이네요. 즉, 2015년의 경제학적 이윤은 '1억 원－(5,200만 원+5,200만 원)'이므로 400만 원의 손실을 보았음을 알 수 있어요.

③ 2014년과 2015년에 고정비로 지출한 금액은 동일하군. ⭕
▶ 고정비는 직원 인건비와 가게 임대료, 대출 이자, 세금과 같이 매출과 관련 없이 고정적으로 발생하는 비용이에요. 지문과 〈보기〉에 제시된 직원 인건비, 대출 이자, 세금의 비용은 모두 동일해요. 참고로, 가게는 본인이 소유하고 있던 매장이므로 임대료가 들지 않아요.

❹ 고정비는 직원 인건비와 가게 임대료, 대출 이자, 세금과 같이 매출과 관련 없이 고정적으로 발생하는 비용이며, 변동비는 재료비처럼 매출에 따라 변하는 비용이다.

④ 2014년에 비해 2015년의 회계학적 이윤이 높아진 것은 변동비가 줄었기 때문이군. ⭕
▶ 변동비는 재료비처럼 매출에 따라 변하는 비용이에요. 지문에 제시된 2014년 재료비는 1,000만 원이고, 〈보기〉에 제시된 2015년 재료비는 800만 원으로 비용이 감소하였어요. 회계학적 이윤은 '총수입－명시적 비용'으로 계산하는데, 재료비는 명시적 비용에 포함돼요. 변동비인 재료비가 줄었기 때문에 2014년보다 2015년의 회계학적 이윤이 200만 원 높아졌음을 알 수 있어요.

❹ 고정비는 직원 인건비와 가게 임대료, 대출 이자, 세금과 같이 매출과 관련 없이 고정적으로 발생하는 비용이며, 변동비는 재료비처럼 매출에 따라 변하는 비용이다.

⑤ 2015년의 직원 인건비, 대출 이자, 세금은 제과점의 총수입과 관련 없이 고정적으로 발생하였군. ⭕
▶ 직원 인건비, 대출 이자, 세금은 총수입과 관련 없이 고정적으로 발생하는 고정비에 해당해요.

※ 이 문제는 더 간단히 풀 수도 있어요. 지문의 2014년도 이윤과 〈보기〉의 2015년도 이윤의 차이는 '재료비'밖에 없다는 걸 눈치챘다면 말이에요. '재료비'는 '명시적 비용'이자 '변동비'이고, 2015년에는 2014년에 비해 200만 원 줄어들었어요. 이때 확인할 수 있는 이윤 개념은?
• '회계학적 이윤'은 '총수입 － 명시적 비용(+ 200만 원)'이므로 4,600만 원(2014년) → 4,800만 원(2015년)
▶ ④ 2014년에 비해 2015년의 회계학적 이윤이 높아진 것은 변동비가 줄었기 때문이군. ⭕
• '경제학적 이윤'은 '총수입 － 명시적 비용(+ 200만 원) － 암묵적 비용'이므로 － 600만 원(2014년) → － 400만 원(2015년)
▶ ② 2015년에도 경제학적 이윤으로는 손실을 보았군. ⭕
• '고정비'는 변하지 않음
▶ ③ 2014년과 2015년에 고정비로 지출한 금액은 동일하군. ⭕
▶ ⑤ 2015년의 직원 인건비, 대출 이자, 세금은 제과점의 총수입과 관련 없이 고정적으로 발생하였군. ⭕

04 [어휘] 답 ④

〈발문〉 ⓐ~ⓔ의 사전적 의미로 적절하지 않은 것은?
① ⓐ 운영 : 어떤 대상을 관리하고 운용하여 나감. ⭕
② ⓑ 간과 : 큰 관심 없이 대강 보아 넘김. ⭕
③ ⓒ 파악 : 어떤 대상의 내용이나 본질을 확실하게 이해하여 앎. ⭕
✅ ④ ⓓ 투입 : 귀중한 물품이나 정보를 밖으로 내보냄. ❌
▶ '투입'은 '사람이나 물자, 자본 따위를 필요한 곳에 넣음'이라는 뜻이에요. '귀중한 물품이나 정보를 밖으로 내보냄'이라는 뜻을 가진 말은 '유출'이에요.
⑤ ⓔ 반영 : 다른 것에 영향을 받아 어떤 현상이 나타남. ⭕

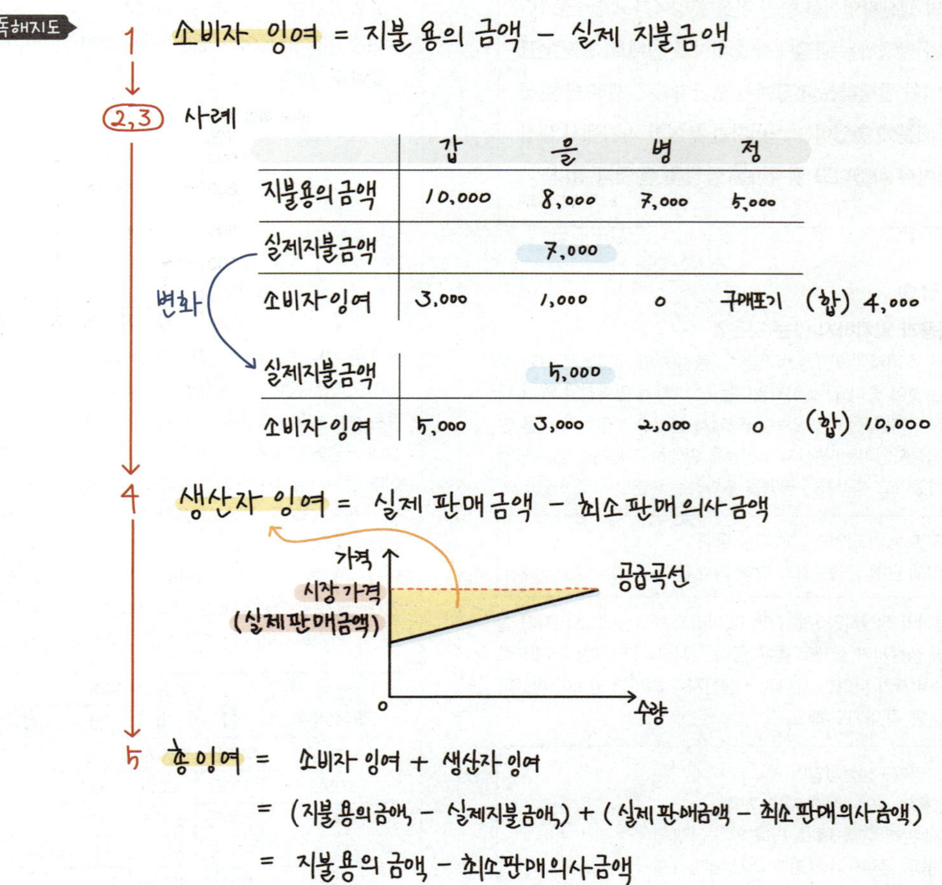

| 문장은 정교하게 & 문단은 정리하며 |

1 시장에서 소비자가 상품을 구매하는 것은 해당 재화를 통해 ㉠ 만족감을 얻기 위해서이다. 이 만족감은 소비자가 해당 상품에 부여한 가치이며 이를 위해 소비자는 일정한 금액을 지불할 용의가 있다. 그런데 소비자와 생산자의 수요와 공급에 의해 결정된 시장 가격(균형 가격)은 일반적으로 소비자가 지불할 용의가 있는 금액과 차이가 있다. 소비자가 만족감을 얻기 위해 해당 상품에 대해 지불할 용의가 있는 금액에서 실제로 지불한 가격을 빼면 그 구매에서 소비자가 얻는 이득이 되는데 이를 '소비자잉여'라고 한다.
▶ 소비자잉여의 개념

사람이 바라는 바를 충족시켜 주는 모든 물건
사물이나 일에 가치 · 의의 따위를 붙여 줌
어떤 일을 하려고 마음을 먹음 또는 그 마음
소비자잉여 : 지불 용의 금액 - 실제 지불 금액

2 예를 들어 S라는 ㉡ 장난감을 구매하기 위해 갑, 을, 병, 정 네 사람이 시장에 갔다고 하자. 장난감을 구매하는 데 갑은 1만 원, 을은 8천 원, 병은 7천 원, 정은 5천 원을 지불할 용의가 있다. 그런데 장난감의 시장 가격이 7천 원일 경우 소비자잉여는 어떻게 될까?
▶ 소비자잉여 이해를 위한 사례 제시 ①

3 갑, 을, 병은 장난감의 시장 가격이 본인들이 지불할 용의가 있는 금액보다 같거나 낮기 때문에 장난감을 구매할 것이고 정은 구매를 포기할 것이다. 이때 갑은 3천 원의 소비자잉여가 발생하고,

을은 1천 원의 소비자잉여가 발생한다. 그리고 병은 지불할 용의가 있는 금액과 장난감의 시장 가격이 같기 때문에 소비자잉여는 발생하지 않는다. 따라서 소비자잉여의 합은 4천 원이 되는 것이다. 그런데 장난감의 시장 가격이 5천 원으로 하락하면 소비자잉여는 어떻게 될까? 시장 가격이 하락함으로써 갑과 을은 2천 원의 추가 소비자잉여가 발생하고, 병은 최초로 2천 원의 소비자잉여가 발생한다. 하지만 시장 가격이 5천 원으로 형성되어도 정의 소비자잉여는 발생하지 않는다.
▶ 소비자잉여 이해를 위한 사례 제시 ②

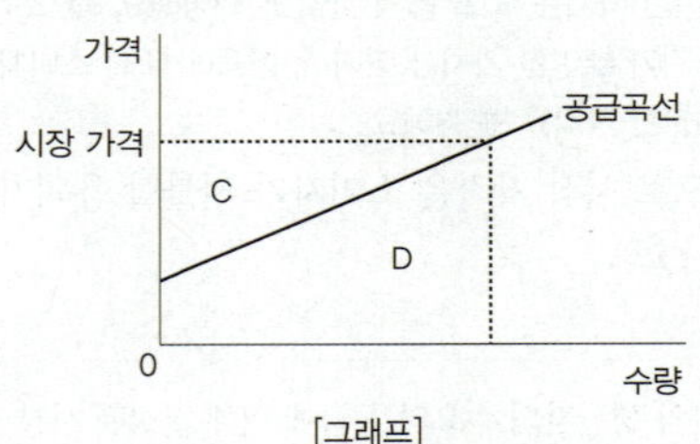

4 소비자잉여와 대응되는 개념으로 '생산자잉여'가 있다. 생산자잉여는 생산자가 상품을 판매하고 실제로 받은 금액 중 최소한 받아야 하겠다고 생각하는 금액을 초과하는 부분을 뜻한다. 즉 생산자잉여는 생산자가 시장에서 실제로 받은 금액에서 생산자가

생산자잉여 : 실제 판매 금액 - 최소 판매 의사 금액

최소한 받아야 하겠다고 생각하는 금액을 뺀 것과 같다. [그래프]
에서 공급곡선과 시장 가격에서 수평으로 그어 만들어진 면적(C)
이 생산자잉여가 된다.
▶ 생산자잉여의 개념

5 소비자잉여와 생산자잉여를 합친 것을 총잉여라고 한다. 그런
<u>총잉여 : 소비자잉여＋생산자잉여</u>
데 소비자잉여가 발생하는 과정에서 소비자가 실제로 지불한 금
액과 생산자잉여가 발생하는 과정에서 생산자가 실제로 받은 금
액은 동일하기 때문에 총잉여는 소비자가 부여한 가치에서 생산
자가 최소한 받아야 하겠다고 생각하는 금액을 뺀 것과 같다.
▶ 총잉여의 개념

01 [내용 이해] 답 ③

〈발문〉 윗글의 내용과 일치하지 않는 것은?

▶ 지문을 읽으면서 '소비자잉여', '생산자잉여', '총잉여'의 개념을 간단한 수
식으로 정리해 놓는 것이 좋아요. 소비자잉여는 '소비자가 만족감을 얻기 위
해 해당 상품에 대해 지불할 용의가 있는 금액에서 실제로 지불한 가격을 뺀
값'이라고 하였고, 생산자잉여는 '생산자가 상품을 판매하고 실제로 받은 금액
중 최소한 받아야 하겠다고 생각하는 금액을 초과하는 부분'이라고 하였어요.

- 소비자잉여＝지불 용의 금액－실제 지불 금액
- 생산자잉여＝실제 판매 금액－최소 판매 의사 금액

총잉여는 '소비자잉여와 생산자잉여를 합친 것'이라고 하였는데, 소비자가 실
제로 지불한 금액과 생산자가 실제로 받은 금액은 시장 가격(균형 가격)으로
동일하기 때문에 '소비자가 부여한 가치에서 생산자가 최소한 받아야 하겠다
고 생각하는 금액을 뺀 것'이기도 해요.

- 총잉여＝소비자잉여＋생산자잉여
   ＝(지불 용의 금액－실제 지불 금액)
   ＋(실제 판매 금액－최소 판매 의사 금액)
   ＝지불 용의 금액－최소 판매 의사 금액

① 시장 가격의 변동에 따라 소비자잉여는 변화한다. ○

▶ '소비자잉여＝지불 용의 금액－실제 지불 금액'이에요. 시장 가격이란 소비
자가 상품을 구매하면서 지불하는 금액으로, 소비자잉여의 수식에서 '실제 지
불 금액'에 해당해요. 따라서 시장 가격의 변동에 따라 소비자잉여가 변화한
다는 설명은 적절해요.

② 소비자잉여와 생산자잉여의 합을 총잉여라고 한다. ○

5 소비자잉여와 생산자잉여를 합친 것을 '총잉여'라고 한다.

③ 소비자잉여는 상품에 대해 소비자가 부여한 가치이다. ✕

▶ '소비자잉여＝지불 용의 금액－실제 지불 금액'이라고 했죠? 상품에 대해
소비자가 부여한 가치는 '지불 용의 금액'에 해당해요. 즉, 소비자잉여는 상품
에 대해 소비자가 부여한 가치가 아니라, 상품에 대해 소비자가 부여한 가치
에서 실제 지불한 가격을 뺀 거예요.

④ 일반적으로 시장 가격은 소비자가 지불할 용의가 있는 금액과
다르다. ○

1 소비자와 생산자의 수요와 공급에 의해 결정된 시장 가격(균형 가
격)은 일반적으로 소비자가 지불할 용의가 있는 금액과 차이가 있다.

⑤ 소비자가 실제로 지불하는 금액과 생산자가 실제로 받은 금액
은 같다. ○

▶ 시장에서 해당 상품에 대해 소비자가 실제로 지불하는 금액과 생산자가 실
제로 받는 금액은 동일해요.

02 [구체적 사례에 적용] 답 ⑤

〈발문〉 윗글을 바탕으로 〈보기〉에 대해 이해한 것으로 틀린 것은?

〈보기〉
○ 생산자(갑, 을, 병, 정) : 네 사람 모두 1개의 연필만을 생산하는 것
으로 가정함
○ '판매 희망 가격'이란 생산자가 최소한 받아야 하겠다고 생각하는
금액을 의미함

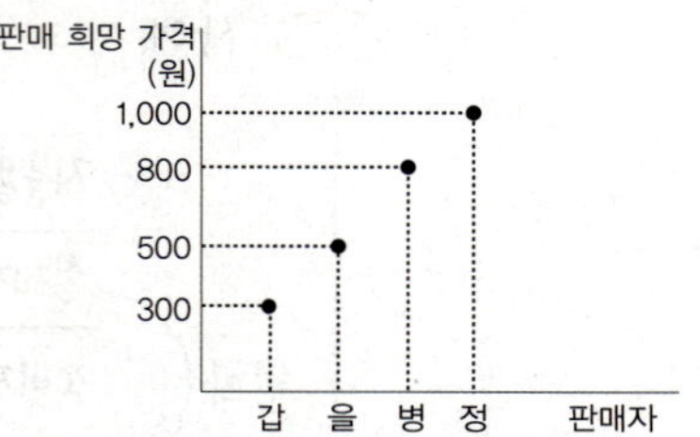

▶ 갑은 연필 1개에 대해 최소 300원의 금액을 받아야 한다고 생각하고
있어요. 이는 갑이 300원 이상의 가격에 연필을 팔 것이라는 의미이지요.
을은 500원 이상의 가격에, 병은 800원 이상의 가격에, 정은 1,000원 이
상의 가격에 연필을 판매하겠네요.

이때 생산자잉여는 어떻게 될까요? 가격이 300원이라면, 갑만 연필 1개
를 생산할 거예요. '생산자잉여＝실제 판매 금액－최소 판매 의사 금액'
이므로 갑의 생산자잉여는 0원(300원－300원)이겠네요. 가격이 500원
이라면, 갑과 을이 연필 1개씩을 각각 생산할 거예요. 갑의 생산자잉여는
200원(500원－300원)이고, 을의 생산자잉여는 0원(500원－500원)이지
요. 즉, 가격에 따라 생산자잉여를 다음과 같이 정리할 수 있어요.

실제 판매 가격	생산자잉여				생산자잉여 합
	갑	을	병	정	
1,000원	700원	500원	200원	0원	1,400원
900원	600원	400원	100원		1,100원
800원	500원	300원	0원		800원
700원	400원	200원			600원
600원	300원	100원			400원
500원	200원	0원			200원
400원	100원				100원
300원	0원				0원

① 가격이 900원이면 시장에는 3개의 연필만 공급되겠군. ○

▶ 가격이 900원이면 갑(300원), 을(500원), 병(800원)의 판매 희망 가격보다
높아요. 그러므로 시장에는 3개의 연필이 공급될 거예요.

② 시장 가격이 1,000원이면 정은 생산자잉여가 발생하지 않는
군. ○

▶ 시장 가격이 1,000원이면 정(1,000원 이상)의 판매 희망 가격 조건에 부합
하기 때문에 정은 연필을 생산할 거예요. 그런데 '생산자잉여＝실제 판매 금
액－최소 판매 의사 금액'이므로 정의 생산자잉여는 0원(1,000원－1,000원)이
될 거예요. 그러므로 정은 생산자잉여가 발생하지 않아요.

③ 가격이 1,000원으로 형성되면 시장에는 4개의 연필이 공급되
겠군. ○

▶ 시장 가격이 1,000원이면 갑(300원), 을(500원), 병(800원), 정(1,000원)의
판매 희망 가격보다 높거나 같으므로 시장에는 4개의 연필이 공급될 거예요.

④ 시장 가격이 1,000원이면 갑, 을, 병, 정의 생산자잉여의 합은
1,400원이 되겠군. ○

▶ 시장 가격이 1,000원이면 갑, 을, 병, 정 모두 연필을 공급할 거예요. '생산
자잉여＝실제 판매 금액－최소 판매 의사 금액'이므로 갑의 생산자잉여는 700원
(1,000원－300원)이고, 을의 생산자잉여는 500원(1,000원－500원), 병의 생산
자잉여는 200원(1,000원－800원), 정의 생산자잉여는 0원(1,000원－1,000원)
이에요. 생산자잉여의 합은 1,400원이 되는군요.

⑤ 시장 가격이 1,000원이면 갑의 생산자잉여는 을과 병의 생산
　자잉여를 합한 것보다 많겠군. ✕
▶ 선택지 ④에서 시장 가격이 1,000원일 때 갑의 생산자잉여는 700원이고,
을의 생산자잉여는 500원, 병의 생산자잉여는 200원, 정의 생산자잉여는 0원
이었어요. 그러므로 갑의 생산자잉여와, 을과 병의 생산자잉여를 합한 것은
700원으로 동일함을 알 수 있어요.

03 [구체적 사례에 적용] 답 ④

**〈발문〉 윗글을 바탕으로 판단할 때 〈보기〉의 그래프에서 상한가격이
설정되었을 경우 생산자잉여에 해당하는 것은?** [3점]

〈보기〉

※ 상한가격은 수요와 공급에 의해 시장에서 형성되는 시장 가격(G)
　이 너무 높을 때 국가가 개입하여 설정하는 것이다. 상한가격으로
　상거래가 이루어지면 상한가격 이하에도 상품을 공급할 수 있는
　공급자만 시장에 참여하고 소비자는 공급한 수량 이상을 구매할
　수 없게 된다.

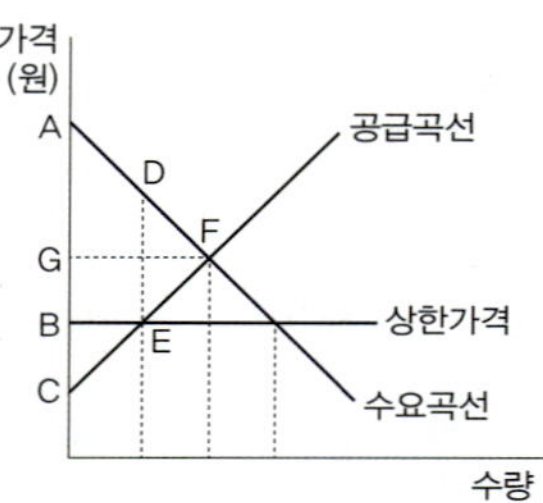

▶ 상한가격이란, 상품 거래에 있어서 최고 가격을 말해요. 그래프를 살
펴보면, 시장에서 수요와 공급에 따라 정해진 균형점은 점 F이므로 시장
가격(균형 가격)은 G에 해당해요. 그러나 상한가격이 G보다 낮은 B로 설
정되어 있네요. 가격을 임의로 낮추는 상한가격은 수요와 공급에 어떤 영
향을 주게 될까요?

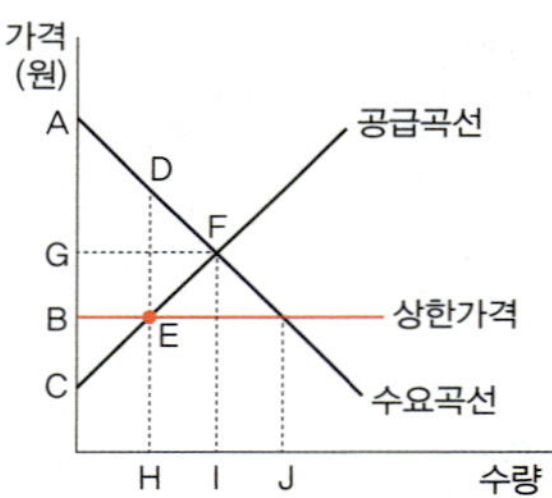

우선, 수요곡선부터 볼까요? 소비자 입장에서 상한가격이 B로 정해지면,
가격 A에서 지불 용의 의사가 있는 소비자부터 가격 B에서 지불 용의 의
사가 있는 소비자까지 모두 '수요'로 나타날 거예요. 그리고 상한가격 B일
때의 수요량은 J겠네요(이해하기 쉽도록 수량 곡선에 임의로 'H, I, J'를
붙여 보았어요.) 하지만 지불 용의만 있다고 하여 시장에서 거래가 이루
어지지는 않아요. 생산자가 상품을 공급해 주어야겠죠.
자, 그럼 공급곡선을 봅시다. 생산자 입장에서 상한가격이 B로 정해지면,
가격 C에서 최소 판매 의사가 있는 생산자부터 가격 B에서 최소 판매 의
사가 있는 생산자까지가 '공급'으로 나타날 거예요. 그리고 상한가격 B일
때의 공급량은 H가 돼요. 결국 소비자는 H만큼까지만 물건을 살 수 있겠
지요. 이를 바탕으로 상한가격이 설정되었을 때 생산자잉여에 해당하는
면적을 찾아보면 돼요.

※ 03번 문제에서는 발문에서 묻고 있는 생산자잉여에 해당하는
　선택지부터 살펴보도록 할게요.

④ 삼각형 BCE ◯
▶ 생산자잉여는 '실제 판매 금액 − 최소 판매 의사 금액'에 해당하는 부분의
면적이에요. 상한가격이 점 B로 설정됐기 때문에, 실제 판매 금액인 B부터 최
소 판매 의사 금액인 C까지, 수량은 H까지만큼 팔게 되므로 생산자잉여는 삼
각형 BCE가 돼요.

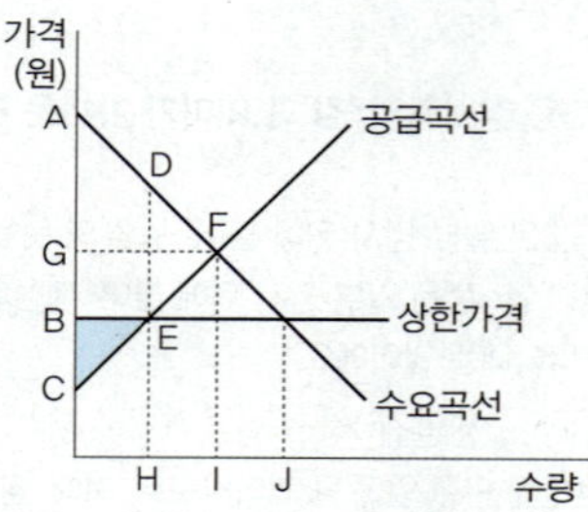

① 사다리꼴 ABED ✕
▶ 사다리꼴 ABED는 상한가격이 설정되었을 때, 소비자잉여에 해당해요. 소
비자잉여는 '지불 용의 금액 − 실제 지불 금액'에 해당하는 면적이에요. 다시
말해, 가장 높은 지불 용의 금액인 A부터 실제 판매 금액인 B까지의 수요곡선
중 공급되는 수량 H까지만큼 구매가 가능하기 때문에 소비자잉여는 사다리
꼴 ABED가 돼요.

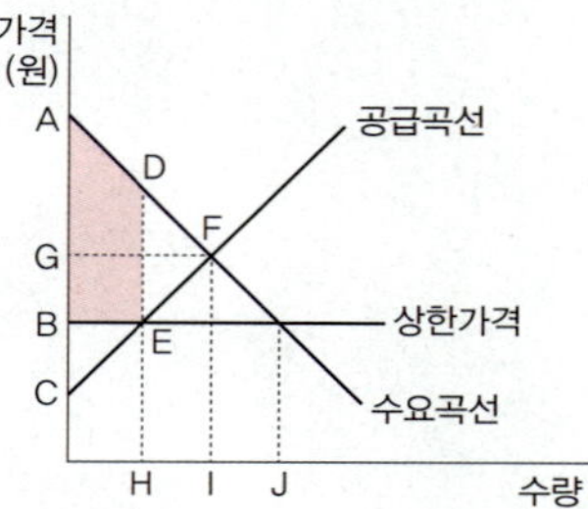

② 사다리꼴 ACED ✕
▶ 사다리꼴 ACED는 상한가격이 설정되었을 때, 총잉여에 해당해요. 총잉여
는 소비자잉여(선택지 ① 사다리꼴 ABED)와 생산자잉여(선택지 ④ 삼각형
BCE)의 합이기 때문이에요.

③ 삼각형 AGF ✕
▶ 삼각형 AGF는 상한가격이 설정되지 않았을 때, 소비자잉여에 해당해요. 상
한가격이 설정되지 않는다면 시장에서 상품 거래는 수요와 공급에 따라 정해
진 균형점 F에서 이뤄졌을 거예요. 그때 시장 가격(균형 가격)은 G이고, 거래
량(균형 거래량)은 I예요. 따라서 가장 높은 지불 용의 금액인 점 A부터 실제
판매 금액인 점 G까지 수량 I까지만큼 구매가 이루어지므로 소비자잉여는 삼
각형 AGF가 돼요.

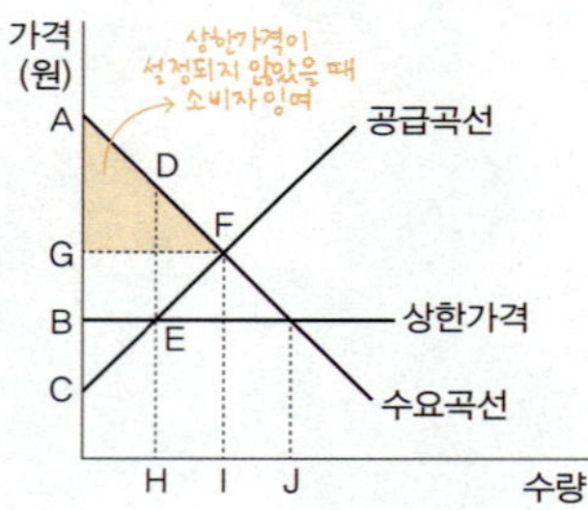

⑤ 삼각형 CFG ✕
▶ 삼각형 CFG는 상한가격이 설정되지 않았을 때, 생산자잉여에 해당해요. 선
택지 ③ 해설에서 설명했듯이, 상한가격이 설정되지 않는다면 시장에서 상품
거래는 수요와 공급에 따라 정해진 균형점 F에서 이뤄졌을 거예요. 그때 시장
가격(균형 가격)은 G이고, 거래량(균형 거래량)은 I예요. 따라서 실제 판매 금
액인 G부터 최소 판매 의사 금액인 C까지, 수량은 I까지만큼 팔게 되므로 생
산자잉여는 삼각형 CFG가 돼요.

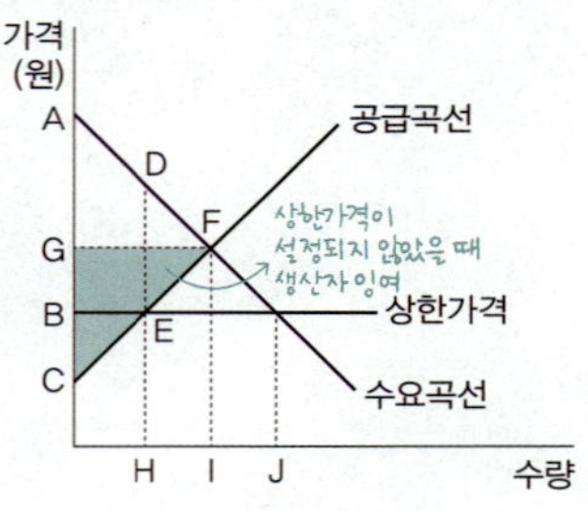

04 [어휘] 답 ②

〈발문〉 ㉠ 만족감, ㉡ 장난감의 '감'과 의미가 가까운 것끼리 연결된 것은?

▶ ㉠ '만족감'의 '–감'은 일부 명사 뒤에 붙어 '느낌'의 뜻을 더하는 접미사예요. 그리고 ㉡ '장난감'의 '감'은 일부 명사 뒤에 붙어 '대상이 되는 도구, 사물, 사람, 재료'의 뜻을 나타내는 말이에요.

① ㉠ – 신랑감, ㉡ – 양념감 ✘

▶ '신랑감'은 '신랑이 될 만한 인물'을 의미하므로, 이때 '감'은 ㉡에 해당해요. '양념감'은 '양념으로 쓰는 재료'를 의미하므로, 이때 '감' 역시 ㉡에 해당해요.

② ㉠ – 책임감, ㉡ – 놀잇감 ⭕

▶ '책임감'은 '맡아서 해야 할 임무나 의무를 중히 여기는 마음'을 의미하므로, 이때 '감'은 ㉠에 해당해요. '놀잇감'은 '놀이 또는 아동 교육 현장에서 활용되는 물건이나 재료'를 의미하므로, 이때 '감'은 ㉡에 해당해요.

③ ㉠ – 사윗감, ㉡ – 한복감 ✘

▶ '사윗감'은 '사위로 삼을 만한 사람'을 의미하므로, 이때 '감'은 ㉡에 해당해요. '한복감'은 '한복을 지을 옷감'을 의미하므로, 이때 '감' 역시 ㉡에 해당해요.

④ ㉠ – 장군감, ㉡ – 양념감 ✘

▶ '장군감'은 '장군이 될 만한 인재'를 의미하므로, 이때 '감'은 ㉡에 해당해요. '양념감'은 '양념으로 쓰는 재료'를 의미하므로, 이때 '감' 역시 ㉡에 해당해요.

⑤ ㉠ – 구경감, ㉡ – 초조감 ✘

▶ '구경감'은 '구경할 만한 대상'을 의미하므로, 이때 '감'은 ㉡에 해당해요. '초조감'은 '초조한 느낌'을 의미하므로, 이때 '감'은 ㉠에 해당해요.

쌤이 그린 독해지도

1. **금리**의 개념 : 이자 금액을 원금으로 나눈 비율 ($\frac{이자 금액}{원금} \times 100$) = 이자율

   수요자 $\xrightarrow[대가]{자금}$ 공급자
   (= 이자수익)

   금리의 역할 : 수요자와 공급자 연결

2. 금리의 구분 ┬ 명목금리 : 액면 금액에 대한 금리
   └ 실질금리 : 명목 금리 − 물가 상승률
   → 돈의 실제 가치

3. 실효수익률의 개념 : 일정 기간 실현된 실제 이자 수익률

   실효수익률의 고려사항① − 이자계산 방식

   (1년 6%) ┬ 정기예금 : 목돈 6% ⇒ 실효수익률 6%
   └ 정기적금 : 1월 → 10만원의 6%
   2월 → 10만원의 5.5% ⇒ 실효수익률 3.9%

4. 실효수익률의 고려사항② − 단리·복리 , 세금
   ┌ 단리 : 원금에 대한 이자만 붙음
   └ 복리 : 이자가 원금이 되어 이자에 이자가 붙음
   − 세금 : 소득세·주민세

5. 금리가 현재와 미래의 소비를 결정하는 기준이 됨

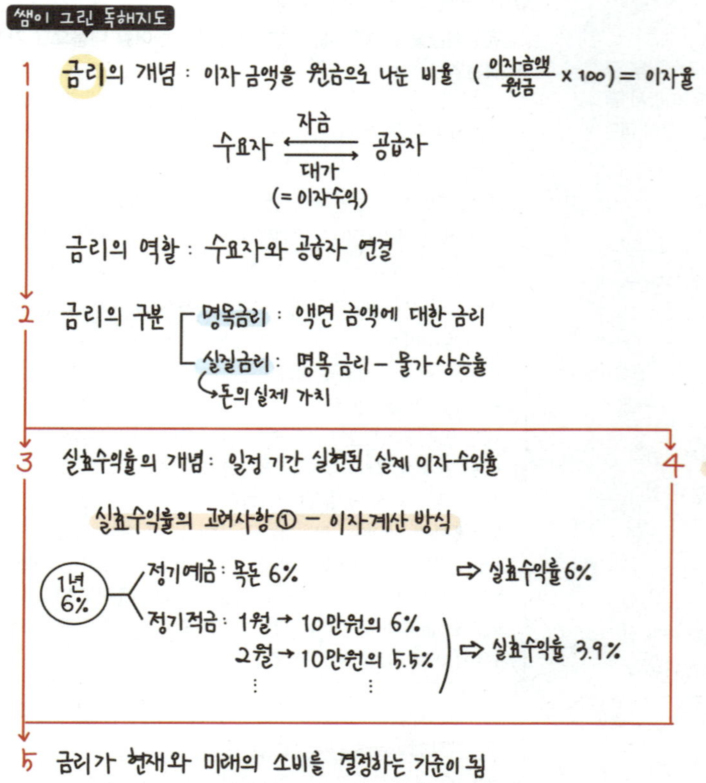

| 문장은 정교하게 & 문단은 정리하며 |

❶ 금리는 이자 금액을 원금으로 나눈 비율로 '이자율'이라고 한다. 자금의 수요자에게는 자금을 빌린 대가로 지급하는 비용이 발생하며, 공급자에게는 현재의 소비를 희생한 대가로 이자 수익이 생긴다. 금융시장에서 금리는 자금의 수요자와 공급자를 연결시키는 역할을 한다.
▶ 금리의 개념과 역할

❷ 금리는 일반적으로 '명목금리'와 '실질금리'로 구분한다. 명목금리는 금융 자산의 액면 금액에 대한 금리이며, 실질금리는 물가상승률을 감안한 금리로 명목금리에서 물가상승률을 빼면 알 수 있다. 물가상승률이 높아지면 돈의 실제 가치인 실질금리는 낮아지고, 물가상승률이 낮아지면 실질금리는 높아진다. 예를 들어 1년 만기 정기예금의 명목금리가 6%인데 1년 사이 물가가 7% 올랐다면, 실질금리는 −1%로 예금 가입자는 돈의 가치인 구매력에서 손해를 본 셈이다.
화폐나 유가 증권 따위의 표면에 적힌 가격
여러 사정을 참고하여 생각함
▶ 금리 구분 − 명목금리와 실질금리

❸ 그리고 명목금리보다는 일정 기간 실현된 실제의 이자 수익률인 '실효수익률'을 따져 보아야 한다. 실효수익률은 이자의 계산 방식에 따라 달라진다. 예를 들어 보통 '만기 1년의 연리 6%'는 돈을 12개월 동안 은행에 예치할 경우 6%의 이자가 붙는다는 의미이다. 정기예금은 목돈인 100만 원을 납입하고 1년 뒤에 이자로 6만 원을 받지만, 매월 일정액을 불입해 목돈을 만드는 정기적금
맡겨 둠
돈을 내는 것

은 계산법이 다르다. 정기적금은 첫째 달에 불입한 10만 원은 만기까지 12개월 분 6%의 이자가 붙지만, 둘째 달에 불입한 10만 원은 11개월의 이자 5.5%만 받는다. 돈의 예치 기간이 줄면 이자도 줄어 실효수익률은 3.9%에 불과하다. 이런 이자 계산의 방식은 대출금리도 유사하다. 1년 뒤에 원금을 한 번에 갚는다면, 대출금리가 연 6%일 경우 6만 원을 이자로 내야 한다. 하지만 원금을 12개월로 나누어 갚으면, 줄어든 원금만큼 매월 이자도 적어진다.
각각 불입한 원금의 예치 기간에 따라 이자가 달라짐
▶ 실효수익률의 개념과 계산 시 고려 사항 ①

❹ 또 예금이나 적금의 기간이 길어서 이자를 여러 번 받는다면, 매번 지급된 이자가 원금이 되어서 이자에 이자가 붙는 복리인지, 원금에 대한 이자만 붙는 단리인지도 살펴야 실효수익률을 알 수 있다. 여기에 이자는 금융소득이어서 소득세 14.0%와 주민세 1.4%를 내야 한다는 것도 생각해야만 실제로 내 손에 들어오는 이자 금액이 나온다.
금융 거래를 통하여 얻는 소득, 이자 소득과 배당 소득 따위가 있음
▶ 실효수익률 계산 시 고려 사항 ②

❺ 결국 돈을 어떻게 쓰고, 모으고, 굴리고, 빌릴지의 선택 상황에서 정확한 계산을 해야 손해를 보지 않는다. 현재의 소비를 늦추고 미래를 계획하는 사람이라면, 자신의 자산을 안전하게 형성할 필요가 있다. 금리에 대한 정확한 이해와 계산이 현재의 소비와 미래의 소비를 결정하는 중요한 기준이라는 점을 잊지 말아야 한다.
개인이나 법인이 소유하고 있는 경제적 가치가 있는 유형·무형의 재산
▶ 소비 결정의 중요한 기준이 되는 금리

01 [내용 이해] **답 ②**

〈발문〉 윗글을 읽은 학생이 정리한 메모이다. 적절하지 않은 것은?

① 금리 : (이자 금액 ÷ 원금) × 100 ○

▶ 1문단에서 금리는 이자 금액을 원금으로 나눈 비율이라고 했어요. 비율이 므로, 이자 금액을 원금으로 나눈 값에 100을 곱하면 되겠지요.

② 실질금리 : ~~금융 자산의 액면 금액~~ − 물가상승률 ✕

▶ 2문단에서 실질금리는 명목금리에서 물가상승률을 뺀 값이라고 했어요. 그리고 명목금리는 '금융 자산의 액면 금액에 대한 금리'라고 했지요. 따라서 '금융 자산의 액면 금액'에서 물가상승률을 빼는 것이 아니라, '금융 자산의 액면 금액에 대한 금리'에서 물가상승률을 뺀다고 해야 적절해요.

③ 실효수익률 : 일정 기간 실현된 실제 이자 수익률 ○

> **근거 찾기**
>
> ③ 명목금리보다는 일정 기간 실현된 실제의 이자 수익률인 '실효수익률'을 따져 보아야 한다.

④ 복리 : 이자도 원금이 되어 이자가 붙는 방식 ○

> **근거 찾기**
>
> ④ 매번 지급된 이자가 원금이 되어서 이자에 이자가 붙는 복리인지, 원금에 대한 이자만 붙는 단리인지도 살펴야 실효수익률을 알 수 있다.

⑤ 금융소득의 세금 : 소득세 + 주민세 ○

> **근거 찾기**
>
> ④ 이자는 금융소득이어서 소득세 14.0%와 주민세 1.4%를 내야 한다는 것도 생각해야만 실제로 내 손에 들어오는 이자 금액이 나온다.

02 [내용 이해] **답 ⑤**

〈발문〉 윗글을 통해 알 수 있는 내용으로 적절하지 않은 것은?

① 금리는 자금의 수요자와 공급자가 존재해야 결정될 수 있다. ○

▶ 금리는 수요자가 공급자에게 자금을 빌리면서 발생하는 것이므로, 자금의 수요자와 공급자가 존재해야 결정될 수 있어요.

② 물가가 하락하면 실질금리가 명목금리보다 더 커지는 상황이 발생할 수 있다. ○

▶ 2문단에서 '실질금리=명목금리−물가상승률'이라고 했어요. 물가가 하락한다는 것은 물가상승률(물가가 상승하는 비율)이 마이너스(−)라는 의미예요. 만약 명목금리가 6%인데 1년 사이에 물가가 1% 떨어졌다면, 실질금리는 6%−(−1%)=7%가 되지요. 즉, 실질금리(7%)가 명목금리(6%)보다 더 커지는 상황이 발생할 수 있어요.

③ 금리는 지금 소비할 것인가와 소비를 늦출 것인가를 판단하는 기준이 될 수 있다. ○

▶ 5문단을 보면, 돈을 어떻게 쓰고, 모으고, 굴리고, 빌릴지 선택해야 하는 상황에서, 금리에 대한 정확한 이해와 계산이 현재의 소비와 미래의 소비를 결정하는 중요한 기준이라고 했어요.

④ 실효수익률을 알아내려면 이자가 붙는 시기와 이자가 계산되는 방식을 따져 보아야 한다. ○

▶ 3문단에서 실효수익률을 알기 위해서는 이자의 계산 방식을 따져 보아야 한다고 했어요. 그리고 4문단에서는 이자를 여러 번 받을 때에 대해 설명하고 있으므로 이자가 붙는 시기도 따져 보아야 함을 알 수 있어요.

⑤ ~~정기예금은 목돈을 형성할 때, 정기적금은 목돈이 형성되었을 때~~ 각각 이용되는 방법이다. ✕

▶ 3문단에서 정기예금은 목돈을 한 번에 납입하는 것이고, 정기적금은 매월 일정액을 불입해 목돈을 만드는 것임을 알 수 있어요. 따라서 정기예금은 목돈이 형성되었을 때 이용하는 방법이고, 정기적금은 목돈을 형성할 때 이용되는 방법이라고 할 수 있어요. 설명이 서로 바뀌었네요.

03 [구체적 사례에 적용] **답 ④**

〈발문〉 윗글을 참고할 때, 〈보기〉의 [A]에 들어갈 내용으로 가장 적절한 것은? [3점]

〈보기〉

영수는 자영업을 하는 부모님을 도와드리며 용돈으로 매월 15만 원을 받고, 5만 원을 학용품비로 사용하고 있다. 학교에서 금융교육을 받고 380만 원 정도인 대학입학등록금을 혼자 힘으로 마련할 생각으로, 은행의 저축상품을 알아보았다. 현재 연 6% 금리의 3년 만기 정기적금과 정기예금이 있으며, 모두 단리로 계산된다고 한다. 영수가 따져 보았더니, 정기적금의 실효수익률은 9.25%이었다. 영수의 상황을 들은 아버지가 [A]라고 조언하였다.

▶ 우선 〈보기〉의 내용을 정리해 볼게요.

• 목표 금액 : 380만 원
• 3년 만기 정기적금의 명목금리 : 연 6%(단리) → 실효수익률 : 9.25%
• 3년 만기 정기예금의 명목금리 : 연 6%(단리)

여기서 영수는 '정기적금'만 가능해요. 왜냐하면 영수에게는 목돈이 없기 때문에 매월 일정액을 불입하는 정기적금을 들 수밖에 없는 거죠. 이때 3년 만기 정기적금의 실효수익률이 9.25%라고 주어졌어요. 그러면 이 상품의 명목금리나 단리 여부는 더 이상 신경 쓰지 않아도 돼요. 왜냐하면 '6%라는 금리'와 '단리'라는 계산 방식을 모두 고려한 최종 결과가 '실효수익률 9.25%'이기 때문이에요.

① 용돈 5만 원을 매월 정기적금에 넣으면, 3년 뒤에는 ~~목돈이 생겨 대학입학등록금을 낼 수 있어.~~ ✕

▶ 용돈 5만 원을 매월 3년 동안 모으면 총 원금은 180만 원이 되겠죠. 180만 원의 실효수익률이 9.25%이므로, 이를 계산해 보면 이자 금액이 166,500원이 돼요. 원금과 이자를 합쳐도 1,966,500원이므로, 목표 금액인 380만 원에는 미치지 못하네요.(9.25%가 아니라 대충 10%로 계산해 보더라도 180만 원+18만 원이므로 절대 380만 원을 넘을 수 없어요.)

② 용돈 15만 원 전부를 3년 동안 매월 정기적금에 넣어도 은행 금리가 낮아서, ~~대학입학등록금은 마련할 수 없어.~~ ✕

▶ 용돈 15만 원을 매월 3년 동안 모으면 총 원금은 540만 원이 돼요. 이자 없이 원금만으로도 대학입학등록금이 마련됩니다.

③ 쓰고 남은 용돈 10만 원을 매월 ~~정기예금에 넣으면~~, 3년 후에 원금과 이자를 받아 380만 원이 넘는 목돈이 되네. ✕

▶ '정기적금'과 '정기예금' 개념을 제대로 이해했는지 평가하기 위한 함정이에요. 정기예금은 목돈을 처음에 한 번 넣은 후 만기에 원금과 이자를 받는 방식이기 때문에, 정기예금에 매월 일정액을 저축한다는 것 자체가 틀린 말이에요.

④ 3년 동안 매월 10만 원씩 내는 정기적금에 들면, 20만 원이 넘는 이자가 생겨서 대학입학등록금을 충당할 수 있지. ○

▶ 용돈 10만 원을 매월 3년 동안 모을 경우 총 원금은 360만 원이에요. 원금 360만 원의 실효수익률 9.25%를 계산해 보면, 이자 금액은 333,000원이 돼요. 즉, 20만 원이 넘는 이자가 생기기 때문에, 목표 금액인 380만 원을 채울 수 있게 됩니다.

⑤ 정기예금의 실효이자율이 정기적금보다 높으니, ~~3년 동안 매월 10만 원을 정기예금에 넣으면~~ 대학입학등록금을 마련할 수 있어. ✕

▶ 선택지 ③과 마찬가지 이유로 틀린 말이에요.

샘이 그린 독해지도

1 전통적인 통화 정책

목표 : 정책금리를 활용해 물가 안정 및 경제 안정 도모

경기 과열 : 금리 인상 → 시장금리 인상 → 대출 감소로 신용 공급 축소

→ 수요 감소 → 물가 안정 및 경기 진정

경기 침체 : 금리 인하로 경기 부양

2 전통적인 금융 정책

─ 개별 금융 회사의 건전성 확보를 통해 금융 안정에 달성하고자 하는
미시 건전성 정책에 집중 해야함

ex) 최저 자기 자본 규제

3 전통적인 경제학

: 금융감독 정책 통해 금융 안정을, 통화 정책을 통해 물가안정을 달성할 수 있다고 보는 이원론적 접근

↓ 글로벌 금융 위기 이후,

기존의 정책으로는 금융 안정 확보 불가능. 물가 안정 뿐만 아니라 금융 안정도 필수임이 밝혀짐

⇨ 미시 건전성 정책 + 거시 건전성 정책

4,5 거시 건전성 : 개별 금융 회사 차원이 아니라 금융 시스템 차원의 위기 가능성이 낮아 건전한 상태

거시 건전성 정책 : 금융 시스템의 건전성을 추구하는 규제 및 감독 등을 포괄하는 활동

금융 시스템 요인에 대한 예방적 규제를 통해 금융시스템의 건전성을 추구 → 미시 건전성 정책과 차별화

─ 거시 건전성 정책의 목표 달성을 위해

경기 변동과 금융시스템 위험 요인 간의 상관관계를 감안한 정책 수단 도입 필요

ex) 경기 대응 완충 자본 제도

경기 과열 : 완충 자본을 쌓게해 과도한 신용팽창 억제

경기 침체 : 쌓아놓은 완충 자본을 다른 재원으로 써 신용 공급

| 문장은 정교하게 & 문단은 정리하며 |

❶ 전통적인 통화 정책은 정책 금리를 활용하여 물가를 안정시키고 경제 안정을 도모하는 것을 목표로 한다. (나라에서 정책적으로 관리하는 금리) 중앙은행은 경기가 과열되었을 때 정책 금리 인상을 통해 경기를 진정시키고자 한 (어떤 일을 이루기 위하여 대책과 방법을 세움) 다. 정책 금리 인상으로 시장 금리도 높아지면 가계 및 기업에 대 (몹시 소란스럽고 어지러운 일을 가라앉힘) 한 대출 감소로 신용 공급이 축소된다. 신용 공급의 축소는 경제 내 수요를 줄여 물가를 안정시키고 경기를 진정시킨다. 반면 경 (가라앉은 것이 떠오름. 또는 가라앉은 것을 떠오르게 함) 기가 침체되었을 때는 반대의 과정을 통해 경기를 부양시키고자 (어떤 현상이나 사물이 진전하지 못하고 제자리에 머무름) 한다. ▶ 정책 금리를 활용해 경제 안정을 도모하는 전통적인 통화 정책

❷ 금융을 통화 정책의 전달 경로로만 보는 전통적인 경제학에서 (자금의 융통과 관계되는 활동) 는[관점] 금융감독 정책이[주체] 개별 금융 회사의 건전성 확보를 통해[수단] 금융 안정을 달성하고자 하는 ㉠ 미시 건전성 정책에

집중해야 한다[주장]고 보았다. 이러한 관점은 금융이 직접적인 생산 수단이 아니므로 단기적일 때와는 달리 장기적으로는 경제 성장에 영향을 미치지 못한다는 인식과, 자산 시장에서는 가격이 본질적 가치를 초과하여 폭등하는 버블이 존재하지 않는다는 효 (실제의 조건이 따르지 않는데도 물가 상승, 부동산 투기 등 돈의 흐름이 활발해지는 현상) 율적 시장 가설에 기인한다. 미시 건전성 정책은 개별 금융 회사 (어떠한 것에 원인을 둠) 의 건전성에 대한 예방적 규제 성격을 가진 정책 수단을 활용하 는데, 그 예로는 향후 손실에 대비하여 금융 회사의 자기자본 (위아래로 일정한 범위를 이루고 있을 때, 아래쪽의 한계) 하한을 설정하는 최저 자기자본 규제를 들 수 있다. ▶ 미시 건전성 정책을 통해 금융 안정을 달성하고자 하는 전통적인 경제학

❸ 이처럼 전통적인 경제학에서는 금융감독 정책을 통해 금융 안정을, 통화 정책을 통해 물가 안정을 달성할 수 있다고 보는 이원적인 접근 방식이 지배적인 견해였다. 그러나 글로벌 금융 위기 이후 금융 시스템이 와해되어 경제 불안이 확산되면서 기존의 접 (조직이나 계획 따위가 산산이 무너지고 흩어짐)

근 방식에 대한 자성이 일어났다. 이 당시 경기 부양을 목적으로
한 중앙은행의 저금리 정책이 자산 가격 버블에 따른 금융 불안을 야기
하여 경제 안정이 훼손될 수 있다는 데 공감대가 형성되었다. 또한
금융 회사가 대형화되면서 개별 금융 회사의 부실이 금융 시스템
의 붕괴를 야기할 수 있게 됨에 따라 금융 회사 규모가 금융 안정
의 새로운 위험 요인으로 등장하였다. 이에 기존의 정책으로는
금융 안정을 확보할 수 없고, 경제 안정을 위해서는 물가 안정뿐
만 아니라 금융 안정도 필수적인 요건임이 밝혀졌다. 그 결과 미
시 건전성 정책에 ⓛ 거시 건전성 정책이 추가된 금융감독 정책
과 물가 안정을 위한 통화 정책 간의 상호 보완을 통해 경제 안정
을 달성해야 한다는 견해가 주류를 형성하게 되었다.
▶ 글로벌 금융 위기 이후 경제 정책의 변화 – 미시 건전성 정책과 거시 건전성 정책의 상호 보완
❹ 거시 건전성이란 개별 금융 회사 차원이 아니라 금융 시스템
차원의 위기 가능성이 낮아 건전한 상태를 말하고, 거시 건전성
정책은 금융 시스템의 건전성을 추구하는 규제 및 감독 등을 포괄
하는 활동을 의미한다. 이때, 거시 건전성 정책은 미시 건전성이
거시 건전성을 담보할 수 있는 충분조건이 되지 못한다는 '구성
의 오류'에 논리적 기반을 두고 있다. 거시 건전성 정책은 금융 시
스템 위험 요인에 대한 예방적 규제를 통해 금융 시스템의 건전
성을 추구한다는 점에서, 미시 건전성 정책과는 차별화된다.
▶ 거시 건전성 정책의 개념과 미시 건전성 정책과의 차이
❺ 거시 건전성 정책의 목표를 효과적으로 달성하기 위해서는 경
기 변동과 금융 시스템 위험 요인 간의 상관관계를 감안한 정책
수단의 도입이 필요하다. 금융 시스템 위험 요인은 경기 순응성
을 가진다. 즉 경기가 호황일 때는 금융 회사들이 대출을 늘려 신
용 공급을 팽창시킴에 따라 자산 가격이 급등하고, 이는 다시 경
기를 더 과열시키는 반면 불황일 때는 그 반대의 상황이 일어난
다. 이를 완화할 수 있는 정책 수단으로는 경기 대응 완충자본 제
도를 들 수 있다. 이 제도는 정책 당국이 경기 과열기에 금융 회
사로 하여금 최저 자기자본에 추가적인 자기자본, 즉 완충자본을
쌓도록 하여 과도한 신용 팽창을 억제시킨다. 한편 적립된 완충
자본은 경기 침체기에 대출 재원으로 쓰도록 함으로써 신용이 충
분히 공급되도록 한다.
▶ 거시 건전성 정책의 목표를 달성하기 위한 정책 수단 – 경기 대응 완충자본 제도

중앙은행의 저금리 정책과 금융 불안
중앙은행의 저금리 정책은 본디 경기를 부양하기 위한 것인데, 왜 경제
안정을 훼손할 수 있다는 것일까요?
금리가 낮으면 많은 사람들이 은행에 저축을 하기보다는, 은행으로부터
대출을 받아 자산을 마련하기 마련이에요. 그리고 그 돈으로 경제 활동
을 하게 되겠지요. 예를 들어, 대출을 받아서 집을 사는 사람들이 많아
질 수 있답니다. 이처럼 시장에 거래가 많아지면 경기가 활성화되겠죠?
중앙은행은 바로 이 효과를 노린 거예요.
그런데 실제로는 이런 일도 일어나요. 저금리 정책이 시행되면, 사람들
은 경기 부양이 일어날 것이라고 예측하고 한발 앞서 생각하려고 해요.
'앞으로 경기가 활성화되면 집값이 오를 거야.'라고 말이에요. 이러한 기
대 심리로 부동산 가격이 올라가고, 또 올라가게 됩니다. 이것을 '가격
버블'이라고 해요. 실제로 집의 가치가 높아진 것은 아니지만, 사람들의
기대 심리가 집의 가격만 높여 놓았기 때문이에요.

저금리 정책으로 인해 시중에 이미 돈이 많아졌으므로, 집값이 높더라
도 거래가 이루어지긴 해요. 하지만 그 돈은 결국 다 은행에 갚아야 할
돈이라는 걸 기억해야 하겠죠? 언젠가 버블이 꺼져서 집의 가격이 원래
대로 내려가면, 대출을 받아 집을 산 사람들에게는 빚만 남게 될 테니까
요. 이 역시 사람들이 모르는 게 아니기 때문에 버블은 금융 불안을 야
기하곤 합니다.

01 [내용 이해] 답 ④

〈발문〉 윗글을 통해 알 수 있는 것은?

▶ 선택지에서 '글로벌 금융 위기 이전'과 '글로벌 금융 위기 이후'를 나누어
묻고 있습니다. '글로벌 금융 위기 이전'은 전통적인 경제학의 관점을 의미하
는 거겠죠? 1, 2문단에서 글로벌 금융 위기 이전의 경제학을 다루고 있으며, 3문
단 중반부터 글로벌 금융 위기 이후의 달라진 경제학을 다루고 있기 때문에
이를 잘 구분해서 풀어야 합니다.

① 글로벌 금융 위기 이전에는, 금융이 단기적으로 경제 성장에
영향을 미치지 못한다고 보았다. ✕

▶ 2문단을 보면, 글로벌 금융 위기 이전의 전통적인 경제학에서는 금융이 단
기적일 때와는 달리 장기적으로는 경제 성장에 영향을 미치지 못한다는 인식
이 있었다고 했어요. 여기서 '단기적일 때와는 달리'라는 표현을 통해, 전통적
인 경제학에서는 금융이 단기적으로는 경제 성장에 영향을 미친다고 보았음
을 알 수 있어요.

> 근거 찾기
>
> ❷ 이러한 관점은 금융이 직접적인 생산 수단이 아니므로 단기적일
> 때와는 달리 장기적으로는 경제 성장에 영향을 미치지 못한다는 인
> 식과, 자산 시장에서는 가격이 본질적 가치를 초과하여 폭등하는 버
> 블이 존재하지 않는다는 효율적 시장 가설에 기인한다.

② 글로벌 금융 위기 이전에는, 개별 금융 회사가 건전하다고 해
서 금융 안정이 달성되는 것은 아니라고 보았다. ✕

▶ 글로벌 금융 위기 이전의 전통적인 경제학에서는 금융감독 정책이 개별 금
융 회사의 건전성 확보를 통해 금융 안정을 달성하고자 하는 미시 건전성 정
책에 집중해야 한다고 보았어요. 이 얘기는 개별 금융 회사의 건전성이 확보
되면 금융 안정이 달성된다고 보았다는 의미예요.

> 근거 찾기
>
> ❷ 전통적인 경제학에서는 금융감독 정책이 개별 금융 회사의 건전
> 성 확보를 통해 금융 안정을 달성하고자 하는 미시 건전성 정책에 집
> 중해야 한다고 보았다.

③ 글로벌 금융 위기 이전에는, 경기 침체기에는 통화 정책과 더불
어 금융감독 정책을 통해 경기를 부양시켜야 한다고 보았다. ✕

▶ 글로벌 금융 위기 이전의 전통적인 경제학에서는 통화 정책과 금융감독 정
책을 분리해서 보았어요. 금융감독 정책을 통해 금융 안정을, 통화 정책을 통
해 물가 안정을 달성할 수 있다고 보았죠. 즉, 글로벌 금융 위기 이전에는 경
기 부양을 위해서 통화 정책을 활용할 뿐, 금융감독 정책을 활용하지는 않았
음을 알 수 있어요.

> 근거 찾기
>
> ❸ 전통적인 경제학에서는 금융감독 정책을 통해 금융 안정을, 통화
> 정책을 통해 물가 안정을 달성할 수 있다고 보는 이원적인 접근 방식
> 이 지배적인 견해였다.

④ 글로벌 금융 위기 이후에는, 정책 금리 인하가 경제 안정을 훼
손하는 요인이 될 수 있다고 보았다. ○

▶ 글로벌 금융 위기 이후, 중앙은행의 저금리 정책이 경제 안정을 훼손할 수
있다는 데 공감대가 형성되었다고 했어요. 저금리 정책은 금리를 낮추는 정책
으로, 정책 금리 인하와 동일한 의미이므로 적절한 내용이에요.

근거 찾기

❸ 이 당시 경기 부양을 목적으로 한 중앙은행의 저금리 정책이 자산 가격 버블에 따른 금융 불안을 야기하여 경제 안정이 훼손될 수 있다는 데 공감대가 형성되었다.

⑤ 글로벌 금융 위기 이후에는, 경기 변동이 자산 가격 변동을 유발하나 자산 가격 변동은 경기 변동을 유발하지 않는다고 보았다. ✕

▶ 글로벌 금융 위기 이후, 자산 가격 버블에 따라 금융 불안이 야기되어 경제 안정이 훼손될 수 있다는 데 공감대가 형성되었다고 했어요. 따라서 자산 가격 변동 역시 경기 변동을 유발할 수 있다고 보았음을 알 수 있어요.

근거 찾기

❸ 이 당시 경기 부양을 목적으로 한 중앙은행의 저금리 정책이 자산 가격 버블에 따른 금융 불안을 야기하여 경제 안정이 훼손될 수 있다는 데 공감대가 형성되었다.

02 [내용 이해] 답 ③

〈발문〉 ⊙ 미시 건전성 정책과 ⓒ 거시 건전성 정책에 대한 설명으로 적절하지 <u>않은</u> 것은?

① ⊙ 미시 건전성 정책에서는 물가 안정을 위한 정책 수단과는 별개의 정책 수단을 통해 금융 안정을 달성하고자 한다. ◯

▶ ⊙ '미시 건전성 정책'은 전통적인 경제학에서의 금융감독 정책이에요. 전통적인 경제학에서는 금융 안정은 금융감독 정책을 통해, 물가 안정은 통화 정책을 통해 달성할 수 있다고 보는 이원적인 접근 방식이 지배적인 견해였어요. 따라서 ⊙에서는 물가 안정을 위한 정책 수단과, 금융 안정을 위한 정책 수단이 구별된다고 볼 수 있어요.

근거 찾기

❸ 전통적인 경제학에서는 금융감독 정책을 통해 금융 안정을, 통화 정책을 통해 물가 안정을 달성할 수 있다고 보는 이원적인 접근 방식이 지배적인 견해였다.

② ⓒ 거시 건전성 정책에서는 신용 공급의 경기 순응성을 완화시키는 정책 수단이 필요하다. ◯

근거 찾기

❺ 거시 건전성 정책의 목표를 효과적으로 달성하기 위해서는 경기 변동과 금융 시스템 위험 요인 간의 상관관계를 감안한 정책 수단의 도입이 필요하다. 금융 시스템 위험 요인은 경기 순응성을 가진다. ~ 이를 완화할 수 있는 정책 수단으로는 경기 대응 완충자본 제도를 들 수 있다.

③✓⊙ 미시 건전성 정책은 ⓒ 거시 건전성 정책과 달리 예방적 규제 성격의 정책 수단을 사용하여 금융 안정을 달성하고자 한다. ✕

▶ 2문단에서 ⊙ '미시 건전성 정책'은 개별 금융 회사의 건전성에 대한 예방적 규제 성격을 가진 정책 수단을 활용한다고 했어요. 또한 4문단에서 ⓒ '거시 건전성 정책'은 금융 시스템 위험 요인에 대한 예방적 규제를 통해 금융 시스템의 건전성을 추구한다고 했고요. 따라서 ⊙과 ⓒ 모두 예방적 규제 성격의 정책 수단을 사용하여 금융 안정을 달성하고자 한다는 것을 알 수 있어요.

근거 찾기

❷ 미시 건전성 정책은 개별 금융 회사의 건전성에 대한 예방적 규제 성격을 가진 정책 수단을 활용하는데, ~
❹ 거시 건전성 정책은 금융 시스템 위험 요인에 대한 예방적 규제를 통해 금융 시스템의 건전성을 추구한다는 점에서, 미시 건전성 정책과는 차별화된다.

④ ⓒ 거시 건전성 정책은 ⊙ 미시 건전성 정책과 달리 금융 시스템 위험 요인을 감독하는 정책 수단을 사용한다. ◯

▶ ⊙ '미시 건전성 정책'은 개별 금융 회사의 건전성 확보에만 집중했어요. 하지만 ⓒ '거시 건전성 정책'은 금융 시스템의 건전성을 추구하는 정책이므로, ⊙과 달리 개별 금융 회사가 아닌 금융 시스템 위험 요인을 감독하는 정책 수단을 사용한다고 볼 수 있어요.

근거 찾기

❷ 전통적인 경제학에서는 금융감독 정책이 개별 금융 회사의 건전성 확보를 통해 금융 안정을 달성하고자 하는 미시 건전성 정책에 집중해야 한다고 보았다.
❹ 거시 건전성 정책은 금융 시스템의 건전성을 추구하는 규제 및 감독 등을 포괄하는 활동을 의미한다. ~ 거시 건전성 정책은 금융 시스템 위험 요인에 대한 예방적 규제를 통해 금융 시스템의 건전성을 추구한다는 점에서, 미시 건전성 정책과는 차별화된다.

⑤ ⊙ 미시 건전성 정책과 ⓒ 거시 건전성 정책은 모두 금융 안정을 달성하기 위해 금융 회사의 자기자본을 이용한 정책 수단을 사용한다. ◯

▶ ⊙ '미시 건전성 정책'은 최저 자기자본 규제를 통해 금융 안정을 달성하고자 하고, ⓒ '거시 건전성 정책'은 경기 대응 완충자본 제도를 통해 금융 안정을 달성하고자 해요. ⊙과 ⓒ 모두 금융 회사의 자기자본을 이용한 정책 수단을 사용한다는 것을 알 수 있어요.

근거 찾기

❷ 미시 건전성 정책은 개별 금융 회사의 건전성에 대한 예방적 규제 성격을 가진 정책 수단을 활용하는데, 그 예로는 향후 손실에 대비하여 금융 회사의 자기자본 하한을 설정하는 최저 자기자본 규제를 들 수 있다.
❺ 이를 완화할 수 있는 정책 수단으로는 경기 대응 완충자본 제도를 들 수 있다. 이 제도는 정책 당국이 경기 과열기에 금융 회사로 하여금 최저 자기자본에 추가적인 자기자본, 즉 완충자본을 쌓도록 하여 과도한 신용 팽창을 억제시킨다.

03 [내용 이해] 답 ①

〈발문〉 윗글을 바탕으로 할 때, 〈보기〉의 A~D에 들어갈 말을 바르게 짝지은 것은?

〈보기〉

미시 건전성 정책과 거시 건전성 정책 간에는 정책 수단 운용에서 입장 차이가 존재한다. 경기가 (A)일 때 (B) 건전성 정책에서는 완충자본을 (C)하도록 하고, (D) 건전성 정책에서는 최소 수준 이상의 자기자본을 유지하도록 하여 개별 금융 회사의 건전성을 확보하려 한다.

▶ 경기 안정을 위해 미시 건전성 정책과 거시 건전성 정책에서 각각 어떠한 대응을 하는지 알면 쉽게 풀 수 있어요. 지문에 따르면, 우선 미시 건전성 정책에서는 향후 손실에 대비하여 금융 회사의 자기자본 하한을 설정하는 최저 자기자본 규제를 활용한다고 설명했어요. 이는 금융 회사가 자기자본을 하한선 이상으로 유지하도록 규제하여, 자기자본에 손실을 입더라도 자력으로 이를 감당할 수 있게 해 줘요. 경기 불황 시에 금융 회사는 자기자본을 확보, 유지하려고 하고, 경기 호황 시에도 자기자본 하한을 꾸준히 유지하여 불황에 대비하려 함을 유추할 수 있어요. 한편 거시 건전성 정책에서는 경기 대응 완충자본 제도를 활용한다고 설명했어요. 경기 과열기, 즉 호황일 때는 금융 회사로 하여금 완충자본을 쌓도록 하고, 경기 침체기, 즉 불황일 때는 적립된 경기 대응 완충자본을 쓰도록 할 거예요. 정리하자면, 다음과 같아요.

(1) 경기 불황(침체기)
　– 미시 건전성 정책 : 최소 수준 이상의 자기자본을 유지하도록 하여
　　개별 금융 회사의 건전성을 확보하고, 예상치 못한 손실이 발생했
　　을 시 자기자본을 사용하도록 함
　– 거시 건전성 정책 : 완충자본을 사용하도록 함
(2) 경기 호황(과열기)
　– 미시 건전성 정책 : 최소 수준 이상의 자기자본을 유지하도록 하여
　　개별 금융 회사의 건전성을 확보하고, 불황을 대비함
　– 거시 건전성 정책 : 완충자본을 적립하도록 함

	A	B	C	D
①	불황	거시	사용	미시
②	호황	거시	사용	미시
③	불황	거시	적립	미시
④	호황	미시	적립	거시
⑤	불황	미시	사용	거시

▶ 위에서 설명한 것과 같은 경우를 만족하는 선택지는 ①이에요.

근거 찾기

2 미시 건전성 정책은 ~ 그 예로는 향후 손실에 대비하여 금융 회사의 자기자본 하한을 설정하는 최저 자기자본 규제를 들 수 있다.
5 경기 대응 완충자본 제도를 들 수 있다. 이 제도는 정책 당국이 경기 과열기에 금융 회사로 하여금 최저 자기자본에 추가적인 자기자본, 즉 완충자본을 쌓도록 하여 과도한 신용 팽창을 억제시킨다. 한편 적립된 완충자본은 경기 침체기에 대출 재원으로 쓰도록 함으로써 신용이 충분히 공급되도록 한다.

04 [내용 이해] **답 ③**
〈발문〉 윗글과 〈보기〉에 대한 이해로 적절하지 않은 것은? [3점]

〈보기〉

현실에서의 통화 정책 효과는 경기에 대해 비대칭적인 것으로 알려져 있다. 통화 정책은 경기 과열을 억제하는 데는 효과적이지만 경기 침체를 벗어나는 데는 효과가 미미하기 때문이다. 경기 침체를 극복하기 위해 중앙은행의 정책 금리 인하로 은행이 대출을 늘려 신용 공급을 확대하려 해도, 가계의 소비 심리가 위축되었거나 기업이 투자할 대상이 마땅치 않을 경우 전통적인 통화 정책에서 기대되는 효과는 나타나지 않게 된다. 오히려 확대된 신용 공급이 주식이나 부동산 등 자산 시장으로 과도하게 유입되어 의도치 않은 문제를 일으킬 수 있다.
경제학자들은 경제 주체들이 경기 상황에 대해 비대칭적으로 반응하기 때문에 나타나는 이러한 현상을 '끈 밀어올리기(pushing on a string)'라고 부른다. 이는 끈을 당겨서 아래로 내리는 것은 쉽지만, 밀어서 위로 올리는 것은 어렵다는 것에 빗댄 것이다.

▶ 1문단의 내용을 통해 알 수 있듯이. 중앙은행은 물가를 안정시키거나 경기를 부양 또는 진정시키기 위해 통화 정책을 사용해요. 경기가 과열되었을 때에는 정책 금리를 인상하여 경기를 안정시키려 하고, 경기가 침체되었을 때에는 정책 금리를 내려 경기를 부양시키려 하죠. 〈보기〉에서는 통화 정책이 경기 과열을 억제하는 데는 효과적이지만 경기 침체에는 효과가 미미하게 나타나는 '끈 밀어올리기' 현상에 대해 설명하고 있어요.

① '끈 밀어올리기'를 통해 경기 침체기에 자산 가격 버블이 발생하는 경우를 설명할 수 있겠군. ○
▶ 〈보기〉에서 현실에서의 통화 정책은 경기 과열을 억제하는 데는 효과적이지만, 경기 침체를 벗어나는 데는 효과가 미미하다고 했어요. '끈 밀어올리기' 현상이 있을 경우, 경기 침체를 극복하기 위해 금리를 인하했는데. 오히려 확대된 신용 공급이 주식이나 부동산 등 자산 시장에 과도하게 유입되어 자산 가격 버블이 발생할 수 있는 거죠.

② 현실에서 경기가 침체되었을 경우 정책 금리 인하에 따른 경기 부양 효과는 경제 주체의 심리에 따라 달라질 수 있겠군. ○
▶ 〈보기〉에서 경기가 침체되었을 때 정책 금리를 인하하더라도 가계의 소비 심리가 위축되었거나 기업이 투자할 대상이 마땅하지 않다면 기대했던 효과가 나타나지 않을 수 있다고 했어요. 따라서 경기 부양 효과는 가계나 기업, 즉 경제 주체의 심리에 따라 달라짐을 알 수 있어요.

③ '끈 밀어올리기'가 있을 경우 경기 침체기에 금융 안정을 달성하려면 경기 대응 완충자본 제도의 도입이 필요하겠군. ✕
▶ '끈 밀어올리기'가 있다는 것은 경기 침체를 벗어나는 데에 통화 정책의 효과가 미미한 경우를 말해요. 이때 경기 대응 완충자본 제도를 활용한다면, 호황기에 적립해 둔 완충자본을 대출 자원으로 쓰도록 해 신용이 공급되도록 할 거예요. 그럼 여기서 〈보기〉를 다시 볼까요?

〈보기〉

경기 침체를 극복하기 위해 중앙은행의 정책 금리 인하로 은행이 대출을 늘려 신용 공급을 확대하려 해도, 가계의 소비 심리가 위축되었거나 기업이 투자할 대상이 마땅치 않을 경우 전통적인 통화 정책에서 기대되는 효과는 나타나지 않게 된다. 오히려 확대된 신용 공급이 주식이나 부동산 등 자산 시장으로 과도하게 유입되어 의도치 않은 문제를 일으킬 수 있다.

은행이 신용 공급을 확대하더라도 가계의 소비 심리가 위축되었거나 기업이 투자할 대상이 마땅치 않을 경우, 기대했던 효과가 나타나지 않고 오히려 부작용이 생길 수 있다고 했죠? 따라서 '끈 밀어올리기'가 있을 경우에는 경기 대응 완충자본 제도가 별 도움이 되지 않을 것이라고 판단할 수 있어요.

④ 통화 정책 효과가 경기에 대해 비대칭적이라면 경기 침체기에는 정책 금리 조정 이외의 방안을 도입할 필요가 있겠군. ○
▶ 1문단에 나와 있듯이 통화 정책은 정책 금리를 활용하여 물가를 안정시키고 경제 안정을 도모하는 것을 목표로 해요. 그런데 〈보기〉에 나온 것처럼 통화 정책 효과가 경기에 대해 비대칭적이라면(=경기 과열에는 효과적, 경기 침체에는 비효율적이라면) 경기 침체기에는 정책 금리 조정 이외의 방안을 도입해야겠죠?

⑤ 통화 정책 효과가 경기에 대해 비대칭적이라면 정책 금리 인상은 신용 공급을 축소시킴으로써 경기를 진정시킬 수 있겠군. ○
▶ 통화 정책 효과가 경기에 대해 비대칭적이라는 것은, 통화 정책이 경기 과열에는 효과적. 경기 침체에는 비효율적이라는 뜻이에요. 통화 정책이 경기 과열에는 효과적이기 때문에, 경기가 과열됐을 때 이에 대응하기 위해 정책 금리를 인상하는 것은 당연히 효과적일 거예요.

01 ④   02 ②   03 ⑤   [2015년 6월 고2 전국연합]

쌤이 그린 독해지도

1 대표적인 국제 가격 : 명목 환율 & 실질환율
　　　　　→ 국제거래에서 수요자와 공급자의 의사결정을 조절

2 명목환율
　　정의 : 한 나라의 통화와 다른 나라의 통화 사이의 교환 비율
　　　예) 우리나라의 원화 ⇌ 미국의 달러화
　　표시 : [　　　] 원 / 달러
　　역할 : 한 나라 통화의 대외적 가치 측정

3 실질 환율
　　정의 : 두 나라 사이의 재화나 서비스 교환 비율
　　표시 : 국내 상품 단위수 / 외국상품 1단위
　　　　= 원/달러 명목환율 × 각 나라 통화로 표시된 두 나라 물건 값
　　　　$= \dfrac{원}{달러} \times \dfrac{미국가격}{우리나라 가격}$

　　　if) 우리나라 가격이 상승하면,
　　　　$\dfrac{원}{달러} \times \dfrac{미국가격}{우리나라 가격\uparrow}$ = 원/달러 실질환율↓ ⇨ 우리나라 상품, 서비스의 가격 경쟁력 하락

　　역할 : 한 나라 상품의 국제적인 가격경쟁력 측정
　　　　(∵ 외국 통화에 대한 자국 통화의 구매력 반영)

4 국제 경제에서 실질 환율의 영향력
　　[실질환율↑ 우리나라 제품값↓ 수출↑ 수입↓ 국내 경기 활성화
　　[실질환율↓ 우리나라 제품값↑ 수출↓ 수입↑ 국내 경기 침체

　　⇨ 수출의존도가 높을수록 실질환율 변동의 영향력이 큼

| 문장은 정교하게 & 문단은 정리하며 |

❶ 가격이 시장에서 수요자와 공급자들의 의사 결정을 조절하는 기능을 수행하듯이 국제 가격도 국제 거래에서 수요자와 공급자 들의 의사 결정을 조절하는 역할을 한다. 여러 국제 가격 중에서 〔세계의 중요한 거래 시장에서 거래되는 가격〕 대표적인 것으로 명목환율과 실질환율을 들 수 있다. 〔균형이 맞게 바로잡음. 또는 적당하게 맞추어 나감〕
▶ 대표적인 국제 가격 – 명목환율과 실질환율

❷ **명목환율**은 한 나라의 통화와 다른 나라 통화 사이의 교환 비 율이다. 그런데 미국의 달러화가 기축통화이기 때문에 많은 나라 〔유통 수단이나 지불 수단으로서 기능하는 화폐〕 〔국제 거래에서 주된 교환 수단으로 쓰이는 특정 나라의 통화(화폐)〕 에서 1달러와 교환되는 자국 화폐 단위를 표시하는 방법을 채택 하는 경향이 있다. 가령, 1달러가 우리나라 원화 1,000원과 교환 된다면 '원/달러 명목환율'은 '1,000원/달러'로 표시한다. 만일 1달 러와 교환되는 원화가 1,100원이 되어 원/달러 명목환율이 상승 하면, 상대적으로 원화의 가치는 하락한다. 같은 원리로 원/달러 명목환율이 하락하면 상대적으로 원화의 가치는 상승한다. 이러 한 명목환율은 한 나라의 통화가 가지는 대외적 가치를 보여 준 다는 점에서 유용하다. 〔나라나 사회의 외부에 관련되는〕
▶ 명목환율의 개념과 역할

❸ **실질환율**은 두 나라 사이의 재화나 서비스 교환 비율로, 외국 〔사람이 바라는 바를 충족시켜 주는 모든 물건〕

상품 한 단위와 교환되는 국내 상품 단위 수로 표시한다. '원/달 러 실질환율'은 '원/달러 명목환율 $\left[\dfrac{원}{달러}\right]$'과 '각 나라의 통화 단 위로 표시된 두 나라 물건 값 $\left[\dfrac{미국 가격}{우리나라 가격}\right]$'의 곱으로 구한다. 원/달러 명목환율이 1,000원/달러이고 우리나라 쌀 1kg의 값이 2,000원, 미국 쌀 1kg의 값이 1달러라고 하자. 두 나라 쌀 사이 의 원/달러 실질환율은 $\left(\dfrac{1,000원}{1달러} \times \dfrac{1달러}{2,000원} = \dfrac{1}{2}\right)$이 된다. 이는 미국 쌀 1kg과 우리나라 쌀 0.5kg이 같은 값으로 교환된다는 의미 이므로, 우리나라 쌀값이 미국 쌀값의 2배라고 볼 수 다. 만일 우 리나라 쌀값이 미국 쌀값보다 상승폭이 크면 $\left[\dfrac{미국 가격}{우리나라 가격}\right]$이 작아 〔물가나 환율, 주가 따위가 상승하는 범위〕 지게 되므로, 원/달러 실질환율이 하락하게 된다. 이것은 우리나 라 쌀의 국제적인 가격경쟁력이 하락하는 것을 의미한다. 반대로 미국 쌀값이 우리나라 쌀값보다 상승폭이 크면 원/달러 실질환율 이 상승하게 되어 우리나라 쌀의 국제적인 가격경쟁력도 상승한 다. 실질환율은 외국 통화에 대한 자국 통화의 상대적인 **구매력** 〔한 단위의 통화가 여러 가지 재화나 용역을 살 수 있는 능력〕

이 반영된 것이므로 한 나라 상품의 국제적인 가격경쟁력을 측정하는 데 널리 이용된다. ▶ 실질환율의 개념과 역할

❹ 한 나라의 실질환율은 재화나 서비스의 수출과 수입에 영향을 미치는 중요한 변수이므로 실질환율의 변화는 국내외 경제에 큰 영향을 미친다. 우리나라의 실질환율이 상승하면 우리나라 제품의 값이 외국 제품에 비해 더 싸지므로 수출이 증가하고 수입이 감소하여 국내 경기가 활성화된다. 반면에 우리나라의 실질환율이 하락하면 우리나라 제품의 값이 외국 제품에 비해 더 비싸지므로 수출이 감소하고 수입이 증가하여 국내 경기가 침체될 수 있다. 따라서 우리나라와 같이 수출 의존도가 높은 나라는 실질환율 하락으로 큰 타격을 입을 수 있다.
▶ 실질환율이 국내외 경제에 미치는 영향

이해력 UP

명목환율

여러분이 은행에 가서 1,000원짜리 지폐 1장을 100원짜리 동전으로 바꿔 달라고 요청했다고 해 봅시다. 은행원은 100원짜리 동전 몇 개를 줄까요? 10개를 주겠죠? 왜 그럴까요? 그건 100원짜리 동전 10개가 1,000원짜리 지폐 1장과 동일한 가치를 지니기 때문이에요.

우리나라의 통화와 다른 나라의 통화를 교환하는 과정 역시 이와 비슷해요. 여러분이 1,000원을 은행에 가져가서 외국 통화와 교환한다고 하면, 은행원은 1,000원과 동일한 가치만큼의 외국 통화를 내어 줄 거예요. 예를 들어 우리나라 돈 2,000원을 냈더니 미국 돈 2달러를 줬다면, 2,000원은 2달러와 동일한 가치를 지닌 것이죠. 이때의 교환 비율(1,000원/달러, 즉 1달러당 1,000원)을 바로 명목환율이라고 해요

환율은 상황에 따라 오르기도 하고, 내리기도 합니다. 달러에 대한 명목환율이 오른다는 말은, '□□원/달러'에서 네모 안에 들어가는 금액이 오른다는 뜻이에요. 즉, 1달러당 내야 하는 원화의 금액이 높아진다. 다른 말로 하면 달러가 비싸진다는 말이죠. 상대적으로 달러의 가치는 높아지고, 원화의 가치는 낮아진 셈이 돼요. 따라서 명목환율은 한 나라의 통화가 지니는 대외적 가치(국내 가치가 아니죠!)를 보여 준다고 할 수 있어요.

실질환율

실질환율을 이해하기 위해 다음과 같은 상황을 가정해 봅시다. 여러분이 안 입는 옷을 팔기 위해 SNS에 글을 올렸는데, '무선 이어폰과 물물 교환하자'라는 메시지를 받게 되었습니다. 그런데 문제가 있네요. 옷과 무선 이어폰의 가격 차이가 너무 심한 것이죠. 그래서 상대방과 합의를 하여 옷 한 벌과 무선 이어폰 한쪽을 교환하기로 합니다. 옷을 기준으로 이 두 물건의 교환 비율을 표시하자면 $\frac{1}{2}$ 무선 이어폰/1옷'(옷 한 벌당 무선 이어폰 0.5개)으로 쓸 수 있어요. (만약 무선 이어폰 1개를 온전하게 받고 싶다면 옷을 두 벌 주면 되겠죠.)

명목환율과 같이 화폐를 가지고 비율을 표시할 수도 있지만, 위 사례와 같이 교환하는 물건들로 비율을 표시할 수도 있어요. 이게 바로 실질환율인 거예요. 실질환율은 물물 교환의 비율로 나타낸 것이기 때문에 통용되는 단위가 따로 없고, 거래되는 재화나 서비스의 단위로 표시됩니다. 쌀이면 kg, 원유는 배럴(bbl) 등과 같이 말이에요. 명목환율이 달러 1단위를 기준으로 교환할 수 있는 원화의 단위 수를 나타낸 것이라면, 실질환율은 달러 상품 1단위를 기준으로 교환할 수 있는 원화 상품의 단위 수를 나타낸 것입니다.

그럼 이제 지문에 나온 예시를 이해해 볼까요? 예시에서 명목환율이 '1,000원/달러'이고, 미국 쌀 1kg이 1달러, 국내 쌀 1kg이 2,000원일 때를 가정했어요. 이 상황에서 미국 쌀 1kg을 산다고 생각해 보세요. 1달러에 살 수 있죠? 이때 1달러는 우리나라 돈으로 1,000원이에요. 그런데 국내

쌀 1kg를 사려면 2,000원이나 내야 하네요. 즉, 국내 쌀이 미국 쌀보다 2배 비싼 거예요. 자 그럼, 이런 상황에서 미국 쌀과 국내 쌀을 물물 교환한다고 생각해 보세요. 똑같은 양을 교환하면 우리가 손해겠죠? 미국 쌀 1kg을 받는다면, 국내 쌀은 0.5kg(즉 1달러어치)만 내어 줘야 제대로 된 교환이라고 할 수 있어요. 미국 쌀과 국내 쌀 중에 어느 쪽이 가격경쟁력이 있었을까요? 당연히 미국 쌀이겠죠. 같은 kg인데 더 싸니까, 가격에서의 경쟁력은 미국이 더 좋은 거예요. 이처럼 실질환율은 한 나라 상품의 국제적인 가격경쟁력을 측정하는 데에 사용될 수 있답니다.

01 [내용 전개 방식] **답 ④**

〈발문〉 윗글의 서술상 특징으로 가장 적절한 것은?

① 대상의 특성을 다양한 관점에서 살피고 있다. ✕
▶ 지문은 명목환율과 실질환율의 개념을 경제학적으로 설명하고 있을 뿐, 이를 다양한 관점에서 살피고 있지는 않아요.

② 대상의 장점과 단점을 비교하여 설명하고 있다. ✕
▶ 명목환율과 실질환율의 유용성을 밝히고는 있으나, 단점에 대해서는 언급하고 있지 않아요.

③ 잘 알려진 대상에 새로운 의미를 부여하고 있다. ✕
▶ 명목환율과 실질환율의 일반적 의미를 설명하고 있을 뿐, 대상에 새로운 의미를 부여하고 있는 것은 아니에요.

✓ 대상의 개념을 설명하고 구체적인 예를 들고 있다. ○
▶ 2문단에서 명목환율의 개념을 설명하고, 원화와 달러화를 예로 들어 '원/달러 명목환율'에 대한 이해를 돕고 있어요. 또, 3문단에서는 실질환율의 개념을 설명하고, 쌀의 국제 거래라는 구체적인 예를 들어 '원/달러 실질환율'의 상승과 하락을 설명하고 있어요.

⑤ 대상의 변화 과정을 제시하고 이유를 분석하고 있다. ✕
▶ 명목환율과 실질환율의 변화 과정을 제시하지는 않았어요.

02 [내용 이해] **답 ②**

〈발문〉 윗글의 내용과 일치하지 <u>않는</u> 것은?

① 명목환율은 두 나라 통화 사이의 교환 비율이다. ○

> 근거 찾기
>
> ❷ 명목환율은 한 나라의 통화와 다른 나라 통화 사이의 교환 비율이다.

✓ 명목환율을 대체하기 위해 만든 국제 가격이 실질환율이다. ✕
▶ 명목환율은 한 나라의 통화가 가지는 대외적 가치를 보여 준다는 점에서 유용하고, 실질환율은 한 나라의 상품이 국제 시장에서 가지는 가격경쟁력을 측정하는 데 용이하다고 하였어요. 명목환율과 실질환율은 쓰임이 다른 국제 가격의 지표들일 뿐, 서로 대체하는 개념은 아니에요.

③ 실질환율이 하락하면 수출은 감소하고 수입은 증가하게 된다. ○

> 근거 찾기
>
> ❹ 우리나라의 실질환율이 하락하면 우리나라 제품의 값이 외국 제품에 비해 더 비싸지므로 수출이 감소하고 수입이 증가하여 국내 경기가 침체될 수 있다.

④ 명목환율과 실질환율은 국제 거래에서 의사 결정을 조절하는 역할을 한다. ○

> 근거 찾기
>
> ❶ 국제 가격도 국제 거래에서 수요자와 공급자들의 의사 결정을 조절하는 역할을 한다. 여러 국제 가격 중에서 대표적인 것으로 명목환율과 실질환율을 들 수 있다.

⑤ 실질환율은 외국 통화에 대한 자국 통화의 상대적인 구매력을 반영한 교환 비율이다. ⭕

❸ 실질환율은 두 나라 사이의 재화나 서비스 교환 비율로, 외국 상품 한 단위와 교환되는 국내 상품 단위 수로 표시한다. ~ 실질환율은 외국 통화에 대한 자국 통화의 상대적인 구매력이 반영된 것이므로 한 나라 상품의 국제적인 가격 경쟁력을 측정하는 데 널리 이용된다.

03 [구체적 사례에 적용] 답 ⑤

〈발문〉 윗글을 바탕으로 〈보기〉를 이해한 내용으로 적절하지 <u>않은</u> 것은? [3점]

〈보기〉

구분	우리나라(원화)		미국(달러화)	
	1월	7월	1월	7월
명목환율 (원/달러)	1,000원/ 달러	1,100원/ 달러	—	
A상품 가격 (kg당)	3,000원	8,800원	3달러	4달러

① 원/달러 명목환율은 달러화를 기준으로 삼고 있군. ⭕

▶ 원/달러 명목환율은 '1달러당 같은 가치로 교환되는 원화의 단위 수'를 말해요. 즉, 달러화를 기준으로 원화의 가치를 표현한 것으로 볼 수 있어요.

② 1월과 비교할 때 7월에 원화의 가치는 하락하였군. ⭕

▶ 명목환율은 '1,000원/달러'에서 '1,100원/달러'로 변하였어요. 1월에는 1달러를 갖기 위해 1,000원을 내면 되었던 것에 비해, 7월에는 1,100원을 내야 하는 거죠. 같은 가치의 달러화를 얻기 위해 더 많은 원화를 내야 하므로, 상대적으로 원화의 가치가 하락했음을 알 수 있어요

③ 1월에는 두 나라의 A상품에 대한 상대적인 구매력이 같다고 볼 수 있군. ⭕

▶ 1월에는 A상품의 가격이 원화로 3,000원, 달러화로 3달러네요. 1월의 명목환율은 1,000원=1달러이므로, A상품은 원화로 지불하든 달러화로 지불하든 같은 값어치를 내야 살 수 있어요. 따라서 A상품에 대한 원화와 달러화의 구매력은 같다고 볼 수 있어요.

④ 7월 원/달러 실질환율을 볼 때 우리나라 A상품은 미국보다 2배 비싸군. ⭕

▶ 7월에는 A상품의 가격이 원화로 8,800원, 달러화로 4달러예요. 명목환율은 1,100원=1달러고요. 뭔가 이상하지 않나요? 명목환율에 따르면, 7월에 A상품은 원화로 4,400원, 달러화로 4달러이거나, 원화로 8,800원, 달러화로 8달러여야 할 것 같은데 말이에요. 이러한 현상은 A상품의 가격이 미국에서보다 국내에서 2배 비싸졌기 때문에 일어난 거예요. 3문단의 수식으로 실질환율을 계산해 보면, $\frac{1,100원}{1달러} \times \frac{4달러}{8,800원} = \frac{1}{2}$'이 나와요. 즉, 교환 비율이 '미국의 A상품 1개=국내의 A상품 $\frac{1}{2}$개'가 된 거랍니다.

✅ 1월과 비교할 때 7월에 우리나라 A상품의 원/달러 실질환율은 상승하였군. ❌

▶ 1월에 A상품의 원/달러 실질환율은 '$\frac{1,000원}{1달러} \times \frac{3달러}{3,000원} = 1$'이에요. 7월에 A상품의 원/달러 실질환율은 '$\frac{1,100원}{1달러} \times \frac{4달러}{8,800원} = \frac{1}{2}$'이고요. 따라서 A상품의 원/달러 실질환율은 하락했음을 알 수 있어요.

01 ②　02 ⑤　03 ④　04 ④　05 ⑤　　　[2018년 11월 고2 전국연합]

쌤이 그린 독해지도

1　고전적 무역이론 中 '비교우위론'의 원리
: 개별 국가의 노동 생산성, 보유자원의 차이가 무역을 발생시킴
　더 유리한 자국 산업에 집중(특화)
But 산업 내 무역은 나타나지 않는다고 봄 → 오늘날의 무역양상 설명X

2,3　신무역 이론 : 산업 내 무역 설명

　가정 ⅰ) 두 국가에 독점적 경쟁 시장 형성
　　① 시장 내 다수의 기업 존재
　　② 시장 진입·퇴출이 자유로움　　→ 어느 정도 독점적 지위를 갖지만
　　③ 유사하지만 질적으로 차별화된 상품 생산　　시장 지배력은 불완전 (대체 가능)

　가정 ⅱ) 규모의 경제 존재
　　생산량이 증가함에 따라 평균 생산 비용이 하락하는 것
　　$= \dfrac{총\ 생산비용}{총\ 생산량}$　　(초기투자 비용이 높기 때문에)

　　But 시장의 크기가 제한되어 있기 때문에
　　기업의 수 증가 → 규모의 경제 효과 감소

4　규모의 경제가 존재하는 독점적 경쟁 시장에서 가격과 생산량 결정
　기업의 수 증가 ($n_1 → n_2$) 하면,

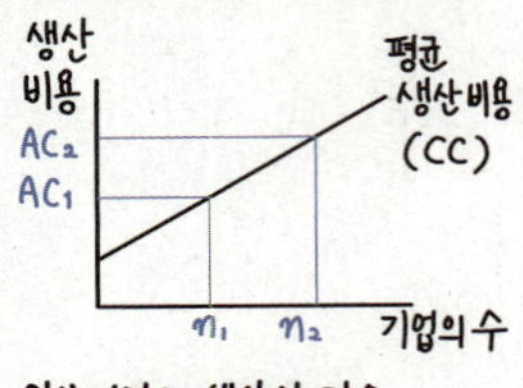

　일부 기업의 생산량 감소　　　기존 기업의 독점력 약화
　⇒ 평균생산 비용 증가 ($AC_1→AC_2$)　⇒ 상품가격 하락 ($P_1→P_2$)　⇨ 일부 기업 퇴출, 상품 다양성 감소

5　산업 내 무역의 필요성과 효과
　┌ 기업 : 시장의 크기 확대 → 생산량 증가, 평균생산 비용 감소
　└ 소비자 : 경쟁 기업 증가 → 상품 가격하락, 다양성 증가

| 문장은 정교하게 & 문단은 정리하며 |

❶ 무역이 발생하는 이유는 무엇일까? 고전적 무역 이론 중 비교우위론에서는 개별 국가들이 가지고 있는 노동 생산성 또는 보유 자원의 차이가 무역을 발생시킨다고 주장하였다. (일정한 단위 시간에 투입한 노동량에 대한 산출량의 비율) 일반적으로 각 나라는 상대적으로 더 유리한 자국의 산업에 집중하게 되는데 이를 특화라고 한다. 이때 특화된 자원이나 상품은 수출만 이루어지고, 자국이 보유하지 못한 자원이나 수입하는 것이 더 이득인 상품은 수입만 이루어진다고 보았다. 따라서 이 이론에서는(비교우위론), 무역이 발생하는 이유는 무역을 통해 해당 국가가 가지지 못하거나 상대적으로 덜 가진 상품을 간접 생산하여 이익을 얻기 위해서라고 보았다. 하지만 이러한 무역 이론은(비교우위론) 서로 다른 산업 간의 무역은 설명 가능하지만, 동일한 산업에 속한 상품들이 서로 교환되는 산업 내 무역은 나타나지 않는다고 보았으므로 오늘날의 무역 양상을 설명하는 데에는 한계가 있었다.
▶ 고전적 무역 이론인 비교우위론의 주장과 한계

❷ 이러한 무역 양상을 설명하기 위해 나타난 신무역이론에서는 만약 두 국가에 각각 독점적 경쟁시장이 형성되어 있고, 그 시장에 '규모의 경제'가 존재할 경우 두 국가 간에는 산업 내 무역이 이루어질 수 있다고 보았다. 먼저 ㉠ 독점적 경쟁시장은 시장 내에 다수의 기업이 존재하며, 이들의 시장 진입과 퇴출이 자유롭다. 그리고 다수의 기업들이, 완전히 동일한 상품은 아니지만 서로 유사한(비슷한) 기능을 하면서도 질적으로 차별화된 상품을 생산한다. 예를 들어 자동차들은 기본적으로 기능은 동일하지만 자동차 산업

에는 (승용차, 트럭, 승합차 등) 차별화된 상품이 존재하는 것이다. 이때 소비자들은 일반적으로 특정 상품에 대한 자신의 <u>선호</u>를 쉽게 바꾸지 않으려는 경향이 있어서 해당 기업은 어느 정도 독점적인 지위를 가진다. 따라서 해당 기업은 제품 가격을 결정할 권한을 가질 수도 있다. 하지만 다수의 경쟁 기업이 존재하므로 다른 기업의 상품들은 해당 기업의 상품에 대해 어느 정도의 대체성도 가지고 있다. 따라서 해당 기업의 시장 지배력은 불완전하다고 할 수 있다. ▶ 신무역이론의 주장과 독점적 경쟁시장의 특징

❸ 한편 '규모의 경제'란 생산량이 증가함에 따라 평균생산비용이 하락하는 것을 말한다. 이때 평균생산비용이란 총생산비용을 총생산량으로 나눈 값을 의미한다. 상품을 생산하는 데에는 기본적으로 투자해야 하는 초기 투자비용이 높기 때문에 기업은 생산량이 늘어날수록 평균생산비용을 낮출 수 있다. 하지만 시장의 크기는 제한되어 있기 때문에 시장 내에서 기업의 수가 증가하면 각 기업의 규모의 경제 효과는 감소하게 된다. ▶ 규모의 경제에서 나타나는 경제 효과

❹ 〈그림〉은 규모의 경제가 존재하는 독점적 경쟁시장을 가정하여, 동일 산업 내에 존재하는 기업의 수는 어떻게 결정되며, 그렇게 결정된 기업의 수를 통해 상품의 가격 및 생산량이 어떻게 정해지는지를 보여 주고 있다. 〈그림〉의 X축은 기업의 수 혹은 상품의 수, Y축은 생산 비용 혹은 상품 가격을 나타낸다.

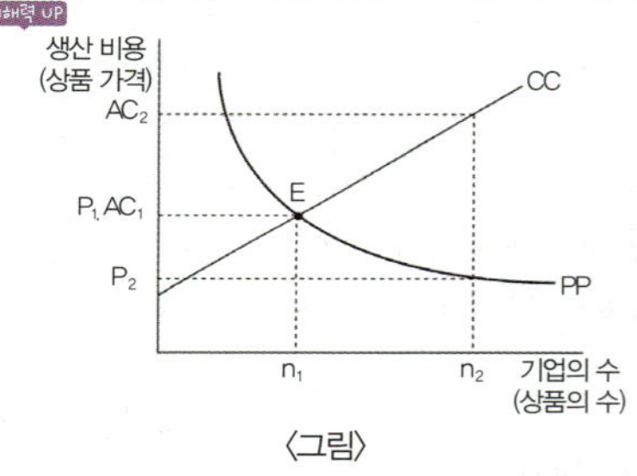

〈그림〉

또한 CC는 시장 내 기업의 평균생산비용곡선, PP는 시장 내 기업이 생산하는 상품의 가격곡선을 나타낸다. 이때 두 곡선이 교차하는 지점 E에서 균형점이 형성되며 이때 균형 기업의 수는 n_1이라고 할 수 있다. 그런데 시장의 크기가 정해져 있다는 것은 어떤 산업의 총수요량이 일정하다는 것을 의미한다. 만약 이 상황에서 기업의 수가 n_1에서 n_2로 증가하면 그 영향으로 일부 기업의 생산량은 감소하게 된다. 규모의 경제가 존재하는 상황이므로 생산량 감소에 따라 기업들의 평균생산비용은 AC_1에서 AC_2로 증가하게 될 것이다. 또한 이 경우 새로운 경쟁 기업의 진입으로 인해 기존 기업들의 독점력은 약화되어, 상품 가격은 P_1에서 P_2로 자연스럽게 하락하게 될 것이다. 결국 일부 기업들은 시장에서 퇴출되고, 이로 인해 소비자가 선택할 수 있는 상품의 다양성은 줄어들게 될 것이다. ▶ 규모의 경제에서 독점적 경쟁시장의 가격, 생산량 결정 원리

❺ 신무역이론에서는 이러한 상황을 극복하기 위해 필요한 것이 바로 산업 내 무역이라고 생각하였다. 먼저 기업의 입장에서 보면, 이전에는 시장의 크기가 제한되어 있어 규모의 경제 효과를 제대로 살릴 수가 없었지만, 무역이 이루어지면서 ⓒ 시장의 크

기가 확대되어 생산량 증가에 따른 평균생산비용의 감소 효과를 얻게 되는 것이다. 소비자의 입장에서 보면, 무역을 통해 경쟁 기업이 증가함으로써 상품 가격이 하락하게 되어 소비자의 후생이 증가하게 된다. 또한 기존 국내 기업의 상품뿐만 아니라 외국 기업이 생산한 상품도 이용할 수 있게 되어 상품 선택의 다양성이 증가하게 된다. ▶ 신무역이론에서 말하는 산업 내 무역의 필요성과 효과

이해력 UP

〈그림〉으로 제시된 그래프 읽기

경제학에서는 둘 이상의 그래프가 하나의 그래프에 합쳐져서 표현되는 경우가 많아요. 지문에 나온 그래프도 마찬가지예요. 그래서 그래프가 제시된 경제 지문을 읽을 때는 해당 내용이 어떤 그래프에 대한 설명인지 확인하면서 읽을 필요가 있어요. 다음 문장들을 한번 봅시다.

> 시장의 크기가 정해져 있다는 것은 어떤 산업의 총수요량이 일정하다는 것을 의미한다. 만약 이 상황에서 기업의 수가 n_1에서 n_2로 증가하면 그 영향으로 일부 기업의 생산량은 감소하게 된다. 규모의 경제가 존재하는 상황이므로 생산량 감소에 따라 기업들의 평균생산비용은 AC_1에서 AC_2로 증가하게 될 것이다.

위 내용을 읽으면서 확인해야 하는 그래프는 '평균생산비용(CC)'이에요. 아래 빨간색으로 표시한 것을 보면, 기업의 수(x축)가 n_1에서 n_2로 증가할 때 기업들의 평균생산비용(y축)이 AC_1에서 AC_2로 증가했음을 알 수 있어요.

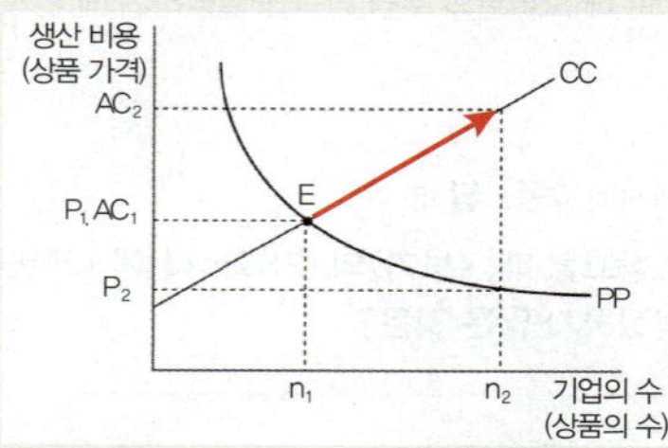

그래프와 함께 위의 지문 내용을 이해해 봅시다. 우선 시장의 크기가 정해져 있으므로, 기업의 수가 증가하면 정해진 파이를 나눠 먹는 것이기 때문에 일부 기업은 생산량이 감소하게 돼요. 이 상황에서 '규모의 경제'가 작용하는데요. 우선 규모의 경제란 상품을 생산하는 데 기본적으로 투자해야 하는 초기 투자비용이 높아서, 생산량이 늘어날수록 평균생산비용이 낮아지는 것이라고 했어요. 시장에 새롭게 참여하는 기업의 수가 늘어난다는 것은, 그만큼 신규 기업들의 초기 투자비용이 늘어난다는 뜻이에요. 그러면 전체 기업들의 평균생산비용은 증가할 수밖에 없겠죠. 그래서 y축이 AC_1에서 AC_2로 이동하게 되는 거랍니다.
이어서 다음 문장도 같이 살펴볼게요.

> 또한 이 경우 새로운 경쟁 기업의 진입으로 인해 기존 기업들의 독점력은 약화되어, 상품 가격은 P_1에서 P_2로 자연스럽게 하락하게 될 것이다.

위 문장에서 확인해야 할 그래프는 '상품 가격'이에요. '상품 가격'을 나타내는 곡선은 PP라고 했으므로 PP를 기준으로 보면 돼요.

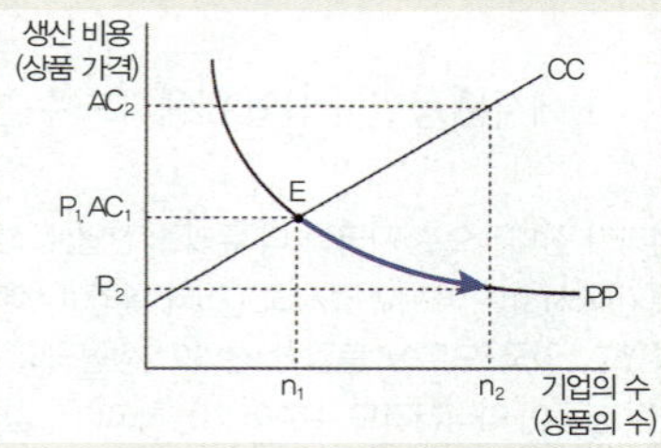

파란색으로 표시한 것을 보면, 기업의 수(x축)가 n_1에서 n_2로 증가할 때 상품 가격(y축)이 P_1에서 P_2로 하락하는 것을 볼 수 있어요. 이렇게 되는 이유는 경쟁자가 많아지면 경쟁으로 인해 상품 가격이 하락할 수밖에 없기 때문입니다.

01 [내용 이해] 답 ②

〈발문〉 윗글에서 언급한 내용이 **아닌** 것은?

① 생산량과 평균생산비용의 관계 ⭕
▶ 3문단에서 평균생산비용은 총생산비용을 총생산량으로 나눈 값인데, 생산량이 늘어날수록 평균생산비용을 낮출 수 있다고 했어요.

② 규모의 경제가 적용되지 않는 산업의 예 ❌
▶ 3, 4문단에서 규모의 경제의 개념과, 규모의 경제가 존재하는 상황에서의 신무역이론을 설명하고 있어요. 하지만 규모의 경제가 적용되지 않는 산업의 예는 제시되어 있지 않아요.

③ 산업 내 무역이 소비자에게 끼치는 영향 ⭕
▶ 5문단에서 산업 내 무역으로 인해 상품 가격이 하락하면 소비자 후생이 증가하고, 상품 선택의 다양성이 증가한다고 설명하고 있어요.

④ 독점적 경쟁시장에서 생산되는 상품의 특성 ⭕
▶ 2문단에서 독점적 경쟁시장에서 생산하는 제품은 완전히 동일한 상품은 아니지만 서로 유사한 기능을 하면서도 질적으로 차별화된 상품이라고 설명하고 있어요.

⑤ 고전적 무역 이론인 비교우위론이 가지는 한계 ⭕
▶ 1문단에서 고전적 무역 이론은 서로 다른 산업 간의 무역은 설명 가능하지만, 동일한 산업에 속한 상품들이 서로 교환되는 산업 내 무역은 나타나지 않는다고 보았기 때문에 오늘날의 무역 양상을 설명하는 데 한계가 있다고 언급하고 있어요.

02 [구체적 사례에 적용] 답 ⑤

〈발문〉 윗글을 참고할 때, 〈보기〉의 (가)와 (나)에 나타난 무역 양상에 대한 이해로 적절하지 **않은** 것은?

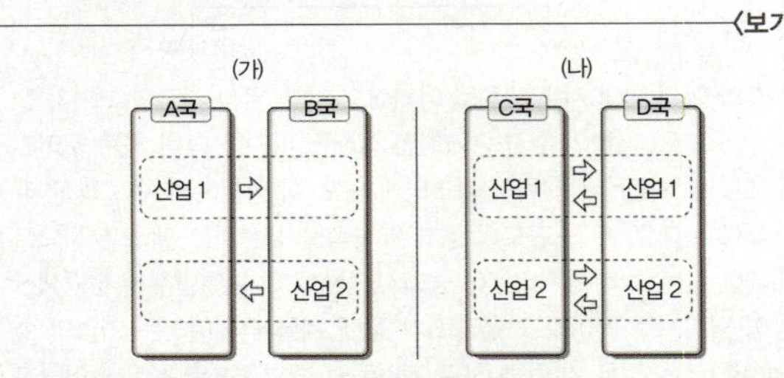

* 화살표의 방향은 수출의 방향을 표시하고, 그 외의 수출은 없다고 가정한다.

▶ 〈보기〉의 그림을 먼저 분석해 볼까요? (가)는 A국과 B국에 서로 다른 산업이 형성되어 있으며, 자국에 더 유리한 산업에 특화하여 수출하는 무역 양상을 보여 주고 있어요. 고전적 무역 이론인 비교우위론으로 설명할 수 있는 그림이네요. 이에 비해 (나)는 C국과 D국에 동일한 산업이 형성되어 있고, 양국에서 각각 생산한 상품을 서로 수출하는 무역 양상을 보여 주고 있어요. 신무역이론으로 설명할 수 있는 그림이에요.

① (가)와 달리 (나)에서는 특화된 상품이 아니더라도 수출이 가능하겠군. ⭕

② (가)와 달리 (나)에서는 동일한 산업 내에서도 수출이 발생할 수 있겠군. ⭕

▶ 특화란 각 나라가 상대적으로 자국에 더 유리한 산업에 집중하는 것을 의미해요. 특화는 (가)에서 이루어지고 있지요. (가)와 달리 (나)에서는 특정 산업에 특화하지 않았고, 양국 모두에 동일한 산업이 형성되어 있어요. 따라서 (나)에서는 특화된 상품이 아니더라도 수출이 가능하고(①), 양국 간 동일한 산

업 내의 상품을 서로 수출하고 있는(②) 무역 양상을 확인할 수 있어요.

③ (나)와 달리 (가)에서는 국가 간의 노동 생산성과 보유 자원의 차이가 없다면 무역이 발생하지 않겠군. ⭕

▶ (나)와 달리 (가)에서는 특화가 이루어지고 있는데, 비교우위론에 따르면, 이러한 특화는 개별 국가들이 가지고 있는 노동 생산성 또는 보유 자원의 차이에서 비롯되는 것이라고 했어요.

> **근거 찾기**
> ❶ 비교우위론에서는 개별 국가들이 가지고 있는 노동 생산성 또는 보유 자원의 차이가 무역을 발생시킨다고 주장하였다.

④ (나)와 달리 (가)에서는 해당 국가가 보유하지 못하거나 상대적으로 덜 가진 상품은 무역을 통해 간접 생산하겠군. ⭕

> **근거 찾기**
> ❶ 비교우위론에서는, ~ 무역이 발생하는 이유는 무역을 통해 해당 국가가 가지지 못하거나 상대적으로 덜 가진 상품을 간접 생산하여 이익을 얻기 위해서라고 보았다.

⑤ (나)와 달리 (가)에서도 완전히 동일한 상품은 아니지만 질적으로 차별화된 상품을 수출하여 이익을 얻는다고 할 수 있겠군. ❌

▶ 완전히 동일한 상품은 아니지만 서로 유사한 기능을 하면서도 질적으로 차별화된 상품을 생산하는 독점적 경쟁시장을 상정한 것은 신무역이론이에요. 신무역이론은 (가)가 아니라 (나)와 관련된 것이죠. 따라서 '(가)와 달리 (나)에서는'으로 정정해야 적절해요.

> **근거 찾기**
> ❷ 신무역이론에서는 만약 두 국가에 각각 독점적 경쟁시장이 형성되어 있고, 그 시장에 '규모의 경제'가 존재할 경우 두 국가 간에는 산업 내 무역이 이루어질 수 있다고 보았다. ~ 그리고 다수의 기업들이, 완전히 동일한 상품은 아니지만 서로 유사한 기능을 하면서도 질적으로 차별화된 상품을 생산한다.

03 [비교 이해] 답 ④

〈발문〉 윗글의 ⑤ 독점적 경쟁시장과 〈보기〉의 [A], [B]를 비교하여 이해한 내용으로 적절하지 **않은** 것은?

> 〈보기〉
> [A] 완전 경쟁시장은 상품의 공급자와 수요자가 다수이며, 완전히 동일한 상품이 거래되기 때문에 기업은 가격을 결정할 권한을 가질 수 없다. 또한 기업의 시장 진·출입이 자유롭고, 공급자나 수요자들이 시장 정보에 관해서 완전히 알고 있다는 특징이 있다.
> [B] 독점 시장은 하나의 공급자가 한 종류의 상품을 판매하는 시장의 형태를 말한다. 독점 시장에서 공급자는 이윤이 극대화되도록 생산량과 가격을 조절할 수 있다. 또한 시장을 지배하는 기업의 영향력으로 인해 다른 기업의 진입이 매우 어렵다.

▶ ⑤ '독점적 경쟁시장'과 [A], [B]를 비교하는 문제인데요, 이런 유형에서는 ⑤ '독점적 경쟁시장'의 특성을 기준으로, [A], [B]와 어떤 차이가 있는지를 살펴보면 좀 더 효율적으로 문제를 해결할 수 있어요. 우선 ⑤ '독점적 경쟁시장'의 특성을 한번 정리해 봅시다.

⑤ 독점적 경쟁시장
• 시장 내에 다수의 기업 존재
• 기업의 시장 진입과 퇴출이 자유로움
• 완전히 동일한 상품은 아니지만 서로 유사한 기능을 하면서도 질적으로 차별화된 상품 생산
• 소비자의 선호가 쉽게 바뀌지 않아 기업이 어느 정도 독점적 지위를 가지고 제품 가격을 결정함

이제 ㉠ '독점적 경쟁시장'과 비교되는 [A], [B]의 특성을 정리해 봅시다.

[A] 완전 경쟁시장	㉠ 독점적 경쟁시장	[B] 독점시장
시장 내에 다수의 기업 존재	시장 내에 다수의 기업 존재	시장 내에 하나의 기업만 존재
기업의 시장 진입과 퇴출이 자유로움	기업의 시장 진입과 퇴출이 자유로움	다른 기업의 진입이 매우 어려움
다수의 기업이 완전히 동일한 상품 생산	다수의 기업이 유사하지만 차별화된 상품 생산	하나의 기업이 한 종류의 상품 생산
기업이 제품 가격을 결정하지 못함	기업은 어느 정도 독점적 지위를 가지고 제품 가격을 결정함	기업이 이윤이 극대화되도록 생산량과 제품 가격을 결정함

공통점과 차이점이 눈에 보이나요? [A]는 다수의 기업들이 동일한 상품으로 완전히 경쟁하는 시장이고, [B]는 하나의 기업이 한 종류의 상품만 판매하는 독점 시장이며, ㉠ '독점적 경쟁시장'은 [A]와 [B]의 중간 정도 성격에 해당함을 알 수 있어요. 즉, ㉠ '독점적 경쟁시장'은, 시장 내에 다수의 기업이 존재하고 서로 경쟁하되([A]와 유사), 차별화된 상품을 통해 기업이 어느 정도는 독점적 지위를 가지고 제품 가격을 결정할 수 있는 ([B]와 유사) 시장인 거예요.

① ㉠ 독점적 경쟁시장은 시장에 참여하는 기업의 수가 다수라는 점에서 [A]와 유사하지만, 판매되는 상품들 간의 차별화 정도는 다르다고 할 수 있다. O

▶ ㉠ '독점적 경쟁시장'은 시장에 참여하는 기업의 수가 다수라는 점에서 [A] 완전 경쟁시장과 유사해요. 하지만 완전 경쟁시장은 완전히 동일한 상품을, 독점적 경쟁시장은 기능은 유사하지만 질적으로 차별화된 상품을 생산, 판매하기 때문에 상품들 간의 차별화 정도는 다름을 알 수 있어요.

② ㉠ 독점적 경쟁시장은 연필, 볼펜, 만년필 등의 차별화된 상품이 존재하는 필기구 시장이, [A]는 한 종류의 동일한 쌀을 여러 가게에서 팔고 있는 쌀 시장이 각각의 사례라고 할 수 있다. O

▶ 연필, 볼펜, 만년필 등 기능은 유사하지만 차별화된 상품이 존재하는 필기구 시장은 ㉠ '독점적 경쟁시장'의 사례로 적절해요. 또한 한 종류의 동일한 쌀을 여러 가게에서 팔고 있는 쌀 시장은 [A] 완전 경쟁시장의 사례로 적절해요.

③ ㉠ 독점적 경쟁시장은 기업이 상품에 대해 독점력을 가진다는 점에서는 [B]와 유사하지만, 기업의 시장 지배력은 다르다고 할 수 있다. O

▶ ㉠ '독점적 경쟁시장'은 소비자 입장에서 특정 제품에 대한 선호가 높아 기업이 어느 정도의 독점적 지위를 가진 상태라고 볼 수 있어요. 따라서 기업이 상품에 대해 독점력을 가진다는 점에서는 [B] 독점 시장과 유사해요. 하지만 독점 시장은 한 기업이 시장을 지배하고 있어 다른 기업의 진입이 어려운 것에 비해, ㉠ '독점적 경쟁시장'은 기업의 시장 참여가 자유롭기 때문에 시장 지배력이 불완전하다는 차이점이 있어요.

☑ ㉠ 독점적 경쟁시장에서 상품 가격은 차별화된 상품을 생산하는 기업의 수에 영향을 받지만 [B]에서는 ~~소비자의 선택에 따라 상품 가격이 결정된다~~고 할 수 있다. ✕

▶ ㉠ '독점적 경쟁시장'은 시장 크기가 정해져 있을 때 상품 가격 및 생산량이 기업의 수에 영향을 받음을 알 수 있어요. 기업의 수가 늘어나면 상품 가격이 하락한다고 했으니까요. 반면 [B] 독점 시장에서는 공급자가 자신의 이윤을 극대화하도록 가격 및 생산량을 결정할 수 있어요. 따라서 [B] 독점 시장에서 상품 가격이 소비자의 선택에 따라 결정된다는 설명은 적절하지 않아요.

4 시장의 크기가 정해져 있다는 것은 어떤 산업의 총수요량이 일정하다는 것을 의미한다. 만약 이 상황에서 기업의 수가 n_1에서 n_2로 증가하면 그 영향으로 일부 기업의 생산량은 감소하게 된다. ~ 이 경우 새로운 경쟁 기업의 진입으로 인해 기존 기업들의 독점력은 약화되어, 상품 가격은 P_1에서 P_2로 자연스럽게 하락하게 될 것이다.

⑤ ㉠ 독점적 경쟁시장에서는 상품들이 대체성을 갖고 있기 때문에 기업들은 경쟁 관계에 있지만, [B]에서는 다른 기업의 시장 진입이 쉽지 않아 경쟁 관계가 형성되기 어렵다고 할 수 있다. O

▶ ㉠ '독점적 경쟁시장'에서 생산, 판매하는 상품들은 유사한 기능을 하기 때문에 어느 정도의 대체성을 가지고 있어요. 따라서 ㉠ 내의 기업들은 경쟁 관계에 있어요. 하지만 [B] 독점 시장에서는 유일한 공급자인 하나의 기업이 지배력을 가지고 존재하기 때문에 다른 기업이 시장에 진입하기 어렵고, 경쟁 관계 역시 형성되기 어렵다고 볼 수 있어요.

2 독점적 경쟁시장은 ~ 다수의 기업들이, 완전히 동일한 상품은 아니지만 서로 유사한 기능을 하면서도 질적으로 차별화된 상품을 생산한다. ~ 다수의 경쟁 기업이 존재하므로 다른 기업의 상품들은 해당 기업의 상품에 대해 어느 정도의 대체성도 가지고 있다.

04 [내용 이해] 답 ④

〈발문〉 윗글을 바탕으로 〈보기〉를 이해한 내용으로 적절하지 <u>않은</u> 것은? [3점]

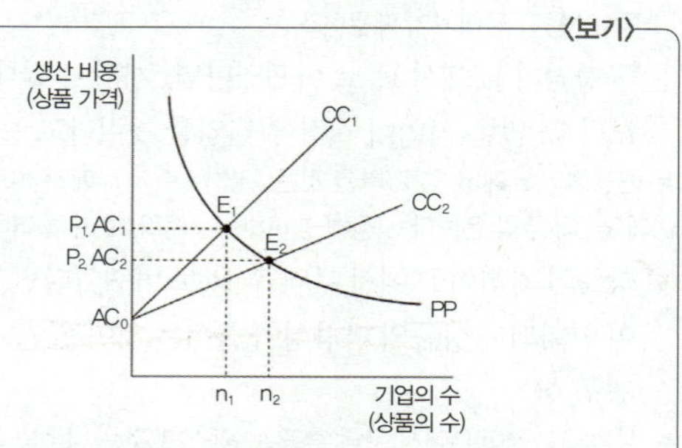

* CC_1은 무역 전, CC_2는 무역 후 평균생산비용 곡선임.

▶ 〈보기〉의 그래프를 보면, 무역 전의 평균생산비용곡선(CC_1)과, 무역 후의 평균생산비용곡선(CC_2)이 제시되어 있어요. 5문단에 신무역이론에서 말하는 '산업 내 무역의 이유'가 잘 정리되어 있는데, 그런 의미에서 5문단을 다시 한번 살펴볼게요.

5 신무역이론에서는 이러한 상황을 극복하기 위해 필요한 것이 바로 산업 내 무역이라고 생각하였다. 먼저 기업의 입장에서 보면, 이전에는 시장의 크기가 제한되어 있어 규모의 경제 효과를 제대로 살릴 수가 없었지만, ⓐ 무역이 이루어지면서 시장의 크기가 확대되어 생산량 증가에 따른 평균생산비용의 감소 효과를 얻게 되는 것이다. 소비자의 입장에서 보면, ⓑ 무역을 통해 경쟁 기업이 증가함으로써 상품 가격이 하락하게 되어 소비자의 후생이 증가하게 된다. 또한 기존 국내 기업의 상품뿐만 아니라 외국 기업이 생산한 상품도 이용할 수 있게 되어 ⓒ 상품 선택의 다양성이 증가하게 된다.

위에 표시된 것처럼 무역을 하는 이유는 크게 세 가지인데, 이러한 무역의 효과를 〈보기〉의 그래프에서도 확인할 수 있어요.

ⓐ 무역이 이루어지면서 시장의 크기가 확대되어 생산량 증가에 따른 평균생산비용의 감소 효과를 얻게 되는 것

▶ 그래프에서 무역 전인 CC_1과 무역 후인 CC_2를 비교해 보면, 생산 비용을 나타내는 y축을 기준으로 CC_2가 CC_1보다 아래에 있음을 볼 수 있어요. CC_2일 때 평균생산비용이 그만큼 적다는 거죠. 게다가 기울기도 완만해졌어요. 기업의 수(x축) 증가에 따른 생산 비용(y축) 증가 폭도 더 작아졌다는 거예요.

ⓑ 무역을 통해 경쟁 기업이 증가함으로써 상품 가격이 하락하게 되

어 소비자의 후생이 증가
▶ 그래프에서 상품의 가격과 생산량, 기업의 수는 CC와 PP가 교차하는 E(균형점)에서 결정돼요. 그런데 CC_1에서 CC_2로 변할 때 E_1이 E_2로 변했어요. 그러면서 균형 기업의 수(x축)는 n_1이 n_2로 변하고, 상품 가격(y축)은 P_1에서 P_2로 변했어요. 즉, 기업의 수는 증가하고, 상품 가격은 떨어졌음을 알 수 있죠.

ⓒ 상품 선택의 다양성이 증가
▶ 그래프에서 x축은 '상품의 수'도 나타내요. n_1에서 n_2로 바뀐 것은 상품의 수가 늘어났다는 뜻이에요.

① 무역 후 기업의 수가 n_1에서 n_2로 바뀌게 되었다면 소비자의 후생은 증가했다고 볼 수 있겠군. ○
▶ 소비자의 후생은 상품 가격이 낮아질 때 증가해요. 가격곡선인 PP를 보면, 무역 후 기업의 수가 n_1에서 n_2로 증가할 때, 상품 가격은 P_1에서 P_2로 낮아졌음을 알 수 있어요. 이처럼 상품 가격이 낮아졌으니, 소비자의 후생은 증가했다고 볼 수 있겠죠.

② CC_1과 CC_2가 모두 AC_0에서 시작되는 이유는 기본적으로 초기 투자비용이 들어가기 때문이라고 볼 수 있겠군. ○
▶ CC는 평균생산비용곡선인데, 비용이 0원에서 시작하지 않고 AC_0에서 시작하는 이유를 물어본 거예요. 그 이유는 지문의 3문단에서 알 수 있듯이 초기 투자비용이 들어가기 때문이죠.

③ 균형점이 E_1에서 E_2로 바뀌었다면, 시장이 확대되어 무역 전보다 더 많은 기업이 시장에 진입한 것이라고 볼 수 있겠군. ○
▶ 균형점이 E_1에서 E_2로 바뀐 것은 기업의 수가 n_1에서 n_2로 증가했기 때문이에요. 즉, 무역 전보다 시장에 참여하는 기업의 수가 늘어나는 거죠.

④ 상품의 가격이 P_1에서 무역 후 P_2로 바뀌었다면 기업의 독점력이 약화되어 ~~상품의 다양성이 줄어든 것이 원인~~이라고 할 수 있겠군. ✕
▶ 상품의 가격이 P_1에서 무역 후 P_2로 감소한 것은 상품의 수가 n_1에서 n_2로 증가했기 때문이에요. 즉, 상품 선택의 다양성이 증가한 것이므로 적절하지 못한 분석이에요.

⑤ 무역 후 균형점이 E_2인 상태에서 시장의 크기 변화 없이 기업의 수가 n_2보다 늘어났다면, 평균생산비용이 AC_2보다 높아져 기업 중 일부는 퇴출될 가능성이 있겠군. ○
▶ 무역 후에 새로운 균형점인 E_2가 형성되었다면, 이제 시장의 크기(총수요량)는 확정된 거예요. 이런 상황에서 기업의 수가 n_2보다 증가하면 (정해진 파이를 나눠 먹게 되므로) 일부 기업의 생산량이 감소하죠. 규모의 경제가 존재하는 상황이므로 생산량 감소는 평균생산비용 증가를 가져오게 돼요.(아래 그래프의 빨간색 부분을 보면, 기업의 수가 n_2보다 늘어날 때, 평균생산비용도 AC_2보다 늘어남을 알 수 있어요.) 또한 경쟁자의 증가로 상품의 가격이 하락하게 되어, 일부 기업이 시장에서 퇴출될 수 있어요. (아래 그래프의 파란색 부분을 보면, 상품 가격이 P_2보다 하락함을 알 수 있어요.)

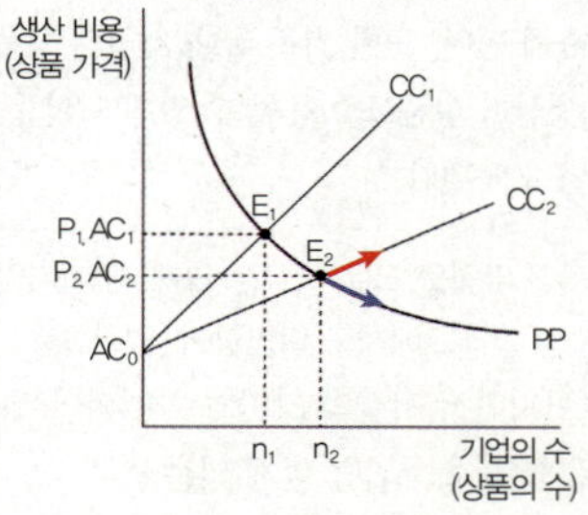

❹ 시장의 크기가 정해져 있다는 것은 어떤 산업의 총수요량이 일정하다는 것을 의미한다. 만약 이 상황에서 기업의 수가 n_1에서 n_2로 증가하면 그 영향으로 일부 기업의 생산량은 감소하게 된다. 규모의 경제가 존재하는 상황이므로 생산량 감소에 따라 기업들의 평균생산비용은 AC_1에서 AC_2로 증가하게 될 것이다. 또 이 경우 새로운 경쟁 기업의 진입으로 인해 기존 기업들의 독점력은 약화되어, 상품 가격은 P_1에서 P_2로 자연스럽게 하락하게 될 것이다. 결국 일부 기업들은 시장에서 퇴출되고, 이로 인해 소비자가 선택할 수 있는 상품의 다양성은 줄어들게 될 것이다.

05 [내용 이해] 답 ⑤

〈발문〉 ⓛ 시장의 크기가 확대가 일어났을 때와 유사한 효과가 나타날 수 있는 상황으로 가장 적절한 것은?

① 상품의 가격이 큰 폭으로 상승하였다. ✕
▶ 시장의 크기가 확대되면 생산량이 증가하므로 상품의 가격은 하락해요.

❺ 이전에는 시장의 크기가 제한되어 있어 규모의 경제 효과를 제대로 살릴 수가 없었지만, 무역이 이루어지면서 시장의 크기가 확대되어 생산량 증가에 따른 평균생산비용의 감소 효과를 얻게 되는 것이다. 소비자의 입장에서 보면, 무역을 통해 경쟁 기업이 증가함으로써 상품 가격이 하락하게 되어 소비자의 후생이 증가하게 된다.

② 국가가 보유한 자원이 단기간에 감소하였다. ✕
▶ 국가가 보유한 자원이 단기간에 감소하는 변화는 기업 입장에서 생산비용의 증가로 이어질 수 있어요. 생산비용의 증가는 생산량을 감소시키므로 시장의 크기가 확대되는 상황과는 반대되는 경우예요.

③ 기업의 초기 투자비용이 갑자기 상승하였다. ✕
▶ 기업의 초기 투자비용이 갑자기 상승한 것은 기업의 시장 진출의 장벽이 될 수 있어요. 따라서 시장의 크기가 확대되는 상황이 나타날 수 없어요.

④ 평균생산비용이 기하급수적으로 상승하였다. ✕
▶ 평균생산비용이 상승하면, 그만큼 이익이 적어지기 때문에 기업들이 시장으로 진입할 이유가 없어져요. 총생산량도 감소하겠죠. 이는 시장의 크기가 확대될 때와 반대되는 상황이라고 할 수 있어요.

⑤ 단기간에 한 국가의 인구가 급격하게 증가하였다. ○
▶ 인구의 급증은 상품에 대한 수요 급증으로 이어져요. 따라서 생산량 증가를 야기하며, 이는 무역으로 인해 시장의 크기가 확대될 때와 유사한 상황이라고 할 수 있어요.

쌤이 그린 독해지도

1 행정 입법에 의한 행정 규제의 비중이 커지고 있음
↳ 행정 기관이 제정한 법령 (≠ 국회)
- 첨단 기술 관련된 경우
- 상황 변화에 즉각 대처해야 하는 경우
- 개별적 상황을 반영하여 규제를 달리하는 경우

2,3,4 행정 입법의 유형별 특징

	위임명령	행정규칙	조례
주체	행정부	행정부	지방의회
개념	국회가 행정규제 사항에 관한 법률 제정 시, 특정한 내용에 관해 행정부에 위임한 입법	행정부의 직제나 사무처리 절차에 관한 입법	지방의회가 제정하는 입법
종류	대통령령, 총리령, 부령	고시, 예규	
특징	• 모든 국민에 적용 • 입법 예고, 공포 등의 절차 필요 • 법률의 위임에 근거해야 함 • 포괄적 위임 불가 • 위임 근거 법률이 사용한 어구의 의미 확대, 축소 불가	• 일반 국민에 적용되지 않음 • 입법예고, 공포 등의 절차 필요 없음 • 법률로부터 위임받지 않아도 됨 • 행정 규제 사항에 대해 행정규칙이 제정되는 예외적인 경우도 있음	• 지역에서 발생하는 사안에 적용 • 입법 예고, 공포 등의 절차 필요 • 법률의 위임에 근거해야 함 • 포괄적 위임 가능 • 위임 근거 법률이 사용한 어구의 의미 확대, 축소 불가

| 문장은 정교하게 & 문단은 정리하며 |

❶ (국가, 지방 자치 단체와 같은) 행정 주체가 행정 목적을 ⓐ실현하기 위해 국민의 권리를 제한하거나 국민에게 의무를 부과하는 '행정 규제'는 국회가 제정한 법률에 근거해야 한다. 그러나 국회가 아니라, (대통령을 수반으로 하는 행정부나 지방 자치 단체와 같은) 행정 기관이 제정한 법령인 행정입법에 의한 행정 규제의 비중이 커지고 있다. (드론과 관련된 행정 규제 사항들처럼), 첨단 기술과 관련되거나, 상황 변화에 즉각 대처해야 하거나, 개별적 상황을 ⓑ반영하여 규제를 달리해야 하는 행정 규제 사항들이 늘어나고 있기 때문이다. 행정 기관은 국회에 비해 이러한 사항들을 다루기에 적합하다. ▶ 행정입법에 의한 행정 규제의 비중이 커짐

행정부의 가장 높은 자리에 있는 사람
자동 조종이나 원격 조종되는 무인 비행 물체

❷ 행정입법의 유형에는 위임명령, 행정규칙, 조례 등이 있다. 헌법에 따르면, 국회는 행정 규제 사항에 관한 법률을 제정할 때 특정한 내용에 관한 입법을 행정부에 위임할 수 있다. 이에 따라

어떤 일을 책임 지워 맡김 또는 그 책임

제정된 행정입법을 위임명령이라고 한다. 위임명령은 제정 주체에 따라 대통령령, 총리령, 부령으로 나누어진다. 이들은 모두 국민에게 적용되기 때문에 입법예고, 공포 등의 절차를 거쳐야 한다. 위임명령은 입법부인 국회가 자신의 권한의 일부를 행정부에 맡겼기 때문에 정당화될 수 있다. 그래서 특정한 행정 규제의 근거 법률이 위임명령으로 제정할 사항의 범위를 정하지 않은 채 위임하는 포괄적 위임은 헌법상 삼권 분립 원칙에 저촉된다. 위임된 행정 규제 사항의 대강을 위임 근거 법률의 내용으로부터 ⓒ예측할 수 있어야 한다는 것이다. 다만 행정 규제 사항의 첨단 기술 관련성이 클수록 위임 근거 법률이 위임할 수 있는 사항의 범위가 넓어진다. 한편, 위임명령이 법률로부터 위임받은 범위를 벗어나서 제정되거나, 위임 근거 법률이 사용한 어구의 의미를 확대하거나 축소하여 제정되어서는 안 된다. ㉠위임명령이 이러

이미 확정된 법률, 조약, 명령 따위를 일반 국민에게 널리 알리는 일
법률이나 규칙 따위에 위반되거나 어긋남
일정한 대상이나 현상 따위를 어떤 범위나 한계 안에 모두 끌어넣는 것

한 제한을 위반하여 제정되면 효력이 없다.
▶ 행정입법의 유형 ① – 위임명령의 개념과 특징
3 행정규칙은 원래 행정부의 직제나 사무 처리 절차에 관한 행정입법으로서 고시(告示), 예규 등이 여기에 속한다. 일반 국민에게는 직접 적용되지 않기 때문에, 법률로부터 위임받지 않아도 유효하게 제정될 수 있고 위임명령 제정 시와 동일한 절차를 거칠 필요가 없다. 그러나 행정 규제 사항에 관하여 행정규칙이 제정되는 예외적인 경우도 있다. 위임된 사항이 첨단 기술과의 관련성이 매우 커서 위임명령으로는 ⓓ 대응하기 어려워 불가피한 경우, 위임 근거 법률이 행정입법의 제정 주체만 지정하고 행정입법의 유형을 지정하지 않았다면 위임된 사항이 고시나 예규로 제정될 수 있다. 이런 경우의 행정규칙은 위임명령과 달리, 입법예고, 공포 등을 거치지 않고 제정된다.
▶ 행정입법의 유형 ② – 행정규칙의 개념과 특징
4 조례는 지방 의회가 제정하는 행정입법으로 지역의 특수성을 반영하여 제정되고 지역에서 발생하는 사안에 대해 적용된다. 제정 주체가 지방 자치 단체의 기관인 지방 의회라는 점에서 행정부에서 제정하는 위임명령, 행정규칙과 ⓔ 구별된다. 조례도 행정 규제 사항을 규정하려면 법률의 위임에 근거해야 한다. 또한 법률로부터 포괄적 위임을 받을 수 있지만 위임 근거 법률이 사용한 어구의 의미를 다르게 사용할 수 없다. 조례는 입법예고, 공포 등의 절차를 거쳐 제정된다.
▶ 행정입법의 유형 ③ – 조례의 개념과 특징

01 [내용 이해] 답 ⑤

〈발문〉 윗글의 내용과 일치하는 것은?

① 행정입법에 속하는 법령들은 제정 주체가 동일하다. ✕
▶ 행정입법에 속하는 '위임명령'과 '행정규칙'의 제정 주체는 행정부이지만, '조례'의 제정 주체는 지방 의회예요.

> 근거 찾기
> **4** 제정 주체가 지방 자치 단체의 기관인 지방 의회라는 점에서 행정부에서 제정하는 위임명령, 행정규칙과 구별된다.

② 행정입법에 속하는 법령들은 모두 개별적 상황과 지역의 특수성을 반영한다. ✕
▶ 행정입법에 속하는 법령들이 개별적 상황을 반영한다는 것은 1문단에서 확인할 수 있어요. 하지만 지역의 특수성을 반영하는 것은 '조례'에만 해당해요.

> 근거 찾기
> **1** 행정 기관이 제정한 법령인 행정입법에 의한 행정 규제의 비중이 커지고 있다. ~ 첨단 기술과 관련되거나, 상황 변화에 즉각 대처해야 하거나, 개별적 상황을 반영하여 규제를 달리해야 하는 행정 규제 사항들이 늘어나고 있기 때문이다.
> **4** 조례는 ~ 지역의 특수성을 반영하여 제정되고 ~

③ 행정입법에 속하는 법령들은 모두 정당성을 확보하기 위하여 국회의 위임에 근거한다. ✕
▶ 행정부의 직제나 사무 처리 절차에 관한 '행정규칙'은 법률로부터 위임받지 않아도 제정될 수 있어요.

> 근거 찾기
> **3** 행정규칙은 ~ 일반 국민에게는 직접 적용되지 않기 때문에, 법률로부터 위임받지 않아도 유효하게 제정될 수 있고 ~

④ 행정 규제 사항에 적용되는 행정입법은 모두 포괄적 위임이 금지되어 있다. ✕
▶ 조례의 경우 법률로부터 포괄적 위임을 받을 수 있어요.

> 근거 찾기
> **4** 조례도 행정 규제 사항을 규정하려면 법률의 위임에 근거해야 한다. 또한 법률로부터 포괄적 위임을 받을 수 있지만 위임 근거 법률이 사용한 어구의 의미를 다르게 사용할 수 없다.

⑤ 행정부가 국회보다 신속히 대응할 수 있는 행정 규제 사항은 행정입법의 대상으로 적합하다. ◯
▶ 1문단에서 행정입법에 의한 행정 규제의 사항으로 첨단 기술과 관련되거나, 상황 변화에 즉각 대처해야 하거나, 개별적 상황을 반영하여 규제를 달리해야 하는 사항들을 제시하고 있어요. 그리고 이러한 사항들을 다루기에는 행정 기관이 국회보다 더 적합하다는 것을 이야기하고 있죠.

> 근거 찾기
> **1** 행정 기관이 제정한 법령인 행정입법에 의한 행정 규제의 비중이 커지고 있다. ~ 첨단 기술과 관련되거나, 상황 변화에 즉각 대처해야 하거나, 개별적 상황을 반영하여 규제를 달리해야 하는 행정 규제 사항들이 늘어나고 있기 때문이다. 행정 기관은 국회에 비해 이러한 사항들을 다루기에 적합하다.

02 [추론] 답 ①

〈발문〉 ㉠ '위임명령이 이러한 제한을 위반하여 제정되면 효력이 없다.'의 이유로 가장 적절한 것은?

① 그 위임명령이 법률의 근거 없이 행정 규제 사항을 규정했기 때문이다. ◯
▶ 2문단의 내용을 통해, 위임명령은 행정 규제의 근거 법률에 의해 정해져야 한다는 것을 알 수 있어요. 법률로부터 위임받은 범위를 벗어나서 제정되거나, 위임 근거 법률이 사용한 어구의 의미를 확대 또는 축소하여 제정되는 경우, 법률의 근거가 없는 것과 마찬가지이기 때문에 효력이 발생하지 않는 거예요.

② 그 위임명령이 포괄적 위임을 받아 제정된 경우에 해당하기 때문이다. ✕
▶ ㉠의 '이러한 제한'은 법률로부터 위임받은 범위를 벗어나지 않아야 하고, 위임 근거 법률이 사용한 어구의 의미를 다르게 사용하지 않아야 함을 말해요. 이는 포괄적 위임을 받은 것이 아닌 상태, 즉, 법률로부터 범위를 위임받은 상태라는 것을 의미해요. 그러므로 위임명령이 포괄적 위임을 받아 제정된 경우에 해당하기 때문이라는 설명은 적절하지 않아요.

③ 그 위임명령이 첨단 기술에 대한 내용을 정확히 반영하지 않았기 때문이다. ✕
▶ 위임명령이 법률로부터 위임받은 범위를 벗어나거나 위임 근거 법률이 사용한 어구의 의미를 다르게 사용한 경우에 대한 내용이므로, 첨단 기술의 반영 여부와는 관련이 없어요.

④ 그 위임명령이 국민의 권리를 제한하는 권한을 행정 기관에 맡겼기 때문이다. ✕
▶ 국민의 권리를 제한하는 권한이 바로 '행정 규제'이고, 이 행정 규제를 행정 기관에 맡긴 것이 '위임명령'이에요. 선택지 ④는 위임명령의 본질적 성격에 대한 설명일 뿐, ㉠에서 말하는 제한 위반으로 인해 효력이 상실되는 이유에 해당하지 않아요.

⑤ 그 위임명령이 구체적 상황의 특성을 반영한 융통성 있는 대응을 하지 못했기 때문이다. ✕
▶ 상황 변화에 대한 즉각적 대처는 위임명령을 포함한 행정입법의 취지 중 하나예요. 그런데 ㉠에서 효력이 상실되는 이유는 법률의 근거 없이 제정되었기 때문이지, 융통성 있는 대응을 하지 못했기 때문이 아니에요.

03 [내용 이해] **답 ⑤**

〈발문〉 행정규칙에 관한 설명 중 적절하지 <u>않은</u> 것은?

① 행정부의 직제나 사무 처리 절차를 규정하는 경우, 법률의 위임이 요구되지 않는다. ○

② 행정부의 직제나 사무 처리 절차를 규정하는 경우, 일반 국민에게 직접 적용되지 않는다. ○

근거 찾기

❸ 행정규칙은 원래 행정부의 직제나 사무 처리 절차에 관한 행정입법으로서 고시(告示), 예규 등이 여기에 속한다. 일반 국민에게는 직접 적용되지 않기 때문에, 법률로부터 위임받지 않아도 유효하게 제정될 수 있고 위임명령 제정 시와 동일한 절차를 거칠 필요가 없다.

③ 행정 규제 사항을 규정하는 경우, 위임명령의 제정 절차를 따르지 않는다. ○

근거 찾기

❸ 행정 규제 사항에 관하여 행정규칙이 제정되는 예외적인 경우도 있다. ~ 이런 경우의 행정규칙은 위임명령과 달리, 입법예고, 공포 등을 거치지 않고 제정된다.

④ 행정 규제 사항을 규정하는 경우, 위임 근거 법률의 위임을 받은 제정 주체에 의해 제정된다. ○

▶ 3문단에서 위임 근거 법률이 행정입법의 제정 주체만 지정하고 행정입법의 유형을 지정하지 않았다면 고시나 예규로 제정될 수 있다고 했어요. 따라서 법률의 위임을 받은 제정 주체가 행정 규제 사항에 관한 행정규칙을 제정할 수 있음을 알 수 있어요.

근거 찾기

❸ 위임 근거 법률이 행정입법의 제정 주체만 지정하고 행정입법의 유형을 지정하지 않았다면 위임된 사항이 고시나 예규로 제정될 수 있다.

⑤ 행정 규제 사항을 규정하는 경우, 위임 근거 법률로부터 위임받을 수 있는 사항의 범위가 위임명령과 같다. ✕

▶ 3문단에서 첨단 기술과의 관련성이 매우 커서 위임명령으로는 대응이 어려워 불가피한 경우, 행정 규제 사항에 관한 행정규칙이 예외적으로 제정될 수 있다고 했어요. 이를 통해 행정규칙과 위임명령은 위임 근거 법률로부터 위임받을 수 있는 사항의 범위가 다르다는 걸 알 수 있어요.

근거 찾기

❸ 행정 규제 사항에 관하여 행정규칙이 제정되는 예외적인 경우도 있다. 위임된 사항이 첨단 기술과의 관련성이 매우 커서 위임명령으로는 대응하기 어려워 불가피한 경우, 위임 근거 법률이 행정입법의 제정 주체만 지정하고 행정입법의 유형을 지정하지 않았다면 위임된 사항이 고시나 예규로 제정될 수 있다.

04 [구체적 사례에 적용] **답 ④**

〈발문〉 윗글을 바탕으로 〈보기〉의 ㉮~㉱에 대해 이해한 내용으로 가장 적절한 것은? [3점]

〈보기〉

갑은 새로 개업한 자신의 가게 홍보를 위해 인근 자연공원에 현수막을 설치하려고 한다. 현수막 설치에 관한 행정 규제의 내용을 확인하기 위해 ○○시청에 문의하고 아래와 같은 회신을 받았다.

문의하신 내용에 대해 다음과 같이 알려 드립니다.
㉮「옥외광고물 등의 관리와 옥외광고산업 진흥에 관한 법률」 제3조(광고물 등의 허가 또는 신고)에 따른 허가 또는 신고 대상

광고물에 관한 사항은 대통령령인 ㉯「옥외광고물 등의 관리와 옥외광고산업 진흥에 관한 법률 시행령」 제5조에 규정되어 있습니다. 이에 따르면 문의하신 규격의 현수막을 설치하시려면 설치 전에 신고하셔야 합니다.

또한 위 법률 제16조(광고물 실명제)에 의하면, 신고 번호, 표시 기간, 제작자명 등을 표시하도록 규정하고 있습니다. 표시하는 방법에 대해서는 ㉰ ○○시 지방 의회에서 제정한 법령에 따르셔야 합니다.

▶ ㉮는 국회가 제정한 '법률'이고, ㉯는 대통령령, 즉 '위임명령'이에요. 그런데 ㉯는 ㉮의 시행령이므로, ㉮를 위임 근거 법률로 한 것임을 알 수 있어요. 그리고 ㉰는 지방 의회가 제정한 '조례'인데, ㉮의 법률과 관련된 법령이므로, 마찬가지로 ㉮를 위임 근거 법률로 한 것임을 알 수 있어요.

① ㉮의 제3조의 내용에서 ㉯의 제5조의 신고 대상 광고물에 관한 사항의 구체적 내용을 확인할 수 있겠군. ✕

▶ ㉯는 ㉮를 근거로 제정한 위임명령이에요. 위임 근거 법률인 ㉮를 통해 ㉯의 대강을 예측할 수는 있지만, 구체적 내용을 확인할 수 있는 건 아니에요.

② ㉯의 제5조는 ㉮의 ~~제16조~~로부터 제정할 사항의 범위가 정해져 위임을 받았겠군. ✕

▶ ㉯의 제5조는 ㉮의 제16조가 아니라 제3조로부터 위임을 받은 거예요.

③ ~~㉯는 ㉰와 달리~~ 입법예고와 공포 절차를 거쳤겠군. ✕

▶ 위임명령인 ㉯와 조례인 ㉰는 둘 다 입법예고와 공포 절차를 거쳐야 해요.

④✔ ㉯에 나오는 '광고물'의 의미와 ㉰에 나오는 '광고물'의 의미는 일치하겠군. ○

▶ 위임명령과 조례는 위임 근거 법률이 사용한 어구의 의미를 다르게 사용할 수 없어요. 위임명령인 ㉯와 조례인 ㉰의 근거가 되는 법률이 ㉮로 동일하므로, ㉯와 ㉰에 나오는 '광고물'의 의미는 서로 일치해야 해요.

⑤ ㉰를 준수해야 하는 국민 중에는 ㉯를 준수하지 않아도 되는 국민이 ~~있겠군~~. ✕

▶ 위임명령은 모든 국민에게 적용되는 것이고, 조례는 지역에서 발생하는 사안에 적용되는 거예요. 따라서 '위임명령인 ㉯를 준수해야 하는 국민 중에 조례인 ㉰를 준수하지 않아도 되는 국민이 있겠군.'으로 바꾸면 적절한 선택지가 되겠네요.

05 [어휘] **답 ③**

〈발문〉 문맥상 ⓐ~ⓔ와 바꿔 쓰기에 가장 적절한 것은?

① ⓐ 실현하기 : 나타내기 ✕

▶ '실현하다'는 '꿈, 기대 따위를 실제로 이루다.'라는 뜻이므로, '어떤 대상을 드러내다.'라는 뜻의 '나타내다'로 바꿔 쓰는 것은 적절하지 않아요.

② ⓑ 반영하여 : 드러내어 ✕

▶ '반영하다'는 '다른 것에 영향을 받아 어떤 현상을 나타내다.'라는 뜻이므로, '가려 있거나 알려지지 않았던 것을 보이게 하다.'라는 뜻의 '드러내다'로 바꿔 쓰는 것은 적절하지 않아요.

③✔ ⓒ 예측할 : 헤아릴 ○

▶ '예측하다'는 '미리 헤아려 짐작하다.'라는 뜻이므로, '짐작하여 가늠하거나 미루어 생각하다.'라는 뜻의 '헤아리다'로 바꿔 쓰는 것은 적절해요.

④ ⓓ 대응하기 : 마주하기 ✕

▶ '대응하다'는 '어떤 일이나 사태에 맞추어 태도나 행동을 취하다.'라는 뜻이므로, '마주 대하다.'라는 뜻의 '마주하다'로 바꿔 쓰는 것은 적절하지 않아요.

⑤ ⓔ 구별된다 : 달라진다 ✕

▶ '구별되다'는 '성질이나 종류에 따라 차이가 나다.'라는 뜻이므로, '변하여 전과는 다르게 되다.'라는 뜻의 '달라지다'로 바꿔 쓰는 것은 적절하지 않아요.

01 ①　　**02** ⑤　　**03** ②　　**04** ③　　　　　　　　　　[2023년 9월 고1 전국연합]

[쌤이 그린 독해지도]

1 법률 행위 **유효**
성립 요건 ○　효력 요건 ○

2 법률 행위 **무효**
성립 요건 ○　효력 요건 ×
- ① 무효 사유 존재 시
- ② 특정인의 주장 없이도
- ③ 기간의 제한 없이
- ④ 처음부터 효력 없음

3 법률 행위 **취소**
성립 요건 ○　효력 요건 ○ → ×
어떤 사유가 있어
법률 행위가 성립한 당시로
소급하여 효력을 잃음
- ① 취소 사유 존재 시
- ② 취소권자의 주장에 의해
- ③ 일정 기간 내에
(기간 경과 → 취소권 소멸)
- ④ 취소 확정 시
법률상 효력은 무효와 같음

4 무효인 법률 행위 ×→ 소급
　　　　　　　　 ○→ 전환 / 추인

<전환> 무효행위 ⟶ 다른 법률 행위로서의 효력 ○ 인 경우
　　(성립○+효력×)　(성립○+효력○)
　　　　　　⟹ 그 법률 행위로 효력 인정

＊단, 당사자가 기존 법률행위가 무효임을 알았다면
다른 법률행위를 했을 것으로 인정되는 경우

5 <추인> 무효행위
　(성립○+효력×) + 효력 요건 보충 = 성립○+효력○
　　　　　⟹ 추인한 때부터 새로운 법률행위로 효력 인정
＊단, 무효 원인 소멸 + 당사자가 무효임을 알고 추인한 경우에만

6 무효행위 → 청구권 인정 ×
채무 이행 필요 ×
채무 이행 시 → 수령자 : 부당 이득 반환 의무 (소멸 시효 ○)

| 문장은 정교하게 & 문단은 정리하며 |

1 (매매 계약, 유언 등과 같은) 법률 행위가 법률 효과를 발생시키려면 성립 요건과 효력 요건을 갖추어야 한다. 성립 요건은 법률 행위가 성립되기 위한 요건으로, 성립 요건을 갖추지 못한 경우 법률 행위가 불성립했다고 한다. 효력 요건은 이미 성립한 법률 행위가 효력을 발생하는 데 필요한 요건으로, 이를 갖추어 효력을 발생시켰을 때 법률 행위가 유효하다고 한다.
▶ 법률 행위가 법률 효과를 발생시키기 위한 요건

2 그런데 법률 행위는 성립하였지만, 효력 요건이 불충분하여 그 법률 행위가 성립한 당시부터 법률상 당연히 그 효력이 발생하지 않는 경우 그 법률 행위는 무효가 된다. ⊙ 법률 행위의 무효는 무효 사유가 존재한다면 특정인의 무효 주장이 없이도 그 법

률 행위가 처음부터 효력이 없는 것이 되며, 기간이 경과해도 무효라는 사실은 변하지 않는다.　시간이 지나가도
▶ 법률 행위가 무효가 되는 경우와 그 특징

3 한편 ⓒ 법률 행위의 취소는 법률 행위로서 일단 효력이 발생하였다가 어떤 사유가 있어 그 법률 행위가 성립한 당시로 소급하여 효력을 잃게 되는 경우를 말한다. 법률 행위의 취소가 확정되면 법률상의 효력이 무효와 같아지지만, 취소 사유가 존재하더라도 취소권을 가진 특정인이 취소를 주장할 때만 그 법률 행위의 효력이 없어질 수 있다는 점에서 무효와 차이가 있다. 또한 취
과거에까지 거슬러 올라가서 미치게 하여
▶ 법률 행위의 취소가 법률 행위의 무효와 다른 점 ①
소권은 일정한 기간이 경과하면 소멸되고, 취소권이 소멸된 법률 행위는 결국 유효한 것으로 확정된다.
▶ 법률 행위의 취소가 법률 행위의 무효와 다른 점 ②
▶ 법률 행위가 취소가 되는 경우와 그 특징

4 무효인 법률 행위에서는 아무런 효력도 생기지 않으며, 법적

으로는 아무것도 없는 것이라 보기 때문에 소급하여 유효로 할 수 있는 대상이 없는 상태라 할 수 있다. 그래서 무효인 법률 행위, 즉 무효 행위는 다른 법률 행위로 전환을 하기도 하고, 추인함으로써 그때부터 새로운 법률 행위가 되게 만들기도 한다. 무효는 이미 성립된 법률 행위를 전제로 하기 때문에 이러한 전환이나 추인이 가능한 것이며, 만약 법률 행위가 불성립했다면 전환이나 추인은 할 수 없다. 무효 행위를 전환한다는 것은 무효인 법률 행위가 다른 법률 행위로서의 효력 요건은 갖추고 있을 때, 그 법률 행위로서의 효력을 인정하는 것을 말한다. 이때 전환을 위해서는 당사자가 무효임을 알았더라면, 그 법률 행위가 아니라 처음부터 다른 법률 행위를 했을 것이라고 인정되어야 한다. 무효 행위의 전환의 예로는, 징계 해고로서 효력 요건을 갖추지 못해 무효가 된 법률 행위가 징계 휴직으로서의 효력 요건은 갖추고 있을 때 징계 휴직으로 전환하여 법률 행위가 유효가 되는 경우를 들 수 있다.　　　　　　　　　▶ 무효 행위 전환의 개념과 조건 및 사례

❺ 무효 행위를 추인한다는 것은 무효가 된 법률 행위가 갖추지 못했던 효력 요건을 추후에 보충하여 새로운 법률 행위로서의 효력을 인정하는 것을 말한다. ㉮ 무효 행위를 추인하면 그 무효 행위가 처음 성립한 때로 소급하여 유효한 것이 되는 것이 아니라 추인한 때부터 새로운 법률 행위를 한 것으로 본다. 민법은 원칙적으로 무효 행위의 추인을 인정하지 않지만, 무효 원인이 소멸한 상태이고 당사자가 기존 법률 행위가 무효임을 알고 추인한 경우에 한해서는 추인을 인정하고 있다.　▶ 무효 행위 추인의 개념과 조건

❻ 법률 행위가 무효가 되면 그 법률 행위에 따른 법률 효과도 생기지 않으므로 무효 행위를 근거로 하는 청구권도 부인된다. 따라서 해당 법률 행위에 따라 채무가 있는 경우 상대방이 청구권을 행사할 수 없으므로 채무를 이행할 필요가 없다. 만약 이미 채무가 이행된 경우라면 수령자는 해당 이득을 반환해야 하는 부당 이득 반환 의무를 진다. 무효는 시간이 흘러도 그대로 유지되지만, 부당 이득의 반환 청구권은 소멸 시효가 있으므로 영구적으로 주장할 수 있는 것은 아니다.
▶ 무효인 법률 행위에 근거한 청구권 및 채무 이행 의무의 불인정

01 [내용 이해] 답 ①

〈발문〉 윗글의 내용과 일치하지 않는 것은?

① 법률 행위가 불성립한 경우에도 법률 행위의 전환이나 추인을 할 수 있다. ✕

▶ 무효 행위의 전환이나 추인이 가능한 것은, 무효가 이미 성립된 법률 행위를 전제로 하기 때문이에요. 법률 행위가 불성립한 경우, 그 법률 행위 자체가 존재하지 않는 것으로 보아요. 존재하지도 않는 법률 행위를 전환하거나 추인할 수는 없어요.

근거 찾기

❹ 무효는 이미 성립된 법률 행위를 전제로 하기 때문에 이러한 전환이나 추인이 가능한 것이며, 만약 법률 행위가 불성립했다면 전환이나 추인은 할 수 없다.

② 성립 요건과 효력 요건을 모두 갖추어야 법률 행위는 법률 효과를 발생시킬 수 있다. ○

▶ 1문단에서 법률 행위가 법률 효과를 발생시키려면 성립 요건과 효력 요건을 갖추어야 한다고 하였어요. 그러므로 법률 효과를 발생시키기 위해서는 이 두 요건이 모두 필요함을 알 수 있어요.

근거 찾기

❶ 매매 계약, 유언 등과 같은 법률 행위가 법률 효과를 발생시키려면 성립 요건과 효력 요건을 갖추어야 한다.

③ 법률 행위가 효력을 발생시켰더라도 어떤 사유가 있어 그 효력을 잃게 되기도 한다. ○

▶ 3문단에 따르면, 법률 행위의 취소가 법률 행위로서 일단 효력이 발생하였지만 어떤 사유가 있어서 그 효력을 잃게 되는 경우임을 알 수 있어요.

근거 찾기

❸ 법률 행위의 취소는 법률 행위로서 일단 효력이 발생하였다가 어떤 사유가 있어 그 법률 행위가 성립한 당시로 소급하여 효력을 잃게 되는 경우를 말한다.

④ 법률 행위가 무효가 되면 해당 법률 행위에 따른 채무가 발생한 경우라도 그 채무를 이행할 필요가 없다. ○

▶ 6문단에 따르면, 법률 행위가 무효가 되면 그 무효 행위를 근거로 하는 청구권도 부인되므로, 해당 법률 행위에 따른 채무도 이행할 필요가 없음을 알 수 있어요.

근거 찾기

❻ 법률 행위가 무효가 되면 그 법률 행위에 따른 법률 효과도 생기지 않으므로 무효 행위를 근거로 하는 청구권도 부인된다. 따라서 해당 법률 행위에 따라 채무가 있는 경우 상대방이 청구권을 행사할 수 없으므로 채무를 이행할 필요가 없다.

⑤ 법률 행위가 무효라는 사실이 그대로 유지되더라도 부당 이득의 반환 청구권을 영구적으로 주장할 수 있는 것은 아니다. ○

▶ 6문단에 따르면, 무효 행위에 대한 부당 이득의 반환 청구권은 소멸 시효가 있어요. 따라서 무효 행위가 기한에 상관없이 계속 무효인 상태로 남아 있다고 해서 그에 따른 부당 이득의 반환 청구권까지 영구적으로 주장할 수 있는 것은 아니에요.

근거 찾기

❻ 무효는 시간이 흘러도 그대로 유지되지만, 부당 이득의 반환 청구권은 소멸 시효가 있으므로 영구적으로 주장할 수 있는 것은 아니다.

02 [내용 이해] 답 ⑤

〈발문〉 ㉠ 법률 행위의 무효, ㉡ 법률 행위의 취소에 대한 이해로 적절하지 않은 것은?

① ㉠ 법률 행위의 무효는 효력 요건이 불충분하여 법률상 당연히 효력이 발생하지 않는 경우이다. ○

▶ ㉠ '법률 행위의 무효'는 성립 요건을 충족하여 법률 행위는 성립하였지만, 효력 요건은 불충분하여 그 법률 행위가 성립한 당시부터 법률상 효력이 발생하지 않는 경우를 말해요.

근거 찾기

❷ 그런데 법률 행위는 성립하였지만, 효력 요건이 불충분하여 그 법률 행위가 성립한 당시부터 법률상 당연히 그 효력이 발생하지 않는 경우 그 법률 행위는 무효가 된다.

② ㉡ 법률 행위의 취소는 취소 사유가 존재하더라도 법률 행위의
　효력이 발생하는 경우가 있다. ○

▶ ㉡ '법률 행위의 취소'는 취소 사유를 근거로 취소권자가 취소를 주장할 때
에만 그 법률 행위의 효력이 없어질 수 있어요. 또 일정한 기간이 경과되어 취
소권이 소멸된 법률 행위는 결국 유효한 것으로 확정되기도 해요. 따라서 취소
사유가 존재하더라도 법률 행위의 효력이 발생하는 경우가 있을 수 있어요.

> **근거 찾기**
>
> ❸ 법률 행위의 취소가 확정되면 법률상의 효력이 무효와 같아지지
> 만, 취소 사유가 존재하더라도 취소권을 가진 특정인이 취소를 주장
> 할 때만 그 법률 행위의 효력이 없어질 수 있다는 점에서 무효와 차
> 이가 있다. 또한 취소권은 일정한 기간이 경과하면 소멸되고, 취소권
> 이 소멸된 법률 행위는 결국 유효한 것으로 확정된다.

③ ㉠ 법률 행위의 무효와 ㉡ 법률 행위의 취소는 모두 법률 행위
　가 성립한 것을 전제로 한다. ○

▶ ㉠ '법률 행위의 무효'는 성립된 법률 행위의 효력이 없는 경우를 의미하고,
㉡ '법률 행위의 취소'는 성립된 법률 행위의 효력이 일단은 발생하였다가 효
력을 잃게 되는 경우를 의미해요. 따라서 ㉠과 ㉡ 모두 법률 행위가 성립 요건
을 갖추고 있음을 전제로 함을 알 수 있어요.

> **근거 찾기**
>
> ❷ 그런데 법률 행위는 성립하였지만, 효력 요건이 불충분하여 그 법
> 률 행위가 성립한 당시부터 법률상 당연히 그 효력이 발생하지 않는
> 경우 그 법률 행위는 무효가 된다.
> ❸ 한편 법률 행위의 취소는 법률 행위로서 일단 효력이 발생하였다
> 가 어떤 사유가 있어 그 법률 행위가 성립한 당시로 소급하여 효력을
> 잃게 되는 경우를 말한다.

④ ㉡ 법률 행위의 취소는 ㉠ 법률 행위의 무효와 달리 법률 행위
　의 효력 유무에 변화를 줄 수 있는 기한이 존재한다. ○

▶ ㉡ '법률 행위의 취소'를 위해 특정인이 주장할 수 있는 취소권은 일정한 기
간이 경과하면 소멸되는 반면, ㉠ '법률 행위의 무효'의 경우에는 기간이 경과
해도 무효라는 사실은 변하지 않아요.

> **근거 찾기**
>
> ❷ 법률 행위의 무효는 무효 사유가 존재한다면 특정인의 무효 주장
> 이 없이도 그 법률 행위가 처음부터 효력이 없는 것이 되며, 기간이
> 경과해도 무효라는 사실은 변하지 않는다.
> ❸ 또한 취소권은 일정한 기간이 경과하면 소멸되고, 취소권이 소멸
> 된 법률 행위는 결국 유효한 것으로 확정된다.

⑤✓ ㉡ 법률 행위의 취소는 ㉠ 법률 행위의 무효와 달리 ~~특정인의
　주장이 없어도~~ 법률 행위의 효력이 없어질 수 있다. ✕

▶ ㉠ '법률 행위의 무효'와 ㉡ '법률 행위의 취소'의 위치를 바꾸어야 옳은 설
명이에요. 특정인의 주장이 없이도 그 법률 행위가 처음부터 효력이 없는 것
은 ㉠에 해당해요. 이와 달리, ㉡은 취소권을 가진 특정인이 취소를 주장할 때
만 그 법률 행위의 효력이 없어질 수 있어요.

> **근거 찾기**
>
> ❷ 법률 행위의 무효는 무효 사유가 존재한다면 특정인의 무효 주장
> 이 없이도 그 법률 행위가 처음부터 효력이 없는 것이 되며, 기간이
> 경과해도 무효라는 사실은 변하지 않는다.
> ❸ 법률 행위의 취소가 확정되면 법률상의 효력이 무효와 같아지지
> 만, 취소 사유가 존재하더라도 취소권을 가진 특정인이 취소를 주장
> 할 때만 그 법률 행위의 효력이 없어질 수 있다는 점에서 무효와 차
> 이가 있다.

03 [구체적 사례에 적용] **답 ②**

〈발문〉 윗글을 바탕으로 〈보기〉의 ⓐ '비밀증서에 의한 유언'과 ⓑ '자
필서명에 의한 유언'에 대해 이해한 내용으로 가장 적절한 것은? [3점]

> 〈보기〉
>
> 　갑은 자신의 유언을 법적으로 인정받고자 ⓐ '비밀증서에 의한 유
> 언'의 형태로 유언증서를 남겼다. 하지만 갑의 사망 후 이 유언증서는
> 봉인상의 확정일자를 받아야 한다는 조건을 충족하지 않아 무효임이
> 밝혀졌다. 이에 대해 법원에서는 해당 유언증서가 다른 형태의 유언
> 증서인 ⓑ '자필서명에 의한 유언'의 조건은 모두 충족하고 있으며 갑
> 이 자신의 유언증서가 무효임을 알았다면 이러한 형태의 유언증서를
> 남겼을 것이라 보아, '자필서명에 의한 유언'으로서는 유효하다고 판
> 단했다.

▶ 〈보기〉에서 갑의 유언증서는 ⓐ '비밀증서에 의한 유언'으로서는 효력
요건을 갖추지 못해 무효가 되었지만, ⓑ '자필서명에 의한 유언'으로서
는 효력 요건을 갖추었기 때문에 유효하다고 판단된 거예요. 이는 무효
행위의 '전환'에 해당한다고 이해할 수 있어요.

① ⓐ '비밀증서에 의한 유언'이 무효가 되면서 ⓑ '자필서명에 의
　한 유언'의 ~~성립 요건도 불충분~~하게 된 것이군. ✕

▶ ⓑ '자필서명에 의한 유언'이 유언의 조건을 모두 충족하여 유효하다는 〈보
기〉의 내용으로 보아, ⓑ는 성립 요건과 효력 요건을 모두 갖춘 법률 행위임을
알 수 있어요.

②✓ ⓐ '비밀증서에 의한 유언'은 효력 요건을 갖추지 못했지만 ⓑ
　'자필서명에 의한 유언'은 효력 요건을 갖추고 있군. ○

▶ ⓐ '비밀증서에 의한 유언'이 봉인상의 확정일자를 받아야 한다는 조건을
충족하지 않아 무효임이 밝혀졌다는 〈보기〉의 내용을 볼 때, ⓐ는 효력 요건
을 갖추지 못한 법률 행위임을 알 수 있어요. 반면 ⓑ '자필서명에 의한 유언'
이 유언의 조건을 모두 충족하고 있다는 〈보기〉의 내용을 볼 때, ⓑ는 성립 요
건과 효력 요건을 모두 갖춘 법률 행위임을 알 수 있어요.

③ ⓐ '비밀증서에 의한 유언'의 ~~부족한 효력 요건이 추후에 보충
　되어~~ ⓑ '자필서명에 의한 유언'이 유효하게 된 것이군. ✕

▶ '부족한 효력 요건이 추후에 보충'된다는 내용은 추인에 대한 설명이에요.
〈보기〉의 내용은 추인이 아니라 전환에 대한 것이므로, 선택지 ③은 답으로 적
절하지 않아요.

> **근거 찾기**
>
> ❺ 무효 행위를 추인한다는 것은 무효가 된 법률 행위가 갖추지 못했
> 던 효력 요건을 추후에 보충하여 새로운 법률 행위로서의 효력을 인
> 정하는 것을 말한다.

④ ⓐ '비밀증서에 의한 유언'은 ⓑ '자필서명에 의한 유언'으로 바
　뀌면서 ~~무효 원인이 소멸되어~~ 다시 효력을 가지게 되는군. ✕

▶ '무효 원인이 소멸한 상태'에서 효력 요건을 보충하여 새로운 법률 행위로
서의 효력을 가지게 되는 것은 추인에 대한 설명이에요. 〈보기〉의 내용은 추
인이 아니라 전환에 대한 것이므로, 선택지 ④는 답으로 적절하지 않아요.

⑤ ⓐ '비밀증서에 의한 유언'의 효력이 발생하려면 ⓑ '자필서명
　에 의한 유언'이 무효임을 ~~당사자가 알았다는~~ 조건이 충족되어
　야 하는군. ✕

▶ '당사자가 기존 법률 행위가 무효임을 알고 있어야 한다는 조건'이 충족되
어야 하는 것은 추인에 대한 설명이에요. 〈보기〉의 내용은 추인이 아니라 전
환에 대한 것이므로, 선택지 ⑤는 답으로 적절하지 않아요.

> **근거 찾기**
>
> ❺ 민법은 원칙적으로 무효 행위의 추인을 인정하지 않지만, 무효 원
> 인이 소멸한 상태이고 당사자가 기존 법률 행위가 무효임을 알고 추
> 인한 경우에 한해서는 추인을 인정하고 있다.

〈발문〉 ㉮의 이유를 추론한 내용으로 가장 적절한 것은?

▶ 이 문제는 ㉮ '무효 행위를 추인하면 그 무효 행위가 처음 성립한 때로 소급하여 유효한 것이 되는 것이 아니라 추인한 때부터 새로운 법률 행위를 한 것으로 본다.'의 이유를 묻는 문제예요. 이를 질문의 형태로 바꿔 보면 '무효 행위를 추인하면 성립한 때가 아니라 추인한 때부터 새로운 법률 행위를 한 것으로 보는 이유가 무엇인가?'가 돼요. 질문에 대한 답을 찾는 방식으로 문제를 풀어 봅시다.

① 법률 행위를 추인할 때 추인의 조건을 갖춘 상태라면 이를 소급하여 유효한 것으로 만들 수도 있기 때문이다. ✕

▶ 무효인 법률 행위는 법적으로는 아무것도 없는 것이라 보기 때문에 소급하여도, 즉 과거로 거슬러 올라가더라도 '유효로 할 수 있는 대상이 없는 상태'를 말해요. 따라서 법률 행위를 추인하기 위한 조건을 갖춘 상태와 별개로, 그 무효 행위가 성립한 당시로 소급하여 유효한 것으로 만들 수 있다는 추론은 그 자체로 적절하지 않아요.

② 추인으로 인해 무효 행위의 유효 요건이 보충되면서 새로운 법률 행위로서 효력을 발생시킬 필요가 없어졌기 때문이다. ✕

▶ 추인을 하는 이유는 무효 행위의 부족한 효력 요건을 보충하여 그때부터 새로운 법률 행위로서 유효하게 만드는 데 있어요. 따라서 ㉮의 이유로 추인으로 인해 새로운 법률 행위로서 효력을 발생시킬 필요가 없어졌기 때문이라는 추론은 적절하지 않아요.

③ 무효인 법률 행위는 법적으로 아무것도 없는 것이어서 소급해서 추인할 수 있는 대상 자체가 없는 상태이기 때문이다. ⭕

▶ 무효 행위란 법적으로 아무것도 없는 상태를 말하는 것이라고 하였어요. 즉, 소급할 대상 자체가 없기 때문에 소급하고 싶어도 할 수 없는 것으로 이해할 수 있어요.

근거 찾기

> ❹ 무효인 법률 행위에서는 아무런 효력도 생기지 않으며, 법적으로는 아무것도 없는 것이라 보기 때문에 소급하여 유효로 할 수 있는 대상이 없는 상태라 할 수 있다.

④ 무효인 법률 행위가 성립한 때를 정확하게 증명할 수 없다면 추인을 통해 유효하게 된 시점도 특정할 수 없기 때문이다. ✕

▶ 추인은 무효가 된 법률 행위가 갖추지 못했던 효력 요건을 추후에 보충하는 것을 말하고, 추인한 때부터 새로운 법률 행위를 한 것으로 보아요. 이는 무효인 법률 행위가 성립한 때가 언제인지와는 무관하기 때문에 ㉮의 이유로 적절하지 않은 추론이에요.

⑤ 무효인 법률 행위는 원칙적으로 추인할 수 없도록 법률상으로 정해 놓은 것이어서 추인을 통해 유효한 것이 될 수는 없기 때문이다. ✕

▶ 5문단에서 민법은 원칙적으로 무효 행위의 추인을 인정하지 않지만, 일정 조건에 해당하는 경우에는 추인을 인정하고 있다고 하였어요. 따라서 선택지 ⑤ 또한 ㉮의 이유로 적절하지 않은 추론이에요.

쌤이 그린 독해지도

1 법 : 여러 규칙 중 사회 구성원들의 합의에 따라 만들어지고
        강제성을 가진 규칙
        ① 행동의 결과를 중시
        ② 국민의 자유와 권리를 보호
        ③ 최소한의 간섭

2 민법 : 국가기관이 아닌, 사람들 간의
          권리 관계를 다루는 법
          재산 관계, 가족 관계로 구성
          ① 개인의 사유재산에 대해
             절대적 지배를 인정
          ② 다른 사람에게 끼친 손해는 위법
             고의나 과실인 경우에만 책임짐
          → 20세기 들어 공공복리에
             적합하도록 수정

3 형법 : 범죄와 형벌을 규정하는 법률
          기본원칙 '죄형법정주의'
          └ 범죄의 행위와 그 범죄에 대한
             처벌을 미리 법으로 정해 두어야 함

4 형법을 위반한 범죄 발생시 절차
   ① 고소 / 고발 / 인지
      (피해자) (제3자) (수사기관)
   ② 수사기관이 수사
   ③ 구속 영장 발부, 체포
      * 범죄 실행 중에는 구속영장 없이
        체포 가능 But 48시간 이내
        구속영장 신청 해야함
        (법원은 48시간 이내 발부 여부 결정)
   ④ 검사가 기소
   ⑤ 재판 후 형 집행

5 법에서 인간 이외의 것들은 생명 유무와 상관 없이 모두 물건
   → 물건은 법적 권리가 없으므로 동물은 민·형사상 책임이 없음
   (단, 손해를 입은 사람은 민법에 따라 동물의 점유자 에게 배상 받을 수 있음)

| 문장은 정교하게 & 문단은 정리하며 |

❶ 인간은 집단생활을 하기 때문에 분쟁이 발생할 수밖에 없다. 그래서 문제가 발생하는 것을 예방하거나 문제를 원만히 해결하기 위해 규칙을 만든다. 여러 규칙 중 사회 구성원들의 합의에 따라 만들어지고 강제성을 가진 규칙을 법이라고 한다. 이때 강제성은 공공의 이익을 실현하기 위해 사회 구성원들이 동의할 때만 발휘될 수 있다. 이러한 법은 몇 가지 특징이 있는데 먼저 법은 행동의 결과를 중시한다. 왜냐하면 다른 사람이 행동을 평가할 수 있고 그 변화도 확인할 수 있어야 하기 때문이다. 그리고 법은 국민의 자유와 권리를 보호한다. 만약 법이 없다면 권력자나 국가 기관이 멋대로 권력을 휘두를 수 있을 것이다. 마지막으로 법은 최소한의 간섭만 한다. 개인이 처리해도 되는 일까지 법이 간섭한다면 사람들은 숨이 막혀 평온하게 살기 힘들 것이다.
▶ 법의 개념과 특징

❷ 대표적인 법에는 ㉠ 민법과 형법이 있다. 민법은 국가 기관이 아닌, 사람들 간의 권리관계를 다루는 법률로서 재산 관계와 가족 관계로 구성되어 있다. 근대 사회에서 형성된 민법의 원칙은 오늘날까지도 중요하게 여겨지고 있다. 중요 원칙 중 하나는 개인의 사유 재산에 대해 절대적 지배를 인정하고 국가를 비롯한 단체나 개인은 다른 사람의 사유 재산 행사에 간섭하지 못한다는 것이다. 그리고 다른 사람에게 끼친 손해는 그 행위가 위법이고 동시에 고의나 과실에 의한 경우에만 책임을 진다는 원칙도 있다. 그런데 이 원칙들은 경제적 강자가 경제적 약자를 지배하는 수단으로 악용되기도 하여 20세기에 들면서 제한이 생겼다. 그 결과 개인의 사유 재산에 대한 지배는 여전히 보장되지만 공공복리에 적합하도록 행사해야 한다는 것과 같은 수정된 원칙들이 적용되고 있다.
▶ 민법의 개념과 중요 원칙

❸ 반면, 형법은 범죄와 형벌을 규정하는 법률로서 ㉡ '죄형법정주의'라는 기본 원칙이 있다. 죄형법정주의는 범죄의 행위와 그 범죄에 대한 처벌을 미리 법률로 정해 두어야 한다는 것이다. 그래서 범죄 발생 당시에는 없었던 법이 나중에 생겨도 그것을 소급

해서 적용할 수 없다. 또한 민법과 달리 어떤 사항을 직접 규정한 법규가 없을 때, 그와 비슷한 사항을 규정한 법규를 유추하여 적
같은 종류의 것 또는 비슷한 것에 기초하여 다른 사물을 미루어 추측하는 일
용할 수도 없다.　　　　　▶ 형법의 개념과, 형법의 기본 원칙인 죄형법정주의

　❹ 형법을 위반한 범죄가 발생하면, 먼저 수사 기관이 수사를 한다. 수사를 개시하는 단서로는 고소, 고발, 인지가 있는데, 이 중 고소는 피해자가 하는 반면 고발은 제3자가 한다.
어떤 사실을 인정하여 앎
일반적으로 범죄는 수사기관이 인지하는 것만으로도 수사를 시작할 수 있다. 하지만 명예훼손죄, 폭행죄 등은 수사를 진행했더라도 피해자가 원하지 않으면 처벌하지 않는다. 수사 결과 피의자가 죄를 범했다고 의심할 만한 충분한 이유가 있
수사 기관으로부터 범죄의 의심을 받게 되어 수사를 받고 있는 자
다면 구속 영장을 받아 체포해 구속한다. 만약 범죄를 실행

[A] 중인 경우는 구속 영장 없이 체포 가능한데, 이 경우 48시간 이내에 구속 영장을 신청해야 하고, 법원은 신청서가 접수된 시간으로부터 48시간 이내에 구속 영장의 발부 여부를 결정해야 한다. 수사 결과 범죄 혐의가 인정되면 검사는 재판을 청구하는데 이를 기소라고 한다. 이때 검사는 피의자의 나이, 환경, 동기 등을 참작하여 기소를 하지 않을 수 있다.
이리저리 비추어 보아서 알맞게 고려함
기소로 재판 절차가 시작되면 법원은 사건을 심리하여 범죄
재판의 기초가 되는 사실이나 법률적 판단을 심사하는 행위
사실이 확인된 경우 유죄를 선고한다. 유죄가 인정되면 법원이 형을 선고하고 집행 절차에 들어간다.
　　　　　▶ 형법을 위반한 범죄 발생 시의 절차
❺ 그런데 만약 동물이 위법한 행동을 하여 다른 사람에게 손해를 끼치면 어떻게 될까? 결론부터 말하면 동물은 아무런 책임이 없다. 법에서는 인간 이외의 것들은 생명의 유무와 상관없이 모두 물건으로 보는데 물건에는 법적 권리가 없다. 법적 권리가 없는 것은 의무와 책임도 없다. 그러므로 동물은 민, 형법상의 책임을 지지 않아도 된다. 다만 손해를 입은 사람은 민법에 따라 동물
어떤 물건을 소유하고 사실상 지배하는 사람
의 점유자에게 배상을 받을 수 있다.　▶ 민, 형법상의 책임을 지지 않는 동물

01 [내용 이해] 답 ⑤

〈발문〉 법에 관한 설명으로 적절하지 않은 것은?

① 문제가 발생하는 것을 예방하기 위해 사회 구성원의 의사를 반영하여 만든다. ◯

❶ 문제가 발생하는 것을 예방하거나 문제를 원만히 해결하기 위해 규칙을 만든다. 여러 규칙 중 사회 구성원들의 합의에 따라 만들어지고 강제성을 가진 규칙을 법이라고 한다.

② 권력자의 권력 행사를 제한하여 국민들의 자유와 권리를 지키는 역할을 한다. ◯

❶ 법은 국민의 자유와 권리를 보호한다. 만약 법이 없다면 권력자나 국가 기관이 멋대로 권력을 휘두를 수 있을 것이다.

③ 법의 간섭이 지나치게 커지게 되면 개인이 삶을 평온하게 유지하기 힘들 것이다. ◯

❶ 개인이 처리해도 되는 일까지 법이 간섭한다면 사람들은 숨이 막혀 평온하게 살기 힘들 것이다.

④ 다른 사람들이 행동을 평가하고 그 변화를 확인할 수 있어야 하므로 결과를 중시한다. ◯

❶ 법은 행동의 결과를 중시한다. 왜냐하면 다른 사람이 행동을 평가할 수 있고 그 변화도 확인할 수 있어야 하기 때문이다.

⑤ 목적이 공익과 무관하더라도 사회 구성원의 동의가 있다면 강제성이 발휘될 수 있다. ✕

▶ 법의 강제성은 공익과 무관한 경우가 아니라, 공공의 이익을 실현하기 위해 사회 구성원들이 동의할 때만 발휘될 수 있어요.

❶ 이때 강제성은 공공의 이익을 실현하기 위해 사회 구성원들이 동의할 때만 발휘될 수 있다.

02 [내용 이해] 답 ③

〈발문〉 ⑦ 민법에 대한 설명으로 적절하지 않은 것은?

① 경제적 강자로부터 경제적 약자를 보호하기 위해 원칙이 수정되었다. ◯

❷ 이 원칙들은 경제적 강자가 경제적 약자를 지배하는 수단으로 악용되기도 하여 20세기에 들면서 제한이 생겼다.

② 국가 기관이 아닌 사람들 간의 권리관계에 문제가 생겼을 경우 적용한다. ◯

❷ 민법은 국가 기관이 아닌, 사람들 간의 권리관계를 다루는 법률로서 재산 관계와 가족 관계로 구성되어 있다.

③ 위법한 행위가 발생했을 때 의도적으로 잘못을 한 경우에만 책임을 물을 수 있다. ✕

▶ 민법에는 다른 사람에게 끼친 손해는 그 행위가 위법이고 동시에 고의나 과실에 의한 경우에 책임을 진다는 원칙이 있어요. 따라서 의도적으로 잘못을 한 경우는 물론, 의도하지 않은 실수로 다른 사람에게 손해를 끼친 경우에도 손해를 배상할 책임이 있습니다.

❷ 다른 사람에게 끼친 손해는 그 행위가 위법이고 동시에 고의나 과실에 의한 경우에만 책임을 진다는 원칙도 있다.

④ 20세기에 들면서 공공복리에 적합하지 않을 경우 개인의 재산권 행사를 제한할 수 있게 되었다. ◯

❷ 그 결과 개인의 사유 재산에 대한 지배는 여전히 보장되지만 공공복리에 적합하도록 행사해야 한다는 것과 같은 수정된 원칙들이 적용되고 있다.

⑤ 개인이 재산을 사용하는 것에 대해 국가나 타인이 간섭하지 못한다는 원칙이 근대 사회에서 형성되었다. ◯

❷ 근대 사회에서 형성된 민법의 원칙은 오늘날까지도 중요하게 여겨지고 있다. 중요 원칙 중 하나는 개인의 사유 재산에 대해 절대적 지배를 인정하고 국가를 비롯한 단체나 개인은 다른 사람의 사유 재산 행사에 간섭하지 못한다는 것이다.

03 [추론] 답 ④

〈발문〉 ⓒ '죄형법정주의'와 관련 있는 말로 적절한 것은?

▶ 죄형법정주의는 범죄의 행위와 그 범죄에 대한 처벌을 미리 법률로 정해 두어야 한다는 거예요. 따라서 범죄 발생 당시에 해당 법이 없었다면 나중에 법이 생겨도 그것을 소급해서 적용할 수 없어요. 비슷한 사항을 규정한 법규를 유추하여 적용할 수도 없고요. 이와 관련 있는 것으로 가장 적절한 것은 선택지 ④예요.

① 착한 사람은 법이 필요 없고 나쁜 사람은 법망을 피해 간다. ✕
② 법의 생명은 논리에 있는 것이 아니라 경험에 있다. ✕
③ 형법의 반은 이익보다는 해를 끼칠지 모른다. ✕
✓ 법률이 없으면 범죄도 없고 형벌도 없다. ○
⑤ 철학 없는 법학은 출구 없는 미궁이다. ✕

04 [내용 이해] 답 ②

〈발문〉 [A]를 바탕으로 〈보기〉를 이해한 내용으로 적절한 것은?

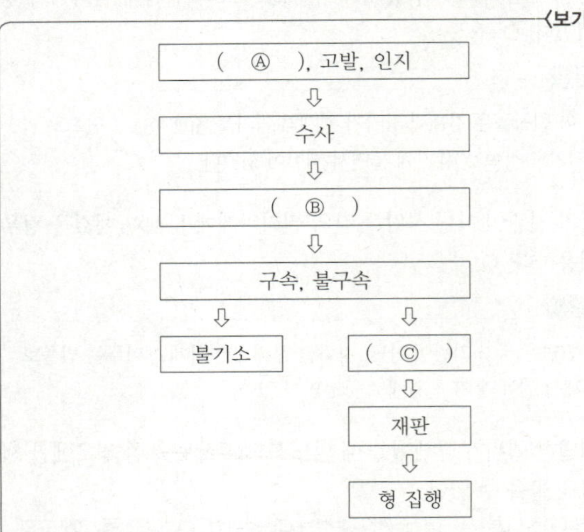

▶ 4문단에서 형법을 위반한 범죄가 발생한 경우 어떤 절차가 이루어지는지에 대해 다루고 있는데, 〈보기〉는 그 절차를 간략하게 그림으로 정리한 거예요. 우선 수사를 개시하는 단서로 고소, 고발, 인지 세 가지가 있다고 했으니, Ⓐ에는 '고소'가 들어가야 해요. 수사에 들어간 이후 피의자가 죄를 범했다고 의심할 만한 충분한 이유가 있다면 피의자를 체포해야 하므로 Ⓑ에는 '체포'가 들어가겠죠? 구속 또는 불구속 상태에서 피의자의 범죄 혐의가 인정되면 검사가 기소 또는 불기소를 하는데, 기소로 재판 절차가 시작되면 법원에서 재판을 하게 되는 거죠. 그러므로 ⓒ에는 '기소'가 들어가야 해요.

① Ⓐ 고소는 ~~범죄의 피해자와 연관이 있는 제3자~~가 한다. ✕
▶ 제3자가 하는 것은 Ⓐ '고소'가 아니라 고발이에요. 고소는 범죄의 피해자가 하는 거죠.

❹ 수사를 개시하는 단서로는 고소, 고발, 인지가 있는데, 이 중 고소는 피해자가 하는 반면 고발은 제3자가 한다.

✓ 명예훼손죄, 폭행죄는 Ⓐ 고소가 없어도 수사를 진행할 수 있다.
○

▶ 수사를 개시하는 단서로는 고소, 고발, 인지가 있다고 했어요. 그러므로 Ⓐ '고소'가 없어도 고발이나 인지가 있다면 수사를 진행할 수 있어요. 혹시 4문단의 '하지만 명예훼손죄, 폭행죄 등은 수사를 진행했더라도 피해자가 원하지 않으면 처벌하지 않는다.'라는 문장 때문에 선택지 ②를 오답이라고 생각했을 수 있어요. 언뜻 보면 피해자가 원하지 않으면 수사를 못하는 것처럼 보이니까요. 하지만 위 문장에 '수사를 진행했더라도'라고 나와 있듯이, 수사는 진행할 수 있으며, 다만 이에 대한 처벌은 하지 않을 수 있는 거예요. 함정이 숨어 있는 문제였네요. 이 문제를 맞혔다면 선택지를 주의 깊게 잘 읽었다고 할 수 있습니다.

❹ 일반적으로 범죄는 수사기관이 인지하는 것만으로도 수사를 시작할 수 있다. 하지만 명예훼손죄, 폭행죄 등은 수사를 진행했더라도 피해자가 원하지 않으면 처벌하지 않는다.

③ 범죄를 실행 중인 범인을 Ⓑ 체포하였을 경우 48시간 이내에 구속 영장을 ~~발부~~받아야 한다. ✕
▶ 범죄를 실행 중인 범인을 Ⓑ '체포'하였을 경우 48시간 이내에 구속 영장을 '신청'해야 해요. 법원은 신청서가 접수된 시간으로부터 48시간 이내에 구속 영장의 발부 여부를 결정해야 하고요. 따라서 '범죄를 실행 중인 범인을 Ⓑ 체포하였을 경우 48시간 이내에 구속 영장을 신청해야 한다.'로 고쳐야 적절해요.

❹ 만약 범죄를 실행 중인 경우는 구속 영장 없이 체포 가능한데, 이 경우 48시간 이내에 구속 영장을 신청해야 하고, 법원은 신청서가 접수된 시간으로부터 48시간 이내에 구속 영장의 발부 여부를 결정해야 한다.

④ 범죄 혐의가 인정될 경우 ~~반드시 ⓒ 기소를 해야 한다~~. ✕
▶ 범죄 혐의가 인정되더라도 피의자의 나이, 환경, 동기 등을 참작해서 ⓒ '기소'를 하지 않을 수 있어요. 기소하지 않는 것을 '불기소'라고 하죠.

❹ 이때 검사는 피의자의 나이, 환경, 동기 등을 참작하여 기소를 하지 않을 수 있다.

⑤ ~~재판에서 심리를 담당하는 주체~~가 ⓒ 기소의 여부를 결정한다. ✕
▶ 재판에서 심리를 담당하는 주체는 법원이지만, ⓒ '기소'를 하는 것은 검사예요.

❹ 수사 결과 범죄 혐의가 인정되면 검사는 재판을 청구하는데 이를 기소라고 한다. 기소로 재판 절차가 시작되면 법원은 사건을 심리하여 범죄 사실이 확인된 경우 유죄를 선고한다.

05 [구체적 사례에 적용] 답 ④

〈발문〉 윗글과 〈보기 1〉을 참조하여 〈보기 2〉를 이해한 내용으로 적절하지 않은 것은? [3점]

〈보기 1〉

민법 제759조(동물의 점유자의 책임)
　① 동물의 점유자는 그 동물이 타인에게 가한 손해를 배상할 책임이 있다. ……

형법 제257조(상해, 존속상해)
　① 사람의 신체를 상해한 자는 7년 이하의 징역, 10년 이하의 자격 정지 또는 1천만 원 이하의 벌금에 처한다. ……

〈보기 2〉

　A는 사고로 몸의 대부분을 기계로 대체해 로봇같이 보이지만 여전히 직장생활을 하고 세금을 내는 등 이전과 같은 생활을 하고 있다. B는 C가 구입한 로봇으로 행동과 겉모습이 인간과 구별이 안 된다. 그런데 만약 A와 B가 사람을 때려 다치게 하였다면 법적으로 어떻게 해야 할까?

▶ 5문단을 보면, 인간 이외의 것들은 생명의 유무와 상관없이 모두 물건으로 보고, 물건에는 법적 권리가 없다고 나와 있어요. 따라서 〈보기 2〉의 B는 생김새가 인간과 닮았더라도 로봇이므로 물건으로 봐야 해요. 이에 따라 B는 사람을 때려 다치게 했어도 법적으로는 책임을 지지 않아도 됩니다.

① 민법 제759조 ①에 따르면 B는 동물과 같이 물건이므로 법적 책임이 없다. ○

▶ B는 동물과 같이 물건이기 때문에 법적 책임이 없어요.

② 민법 제759조 ①을 유추하여 적용한다면 B의 점유자인 C에게 손해 배상 책임을 물을 수 있다. ○

▶ 〈보기 1〉의 '민법 제759조 ①'에 '동물의 점유자는 그 동물이 타인에게 가한 손해를 배상할 책임이 있다.'라고 나와 있어요. 동물과 로봇이 정확히 같다고는 할 수 없지만, 민법은 형법과 달리 유추해서 적용할 수 있다고 3문단에서 설명했죠? '민법 제759조 ①'을 유추해서 적용하면 B의 점유자인 C에게 손해 배상 책임을 물을 수 있음을 알 수 있어요.

③ 형법 제257조 ①에 따르면 A는 '사람의 신체를 상해한 자'에 해당하므로 형법에 따른 책임을 져야 한다. ○

▶ 〈보기 2〉의 A는 로봇처럼 보이긴 하지만 사람이므로, 법적 책임이 있어요. 따라서 A가 사람의 신체를 상해하였다면, 〈보기 1〉의 '형법 제257조 ①'에 따라 책임을 져야 해요

④ 형법 제257조 ①을 유추하여 적용한다면 C는 징역이나 벌금에 처해질 수 있다. ✕

▶ 잘못된 점이 두 가지 있어요! 첫째, 형법은 죄형법정주의로 인해 민법과 달리 법을 유추하여 적용할 수 없어요. 둘째, C는 〈보기 2〉의 '형법 제257조 ①'이 아닌, '민법 제759조 ①'에 의해 손해 배상 책임을 져야 해요. C가 A를 때린 것이 아니라, C가 가지고 있던 로봇 B가 A를 때린 거니까요!

❸ 죄형법정주의는 범죄의 행위와 그 범죄에 대한 처벌을 미리 법률로 정해 두어야 한다는 것이다. ~ 또한 민법과 달리 어떤 사항을 직접 규정한 법규가 없을 때, 그와 비슷한 사항을 규정한 법규를 유추하여 적용할 수도 없다.

❺ 동물은 민, 형법상의 책임을 지지 않아도 된다. 다만 손해를 입은 사람은 민법에 따라 동물의 점유자에게 배상을 받을 수 있다.

⑤ 형법 제257조에 향후 B가 사람을 다치게 한 행위에 관한 조항이 추가되더라도 이번 사건에 대해서는 B를 처벌할 수 없다. ○

▶ 형법은 죄형법정주의로 인해 범죄 발생 당시에는 없었던 법이 나중에 생겨도 소급해서 적용할 수 없어요.

❸ 죄형법정주의는 범죄의 행위와 그 범죄에 대한 처벌을 미리 법률로 정해 두어야 한다는 것이다. 그래서 범죄 발생 당시에는 없었던 법이 나중에 생겨도 그것을 소급해서 적용할 수 없다.

쌤이 그린 독해지도

1, 2 법률행위인 계약의 개념과 계약으로인한 채권·채무·변제의 개념

계약 : 서로의 의사표시가 합치하여 성립하는 약속.
법률효과의 발생을 목적으로 함.
- 채권 : 청구권을 내용으로하는 권리
- 채무 : 이행 의무
- 변제 : 채무를 이행하여 채권을 소멸시키는 것

3, 4 매매 계약의 사례와 계약의 실현

> 계약내용 :   을 $\xrightarrow{\text{그림A}}$ 갑
>
> 갑은 대금 전액 지급 but 을은 그림의 소유권 이전 X (채무불이행)

이때, 갑은 사적 물리력 행사 X
법에 의한 해결 (소 제기, 강제집행 신청)

5, 6, 7 채무불이행시 법적 절차

> 을의 채무불이행 사유 - 을의 과실로 인한 A의 소실
> (채무이행 불능)

if) A 소실 시점이 ┌ 계약 이전 → 계약 무효
　　　　　　　　 └ 계약 이후 을의 과실 (을의 책임) → 갑의 계약 해지권 (단독행위)
　　　　　　　　　　　　　　　　　　　　　　　　 & 원상회복 청구권 (일부 채무 이행시)

| 문장은 정교하게 & 문단은 정리하며 |

❶ 사람은 살아가는 동안 여러 약속을 한다. 계약도 하나의 약속이다. 하지만 이것은 친구와 뜻이 맞아 주말에 영화 보러 가자는 약속과는 다르다. 일반적인 다른 약속처럼 계약도 서로의 의사 표시가 합치하여 성립하지만, 이때의 의사는 일정한 법률 효과의 발생을 목적으로 한다는 점에서 차이가 있다. 한 예로 매매 계약은 '팔겠다'는 일방의 의사 표시와 '사겠다'는 상대방의 의사 표시가 합치함으로써 성립하며, 매도인은 매수인에게 매매 목적물의 소유권을 이전하여야 할 의무를 짐과 동시에 매매 대금의 지급을 청구할 권리를 갖는다. 반대로 매수인은 매도인에게 매매 대금을 지급할 의무가 있고 소유권의 이전을 청구할 권리를 갖는다. 양 당사자는 서로 권리를 행사하고 서로 의무를 이행하는 관계에 놓이는 것이다.
　　　　　　　　　　　　　　　　▶ 계약의 개념과 효과

❷ 이처럼 의사 표시를 필수적 요소로 하여 법률 효과를 발생시키는 행위들을 법률 행위라 한다. 계약은 법률 행위의 일종으로서, 당사자에게 일정한 청구권과 이행 의무를 발생시킨다. 청구권을 내용으로 하는 권리가 채권이고, 그에 따라 이행을 해야 할 의무가 채무이다. 따라서 채권과 채무는 발생한 법률 효과가 동전의 양면처럼 서로 다른 방향에서 파악되는 것이라 할 수 있다. 채무자가 채무의 내용대로 이행하여 채권을 소멸시키는 것을 변제라 한다.
　　　　　　　　　　　　▶ 계약으로 인해 발생하는 채권, 채무 관계와 변제

❸ 갑과 을은 을이 소유한 그림 A를 갑에게 매도하는 것을 내용으로 하는 매매 계약을 체결하였다. ㉠ 을의 채무는 그림 A의 소유권을 갑에게 이전하는 것이다. 동산인 물건의 소유권을 이전하는 방식은 그 물건을 인도하는 것이다. 갑은 그림 A가 너무나 마음에 들었기 때문에 그것을 인도받기 전에 대금 전액을 금전으로 지급하였다. 그런데 갑이 아무리 그림 A를 넘겨달라고 청구하여도 을은 인도해 주지 않았다. 이런 경우 갑이 사적으로 물리력을 행사하여 해결하는 것은 엄격히 금지된다.
　　　　　　　　　　　　　　▶ 매매 계약의 사례와 문제 상황 제시

4 채권의 내용은 민법과 같은 실체법에서 규정하고 있고, 그것
<u>권리나 의무의 발생 변경, 범위 따위의 실체적 법률관계를 규정하는 법률</u>
을 강제적으로 실현할 수 있도록(민사 소송법이나 민사 집행법 같
은) 절차법이 갖추어져 있다. 갑은 소를 제기하여 판결로써 자기
<u>권리의 실질적 내용을 실현하는 데 필요한 절차를 규정한 법</u>
가 가진 채권의 존재와 내용을 공적으로 확정받을 수 있고, 나아
가 법원에 강제 집행을 신청할 수도 있다. 강제 집행은 국가가 물
리적 실력을 행사하여 채무자의 의사에 구애받지 않고 채무의 내
용을 실행시켜 채권이 실현되도록 하는 제도이다. <u>거리끼거나 얽매임</u>
▶ 매매 계약의 문제 상황 해결 방법
5 을이 그림 A를 넘겨주지 않은 까닭은 갑으로부터 매매 대금을
받은 뒤에 을의 과실로 불이 나 그림 A가 타 없어졌기 때문이다.
<u>채무자가 자신에게 책임이 있는 사유로 채무를 이행할 수 없게 되는 일</u>
㉮ 결국 채무는 이행 불능이 되었다. 소송을 하더라도 불능의 내
용을 이행하라는 판결은 ⓐ 나올 수 없다. 그림 A의 소실이 계약
체결 전이었다면, 그 계약은 실현 불가능한 내용을 담고 있기 때
문에 체결할 때부터 계약 자체가 무효이다. 이행 불능이 채무자
의 과실 때문에 일어난 것이라면 채무자가 채무 불이행에 대한 책
임을 져야 한다. <u>채무자가 정당한 이유 없이 채무의 내용대로 이행하지 아니하는 일</u>
▶ 채무 불이행 사유에 대한 법적 판단
6 이때 채무 불이행은 갑이나 을의 의사 표시가 작용한 것이 아
니라, 매매 목적물의 소실에 따른 이행 불능으로 말미암은 것이
다. 이러한 사건을 통해서도 법률 효과가 발생한다. 채무 불이행
에 대한 책임은 갑으로 하여금 계약을 해제할 수 있는 권리를 갖
게 한다. 갑이 계약 해제권을 행사하면 그때까지 유효했던 계약
이 처음부터 효력이 없는 것으로 된다. 이때의 계약 해제는 일방
의 의사 표시만으로 성립한다. 따라서 갑이 해제권을 행사하는
데에 을의 승낙은 요건이 되지 않는다. 이러한 법률 행위를 단독
행위라 한다. ▶ 을의 과실로 인한 채무 불이행 – 단독 행위로서 갑의 계약 해제권 행사
7 갑은 계약을 해제하였다. 이로써 그 계약으로 발생한 채권과
채무는 없던 것이 된다. 당연히 계약의 양 당사자는 자신의 채무
를 이행할 필요가 없다. 이미 이행된 것이 있다면 계약이 체결되
기 전의 상태로 돌려놓아야 한다. 이를 청구할 수 있는 권리가 원
상회복 청구권이다. 계약의 해제로 갑은 원상회복 청구권을 행사
할 수 있으며, 이러한 ㉡ 갑의 채권은 결국 을에게 매매 대금을 반
환해 달라고 청구할 수 있는 권리가 된다.
▶ 을의 과실로 인한 채무 불이행 – 갑의 원상회복 청구권 행사

01 [내용 이해] 답 ③

〈발문〉 윗글의 내용과 일치하지 **않는** 것은?

① 실체법에는 청구권에 관한 규정이 있다. ⭕

▶ 2문단에서 청구권을 내용으로 하는 권리가 채권이라고 하였고, 4문단에서는 채권의 내용이 실체법에 규정되어 있다고 했어요. 따라서 실체법에는 청구권에 관한 규정이 있다고 추론할 수 있어요.

2 청구권을 내용으로 하는 권리가 채권이고, 그에 따라 이행을 해야
할 의무가 채무이다.
4 채권의 내용은 민법과 같은 실체법에서 규정하고 있고, 그것을 강
제적으로 실현할 수 있도록 민사 소송법이나 민사 집행법 같은 절차
법이 갖추어져 있다.

② 절차법에 강제 집행 제도가 마련되어 있다. ⭕

4 채권의 내용은 민법과 같은 실체법에서 규정하고 있고, 그것을 강
제적으로 실현할 수 있도록 민사 소송법이나 민사 집행법 같은 절차
법이 갖추어져 있다.

③ 법률 행위가 없으면 법률 효과가 발생하지 않는다. ❌

▶ 2문단에서 법률 행위는 의사 표시를 필수적 요소로 하여 법률 효과를 발생시키는 행위라고 설명했어요. 그런데 6문단에서 채무 불이행은 갑이나 을의 의사 표시가 작용한 것이 아니라, 매매 목적물의 소실에 따른 이행 불능으로 말미암은 것이라고 했어요. 그리고 이러한 채무 불이행을 통해서도 법률 효과가 발생한다고 하였죠. 그러므로 법률 행위가 없더라도 법률 효과가 발생한다고 볼 수 있어요.

2 의사 표시를 필수적 요소로 하여 법률 효과를 발생시키는 행위들
을 법률 행위라 한다.
6 이때 채무 불이행은 갑이나 을의 의사 표시가 작용한 것이 아니
라, 매매 목적물의 소실에 따른 이행 불능으로 말미암은 것이다. 이
러한 사건을 통해서도 법률 효과가 발생한다.

④ 법원을 통하여 물리력으로 채권을 실현할 수 있다. ⭕

▶ 3문단에서 갑이 사적으로 물리력을 행사하여 해결하는 것은 엄격히 금지된다고 하였으며, 4문단에서는 국가가 물리적 실력을 행사하여 채무자의 의사에 구애받지 않고 채무의 내용을 실행시켜 채권이 실현되도록 하는 제도가 강제 집행이라고 하였어요. 갑은 법원에 강제 집행을 신청할 수 있다고 하였고요. 따라서 법원을 통하여 물리력으로 채권을 실현할 수 있음을 알 수 있어요.

4 갑은 소를 제기하여 판결로써 자기가 가진 채권의 존재와 내용을
공적으로 확정받을 수 있고, 나아가 법원에 강제 집행을 신청할 수도
있다. 강제 집행은 국가가 물리적 실력을 행사하여 채무자의 의사에
구애받지 않고 채무의 내용을 실행시켜 채권이 실현되도록 하는 제
도이다.

⑤ 실현 불가능한 것을 내용으로 하는 계약은 무효이다. ⭕

▶ 5문단에서 그림 A가 갑과 을의 계약 체결 이전에 소실되었다면, 그 계약은 실현 불가능한 내용을 담고 있기 때문에 계약 자체가 무효라고 설명하고 있어요. 따라서 실현 불가능한 것을 내용으로 하는 계약은 무효임을 알 수 있어요.

5 그림 A의 소실이 계약 체결 전이었다면, 그 계약은 실현 불가능한
내용을 담고 있기 때문에 체결할 때부터 계약 자체가 무효이다.

02 [내용 이해] 답 ⑤

〈발문〉 ㉠ 을의 채무, ㉡ 갑의 채권에 대한 이해로 가장 적절한 것은?

▶ 채권은 청구할 권리, 채무는 이행할 의무라고 하였어요. ㉠ '을의 채무'는 갑과 을이 그림 A에 대한 매매 계약을 체결할 당시에 발생한 채무입니다. 따라서 ㉠ '을의 채무'는 그림 A의 소유권 이전을 이행할 의무에 해당해요. ㉡ '갑의 채권'은 갑이 계약을 해제한 이후 이미 이행된 것에 대한 원상회복 청구권을 가진 때에 발생한 채권이에요. 따라서 ㉡ '갑의 채권'은 을에게 지급하였던 대금을 반환해 달라고 청구할 권리에 해당해요.

① ㉠ 을의 채무는 매도인의 청구와 매수인의 이행으로 소멸한다. ❌

▶ 매매 계약에서 매도인은 판매하는 사람, 매수인은 구매하는 사람을 의미해요. 계약의 두 당사자인 판매자와 구매자 사이에는 '소유권 이전'과 '대금 지급'이라는 두 행위에 대한 채권과 채무가 발생합니다. 다음 표와 같이 말이에요.

채권(청구)		채무(이행)
매수인	소유권 이전	매도인
매도인	대금 지급	매수인

'소유권 이전'에 대한 청구와 이행이 이루어지면, 매도인은 채무를 다하였으니 매수인의 채권이 소멸됩니다. 마찬가지로 '대금 지급'에 대한 청구와 이행이 이루어지면, 매수인은 채무를 다하였으니 매도인의 채권이 소멸됩니다. 이를 지문의 사례에 적용해 볼까요? 지문의 사례에서는 매도인이 을, 매수인이 갑이에요. 그리고 ㉠ '을의 채무'는 그림 A의 소유권 이전을 이행할 의무에 해당하죠. 따라서 ㉠ '을의 채무'는 매수인인 갑의 청구와 매도인인 을의 이행으로 소멸한다고 할 수 있어요.

한편, 선택지의 표현에서처럼 매도인(을)의 청구와 매수인(갑)의 이행으로 소멸되는 것은 '대금 지급'과 관련한 권리예요. 이는 매도인(을)의 채권에 해당하겠네요. 따라서 매도인인 을의 청구와 매수인인 갑의 이행으로 소멸하는 것은 ㉠ '을의 채무'가 아니라 '을의 채권'에 해당해요.

② ㉡ 갑의 채권은 채권자와 ~~채무자~~의 의사 표시가 작용하여 성립한 것이다. ✕

▶ 6, 7문단의 내용을 보면, 을에게 채무 불이행에 대한 책임이 있으므로 갑은 단독 행위로써 계약을 해제한 상태예요. 이후 갑이 을에게 갖게 되는 원상회복 청구권은 갑이 이미 을에게 지급한 대금을 계약 체결 이전의 상태로 반환해 달라고 할 수 있는 권리예요. 즉, 을의 의사 표시가 작용하지 않고도 갑이 가지는 권리라고 할 수 있어요.

>
>
> ❻ 갑이 계약 해제권을 행사하면 그때까지 유효했던 계약이 처음부터 효력이 없는 것으로 된다. 이때의 계약 해제는 일방의 의사 표시만으로 성립한다.

③ ㉠ 을의 채무와 ㉡ 갑의 채권은 ㉠ 을의 채무가 이행되면 그 결과로 ㉡ 갑의 채권이 소멸하는 관계이다. ✕

▶ 선택지 ③은 지문의 맥락에서 채권, 채무 관계를 제대로 이해하지 못한 설명이에요.
그림 A의 매매 계약 상황에서 ㉠ '을의 채무'가 이행되면 '갑의 채권'이 소멸한다는 것은 적절한 설명이에요. 그러나 지문과 문제에서 제시한 ㉡ '갑의 채권'은 매매 계약 시 '갑의 채권'이 아니라, 그림 A의 소실로 인한 계약 해제 후 가지게 된 '갑의 채권'에 해당해요. 따라서 ③의 설명은 적절하지 않아요.
좀 더 쉽게 설명해 볼까요? ㉠ '을의 채무'는 그림 A의 소유권 이전을 이행할 의무였어요. ㉡ '갑의 채권'은 을에게 지급하였던 대금을 반환하도록 청구할 권리였고요. ㉠ '을의 채무'(그림 A의 소유권 이전)를 이행하면 ㉡ '갑의 채권'(을에게 지급하였던 대금을 반환하도록 청구할 권리)이 소멸되나요? 그렇지 않죠? ㉠ '을의 채무'와 ㉡ '갑의 채권'은 별개이기 때문에 ㉠ '을의 채무'가 이행되었다고 ㉡ '갑의 채권'이 소멸되지는 않아요. ㉠ '을의 채무'가 이행되었다면 ㉡ '갑의 채권'이 발생하지 않을 수는 있지만, 발생하지 않는 것과 소멸되는 것은 다른 개념입니다!

④ ㉠ 을의 채무와 ㉡ 갑의 채권은 동일한 계약의 효과를 서로 다른 측면에서 바라본 것이다. ✕

▶ 선택지 ③과 마찬가지로 선택지 ④도 지문의 맥락에서 채권, 채무 관계를 이해하지 못한 설명이에요.
매매 계약 상황에서 ㉠ '을의 채무'와 '갑의 채권'은 계약에 따른 법률 효과를 서로 다른 방향에서 파악한 것이라고 할 수 있어요. 하지만 지문과 문제에서 제시한 ㉡ '갑의 채권'은 매매 계약 시 갑의 채권이 아니라 그림 A의 소실로 인한 계약 해제 후 가지게 된 '갑의 채권'에 해당해요.

⑤ ㉠ 을의 채무에는 물건을 인도할 의무가 있고, ㉡ 갑의 채권에는 금전의 지급을 청구할 권리가 있다. ○

▶ ㉠ '을의 채무'는 그림 A의 소유권 이전을 이행할 의무에 해당한다고 하였어요. 그림과 같은 동산은 인도에 의해 소유권 이전이 이루어집니다. 따라서 '을의 채무'에 물건을 인도할 의무가 있다는 설명은 적절해요. 또한 ㉡ '갑의 채권'은 대금을 반환하도록 청구할 권리에 해당한다고 하였으므로, ㉡ '갑의

채권'에 금전의 지급을 청구할 권리가 있다는 설명도 적절해요.

>
>
> ❸ 을의 채무는 그림 A의 소유권을 갑에게 이전하는 것이다. 동산인 물건의 소유권을 이전하는 방식은 그 물건을 인도하는 것이다.
>
> ❼ 계약의 해제로 갑은 원상회복 청구권을 행사할 수 있으며, 이러한 갑의 채권은 결국 을에게 매매 대금을 반환해 달라고 청구할 수 있는 권리가 된다.

03 [내용 이해] 답 ①

〈발문〉 ㉮ '결국 채무는 이행 불능이 되었다.'의 상황에 대한 설명으로 적절한 것은?

▶ ㉮는 채무 불이행의 상황으로, 그 원인은 갑과 을이 매매 계약을 맺은 목적물인 그림 A가 화재에 의해 소실된 데 있어요. 그리고 그 과실은 을에게 있다고 하였어요.

① '을'의 과실로 이행 불능이 되어 '갑'의 계약 해제권이 발생한다. ○

▶ 5문단에 따르면 을의 과실로 그림이 소실되어 을의 채무가 이행 불능이 되었어요. 그 책임이 을에게 있으므로 갑이 계약 해제권을 갖게 된 거예요.

>
>
> ❻ 이때 채무 불이행은 갑이나 을의 의사 표시가 작용한 것이 아니라, 매매 목적물의 소실에 따른 이행 불능으로 말미암은 것이다. 이러한 사건을 통해서도 법률 효과가 발생한다. 채무 불이행에 대한 책임은 갑으로 하여금 계약을 해제할 수 있는 권리를 갖게 한다.

② '갑'은 소를 제기하여야 매매의 목적이 된 재산권을 이전받을 수 있다. ✕

▶ 그림 A가 소실되어 ㉮의 상황이 발생했기 때문에 갑이 소를 제기하더라도 매매 목적이 된 재산권인 그림 A의 소유권을 이전받을 수 없어요.

③ '갑'은 원상회복 청구권을 행사하여야 '그림 A'의 소유권을 회복할 수 있다. ✕

▶ 7문단에 따르면, 원상회복 청구권은 계약으로 인해 이미 이행된 것이 있을 경우에 계약이 체결되기 전의 상태로 돌려놓을 수 있는 권리예요. 그런데 그림 A가 소실되어 그 소유권 이전이 이행될 수 없는 상황이에요. 갑이 원상회복 청구권을 행사할 수 있는 것은 그림 A의 소유권이 아니라, 이미 을에게 지급한 그림 A의 대금을 반환해 달라고 청구할 수 있는 권리예요.

④ '갑'과 '을'은 애초부터 실현 불가능한 내용의 계약을 체결하였기 때문에 이행 불능이 되었다. ✕

▶ 5문단에 따르면 갑으로부터 매매 대금을 받은 뒤에 을의 과실로 불이 나 그림 A가 타 없어졌어요. 계약 체결 전에 그림 A가 소실되었다면 계약이 실현 불가능했겠지만, 계약 후에 불에 탄 것이기 때문에 애초부터 실현 불가능한 내용의 계약은 아니었어요.

>
>
> ❺ 을이 그림 A를 넘겨주지 않은 까닭은 갑으로부터 매매 대금을 받은 뒤에 을의 과실로 불이 나 그림 A가 타 없어졌기 때문이다. 결국 채무는 이행 불능이 되었다. 소송을 하더라도 불능의 내용을 이행하라는 판결은 나올 수 없다. 그림 A의 소실이 계약 체결 전이었다면, 그 계약은 실현 불가능한 내용을 담고 있기 때문에 체결할 때부터 계약 자체가 무효이다.

⑤ '을'이 '갑'에게 '그림 A'를 인도하는 것은 불가능해졌지만 '을'은 채무 불이행에 대한 책임을 지지 않는다. ✕

▶ ㉮는 을의 과실로 인해 그림 A가 소실되었고, 따라서 이행 불능이 된 상황이에요. 이처럼 이행 불능이 채무자의 과실 때문에 일어난 것이라면 채무자 을이 책임을 져야 해요.

⑤ 이행 불능이 채무자의 과실 때문에 일어난 것이라면 채무자가 채무 불이행에 대한 책임을 져야 한다.

04 [구체적 사례에 적용] 답 ③

〈발문〉 윗글을 바탕으로 할 때, 〈보기〉에 대한 분석으로 적절하지 <u>않은</u> 것은? [3점]

〈보기〉

증여는 당사자의 일방이 자기의 재산을 무상으로 상대방에게 줄 의사를 표시하고 상대방이 이를 승낙함으로써 성립하는 계약이다. 증여자만 이행 의무를 진다는 점이 특징이다. 유언은 유언자의 사망과 동시에 일정한 법률 효과를 발생시키려는 것을 목적으로 하는데, 유언자의 의사 표시만으로 유효하게 성립하고 의사 표시의 상대방이 필요 없다는 점에서 증여와 차이가 있다.

① 증여, 유언, 매매는 모두 법률 행위로서 의사 표시를 요소로 한다. ○

▶ 증여는 증여 당사자와 상대방의 의사 표시, 유언은 유언자의 의사 표시, 매매는 매도인과 매수인의 의사 표시를 요소로 하므로 증여, 유언, 매매 모두 법률 효과를 발생시키는 법률 행위에 해당해요.

❶ 매매 계약은 '팔겠다'는 일방의 의사 표시와 '사겠다'는 상대방의 의사 표시가 합치함으로써 성립하며, ~

❷ 이처럼 의사 표시를 필수적 요소로 하여 법률 효과를 발생시키는 행위들을 법률 행위라 한다.

② 증여와 유언은 법률 효과를 발생시키려는 목적이 있다는 점이 공통된다. ○

▶ 2문단에서 계약은 법률 효과를 발생시키는 법률 행위의 일종이라고 하였어요. 〈보기〉의 증여는 증여자가 자신의 재산을 상대방에게 무상으로 주는 계약의 일종이므로, 법률 효과를 발생시키려는 목적이 있음을 알 수 있어요. 또한 유언 역시 유언자의 사망과 동시에 법률 효과를 발생시키려는 것을 목적으로 한다고 하였으므로, 적절한 설명이에요.

③ 증여는 변제의 의무를 발생시키지 않는다는 점에서 매매와 차이가 있다. ✕

▶ 변제란 채무의 내용을 이행하여 채권을 소멸시키는 것을 말해요. 〈보기〉에서 증여의 경우 증여자만 이행 의무를 진다고 하였으므로, 증여에서도 채무를 이행하여 채권을 소멸시키는 변제의 의무가 발생함을 알 수 있어요.

④ 증여는 당사자 일방만이 이행한다는 점에서 양 당사자가 서로 이행하는 관계를 갖는 매매와 차이가 있다. ○

▶ 〈보기〉에서 증여는 당사자 일방만이 이행 의무를 진다고 했어요. 이에 비해 매매는 매도인과 매수인이 모두 청구권과 이행 의무를 진다는 점에서 증여와 차이가 있어요.

⑤ 증여는 양 당사자의 의사 표시가 서로 합치하여 성립한다는 점에서 의사 표시의 합치가 필요 없는 유언과 차이가 있다. ○

▶ 〈보기〉에서 증여는 당사자의 의사 표시에 대해 상대방이 승낙하는 의사 표시를 하여야 성립하는 계약의 일종이라고 설명하였어요. 이에 비해 유언은 당사자의 의사 표시만으로 유효하게 성립하고 의사 표시의 상대방이 필요 없다는 점에서 증여와 차이가 있어요.

05 [어휘] 답 ①

〈발문〉 문맥상 의미가 ⓐ 나올과 가장 가까운 것은?

① 오랜 연구 끝에 만족할 만한 실험 결과가 나왔다. ○

▶ ⓐ '나올'이 사용된 문장은 '불능의 내용을 이행하라는 판결은 나올 수 없다.'로, 여기서 '나오다'는 '처리나 결과로 이루어지거나 생기다.'라는 뜻으로 사용되었어요. 선택지의 '나오다' 역시 같은 의미로 사용되었어요.

② 그 사람이 부드럽게 나오니 내 마음이 누그러졌다. ✕

▶ 여기서 '나오다'는 '어떠한 태도를 취하여 겉으로 드러내다.'라는 뜻으로 사용되었어요.

③ 우리 마을은 라디오가 잘 안 나오는 산간 지역이다. ✕

▶ 여기서 '나오다'는 '방송을 듣거나 볼 수 있다.'라는 뜻으로 사용되었어요.

④ 이 책에 나오는 옛날이야기 한 편을 함께 읽어 보자. ✕

▶ 여기서 '나오다'는 '책, 신문 따위에 글, 그림 따위가 실리다.'라는 뜻으로 사용되었어요.

⑤ 그동안 우리 지역에서는 걸출한 인물들이 많이 나왔다. ✕

▶ 여기서 '나오다'는 '상품이나 인물 따위가 산출되다.'라는 뜻으로 사용되었어요.

〈쌤이 그린 독해지도 ▶〉

1　근로자: 직업 종류를 불문하고 사업장에서 임금을 받을 목적으로 일하는 사람
　　＊단시간 근로자는 여러 이유로 법적 보호에서 벗어나있는 경우가 많음

2　근로계약: 근로자가 근로 조건에 대해 사업주와 약속하는 것
　─ 사업주가 근로자 채용시 근로 계약서를 작성해야함 (반드시 문서로)
　─ 내용: 기간, 장소, 할 일, 하루에 일해야하는 시간 & 쉬는 시간, 쉬는 날, 임금 & 임금 받는 날
　─ 본인이 작성해야 함
　─ 쉬는 시간: 근로시간 4시간 → 30분 이상 / 근로시간 8시간 → 1시간 이상
　─ 유급 주휴일: 1주간 정해진 일수대로 일하면 1주에 1일
　─ 휴일 근무시 임금 50% 가산
　─ 연차 유급 휴가: 1년간 정해진 근로 일수 근무시 ┤ 4인 이하 작업장 제외
　　＊1주간 정해진 근로시간 15시간 미만: 퇴직금, 유급주휴일, 연차 휴가 규정 적용×
　─ 사업주가 근로계약서 작성 거부/작성 후 교부하지 않음 → 처벌

3　최저임금
　─ 모든 근로자는 최저임금 이상 받을 권리 有
　─ 수습 근로자: 3개월 이내 최저임금 90%, 3개월 후 최저임금 100%
　　＊단순 노무직 근로자, 계약 기간 1년 미만 근로자: 수습기간에도 100%
　─ 최저임금 미만 지급 → 처벌

4　임금지급
　─ 정기적으로 해당 근로자에게 직접 전액을 현금으로 → 못지키면 임금체불
　─ 휴업수당: 사업주 사정으로, 일이 없어 퇴근하는 경우 → 평균 임금의 70%
　─ 임금 미지급 → 독촉장 발송 or 고용노동부에 진정서 제출

5　근로자 해고
　─ 정당한 이유 없이 해고 불가. 부당해고 시 → 근로자 해고수당, 사업자 처벌

6　산재 & 폭언·성희롱·폭력
　─ 산재 발생 시 사업주가 보험 미가입, 치료비 지급 거부해도 치료 및 보상가능
　─ 폭언·성희롱·폭력 발생 시 신고 가능

| 문장은 정교하게 & 문단은 정리하며 |

❶ 근로자란 직업의 종류를 불문하고 사업장에서 임금을 받을 목적으로 일하는 사람을 의미한다. 정규직 근로자에서부터 단시간 근로자 즉 아르바이트까지 근로자에 포함된다. 그런데 단시간 근로자의 경우 법적으로는 엄연한 근로자이면서도 여러 가지 이유에서 법적인 보호에서 벗어나 있는 경우가 많다.
〔가리지 아니하고〕
〔어떠한 사실이나 현상이 부인할 수 없을 만큼 뚜렷한〕
▶ 근로자의 개념과, 법적 보호에서 벗어나 있는 단시간 근로자

❷ 사업주가 근로자를 채용할 경우에는 근로 조건을 명시(明示)한 근로 계약서를 작성해야 한다. 근로 계약이란 근로자가 근로 조건에 대해서 사업주와 약속하는 것을 말한다. 이러한 약속은 구두로 하기보다는 나중에 문제가 생겼을 때를 대비하여 반드시 문서로 작성해야 한다. 근로 계약서에는 (일을 하기로 한 기간, 일할 장소, 해야 할 일, 하루에 일해야 하는 시간과 쉬는 시간, 쉬는 날, 임금과 임금을 받는 날 등) 중요한 내용이 반드시 나타나 있
〔분명하게 드러내 보임〕
〔마주 대하여 입으로 하는 말〕

어야 한다. 근로 계약서는 사업주와 근로자 본인이 작성해야 하며, 다른 사람이 대신할 수는 없다. 또 1일 근로 시간이 4시간인 경우에는 30분 이상, 8시간인 경우에는 1시간 이상의 쉬는 시간이 주어져야 하고, 1주간의 정해진 근로 일수대로 일한 근로자에게는 1주에 1일의 유급 주휴일이 보장되어야 한다. 4인 이하의 사업장을 제외하고는 휴일에 근무할 경우 임금의 50%를 가산(加算)하여 받을 수 있으며, 1년간 정해진 근로 일수에 따라 성실히 근무한 경우에는 연차 유급 휴가를 보장받을 수 있다. 다만 1주간의 정해진 근로 시간이 15시간 미만일 경우에는 퇴직금, 유급 주휴일, 연차 휴가 규정이 적용되지 않는다. 만약 사업주가 근로 계약서 작성을 거부할 경우 신고할 수 있으며, 이 경우 사업주는 500만 원 이하의 벌금형을 받을 수 있다. 사업주가 근로 계약서를 작성하고 근로자에게 이를 교부(交附)하지 않았을 경우에도
〔1주간의 정해진 근로 일수대로 일하였을 때 임금을 받으면서 쉴 수 있는 날〕
〔더하여 셈함〕
〔해마다 종업원에게 주도록 정하여진 유급 휴가〕
〔내어 줌〕

처벌 대상이 된다.
▶ 근로 계약의 개념과 관련 규정

❸ 모든 근로자는 최저임금법에서 정한 최저임금 이상의 임금을 받을 권리가 있다. 보호자의 동의를 얻어 일을 하는 만 18세 미만의 연소 근로자도 동일한 적용을 받는다. 근로자로 채용된 이후에 기업의 필요에 따라 교육이나 연수를 받고 있는 수습 근로자의 경우, 일하기 시작한 날부터 3개월 이내에는 최저임금의 90%를, 3개월이 지나면 최저임금 전액을 지급받아야 한다. 하지만 단순노무직 근로자이거나 계약 기간이 1년 미만인 근로자의 경우에는 수습 기간에도 100% 임금을 지급받아야 한다. 만약 사업주가 최저임금 미만의 임금을 지급할 경우에는 최저임금법 제28조에 의해 3년 이하의 징역 또는 2,000만 원 이하의 벌금형에 처해질 수 있다.
▶ 최저임금 관련 규정

❹ 임금은 '정기적으로', '해당 근로자에게 직접', '전액을', '현금으로' 지급해야 한다. 임금은 일, 주, 월 단위로 지급할 수 있고, 현물이나 상품권은 안 되며, 통장으로 지급하는 것은 가능하다. 이 기준을 지키지 못하면 임금 체불이 된다. 대표적인 임금 체불 사례를 보면, 정기적으로 지급하기로 한 날에 지급하지 않는 경우, 임금 중 일부만 지급하는 경우, 퇴사 후 14일 이내에 당사자 간 약속 없이 임금을 지급하지 않는 경우 등이다. 그리고 일을 하기 위해 출근하였으나 갑자기 일이 없어 집으로 되돌아가야 하는 경우, 그 이유가 사업주에게 있다면 4인 이하의 사업장을 제외하고는 평균 임금의 70%에 해당하는 휴업 수당을 받아야 한다. 만약 임금을 받지 못하면 독촉장을 발송하거나 고용노동부에 진정서를 제출하여 문제를 해결할 수 있다.
▶ 임금 지급 관련 규정

❺ 사업주는 근로 계약 기간이 끝나기 전에 정당한 이유 없이 근로자를 해고할 수 없다. 아르바이트로 일하는 경우에도 근로기준법에서 정한 해고 관련 내용 등이 동일하게 적용된다. 만약 사업주에게 부당하게 해고를 당했을 경우 일정 금액의 해고 수당을 받을 수 있다. 다만 일용 근로자로서 3개월을 연속 근무하지 않은 경우, 2개월 이내의 기간을 정하여 근무하는 경우, 계절적 업무에 6개월 이내의 기간을 정하여 근무하는 경우, 3개월 이내의 수습 기간을 정하여 근무 중인 경우에는 해고 수당을 청구(請求)할 수 없다. 정당한 이유 없이 근로자를 해고한 경우에는 5년 이하의 징역 또는 3,000만 원 이하의 벌금형에 처해질 수 있다.
▶ 근로자 해고 관련 규정

❻ 일하다가 다쳤을 경우 사업주가 보험에 가입하지 않았거나 근로자 본인의 과실(過失)을 이유로 치료비 지급을 거부하더라도 치료비를 본인이 부담할 필요는 없다. 산업재해보상보험법(산재 보험)에 따라 근로복지공단에서 치료 및 보상을 받을 수 있기 때문이다. 또한 근로기준법 제7조, 제8조에 따르면[규정] 사업주 또는 관리자가[주체] 근로자에게[대상] 기분이 나쁠 정도의 폭언이나 지나친 성적 농담을 하는 경우 또는 신체적인 체벌을 하는 경우에는[가정] 위법이므로[까닭] (고용노동부나 경찰서 등) 관련 기관에 신고할 수 있다.[대처법]
▶ 산업재해 및 폭언·성희롱·폭력 발생 시 대처법

---

01 [내용 이해] **답 ③**

〈발문〉 윗글의 내용과 일치하지 <u>않는</u> 것은?

① 아르바이트는 근로자임에도 법적인 보호를 받지 못하는 경우가 많다. ○

> **근거 찾기**
> ❶ 정규직 근로자에서부터 단시간 근로자 즉 아르바이트까지 근로자에 포함된다. 그런데 단시간 근로자의 경우 법적으로는 엄연한 근로자이면서도 여러 가지 이유에서 법적인 보호에서 벗어나 있는 경우가 많다.

② 근로 계약이란 근로 조건에 대해서 근로자와 사업주가 약속하는 것을 말한다. ○

> **근거 찾기**
> ❷ 근로 계약이란 근로자가 근로 조건에 대해서 사업주와 약속하는 것을 말한다.

③ 1주일의 근로 시간이 15시간 미만일 경우에도 연차 휴가를 보장받을 수 <u>있다</u> ✕

▶ 2문단에서 1주간의 정해진 근로 시간이 15시간 미만일 경우에는 연차 휴가 규정이 적용되지 않는다고 했어요.

> **근거 찾기**
> ❷ 다만 1주간의 정해진 근로 시간이 15시간 미만일 경우에는 퇴직금, 유급 주휴일, 연차 휴가 규정이 적용되지 않는다.

④ 아르바이트의 경우에도 근로기준법에서 정한 해고 관련 내용이 동일하게 적용된다. ○

> **근거 찾기**
> ❺ 아르바이트로 일하는 경우에도 근로기준법에서 정한 해고 관련 내용 등이 동일하게 적용된다.

⑤ 근로기준법에 의하면 사업주 또는 관리자가 근로자에게 폭언이나 지나친 성적 농담을 하는 것은 위법이다. ○

> **근거 찾기**
> ❻ 근로기준법 제7조, 제8조에 따르면 사업주 또는 관리자가 근로자에게 기분이 나쁠 정도의 폭언이나 지나친 성적 농담을 하는 경우 또는 신체적인 체벌을 하는 경우에는 위법이므로 고용노동부나 경찰서 등 관련 기관에 신고할 수 있다.

02 [추론] **답 ③**

〈발문〉 윗글을 읽은 후 추가할 수 있는 질문으로 적절하지 <u>않은</u> 것은?

① 사업주가 근로 계약서 작성을 거부할 경우 어디에 신고하면 되나요? ○

▶ 2문단에서 사업주가 근로자를 채용할 경우에는 근로 계약서를 작성해야 하며, 만약 사업주가 근로 계약서 작성을 거부할 경우 신고할 수 있다고 하였어요. 그런데 어디에 어떻게 신고해야 되는지는 나와 있지 않으므로 추가할 수 있는 질문으로 적절해요.

② 사업주가 근로자를 해고할 수 있는 정당한 이유에는 어떤 것들이 있나요? ○

▶ 5문단에서 사업주는 근로 계약 기간이 끝나기 전에 정당한 이유 없이 근로자를 해고할 수 없다고 했어요. 하지만 사업주가 근로자를 해고할 수 있는 정당한 이유가 어떤 것들인지는 나와 있지 않으므로 추가할 수 있는 질문으로 적절해요.

✅ 아르바이트를 하다가 사업주에게 체벌을 받았을 경우에는 어떻게 해야 하나요? ✕

▶ 6문단에서 사업주가 신체적인 체벌을 하는 경우에는 위법이므로 고용노동부나 경찰서 등 관련 기관에 신고할 수 있다고 했어요. 이미 글에 제시되어 있는 내용이므로 추가할 수 있는 질문으로 적절하지 않아요.

④ 수습 기간에도 최저임금 전액을 받을 수 있는 단순노무직에는 어떤 것들이 있나요? ⭕

▶ 3문단에서 단순노무직 근로자는 수습 기간에도 100% 임금을 지급받아야 한다고 하였어요. 그런데 단순노무직에 해당하는 일이 어떤 일인지는 나와 있지 않으므로 추가할 수 있는 질문으로 적절해요.

⑤ 임금이 체불된 경우 독촉장을 발송하거나 진정서를 제출하는 것 말고는 다른 방법이 없나요? ⭕

▶ 4문단에서 임금을 받지 못하면 독촉장을 발송하거나 고용노동부에 진정서를 제출하여 문제를 해결할 수 있다고만 하였을 뿐, 그 이외의 방법은 나와 있지 않아요. 그러므로 추가할 수 있는 질문으로 적절해요.

[03~04]

〈대발문〉 〈보기〉는 직원이 10여 명인 ◇◇ 식당에서 근무하게 된 '박○○' 군의 근로 계약서이다. 두 물음에 답하시오.

〈보기〉

연소 근로자 근로 계약서

김△△(이하 "사업주"라 함)와 박○○(이하 "근로자"라 함)는 다음과 같이 근로 계약을 체결한다.

1. 근로 계약 기간 : 2018년 5월 1일부터 2018년 6월 20일까지

2. 근무 장소 : ◇◇ 식당 홀

3. 업무의 내용 : 홀 서빙 및 청소

4. 근로 시간/휴게 시간 : 16시 30분부터 21시 30분까지 ············· ㉠

5. 근무일/휴일 : 매주 5일 근무 / 매주 토, 일요일 ················ ㉡

6. 임금
   – 시간급 : 7,530원 ·························· ㉢
   – 임금 지급일 : 매월 20일(휴일의 경우는 전일 지급)
   – 지급 방법 : 근로자에게 직접 지급( ), 근로자 명의 예금통장에 입금(✓)

7. 가족관계증명서 및 동의서
   – 가족관계기록사항에 관한 증명서 제출 여부 : ✓
   – 친권자 또는 후견인의 동의서 구비 여부 : ✓ ············ ㉣

8. 사회보험 가입 여부(해당란에 체크)
   ☑ 고용보험 ☐ 산재보험 ☐ 국민연금 ☑ 건강보험

2018년 4월 25일

(사업주) 사업체명 : ◇◇ 식당(전화 : ×××-××××-××××)
　　　　 주　소 : □□시 □□구 □□로 48
　　　　 대표자 : 김△△　(서명)
(근로자) 주　소 : □□시 □□구 □□로 28
　　　　 연락처 : ×××-××××-××××
　　　　 성　명 : 박○○　(서명)
 ··· ㉤

---

03 [구체적 사례에 적용] **답 ⑤**

〈발문〉 윗글을 바탕으로 〈보기〉를 이해한 내용으로 적절하지 <u>않은</u> 것은?

① 1일 근로 시간이 4시간 이상이므로 ㉠에는 30분 이상의 쉬는 시간을 명시해야 한다. ⭕

2 1일 근로 시간이 4시간인 경우에는 30분 이상, 8시간인 경우에는 1시간 이상의 쉬는 시간이 주어져야 하고, ~

② ㉡의 내용대로 1주일을 정해진 근로 일수대로 근무하였다면 1일의 유급 주휴일을 보장받을 수 있다. ⭕

2 1주간의 정해진 근로 일수대로 일한 근로자에게는 1주에 1일의 유급 주휴일이 보장되어야 한다.

③ ㉢에는 최저임금법에 규정되어 있는 최저임금 이상을 명시해야 한다. ⭕

3 모든 근로자는 최저임금법에서 정한 최저임금 이상의 임금을 받을 권리가 있다.

④ 만 18세 미만의 연소자일 경우 ㉣처럼 보호자의 동의를 받아야 한다. ⭕

3 보호자의 동의를 얻어 일을 하는 만 18세 미만의 연소 근로자도 동일한 적용을 받는다.

⑤ ㉤에서 내용의 확인 및 서명은 필요한 경우 다른 사람이 ~~대신할 수 있다~~ ✕

2 근로 계약서는 사업주와 근로자 본인이 작성해야 하며, 다른 사람이 대신할 수는 없다.

04 [구체적 사례에 적용] **답 ①**

〈발문〉 다음의 '박○○' 군에게 해 줄 수 있는 말로 가장 적절한 것은?
[3점]

박○○ 군은 5월 둘째 주 월요일에 사업주의 사정으로 일을 하지 못하고 그냥 돌아왔다. 그 주 토요일에는 일손이 모자라 근무하였다. 그 후 서빙 중 본인의 실수로 화상을 입었는데, 본인의 잘못으로 다쳤다는 이유로 사업주는 치료비 지급을 거부하였다. 그뿐만 아니라 다친 상태로 일을 할 수 없다는 이유로 박○○ 군에게 해고를 통보하였다.

✅ 휴일인 토요일에 근무하였으므로 가산된 임금을 적용받을 수 있습니다. ⭕

▶ 2문단에서 4인 이하의 사업장을 제외하고는 휴일에 근무할 경우 임금의 50%를 가산(加算)하여 받을 수 있다고 했어요. 〈보기〉에서 박○○ 군이 일하는 곳은 직원이 10여 명이고, 박○○ 군은 휴일인 토요일에 근무했으므로, 임금의 50%를 가산해서 받을 수 있어요.

2 4인 이하의 사업장을 제외하고는 휴일에 근무할 경우 임금의 50%를 가산(加算)하여 받을 수 있으며, ~

② 근로 기간 중에 해고당한 근로자이므로 해고 수당을 받을 수 ~~있습니다~~ ✕

▶ 계약서에 따르면 박○○ 군의 근로 계약 기간은 2018년 5월 1일부터 2018년 6월 20일까지예요. 그런데 5문단에서 2개월 이내의 기간을 정하여 근무하는

경우에는 해고 수당을 청구할 수 없다고 하였어요. 따라서 해고 수당은 받을
수 없어요.

❺ 만약 사업주에게 부당하게 해고를 당했을 경우 일정 금액의 해고
수당을 받을 수 있다. 다만 일용 근로자로서 3개월을 연속 근무하지
않은 경우, 2개월 이내의 기간을 정하여 근무하는 경우, 계절적 업무
에 6개월 이내의 기간을 정하여 근무하는 경우, ~ 해고 수당을 청구
(請求)할 수 없다.

③ 업무 수행 중이지만 본인 과실로 다쳤으므로 치료비를 보상받
을 수 ~~없습니다~~ ✕

▶ 6문단에서 사업주가 근로자 본인의 과실을 이유로 치료비 지급을 거부하
더라도 산재보험에 따라 근로복지공단에서 치료 및 보상을 받을 수 있다고 했
어요.

❻ 일하다가 다쳤을 경우 사업주가 보험에 가입하지 않았거나 근로
자 본인의 과실(過失)을 이유로 치료비 지급을 거부하더라도 치료비
를 본인이 부담할 필요는 없다. 산업재해보상보험법(산재보험)에 따
라 근로복지공단에서 치료 및 보상을 받을 수 있기 때문이다.

④ 사업주 사정으로 근무일에 일하지 못하고 돌아왔으므로 휴업
수당을 요구할 수 ~~없습니다~~ ✕

▶ 4문단에서 일을 하기 위해 출근했으나 갑자기 일이 없어 집으로 되돌아가
야 하는 경우, 그 이유가 사업주에게 있다면 평균 임금 70%에 해당하는 휴업
수당을 받아야 한다고 했어요. 따라서 휴업 수당을 요구할 수 있어요.

❹ 일을 하기 위해 출근하였으나 갑자기 일이 없어 집으로 되돌아가
야 하는 경우, 그 이유가 사업주에게 있다면 4인 이하의 사업장을 제
외하고는 평균 임금의 70%에 해당하는 휴업 수당을 받아야 한다.

⑤ 사업주가 산업재해보상보험에 가입되어 있지 않으므로 치료비
를 보상받을 수 ~~없습니다~~ ✕

▶ 6문단에서 사업주가 보험에 가입하지 않았어도 산업재해보상보험법에 따
라 근로복지공단에서 치료 및 보상을 받을 수 있다고 했어요.

❻ 일하다가 다쳤을 경우 사업주가 보험에 가입하지 않았거나 근로
자 본인의 과실(過失)을 이유로 치료비 지급을 거부하더라도 치료비
를 본인이 부담할 필요는 없다. 산업재해보상보험법(산재보험)에 따
라 근로복지공단에서 치료 및 보상을 받을 수 있기 때문이다.

01 ⑤   02 ①   03 ③   04 ③   05 ④   [2022년 3월 고1 전국연합]

쌤이 그린 독해지도

1 자본주의 사회에 대한 마르크스의 이론

결정
① 경제적 가치 = 사용가치 + 교환가치 (고정적)
　기능적 가치 / 유용성 ←　　　→ 시장 거래를 통해 부여된 가치

② 소비는 생산에 종속된 현상. 자율성 X

2 자본주의 사회에 대한 **보드리야르의 이론**

결정
① 경제적 가치 = 사용가치 + 교환가치
　　　　　　└→ 기호가치 ✿

② 소비우위의 사회

3.4.5 부연설명

 - 기호 : 어떤 대상을 지시하는 상징, 기표 + 기의 (자의적)
　　　　　　　　　　　　　　기호체계 ── 결정

 - 대량 생산 기술 발전 → 유용성은 소비결정 요인이 아님
　　　　　　　　　　　　기호가치가 소비결정 요인임!

 - 소비의 원인 : 사물이 상징하는 특정 사회적 지위에 대한 욕구

 - 욕구 : 상징체계 변화에 따라 유동적임. 대중 매체를 매개로 강제됨

6 보드리야르 이론 정리 및 시사점

 - 정리 : 자본주의 사회는 현대인의 일상생활이 기호가치와
　　　　이에 대한 소비에 의해 규정되는 사회임

 - 시사점 : 소비가 인간에 미치는 영향을 비판적으로 성찰해야 함

| 문장은 정교하게 & 문단은 정리하며 |

❶ ㉠ 마르크스는 사물의 경제적 가치를 사용가치와 교환가치로 구분하면서 자본주의 사회에서는 경제적 가치가 교환가치에 의해 결정된다고 보았다. *(마르크스의 주장)* 사용가치는 사물의 기능적 가치를, 교환가치는 시장 거래를 통해 부여된 가치를 의미하는데 *(교환가치의 개념)* 사물 자체의 유용성은 고정적이므로 **[이유 ①]** 시장에서의 수요와 공급에 의해서만 경제적 가치가 결정된다고 보았기 때문이다. **[이유 ②]** 또한 그는 사물의 거래 가격은 결국 사물의 생산 비용에 의해 결정된다는 점에서 소비를 생산에 종속된 현상으로 보고 소비의 자율성을 인정하지 않았다.
▶ 마르크스 – 자본주의 사회에서 사물의 경제적 가치는 교환가치에 의해 결정되며, 소비는 생산에 종속된 현상임

❷ 마르크스의 이러한 주장과 달리 ㉡ 보드리야르는 교환가치가 *(1문단 전체)* 아닌 사용가치가 경제적 가치를 결정하며, **[주장 ①]** 자본주의 사회는 소비 우위의 사회라고 주장했다. **[주장 ②]** 이때 보드리야르가 제시한 사용가치는 사물 자체의 유용성에 대한 가치가 아니라 욕망의 대상으로서 기호(sign)가 ⓐ 지니는 기능적 가치, 즉 기호가치를 의미한다.
▶ 보드리야르 – 자본주의 사회에서 사물의 경제적 가치는 사용가치에 의해 결정되며, 자본주의 사회는 소비 우위의 사회임

❸ 기호는 어떤 대상을 지시하는 상징으로서 **[정의]** (문자나 음성같이) 감각으로 지각되는 기표와 의미 내용인 기의로 구성되는데 **[구성 요소]**, 기표와 기의의 관계는 자의적이다. **[구성 요소와의 관계]** *(일정한 질서를 무시하고 제멋대로 하는 것)* 가령 '남성'이란 문자는 필연적으로 어떤 대상을 지시하는 것이 *(사물의 관련이나 일의 결과가 반드시 그렇게 될 수밖에 없는 것)*

아니며 '여성'이란 기호와의 관계 속에서 의미 내용이 결정된다. 다시 말해, 어떤 기호의 의미 내용을 결정하는 것은 기표와 기의의 관계가 아니라 기호들 간의 관계, 즉 기호 체계이다.
▶ 보드리야르 이론에 대한 부연 설명 ①

4 보드리야르는 자본주의 사회에서 대량 생산 기술이 급속하게 발전하면서[원인] 소비자가 기호가치 때문에 사물을 소비한다고 보았다.[결과] 대량 생산 기술의 발전으로 수요를 충족하고 남을 만큼의 공급이 이루어져 사물 자체의 유용성은 더 이상 소비를 결정하는 요인으로 작용할 수 없기 때문 [A] 이다. 예를 들어 소비자는 특정 계층 또는 집단의 일원이라는 상징을 얻기 위해 명품 가방을 소비한다. 이때 사물은 소비자가 속하고 싶은 집단과 다른 집단 간의 차이를 부각하는 기호로서 기능한다. 따라서 보드리야르에 따르면 자본주의 사회에서 소비의 원인은 사물이 상징하는 특정 사회적 지위에 대한 욕구이다.
▶ 보드리야르 이론에 대한 부연 설명 ②

5 보드리야르는 현대인이 자연 발생적인 욕구에 따라 자유롭게 소비하는 것처럼 보이지만 사실은 강제된 욕구에 따르는 것에 불과하다고 보았다. 이는 기호가 다른 기호와의 관계 속에서 그 의미 내용이 결정되는 것과 관계된다. 특정 사물의 상징은 기호 체계, 즉 사회적 상징체계 속에서 유동적이며, 따라서 ⓒ 상징체계 변화에 따라 욕구도 유동적이다. 이때 대중매체는 사물의 기의에 영향을 미침으로써 욕구를 강제할 수 있다. 현실이 대중매체를 통해 전달될 때 현실은 현실 그 자체가 아니라 다른 기호와 조합될 수 있는 기호로서 추상화되기 때문이다. 가령 텔레비전 속 유명 연예인이 소비하는 사물은 유명 연예인이라는 기호에 의해 새로운 의미 내용이 부여된다. 요컨대 특정 사물에 대한 현대인의 욕망은 대중매체를 매개로 하여 자기도 모르는 사이에 강제된다.
▶ 보드리야르 이론에 대한 부연 설명 ③

6 보드리야르는 기술 문명이 초래한 사물의 풍요 속에서 현대인의 일상생활이 사물의 기호가치와 이에 대한 소비에 의해 규정된다고 보고 자본주의 사회를 소비사회로 명명하였다. 그의 이론은 소비가 인간에 미치는 영향을 비판적으로 성찰해야 한다는 점을 시사한다.
▶ 보드리야르 이론의 시사점
어떤 것을 미리 간접적으로 표현해 줌

01 [내용 이해] 답 ⑤

〈발문〉 '자본주의 사회'에 대한 ⊙ 마르크스, ⓒ 보드리야르의 주장을 이해한 내용으로 가장 적절한 것은?

① ⊙ 마르크스 : 소비가 생산에 종속되므로 사용가치와 교환가치는 결국 동일하다. ✗
▶ 마르크스가 소비가 생산에 종속된다고 본 것은 맞아요. 하지만 사용가치와 교환가치를 동일하게 본 것이 아니라 오히려 명확히 구분하고 있어요.

[근거 찾기]
1 마르크스는 사물의 경제적 가치를 사용가치와 교환가치로 구분하면서 자본주의 사회에서는 경제적 가치가 교환가치에 의해 결정된다고 보았다.

② ⊙ 마르크스 : 사물 자체의 유용성은 변하지 않으므로 소비자의 욕구를 중심으로 분석해야 한다. ✗

▶ 마르크스가 사물 자체의 유용성은 변하지 않고 고정적이라고 본 것은 맞아요. 하지만 소비를 생산에 종속된 것으로 보고 소비의 자율성을 인정하지 않았으므로, 이를 통해 마르크스가 소비자의 욕구를 중요하게 생각하지 않았음을 알 수 있어요.

[근거 찾기]
1 또한 그는 사물의 거래 가격은 결국 사물의 생산 비용에 의해 결정된다는 점에서 소비를 생산에 종속된 현상으로 보고 소비의 자율성을 인정하지 않았다.

③ ⓒ 보드리야르 : 소비자에게 소비의 자율성이 존재하므로 교환가치가 사용가치를 결정한다. ✗
▶ 소비가 생산에 종속되기 때문에 소비의 자율성을 인정하지 않았던 마르크스와 달리, 보드리야르는 소비가 우위에 있다고 보았어요. 따라서 상대적으로 보드리야르가 소비의 자율성을 더 인정하고 있다고 추측할 수 있어요. 다만 보드리야르는 사용가치가 경제적 가치를 결정한다고 보았을 뿐, 교환가치가 사용가치를 결정한다고 주장한 적은 없기 때문에 ③은 적절하지 않은 진술이에요.

[근거 찾기]
2 마르크스의 이러한 주장과 달리 보드리야르는 교환가치가 아닌 사용가치가 경제적 가치를 결정하며, 자본주의 사회는 소비 우위의 사회라고 주장했다.

④ ⓒ 보드리야르 : 개인에게 욕구가 강제되므로 소비를 통해 집단 간의 사회적 차이가 소멸한다. ✗
▶ 보드리야르가 개인에게 욕구가 강제된다고 본 것은 맞아요. 하지만 4문단에서 사물이 소비자가 속하고 싶은 집단과 다른 집단 간의 차이를 부각하는 기호로서 기능한다고 했기 때문에, 소비를 통해 집단 간의 사회적 차이가 강화된다고 보았음을 알 수 있어요.

[근거 찾기]
4 이때 사물은 소비자가 속하고 싶은 집단과 다른 집단 간의 차이를 부각하는 기호로서 기능한다.

⑤ ⓒ 보드리야르 : 경제적 가치는 사회적 상징체계에 따라 결정되므로 기호가치가 소비의 원인이다. ○
▶ 2문단에서 경제적 가치는 사용가치에 따라 결정되며, 사용가치는 곧 기호가치를 의미한다고 했어요. 그리고 3문단에서 기호의 의미 내용을 결정하는 것이 기호 체계라고 했고, 5문단에서는 기호 체계가 사회적 상징체계와 같은 말임을 확인할 수 있어요. 따라서 '경제적 가치가 사회적 상징체계에 따라 결정되므로'라는 부분은 적절한 진술이에요. 또한 4문단에서 소비자가 기호가치 때문에 사물을 소비한다고 했기 때문에, '기호가치가 소비의 원인이다'라는 진술도 적절해요.

[근거 찾기]
2 마르크스의 이러한 주장과 달리 보드리야르는 교환가치가 아닌 사용가치가 경제적 가치를 결정하며, 자본주의 사회는 소비 우위의 사회라고 주장했다. 이때 보드리야르가 제시한 사용가치는 사물 자체의 유용성에 대한 가치가 아니라 욕망의 대상으로서 기호(sign)가 지니는 기능적 가치, 즉 기호가치를 의미한다.
3 어떤 기호의 의미 내용을 결정하는 것은 기표와 기의의 관계가 아니라 기호들 간의 관계, 즉 기호 체계이다.
4 보드리야르는 자본주의 사회에서 대량 생산 기술이 급속하게 발전하면서 소비자가 기호가치 때문에 사물을 소비한다고 보았다.
5 특정 사물의 상징은 기호 체계, 즉 사회적 상징체계 속에서 유동적이며, 따라서 상징체계 변화에 따라 욕구도 유동적이다.

02 [내용 이해] 답 ①

〈발문〉 **기호 체계**를 바탕으로 [A]를 이해한 내용으로 적절하지 **않은** 것은?

① 사물은 기표로서의 ~~추상성~~과 기의로서의 ~~구체성~~을 갖는다. ✕

▶ 기표는 '문자나 음성같이 감각으로 지각되는 것'이고, 기의는 '의미 내용'이에요. 따라서 기표가 구체성을 갖고 기의가 추상성을 갖는다고 볼 수 있어요.

> **근거 찾기**
>
> ❸ 기호는 어떤 대상을 지시하는 상징으로서 문자나 음성같이 감각으로 지각되는 기표와 의미 내용인 기의로 구성되는데, 기표와 기의의 관계는 자의적이다.

② 사물과 그것이 상징하는 특정한 사회적 지위와의 관계는 자의적이다. ○

▶ 사물이 상징하는 '특정한 사회적 지위'는 기호로서의 사물이 가지는 '기의'라고 볼 수 있어요. 3문단에서 기표와 기의의 관계는 자의적이라고 하였으므로, 감각으로 지각할 수 있는 사물과 그것이 상징하는 특정한 사회적 지위의 관계는 자의적이라고 설명할 수 있어요.

> **근거 찾기**
>
> ❸ 기호는 어떤 대상을 지시하는 상징으로서 문자나 음성같이 감각으로 지각되는 기표와 의미 내용인 기의로 구성되는데, 기표와 기의의 관계는 자의적이다.
>
> ❹ 이때 사물은 소비자가 속하고 싶은 집단과 다른 집단 간의 차이를 부각하는 기호로서 기능한다.

③ 사물은 사물 자체가 아닌 사물 간의 관계를 통해 의미 내용이 결정된다. ○

▶ 기호의 의미 내용은 다른 기호와의 관계 속에서 결정되는 것이라고 했어요. 그리고 자본주의 사회에서 사물은 기호로서 기능한다고 했지요.

> **근거 찾기**
>
> ❸ 어떤 기호의 의미 내용을 결정하는 것은 기표와 기의의 관계가 아니라 기호들 간의 관계, 즉 기호체계이다.
>
> ❹ 이때 사물은 소비자가 속하고 싶은 집단과 다른 집단 간의 차이를 부각하는 기호로서 기능한다.

④ 소비는 사물이라는 기호를 통해 특정 계층 또는 집단의 일원이라는 상징을 얻는 행위이다. ○

▶ 4문단에서 소비자는 특정 계층 또는 집단의 일원이라는 상징을 얻기 위해 사물을 소비한다고 했어요. 그렇다면 소비는 사물을 통해 그러한 상징을 얻는 행위임을 알 수 있어요.

> **근거 찾기**
>
> ❹ 예를 들어 소비자는 특정 계층 또는 집단의 일원이라는 상징을 얻기 위해 명품 가방을 소비한다.

⑤ 기호가치는 사물의 기의와 그에 대한 소비자의 욕구와 관련될 뿐 사물의 기표에 의해 결정되는 것은 아니다. ○

▶ 기호가치는 욕망의 대상으로서 기호가 지니는 기능적 가치를 의미하며, 사물의 기의(의미 내용)와 그에 대한 소비자의 욕구와 관련되어 있음을 전체 맥락을 통해 알 수 있어요. 다시 말해, 기호가치가 감각을 통해 지각되는 기표에 의해 결정되는 것은 아니에요.

> **근거 찾기**
>
> ❷ 이때 보드리야르가 제시한 사용가치는 사물 자체의 유용성에 대한 가치가 아니라 욕망의 대상으로서 기호(sign)가 지니는 기능적 가치, 즉 기호가치를 의미한다.

❹ 보드리야르는 자본주의 사회에서 대량 생산 기술이 급속하게 발전하면서 소비자가 기호가치 때문에 사물을 소비한다고 보았다.

03 [추론] 답 ③

〈발문〉 ⓒ '상징체계 변화에 따라 욕구도 유동적이다.'의 전제로 가장 적절한 것은?

① 상징체계 변화에 의해 사물 자체의 유용성이 변화한다. ✕

▶ 사물 자체의 유용성은 사물이 지닌 본래의 기능적 가치를 말하는 거예요. 상징체계가 변화한다고 해서 사물 자체의 유용성이 변화하는 것은 아니에요.

② 사물에 대한 욕구는 사람마다 제각기 다른 양상을 보인다. ✕

▶ 보드리야르는 사물에 대한 현대인의 욕구가 대중매체를 매개로 하여 강제된 욕구라고 보았어요. 그러므로 사물에 대한 욕구가 사람마다 제각기 다른 양상을 보인다는 것은 ⓒ의 전제로 성립할 수 없어요.

③ 사물의 기호가치가 변화하면 사물에 대한 욕구도 변화한다. ○

▶ 4문단에서 소비자가 사물을 소비하는 것은 사물의 기호가치 때문이라고 했어요. 그런데 사물의 기호가치는 고정되어 있는 것이 아니라, 다른 사물과의 관계 속에서 유동적으로 변화한다고 했지요. 즉, 사물의 기호가치가 변화하면 사물에 대한 소비자의 욕구도 변화할 수 있는 거예요. 이와 같은 전제가 있으므로, ⓒ '상징체계(=기호체계) 변화에 따라 욕구도 유동적이다.'라는 문장이 성립하게 돼요.

④ 사물을 소비하는 행위는 개인의 자연 발생적 욕구에 따른 것이다. ✕

▶ 5문단에서 현대인은 자연 발생적인 욕구가 아니라 대중매체를 매개로 하여 강제된 욕구에 따라 소비하는 것이라고 했어요.

⑤ 사물이 지시하는 의미 내용과 사물에 대한 욕구는 서로 독립적이다. ✕

▶ 현대인의 욕망은 사물이 지시하는 의미 내용과 밀접한 관련이 있다고 보았기 때문에 적절하지 않은 진술이에요.

04 [구체적 사례에 적용] 답 ③

〈발문〉 윗글의 '보드리야르'의 관점을 바탕으로 〈보기〉를 이해한 내용으로 적절하지 **않은** 것은? [3점]

> **〈보기〉**
>
> 개성이란 타인과 구별되는 개인만의 고유한 특성으로, 현대 사회의 개인은 개성을 추구함으로써 자신의 고유함을 드러내려 한다. 이때 사물은 개성을 드러낼 수 있는 수단이다. 찢어진 청바지를 입는 것, 타투나 피어싱을 하는 것은 사물을 통한 개성 추구의 사례이다. 이런 점에서 '당신의 삶에 차이를 만듭니다'와 같은 광고 문구는 개성에 대한 현대인의 지향을 단적으로 드러낸 것이라 할 수 있다.

① 타인과 구별되는 개성이란 개인이 소속되길 바라는 집단의 차별화된 속성일 수 있겠군. ○

▶ 4문단에서 보드리야르는 현대인이 사물을 소비함으로써 자신이 속하고 싶은 집단과 다른 집단 간의 차이를 드러내려는 욕구를 지닌다고 했어요. 이러한 관점에서는 타인과 구별되는 개성(다른 사람과의 차이)도 개인이 소속되길 바라는 집단의 차별화된 속성(다른 집단과의 차이)으로 이해할 거예요.

> **근거 찾기**
>
> ❹ 예를 들어 소비자는 특정 계층 또는 집단의 일원이라는 상징을 얻기 위해 명품 가방을 소비한다. 이때 사물은 소비자가 속하고 싶은 집단과 다른 집단 간의 차이를 부각하는 기호로서 기능한다.

② 소비사회에서 사물을 통한 개성의 추구는 그 사물의 기호가치에 대한 욕구에서 비롯되겠군. ○

▶ 보드리야르는 소비자가 기호가치 때문에 사물을 소비한다고 보았으므로 적절한 진술이에요.

③ 찢어진 청바지는 ~~개인만의 고유한 특성을 드러내는 수단~~이자 젊은 세대의 일원이라는 기호를 상징하는 것일 수 있겠군. ✗

▶ 보드리야르는 자본주의 사회에서 소비의 원인은 사물이 상징하는 특정 사회적 지위에 대한 욕구라고 보았고, 이러한 욕구는 자연 발생적인 것이 아니라 사회적으로 강제된 것이라고 보았어요. 따라서 보드리야르는 '찢어진 청바지' 역시 개성을 추구하기 위해 자유롭게 소비하는 것처럼 보이겠지만, 사실은 사회에서 강제된 욕구에 따르는 소비라고 볼 거예요. 개인만의 고유한 특성을 드러낼 수는 없는 것이지요.

5 보드리야르는 현대인이 자연 발생적인 욕구에 따라 자유롭게 소비하는 것처럼 보이지만 사실은 강제된 욕구에 따르는 것에 불과하다고 보았다.

④ '당신의 삶에 차이를 만듭니다'라는 광고 문구는 그 광고의 상품을 소비함으로써 사회적 차이를 드러내고 싶다는 욕구를 강제하는 것일 수 있겠군. ○

▶ 보드리야르는 대중매체를 통해 특정 사물에 대한 욕망이 강제된다고 보았어요. '당신의 삶에 차이를 만듭니다'라는 광고 문구는 '차이'를 강조하고 있으므로, 광고 상품을 소비함으로써 사회적 차이를 드러내고 싶다는 욕구를 강제하는 것으로 볼 수 있어요.

⑤ 타투나 피어싱을 한 유명 연예인을 텔레비전에서 보고, 이를 따라하기 위해 돈을 지불하는 것은 대중매체를 매개로 하여 추상화된 기호를 소비하는 것일 수 있겠군. ○

▶ 보드리야르는 텔레비전 속 유명 연예인이 소비하는 사물은 유명 연예인이라는 기호에 의해 새로운 의미 내용이 부여되며, 이는 현실이 현실 그 자체가 아니라 다른 기호와 조합될 수 있는 기호로서 추상화되는 것을 보여 주는 예시라고 했어요. 따라서 유명 연예인을 따라 타투나 피어싱에 돈을 지불하는 것은 대중매체를 매개로 하여 추상화된 기호를 소비하는 것이라 볼 수 있어요.

5 이때 대중매체는 사물의 기의에 영향을 미침으로써 욕구를 강제할 수 있다. 현실이 대중매체를 통해 전달될 때 현실은 현실 그 자체가 아니라 다른 기호와 조합될 수 있는 기호로서 추상화되기 때문이다. 가령 텔레비전 속 유명 연예인이 소비하는 사물은 유명 연예인이라는 기호에 의해 새로운 의미 내용이 부여된다. 요컨대 특정 사물에 대한 현대인의 욕망은 대중매체를 매개로 하여 자기도 모르는 사이에 강제된다.

05 [어휘] 답 ④

〈발문〉문맥상 의미가 ⓐ 지니는과 가장 가까운 것은?

① 그는 항상 지갑에 현금을 지니고 있었다. ✗

▶ '지니다'가 '몸에 간직하여 가지다.'의 의미로 사용된 예예요.

② 그녀는 어릴 때의 모습을 그대로 지니고 있다. ✗

▶ '지니다'가 '본래의 모양을 그대로 간직하다.'의 의미로 사용된 예예요.

③ 우리는 자기가 맡은 일에 책임을 지녀야 한다. ✗

▶ '지니다'가 '어떠한 일 따위를 맡아 가지다.'의 의미로 사용된 예예요.

✔ 사람은 누구나 고정 관념을 지니고 살기 마련이다. ○

▶ '지니다'가 ⓐ와 유사하게 '바탕으로 갖추고 있다.'의 의미로 사용된 예예요.

⑤ 그는 어린 시절의 추억을 항상 마음속에 지니고 있다. ✗

▶ '지니다'가 '기억하여 잊지 않고 새겨 두다.'의 의미로 사용된 예예요.

01 ③   02 ③   03 ③   04 ②   [2016학년도 수능 B형]

쌤이 그린 독해지도

1 지식 경영의 개념
   └ 지식의 활용과 창조를 강조하는 경영 전략

2 폴라니의 '암묵지'
   - 명확하게 표현되지 않고 주체에게 체화된 암묵지
   - 모든 지식은 암묵지에 기초하고 있음

3,4 노나카의 지식경영론
   - 암묵지 vs 명시지
   주관적 지식   객관적·논리적으로 형식화된 지식
                 공유가능성 ↑

   - 지식 변환 과정
   ① 공동화 : 암묵지 → 암묵지 (암묵지 전달, 모방, 숙련)
   ② 표출화 : 암묵지 → 명시지 (형식화, 객관화)
   ③ 연결화 : 명시지 → 명시지 (명시지들의 결합으로 새로운 명시지 형성)
   ④ 내면화 : 명시지 → 암묵지 (숙련)

   변환이 활발히 일어나도록 기업의 조직 구조 혁신 필요

5 지식 경영의 성패는 구성원들의 자발적 참여 방안 마련에 달려있음

| 문장은 정교하게 & 문단은 정리하며 |

1 현대 사회에서 지식의 중요성이 커지면서 기업에서도 지식 경영을 강조하는 목소리가 높다. 지식 경영은 기업 경쟁력의 원천이 조직적인 학습과 혁신 능력, 즉 기업의 지적 역량에 있다고 보아 지식의 활용과 창조를 강조하는 경영 전략이다.
▶ 지식 경영의 개념

2 지식 경영론 중에는 마이클 폴라니의 '암묵지' 개념을 활용하는 경우가 많다. 폴라니는 명확하게 표현되지 않고 주체에게 체화된 암묵지 개념을 통해 모든 지식이 지적 활동의 주체인 인간과 분리될 수 없다는 것을 강조했다. 그에 따르면 우리의 일상적 지각뿐만 아니라 고도의 과학적 지식도 지적 활동의 주체가 몸담고 있는 구체적인 현실로부터 유리된 것이 아니다. 어떤 지각 활동이나 관찰, 추론 활동에도 우리의 몸이나 관찰 도구, 지적 수단이 항상 수반되고 그에 의해 이러한 활동이 암묵적으로 영향을 받기 때문이다. 요컨대 모든 지식에는 암묵적 요소들과 이들을 하나로 통합하는 '인간적 행위'가 전제되어 있다는 것이다. "우리는 우리가 말할 수 있는 것보다 훨씬 더 많이 알고 있다."라는 폴라니의 말은 모든 지식이 암묵지에 기초하고 있음을 강조한다.
▶ 폴라니의 '암묵지' 개념

3 노나카 이쿠지로는 지식에 대한 폴라니의 탐구를 실용적으로 응용하여 지식 경영론을 펼쳤다. 그는 폴라니의 '암묵지'를 (신체 감각, 상상 속 이미지, 지적 관심 등)과 같이 객관적으로 표현하기 어려운 주관적 지식으로 파악했다. 또한 '명시지'를 (문서나 데이터베이스 등)에 담긴 지식과 같이 객관적이고 논리적으로 형식화된 지식으로 파악하고, 이것이 암묵지에 비해 상대적으로 지식의 공유 가능성이 높다고 보았다.
▶ 노나카 이쿠지로의 지식 경영론 – '암묵지'와 '명시지'

4 암묵지와 명시지의 분류에 기초하여, 노나카는 개인, 집단, 조직 수준에서 이루어지는 지식 변환 과정을 네 가지로 유형화하였다. 암묵지가 전달되어 타자의 암묵지로 변환되는 것은 대면 접촉을 통한 모방과 개인의 숙련 노력에 의해 이루어지는 것으로서 '공동화'라 한다. 암묵지에서 명시지로의 변환은 암묵적 요소 중 일부가 형식화되어 객관화되는 것으로서 '표출화'라 한다. 또 명시지들을 결합하여 새로운 명시지를 형성하는 것은 '연결화'라 하고, 명시지가 숙련 노력에 의해 암묵지로 전환되는 것은 '내면화'라 한다. 노나카는 이러한 변환 과정이 원활하게 일어나 기업의 지적 역량이 강화되도록 기업의 조직 구조도 혁신되어야 한다고 주장하였다.
▶ 노나카의 지식 경영론 – 지식 변환 과정의 네 가지 유형

5 이러한 주장대로 지식 경영이 실현되기 위해서는 지식 공유 과정에 대한 구성원들의 참여가 전제되어야 한다. 하지만 인간에게 체화된 무형의 지식을 공유하는 것은 쉬운 일이 아니다. 단순한 정보와 유용한 지식을 구분하기도 쉽지 않고, 이를 계량화하여 평가하는 것도 어렵다. 따라서 지식 경영의 성패는 지식의 성격에 대한 정확한 이해에 기초하여 구성원들이 지식 공유와 확산 과정에 자발적으로 참여하도록 하는 방안을 마련하는 것에 달려 있다고 할 수 있다.
▶ 지식 경영 실현을 위한 구성원들의 자발적 참여 방안의 중요성

01 [내용 전개 방식] **답 ③**

〈발문〉 윗글의 내용 전개에 대한 설명으로 가장 적절한 것은?

① 지식의 성격이 변화된 원인을 분석하고 지식 경영론의 등장 배경을 탐색하고 있다. ✗

▶ 지식의 중요성이 커지면서 지식 경영을 강조하는 목소리가 높다는 상황에 대해 언급하고 있지만, 지식의 성격이 변화된 원인을 분석하고 있지는 않아요.

② 지식이 분리되어 가는 과정에 따른 지식 변화의 단계를 설명하고 지식 경영론의 문제점을 살펴보고 있다. ✗

▶ 지문에서는 개인, 집단, 조직 수준에서 이루어지는 지식 변환의 과정을 설명하고 있어요. 이를 지식이 '분리'되어 가는 과정이라고 볼 수는 없죠. 또한 지식 경영론의 문제점을 살펴보고 있지도 않아요.

③ 지식에 대한 논의에 기초하여 지식 경영론을 소개하고 지식 경영의 성패를 좌우하는 요건을 검토하고 있다. ○

▶ 1문단에서 핵심 화제인 지식 경영의 개념을 소개한 다음, 2문단에서는 초기 이론인 폴라니의 '암묵지' 개념을 설명했어요. 이어 3문단에서는 노나카의 지식 경영론의 개념과 암묵지, 명시지 개념을, 4문단에서는 노나카의 지식 변환 과정을 소개하고 있어요. 마지막으로 5문단에서는 지식 경영의 성패를 좌우하는 요건으로 구성원들의 자발적 참여 방안을 제시하고 있으므로 선택지 ③이 답이 되겠네요!

④ 지식에 대한 견해의 변화 과정을 순차적으로 살펴보고 그에 대비되는 지식 경영론의 발전 과정을 소개하고 있다. ✗

▶ 지식에 대한 견해로서 폴라니의 암묵지 개념이 제시되었을 뿐, 견해의 변화 과정은 드러나 있지 않아요. 또한 노나카의 지식 경영론은 폴라니의 견해와 대비되는 개념이 아니며, 지식 경영론의 발전 과정을 소개하고 있지도 않아요.

⑤ 지식에 대한 두 견해의 장단점을 비교하고 이를 바탕으로 지식 경영의 유용성을 새로운 시각에서 조명하고 있다. ✗

▶ 지식에 대한 두 견해의 장단점을 비교하고 있지도 않고, 지식 경영의 유용성을 새로운 시각에서 조명하고 있지도 않아요.

02 [내용 이해] **답 ③**

〈발문〉 윗글을 통해 알 수 있는 내용으로 적절하지 <u>않은</u> 것은?

① 폴라니는 고도로 형식화된 과학 지식도 암묵지를 기초로 하여 형성된다고 본다. ○

▶ 폴라니는 모든 지식이 암묵지에 기초하고 있음을 강조했어요. 그러므로 폴라니는 고도로 형식화된 과학 지식도 암묵지를 기초로 하여 형성된다고 보았을 거예요.

2 "우리는 우리가 말할 수 있는 것보다 훨씬 더 많이 알고 있다."라는 폴라니의 말은 모든 지식이 암묵지에 기초하고 있음을 강조한다.

② 폴라니는 지적 활동의 주체와 분리되어 독립된 객체로서 존재하는 지식은 없다고 본다. ○

▶ 폴라니는 암묵지 개념을 통해 모든 지식이 지적 활동의 주체인 인간과 분리될 수 없다는 것을 강조했어요. 그러므로 폴라니는 지적 활동의 주체와 분리되어 독립된 객체로서 존재하는 지식은 없다고 보았을 거예요.

2 지식 경영론 중에는 마이클 폴라니의 '암묵지' 개념을 활용하는 경우가 많다. 폴라니는 명확하게 표현되지 않고 주체에게 체화된 암묵지 개념을 통해 모든 지식이 지적 활동의 주체인 인간과 분리될 수 없다는 것을 강조했다.

③ 노나카는 암묵지가 그 속성 때문에 지식의 공유 가능성이 명시지에 비해 상대적으로 높다고 본다. ✗

▶ 노나카는 '명시지'를 문서나 데이터베이스 등에 담긴 지식과 같이 객관적이고 논리적으로 형식화된 지식으로 파악하고, 명시지가 암묵지에 비해 지식의 공유 가능성이 높다고 보았어요.

3 노나카 이쿠지로는 지식에 대한 폴라니의 탐구를 실용적으로 응용하여 지식 경영론을 펼쳤다. ~ 또한 '명시지'를 문서나 데이터베이스 등에 담긴 지식과 같이 객관적이고 논리적으로 형식화된 지식으로 파악하고, 이것이 암묵지에 비해 상대적으로 지식의 공유 가능성이 높다고 보았다.

④ 노나카의 지식 경영론은 지식이 원활하게 변환되도록 기업의 조직 구조가 재설계되어야 한다고 본다. ○

▶ 노나카는 지식 변환 과정이 원활하게 일어나 기업의 지적 역량이 강화되도록 기업의 조직 구조가 혁신되어야 한다고 주장했어요. 그러므로 노나카의 지식 경영론은 지식이 원활하게 변환되도록 기업의 조직 구조가 재설계되어야 한다고 보았을 거예요.

4 암묵지와 명시지의 분류에 기초하여, 노나카는 개인, 집단, 조직 수준에서 이루어지는 지식 변환 과정을 네 가지로 유형화하였다. ~ 노나카는 이러한 변환 과정이 원활하게 일어나 기업의 지적 역량이 강화되도록 기업의 조직 구조도 혁신되어야 한다고 주장하였다.

⑤ 폴라니는 지식에서 암묵지의 중요성을 강조하고, 노나카는 지식들 간의 변환 과정에 주목한다. ○

▶ 폴라니는 모든 지식이 암묵지에 기초하고 있다고 주장했으므로, 지식에서 암묵지의 중요성을 강조했음을 알 수 있어요. 또한 노나카는 암묵지와 명시지의 분류에 기초하여 개인, 집단, 조직 수준에서 이루어지는 지식들 간의 변환 과정을 유형화했으므로, 지식들 간의 변환 과정에 주목했음을 알 수 있어요.

03 [구체적 사례에 적용] **답 ③**

〈발문〉 지식 변환의 사례에 대한 설명으로 가장 적절한 것은?

① A사의 직원이 자사 오토바이 동호회 회원들과 계속 접촉하여 소비자들의 느낌을 포착해 낸 것은 연결화의 사례이다. ✗

▶ A사의 직원이 오토바이 동호회 회원들과 계속 접촉한 것은 대면 접촉에 해당하고, 소비자들의 느낌을 포착해 낸 것은 동호회 회원들의 암묵지가 A사 직원의 암묵지로 변환된 것이므로 '공동화'의 사례로 볼 수 있어요.

② B사가 자동차 부품 관련 특허 기술들을 부문별로 재분류하고 이를 결합하여 신기술을 개발한 것은 표출화의 사례이다. ✗

▶ 자동차 부품 관련 특허 기술들은 형식화, 객관화된 것이므로 명시지로 볼 수 있고, 이를 결합하여 신기술을 개발한 것은 새로운 명시지를 형성한 것으로 볼 수 있으므로, '연결화'의 사례로 볼 수 있어요.

③ C사의 직원이 경쟁 기업의 터치스크린 매뉴얼들을 보고 제품을 실제로 반복 사용하여 감각적 지식을 획득한 것은 '내면화'의 사례이다. ○

▶ 매뉴얼은 문서로 되어 있는 것이므로 명시지이고, 감각적 지식은 신체 감각에 해당하므로 암묵지라고 할 수 있어요. 명시지가 숙련 노력에 의해 암묵지로 전환된 것이므로 '내면화'의 사례로 볼 수 있어요.

④ D사가 교재로 항공기 조종 교육을 실시하고 직원들이 반복적인 시뮬레이션 학습을 통해 조종술에 능숙하게 된 것은 연결화의 사례이다. ✗

▶ 교재는 명시지에 해당하고, 직원들이 반복적으로 시뮬레이션 학습을 한 것은 숙련 노력에 해당해요. 그리고 직원들이 조종술에 능숙하게 된 것은 암묵지라고 볼 수 있어요. 즉, 명시지가 숙련 노력에 의해 암묵지로 전환된 것이므로 '내면화'의 사례로 볼 수 있어요.

⑤ E사의 직원이 성공적인 제품 디자인들에 동물 형상이 반영되
었음을 감지하고 장수하늘소의 몸체가 연상되는 청소기 디자
인을 완성한 것은 ~~공동화~~의 사례이다. ✗
▶ 성공적인 제품 디자인들은 명시지에, 여기에 동물 형상이 반영되었음을 감
지한 것은 암묵지에 해당해요. 즉, E사 직원이 알게 된 것은 암묵지예요. 그리
고 이를 바탕으로 청소기 디자인을 완성한 것은 암묵적 요소 중의 일부가 형
식화되어 객관화된 명시지를 완성한 거예요. 이것은 암묵지가 명시지로 변환
된 것이므로 '표출화'의 사례로 볼 수 있어요.

04 [구체적 사례에 적용] **답 ②**

⟨발문⟩ 윗글을 바탕으로 ⟨보기⟩에 나타난 F사의 문제를 해결하기 위해
제시할 만한 방안으로 적절하지 <u>않은</u> 것은? [3점]

⟨보기⟩

　F사는 회사에 도움이 되는 지식의 산출을 독려하고 이를 체계적인
지식 데이터베이스에 축적하였다. 보고서와 제안서 등의 가시적인
지식의 산출에 대해서는 보상했지만, 경험적 지식이나 창의적 아이
디어 같은 무형의 지식에 대한 평가 및 보상 제도는 갖추지 않았다.
그 결과, 유용성이 낮은 제안서가 양산되었고, 가시적인 지식을 산출
하지 못하는 직원들의 회사에 대한 애착과 헌신은 감소했으며, 경험
많은 직원들이 퇴직할 때마다 해당 부서의 업무 공백이 발생했다.

① 창의적 아이디어가 문서 형태로 표현되기 어려울 수 있음을 감
안하여 다양한 의견 제안 방식을 마련할 필요가 있다. ○
▶ 유용성이 낮은 제안서가 양산되고, 경험 많은 직원들이 퇴사할 때마다 업
무 공백이 발생했다는 것을 통해, F사에서 구축한 지식 데이터베이스에 직원
들이 지닌 암묵지가 제대로 반영되지 못하고 있음을 알 수 있어요. 그만큼 암
묵지가 문서 형태로 표현하기 어렵다는 것이겠지요. 암묵지의 이런 특성을 고
려하여 다양한 의견 제안 방식을 마련할 필요가 있다는 제안은 적절해요.
☑ 직원들이 회사에서 사용할 논리적이고 형식화된 지식을 제안
하도록 권장하고 이를 데이터베이스에 축적할 필요가 있다. ✗

▶ F사에서는 보고서와 제안서 등 가시적인 지식의 산출에 대해 보상하고 이
를 데이터베이스에 축적했다고 했어요. 즉, 논리적이고 형식화된 지식을 축적
하는 것은 F사가 이미 하고 있는 일이고 이로 인해 ⟨보기⟩의 문제가 발생한 거
예요. 따라서 F사의 문제를 해결하기 위해 논리적이고 형식화된 지식을 제안
하도록 권장하고 이를 축적한다는 것은 적절하지 않아요.
③ 숙련된 직원들의 노하우를 공유할 수 있도록 면대면 훈련 프로
그램을 도입하여 집단적 업무 역량을 키울 필요가 있다. ○
▶ F사에는 경험적 지식을 가진 숙련된 직원들이 퇴사할 때마다 업무 공백이
발생하는 문제가 생겼어요. 즉, 대면 접촉을 통한 모방과 개인의 숙련 노력에
의해 이루어지는 '공동화'가 필요한 상황이에요. 따라서 숙련된 직원들의 노하
우를 공유할 수 있도록 면대면 훈련 프로그램을 도입하는 것은 적절한 해결
방안이라고 볼 수 있어요.
④ 직원들의 체화된 무형의 지식이 보상받을 수 있도록 평가 제도
를 개선하여 회사에 대한 직원들의 헌신성을 높일 필요가 있
다. ○
▶ F사에서 무형의 지식에 대해 평가 및 보상 제도를 갖추지 않아, 가시적인
지식을 산출하지 못하는 직원들의 회사에 대한 애착과 헌신이 감소했다고 했
어요. 따라서 무형의 지식이 보상받을 수 있도록 평가 제도를 개선하면 회사
에 대한 직원들의 헌신성을 높일 수 있을 거예요.
⑤ 직원들 각자가 지닌 업무 경험과 기능을 존중하고 유·무형의
노력과 능력을 평가하기 위한 조직 문화와 동기 부여 시스템을
발전시킬 필요가 있다. ○
▶ 직원들 각자의 업무 경험과 기능, 그리고 무형의 노력과 능력 등은 암묵지
라고 할 수 있어요. 그리고 F사에서 강조한 '보고서와 제안서 등'은 명시지라
고 할 수 있죠. 이처럼 회사가 명시지만 중요시하고 암묵지는 간과하니까 ⟨보
기⟩와 같이 여러 문제가 발생한 거예요. 이러한 문제를 해결하려면 회사 차원
에서 암묵지를 중요하게 다뤄야 해요. 따라서 직원들 각자가 지닌 업무 경험
과 기능을 존중하고, 유형뿐만 아니라 무형의 노력과 능력도 함께 평가하기 위
한 조직 문화와 동기 부여 시스템을 발전시키는 것은 F사의 문제 해결 방안으
로 적절해요.

01 ⑤　02 ②　03 ③　04 ⑤　　　　　　　　　　　　　　　[2017년 9월 고2 전국연합]

쌤이 그린 독해지도

1　최저소득보장제 → 경제적 취약계층(저소득층) 보호하는 역할

2　**최저소득보장제** : 경제적 취약 계층에게 일정 생계비를 보장해주는 제도
　　EX) 최저생계비 80만원 , 총소득 50 만원 ⇒ 30만원 국가 지원
　　최저생계비의 재원 : 세금 ← 총소득 > 면세점일 때 부과
　　　한계 ① 면세점 이하, 부근일 경우 일하지 않는 게 유리
　　　　　② 관리비용 지출
　　　　　③ 지원 대상에서 제외되는 가구 발생
　　대안

3,4　**기본소득제** : 기존 복지 재원을 하나로 모아 모든 국민에게 일정액을 현금으로 지급
　　한계 ① 일자리를 찾으려는 사람이 줄어들 것
　　　　② 복지예산 부족한 국가에서 시행X
　　　　③ 취약계층에 더 많은 지원 불가

But 경제 활성화 효과 예상.

| 문장은 정교하게 & 문단은 정리하며 |

1 세계경제포럼의 일자리 미래 보고서는 기술이 발전함에 따라 향후 5년간 500만 개 이상의 일자리가 사라질 것으로 경고했다. 실업률이 증가하면 사회적으로 경제적 취약 계층인 저소득층도 늘어나게 되는데, 지금까지는 '최저소득보장제'가 저소득층을 보호하는 역할을 담당해 왔다.
▶ 경제적 취약 계층의 발생과 이들을 보호해 온 최저소득보장제

[A] **2** 최저소득보장제는 경제적 취약 계층에게 일정 생계비를 보장해 주는 제도로 이를 실시할 경우 국가는 가구별 총소득에 따라 지원 가구를 선정하고 동일한 최저생계비를 보장해 준다. 가령 최저생계비를 80만 원까지 보장해 주는 국가라면, 총소득이 50만 원인 가구는 국가로부터 30만 원을 지원받아 80만 원을 보장받는 것이다. 국가에서는 이러한 최저생계비의 재원을 마련하기 위해 일정 소득을 ⓐ 넘어선 어느 지점부터 총소득에 대한 세금을 부과하게 된다. 이때 세금이 부과되는 기준 소득을 '면세점'이라 하는데, 총소득이 면세점을 넘는 경우 총소득 전체에 대해 세금이 부과되어 순소득이 총소득보다 줄어들게 된다. 그런데 국가에서 최저생계비를 보장할 경우 면세점 이하나 그 부근의 소득에 속하는 일부 실업자, 저소득층은 일을 하여 소득을 올리는 것보다 일을 하지 않고 최저생계비를 보장받는 것이 더 유리하다고 판단할 수 있다. 또한 지원 대상을 선정하기 위한 소득 및 자산 심사를 하게 되므로 관리 비용이 추가로 지출되며, 실제로는 최저생계비를 보장받을 자격이 있지만 서류를 갖추지 못해 지원 대상에서 제외되는 가구가 생기기도 한다.
▶ 최저소득보장제의 개념 및 운영 방식과 한계

3 이러한 문제로 인해 기존의 복지 재원을 하나로 모아 국가 또는 지방자치단체에서 모든 구성원 개개인에게 아무 조건 없이 정기적으로 현금을 지급하는 ㉠ '기본소득제'가 대안으로 제시되고 있다. 모든 국민에게 일정액을 현금으로 지급할 경우 저소득층 또한 일을 한 만큼 소득이 늘어나게 되므로 최저생계비를 보장받기 위해 사람들이 일부러 일자리를 구하지 않을 가능성이 낮다는 것이다. 동시에 기본소득제는 자격 심사 과정이 없어 관리 비용이 절약될 뿐만 아니라 제도에서 소외된 빈곤 인구도 줄일 수 있다. 하지만 기본소득제는 모든 국민에게 일정액이 지급되는 만큼, 이에 만족하는 사람들이 늘어나면 최저소득보장제를 실시할 때보다 오히려 일자리를 찾는 사람이 전체적으로 줄어들 것이란 우려도 동시에 제기되고 있다. 또한 복지 예산이 상대적으로 부족한 국가에서는 시행하기 어렵고 기본 소득 이상의 혜택을 받아야 하는 취약 계층에 더 많은 경제적 지원을 할 수 없는 문제 등이 있어 기본소득제를 현실 사회에 적용하기까지는 많은 난관이 있을 것으로 예상된다.
▶ 기본소득제의 개념 및 운영 방식과 한계

4 그럼에도 불구하고 기본소득제의 도입을 모색하고 있는 국가나 지방자치단체는 모든 국민들이 소득을 일정 부분 보장받는 만큼 생산과 소비가 촉진되고, 이로 인해 전체 경제가 활성화될 것이라 예상한다. 그래서 기본소득제는 최근 인공 지능과 같은 기술의 발달이 몰고 올 실업 문제와 경제 불황을 효율적으로 극복하기 위한 현명한 대안으로 검토되고 있는 것이다.
▶ 기본소득제 도입에 대한 긍정적 전망

01 [내용 이해] 답 ⑤

〈발문〉 윗글을 통해 해결할 수 없는 질문은?

① 최저소득보장제와 기본소득제의 개념은 무엇인가? ○

근거 찾기

❷ 최저소득보장제는 경제적 취약 계층에게 일정 생계비를 보장해
주는 제도로 이를 실시할 경우 국가는 가구별 총소득에 따라 지원 가
구를 선정하고 동일한 최저생계비를 보장해 준다.
❸ 기존의 복지 재원을 하나로 모아 국가 또는 지방자치단체에서 모
든 구성원 개개인에게 아무 조건 없이 정기적으로 현금을 지급하는
'기본소득제'가 대안으로 제시되고 있다.

② 최저소득보장제는 사회에서 어떤 역할을 담당하였는가? ○

근거 찾기

❶ 실업률이 증가하면 사회적으로 경제적 취약 계층인 저소득층도
늘어나게 되는데, 지금까지는 '최저소득보장제'가 저소득층을 보호하
는 역할을 담당해 왔다.

③ 기본소득제를 도입하여 얻을 수 있는 경제적 효과는 무엇인가?
○

근거 찾기

❹ 모든 국민들이 소득을 일정 부분 보장받는 만큼 생산과 소비가 촉
진되고, 이로 인해 전체 경제가 활성화될 것이라 예상한다. 그래서 기
본소득제는 최근 인공 지능과 같은 기술의 발달이 몰고 올 실업 문제
와 경제 불황을 효율적으로 극복하기 위한 현명한 대안으로 검토되
고 있는 것이다.

④ 기본소득제가 최저소득보장제의 대안으로 제시된 이유는 무엇
인가? ○

▶ 2문단에서 최저소득보장제의 한계를 설명하고, 3문단에서 이를 보완할 수
있는 대안으로 기본소득제를 소개하고 있어요. 즉, 2문단에 제시된 최저소득
보장제의 한계들을 기본소득제가 극복하게 해 주기 때문에, 기본소득제가 대
안으로 제시된 거예요.

⑤ 기본소득제를 국가나 지방자치단체 차원에서 도입한 사례에는
어떤 것이 있는가? ✗

▶ 기본소득제를 국가나 지방자치단체 차원에서 도입한 구체적인 사례는 지
문에 제시되어 있지 않아요.

02 [구체적 사례에 적용] 답 ②

〈발문〉 〈보기〉는 '최저소득보장제'를 채택한 어느 국가의 가구별 소득
을 나타낸 표이다. [A]를 바탕으로 〈보기〉를 이해한 것으로 적절하지
않은 것은?

〈보기〉

단위 : 만 원

가구	㉮ 가구	㉯ 가구	㉰ 가구	㉱ 가구	㉲ 가구
총소득	40	80	50	110	200
순소득	100	100	50	88	160

* 최저생계비를 면세점인 100만 원까지 보장해 줌.
* 총소득이 면세점을 넘는 경우 20% 균등 세율을 적용함.

▶ 지문에 '총소득'과 '순소득'의 개념이 나와 있어요. 총소득은 '세금 부
과 또는 정부 지원 이전의 소득'이고, 순소득은 '세금 부과 또는 정부 지
원 이후의 소득'이라는 점을 생각해야 해요. 그리고 〈보기〉의 국가에서는
면세점과 최저생계비가 모두 100만 원이라고 했어요. 여기에 [A]의 내용
을 적용해 보면, 총소득이 100만 원을 초과하는 가구(㉱, ㉲)에는 세금을
부과하고, 총소득이 100만 원 미만인 가구(㉮, ㉯, ㉰)에는 순소득이 100만
원이 될 수 있도록 최저생계비를 지원해야 해요.

① ㉮ 가구는 국가로부터 60만 원을 지원받았겠군. ○

▶ ㉮ 가구는 총소득이 40만 원으로, 최저생계비인 100만 원에 미치지 못하고
있어요. 따라서 국가에서 60만 원을 지원하여 순소득이 최저생계비인 100만
원이 되도록 보장해 준 거예요.

② ㉯ 가구는 순소득이 100만 원이 되었으므로 세금이 부과되겠
군. ✗

▶ 세금이 부과되는 경우는 순소득이 아니라 총소득이 면세점을 넘을 때예요.
㉯ 가구는 총소득이 80만 원이고 국가로부터 20만 원을 지원받아 순소득이
100만 원이 된 것이므로, 세금 부과 대상 가구가 아니에요.

③ ㉰ 가구의 총소득과 순소득을 보니 국가로부터 지원을 받지 못
한 가구이겠군. ○

▶ ㉰ 가구는 총소득이 50만 원이므로 최저생계비 보장 대상이에요. 그런데
순소득도 50만 원인 점을 볼 때, 국가로부터 최저생계비 보장을 받지 못했음
을 알 수 있어요. [A]의 마지막 부분을 참고하면, 아마 서류 미비 등의 이유로
지원 대상에서 제외된 가구라고 추측해 볼 수 있겠네요.

④ ㉱ 가구의 경우 세금을 내지 않고 최저생계비를 보장받기 위해
일부러 일을 하지 않을 수도 있겠군. ○

▶ ㉱ 가구는 총소득 수준이 면세점 부근이어서, 세금을 낸 이후의 순소득이
88만 원, 즉 최저생계비보다 더 낮은 수준이 되어 버렸어요. 따라서 ㉱ 가구는
차라리 일을 하지 않고 최저생계비를 보장받는 게 더 유리하다고 판단할 가능
성이 높아요.

⑤ ㉲ 가구의 경우 세금이 부과되어 순소득이 총소득보다 줄어든
것이겠군. ○

▶ ㉲ 가구는 총소득이 면세점인 100만 원을 초과하여 20%의 세율로 세금이
부과되었고, 그 결과 순소득이 총소득보다 줄어들었어요.

03 [내용 이해] 답 ③

〈발문〉 윗글을 바탕으로 할 때, ㉠ '기본소득제'를 시행할 경우 나타날
수 있는 문제점으로 가장 적절한 것은? [3점]

① 과도한 생산으로 자원이 낭비되어 국가 경제가 침체될 것이다.
✗

▶ 4문단에서 기본소득제가 도입되면 생산과 소비가 촉진되어 국가 경제가 활성화될 것이라고 하였어요. 과도한 생산과 자원 낭비에 대해서는 언급하고 있지 않아요.

② 국가의 지원에 만족하는 사람이 늘어나 ~~일자리가 전체적으로 줄어들 것이다.~~ ✕

▶ 3문단에서 기본소득제로 인해 '일자리를 찾는 사람'이 전체적으로 줄어들 것이라는 한계를 제시하고 있지만, 그렇다고 해서 '일자리의 규모'가 줄어들 것이라고 예측하는 것은 적절하지 않아요.

③ 기본 소득을 동일하게 제공하므로 경제적 취약 계층에 대한 차등 지원이 어려울 것이다. ◯

▶ 3문단에서 기본소득제가 실시되면 기본 소득 이상의 혜택을 받아야 하는 취약 계층에 더 많은 경제적 지원을 할 수 없는 문제가 발생할 수 있다고 했어요. 즉, 경제적 취약 계층인 저소득층과 고소득층에 차등을 두어, 저소득층에만 따로 추가 지원하는 것은 어려울 수 있다는 것이죠.

④ 소득에 대한 자격 심사를 하지 않아 국가 지원에서 제외되는 빈곤 인구가 ~~늘어날 것이다.~~ ✕

▶ 기본소득제에서 소득에 대한 자격 심사를 하지 않는 것은 맞아요. 하지만 국가 지원에서 제외되는 빈곤 인구가 늘어날 것이라는 설명은 적절하지 않아요. 기본소득제는 모든 국민에게 일정액을 지급하는 것이기 때문이죠.

⑤ ~~경제적 사회 안전망이 취약해지므로 일부 실업자는 국가의 지원을 받을 수 없을 것이다.~~ ✕

▶ 기본소득제로 인해 경제적 사회 안전망이 취약해지는 것이 아니라, 오히려 사회 보장 혜택이 보편적으로 확대되는 거예요. 또한 모든 국민에게 일정액을 지급하는 것인 만큼, 일부 실업자가 국가의 지원을 받을 수 없을 것이라는 설명은 적절하지 않아요.

04 [어휘] **답** ⑤

〈발문〉 〈보기〉를 바탕으로 할 때, 단어의 결합 방식이 ⓐ 넘어선과 **다른** 것은?

〈보기〉

합성어는 어근들의 결합 방식에 따라 통사적 합성어, 비통사적 합성어로 나눌 수 있다. 우리말의 일반적인 단어 배열법과 일치하는 합성어를 통사적 합성어, 일치하지 않는 합성어를 비통사적 합성어라고 한다. 윗글의 ⓐ는 용언의 어간과 어간이 연결 어미로 연결되어 형성된 통사적 합성어이다.

▶ '넘어서다'는 '넘다'와 '서다'라는 두 용언이 합쳐진 합성어로, 이 둘 사이에 '-어'라는 연결 어미가 끼어 있어요. 이처럼 용언의 어간과 어간이 연결 어미로 연결된 합성어는 통사적 합성어에 해당해요.

① 주고받다 ◯

▶ '-고'라는 연결 어미가 용언 어간 '주-'와 '받-'을 연결해 주고 있어요.

② 타고나다 ◯

▶ '-고'라는 연결 어미가 용언 어간 '타-'와 '나-'를 연결해 주고 있어요.

③ 알아듣다 ◯

▶ '-아'라는 연결 어미가 용언 어간 '알-'과 '듣-'을 연결해 주고 있어요.

④ 갈아입다 ◯

▶ '-아'라는 연결 어미가 용언 어간 '갈-'과 '입-'을 연결해 주고 있어요.

⑤ 오르내리다 ✕

▶ '오르내리다'는 용언 어간 '오르-'와 '내리-'가 결합한 것으로, 둘 사이에는 연결 어미가 없어요. 즉, 비통사적 합성어에 해당해요. ⓐ '넘어선'과 단어의 결합 방식이 다르네요.

01 ③   02 ⑤   03 ③   [2015년 9월 고1 전국연합]

쌤이 그린 독해지도

1 벤담이 제안한 패놉티콘의 구조적 특징

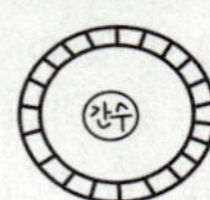

동심원 구조(중앙 어두움) ─ 간수 in 중앙 / 죄수 in 둥그런 감옥 ⇒ 감시받는 느낌

2 전자 패놉티콘의 특징
- 정보수집을 통한 감시와 통제

3 전자 패놉티콘의 정보와 벤담의 패놉티콘에서의 시선 → 규율과 통제의 기제
공통점 : 불확실성과 비대칭성

4 전자 패놉티콘에 대한 대처 방안
- 불확실성 → 무차별적인 정보의 과다수집 금지
- 비대칭성 → 정보에 대한 접근을 평등하게

| 문장은 정교하게 & 문단은 정리하며 |

1 18세기 영국의 공리주의자인 벤담이 처음 제안한 원형 감옥인 패놉티콘은 한 명의 간수가 수백 명의 죄수를 감시할 수 있다. [교도소에서 수용자의 교정과 수용 전반의 업무를 담당하는 공무원] 전체적으로 동심원 구조로 되어 있는[구조] 패놉티콘은 간수가 [같은 중심을 가지며 반지름이 다른 두 개 이상의 원] 있는 중앙의 공간을 항상 어둡게 유지하여[특성] 죄수는 자신이 감시당하고 있다는 사실은커녕 간수의 존재 자체도 알 수 없었다.[효과] 반면 바깥쪽의 둥그런 감옥에는 건물 내부를 향한 창이 있어서[구조] 자신들의 모습이 간수에게 시시각각 포착되어 죄수 [어떤 기회나 정세가 알아차려지게 되어] 들은 늘 감시받고 있다는 느낌을 가지게 되었다. [효과] 벤담은 이런 패놉티콘의 구조는 죄수들에게 규율과 감시를 내면화해서 스 [정신적·심리적으로 깊이 마음속에 자리 잡힘 또는 그렇게 되게 함] 스로를 감시하게 하기 때문에 최소 비용으로 최대 효과를 볼 수 있는 획기적인 방법이라 주장하였다.
▶ 벤담이 제안한 패놉티콘의 구조적 특징

2 1970년대 중반 이른바 정보 혁명의 시대가 도래하면서 [어떤 시기나 기회가 닥쳐옴] [시대의 변화 – 원인 a] '전자 감시'가 패놉티콘을 통한 감시와 흡사하다는 인식이 급속히 퍼지면서[인식의 변화 – 결과 a / 원 [거의 같을 정도로 비슷함] 인 b] 당시에는 큰 관심을 끌지 못했던 벤담의 패놉티콘은 다시 주목을 받기 시작했다. [현상의 재주목 – 결과 b] 우리가 살아 가고 있는 정보화 사회에서는 컴퓨터 데이터베이스를 통해 [A] 막대한 양의 정보가 수집되고 있으며 CCTV는 도로와 거리, [더할 수 없을 만큼 많거나 큰] 건물 내·외에 자리 잡고 우리의 일상을 지켜보고 있다. 또한 신용 카드와 같은 전자 결제를 통해 나의 소비 정보가 고스 란히 드러나고, 심지어는 전화 통화, 문자 내용까지도 저장 되어 필요할 땐 다시 복원할 수 있다. 바야흐로 정보 수집을 [원래대로 회복함] 통한 다양한 감시와 통제, 즉 '전자 패놉티콘'의 시대가 시작 된 것이다.
▶ 전자 패놉티콘의 등장

3 여기서 '정보'는 벤담의 패놉티콘에서의 '시선'을 대신해서 규율과 통제의 기제로 작용한다. 일단 이 둘은 '불확실성'의 공통점 [인간의 행동에 영향을 미치는 / 정보와 시선 / 심리의 작용이나 원리]

이 있다. 죄수가 늘 자신을 보고 있다고 생각하는 간수 때문에 매 사의 행동에 조심하는 것처럼,[패놉티콘의 불확실성] 정보가 수집되 는 사람은 자신에 대한 정보가 언제, 어떻게 열람될지 확신할 수 없기 때문에[전자 패놉티콘의 불확실성] 자신의 행동에 주의를 기울 인다. [불확실성의 결과] 이 둘의 또 다른 공통점으로 '비대칭성'을 들 [패놉티콘과 전자 패놉티콘] 수 있다. 패놉티콘에 죄수는 볼 수 없고 간수만 볼 수 있게 만든 시선의 비대칭성이 있다면 전자 패놉티콘에는 수집된 정보에 대 [규모나 양이 매우 크거나 많게] 한 접근의 비대칭성이 존재한다. 방대하게 수집된 정보를 열람할 [고르거나 가지런하지 않고 차별이 있음. 또는 그렇게 함] 때 접근자의 신분에 따른 차등을 두는 것이다.
▶ 전자 패놉티콘에서의 '정보'와 벤담의 패놉티콘에서의 '시선'의 공통점

4 정보 혁명의 시대를 거쳐 정보의 바다인 21세기를 살아가는 우 리는 '전자 패놉티콘'에 어떻게 대처해야 할까? 단순히 생각해 보면 전자 패놉티콘의 두 가지 부정적인 속성을 해결하면 의외로 답은 간단할 수 있다. 우리를 막연한 불안감, 불확실성에 떨게 하는 무 [뚜렷하지 못하고 어렴풋한] 차별적인 정보의 과다 수집을 금하고, 이미 수집된 정보에 대한 접 [너무 많은] 근을 좀 더 평등하게 만드는 것이다. 공유할 수 있는 정보를 투명 하게 공개할 때 보통 사람들이 권력자를 감시하는 ㉠ 역감시의 결 과도 낳을 수 있고 이는 투명한 사회를 향한 첫걸음이 될 것이다.
▶ 전자 패놉티콘에 대처하는 자세

01 [내용 이해] 답 ③

〈발문〉 윗글을 읽고 해결할 수 있는 질문으로 적절하지 <u>않은</u> 것은?

① 전자 패놉티콘 사회의 특징은? ○

▶ 2문단에서 '정보 수집을 통한 다양한 감시와 통제'라는 전자 패놉티콘 사회 의 특징을 확인할 수 있어요.

근거 찾기

2 신용 카드와 같은 전자 결제를 통해 나의 소비 정보가 고스란히 드러나고, 심지어는 전화 통화, 문자 내용까지도 저장되어 필요할 땐 다시 복원할 수 있다. 바야흐로 정보 수집을 통한 다양한 감시와 통 제, 즉 '전자 패놉티콘'의 시대가 시작된 것이다.

② 패놉티콘의 기원과 구조적 특징은? O

1 18세기 영국의 공리주의자인 벤담이 처음 제안한 원형 감옥인 패놉티콘은 한 명의 간수가 수백 명의 죄수를 감시할 수 있다. 전체적으로 동심원 구조로 되어 있는 패놉티콘은 간수가 있는 중앙의 공간을 항상 어둡게 유지하여 ~ 반면 바깥쪽의 둥그런 감옥에는 건물 내부를 향한 창이 있어서 ~

③ 패놉티콘이 초기에 주목받지 못한 원인은? ✕
▶ 2문단에 벤담의 패놉티콘이 당시에 큰 주목을 받지 못했다는 내용이 나오긴 하지만, 그 원인을 설명하고 있지는 않아요.

④ 패놉티콘과 전자 패놉티콘의 공통점과 차이점은? O
▶ 3문단에서 패놉티콘과 전자 패놉티콘의 공통점과 차이점을 확인할 수 있어요. 우선 패놉티콘에서는 '시선'이 규율과 통제의 기제로 작용하는데, 전자 패놉티콘에서는 '정보'가 그 역할을 대신한다는 차이점이 있어요. 이 둘은 '불확실성'이라는 공통점을 갖고 있죠. 또한 패놉티콘에 '시선의 비대칭성'이 있다면, 전자 패놉티콘에는 '수집된 정보에 대한 접근의 비대칭성'이 존재한다는 차이점이 있어요. 이 둘은 또 '비대칭성'이라는 공통점을 갖고 있고요.

3 '정보'는 벤담의 패놉티콘에서의 '시선'을 대신해서 규율과 통제의 기제로 작용한다. 일단 이 둘은 '불확실성'의 공통점이 있다. ~ 이 둘의 또 다른 공통점으로 '비대칭성'을 들 수 있다. 패놉티콘에 죄수는 볼 수 없고 간수만 볼 수 있게 만든 시선의 비대칭성이 있다면 전자 패놉티콘에는 수집된 정보에 대한 접근의 비대칭성이 존재한다.

⑤ 전자 패놉티콘 사회의 문제점을 해결할 수 있는 방안은? O
▶ 4문단에서 전자 패놉티콘의 두 가지 부정적인 속성을 해결하기 위해 정보의 과다 수집을 금하고 이미 수집된 정보에 대한 접근을 좀 더 평등하게 만드는 방안을 제시하였어요.

4 전자 패놉티콘의 두 가지 부정적인 속성을 해결하면 의외로 답은 간단할 수 있다. 우리를 막연한 불안감, 불확실성에 떨게 하는 무차별적인 정보의 과다 수집을 금하고, 이미 수집된 정보에 대한 접근을 좀 더 평등하게 만드는 것이다.

02 [구체적 사례에 적용] 답 ⑤

〈발문〉 ③ 역감시의 예로 가장 적절한 것은?
▶ 지문에서 역감시는 '보통 사람들'이 '권력자'를 감시하는 것을 뜻함을 알 수 있어요. 즉, 감시의 주체가 보통 사람들이어야 하고, 감시의 대상이 권력자여야 하죠. 선택지 ①~④는 감시의 대상이 권력자가 아니기 때문에 답이 될 수 없어요. 반면 선택지 ⑤는 권력자라고 할 수 있는 고위 공직자의 재산에 대한 정보를 투명하게 공개하여, 보통 사람들이 감시의 주체가 되도록 한 것이므로, 역감시의 사례로 볼 수 있어요.

① 쓰레기를 무단으로 버리는 장소에 CCTV를 설치하자 쓰레기 무단 투기가 급격하게 줄어들었다. ✕
② 학교 폭력 신고함을 각 교실마다 설치하고 수시로 확인하자 학교 폭력 건수가 눈에 띄게 감소하였다. ✕
③ 백화점을 찾은 고객의 카드 사용 내역을 정밀하게 분석하여 소비 형태에 따른 마케팅 전략을 수립하였다. ✕
④ 신호를 무시하고 무단 횡단을 하는 장소에 경찰관을 상시 배치하자 사람들이 무단 횡단을 하지 않게 되었다. ✕

⑤ 일 년마다 고위 공직자의 재산을 공공기관에 등록하게 하고 신고 재산을 언론이 공개하자 공직자의 비리가 많이 줄었다. O

03 [비판적 이해] 답 ③

〈발문〉 〈보기〉의 자료를 활용하여 〈조건〉에 맞게 구상한 내용으로 가장 적절한 것은?

서구에서는 19세기 초엽부터 정부가 주체가 되어 국민에 대한 대대적인 조사 활동을 벌였는데, 나이, 가족 수, 가구, 수입, 주거 환경, 범죄 기록, 작업 환경, 질병 등의 광범위한 조사였다. 정부는 이 조사 결과를 분석하여 새로운 법률과 정책을 위한 기초 자료로 활용하였는데, 이는 오늘날 모든 국민에게 기초적인 삶의 질을 보장하는 복지 사회로 가는 초석이 되었다.
▶ [A]에서는 정보 수집을 통해 국민들에 대한 다양한 감시와 통제가 이루어진다고 보는 반면, 〈보기〉에서는 정보 수집이 국민의 기초적인 삶의 질을 보장하는 복지에 활용될 수 있다고 보고 있어요. 즉, [A]와 달리 〈보기〉는 정보 수집의 순기능을 강조하고 있죠. 〈보기〉의 입장에서는, [A]가 정보 수집의 부정적인 면을 보고 있다고 비판할 수 있을 거예요.

○ 목적 : [A]에 대한 비판적 고찰을 담을 것
○ 표현 : 문맥에 맞는 비유적 표현을 활용할 것

① 정보화 사회의 역기능만을 중점적으로 다루고 해결책을 제시한 글쓴이의 태도는 문제가 있어. 좀 더 새로운 시각이 필요하겠어. ✕
▶ 〈보기〉의 사례와 같이 정보화 사회의 순기능이 분명하게 존재함에도 불구하고 역기능만을 중점적으로 다루었다는 점에서 [A]에 대한 비판적 고찰을 담고 있음을 알 수 있어요. 하지만 비유적 표현은 확인할 수 없어요.

② 소 잃고 외양간 고친다는 말이 있잖아. 이미 정보화 사회의 폐해는 돌이킬 수 없는 지경이 되어 버렸는데 낙관적 전망만 해서는 안 되겠지. ✕
▶ '소 잃고 외양간 고친다'와 같이 속담을 통해 간접적으로 표현하는 것을 풍유법이라고 하는데, 풍유법도 비유 안에 포함되는 개념이므로 비유적 표현을 활용하고 있다고 볼 수 있어요. 하지만 정보화 사회의 폐해가 돌이킬 수 없는 지경이 되어 버렸다는 것은 [A]의 견해에 동조하는 내용이지, 이를 비판하는 내용이 아니에요.

③ 양날의 검처럼 쓰는 사람에 따라 이로울 수도 불리할 수도 있는 거야. 사회현상에 대해 한쪽 면만 보고 편협한 생각을 하는 것은 문제가 있어. O
▶ '양날의 검'이라는 비유적 표현을 활용하고 있으며, 사회현상에 대해 한쪽 면만 보고 편협한 생각을 하는 것은 문제가 있다고 하였으므로 [A]에 대한 비판적 고찰을 드러내고 있어요. 선택지 ③이 답이네요!

④ 시간은 천금이라고 했어. 복지 국가 건설이라는 커다란 목표를 실현하기 위해서 국민 개개인의 희생이 어느 정도 필요하다는 의견은 타당성이 있어. ✕
▶ '시간은 천금'이라는 비유적 표현을 활용하고 있지만, [A]에 대한 비판적 고찰은 나타나 있지 않아요.

⑤ 구슬이 서 말이라도 꿰어야 보배라는 말처럼 아무리 좋은 정책이라도 기초가 부실하다면 그 효과는 오래가지 않을 것이라는 생각에 전적으로 동감해. ✕
▶ '구슬이 서 말이라도 꿰어야 보배'라는 비유적 표현을 활용하고 있지만, [A]에 대한 비판적 고찰은 나타나 있지 않아요.

01 ④ 02 ③ 03 ④

쌤이 그린 독해지도

1,2 음악 해석

- 지휘자와 오케스트라가 작곡가의 악보를 소리로 바꾸는 과정에서 발생
- 아무리 악보가 정교해도 의도한 음악을 정확하게 전달할 수 없는
  '악보의 불완전성' 때문에 필요함

3,4,5 음악 해석의 예시 – 베토벤 「교향곡 5번」

토스카니니 : 베토벤이 원하는 템포 그대로 연주

푸르트벵글러 : 베토벤의 메트로놈 기호에 별로 신경쓰지 않음
악보 너머의 음악적 느낌에 충실

6 결론 : 여러가지 '다름'을 허용하는 음악 해석이 클래식 음악에는 필수적

| 문장은 정교하게 & 문단은 정리하며 |

1 지휘자와 오케스트라가 베토벤의 교향곡을 소리로 재현해 내지 않는다면 베토벤의 명곡은 결코 우리 앞에 '생생한 소리'로서 존재할 수 없다. 지휘자와 오케스트라가 작곡가의 악보를 소리로 바꾸는 과정에서 '음악 해석'이라는 것이 이루어진다. 지휘자는 자신의 음악적 관점을 리허설을 통해 전달하고, 여러 가지 손동작과 표정, 몸짓 등으로 감정을 표현하거나 음악의 느낌을 단원들에게 전달하며 훌륭한 연주를 이끌어 낸다. 그 순간 지휘자는 단지 박자만 맞추는 것이 아니라 음악을 해석하고 있는 것이다.
▶ 음악 해석의 의미와 필요성

2 일반인들에게 음악 해석이란 말은 조금 낯설지도 모른다. 엄연히 작곡가가 남긴 악보가 있고, 지휘자나 연주자는 악보에 써 있는 대로 음악을 지휘하거나 연주를 하면 될 테니 연주의 차이도 거기서 거기 아니냐고 할 수도 있다. 하지만 막상 악보를 보고 연주를 해 보면 이것이 간단한 문제가 아니라는 것을 알게 된다. 가령 '점점 느리게 연주하라'는 뜻의 '리타르단도'라든가 '점점 빠르게 연주하라'는 뜻의 '스트린젠도'라는 기호가 나타났을 때 과연 어디서부터 어떻게 느려져야 하고 어떻게 빨라져야 할까? 작곡가가 아무리 악보를 정교하게 그린다 해도 작곡가는 연주자들에게 자신이 의도한 음악을 정확하게 전달해 낼 수 없다. 이것이 바로 '악보의 불완전성'이며 이 불완전성이야말로 다양한 음악 해석을 가능하게 한다.
▶ 음악 해석이 필요한 이유 - 악보의 불완전성

3 그럼 베토벤의 「교향곡 5번」이 지휘자의 관점에 따라 얼마나 다르게 연주될 수 있는지 살펴보자. 1악장 도입부만 해도 지휘자마다 천차만별이다. 베토벤 「교향곡 5번」을 여는 '따따따딴~'의 네 음은 베토벤의 운명이 문을 두드리는 소리라고 해서 흔히 '운명의 동기'라고 불린다. 운명의 동기가 나타나는 1악장의 첫 페이지에 베토벤은 '알레그로 콘 브리오' 즉 '빠르고 활기 있게' 연주하라고 적어 놓았다. 그리고 그 옆에는 정확한 템포를 지시하기 위해 2분 음표를 메트로놈 108로 연주하라고 적어 놓았다. 1악장은 2/4박자의 곡이므로 2분 음표의 템포는 곧 한 마디의 템포인 셈인데, 한 마디를 메트로놈 108의 속도로 연주한다는 것은 연주자들을 긴장시킬 만한 매우 빠른 템포이다.
▶ 음악 해석의 예시를 위한 곡 설명 - 베토벤 「교향곡 5번」

4 하지만 정확하고 무자비하기로 유명한 지휘자 토스카니니는 정확하게 베토벤이 원하는 템포 그대로 운명의 동기를 연주한다. 그리고 운명의 동기를 반복적으로 구축하며 운명이 추적해 오는 것 같은 뒷부분도 사정없이 몰아친다. 그의 해석으로 베토벤 음악의 추진력은 더욱 돋보인다.
▶ 베토벤의 악보를 그대로 음악으로 재현한 토스카니니의 연주와 그 의의

5 반면 음악을 주관적으로 해석하기로 유명한 푸르트벵글러는 베토벤이 적어 놓은 메트로놈 기호에 별로 신경을 쓰지 않았다. 푸르트벵글러의 지휘로 재탄생한 운명의 노크 소리는 매우 느린 템포로 연주된다. 그럼에도 불구하고 한 음 한 음 힘 있고 또렷하게 표현된 그 소리는 그 어느 노크 소리보다 가슴을 울리는 웅장함

을 담고 있다. 두 번째 노크 소리의 여운이 끝나기가 무섭게 시작
되는 '운명의 추적' 부분에서도 푸르트벵글러는 이 작품에 대한
독특한 시각을 보여 준다. 그는 여기서 도입부의 느린 템포와는
전혀 다른 매우 빠른 템포로 음악을 이끌어 가면서 웅장하게 표
현된 운명의 동기와는 대조적으로 더욱 긴박감 넘치는 운명의 추
적을 느끼게 한다. 푸르트벵글러는 비록 1악장 도입부에서 베토
벤이 적어 놓은 메트로놈 기호를 지키지는 않았다. 하지만 도입
부에 나타난 두 번의 노크 소리를 느리고 웅장하게 연주한 후 뒷
부분의 음악은 빠르고 긴박감 넘치게 이끌어 감으로써 베토벤 음
악이 지닌 웅장함과 역동성을 더욱 잘 부각시키고 있다. 그렇다
면 푸르트벵글러의 해석이 틀렸다고 할 수 있을까? 악보에 충실
하고자 했던 토스카니니와 악보 너머의 음악적 느낌에 더 충실하
고자 했던 푸르트벵글러 중 누가 옳은 것일까?
▶ 베토벤의 악보를 주관적으로 해석한 푸르트벵글러의 연주와 그 의의
❻ 음악에선 틀린 음을 연주하는 것 이외에 틀린 것이란 없다. 틀
린 것이 아니라 다른 것이다. 여러 가지 '다름'을 허용하는 것이야
말로 클래식 음악을 더욱 생동감 넘치는 현재의 음악으로 재현하
는 원동력이 된다.
▶ 음악 해석의 의의 - 다름을 허용함으로써 클래식 음악을 생동감 넘치게 함

01 [내용 전개 방식] 답 ④

〈발문〉 윗글의 논지 전개 방식으로 가장 적절한 것은?

① 화제의 변천 과정을 역사적으로 살펴보고 있다. ✕

▶ 음악 해석의 변천 과정을 역사적으로 살펴보고 있지는 않아요.

② 낯선 개념을 익숙한 대상에 빗대어 설명하고 있다. ✕

▶ 음악 해석이라는 개념이 낯선 개념이라고 볼 수는 있지만, 이를 익숙한 대
상에 빗대어 설명하지는 않았어요. 예시를 통해서 설명하고 있죠.

③ 다양한 관점을 소개하면서 절충안을 모색하고 있다. ✕

▶ 악보를 충실히 따르는 음악 해석과, 악보를 자유롭게 해석하는 음악 해석
을 소개하고 있기는 하지만, 이 두 가지를 절충하고 있지는 않아요.

④ 구체적인 사례를 들어 화제에 대한 이해를 돕고 있다. ○

▶ 음악 해석을 설명하기 위해 베토벤의 「교향곡 5번」을 각각 연주한 토스카
니니와 푸르트벵글러의 사례를 들고 있어요.

⑤ 대상에 대한 서로 다른 관점의 장·단점을 비교하고 있다. ✕

▶ 서로 다른 관점의 음악 해석에 대해 설명하고 있지만, 각 방식의 단점을 비
교하고 있지는 않아요.

02 [내용 이해] 답 ③

〈발문〉 '음악 해석'에 대한 이해로 적절하지 않은 것은?

① 동일한 곡이라도 지휘자마다 연주자에게 다른 요구를 할 수 있
다. ○

▶ 똑같은 베토벤의 「교향곡 5번」이라도 토스카니니의 해석과 푸르트벵글러
의 해석이 서로 다를 수 있다고 설명하고 있어요.

② 악보를 통해 작곡가의 의도를 연주자에게 완벽하게 전달하기
는 어렵다. ○

▶ 2문단에서 작곡가가 아무리 악보를 정교하게 그린다 해도 작곡가는 연주
자들에게 자신이 의도한 음악을 정확하게 전달해 낼 수 없다고 했어요.

③ 작곡가가 악보에 자신의 의도를 정확하게 담았다면 음악 해석
은 불필요하다. ✕

② 2문단에 따르면 작곡가가 아무리 악보를 정교하게 그려도, 자신이 의도한
음악을 정확하게 전달해 낼 수 없음을 알 수 있어요. 이것이 '악보의 불완전성'
이며, 이 때문에 음악 해석이 가능한 것임을 이야기하고 있어요.

④ 음악 해석은 지휘자나 연주자가 작곡가의 악보를 소리로 재현
할 때 이루어진다. ○

▶ 1문단에서 지휘자와 오케스트라가 작곡가의 악보를 소리로 바꾸는 과정에
서 '음악 해석'이라는 것이 이루어진다고 하였어요.

⑤ 지휘자는 동작이나 표정을 통해 연주자들에게 자신이 해석한
음악의 느낌을 전달한다. ○

▶ 1문단에서 지휘자는 여러 가지 손동작과 표정, 몸짓 등으로 감정을 표현하
거나 음악의 느낌을 단원들에게 전달하며 훌륭한 연주를 이끌어 낸다고 하였
어요.

03 [구체적 사례에 적용] 답 ④

〈발문〉 윗글을 바탕으로 〈보기〉에 대해 보인 반응으로 적절하지 않은
것은? [3점]

〈보기〉

베토벤 당시의 호른으로는 재현부에서 C장조로 낮아진 제2주제의
팡파르를 연주할 수 없었다. 그래서 베토벤은 자신의 「교향곡 5번」
1악장 재현부에서 제2주제 팡파르를 호른과 음색이 가장 유사한 목
관 악기인 바순으로 연주하도록 했다. 그러나 19세기에 관악기의 개
량이 이루어지면서 어떤 음이든 연주할 수 있는 호른이 널리 보급되
었다. 그러자 어떤 지휘자들은 베토벤 「교향곡 5번」 1악장의 재현부
에서 제2주제 팡파르를 호른으로 연주해야 한다고 주장했다. 하지만
어떤 지휘자들은 베토벤이 악보에 적어 놓은 그대로 바순의 연주를
고집했다.

▶ 호른 연주를 주장한 지휘자들은 자신의 음악 해석을 추구하는 이들로,
지문의 푸르트벵글러와 유사한 입장이에요. 반면 바순 연주를 고집한 지
휘자들은 악보의 정확한 해석을 중시하는 이들로, 지문의 토스카니니와
유사한 입장이에요.

① 베토벤은 당시 악기의 한계 때문에 자신이 의도한 바를 정확하
게 구현하지 못했겠군. ○

▶ 베토벤 당시의 호른으로는 자신이 원하는 연주를 할 수 없었기 때문에 베
토벤은 대신 호른과 음색이 가장 유사한 바순으로 연주하도록 했어요. 악기의
한계 때문에 자신이 의도한 바를 정확하게 구현하지 못했던 거죠.

② 토스카니니는 베토벤이 악보에 적어 놓은 그대로 바순으로 연
주하는 데 동조했겠군. ○

▶ 토스카니니는 악보의 정확한 해석을 추구했기 때문에 베토벤의 악보대로
바순으로 연주하는 데 동조했을 거예요.

③ 자신의 음악 해석에 따라 호른이나 바순 이외의 악기로 연주하
는 지휘자도 있을 수 있겠군. ○

▶ 6문단에 따르면, 음악 해석은 여러 가지 다름을 허용하는 것임을 알 수 있
어요. 따라서 지휘자의 해석에 따라 호른이나 바순이 아닌 악기를 사용할 수도
있을 거예요.

④ 호른으로 연주를 해야 한다고 주장한 지휘자들은 악보에 충실
한 음악 해석을 중요시했겠군. ✕

▶ 베토벤은 당시 호른의 한계로 인해 호른 대신 바순으로 연주하도록 했어
요. 그러므로 악보에 적혀 있는 바순이 아니라 호른으로 연주해야 한다고 주
장한 지휘자들은, 푸르트벵글러와 같이 악보 너머의 음악적 느낌에 더 충실한
음악 해석을 중요시했을 거예요.

⑤ 윗글의 글쓴이는 바순과 호른 중 어떤 악기로 연주해도 그 지
휘자의 연주가 틀렸다고는 생각하지 않겠군. ○

▶ 6문단에서 글쓴이는 음악에서 틀린 음을 연주하는 것이 아니라면 틀린 것
이란 없다고 했어요. 그러므로 어떤 악기로 연주하든 지휘자의 연주가 틀렸다
고 생각하지는 않을 거예요.

쌤이 그린 독해지도

1   제사를 중요시한 조선시대 → 초상화에 영향

2,3   조선시대 초상화의 특징과 효과

① 배경, 현실 공간 묘사 × → 인물을 시각적으로 강조, 경건한 태도를 갖게 함

② 얼굴 각도는 칠분면, 팔분면 → 안정감, 공경심
     시선은 얼굴과 같은 방향

③ 손노출× or 공수 → 숭앙심

④ 외모나 복장 묘사 → 바람직한 성정 표현

4   표현 기법의 변모 : 인물의 실체감 강조
            (평면적 → 입체적)

5   조선시대 초상화의 의의

: 인물의 모습을 사실적으로 재현, 인물의 바람직한 성정 표현

(실제 인물과의 내외적인 닮음 추구)

→ 제사에 활용

| 문장은 정교하게 & 문단은 정리하며 |

1 조선 시대에는 조상과 성현의 높은 덕행을 기리고 권계(勸戒)
성인(聖人)과 현인(賢人)을 아울러 이르는 말   *착한 일은 권장하고 악한 일은 제재함*
하기 위해 제사를 중요시했다. 조선 시대 자화상을 비롯한 대다수의 초상화는 이러한 점에 많은 영향을 받았다.
▶ 사회상의 영향을 받은 조선 시대의 초상화

2 조선 시대 대부분의 초상화는 별도의 배경이나 현실 공간에 대한 묘사 없이 초상화의 주인공만이 다소곳이 화폭에 자리 잡고 있
그림을 그려 놓은 천이나 종이의 조각
는 것을 확인할 수 있다. 이는 대상 인물을 시각적으로 강조하여 한 사람에게만 주의를 집중할 수 있도록 함으로써 보는 이에게 경건한 태도를 갖도록 하기 위한 것이다. 그리고 주인공의 얼굴이
★1등급 UP
정면에서 좌측이나 우측으로 돌려진 칠분면이나 팔분면을 취하게 하고 시선은 얼굴과 같은 방향으로 처리했는데, 이는 보는 이로 하여금 안정감을 느끼게 하고 화폭 속 인물에 대해 공경심을 불러일으키게 한다. 또한 얼굴을 강조하기 위해 손을 노출시키지
공경하고 우러러보는 마음
않거나 예의바른 공수 자세를 취하게 한 것도 숭앙심(崇仰心)을
절을 하거나 웃어른을 모실 때, 두 손을 앞으로 모아 포개어 잡음. 또는 그런 자세
느끼게 하기 위한 것이다. ▶ 조선 시대 초상화의 주요 기법과 효과

3 ㉠ 조선 시대 초상화가는 담담하고 절제된 군자의 자세나 반듯하고 흐트러짐 없는 모습을 대상의 외모와 복장을 통해 그려 내고자 했다. 예를 들면 임금의 초상인 어진은 용포를 입은 군주의
임금이 입던 정복. 누런빛이나 붉은빛의 비단으로 지었으며,
가슴과 등과 어깨에 용의 무늬를 수놓았다.

외모를 통해 위풍당당한 모습을 표현했고, 공신상의 경우도 관복을 입은 외모를 통해 위엄 있는 모습을 나타냈다. 그리고 사대부
나라를 위하여 특별한 공을 세운 신하의 초상화
상의 경우 야복으로 욕심 없는 은일의 태도를 표현하거나 관복으
세상을 피하여 숨음. 또는 그런 사람
로 유학자의 풍채를 보여 주기도 했다.
야인이 입는 옷. 여기서는 관복이 아닌 평상복을 말함
드러나 보이는 사람의 겉모양   ▶ 조선 시대 초상화에서의 외모 및 복장의 의미

4 조선 시대 초상화는 얼굴이나 의복을 표현하는 데 있어서 시대의 추이에 따라 인물의 실체감을 더 강조하는 화법으로 변모해
일이나 형편이 시간의 경과에 따라 변하여 나감. 또는 그런 경향
갔다. 특히 안면이나 옷 주름의 음영 묘사는 평면적인 묘사 기법에서 후기로 갈수록 안면이나 옷 주름 선 주변에 형성된 음영을 나타내어, 입체적인 느낌이 더욱 뚜렷해진다. 그런데 이러한 변화도 인물이 지닌 바람직한 성정을 효과적으로 드러내려는 노력
성질과 심정. 또는 타고난 본성
이라는 점에는 변함이 없었다. ▶ 조선 시대 초상화의 화법 변화

5 이처럼 조선 시대 초상화는 인물의 모습을 사실적으로 재현함과 동시에 인물이 지닌 바람직한 성정을 표현했다. 즉 조선 시대 초상화가는 초상화 속 인물과 실제 인물과의 내외적인 닮음을 추구하였던 것이다. 이러한 초상화는 제사를 지내는 사람들이 마음 속으로 공경할 수 있도록 커다란 크기로 사당이나 서원에 걸렸고, 우리 조상들은 초상화 속 인물을 단순한 그림 속 인물이 아닌 조상과 성현 그 자체로 인식했다.
▶ 조선 시대 초상화의 표현 의도 및 초상화에 대한 조상들의 인식

칠분면이나 팔분면 – 초상화에 나타나는 인물의 각도

사람의 얼굴은 어떤 각도에서 보느냐에 따라 다른 인상을 주기도 해요. 우리가 셀카를 찍을 때 나에게 잘 맞는 각도를 찾는 이유이기도 하지요. 동양의 초상화에서는 그림 속 인물의 얼굴이 어느 방향을 향하고 있는 지에 따라 다음과 같이 1분면부터 10분면까지 나누어 볼 수 있어요.

각 초상화는 서로 다른 표현의 목적을 가지고 있었답니다. 인물이 정면을 바라보고 있는 10분면은 인물의 성품, 감정, 지위 등을 나타내기 위해 활용했다고 해요. 인간의 정신을 가장 잘 담아낼 수 있는 눈동자를 사실적으로 표현할 수 있기 때문이지요. 또, 측면을 나타내는 5분면은 이상적인 존재를 나타낼 때 활용했는데, 쉽게 다가갈 수 없는 느낌을 주기 때문이에요. 지문에 나타난 7분면과 8분면은 정면과 측면의 사이에 해당하는 각도예요. 안정적인 구도로 인물을 표현함으로써 인물에 대한 공경심을 느끼게 하지요.

01 [내용 이해] 답 ⑤

〈발문〉 '조선 시대 초상화'에 대한 설명으로 적절하지 <u>않은</u> 것은?

① 조선 시대 초상화는 조상과 성현에 대한 제사의 영향을 받았다. ○

❶ 조선 시대에는 조상과 성현의 높은 덕행을 기리고 권계(勸戒)하기 위해 제사를 중요시했다. 조선 시대 자화상을 비롯한 대다수의 초상화는 이러한 점에 많은 영향을 받았다.

② 조선 시대 초상화에서 인물의 시선은 얼굴과 같은 방향으로 처리되었다. ○

❷ 주인공의 얼굴이 정면에서 좌측이나 우측으로 돌려진 칠분면이나 팔분면을 취하게 하고 시선은 얼굴과 같은 방향으로 처리했는데, 이는 보는 이로 하여금 안정감을 느끼게 하고 화폭 속 인물에 대해 공경심을 불러일으키게 한다.

③ 조선 시대 초상화는 대상의 외모와 복장을 통해 절제된 군자의 자세를 드러냈다. ○

❸ 조선 시대 초상화가는 담담하고 절제된 군자의 자세나 반듯하고 흐트러짐 없는 모습을 대상의 외모와 복장을 통해 그려내고자 했다.

④ 조선 시대 초상화의 커다란 크기는 초상화를 보는 사람들의 마음가짐과 관련 있다. ○

▶ 조선 시대 초상화는 커다란 크기로 사당이나 서원에 걸렸는데, 이는 제사를 지내는 사람들이 초상화 속 인물을 공경할 수 있도록 하는 데 목적이 있었어요. 즉, 초상화의 커다란 크기는 초상화를 보는 사람들의 마음가짐과 관련이 있다고 볼 수 있어요.

❺ 이러한 초상화는 제사를 지내는 사람들이 마음속으로 공경할 수 있도록 커다란 크기로 사당이나 서원에 걸렸고, 우리 조상들은 초상화 속 인물을 단순한 그림 속 인물이 아닌 조상과 성현 그 자체로 인식했다.

⑤ 조선 시대 초상화는 인물의 성정을 드러내기 위해 평면적인 묘사 기법을 <s>유지</s>했다. ✕

▶ 조선 시대 초상화에 인물의 바람직한 성정을 드러내고자 하는 표현 의도가 담겨 있다는 설명은 적절해요. 하지만 4문단을 보면, 시대의 추이에 따라 화법이 변했음을 알 수 있어요. 초기에는 평면적인 묘사 기법이 쓰였으나, 후기로 갈수록 음영과 같은 입체적인 느낌이 뚜렷해졌다는 거죠. 따라서 평면적인 묘사 기법을 유지하였다는 설명은 적절하지 않아요.

❹ 조선 시대 초상화는 얼굴이나 의복을 표현하는 데 있어서 시대의 추이에 따라 인물의 실체감을 더 강조하는 화법으로 변모해 갔다. 특히 안면이나 옷 주름의 음영 묘사는 평면적인 묘사 기법에서 후기로 갈수록 안면이나 옷 주름 선 주변에 형성된 음영을 나타내어, 입체적인 느낌이 더욱 뚜렷해진다.

02 [구체적 사례에 적용] 답 ②

〈발문〉 윗글을 읽고 〈보기〉를 감상한 내용으로 적절하지 <u>않은</u> 것은?

〈보기〉

〈강세황 70세 자화상〉은 조선 후기작으로, 팔분면에 머리에는 관모를 쓰고 의복은 야복을 입은 전신부좌상이다.

① 인물의 손을 드러내지 않은 것으로 보아 얼굴을 부각하려고 한 것이겠군. ○

❶ 얼굴을 강조하기 위해 손을 노출시키지 않거나 예의바른 공수 자세를 취하게 한 것도 숭앙심(崇仰心)을 느끼게 하기 위한 것이다.

② 야복을 입은 것으로 보아 인물의 <s>위풍당당한 모습</s>을 드러내려고 한 것이겠군. ✕

▶ 초상화 속 인물이 야복을 입은 것은 욕심 없는 은일의 태도를 표현한 것이라고 했어요. 따라서 야복이 인물의 위풍당당한 모습을 드러내려고 한 것이라고 해석하는 것은 적절하지 않아요. 외모나 복장을 통해 인물의 위풍당당한 모습을 드러내려 한 것은 임금의 초상인 어진에서예요.

❸ 사대부상의 경우 야복으로 욕심 없는 은일의 태도를 표현하거나 관복으로 유학자의 풍채를 보여 주기도 했다.

③ 옷 주름 선 주변에 음영을 표현한 것으로 보아 입체감을 나타
내려고 한 것이겠군. ○

❹ 특히 안면이나 옷 주름의 음영 묘사는 평면적인 묘사 기법에서 후
기로 갈수록 안면이나 옷 주름 선 주변에 형성된 음영을 나타내어, 입
체적인 느낌이 더욱 뚜렷해진다.

④ 안면을 우측으로 돌려 팔분면을 취한 것으로 보아 안정감을 느
끼게 하려고 한 것이겠군. ○

❷ 주인공의 얼굴이 정면에서 좌측이나 우측으로 돌려진 칠분면이나
팔분면을 취하게 하고 시선은 얼굴과 같은 방향으로 처리했는데, 이
는 보는 이로 하여금 안정감을 느끼게 하고 화폭 속 인물에 대해 공
경심을 불러일으키게 한다.

⑤ 특별한 현실 공간을 표현하지 않은 것으로 보아 보는 사람이
인물에만 집중하도록 한 것이겠군. ○

❷ 조선 시대 대부분의 초상화는 별도의 배경이나 현실 공간에 대한
묘사 없이 초상화의 주인공만이 다소곳이 화폭에 자리 잡고 있는 것
을 확인할 수 있다. 이는 대상 인물을 시각적으로 강조하여 한 사람
에게만 주의를 집중할 수 있도록 함으로써 보는 이에게 경건한 태도
를 갖도록 하기 위한 것이다.

03 [비교 이해] 답 ③

〈발문〉 윗글의 ㉠ 조선 시대 초상화가와 〈보기〉의 ㉡ 빈센트 반 고흐의
'초상화 그리기'를 비교한 내용으로 가장 적절한 것은?

〈보기〉

㉡ 빈센트 반 고흐의 초상화는 인물의 내적 세계인 정신에 초점을
맞추었기 때문에 인물을 사진처럼 똑같이 그리는 방법이 아닌 선을
강화하거나 왜곡하고 보색의 병치를 활용하여 드러냈다. 그런데 이
러한 과정에서 자신의 주관적인 감정까지 초상화에 표출되기도 했
다.

▶ ㉠ '조선 시대 초상화가'와 ㉡ '빈센트 반 고흐'는 모두 인물의 내적 세
계에 주목하여 초상화를 그려 내고자 했어요. 하지만 조선 시대 초상화
가는 인물의 모습을 사실적으로 재현하는 기법을 사용한 반면, 빈센트 반
고흐는 인물을 사진처럼 똑같이 그리지 않고, 선의 강화나 왜곡, 보색의
병치 등을 활용했어요. 그리고 그 과정에서 자신의 주관적인 감정까지 표
출하기도 했고요.

① ㉠ 조선 시대 초상화가와 달리 ㉡ 빈센트 반 고흐는 인물이 지
닌 미덕을 드러내기 위한 묘사에 주목하였다. ✕

▶ 인물이 지닌 미덕, 다시 말해 내적 세계인 정신에 주목한 것은 ㉠ '조선 시
대 초상화가'와 ㉡ '빈센트 반 고흐'의 공통점에 해당해요.

② ㉠ 조선 시대 초상화가와 달리 ㉡ 빈센트 반 고흐는 인물의 모
습을 사진처럼 똑같이 있는 그대로 표현하였다. ✕

▶ 인물의 모습을 사진처럼 똑같이 표현하고자 한 것은 ㉠ '조선 시대 초상화
가'예요. ㉡ '빈센트 반 고흐'는 인물을 사진처럼 똑같이 그리지 않았음을 알
수 있어요.

✔③ ㉡ 빈센트 반 고흐와 달리 ㉠ 조선 시대 초상화가는 인물의 내
적 세계의 표현을 중요시하면서도 외적 유사성을 추구하였다.
○

▶ ㉠ '조선 시대 초상화가'는 인물이 지닌 바람직한 성정을 표현하고자 하면
서 동시에 인물의 모습을 사실적으로 재현하고자 했어요. 반면, ㉡ '빈센트 반
고흐'는 인물의 내적 세계인 정신에 초점을 맞췄지만, 인물을 사진처럼 똑같
이 그리지는 않았어요. 즉, 외적 유사성을 추구하지 않았음을 알 수 있어요.

④ ㉠ 조선 시대 초상화가와 ㉡ 빈센트 반 고흐는 모두 대상에 대
한 화가의 주관적 감정을 배제하려고 노력했다. ✕

▶ ㉡ '빈센트 반 고흐'는 초상화를 그리는 과정에 자신의 주관적인 감정을 표
출하기도 했어요. 따라서 화가의 주관적 감정을 배제하려고 노력했다는 것은
적절하지 않은 내용이에요. 한편 ㉠ '조선 시대 초상화가'는 인물을 사실적으
로 재현하고자 했으니, 주관적 감정을 배제했을 것으로 추측할 수 있지만 지
문에 이와 관련된 내용이 명확하게 나와 있지는 않아요.

⑤ ㉠ 조선 시대 초상화가와 ㉡ 빈센트 반 고흐는 모두 인물에게
서 느끼는 감정을 표현하기 위해 선을 강화하거나 왜곡하였다.
✕

▶ 인물에게서 느끼는 감정을 표현하기 위해 선을 강화하거나 왜곡하는 기법
을 사용한 것은 ㉡ '빈센트 반 고흐'예요. ㉠ '조선 시대 초상화가'는 사실적으
로 인물의 모습을 재현하려 했어요.

01 ③　　02 ②   [2016년 9월 고2 전국연합]

샘이 그린 독해지도

1,2 현대회화 작가들이 카로토의 〈그림을 든 빨간 머리 소년〉에 주목한 이유
- 중세회화와 달리 아이 특유의 신체적 특성을 고려하는 등 아동만의 매력을 보여줌
- 서구 회화와 달리 아이가 그린 그림이 소재로 쓰임
  ↳ 사실적 재현 X

3,4 현대 화가들이 유년기 화풍으로 돌아간 이유
- 실물을 꼭 닮게 그리는 기술의 완성 단계, 카메라 발명
  ⇒ 근원으로 돌아가자
    ↳ 사회화를 겪지 않은 아동
- 어른의 것과는 완전히 다른 예술 의지의 표현

5 유년기 화풍의 의의
- 현대회화의 과제 : 외부의 '재현' ⟶ 내면의 '표현'
- 퇴화가 아닌 창조적 역행

| 문장은 정교하게 & 문단은 정리하며 |

❶ 중세 회화에 등장하는 아이들은 아이 특유의 신체적 특성이 고려되지 않은 채 그저 어른을 작게 그린 '축소된 어른'의 모습으로 묘사되었다. 그런 면에서 현대 회화의 작가들은 16세기 초 카로토의 〈그림을 든 빨간 머리 소년〉이라는 작품에 주목한다. 이 작품 속에 등장하는 소년은 아이 특유의 신체적 특성과 장난기 머금은 웃음을 통해 아동만의 매력을 보여 준다.
▶ 현대 회화 작가들이 카로토의 〈그림을 든 빨간 머리 소년〉에 주목한 이유 ①

❷ 이 작품은 아이를 아이답게 묘사했다는 점 외에, 아이가 그린 그림이 소재로 쓰였다는 점에서도 주목을 받는다. 아주 오랫동안 아이가 그린 그림이 서구 회화에 등장하지 않았기 때문이다. [A]에는 작품 속 소년이 그린 것처럼 보이는 그림 [B]가 등장하는데, 전문가에 따르면 [B]는 그림 속 소년보다는 더 어린 아이가 그린 것으로 보인다고 한다. 즉, [B]는 진짜 소년이 그린 그림이라기보다는 화가가 생각하는 아이의 그림이라는 얘기다. 카로토는 대상을 눈에 보이는 것과 똑같이 재현하는 것을 중시했던 당시 **르네상스 회화**의 경향과는 다르게, 상상한 것을 꾸밈없이 순수하게 드러내는 아이들의 표현 방식을 따랐던 것이다. 그 이유는 카로토가 르네상스 이래로 내려오는 사실적 재현이 유일한 가치가 아님을 인식했기 때문이라고 볼 수 있다.
▶ 현대 회화 작가들이 카로토의 〈그림을 든 빨간 머리 소년〉에 주목한 이유 ②

❸ 르네상스를 거치면서 실물을 꼭 닮게 그리는 기술은 거의 완성 단계에 도달했고 19세기에 카메라까지 발명되면서, 도처에서(이르는 곳) 사물을 꼭 빼닮은 이미지를 볼 수 있게 되었다. 이런 현실은 당시 화가들에게는 위기였고, 그래서 새로운 출발로 선택한 방식이 근원으로 돌아가는 것이었다. 그리하여 몇몇의 현대 화가들은 사회화를(인간이 사회의 한 성원으로 생활하도록 기성세대에 동화함. 또는 그런 일) 겪지 않은 아동을 상상력과 잠재력의 근원으로 보고, 유년기의 화풍으로 돌아가기로 했던 것이다.
(그림을 그리는 방식이나 양식) ▶ 현대 화가들이 유년기 화풍으로 돌아가려 한 이유 ①

❹ 현대 화가들이 이처럼 유년기의 화풍으로 돌아가려 했던 것은 결코 사실적 묘사 '능력'이 부족해서가 아니다. 미술사를 ㉠ 사실적 재현 기술의 발전 과정으로 보는 사람들에게는 이러한 유년기 화풍이(어떤 것에 의하여 생겨나는 사물이나 현상을 비유적으로 이르는 말) 미숙함의 산물일 수 있다. 하지만 미술사를 움직이는 것은 '능력'이 아니라 '의지'라고 말한 미술사학자 알로이스 리글처럼(일 따위에 익숙하지 못하여 서투름) 미술사를 ㉡ 상이한 '표현 의지'들이 교차하는 장(場)으로 보는 사람들에게는(서로 다른) 유년기 화풍이 어른의 것과는 완전히 다른 예술 의지의 표현일 것이다. 현대 화가들이 유년기 화풍에 주목한 것은 바로 이러한 점 때문이다. ▶ 현대 화가들이 유년기 화풍으로 돌아가려 한 이유 ②

❺ 이러한 변화는 현대 회화의 과제가 외부의 '재현'에서 내면의 '표현'으로 바뀐 것과 관련이 있다. 원근법처럼 대상을 '보이는 대로' 재현하기 위해 사용되는 방법은 오히려 '표현'에 방해가 될 수 있다. '느끼는 대로' 그리는 데 필요한 것은 학습되지 않은, 순수함과 솔직함이기 때문이다. 이런 의미에서 현대 화가들의 시도는 '퇴화'가 아니라, '창조적 역행'이라 할 수 있다. ▶ 유년기 화풍의 의의
(진보 이전의 상태로 되돌아감)

르네상스 회화

르네상스(Renaissance)는 '재생, 소생, 거듭남'의 뜻을 가진 단어로, 유럽에서 고대 그리스 로마 문화의 가치를 다시 한번 확인하고 이를 본받아 학문과 예술의 부흥을 일으킨 시기를 의미하기도 해요. 유럽에는 왜 재생이 필요했을까요? 왜 고전의 재발견이 이루어진 걸까요? 르네상스 이전인 중세 유럽에서는 철학과 문화, 과학까지의 모든 분야가 신 중심으로 이루어졌어요. 당시 크리스트교는 인간성을 없애고 신의 권위만을 강조했지요. 그러던 중 2세기에 걸쳐 십자군 전쟁을 치르게 되었고, 사람들은 점차 신 중심의 사고방식과 생활 방식에 의심을 품기 시작했어요. 그래서 '고대와 같은 인간 중심 사회로 돌아가자'라는 생각을 하게 된 거예요. 이에 따라 르네상스 시기의 미술계에서는 신을 표현할 때도 인간적인 모습으로 그리거나 조각하였고, 지문에서 설명하는 것처럼 사실적인 묘사를 중시하는 흐름이 나타났어요. 여러분이 잘 알고 있는 원근법도 이때 발명되었답니다!

01 [내용 이해] 답 ③

〈발문〉 윗글을 읽고 알 수 있는 내용으로 가장 적절한 것은?

① 중세 회화에 등장하는 아이들은 특유의 신체적 특징이 충실히 반영된 모습이었다. ✕

▶ 1문단에서 중세 회화에 등장하는 아이들은 아이 특유의 신체적 특성이 고려되지 않은 채 '축소된 어른'의 모습으로 그려졌다고 하였어요.

❶ 중세 회화에 등장하는 아이들은 아이 특유의 신체적 특성이 고려되지 않은 채 그저 어른을 작게 그린 '축소된 어른'의 모습으로 묘사되었다.

② 중세 시대부터 아이들이 그린 그림은 서구 회화에서 꾸준하게 관심을 받고 있었다. ✕

▶ 2문단에서 아주 오랫동안 아이가 그린 그림이 서구 회화에 등장하지 않았기 때문에 아이가 그린 그림이 소재로 쓰인 〈그림을 든 빨간 머리 소년〉이라는 작품이 주목을 받았다고 하였어요.

❷ 이 작품은 아이를 아이답게 묘사했다는 점 외에, 아이가 그린 그림이 소재로 쓰였다는 점에서도 주목을 받는다. 아주 오랫동안 아이가 그린 그림이 서구 회화에 등장하지 않았기 때문이다.

✓③ 르네상스 시기의 화가들은 외형을 사실적으로 묘사하는 데에 큰 관심을 갖고 있었다. ○

▶ 르네상스 시기의 회화는 대상을 눈에 보이는 것과 똑같이 재현하는 것을 중시했다고 하였으므로, 당시 화가들은 외형을 사실적으로 묘사하는 데에 큰 관심을 갖고 있었다고 볼 수 있어요.

❷ 카로토는 대상을 눈에 보이는 것과 똑같이 재현하는 것을 중시했던 당시 르네상스 회화의 경향과는 다르게, 상상한 것을 꾸밈없이 순수하게 드러내는 아이들의 표현 방식을 따랐던 것이다.

④ 사진의 등장으로 당시의 화가들은 실물을 꼭 닮게 그리는 기술을 완성할 수 있었다. ✕

▶ 3문단에서 르네상스를 거치면서 실물을 닮게 그리는 기술은 이미 완성 단계에 도달했고, 그 후 19세기에 카메라까지 발명됐다고 했어요. 즉, 사진의 등장 때문에 기술이 완성된 것은 아니에요. 각각 별개의 사건인 거죠.

❸ 르네상스를 거치면서 실물을 꼭 닮게 그리는 기술은 거의 완성 단계에 도달했고 19세기에 카메라까지 발명되면서, 도처에서 사물을 꼭 빼닮은 이미지를 볼 수 있게 되었다. 이런 현실은 당시 화가들에게는 위기였고, 그래서 새로운 출발로 선택한 방식이 근원으로 돌아가는 것이었다.

⑤ 현대 화가들은 재현 기술의 발전을 위해 사회화를 겪지 않은 아이들이 그린 그림에 주목하였다. ✕

▶ 현대 화가들이 사회화를 겪지 않은 아이들이 그린 그림에 주목한 것은 맞지만, 그 이유가 재현 기술의 발전을 위해서는 아니었어요. 오히려 재현 기술의 발달로 인한 위기를 극복하기 위해 유년기의 화풍으로 돌아가게 된 것이라고 했지요.

❸ 르네상스를 거치면서 실물을 꼭 닮게 그리는 기술은 거의 완성 단계에 도달했고 19세기에 카메라까지 발명되면서, 도처에서 사물을 꼭 빼닮은 이미지를 볼 수 있게 되었다. 이런 현실은 당시 화가들에게는 위기였고, 그래서 새로운 출발로 선택한 방식이 근원으로 돌아가는 것이었다. 그리하여 몇몇의 현대 화가들은 사회화를 겪지 않은 아동을 상상력과 잠재력의 근원으로 보고, 유년기의 화풍으로 돌아가기로 했던 것이다.

02 [구체적 사례에 적용] 답 ②

〈발문〉 ㉠ (미술사를) 사실적 재현 기술의 발전 과정으로 보는 사람들과 ㉡ (미술사를) 상이한 '표현 의지'들이 교차하는 장(場)으로 보는 사람들의 입장에서 〈보기〉의 작품을 이해한 것으로 적절하지 않은 것은? [3점]

〈보기〉

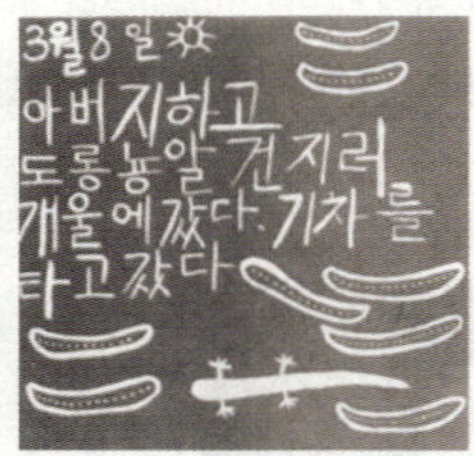

이 작품은 화가 김점선(1946~2009)의 도롱농알 그림 연작 중 하나이다. 화가는 아이의 그림 연습장을 우연히 보고, 자신의 어린 시절 기억을 표현하였다고 한다.

▶ 작품의 해설을 보면, 〈보기〉의 작품은 화가 김점선이 자신의 어린 시절 기억을 유년기 화풍으로 '표현'한 것임을 알 수 있어요.

① ㉠ (미술사를) 사실적 재현 기술의 발전 과정으로 보는 사람들은 〈보기〉의 작품을 아이가 그린 그림처럼 미숙하다고 볼 것이다. ○

❹ 미술사를 사실적 재현 기술의 발전 과정으로 보는 사람들에게는 이러한 유년기 화풍이 미숙함의 산물일 수 있다.

✓② ㉠ (미술사를) 사실적 재현 기술의 발전 과정으로 보는 사람들은 〈보기〉의 작품을 보이는 대로 재현하는 기법을 강조한 것으로 볼 것이다. ✕

▶ 〈보기〉의 작품은 화가의 '어린 시절 기억'을 표현한 작품이므로, '보이는 대로' 재현하는 기법을 강조했다고 볼 수 없어요.

③ ⓛ (미술사를) 상이한 '표현 의지'들이 교차하는 장(場)으로 보
　는 사람들은 〈보기〉의 작품을 '유년기의 화풍'으로 화가의 내면
　을 표현한 것으로 볼 것이다. ○

④ ⓛ (미술사를) 상이한 '표현 의지'들이 교차하는 장(場)으로 보
　는 사람들은 '느끼는 대로' 그린 화가의 표현 의지가 〈보기〉의
　작품에 드러나 있는지에 주목할 것이다. ○

⑤ ⓛ (미술사를) 상이한 '표현 의지'들이 교차하는 장(場)으로 보
　는 사람들은 '재현' 능력보다는 화가 내면에 있는 순수함과 솔
　직함이 〈보기〉의 작품에 담겨 있는지에 주목할 것이다. ○

▶ ⓛ은 사실적 재현이 아닌 내면의 표현을 중시는 사람들이라고 했어요. 이
들은 〈보기〉의 작품이 아이가 그린 것 같은 그림이므로, 유년기의 화풍으로 화
가의 내면을 표현한 것이라고 볼 것이며(③), 작품이 대상을 얼마나 닮게 그렸
는가보다는, 화가의 내면이 얼마나 잘 표현되어 있는가, 표현 의지가 잘 드러
나는가(④), 화가가 느끼는 대로 얼마나 순수하고 솔직하게 그렸는가(⑤) 등에
주목할 거예요.

❹ 하지만 미술사를 움직이는 것은 '능력'이 아니라 '의지'라고 말한
미술사학자 알로이스 리글처럼 미술사를 상이한 '표현 의지'들이 교
차하는 장(場)으로 보는 사람들에게는 유년기 화풍이 어른의 것과는
완전히 다른 예술 의지의 표현일 것이다.

❺ 이러한 변화는 현대 회화의 과제가 외부의 '재현'에서 내면의 '표
현'으로 바뀐 것과 관련이 있다. 원근법처럼 대상을 '보이는 대로' 재
현하기 위해 사용되는 방법은 오히려 '표현'에 방해가 될 수 있다. '느
끼는 대로' 그리는 데 필요한 것은 학습되지 않은, 순수함과 솔직함이
기 때문이다.

쌤이 그린 독해지도

1 19세기 이후 형성된 사적 공간과 공적 공간의 분리
　사적 공간 – 집　주거　　여가　　내부　실내 ⎫
　공적 공간 – 일터　노동　경제적 활동　외부　거리 ⎭ → 도시적 삶

2 짐멜이 분석한 실내의 공간적 의미 및 19세기 건축의 구성 원리
　　도시적 삶　　　　**실내의 공간적 의미**　　**19세기 건축의 구성 원리**
　① 외적 자극의 과잉 → 내면을 지키는 공간 → 거주자를 외부로부터 보호
　　(신경 과민, 불안)　　"개인의 은신처"
　　② 몰개성　　→ 개성을 실현하는 공간 → 개성 표현을 보장하는
　　　　　　　　　　(가구와 공예품으로 장식)　　실내 설계
　비판　　　　　　"일상의 심미화"

3 실내 장식에 집착한 주거 문화에 대한 베냐민의 비판
　① 주거 중독증 (원인 : 공적 공간에 개인적 흔적을 남길 수 없는 데 대한 보상 심리)
　② 공적 공간으로부터의 도피

4,5 베냐민이 주목한 파사주의 의미

　○ **파사주의 공간적 의미**
　　– 몇 채의 건물을 잇는 통로 형태의 상가
　　– 유행의 리듬이 지배하는 최초의 자본주의적 소비 공간
　　– 공적이지도, 사적이지도 않은 중간 영역 → 외부와 경계 해체의 단초

　○ **신건축의 구성 원리**
　　– 철골을 사용해 벽 제거 → 내부·외부의 경계 완화
　　– 빛이 투과하는 유리 사용 → 내부·외부의 통합 구현

　○ **신건축과의 관계에서 조명한 파사주의 의미**
　　– 한계 : 새로운 재료 사용 but 과거의 건축 양식 혼합 (기술의 발전에 부합 X)
　　– 의미 : 19세기 '그릇 속에서의 삶' → 문지방 → 20세기 '관계와 투과'
　　　　　　　　　　　　　　　　　= 파사주

| 문장은 정교하게 & 문단은 정리하며 |

❶ 출퇴근에 대한 관념은 근대 이후에 형성되었다. 집과 일터의 경계가 뚜렷하지 않았던 전근대 사회와 달리 19세기 이후의 도시적 삶에서는 주거를 위한 사적 공간과 노동을 위한 공적 공간이 분리되었다. 여가를 즐길 수 있는 곳은 사적 공간으로, 경제적 활동을 하는 곳은 공적 공간으로 인식되었으며 이 둘의 관계는 내부와 외부, 실내와 거리의 관계에 대응된다.
　주거 및 여가 / 노동 및 경제적 활동
　사적 공간 ↔ 공적 공간　▶ 19세기 이후 형성된 사적 공간과 공적 공간의 분리

❷ 게오르크 짐멜은 대표적인 사적 공간인 실내의 공간적 의미를 도시의 삶과 관련지어 분석하였다. 짐멜은 도시에서 살아가는 개인이 외적 자극의 과잉으로 인해 신경과민에 빠지게 되는데,
　도시적 삶의 모습 / 미약한 자극에도 민감한 반응을 보이는 신경 계통의 불안정한 상태

이에 대응하는 전형적인 방식이 내면으로의 침잠이라고 설명하였다. 외부와 차단된 실내는 내면을 지키기에 가장 유리한 공간이라는 것이다. 또한 짐멜은 개인이 개성을 실현할 수 있는 공간이라는 의미를 실내에 부여하였다. 19세기에는 실내를 가구와 공예품으로 빈틈없이 장식하는 것이 유행했는데, 그는 다양한 양식을 지닌 사물을 취향에 따라 조합함으로써 일상에서 개성을 드러낼 수 있다는 점에서 이를 긍정적으로 평가하였다. 또 양식이라는 보편적인 표현 형태를 매개로 하는 공예품은 평온함과 안정감을 줄 수 있다고 덧붙였다. ㉠실내에 대한 짐멜의 설명은 도시적 삶이 가져오는 불안과 몰개성을 사적 공간에서 해소하려는 개인
　마음을 가라앉혀서 깊이 생각하거나 몰입함
　어떤 대상에 마땅히 있어야 할 개성이 없는 상태

의 욕망에 부응한다. 실내가 개인의 은신처이자 일상의 심미화를 추구할 수 있는 공간으로 자리매김함에 따라, 거주자를 외부로부터 보호하고 자유로운 개성 표현을 보장하는 실내의 설계가 당시 건축의 주요한 구성 원리로 등장하였다.
▶ 짐멜이 분석한 실내의 공간적 의미 및 19세기 건축의 구성 원리

3 발터 베냐민은 실내 장식에 집착한 19세기의 주거 문화를 '주거 중독증'으로 표현하면서 이는 도시의 공적 공간에서 개인적 흔적을 남길 수 없는 데 대한 보상 심리에서 기인한 것이라고 설명하였다. 베냐민은 실내가 사회적 세계와의 연관성을 잃어가면서 점점 더 인위적인 공간이 되었으며 그곳에서의 은둔은 공적 공간으로부터의 도피를 의미한다고 보았다. 그는 신화나 자연에서 모티프를 딴 가구와 공예품들의 조합을 통해 몽환적 분위기를 조성했던 19세기의 실내 풍경을 예로 들면서, 이러한 실내는 거주자를 환상에 빠지게 함으로써 도피에 대한 욕망을 충족시킬 뿐이라고 주장하였다.
▶ 실내 장식에 집착한 주거 문화에 대한 베냐민의 비판

4 실내에 대한 베냐민의 비판적 고찰은 사적 공간과 공적 공간의 괴리를 문제 삼는 데로 이어지는데, 이때 베냐민이 주목한 것은 파리의 '파사주'이다. 파사주는 몇 채의 건물을 잇는 통로 형태의 상가로, 베냐민에 따르면 유행의 리듬이 지배하는 최초의 자본주의적 소비 공간이다. 유행은 새로운 것을 부단히 연출함으로써 상품을 향한 욕망을 재생산한다. 서로 마주 보는 상점들이 늘어선 구조는 오가는 이들의 시선을 붙잡아 소비를 부추겼다. 또한 파사주는 건축학적으로 거리와 실내 사이에 위치하는 '사이 공간'이다. 베냐민은 그렇기 때문에 파사주에서는 외부와 내부가 혼동되는 경험이 가능하다고 보았다. 전적으로 공적이지도 않고 사적이지도 않은 중간 영역의 존재는 경계 해체의 단초를 제공한다.
▶ 베냐민이 주목한 파사주의 공간적 의미

5 사적 공간과 공적 공간의 분리를 신봉하는 낡은 개념을 대신할 새로운 주거 개념을 탐색하면서, 베냐민은 신건축과의 관계에서 파사주의 의미를 다시 조명하였다. 1920년대에 등장한 신건축은 산업 기술의 발전에도 불구하고 건축의 미학화 경향이 지속되는 상황에 대한 반론의 성격을 띤다. 베냐민은 공간의 이분법을 극복하려는 사유의 연장선상에서 신건축의 구성 원리를 탐구하였다. 신건축에서는 철골을 재료로 사용하면서 벽을 제거하는 설계가 가능해져 내부와 외부의 경계를 완화할 수 있게 되었다. 또 빛이 투과하는 유리 사용의 확대는 내부와 외부의 통합을 공간적으로 구현할 수 있게 했다. 이에 비해 파사주는 새로운 재료를 사용하면서도 과거의 건축 양식들이 절충적으로 혼합되어 지어졌다는 점에서 기술의 발전에 부합하는 건축 양식으로 이어지지 못했다는 것이 베냐민의 설명이다. 이처럼 베냐민은 파사주의 한계를 지적하면서도, 외부로부터 차단된 '그릇 속에서의 삶'이 지배했던 19세기에서 '관계와 투과'의 원리가 지배하는 20세기로 넘어가는 문지방의 의미를 파사주에서 발견하였다.
▶ 신건축의 구성 원리와 파사주의 의미

01 [내용 전개 방식] 답 ⑤

〈발문〉 윗글에 대한 설명으로 가장 적절한 것은?

① 건축 재료의 발달 과정을 중심으로 건축사를 단계별로 설명하고 있다. ✕
▶ 19세기 건축과 20세기 건축을 단계별로 설명하고 있지만, 건축 재료의 발달 과정은 언급하고 있지 않아요.

② 주거 문화에 대한 관점이 기술의 발전에 미친 영향을 인과적으로 밝히고 있다. ✕
▶ 주거 문화에 대한 관점이 제시된 것은 맞지만, 그것이 기술의 발전에 미친 영향을 인과적으로 밝히고 있지는 않아요.

③ 특정 도시의 다양한 사회상을 제시하고 이를 시대적 기준에 따라 분류하고 있다. ✕
▶ '특정 도시의 다양한 사회상'이 제시되지도 않았고, 다양한 사회상을 시대적 기준에 따라 분류하고 있지도 않아요.

④ 사적 공간과 공적 공간을 대비하고 이들 공간의 긍정적 측면과 부정적 측면을 각각 분석하고 있다. ✕
▶ 19세기 건축에 대해 설명하면서 사적 공간과 공적 공간을 대비하여 그 차이를 밝히고 있기는 해요. 하지만 사적 공간의 긍정적 측면과 부정적 측면을 분석하고 있을 뿐, 공적 공간에 대해서는 분석하고 있지 않아요.

⑤ 실내에 대한 학자들의 견해를 제시하면서 그러한 견해의 형성 배경 및 견해 간의 차이를 드러내고 있다. ○
▶ 실내에 대한 짐멜과 베냐민의 견해를 제시하면서 각각의 견해가 어떤 시대적 배경에서 형성되었는지 설명하고 있어요. 그리고 그러한 설명을 통해 학자들의 견해 간 차이점을 드러내고 있어요.

02 [내용 이해] 답 ①

〈발문〉 ⑦ 실내에 대한 짐멜의 설명을 이해한 내용으로 적절하지 <u>않은</u> 것은?

① 주거와 여가를 구분하면 일상의 심미화가 가능하다고 보았다. ✕
▶ 1문단에 따르면 주거와 여가는 모두 사적 공간에서 이루어지는 것이므로, 이 둘을 구분하는 것은 적절하지 않아요. 또한 '심미'는 '아름다움을 살펴 찾음'이라는 뜻으로, '일상의 심미화'는 일상에서 아름다움을 느끼려 한다는 의미예요. 이는 2문단에서 개인이 자신의 취향에 맞게 실내를 장식함으로써 개성을 실현하는 것과 관련이 있어요. 따라서 ⑦에 대해 주거와 여가를 구분하면 일상의 심미화가 가능하다고 이해하는 것은 적절하지 않아요.

근거 찾기

1 집과 일터의 경계가 뚜렷하지 않았던 전근대 사회와 달리 19세기 이후의 도시적 삶에서는 주거를 위한 사적 공간과 노동을 위한 공적 공간이 분리되었다. 여가를 즐길 수 있는 곳은 사적 공간으로, 경제적 활동을 하는 곳은 공적 공간으로 인식되었으며 이 둘의 관계는 내부와 외부, 실내와 거리의 관계에 대응된다.

2 실내가 개인의 은신처이자 일상의 심미화를 추구할 수 있는 공간으로 자리매김함에 따라, 거주자를 외부로부터 보호하고 자유로운 개성 표현을 보장하는 실내의 설계가 당시 건축의 주요한 구성 원리로 등장하였다.

② 신경과민 상태의 개인이 내면을 보호하려는 자구책이라고 보았다. ○
▶ 짐멜은 도시에서 살아가는 개인이 외적 자극의 과잉으로 인해 신경과민에 빠지게 된다고 보았어요. 그래서 내면을 지키기 위해 외부와 차단된 실내를 추구하게 된다고 하였지요. 여기서 '자구책'이란 '스스로를 구원하기 위한 방책'을 의미해요.

2 짐멜은 도시에서 살아가는 개인이 외적 자극의 과잉으로 인해 신경과민에 빠지게 되는데, 이에 대응하는 전형적인 방식이 내면으로의 침잠이라고 설명하였다. 외부와 차단된 실내는 내면을 지키기에 가장 유리한 공간이라는 것이다.

③ 양식화된 공예품의 조합에 따라 개인의 개성이 표현된다고 보았다. ⭕

④ 양식의 보편성을 매개로 평온함과 안정감을 얻을 수 있다고 보았다. ⭕

2 19세기에는 실내를 가구와 공예품으로 빈틈없이 장식하는 것이 유행했는데, 그는 다양한 양식을 지닌 사물을 취향에 따라 조합함으로써 일상에서 개성을 드러낼 수 있다는 점에서 이를 긍정적으로 평가하였다. 또 양식이라는 보편적인 표현 형태를 매개로 하는 공예품은 평온함과 안정감을 줄 수 있다고 덧붙였다.

⑤ 도시적 삶에서 오는 자극에 대응하기 위하여 내면으로의 침잠이 나타나게 된다고 보았다. ⭕

2 짐멜은 도시에서 살아가는 개인이 외적 자극의 과잉으로 인해 신경과민에 빠지게 되는데, 이에 대응하는 전형적인 방식이 내면으로의 침잠이라고 설명하였다.

03 [내용 이해] 답 ④

〈발문〉 윗글의 베냐민의 관점에서 본 '파사주'에 대한 이해로 적절하지 않은 것은?

① 유행의 교체를 통해 욕망을 끊임없이 자아내는 공간이다. ⭕
▶ 베냐민은 파사주를 유행의 리듬이 지배하는 공간으로 보았어요. 또한 유행은 새로운 것을 부단히 연출함으로써 욕망을 재생산한다고 하였어요.

4 파사주는 몇 채의 건물을 잇는 통로 형태의 상가로, 베냐민에 따르면 유행의 리듬이 지배하는 최초의 자본주의적 소비 공간이다. 유행은 새로운 것을 부단히 연출함으로써 상품을 향한 욕망을 재생산한다.

② 소비 심리를 자극하는 방식으로 상점들이 배치된 공간이다. ⭕
▶ 베냐민은 파사주에서 나타나는 상점들의 공간 배치(서로 마주 보는 상점들이 늘어선 구조)가 소비를 부추긴다고 보았어요.

4 서로 마주 보는 상점들이 늘어선 구조는 오가는 이들의 시선을 붙잡아 소비를 부추겼다.

③ 거리와 실내의 경계가 모호해지는 경험을 가능하게 하는 공간이다. ⭕

4 또한 파사주는 건축학적으로 거리와 실내 사이에 위치하는 '사이 공간'이다. 베냐민은 그렇기 때문에 파사주에서는 외부와 내부가 혼동되는 경험이 가능하다고 보았다.

④ 최신 기술과 소재에 부합하는 새로운 건축 양식을 사용하여 지어진 공간이다. ❌

▶ 베냐민은 파사주가 새로운 소재를 사용하면서도 과거의 건축 양식들이 혼합되어 지어졌다는 점에서 기술의 발전에 부합하는 건축 양식으로 이어지는 못했다고 보았어요. 따라서 최신 기술과 소재에 부합하는 새로운 건축 양식을 사용했다는 설명은 적절하지 않아요.

5 이에 비해 파사주는 새로운 재료를 사용하면서도 과거의 건축 양식들이 절충적으로 혼합되어 지어졌다는 점에서 기술의 발전에 부합하는 건축 양식으로 이어지지 못했다는 것이 베냐민의 설명이다.

⑤ 사적 공간에서 칩거하는 시대에서 사적 공간과 공적 공간의 통합을 지향하는 시대로 이행 중임을 보여 주는 공간이다. ⭕
▶ '칩거'란 '나가서 활동하지 아니하고 집 안에만 틀어박혀 있음'이라는 뜻이에요. 따라서 사적 공간에서 칩거하는 시대라는 것은 외부와 차단된 실내 설계를 추구한 19세기를 말하는 것이겠죠. 반면 사적 공간과 공적 공간의 통합을 지향하는 시대는 20세기를 설명한 것으로 볼 수 있어요. 5문단에서 베냐민은 19세기에서 20세기로 넘어가는 문지방의 의미를 파사주에서 발견했다고 하였는데, 문지방은 두 공간을 연결하는 부분이므로, 파사주를 시대 이행을 보여 주는 공간으로 보았음을 알 수 있어요.

5 이처럼 베냐민은 파사주의 한계를 지적하면서도, 외부로부터 차단된 '그릇 속에서의 삶'이 지배했던 19세기에서 '관계와 투과'의 원리가 지배하는 20세기로 넘어가는 문지방의 의미를 파사주에서 발견하였다.

04 [구체적 사례에 적용] 답 ⑤

〈발문〉 윗글을 바탕으로 〈보기〉를 이해한 내용으로 적절하지 않은 것은? [3점]

〈보기〉

㉮는 오스트리아의 건축가 로스가 지은 '차라 하우스'이다. 거주자의 취향에 따라 가구, 공예품 등을 배치하기 좋도록 건물의 내벽이나 천장, 바닥 등은 장식 없이 간결하게 마감되어 있다. 건물의 한쪽 면에만 배치된 창을 통해 외부를 차단하고, 채광을 조절하여 은신처의 아늑한 느낌을 유지한다. ㉯는 프랑스의 건축가 르 코르뷔지에가 지은 '빌라 사보아'로, 신건축을 대표하는 주택이다. 철골 기둥만으로 건물 본체를 지탱하는 구조로 설계되어 건물이 공중에 떠 있는 듯한 느낌을 준다. 수평으로 넓게 퍼진 창은 내부를 넘어 외부 풍경으로 열려 있는 공간을 구현하였다.

① 채광을 조절하여 아늑한 느낌이 유지되도록 설계된 ㉮에 대해, 베냐민은 외부로부터 도피하기 위한 공간이라고 생각하겠군. ⭕

▶ 〈보기〉에 따르면 ㉮는 채광을 조절하여 '은신처'의 아늑한 느낌을 유지한다고 하였어요. 3문단에 따르면 베냐민은 실내에서의 은둔은 공적 공간으로부터의 도피를 의미한다고 보았으므로, ㉮에 대해 외부로부터 도피하기 위한 공간이라고 생각할 거예요.

❸ 베냐민은 실내가 사회적 세계와의 연관성을 잃어가면서 점점 더 인위적인 공간이 되었으며 그곳에서의 은둔은 공적 공간으로부터의 도피를 의미한다고 보았다.

② 건물의 한쪽 면에만 창을 배치하여 외부와 차단되도록 설계된 ㉮에 대해, 짐멜은 거주자가 내면을 지키기에 적합한 공간이라고 생각하겠군. ⭕

▶ 〈보기〉에 따르면 ㉮는 건물의 한쪽 면에만 배치된 창을 통해 외부를 차단한다고 하였어요. 2문단에 따르면 짐멜은 외부와 차단된 실내가 내면을 지키기에 가장 유리한 공간이라고 보았으므로, ㉮에 대해 거주자가 내면을 지키기에 적합한 공간이라고 생각할 거예요.

❷ 짐멜은 도시에서 살아가는 개인이 외적 자극의 과잉으로 인해 신경과민에 빠지게 되는데, 이에 대응하는 전형적인 방식이 내면으로의 침잠이라고 설명하였다. 외부와 차단된 실내는 내면을 지키기에 가장 유리한 공간이라는 것이다.

③ 장식 없이 간결하게 마감되어 거주자가 취향에 따라 꾸밀 수 있도록 설계된 ㉮에 대해, 짐멜은 개성을 표현할 수 있는 공간이라고 생각하겠군. ⭕

▶ 2문단에 따르면 짐멜은 실내를 가구나 공예품으로 빈틈없이 장식함으로써 일상에서 개성을 드러낼 수 있다고 보았어요. 따라서 가구, 공예품 등을 배치하기 좋도록 간결하게 마감된 ㉮에 대해, 짐멜은 거주자가 개성을 표현할 수 있는 공간이라고 생각할 거예요.

❷ 19세기에는 실내를 가구와 공예품으로 빈틈없이 장식하는 것이 유행했는데, 그는 다양한 양식을 지닌 사물을 취향에 따라 조합함으로써 일상에서 개성을 드러낼 수 있다는 점에서 이를 긍정적으로 평가하였다.

④ 수평으로 넓게 퍼진 창을 통해 외부를 향해 개방되도록 설계된 ㉯에 대해, 베냐민은 내부와 외부의 통합을 추구하는 공간이라고 생각하겠군. ⭕

▶ 5문단에 따르면 베냐민은 신건축의 구성 원리를 탐구하면서 빛을 투과하는 유리 사용의 확대가 내부와 외부의 통합을 공간적으로 구현할 수 있게 한다고 보았어요. ㉯는 유리를 사용하여 수평으로 넓게 퍼진 창을 내어 외부 풍경으로 열려 있도록 한 것이므로, 베냐민은 ㉯에 대해 내부와 외부의 통합을 추구하는 공간이라고 생각할 거예요.

❺ 빛이 투과하는 유리 사용의 확대는 내부와 외부의 통합을 공간적으로 구현할 수 있게 했다.

⑤ 기둥만으로 건물을 떠받치는 구조를 통해 공중에 떠 있는 느낌이 들도록 설계된 ㉯에 대해, 짐멜은 도시적 삶을 추구하는 개인의 욕망에 부응하는 공간이라고 생각하겠군. ❌

▶ 〈보기〉에 따르면 ㉯는 신건축을 대표하는 주택으로서, 철골 기둥만으로 건물 본체를 지탱하는 구조로 설계되어 있다고 하였어요. 이와 관련해 5문단에서는 신건축에서 철골을 재료로 사용하여 벽을 제거하는 설계는 내부와 외부의 경계를 완화하는 것이라고 하였지요. 그런데 2문단에 따르면 짐멜은 외부와 차단되어 있으면서 개성 표현을 보장하는 실내의 설계를 통해, 도시적 삶이 가져오는 불안과 몰개성을 사적 공간에서 해소하려는 개인의 욕망을 충족할 수 있다고 보았어요. 따라서 짐멜은 ㉯에 대해 '도시적 삶을 추구하는' 개인의 욕망에 부응하는 공간이라고 생각하지 않을 거예요.

❷ 실내에 대한 짐멜의 설명은 도시적 삶이 가져오는 불안과 몰개성을 사적 공간에서 해소하려는 개인의 욕망에 부응한다. 실내가 개인의 은신처이자 일상의 심미화를 추구할 수 있는 공간으로 자리매김함에 따라, 거주자를 외부로부터 보호하고 자유로운 개성 표현을 보장하는 실내의 설계가 당시 건축의 주요한 구성 원리로 등장하였다.

01 ④ **02** ③ **03** ① **04** ⑤ **05** ②

쌤이 그린 독해지도

1 사료를 매개로 과거와 만나는 역사가
→ 새로운 사료를 발굴하기 위해 노력

2 영화를 사료로 쓰기 시작
① 사물을 지시하는 도상적 기호
② 피사체가 있었음을 지시하는 지표적 기호

3 영화와 역사의 관계
- 역사에 대한 영화적 독해
  : 영화로 역사를 해석, 평가
  - 개연적 역사서술 방식
    - 역사적 고증에 충실
  - 상상적 역사서술 방식
    - 가상의 인물과 사건을 덧댐
- 영화에 대한 역사적 독해
  : 영화에 담긴 역사적 흔적과 맥락 검토

4 영화가 허구를 다룸에도 사료로 쓰이는 이유
: 허구이지만 동시대의 현실이 담겨있기 때문

5 사료로서 영화의 가치
① 허구적 이야기에 역사적 사실을 담아서 새로운 사료의 원천이 됨
② 대안적 역사 서술의 가능성 有
: 영화는 공식 역사의 대척점에서
평범한 사람들, 주변화된 집단의 목소리를 담기 때문

| 문장은 정교하게 & 문단은 정리하며 |

1 과거는 지나가 버렸기 때문에 역사가가 과거의 사실과 직접 만나는 것은 불가능하다. 역사가는 사료를 매개로 과거와 만난다. 둘 사이에서 양편의 관계를 맺어 줌. 사료는 과거를 그대로 재현하는 것은 아니기 때문에 불완전하다. 역사 연구에 필요한 문헌이나 유물, 문서, 기록, 건축, 조각 따위를 이른다. 사료의 불완전성은 역사 연구의 범위를 제한하지만, 그 불완전성 때문에 역사학이 학문이 될 수 있으며 역사는 끝없이 다시 서술된다. 매개를 거치지 않은 채 손실되지 않은 과거와 만날 수 있다면 역사학이 설 자리가 없을 것이다. 역사학은 전통적으로 문헌 사료를 주로 활용해 왔다. 그러나 (유물, 그림, 구전 등) 과거가 남긴 흔적은 모두 사료로 활용될 수 있다. 역사가들은 새로운 사료를 발굴하기 위해 노력한다. 알려지지 않았던 사료를 찾아내기도 하지만, 중요하지 않게 여겨졌던 자료를 새롭게 사료로 활용하거나 기존의 사료를 새로운 방향에서 파악하기도 한다. 평범한 사람들의 삶의 모습을 중점적인 주제로 다루었던 미시사 연구에서 전체적인 면에서가 아니라 개별적으로 포착하여 아주 작은 사실들을 파헤치는 역사. (재판 기록, 일기, 편지, 탄원서, 설화집 등)의 이른바 '서사적' 자료에 주목한 것도 사료 발굴을 위한 노력의 결과이다.
▶ 역사 연구의 매개가 되는 사료와, 사료 발굴을 위한 역사가들의 노력

2 시각 매체의 확장은 사료의 유형을 더욱 다양하게 했다. 이에 따라 역사학에서 영화를 통한 역사 서술에 대한 관심이 일고, 영화를 사료로 파악하는 경향도 나타났다. 없던 현상이 생기고. 역사가들이 주로 사용하는 문헌 사료의 언어는 대개 지시 대상과 물리적·논리적 연관이 없는 추상화된 상징적 기호이다. 반면 영화는 카메라 앞에 놓인 물리적 현실을 이미지화하기 때문에 그 자체로 물질성을 띤다. 즉, 영화의 이미지는 닮은꼴로 사물을 지시하는 도상적 기호가 된다. 행동, 물체, 개념 등을 그림처럼 표현하는 것. 광학적 메커니즘에 따라 피사체로부터 비롯된 영화의 이미지는 그 피사체가 있었음을 지시하는 지표적 기호이기도 하다. 사진을 찍는 대상이 되는 물체. 방향이나 목적, 기준 따위를 나타내는 표지와 관련된. (예를 들어 다큐멘터리 영화는 피사체와 밀접한 연관성을 갖기 때문에 피사체의 진정성에 대한 믿음을 고양하여 언어적 서술에 비해 호소력 있는 서술로 비춰지게 된다.) 정신이나 기분 따위를 북돋워서 높임.
▶ 영화를 사료로 파악하는 경향과 사료로서의 영화의 특징

3 그렇다면 영화는 역사와 어떻게 관계를 맺고 있을까? 역사에 대한 영화적 독해와 영화에 대한 역사적 독해는 영화와 역사의 관계에 대한 두 축을 이룬다. 역사에 대한 영화적 독해는 영화라는 매체로 역사를 해석하고 평가하는 작업과 연관된다. 영화인은 자기 나름의 시선을 서사와 표현 기법으로 녹여내어 역사를 비평할 수 있다. 역사를 소재로 한 역사 영화는 역사적 고증에 충실한 개연적 역사 서술 방식을 취할 수 있다. 혹은 역사적 사실을 자원으로 삼되 상상력에 의존하여 가공의 인물과 사건을 덧대는 상상. 예전에 있던 사물들의 시대, 가치, 내용 따위를 증거를 세워 이론적으로 밝힘. 그럴 법한 것.

적 역사 서술 방식을 취할 수도 있다. <u>그러나</u> 비단 역사 영화만이
역사를 재현하는 것은 아니다. 모든 영화는 명시적이거나 우회적
인 방법으로 역사를 증언한다. <u>영화에 대한 역사적 독해는 영화
에 담겨 있는 역사적 흔적과 맥락을 검토하는 것과 연관된다.</u> 역
사가는 영화 속에 나타난 풍속, 생활상 등을 통해 역사의 외연을
확장할 수 있다. 나아가 제작 당시 대중이 공유하던 (욕망, 강박,
믿음, 좌절 등)의 집단적 무의식과 더불어 (이상, 지배적 이데올로
기) 같은 미처 파악하지 못했던 가려진 역사를 끌어내기도 한다.

4 영화는 주로 허구를 다루기 때문에 역사 서술과는 거리가 있
다고 보는 사람도 있다. 왜냐하면 역사가들은 일차적으로 사실을
기록한 자료에 기반해서 연구를 펼치기 때문이다. <u>또한</u> 역사가는
㉠ 자료에 기록된 사실이 허구일지도 모른다는 의심을 버리지 않
고 이를 확인하고자 한다. <u>그러나</u> 문헌 기록을 바탕으로 하는 역
사 서술에서도 허구가 배격되어야 할 대상만은 아니다. 역사가는
㉡ 허구의 이야기 속에서 그 안에 반영된 당시 시대적 상황을 발
견하여 사료로 삼으려고 노력하기도 한다. 지어낸 이야기는 실제
있었던 사건에 대한 기록이 아니지만 사고방식과 언어, 물질문
화, 풍속 등 다양한 측면을 반영하며, 작가의 의도와 상관없이 혹
은 작가의 의도 이상으로 동시대의 현실을 전달해 주기도 한다.
어떤 역사가들은 허구의 이야기에 반영된 사실을 확인하는 것에
서 더 나아가 ㉢ 사료에 직접적으로 나타나지 않은 과거를 재현
하기 위해 허구의 이야기를 활용하여 사료에 기반한 역사적 서술
을 보완하기도 한다. 역사가가 허구를 활용하는 것은 실제로 존
재했던 과거에 접근하고자 하는 고민의 결과이다.

5 영화는 허구적 이야기에 역사적 사실을 담아냄으로써 새
로운 사료의 원천이 될 뿐 아니라, 대안적 역사 서술의 가능
성까지 지니고 있다. 영화는 공식 제도가 배제했던 역사를
사회에 되돌려 주는 '아래로부터의 역사'의 형성에 기여한다.
(평범한 사람들의 회고나 증언, 구전 등)의 비공식적 사료를
[A] 토대로 영화를 만드는 작업은 빈번하게 이루어지고 있다. <u>그
리하여</u> 영화는 (하층 계급, 피정복 민족처럼) 역사 속에서 주
변화된 집단의 묻혀 있던 목소리를 표현해 낸다. 이렇듯 영
화는 공식 역사의 대척점에서 활동하면서 역사적 의식 형성
에 참여한다는 점에서 역사 서술의 한 주체가 된다.

---

01 [내용 전개 방식] **답 ④**

〈발문〉 윗글의 내용 전개 방식으로 가장 적절한 것은?

① 역사의 ~~개념~~을 밝히면서 영화와 역사 간의 ~~공통점과 차이점~~을
비교하고 있다. ✕

▶ 역사의 개념을 밝히지 않았고, 영화와 역사 간의 공통점과 차이점도 비교
하고 있지 않아요.

② 영화의 변천 과정을 ~~통시적으로~~ 밝혀 사료로서 영화가 지닌 의
의를 강조하고 있다. ✕

▶ 변천 과정을 통시적으로 밝힌다는 것은 시간의 흐름에 따라 영화의 변천
과정을 살펴본다는 것을 의미해요. 그런데 지문에서 영화의 변천 과정을 시간

순으로 다루고 있지는 않죠? 그러므로 적절하지 않아요.

③ ~~역사에 대한~~ 서로 다른 견해를 대조하여 사료로서 영화가 지닌
~~한계를 비판~~하고 있다. ✕

▶ 역사에 대한 서로 다른 견해를 대조하는 것이 아니라, 역사 서술에 대한 서
로 다른 견해를 대조하고 있어요. 4문단에 역사 서술에서 허구를 배격해야 한
다는 입장과, 허구도 사료로 삼을 수 있다는 서로 다른 견해가 나와 있죠. 또
한 사료로서 영화가 지닌 한계를 비판하고 있지도 않아요. 오히려 허구도 사
료로 삼을 수 있다며 사료로서 영화가 지닌 가치를 인정하고 있어요.

④ 영화의 사료로서의 특성을 밝히면서 역사 서술로서 영화가 지
닌 가능성을 제시하고 있다. ○

▶ 2문단에서 영화는 도상적·지표적 기호의 특성을 지니고 있어 역사를 증언
하는 사료로서의 특성을 가지고 있다고 하였어요. 또한 마지막 문단에서는 영
화가 지닌 대안적 역사 서술의 가능성을 제시하고 있어요.

⑤ 다양한 영화의 ~~유형별 장단점을 분석~~하여 영화가 역사 서술의
대안이 될 수 있는지에 대해 평가하고 있다. ✕

▶ 영화가 역사 서술의 대안이 될 수 있는지에 대해서는 서술하고 있지만, 다
양한 영화의 유형별 장단점을 분석하고 있지는 않아요.

---

02 [내용 이해] **답 ③**

〈발문〉 윗글에 대한 이해로 가장 적절한 것은?

① 개인적 기록은 사료로 활용하기에 ~~적절하지 않다~~. ✕

▶ 1문단에서 개인적 기록인 일기, 편지 등도 사료로 활용될 수 있다고 했어요.

> **근거 찾기**
>
> **1** 평범한 사람들의 삶의 모습을 중점적인 주제로 다루었던 미시사
> 연구에서 재판 기록, 일기, 편지, 탄원서, 설화집 등의 이른바 '서사
> 적' 자료에 주목한 것도 사료 발굴을 위한 노력의 결과이다.

② 역사가가 활용하는 공식적 문헌 사료는 ~~매개를 거치지 않은~~ 과
거의 사실이다. ✕

▶ 1문단에서 매개를 거치지 않은 채 손실되지 않은 과거와 만날 수 없다고 했
어요. 역사가는 이처럼 과거의 사실과 직접 만나는 것이 불가능하기 때문에 사
료를 매개로 과거와 만나는 거예요.

> **근거 찾기**
>
> **1** 사료는 과거를 그대로 재현하는 것은 아니기 때문에 불완전하다.
> 사료의 불완전성은 역사 연구의 범위를 제한하지만, 그 불완전성 때
> 문에 역사학이 학문이 될 수 있으며 역사는 끝없이 다시 서술된다. 매
> 개를 거치지 않은 채 손실되지 않은 과거와 만날 수 있다면 역사학이
> 설 자리가 없을 것이다.

③ 기존의 사료를 새로운 방향에서 파악하는 것은 사료의 발굴이
라고 할 수 있다. ○

▶ 1문단에서 역사가들은 새로운 사료를 발굴하기 위해 노력하는데, 알려지지
않았던 사료를 찾아내기도 하지만, 기존의 사료를 새로운 방향에서 파악하기
도 한다고 했어요. 따라서 기존의 사료를 새로운 방향에서 파악하는 것 역시
사료의 발굴이라고 할 수 있어요.

> **근거 찾기**
>
> **1** 역사가들은 새로운 사료를 발굴하기 위해 노력한다. 알려지지 않았
> 던 사료를 찾아내기도 하지만, 중요하지 않게 여겨졌던 자료를 새롭게
> 사료로 활용하거나 기존의 사료를 새로운 방향에서 파악하기도 한다.

④ 문헌 사료의 언어는 다큐멘터리 영화의 이미지에 비해 지시 대
상에 대한 ~~지표성이 강하다~~. ✕

▶ '지표'는 '방향이나 목적, 기준 따위를 나타내는 표지'를 뜻해요. 말이 조금
어려운데, 좀 더 쉽게는 '무언가를 나타내는 표시나 특징'이라고 할 수 있어요.
단어의 뜻을 정확히 몰라도 풀 수 있지만, 뜻을 알면 문제를 더 수월하게 풀

수 있기 때문에 모르는 단어는 사전을 찾아보고 그 뜻과 쓰임새를 익혀 두는
버릇을 들이는 것이 좋아요.
2문단에서 문헌 사료의 언어는 추상화된 상징적 기호인 반면, 영화는 그 자체
로 물질성을 띤다고 했어요. 또한 영화의 이미지는 지표적 기호라고도 했죠.
따라서 문헌 사료의 언어는 다큐멘터리 영화의 이미지에 비해 지표성이 약하
다고 볼 수 있어요.

> **근거 찾기**
>
> ❷ 역사가들이 주로 사용하는 문헌 사료의 언어는 대개 지시 대상과
> 물리적·논리적 연관이 없는 추상화된 상징적 기호이다. 반면 영화는
> 카메라 앞에 놓인 물리적 현실을 이미지화하기 때문에 그 자체로 물
> 질성을 띤다. 즉, 영화의 이미지는 닮은꼴로 사물을 지시하는 도상적
> 기호가 된다. 광학적 메커니즘에 따라 피사체로부터 비롯된 영화의
> 이미지는 그 피사체가 있었음을 지시하는 지표적 기호이기도 하다.

⑤ 카메라를 매개로 얻어진 영화의 이미지는 지시 대상과 닮아 있
다는 점에서 ~~상징적 기호~~이다. ✕

▶ 영화의 이미지는 지시 대상과 닮아 있다는 점에서 도상적 기호라고 했어
요. 추상화된 상징적 기호의 특징을 지니는 것은 영화가 아니라 문헌 사료의
언어예요.

> **근거 찾기**
>
> ❷ 역사가들이 주로 사용하는 문헌 사료의 언어는 대개 지시 대상과
> 물리적·논리적 연관이 없는 추상화된 상징적 기호이다. 반면 영화는
> 카메라 앞에 놓인 물리적 현실을 이미지화하기 때문에 그 자체로 물
> 질성을 띤다. 즉, 영화의 이미지는 닮은꼴로 사물을 지시하는 도상적
> 기호가 된다.

03 [구체적 사례에 적용] 답 ①

**〈발문〉 ㉮, ㉯의 사례로 적절한 것만을 〈보기〉에서 있는 대로 찾아 바
르게 짝지은 것은?**

▶ ㉮ '허구의 이야기 속에서 그 안에 반영된 당시 시대적 상황을 발견하여 사
료로 삼으려고 노력하기도 한다.'는 허구의 이야기 안에 담긴 역사적 사실을
찾아 사료로 활용하는 경우이고, ㉯ '사료에 직접적으로 나타나지 않은 과거
를 재현하기 위해 허구의 이야기를 활용하여 사료에 기반한 역사적 서술을 보
완하기도 한다.'는 허구의 이야기를 직접 활용해 사료로 사용하는 경우예요.

〈보기〉

ㄱ. 조선 후기 유행했던 판소리를 자료로 활용하여 당시 음식 문화의
실상을 파악하고자 했다.

▶ 판소리라는 허구의 이야기 안에 담긴 음식 문화를 찾아 사료로 활용
했기 때문에 ㉮에 해당해요.

ㄴ. B.C. 3세기경에 편찬된 것으로 알려진 경전의 일부에 사용된 어
휘를 면밀히 분석하여, 그 경전의 일부가 후대에 첨가되었을 가
능성을 검토했다.

▶ 경전을 사료로 활용한 경우인데, 경전은 허구의 이야기가 아니라 문
헌 사료이기 때문에 ㉮와 ㉯ 모두에 해당하지 않아요.

ㄷ. 중국 명나라 때의 상거래 관행을 연구하기 위해 명나라 때 유행
한 다양한 소설들에서 상업 활동과 관련된 내용을 모아 공통된 요
소를 분석했다.

▶ 허구의 이야기인 다양한 소설들에서 상업 활동과 관련된 내용을 찾아
사료로 활용했기 때문에 ㉮에 해당해요.

ㄹ. 17세기의 사건 기록에서 찾아낸 한 평범한 여성의 삶에 대한 역
사서를 쓰면서 그 여성의 심리를 묘사하기 위해 같은 시대에 나
온 설화집의 여러 곳에서 문장을 차용했다.

▶ 설화집이라는 허구의 이야기를 직접 활용해 역사적 서술을 보완하며
사료로 사용했기 때문에 ㉯에 해당해요.

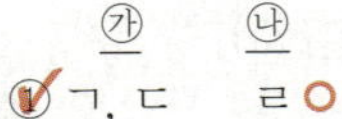

    ㉮   ㉯
✓① ㄱ, ㄷ   ㄹ ○

04 [비판적 이해] 답 ⑤

**〈발문〉 ㉠ '자료에 기록된 사실이 허구일지도 모른다는 의심을 버리지
않고 이를 확인하고자 한다.'에 나타난 역사가의 관점에서 [A]를 비판
한 내용으로 가장 적절한 것은?**

▶ [A]는 사료로서 영화가 지닌 가치에 대해 서술하고 있어요. 반면 ㉠은 자료
에 기록된 사실이 허구일 수 있다는 의심을 계속해서 가져야 한다는 내용이
죠. 따라서 ㉠의 관점에서 [A]를 비판하자면, '영화에 담긴 사실이 허구일 수도
있다는 의심을 해야 한다!'라고 말할 수 있어요. 이와 비슷한 내용을 담고 있는
선택지가 답이 되겠네요. 발문을 읽을 때 머릿속에서 이런 생각을 하면서 문
제를 풀면 문제 푸는 속도는 물론 정확도도 올라갈 거예요.

① 영화는 많은 사실 정보를 담고 있기 때문에 사료로서의 가능성
을 가지고 있다. ✕

▶ ㉠의 관점이라면 영화의 사료적 가치에 대해 비판적으로 접근해야 하는데,
이 선택지는 영화의 사료적 가치를 긍정하고 있어요. 따라서 적절하지 않아요.

② 하층 계급의 역사를 서술하기 위해서는 영화와 같이 허구를 포
함하는 서사적 자료에 주목해야 한다. ✕

▶ ㉠에서는 자료에 기록된 사실이 허구일 수도 있다는 의심을 버리지 말아야
한다고 했어요. 하지만 이 선택지는 허구를 포함하는 서사적 자료에 주목해야
한다고 했으니 ㉠의 관점과는 정반대의 입장이에요.

③ 영화가 늘 공식 역사의 대척점에 있는 것은 아니며, 공식 역사
의 입장에서 지배적 이데올로기를 선전하는 수단으로 활용되
곤 한다. ✕

▶ 영화가 지배적 이데올로기를 선전하는 수단으로 활용되곤 한다는 주장은
[A]를 비판하는 내용으로 쓰일 수 있으나, ㉠과는 관련 없는 내용이에요.

④ 주변화된 집단의 목소리는 그 집단의 이해관계를 반영하기 때
문에 그것에 바탕을 둔 영화는 주관에 매몰된 역사 서술일 뿐
이다. ✕

▶ 영화가 주관에 매몰된 역사 서술이라는 주장은 선택지 ③과 마찬가지로 [A]
를 비판하는 내용이기는 하지만, ㉠과는 관련이 없어요. ㉠은 자료에 기록된
사실이 허구인지 아닌지에 주목하는 것이지, 집단의 이해관계나 주관적인 판
단 등을 비판하는 것이 아니에요.

✓⑤ 기억이나 구술 증언은 거짓이거나 변형될 가능성이 있기 때문
에 다른 자료와 비교하여 진위 여부를 검증한 후에야 사료로 사
용이 가능하다. ○

▶ [A]에서는 평범한 사람들의 회고나 증언, 구전 등 비공식적 사료를 토대로
영화를 만드는 작업이 빈번하게 이루어진다고 했어요. 그런데 ㉠은 자료에 기
록된 사실이 허구일 수 있다는 의심을 해야 한다는 입장이기 때문에, 영화에
담긴 기억이나 구술 증언이 허구가 아닌지 진위 여부를 검증해야 사료로 가능
하다고 말할 수 있어요.

> **근거 찾기**
>
> ❺ 평범한 사람들의 회고나 증언, 구전 등의 비공식적 사료를 토대로
> 영화를 만드는 작업은 빈번하게 이루어지고 있다.

05 [구체적 사례에 적용] 답 ②

**〈발문〉 윗글을 바탕으로 〈보기〉를 이해한 내용으로 적절하지 않은 것
은? [3점]**

〈보기〉

1982년 작 영화 「마르탱 게르의 귀향」은 16세기 중엽 프랑스 농촌의
보통 사람들 간의 사건에 관한 재판 기록을 토대로 한다. 당시 사건
의 정황과 생활상에 관한 고증을 맡은 한 역사가는 영화 제작 이후 재

판 기록을 포함한 다양한 문서들을 근거로 동명의 역사서를 출간했다. 1993년, 영화 「마르탱 게르의 귀향」은 19세기 중엽 미국을 배경으로 하여 허구적 인물과 사건으로 재구성한 영화 「서머스비」로 탈바꿈되었다. 두 작품에서는 여러 해 만에 귀향한 남편이 재판 과정에서 가짜임이 드러난다. 전자는 당시 생활상을 있는 그대로 복원하는 데 치중했다. 반면 후자는 가짜 남편을 마을에 바람직한 변화를 가져온 지도자로 묘사하면서 미국 근대사를 긍정적으로 평가하고자 하는 대중의 욕망을 반영했다.

① 「서머스비」에 반영된, 미국 근대사를 긍정적으로 평가하려는 대중의 욕망은 영화가 제작된 당시 사회의 집단적 무의식에 해당하는군. ○

▶ 역사가는 영화 속에서 당시 대중이 공유하던 욕망 등 집단적 무의식을 끌어낼 수 있다고 했어요. 〈보기〉에서 「서머스비」에 담긴 미국 근대사를 긍정적으로 평가하고자 하는 대중의 욕망 역시 당시 사회의 집단적 무의식으로 볼 수 있어요.

> 근거 찾기

3 역사가는 영화 속에 나타난 풍속, 생활상 등을 통해 역사의 외연을 확장할 수 있다. 나아가 제작 당시 대중이 공유하던 욕망, 강박, 믿음, 좌절 등의 집단적 무의식과 더불어 이상, 지배적 이데올로기 같은 미처 파악하지 못했던 가려진 역사를 끌어내기도 한다.

② 실화에 바탕을 둔 영화 「마르탱 게르의 귀향」을 가공의 인물과 사건으로 재구성한 「서머스비」에서는 영화에 대한 역사적 독해를 시도하기 어렵겠군. ✕

▶ 역사가는 허구의 이야기도 사료로 삼을 수 있어요. 따라서 실화에 바탕을 둔 영화를 가공의 인물과 사건으로 재구성했다 하더라도 영화에 담긴 사고방식, 언어, 물질문화, 풍속 등 다양한 측면에 대해 역사적 독해를 시도할 수 있어요.

> 근거 찾기

4 역사가는 허구의 이야기 속에서 그 안에 반영된 당시 시대적 상황을 발견하여 사료로 삼으려고 노력하기도 한다. 지어낸 이야기는 실제 있었던 사건에 대한 기록이 아니지만 사고방식과 언어, 물질문화, 풍속 등 다양한 측면을 반영하며, 작가의 의도와 상관없이 혹은 작가의 의도 이상으로 동시대의 현실을 전달해 주기도 한다.

③ 영화 「마르탱 게르의 귀향」은 실제 사건의 재판 기록을 토대로 제작됐지만, 그 속에도 역사에 대한 영화인 나름의 시선이 표현 기법으로 나타났겠군. ○

▶ 역사를 소재로 한 영화라도 영화인은 자기 나름의 시선을 서사와 표현 기법으로 녹여내어 역사를 비평할 수 있다고 했어요. 따라서 〈보기〉에서 영화 「마르탱 게르의 귀향」은 실제 사건의 재판 기록을 토대로 제작됐지만, 그 속에도 영화인 나름의 시선이 표현 기법으로 나타났을 거예요.

> 근거 찾기

3 영화인은 자기 나름의 시선을 서사와 표현 기법으로 녹여내어 역사를 비평할 수 있다.

④ 영화 「마르탱 게르의 귀향」은 역사적 고증에 바탕을 두고 당시 사건과 생활상을 충실히 재현하기 위해 노력했다는 점에서 개연적 역사 서술 방식에 가깝겠군. ○

▶ 역사 영화는 역사적 고증에 충실한 개연적 역사 서술 방식, 또는 상상력에 의존해 가공의 인물과 사건을 덧대는 상상적 역사 서술 방식을 취할 수 있어요. 〈보기〉에서 영화 「마르탱 게르의 귀향」은 역사적 고증에 바탕을 두었기 때문에 개연적 역사 서술 방식에 가깝고, 영화 「서머스비」는 가공의 인물과 사건으로 재구성했기 때문에 상상적 역사 서술 방식에 가깝다고 할 수 있어요.

> 근거 찾기

3 역사를 소재로 한 역사 영화는 역사적 고증에 충실한 개연적 역사 서술 방식을 취할 수 있다. 혹은 역사적 사실을 자원으로 삼되 상상력에 의존하여 가공의 인물과 사건을 덧대는 상상적 역사 서술 방식을 취할 수도 있다.

⑤ 역사서 「마르탱 게르의 귀향」은 16세기 프랑스 농촌의 평범한 사람들의 삶의 모습을 서사적 자료에 근거하여 다루었다는 점에서 미시사 연구의 방식을 취했다고 볼 수 있군. ○

▶ 미시사 연구는 재판 기록, 일기, 편지, 탄원서, 설화집 등 서사적 사료에 근거해 평범한 사람들의 삶의 모습을 다룬다고 했어요. 그런 점에서 역사서 「마르탱 게르의 귀향」도 미시사 연구의 방식을 취했다고 볼 수 있어요.

> 근거 찾기

1 평범한 사람들의 삶의 모습을 중점적인 주제로 다루었던 미시사 연구에서 재판 기록, 일기, 편지, 탄원서, 설화집 등의 이른바 '서사적' 자료에 주목한 것도 사료 발굴을 위한 노력의 결과이다.

01 ③   02 ①   03 ②

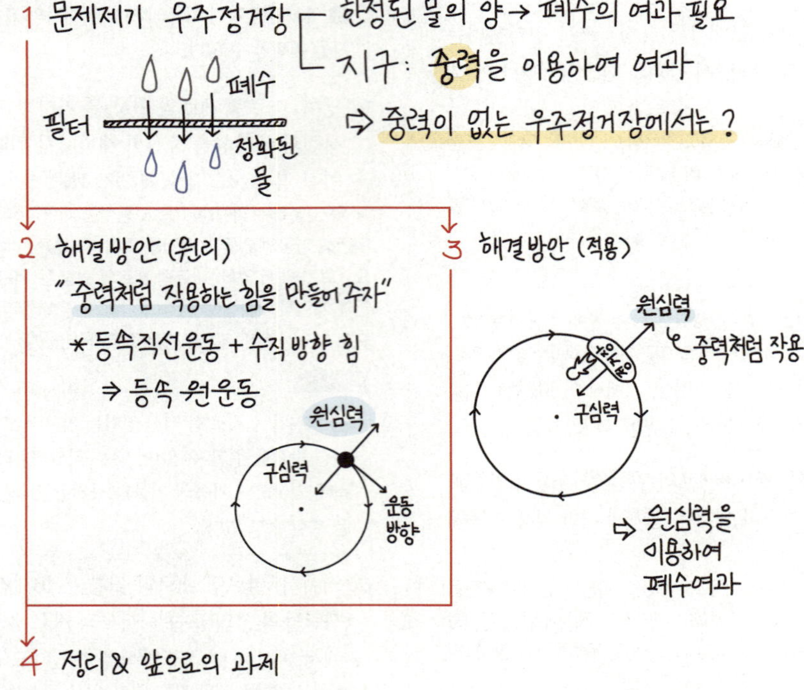

| 문장은 정교하게 & 문단은 정리하며 |

❶ 인간의 몸은 약 70%의 물로 구성되며, 물은 영양소와 산소를 몸 전체에 운반하고 노폐물을 (소변, 땀 등)을 통해 몸 밖으로 내보낸다. 이러한 물이 절대적으로 한정된 달 기지나 우주정거장에서는 버려진 물을 여과하여 사용해야 한다. 물을 지구에서 우주로 실어 나르기에는 너무 큰 비용이 발생하기 때문이다. 일반적으로 중력이 작용하는 지구에서는 폐수가 필터를 통해 아래로 이동하며 여과된다. 달 기지에서도 물이 아래로 흘러 필터를 통과하지만, 중력이 낮아 그 속도가 매우 느리다. 그렇다면 중력이 거의 없는 우주정거장에서는 어떻게 폐수를 여과할까?
▶ 중력이 거의 없는 우주정거장에서 폐수를 여과하는 방법에 대한 의문

❷ 가장 좋은 방법은 중력처럼 작용하는 힘을 만들어 주는 것이다. 뉴턴의 운동 법칙에 의하면, 외부의 힘이 작용하지 않을 때 운동하는 물체는 등속직선운동을 한다. 물체의 운동 방향을 바꾸려면 외부의 힘이 필요하다. 그리고 운동 방향에 수직으로 일정한 크기의 외부 힘이 작용하면 물체는 등속원운동을 하게 된다. 이렇게 원의 중심 방향으로 작용하여 원운동을 유지하는 힘이 구심력이다. 구심력과 반대 방향인 원심력은 원운동을 하는 물체가 중심 밖으로 나가려는 가상의 힘으로, 어떤 힘이 존재하는 것이

아니라 물체가 등속직선운동하려는 관성에 의한 효과이다. 그리고 사람이 회전하는 물체 안에 있다면 원심력을 중력처럼 인식하게 된다.
▶ 해결 방안(원리) : 중력처럼 작용하는 힘(원심력)을 만들면 됨

❸ 중력이 거의 없는 우주 공간에서는 이 원심력을 이용해 물을 여과할 수 있다. 회전하는 우주정거장의 외곽에 거주하는 우주인은 등속직선운동을 하려는 관성을 가지고 있다. 회전하는 우주정거장은 우주인을 나가지 못하게 잡아두고, 우주인은 원심력을 정거장의 바깥에서 자신을 끌어당기는 중력처럼 인식하게 된다. 폐수에도 원심력이 작용할 것이고, 이 힘을 이용해 지구에서처럼 폐수를 여과할 수 있다. 즉 수만 명이 살아갈 거대한 우주 거주 시설은 다량의 폐수를 정화해야 하고 이를 위해서는 회전 운동을 통해 원심력을 만들어 내야 한다.
▶ 해결 방안(적용) : 원심력을 이용하여 폐수를 여과함

❹ 이렇듯 우리가 알고 있는 물체의 운동과 힘, 운동 방향 등의 원리를 이해하면, 인간이 생존하기 힘든 우주 공간에서도 살아갈 수 있는 것이다. 문제는 거대한 우주정거장을 어떻게 만들고, 회전시킬 것이냐 하는 것이다. 우리의 미래 세대가 영화 속의 우주정거장을 건설할 날을 기대한다.
▶ 앞으로의 과제 : 거대한 우주정거장을 어떻게 만들고 회전시킬 것인가?

회전하는 우주정거장에서 발생하는 힘

여러분의 이해를 돕기 위해, 그림을 가져와 봤어요.

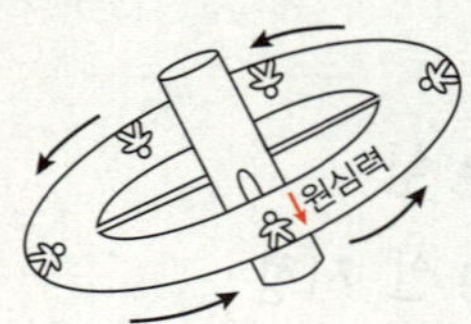

회전하는 도넛 형태의 우주정거장에서 원심력은 바깥 방향으로 작용해요. 그래서 우주정거장 안에서는 머리가 도넛의 중심부로 향하고, 발이 바깥쪽으로 향하게 돼요. 지구에서는 발이 지구의 안쪽으로 향하잖아요? 방향이 지구와는 정반대인 거죠. 그래서 여러분들이 헷갈렸을 수 있어요. 그림을 보니까 이해가 되죠?

01 [내용 전개 방식] 답 ③

〈발문〉 윗글의 논지 전개 방식을 〈보기〉에서 모두 고른 것은?

〈보기〉

ㄱ. 다른 대상과의 비교를 통해 가설을 입증하고 있다. ✕
▶ 1문단에서 지구와 달 기지, 우주정거장을 비교하여 설명한 건 맞아요. 하지만 가설은 '어떤 문제에 대해 임의로 설정한 가정'이고, 가설이 맞는지 증명하는 것을 '입증'이라고 하는데, 지문은 가설을 입증하는 내용이 아니에요.

ㄴ. 과학적 원리를 적용하여 해결 방안을 제시하고 있다. O
▶ 중력이 거의 없는 우주정거장에서는 중력을 이용해 폐수를 여과할 수 없어요. 이러한 문제에 대해, 물체의 원운동과 관련된 과학적 원리를 적용하여 해결 방안을 제시하고 있어요.

ㄷ. 예상되는 상황을 제시하여 독자의 관심을 유도하고 있다. O
▶ 아직 현실화되지 않은 우주정거장에서 생길 수 있는 상황, 즉, 물이 한정된 우주정거장에서 발생할 수 있는 상황을 제시하여 독자의 관심을 유도하고 있어요.

ㄹ. 통념의 문제점을 지적하고 새로운 이론을 주장하고 있다. ✕
▶ '통념'이란 일반적으로 널리 통하는 개념을 가리키는데, 지문에서는 통념의 문제점을 지적하지 않았어요. 또 지문에 제시된 과학적 원리를 새로운 이론이라고 보기도 어려워요.

③ ㄴ, ㄷ

02 [내용 이해] 답 ①

〈발문〉 윗글을 통해 알 수 있는 내용으로 적절하지 않은 것은?

① 원심력은 물체의 회전 운동을 발생시킨다. ✕
▶ 2문단에서 운동 방향에 수직으로 일정한 크기의 외부 힘이 작용하면 물체가 등속원운동을 하게 되는데, 이때 원의 중심 방향으로 작용하는 힘이 구심력, 그와 반대 방향으로 작용하는 힘이 원심력이라고 했어요. 따라서 원심력이 물체의 회전 운동을 발생시키는 것이 아니라, 반대로 물체의 회전 운동이 원심력을 발생시킨다고 할 수 있어요. 원인과 결과를 바꿔 쓴 선택지인데, 이런 종류의 선택지는 언뜻 보면 맞는 말처럼 보이기 쉬워요. 따라서 인과 관계, 선후 관계가 나오면 유심히 살펴서 이런 함정에 빠지지 않도록 해야 해요.

2 운동 방향에 수직으로 일정한 크기의 외부 힘이 작용하면 물체는 등속원운동을 하게 된다. 이렇게 원의 중심 방향으로 작용하여 원운동을 유지하는 힘이 구심력이다. 구심력과 반대 방향인 원심력은 원운동을 하는 물체가 중심 밖으로 나가려는 가상의 힘으로, 어떤 힘이 존재하는 것이 아니라 물체가 등속직선운동하려는 관성에 의한 효과이다.

② 중력의 크기는 물의 여과 속도에 영향을 미친다. O

1 달 기지에서도 물이 아래로 흘러 필터를 통과하지만, 중력이 낮아 그 속도가 매우 느리다.

③ 물체의 운동 방향이 변하려면 외부의 힘이 있어야 한다. O

2 물체의 운동 방향을 바꾸려면 외부의 힘이 필요하다.

④ 회전하는 물체 안의 사람은 원심력을 중력처럼 인식한다. O

2 사람이 회전하는 물체 안에 있다면 원심력을 중력처럼 인식하게 된다.

⑤ 지구에서 물이 흐르는 이유는 중력이 존재하기 때문이다. O
▶ 1문단에서 중력이 작용하는 지구에서는 폐수가 필터를 통해 아래로 이동하며 여과된다고 했어요. 따라서 지구에서 물(폐수)이 아래로 흐르는 이유는 중력 때문임을 알 수 있어요.

1 일반적으로 중력이 작용하는 지구에서는 폐수가 필터를 통해 아래로 이동하며 여과된다.

03 [구체적 사례에 적용] 답 ②

〈발문〉 윗글의 내용으로 볼 때, 〈보기〉의 '물'의 이동 방향으로 적절한 것은? [3점]

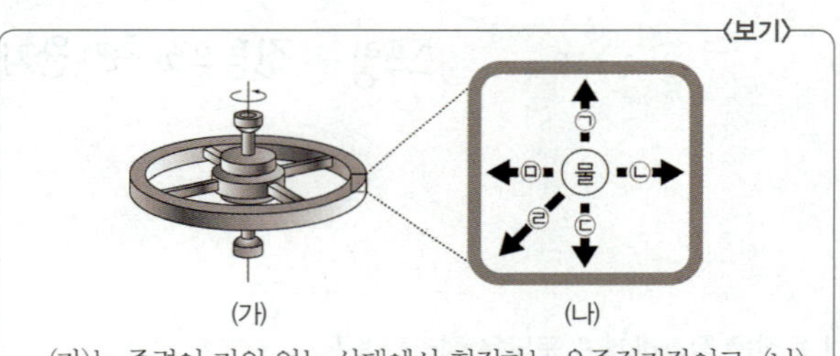

(가)는 중력이 거의 없는 상태에서 회전하는 우주정거장이고, (나)는 (가)의 외곽에 있는 구조물의 종단면이다.

① ㉠ ② ㉡ ③ ㉢
④ ㉣ ⑤ ㉢

▶ 회전하는 우주정거장에서는 원심력을 중력처럼 인식하게 된다고 했어요. 또한 원심력은 구심력과 반대 방향으로 작용한다고 하였으므로, 〈보기〉의 물은 원심력이 작용하는 방향인 원의 바깥쪽으로 이동할 거예요.

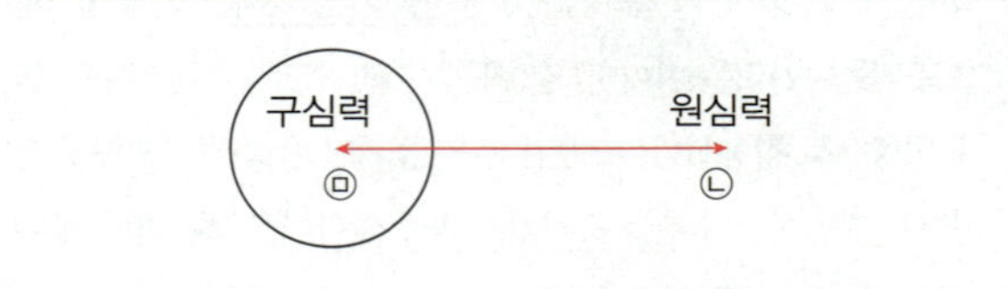

01 ③   02 ⑤   03 ⑤   04 ②   05 ②

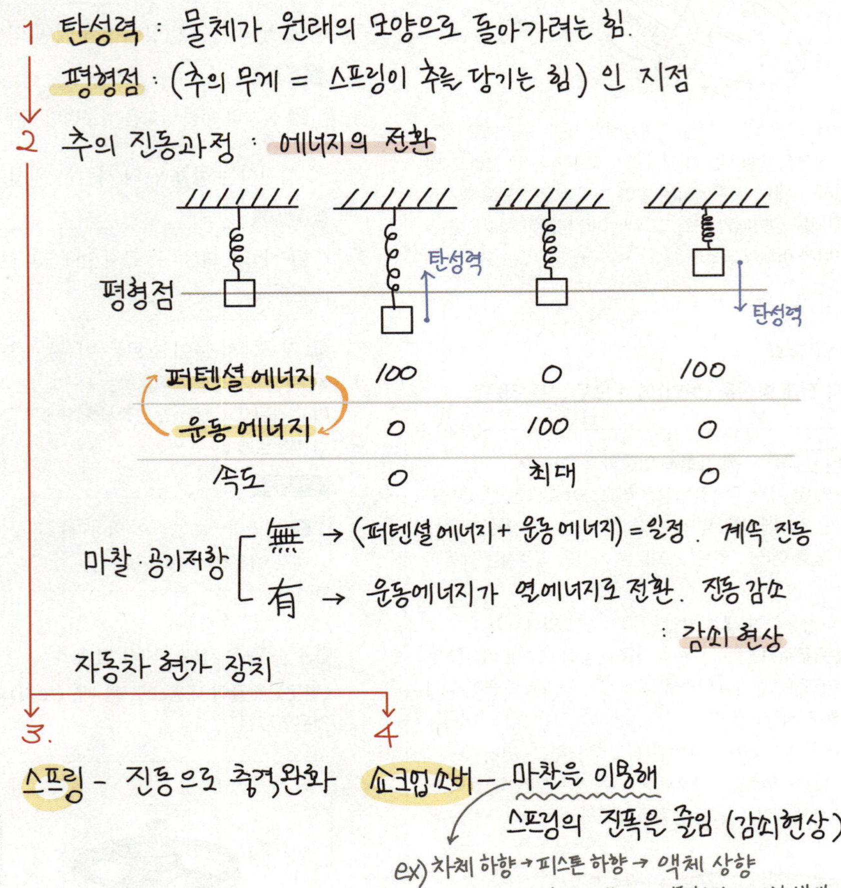

| 문장은 정교하게 & 문단은 정리하며 |

❶ 선반에 고정된 스프링 끝에 추를 매달면 추의 무게와 스프링이 추를 당기는 힘이 같아지는 지점에서 추는 멈추게 된다. 이 상태에서 추를 아래로 잡아당겨 보자. 추를 당기는 힘으로 인해 스프링은 늘어나는데 아래로 잡아당길수록 더 큰 힘이 필요하다. 이는 추를 당기는 힘에 대항하는 스프링의 탄성력 때문이다. 탄성력이란 (고무줄이나 스프링같이) 탄성을 가진 물체가 원래의 모양으로 되돌아가려는 힘이며, 길이를 늘이거나 압축하는 방향의 반대 방향으로 작용한다. 당겼던 추를 놓으면 탄성력에 의해 추는 상하로 진동하다가 추를 당기기 전과 동일한 지점에서 멈추게 된다. 이 지점을 평형점이라고 한다.   ▶ 탄성력과 평형점의 정의

❷ ⊙ 이러한 추의 진동 과정은 에너지의 전환 과정으로도 설명될 수 있다. 추를 잡아당길 때, 추를 잡아당기는 데에 사용한 에너지가 스프링에 저장되었다고 할 수 있는데 이때 저장된 에너지를 탄성력에 의한 '퍼텐셜 에너지'라고 한다. 당겼던 추를 놓으면 스프링은 탄성력에 의해 스프링에 저장된 퍼텐셜 에너지만큼 추를 수직 방향으로 상향, 가속시키는 일을 한다. 즉 스프링에 저장된 퍼텐셜 에너지가 추의 운동 에너지로 전환되는 것이다. 수직 상향하던 추는 평형점을 지날 때에 속력이 가장 빠르고 운동 에너지는 최대가 된다. 이후 추는 계속 상향하면서 스프링을 누르는 일을 하여 결국 속도가 0인 최고점에 도달하게 된다. 즉 평형점을 지나면서 추의 운동 에너지는 스프링의 퍼텐셜 에너지로 전환되는 것이다. 이후 스프링에 저장된 퍼텐셜 에너지는 상향으로 운동할 때와 방향이 반대일 뿐, 같은 과정을 거쳐 운동 에너지로 전환되어 추를 수직 하향하게 한다. 만약 추의 운동을 방해하는 힘이 없고 공기 저항 등으로 인한 손실이 전혀 없다고 가정한다면 이러한 에너지 전환 과정이 반복되면서 스프링과 추는 계속 진동하게 될 것이다. 즉 퍼텐셜 에너지와 운동 에너지의 합은 항상 일정한 상태로 유지되는 것이다. 하지만 실제로는 (공기와 스프링의 마찰 등)에 의해 추의 운동 에너지가 열에너지로 전환되므로 에너지 전환 과정이 반복될수록 진동은 점차적으로 줄기 마련이다. 이를 '감쇠 현상'이라고 한다.   ▶ 에너지의 전환으로 발생하는 추의 진동과 감쇠 현상

❸ 이와 같이 진동에서 일어나는 에너지 전환과, 감쇠의 원리를 적절히 응용한 것이 현가장치의 스프링과 쇼크업소버이다. 먼저
자동차가 주행 중 노면으로부터 바퀴를 통하여 받게 되는 충격을 흡수하여 차체나 화물의 손상을 방지하고 승차감을 좋게 하는 장치

차체와 바퀴 사이에 위치한 스프링은 진동을 활용하여 지면에서 받는 충격이 차체로 전달되는 것을 줄여 주는 역할을 한다. 예를 들어 ⓛ 평지를 달리던 자동차가 과속 방지턱을 지난 후 높이 변화가 없는 평지를 계속 달리고 있다고 하자. 과속 방지턱에서 받은 충격으로 스프링은 차체와 바퀴 사이에서 눌려 퍼텐셜 에너지가 스프링에 저장된다. 이 에너지로 인해 스프링은 스프링 상단의 차체를 밀어 올리는 일을 하게 된다. 따라서 차체는 수직으로 상향, 가속되다가 평형점을 지나 감속되면서 운동 에너지가 퍼텐셜 에너지로 완전히 전환되는 최고점에 이른다. 이후 차체는 하향, 가속되다가 평형점을 지나 최저점에 도달하게 된다. 이와 같은 에너지 전환이 반복되면서 차체와 스프링은 진동하게 되는 것이다. 하지만 스프링만으로는, 차체 진동의 평형점에서 최고점이나 최저점까지의 거리인 진폭을 줄이는 데 시간이 오래 걸리므로 차에 탄 사람에게 불쾌감을 주게 된다. 그래서 스프링의 진동을 줄여 주는 장치가 추가로 필요한데, 그것이 바로 스프링과 연결되어 있는 ⓒ 쇼크업소버이다. ▶ 현가장치의 개념 및 스프링의 역할과 작동 원리

이해력 UP

❹ 〈그림〉에서와 같이 쇼크업소버는 액체로 가득 찬 밀폐된 실린더와, 그 속에 여러 개의 작은 구멍이 뚫린 피스톤으로 구성되어 있으며 실린더의 윗부분은 차체, 아랫부분은 바퀴와 연결되어 있다. 자동차가 과속 방지턱을 지나 차체와 스프링이 진동할 때, 피

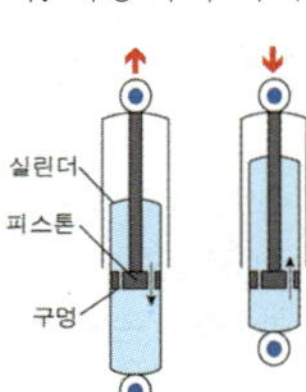

스톤도 실린더의 상단이나 하단으로 이동하게 된다. 예를 들어 차체가 수직으로 하향할 때 피스톤도 실린더의 하단으로 이동하게 된다. 이때 피스톤 아래에 있던 액체는 작은 구멍을 통해 피스톤 위로 이동하게 되는데 구멍의 크기가 작아 액체와 구멍 사이에서 마찰이 발생하기 때문에 피스톤이 하단으로 이동하는 속도가 그만큼 줄어들어 천천히 움직이게 된다. 이때 마찰에 의해 열이 발생하여 실린더 내부의 온도가 상승하게 되는데, 이를 에너지의 전환으로 설명하면 운동 에너지가 열에너지로 흩어지게 되는 것이다. 이와 같은 과정을 통해 쇼크업소버는 차체 진동의 진폭을 줄이게 된다. 결국 자동차의 승차감은 현가장치의 스프링과 쇼크업소버의 기능이 적절히 결합해 만들어지는 것이다. ▶ 쇼크업소버의 구성과 작동 원리 및 역할

4문단에 제시된 쇼크업소버의 작동 과정

이해력 UP

쇼크업소버(shock absorber)

쇼크업소버의 작동 원리를 그림을 함께 보며 이해해 볼까요? 우선 쇼크업소버는 액체로 가득 찬 밀폐된 실린더와, 그 속에 여러 개의 작은 구멍이 뚫린 피스톤으로 구성되어 있으며, 실린더의 윗부분은 차체, 아랫부분은 바퀴와 연결되어 있다고 했어요. 그리고 차체와 스프링이 진동할 때, '피스톤'도 실린더의 상단이나 하단으로 이동한다고 했죠. 사실 그림만 보면 실린더가 위아래로 움직이는 것처럼 보여요. 실린더 두 개를 모두 상단에 맞춰 배치하다 보니, 조금 오해할 만하지 않았나 싶어요. 그림을 다음과 같이, 하단에 맞춰 보면 이해가 좀 더 쉬울 거예요.

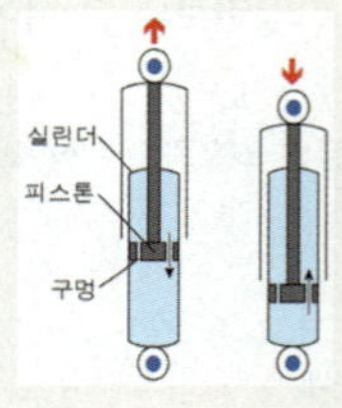

왼쪽 그림을 보면서 생각해 봅시다. 차체가 낮아지면 '피스톤'이 실린더의 하단으로 이동하고요, 이때 실린더 내부의 액체는 위로 올라가게 돼요. 작은 구멍으로 액체가 이동하다 보니 마찰이 생기게 되고, 그 마찰에 의해 운동 에너지가 열에너지로 전환돼요. 그 효과로 결국 차체의 진동이 줄어들게 되는 거예요.

01 [내용 이해] **답 ③**

〈발문〉 윗글의 표제와 부제로 가장 적절한 것은?

① 현가장치 스프링과 쇼크업소버의 역사 ✕
  – 에너지 전환 이론을 중심으로 ○
▶ 현가장치 스프링과 쇼크업소버의 역사는 제시되어 있지 않아요.

② 현가장치 스프링과 쇼크업소버의 역할 ○
  – 평형점의 이동 원리를 중심으로 ✕
▶ 3, 4문단에서 현가장치 스프링과 쇼크업소버의 역할에 대해서 다루고 있기 때문에 이걸 정답으로 고른 친구들도 있을 거예요. 하지만 평형점의 이동 원리는 다루고 있지 않기 때문에 오답입니다.

③ 현가장치 스프링과 쇼크업소버의 작동 원리 ○
  – 에너지 전환과 진동의 감쇠를 중심으로 ○
▶ 1, 2문단에서 에너지의 전환과 감쇠 현상에 대해 다룬 후, 이를 바탕으로 3, 4문단에서 현가장치 스프링과 쇼크업소버의 작동 원리에 대해 설명하고 있어요.

④ 현가장치 스프링과 쇼크업소버의 장점과 단점 ✕
  – 에너지의 발생과 감쇠를 중심으로 ✕
▶ 스프링의 경우, 역할과 한계점이 언급되어 있지만 이를 장점과 단점으로 보기는 어렵고 글의 핵심 내용도 아니에요. 쇼크업소버 역시 장점과 단점은 제시되어 있지 않아요. 또한 에너지의 발생이 아니라 전환을 다루고 있고요.

⑤ 현가장치 스프링과 쇼크업소버의 주요 기능 ○
  – 열에너지의 감소 과정을 중심으로 ✕
▶ 현가장치 스프링과 쇼크업소버의 주요 기능은 글에서 설명하고 있지만, 열에너지의 감소 과정은 다루고 있지 않아요.

02 [내용 이해] **답 ⑤**

〈발문〉 ⊙ 이러한 추의 진동 과정에 대한 이해로 적절하지 <u>않은</u> 것은?

① 스프링 대신 고무줄을 사용해도 유사한 현상이 발생할 것이다. ○
▶ ⊙ '이러한 추의 진동 과정'이 발생하는 이유는 탄성력 때문이에요. 그런데 1문단에서 탄성을 가진 물체를 설명할 때 스프링뿐만 아니라 고무줄도 함께 언급했기 때문에 고무줄을 사용해도 유사한 현상이 발생할 거예요.

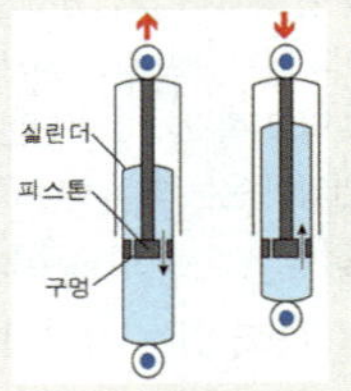

근거 찾기

❶ 탄성력이란 고무줄이나 스프링같이 탄성을 가진 물체가 원래의 모양으로 되돌아가려는 힘이며, 길이를 늘이거나 압축하는 방향의 반대 방향으로 작용한다.

② 추를 수직 하향으로 당기면 스프링의 탄성력은 수직 상향으로 작용한다. ○
▶ 탄성력은 길이를 늘이는 방향의 반대 방향으로 작용한다고 하였으므로, 추를 수직 하향으로 당기면 탄성력은 수직 상향으로 작용할 거예요.

근거 찾기

❶ 탄성력이란 고무줄이나 스프링같이 탄성을 가진 물체가 원래의 모양으로 되돌아가려는 힘이며, 길이를 늘이거나 압축하는 방향의 반대 방향으로 작용한다.

③ 추를 당겨서 스프링을 늘이려면 스프링의 탄성력보다 큰 힘이
필요하다. ○
▶ 스프링의 탄성력은 추를 당기는 힘에 대항하기 때문에 스프링의 탄성력보
다 큰 힘으로 추를 당겨야 스프링을 늘일 수 있어요.

> **❶** 추를 당기는 힘으로 인해 스프링은 늘어나는데 아래로 잡아당길
> 수록 더 큰 힘이 필요하다. 이는 추를 당기는 힘에 대항하는 스프링
> 의 탄성력 때문이다.

④ 추를 당겼다 놓은 후 추가 진동하다 멈추는 것은 공기의 저항
등에 따른 감쇠 현상 때문일 것이다. ○
▶ 공기와 스프링의 마찰 등에 의해 추의 운동 에너지가 열에너지로 전환되면
서 추의 진동은 점차 줄게 된다고 했어요. 그리고 이를 감쇠 현상이라고 설명
했죠.

> **❷** 실제로는 공기와 스프링의 마찰 등에 의해 추의 운동 에너지가 열
> 에너지로 전환되므로 에너지 전환 과정이 반복될수록 진동은 점차적
> 으로 줄기 마련이다. 이를 '감쇠 현상'이라고 한다.

⑤ 추를 잡아당겼다 놓으면 스프링의 진동은 ~~추를 당기기 전보다~~
~~높은 지점~~에서 결국 멈추게 될 것이다. ✕
▶ 추를 잡아당겼다 놓으면 추는 상하로 진동하다가 추를 당기기 전과 동일한
지점에서 멈추게 될 것이라고 했어요. 이 지점을 평행점이라고 했고요.

> **❶** 당겼던 추를 놓으면 탄성력에 의해 추는 상하로 진동하다가 추를
> 당기기 전과 동일한 지점에서 멈추게 된다. 이 지점을 평형점이라고
> 한다.

[03~04]

〈발문〉 〈보기〉는 윗글의 ㉣의 상황에서 나타난 차체의 진동을 그래프
로 표현한 것이다. 윗글과 〈보기〉를 바탕으로 03번과 04번 물음에 답
하시오.

* 차체의 운동을 방해하는 외부의 다른 힘은 작용하지 않으며, 현가
장치에 쇼크업소버가 설치되지 않은 상황이라고 가정한다.
* t_0은 자동차가 과속 방지턱을 지난 수 초 후이며, t_0에서 t_3까지 걸
린 시간은 3초이다.
▶ ㉣은 평지를 달리던 자동차가 과속 방지턱을 지난 후 높이 변화가 없
는 평지를 계속 달리고 있는 상황이에요. 현가장치 중 쇼크업소버는 설
치되어 있지 않고 스프링만 설치되어 있어요. 과속 방지턱에서 받은 충
격으로 인해 스프링에는 퍼텐셜 에너지가 저장될 거예요. 그리고 퍼텐셜
에너지가 운동 에너지로 전환되어 차체를 밀어 올리겠죠. 외부의 다른 힘
은 작용하지 않는다고 했으니, 이런 에너지 전환 과정이 반복되면서 차
는 올라갔다 내려갔다를 반복하겠네요. 참고로 그래프에 나타나 있는 '평
상시의 차체 높이'가 평형점을 뜻한다는 것도 파악할 수 있어야 해요.

03 [구체적 사례에 적용] **답 ⑤**

〈발문〉 윗글을 바탕으로 〈보기〉를 이해한 학생의 반응으로 적절하지
않은 것은? [3점]

① a는 차체 진동의 평형점으로, a에서의 차체의 수직 방향의 속
력은 d에서보다 더 빠르겠군. ○
▶ 당겼던 추를 놓으면 탄성력에 의해 추는 상하로 진동하다가 추를 당기기
전과 동일한 지점에서 멈추게 되는데 이 지점이 평형점이라고 했어요. 따라서
평상시의 차체 높이인 a는 평형점에 해당해요. 또한 평형점을 지날 때에 속력
이 가장 빠르다고 하였으므로, 차체 진동의 평형점인 a에서의 속력이 d에서보
다 빠를 것이라는 진술은 적절해요.

> **❷** 수직 상향하던 추는 평형점을 지날 때에 속력이 가장 빠르고 운동
> 에너지는 최대가 된다.

② b는 수직으로 운동하는 차체의 운동 에너지보다 스프링에 저
장된 퍼텐셜 에너지가 큰 지점이겠군. ○
▶ 스프링이 계속 올라가면 결국 제일 높은 지점에서 속도가 0이 돼요. 운동
에너지가 모두 퍼텐셜 에너지로 전환된 거죠. 그러므로 차체 진동의 최고점인
b가 차체의 운동 에너지보다 스프링에 저장된 퍼텐셜 에너지가 큰 지점이라
는 진술은 적절해요.

> **❷** 이후 추는 계속 상향하면서 스프링을 누르는 일을 하여 결국 속도
> 가 0인 최고점에 도달하게 된다. 즉 평형점을 지나면서 추의 운동 에
> 너지는 스프링의 퍼텐셜 에너지로 전환되는 것이다.

③ b와 c는 스프링이 수직 방향으로 움직이는 속도가 0이 되는 지
점이겠군. ○
▶ b는 운동 에너지가 전부 퍼텐셜 에너지로 전환되어 속도가 0이 되는 지점
이에요. 그리고 그렇게 축적된 퍼텐셜 에너지가 운동 에너지로 전환되면서 c로
갈수록 스프링이 눌리는 거예요. 물론 b와 c 사이의 평형점에서 운동 에너지
가 최대가 되고 그 이후엔 다시 운동 에너지가 퍼텐셜 에너지로 전환되면서 c에
서는 속도가 0이 돼요. 2문단에서는 추가 계속 상향하여 스프링이 눌리는 경
우를 중심으로 설명하고 있지만, 스프링이 하향할 때(늘어날 때)도 방향이 반
대일 뿐 같은 과정을 거친다고 했어요. 그러므로 방향이 반대인 최고점 b와 최
저점 c 모두 속도가 0이 되는 지점이라는 것을 알 수 있어요.

> **❷** 이후 추는 계속 상향하면서 스프링을 누르는 일을 하여 결국 속도
> 가 0인 최고점에 도달하게 된다. 즉 평형점을 지나면서 추의 운동 에
> 너지는 스프링의 퍼텐셜 에너지로 전환되는 것이다. 이후 스프링에
> 저장된 퍼텐셜 에너지는 상향으로 운동할 때와 방향이 반대일 뿐, 같
> 은 과정을 거쳐 운동 에너지로 전환되어 추를 수직 하향하게 한다.

④ c는 수직 하향하던 차체의 운동 에너지가 0이 되는 지점이겠
군. ○
▶ 선택지 ③ 해설에서 설명했듯이 평형점에서 운동 에너지가 최대가 되고 그
이후에는 스프링이 점차 눌리면서 운동 에너지가 퍼텐셜 에너지로 전환되죠.
그리고 속도가 0이 되는 c에서는 운동 에너지가 완전히 퍼텐셜 에너지로 전
환되어 운동 에너지는 0이 될 거예요. (선택지 ③ '근거 찾기' 참고)

⑤ d는 차체의 높이가 낮아지면서 탄성력에 의해 스프링이 ~~늘어~~
~~나고~~ 있는 지점이겠군. ✕
▶ d에서 차체의 높이가 낮아지고 있는 것은 맞아요. 하지만 탄성력에 의해 차
체가 낮아질 때 스프링은 당연히 차체와 바퀴 사이에서 눌리게 되겠죠? 그러
니까 d는 스프링이 늘어나고 있는 지점이 아니라 눌리고 있는 지점이에요.

04 [구체적 사례에 적용] **답** ②

〈발문〉〈보기〉의 상황에서 © 쇼크업소버를 추가로 설치했다고 할 때, 추론한 내용으로 적절하지 **않은** 것은?

▶ 〈보기〉의 상황에 © '쇼크업소버'의 원리를 적용하기 전에, 지문에서 설명한 쇼크업소버의 작동 원리부터 정리해 볼까요? 차체가 '하향'할 때 피스톤도 실린더의 '하단'으로 내려간다고 했어요. 이때 피스톤 아래에 있던 실린더 내부의 액체는 작은 구멍을 통해 피스톤의 '상단'으로 올라가요. 즉 차체와 피스톤은 같은 방향으로 움직이고, 액체는 반대 방향으로 움직이는 것이죠.
이렇게 액체가 이동함으로써 구멍과 마찰이 발생하고, 실린더 내부에 열이 발생하게 되는데, 그 과정에서 운동 에너지가 열에너지로 흩어지는 거예요. 이를 표로 정리해 보면 다음과 같아요.

차체가 상향할 때	차체가 하향할 때
피스톤 상향	피스톤 하향
액체 하향	액체 상향

① 차체의 높이가 a를 지날 때 ©의 피스톤은 실린더의 윗부분으로 이동하고 있을 것이다. O

▶ 차체의 높이가 a를 지날 때는 차체의 높이가 높아질 때를 의미하므로, 피스톤도 수직으로 상향할 거예요.

② 차체의 높이가 a에서 b가 되는 과정에서 ©의 피스톤 아래의 액체는 피스톤 위로 이동하게 될 것이다. ✕

▶ 차체의 높이가 a에서 b가 된다는 것은 차체가 높아진다는 것을 뜻하죠? 따라서 이때 피스톤 아래의 액체는 피스톤 위로 이동하는 것이 아니라 피스톤 아래로 이동하게 될 거예요.

③ 차체의 높이 변화라고 할 수 있는 b에서 c까지의 수직 거리는 ©의 실린더에서 발생한 마찰로 인해 시간이 흐를수록 감소하게 될 것이다. O

▶ 실린더 내부의 액체가 작은 구멍을 통해 이동하면서 마찰이 발생하고, 이로 인해 차체 진동의 진폭이 줄어든다고 했어요. b와 c까지의 수직 거리가 바로 차체 진동의 진폭이기 때문에, 그 거리가 시간이 흐를수록 감소한다는 설명은 적절해요.

> **근거 찾기**
>
> **3** 이와 같은 과정을 통해 쇼크업소버는 차체 진동의 진폭을 줄이게 된다.

④ 차체의 높이가 c를 지나게 되면 실린더의 아래쪽으로 이동하던 ©의 피스톤의 방향은 전환되었을 것이다. O

▶ 차체의 높이가 c를 지난다는 것은, 점차 낮아지던 차체가 다시 높아지기 시작한다는 뜻이죠. 그런데 차체와 피스톤은 동일한 방향으로 움직이므로, 차체의 방향이 전환되면 피스톤의 방향도 전환될 거예요.

⑤ 차체의 높이가 d일 때 ©의 피스톤 아래의 액체가 작은 구멍을 통과하면서 실린더 내부에는 열이 발생할 것이다. O

▶ 차체의 높이가 d라는 것은 차체가 낮아지고 있다는 뜻이에요. 피스톤도 같이 내려가고 있겠죠. 그리고 이때 피스톤 아래의 액체가 위로 올라가면서 구멍과 마찰을 일으켜 실린더 내부에 열이 발생할 거예요.

05 [내용 이해] **답** ②

〈발문〉윗글의 현가장치에 대해 이해한 내용으로 가장 적절한 것은?

① 스프링은 열을 탄성력으로 바꾸고, 쇼크업소버는 진동의 충격을 열로 바꾸는군. ✕

▶ 탄성력은 탄성을 가진 물체가 원래의 모양으로 되돌아가려는 힘이라고 했어요. 스프링은 그 자체로 탄성력을 가지고 있을 뿐, 열을 탄성력으로 바꾸는 것은 아니에요. 반면 쇼크업소버는 액체와 피스톤 사이에 마찰을 발생시키는데, 그 과정에서 운동 에너지가 열에너지로 흩어진다고 했어요. 이를 통해 진동의 진폭을 줄여 준다고 했지요. 따라서 쇼크업소버가 진동의 충격을 열로 바꾼다는 설명은 적절하다고 볼 수 있어요.

② 스프링은 충격이 차체로 전달되는 것을 줄여 주고, 쇼크업소버는 차체 진동의 진폭을 줄이는군. O

▶ 3, 4문단을 볼 때 스프링은 진동을 활용해 지면에서 받는 충격이 차체로 전달되는 것을 줄여 주고, 쇼크업소버는 차체 진동의 진폭을 줄인다는 것을 알 수 있어요.

> **근거 찾기**
>
> **3** 차체와 바퀴 사이에 위치한 스프링은 진동을 활용하여 지면에서 받는 충격이 차체로 전달되는 것을 줄여 주는 역할을 한다.
>
> **4** 이와 같은 과정을 통해 쇼크업소버는 차체 진동의 진폭을 줄이게 된다.

③ 스프링은 차체의 진동 방향을 바꾸고, 쇼크업소버는 차체 진동의 속도를 높이는 역할을 하는군. ✕

▶ 스프링과 쇼크업소버 모두 진동을 줄이기 위한 장치예요. 진동 방향을 바꾸거나 진동의 속도를 높이지 않죠. 진동의 속도를 높이면 진동이 심해져서 멀미가 날 거예요.

④ 스프링에서는 운동 에너지가 열에너지로 전환되고, 쇼크업소버에서는 열에너지가 운동 에너지로 전환되는군. ✕

▶ 스프링에서는 공기와의 마찰 때문에 운동 에너지가 열에너지로 전환된다고 했어요. 쇼크업소버도 액체와 피스톤 사이의 마찰을 이용해 운동 에너지를 열에너지로 전환하는데, 이를 반대로 설명하고 있으므로 적절하지 않아요.

⑤ 스프링에서는 공기와 스프링의 마찰을 늘려, 쇼크업소버에서는 액체와 피스톤의 마찰을 억제해서 열이 발생되는군. ✕

▶ 스프링에서 공기와의 마찰을 통해 열이 발생하는 것은 맞지만, 공기와 스프링의 마찰 자체를 늘려 열을 발생시킨다는 것은 적절하지 않아요. 그리고 쇼크업소버에서 액체와 피스톤의 마찰을 억제한다는 설명 역시 적절하지 않아요. 쇼크업소버에서는 오히려 마찰을 발생시켜서 열을 내는 거예요.

01 ⑤　　**02** ④　　**03** ⑤　　**04** ④　　　　　　[2015년 3월 고1 전국연합]

【쌤이 그린 독해지도】

1 소리 : 진동으로 인해 발생한 파동이 전달되는 현상
　┗ 음파 〈 직진성 : 일정한 방향으로 나아가려함
　　　　　　 물체에 부딪치면 반사됨

2 음파의 종류
　┏ 고주파 : 직진성↑, 반사파 잘 생김, 물에 흡수되는 양 많음, 도달거리 짧음
　┗ 저주파 : 직진성↓, 반사파 잘 안생김, 물에 흡수되는 양 적음, 도달거리 긺

3 음파의 속도 : 밀도, 수온, 수압에 따라 다름
　　파동을 전달하는 물질의 밀도 ↑　→　속도 ↑
　　수온 or 수압 ↑

4,5,6 음파의 활용

• 어군탐지기

　고깃 배
　발신 〈〈 반사　　가까운 거리 : 고주파
　　물고기　　　　먼 거리 : 저주파

• 지구온난화 연구

　미 서부해안 --발신--> 호주해안
　도달시간 주기적 측정
　⇒ 결론 : 수온이 지속적으로 높아지고 있다 (지구 온난화의 증거)

| 문장은 정교하게 & 문단은 정리하며 |

1 소리는 진동으로 인해 발생한 파동이 전달되는 현상으로, 이때 전달되는 파동을 음파라고 한다. 음파는 일정한 방향으로 나아가려는 직진성이 있고, 물체에 부딪치면 반사되는 성질을 갖고 있다.
▶ 음파의 뜻과 성질

2 음파는 주파수의 크기에 따라 고주파와 저주파로 나뉜다. 고주파는 직진성이 강하고 작은 물체에도 반사파가 잘 생기며 물에 흡수되는 양이 많아 수중에서의 도달 거리가 짧다. 반면 저주파는 직진성이 약하고 작은 물체에는 반사파가 잘 생기지 않으며 물에 흡수되는 양이 적어 수중에서의 도달 거리가 길다.
목적한 곳이나 수준에 다다름
▶ 음파의 종류 : 고주파와 저주파

3 음파는 파동을 전달하는 물질의 밀도가 높을수록 속도가 빨라진다. 그래서 음파의 속도는 공기 중에 비해 물속에서 훨씬 빠르다. 또한 음파의 속도는 물의 온도나 압력에 따라 변화한다. 일반적으로 수온이나 수압이 높아질 경우 속도가 빨라지고, 수온이나 수압이 낮아지면 속도는 느려진다. 300m 이내의 수심에서 음파는 초당 약 1,500m의 속도로 나아간다.
▶ 밀도와 수온, 수압에 따라 달라지는 음파의 속도

4 한편 음파는 이러한 속성을 바탕으로 (어업과 해양 탐사, 지구 환경 조사, 군사적 용도 등)으로 폭넓게 사용된다. 음파를 활용하는 대표적인 예로는 물고기의 위치를 탐지하는 어군 탐지기와 지구 온난화와 관련된 실험을 들 수 있다.
▶ 음파 활용의 예

5 어군 탐지기는 음파가 물체에 부딪쳐 반사되는 원리를 이용한 기기이다. 고깃배에서 발신한 음파가 물고기에 부딪쳐 반사되는

방향과 속도를 분석하여 물고기가 있는 위치를 알아낸다. 예를 들어 어군 탐지기가 특정 방향으로 발신한 음파가 0.1초 만에 반사되어 돌아왔다면, 목표물은 발신 방향으로 75m(1,500m/s×0.1s×0.5) 거리에 있음을 알 수 있다. 일반적으로 가까운 거리에 있는 물고기를 찾을 때에는 반사파가 잘 생기는 고주파를 사용한다. 이에 반해 먼 거리에 있는 물고기 떼를 찾을 때에는 도달 거리가 긴 저주파를 사용한다.
▶ 음파의 활용 ① : 어군 탐지기

6 음파를 활용하면 지구 온난화 연구에 대한 기초 자료를 얻을 수도 있다. ㉠ 미국의 한 연구팀은 미국 서부 해안의 특정 지점에서 발신한 음파가 호주 해안의 특정 지점에 도달하는 시간을 주기적으로 측정하였다. 이를 통해 연구팀은 수온이 지속적으로 높아지고 있다는 결론을 내렸다. 연구팀은 이러한 결과가 ㉡ 지구 온난화를 입증할 수 있는 증거 중의 하나라고 주장하였다.
▶ 음파의 활용 ② : 지구 온난화 연구

01 [내용 이해] **답** ⑤

〈발문〉 윗글을 통해 알 수 있는 내용이 **아닌** 것은?

① 소리는 파동이 전달되는 현상이다. O
▶ 1문단에서 소리는 진동으로 인해 발생한 파동이 전달되는 현상이라고 했어요.

② 물의 밀도는 공기의 밀도보다 높다. O
▶ 3문단에서 음파의 속도는 파동을 전달하는 물질의 밀도가 높을수록 빨라

지기 때문에 공기 중에 비해 물속에서 훨씬 빠르다고 했어요. 이 내용을 식으로 나타내면 '물속 음파 속도>공기 중 음파 속도'라는 말이니까, 물과 공기의 밀도를 비교하면 '물의 밀도>공기의 밀도'가 되겠죠?

③ 수중에서 음파는 물을 매개로 전달된다. ○
▶ 3문단에서 음파의 속도가 물의 온도나 압력에 따라 변화한다고 한 걸 보면, 수중에서는 음파가 물을 매개로 전달된다는 걸 알 수 있어요.

④ 음파의 속도는 수압에 따라 달라질 수 있다. ○
▶ 3문단에서 음파는 수온이나 수압이 높아질 경우 속도가 빨라지고, 수온이나 수압이 낮아지면 속도는 느려진다고 했어요.

⑤ 멀리 있는 물체일수록 반사파의 양은 많아진다. ✕
▶ 2문단을 보면, 고주파와 저주파 모두 전달되는 과정에서 많고 적음의 차이는 있지만 물에 흡수된다는 것을 알 수 있어요. 따라서 멀리 있는 물체일수록 반사파의 양이 줄어들 것임을 짐작할 수 있어요.

02 [구체적 사례에 적용] 답 ④

〈발문〉〈보기〉의 ⓐ 고주파와 ⓑ 저주파에 대해 설명한 내용으로 적절하지 <u>않은</u> 것은? [3점]

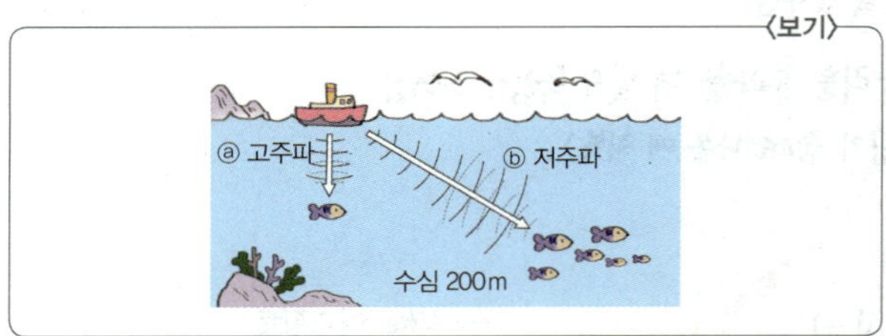

① ⓐ 고주파나 ⓑ 저주파로 물고기를 찾을 수 있는 것은 음파가 반사되어 돌아왔기 때문이군. ○
▶ 5문단에서 어군 탐지기는 음파가 물체에 부딪쳐 반사되는 원리를 이용한 기기로, 고깃배에서 발신한 음파가 물고기에 부딪쳐 반사되는 방향과 속도를 분석하여 물고기가 있는 위치를 알아낸다고 했어요.

② ⓐ 고주파나 ⓑ 저주파가 0.1초 만에 고깃배로 돌아왔다면 물고기는 75m 거리에 있겠군. ○
▶ 5문단에서, 음파가 0.1초 만에 반사되어 돌아왔다면 목표물은 75m 거리에 있다고 했어요. 참고로 음파의 속도는 물질의 밀도와 수온, 수압과만 관계가 있다고 나와 있기 때문에, 고주파를 사용하든 저주파를 사용하든 그 속도에는 차이가 없어요.

③ ⓐ 고주파는 ⓑ 저주파에 비해 작은 물체에도 반사파가 잘 발생하므로 작은 물고기를 찾을 때 유리하겠군. ○

근거 찾기
> ❷ 고주파는 직진성이 강하고 작은 물체에도 반사파가 잘 생기며 물에 흡수되는 양이 많아 수중에서의 도달 거리가 짧다.

④ ⓐ 고주파는 직진성이 약하기 때문에 가까운 곳에 있는 물고기를 찾는 데 이용되는군. ✕
▶ 고주파가 가까운 거리에 있는 물고기를 찾는 데 이용되는 이유는 직진성 때문이 아니라, 반사파가 잘 생기기 때문이에요! 또한 고주파는 직진성이 강하기 때문에 직진성이 약하다는 설명도 틀린 내용이에요.

근거 찾기
> ❷ 고주파는 직진성이 강하고 작은 물체에도 반사파가 잘 생기며 물에 흡수되는 양이 많아 수중에서의 도달 거리가 짧다.
> ❺ 일반적으로 가까운 거리에 있는 물고기를 찾을 때에는 반사파가 잘 생기는 고주파를 사용한다.

⑤ ⓑ 저주파가 먼 곳에 있는 물고기를 찾는 데 이용되는 것은 물에 흡수되는 음파의 양이 적기 때문이군. ○

근거 찾기
> ❷ 저주파는 ~ 물에 흡수되는 양이 적어 수중에서의 도달 거리가 길다.
> ❺ 먼 거리에 있는 물고기 떼를 찾을 때에는 도달 거리가 긴 저주파를 사용한다.

03 [추론] 답 ⑤

〈발문〉ⓒ을 고려하여 ⓖ의 결과를 추론한 내용으로 가장 적절한 것은?
▶ ⓖ은 미국의 한 연구팀이 미국 서부 해안의 특정 지점에서 발신한 음파가 호주 해안의 특정 지점에 도달하는 시간을 주기적으로 측정하였다는 내용이고, ⓒ은 이러한 결과가 지구 온난화를 입증할 수 있는 증거 중의 하나라고 주장하였다는 내용이에요.

① 음파의 양이 증가하는 추세를 보였겠군. ✕
▶ 음파의 양에 대한 내용은 지문에 나타나 있지 않아요.

② 음파의 속도가 느려지는 추세를 보였겠군. ✕
▶ ⓖ의 실험을 통해 수온이 높아지고 있다는 결론을 내렸다고 했어요. 3문단에서 음파의 속도는 수온이 높아질 경우 빨라진다고 했죠? 따라서 음파의 속도는 빨라지는 추세를 보였을 거예요.

③ 음파의 주파수가 높아지는 추세를 보였겠군. ✕
▶ ⓖ의 연구는 음파의 속도를 이용한 것으로, 음파의 주파수와는 관련이 없어요.

④ 음파의 도달 거리가 길어지는 추세를 보였겠군. ✕
▶ 음파의 도달 거리와 수온의 관계는 지문에 나와 있지 않아요.

⑤ 음파의 도달 시간이 짧아지는 추세를 보였겠군. ○
▶ 3문단에서 음파의 속도는 수온이 높아질 경우 빨라진다고 하였는데, ⓖ의 실험을 통해 연구 결과 수온이 지속적으로 높아지고 있다는 결론을 내렸다고 했어요. 따라서 음파의 속도가 빨라졌겠죠? 속도가 빨라졌기 때문에 미국 서부 해안에서 호주 해안까지 음파가 도달하는 시간이 짧아졌을 거예요.

04 [독서의 방법] 답 ④

〈발문〉윗글을 읽을 때 사용할 독서 전략으로 가장 적절한 것은?
① 핵심 제재의 발전 과정에 주목하며 읽는다. ✕
② 핵심 제재에 대한 다양한 견해를 비교하며 읽는다. ✕
③ 핵심 제재에 대한 글쓴이의 주장을 비판하며 읽는다. ✕
④ 핵심 제재가 지닌 속성을 사실적으로 이해하며 읽는다. ○
▶ 이 글의 핵심 제재는 음파로, 음파의 개념과 속성, 활용 사례 등을 서술하고 있어요. 이처럼 과학적 사실을 설명하는 글을 읽을 때에는 내용을 사실적으로 정확하게 이해하며 읽어야 해요.
⑤ 핵심 제재가 갖는 문제점과 해결 방안을 정리하며 읽는다. ✕

01 ①　　02 ①　　03 ②　　　　　　　　　　　[2015년 3월 고2 전국연합]

쌤이 그린 독해지도

1 빛의 색깔 : 방출되는 전자기파의 진동수에 따라 결정

적외선 < 빨간색 광선 < 보라색 광선 < 자외선
｜　　　　　　　　　　　　　　　　　　｜
눈에 안보임　　　　가시광선　　　　눈에 안보임
　　　　　　　　（눈에 보임）

2 유리와 같은 투명체가 투명한 이유

: 흡수한 빛 중 적외선, 자외선 만 흡수되고 가시광선은 재방출

3 빛의 속력은 매질의 밀도가 높을수록 낮아짐

공기의 밀도 < 유리의 밀도 ⇨ 유리를 통과할 때 빛의 속력이 느려짐
　　　　　　　　　　　　　（공기 중으로 나올 때 회복）

4 빛의 굴절 :

다른 물질의 경계면에 닿았을 때
빛의 경로가 꺾이는 현상
(∵ 물질마다 다른 속력으로 진행)

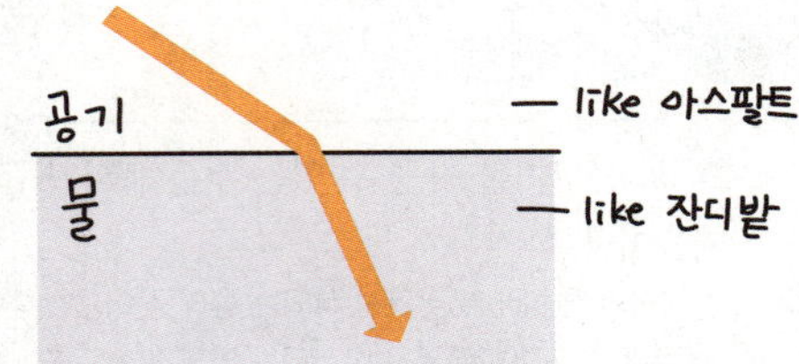

5 빛의 분산 :

빛이 투명체를 지날 때 굴절되면서 진동수에 따라 다양한 광선으로 분리되는 현상

WHY) 진동수가 높은 광선이 진동수가 낮은 광선보다
투명체 안에서 속력이 더 느려지기 때문 (더 많이 굴절됨)

| 문장은 정교하게 & 문단은 정리하며 |

1 빛이 물체에 닿으면 물체를 구성하는 원자 내의 전자가 진동하면서 전자기파를 방출하는데, 인간의 눈에 보이는 빛의 색깔은 방
＊입자나 전자기파의 형태로 에너지를 내보냄
출되는 전자기파의 고유한 진동수에 따라 결정된다. 인간의 눈에
＊연속적인 주기 현상에서, 단위 시간에 같은 상태가 몇 번이나 반복되는가를 나타내는 양
보이는 가시광선 중 가장 낮은 진동수의 빛은 빨간색 광선이며, 진동수가 가장 높은 빛은 보라색 광선이다. 보라색 광선보다 더 높은 진동수를 지닌 자외선이나, 빨간색 광선보다 더 낮은 진동수를 지닌 적외선은 인간의 눈에 보이지 않는다. 빛이 물체에 닿을 때, 물체는 흡수한 빛 중에서 특정 진동수의 가시광선을 우리 눈의 방향으로 다시 방출하여 우리 눈은 그 방출된 빛을 보게 된다. 장미가 빨갛게 보이는 이유는 장미가 흡수한 빛 중에서 빨간색 광선에 해당하는 진동수의 빛을 우리 눈의 방향으로 방출하기 때문이다.

2 그렇다면 (유리와 같은) 투명체는 왜 특정 색깔을 띠지 않고 투명해 보이는 것일까? 인간의 눈에는 빛이 직진하여 그대로 유리를 통과하는 것처럼 보이지만, 실제로는 그렇지 않다. 즉 유리를 구성하는 원자가 흡수한 빛 가운데, 적외선과 자외선은 유리에 대부분 흡수되어 열에너지의 형태로 남고, 가시광선 영역에 해당하는 대부분은 사방으로 재방출된다. 유리가 투명해 보이는 이유는 이 때문이다.　　　　▶ 유리 같은 투명체가 투명해 보이는 이유

3 그런데 유리 원자가 가시광선을 흡수했다가 방출하기까지는 약간의 시간이 소요되며, 소요된 시간만큼 빛의 속력이 줄어들게 된
＊필요로 하거나 요구되는 바
다. 공기 중에서의 빛의 속력의 값을 c로 놓을 때, (유리나 물과 같은) 투명체를 통과하는 빛의 속력은 c의 대략 70%에 불과하다. 이렇게 느려진 빛은 다시 공기 중으로 나오면서 원래의 속력을 회복하게 된다. 빛의 속력은 매질의 밀도가 높을수록 낮아지는데, 공기
＊어떤 파동 또는 물리적 작용을 한 곳에서 다른 곳으로 옮겨 주는 매개물
중보다 유리에서 빛의 속력이 낮아지는 것은 유리의 밀도가 공기의 밀도보다 높기 때문이다.　　　　▶ 유리를 통과하는 빛의 속력 변화

4 빛이 이렇게 물질마다 다른 속력으로 진행하기 때문에, 다른 물질의 경계 면에 닿았을 때 수직으로 진행하는 경우를 제외하면 언제나 빛의 경로가 꺾이게 된다. 이러한 현상을 굴절이라고 한다.

굴절 현상을 이해하기 위해, 매끈한 아스팔트에서 바퀴가 잘 구르
지 않는 잔디밭으로 장난감 자동차가 비스듬히 들어가는 경우를 생
각해 보자. 잔디에 먼저 도착한 쪽의 바퀴의 속력은 느려지지만 아
스팔트 위를 달리고 있는 쪽의 바퀴의 속력은 빠르게 유지되기 때
문에 자동차의 진행 방향은 잔디에 먼저 도착한 쪽의 바퀴가 있는
방향으로 꺾이게 된다. 빛이 공기 중에서 물로 비스듬히 들어갈 때
에도, 빛의 파면의 아랫부분이 물에 먼저 도착하여 속력이 느려지
빛을 파동으로 보았을 때 빛의 진행 방향과 수직인 면. 본래 파면은 곡선이나 태양과 거리가 먼
면서 빛이 파면의 아랫부분으로 꺾이게 된다.
지구에서의 빛의 파면은 거의 직선이다.　　　　▶ 빛의 굴절 현상이 생기는 원리
⑤ 또한 빛이 투명체를 지날 때 굴절되면서 진동수에 따라 다양한
광선으로 분리되는데, 이를 빛의 분산이라고 한다. 빛이 공기 중에
서 투명체로 비스듬히 들어갈 때, 진동수가 높은 보라색 광선은 진
동수가 낮은 빨간색 광선보다 투명체 안에서의 속력이 더 느려지
기 때문에, 더 많이 굴절된다. 이에 따라 투명체를 통과하는 빛은
서로 다른 색깔의 광선으로 나뉘어 각기 다른 진행 경로로 방출된
다.　　　　　　　　　　　　　　　▶ 빛의 분산 현상이 생기는 원리

빛의 굴절

지문에서 설명한 것처럼, 매질에 따른 속력 차이 때문에 빛의 경로가 꺾
이는 현상을 굴절이라고 해요. 지문에서는 아스팔트에서 잔디밭으로 진
행하는 장난감 자동차에 비유하여 이를 설명하고 있는데, 다음 그림을
보면 더 이해하기 쉬울 거예요. 자동차
가 잔디밭으로 비스듬하게 들어가면 자 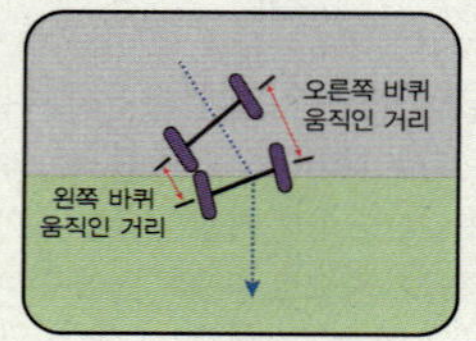
동차의 바퀴가 동시에 잔디밭에 진입하
지 못하고 한쪽 바퀴가 먼저 잔디밭에
닿겠죠? 그러면 두 바퀴의 속력이 달라
지기 때문에 자동차의 진행 방향이 속
력이 느린 쪽으로 꺾이게 된답니다.

이와 같은 원리로, 수조에 담긴 물에 레이저 포인터로 비스듬히 빛을 쏘
면 빛의 속력이 더 느린 매질인 물 쪽으로 빛이 꺾이게 돼요.

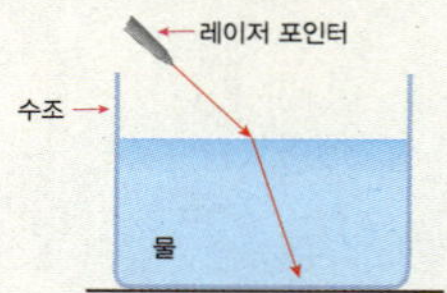

레이저 포인터로 쏜 빛은 매우 가느다
란 선처럼 보여서 위의 자동차 비유와
같이 확 와닿지 않을 수도 있지만, 그 가
느다란 선 같은 빛도 확대해서 보면 물
에 먼저 진입하는 부분이 있고 나중에
진입하는 부분이 있을 거예요. 이때, 빛은 물에서 속력이 더 느리니까
잔디밭으로 들어가는 자동차와 마찬가지로 물 쪽으로 빛이 꺾이게 되는
거예요.

01 [내용 이해] 답 ①

〈발문〉 윗글에서 다룬 내용이 **아닌** 것은?

☑ 자외선이 유리에 흡수되는 이유 ✕

▶ 지문에는 적외선과 자외선은 유리에 흡수되고 가시광선은 재방출된다는
내용만 제시되어 있을 뿐, 자외선이 왜 유리에 흡수되는지에 대한 내용은 나
와 있지 않아요.

❷ 유리를 구성하는 원자가 흡수한 빛 가운데, 적외선과 자외선은 유
리에 대부분 흡수되어 열에너지의 형태로 남고, 가시광선 영역에 해
당하는 대부분은 사방으로 재방출된다.

② 빛의 색깔에 따른 진동수의 차이 ○

❶ 인간의 눈에 보이는 가시광선 중 가장 낮은 진동수의 빛은 빨간색
광선이며, 진동수가 가장 높은 빛은 보라색 광선이다.

③ 빛의 진행 과정에서 일어나는 현상 ○
▶ 3~5문단에서 빛이 진행하면서 일어나는 속력의 변화, 그에 따른 굴절과
분산 현상을 설명하고 있어요.

④ 유리와 같은 물체가 투명하게 보이는 이유 ○

❷ 유리를 구성하는 원자가 흡수한 빛 가운데, 적외선과 자외선은 유
리에 대부분 흡수되어 열에너지의 형태로 남고, 가시광선 영역에 해
당하는 대부분은 사방으로 재방출된다. 유리가 투명해 보이는 이유
는 이 때문이다.

⑤ 투명체를 통과할 때 빛의 속력이 감소하는 이유 ○

❸ 빛의 속력은 매질의 밀도가 높을수록 낮아지는데, 공기 중보다 유
리에서 빛의 속력이 낮아지는 것은 유리의 밀도가 공기의 밀도보다
높기 때문이다.

02 [추론] 답 ①

〈발문〉 〈보기〉의 현상이 나타나는 원인과 가장 관련이 깊은 것은?

〈보기〉

투명한 연못 속의 금붕어를 물가에 서서 비스듬히 내려다 볼 때, 관
찰자의 눈에는 금붕어가 본래의 위치보다 수면에 가까이 있는 것처
럼 보인다. 이는 금붕어에 닿은 빛이 되돌아와 우리 눈에 보이는 과
정에서 일어난 현상이다.

☑ 밀도가 다른 매질에서 빛의 속력이 변함. ○
▶ 〈보기〉에서 금붕어의 위치가 달라 보이는 것은 빛의 굴절에 의한 현상이에
요. 3, 4문단을 보면, 굴절이 일어나는 이유는 매질의 밀도에 따라 빛의 속력
이 변하기 때문이라는 것을 알 수 있어요.

❹ 빛이 이렇게 물질마다 다른 속력으로 진행하기 때문에, 다른 물질
의 경계 면에 닿았을 때 수직으로 진행하는 경우를 제외하면 언제나
빛의 경로가 꺾이게 된다. 이러한 현상을 굴절이라고 한다.

② 빛이 수면과 수직 방향으로 들어가고 나옴. ✕
▶ 4문단에서 빛이 다른 경계 면에 닿았을 때 '수직으로 진행하는 경우를 제
외하면' 언제나 빛의 경로가 꺾이게 된다고 했어요. 반대로 생각하면, 빛이 수
직으로 진행하는 경우에는 다른 경계 면에 닿아도 꺾이지 않는다는 거죠. 〈보
기〉의 현상은 굴절이 일어난 경우이므로, 이러한 설명은 〈보기〉의 현상에 대
한 원인으로 적절하지 않아요.

③ 가시광선이 물속에서 빠른 속력으로 직진함. ✕
▶ 〈보기〉는 굴절에 대해 다루고 있으므로 빛이 직진하는 것은 〈보기〉와 관련
이 없는 설명이에요. 또한 물과 같은 투명체를 통과할 때 빛의 속력은 공기 중
에서보다 느려져요.

④ 물이 특정 색의 가시광선만 흡수했다 방출함. ✕
▶ 빛의 굴절과는 관련이 없는 내용일뿐더러, 2문단에서 투명체는 자외선과
적외선을 흡수하고 가시광선에 해당하는 대부분을 재방출한다고 했으므로 적
절하지 않아요.

⑤ 빛이 진동수에 따라 여러 빛깔의 광선으로 분리됨. ✕
▶ 빛의 분산에 대한 설명으로, 〈보기〉에 나타난 굴절 현상과는 관련이 없는
내용이에요.

03 [구체적 사례에 적용] **답 ②**

〈발문〉 윗글을 읽고 〈보기〉의 그림에 대해 설명한 내용으로 적절한 것은? [3점]

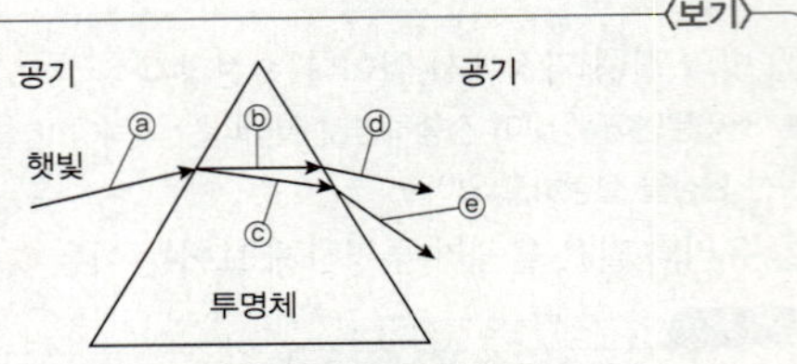

(단, ⓓ와 ⓔ는 투명체를 통과한 빛이다.)

▶ 빛이 공기 중을 통과할 때, 투명체를 통과할 때, 투명체를 통과한 후 다시 공기 중으로 나왔을 때의 진행 과정을 잘 알고 있어야 풀 수 있는 문제예요. 빛의 속력, 굴절, 분산 등 지문에 나온 모든 내용을 종합적으로 묻고 있기 때문에 지문의 한 부분이라도 놓친다면 틀릴 수 있어요.

지문의 내용을 바탕으로 〈보기〉의 그림을 살펴볼까요? 〈보기〉는 빛이 투명체를 통과하며 굴절과 분산이 일어날 때 빛의 경로를 나타내고 있어요. 4문단의 내용을 그림에 적용해 보면, 공기 중을 지난 ⓐ가 공기와 투명체의 경계 면에 닿을 때, 매질의 밀도 차이에 의해 속력이 변화하면서 굴절이 일어나요. 그리고 5문단의 내용을 그림에 적용해 보면, 빛이 투명체를 지날 때 진동수가 높은 빛은 진동수가 낮은 빛보다 속력이 더 느려져 더 많이 굴절되고, 그 결과 분산이 일어나죠. 즉, 그림에서 ⓑ보다 ⓒ가 더 많이 굴절되었으므로 ⓒ의 진동수가 더 높음을 알 수 있어요. 마지막으로 3문단에서 투명체를 통과할 때 느려진 빛이 공기 중으로 다시 나오면 원래 속력을 회복한다고 하였으므로, 투명체를 통과한 ⓓ와 ⓔ는 원래의 속력, 즉 ⓐ와 같은 속력을 회복하게 될 것임을 알 수 있어요.

① ⓐ와 ⓓ의 속력은 다르다. ✗
▶ 공기 중에서의 빛의 속력이 유리를 통과할 때 느려졌다가 다시 공기 중으로 나오면 원래의 속력을 회복한다고 하였어요. ⓐ와 ⓓ는 모두 공기 중에서 진행하는 빛이므로 속력이 같아요.

> **3** 공기 중에서의 빛의 속력의 값을 c로 놓을 때, 유리나 물과 같은 투명체를 통과하는 빛의 속력은 c의 대략 70%에 불과하다. 이렇게 느려진 빛은 다시 공기 중으로 나오면서 원래의 속력을 회복하게 된다.

② ⓐ~ⓔ 중, ⓒ의 속력이 가장 느리다. ⭕
▶ 공기 중에서보다 투명체를 통과할 때 빛의 속력이 더 느려요. 그렇다면 ⓑ, ⓒ가 ⓐ, ⓓ, ⓔ보다 느릴 거예요. 또한 빛이 투명체로 들어갈 때 진동수가 높은 광선이 진동수가 낮은 광선보다 더 느려지고, 더 굴절된다고 했어요. 〈보기〉에서는 ⓑ보다 ⓒ가 더 많이 굴절되었으므로 ⓑ보다 ⓒ가 더 느리다는 것을 알 수 있어요. 그러므로 ⓐ~ⓔ 중 가장 속력이 느린 것은 ⓒ예요.

> **3** 공기 중에서의 빛의 속력의 값을 c로 놓을 때, 유리나 물과 같은 투명체를 통과하는 빛의 속력은 c의 대략 70%에 불과하다. 이렇게 느려진 빛은 다시 공기 중으로 나오면서 원래의 속력을 회복하게 된다.

> **5** 빛이 공기 중에서 투명체로 비스듬히 들어갈 때, 진동수가 높은 보라색 광선은 진동수가 낮은 빨간색 광선보다 투명체 안에서의 속력이 더 느려지기 때문에, 더 많이 굴절된다.

③ ⓐ와 ⓔ에는 자외선이 들어 있지 않다. ✗
▶ 유리와 같은 투명체는 적외선과 자외선은 흡수하고 가시광선은 대부분 재방출한다고 했어요. 그러므로 투명체를 지나기 전인 ⓐ에는 자외선이 들어 있지만, 투명체를 지나고 난 후인 ⓔ에는 자외선이 거의 들어 있지 않아요.

> **2** 유리를 구성하는 원자가 흡수한 빛 가운데, 적외선과 자외선은 유리에 대부분 흡수되어 열에너지의 형태로 남고, 가시광선 영역에 해당하는 대부분은 사방으로 재방출된다.

④ ⓑ의 진동수는 ⓒ의 진동수보다 높다. ✗
▶ 빛이 투명체로 들어갈 때 진동수가 높은 광선이 진동수가 낮은 광선보다 더 느려지고, 더 굴절된다고 했어요. 〈보기〉에서는 ⓑ보다 ⓒ가 더 많이 굴절되었으므로 ⓒ의 진동수가 더 높다는 것을 알 수 있어요.

> **5** 빛이 공기 중에서 투명체로 비스듬히 들어갈 때, 진동수가 높은 보라색 광선은 진동수가 낮은 빨간색 광선보다 투명체 안에서의 속력이 더 느려지기 때문에, 더 많이 굴절된다.

⑤ ⓑ와 ⓔ의 진동수는 같다. ✗
▶ ⓔ는 ⓒ가 투명체를 통과한 후 공기 중으로 방출된 빛이므로 ⓒ와 진동수가 같아요. 마찬가지 이유로 ⓑ와 진동수가 같은 것은 ⓑ가 투명체를 통과한 후 공기 중으로 방출된 ⓓ예요.

01 ⑤　02 ①　03 ⑤　　　　　　　　　　　　[2012학년도 수능]

샘이 그린 독해지도 ▶

1 '본다'는 것 : 대상에서 방출되거나 튕겨져 나오는 광양자를 지각하는 것

2 광양자는 대상에 부딪쳐 튕겨 나올 때 대상에 충격을 줌
　BUT, 책이나 야구공에 충돌할 때 교란은 무시할 만함

3 어떤 대상의 물리량 측정 시, 교란을 줄임으써 측정 오차↓ 측정의 정밀도↑
　　　　but 소립자 세계에서는 한계가 있음

4,5 '전자를 보는 것' → 운동량(=질량×속도) 과 위치의 측정

운동량이 작은 광양자 (파장이 긴 빛) ~~~> 전자　　운동량의 정확도↑, 위치의 정확도↓

운동량이 큰 광양자 (파장이 짧은 빛) ~~~> 전자　　운동량의 정확도↓, 위치의 정확도↑

전자의 운동량의 불확실성과 위치의 불확실성은 반비례 관계
∴ 둘을 동시에 줄일 수는 없음
⇨ 불확정성 원리

| 문장은 정교하게 & 문단은 정리하며 |

❶ 양자 역학의 불확정성 원리는 우리가 물체를 '본다'는 것의 의미를 재고하게 한다. 책을 보기 위해서는 책에서 반사된 빛이 우리 눈에 도달해야 한다. 다시 말해 무엇을 본다는 것은 대상에서 방출되거나 튕겨 나오는 광양자를 지각하는 것이다.

（재고하게: 어떤 일이나 문제 따위에 대하여 다시 생각함）
（광양자: 빛의 입자. 크기와 정지 질량은 00지만 에너지를 가지고 있는 입자로 항상 일정한 속력으로 이동한다.）
▶ 양자 역학과 '본다'는 것의 의미

❷ 광양자는 대상에 부딪쳐 튕겨 나올 때 대상에 충격을 주게 되는데, 우리는 왜 글을 읽고 있는 동안 책이 움직이는 것을 볼 수 없을까? 그것은 빛이 가하는 충격이 책에 의미 있는 운동을 일으키기에는 턱없이 작기 때문이다. 날아가는 야구공에 플래시를 터뜨려도 야구공의 운동에 아무 변화가 없어 보이는 것도 마찬가지이다. 책이나 야구공에 광양자가 충돌할 때에도 교란이 생기지만 그 효과는 무시할 만하다.

（교란: 마음이나 상황 따위를 뒤흔들어서 어지럽고 혼란하게 함）
▶ 책이나 야구공에 광양자가 충돌했을 때의 교란과 효과

❸ 어떤 대상의 물리량을 측정하려면 되도록 그 대상을 교란하지 않아야 한다.

（물리량: 물질계의 성질이나 상태를 나타내는 양. 대표적인 예로 길이, 시간, 질량, 힘, 에너지 등이 있다.）
측정 오차를 줄이기 위해 과학자들은 주의 깊게 실험을 설계하고 더 나은 기술을 사용함으로써 이러한 교란을 줄여 나갔다. 그들은 원칙적으로 측정의 정밀도를 높이는 데 한계가 없다고 생각했다. 그러나 물리학자들은 소립자의 세계를 다루면서 이러한 생각이 잘못임을 깨달았다.

（소립자: 물질을 구성하는 데 가장 기본적인 작은 입자를 통틀어 이르는 말. 광양자, 전자, 중성자 등이 있다.）
▶ 소립자의 세계에서는 측정의 정밀도를 높이는 데 한계가 있음

❹ ㉠'전자를 보는 것'은 ㉡'책을 보는 것'과 큰 차이가 있다. 우리

가 어떤 입자의 운동 상태를 알려면 운동량과 위치를 알아야 한다. 여기에서 운동량은 물체의 질량과 속도의 곱으로 정의되는 양이다. 특정한 시점에서 특정한 전자의 운동량과 위치를 알려면, 되도록 전자에 교란을 적게 일으키면서 동시에 두 가지 물리량을 측정해야 한다.
▶ 전자의 운동 상태 측정을 위해 필요한 두 가지 물리량 : 운동량과 위치

❺ 이상적 상황에서 전자를 '보기' 위해 빛을 쏘아 전자와 충돌시킨 후 튕겨 나오는 광양자를 관측한다고 해 보자. 운동량이 작은 광양자를 충돌시키면 전자의 운동량을 적게 교란시켜 운동량을 상당히 정확하게 측정할 수 있다. 그러나 운동량이 작은 광양자로 이루어진 빛은 파장이 길기 때문에, 관측 순간의 전자의 위치, 즉 광양자와 전자의 충돌 위치의 측정은 부정확해진다. 전자의 위치를 더 정확하게 측정하기 위해서는 파장이 짧은 빛을 써야 한다. 그런데 파장이 짧은 빛, 곧 광양자의 운동량이 큰 빛을 쓰면 광양자와 충돌한 전자의 속도가 큰 폭으로 변하게 되어 운동량 측정의 부정확성이 오히려 커지게 된다. 이처럼 관측자가 알아낼 수 있는 전자의 운동량의 불확실성과 위치의 불확실성은 반비례 관계에 있으므로, 이 둘을 동시에 줄일 수 없음이 드러난다. 이것이 불확정성 원리이다.
▶ 불확정성의 원리

불확정성의 원리

물리학에서는 이 세상을 거시 세계와 미시 세계로 나누어 설명해요. 거시 세계는 우리가 일상생활에서 겪을 수 있는 현상들부터 우주, 천체와 같이 매우 큰 대상까지 포함해요. 반면 미시 세계는 쿼크, 전자, 광자 등 우리 눈에 보이지 않는 아주 작은 소립자들의 세계예요. 이렇게 두 범주로 나누는 이유는 거시 세계에서 상식적으로 여겨지는 물리 법칙으로는 미시 세계가 설명되지 않기 때문이에요. 지문에서 책을 볼 때와 전자를 볼 때에 차이가 있다고 이야기하는 것처럼 말이에요.

이러한 미시 세계를 설명하는 물리학의 분야가 양자 역학인데, 불확정성 원리는 양자 역학의 핵심적인 내용 중 하나랍니다. 어려운 내용이지만 간단하게 정리하자면, 미시 세계에서는 '관측'이라는 행위 자체가 관측 대상에 영향을 미치기 때문에 입자의 위치와 운동 상태를 동시에 정확히 알 수 없다는 거예요. 그러다 보니 양자 역학에서는 입자의 상태를 확률적으로만 설명해요. 관측하기 전까지 우리는 전자가 어떤 위치에 존재할 확률만 알 수 있을 뿐이고, 관측하는 순간 위치가 결정되기 때문이에요. 관측으로 위치가 결정되기 전에는 하나의 입자가 여기저기에 동시에 존재하는 거죠. 일상의 상식으로는 말이 안 되죠? 거시 세계에서 우리는 자동차의 위치와 속력을 동시에 알 수 있잖아요. 또한 우리가 자동차를 관찰하고 있지 않더라도 달리는 자동차는 매 순간 어느 한 지점에 어떤 속력으로든 존재하고 있을 거예요. 이런 거시 세계의 법칙이 미시 세계에서 적용되지 않는 이유는 소립자들이 입자이면서 파동이기도 하기 때문이랍니다. 요상하게 들리겠지만 이런 이야기들에 흥미가 느껴지는 친구들이라면 물리 공부를 해 보길 추천해요!

---

01 [내용 이해] 답 ⑤

〈발문〉 윗글을 통해 알 수 있는 내용으로 적절하지 않은 것은?

① 광양자가 전자와 충돌하면 전자의 운동량이 변한다. ○

▶ 광양자가 전자와 충돌하면 전자의 속도가 변하고 결국 운동량이 변하게 돼요.

② 물리학자들은 측정의 정밀도를 높이는 데 관심이 많다. ○

> 근거 찾기
>
> ❸ 측정 오차를 줄이기 위해 과학자들은 주의 깊게 실험을 설계하고 더 나은 기술을 사용함으로써 이러한 교란을 줄여 나갔다.

③ 질량이 변하지 않으면 전자의 운동량은 속도에 비례한다. ○

▶ 운동량은 물체의 질량과 속도의 곱이므로, 질량이 일정하다면 운동량은 속도에 비례해요.

④ 플래시를 터뜨리는 것은 촬영 대상에 광양자를 쏘는 것이다. ○

> 근거 찾기
>
> ❷ 날아가는 야구공에 플래시를 터뜨려도 야구공의 운동에 아무 변화가 없어 보이는 것도 마찬가지이다. 책이나 야구공에 광양자가 충돌할 때에도 교란이 생기지만 그 효과는 무시할 만하다.

⑤ 운동량을 측정하려면 전자보다 광양자의 운동량이 커야 한다. ✕

▶ 전자보다 광양자의 운동량이 커야 하는지 작아야 하는지에 대한 언급은 없어요. 오히려 광양자의 운동량이 작아야 전자의 운동량을 더 정확히 측정할 수 있다고 설명하고 있네요.

> 근거 찾기
>
> ❺ 운동량이 작은 광양자를 충돌시키면 전자의 운동량을 적게 교란시켜 운동량을 상당히 정확하게 측정할 수 있다.

---

02 [내용 이해] 답 ①

〈발문〉 윗글에서 ⓛ 책을 보는 것과 구별되는 ㉠ 전자를 보는 것의 특성으로 가장 적절한 것은?

---

① 대상을 교란하는 효과를 무시할 수 없다. ○

▶ ㉠ '전자를 보는 것'은 ⓛ '책을 보는 것'과 달리 매우 작은 소립자의 세계에서 일어나는 일이에요. 책을 읽을 때 광양자가 일으키는 교란은 무시할 만하지만, 전자는 광양자의 충돌에 의해 운동량이 크게 변할 수 있다고 설명하고 있어요.

② 대상을 매개물 없이 직접 지각할 수 있다. ✕

▶ 대상을 지각하려면 빛이 있어야 하므로, 빛이 일종의 매개물이라고 할 수 있어요. ㉠과 ⓛ 모두 반사된 빛, 즉 광양자가 우리 눈에 도달할 때, 지각이 가능해요.

③ 대상이 너무 작아 감지하기가 불가능하다. ✕

▶ 전자라는 대상이 매우 작은 건 사실이지만, '보는 행위'가 가능하므로 감지가 불가능한 것은 아니에요.

④ 대상이 전달하는 의미를 해석할 필요가 없다. ✕

▶ 대상이 전달하는 의미의 해석 여부는 불확정성의 원리와 관계가 없어요.

⑤ 대상에서 반사되는 빛을 감지하여 이루어진다. ✕

▶ 대상에서 반사되는 빛을 감지하여 이루어진다는 것은 '본다'라는 행위의 본질적 특성으로, 문제에서는 ⓛ과 구별되는 ㉠만의 특성을 묻고 있으므로 적절하지 않아요.

---

03 [구체적 사례에 적용] 답 ⑤

〈발문〉 윗글을 바탕으로 〈보기〉에 대해 탐구한 내용으로 옳지 않은 것은? [3점]

> 〈보기〉
>
> 일정한 전압에 의해 가속된 전자 빔이 x축 방향으로 진행할 때, 전자 빔에 일정한 파장의 빛을 쏘아서 측정한 전자의 운동량은 ⓐ 1.87×10^{-24}kg·m/s였다. 그 측정 오차 범위는 ⓑ 9.35×10^{-27}kg·m/s보다 줄일 수 없었는데, 불확정성 원리에 따라 계산해 보니 이때 전자의 x축 방향의 위치는 ⓒ 5.64×10^{-9}m의 측정 오차 범위보다 정밀하게 확정할 수 없었다.

▶ 전자 빔에 일정한 파장의 빛을 쏘았다고 했어요. 즉, '일정한 파장의 빛'이 바로 전자를 '보기' 위해 쏜 '광양자'인 거예요. 지문에 따르면 광양자가 지닌 운동량이 어떠한지에 따라, 측정하고자 하는 전자의 운동량과 위치의 불확실성이 달라진다고 했어요.

① 빛이 교란을 일으킨 전자의 운동량이 ⓐ이겠군. ○

▶ 광양자가 전자와 충돌할 때 교란이 발생할 수밖에 없어요. 〈보기〉의 ⓐ는 전자에 일정한 빛을 쏜 후 측정한 값이므로, 빛에 의해 교란된 전자의 운동량에 해당해요.

② 전자의 질량을 알면 ⓐ로부터 전자의 속도를 구할 수 있겠군. ○

▶ 운동량은 물체의 질량과 속도의 곱으로 정의된다고 하였으므로, ⓐ를 전자의 질량으로 나누면 전자의 속도를 구할 수 있어요.

③ 같은 파장의 빛을 사용하더라도 실험의 정밀도에 따라 전자 운동량의 측정 오차는 ⓑ보다 커질 수 있겠군. ○

▶ 〈보기〉에서 오차 범위를 ⓑ보다 줄일 수 없다고 하였으므로, ⓑ는 최소 오차인 셈이에요. 만약 실험의 정밀도가 떨어진다면 측정 오차는 더 커질 수 있어요.

④ 광양자의 운동량이 더 큰 빛을 사용하면 전자 운동량의 측정 오차 범위는 ⓑ보다 커지겠군. ○

▶ 광양자의 운동량이 큰 빛을 사용하면 전자 운동량 측정의 부정확성이 더 커지게 된다고 하였으므로, 측정 오차 범위 역시 커지게 돼요.

⑤ 더 긴 파장의 빛을 사용하면 전자 위치의 측정 오차 범위를 ⓒ보다 줄일 수 있겠군. ✕

▶ 전자의 위치를 더 정확히 측정하기 위해서는 파장이 짧은 빛을 사용해야 한다고 했어요. 파장이 긴 빛을 사용하면 오히려 위치 측정이 더 부정확해질 테니 오차 범위는 ⓒ보다 커질 거예요.

01 ② 02 ① 03 ①   [2016학년도 6월 고3 평가원 A형]

샘이 그린 독해지도 ▶

1 원자는 전자·양성자·중성자로 구성된다

2 1897, 톰슨 - 기체 방전관 실험

    ⇨ **전자** 발견. '건포도 빵 모형' 제안
        └ 음전기. 가장 작고 가벼움

3 1911, 러더퍼드 - 알파 입자 충돌 실험

    ⇨ 원자핵 발견. '태양계 모형' 제안
            * 한계 : 스펙트럼을 설명하지 못함

4 1913, 보어 - '양자화 가설' 제안 (수소의 스펙트럼 설명)

   1919, 러더퍼드 - 질소원자 충돌 실험

    ⇨ **양성자** 확인.
        └ 양전기. 전자의 2000 배 무거움

   1932, 채드윅 - **중성자** 발견.
        └ 중성. 양성자와 질량 비슷

   1935, 유카와 히데키 - '중성자가 중간자를 통해 핵력을 작용하여
                    양성자를 잡아당긴다.'
            ⤳ 양성자가 핵에 속박될 수 있는 이유

        * 양성자 + 중성자 : 원자핵

| 문장은 정교하게 & 문단은 정리하며 |

❶ 과거에는 물질이 더 이상 쪼개지지 않는 작은 원자들로 구성되어 있다고 생각되었지만, 오늘날에는 원자가 전자, 양성자, 중성자로 구성된 복잡한 구조라는 것이 밝혀졌다.
▶ 원자는 전자, 양성자, 중성자로 구성됨

❷ 음전기를 띠고 있는 전자는 세 입자 중 가장 작고 가볍다. 1897년에 톰슨이 기체 방전관 실험에서 음전기의 흐름을 확인하여 전자를 발견하였다. 같은 음전기를 띠고 있는 전자들은 서로 반발하므로 원자 안에 모여 있기 어렵다. 이에 전자끼리 흩어지지 않고 원자의 형태를 유지하는 이유를 설명하기 위해 톰슨은 '건포도빵 모형'을 제안하였다. 양전기가 빵 반죽처럼 원자에 ㉠ 고르게 퍼져 있고, 전자는 건포도처럼 점점이 박혀 있어서 원자가 평소에 전기적으로 중성이라고 생각한 것이다.
▶ 톰슨의 기체 방전관 실험(전자 발견)과 '건포도빵 모형'

❸ 양전기를 띠고 있는 양성자는 전자보다 대략 2,000배 정도 무거워서 작은 에너지로 전자처럼 분리해 내거나 가속시키기 쉽지 않다. 그러나 1898년 마리 퀴리가 천연 광물에서 라듐을 발견한 이후 새로운 실험이 가능해졌다. 라듐은 강한 방사성 물질이어서 양전기를 띤 알파 입자를 큰 에너지로 방출한다. 1911년에 러더퍼드는 라듐에서 방출되는 알파 입자를 얇은 금박에 충돌시키는 실험을 하였다. 그 결과 알파 입자는 금박의 대부분을 통과했지만 일부 지점들은 통과하지 못하고 튕겨 나갔다. 이 실험을 통해 러더퍼드는 양전기가 빵 반죽처럼 원자 전체에 퍼져 있는 것이 아니라 아주 좁은 구역에만 모여 있다는 것을 알게 되었고, 이 구역을 '원자핵'이라고 하였다. 그는 실험 결과를 바탕으로 태양이 행성들을 당겨 공전시키는 것처럼 양전기를 띤 원자핵도 전자를 잡아당겨 공전시킨다는 '태양계 모형'을 제안하여 톰슨의 모형을 수정하였다.
▶ 러더퍼드의 알파 입자 충돌 실험(원자핵 발견)과 '태양계 모형'

❹ 그런데 러더퍼드의 모형은 각각의 원자에서 나타나는 고유한 스펙트럼을 설명하지 못했다. 1913년에 닐스 보어는 전자가 핵 주위의 특정한 궤도만을 돌 수 있다는 '에너지 양자화 가설'이라는 것을 제안하였다. 이를 통해 양성자 1개와 전자 1개로 이루어져 구조가 단순한 수소 원자의 스펙트럼을 설명할 수 있었다. 1919년에 러더퍼드는 질소 원자에 대한 충돌 실험을 통하여 핵에서 떨어져 나오는 양성자를 확인하였다. 그는 또한 핵 속에 전기를 띠지 않는 입자인 중성자가 있다는 것을 예측하였다. 1932년에 채드윅은 전기적으로 중성이며 질량이 양성자와 비슷한 입자인 중성자를 발견하였다. 1935년에 일본의 유카와 히데키는 중성자가 중간자라는 입자를 통해 핵력이 작용하게 하여 양성자를 잡아당긴다는 가설을 제안하였다. 여러 개의 양성자를 가진 원자에

서는 같은 양전기를 띠고 있는 양성자들이 서로 밀어내려 하는
데, 이러한 반발력보다 더 큰 힘이 있어야만 여러 개의 양성자가
핵에 속박될 수 있다. 그의 제안을 이용하면 양성자들이 흩어지
지 않고 핵 안에 모여 있음을 설명할 수 있다.
물체의 운동이 다른 물체나 전자기장에 제한을 받아 어떤 공간에 갇히는 현상
▶ 보어의 '에너지 양자화 가설', 양성자 및 중성자 발견, 유카와 히데키의 가설

그림으로 알아보는 원자 모형의 변천
원자를 구성하고 있는 더 작은 입자가 하나씩 발견됨에 따라 원자 구조
에 대한 생각도 바뀌게 되었는데요. 지문에서는 그 발견 순서에 따라 원
자 모형의 변천을 설명하고 있어요. 지문의 내용을 아래 그림과 비교하
며 읽어 보면 각 모형이 어떤 구조를 비유한 것인지 이해하기 쉬울 거
예요.

쪼개지지 않는 단단한 공 모양(돌턴)	건포도빵 모형(톰슨)	태양계 모형(러더퍼드)	에너지 양자화 가설(보어)	전자구름 모형(현대 원자 모형)

덧붙여 음전기(−)를 띠고 있는 전자와, 양전기(+)를 띠고 있는 양성자,
전기를 띠지 않는 중성자가 모여 원자 하나를 구성하고 있으며, 그 원자
는 기본적으로 중성(전기를 띠지 않음)이라는 점을 알고 있으면, 앞으로
이런 내용의 지문이 나올 때 도움이 될 거예요.

01 [내용 전개 방식] 답 ②

〈발문〉 윗글에 대한 설명으로 적절하지 **않은** 것은?
① 원자를 구성하는 입자들의 질량이 비교되어 있다. ○
▶ 2문단에서 전자가 세 입자 중 가장 가볍다고 하였고, 3문단에서는 양성자
가 전자보다 2,000배 정도 무겁다고 하였어요. 또 4문단에서는 중성자가 양성
자와 질량이 비슷하다고 하였어요. 따라서 원자를 구성하는 입자들의 질량을
비교하고 있음을 알 수 있어요.

2 음전기를 띠고 있는 전자는 세 입자 중 가장 작고 가볍다.
3 양전기를 띠고 있는 양성자는 전자보다 대략 2,000배 정도 무거
워서 작은 에너지로 전자처럼 분리해 내거나 가속시키기 쉽지 않다.
4 1932년에 채드윅은 전기적으로 중성이며 질량이 양성자와 비슷한
입자인 중성자를 발견하였다.

② 원자를 구성하는 입자들의 내부 구조를 제시하고 있다. ✕
▶ 원자들을 구성하는 입자들, 즉 전자, 중성자, 양성자의 내부 구조는 제시하
고 있지 않아요.
③ 원자를 구성하는 입자들의 전기적 성질을 제시하고 있다. ○
▶ 입자들의 전기적 성질이란 입자들이 양전기(+)를 띠는지, 음전기(−)를 띠는
지, 아니면 전기적으로 중성인지 등을 의미하는 거예요. 2~4문단에서 전자,
양성자, 중성자 각각의 전기적 성질을 제시한 부분을 찾을 수 있어요.

2 음전기를 띠고 있는 전자는 세 입자 중 가장 작고 가볍다.
3 양전기를 띠고 있는 양성자는 전자보다 대략 2,000배 정도 무거
워서 작은 에너지로 전자처럼 분리해 내거나 가속시키기 쉽지 않다.
4 1932년에 채드윅은 전기적으로 중성이며 질량이 양성자와 비슷한
입자인 중성자를 발견하였다.

④ 원자를 구성하는 입자들이 발견된 순서를 제시하고 있다. ○
▶ 1897년에 톰슨이 전자를 발견하였고, 1919년에 러더퍼드가 양성자를 확인
하였으며, 1932년에 채드윅이 중성자를 발견했다고 하였어요. 즉, 각 입자들이
발견된 순서가 제시되어 있음을 알 수 있죠.
⑤ 원자를 구성하는 입자들 사이에 작용하는 힘을 제시하고 있다. ○

2 같은 음전기를 띠고 있는 전자들은 서로 반발하므로 원자 안에 모
여 있기 어렵다.
4 여러 개의 양성자를 가진 원자에서는 같은 양전기를 띠고 있는 양
성자들이 서로 밀어내려 하는데, 이러한 반발력보다 더 큰 힘이 있어
야만 여러 개의 양성자가 핵에 속박될 수 있다.

02 [내용 이해] 답 ①

〈발문〉 윗글에 대한 이해로 적절한 것은? [3점]
① 라듐이 발견됨으로써 러더퍼드는 원자핵을 발견하게 된 실험
을 할 수 있었다. ○
▶ 라듐이 발견된 이후, 그 라듐으로 러더퍼드가 알파 입자 충돌 실험을 하여
원자핵을 발견하게 된 것이므로, 적절한 이해예요.
② 질소 충돌 실험에서 양성자가 발견됨으로써 유카와 히데키의
가설이 입증되었다. ✕
▶ 1919년에 질소 충돌 실험에서 양성자가 발견된 것은 맞지만, 유카와 히데키
의 가설이 제안된 것은 그로부터 한참 후인 1935년이에요.
③ 채드윅은 양성자가 핵 안에서 흩어지지 않는 이유를 설명하는
가설을 제안했다. ✕
▶ 양성자가 핵 안에서 흩어지지 않는 이유를 설명하는 가설은 유카와 히데키
가 제안한 것이었어요.
④ 원자 모형은 19세기 말에 전자가 발견됨으로써 '태양계 모형'에
서 '건포도빵 모형'으로 수정되었다. ✕
▶ 19세기 말에 전자가 발견됨으로써 '건포도빵 모형'이 제시되었고, 20세기
초에 러더퍼드가 원자핵을 발견하면서 '태양계 모형'으로 수정되었어요.
⑤ 알파 입자가 금박의 일부분에서 튕겨 나간다는 사실을 통해 양
전기가 원자 전체에 퍼져 있음이 입증되었다. ✕
▶ 러더퍼드는 실험에서 알파 입자가 금박의 일부 지점에서 튕겨 나간다는 사
실을 발견했고, 이를 통해 양전기가 원자 전체가 아니라 아주 좁은 구역에만
모여 있다는 것을 알게 되었어요.

03 [어휘] 답 ①

〈발문〉 ⑤ 고르게의 문맥적 의미와 가장 가까운 것은?
① 그 식물은 전국에 고른 분포를 보인다. ○
▶ ⑤ '고르게'는 '여럿이 다 높낮이, 크기, 양 따위의 차이가 없이 한결같다.'라
는 의미로 사용되었어요. 선택지 ① 역시 식물의 분포가 전국적으로 차이가 없
다는 뜻이므로, ⑤과 같은 의미로 사용되었어요.
② 국어사전에서 적당한 단어를 골라야 한다. ✕
▶ 여기서는 '여럿 중에서 가려내거나 뽑다.'라는 의미로 사용되었어요.
③ 그는 목소리를 고르며 차례를 기다리고 있다. ✕
▶ 여기서는 '붓이나 악기의 줄 따위가 제 기능을 발휘하도록 다듬거나 손질
하다.'라는 의미로 사용되었어요.
④ 울퉁불퉁한 곳을 흙으로 메워 판판하게 골랐다. ✕
▶ 여기서는 '울퉁불퉁한 것을 평평하게 하거나 들쭉날쭉한 것을 가지런하게
하다.'라는 의미로 사용되었어요.
⑤ 날씨가 고르지 못한 환절기에 아이가 감기에 들었다. ✕
▶ 여기서는 '상태가 정상적으로 순조롭다.'라는 의미로 사용되었어요.

01 ①　02 ③　03 ①　04 ①　　　　[2015년 6월 고1 전국연합]

쌤이 그린 독해지도

1　의문 – 스프를 넣은 물의 끓는점이 순수한 물의 끓는점보다 높은 이유는?

2　평형상태 : 물의 양이 더이상 줄어들지 않는 상태
　　　　응축하는 물분자 수 = 증발하는 물분자 수
　　　　　　기체→액체　　　　　액체→기체
　액체의 증기압 : 평형상태에서 증기가 나타내는 압력

3
순수한 물	스프를 넣은 물
물 표면 전체에서 증발	표면에서 비휘발성 물질이 차지하는 만큼 증발×

⇨ 순수한 물의 증기압 > 스프를 넣은 물의 증기압
* 농도가 진할수록 증기압 ⇓
* 온도가 높을수록 증기압 ⇑

4　'끓는다' : 액체의 증기압 = 대기압 일 때 액체 내부에서
　　　　　분자들이 바깥으로 나오는 것
　끓는점 : 액체의 증기압 = 대기압인 온도

용액의 증기압 < 순수한 용매의 증기압
⇨ 용액의 끓는점 > 순수한 용매의 끓는점
: 스프를 넣은 물의 온도가 더 높아야 증기압 = 대기압이 됨

| 문장은 정교하게 & 문단은 정리하며 |

1 라면을 끓일 때, 스프를 미리 넣으면 물만 끓일 때보다 끓는 데 더 오랜 시간이 걸린다. 이것은 스프가 물에 녹으면 물의 끓는점이 높아져서 더 많은 열을 가해야 하기 때문이다. 그렇다면 스프를 넣은 물의 끓는점이 순수한 물의 끓는점보다 높은 이유는 무엇일까? ▶ 스프를 넣은 물이 순수한 물보다 끓는점이 높은 이유에 대한 의문

2 밀폐된 용기 속에 물을 담아 두면 물 분자들은 표면에서 일정한 속도로 증발한다. 이 과정에서 액체 상태의 물이 기체 상태로 변하기 때문에 물의 양은 점점 줄어든다. (어떤 물질이 액체 상태에서 기체 상태로 변함. 또는 그런 현상) 그렇지만 일정 시간이 지나면 물의 양은 더 이상 줄어들지 않는다. 그 이유는 물에서 증발하는 분자 수와 물로 ㉠ 돌아오는 분자 수가 같아지기 때문이다. 기체 상태의 분자들이 액체로 돌아오는 과정을 응축이라 하는데, 밀폐된 용기 속에서 증발된 기체 분자 수가 많아질수록 응축 속도가 빨라져 결국 증발 속도와 같아진다. 증발 속도와 응축 속도가 같은 때를 평형 상태라고 하는데, 이때부터 물의 양은 더 이상 줄어들지 않는다. 평형 상태에서 증기가 나타내는 압력을 액체의 증기압이라고 한다. ▶ 평형 상태와 액체의 증기압

3 라면 스프를 넣은 물은 일종의 용액인데, 용액의 증기압은 용액의 농도와 온도, 용매의 종류에 따라 변한다. 순수한 용매만 있 (어떤 액체에 물질을 녹여서 용액을 만들 때 그 액체를 가리키는 말) (용액 따위의 진함과 묽음의 정도) 을 때에는 용매의 표면 전체에서 증발이 일어난다. 그러나 용액은 표면에서 비휘발성 용질이 차지하는 부분만큼 증발이 일어나지 않아, 용액의 증기압은 순수한 용매의 증기압보다 낮아진다. (보통 온도에서 액체가 기체가 되어 날아 흩어지지 않는 성질) 용액에 비휘발성 용질이 많이 녹아 있을수록, 즉 용액의 농도가 진할수록 표면에서 증발하는 용매 분자 수가 적어지기 때문에 용액의 증기압이 더 낮아진다. 한편 온도가 높아지면 분자의 운동이 활발해져서 증발하는 용매 분자 수가 많아지고, 이에 따라 용액의 증기압도 높아진다. ▶ 용액의 농도와 온도에 따라 변하는 용액의 증기압

4 라면 스프를 넣은 물의 끓는점이 높아지는 이유는 용액의 증기압 변화를 통해 설명할 수 있다. '끓는다'는 것을 과학적으로 정의하면 액체의 증기압이 대기압과 같아져서 액체 내부에서 기체 상태로 변한 분자들(기포)이 액체의 표면 바깥으로 나오는 것이라고 할 수 있다. 그러므로 끓는점은 액체의 증기압이 대기압과 같아지는 온도로 정의할 수 있다. 비휘발성 용질을 녹인 용액은 순수한 용매보다 증기압이 낮기 때문에 더 높은 온도가 되어야 용액의 증기압과 대기압이 같아진다. 라면 스프를 넣은 물이 순수한 물에 비해 끓는점이 높은 이유는 이 때문이다. 반면 높은 산에 올라가면 대기압이 낮아지기 때문에 평지보다 액체의 증기압이 낮은 상태에서도 끓게 되는 것이다. ▶ 라면 스프를 넣은 물의 끓는점이 높아지는 이유

01 [내용 이해] 답 ①

〈발문〉 온도가 일정한 밀폐된 용기 속에 용액을 넣고 관찰한다고 할 때, 이에 대한 설명으로 적절하지 <u>않은</u> 것은?

① 증발이 계속되면 응축 속도는 ~~느려진다.~~ ✗

▶ 밀폐된 용기 속에서 증발된 기체 분자 수가 많아질수록 응축 속도가 빨라진다고 했어요.

> **근거 찾기**
>
> ❷ 기체 상태의 분자들이 액체로 돌아오는 과정을 응축이라 하는데, 밀폐된 용기 속에서 증발된 기체 분자 수가 많아질수록 응축 속도가 빨라져 결국 증발 속도와 같아진다.

② 용액의 증발 속도는 일정하게 유지된다. ○

> **근거 찾기**
>
> ❷ 밀폐된 용기 속에 물을 담아 두면 물 분자들은 표면에서 일정한 속도로 증발한다.

③ 평형 상태에서 증발 속도는 응축 속도와 같다. ○

> **근거 찾기**
>
> ❷ 증발 속도와 응축 속도가 같은 때를 평형 상태라고 하는데, 이때부터 물의 양은 더 이상 줄어들지 않는다.

④ 증발 속도가 응축 속도보다 빠르면 용액이 줄어든다. ○

▶ 증발 속도가 응축 속도보다 빠르다는 것은 '액체가 기체가 되는 속도'가 '기체가 액체가 되는 속도'보다 빠르다는 뜻이에요. 그리고 액체가 기체가 되는 속도가 더 빠르면 당연히 용액은 줄어들겠지요. 이처럼 내용 확인 문제에서 지문을 바탕으로 추론을 거쳐야 풀 수 있는 선택지가 나오기도 해요.

⑤ 용액의 농도가 진할수록 증발하는 용매 분자 수가 적어진다. ○

> **근거 찾기**
>
> ❸ 용액의 농도가 진할수록 표면에서 증발하는 용매 분자 수가 적어지기 때문에 ~

[02~03]

〈발문〉 다음은 윗글과 관련된 자료이다. 02, 03번 두 물음에 답하시오.

아래 모형은 순수한 물인 (가)와 물에 비휘발성 용질을 녹인 (나)를 나타낸 것이다. (가)와 (나)는 동일한 조건에 있다.

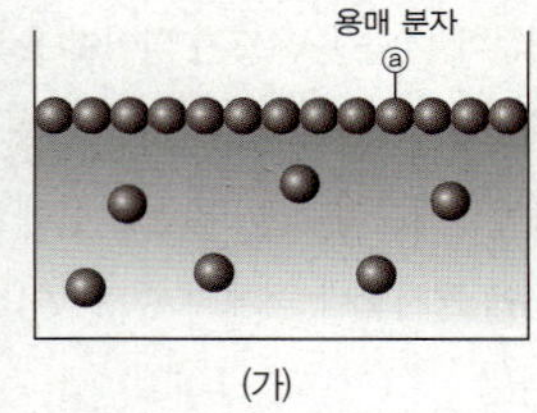

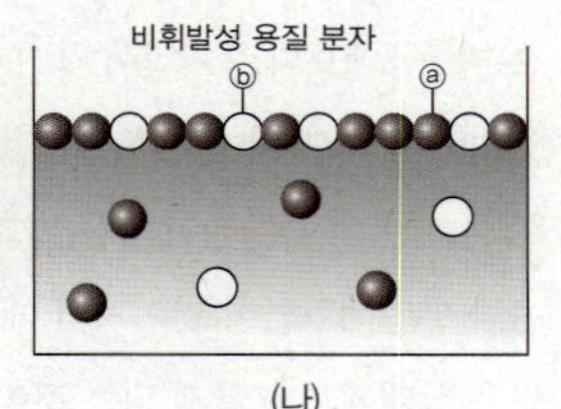

▶ (가)는 순수한 용매이고, (나)는 용액이에요. 순수한 용매와 용액 사이에 어떤 차이가 있는지는 지문의 3, 4문단에 나와 있어요. 그러므로 지문의 3, 4문단을 꼼꼼히 읽어 보면 어렵지 않게 문제를 풀 수 있을 거예요.

02 [내용 이해] 답 ③

〈발문〉 (가)와 (나)에 대한 설명으로 적절하지 <u>않은</u> 것은? [3점]

① (가)에서는 표면 전체에서 증발이 일어난다. ○

> **근거 찾기**
>
> ❸ 순수한 용매만 있을 때에는 용매의 표면 전체에서 증발이 일어난다.

② (나)의 표면에서 ⓑ가 차지하는 부분만큼 증발이 일어나지 않는다. ○

> **근거 찾기**
>
> ❸ 그러나 용액은 표면에서 비휘발성 용질이 차지하는 부분만큼 증발이 일어나지 않아, 용액의 증기압은 순수한 용매의 증기압보다 낮아진다.

③ (나)에서 ⓑ의 수가 많아질수록 용액의 증기압이 ~~높아진다.~~ ✗

▶ 용액의 경우, 표면에서 비휘발성 용질이 차지하는 부분만큼 증발이 일어나지 않기 때문에, 용액에 비휘발성 용질이 많이 녹아 있을수록 용액의 증기압은 더 낮아져요. 따라서 '(나)에서 ⓑ의 수가 많아질수록 용액의 증기압이 낮아진다.'라고 해야 적절한 설명이 돼요.

> **근거 찾기**
>
> ❸ 용액에 비휘발성 용질이 많이 녹아 있을수록, 즉 용액의 농도가 진할수록 표면에서 증발하는 용매 분자 수가 적어지기 때문에 용액의 증기압이 더 낮아진다.

④ (가)는 (나)보다 ⓐ의 수가 줄어드는 속도가 빠르다. ○

▶ 순수한 용매가 용액보다 더 증발이 잘 되기 때문에 (가)가 (나)보다 ⓐ의 수가 줄어드는 속도가 더 빠를 거예요.

> **근거 찾기**
>
> ❸ 용액에 비휘발성 용질이 많이 녹아 있을수록, 즉 용액의 농도가 진할수록 표면에서 증발하는 용매 분자 수 적어지기 때문에 ~

⑤ (가)와 (나) 모두 온도가 높아지면 증발되는 ⓐ의 수가 많아진다. ○

▶ 온도가 높아지면 분자의 운동이 활발해져서 증발하는 용매 분자 수가 많아져요. 따라서 (가)와 (나) 모두 온도가 높아지면 증발되는 ⓐ의 수가 많아질 거예요.

> **근거 찾기**
>
> ❸ 한편 온도가 높아지면 분자의 운동이 활발해져서 증발하는 용매 분자 수가 많아지고, 이에 따라 용액의 증기압도 높아진다.

03 [내용 이해] 답 ①

〈발문〉 (가)의 끓는점(㉮), (나)의 끓는점(㉯)을 나타낸 그래프로 가장 적절한 것은?

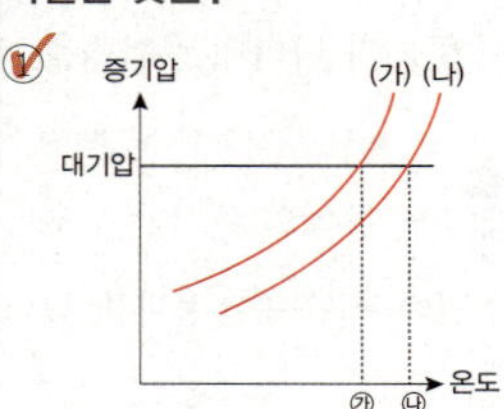

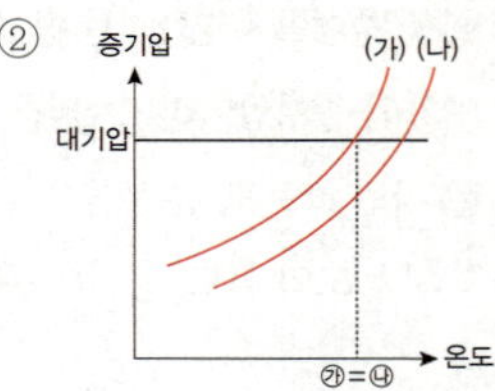

③ 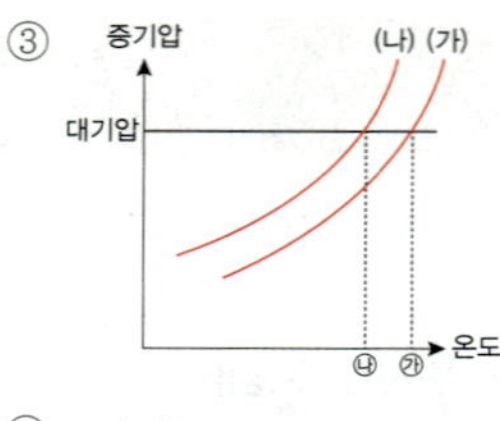

④ 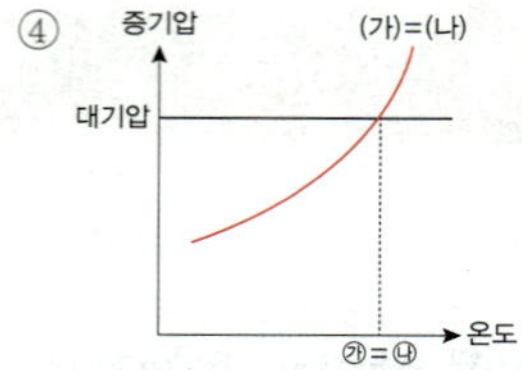

⑤ 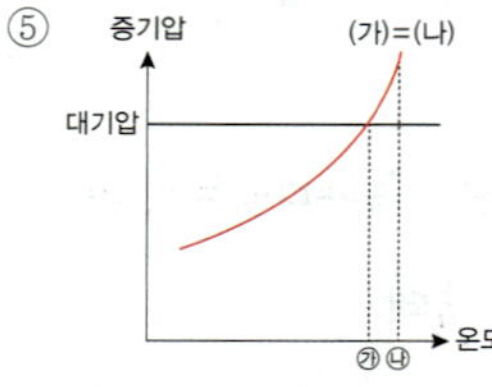

▶ 용액의 농도가 진할수록 증기압이 낮아지기 때문에, 같은 온도일 때 '(나)의 증기압<(가)의 증기압'이어야 해요. 선택지의 그래프들 중 ①, ②만 여기에 해당하네요. 즉, 같은 온도일 때를 기준으로 ③은 '(가)의 증기압<(나)의 증기압'이기 때문에 탈락. ④, ⑤는 '(가)의 증기압=(나)의 증기압'이기 때문에 탈락이에요.

자, 이제 ①과 ② 중에 답을 골라 볼까요? 끓는점은 '액체의 증기압=대기압'인 온도라고 했어요. 따라서 '(가)의 증기압=대기압'인 온도 ㉮가 (가)의 끓는점이고, '(나)의 증기압=대기압'인 온도 ㉯가 (나)의 끓는점이 돼요. 따라서 가장 적절한 그래프는 선택지 ①이에요.

> **근거 찾기**
>
> ❸ 즉 용액의 농도가 진할수록 표면에서 증발하는 용매 분자 수가 적어지기 때문에 용액의 증기압이 더 낮아진다.
>
> ❹ 그러므로 끓는점은 액체의 증기압이 대기압과 같아지는 온도로 정의할 수 있다.

04 [어휘] 답 ①

〈발문〉 밑줄 친 단어 중 ㉠ 돌아오는과 문맥적 의미가 가장 유사한 것은?

☑ 그는 원래 있던 자리로 다시 돌아왔다. O

▶ ㉠ '돌아오다'는 '원래 있던 곳으로 다시 오거나 다시 그 상태가 되다.'라는 뜻으로 사용되었어요. ①의 '돌아오다'도 같은 의미로 사용된 거예요.

② 이제 곧 내가 발표할 차례가 돌아온다. ✕

▶ 여기서는 '무엇을 할 차례나 순서가 닥치다.'라는 의미로 사용되었어요.

③ 나는 지름길을 두고 먼 길을 돌아왔다. ✕

▶ 여기서는 '먼 쪽으로 둘러서 오다.'라는 의미로 사용되었어요.

④ 우리 부서에 돌아온 것은 비난뿐이었다. ✕

▶ 여기서는 '몫, 비난, 칭찬 따위를 받다.'라는 의미로 사용되었어요.

⑤ 모퉁이를 돌아오면 처음에 보이는 집이 우리 집이다. ✕

▶ 여기서는 '어떤 장소를 끼고 원을 그리듯이 방향을 바꿔 움직여 오다.'라는 의미로 사용되었어요.

쌤이 그린 독해지도

1 물질의 상 : 화학적 조성, 물리적 상태가 전체적으로 균질한 물질의 형태

　고체 – 일정한 부피, 모양. 원자들이 결합되어 서로 고정된 상태

　액체 – 일정한 부피, 일정하지 않은 모양. 분자가 내부를 무질서하게 돌아다니는 상태

　기체 – 일정하지 않은 부피, 모양. 분자 간 평균 거리 매우 먼 상태

2 상변화 : 물질의 상이 전환되는 현상

(3, 4, 5) 상평형 그림 : 닫힌 계에서 압력과 온도에 따른 상변화를 나타냄

　상 경계 : 두 상이 평형을 이루는 압력과 온도 조건의 집합

　┌ 융해곡선 – 고체상과 액체상이 평형
　├ 승화곡선 – 기체상과 고체상이 평형
　└ 증기압력곡선 – 기체상과 액체상이 평형

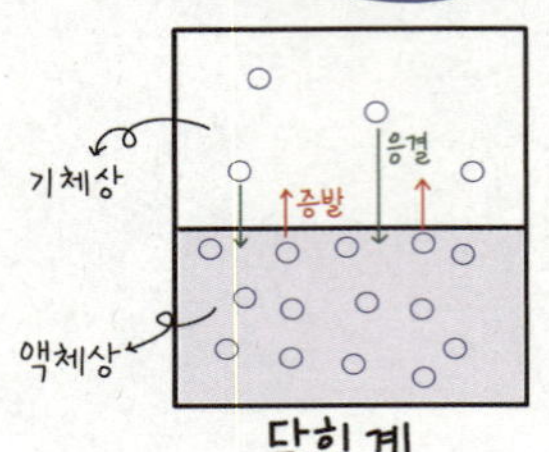

특정 압력, 온도 조건에서

액체의 증발 속도 = 기체의 응결 속도

　⇒ 평형

　삼중점 : 세 개의 상이 평형을 이루며 공존하는 상태

　임계점 ┌ 임계온도 : 아무리 압력을 높여도 기체가 액화되지 않는 온도
　　　　└ 임계압력 : 아무리 온도를 높여도 액체가 증발되지 않는 압력

　　　초임계 유체 (액체도 기체도 아님) 형성

| 문장은 정교하게 & 문단은 정리하며 |

1 물질은 여러 가지 다른 상(phase)으로 ⓐ 존재할 수 있다. 물질의 상이란 화학적 조성은 물론 물리적 상태가 전체적으로 균질한 물질의 형태를 말하며, 일반적으로 고체, 액체, 기체로 ⓑ 구분된다. 고체는 일정한 부피와 모양을 가지고 있으며, 물질을 구성하는 원자들이 각자의 위치를 중심으로 결합되어 서로 고정된 상태이다. 액체는 일정한 부피를 가지나 모양이 일정하지는 않으며, 물질을 구성하는 분자 간 인력이 분자 위치를 고정할 만큼 강하지 못하여 분자가 액체 내부를 무질서하게 돌아다니는 상태이다. 기체는 부피와 모양이 모두 일정하지 않으며, 물질을 구성하는 분자 간 인력이 매우 작은 편으로 기체의 분자 간 평균적인 거리는 고체나 액체일 경우에 비해 매우 먼 상태이다.
▶ 물질의 상 구분 : 고체, 액체, 기체
2 물질은 압력과 온도 조건의 변화에 따라 다른 상으로 변할 수 있다. 화학적 조성의 변화는 ⓒ 수반되지 않으면서 물질의 상이

전환되는 현상을 상변화(phase change)라 하며, 압력은 동일하지만 온도가 더 높은 조건에서 존재하는 상일 때의 물질을 높은 상 물질이라고 한다. 이러한 모든 상변화에서는 물질의 내부 에너지 변화가 일어나는 특징이 있다.
▶ 압력과 온도에 따른 상변화 현상

이해력 UP
3 상평형 그림(phase diagram)은 닫힌계에서 압력과 온도 조건의 변화에 따른 물질의 상변화를 나타낼 수 있는 방법이다. 아래의 〈그림〉은 물의 상평형 그림으로, 압력과 온도 조건에 따른 물의 상을 보여 준다. 상평형 그림에서 상과 상 사이의 선들을 상 경계라고 하는데, 선의 각 점은 두 상이 평형을

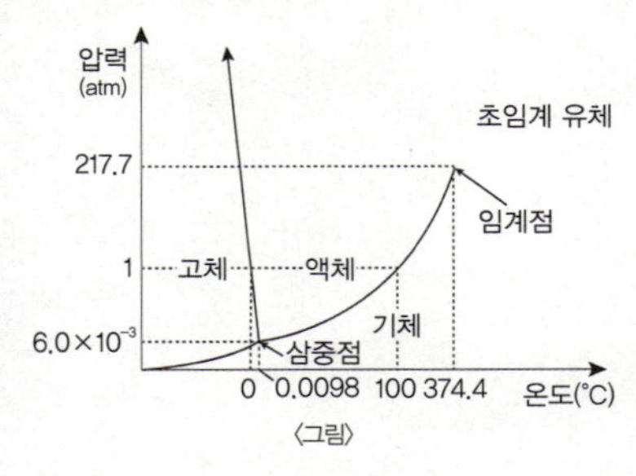

이루는 압력과 온도 조건을 나타내며, 상 경계는 두 상이 평형을 이루는 압력과 온도 조건의 집합이 된다. 상평형 그림에서 고체상과 액체상이 평형을 이루는 조건을 융해 곡선, 기체상과 고체상이 평형을 이루는 조건을 승화 곡선, 기체상과 액체상이 평형을 이루는 조건을 증기 압력 곡선이라 한다.

❹ 닫힌계에서 기체상과 액체상이 평형을 이루는 상태에 대해 설명해 보자. 액체가 기체로 상이 전환되는 것은, 같은 온도에서도 액체의 분자가 각각 서로 다른 에너지를 가지고 있을 수 있어서 그중 높은 에너지를 갖는 분자가 증발할 수 있기 때문이다. 액체의 분자들을 한데 묶어 두는 분자 간 인력이 존재함에도 불구하고, 액체의 표면에 있는 분자들은 각각 다른 정도의 운동 에너지를 갖기 때문에 그중 운동 에너지가 큰 분자들은 분자 간 인력을 극복하고 증발하여 기체 상태로 변한다. 하지만 기체의 분자들 일부는 반대로 에너지를 잃고 응결되어 액체로 변한다. 그리고 이러한 과정의 초기에는 액체의 표면을 떠나는 분자의 수가 돌아오는 수보다 훨씬 많으나, 기체의 분자 수 증가로 기체의 압력 또한 높아져 액체의 표면에서 응결되는 분자 수 또한 증가하게 된다. 결국 분자들의 증발 또는 응결은 지속적으로 이루어지고 있으나, 특정한 압력과 온도 조건에서 액체의 증발 속도와 기체의 응결 속도는 같아지게 되어 거시적으로 평형을 유지하게 된다. 그리고 이러한 상태에서의 압력과 온도 조건들이 상평형 그림의 증기 압력 곡선이 된다.

❺ 한편, 위 〈그림〉에서 고체와 기체 사이의 상 경계를 따라가면 두 선이 ④ 분기하는 점이 나타난다. 이 점은 세 개의 상이 평형을 이루며 공존하는 상태로, ㉠ 삼중점(triple point)이라고 한다. 그리고 액체와 기체 사이의 상 경계를 따라가면 선이 끝나는 임계점을 만나는데, 이때의 온도를 임계 온도, 압력을 임계 압력이라 한다. 임계 온도는 아무리 압력을 높여도 기체가 액화되지 않는 온도이며, 임계 압력은 아무리 온도를 높여도 액체가 증발되지 않는 압력으로, 임계점에서 두 상은 액체도 기체도 아닌 초임계 유체를 ⓔ 형성한다.

이해력 UP

상평형 그림

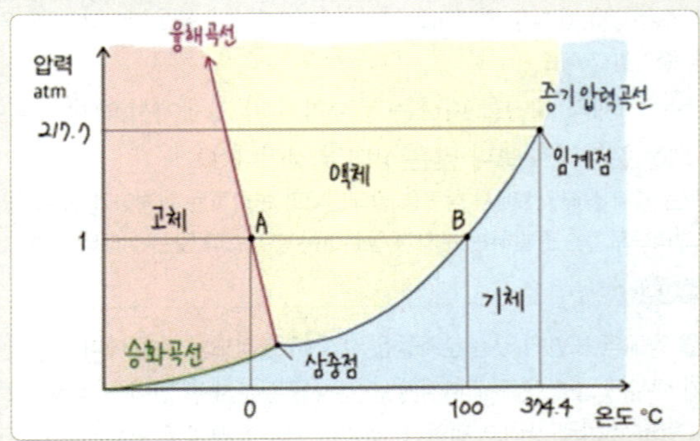

상평형 그림을 이해하기가 쉽지 않았죠? 보다 친절한 설명과 함께 조금

만 더 살펴보도록 합시다.

우선 두 상이 평형을 이루는 압력과 온도 조건의 집합으로 이루어진 선을 상 경계라고 해요. 그리고 상평형 그림에서 고체상과 액체상이 평형을 이루는 조건들로 이루어진 선을 융해 곡선이라고 해요. 이 그래프에서 융해 곡선보다 왼쪽에 있는 조건에서는 물질이 고체로, 오른쪽에 있는 조건에서는 액체로 존재하는 거죠. 그러니까 승화 곡선, 융해 곡선, 증기 압력 곡선으로 나누어진 세 면적은 각각 물질이 고체, 액체, 기체로 존재하는 조건인 거예요.

그럼, 물의 상변화를 나타낸 위의 그래프를 통해 대기압(1atm)일 때 온도에 따른 물의 상태를 확인해 볼까요? 참고로 1atm은 일반적인 대기 압력 수준으로, 02번 문제의 〈보기〉에서도 확인할 수 있어요. 대기압에서 0℃ 이하의 온도일 때에는 고체, 즉 얼음으로 존재하고, 0℃ 이상 100℃ 이하일 때는 액체 상태인 물로, 100℃ 이상일 때는 기체, 즉 수증기로 존재한다는 것을 알 수 있어요. 다시 말해 점 A는 물의 녹는점(어는점)이고, 점 B는 물의 끓는점을 나타내는 거죠.

앞에서는 일정한 압력에서 온도에 따라 물질의 상태가 어떻게 다른지를 봤어요. 이번에는 일정한 온도에서 압력에 따라 물질의 상이 어떻게 다른지를 생각해 봅시다. 압력이 1atm보다 낮은 0.7atm의 경우를 그래프에서 임의로 설정해 보면, 0℃의 온도에서도 얼음이 녹지 않아요. 그리고 100℃보다 낮은 온도에서도 물이 끓기도 해요. 그래서 높은 산 위는 기압이 낮기 때문에 100℃보다 낮은 온도에서 물이 끓기 시작하는 거죠. 이처럼 물질의 상태는 온도와 압력이라는 두 가지 조건에 의해 결정되고, 상평형 그림은 이 두 가지 조건에 따른 물질의 상태를 보여 주는 그래프임을 이해하면 돼요.

01 [내용 이해] **답 ①**

〈발문〉 윗글에 대한 설명으로 가장 적절한 것은?

☑ 물질의 상과 상변화 개념을 제시하고, 상평형 그림을 활용하여 물질의 상변화를 설명하고 있다. ⭕

▶ 1, 2문단에서 물질의 상과 상변화 개념을 제시하고, 3~5문단에서 물의 상평형 그림을 활용해 물질의 상변화를 설명하고 있어요.

② 물질의 상을 구분하고, 압력 변화에 따라 물질을 구성하는 원자나 분자가 달라지는 원인을 분석하고 있다. ❌

▶ 물질의 상을 고체, 액체, 기체로 구분하여 그 특징을 각각 설명하고 있지만 압력 변화에 따라 물질을 구성하는 원자나 분자가 달라지는 원인을 분석하고 있지는 않아요.

③ 물질이 물리적 형태에 따라 나타내는 특성들을 제시하고, 다양한 물질의 예를 들어 각 특성들을 설명하고 있다. ❌

▶ 1문단에서 물질의 물리적 형태, 즉 고체, 액체, 기체라는 각각의 상이 지닌 특성들을 설명하고 있어요. 하지만 다양한 물질의 예를 들어 설명하고 있지는 않아요.

④ 물질의 상과 상변화의 관련성을 설명하고, 압력과 온도 변화에 따른 물질의 화학적 조성 변화 원인을 분석하고 있다. ❌

▶ 2문단을 보면, 상변화란 화학적 조성의 변화는 일어나지 않고 물질의 상이 전환되는 현상임을 알 수 있어요. 즉, 온도나 압력 변화에 따른 상변화에서 화학적 조성의 변화는 일어나지 않아요. 물질을 구성하는 원자나 분자 사이의 결합, 거리가 변화하는 것이지 원자나 분자 자체가 달라지는 것이 아니라는 거예요.

⑤ 물질의 상변화 과정에서 나타나는 압력과 온도 사이의 상관성을 분석하고, 물질의 화학적 변화 이유를 제시하고 있다. ❌

▶ 압력과 온도에 따른 물질의 상변화를 설명하고 있지만 상변화의 조건이 되는 압력과 온도 사이의 상관성은 다루고 있지 않아요. 또한 선택지 ④의 해설에서 확인했듯이 물질의 상변화는 화학적 조성이 달라지지 않고 물리적 상태만 변화하는 것이므로, 물질의 화학적 변화 이유를 제시하고 있다는 설명 역시 적절하지 않아요.

〈발문〉〈보기〉와 윗글의 〈그림〉을 관련지어 이해한 내용으로 적절하지 **않은** 것은?

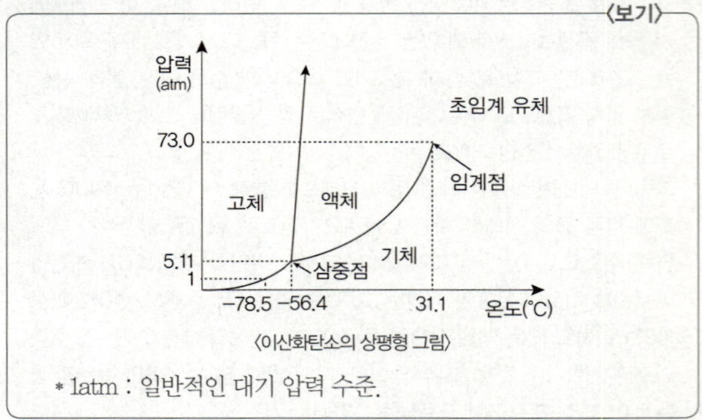

① 이산화탄소는 물에 비해 임계점이 상대적으로 더 낮은 압력과 온도 조건에 있군. ◯

▶ 물의 상평형 그림에서 임계점의 압력은 217.7atm, 온도는 374.4℃인 반면, 이산화탄소의 상평형 그림에서 임계점의 압력은 73.0atm, 온도는 31.1℃로 압력과 온도 조건 모두 물보다 낮음을 확인할 수 있어요.

② 이산화탄소는 물과 달리 일반적인 대기 압력 수준에서 액체로 존재할 수 없겠군. ◯

▶ 지문에서 제시한 물의 상평형 그림을 보면, 물은 일반적인 대기 압력 수준인 1atm에서 온도에 따라 고체, 액체, 기체로 존재할 수 있어요. 하지만 〈보기〉에 제시된 이산화탄소의 상평형 그림을 보면, 이산화탄소는 일반적인 대기 압력 수준인 1atm에서 고체 또는 기체로만 존재할 수 있어요. 〈보기〉의 그래프에 따르면, 압력이 적어도 5.11atm 이상일 때 이산화탄소가 액체로 존재할 수 있음을 알 수 있어요.

③ 물과 이산화탄소는 동일한 압력 조건에서 고체, 액체, 기체 중 기체가 높은 상 물질이겠군. ◯

▶ 2문단에서 압력은 동일하지만 온도가 더 높은 조건에서 존재하는 상일 때의 물질을 높은 상 물질이라고 한다고 했어요. 그림을 보면, 물과 이산화탄소 모두 기체가 고체나 액체보다 높은 상 물질임을 알 수 있어요.

④ 물은 이산화탄소와 달리 온도가 높아질수록 고체와 액체 간 평형을 이루는 압력이 낮아지겠군. ◯

▶

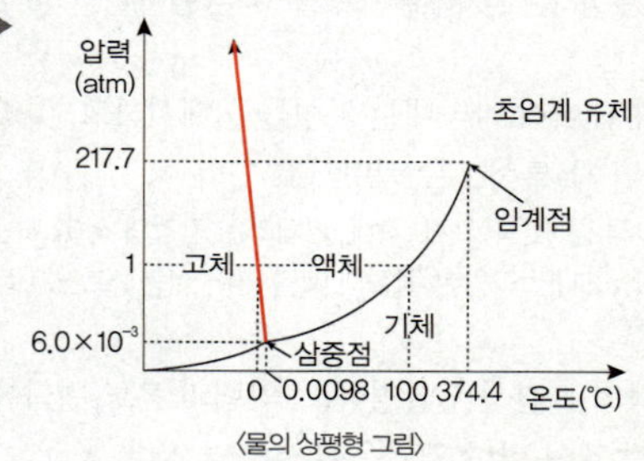

물의 상평형 그림에서 빨간색으로 표시된 선, 즉 고체와 액체가 평형을 이루는 상 경계인 융해 곡선을 보면, 온도가 높아질수록 압력은 낮아지는 특성을 확인할 수 있어요.

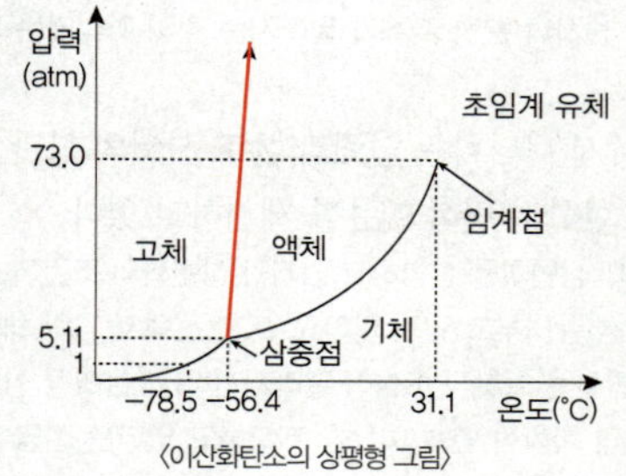

하지만 이산화탄소의 상평형 그림에서 빨간색으로 표시된 선, 즉 융해 곡선을 보면 온도가 높아질수록 압력이 높아지는 특성이 있음을 알 수 있어요.

⑤ 물과 이산화탄소는 어떤 압력과 온도 조건에서도 고체에서 기체로의 상변화가 일어날 수 없겠군. ✗

▶

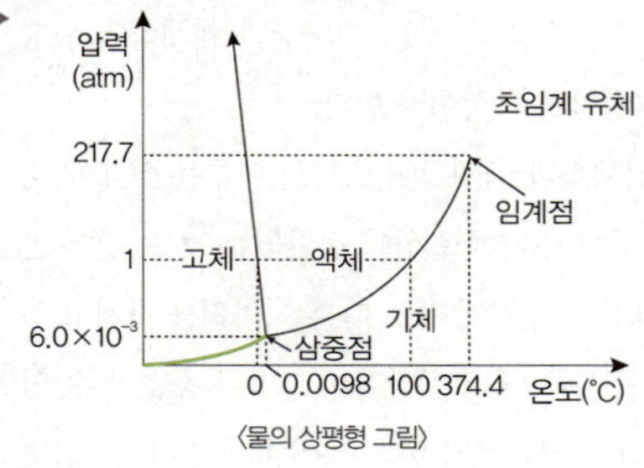

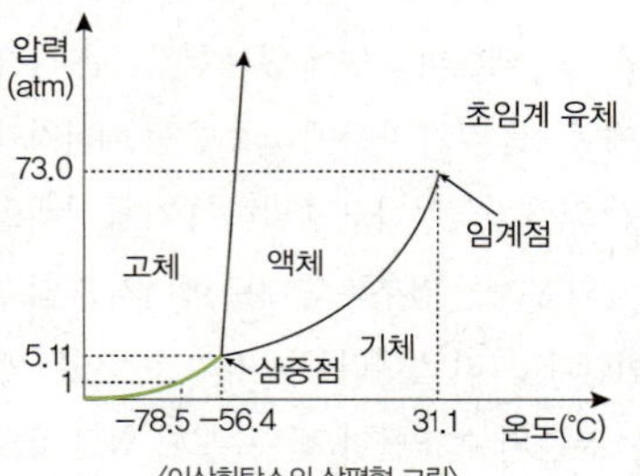

위의 두 그림에서 연두색으로 표시된 선, 즉 기체와 고체가 평형을 이루는 승화 곡선을 보면, 물이나 이산화탄소 모두 고체에서 기체로의 상변화가 일어날 수 있음을 알 수 있어요.

03 [구체적 사례에 적용] 답 ④

〈발문〉[A]를 참고하여 〈보기〉를 이해한 내용으로 적절하지 **않은** 것은? [3점]

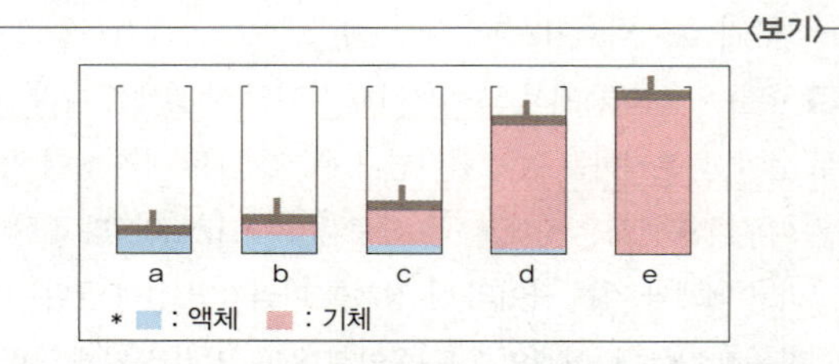

위 그림은 액체가 담긴 밀폐된 용기의 피스톤을 위로 당기는 과정을 단계적으로 도식화한 것이다. 그림의 a~e는 일정한 온도에서 압력의 감소에 따라 연속적으로 일어나는 액체에서 기체로의 전환을 보여 준다. a에서 e의 순서로 진행되며, a는 액체 상태, c만 상평형 상태, e는 기체 상태이다.

① a에서 e까지의 과정에서 액체의 분자 수는 감소하고 기체의 분자 수는 증가할 것이다. ◯

▶ a~e는 액체에서 기체로의 전환 과정인데, 액체 분자가 증발하여 기체 분자가 되는 것이기 때문에 액체의 분자 수는 점점 감소하고 기체의 분자 수는 점점 증가할 거예요.

② b는 액체의 표면을 떠나는 분자의 수가 기체에서 액체로 돌아오는 분자의 수보다 많은 상태일 것이다. ◯

▶ b는 액체 상태인 a에서 상평형 상태인 c로 변화하는 과정이라 할 수 있어요. 그러므로 b는 증발하는 분자가 응결하는 분자보다 많은 상태일 거예요.

❹ 액체의 표면에 있는 분자들은 각각 다른 정도의 운동 에너지를 갖기 때문에 그중 운동 에너지가 큰 분자들은 분자 간 인력을 극복하고 증발하여 기체 상태로 변한다. 하지만 기체의 분자들 일부는 반대로 에너지를 잃고 응결되어 액체로 변한다. 그리고 이러한 과정의 초기

에는 액체의 표면을 떠나는 분자의 수가 돌아오는 수보다 훨씬 많으나, 기체의 분자 수 증가로 기체의 압력 또한 높아져 액체의 표면에서 응결되는 분자 수 또한 증가하게 된다.

③ c는 액체의 분자가 증발하는 속도와 기체의 분자가 응결하는 속도가 같은 상태일 것이다. **O**

▶ 〈보기〉에서 c만 상평형 상태라고 했어요. 즉, c는 액체의 증발 속도와 기체의 응결 속도가 같아 평형을 이룬 상태임을 알 수 있어요.

> 근거 찾기
> 4 결국 분자들의 증발 또는 응결은 지속적으로 이루어지고 있으나, 특정한 압력과 온도 조건에서 액체의 증발 속도와 기체의 응결 속도는 같아지게 되어 거시적으로 평형을 유지하게 된다.

c에서 e까지의 과정에서 액체의 분자와 기체의 분자는 모두 분자 간 인력이 커질 것이다. **X**

▶ c에서 e까지의 과정은 상평형 상태에서 기체 상태가 되는 과정이므로 액체가 기체로 증발하는 과정이에요. 그런데 1문단을 보면, 기체는 고체나 액체일 경우에 비해 분자 간 인력이 매우 작은 편임을 알 수 있어요. 또 4문단에 따르면, 액체 분자 중 운동 에너지가 큰 분자들이 분자 간 인력을 극복하고 증발하여 기체 상태가 된다고 했어요. 따라서 c에서 e까지의 과정에서는 액체 분자의 분자 간 인력이 작아질 것임을 알 수 있어요.

> 근거 찾기
> 1 기체는 ~ 물질을 구성하는 분자 간 인력이 매우 작은 편으로 기체의 분자 간 평균적인 거리는 고체나 액체일 경우에 비해 매우 먼 상태이다.
> 4 액체의 분자들을 한데 묶어 두는 분자 간 인력이 존재함에도 불구하고, 액체의 표면에 있는 분자들은 각각 다른 정도의 운동 에너지를 갖기 때문에 그중 운동 에너지가 큰 분자들은 분자 간 인력을 극복하고 증발하여 기체 상태로 변한다.

⑤ e는 a에 비해 분자 간 평균적인 거리가 먼 상태일 것이다. **O**

▶ e는 기체 상태이고 a는 액체 상태이므로 분자 간 평균 거리는 a보다 e가 더 멀어요.

> 근거 찾기
> 1 기체는 부피와 모양이 모두 일정하지 않으며, 물질을 구성하는 분자 간 인력이 매우 작은 편으로 기체의 분자 간 평균적인 거리는 고체나 액체일 경우에 비해 매우 먼 상태이다.

04 [내용 이해] 답 ①

〈발문〉 ㉠ 삼중점(triple point)에 대한 이해로 가장 적절한 것은?

① 물질이 분자 수준에서는 상변화가 일어나고 있으나 거시적으로는 세 가지 상이 평형을 유지하고 있는 상태를 의미한다. **O**

▶ ㉠ '삼중점'은 고체, 액체, 기체라는 세 가지 상이 평형을 이루며 공존하고 있는 상태를 의미해요. 이때 평형은 4문단에서 설명한 액체와 기체의 평형과 마찬가지로, 변화가 없는 상태가 아니라 상변화 속도가 같아서 거시적으로는 세 가지 상이 일정하게 평형을 유지하는 것으로 보이는 상태예요.

> 근거 찾기
> 4 결국 분자들의 증발 또는 응결은 지속적으로 이루어지고 있으나, 특정한 압력과 온도 조건에서 액체의 증발 속도와 기체의 응결 속도는 같아지게 되어 거시적으로 평형을 유지하게 된다.
> 5 이 점은 세 개의 상이 평형을 이루며 공존하는 상태로, ㉠ 삼중점 (triple point)이라고 한다.

② 물질이 일정한 부피와 모양을 유지하면서 화학적 조성과 물리적 형태에는 변화가 없는 상태를 의미한다. **X**

▶ 화학적 조성과 물리적 형태에 변화가 없는 상태는 물질의 '상'을 의미하는데, 그중에서 특히 일정한 부피와 모양을 유지하는 것은 고체라는 상의 특성이에요.

> 근거 찾기
> 1 물질의 상이란 화학적 조성은 물론 물리적 상태가 전체적으로 균질한 물질의 형태를 말하며, 일반적으로 고체, 액체, 기체로 구분된다. 고체는 일정한 부피와 모양을 가지고 있으며, 물질을 구성하는 원자들이 각자의 위치를 중심으로 결합되어 서로 고정된 상태이다.

③ 물질이 세 가지 상으로 구별되나 압력과 온도의 변화에도 특정한 상을 유지하려는 상태를 의미한다. **X**

▶ 삼중점은 세 가지 상이 평형을 이루며 공존하는 상태를 의미해요. 압력과 온도가 변화하면 삼중점에서 벗어나 그에 따라 상변화가 일어날 것이기 때문에, '압력과 온도의 변화에도 특정한 상을 유지하려는 상태'는 삼중점과 관계가 없어요.

④ 물질을 구성하는 분자 간의 인력이 강해지나 물질의 내부 에너지는 증가하는 상태를 의미한다. **X**

▶ 고체, 액체, 기체 중 고체가 분자 간의 인력이 가장 강한 상이므로 분자 간의 인력이 강해지는 상태라면 물질이 고체로 변화하는 상태를 의미하겠죠? 하지만 삼중점은 세 가지 상이 평형을 이루고 있는 상태이므로 적절하지 않은 설명이에요. 또 물질의 내부 에너지에 대한 단서를 찾아보면, 2문단에서 상변화가 일어나면 물질의 내부 에너지 변화도 일어난다고만 언급하고 있을 뿐, 구체적으로 내부 에너지가 어떻게 변화하는지는 설명하고 있지 않아요.

⑤ 물질의 내부 에너지가 증가하며 지속적으로 압력과 온도가 상승하는 상태를 의미한다. **X**

▶ 삼중점은 세 가지 상이 평형을 이룰 때의 압력과 온도 조건을 의미하므로 압력과 온도가 상승하는 상태라고 할 수 없어요.

05 [어휘] 답 ⑤

〈발문〉 ⓐ~ⓔ의 사전적 의미로 적절하지 않은 것은?

① ⓐ 존재 : 현실에 실제로 있음. **O**

② ⓑ 구분 : 일정한 기준에 따라 전체를 몇 개로 갈라 나눔. **O**

③ ⓒ 수반 : 어떤 일과 더불어 생김. **O**

④ ⓓ 분기 : 나뉘어서 갈라짐. **O**

⑤ ⓔ 형성 : 어떤 물건의 형상을 본뜸. **X**

▶ ⓔ '형성'은 '어떤 형상을 이룸.'이라는 뜻이에요. '어떤 물건의 형상을 본뜸.'이라는 뜻을 가진 말은 '상형(象形)'이라는 한자어예요.

쌤이 그린 독해지도

1 바이러스 : 스스로 증식할 수 없고 숙주세포에 기생해야 증식할 수 있는 감염성 병원체
　　　　　유전물질 + 단백질 껍질

2 박테리오파지의 발견
- 1915년 영국 트워트 , 1917년 프랑스 데렐이 발견
- 바이러스의 일종 . '세균을 잡아먹는 존재'

3 박테리오파지의 구성요소와 각각의 기능
- 머리 : 유전물질 + 단백질 껍질
- 꼬리 : 유전물질이 세균으로 이동하는 통로
- 꼬리섬유 : 세균에 달라붙는 기능

4 박테리오파지의 증식
① 단백질 , 다당류 등을 인식해 이용할 수 있는 세균인지 확인
② 꼬리섬유로 달라붙기
③ 유전물질 침투
④ 세균 내부의 DNA 분해
⑤ 새로운 박테리오파지 복제

5 박테리오파지의 종류
- 독성파지 : 충분한 양의 박테리오파지가 복제되면 세포벽 파괴
- 용원성 파지 : 세균에 기생 . 세균 분열과 함께 늘어남

| 문장은 정교하게 & 문단은 정리하며 |

1 바이러스란 스스로는 증식할 수 없고 숙주 세포에 기생해야만 증식할 수 있는 감염성 병원체를 일컫는다. (*기생 생물에게 영양을 공급하는 생물*) 바이러스는 자신의 ⊙ 존속을 위한 최소한의 물질만을 가지고 있기 때문에 거의 모 (*병의 원인이 되는 본체. 세균, 리케차, 바이러스, 원생동물, 기생충 등*) 든 생명 활동에서 숙주 세포를 이용한다. 바이러스를 구성하는 기본 물질은 유전 정보를 담은 유전 물질과 이를 둘러싼 단백질 껍질이다.
▶ 바이러스의 개념과 구성 물질

2 1915년 영국의 세균학자 트워트는 포도상 구균을 연구하던 중, 세균 덩어리가 녹는 것처럼 투명하게 변하는 현상을 ⓛ 관찰했다. 뒤이어 1917년 프랑스에서 활동하던 데렐은 이질을 연구하던 중 환자의 분변에 이질균을 녹이는 물질이 포함되어 있다는 것을 발견하고, 이 미지의 존재를 '박테리오파지'라고 불렀다. 박테리오파지는 바이러스의 일종으로 '세균을 잡아먹는 존재'라는 뜻이다.
▶ 박테리오파지의 발견

3 박테리오파지는 머리와 꼬리, 꼬리 섬유로 ⓒ 구성되어 있다. 머리는 다면체로 되어 있고, 그 밑에는 길쭉한 꼬리가, 꼬리 밑에 (*평면 다각형으로 둘러싸인 입체 도형*) 는 갈고리 모양의 꼬리 섬유가 붙어 있다. 머리에는 박테리오파지의 핵심이라 할 수 있는 유전 물질이 있는데, 이 유전 물질은 단백질 껍질로 보호되어 있다. 꼬리는 머릿속의 유전 물질이 세

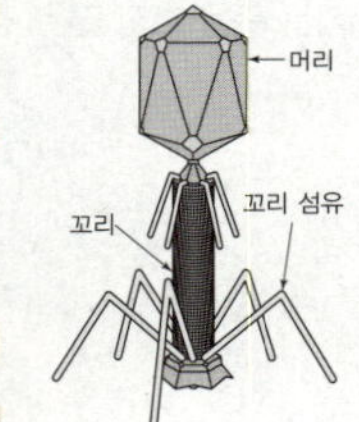

균으로 이동하는 통로 역할을 하며, 꼬리 섬유는 세균에 단단히 달라붙는 기능을 한다.
▶ 박테리오파지의 구성 요소와 각각의 기능

4 박테리오파지는 증식을 위해 세균을 이용한다. 박테리오파지가 세균을 만나면 우선 꼬리 섬유가 세균의 세포막 표면에 존재하는 특정한 단백질, 다당류 등을 인식하여 복제를 위해 이용할 수 있는 세균인지의 ⓔ 여부를 확인한다. 그리고 이용이 가능한 세균일 경우 갈고리 모양의 꼬리 섬유로 세균의 표면에 단단히 달라붙는다. 세균 표면에 자리를 잡은 박테리오파지는 머리에 들어 있는 유전 물질만을 세균 내부로 침투시킨다. 세균 내부로 침투한 박테리오파지의 유전 물질은 세균 내부의 DNA를 분해한다. 그리고 세균의 내부 물질과 여러 효소 등을 이용하여 새로운 박테리오파지를 형성할 유전 물질과 단백질을 만들어 낸다. 이렇게 만들어진 유전 물질과 단백질이 조립되면 새로운 박테리오파지가 복제되는 것이다.
▶ 박테리오파지의 증식 과정

5 박테리오파지에는 '독성 파지'와 '용원성 파지'가 있다. '독성 파지'는 충분한 양의 박테리오파지가 복제되면 복제를 중단하고 세균의 세포벽을 파괴하는 효소를 만든다. 그리고 그 효소로 세균의 세포벽을 터뜨리고 외부로 쏟아져 나온다. 이와 달리 '용원성 (*독성 파지*) 파지'는 세균을 ⓜ 이용하는 것은 독성 파지와 같지만 세균을 파괴하지는 않는다. 대신 세균 속에서 계속 기생하여 세균이 분열함에 따라 같이 늘어난다.
▶ 박테리오파지의 종류

01 [내용 이해] **답 ⑤**

〈발문〉 윗글에서 언급된 '박테리오파지'에 대한 설명으로 적절하지 않은 것은?

① 세균을 숙주 세포로 삼아서 기생하는 바이러스이다. ○

▶ 1문단에서 바이러스는 숙주 세포에 기생한다고 하였고, 2문단에서 박테리오파지가 바이러스의 일종이라고 했어요. 또한 4문단에서 박테리오파지가 세균을 이용하여 증식한다고 하였으므로, 적절한 설명이에요.

> **근거 찾기**
>
> **1** 바이러스란 스스로는 증식할 수 없고 숙주 세포에 기생해야만 증식할 수 있는 감염성 병원체를 일컫는다.
> **2** 박테리오파지는 바이러스의 일종으로 '세균을 잡아먹는 존재'라는 뜻이다.

② 머리에 있는 유전 물질은 단백질 껍질로 보호되어 있다. ○

> **근거 찾기**
>
> **3** 머리에는 박테리오파지의 핵심이라 할 수 있는 유전 물질이 있는데, 이 유전 물질은 단백질 껍질로 보호되어 있다.

③ 이질균을 녹이는 물질을 발견한 데렐에 의해 명명되었다. ○

> **근거 찾기**
>
> **2** 뒤이어 1917년 프랑스에서 활동하던 데렐은 이질을 연구하던 중 환자의 분변에 이질균을 녹이는 물질이 포함되어 있다는 것을 발견하고, 이 미지의 존재를 '박테리오파지'라고 불렀다.

④ 꼬리 섬유는 세균의 표면에 단단히 달라붙는 기능을 한다. ○

> **근거 찾기**
>
> **3** 꼬리 섬유는 세균에 단단히 달라붙는 기능을 한다.

⑤ 세포막 표면에 존재하는 ~~특정 단백질을 복제~~하여 증식한다. ✕

▶ 4문단에서 박테리오파지가 세균의 세포막 표면에 존재하는 특정 단백질을 인식하여 복제를 위해 이용할 수 있는 세균인지 여부를 확인한다고 했어요. 즉, 세포막 표면에 존재하는 단백질은 복제 대상이 아니에요. 박테리오파지가 증식하는 방식은, 박테리오파지의 유전 물질을 세포 내부로 침투시켜 세포 내부의 DNA를 분해한 후에, 세균의 내부 물질과 여러 효소 등을 이용하여 새로운 박테리오파지를 형성할 유전 물질과 단백질을 만드는 것이었어요.

> **근거 찾기**
>
> **4** 박테리오파지가 세균을 만나면 우선 꼬리 섬유가 세균의 세포막 표면에 존재하는 특정한 단백질, 다당류 등을 인식하여 복제를 위해 이용할 수 있는 세균인지의 여부를 확인한다. ~ 세균 내부로 침투한 박테리오파지의 유전 물질은 세균 내부의 DNA를 분해한다. 그리고 세균의 내부 물질과 여러 효소 등을 이용하여 새로운 박테리오파지를 형성할 유전 물질과 단백질을 만들어 낸다.

02 [내용 이해] **답 ④**

〈발문〉 윗글을 바탕으로 〈보기〉의 [A]~[E]를 이해한 것으로 적절하지 않은 것은?

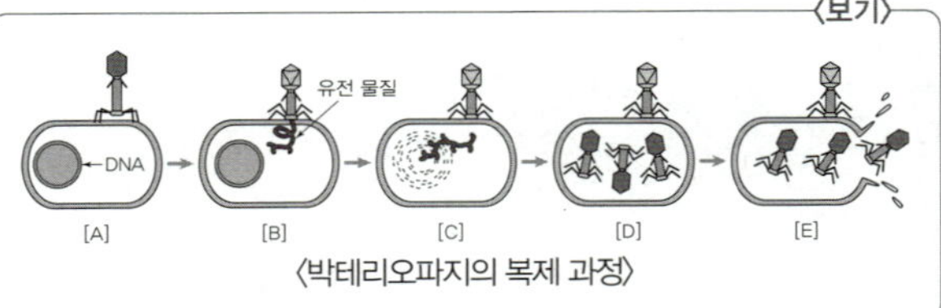

> **근거 찾기**
>
> **4** 박테리오파지가 세균을 만나면 우선 꼬리 섬유가 세균의 세포막 표면에 존재하는 특정한 단백질, 다당류 등을 인식하여 복제를 위해 이용할 수 있는 세균인지의 여부를 확인한다.

② [B] : 박테리오파지의 머릿속에 있는 유전 물질은 꼬리를 통해 세균 안으로 유입되겠군. ○

▶ 3문단에서 머릿속의 유전 물질이 이동하는 통로 역할을 하는 것이 '꼬리'라고 하였어요. 또한 4문단에서는 갈고리 모양의 꼬리 섬유로 세균의 표면에 단단히 달라붙은 뒤에 머리에 들어 있는 유전 물질만을 세균 내부로 침투시킨다고 했어요.

> **근거 찾기**
>
> **3** 꼬리는 머릿속의 유전 물질이 세균으로 이동하는 통로 역할을 하며, 꼬리 섬유는 세균에 단단히 달라붙는 기능을 한다.
> **4** 그리고 이용이 가능한 세균일 경우 갈고리 모양의 꼬리 섬유로 세균의 표면에 단단히 달라붙는다. 세균 표면에 자리를 잡은 박테리오파지는 머리에 들어 있는 유전 물질만을 세균 내부로 침투시킨다.

③ [C] : 세균에 침투한 유전 물질은 세균의 내부 물질과 효소 등을 이용해 복제에 필요한 유전 물질과 단백질을 만들겠군. ○

> **근거 찾기**
>
> **4** 세균 내부로 침투한 박테리오파지의 유전 물질은 세균 내부의 DNA를 분해한다. 그리고 세균의 내부 물질과 여러 효소 등을 이용하여 새로운 박테리오파지를 형성할 유전 물질과 단백질을 만들어 낸다.

④ [D] : ~~세균 속에서 기생하다 세균이 분열하는 과정~~에서 새로운 박테리오파지가 복제되겠군. ✕

▶ [E]를 보면, 세포벽이 터지면서 박테리오파지가 외부로 쏟아져 나오고 있어요. 이를 통해 이 파지가 '독성 파지'임을 알 수 있죠. 세균이 분열하는 과정에서 새로운 박테리오파지가 복제되는 것은 '용원성 파지'이므로, 이러한 내용은 적절하지 않아요.

> **근거 찾기**
>
> **5** '독성 파지'는 충분한 양의 박테리오파지가 복제되면 복제를 중단하고 세균의 세포벽을 파괴하는 효소를 만든다. 그리고 그 효소로 세균의 세포벽을 터뜨리고 외부로 쏟아져 나온다. 이와 달리 '용원성 파지'는 세균을 이용하는 것은 독성 파지와 같지만 세균을 파괴하지는 않는다. 대신 세균 속에서 계속 기생하여 세균이 분열함에 따라 같이 늘어난다.

⑤ [E] : 복제된 박테리오파지가 세포 밖으로 터져 나오는 것을 보니 독성 파지가 증식된 것이겠군. ○

▶ 선택지 ④에서 설명한 것과 같이, 〈보기〉의 박테리오파지는 '독성 파지'예요.

03 [구체적 사례에 적용] **답 ③**

〈발문〉 윗글을 참고하여 〈보기 1〉의 실험을 이해한 반응으로 적절한 것을 〈보기 2〉에서 골라 바르게 묶은 것은? [3점]

〈보기 1〉

과학자들이 단백질과 DNA 중 어느 것이 생명의 정보를 지닌 유전 물질인지에 대한 명확한 답을 얻지 못했을 당시인 1952년 허시와 체이스는 박테리오파지를 이용한 실험을 통해서 유전 물질이 무엇인지를 밝혀냈다. 허시와 체이스는 먼저 생명체의 DNA에는 인(P)이, 단백질에는 황(S)이 들어 있다는 점에 착안해 박테리오파지 DNA의 인

(P)과 단백질의 황(S)을 각각 방사성 동위 원소인 인(^{32}P)과 황(^{35}S)으로 대체한 후, 이 박테리오파지를 대장균에 감염시켰다. 그리고 이들을 여러 세대에 걸쳐 배양한 뒤, 배양된 대장균의 내부에 어떤 방사성 동위 원소가 남아 있는지 확인함으로써 DNA가 유전 물질인 것을 밝혀냈다.

▶ 〈보기 1〉의 실험은, 유전 물질과 단백질 껍질로 구성된 박테리오파지의 '유전 물질'이 세균 내부로 이동한다는 사실을 이용하고 있어요. 허시와 체이스는 박테리오파지를 대장균에 감염시키고 여러 세대에 걸쳐 배양한 후, 대장균의 내부에 남아 있는 것이 무엇인지 확인했어요. DNA가 유전 물질인 것을 밝혀냈다고 하는 걸 보니, 박테리오파지가 인(^{32}P)을 대장균의 내부에 침투시켰고, 그 결과 대장균의 내부에서 인(^{32}P)이 남아 있는 것을 확인했다고 추측할 수 있겠네요.

〈보기 2〉

ㄱ. DNA의 구조와 복제 과정을 알고 있었기 때문에 가능한 실험이었겠군. ✗

▶ DNA 자체의 구조나 복제 과정을 알아야 하는 실험은 아니에요. '박테리오파지의 구조와 복제 과정을 알고 있었기 때문에 가능한 실험이었겠군.'으로 고친다면 적절한 설명이라고 할 수 있겠네요.

ㄴ. 배양된 대장균의 내부에는 결과적으로 황(^{35}S)은 없고 인(^{32}P)만 관찰되었겠군. ○

▶ 〈보기 1〉에서 DNA에는 '인(^{32}P)'이, 단백질에는 '황(^{35}S)'이 있다고 했어요. 그리고 실험 결과 DNA가 유전 물질임이 밝혀졌다고 했으므로, 배양된 대장균의 내부에 남아 있던 방사성 동위 원소는 '인'이었을 거예요.

ㄷ. 박테리오파지가 유전 물질만을 세균 안으로 들여보낸다는 것을 이용한 실험이었겠군. ○

▶ 박테리오파지가 유전 물질을 보호하고 있는 '단백질' 껍질은 그대로 두고, 내부의 '유전 물질'만을 세균 안으로 들여보낸다는 것을 이용한 실험으로 볼 수 있어요.

ㄹ. 박테리오파지를 이용한 것은 박테리오파지가 있어야만 대장균이 분열할 수 있기 때문이었겠군. ✗

▶ 박테리오파지를 이용한 것은 박테리오파지에서 대장균으로 유전 물질이 이동하기 때문이에요. 대장균은 박테리오파지의 유무에 관계없이 분열할 수 있답니다.

✔ ㄴ, ㄷ ○

04 [어휘] 답 ①

〈발문〉 ㉠~㉤의 사전적 의미로 적절하지 <u>않은</u> 것은?

✔ ① ㉠ 존속 : 더 낮고 좋은 상태나 더 높은 단계로 나아감. ✗

▶ '존속'은 '어떤 대상이 그대로 있거나 어떤 현상이 계속됨.'이라는 뜻이에요. 따라서 더 높은 단계로 나아간다는 설명은 적절하지 않아요. 참고로 '더 낮고 좋은 상태나 더 높은 단계로 나아감.'이라는 뜻을 가진 단어는 '발전(發展)'이에요.

② ㉡ 관찰 : 사물이나 현상을 주의하여 살펴봄. ○

③ ㉢ 구성 : 몇 가지 부분이나 요소들을 모아서 전체를 짜 이룸. ○

④ ㉣ 여부 : 그러함과 그러하지 아니함. ○

⑤ ㉤ 이용 : 대상을 필요에 따라 이롭게 씀. ○

01 ① 　 02 ④ 　 03 ② 　 04 ②   [2016년 11월 고2 전국연합]

쌤이 그린 독해지도

1, 2 호흡 : 에너지를 얻게 되기까지의 일련의 과정
　　　┌ 외호흡 : 폐의 폐포와 모세혈관 사이에서 일어나는 산소와 이산화탄소의 기체교환
　　　└ 내호흡 : 모세혈관을 통해 조직세포에 들어온 산소가 영양소와 결합하여
　　　　　　　　영양소가 산화되면서 에너지가 발생하는 과정

3, 4, 5 내호흡의 과정

　1단계 소장에서 흡수된 포도당이 모세혈관을 타고 조직 세포로 운반됨

　　세포질에서 포도당 분해

　　포도당 1개 → 피루브산 2개 + ATP 2개 + NADH 2개

　2단계 피루브산이 TCA 회로에 투입 (미토콘드리아 기질)

　　피루브산 1개 → 이산화탄소 3개 + NADH 4개 + FADH$_2$ 1개 + ATP 1개

　　⇒ 포도당 1개당 : 이산화탄소 6개, NADH 8개, FADH$_2$ 2개, ATP 2개
　　(×2)

　3단계 전자전달계 (미토콘드리아 내막)

　　NADH, FADH$_2$가 각각 3개, 2개의 ATP 생성

　　2단계에서 만들어진 ┌ NADH 8개 → ATP 24개
　　　　　　　　　　　└ FADH$_2$ 2개 → ATP 4개

　　　1단계에서 만들어진 NADH 2개 → ATP 6개

　∴ 포도당 1개당 생성되는 ATP의 총 개수
　　= 1단계 2개 + 2단계 2개 + 3단계 34개
　　= 38개

6 산소를 이용하지 않는 무기호흡 (ex) 발효, 부패

　: 포도당 1개당 ATP 2개

　⇒ 산소를 이용한 호흡이 매우 효율적임

| 문장은 정교하게 & 문단은 정리하며 |

❶ 자동차는 에너지가 있어야 달릴 수 있다. 마찬가지로 사람도 에너지가 있어야 활동할 수 있다. 에너지는 사람이 체온을 조절하고 유지하는 데 가장 많이 쓰이고 생장하거나 운동하는 등에 이용된다. (나서 자람, 또는 그런 과정) 이러한 에너지를 얻게 되기까지의 일련의 과정을 호흡이라고 한다.
▶ 호흡의 개념

❷ 호흡은 외호흡과 내호흡으로 이루어진다. 외호흡은 폐의 폐포와 모세혈관 사이에서 일어나는 산소와 이산화탄소의 기체 교환을 말한다. (허파로 들어간 기관지의 끝에 포도송이처럼 달려 있는 자루) 모세혈관과 조직 세포 사이에서도 산소와 이산화탄소의 기체 교환이 이루어지는데, 이에 의해 모세혈관을 통해 조직 세포에 들어온 산소가 영양소와 결합하여 영양소가 산화되면서 에너지가 발생하는 과정을 내호흡이라고 한다. 그렇다면 영양소가 산화되어 에너지가 발생하기까지의 과정은 어떻게 이루어질까? 이 과정은 세 가지의 주요 단계를 거쳐 일어난다.
▶ 외호흡과 내호흡의 개념

❸ 먼저 소장에서 흡수된 포도당은 모세혈관을 타고 조직 세포로 운반된다. 이때 포도당 한 분자는 세포의 세포질에서 2개의 피루브산으로 분해되면서, 2개의 ATP와 2개의 NADH라 (아데노신에 인산기가 3개 달린 유기 화합물로 모든 생물의 세포 내 존재하여 에너지 대사에 매우 중요한 역할을 함) 는 물질도 만들어 낸다.
▶ 내호흡 과정 1단계

❹ 다음으로 이때 생성된 피루브산은 미토콘드리아의 기질에 있는 TCA회로에 투입된다. 피루브산 한 분자가 TCA회로 (시트르산 회로라고도 하며 피루브산의 산화 작용에 의해 이산화탄소로 완전 분해하는) 에 투입되면 이산화탄소가 세 분자가 생성되고, 4개의 [A] (8단계의 반응을 포함한 화학 회로) NADH와 1개의 FADH$_2$, 1개의 ATP가 함께 만들어진다. 포도당 한 분자로부터 피루브산이 두 분자 만들어지므로, TCA회로에서는 포도당 한 분자로부터 6개의 이산화탄소와 8개의 NADH, 2개의 FADH$_2$, 2개의 ATP가 만들어진다고 볼 수 있다. 지금까지의 과정을 통해 만들어진 물질 중 에너지원으로 사용되는 것이 바로 ATP이다. 그렇지만 이때까지 만들어진 ATP만을 사용하면 에너지의 양이 너무 적다.
▶ 내호흡 과정 2단계

⑤ 호흡의 마지막 단계인 <u>전자전달계</u>에서 이를 보완해 준다. TCA회로에서 만들어진 ATP가 너무 적음

이전 단계들에서 만들어진 NADH와 FADH는 직접 에너지원으로 사용할 수는 없지만 이들을 이용해 미토콘드리아의 내막에 있는 전자전달계에서 ATP를 추가적으로 만들 수가 있는 것이다. NADH와 FADH₂는 전자전달계로 건너와 각각 3개, 2개씩의 ATP를 만든다. 이때 ㉠ <u>전자 수용체 역할을 하는 산소가 필요</u>하다. 포도당 한 분자에 대해 ATP는 포도당이 피루브산으로 분해되는 과정에서 2개, TCA회로를 통해 2개, 전자전달계를 통해 34개가 만들어져 총 38개를 얻을 수 있다.

▶ 내호흡 과정 3단계

⑥ (발효나 부패와 같은) 산소를 이용하지 않는 <u>무기호흡</u>은 포도당 한 분자를 이용해 2개의 ATP를 만든다. 이러한 점을 감안하면 산소를 이용한 호흡이 매우 효율적인 에너지 생성 방법임을 알 수 있다.

▶ 무기호흡에 비해 효율적인 산소를 이용한 호흡

01 [내용 이해] 답 ①

〈발문〉 윗글에서 알 수 있는 내용이 아닌 것은?

✔ ① 포도당 한 분자로부터 만들어진 NADH는 모두 8개이다. ✕

▶ 포도당 한 분자는 2개의 피루브산으로 분해되면서 NADH를 2개 만들어 낸다고 했어요. 그리고 이때 생성된 2개의 피루브산은 TCA회로에 투입되면서 NADH를 각각 4개씩 만들어 내요. 따라서 포도당 한 분자로부터 만들어지는 NADH의 개수는, 포도당이 피루브산으로 분해되는 과정에서 2개, 피루브산이 TCA회로에 투입될 때 8개로, 총 10개라고 할 수 있어요.

❸ 먼저 소장에서 흡수된 포도당은 모세혈관을 타고 조직 세포로 운반된다. 이때 포도당 한 분자는 세포의 세포질에서 2개의 피루브산으로 분해되면서, 2개의 ATP와 2개의 NADH라는 물질도 만들어 낸다.
❹ 다음으로 이때 생성된 피루브산은 미토콘드리아의 기질에 있는 TCA회로에 투입된다. 피루브산 한 분자가 TCA회로에 투입되면 이산화탄소가 세 분자가 생성되고, 4개의 NADH와 1개의 FADH₂, 1개의 ATP가 함께 만들어진다. 포도당 한 분자로부터 피루브산이 두 분자 만들어지므로, TCA회로에서는 포도당 한 분자로부터 6개의 이산화탄소와 8개의 NADH, 2개의 FADH₂, 2개의 ATP가 만들어진다고 볼 수 있다.

② 외호흡은 폐포와 모세혈관 사이에서 일어나는 기체 교환이다. ◯

❷ 외호흡은 폐의 폐포와 모세혈관 사이에서 일어나는 산소와 이산화탄소의 기체 교환을 말한다.

③ 내호흡의 과정에서 기체 교환과 영양소의 산화가 일어난다. ◯

❷ 모세혈관과 조직 세포 사이에서도 산소와 이산화탄소의 기체 교환이 이루어지는데, 이에 의해 모세혈관을 통해 조직 세포에 들어온 산소가 영양소와 결합하여 영양소가 산화되면서 에너지가 발생하는 과정을 내호흡이라고 한다.

④ 이산화탄소 분자는 포도당 한 분자로부터 6개가 만들어진다. ◯

❹ TCA회로에서는 포도당 한 분자로부터 6개의 이산화탄소와 8개의 NADH, 2개의 FADH₂, 2개의 ATP가 만들어진다고 볼 수 있다.

⑤ 사람은 체온을 유지하고 조절하는 데 많은 에너지를 사용한다. ◯

❶ 에너지는 사람이 체온을 조절하고 유지하는 데 가장 많이 쓰이고 생장하거나 운동하는 등에 이용된다.

02 [내용 이해] 답 ④

〈발문〉〈보기〉는 [A]를 도식화한 것이다. 윗글을 통해 이를 이해한 내용으로 적절하지 않은 것은? [3점]

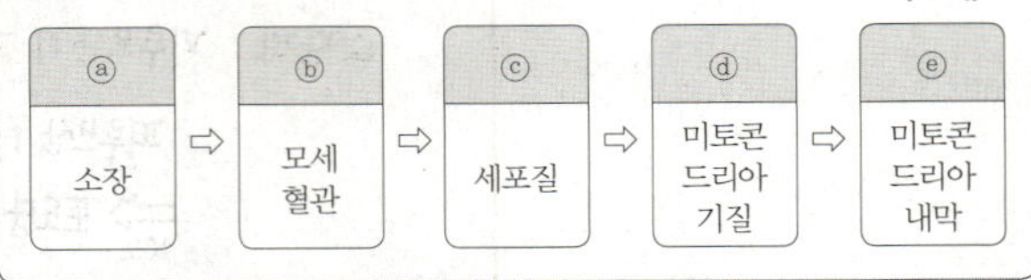

① ⓐ에서는 포도당의 흡수가 이루어지겠군. ◯

▶ 3문단에서 포도당은 소장에서 흡수된다고 했어요.

❸ 먼저 소장에서 흡수된 포도당은 모세혈관을 타고 조직 세포로 운반된다.

② ⓑ를 통해서 영양소와 산소가 조직 세포로 운반되겠군. ◯

▶ 2문단에서 산소가 모세혈관을 통해 조직 세포에 들어온다고 했어요. 또 3문단에서 포도당, 즉 영양소가 모세혈관을 타고 조직 세포로 운반된다고 했어요.

❷ 모세혈관과 조직 세포 사이에서도 산소와 이산화탄소의 기체 교환이 이루어지는데, 이에 의해 모세혈관을 통해 조직 세포에 들어온 산소가 영양소와 결합하여 영양소가 산화되면서 에너지가 발생하는 과정을 내호흡이라고 한다.
❸ 먼저 소장에서 흡수된 포도당은 모세혈관을 타고 조직 세포로 운반된다.

③ ⓒ에서 포도당이 피루브산으로 분해되면서 에너지원을 생성하겠군. ◯

▶ 3문단에서 포도당 한 분자는 세포의 세포질에서 피루브산으로 분해되면서 ATP라는 물질도 만들어 낸다고 했어요. 4문단에서는 ATP가 에너지원으로 사용된다고 했고요. 즉, ATP가 곧 에너지원이므로, ⓒ '세포질'에서 포도당이 피루브산으로 분해될 때 에너지원을 생성한다고 할 수 있어요

❸ 먼저 소장에서 흡수된 포도당은 모세혈관을 타고 조직 세포로 운반된다. 이때 포도당 한 분자는 세포의 세포질에서 2개의 피루브산으로 분해되면서, 2개의 ATP와 2개의 NADH라는 물질도 만들어 낸다.
❹ 지금까지의 과정을 통해 만들어진 물질 중 에너지원으로 사용되는 것이 바로 ATP이다.

✔ ④ ⓓ에서 피루브산 한 분자는 FADH₂는 2개, ATP는 2개를 생성하겠군. ✕

▶ 피루브산 한 분자는 미토콘드리아의 기질에 있는 TCA회로에 투입되면서 1개의 FADH₂, 1개의 ATP를 만든다고 4문단에 너무 명확하게 나와 있네요. 지문만 잘 확인했다면 바로 풀 수 있는 문제예요.

> **근거 찾기**
> ❹ 다음으로 이때 생성된 피루브산은 미토콘드리아의 기질에 있는 TCA회로에 투입된다. 피루브산 한 분자가 TCA회로에 투입되면 이산화탄소가 세 분자가 생성되고, 4개의 NADH와 1개의 FADH₂, 1개의 ATP가 함께 만들어진다.

⑤ ⓔ에서는 NADH와 FADH₂로부터 ATP가 추가적으로 생산되겠군. O

> **근거 찾기**
> ❺ 이전 단계들에서 만들어진 NADH와 FADH₂는 직접 에너지원으로 사용할 수는 없지만 이들을 이용해 미토콘드리아의 내막에 있는 전자전달계에서 ATP를 추가적으로 만들 수가 있는 것이다.

03 [추론] 답 ②

〈발문〉 윗글을 읽고 〈보기〉의 ㉮에 들어갈 말을 추론한 것으로 가장 적절한 것은?

> 〈보기〉
> ATP를 생성하기 위해 효모는 주위 환경에 산소가 있으면 산소를 이용한 호흡을 하고, 산소가 없으면 발효를 한다. 만약 무산소 환경에서의 효모가 유산소 환경일 때와 동일한 양의 ATP를 같은 속도로 생산한다고 가정한다면 포도당의 소모량은 ______ ㉮
> (단, 포도당의 공급은 지속적으로 이루어지고 있다.)

① 약 2배 늘어날 것이다. ✗
② 약 19배 늘어날 것이다. O
③ 약 2배 줄어들 것이다. ✗
④ 약 19배 줄어들 것이다. ✗
⑤ 약 38배 늘어날 것이다. ✗

▶ 우선 산소를 이용한 호흡과 산소를 이용하지 않는 무기호흡의 ATP 생산량부터 비교해 볼까요? 산소를 이용한 호흡의 경우 포도당 한 분자를 이용해 38개의 ATP를 만든다고 했고, 발효나 부패와 같은 무기호흡의 경우 포도당 한 분자를 이용해 2개의 ATP를 만든다고 했어요. 따라서 유산소 환경일 때는 포도당 1개만 있으면 ATP를 38개 만들 수 있어요. 그런데 무산소 환경일 때 똑같이 38개의 ATP를 만들려면 포도당이 19개가 필요하겠죠? 즉, 유산소 환경에 비해 무산소 환경에서 포도당의 소모량이 약 19배로 늘어날 거예요!
〈보기〉를 대충 읽어서 선택지 ④를 고른 친구들도 있을 거예요. 만약 유산소 환경에 비해 무산소 환경에서 'ATP의 생산량'이 어떠한지 묻는다면, 약 19배 줄어드는 게 맞아요. 하지만 〈보기〉에서는 같은 양의 ATP를 생산할 때 '포도당의 소모량'을 물었기 때문에 선택지 ④는 답이 되지 않아요.

04 [추론] 답 ②

〈발문〉 〈보기〉를 근거로 할 때, ㉠ '전자 수용체 역할을 하는 산소가 필요하다'의 이유로 가장 적절한 것은?

> 〈보기〉
> 원자 또는 분자 사이에서 다른 쪽의 전자를 받아들이기 쉬운 것을 전자 수용체라 한다. 그리고 하나의 분자에서 다른 분자로 전자가 이동하는 것을 산화 환원 반응이라 한다. 이때 전자를 잃는 반응을 산화, 전자를 얻는 반응을 환원이라 하는데, 산화와 환원은 항상 동시에 일어난다. 호흡의 과정에서 포도당은 수소 원자에 있던 전자를 잃어서 산화되고 최종적으로 전자는 위치 에너지를 잃고 그 결과로 에너지가 방출된다.

▶ ㉠에서 산소는 전자 수용체 역할을 한다고 했어요. 또한 〈보기〉를 보면 호흡의 과정에서 포도당은 수소 원자에 있던 전자를 잃는다고 하였으니, 수소는 전자를 잃고 산소는 전자를 얻겠네요. 선택지 중 이러한 내용에 부합하는 것은 선택지 ②와 ③이에요. 산소가 수소 원자에 있던 전자를 얻는 거니까요! 그런데 〈보기〉에서 전자를 잃는 반응은 산화, 전자를 얻는 반응은 환원이라고 했죠? 산소는 전자를 얻기 때문에 환원이 일어날 거예요. 즉, 전자 수용체로서 산소가 필요한 이유는 수소 원자에 있던 전자를 얻어 환원되기 위해서이므로, 정답은 ②예요.

① 전자가 위치 에너지를 얻도록 하기 위해 ✗
▶ 〈보기〉에서 전자는 위치 에너지를 잃게 된다고 했어요.
② 수소 원자에 있던 전자를 얻어 환원되기 위해 O
③ 수소 원자에 있던 전자를 얻어 산화되기 위해 ✗
④ 산소 원자에 있던 전자를 방출하여 에너지를 얻기 위해 ✗
⑤ 수소 원자가 전자를 받아들여 에너지를 방출하기 위해 ✗
▶ 수소 원자는 전자를 내보내는 쪽이에요. 전자를 받아들이는 것은 산소죠.

쌤이 그린 독해지도

1 화제 제시 : 녹음된 자신의 목소리를 스피커로 들을 때 어색하게 느껴지는 이유

2 소리의 정의, 소리가 들리는 과정, 소리가 내이에 도달하는 방식

- 정의 : 물체의 진동에 의해 발생, 매질의 진동으로 전달되는 파동
- 소리가 들리는 과정
  ① 매질의 진동 → ② 내이 (달팽이관 속 림프액 진동) → ③ 섬모 흔들림
  → ④ 전기 신호 발생 → ⑤ 청각 신경 → ⑥ 뇌
- 내이 도달 방식 : 공기 전도, 골전도

3 공기 전도

- 매질 : 공기
- 물체의 진동 → 매질 진동 → 귓바퀴, 외이도 (공명)
  → 고막 → 청소골 (증폭) → 내이

4 골전도

- 매질 : 뼈
- 소리가 내이에 바로 전달됨
- 자신의 목소리를 스피커를 통해 들으면 골전도를 통해 듣던 소리가 잘 들리지 않아 어색함

5 이어폰의 원리, 일반 이어폰과 골전도 이어폰의 차이

- 보이스코일 + 교류 전류 → 내부 자기장에 의해 인력과 척력이 교대로 작용 → 진동
- 일반 이어폰 (공기 전도) vs. 골전도 이어폰

6 골전도 이어폰의 장단점

- 장점 : 귀 내부가 습해지는 것 방지, 고막 직접 자극 ×, 주변 소리를 들을 수 있어 위험 상황에 잘 대처함
- 단점 : 장시간 사용 시 청각신경 손상 우려

| 문장은 정교하게 & 문단은 정리하며 |

❶ 전자 녹음 장치에 녹음된 자신의 목소리를 스피커를 통해 들으면 어색하게 느껴진다. 그 이유를 이해하기 위해서는 소리가 무엇이며 어떤 과정을 통해 들리게 되는지 살펴볼 필요가 있다.
▶ 녹음된 자신의 목소리를 스피커를 통해 들을 때 어색한 이유

❷ 소리는 물체의 진동에 의해 발생하고 매질의 진동으로 전달되는 파동이다. [어떤 파동 또는 물리적 작용을 한 곳에서 다른 곳으로 옮겨 주는 매개물] 소리가 들린다는 것은 매질의 진동이 내이에 도달 [소리의 정의] [소리가 전달되는 과정] 하여 달팽이관 속 림프액을 진동시켜 섬모가 흔들리고, 이로 인 [가는 털] 해 발생한 전기 신호가 청각 신경을 따라 뇌에 전달됨을 의미한다. 이때 소리가 내이에 도달하는 방식으로는 외이와 중이를 거 [소리가 내이에 도달하는 방식 ①] 치는 공기 전도와 이를 거치지 않는 골전도가 있다. [소리가 내이에 도달하는 방식 ②]

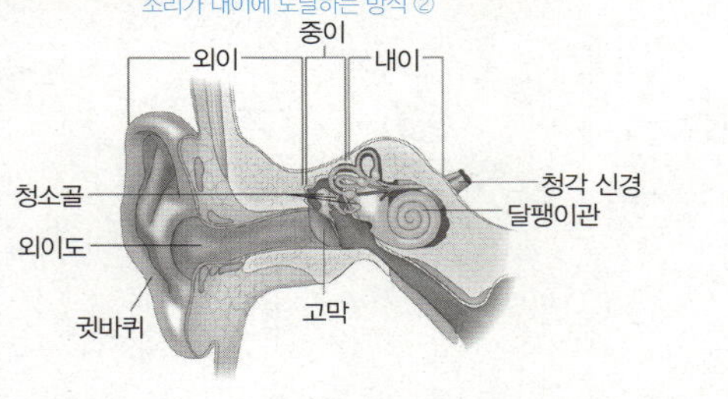

▶ 소리의 정의, 소리가 들리는 과정, 소리가 내이에 도달하는 방식

❸ 공기 전도는 공기를 매질로 소리가 내이에 전달되는 것을 의 [공기 전도의 정의] 미한다. 물체의 진동이 주변 공기를 진동시키면 귓바퀴가 이 진동을 모아 귓속으로 보내고, 그 결과 진동은 외이도를 지나게 된다. (귓바퀴와 외이도 등) 진동이 지나가는 각 지점에서는 소리의 공명이 발생한다. 공명이란 공명 주파수에서 진폭이 커지는 현상 [공명 현상이 일어나거나 공명에 의해 강해지는 주파수] 을 말하는데 외이도의 경우 공명 주파수는 성인 기준으로 2,500~2,700Hz이다. 공명 주파수는 외이도의 길이에 반비례하 [외이도의 길이 ↓ → 공명 주파수 ↑] 기 때문에, 외이도의 길이가 성인보다 짧은 유아는 공명 주파수가 더 높다. 이러한 공명에 의해 증폭된 진동은 고막을 진동시키 [진폭이 늘어나는 것] 고 고막의 진동은 청소골에서 더욱 증폭되어 내이에 전달된다.
▶ 공기 전도의 과정

❹ 이에 반해 골전도는 귀 주변 뼈를 매질로 소리가 내이에 바로 [골전도의 정의] 전달되는 것이다. 대화할 때 들리는 자신의 목소리에는 성대에서 발생한 진동이 공기 전도를 통해 전달된 소리와 골전도를 통해 전 [대화할 때 들리는 자신의 목소리 = 공기 전도를 통한 소리 + 골전도를 통한 소리] 달된 소리가 함께 있다. 자신의 목소리 중에서 20~1,000Hz의 소리는 골전도로는 잘 전달이 되지만, 외이와 중이에서 공명이 잘 일어나지 않아 공기 전도로는 잘 전달되지 않는다. 녹음된 자신

의 목소리를 스피커를 통해 들으면 골전도를 통해 듣던 소리는 잘
스피커로 듣는 자신의 목소리 = 공기 전도를 통한 소리 + 골전도를 통한 소리
들리지 않으므로 어색함을 느끼게 되는 것이다. ▶ 골전도의 과정

⑤ 한편 외이와 중이에 이상이 있는 사람도 골전도를 통해서는 소
소리가 내이로 바로 전달되기 때문에
리를 들을 수 있는데, 이를 이용한 보청기도 사용되고 있다. 최근
에는 이어폰에도 골전도의 원리가 이용되고 있다. 이어폰 내부에
는 일반적으로 내부 자기장을 형성하는 자석과 보이스코일이 있
다. 보이스코일에 교류 전류를 가하면 내부 자기장에 의해 보이
일반적인 이어폰의 구성 요소
스코일에 인력과 척력이 교대로 작용하여 보이스코일에 진동이
끌어당기는 힘   밀어 내는 힘
발생한다. 이때 전류의 방향이 바뀌는 주기를 짧게 할수록 주파
수가 높아져 높은 음의 소리가 난다. 또 전류를 세게 할수록 진폭
이 커져 음량이 높아진다. ㉠ 일반적인 이어폰은 이러한 진동을
공기를 통해 전달하는데, ㉡ 골전도 이어폰은 귀 주변 뼈에 진동
판을 밀착하여 진동을 내이로 직접 전달한다.
▶ 이어폰의 원리 및 일반적인 이어폰과 골전도 이어폰의 차이
⑥ 골전도 이어폰은 일반적인 이어폰과 달리 귀를 막지 않고 사
용하기 때문에 다양한 장점이 있다. 우선 귀 내부가 습해지는 것
골전도 이어폰의 장점 ①
을 방지할 수 있고 고막을 직접 자극하지 않는다. 또 야외 활동 시
착용해도 주변 소리를 들을 수 있어 위험 상황에 잘 대처할 수 있
골전도 이어폰의 장점 ②
다. 그러나 골전도 이어폰을 사용해도 내이는 자극이 되므로 장
시간 사용하면 청각 신경이 손상될 수 있어 주의해야 한다.
골전도 이어폰의 단점 ▶ 골전도 이어폰의 장단점

01 [내용 전개 방식] 답 ①

〈발문〉 윗글에 대한 설명으로 가장 적절한 것은?

① 소리가 전달되는 두 가지 방식을 제시하고 이와 관련한 기술을
소개하고 있다. ◯
▶ 소리가 전달되는 두 가지 방식인 '공기 전도'와 '골전도'를 제시하고, 이와
관련된 기술인 골전도 이어폰에 대해 소개하고 있어요.

② 이어폰 기술의 과학적 원리를 살펴보고 앞으로 전개될 발전 방
향을 예측하고 있다. ✕
▶ 5문단에 이어폰 기술의 과학적 원리가 제시되어 있기는 하지만, 앞으로 전
개될 발전 방향을 예측하고 있지는 않아요.

③ 청각에 대한 두 가지 관점을 언급하고 이를 절충한 새로운 관
점을 제시하고 있다. ✕
▶ 청각에 대한 두 가지 관점은 언급하고 있지 않으며, 이를 절충한 새로운 관
점 역시 제시하고 있지 않아요.

④ 골전도 현상이 일어나는 과정을 제시하고 이에 대한 서로 다른
견해를 분석하고 있다. ✕
▶ 4문단에 골전도 현상이 일어나는 과정이 제시되어 있기는 하지만, 이에 대
한 서로 다른 견해를 분석하고 있지는 않아요.

⑤ 청각에 이상이 생기는 사례를 소개하고 이를 예방하기 위한 구
체적인 방안을 제시하고 있다. ✕
▶ 6문단에서 골전도 이어폰을 장시간 사용하면 청각 신경이 손상될 수 있다
고 했을 뿐, 청각에 이상이 생기는 사례나 이를 예방하기 위한 구체적 방안은
제시되어 있지 않아요.

02 [내용 이해] 답 ⑤

〈발문〉 윗글을 읽고 알 수 있는 내용으로 적절하지 않은 것은?

① 주파수가 낮아지면 낮은 음의 소리가 난다. ◯
▶ 5문단에서 주파수가 높아지면 높은 음의 소리가 난다고 하였으므로, 주파

수가 낮아지면 낮은 음의 소리가 날 것이라고 추론할 수 있어요.

근거 찾기
⑤ 이때 전류의 방향이 바뀌는 주기를 짧게 할수록 주파수가 높아져
높은 음의 소리가 난다.

② 고막의 진동은 청소골을 통과할 때 증폭된다. ◯

근거 찾기
③ 이러한 공명에 의해 증폭된 진동은 고막을 진동시키고 고막의 진
동은 청소골에서 더욱 증폭되어 내이에 전달된다.

③ 외이도의 길이가 짧을수록 공명 주파수는 높아진다. ◯
▶ 3문단에서 외이도의 길이가 성인보다 짧은 유아는 공명 주파수가 더 높다
고 하였으므로, 외이도의 길이가 짧을수록 공명 주파수는 높아진다고 할 수 있
어요.

근거 찾기
③ 공명 주파수는 외이도의 길이에 반비례하기 때문에, 외이도의 길
이가 성인보다 짧은 유아는 공명 주파수가 더 높다.

④ 이어폰의 보이스코일에 흐르는 전류가 세지면 음량이 높아진
다. ◯

근거 찾기
⑤ 또 전류를 세게 할수록 진폭이 커져 음량이 높아진다.

⑤ 20~1,000Hz의 소리는 물체의 진동에 의해서는 발생할 수 없
다. ✕
▶ 4문단에서 20~1,000Hz의 소리는 골전도로는 잘 전달되지만, 공기 전도로
는 잘 전달되지 않는다고 했어요. 하지만 그렇다고 해서 20~1,000Hz의 소리
가 물체의 진동에 의해 발생할 수 없다는 뜻은 아니에요. 골전도와 공기 전도
는 물체의 진동에 의해 발생한 소리가 내이에 도달하는 방식이 서로 다를 뿐
이에요.

03 [내용 이해] 답 ④

〈발문〉 윗글의 내용을 고려할 때, 그 이유로 가장 적절한 것은?

① 평소에 골전도로 전달되는 소리를 들을 기회가 적었으므로 ✕
▶ 4문단에서 대화할 때 들리는 자신의 목소리에는 공기 전도를 통해 전달된
소리와 골전도를 통해 전달된 소리가 함께 있다고 했어요. 따라서 평소에 골
전도로 전달되는 소리를 들을 기회가 적은 것은 아니에요.

② 스피커에서 나온 녹음된 목소리는 내이를 거치지 않고 뇌에 전
달되므로 ✕
▶ 소리가 내이를 거치지 않고 뇌에 전달될 수는 없으므로 적절하지 않아요.

③ 전자 장치의 전기적 에너지로 인해 청각 신경이 받는 자극의
크기가 커졌으므로 ✕
▶ 자신의 목소리를 스피커를 통해 들을 때 어색하게 느껴지는 이유와는 관련
이 없어요.

④ 녹음된 소리를 들을 때에는 골전도로 전달되는 주파수의 소리
가 잘 들리지 않으므로 ◯
▶ 평소에는 공기 전도를 통해 전달되는 소리와 골전도를 통해 전달되는 소리
를 함께 들어요. 하지만 녹음된 소리를 들을 때에는 골전도로만 잘 전달되는
20~1,000Hz의 소리가 잘 들리지 않기 때문에 어색하게 느끼는 거예요.

⑤ 자신이 말할 때 듣는 목소리에는 녹음된 목소리와 달리 외이에
서 공명이 일어나는 소리가 빠져 있으므로 ✕
▶ 외이에서 공명이 일어나는 소리는 공기 전도를 통해 전달되는 소리라고 볼
수 있어요. 자신이 말할 때 듣는 목소리와 녹음된 목소리에는 모두 공기 전도
를 통해 전달되는 소리가 포함되어 있으므로 적절하지 않아요.

〈**발문**〉 윗글을 바탕으로 〈보기〉에 대해 보인 반응으로 가장 적절한 것은? [3점]

〈보기〉

　　난청이란 소리가 잘 들리지 않거나 전혀 들리지 않는 증상으로 외이도에서 뇌에 이르기까지 소리가 전달되는 과정 중 특정 부분에 문제가 생기면 발생한다. 그중 전음성 난청은 외이와 중이에 문제가 있 — 공기 전도로는 소리를 듣기 어렵지만 골전도로는 소리를 들을 수 있음 — 어 발생하는 증상으로, 이 경우 소리가 커지면 알아듣는 정도가 좋아질 수 있다.
　　이와 달리 감각 신경성 난청은 달팽이관까지 소리가 잘 전달되었음에도 소리가 잘 들리지 않는 것으로 달팽이관의 청각 세포나, 청각 자극을 뇌로 전달하는 청각 신경 또는 중추 신경계 이상 등으로 발생한 — 공기 전도는 물론이고, 골전도로도 소리를 들을 수 없음 — 다. 이 경우 소리가 커져도 그것을 알아듣는 정도가 좋아지지 않는다.

① 골전도 이어폰은 장시간 사용해도 감각 신경성 난청을 유발하지는 않겠군. ✕

▶ 6문단에서 골전도 이어폰을 장시간 사용하면 청각 신경이 손상될 수 있다고 했어요. 〈보기〉에서 청각 신경이 손상되면 감각 신경성 난청이 발생할 수 있다고 하였으므로 적절하지 않아요.

② 청각 신경의 이상으로 인한 난청이 있는 사람의 경우 이어폰의 음량을 높이면 잘 들을 수 있겠군. ✕

▶ 〈보기〉에서 청각 신경의 이상으로 인한 감각 신경성 난청의 경우, 소리가 커져도 그것을 알아듣는 정도가 좋아지지 않는다고 했어요. 그러므로 이어폰의 음량을 높여도 잘 들을 수 없을 거예요.

③ 자신이 말하는 목소리가 전혀 들리지 않는 사람은 감각 신경성 난청 증상이 있다고 볼 수 있겠군. ○

▶ 자신이 말하는 목소리에는 공기 전도를 통한 소리와 골전도를 통한 소리가 함께 있으므로, 자신이 말하는 목소리가 전혀 들리지 않는 사람은 이 두 종류의 소리를 모두 듣지 못하는 거예요. 그런데 외이나 중이에만 문제가 있는 경우에는 골전도를 통한 소리를 들을 수 있어요. 즉, 자신이 말하는 목소리가 전혀 들리지 않는 것은 청각 세포나 청각 신경, 중추 신경계 이상 등으로 인한 감각 신경성 난청 증상이 있는 것으로 볼 수 있어요.

④ 고막의 이상으로 난청이 있는 경우 골전도의 원리를 이용한 보청기는 사용해도 효과가 없겠군. ✕

▶ 고막은 중이에 있는 기관이에요. 그러므로 소리를 외이와 중이를 거치지 않고 내이로 바로 전달하는 골전도 보청기를 사용하면, 고막에 이상이 있더라도 소리를 들을 수 있을 거예요.

⑤ 전음성 난청이 있는 사람은 골전도 이어폰의 소리는 들을 수 없지만 일반적인 이어폰의 소리는 들을 수 있겠군. ✕

▶ 전음성 난청이 있는 사람은 외이와 중이에 문제가 있는 것이기 때문에 공기 전도로 전달되는 일반적인 이어폰 소리는 들을 수 없지만, 골전도로 전달되는 이어폰 소리는 들을 수 있어요.

05 [내용 이해] **답 ③**

〈**발문**〉 ㉠ 일반적인 이어폰, ㉡ 골전도 이어폰에 대한 설명으로 적절하지 **않은** 것은?

① ㉠ 일반적인 이어폰은 교류 전류를 진동으로 바꾸고 공기를 통해 그 진동을 내이에 전달한다. ○

▶ 5문단에서 보이스코일에 교류 전류를 가하면 진동이 발생하는데, 일반적인 이어폰은 이러한 진동을 공기를 통해 내이에 전달한다고 했어요.

② ㉡ 골전도 이어폰은 진동판을 통해 뼈에 진동을 발생시켜 소리를 내이로 전달한다. ○

▶ 5문단에서 골전도 이어폰은 귀 주변 뼈에 진동판을 밀착하여 진동을 내이로 직접 전달한다고 했어요.

③ ㉠ 일반적인 이어폰은 ~~㉡ 골전도 이어폰과 달리~~ 섬모의 흔들림을 유발하여 전기 신호를 발생시킨다. ✕

▶ 2문단에서 소리가 내이에 도달하여 달팽이관 속 림프액을 진동시켜 섬모가 흔들리면 전기 신호가 발생한다고 했어요. 공기 전도와 골전도는 소리가 내이까지 도달하는 방식이 다른 것일 뿐, 그 이후로는 과정이 모두 같아요. 따라서 일반적인 이어폰뿐만 아니라 골전도 이어폰도 섬모의 흔들림을 유발하여 전기 신호를 발생시킨다고 할 수 있어요.

④ ㉡ 골전도 이어폰은 ㉠ 일반적인 이어폰과 달리 야외 활동 시 사용해도 주변 소리를 들을 수 있어 위험 상황에 잘 대처할 수 있다. ○

▶ 6문단에서 골전도 이어폰은 일반적인 이어폰과 달리 귀를 막지 않고 사용하기 때문에, 야외 활동 시 착용해도 주변 소리를 들을 수 있어 위험 상황에 잘 대처할 수 있다고 했어요.

⑤ ㉠ 일반적인 이어폰과 ㉡ 골전도 이어폰은 모두 내부 자기장과 교류 전류로 인해 인력과 척력이 발생한다. ○

▶ 이어폰 내부에서 진동을 발생시키는 과정은 일반적인 이어폰과 골전도 이어폰이 다르지 않아요. 다만 그렇게 발생한 진동이 공기 전도를 통해 전달되느냐, 골전도를 통해 전달되느냐의 차이가 있을 뿐이죠. 5문단에서 이어폰 내부에 있는 보이스코일에 교류 전류를 가하면 내부 자기장에 의해 인력과 척력이 발생한다고 했어요.

쌤이 그린 독해지도 ▶

1 동종 이식 – 다른 사람의 이식편으로 이식
　　　 but, MHC 분자의 차이에 의해 면역거부반응 유발
　　　　　 ; 유전적 거리가 멀수록 차이가 커져 거부 반응이 심해짐

2 많은 비용, 부족한 이식편..
　　 대체 방법① 전자기기 인공장기

3 대체 방법② 이종 이식 – 사람과 유사한 동물의 이식편을 인간에게 이식
　　 문제1) 심한 거부 반응 (초급성 거부 반응, 급성 혈관성 거부 반응) 발생
　　　　　 → 형질전환 미니돼지 실험 성공 · 연구중

4,5 문제2) 내인성 레트로바이러스
　　　 : 생명체의 DNA의 일부분, 레트로바이러스에서 유래된 부위
　　　　 자신의 유전 정보를 RNA에 담고 있고 역전사 효소를 가지는 바이러스
　　　　 세포에 들어 감 → 역전사(RNA→DNA) → 세포의 DNA에 끼어듦
　　　　　 → 숙주세포 이용해 복제·증식 → 숙주세포 파괴
　　　 • 레트로바이러스에 감염되고도 살아남은 생식세포에서 유래
　　　 • 해당 세포에서는 바이러스로 활동하지 않지만 다른 종의 세포 속에
　　　　 주입하면 레트로바이러스로 변환하여 세포를 감염시킴
　　　　　 → 미니돼지의 DNA에 포함된 내인성 레트로바이러스 제거 연구중

6 이상적인 이식편 개발을 위한 많은 연구가 수행되고 있음

| 문장은 정교하게 & 문단은 정리하며 |

❶ 신체의 세포, 조직, 장기가 손상되어 더 이상 제 기능을 하지 못할 때에 이를 대체하기 위해 이식을 실시한다. 이때 이식으로 옮겨 붙이는 세포, 조직, 장기를 이식편이라 한다. 자신이나 일란성 쌍둥이의 이식편을 이용할 수 없다면 다른 사람의 이식편으로 '동종 이식'을 실시한다. 그런데 우리의 몸은 자신의 것이 아닌 물질이 체내로 유입될 경우 면역 반응을 일으키므로, 유전적으로 동일하지 않은 이식편에 대해 항상 거부 반응을 일으킨다. 면역적 거부 반응은 면역 세포가 표면에 발현하는 주조직적합복합체 (MHC) 분자의 차이에 의해 유발된다. 개체마다 MHC에 차이가 있는데 서로 간의 유전적 거리가 멀수록 MHC에 차이가 커져 거부 반응이 강해진다. 이를 막기 위해 면역 억제제를 사용하는데, 이는 면역 반응을 억제하여 질병 감염의 위험성을 높인다.
▶ 동종 이식의 개념과 문제점

❷ 이식에는 많은 비용이 소요될 뿐만 아니라 이식이 가능한 동종 이식편의 수가 매우 부족하기 때문에 이를 대체하는 방법이 개발되고 있다. 우선 인공 심장과 같은 '전자 기기 인공 장기'를 이용하는 방법이 있다. 하지만 이는 장기의 기능을 일시적으로 대체하는 데 사용되며, 추가 전력 공급 및 정기적 부품 교체 등이 요구되는 단점이 있고, 아직 인간의 장기를 완전히 대체할 만큼 정교한 단계에 이르지는 못했다.
▶ 동종 이식 대체 방법 중 하나인 전자 기기 인공 장기

❸ 다음으로는 사람의 조직 및 장기와 유사한 다른 동물의 이식편을 인간에게 이식하는 '이종 이식'이 있다. 그런데 이종 이식은 동종 이식보다 거부 반응이 훨씬 심하게 일어난다. 특히 사람이 가진 자연항체는 다른 종의 세포에서 발현되는 항원에 반응하는데, 이로 인해 이종 이식편에 대해서 초급성 거부 반응 및 급성 혈관성 거부 반응이 일어난다. 이런 거부 반응을 일으키는 유전자를 제거한 형질 전환 미니돼지에서 얻은 이식편을 이식하는 실험이 성공한 바 있다. 미니돼지는 장기의 크기가 사람의 것과 유사하고 번식력이 높아 단시간에 많은 개체를 생산할 수 있다는 장점이 있어, 이를 이용한 이종 이식편을 개발하기 위한 연구가 진행되고 있다.
▶ 이종 이식의 문제 ① : 동종 이식보다 심한 거부 반응

❹ 이종 이식의 또 다른 문제는 ㉠ 내인성 레트로바이러스이다. 내인성 레트로바이러스는 생명체의 DNA의 일부분으로, 레트로 바이러스로부터 유래된 것으로 여겨지는 부위들이다. 이는 바이

러스의 활성을 가지지 않으며 사람을 포함한 모든 포유류에 존재한다. ⓒ 레트로바이러스는 자신의 유전 정보를 RNA에 담고 있고 역전사 효소를 갖고 있는 바이러스로서, 특정한 종류의 세포를 감염시킨다. 유전 정보가 담긴 DNA로부터 RNA가 생성되는 전사 과정만 일어날 수 있는 다른 생명체와는 달리, 레트로바이러스는 다른 생명체의 세포에 들어간 후 역전사 과정을 통해 자신의 RNA를 DNA로 바꾸고 그 세포의 DNA에 끼어들어 감염시킨다. 이후에는 다른 바이러스와 마찬가지로 자신이 속해 있는 생명체를 숙주로 삼아 숙주 세포의 시스템을 이용하여 복제, 증식하고 일정한 조건이 되면 숙주 세포를 파괴한다.

▶ 이종 이식의 문제 ②−1 : 내인성 레트로바이러스

⑤ 그런데 (정자, 난자와 같은) 생식 세포가 레트로바이러스에 감염되고도 살아남는 경우가 있었다. 이런 세포로부터 유래된 자손의 모든 세포가 갖게 된 것이 내인성 레트로바이러스이다. 내인성 레트로바이러스는 세대가 지나면서 돌연변이로 인해 염기 서열의 변화가 일어나며 해당 세포 안에서는 바이러스로 활동하지 않는다. 그러나 내인성 레트로바이러스를 떼어 내어 다른 종의 세포 속에 주입하면 이는 레트로바이러스로 변환되어 그 세포를 감염시키기도 한다. 따라서 미니돼지의 DNA에 포함된 내인성 레트로바이러스를 효과적으로 제거하는 기술이 개발 중에 있다.

▶ 이종 이식의 문제 ②−2 : 내인성 레트로바이러스

⑥ 그동안의 대체 기술과 관련된 연구 성과를 토대로 ⓐ 이상적인 이식편을 개발하기 위해 많은 연구가 수행되고 있다.

▶ 이상적인 이식편 개발을 위한 노력

---

01 [내용 이해] 답 ⑤

〈발문〉 윗글에서 알 수 있는 내용으로 적절하지 않은 것은?

① 동종 간보다 이종 간이 MHC 분자의 차이가 더 크다. ○

▶ 유전적 거리가 멀수록 주조직적합복합체(MHC)의 차이가 커져 거부 반응이 강해지는데, 이종 이식이 동종 이식보다 거부 반응이 훨씬 심하게 일어난다고 했어요. 그러므로 동종 간보다 이종 간의 MHC 차이가 더 크다는 것을 알 수 있어요.

❶ 개체마다 MHC에 차이가 있는데 서로 간의 유전적 거리가 멀수록 MHC에 차이가 커져 거부 반응이 강해진다.
❸ 그런데 이종 이식은 동종 이식보다 거부 반응이 훨씬 심하게 일어난다.

② 면역 세포의 작용으로 인해 장기 이식의 거부 반응이 일어난다. ○

❶ 면역적 거부 반응은 면역 세포가 표면에 발현하는 주조직적합복합체(MHC) 분자의 차이에 의해 유발된다.

③ 이종 이식을 하는 것만으로도 바이러스 감염의 원인이 될 수 있다. ○

▶ 5문단에서 내인성 레트로바이러스는 해당 세포에서는 바이러스로 활동하지 않지만 다른 종의 세포에 주입하면 레트로바이러스로 변환되어 세포를 감염시킬 수 있다고 했죠? 이종 이식은 다른 종의 이식편을 사람에게 이식하는 것이기 때문에 이식편의 세포에 있던 내인성 레트로바이러스에 의해 감염될 수 있을 거예요.

---

❺ 내인성 레트로바이러스는 ~ 해당 세포 안에서는 바이러스로 활동하지 않는다. 그러나 내인성 레트로바이러스를 떼어 내어 다른 종의 세포 속에 주입하면 이는 레트로바이러스로 변환되어 그 세포를 감염시키기도 한다.

④ 포유동물은 과거에 어느 조상이 레트로바이러스에 의해 감염된 적이 있다. ○

▶ 4문단에서 사람을 포함한 모든 포유류에 내인성 레트로바이러스가 존재한다고 했어요. 5문단에서는 레트로바이러스에 감염되고도 살아남은 생식 세포로부터 유래된 자손의 모든 세포가 내인성 레트로바이러스를 갖게 되었다고 설명하고 있고요. 즉, 모든 포유류가 내인성 레트로바이러스를 갖고 있는 것은 과거에 어느 조상이 레트로바이러스에 감염된 적이 있기 때문임을 알 수 있어요.

❹ 내인성 레트로바이러스는 생명체의 DNA의 일부분으로, 레트로바이러스로부터 유래된 것으로 여겨지는 부위들이다. 이는 바이러스의 활성을 가지지 않으며 사람을 포함한 모든 포유류에 존재한다.
❺ 그런데 정자, 난자와 같은 생식 세포가 레트로바이러스에 감염되고도 살아남는 경우가 있었다. 이런 세포로부터 유래된 자손의 모든 세포가 갖게 된 것이 내인성 레트로바이러스이다.

⑤ 레트로바이러스는 숙주 세포의 역전사 효소를 이용하여 RNA를 DNA로 바꾼다. ✕

▶ 역전사 효소는 숙주 세포가 가지고 있는 것이 아니라 레트로바이러스가 가지고 있는 것으로, 다른 생명체와 달리 레트로바이러스는 이 효소를 이용해 RNA를 DNA로 바꿀 수 있다고 했어요.

❹ 레트로바이러스는 자신의 유전 정보를 RNA에 담고 있고 역전사 효소를 갖고 있는 바이러스로서, 특정한 종류의 세포를 감염시킨다. 유전 정보가 담긴 DNA로부터 RNA가 생성되는 전사 과정만 일어날 수 있는 다른 생명체와는 달리, 레트로바이러스는 다른 생명체의 세포에 들어간 후 역전사 과정을 통해 자신의 RNA를 DNA로 바꾸고 그 세포의 DNA에 끼어들어 감염시킨다.

---

02 [내용 이해] 답 ①

〈발문〉 ⓐ 이상적인 이식편이 갖추어야 할 조건으로 적절하지 않은 것은?

① 이식편의 비용을 낮추어서 정기 교체가 용이해야 한다. ✕

▶ 이식편은 이식으로 옮겨 붙이는 세포, 조직, 장기를 의미해요. 정기적으로 교체해 주어야 하는 것은 이식편이 아니라 전자 기기 인공 장기의 단점이에요.

❷ 인공 심장과 같은 '전자 기기 인공 장기'를 이용하는 방법이 있다. 하지만 이는 장기의 기능을 일시적으로 대체하는 데 사용되며, 추가 전력 공급 및 정기적 부품 교체 등이 요구되는 단점이 있고, ~

② 이식편은 대체를 하려는 장기와 크기가 유사해야 한다. ○

▶ 미니돼지의 장기 크기가 사람과 유사하다는 것이 장점이라고 했으니, 이식편은 대체하고자 하는 장기와 크기가 비슷해야 한다는 것을 알 수 있어요.

❸ 미니돼지는 장기의 크기가 사람의 것과 유사하고 번식력이 높아 단시간에 많은 개체를 생산할 수 있다는 장점이 있어, 이를 이용한 이종 이식편을 개발하기 위한 연구가 진행되고 있다.

③ 이식편과 수혜자 사이의 유전적 거리를 극복해야 한다. O

▶ 유전적 거리가 멀수록 MHC의 차이가 커져 면역 거부 반응이 심해지기 때문에, 이상적인 이식편은 이러한 유전적 거리에 따른 문제점을 극복한 것이어야 해요.

근거 찾기

1 면역적 거부 반응은 면역 세포가 표면에 발현하는 주조직적합복합체(MHC) 분자의 차이에 의해 유발된다. 개체마다 MHC에 차이가 있는데 서로 간의 유전적 거리가 멀수록 MHC에 차이가 커져 거부 반응이 강해진다.

④ 이식편은 짧은 시간에 대량으로 생산이 가능해야 한다. O

▶ 이식편의 수가 매우 부족하다는 것도 이식의 문제점 중 하나였어요. 미니돼지에서 얻은 이식편의 장점이 단시간에 많은 개체를 생산할 수 있다는 점이라는 것을 생각해 보면, 짧은 시간에 대량으로 생산이 가능하다는 것은 이상적인 이식편이 갖추어야 할 조건으로 적절하다는 것을 알 수 있어요.

근거 찾기

2 이식에는 많은 비용이 소요될 뿐만 아니라 이식이 가능한 동종 이식편의 수가 매우 부족하기 때문에 이를 대체하는 방법이 개발되고 있다.

3 미니돼지는 ~ 단시간에 많은 개체를 생산할 수 있다는 장점이 있어, 이를 이용한 이종 이식편을 개발하기 위한 연구가 진행되고 있다.

⑤ 이식편이 체내에서 거부 반응을 유발하지 않아야 한다. O

▶ 자신이나 일란성 쌍둥이의 이식편을 사용하는 것이 아니라면 면역적 거부 반응이 일어나게 되고, 거부 반응을 억제하기 위해서 면역 억제제를 사용하면 여러 가지 질병에 취약해지는 위험이 있다고 했어요. 이를 통해 거부 반응이 일어나지 않는 이식편이 가장 이상적이라는 것을 알 수 있어요.

근거 찾기

1 우리의 몸은 자신의 것이 아닌 물질이 체내로 유입될 경우 면역 반응을 일으키므로, 유전적으로 동일하지 않은 이식편에 대해 항상 거부 반응을 일으킨다.

03 [구체적 사례에 적용] 답 ③

〈발문〉 다음은 신문 기사의 일부이다. 윗글을 참고할 때, 기사의 ㉎에 대한 반응으로 적절하지 않은 것은? [3점]

○○ 신문   ○○○○년 ○○월 ○○일

최근에 줄기 세포 연구와 3D 프린팅 기술이 급속도로 발전하고 있다. 줄기 세포는 인체의 모든 세포나 조직으로 분화할 수 있다. 그러므로 수혜자 자신의 줄기 세포만을 이용하여 3D 바이오 프린팅 기술로 제작한 ㉎ 세포 기반 인공 이식편을 만들 수 있을 것으로 전망된다. 이미 미니 폐, 미니 심장 등의 개발 성공 사례가 보고되었다.

---

① 전자 기기 인공 장기와 달리 전기 공급 없이도 기능을 유지할 수 있겠군. O

▶ ㉎는 인공 이식편이지만 수혜자의 줄기 세포를 이용해 제작하는 세포 기반 이식편이기 때문에 전기 공급 없이도 기능을 유지할 수 있음을 알 수 있어요.

② 동종 이식편과 달리 이식 후 면역 억제제를 사용할 필요가 없겠군. O

▶ 동종 이식은 다른 사람의 이식편을 이식하는 것이기 때문에 유전적 거리에 따른 거부 반응이 나타나요. 하지만 ㉎는 수혜자 자신의 줄기 세포를 이용하기 때문에 유전적으로 동일해요. 따라서 MHC 차이에 의한 면역적 거부 반응이 일어나지 않을 거예요. 그러니까 면역 억제제도 사용할 필요가 없겠죠.

~~동종 이식편과 달리~~ 내인성 레트로바이러스를 제거할 필요가 없겠군. ✗

▶ 내인성 레트로바이러스는 해당 세포 내에서는 활동하지 않지만 다른 종의 세포에 주입되었을 때 레트로바이러스로 변환되어 감염이 일어날 수 있다고 했어요. 다른 종의 세포에 주입되었을 때 감염이 일어난다는 것은, 동종 이식이 아니라 이종 이식에서 문제가 된다는 뜻이에요. 그런데 여기에서는 '동종 이식편과 달리'라고 표현하고 있으므로 적절하지 않아요. 동종 이식편에서도 내인성 레트로바이러스를 제거할 필요가 없으니까요.

근거 찾기

5 내인성 레트로바이러스는 세대가 지나면서 돌연변이로 인해 염기 서열의 변화가 일어나며 해당 세포 안에서는 바이러스로 활동하지 않는다. 그러나 내인성 레트로바이러스를 떼어 내어 다른 종의 세포 속에 주입하면 이는 레트로바이러스로 변환되어 그 세포를 감염시키기도 한다.

④ 이종 이식편과 달리 유전자를 조작하는 과정이 필요하지는 않겠군. O

▶ 이종 이식에서는 거부 반응을 일으키는 유전자를 제거하거나 내인성 레트로바이러스를 제거하는 등의 유전자 조작 과정이 필요해요. 하지만 ㉎는 수혜자 자신의 줄기 세포를 이용한 것이기 때문에 이러한 문제가 없고, 따라서 유전자를 조작하는 과정도 필요하지 않아요.

근거 찾기

3 이런 거부 반응을 일으키는 유전자를 제거한 형질 전환 미니돼지에서 얻은 이식편을 이식하는 실험이 성공한 바 있다.

5 따라서 미니돼지의 DNA에 포함된 내인성 레트로바이러스를 효과적으로 제거하는 기술이 개발 중에 있다.

⑤ 이종 이식편과 달리 자연항체에 의한 초급성 거부 반응이 일어나지 않겠군. O

▶ 이종 이식은 다른 종의 이식편을 이식하는 것이기 때문에 초급성 거부 반응, 혈관성 급성 거부 반응과 같은 심한 거부 반응이 일어나요. 하지만 ㉎는 수혜자 자신의 세포와 유전적으로 동일하기 때문에 거부 반응이 일어나지 않을 거예요.

근거 찾기

3 특히 사람이 가진 자연항체는 다른 종의 세포에서 발현되는 항원에 반응하는데, 이로 인해 이종 이식편에 대해서 초급성 거부 반응 및 급성 혈관성 거부 반응이 일어난다.

04 [내용 이해] 답 ①

〈발문〉 ㉠ 내인성 레트로바이러스와 ㉡ 레트로바이러스에 대한 설명으로 가장 적절한 것은?

✔ ㉠ 내인성 레트로바이러스는 ㉡ 레트로바이러스와 달리 자신이 속해 있는 생명체의 모든 세포의 DNA에 존재한다. O

▶ ㉠ '내인성 레트로바이러스'는 생명체의 DNA의 일부분으로, ㉡ '레트로바이러스'에 감염된 생식 세포로부터 유래된 자손의 모든 세포가 가지고 있어요. 반면, ㉡ '레트로바이러스'는 특정 종류의 세포를 감염시키는 바이러스이므로 적절한 설명이에요.

근거 찾기

4 내인성 레트로바이러스는 생명체의 DNA의 일부분으로, 레트로바이러스로부터 유래된 것으로 여겨지는 부위들이다. 이는 바이러스의 활성을 가지지 않으며 사람을 포함한 모든 포유류에 존재한다. 레트로바이러스는 자신의 유전 정보를 RNA에 담고 있고 역전사 효소를 갖고 있는 바이러스로서, 특정한 종류의 세포를 감염시킨다.

② ⓛ 레트로바이러스는 ㉠ 내인성 레트로바이러스와 달리 자신
의 유전 정보를 DNA에 담을 수 없다. ✕
▶ ⓛ '레트로바이러스'는 다른 생명체의 세포에 들어간 후 역전사 과정을 통
해 자신의 RNA를 DNA로 바꾸고 그 세포의 DNA에 끼어들어 감염시킨다고 했
어요. 그러므로 자신의 유전 정보를 DNA에 담는 것이 가능하다고 볼 수 있어
요.

근거 찾기

❹ 레트로바이러스는 자신의 유전 정보를 RNA에 담고 있고 역전사
효소를 갖고 있는 바이러스로서, 특정한 종류의 세포를 감염시킨다.
유전 정보가 담긴 DNA로부터 RNA가 생성되는 전사 과정만 일어날
수 있는 다른 생명체와는 달리, 레트로바이러스는 다른 생명체의 세
포에 들어간 후 역전사 과정을 통해 자신의 RNA를 DNA로 바꾸고 그
세포의 DNA에 끼어들어 감염시킨다.

③ ⓛ 레트로바이러스는 ㉠ 내인성 레트로바이러스와 달리 자신
이 속해 있는 생명체에 면역 반응을 일으키지 않는다. ✕
▶ ㉠ '내인성 레트로바이러스'는 자신이 속해 있는 생명체의 세포 안에서는
바이러스로 활동하지 않기 때문에 면역 반응을 일으키지 않아요. 하지만 ⓛ
'레트로바이러스'는 자신이 속한 생명체를 숙주로 삼아 이용하고 숙주 세포를
파괴하는 등 면역 반응을 일으키게 됩니다.

근거 찾기

❹ 내인성 레트로바이러스는 생명체의 DNA의 일부분으로, 레트로
바이러스로부터 유래된 것으로 여겨지는 부위들이다. 이는 바이러스
의 활성을 가지지 않으며 사람을 포함한 모든 포유류에 존재한다. ~
레트로바이러스는 다른 생명체의 세포에 들어간 후 역전사 과정을 통
해 자신의 RNA를 DNA로 바꾸고 그 세포의 DNA에 끼어들어 감염
시킨다. 이후에는 다른 바이러스와 마찬가지로 자신이 속해 있는 생
명체를 숙주로 삼아 숙주 세포의 시스템을 이용하여 복제, 증식하고
일정한 조건이 되면 숙주 세포를 파괴한다.

④ ㉠ 내인성 레트로바이러스와 ⓛ 레트로바이러스는 둘 다 자신
이 속해 있는 생명체의 유전 정보를 가지고 있다. ✕
▶ ㉠ '내인성 레트로바이러스'는 생명체의 DNA의 일부분이기 때문에, 내인
성 레트로바이러스의 유전 정보가 곧 자신이 속한 생명체의 유전 정보 중 일
부분이라고 할 수 있어요. 하지만 ⓛ '레트로바이러스'는 독립적으로 존재하면
서 다른 생명체에 침투해서 자신의 RNA를 DNA로 바꾸고 그 세포의 DNA에 끼
어드는 것이기 때문에, 자신이 속해 있는 생명체에 대한 유전 정보는 가지고
있지 않아요.

근거 찾기

❹ 내인성 레트로바이러스는 생명체의 DNA의 일부분으로, 레트로
바이러스로부터 유래된 것으로 여겨지는 부위들이다. ~ 유전 정보가
담긴 DNA로부터 RNA가 생성되는 전사 과정만 일어날 수 있는 다른
생명체와는 달리, 레트로바이러스는 다른 생명체의 세포에 들어간
후 역전사 과정을 통해 자신의 RNA를 DNA로 바꾸고 그 세포의
DNA에 끼어들어 감염시킨다.

⑤ ㉠ 내인성 레트로바이러스와 ⓛ 레트로바이러스는 둘 다 자신
이 속해 있는 생명체의 세포를 감염시켜 파괴한다. ✕
▶ ⓛ '레트로바이러스'는 일정 조건이 되면 숙주 세포를 파괴하지만 ㉠ '내인
성 레트로바이러스'는 자신이 속한 생명체의 세포 내에서는 바이러스의 활성
을 가지지 않기 때문에 그 생명체의 세포를 파괴하지 않아요.

근거 찾기

❹ 내인성 레트로바이러스는 생명체의 DNA의 일부분으로, 레트로
바이러스로부터 유래된 것으로 여겨지는 부위들이다. 이는 바이러스
의 활성을 가지지 않으며 사람을 포함한 모든 포유류에 존재한다. ~
레트로바이러스는 다른 생명체의 세포에 들어간 후 역전사 과정을 통
해 자신의 RNA를 DNA로 바꾸고 그 세포의 DNA에 끼어들어 감염
시킨다. 이후에는 다른 바이러스와 마찬가지로 자신이 속해 있는 생
명체를 숙주로 삼아 숙주 세포의 시스템을 이용하여 복제, 증식하고
일정한 조건이 되면 숙주 세포를 파괴한다.

01 ②   **02** ④   **03** ⑤   **04** ①   **05** ④   **06** ④   [2019년 6월 고1 전국연합]

쌤이 그린 독해지도

1 식물이 물을 잎에 물을 공급하려면
중력의 반대방향으로 물을 끌어올려야함
물을 끌어올리는 힘 : 뿌리압, 모세관 현상, 증산작용으로 생긴 힘이 복합적으로 작용

2 뿌리털 안의 농도 > 흙 속 물의 농도 ⇨ 흙속의 물이 뿌리 내부로 이동함
뿌리압 : 물이 뿌리로 흡수될 때 밀고들어오는 압력

3 모세관현상 : 가는 관과 같은 통로를 따라 액체가 올라가거나 내려가는 것
∴ 물분자와 모세관벽이 결합하려는 힘 > 물분자끼리 결합하려는 힘
(관이 가늘어질수록 물이 높이 올라감)
식물의 물관 지름이 매우 작아서 모세관 현상이 일어남

4,5 증산작용 : 식물체 내의 수분이 잎의 기공을 통하여 수증기 상태로 증발하는 현상
ex) 나무그늘이 건물 그늘보다 훨씬 시원한 이유

물을 끌어올리는 요인 중 가장 큰 힘. 원동력

HOW? 물분자들이 서로 당기는 힘으로 물기둥 형성
물기둥 한쪽 끝의 물분자가 기공으로 빠져나가면 아래 쪽 물분자가 끌어올려짐

| 문장은 정교하게 & 문단은 정리하며 |

1 식물의 생장에는 물이 필수적이다. 동물과 달리 식물은 잎에서 광합성을 통해 생장에 필요한 양분을 만들어 내는데, 물은 바로 그 원료가 된다. *생물체의 원형질과 그 부수물의 양이 늘어나는 일* 물은 지구 중심으로부터 중력을 받기 때문에 높은 곳에서 낮은 곳으로 흐르지만, 식물은 지구 중심과는 반대 방향으로 자란다. (따라서) 식물이 줄기 끝에 달려 있는 잎에 물을 공급하려면 중력의 반대 방향으로 물을 끌어 올려야 한다. 미국의 캘리포니아 레드우드 국립공원에는 세계에서 키가 가장 큰 세쿼이아가 있다. 이 나무는 키가 무려 112m에 이르며, 뿌리는 땅 속으로 약 15m까지 뻗어 있다고 한다. (따라서) 물이 뿌리에서 나무의 꼭대기에 있는 잎까지 도달하려면 127m나 끌어 올려져야 한다. *목적한 곳이나 수준에 다다름* 펌프 같은 장치도 보이지 않는데 대체 물이 어떻게 그 높은 곳까지 올라갈 수 있는 것일까? 식물은 어떤 힘을 이용하여 뿌리에서부터 잎까지 물을 끌어 올릴까? 식물이 물을 뿌리에서 흡수하여 잎까지 보내는 데는 뿌리압, 모세관 현상, 증산 작용으로 생긴 힘이 복합적으로 작용한다.
▶ 식물이 물을 끌어 올리는 방법 : 뿌리압, 모세관 현상, 증산 작용

2 호박이나 수세미의 잎을 모두 ⓐ 떼어 내고 뿌리와 줄기만 남기고 자른 후 뿌리 끝을 물에 넣어 보면, 잘린 줄기 끝에서는 물이 힘차게 솟아오르지는 않지만 계속해서 올라온다. 뿌리털을 둘러싼 세포막을 경계로 안쪽은 땅에 비해 여러 가지 유기물과 무기물들이 더 많이 섞여 있어서 뿌리 바깥보다 용액의 농도가 높다. 다시 말해 뿌리털 안은 농도가 높은 반면, 흙 속에 포함되어 있는 물은 농도가 낮다. 이때 농 [A] 도의 균형을 맞추기 위해 흙 속에 있는 물 분자는 뿌리털의 세포막을 거쳐 물 분자가 상대적으로 적은 뿌리 내부로 ⓑ 들어온다. (이처럼) 농도가 낮은 흙 속의 물을 농도가 높은 뿌리 쪽으로 이동시키는 힘이 생기는데, 이를 뿌리압이라고 한다. 즉 뿌리압이란 뿌리에서 물이 흡수될 때 밀고 들어오는 압력으로, 물을 위로 밀어 올리는 힘이다.
▶ 식물이 물을 끌어 올리는 방법 ① : 뿌리압

3 물이 담긴 그릇에 가는 유리관을 ⓒ 꽂아 보면 유리관을 따라 물이 올라가는 것을 관찰할 수 있다. (이처럼) 가는 관과 같은 통로를 따라 액체가 올라가거나 내려가는 것을 모세관 현상이라고 한다. 모세관 현상은 물 분자와 모세관 벽이 결합하려는 힘이 물 분자끼리 결합하려는 힘보다 더 크기 때문에 일어난다. (따라서) 관이 가늘어질수록 물이 올라가는 높이가 높아진다. 식물체 안에는 뿌리에서 줄기를 거쳐 잎까지 연결된 물관이 있다. 물관은 말 그대로 물이 지나가는 통로인데, 지름이 75㎛(마이크로미터, 1㎛= 0.001mm)로 너무 가늘어 눈으로는 볼 수 없다. (이처럼) 식물은 물관의 지름이 매우 작기 때문에 ㉠ 모세관 현상으로 물을 밀어 올리는 힘이 생긴다.
▶ 식물이 물을 끌어 올리는 방법 ② : 모세관 현상

4 뜨거운 햇볕이 내리쬐는 더운 여름철에는 큰 나무가 만들어 주는 그늘이 그렇게 고마울 수가 없다. 나무가 만들어 주는 그늘이 건물이 만들어 주는 그늘보다 더 시원한 이유는 무엇일까? ㉠ 나무의 잎은 물을 수증기 상태로 공기 중으로 내보내는데, 이때 물이 주위의 열을 흡수하기 때문에 나무의 그늘 아래가 건물이 만드는 그늘보다 훨씬 시원한 것이다. 식물의 잎에는 기공이라는 작은 구멍이 있다. 기공을 통해 공기가 들락날락하거나 잎의 물이 공기 중으로 증발하기도 한다. 이처럼 식물체 내의 수분이 잎의 기공을 통하여 수증기 상태로 증발하는 현상을 ㉡ 증산 작용이라고 한다. 가로 세로가 10×10cm인 잔디밭에서 1년 동안 증산하는 물의 양을 조사한 결과, 놀랍게도 55톤이나 되었다. 이는 1리터짜리 페트병 5만 5천 개 분량에 해당하는 물의 양이다. 상수리나무는 6~11월 사이에 약 9,000kg의 물을 증산하며, 키가 큰 해바라기는 맑은 여름날 하루 동안 약 1kg의 물을 증산한다.

▶ 식물이 물을 끌어 올리는 방법 ③-1: 증산 작용

5 기공의 크기는 식물의 종류에 따라 ⓓ 다른데 보통 폭이 8㎛, 길이가 16㎛ 정도밖에 되지 않는다. 크기가 1cm²인 잎에는 약 5만 개나 되는 기공이 있으며, 그 대부분은 잎의 뒤쪽에 있다. 이 기공을 통해 그렇게 엄청난 양의 물이 공기 중으로 증발해 버린다. 증산 작용은 물을 식물체 밖으로 내보내는 작용으로, 뿌리에서 흡수된 물이 줄기를 거쳐 잎까지 올라가는 원동력이다. 잎의 세포에서는 물이 공기 중으로 증발하면서 아래쪽의 물 분자를 끌어 올리는 현상이 일어난다. 즉, 물 분자들은 서로 잡아당기는 힘으로써 연결되는데, 이는 물 기둥을 형성하는 것과 같다. 사슬처럼 연결된 물 기둥의 한쪽 끝을 ⓔ 이루는 물 분자가 잎의 기공을 통해 빠져 나가면 아래쪽 물 분자가 끌어 올려지는 것이다. 증산 작용에 의한 힘은 잡아당기는 힘으로 식물이 물을 끌어 올리는 요인 중 가장 큰 힘이다.

어떤 움직임의 근본이 되는 힘

▶ 식물이 물을 끌어 올리는 방법 ③-2: 증산 작용

01 [내용 이해] 답 ②

〈발문〉 윗글의 내용과 일치하지 <u>않는</u> 것은?

① 식물의 종류에 따라 기공의 크기가 다르다. ○

근거 찾기

5 기공의 크기는 식물의 종류에 따라 다른데 보통 폭이 8㎛, 길이가 16㎛ 정도밖에 되지 않는다.

② 식물의 뿌리압은 ~~중력과 동일한 방향~~으로 작용한다. ✕

▶ 뿌리압은 뿌리에서 물이 흡수될 때 밀고 들어오는 압력으로, 물을 위로 밀어 올리는 힘이에요. 지구 중심을 향하는 중력 때문에 물은 높은 곳에서 낮은 곳으로 흐르지만, 뿌리압은 물을 위로 밀어 올리는 힘이기 때문에 중력과 반대 방향으로 작용해요.

근거 찾기

2 이처럼 농도가 낮은 흙 속의 물을 농도가 높은 뿌리 쪽으로 이동시키는 힘이 생기는데, 이를 뿌리압이라고 한다. 즉 뿌리압이란 뿌리에서 물이 흡수될 때 밀고 들어오는 압력으로, 물을 위로 밀어 올리는 힘이다.

③ 식물이 광합성 작용을 하기 위해서는 반드시 물이 필요하다. ○

근거 찾기

1 식물의 생장에는 물이 필수적이다. 동물과 달리 식물은 잎에서 광합성을 통해 생장에 필요한 양분을 만들어 내는데, 물은 바로 그 원료가 된다.

④ 뿌리에서 잎까지 물 분자들은 사슬처럼 서로 연결되어 있다. ○

근거 찾기

5 물 분자들은 서로 잡아당기는 힘으로써 연결되는데, 이는 물 기둥을 형성하는 것과 같다. 사슬처럼 연결된 물 기둥의 한쪽 끝을 이루는 물 분자가 잎의 기공을 통해 빠져 나가면 아래쪽 물 분자가 끌어 올려지는 것이다.

⑤ 물관 내에서 물 분자와 모세관 벽이 결합하려는 힘으로 물이 위로 이동한다. ○

▶ 3문단에서 식물의 물관은 매우 가는 관이기 때문에 모세관 현상에 의해 물이 위로 올라간다고 설명하고 있어요.

근거 찾기

3 모세관 현상은 물 분자와 모세관 벽이 결합하려는 힘이 물 분자끼리 결합하려는 힘보다 더 크기 때문에 일어난다. ~ 이처럼 식물은 물관의 지름이 매우 작기 때문에 모세관 현상으로 물을 밀어 올리는 힘이 생긴다.

02 [내용 이해 & 구체적 사례에 적용] 답 ④

〈발문〉 [A]와 〈보기〉를 이해한 것으로 적절하지 <u>않은</u> 것은? [3점]

〈보기〉

삼투 현상이란 용액의 농도가 낮은 곳에서 높은 곳으로 선택적 투과성 막을 통해 물이 이동하는 현상이다. 이때 물이 이동하는 힘을 삼투압이라 하며, 이 힘은 용액의 농도에 따라 비례한다. 삼투 현상의 예로 배추를 소금물에 담그면 소금 입자는 이동하지 못하고 배추에 있는 물이 소금물 쪽으로 이동하여 배추가 절여지는 것을 들 수 있다.

▶ 〈보기〉는 선택적 투과성 막을 통해 물이 이동하는 삼투 현상과 삼투압에 대한 내용이에요. [A]에서 설명하고 있는 뿌리압의 발생 원리도 〈보기〉에 나온 삼투 현상의 발생 원리와 같아요.

① 뿌리털을 둘러싼 세포막은 선택적 투과성 막 역할을 한다. ○

▶ 〈보기〉에서, 선택적 투과성 막을 통해 용액의 농도가 낮은 곳에서 높은 곳으로 물이 이동하는 것을 삼투 현상이라 했어요. [A]의 내용을 보면 뿌리털을 둘러싼 세포막을 경계로 안쪽의 농도가 바깥보다 높아 물이 뿌리 내부로 들어오게 된다고 설명하고 있어요. 따라서 뿌리털을 둘러싼 세포막이 일종의 선택적 투과성 막의 역할을 한다고 이해하는 것은 적절해요.

근거 찾기

2 뿌리털을 둘러싼 세포막을 경계로 안쪽은 땅에 비해 여러 가지 유기물과 무기물들이 더 많이 섞여 있어서 뿌리 바깥보다 용액의 농도가 높다. ~ 이때 농도의 균형을 맞추기 위해 흙 속에 있는 물 분자는 뿌리털의 세포막을 거쳐 물 분자가 상대적으로 적은 뿌리 내부로 들어온다.

② 소금물에 소금을 추가하면 배추에서 빠져 나오는 물이 이동하는 힘이 커진다. ○

▶ 〈보기〉에서 물이 이동하는 힘인 삼투압은 용액의 농도에 따라 비례한다고 했죠? 소금물에 소금을 추가하면 용액, 즉 소금물의 농도가 높아지므로 물이 이동하는 힘도 커질 거예요.

③ 선택적 투과성 막을 흙 속의 물 분자는 통과할 수 있지만 소금 입자는 통과할 수 없다. ○

▶ 〈보기〉의 소금물에 담근 배추의 예시에서 소금 입자는 이동하지 못하고 배추에 있는 물이 소금물 쪽으로 이동한다고 했어요. 이러한 정보를 통해 물 분자는 선택적 투과성 막을 통과할 수 있지만 소금 입자는 통과할 수 없다는 사실을 알 수 있어요.

✔ 흙 속의 물과 배추의 물이 이동하면 뿌리털 안의 용액과 소금물의 농도가 ~~높아진다.~~ ✕

▶ [A]에서 흙 속의 물은 농도가 높은 뿌리털 안으로 이동하고, 〈보기〉에서 배추에 있는 물은 농도가 높은 소금물 쪽으로 이동해요. 이는 농도의 균형을 맞추기 위해 농도가 낮은 곳에서 높은 곳으로 물이 이동하는 것으로, 물이 들어왔기 때문에 뿌리털 안의 용액과 소금물의 농도는 처음보다 낮아질 거예요.

> **근거 찾기**
>
> **2** 뿌리털을 둘러싼 세포막을 경계로 안쪽은 땅에 비해 여러 가지 유기물과 무기물들이 더 많이 섞여 있어서 뿌리 바깥보다 용액의 농도가 높다. ~ 이때 농도의 균형을 맞추기 위해 흙 속에 있는 물 분자는 뿌리털의 세포막을 거쳐 물 분자가 상대적으로 적은 뿌리 내부로 들어온다.

⑤ 뿌리가 흙 속의 물을 흡수하는 것과 배추에서 물이 빠져 나오는 것은 용액의 농도 차이 때문에 발생한다. ○

▶ 삼투 현상은 용액의 농도가 낮은 곳에서 높은 곳으로 물이 이동하는 현상이므로, 결국 용액의 농도 차이 때문에 발생한다고 할 수 있어요.

03 [내용 이해] 답 ⑤

〈발문〉 ⊙ 모세관 현상과 ⓒ 증산 작용에 대한 설명으로 적절하지 **않**은 것은?

① ⊙ 모세관 현상은 관의 지름에 따라 물이 올라가는 높이가 달라진다. ○

> **근거 찾기**
>
> **3** 모세관 현상은 물 분자와 모세관 벽이 결합하려는 힘이 물 분자끼리 결합하려는 힘보다 더 크기 때문에 일어난다. 따라서 관이 가늘어질수록 물이 올라가는 높이가 높아진다.

② ⓒ 증산 작용이 일어나면 물이 식물체 내에서 빠져 나와 주변의 온도를 낮춘다. ○

> **근거 찾기**
>
> **4** 나무의 잎은 물을 수증기 상태로 공기 중으로 내보내는데, 이때 물이 주위의 열을 흡수하기 때문에 나무의 그늘 아래가 건물이 만드는 그늘보다 훨씬 시원한 것이다. ~ 이처럼 식물체 내의 수분이 잎의 기공을 통하여 수증기 상태로 증발하는 현상을 증산 작용이라고 한다.

③ ⊙ 모세관 현상에 의해서는 물의 상태가 바뀌지 않고, ⓒ 증산 작용에 의해서는 물의 상태가 바뀐다. ○

▶ ⊙ '모세관 현상'에서는 단순히 물이 관을 따라 위로 올라가는 반면, ⓒ '증산 작용'에서는 액체 상태였던 물이 기체인 수증기 상태로 증발해요. 따라서 ⊙에서와 달리 ⓒ에서는 물의 상태가 바뀜을 알 수 있어요.

④ ⊙ 모세관 현상으로 물을 위로 밀어 올리는 힘이, ⓒ 증산 작용으로 물을 위에서 잡아당기는 힘이 생긴다. ○

> **근거 찾기**
>
> **3** 식물은 물관의 지름이 매우 작기 때문에 모세관 현상으로 물을 밀어 올리는 힘이 생긴다.
>
> **5** 증산 작용에 의한 힘은 잡아당기는 힘으로 식물이 물을 끌어 올리는 요인 중 가장 큰 힘이다.

✔ ⊙ 모세관 현상에 의해 식물이 물을 밀어 올리는 힘보다 ⓒ 증산 작용에 의해 식물이 물을 끌어 올리는 힘이 더 작다. ✕

▶ 5문단에서 증산 작용에 의한 힘이 식물이 물을 끌어 올리는 요인 중 가장 큰 힘이라고 했어요.

> **근거 찾기**
>
> **5** 증산 작용에 의한 힘은 잡아당기는 힘으로 식물이 물을 끌어 올리는 요인 중 가장 큰 힘이다.

04 [내용 이해] 답 ①

〈발문〉 ㉮와 같은 현상이 일어나는 예로 적절한 것은?

▶ ㉮는 나무의 잎은 물을 수증기 상태로 공기 중으로 내보내는데, 이때 물이 주위의 열을 흡수한다는 내용이에요. 이는 액체가 증발(기화)하면서 주변의 열을 흡수하여 온도를 낮추는 현상에 해당해요.

✔ 피부에 알코올 솜을 문지를 때 ○

▶ 알코올 솜을 문지르면 알코올이 증발하면서 피부의 열을 흡수하여 시원해지는 것을 느낄 수 있어요.

② 주머니 난로의 액체가 하얗게 굳어갈 때 ✕

▶ 주머니 난로의 액체가 하얗게 굳는 것은 액체가 응고되는 것으로, 오히려 그 과정에서 열을 방출하게 돼요.

③ 음식물을 공기 중에 오래 두어 부패될 때 ✕

▶ 음식물의 부패는 물질의 상태 변화와는 직접적인 관계가 없어요. 음식물이 썩으면서 오히려 열이 발생하죠.

④ 이누이트 족이 얼음집 안에 물을 뿌릴 때 ✕

▶ 얼음집 안에 물을 뿌리면 물이 얼면서 가지고 있던 열을 방출하는데, 이때 얼음집 안의 온도가 올라가게 돼요.

⑤ 폭죽에 들어 있는 화약이 터져 불꽃이 발생할 때 ✕

▶ 화약이 터지는 것은 산화 반응에 의한 것으로, 이때는 매우 높은 열이 발생해요.

05 [구체적 사례에 적용] 답 ④

〈발문〉 학생이 〈보기〉와 같은 실험을 하였다. 윗글을 바탕으로 〈보기〉에 대한 반응으로 적절한 것은?

〈보기〉

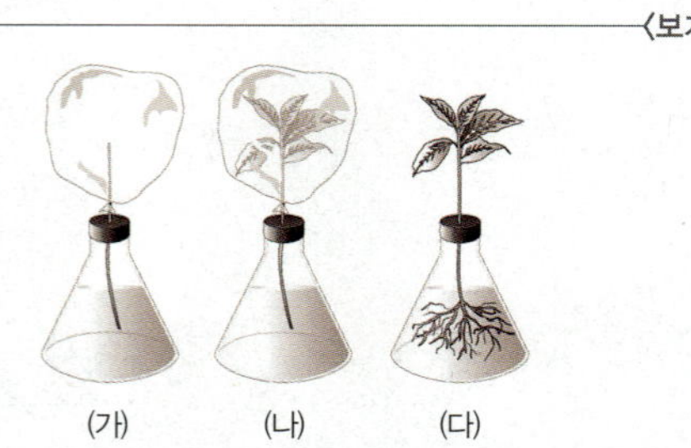

크기와 종류가 같은 식물 셋을 (가)는 줄기만, (나)는 줄기와 잎만을 남겨 비닐을 씌운다. (다)는 뿌리, 줄기, 잎을 그대로 둔다. 셋을 물에 담아 햇빛 등이 동일한 조건에서 변화를 관찰하였다.

▶ 1문단에서, 물이 뿌리에서 잎으로 끌어 올려지는 데에는 뿌리압, 모세관 현상, 증산 작용에 의한 힘들이 복합적으로 작용한다고 했어요. (가)는 증산 작용이 일어나는 잎과, 뿌리압이 발생하는 뿌리가 없으므로, 거의 모세관 현상에 의해서만 물이 이동할 거예요. 또한 (나)에서는 잎에 의한 증산 작용과 줄기에 의한 모세관 현상이 물을 끌어 올릴 것이라고 추론할 수 있어요. 그리고 (다)에서는 세 가지 현상에 의한 힘이 모두 작용하겠죠?

① (가)보다 (나)의 비닐 안쪽 면에 물방울이 덜 맺힐 것이다. ✕

▶ (가)에는 잎이 없는 반면 (나)에는 잎이 있으므로 증산 작용이 활발히 일어날 거예요. 따라서 (나)의 비닐 안쪽 면에 물방울이 더 많이 맺힐 거예요.

② (가)의 용기에 담긴 물이 (나), (다)의 용기에 담긴 물보다 더 많이 줄어들 것이다. ✕

▶ (가)에서는 물을 끌어 올리는 힘이 (나), (다)에서보다 약하기 때문에 물이 가장 적게 줄어들 거예요.

③ (나)에서는 한 가지 힘이, (다)에서는 두 가지 힘이 작용하여 물이 이동한다. ✕

▶ (나)에서는 모세관 현상과 증산 작용에 의한 두 가지 힘이, (다)에서는 뿌리압, 모세관 현상, 증산 작용에 의한 세 가지 힘이 작용해요.

✔ (가), (나), (다) 모두 물 분자들이 연결된 물 기둥이 형성될 것이다. ⭕

▶ (가)에서는 모세관 현상에 의해, (나)에서는 모세관 현상과 뿌리압에 의해, (다)에서는 모세관 현상, 뿌리압, 증산 작용에 의해 물이 위로 끌어 올려져요. 이때 (가), (나), (다) 모두에서 물 분자들은 서로 잡아당기는 힘에 의해 사슬처럼 연결된 물 기둥을 이루게 될 거예요.

⑤ (가), (나), (다) 모두 공기가 식물 내부로 출입하는 현상이 일어나지 않는다. ✕

▶ (나)와 (다)에는 잎이 있기 때문에 잎의 기공을 통해 공기가 들락날락할 수 있어요.

06 [어휘] 답 ④

〈발문〉 문맥상 ⓐ~ⓔ와 바꿔 쓰기에 가장 적절한 것은?

① ⓐ 떼어 내고 : 삭제(削除)하고 ✕

▶ '삭제하다'는 '깎아 없애거나 지워 버리다.'라는 뜻이므로 ⓐ '떼어 내고'와 바꿔 쓰기에 적절하지 않아요.

② ⓑ 들어온다 : 투입(投入)된다 ✕

▶ '투입되다'는 '던져져 넣어지다.' 또는 '사람이나 물자, 자본 따위가 필요한 곳에 넣어지다.'라는 뜻이므로 ⓑ '들어온다'와 바꿔 쓰기에 적절하지 않아요.

③ ⓒ 꽂아 보면 : 부착(附着)하면 ✕

▶ '부착하다'는 '떨어지지 아니하게 붙다. 또는 그렇게 붙이거나 달다.'라는 뜻이므로 ⓒ '꽂아 보면'과 바꿔 쓰기에 적절하지 않아요.

✔ ⓓ 다른데 : 상이(相異)한데 ⭕

▶ '상이하다'는 '서로 다르다.'라는 뜻이므로 ⓓ '다른데'와 바꿔 쓰기에 적절해요.

⑤ ⓔ 이루는 : 조성(造成)하는 ✕

▶ '조성하다'는 '무엇을 만들어서 이루다.'라는 뜻이므로 ⓔ '이루는'과 바꿔 쓰기에 적절하지 않아요.

01 ① 02 ② 03 ③ 04 ③ [2016년 3월 고2 전국연합]

쌤이 그린 독해지도

1 옥신의 발견

: 빛을 인식하는 부분에서 줄기를 따라 뿌리쪽으로 이동하는 화학물질을 확인함

2 옥신의 작용원리 ① – 옥신의 생성 및 세포질 유입

생성 : 분열 조직이 있는 줄기의 맨 윗부분

이동 : 줄기 맨 윗부분 → 뿌리

세포질 유입 :

세포벽 | 세포질

$IAA \xrightarrow{\text{확산·이온화}} IAA^-, H^+$

$IAA^- \xrightarrow{\text{옥신유입수용체}} IAA^-$

3 옥신의 작용원리 ② – H^+의 작용 및 물 유입으로 인한 세포 신장

세포질 — 세포막 — 세포벽

유입된 IAA^- ⟶ H^+ 펌프 활성화 ⟶ H^+ 증가
↓
pH 감소
↓
쐐기모양효소 활성화
↓
삼투현상 (세포질로 물 유입)
↓
팽창 (세포신장)

4 옥신의 작용 원리 ③ – PIN 단백질을 통한 옥신의 이동

세포질의 IAA^-는 세포막의 PIN을 통해 세포질 밖으로 유출

① PIN 단백질을 거쳐 빛의 반대 방향으로 이동 ⇒ 굴광성

② PIN 단백질이 세포막 아래쪽에 주로 퍼져 있음
⇒ 옥신이 줄기에서 뿌리로 이동, 신장 촉진

| 문장은 정교하게 & 문단은 정리하며 |

1 찰스 다윈은 어린 식물이 빛의 방향으로 휘는 것을 보고 어린 식물의 일부 부위를 가리거나 절단한 후 햇빛에 노출시키는 실험을 진행하였다. 이 실험 이후에 보이센옌센은 식물이 특정 부분에서 빛을 인식하고, 그 부분에서 화학 물질이 줄기를 따라 뿌리 쪽으로 이동한다는 것을 실험으로 확인하였다. 벤트는 이 화학 물질을 '옥신'이라고 이름 지었다.
▶ 옥신의 발견

2 식물은 분열 조직이 있는 줄기의 맨 윗부분에서 옥신을 만들고, 이 옥신이 뿌리 쪽으로 이동한다. 옥신은 주로 식물 세포를 신장시키는 역할을 한다. (길이 따위를 길게 늘림) 대표적인 옥신인 IAA는 이온화되지 않은 형태인 IAA와 이온화된 형태인 IAA⁻의

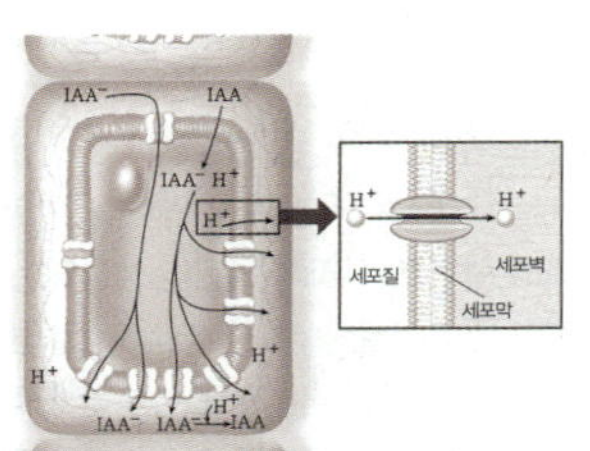

두 가지로 세포벽에 존재한다. 이온화되지 않은 옥신은 확산되어 세포질로 유입된 후 IAA⁻과 H^+으로 이온화된다. 하지만 세포벽에 이온화된 형태로 존재하는 옥신은 확산으로 세포막을 통과할 수 없기 때문에 세포막에 있는 옥신 유입 수송체를 거쳐야만 세포질로 들어갈 수 있다. (액체나 기체, 열 따위가 어떤 곳으로 흘러듦)
▶ 옥신의 작용 원리 ① : 옥신의 생성 및 세포질 유입

3 세포질로 유입된 옥신은 세포막에 있는 H^+ 펌프를 활성화한다. H^+ 펌프가 활성화되면 세포질의 H^+들은 H^+ 펌프가 작용해 세포벽으로 수송된다. (어떤 물질을 옮김) H^+이 수송된 세포벽에서는 H^+이 증가하여 pH가 감소하게 되는데, 이 영향으로 섬유소 분자 간의 결합을 끊어 주는 쐐기 모양의 효소가 활성화된다. 이 쐐기 모양의 효소가 세포벽에 있는 섬유소들의 연결을 느슨하게 하면 삼투 현상에 (반투막을 사이에 두고 양쪽 용액에 농도 차가 있을 경우, 농도가 높은 쪽으로 용매가 옮겨 가는 현상) 의해 세포질로 물이 유입된다. 물이 유입된 세포질은 압력이 높아지면서 팽창하기 때문에 식물 세포가 신장하게 된다.
▶ 옥신의 작용 원리 ② : H^+의 작용 및 물 유입으로 인한 세포 신장

4 세포질에 이온화된 형태로 있는 옥신이 뿌리 쪽으로 이동하기

위해서는 세포질 밖으로 옥신이 유출되어야 하는데, 이온화된 형
태로는 세포막을 통과하지 못한다. 이때 세포막을 통과하는 통로
로 PIN 단백질이 이용된다. PIN 단백질은 세포막의 좌우나 아래
쪽에 위치하여 옥신이 이동하는 방향을 결정한다. 식물이 빛을
향해 휘어지는 굴광성은 옥신이 세포막 좌우에 위치하고 있는
PIN 단백질을 거쳐 빛의 반대 방향으로 이동하기 때문에 일어나
는 현상이다. 대체로 PIN 단백질은 세포막 아래쪽에 주로 ㉠ 퍼
져 있는데, 이로 인해 옥신은 줄기에서 뿌리 쪽으로 이동하며 식
물 세포의 신장을 촉진하게 된다.

▶ 옥신의 작용 원리 ③ : PIN 단백질을 통한 옥신의 이동

01 [내용 이해] 답 ①

〈발문〉 윗글에 대한 설명으로 가장 적절한 것은?

① 옥신이 식물 세포에 작용하는 원리를 과정에 따라 설명하고 있
다. ⭕

▶ 옥신이 식물 세포의 신장과 관련하여 어떻게 작용하는지에 대한 원리를 과
정에 따라 설명하고 있어요.

② 옥신의 구조가 빛의 영향으로 변화하는 과정을 순차적으로 설
명하고 있다. ❌

▶ 옥신의 구조에 대해서는 전혀 언급하고 있지 않아요.

③ 형태가 다른 옥신이 생성되는 원리를 조건에 따라 구분하여 설
명하고 있다. ❌

▶ 2문단에서 이온화된 옥신과 이온화되지 않은 옥신을 언급하긴 했지만, 이
들이 생성되는 원리를 조건에 따라 구분하고 있진 않아요.

④ 식물 세포의 종류에 따라 다른 형태의 옥신이 이동하는 원인을
설명하고 있다. ❌

▶ 식물 세포의 종류를 구분하지도 않았고, 식물 세포의 종류에 따라 다른 형
태의 옥신이 이동한다고 설명한 적도 없어요.

⑤ 식물의 분열 조직을 형성하는 데에 옥신이 미치는 영향을 단계
적으로 설명하고 있다. ❌

▶ 2문단에서 식물의 분열 조직이 있는 줄기의 맨 윗부분에서 옥신이 만들어
진다고 했을 뿐, 옥신이 이 분열 조직 형성에 어떤 영향을 미치는지는 설명하
고 있지 않아요. 따라서 옥신이 식물의 분열 조직 형성에 영향을 미친다는 진
술 역시 적절하지 않아요.

02 [내용 이해] 답 ②

〈발문〉 윗글의 내용과 일치하지 않는 것은?

① 세포질의 옥신은 PIN 단백질을 통해 세포벽으로 유출된다. ⭕

④ 세포질에 이온화된 형태로 있는 옥신이 뿌리 쪽으로 이동하기 위
해서는 세포질 밖으로 옥신이 유출되어야 하는데, 이온화된 형태로
는 세포막을 통과하지 못한다. 이때 세포막을 통과하는 통로로 PIN
단백질이 이용된다.

② 세포질로 물이 유입되면 삼투 현상이 발생해 세포질의 압력이
높아진다. ❌

▶ 3문단에서 삼투 현상에 의해 세포질로 물이 유입된다고 했어요. 물이 유입
되면 삼투 현상이 발생하는 것이 아니라, 삼투 현상에 의해 물이 유입되는 거
네요. 원인과 결과를 뒤바꾸어 썼어요. 이 지문에서처럼 원인과 결과가 제시
되는 경우, 무엇이 원인이고 무엇이 결과인지를 꼼꼼하게 파악해야 해요. 문
장을 정교하게 읽지 않으면, 이렇게 세부 내용을 묻는 문제를 틀리기 쉬워요.

③ 이 쐐기 모양의 효소가 세포벽에 있는 섬유소들의 연결을 느슨하
게 하면 삼투 현상에 의해 세포질로 물이 유입된다.

③ 활성화된 쐐기 모양의 효소는 세포벽에 있는 섬유소들의 연결
을 느슨하게 한다. ⭕

③ 이 쐐기 모양의 효소가 세포벽에 있는 섬유소들의 연결을 느슨하
게 하면 삼투 현상에 의해 세포질로 물이 유입된다.

④ H⁺ 펌프의 작용으로 세포질의 H⁺이 세포벽으로 이동해 세포
벽의 pH가 감소된다. ⭕

③ H⁺ 펌프가 활성화되면 세포질의 H⁺들은 H⁺ 펌프가 작용해 세포
벽으로 수송된다. H⁺이 수송된 세포벽에서는 H⁺이 증가하여 pH가
감소하게 되는데, 이 영향으로 섬유소 분자 간의 결합을 끊어 주는 쐐
기 모양의 효소가 활성화된다.

⑤ 세포벽에 이온화된 형태로 있는 옥신은 옥신 유입 수송체를 통
해 세포질로 유입된다. ⭕

② 세포벽에 이온화된 형태로 존재하는 옥신은 확산으로 세포막을
통과할 수 없기 때문에 세포막에 있는 옥신 유입 수송체를 거쳐야만
세포질로 들어갈 수 있다.

03 [구체적 사례에 적용] 답 ③

**〈발문〉 〈보기〉는 다윈이 진행한 실험이다. 윗글을 고려하여 이해한 내
용으로 알맞지 않은 것은?** [3점]

〈보기〉

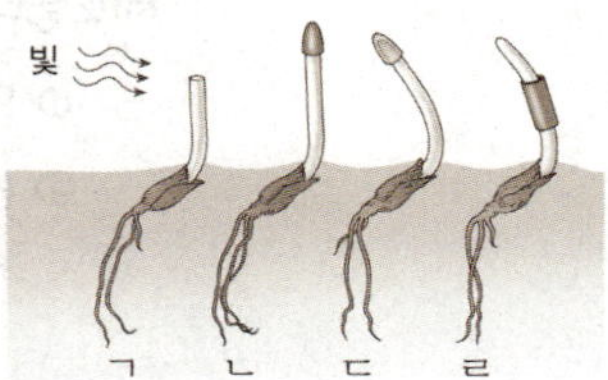

다윈은 어린 식물의 끝부분을 자른 것(ㄱ), 빛이 통하지 않는 고깔
을 씌운 것(ㄴ), 빛이 통하는 고깔을 씌운 것(ㄷ), 그리고 빛이 통하
지 않는 가리개로 중간 부분을 가린 것(ㄹ)을 빛에 노출시키는 실험을 진
행하여 그림과 같은 결과를 얻었다.

① ㄱ의 절단면에서는 옥신이 만들어지지 못하겠군. ⭕

▶ 2문단에서 식물 줄기의 맨 윗부분에서 옥신이 만들어진다고 했어요. ㄱ은
식물의 맨 윗부분을 잘라 버렸으므로 옥신이 만들어지지 못하겠지요.

② 식물은 분열 조직이 있는 줄기의 맨 윗부분에서 옥신을 만들고,
이 옥신이 뿌리 쪽으로 이동한다.

② ㄱ과 ㄴ은 빛의 방향이 바뀌어도 휘어지지 않겠군. ⭕

▶ 4문단에서 식물이 빛을 향해 휘어지는 굴광성은 옥신이 빛의 반대 방향으
로 이동하기 때문에 일어나는 현상이라고 했어요. 따라서 옥신이 생성되는 줄
기의 맨 윗부분이 잘린 ㄱ은 옥신 자체가 없어서 굴광성이 나타나지 않을 것
이라고 이해할 수 있어요. 한편 1문단에서 식물이 특정 부분에서 빛을 인식하
고, 그 부분에서 화학 물질(옥신)이 줄기를 따라 뿌리 쪽으로 이동한다는 것을

실험으로 확인했다고 했어요. 여기서 말하는 '특정 부분'이 바로 '줄기의 맨 윗 부분'이에요.(2문단을 보면 알 수 있어요.) 즉, '줄기의 맨 윗부분'에서 옥신이 생성될 뿐만 아니라 빛도 인식한다는 것을 알 수 있죠. 그러므로 빛이 통하지 않는 고깔을 줄기의 맨 윗부분에 씌운 ㄴ도 빛을 향해 휘어지지 않을 거예요. 고깔 때문에 빛을 인식할 수 없으니까요.

1 이 실험 이후에 보이센옌센은 식물이 특정 부분에서 빛을 인식하고, 그 부분에서 화학 물질이 줄기를 따라 뿌리 쪽으로 이동한다는 것을 실험으로 확인하였다.
2 식물은 분열 조직이 있는 줄기의 맨 윗부분에서 옥신을 만들고, 이 옥신이 뿌리 쪽으로 이동한다.
4 식물이 빛을 향해 휘어지는 굴광성은 옥신이 세포막 좌우에 위치하고 있는 PIN 단백질을 거쳐 빛의 반대 방향으로 이동하기 때문에 일어나는 현상이다.

✘ ㄴ은 ㄷ과 달리 고깔이 있는 위쪽으로 옥신이 이동하겠군. ✘
▶ ㄷ은 ㄴ과 달리 빛을 향해 휘어졌어요. ㄷ은 빛이 통하는 고깔을 씌웠기 때문에 빛을 인식할 수 있거든요. 다만 옥신은 줄기에서 뿌리 쪽으로 이동한다고 했기 때문에, ㄴ이든 ㄷ이든 위쪽이 아닌 아래쪽으로 옥신이 이동할 거예요.

2 식물은 분열 조직이 있는 줄기의 맨 윗부분에서 옥신을 만들고, 이 옥신이 뿌리 쪽으로 이동한다.

④ ㄴ은 고깔을 그대로 둔 채 ㄹ의 가리개로 중간 부분을 씌워도 휘어지지 않겠군. ○
▶ ㄴ은 빛을 인식하는 줄기의 맨 윗부분을 가렸기 때문에 휘어지지 않은 거예요. 따라서 ㄴ에 고깔을 그대로 둔 채 ㄹ의 가리개로 중간 부분을 씌워도, 줄기가 휘어지지 않는다는 점은 달라지지 않을 거예요.
⑤ ㄷ과 ㄹ의 휘어진 부분에서는 빛의 반대 방향의 세포가 더 신장되겠군. ○
▶ ㄷ과 ㄹ은 빛이 정상적으로 인식되고 옥신이 작용하였기 때문에 굴광성이

나타난 거예요. 3, 4문단을 보면 세포질에 유입된 옥신이 세포의 신장을 촉진하는데, 옥신은 빛의 반대 방향으로 이동한다고 했어요. 즉, 빛의 반대 방향의 세포로 옥신이 더 이동할 것이므로, 빛의 반대 방향의 세포가 더 신장할 것임을 알 수 있어요.

3 세포질로 유입된 옥신은 세포막에 있는 H^+ 펌프를 활성화한다. ~ 물이 유입된 세포질은 압력이 높아지면서 팽창하기 때문에 식물 세포가 신장하게 된다.
4 식물이 빛을 향해 휘어지는 굴광성은 옥신이 세포막 좌우에 위치하고 있는 PIN 단백질을 거쳐 빛의 반대 방향으로 이동하기 때문에 일어나는 현상이다.

04 [어휘] 답 ③

〈발문〉 ㉠ 퍼져 있는데와 바꿔 쓸 수 있는 말로 가장 적절한 것은?

① 공포하는데 ✘
▶ '공포하다'는 '일반 대중에게 널리 알리다.'라는 뜻이므로 ㉠ '퍼져 있는데' 와 바꿔 쓰기에 적절하지 않아요.
② 배포하는데 ✘
▶ '배포하다'는 '신문이나 책자 따위를 널리 나누어 주다.'라는 뜻이므로 ㉠ '퍼져 있는데'와 바꿔 쓰기에 적절하지 않아요.
✔ 분포하는데 ○
▶ '분포하다'는 '일정한 범위에 흩어져 퍼져 있다.'라는 뜻이므로, ㉠ '퍼져 있는데'와 바꿔 쓸 수 있어요.
④ 살포하는데 ✘
▶ '살포하다'는 '액체, 가루 따위를 흩어 뿌리다.', '금품, 전단 따위를 여러 사람에게 나누어 주다.'라는 뜻이므로 ㉠ '퍼져 있는데'와 바꿔 쓰기에 적절하지 않아요.
⑤ 유포하는데 ✘
▶ '유포하다'는 '(사람이 생각이나 말, 물품 따위를) 세상에 널리 퍼뜨리다.'라는 뜻이므로 ㉠ '퍼져 있는데'와 바꿔 쓰기에 적절하지 않아요.

⟦쌤이 그린 독해지도⟧

1 STR 분석법이란?
- DNA 분석법 중 가장 많이 사용되는 방법
- DNA의 특정 구간에서 짧은 염기 서열이 연쇄적으로 반복하여 나타나는 부분을 분석하는 방법

2
- 상동 염색체 : 2개의 쌍으로 존재하는 모양·크기가 같은 염색체
  부계와 모계에서 하나씩 받음
- DNA : 상동 염색체를 구성하는 가장 중요한 물질
  A, G, C, T 네 종류의 염기 30억 개
- 염기 서열 : A, G, C, T 염기들이 이어진 형태

3 STR 분석법의 원리
- 짧은 염기 서열이 연속적으로 반복해서 나타나는 구간이 있음
  ⊕ 사람마다 반복되는 횟수 다름
    ⇨ 샘플 간 비교로 동일인 확인

4 DNA 프로필 표기법
  예) '갑'의 DNA 프로필

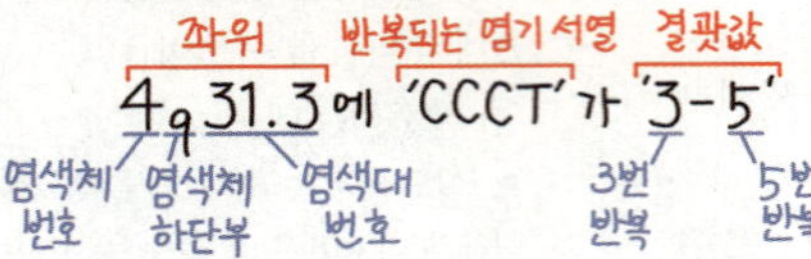

5 STR 분석법의 활용 및 전망
- 우리나라 및 여러 나라에서 20개의 좌위를 표준으로 활용
  : 20개 좌위에서 DNA 프로필 동일하면 거의 동일인

| 문장은 정교하게 & 문단은 정리하며 |

1 과학수사에서 'DNA 분석'은 범인을 ⓐ추정하거나 피해자의 신분 등을 확인할 때 중요한 수단으로 사용된다. DNA 분석이란 혈흔이나 모발 같은 샘플로부터 DNA를 ⓑ채취하여 동일인 여부를 확인하는 방법으로, 현재 STR 분석법이 가장 많이 사용되고 있다. 'STR(Short tandem repeat)'은 '짧은 연쇄 반복'이라는 뜻으로, 'STR 분석법'은 DNA의 특정 구간에서 짧은 염기 서열이 연쇄적으로 반복하여 나타나는 부분을 분석하는 방법이다.
▶ DNA 분석 방법 중 가장 많이 사용되는 'STR 분석법'의 개념

2 STR 분석법의 원리를 알기 위해서는 상동 염색체, DNA, 염기 서열에 대한 이해가 필요하다. 체세포의 핵에는 모양과 크기가 동일한 염색체가 2개씩 쌍으로 존재하는데, 이들 염색체를 '상동 염색체'라 한다. 상동 염색체는 부계(父系)와 모계(母系)에서 각각 하나씩 물려받는다. 이 상동 염색체를 구성하는 가장 중요한 물질이 유전자를 포함하고 있는 DNA이다. DNA는 아데닌(A), 구아닌(G), 사이토신(C), 타이민(T)이라는 네 종류의 염기 약 30억 개로 구성되는데, 이 염기들이 'AGGCTA…'와 같은 형태로 이어져 있다. 이것을 DNA의 염기 서열이라고 한다.
▶ 상동 염색체, DNA, 염기 서열의 개념

3 상동 염색체 내 특정 위치의 DNA 염기 서열을 분석해 보면 짧은 염기 서열이 연속적으로 반복해서 나타나는 특정 구간이 있다. 그리고 사람마다 반복되는 횟수가 다르다는 특징이 있다. STR 분석법은 바로 이 점에 ⓒ착안하여 샘플 간 비교를 통해 동일인 여부를 확인한다.
▶ STR 분석법의 원리

4 STR 분석을 하기 위해서는 먼저, 분석하려는 염색체 내의 위치가 ⓓ특정되어야 하는데, 이때 그 위치를 '좌위'라고 한다.

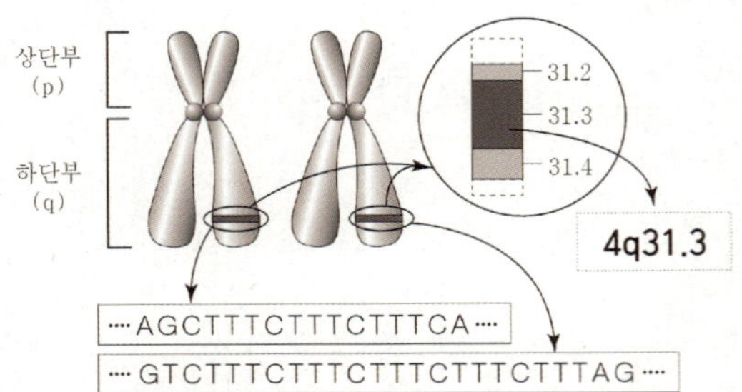

'갑'이라는 사람의 어떤 좌위가 〈그림〉과 같이 '4q31.3'일 때, 이 좌위의 '4'는 염색체 번호를, 'q'는 염색체 하단부를, '31.3'은 염색대 번호를 가리킨다. 이 좌위에는 염기 서열 'CTTT'가 반복되고 있는데, 왼쪽 염색체에서는 세 번, 오른쪽 염색체에서는 다섯 번 반복되고 있다. 이 경우 분석된 결과를 왼쪽부터 표시하여 '3-5'

형태로 나타낼 수 있다. 즉, '갑'은 4번 염색체 하단부(q)의 31.3번 염색대 위치에 'CTTT'가 '3-5'인 유전형을 가지고 있는 것이다. 「」: 좌위를 나타내는 기호의 의미와, 이를 통한 유전형 분석의 특징을 설명함 이렇게 상동 염색체의 특정 위치에 나타나는 STR을 분석하여 '3-5'와 같은 결괏값으로 표기하는 것을 'DNA 프로필'이라고 한다.
▶ DNA 프로필을 표기하는 방법

⑤ 현재 우리나라를 비롯한 여러 나라에서는 20개의 좌위를 표준으로 하여 과학수사에 동일하게 활용하고 있다. 비교 샘플의 DNA 프로필이 20개 좌위에서 모두 동일하다면, 비교 샘플이 동일인의 것일 확률이 100%에 가깝다. 이런 이유로 STR 분석법은 과학수사에서 큰 성과를 거두고 있으며, 관련 기술이 발전할수록 STR 분석법의 의의 좌위의 개수도 늘어나 더 ⓔ정밀한 분석이 가능할 것이다.
▶ STR 분석법의 활용 및 전망

01 [내용 이해] 답 ⑤

〈발문〉 윗글에 대한 이해로 가장 적절한 것은?

① 사람마다 DNA를 구성하는 염기 종류가 다르다. ✕
▶ 2문단에서 DNA는 아데닌(A), 구아닌(G), 사이토신(C), 타이민(T)이라는 네 종류의 염기 약 30억 개로 구성된다고 하였어요. 즉, 사람의 DNA를 구성하는 염기 종류는 동일해요.

근거 찾기
❷ DNA는 아데닌(A), 구아닌(G), 사이토신(C), 타이민(T)이라는 네 종류의 염기 약 30억 개로 구성되는데, 이 염기들이 'AGGCTA…'와 같은 형태로 이어져 있다. 이것을 DNA의 염기 서열이라고 한다.

② 상동 염색체는 서로 다른 모양을 가진 한 쌍으로 존재한다. ✕
▶ 상동 염색체는 모양과 크기가 동일해요.

근거 찾기
❷ 체세포의 핵에는 모양과 크기가 동일한 염색체가 2개씩 쌍으로 존재하는데, 이들 염색체를 '상동 염색체'라 한다.

③ STR 분석을 위해서는 먼저 염색체의 개수를 파악해야 한다. ✕
▶ 지문에서 염색체의 개수에 대해서는 언급하지 않았어요. 4문단에서 STR 분석을 하기 위해서는 먼저, 분석하려는 염색체 내의 위치가 특정되어야 한다고 하였어요.

근거 찾기
❹ STR 분석을 하기 위해서는 먼저, 분석하려는 염색체 내의 위치가 특정되어야 하는데, 이때 그 위치를 '좌위'라고 한다.

④ 20개의 표준 좌위에서는 염기 서열의 STR이 나타나지 않는다. ✕
▶ 5문단에서 우리나라를 비롯한 여러 나라에서 20개의 좌위를 표준으로 하여 과학수사에 STR 분석법을 활용하고 있다고 하였어요. 그런데 좌위란 염기 서열의 STR을 분석하기 위해 필요한 염색체 내의 특정 위치를 의미해요. 따라서 20개의 표준 좌위에서는 염기 서열의 STR이 나타날 것임을 알 수 있어요. 그렇지 않다면 여러 나라들에서 20개의 좌위를 표준으로 삼을 이유가 없겠죠.

근거 찾기
❺ 현재 우리나라를 비롯한 여러 나라에서는 20개의 좌위를 표준으로 하여 과학수사에 동일하게 활용하고 있다.

✔ STR 분석법은 DNA에 있는 30억 개 염기 중 일부를 대상으로 한다. O

▶ STR 분석법은 30억 개의 염기로 구성된 DNA의 염기 서열 중 짧은 염기 서열이 연속적으로 반복해서 나타나는 특정 구간을 대상으로 한다고 하였어요.

근거 찾기
❷ DNA는 아데닌(A), 구아닌(G), 사이토신(C), 타이민(T)이라는 네 종류의 염기 약 30억 개로 구성되는데, 이 염기들이 'AGGCTA…'와 같은 형태로 이어져 있다. 이것을 DNA의 염기 서열이라고 한다.
❸ 상동 염색체 내 특정 위치의 DNA 염기 서열을 분석해 보면 짧은 염기 서열이 연속적으로 반복해서 나타나는 특정 구간이 있다. 그리고 사람마다 반복되는 횟수가 다르다는 특징이 있다. STR 분석법은 바로 이 점에 착안하여 샘플 간 비교를 통해 동일인 여부를 확인한다.

02 [추론] 답 ①

〈발문〉 윗글을 읽고 추론한 내용으로 가장 적절한 것은?

✔ DNA에는 염기 서열이 연쇄적으로 반복하지 않아 STR 분석법에서 사용하기 힘든 구간도 존재하겠군. O
▶ 3문단에서 DNA에는 짧은 염기 서열이 연속적으로 반복해서 나타나는 특정 구간이 있다고 했어요. 이것은 연속적으로 반복해서 나타나지 않는 구간도 있다는 의미죠? 이런 구간은 STR 분석법에서 사용하기 힘들겠네요.

근거 찾기
❸ 상동 염색체 내 특정 위치의 DNA 염기 서열을 분석해 보면 짧은 염기 서열이 연속적으로 반복해서 나타나는 특정 구간이 있다. 그리고 사람마다 반복되는 횟수가 다르다는 특징이 있다.

② 상동 염색체의 동일한 위치에서는 부계와 모계에서 받은 염색체의 염색대 번호가 서로 다르겠군. ✕
▶ 2문단에서 상동 염색체는 부계와 모계에서 하나씩 물려받는다고 하였어요. 상동 염색체는 모양과 크기가 동일하죠? 그렇다면 상동 염색체의 동일한 위치에서는 부계와 모계에서 받은 염색체의 염색대 번호가 같다고 추론할 수 있어요.

③ 동일인에서 채취한 서로 다른 샘플에서는 같은 좌위라도 염기 서열의 반복 횟수가 다르겠군. ✕
▶ 동일인에서 채취한 경우, 혈흔이나 모발 등 샘플이 다르다 하더라도 DNA는 동일해요. 그리고 같은 좌위라면 염기 서열의 반복 횟수가 같아야 하고요. 사람마다 반복되는 횟수는 다를 수 있지만, 동일인에서는 염기 서열의 반복 횟수가 같아야 STR 분석법이 가능하겠죠?

④ STR 분석법은 네 종류의 염기가 모두 반복되는 특정 구간을 분석 대상으로 하겠군. ✕
▶ '갑'이라는 사람의 예시를 보면 염기 서열 'CTTT'가 반복되는 것을 활용해 DNA 프로필을 만들었음을 알 수 있어요. A, G, C, T 네 종류의 염기가 모두 반복될 필요가 없고, C, T만 반복되어도 괜찮다는 것을 알 수 있네요.

근거 찾기
❹ 이 좌위에는 염기 서열 'CTTT'가 반복되고 있는데, 왼쪽 염색체에서는 세 번, 오른쪽 염색체에서는 다섯 번 반복되고 있다. 이 경우 분석된 결과를 왼쪽부터 표시하여 '3-5' 형태로 나타낼 수 있다. 즉, '갑'은 4번 염색체 하단부(q)의 31.3번 염색대 위치에 'CTTT'가 '3-5'인 유전형을 가지고 있는 것이다.

⑤ 국가 간에 공통적으로 사용하는 좌위가 없어 분석 결과를 공유하기 힘들겠군. ✕
▶ 5문단에서 우리나라를 비롯한 여러 나라에서 20개의 좌위를 표준으로 하여 과학수사에 동일하게 활용하고 있다고 하였어요. 따라서 20개의 좌위를 공유하는 국가 간에는 분석 결과를 공유할 수 있을 거예요.

〈발문〉 윗글을 바탕으로 〈보기〉를 이해한 내용으로 적절하지 않은 것은? [3점]

〈보기〉

보석 가게에 도난 사건이 발생하였다. 출동한 경찰은 범죄 현장에서 범인의 손톱을 발견하고 DNA를 분석하였다. 다음 날 목격자의 제보에 따라 '을'을 용의자로 지목한 후, '을'의 모발로 DNA 분석을 의뢰하였다.

〈범인 손톱의 DNA 프로필과 좌위 정보〉

DNA 프로필		좌위 정보	
좌위	결괏값	위치	반복되는 염기 서열
①	5 – 3	5q33.1	AGAT
②	6 – 6	13q31.1	TATC
③	2 – 7	5q23.2	AGAT
⋮	⋮	⋮	⋮
⑳	8 – 4	7q21.11	GATA

(단, 좌위는 임의로 4개의 정보만 제시함.)

▶ 4문단에 DNA 프로필을 표기하는 방법이 나와 있어요. '갑'이라는 사람의 예시를 보면서 DNA 프로필을 어떻게 표기하는지 확실히 익혀야 문제를 풀 수 있어요.

① 범인은 7번 염색체의 하단부 특정 염색대에 'GATA' 배열이 네 번 반복되는 DNA를 가지고 있군. ⭕

▶ 〈보기〉에서 범인의 DNA 프로필 중 좌위 ⑳을 봅시다. 위치가 '7q21.11'이라고 나와 있죠? '7'은 염색체 번호를, 'q'는 염색체 하단부를 가리켜요. 반복되는 염기 서열은 GATA이고 결괏값은 '8–4'네요. 이는 한 쌍의 7번 염색체 중 한 개의 염색체에서는 여덟 번, 나머지 한 개의 염색체에서는 네 번 GATA가 반복된다는 것을 의미하니까 선택지 ①번은 적절하네요!

② 범인은 부계와 모계에서 받은 염색체의 STR 반복 횟수가 동일하게 나오는 좌위를 하나 이상 가지고 있군. ⭕

▶ 상동 염색체는 부계와 모계에서 각각 하나씩 물려받아요.(2문단) 〈보기〉에서 좌위 ②의 결괏값이 '6–6'인 것을 보니 STR 반복 횟수는 부계에서 물려받은 염색체에서도, 모계에서 물려받은 염색체에서도 6으로 같겠네요. 즉, 범인은 부계와 모계에서 받은 염색체의 STR 반복 횟수가 동일하게 나오는 좌위를 하나 이상 가지고 있음을 알 수 있어요.

③ '을'의 'DNA 프로필'을 만들기 위해서는 '을'의 5번 염색체가 두 번 이상 분석에 활용되겠군. ⭕

▶ 〈보기〉의 좌위 ①과 좌위 ③의 위치를 보면 각각 '5q33.1', '5q23.2'라고 나와 있어요. '5'는 염색체 번호를 뜻하죠? 범인의 DNA 프로필에 5번 염색체가 두 번 이상 활용되었네요. 범인과 '을'의 DNA 프로필이 일치하는지를 확인해야 하니, '을'의 DNA 프로필을 만들 때도 '을'의 5번 염색체가 두 번 이상 분석에 활용될 거예요.

④ '을'이 범인이라면 ①과 ③에서 모계에서 받은 염색체의 'AGAT' 반복 횟수의 합이 12보다 클 수 없겠군. ⭕

▶ 추론이 필요한 선택지네요. 상동 염색체는 부계와 모계에서 각각 하나씩 물려받지만, 두 염색체 중 어느 것이 부계인지 모계인지는 알 수 없어요. 좌위 ①과 좌위 ③에서 'AGAT' 배열이 반복되는데, 결괏값은 각각 '5–3', '2–7'이에요. 'AGAT'의 반복 횟수가 가장 크려면 5와 7을 합해야겠죠? 5+7=12니까 'AGAT' 반복 횟수의 합이 12보다는 클 수 없겠네요.

☑️ '을'의 분석 결과가 ②에서 '4–8', ⑳에서 '8–4'로 나온다면 ⑳의 결괏값만으로도 '을'을 범인으로 확정할 수 있겠군. ❌

▶ 5문단에서 20개의 좌위가 모두 동일하다면 비교 샘플이 동일인의 것일 확률이 100%에 가깝다고 했어요. 〈보기〉와 선택지 ⑤를 비교해 볼 때, 좌위 ⑳의 결괏값은 '8–4'로 같지만, 좌위 ②의 결괏값은 '6–6'과 '4–8'로 서로 달라요. 따라서 좌위 ⑳의 결괏값만으로 '을'을 범인으로 확정할 수는 없어요.

근거 찾기

❺ 비교 샘플의 DNA 프로필이 20개 좌위에서 모두 동일하다면, 비교 샘플이 동일인의 것일 확률이 100%에 가깝다.

〈발문〉 ⓐ~ⓔ의 사전적 의미로 적절하지 않은 것은?

☑️ ⓐ 추정 : 어떤 일에 대한 의견이나 느낌. ❌

▶ '추정'은 '미루어 생각하여 판정함'이라는 뜻이에요. '어떤 일에 대한 의견이나 느낌'이라는 뜻을 가진 말은 '생각'이에요.

② ⓑ 채취 : 연구나 조사에 필요한 것을 찾거나 받아서 얻음. ⭕

③ ⓒ 착안 : 어떤 문제를 해결하기 위한 실마리를 잡음. ⭕

④ ⓓ 특정 : 특별히 지정함. ⭕

⑤ ⓔ 정밀 : 아주 정교하고 치밀하여 빈틈이 없고 자세함. ⭕

01 ⑤ 02 ⑤ 03 ④ 04 ① 05 ⑤

쌤이 그린 독해지도

1 다윈 : 자연선택은 각 개체의 적합도(번식 성공도)를 높이는 방향으로 일어난다.

2 집단을 위해 헌신하는 일벌, 일개미의 행동 → 다윈의 생각에서 벗어남

3 4 5 6 7 〈이타적 행동에 대한 해밀턴의 설명〉

진화 이론에 '유전자' 개념 도입

⇒ 자연 선택 : 각 개체가 다음 세대에 자신의 유전자 복제본을 더 많이 남기는 과정

포괄적합도를 높이는 방향으로 일어남

= 직접 적합도 + 간접 적합도
(개체 자신의 번식성공도) (자신과 유전자를 공유할 확률이 있는 상대의 번식.성공도)
└→ 유전적 근연도

이타적 행동 → 직접 적합도를 낮춤.
이를 상쇄하고도 남을 만큼 간접 적합도를 높일 수 있어야 자연선택됨

해밀턴 규칙

rb > c
(단, b > c > 0 으로 가정)

⇨ 1보다 작은 유전적 근연도(r)를 가중하더라도
이타적 행동으로 상대방이 얻는 이득(b)이
개체가 감수하는 손실(c)보다 클 때 이타적 행동이 선택된다

8 해밀턴의 포괄 적합도 이론의 의의

─ 이타성 진화를 매끄럽게 설명
─ 자연선택이 유전자 수준에서 일어남을 분명히 함

| 문장은 정교하게 & 문단은 정리하며 |

1 (고래의 유선형 몸매나 북극곰의 흰색 털처럼) 주어진 환경에 [앞부분은 곡선이며, 뒤쪽으로 갈수록 뾰족한 형태] 어울리는 생물학적 '적응'은 어떻게 일어났을까? 찰스 다윈은 『종의 기원』에서 '자연선택에 의한 진화'를 그 해답으로 제시하였다. 개체의 번식에 도움이 되는 유전적 변이만을 여러 세대에 걸쳐 우직하게 골라내는 자연선택의 과정이 결국 환경에 딱 맞는 개체를 [하나의 독립된 생물체 / 같은 종에서 모양과 성질이 다른 개체가 존재하는 현상] 만들어 낸다는 것이다. 다윈은 자연선택이 각 개체의 적합도(fitness), 즉 번식 성공도를 높이는 방향으로 ⓐ 일어난다고 보았다.
▶ 생물학적 적응을 설명하는 다윈의 자연선택

2 그렇다면 자신은 번식을 하지 않으면서 집단을 위해 평생 헌신하는 일벌이나 일개미의 행동은 어떻게 설명할 수 있을까? 다윈은 그와 같은 경우 집단의 번성에 이득을 주므로 자연선택이 되었다고 결론을 내렸는데, 이것은 자연선택이 개체에게 이득이 되는 방향으로 일어난다는 그의 기본적인 생각에서 벗어난 것이었다.
▶ 다윈의 자연선택에 어긋나는 사례

3 윌리엄 해밀턴은 다윈 이론의 틀 안에서 (일벌이나 일개미와 같은) 개체의 이타적 행동이 자연선택 되는 과정을 규명하고자 [자기의 이익보다는 다른 이의 이익을 더 꾀하는 것]

하였다. 즉 다윈 시대에는 없던 '유전자' 개념을 진화 이론에 도입함으로써, 개체 자신의 번식 성공도는 낮추면서 상대방의 번식 성공도를 높이는 이타적 행동이 여러 세대를 거치면서 결국은 개체 자신에게 이득이 되는 방향으로 자연선택이 됨을 입증하려 한 것이다.
▶ 이타적 행동에 대한 해밀턴의 이론 ① : 진화 이론에 유전자 개념 도입

4 다윈이 정리한 자연선택의 과정을 해밀턴은 각 개체가 다음 세대에 자신의 유전자 복제본을 더 많이 남기는 과정으로 보았다. 이때 행위 당사자인 개체는 자기 자신의 번식 성공도를 높임으로써 직접 자신의 유전자 복제본을 남길 수도 있지만, 자신과 유전자를 공유할 확률이 있는 상대의 번식 성공도를 높이는 데 도움을 줌으로써 간접적으로 자신의 유전자 복제본을 남길 수도 있다. 쉽게 설명하면, 철수는 스스로 자식을 많이 낳음으로써 직접 자신의 유전자 복제본을 다음 세대에 남길 수도 있지만, 유전자를 공유하고 있는 동생 영수가 자식을 많이 낳도록 도움으로써 자신의 유전자 복제본을 다음 세대에 남길 수도 있는 것이다. 해밀턴은 전자는 '직접 적합도'를 높이는 것으로, 후자는 ㉠ 간접 적

합도'를 높이는 것으로 설명하며, 개체의 자연선택은 두 적합도를 합한 '포괄 적합도'를 높이는 방향으로 일어난다고 보았다.
▶ 이타적 행동에 대한 해밀턴의 이론 ② : 자연선택은 포괄 적합도를 높이는 방향으로 일어남

5 해밀턴에 따르면 이타적 행동 또한 개체의 포괄 적합도를 높이는 방향으로 자연선택이 일어난다. 그런데 이타적 행동은 개체 자신의 번식 성공도인 직접 적합도를 낮추게 되므로 그를 상쇄하고도 남을 정도로 간접 적합도를 높일 수 있어야 자연선택이 일어날 수 있다. 즉, 개체 자신이 남기는 유전자 복제본에 대한 손실보다 유전자를 공유할 확률이 있는 상대방을 통해 남기는 유전자 복제본에 대한 이득이 더 클 때 이타적 행동은 선택되는 것이다.
▶ 이타적 행동에 대한 해밀턴의 이론 ③ : 이타적 행동이 선택되는 조건

6 이때 개체와 상대방이 유전자를 공유할 확률을 '유전적 근연도'라 하는데, 유전적으로 100% 같은 경우는 유전적 근연도가 1이 된다. 유전적 근연도의 값이 클수록 개체와 상대방이 유전자를 공유할 가능성이 크므로, 개체가 상대방을 통해 자신의 유전자 복제본을 남길 수 있는 가능성 또한 커진다.
▶ 이타적 행동에 대한 해밀턴의 이론 ④ : 유전적 근연도

7 이를 바탕으로 해밀턴은 아래와 같은 '해밀턴 규칙'을 도출하였다.

$$rb>c \;(단, \; b>c>0으로 \; 가정함.)$$

[A] 즉 이타적 행동은 그로 인해 상대방이 얻는 이득(b)이 충분히 커서 1보다 작은 유전적 근연도(r)를 가중하더라도 개체가 감수하는 손실(c)보다 클 때 선택된다는 것을 확인할 수 있다. 이러한 해밀턴의 규칙은 이득, 손실, 유전적 근연도의 세 가지 변수를 활용하여 이타성이 진화하는 조건을 알려 준다.
▶ 이타적 행동에 대한 해밀턴의 이론 ⑤ : 해밀턴 규칙

8 해밀턴의 '포괄 적합도 이론'은 다윈의 이론을 발전시켜 이타성이 왜 진화했는지를 매끄럽게 설명함으로써 진화생물학자들이 이타적 행동에 대해 통찰력을 가질 수 있는 계기를 제공하였으며, 자연선택이 유전자의 수준에서 일어난다는 점을 분명히 하여 이후 진화에 대한 연구의 길잡이가 되었다.
▶ 해밀턴의 '포괄 적합도 이론'의 의의

이해력 UP
해밀턴 규칙

사람들은 누군가 물에 빠졌을 때 위험을 무릅쓰고 구하려고 합니다. 모두가 그런 행동을 할 수 있는 건 아니지만, 대부분 구하기 위해 최선을 다하는 것이 도덕적으로 옳은 일이라고 생각할 거예요. 하지만 해밀턴은 이러한 이타적인 행동도 생존과 번식을 위한 진화의 결과로 설명해요. 이타적 행동을 통해 얻을 수 있는 이익과 비용을 두고 이루어지는 판단이라고 본 거죠.

어떤 동물 A의 형제가 물에 빠졌다고 해 봅시다. 좀 냉정해 보이지만, A의 입장에서 자신을 희생하면서 형제를 구하는 것과, 혼자 살아남는 것 중 무엇이 유리한지 계산해 볼까요? 이때 A와 형제는 살면서 각각 네 마리의 새끼들을 낳을 수 있고, 형제가 유전자를 공유할 확률은 50%라고 가정할게요. 한 마리의 형제를 구하려고 A가 희생한다면, A는 자신이 남길 수 있었던 새끼 네 마리를 포기하게 되지만 살아남은 형제는 네 마리의 새끼를 낳겠죠. 자, 여기서 A는 자신의 새끼 네 마리를 남기는 것과 자신과 유전자를 50% 공유하는 형제의 새끼, 즉 조카 네 마리를 구하는 것 중 선택을 해야 하는 거예요. 수학적으로 계산해 보면, '0.5×4<4'가 되어 rb가 c보다 작다는 것을 알 수 있어요. 그렇다면 형

제를 구하는 것보다 혼자 살아남는 것이 자신의 유전자를 더 많이 남길 수 있는 길이 되겠죠?

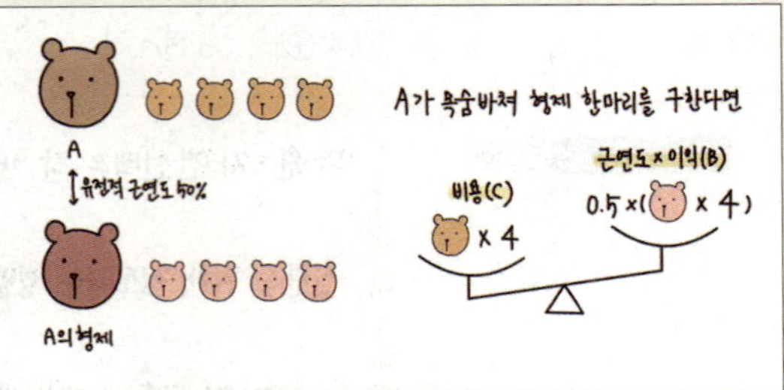

그런데 물에 빠진 형제가 세 마리라면 어떨까요? (A가 어떻게 세 마리를 다 구할 수 있을지는 모르겠지만) A가 자신을 희생하고 형제 세 마리를 구한다면, 형제들은 각각 네 마리씩, 총 열두 마리의 조카를 낳을 거예요. 해밀턴의 이론에 따르면 이때는 A가 형제들을 구함으로써 조카들을 통해 남길 수 있는 자신의 유전자가 더 많아요. '0.5×12>4'가 되어 rb가 c보다 더 큰 거죠. 이럴 경우 A는 자신을 희생해서라도 형제들을 구하는 이타적 행동이 나타나게 된다는 거예요.

01 [내용 이해] 답 ⑤
〈발문〉 윗글의 표제와 부제로 가장 적절한 것은?

① 진화생물학의 발전 과정
  – 적합도에 관한 논쟁을 중심으로 ✕
▶ 해밀턴은 다윈의 적합도 개념을 보완하여 이타적 행동이 자연선택 되는 과정을 설명하고자 했어요. 지문에 적합도에 대한 논쟁은 드러나 있지 않아요.

② 해밀턴 규칙의 성립 조건
  – 유전자, 개체, 집단의 위계성을 중심으로 ✕
▶ 해밀턴 규칙은 유전적 근연도, 이득, 손실의 세 가지 변수를 활용하여 이타적 행위가 자연선택 되는 조건을 알려 주는 이론이에요. 지문에서 해밀턴 규칙의 성립 조건에 대한 내용은 다루고 있지 않으며, 유전자, 개체, 집단의 위계성에 대한 내용도 나와 있지 않아요.

③ 자연선택을 통한 생물학적 적응
  – 유전적 근연도 값을 중심으로 ✕
▶ 표제와 부제는 글 전체의 내용을 포괄할 수 있는 내용이어야 해요. 유전적 근연도는 전체 내용 중 일부에 불과하기 때문에 부제로 사용할 수 없어요.

④ 포괄 적합도 이론의 의의와 한계
  – 진화의 패러다임 변화를 중심으로 ✕
▶ 마지막 문단에 포괄 적합도 이론의 의의만 제시되어 있을 뿐, 한계는 나타나 있지 않아요.

⑤ 이타적 행동이 자연선택 되는 이유
  – 해밀턴의 이론을 중심으로 ○
▶ 다윈의 자연선택으로는 설명되기 어려운 이타적 행동을, 해밀턴의 포괄 적합도 이론으로 설명하고 있으므로 가장 적절한 표제와 부제예요.

02 [내용 이해] 답 ⑤
〈발문〉 윗글을 이해한 내용으로 적절하지 않은 것은?

① 개체가 주어진 환경에 적응한 것은 자연선택의 결과이다. ○

근거 찾기

1 고래의 유선형 몸매나 북극곰의 흰색 털처럼 주어진 환경에 어울리는 생물학적 '적응'은 어떻게 일어났을까? 찰스 다윈은 『종의 기원』에서 '자연선택에 의한 진화'를 그 해답으로 제시하였다. 개체의 번식에 도움이 되는 유전적 변이만을 여러 세대에 걸쳐 우직하게 골라내는 자연선택의 과정이 결국 환경에 딱 맞는 개체를 만들어 낸다는 것이다.

② 유전적 근연도는 두 개체 간에 유전자를 공유할 확률을 의미한다. ◯

6 개체와 상대방이 유전자를 공유할 확률을 '유전적 근연도'라 하는데, 유전적으로 100% 같은 경우는 유전적 근연도가 1이 된다.

③ 개체의 포괄 적합도를 높이는 데 기여하지 못하는 유전적 변이는 자연선택에서 도태된다. ◯
▶ 개체의 자연선택은 포괄 적합도를 높이는 방향으로 일어난다고 하였으므로, 이에 기여하지 못하는 유전적 변이는 선택받지 못하고 도태될 것임을 추론할 수 있어요.

4 해밀턴은 전자는 '직접 적합도'를 높이는 것으로, 후자는 '간접 적합도'를 높이는 것으로 설명하며, 개체의 자연선택은 두 적합도를 합한 '포괄 적합도'를 높이는 방향으로 일어난다고 보았다.

④ 해밀턴은 다윈이 살았던 시기에는 없었던 개념을 적용하여 이타적 행동의 진화를 설명하였다. ◯
▶ 해밀턴은 '유전자'라는, 다윈이 살았던 시기에는 없었던 개념을 도입하여 이타적 행동의 진화를 설명했어요.

☑ 진화생물학자들은 이타성이 진화하는 다양한 이유를 제시하여 해밀턴의 이론을 뒷받침하였다. ✕
▶ 마지막 문단에 진화생물학에 있어 해밀턴의 이론이 갖는 의의는 제시되어 있지만, 해밀턴의 이론을 뒷받침하는 다른 진화생물학자들의 연구 내용은 나타나 있지 않아요.

03 [내용 이해] 답 ④

〈발문〉 [A]를 바탕으로 할 때, ㉮~㉰에 들어갈 말로 적절한 것은?

> 두 개체 사이의 유전적 근연도가 (㉮), 손실에 비해 이득이 (㉯) 이타적 행동은 선택되기 (㉰).

▶ [A]를 보면, 개체가 감수하는 손실(c)에 비해 상대방이 얻는 이득(b)이 충분히 크면 이타적 행동이 선택된다고 했어요. 그리고 유전적 근연도(r)가 높을수록 rb가 c보다 클 가능성이 높아지죠. 이를 정리하면 다음과 같아요.

㉮	㉯	㉰
두 개체 사이의 유전적 근연도가 높을수록	손실에 비해 이득이 클수록	이타적 행동은 선택되기 쉽다
두 개체 사이의 유전적 근연도가 낮을수록	손실에 비해 이득이 작을수록	이타적 행동은 선택되기 어렵다

이를 만족하는 선택지는 ④예요.

㉮	㉯	㉰
☑ 높을수록	클수록	쉽다

04 [구체적 사례에 적용] 답 ①

〈발문〉 〈보기〉를 참고하여 일벌에 대해 이해한 내용으로 적절하지 않은 것은? [3점]

> 〈보기〉
> 성 염색체에 의해 성이 결정되는 사람과 달리, 벌은 염색체 수에 의해 성이 결정된다. 한 짝의 염색체를 가지면 수컷, 두 짝의 염색체를 가지면 암컷이 된다. 암컷들은 수벌에게서 받는 한 짝의 염색체를 공유하고, 나머지 한 짝은 여왕벌이 가지고 있는 두 짝의 염색체 중에서 하나를 물려받는다. 암컷은 발육 과정에서 여왕벌과 일벌로 분화되는데, 그중 일벌은 번식을 포기하고 평생 친동생을 키우며 산다.

▶ 〈보기〉는 일벌의 이타적 행동에 대한 내용이에요. 일벌이 번식을 포기하고 친동생을 키우는 것은 일벌의 번식 성공도, 즉 직접 적합도를 0으로 떨어뜨려요. 하지만 유전자를 공유하는 여왕벌의 번식 성공도, 즉 간접 적합도는 높이는 행동이라고 할 수 있어요.

☑ 일벌들 간의 유전적 근연도는 1이다. ✕
▶ 유전적 근연도가 1이라는 것은 두 개체가 유전적으로 100% 동일하다는 뜻이에요. 일벌들은 두 짝의 염색체 중 한 짝은 수벌에게서 물려받아 공유하기 때문에 동일하지만, 나머지 한 짝은 여왕벌이 가진 두 짝의 염색체 중 하나를 물려받기 때문에, 유전적으로 100% 동일하다고 할 수 없어요.

② 일벌의 직접 적합도는 0으로 볼 수 있다. ◯
▶ 일벌은 번식을 포기한다고 하였으므로 자신의 번식 성공도, 즉 직접 적합도는 0이에요.

③ 일벌이 살아가는 모습은 이타적 행동으로 볼 수 있다. ◯
▶ 자신의 번식 성공도는 낮추면서 여왕벌의 번식 성공도를 높이는 데 도움을 주므로 이타적 행동이라고 할 수 있어요.

④ 일벌의 간접 적합도를 높이는 방향으로 자연선택이 일어난다. ◯
▶ 자연선택은 포괄 적합도를 높이는 방향으로 일어나는데, 일벌의 경우 직접 적합도가 0이므로 간접 적합도를 높이는 방향으로 자연선택이 일어났을 거예요.

⑤ 일벌이 친동생을 키우는 것은 결국 개체 자신에게 이득이 되기 때문이다. ◯
▶ 일벌이 친동생을 키우는 것은 간접 적합도를 높이는 것으로, 결국은 일벌 개체 자신의 유전자 복제본을 더 많이 남기고자 하는 자연선택의 과정이에요.

05 [내용 이해] 답 ⑤

〈발문〉 ㉠ '간접 적합도'를 높이는 것의 이유로 가장 적절한 것은?

① 개체 수준의 자연선택을 결정하는 요소이기 때문에 ✕
▶ 간접 적합도는 유전자 수준에서 자연선택을 설명하는 요소예요.

② 행위 당사자와 상대방의 유전자가 동일하기 때문에 ✕
▶ 간접 적합도를 높이는 것은 행위 당사자와 '유전자를 공유할 확률이 있는' 상대의 번식 성공도를 높이는 거예요.

③ 상대방을 통해 자신의 유전자 복제본을 남기는 것이 어렵기 때문에 ✕
▶ 상대방을 통해 자신의 유전자 복제본을 남기는 것이 어렵다는 것은 간접 적합도를 높이기 어렵다는 말과 같아요. 그리고 이런 상황에서는 ㉠과는 반대로 자신의 번식 성공도를 높임으로써 직접 적합도를 높이려고 할 거예요.

④ 행위 당사자의 번식 성공도와 상대방의 번식 성공도는 무관하기 때문에 ✕
▶ 행위 당사자의 번식 성공도보다 상대방의 번식 성공도가 클 때 간접 적합도를 높이게 돼요. 따라서 행위 당사자와 상대방의 번식 성공도는 서로 밀접한 관련이 있어요.

☑ 다음 세대에 남기는 자신의 유전자 복제본 개수에 영향을 미칠 수 있기 때문에 ◯
▶ 간접 적합도를 높이는 것은 유전자를 공유할 확률이 있는 상대의 번식 성공도를 높이는 것으로, 이는 결국 개체가 다음 세대에 자신의 유전자 복제본을 더 많이 남기기 위함이에요.

쌤이 그린 독해지도

1 → 지질학적 시간 척도의 한계 : 지층의 정확한 연대측정 불가

2 → 지층의 정확한 연대 측정을 가능하게 하는 방사성 동위원소 연대 측정법
　　(러더포드가 첫 성공)

(3,4,5) "방사성 동위원소의 어떤 특성을 활용하여 암석의 연령을 측정했을까?"

동위원소의 개념

－ 같은 원소여도 원자핵에 있는 중성자 수가 다른 것

방사성 동위원소의 개념

－ 방사성 붕괴를 일으키는 동위원소
　　↳ 불안정한 원자핵이 스스로 방사선을 방출하고
　　　 이를 통해 에너지를 잃고 안정된 상태로 가는 과정

[붕괴 전 방사성 동위원소 : 모원소
[붕괴에 의해 생성된 안정된 원소 : 자원소

방사성 동위원소의 특성 : 일정 시간이 지나면 모원소의 개수가 절반으로 줄어듦 (반감기)
　　　　　　　　　　　 이때 줄어든 모원소의 개수 만큼 자원소의 개수가 늘어남

＊ 모원소와 자원소의 비율
(첫 번째 반감기　1 : 1
(두 번째 반감기　1 : 3
(세 번째 반감기　1 : 7

⇨ "어떤 암석에 포함된 모원소와 자원소의 비율을 알고, 그 결과와
　　방사성 동위원소의 반감기를 이용하면 암석이 만들어진 연대를 측정할 수 있다"

| 문장은 정교하게 & 문단은 정리하며 |

1 19세기 초 지질학자들은 스테노와 스미스의 층서 원리를 적용하여 전 세계의 지질학적 연구 성과를 종합했다. 우리가 흔히 쓰는 '중생대 쥐라기'와 같은 '대', '기' 등으로 나타내는 지질학적 시간 척도는 이때 확립되었다. 그러나 이러한 지질학적 시간 척도는 상대적인 척도로 한 지층이 다른 지층보다 오래되었는지 아닌지를 말해 줄 수는 있어도 실질적으로 얼마나 오래되었느냐는 말해 줄 수 없었다. ▶ 지질학적 시간 척도의 한계 - 지층의 정확한 연대 측정이 불가함

2 이후 많은 사람들이 지층의 정확한 연대 측정을 시도한 끝에 1905년 러더포드가 방사성 동위원소를 이용하여 지층 연대의 측정에 성공했다. 그는 암석 내 우라늄의 양을 측정하여 한 암석의 연대를 계산해 냈다. 이것이 동위원소 연대 측정법의 시작이었다. 자연적으로 발생하는 방사성 동위원소를 사용해 암석의 연대를 결정하는 연대 측정 방법들은 그 후 수년간 더욱 개선되어 갔으며, 더 많은 방사성 동위원소들이 발견되고 방사성 붕괴 과정의 심층적인 이해가 이루어졌다.
▶ 지층의 정확한 연대 측정을 가능하게 한 방사성 동위원소 연대 측정법

3 지질학자들은 방사성 동위원소의 어떤 특성을 활용하여 암석의 연령을 측정하였을까? 이 질문의 답을 얻기 위해서는 먼저 방사성 동위원소가 무엇인지를 살펴볼 필요가 있다. 물질의 기본 단위인 원자 중심에는 양성자와 중성자로 이루어진 원자핵이 있다. 이 원자핵에 들어 있는 양성자 수에 따라 물질을 이루는 기본 성분인 원소의 종류가 결정된다. 탄소 원자핵에 있는 양성자 수는 6개이고, 산소 원자핵에 있는 양성자 수는 8개이다. 같은 원소라고 하더라도 원자핵에 있는 중성자 수가 다른 것들이 있는데 이를 '동위원소'라 한다. 예를 들면 탄소의 경우, '탄소 – 12'는 원자핵에 양성자 6개와 중성자 6개가 있는 원자이며, '탄소 – 14'는 양성자 6개와 중성자 8개가 있는 동위원소이다. ▶ 동위원소의 개념

4 한편, 자연계의 모든 물질은 불안정한 상태에서 안정한 상태로 가려는 성질이 있다. 동위원소 중에는 양성자의 수가 중성자의 수에 비해 너무 많거나 또는 그 반대의 이유로 본래 원자핵의 상태가 불안정한 원소들이 있다. 그래서 불안정한 원자핵이 스스로 방사선을 방출하고 이를 통해 에너지를 잃고 안정된 상태로 가

는 과정을 거치는데 이를 방사성 붕괴 또는 핵붕괴라 한다. 동위원소 중 방사성 붕괴를 ㉠ 일으키는 동위원소를 방사성 동위원소라 한다. 이들은 방사성 붕괴를 통해 불안정한 원자핵이 안정된 상태의 다른 종류의 원자핵으로 변한다. 예를 들면 방사성 동위원소인 '탄소 − 14'는 방사성 붕괴로 인해 중성자 1개가 붕괴되어 양성자로 바뀌고, 양성자 7개와 중성자 7개로 이루어진 원자핵을 가진 안정된 원소인 '질소 − 14'가 된다. 붕괴 전의 방사성 동위원소를 '모원소', 모원소의 방사성 붕괴에 의해 생성된 안정된 원소를 '자원소'라 일컫는다. 붕괴 전 방사성 동위원소인 '탄소 − 14'는 모원소이고 방사성 붕괴에 의해 생성된 안정된 원소인 '질소 − 14'는 자원소이다.
▶ 방사성 동위원소 및 모원소와 자원소의 개념

❺ 방사성 동위원소는 일정한 시간이 지나면 모원소의 개수가 원래 개수에서 절반으로 줄어드는 특성이 있다. 모원소의 개수가 원래 개수의 절반으로 줄어드는 데에 걸리는 시간을 반감기라 한다. 이때 줄어든 모원소의 개수만큼 자원소의 개수가 늘어난다. 첫 반감기 때 모원소의 개수는 처음의 반으로 줄고 두 번째 반감기에는 남은 모원수의 개수가 반으로 줄어 처음의 1/4로, 세 번째 반감기에는 또 남은 모원수의 개수가 반으로 줄어 처음의 1/8과 같은 식으로 줄어든다. 그래서 모원소와 자원소의 개수의 비율이 첫 반감기에는 1 : 1로 같아진다. 두 번째 반감기에는 1 : 3으로 되고, 세 번째 반감기에는 1 : 7로 된다. 다만, 원소에 따라 반감기가 다른데 '탄소 − 14'는 5730년, '포타슘 − 40'은 13억 년, '우라늄 − 238'은 44억 년의 반감기를 갖는다. 방사성 동위원소의 반감기는 온도나 압력에 영향을 받지 않는다. 따라서 어떤 암석에 포함된 모원소와 자원소의 비율을 알고, 그 결과와 방사성 동위원소의 반감기를 이용하면 암석이 만들어진 연대를 추정할 수 있다. 가령 어떤 암석이 생성될 때 '포타슘 − 40'을 함유하고 있고 이 원소가 외부 유입이나 유출, 암석의 변성작용 등 다른 외부 요인에 의한 변화가 없다고 할 때 이 암석의 방사성 동위원소 측정 결과 모원소와 자원소의 비율이 1 : 3이라면 반감기를 두 번 거쳤기 때문에 이 암석은 26억 년 전에 생성되었다고 볼 수 있다.
지각 내부에서 암석 조직과 광물 조성이 그 장소에서의 물리적·화학적 조건에 적합하도록 재구성되는 작용
▶ 모원소와 자원소의 비율 및 반감기를 이용한 암석의 연대 측정

방사성 동위원소
이 지문에는 방사성 동위원소의 반감기를 이용해 암석의 연대를 측정하는 원리가 제시되어 있는데, 원자핵의 붕괴를 통해 방사선을 방출하는 방사성 동위원소의 특성은 그 밖의 다양한 과학 분야에서도 자주 이용되고 있어요. 특히 질병의 진단이나 치료와 같은 의학 분야나 생명 공학 기술에 많이 활용되죠. 예를 들어, 방사성 동위원소를 특정 물질에 결합시켜서 '표지'할 수 있어요. 비유하자면 우리 눈에 보이지 않는 어떤 물질의 위치를 확인할 수 있도록 꼬리표를 다는 거예요. 이렇게 방사성 동위원소로 표지한 물질을 체내에 주입하면, 방사성 동위원소가 방출하는 방사선을 통해 체내에서 그 물질의 이동을 추적할 수 있어요. 또 방사성 동위원소로 표지한 항체를 이용해 정상 세포는 손상시키지 않고 암세포만을 골라서 죽이는 치료 방법을 개발하기 위한 연구도 진행 중이에요.

---

01 [내용 전개 방식] 답 ①

〈발문〉 윗글의 진술 방식으로 가장 적절한 것은?
① 방사성 동위원소의 개념을 예시를 통해 설명하고 있다. ○
▶ 4문단에서 '탄소 − 14'와 '질소 − 14'의 예시를 통해 방사성 동위원소의 개념을 설명하고 있어요.

근거 찾기
> ❹ 동위원소 중 방사성 붕괴를 일으키는 동위원소를 방사성 동위원소라 한다. 이들은 방사성 붕괴를 통해 불안정한 원자핵이 안정된 상태의 다른 종류의 원자핵으로 변한다. 예를 들면 방사성 동위원소인 '탄소 − 14'는 방사성 붕괴로 인해 중성자 1개가 붕괴되어 양성자로 바뀌고, 양성자 7개와 중성자 7개로 이루어진 원자핵을 가진 안정된 원소인 '질소 − 14'가 된다.

② 원자핵의 구성 물질을 세부적 묘사를 통해 설명하고 있다. ✕
▶ 3문단을 통해 알 수 있듯이 원자핵은 양성자와 중성자로 구성되어 있어요. 하지만 지문에서 양성자와 중성자에 대한 세부적 묘사는 하고 있지 않아요.

③ 방사성 동위원소의 붕괴 과정을 유추를 통해 설명하고 있다. ✕
▶ 유추란 두 개의 사물이 여러 면에서 비슷하다는 것을 근거로 다른 속성도 유사할 것이라고 추론하는 것을 말해요. 지문에서는 방사성 동위원소의 붕괴 과정을 직접 설명하고 있을 뿐, 유추의 방식을 활용하고 있지 않아요.

④ 지층 연대 측정 방법의 발전 과정을 유형별로 분류하여 설명하고 있다. ✕
▶ 2문단에서 지층 연대 측정 방법의 발전 과정을 큰 틀에서 개괄적으로 제시하고 있을 뿐, 이를 유형별로 분류하여 설명하고 있지는 않아요.

⑤ 지질학적 시간 척도의 특징을 전문가의 의견을 인용하여 설명하고 있다. ✕
▶ 인용은 남의 말이나 글을 빌려 쓰는 것을 뜻해요. 1문단의 스테노와 스미스, 2문단의 러더포드 등 전문가의 이름을 언급하고 있기는 하지만, 전문가의 말이나 글을 인용하고 있지는 않아요.

02 [내용 이해] 답 ③

〈발문〉 윗글에서 알 수 있는 내용으로 적절하지 않은 것은?
① 방사성 동위원소의 핵은 불안정하여 붕괴된다. ○

근거 찾기
> ❹ 동위원소 중에는 양성자의 수가 중성자의 수에 비해 너무 많거나 또는 그 반대의 이유로 본래 원자핵의 상태가 불안정한 원소들이 있다. 그래서 불안정한 원자핵이 스스로 방사선을 방출하고 이를 통해 에너지를 잃고 안정된 상태로 가는 과정을 거치는데 이를 방사성 붕괴 또는 핵붕괴라 한다.

② 질소 − 14의 원자핵은 양성자와 중성자의 개수가 같다. ○

근거 찾기
> ❹ 예를 들면 방사성 동위원소인 '탄소 − 14'는 방사성 붕괴로 인해 중성자 1개가 붕괴되어 양성자로 바뀌고, 양성자 7개와 중성자 7개로 이루어진 원자핵을 가진 안정된 원소인 '질소 − 14'가 된다.

③ 방사성 동위원소의 반감기는 온도나 압력에 영향을 받는다. ✕

근거 찾기
> ❺ 방사성 동위원소의 반감기는 온도나 압력에 영향을 받지 않는다.

④ 19세기 초 지질학자들은 지층이 형성된 연도를 정확히 알 수 없었다. ○

1 이러한 지질학적 시간 척도는 상대적인 척도로 한 지층이 다른 지층보다 오래되었는지 아닌지를 말해 줄 수는 있어도 **실질적으로 얼마나 오래되었느냐는 말해 줄 수 없었다.**

⑤ 자연계의 모든 물질은 불안정한 상태에서 안정한 상태로 가려는 성질이 있다. ⭕

4 한편, 자연계의 모든 물질은 불안정한 상태에서 안정한 상태로 가려는 성질이 있다.

03 [내용 이해] 답 ⑤

〈발문〉 윗글을 바탕으로 〈보기〉를 이해한 내용으로 적절하지 **않은** 것은? [3점]

〈보기〉

그림은 어떤 방사성 동위원소 ㉮가 붕괴할 때, 시간에 따른 모원소와 자원소의 함량을 나타낸 것이다.

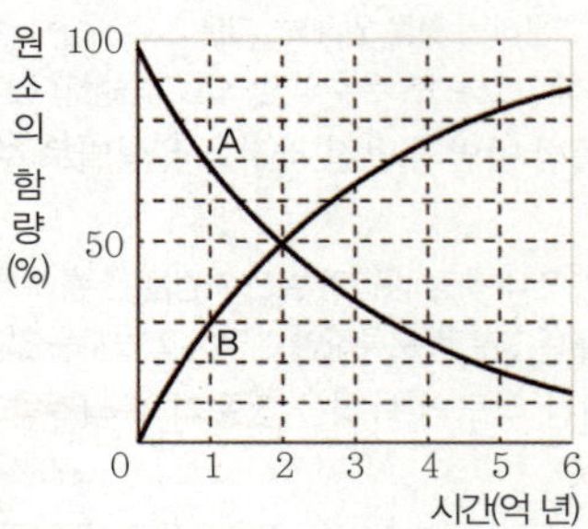

암석 S가 생성될 때 방사성 동위원소 ㉮를 함유하고 있고 ㉮는 외부 유입이나 유출, 암석의 변성작용 등 다른 요인에 의한 변화는 없었다. 이 암석의 방사성 동위원소 ㉮를 측정한 결과 모원소와 자원소의 비율이 1 : 3이었다.

① B는 자원소와 관련이 있다. ⭕
▶ 그림은 방사성 동위원소 ㉮의 모원소와 자원소의 함량을 나타낸 것이라고 했어요. 시간이 흐름(x축)에 따라, 원소의 함량(y축)이 달라지는데, A는 점차 감소하고 있고, B는 증가하고 있어요. 5문단에서 방사성 동위원소가 붕괴되면 모원소는 줄어들고, 모원소가 줄어든 만큼 자원소가 늘어난다고 하였으므로, A가 모원소, B가 자원소임을 알 수 있어요.

② 암석 S의 생성 시기는 4억 년 전이다. ⭕
▶ 우선 ㉮의 반감기가 몇 년인지부터 알아봅시다. 동위원소의 모원소 개수가 절반으로 줄어드는 데 걸리는 시간을 반감기라고 하며, 첫 반감기 때는 모원소와 자원소의 개수의 비율이 1 : 1로 같아진다고 했어요. 그래프에서 A 곡선과 B 곡선이 교차하는 지점이, 바로 모원소인 A와 자원소인 B의 비율이 1 : 1 같아지는 지점이에요. 다음 그림에 표시한 바와 같이 이 지점에서 y축을 보면 원소의 함량이 각각 50%임을 알 수 있고, x축을 보면 시간이 2억 년임을 알 수 있어요. 따라서 ㉮의 반감기는 2억 년이 되는 거죠.

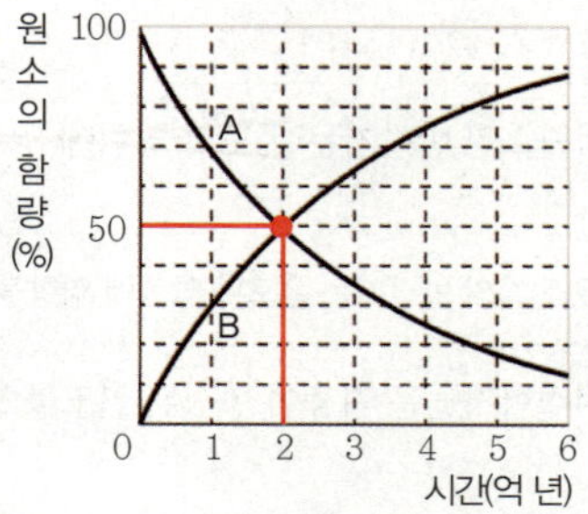

〈보기〉에서 ㉮를 측정한 결과 모원소와 자원소의 비율이 1 : 3이라고 하였으므

로, 반감기를 두 번 거쳤겠네요. 따라서 암석 S는 4억 년 전에 생성되었다고 볼 수 있어요.

③ 4번의 반감기를 거치면 처음 A의 양은 1/16로 줄어든다. ⭕
▶ A는 모원소인데, 모원소는 반감기를 거칠 때마다 남은 모원소의 개수에서 절반으로 줄어든다고 했어요. 그래서 처음 A의 양은 첫 반감기에서 1/2, 두 번째 반감기에서 1/4, 세 번째 반감기에서 1/8이 돼요. 그러면 네 번째 반감기에서는 1/16이 되겠죠.

④ 모원소와 자원소의 비율이 1 : 1로 같아지는 데 걸리는 시간은 2억 년이다. ⭕
▶ 모원소와 자원소의 비율이 1 : 1로 같아지는 지점은 그래프가 교차하는 지점이고, 해당 지점의 시간이 2억 년이므로 적절한 설명이에요.

⑤ 시간이 지날수록 자원소와 모원소의 개수를 더한 값은 감소한다. ❌
▶ 5문단에서 줄어든 모원소의 개수만큼 자원소의 개수가 늘어난다고 하였으므로, 자원소와 모원소의 개수를 더한 값은 변하지 않고 일정할 것임을 알 수 있어요.

04 [어휘] 답 ①

〈발문〉 문맥상 (방사성 붕괴를) ㉠ 일으키는의 단어와 가장 가까운 의미로 쓰인 것은?
▶ 지문에서 ㉠ '일으키다'는 '물리적이거나 자연적인 현상을 만들어 내다.'라는 의미로 사용되었어요.

① 세찬 바람이 거친 파도를 일으켰다. ⭕
▶ 바람이 '파도'라는 자연적 현상을 만들어 낸 것이므로, ㉠과 동일한 의미로 사용되었음을 알 수 있어요.

② 그의 행동은 모두에게 오해를 일으켰다. ❌
▶ 여기서는 '생리적이거나 심리적인 현상을 생겨나게 하다.'라는 의미로 사용되었어요.

③ 그는 혼자 힘으로 쓰러진 가세를 일으켰다. ❌
▶ 여기서는 '무엇을 시작하거나 흥성하게 만들다.'라는 의미로 사용되었어요.

④ 아침에 몸이 피곤했지만 억지로 몸을 일으켰다. ❌
▶ 여기서는 '누웠다가 앉거나 앉았다가 서게 하다.'라는 의미로 사용되었어요.

⑤ 그녀는 자전거를 타다 넘어진 아이를 일으켰다. ❌
▶ 여기서는 '누웠다가 앉거나 앉았다가 서게 하다.'라는 의미로 사용되었어요.

05 [구체적 사례에 적용] 답 ⑤

〈발문〉 윗글을 바탕으로 〈보기〉를 이해한 내용으로 적절하지 **않은** 것은?

〈보기〉

탄소 − 14는 일정한 비율로 계속 붕괴하고 있지만 대기와 우주선(cosmic ray)의 충돌에 의하여 계속 공급된다. 연구에 의하면 지구 대기에서 탄소 − 14의 생성 비율이 탄소 − 14의 방사성 붕괴 비율과 같으며, 대기 중에 존재하는 탄소 − 12와 탄소 − 14의 구성 비율은 대체로 일정하다고 한다. 식물들은 대기 중의 이산화탄소와 물을 흡수하여 광합성을 하므로 모든 식물들은 약간의 방사성 탄소를 가지며, 식물 내 탄소 − 12와 탄소 − 14의 비율은 대기 중의 탄소 − 12와 탄소 − 14의 구성 비율과 일치한다. 아울러 그 식물의 몸을 흡수하여 탄소를 공급받는 동물과 그 동물을 먹는 동물도 결국 같은 비율이 유지된다. 그런데 생물이 죽으면 더 이상 대기 중의 탄소를 흡수하지도 배출하지도 않는다. 그래서 죽은 생물 내 탄소 − 12와 탄소 − 14의 비율에 변화가 생긴다. 방사성 동위원소인 탄소 − 14가 질소 − 14로 변하기 때문인데, 이때 생성된 질소 − 14는 기체이므로 죽은 생물 내부에서 외부로 빠져 나간다. 그렇지만 생물 유해나 화석의 탄소 − 12와 탄소 − 14의 비율을 측정하여 대기 중의 그 비율과 비교하면 탄소 − 14가 어느 정도 감소했는지 알 수 있고, 그 결과와 탄소 − 14의 반감기를 이용하

면 그 생물이 죽은 연대를 계산할 수 있다. 다만 탄소 – 14는 6만 년
이 지나면 측정하기 힘들 정도의 양만 남는다.

▶ 〈보기〉는 탄소 – 14가 질소 – 14가 되는 방사성 붕괴를 통한 생물 유해
및 화석의 연대 측정 방법에 대해 설명하고 있어요. 이것이 가능한 이유
를 정리해 보면,

    (1) 대기 중의 탄소 – 14는 생성과 붕괴 비율이 같고, 대기 중 탄소 – 12
        와 탄소 – 14의 구성 비율은 대체로 일정하다.

    (2) 대기 중의 탄소 – 12와 탄소 – 14의 구성 비율은 탄소를 흡수한 식
        물이나 동물 내에서도 일정하게 유지된다.

    (3) 그런데 죽은 생물은 대기 중 탄소를 흡수하지도 배출하지도 않는다.

    (4) 죽은 생물 내 탄소 – 14가 붕괴하면서, 탄소 – 14와 탄소 – 12의 비율
        이 달라진다. (탄소 – 14가 줄어들겠죠?)

그래서 죽은 생물 내의 탄소 – 12와 탄소 – 14의 비율을 대기 중의 그 비
율과 비교하면 탄소 – 14의 감소 정도를 알 수 있고, 탄소 – 14의 반감기를
이용하면 그 생물이 죽은 연대를 계산할 수 있어요.

① 탄소 – 14를 이용한 연대 측정법의 연대 측정 범위는 제한적이
   겠군. 〇

▶ 〈보기〉의 마지막 문장에서 '탄소 – 14는 6만 년이 지나면 측정하기 힘들 정
도의 양만 남는다.'라고 하였으므로, 연대 측정 범위가 제한적이라고 할 수 있
어요.

② 시간이 지날수록 죽은 생물 내부에 있는 탄소 – 14의 개수가 줄
   어들겠군. 〇

▶ 죽은 생물은 탄소를 흡수하지도 배출하지도 않아요. 그 상태에서 탄소 – 14
가 붕괴하여 질소 – 14로 변하기 때문에, 탄소 – 14의 개수는 줄어들게 돼요.

③ 방사성 붕괴는 죽은 생물 내 탄소 – 12와 탄소 – 14의 비율에 변
   화를 일으키겠군. 〇

▶ 죽은 생물 내 탄소 – 12와 탄소 – 14의 비율에 변화가 일어나는 것은 탄
소 – 14가 방사성 붕괴로 점차 줄어들게 되기 때문이에요.

④ 탄소 – 14를 이용한 연대 측정법으로는 살아 있는 생물의 나이
   를 측정할 수 없겠군. 〇

▶ 살아 있는 생물 내에서는 탄소 – 12와 탄소 – 14의 구성 비율이 일정하게 유
지되기 때문에, 탄소 – 14를 이용한 연대 측정법을 사용할 수 없어요.

⑤ 죽은 생물 안에 남아 있는 질소 – 14의 양만 알아도 생물이 죽
   은 연대를 정확히 추정할 수 있겠군. ✕

▶ 〈보기〉에서 탄소 – 14가 붕괴되어 생성된 질소 – 14는 기체이기 때문에 죽
은 생물 안에 남아 있지 않고 외부로 빠져 나간다고 했어요. 그러므로 그 양을
알기가 어려워요. 또한 질소 – 14의 양을 안다고 해도, 탄소 – 12와 탄소 – 14의
비율을 모르면 생물이 죽은 연대를 측정하지 못해요.

근거 찾기

〈보기〉 그런데 생물이 죽으면 더 이상 대기 중의 탄소를 흡수하지도
배출하지도 않는다. 그래서 죽은 생물 내 탄소 – 12와 탄소 – 14의 비
율에 변화가 생긴다. 방사성 동위원소인 탄소 – 14가 질소 – 14로 변
하기 때문인데, 이때 생성된 질소 – 14는 기체이므로 죽은 생물 내부
에서 외부로 빠져 나간다.

샘이 그린 독해지도

1 새벽이나 초저녁에만 관측할 수 있는 금성, why?

2,3,4 천체의 겉보기 운동 : 지구의 자전, 공전으로 인해 천체가 실제 움직임과 다르게 보이는 현상

① 관측자에게 보이는 천체의 움직임
북반구 중위도 북쪽을 바라봄 ; 지구자전 방향은 서→동, 천체의 움직임은 동→서

② 천체들 사이의 상대적 위치 관계 *내행성

합 : 일직선 상에 위치 { 내합 : 지구-금성-태양 / 외합 : 지구-태양-금성

이각 : 태양으로부터의 각거리 { 동방이각 : 태양보다 동쪽 / 서방이각 : 태양보다 서쪽 — 태양에서 가장 멀리 떨어졌을 때 → 동방최대이각 / 서방최대이각

5 금성이 관측되는 시각 — 금성의 위치
• 동방이각에 위치 → ㉯에서 초저녁 서쪽 하늘에서 관측
• 서방이각에 위치 → ㉮에서 관측
• 합에서는 관측 어려움 (태양과 함께 뜨고 지기 때문)

금성이 관측되는 시간 — 금성의 이각
• 이각이 클수록 더 오래 관측 가능 (태양과의 각거리가 커지므로)

6 금성의 위상과 크기 — 금성의 위치, 지구와 금성의 거리
• 지구에서 멀어질수록 크기↓↓, 보름달에 가까운 형태
• 지구도 가까워질수록 크기↑↑, 초승달~그믐달에 가까운 형태

7 금성의 밝기 — 보이는 크기, 지구와의 거리
• 동방최대이각 ~ 내합 : 밝아지다가 (보이는 면이 줄어드는 효과 < 가까워지는 효과) 어두워짐 (보이는 면이 줄어드는 효과 > 가까워지는 효과)
• 내합 ~ 서방최대이각 : 밝아지다가 어두워짐

| 문장은 정교하게 & 문단은 정리하며 |

❶ 금성의 다른 이름인 '샛별'은 새벽에 보이기 때문에 사람들이 금성에 ⓐ붙인 이름이다. 실제로 금성은 하루 종일 관측할 수 있는 것이 아니라 새벽이나 초저녁에만 볼 수 있다. 이러한 현상이 생기는 이유는 무엇일까?
(육안이나 기계로 천체의 상태, 변화 따위를 관찰하여 측정하는 일)
▶ 특정 시간에만 관측할 수 있는 금성

❷ 이는 천체의 '겉보기 운동'과 관련이 있다. 지구는 하루에 한 바퀴 자전하면서 태양 주위를 일 년에 한 바퀴 공전한다. 이로 인해 지구상의 관측자가 하늘의 천체를 볼 때, 관측 시기에 따라 천체의 위치가 다르게 보이기도 한다. 왜냐하면 관측자에게는 지구가 움직이는 것이 아니라 상대적으로 하늘의 천체가 움직이는 것처럼 보이기 때문이다. 이처럼 지구의 자전이나 공전으로 인해 지구에서 관측할 때 천체가 움직이는 것처럼 보이거나 실제 움직임과는 다르게 보이는 현상을 '겉보기 운동'이라 한다.
▶ 겉보기 운동의 개념

❸ 겉보기 운동을 이해하기 위해서는 먼저 관측자에게 보이는 천체의 움직임에 대해 알아야 한다. 천체는 지구의 자전 때문에 지구 자전 방향의 반대 방향으로 움직이는 것처럼 보이게 된다. 이는 마치 고개를 왼쪽으로 돌리면 사물은 오른쪽으로 이동하는 것처럼 보이는 것과 같다. [그림]의 ㉮, ㉯에서처럼 관측자의 위치를 중심으로 할 때, 관측자가 북반구 중위도에서 북쪽을 바라보고 있으면 관측자의 왼쪽이 서쪽이 된다. 이때 지구의 자전 방향은 시계 반대 방향 즉, 서에서 동으로의 방향이므로 하늘의 천체는 상대적으로 동에서 서로 움직이는 것처럼 보이는 것이다. 결국 겉보기 운동은 관측자의 위치를 중심으로 천체가 움직이는 방향을 살펴본 것이다.
▶ 겉보기 운동 : 관측자에게 보이는 천체의 움직임 방향을 살펴본 것

❹ (또한) 천체들 사이의 상대적 위치 관계도 겉보기 운동을 이해하는 데 중요하다. 지구 공전 궤도보다 안쪽에서 공전하는 천체인 내행성, 지구, 태양의 위치 관계를 내행성 중 하나인 금성을 중심으로 살펴보면 다음과 같다. [그림]에서 태양, 금성, 지구가 일직선상에 위치할 때를 '합'이라고 하는데, 지구 – 금성 – 태양의 순서로 위치할 때를 '내합', 지구 – 태양 – 금성의 순서로 위치할 때를 '외합'이라고 한다. (또한) 지구상의 관측자가 태양과 행성을 바라보았을 때, 관측자가 태양을 바라본 방향과 행성을 바라본 방향 사이의 각을 '이각'이라고 한다. 즉, 관측자가 보았을 때 금성이 태양으로부터 얼마만큼의 각거리로 떨어져 있는가를 의미한다. '이각'은 다시 '동방 이각'과 '서방 이각'으로 나눌 수 있는데, 이는 [그림]의 V_5, V_6에서처럼 금성이 태양보다 동쪽에 있는 경우와 V_2, V_3에서처럼 서쪽에 있는 경우로 구분한 것이다. (또한) 금성이 V_6과 V_2에 있을 때 태양으로부터 가장 멀리 떨어진 것처럼 보인다. (이때)의 이각을 각각 '동방 최대 이각'과 '서방 최대 이각'이라고 한다.
▶ 천체들 사이의 상대적 위치 관계 : 합과 이각

❺ 관측자에게 보이는 천체의 움직임, 상대적 위치 관계 등을 바탕으로 금성이 관측되는 시각과 시간, 위상과 크기, 밝기를 살펴보면 다음과 같다. 먼저 금성이 관측되는 시각은 지구에서 바라본 금성의 위치에 따라 달라진다. 만약 [그림]에서 금성이 외합인 V_4에서 내합인 V_1 사이인 동방 이각에 위치하고, 관측자가 ㉮에서 있다면[조건] 금성은 관측자의 지평선 아래에 있게 되므로 관측되지 않는다. [결과] 하지만 지구의 자전으로 인해 관측자의 위치가 ㉯로 변하면,[조건] 금성은 관측자의 지평선 위에 있게 되고 태양은 지평선 아래에 있게 되므로[원인] 태양이 진 후 초저녁 서쪽 하늘에서 금성을 관측할 수 있다. [결과] (반대로) 금성이 서방 이각에 위치하는 경우에는 동일한 이유로 관측자는 ㉯가 아닌 ㉮에서 금성을 관측할 수 있다. (또한) 태양과 금성, 지구의 위치 관계가 내합과 외합일 때에는 금성이 태양과 함께 뜨고 지기 때문에 관측되기 어렵다. (따라서) 금성은 동방 최대 이각 또는 서방 최대 이각의 안쪽에 위치할 때만 관측 가능하고, 합의 위치에서는 관측이 어려운 것이다. (한편) 금성이 관측되는 시간은 금성의 이각에 따라 달라진다. 이각이 클수록 태양과 금성의 각거리는 커지므로 금성을 더 오래 볼 수 있다. (따라서) 금성은 최대 이각에 위치할수록 오래 관측되고, 합에 위치할수록 짧게 관측된다. 이런 이유로 금성은 항상 태양을 중심으로 좌, 우 일정한 이각 내에서만 관측된다.
▶ 금성의 위치와 이각에 따라 달라지는 금성의 관측 시각과 시간

❻ (또한) 금성이 관측되는 위상과 크기는 금성의 위치, 지구와 금성의 거리에 따라 달라진다. 금성의 위상은 금성이 태양과의 상대적 위치에 따라 지구상의 관측자에게 보이는 모양으로, 금성은 스스로 빛을 내지 못하고 태양빛을 받아 빛나는 것처럼 보인다. 이때 태양빛을 받는 면이 지구를 향하는 정도에 따라 보이는 형태가 다르다. 금성은 지구에서 멀어질수록[조건] 보이는 크기가 줄어들지만[결과 1] 태양빛을 받는 면의 전체를 볼 수 있어[결과 2]

보름달에 가까운 형태로 관측된다. [최종 결과] (반면) 지구로 가까워질수록[조건] 보이는 크기는 커지지만[결과 1] 태양빛을 받는 면의 일부분만 볼 수 있으므로[결과 2] 초승달 또는 그믐달에 가까운 형태로 관측된다. [최종 결과] (그리고) 최대 이각의 위치에 있을 때에는 반달에 가까운 형태로 관측된다.
▶ 금성의 위치와 지구와의 거리에 따라 달라지는 금성의 위상과 크기

❼ 마지막으로 금성의 밝기는 보이는 크기와 지구와의 거리에 따라 결정된다. 금성은 동방 최대 이각을 지나 내합으로 갈수록 점점 밝아지다가 밝기가 줄어든다. 일정 위치까지는 보이는 면이 줄어드는 효과보다 거리가 가까워지는 효과가 크게 작용을 하여 더 밝게 보인다. 그러다가 일정 위치를 지나 내합의 위치에 가까워질수록 거리가 가까워지는 효과보다 보이는 면이 줄어드는 효과가 커지기 때문에 밝기가 줄어든다. 마찬가지로 금성의 밝기는 내합을 지나 서방 최대 이각으로 갈수록 더 밝아지다가 서방 최대 이각에 가까워질수록 밝기가 줄어들게 된다.
▶ 지구와의 거리에 따라 달라지는 금성의 밝기

01 [내용 이해] 답 ②

〈발문〉 윗글을 이해한 내용으로 적절하지 <u>않은</u> 것은?

① 관측자가 관측한 천체의 움직임은 천체의 실제 움직임과는 다르다. ○
▶ 지구의 자전 또는 공전 때문에 지구의 관측자에게 보이는 천체의 움직임은 실제와 다르고 이러한 현상을 '겉보기 운동'이라 한다고 설명했어요.

> 근거 찾기
> ❷ 지구의 자전이나 공전으로 인해 지구에서 관측할 때 천체가 움직이는 것처럼 보이거나 실제 움직임과는 다르게 보이는 현상을 '겉보기 운동'이라 한다.

② ✓ 겉보기 운동은 천체를 중심으로 관측자의 위치 변화를 살펴본 것이다. ✗
▶ 겉보기 운동은 관측자의 위치를 중심으로 천체가 움직이는 방향을 살펴본 것이에요. 반대로 서술했네요!

> 근거 찾기
> ❸ 겉보기 운동은 관측자의 위치를 중심으로 천체가 움직이는 방향을 살펴본 것이다.

③ 지구상의 관측자에게 천체의 위치는 관측 시기에 따라 다르게 보인다. ○

> 근거 찾기
> ❷ 지구는 하루에 한 바퀴 자전하면서 태양 주위를 일 년에 한 바퀴 공전한다. 이로 인해 지구상의 관측자가 하늘의 천체를 볼 때, 관측 시기에 따라 천체의 위치가 다르게 보이기도 한다.

④ 겉보기 운동에서 보이는 천체 움직임의 방향은 지구 자전 방향과 반대이다. ○

> 근거 찾기
> ❸ 천체는 지구의 자전 때문에 지구 자전 방향의 반대 방향으로 움직이는 것처럼 보이게 된다.

⑤ 북반구 중위도에 서서 북쪽을 바라보는 관측자에게 서쪽은 관측자의 왼쪽 방향에 해당한다. ○

❸ [그림]의 ㉮, ㉯에서처럼 관측자의 위치를 중심으로 할 때, 관측자가 북반구 중위도에서 북쪽을 바라보고 있으면 관측자의 왼쪽이 서쪽이 된다.

[02~03]

〈발문〉 다음은 금성의 이각을 일정 기간 지구에서 관측하여 그래프로 나타낸 것이다. 윗글과 그래프를 바탕으로 **02**번과 **03**번 물음에 답하시오.

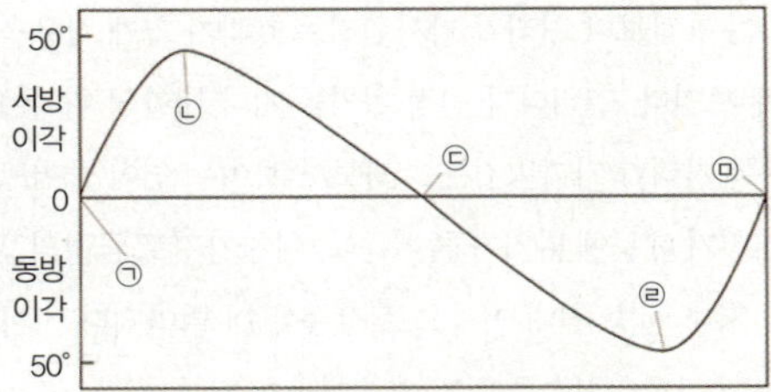

▶ 그래프와 지문의 [그림]을 같이 보면서 ㉠~㉤이 금성이 어디 있을 때 관측한 이각인지 파악해 봅시다. 그래프는 이각이 0°인 지점에서 시작해서 서방 이각이 점점 커지고 있어요. 그러니까 ㉠은 내합인 V_1이고, ㉡은 서방 이각의 값이 가장 큰, 서방 최대 이각에 해당하는 V_2예요. ㉡을 지나 서방 이각이 작아지다가 다시 0°가 되는 ㉢은 외합인 V_4이고, ㉣은 동방 최대 이각 지점인 V_6이며, ㉤은 다시 내합인 V_7임을 알 수 있어요.

02 [추론] 답 ③

〈발문〉 윗글을 읽은 학생이 ㉡에 대해 〈보기〉와 같이 반응했다고 할 때, ⓐ~ⓓ에 들어갈 말로 적절한 것은?

〈보기〉

"금성의 위치가 ㉡일 때, 금성은 태양보다 (ⓐ)에 위치하지만, 북반구 중위도에 있는 관측자가 보기에는 (ⓑ) 하늘에서 볼 수 있어. 그러므로 새벽에는 금성이 관측자의 지평선 (ⓒ)에, 초저녁에는 지평선 (ⓓ)에 있겠군."

	ⓐ	ⓑ	ⓒ	ⓓ
③	서쪽	동쪽	위	아래

▶ ㉡은 금성이 서방 최대 이각 지점에 있을 때이므로, 금성은 태양의 서쪽에 위치해요. 그런데 〈보기〉에서 관측자가 북반구 중위도에 있다고 하였으므로, 관측자가 보기에는 동쪽 하늘에서 금성이 보일 거예요. 또한 태양이 보이지 않을 때 금성을 관측할 수 있기 때문에, 관측자는 ㉮에서 태양이 지평선 아래에 있고, 금성은 지평선 위로 올라와 있는 새벽에 동쪽 하늘에서 금성을 관측할 수 있어요. 그리고 관측자의 위치가 ㉯로 변하면, 즉 초저녁이 되면 금성이 지평선 아래에 있기 때문에 금성을 관측할 수 없어요.

03 [내용 이해] 답 ⑤

〈발문〉 윗글을 바탕으로 ㉠~㉤에 대해 이해한 내용으로 적절하지 <u>않</u>은 것은? [3점]

① 금성의 이각이 ㉠에서 ㉡으로 변할수록 각거리는 커지며, 금성을 볼 수 있는 시간은 길어진다. ○

▶ 금성의 이각은 태양과 금성의 각거리와도 같아요. 따라서 금성의 이각이 ㉠에서 ㉡으로 변할 때 점점 이각이 커지므로 각거리가 커진다고 볼 수 있죠. 또, 태양과 금성의 각거리가 클수록 금성을 오래 관측할 수 있다고 했으니까 적절한 설명이네요.

❹ 또한 지구상의 관측자가 태양과 행성을 바라보았을 때, 관측자가 태양을 바라본 방향과 행성을 바라본 방향 사이의 각을 '이각'이라고 한다. 즉, 관측자가 보았을 때 금성이 태양으로부터 얼마만큼의 각거리로 떨어져 있는가를 의미한다.
❺ 이각이 클수록 태양과 금성의 각거리는 커지므로 금성을 더 오래 볼 수 있다.

② 금성의 이각이 ㉡에서 ㉢으로 변할수록 금성을 볼 수 있는 시간은 짧아지며, 점점 보름달에 가까운 형태로 볼 수 있다. ○

▶ 금성의 이각이 ㉡에서 ㉢으로 변한다는 것은 금성이 서방 최대 이각 지점에서 외합 지점으로 움직이고 있다는 뜻이에요. 선택지 ①에서의 설명과 마찬가지 원리로 이각이 작아지면, 즉 각거리가 작아지면 금성을 관측할 수 있는 시간은 짧아져요. 또한 외합으로 갈수록 금성은 지구에서 멀어지면서 태양빛을 받는 면이 점점 더 많이 드러나기 때문에 점점 보름달에 가까운 형태가 될 거예요.

❺ 이각이 클수록 태양과 금성의 각거리는 커지므로 금성을 더 오래 볼 수 있다.
❻ 금성은 지구에서 멀어질수록 보이는 크기가 줄어들지만 태양빛을 받는 면의 전체를 볼 수 있어 보름달에 가까운 형태로 관측된다.

③ 금성의 이각이 ㉢에서 ㉣로 변할수록 금성을 볼 수 있는 시간은 길어지며, 점점 반달에 가까운 형태로 볼 수 있다. ○

▶ 금성의 이각이 ㉢에서 ㉣로 변한다는 것은 금성이 외합 지점에서 동방 최대 이각으로 움직이고 있다는 뜻이에요. 이각이 다시 커지므로 관측 시간은 길어질 거예요. 또, 최대 이각의 위치에 있을 때 반달에 가까운 형태로 관측되므로 적절한 설명이에요.

❺ 이각이 클수록 태양과 금성의 각거리는 커지므로 금성을 더 오래 볼 수 있다.
❻ 최대 이각의 위치에 있을 때에는 반달에 가까운 형태로 관측된다.

④ 금성의 이각이 ㉣에서 ㉤으로 변할수록 각거리는 작아지며, 관측자에게 보이는 형태가 점점 달라진다. ○

▶ 금성의 이각이 ㉣에서 ㉤으로 변한다는 것은 금성이 동방 최대 이각 지점에서 내합 지점으로 움직이고 있다는 뜻이에요. 이 구간에서는 금성의 이각이 작아지므로 태양과 금성의 각거리도 작아져요. 또한 금성이 지구에 점점 가까워지면서 크기와 보이는 형태가 달라지죠.

⑤ 금성의 이각이 ㉣에서 ㉤으로 변할수록 금성을 볼 수 있는 시간은 <u>길어지며</u>, 점점 <u>초승달에 가까운 형태</u>로 볼 수 있다. ✕

▶ 금성의 이각이 ㉣에서 ㉤으로 변할수록 금성이 내합 지점으로 이동하면서 지구와 가까워져요. 이때 태양빛을 받는 면의 일부분만 볼 수 있게 되면서 초승달의 형태로 관측된다는 건 적절한 설명이에요. 하지만 금성의 이각이 ㉣에서 ㉤으로 변할수록 이각은 작아지므로, 즉 태양과 금성의 각거리가 작아지므로 금성을 관측할 수 있는 시간은 짧아져요.

❺ 이각이 클수록 태양과 금성의 각거리는 커지므로 금성을 더 오래 볼 수 있다.
❻ 반면 지구로 가까워질수록 보이는 크기는 커지지만 태양빛을 받는 면의 일부분만 볼 수 있으므로 초승달 또는 그믐달에 가까운 형태로 관측된다.

〈발문〉 윗글과 〈보기〉에 대해 알 수 있는 내용으로 적절한 것은?

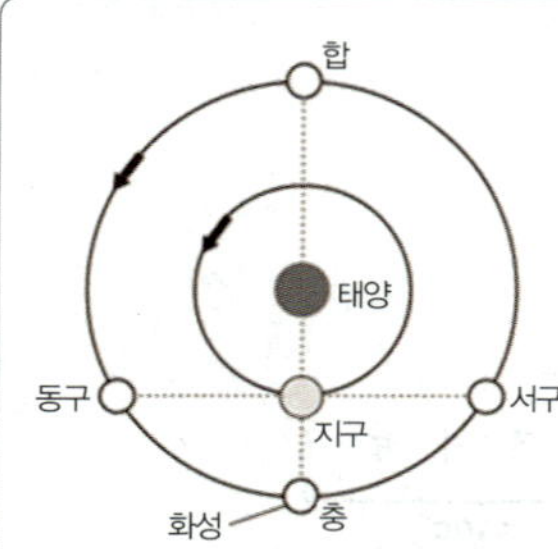

지구 공전 궤도보다 바깥쪽을 도는 천체를 외행성이라 하는데, 지구에서 관측하기 쉬운 외행성은 화성이 대표적이다. 화성, 지구, 태양의 위치 관계를 살펴보면 태양 – 지구 – 화성의 순으로 위치할 때를 '충'이라고 하며, 화성 – 태양 – 지구의 순으로 위치할 때를 '합'이라 부른다. 또한 화성이 지구를 중심으로 태양과 90°로 놓이는 때를 '구'라고 하는데, 화성이 동쪽에 있으면 '동구', 서쪽에 있으며 '서구'로 구분한다. 또한 화성은 이각이 180°일 때 가장 밝게 보이며, 지구와의 거리에 따라 크기가 변한다. 즉 지구에서 가까울수록 더 크게 관측되지만, 멀수록 더 작게 관측된다.

▶ 지문에서는 지구 공전 궤도보다 안쪽을 도는 내행성인 금성의 겉보기 운동을 설명한 반면, 〈보기〉에서는 외행성인 화성의 겉보기 운동을 다루고 있어요.

① 금성은 최대 이각에서 가장 크게, 화성은 합에서 가장 밝게 관측된다. ✕

▶ 금성은 지구와 가까울수록 더 크게 관측돼요. 따라서 최대 이각에서 가장 크게 보인다는 건 적절하지 않은 설명이에요. 한편, 〈보기〉에서 화성의 이각이 180°일 때 가장 밝게 보인다고 했어요. 그런데 이각은 '관측자가 태양을 바라본 방향과 행성을 바라본 방향 사이의 각'을 의미하므로, 화성의 이각이 180°인 '충'에서 가장 밝게 관측될 거예요. 참고로, '합'은 화성의 이각이 0°일 때를 의미해요.

② 금성은 최대 이각에서 가장 밝게, 화성은 합에서 가장 작게 관측된다. ✕

▶ 금성의 밝기는 보이는 크기와 지구와의 거리에 따라 결정되기 때문에, 내

합과 최대 이각 사이에서 가장 밝게 관측돼요. 한편, 〈보기〉에서 화성은 지구에서 가까울수록 더 크게, 멀수록 더 작게 관측된다고 하였어요. 그러므로 지구와 가장 먼 합 부근에서 가장 작게, 지구와 가장 가까운 충일 때 가장 크게 관측되겠네요.

③ 금성은 내합 부근에서 가장 크게, 화성은 충에서 가장 밝게 관측된다. ○

▶ 금성은 지구와 가까울수록 크게 관측되므로 내합 부근에서 가장 크게 관측될 거예요. 또, 〈보기〉에서 화성은 이각이 180°일 때 가장 밝게 보인다고 했는데, 이각이 180°라는 것은 '충'을 의미하므로 적절한 설명이에요.

④ 금성은 내합 부근에서 가장 밝게, 화성은 충에서 가장 작게 관측된다. ✕

⑤ 금성은 외합 부근에서 가장 밝게, 화성은 구에서 가장 작게 관측된다. ✕

▶ 선택지 ④, ⑤는 선택지 ②의 풀이에 제시된 내용과 같이 설명할 수 있어요.

〈발문〉 밑줄 친 단어 중, ⓐ 붙인과 문맥적 의미가 가장 유사한 것은?

① 운동을 해서 다리에 힘을 붙였다. ✕

▶ 여기서 '붙이다'는 '어떤 것을 더하게 하거나 생기게 하다.'라는 뜻으로 사용되었어요.

② 그는 나에게 다정하게 말을 붙여 왔다. ✕

▶ 여기서 '붙이다'는 '말을 걸거나 치근대며 가까이 다가서다.'라는 뜻으로 사용되었어요.

③ 아이와 정을 붙이고 나니 떨어지기가 싫다. ✕

▶ 여기서 '붙이다'는 '어떤 감정이나 감각을 생기게 하다.'라는 뜻으로 사용되었어요.

④ 아이들에게 희망을 붙이고 사는 것이 큰 낙이다. ✕

▶ 여기서 '붙이다'는 '기대나 희망을 걸다.'라는 뜻으로 사용되었어요.

⑤ 그는 자기 소설에 어떤 제목을 붙일까 고민 중이다. ○

▶ 문맥상 ⓐ '붙인'에 쓰인 '붙이다'는 '이름이 생기게 하다.'라는 뜻으로 사용되었어요. 여기에서도 ⓐ와 같은 의미로 사용되었어요.

01 ⑤   02 ③

[2015학년도 6월 고3 평가원 B형]

쌤이 그린 독해지도

1 **겉보기 등급** : 지구에서 관측되는 별의 밝기

등급체계 ① 히파르코스 : 1등급(가장 밝음) ~ 6등급(가장 어두움)으로 구분

② 포그슨 : 1등급 별 → 6등급보다 100배 밝음

한 등급간 차이 = 2.5배

③ 망원경, 관측기술 발달 : 등급 확장

$$\cdots \overset{\times 2.5}{\underset{\times 100}{1\ 2\ 3\ 4\ 5\ 6}} \cdots$$

2 별의 겉보기 밝기는 지구에 도달하는 별빛의 양에 의해 결정

＊ **복사플럭스** : 단위 시간 동안 단위 면적에 입사하는 빛에너지의 총량

$\propto$ 빛의 밝기

$\propto \dfrac{1}{거리^2}$ ⟶ 별의 실제 밝기는 절대등급으로 나타냄

겉보기 밝기는 거리에 따라 달라지기 때문에

3 **절대등급** : 별이 지구로부터 10파섹의 거리에 있다고 가정했을 때 그 별의 겉보기 등급

별의 실제 밝기 $\propto$ **광도** (별이 매초 방출하는 에너지의 총량)

↳ (별의 반지름)^2, (별의 표면 온도)^4 에 비례

: 표면적이 클수록, 표면 온도가 높을수록 밝음

4 **거리지수** = 겉보기 등급 - 절대 등급

: 거리지수가 클수록 지구에서 멀다 (0 보다 크면 10 파섹보다 멀다)

⇨ 별의 밝기와 관련된 정보로 별을 탐구할 수 있음

| 문장은 정교하게 & 문단은 정리하며 |

❶ 별의 밝기는 별의 거리, 크기, 온도 등을 연구하는 데 중요한 정보를 제공한다. 별의 밝기는 등급으로 나타내며, 지구에서 관측되는 별의 밝기를 '겉보기 등급'이라고 한다. 고대의 천문학자 히파르코스는 맨눈으로 보이는 별의 밝기에 따라 가장 밝은 1등급부터 가장 어두운 6등급까지 6개의 등급으로 구분하였다. 이후 1856년에 포그슨은 1등급의 별이 6등급의 별보다 약 100배 밝고, 한 등급 간에는 밝기가 약 2.5배 차이가 나는 것을 알아내었다. 이러한 등급 체계는 망원경이나 관측 기술의 발달로 인해 개편되었다. _{책이나 과정 따위를 고쳐 다시 엮음} 맨눈으로만 관측 가능했던 1~6등급 범위를 벗어나 그 값이 확장되었는데 6등급보다 더 어두운 별은 6보다 더 큰 수로, 1등급보다 더 밝은 별은 1보다 더 작은 수로 나타내었다.

▶ 별의 겉보기 등급의 개념과 등급 체계

❷ 별의 겉보기 밝기는 지구에 도달하는 별빛의 양에 의해 결정된다. _{목적한 곳이나 수준에 다다름} 과학자들은 단위 시간 동안 단위 면적에 입사하는 빛 에너지의 총량을 '복사 플럭스'라고 정의하였는데 이 값이 클수록 별이 더 밝게 관측된다. 그러나 별의 복사 플럭스 값은 빛이 도달되는 거리의 제곱에 반비례하기 때문에 별과의 거리가 멀수록 그 별은 더 어둡게 보인다. 이처럼 겉보기 밝기는 거리에 따라 다르게 관측되기 때문에 별의 실제 밝기는 절대 등급으로 나타낸다. 예

를 들어, '리겔'의 경우 겉보기 등급은 0.1 정도이지만, 절대 등급은 −6.8 정도에 해당한다.

▶ 겉보기 밝기의 결정 요인 및 별의 실제 밝기를 나타내는 절대 등급

❸ 절대 등급은 별이 지구로부터 10파섹(약 32.6광년)의 거리에 _{거리의 단위로서 1파섹은 3,086×10⁹km, 즉 약 3.26광년에 해당한다.} 있다고 가정했을 때 그 별의 겉보기 등급으로 정의한다. 별의 실제 밝기는 별이 매초 방출하는 에너지의 총량인 광도가 클수록 밝아지게 된다. 광도는 별의 반지름의 제곱과 별의 표면 온도의 네 제곱에 비례한다. 즉, 별의 실제 밝기는 별의 표면적이 클수록, 표면 온도가 높을수록 밝다.

▶ 절대 등급의 정의 및 별의 실제 밝기를 결정하는 광도

❹ 과학자들은 별의 겉보기 등급에서 절대 등급을 뺀 값인 거리 지수를 이용하여 별까지의 거리를 판단하며, 이 값이 큰 별일수록 지구에서 별까지의 거리가 멀다. 어떤 별의 거리 지수가 0이면 지구와 그 별 사이의 거리가 10파섹임을 나타내고, 0보다 크면 10파섹보다 멀다는 것을 의미한다. 예를 들어 '북극성'의 겉보기 등급은 2.0 정도이고, 절대 등급은 −3.6 정도이므로 거리 지수는 5.6이다. 이 값이 0보다 크기 때문에 북극성은 10파섹보다 멀리 있으며, 실제로 지구에서 133파섹 떨어져 있다. 이처럼 별의 밝기와 관련된 정보를 통해 멀리 떨어져 있는 별에 대해 탐구할 수 있다.

▶ 거리 지수를 활용한 별에 대한 탐구

01 [내용 이해] **답 ⑤**

〈발문〉 윗글을 통해 알 수 있는 내용으로 적절하지 <u>않은</u> 것은?

① 별빛이 도달되는 거리가 3배가 되면 복사 플럭스 값은 $\frac{1}{9}$배가 되겠군. ◯

▶ 복사 플럭스 값은 빛이 도달되는 거리의 제곱에 반비례한다고 하였으므로, 거리가 3배가 되면 3^2의 반비례가 되어 $\frac{1}{9}$배가 될 거예요.

> 근거 찾기
>
> ❷ 별의 복사 플럭스 값은 빛이 도달되는 거리의 제곱에 반비례하기 때문에 별과의 거리가 멀수록 그 별은 더 어둡게 보인다.

② 망원경으로 관측한 별 중에 히파르코스의 등급 범위를 벗어난 것이 있겠군. ◯

▶ 망원경이나 관측 기술의 발달로 인해, 맨눈으로만 관측 가능했던 히파르코스의 1~6등급의 범위를 벗어나 그 값이 확장되었다고 했어요.

> 근거 찾기
>
> ❶ 고대의 천문학자 히파르코스는 맨눈으로 보이는 별의 밝기에 따라 가장 밝은 1등급부터 가장 어두운 6등급까지 6개의 등급으로 구분하였다. ~ 이러한 등급 체계는 망원경이나 관측 기술의 발달로 인해 개편되었다. 맨눈으로만 관측 가능했던 1~6등급 범위를 벗어나 그 값이 확장되었는데 ~

③ 겉보기 등급과 절대 등급이 같은 별은 지구에서 약 32.6광년 떨어져 있겠군. ◯

▶ 절대 등급은 별이 지구로부터 10파섹(약 32.6광년)의 거리에 있을 때의 겉보기 등급이라고 했어요. 별이 10파섹의 거리보다 가깝거나 멀면 절대 등급과 겉보기 등급에 차이가 생기겠죠? 반면 별이 원래부터 10파섹의 거리에 있다면, 절대 등급과 겉보기 등급이 같을 거예요. 따라서 겉보기 등급과 절대 등급이 같은 별은 지구에서 10파섹(약 32.6광년) 떨어져 있다고 이해할 수 있어요.

> 근거 찾기
>
> ❸ 절대 등급은 별이 지구로부터 10파섹(약 32.6광년)의 거리에 있다고 가정했을 때 그 별의 겉보기 등급으로 정의한다.

④ 어떤 별과 지구 사이의 거리가 10파섹 미만이라면 그 별의 거리 지수는 0보다 작겠군. ◯

> 근거 찾기
>
> ❹ 과학자들은 별의 겉보기 등급에서 절대 등급을 뺀 값인 거리 지수를 이용하여 별까지의 거리를 판단하며, 이 값이 큰 별일수록 지구에서 별까지의 거리가 멀다. 어떤 별의 거리 지수가 0이면 지구와 그 별 사이의 거리가 10파섹임을 나타내고, 0보다 크면 10파섹보다 멀다는 것을 의미한다.

⑤ 겉보기 등급이 −1인 별과 겉보기 등급이 1인 별의 밝기는 약 ~~2.5배 차이~~가 나겠군. ✗

▶ 한 등급 간에 밝기가 약 2.5배 정도 차이 난다고 했는데, −1과 1은 사이에 0이 있기 때문에 두 등급 차이라고 할 수 있어요. 따라서 두 별의 밝기는 2.5배가 아니라 '2.5 ×2.5'배만큼 차이가 날 거예요.

> 근거 찾기
>
> ❶ 이후 1856년에 포그슨은 1등급의 별이 6등급의 별보다 약 100배 밝고, 한 등급 간에는 밝기가 약 2.5배 차이가 나는 것을 알아내었다.

---

02 [구체적 사례에 적용] **답 ③**

〈발문〉 윗글을 바탕으로 〈보기〉를 이해한 내용으로 적절한 것은? [3점]

〈보기〉

다음은 가상의 별 A, B에 대한 정보이다. 별 B의 반지름과 표면 온도는 각각 별 A의 반지름과 표면 온도를 1로 설정하여 계산한 값이다.

	겉보기 등급	절대 등급	거리 지수	반지름	표면 온도
A	2	−1	3	1	1
B	1	−6	7	0.1	10

① 별 A는 별 B보다 광도 값이 더 ~~크다~~. ✗

▶ 광도는 별이 매초 방출하는 에너지의 총량으로, 별의 반지름의 제곱과 별의 표면 온도의 네제곱에 비례한다고 했어요. 별 A는 반지름이 별 B보다 10배가 크고, 표면 온도는 10배가 낮잖아요. 그런데 반지름은 제곱에 비례하는 반면, 표면 온도는 네제곱에 비례해요. 별 A의 표면 온도보다 별 B의 표면 온도가 10배 크기 때문에, 광도 값은 별 A가 별 B보다 작을 거예요.

② 별 A는 '리겔'보다 실제 밝기가 더 ~~밝은~~ 별이다. ✗

▶ 실제 밝기를 비교하려면 절대 등급을 보면 되죠. 절대 등급이 리겔은 −6.80이고, 별 A는 −1이므로, 별 A는 리겔보다 실제 밝기가 더 어두운 별이에요.

> 근거 찾기
>
> ❷ 겉보기 밝기는 거리에 따라 다르게 관측되기 때문에 별의 실제 밝기는 절대 등급으로 나타낸다. 예를 들어, '리겔'의 경우 겉보기 등급은 0.1 정도이지만, 절대 등급은 −6.8 정도에 해당한다.

③ 별 B는 별 A보다 별의 실제 밝기가 약 100배 밝다. ◯

▶ 절대 등급이 별 B는 −6이고, 별 A는 −1이므로 별 B가 별 A보다 더 밝아요. 그런데 5등급 차이는 밝기에서 100배 정도 차이가 난다고 하였으므로, 별 B가 별 A보다 100배 정도 밝겠죠?

> 근거 찾기
>
> ❶ 1856년에 포그슨은 1등급의 별이 6등급의 별보다 약 100배 밝고, 한 등급 간에는 밝기가 약 2.5배 차이가 나는 것을 알아내었다.

④ 별 B는 지구에서 133파섹보다 더 ~~가까운~~ 거리에 있다. ✗

▶ 지문에서 북극성은 지구에서 133파섹 떨어져 있는데, 거리 지수가 5.6이라고 했어요. 별 B의 거리 지수는 '겉보기 등급 − 절대 등급', 즉 '1−(−6)=7'이에요. 거리 지수가 클수록 지구에서 더 멀리 있는 별이기 때문에, 별 B는 133파섹보다 더 먼 거리에 있음을 알 수 있어요.

> 근거 찾기
>
> ❹ 과학자들은 별의 겉보기 등급에서 절대 등급을 뺀 값인 거리 지수를 이용하여 별까지의 거리를 판단하며, 이 값이 큰 별일수록 지구에서 별까지의 거리가 멀다. ~ 예를 들어 '북극성'의 겉보기 등급은 2.0 정도이고, 절대 등급은 −3.6 정도이므로 거리 지수는 5.6이다. 이 값이 0보다 크기 때문에 북극성은 10파섹보다 멀리 있으며, 실제로 지구에서 133파섹 떨어져 있다.

⑤ 별 B는 지구에서 볼 때 '북극성'보다 더 ~~어둡게~~ 보인다. ✗

▶ 지구에서 보는 밝기는 '겉보기 등급'으로 알 수 있죠. 〈보기〉의 별 B는 겉보기 등급이 1인데, 지문에서 북극성의 겉보기 등급은 2.0 정도라고 했어요. 이를 통해 지구에서 별 B가 북극성보다 더 밝게 보인다는 걸 알 수 있어요.

> 근거 찾기
>
> ❹ 예를 들어 '북극성'의 겉보기 등급은 2.0 정도이고, 절대 등급은 −3.6 정도이므로 거리 지수는 5.6이다.

01 ⑤   02 ④   [2016학년도 6월 고3 평가원 B형]

쌤이 그린 독해지도

1 1933 , 츠비키 : 암흑물질의 개념고안

  은하들의 속력으로부터 추정한 은하단의 질량 〉 은하들의 밝기로부터 추정한 은하단의 질량

   ⇨ 은하단 내부에 '실종된 질량'이 있다

2 1970 , 루빈 : 암흑물질의 존재 확증

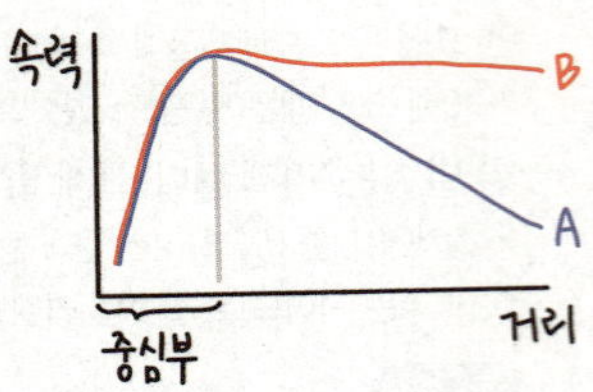

  중심부 : 중심으로부터 멀어질수록 속력 증가

  중심부 밖 ┌ 예상 : 중심으로부터 멀어질수록 중력 감소
             │   ⇒ A 와 같이 거리가 멀어질수록 속력 감소
             └ 실제 : B와 같이 거리 무관하게 속력 일정
                      ⇒ 암흑 물질의 존재 추정
                         └ 추가적인 중력의 원천

3 2006 : 암흑 물질의 중요한 성질 확인

  - 탄환 은하단의 관측을 바탕으로 밝혀짐

  - 보통물질, 다른 암흑물질과도 거의 부딪치지 않음

| 문장은 정교하게 & 문단은 정리하며 |

❶ 우주를 구성하는 전체 물질의 질량 중 약 85%는 눈에 보이지 않는 ㉠ 암흑 물질이 차지하고 있지만, 암흑 물질은 어떤 망원경으로도 관측되지 않으므로 그 존재가 오랫동안 알려지지 않았다. 1933년 츠비키는 머리털자리 은하단의 질량을 추정하다가 암흑 물질의 개념을 생각해 내었다. (수십 개의 은하로 이루어진 은하의 집단 / 미루어 생각하여 판정함) 그는 은하들의 속력으로부터 추정한 은하단의 질량이[대상] 은하들의 밝기로부터 추정한 은하단의 질량보다[비교 대상] 훨씬 크다는 것을 확인하고[근거] 은하단 내부에 '실종된 질량'이 있다고 결론지었다. [결론]
▶ 츠비키가 고안한 암흑 물질의 개념

❷ 1970년대에 루빈은 더 정확한 관측 결과를 바탕으로 이 '실종된 질량'의 실재를 확증하였다. 나선 은하에서 (별과 같은) 보통의 (겉보기에 공 모양의 중심부와 그 주위에 나선 모양의 팔이 감겨진 것처럼 보이는 은하) 물질들은 중심부에 집중되어 공전한다. 중력 법칙을 써서 나선 은하에서 공전하는 별의 속력을 계산하면, (한 천체가 다른 천체의 둘레를 주기적으로 도는 일) 중심부에서는 은하의 중심으로부터 거리가 멀어질수록 속력이 증가함을 알 수 있다. 그런데 중심부 밖에서는 중심으로부터 멀어질수록 중심 쪽으로 별을 당기는 중력이 줄어들기 때문에 〈그림〉의 곡선 A에서처럼 거리가 멀어질수록 별의 속력이 줄어드는 것으로 나온다.

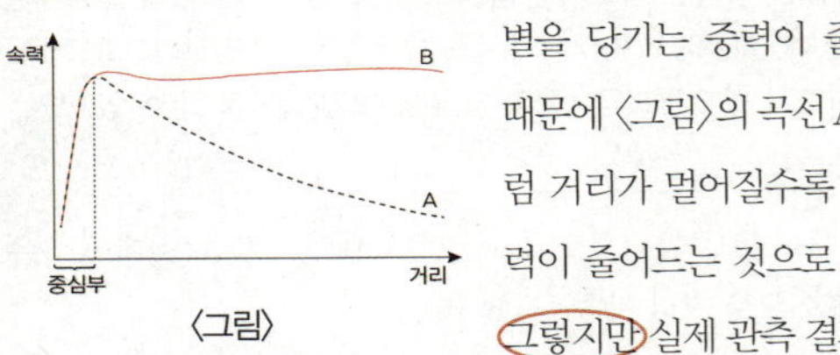

그렇지만 실제 관측 결과, 나선 은하 중심부 밖에서 공전하는 별의 속력은 〈그림〉의 곡선 B에서처럼 중심으로부터의 거리와 무관하게 거의 일정하다. 이것은 은하 중심에서 멀리 떨어진 별일수록 은하 중심 쪽으로 그 별을 당기는 물질이 그 별의 공전 궤도 안쪽에 많아져서[원인] 거리가 멀어질수록 줄어드는 중력을 보충해 주기 때문으로 보인다. [결과] 이로부터 루빈은 별의 공전 궤도 안쪽에 퍼져 있는 추가적인 중력의 원천, 곧 암흑 물질이 존재한다는 것을 추정하였다. (사물의 근원) 그 후 암흑 물질의 양이 보통의 물질보다 월등히 많다는 것도 확인되었다.
▶ 루빈이 확증한 암흑 물질의 존재

❸ 이후 2006년에 암흑 물질의 중요한 성질이 탄환 은하단의 관측을 바탕으로 밝혀졌다. 탄환 은하단은 두 개의 은하단이 충돌하여 형성되었다. 두 은하단이 충돌할 때 각각의 은하단에 퍼져 있던 고온의 가스는 서로 부딪쳐 탄환 은하단의 중앙에 모인다. 반면 각각의 은하단 안에서 은하들은 서로 멀리 떨어져 있어서 은하단이 충돌할 때 은하들끼리는 좀처럼 충돌하지 않고 서로 엇갈려 지나간다. 이때 각각의 은하단에 퍼져 있던 암흑 물질도 두 은하단의 은하들과 함께 엇갈려 이동한 것으로 확인된다. 이로써 암흑 물질은 (가스나 별과 같은) 보통의 물질뿐 아니라 다른 암흑 물질과도 거의 부딪치지 않는다는 것이 밝혀졌다.
▶ 탄환 은하단의 관측으로 밝혀진 암흑 물질의 성질

---

01 [내용 이해] **답 ⑤**

〈발문〉 ㉠ 암흑 물질에 대한 설명으로 적절하지 않은 것은?

① 은하단 내부에 퍼져 있는 가스와 거의 충돌하지 않는다. ○
▶ 3문단에서 암흑 물질은 가스나 별과 같은 보통의 물질뿐 아니라 다른 암흑 물질과도 거의 부딪치지 않는다고 했어요.

② 우주에서 눈에 보이는 물질의 질량보다 더 큰 질량을 차지한다. ○

▶ 1문단에서 우주를 구성하는 전체 물질의 질량 중 약 85%를 눈에 보이지 않는 암흑 물질이 차지하고 있다고 했어요. 즉, 눈에 보이는 물질은 25%라는 거겠죠? 따라서 눈에 보이는 물질보다 보이지 않는 물질이 더 큰 질량을 차지한다고 할 수 있어요.

③ 보통의 물질을 관측하는 데 사용되는 망원경으로 관측할 수 없다. ○

▶ 1문단에서 암흑 물질은 어떤 망원경으로도 관측되지 않으므로 그 존재가 오랫동안 알려지지 않았다고 했어요.

④ 은하 안에 퍼져 있으면서 그 은하 안의 별을 은하 중심 쪽으로 당긴다. ○

▶ 2문단의 내용을 봅시다. 은하 중심부 밖에서 공전하는 별의 속력을 계산하면, 중심으로부터 멀어질수록 중심 쪽으로 별을 당기는 중력이 줄어들기 때문에 그 속력이 줄어야 해요. 그런데 실제로는 별의 속력이 줄지 않고 유지된다고 했어요. 이는 암흑 물질이 줄어드는 중력을 보충해 주기 때문이에요. 즉, 중심에서 멀리 떨어진 별일수록 은하 중심 쪽으로 그 별을 당기는 암흑 물질이 많아져서 줄어드는 중력을 보충해 주는 거죠. 따라서 암흑 물질이 은하 안에 퍼져 있으면서 그 은하 안의 별을 은하 중심 쪽으로 당긴다는 설명은 적절해요.

❷ 이것은 은하 중심에서 멀리 떨어진 별일수록 은하 중심 쪽으로 그 별을 당기는 물질이 그 별의 공전 궤도 안쪽에 많아져서 거리가 멀어질수록 줄어드는 중력을 보충해 주기 때문으로 보인다. 이로부터 루빈은 별의 공전 궤도 안쪽에 퍼져 있는 추가적인 중력의 원천, 곧 암흑 물질이 존재한다는 것을 추정하였다.

⑤ 은하들의 밝기로부터 추정한 은하단의 질량을 은하들의 속력으로부터 추정한 질량보다 더 ~~작게~~ 만든다. ✕

▶ 1문단을 보면, 은하들의 속력으로부터 추정한 은하단의 질량이 은하단의 밝기로부터 추정한 은하단의 질량보다 훨씬 크다고 나와 있어요. 즉, '은하단의 속력으로부터 추정한 은하단의 질량＞은하단의 밝기로부터 추정한 은하단의 질량'인 거죠. 따라서 암흑 물질은 은하단의 속력으로부터 추정한 은하단의 질량을 은하단의 밝기로부터 추정한 질량보다 더 크게 만들어요. 선택지 ⑤에서는 이를 반대로 설명하고 있어요.

❶ 그는 은하들의 속력으로부터 추정한 은하단의 질량이 은하들의 밝기로부터 추정한 은하단의 질량보다 훨씬 크다는 것을 확인하고 은하단 내부에 '실종된 질량'이 있다고 결론지었다.

02 [내용 이해] 답 ④

〈발문〉 〈그림〉의 곡선 B에 대한 설명으로 적절하지 <u>않은</u> 것은?

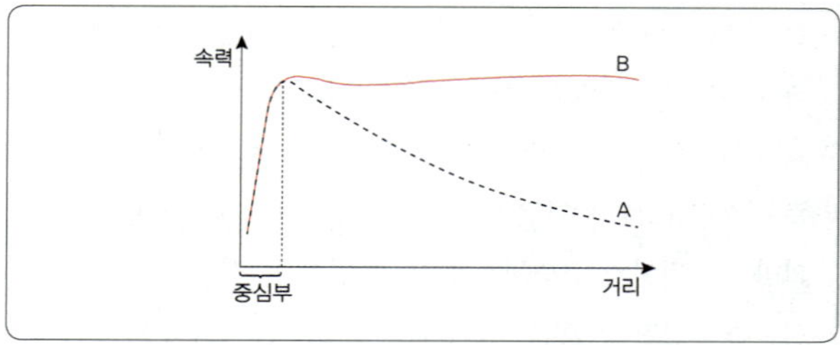

① 나선 은하를 관측한 결과를 근거로 그린 곡선이다. ○

❷ 실제 관측 결과, 나선 은하 중심부 밖에서 공전하는 별의 속력은 〈그림〉의 곡선 B에서처럼 중심으로부터의 거리와 무관하게 거의 일정하다.

② '실종된 질량'의 존재를 확인해 줄 정보를 포함하고 있다. ○

▶ A는 암흑 물질이 있다는 사실을 반영하지 않고 계산한 결과를 담은 그래프이고, B는 실제 관측 결과를 반영한 그래프예요. 그중 B는 중심부 밖에서도 속력이 줄어들지 않는데, 이는 '실종된 질량', 즉 암흑 물질이 존재한다는 증거로 활용할 수 있는 거죠.

③ 중심부 밖의 경우, 별의 공전 속력에 영향을 미치는 중력이 A에서보다 더 큼을 보여 준다. ○

▶ 중심부 밖의 경우, 은하의 중심에서 멀어질수록 중심 쪽으로 별을 당기는 중력이 줄기 때문에 A와 같이 속력이 줄어들어야 해요. 하지만 실제로는 B와 같이 속력이 유지돼요. 계산대로라면 중력이 부족해야 맞지만, 눈에 보이지 않는 암흑 물질이 별을 끌어당겨 중력을 보충해 주기 때문에 이런 현상이 발생한다는 것이죠. 따라서 중심부 밖의 경우, 별의 공전 속력에 영향을 미치는 중력은 A에서보다 B에서 더 크다고 할 수 있어요.

❷ 그런데 중심부 밖에서는 중심으로부터 멀어질수록 중심 쪽으로 별을 당기는 중력이 줄어들기 때문에 〈그림〉의 곡선 A에서처럼 거리가 멀어질수록 별의 속력이 줄어드는 것으로 나온다. 그렇지만 실제 관측 결과, 나선 은하 중심부 밖에서 공전하는 별의 속력은 〈그림〉의 곡선 B에서처럼 중심으로부터의 거리와 무관하게 거의 일정하다. 이것은 은하 중심에서 멀리 떨어진 별일수록 은하 중심 쪽으로 그 별을 당기는 물질이 그 별의 공전 궤도 안쪽에 많아져서 거리가 멀어질수록 줄어드는 중력을 보충해 주기 때문으로 보인다.

④ 중심부의 경우, 거리와 별의 공전 속력이 비례하는 것을 통해 암흑 물질이 ~~중심부에 집중되어~~ 있음을 보여 준다. ✕

▶ 중심부에는 별과 같은 보통의 물질들이 집중되어 있다고 했어요. 또한 B에서 거리와 별의 공전 속력이 A와 같이 비례하는 것을 통해, 중심부에는 암흑 물질에 의한 추가적인 중력 보충이 없다는 사실을 알 수 있어요. 이는 중심부 밖과 비교해 보면 확실하게 알 수 있죠. 중심부 밖은 암흑 물질 때문에 별의 공전 속력이 거리와 관계없이 일정하니까요. 따라서 중심부에는 보통 물질, 중심부 밖에는 암흑 물질이 집중되어 있다고 보는 것이 맞아요.

❷ 나선 은하에서 별과 같은 보통의 물질들은 중심부에 집중되어 공전한다. 중력 법칙을 써서 나선 은하에서 공전하는 별의 속력을 계산하면, 중심부에서는 은하의 중심으로부터 거리가 멀어질수록 속력이 증가함을 알 수 있다.

⑤ 중심부 밖의 경우, 은하의 중심에서 멀리 떨어져 있는 별일수록 그 별을 은하 중심으로 당기는 암흑 물질이 더 많음을 보여 준다. ○

▶ 선택지 ③의 해설에서 확인했다시피 중심부 밖의 경우, 은하의 중심에서 멀어질수록 중심 쪽으로 별을 당기는 중력이 줄기 때문에 A와 같이 속력이 줄어들어야 해요. 하지만 실제로는 B와 같이 속력이 유지돼요. 따라서 은하의 중심에서 멀어질수록 별들을 은하 중심으로 당기는 중력이 커진다는 것을 알 수 있어요. 추가적인 중력의 원천은 암흑 물질이기 때문에, 은하의 중심에서 멀리 떨어져 있는 별일수록 그 별을 중심 쪽으로 당기는 암흑 물질이 더 많음을 보여 주는 거죠.

❷ 나선 은하 중심부 밖에서 공전하는 별의 속력은 〈그림〉의 곡선 B에서처럼 중심으로부터의 거리와 무관하게 거의 일정하다. 이것은 은하 중심에서 멀리 떨어진 별일수록 은하 중심 쪽으로 그 별을 당기는 물질이 그 별의 공전 궤도 안쪽에 많아져서 거리가 멀어질수록 줄어드는 중력을 보충해 주기 때문으로 보인다.

쌤이 그린 독해지도

1 터치 스크린 패널
- 스크린의 특정 지점을 접촉하면 그 위치를 파악해 조작할 수 있도록 설계된 장치
- 사용하는 정전 용량 방식 ― 표면 정전 방식
　　　　　　　　　　　　　　　 투영 정전 방식

2 표면 정전 방식
- 패널의 네 모서리에 있는 감지회로가 정전 용량의 변화를 감지해 위치 파악
- 장점 : 구조가 단순, 단가 저렴
- 단점 : 정확도 낮음, 여러 지점 접촉시 감지 불가

3 투영 정전 방식
- 접촉 감지 센서를 패널의 일정한 구역마다 배치해 활용
○ 자기 정전 방식
- 여러 개의 행과 열의 형태로 배치된 센서 활용
- 작동 방식 : 센서가 접촉 인식
　→ 각 행, 열 끝에 배치된 감지회로가 변화 감지
　→ 행, 열의 교차점인 접촉 위치 파악

(4.5) ○ 상호정전 방식
- 가로축 센서 구동라인, 세로축 센서 감지라인이 2개의 층을 이룸
- 작동 방식 : 패널에 전도성 물체 접촉
　→ 전기장 일부가 접촉된 물체로 흡수
　→ 구동라인, 감지라인 사이에 형성된 상호 정전 용량 ⇓
　→ 전기장 크기 ⇓
　→ 구동라인, 감지라인 교차점인 터치좌표쌍 인식
　→ 터치 컨트롤러가 디지털 신호로 변환해 이미지로 처리
　→ CPU에 전달해 위치 파악
- 장점 : 멀티터치 가능
- 단점 : 시간 많이 소요

| 문장은 정교하게 & 문단은 정리하며 |

❶ 터치스크린 패널은 스크린의 특정 지점을 직접 접촉하면 그 위치를 파악하여 해당 위치에 설정된 기능을 직관적으로 조작할 수 있도록 설계된 장치를 말한다. [개념] 터치스크린 패널 중 정전용량방식의 패널은 전기가 통하는 전도성 물체를 스크린에 접촉했을 때 발생하는 정전용량의 변화를 측정하여 접촉된 위치를 파악한다. 터치스크린 패널에 사용되는 정전용량방식에는 일반적으로 표면정전방식과 투영정전방식이 있다. ▶ 터치스크린 패널의 정의와 이에 사용되는 정전용량방식

열이나 전기가 물체 속을 이동하는 성질
정전용량방식 패널의 작동 원리
물체가 지니고 있는 전하의 용량, 여기서 전하는 물체가 가지고 있는 전기적 성질을 의미함
정전용량방식의 두 종류

❷ ㉠표면정전방식은 패널의 네 모서리에 있는 각각의 감지회로가 동시에 정전용량의 변화를 감지하여 전도성 물체의 접촉 위치를 파악하는 방식이다. [개념] 표면정전방식에서는 패널의 표면에

느끼어 앎

덮인 전도성 투명 필름이 전도성 물체의 접촉을 인식하는 센서 역할을 한다. 센서에 전도성 물체가 접촉하게 되면 물체의 전하량과 패널의 전하량의 차이에 의해 전압이 변화하고, 이로 인해 형성된 전기장은 정전용량을 변화시킨다. 네 모서리에 있는 감지회로는 정전용량의 변화된 정도를 측정하여 물체가 접촉된 위치를 파악하는 것이다. 표면정전방식은 투영정전방식에 비해 구조가 단순하고 단가가 낮다는 장점이 있다. 하지만 접촉된 위치를 대략적으로만 파악할 수 있어 정확도가 낮고 한 번에 하나의 접촉만 인식할 수 있기 때문에 여러 지점을 접촉했을 때 인식이 불가능하다는 단점이 있다. ▶ 표면정전방식의 작동 방식과 장단점

센서에 전도성 물체 접촉 → 전압 변화 → 전기장 형성 → 정전용량 변화
감지회로의 기능

❸ 투영정전방식은 접촉을 감지할 수 있는 센서를 패널의 일정한 구역마다 배치하여 활용하는 방식으로[개념] ㉡ 자기정전방식과 ㉢ 상호정전방식으로 나눌 수 있다. 자기정전방식은 패널에 전도성 물체가 접촉하면 물체의 전하량과 패널의 전하량의 차이에 의해 전압이 변화하고, 이때 형성된 전기장에 의해 증가하는 정전용량을 측정하는 방식이라는 점에서 그 원리가 표면정전방식과 유사하다.[공통점] 하지만 자기정전방식은 표면정전방식과 달리 하나의 층에 여러 개의 행과 열의 형태로 배치된 각각의 센서들 _자기정전방식의 구조적 특징 - 하나의 층_ 을 활용한다.[차이점] 센서가 특정 지점의 접촉을 인식하면 센서의 각 행과 열의 끝에 배치된 감지회로가 접촉 지점에서 일어난 정전용량의 변화를 감지하고, 이를 바탕으로 행과 열의 교차점인 접촉 위치를 정교하고 빠르게 파악할 수 있다.
▶ 투영정전방식 중 자기정전방식의 작동 방식
❹ 반면 상호정전방식은 가로축으로 배열된 센서인 구동 라인과 _상호정전방식의 구조적 특징 - 두 개의 층_ 세로축으로 배열된 센서인 감지 라인이 두 개의 층을 이루고 있다. 패널에 전도성 물체와의 접촉이 없을 때 구동 라인에서는 전압에 의해 전기장이 형성되며, 이 전기장은 모두 감지 라인으로 들어가 일정한 크기의 전기장을 유지하여 구동 라인과 감지 라인 사이에 상호 정전용량을 형성한다. 하지만 패널에 전도성 물체가 접촉하게 되면 일정한 크기를 유지하던 전기장의 일부가 접촉된 물체로 흡수된다. 전기장이 물체에 흡수되면 구동 라인과 감지 라인 사이에 형성된 상호 정전용량이 감소하며 전기장의 크기 역시 줄어든다. 이때 접촉이 정확하게 일어날수록 해당 지점에 전기장이 더 많이 줄어들게 된다. 결국 패널에는 접촉 전과는 다른 전기장의 흐름이 나타나 상호 정전용량이 변화하고 구동 라인과 감지 라인의 교차점인 터치좌표쌍이 인식된다. 이때 터치좌표쌍 _터치좌표쌍의 개념_ 은 구동 라인과 감지 라인이 개별적으로 인식된 교차점이기에 하나의 패널에서는 여러 개의 터치좌표쌍이 만들어질 수 있다.
▶ 투영정전방식 중 상호정전방식의 작동 방식
❺ 이후 터치좌표쌍의 정보를 터치 컨트롤러가 디지털 신호로 변 _터치 컨트롤러의 기능_ 환해 이미지로 처리하여 중앙처리장치(CPU)에 전달함으로써 해당 터치스크린 패널은 전도성 물체의 접촉 여부 및 접촉한 위치를 최종적으로 판단하게 된다. 이러한 상호정전방식은 구동 라인과 감지 라인의 교차점을 개별적으로 인식하는 과정을 거치기에 측정 시간이 많이 소요되지만,[단점] Ⓐ 두 지점을 접촉하는 멀티 _구동 라인과 감지 라인의 교차점을 개별적으로 인식하기 때문에_ 터치가 가능하여[장점] 최근 스마트폰이나 태블릿과 같은 기기에 _상호정전방식이 활용되는 분야_ 많이 활용되는 추세이다.
▶ 상호정전방식의 작동 방식과 활용 분야

01 [내용 이해] 답 ③

〈발문〉 윗글의 내용과 일치하지 <u>않는</u> 것은?

① 터치스크린 패널은 직접적인 접촉을 통한 직관적 조작이 가능하다. ○

근거 찾기

❶ 터치스크린 패널은 스크린의 특정 지점을 직접 접촉하면 그 위치를 파악하여 해당 위치에 설정된 기능을 직관적으로 조작할 수 있도록 설계된 장치를 말한다.

② 자기정전방식은 접촉점에 해당하는 행과 열의 교차점을 터치 지점으로 인식한다. ○

근거 찾기

❸ 자기정전방식은 ~ 하나의 층에 여러 개의 행과 열의 형태로 배치된 각각의 센서들을 활용한다. 센서가 특정 지점의 접촉을 인식하면 센서의 각 행과 열의 끝에 배치된 감지회로가 접촉 지점에서 일어난 정전 용량의 변화를 감지하고, 이를 바탕으로 행과 열의 교차점인 접촉 위치를 정교하고 빠르게 파악할 수 있다.

✓ 표면정전방식을 실현하기 위해서는 스크린에 ~~전도성이 없는~~ 투명 필름을 입혀야 한다. ✗

▶ 2문단에서 표면정전방식에서는 패널의 표면에 덮인 전도성 투명 필름이 전도성 물체의 접촉을 인식하는 센서 역할을 한다고 했어요. 그러므로 표면정전방식을 실현하기 위해서는 스크린에 전도성이 있는 투명 필름을 입혀야 해요. 전도성이 없는 투명 필름을 입히면 물체의 접촉을 인식할 수 없을 거예요.

근거 찾기

❷ 표면정전방식은 패널의 네 모서리에 있는 각각의 감지회로가 동시에 정전용량의 변화를 감지하여 전도성 물체의 접촉 위치를 파악하는 방식이다. 표면정전방식에서는 패널의 표면에 덮인 전도성 투명 필름이 전도성 물체의 접촉을 인식하는 센서 역할을 한다.

④ 상호정전방식에서는 수집된 행과 열의 정보가 터치 컨트롤러에서 이미지로 처리된다. ○

근거 찾기

❺ 이후 터치좌표쌍의 정보를 터치 컨트롤러가 디지털 신호로 변환해 이미지로 처리하여 중앙처리장치(CPU)에 전달함으로써 해당 터치스크린 패널은 전도성 물체의 접촉 여부 및 접촉한 위치를 최종적으로 판단하게 된다.

⑤ 투영정전방식은 표면정전방식보다 구조가 복잡하지만 더욱 정교한 좌표 인식이 가능하다. ○

▶ 2문단에서 표면정전방식은 구조가 단순하지만 정확도가 낮은 단점이 있다고 했어요. 이와 달리 투영정전방식은 여러 개의 행과 열의 형태로 배치된 센서를 활용하거나(자기정전방식), 구동 라인과 감지 라인을 활용하는(상호정전방식) 등 복잡한 구조로 되어 있지만, 접촉 위치를 더 정교하게 파악할 수 있다고 했어요.

근거 찾기

❷ 표면정전방식은 투영정전방식에 비해 구조가 단순하고 단가가 낮다는 장점이 있다. 하지만 접촉된 위치를 대략적으로만 파악할 수 있어 정확도가 낮고 한 번에 하나의 접촉만 인식할 수 있기 때문에 여러 지점을 접촉했을 때 인식이 불가능하다는 단점이 있다.

02 [내용 이해] 답 ③

〈발문〉 ㉠ 표면정전방식, ㉡ 자기정전방식, ㉢ 상호정전방식에 대해 이해한 내용으로 적절하지 <u>않은</u> 것은?

① ㉠ 표면정전방식, ㉡ 자기정전방식, ㉢ 상호정전방식은 모두 전도성 물체의 접촉에 따른 정전용량의 변화를 측정한다. ○

▶ ㉠ '표면정전방식', ㉡ '자기정전방식', ㉢ '상호정전방식' 모두 터치스크린 패널에 사용되는 정전용량방식의 일종으로, 전도성 물체를 스크린에 접촉했을 때 발생하는 정전용량의 변화를 측정하여 접촉된 위치를 파악해요.

1 터치스크린 패널 중 정전용량방식의 패널은 전기가 통하는 전도성 물체를 스크린에 접촉했을 때 발생하는 정전용량의 변화를 측정하여 접촉된 위치를 파악한다.

② ㉠ 표면정전방식, ㉡ 자기정전방식, ㉢ 상호정전방식은 모두 패널에 있는 센서를 이용하여 접촉 부분의 위치를 알아내는 방식이다. **O**

▶ ㉠ '표면정전방식', ㉡ '자기정전방식', ㉢ '상호정전방식'은 센서를 활용하는 방식은 각각 다르지만, 모두 패널에 있는 센서를 이용해 접촉 부분의 위치를 알아낸다는 점은 동일해요.

2 표면정전방식에서는 패널의 표면에 덮인 전도성 투명 필름이 전도성 물체의 접촉을 인식하는 센서 역할을 한다. 센서에 전도성 물체가 접촉하게 되면 물체의 전하량과 패널의 전하량의 차이에 의해 전압이 변화하고, 이로 인해 형성된 전기장이 정전용량을 변화시킨다. 네 모서리에 있는 감지회로는 정전용량의 변화된 정도를 측정하여 물체가 접촉된 위치를 파악하는 것이다.

3 자기정전방식은 표면정전방식과 달리 하나의 층에 여러 개의 행과 열의 형태로 배치된 각각의 센서들을 활용한다. 센서가 특정 지점의 접촉을 인식하면 센서의 각 행과 열의 끝에 배치된 감지회로가 접촉 지점에서 일어난 정전 용량의 변화를 감지하고, 이를 바탕으로 행과 열의 교차점인 접촉 위치를 정교하고 빠르게 파악할 수 있다.

4 상호정전방식은 가로축으로 배열된 센서인 구동 라인과 세로축으로 배열된 센서인 감지 라인이 두 개의 층을 이루고 있다.

㉠ 표면정전방식과 달리 ㉡ 자기정전방식은 하나의 접촉점을 인식하기 위해 두 개 이상의 감지회로를 활용하는 방식이다. **✕**

▶ ㉠ '표면정전방식'에서는 패널의 네 모서리에 있는 각각의 감지회로가 전도성 물체의 접촉 위치를 파악한다고 했어요. 또한 ㉡ '자기정전방식'에서는 하나의 층에 여러 개의 행과 열의 형태로 배치된 각각의 센서들을 활용하며, 센서의 각 행과 열의 끝에 배치된 감지회로가 정전용량의 변화를 감지한다고 했어요. 즉, ㉠ '표면정전방식' 역시 두 개 이상의 감지회로를 활용하므로 '㉠과 달리'라는 설명은 적절하지 않아요.

2 표면정전방식은 패널의 네 모서리에 있는 각각의 감지회로가 동시에 정전용량의 변화를 감지하여 전도성 물체의 접촉 위치를 파악하는 방식이다.

3 자기정전방식은 표면정전방식과 달리 하나의 층에 여러 개의 행과 열의 형태로 배치된 각각의 센서들을 활용한다. 센서가 특정 지점의 접촉을 인식하면 센서의 각 행과 열의 끝에 배치된 감지회로가 접촉 지점에서 일어난 정전용량의 변화를 감지하고 ~

④ ㉡ 자기정전방식과 달리 ㉢ 상호정전방식은 센서층이 두 개의 층을 이루고 있다. **O**

3 자기정전방식은 표면정전방식과 달리 하나의 층에 여러 개의 행과 열의 형태로 배치된 각각의 센서들을 활용한다.

4 반면 상호정전방식은 가로축으로 배열된 센서인 구동 라인과 세로축으로 배열된 센서인 감지 라인이 두 개의 층을 이루고 있다.

⑤ ㉢ 상호정전방식과 달리 ㉡ 자기정전방식은 접촉 부분에서 증가하는 정전용량을 감지하는 방식이다. **O**

▶ ㉡ '자기정전방식'은 접촉 부분에서 증가하는 정전용량을 감지하는 방식이고, ㉢ '상호정전방식'은 정전용량이 감소되는 것을 감지하는 방식이에요.

3 자기정전방식은 패널에 전도성 물체가 접촉하면 물체의 전하량과 패널의 전하량의 차이에 의해 전압이 변화하고, 이때 형성된 전기장에 의해 증가하는 정전용량을 측정하는 방식이라는 점에서 그 원리가 표면정전방식과 유사하다.

4 상호정전방식은 ~ 전기장이 물체에 흡수되면 구동 라인과 감지 라인 사이에 형성된 상호 정전용량이 감소하며 전기장의 크기 역시 줄어든다. 이때 접촉이 정확하게 일어날수록 해당 지점에 전기장이 더 많이 줄어들게 된다. 결국 패널에는 접촉 전과는 다른 전기장의 흐름이 나타나 상호 정전용량이 변화하고 구동 라인과 감지 라인의 교차점인 터치좌표쌍이 인식된다.

03 [내용 이해] **답 ⑤**

〈발문〉 윗글을 읽고 〈보기〉를 이해한 반응으로 적절하지 <u>않은</u> 것은?
[3점]

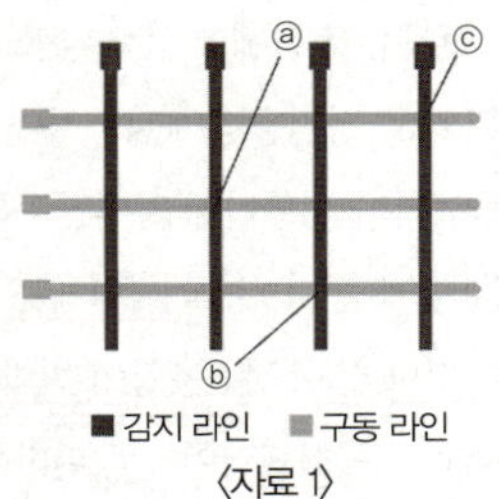

다음은 터치스크린 패널의 작동 원리를 이해하기 위해 설정된 자료이다. 〈자료 1〉은 터치스크린 패널의 한 종류를 도식화한 것이고, 〈자료 2〉는 〈자료 1〉의 ⓐ~ⓒ 지점에 형성된 전기장의 크기를 나타낸 그래프이다.

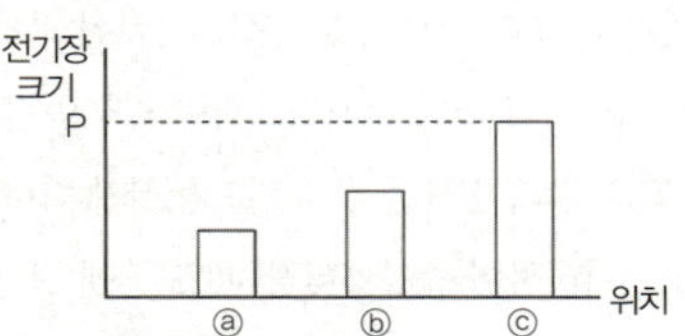

• 단, P는 전도성 물체의 접촉이 없는 상태의 전기장 크기이다.

〈자료 2〉

▶ 〈자료 1〉은 터치스크린 패널의 한 종류를 도식화한 것이라고 나와 있어요. 그렇다면 〈자료 1〉이 어떤 종류의 터치스크린 패널을 도식화한 것인지 알아내는 것이 우선입니다! 구동 라인이 가로로, 감지 라인이 세로로 두 개의 층을 이루고 있는 것을 보니 '상호정전방식'이네요. 상호정전방식에 대해서는 지문의 4, 5문단에서 설명하고 있어요.
상호정전방식은 패널에 접촉이 일어날 때 상호 정전용량이 감소하며 전기장의 크기가 줄어들죠? 그렇다면 〈자료 2〉에서 ⓐ와 ⓑ는 접촉이 일어난 상태이고, ⓒ는 접촉이 없는 상태라는 것까지 알 수 있네요.

① ⓐ에서 접촉된 물체가 흡수한 전기장의 크기는 ⓑ에서 접촉된 물체가 흡수한 전기장의 크기보다 크겠군. **O**

▶ 상호정전방식에서는 패널에 전도성 물체가 접촉하게 되면 전기장의 일부가 접촉된 물체로 흡수되면서 전기장의 크기가 줄어들어요. ⓐ에서의 전기장 크기가 ⓑ에서보다 작은 것을 보니 ⓐ에서 접촉된 물체가 흡수한 전기장의 크기가 ⓑ에서 접촉된 물체가 흡수한 전기장의 크기보다 크다는 것을 알 수 있어요.

② 전기장의 크기로 보아 ⓑ보다 ⓐ에서 더 정확한 접촉이 이루어 진 것으로 볼 수 있겠군. ○

▶ 4문단에서 상호정전방식에서는 접촉이 정확하게 일어날수록 해당 지점에 전기장이 더 많이 줄어든다고 했어요. 〈자료 2〉에서 ⓑ보다 ⓐ의 전기장 크기가 더 많이 줄어든 것을 보니, ⓐ에서 더 정확한 접촉이 일어난 것으로 볼 수 있겠네요.

> **근거 찾기**
>
> **4** 하지만 패널에 전도성 물체가 접촉하게 되면 일정한 크기를 유지하던 전기장의 일부가 접촉된 물체로 흡수된다. 전기장이 물체에 흡수되면 구동 라인과 감지 라인 사이에 형성된 상호 정전용량이 감소하며 전기장의 크기 역시 줄어든다. 이때 접촉이 정확하게 일어날수록 해당 지점에 전기장이 더 많이 줄어들게 된다. 결국 패널에는 접촉 전과는 다른 전기장의 흐름이 나타나 상호 정전용량이 변화하고 구동 라인과 감지 라인의 교차점인 터치좌표쌍이 인식된다.

③ ⓒ에서는 구동 라인에서 발생한 전기장의 크기와 감지 라인으로 들어가는 전기장의 크기가 일치하겠군. ○

▶ ⓒ의 전기장 크기는 전도성 물체의 접촉이 없는 상태의 전기장 크기인 P와 같기 때문에. ⓒ는 접촉이 없는 상태라는 것을 알 수 있어요. 상호정전방식에서는 접촉이 없을 때 구동 라인에서는 전압에 의해 전기장이 형성되고, 이 전기장은 모두 감지 라인으로 들어가 일정한 크기의 전기장을 유지한다고 했어요. 따라서 접촉이 없는 상태인 ⓒ에서는 구동 라인에서 발생한 전기장의 크기와 감지 라인으로 들어가는 전기장의 크기가 일치함을 알 수 있어요.

> **근거 찾기**
>
> **4** 패널에 전도성 물체와의 접촉이 없을 때 구동 라인에서는 전압에 의해 전기장이 형성되며, 이 전기장은 모두 감지 라인으로 들어가 일정한 크기의 전기장을 유지하여 구동 라인과 감지 라인 사이에 상호 정전용량을 형성한다.

④ ⓒ와 달리 ⓑ에서는 감지 라인으로 들어가야 할 전기장의 일부가 접촉된 물체로 흘러들어 갔겠군. ○

▶ ⓑ의 전기장 크기는 전도성 물체의 접촉이 없는 상태의 전기장 크기인 P보다 작기 때문에. ⓑ는 접촉이 일어난 상태예요. ⓒ의 전기장 크기는 전도성 물체의 접촉이 없는 상태의 전기장 크기인 P와 같기 때문에. ⓒ는 접촉이 없는 상태인 거고요. 상호정전방식에서는 패널에 전도성 물체가 접촉하게 되면 전기장의 일부가 접촉된 물체로 흡수돼요. 따라서 ⓑ에서는 감지 라인으로 들어가야 할 전기장의 일부가 접촉된 물체로 흘러들어 갔을 거예요.

> **근거 찾기**
>
> **4** 하지만 패널에 전도성 물체가 접촉하게 되면 일정한 크기를 유지하던 전기장의 일부가 접촉된 물체로 흡수된다. 전기장이 물체에 흡수되면 구동 라인과 감지 라인 사이에 형성된 상호 정전용량이 감소하며 전기장의 크기 역시 줄어든다.

⑤ ⓐ와 ~~ⓒ에서~~는 구동 라인과 감지 라인 사이에서 형성된 상호 정전용량이 감소했겠군. ✕

▶ ⓐ의 전기장 크기는 전도성 물체의 접촉이 없는 상태의 전기장 크기인 P보다 작기 때문에. ⓐ는 접촉이 일어난 상태예요. ⓒ의 전기장 크기는 전도성 물체의 접촉이 없는 상태의 전기장 크기인 P와 같기 때문에. ⓒ는 접촉이 없는 상태지요. 상호정전방식에서는 패널에 전도성 물체가 접촉하게 되면 전기장의 일부가 접촉된 물체로 흡수되면서 구동 라인과 감지 라인 사이에 형성된 상호 정전용량이 감소해요. 따라서 접촉이 있는 상태인 ⓐ에서는 상호 정전용량이 감소했겠지만, 접촉이 없는 상태인 ⓒ에서는 상호 정전용량이 감소하지 않았을 거예요.

04 [추론] 답 ④

〈발문〉 ⓐ 두 지점을 접촉하는 멀티 터치가 가능에 대한 이유를 추론한 것으로 가장 적절한 것은?

▶ 멀티 터치는 구동 라인과 감지 라인의 교차점을 개별적으로 인식하는 '상호정전방식'에서만 가능해요. 표면정전방식과 자기정전방식에 해당하는 내용은 정답에서 배제하면서 문제를 풀면 더 쉽겠죠?

① 교차점의 위치를 빠르게 측정할 수 있기 때문이다. ✕

▶ 행과 열의 교차점을 통해 접촉 위치를 빠르게 파악하는 것은 자기정전방식이에요.

② 중앙처리장치가 행과 열의 정보를 분할하기 때문이다. ✕

▶ 행과 열의 형태를 활용하는 것은 자기정전방식이에요.

③ 센서의 행과 열 끝에 감지회로가 배치되어 있기 때문이다. ✕

▶ 센서의 행과 열 끝에 감지회로가 배치되어 있는 것은 자기정전방식이에요.

④ 구동 라인과 감지 라인의 교차점이 개별적으로 인식되기 때문이다. ○

> **근거 찾기**
>
> **4** 이때 터치좌표쌍은 구동 라인과 감지 라인이 개별적으로 인식된 교차점이기에 하나의 패널에서는 여러 개의 터치좌표쌍이 만들어질 수 있다.
>
> **5** 이러한 상호정전방식은 구동 라인과 감지 라인의 교차점을 개별적으로 인식하는 과정을 거치기에 측정 시간이 많이 소요되지만, 두 지점을 접촉하는 멀티 터치가 가능하여 최근 스마트폰이나 태블릿과 같은 기기에 많이 활용되는 추세이다.

⑤ 하나의 패널에서 한 개의 터치좌표쌍만 만들어질 수 있기 때문이다. ✕

▶ 상호정전방식이 터치좌표쌍을 활용하는 것은 맞지만. 하나의 패널에서 여러 개의 터치좌표쌍이 만들어질 수 있어요.

> **근거 찾기**
>
> **5** 이때 터치좌표쌍은 구동 라인과 감지 라인이 개별적으로 인식된 교차점이기에 하나의 패널에서는 여러 개의 터치좌표쌍이 만들어질 수 있다.

쌤이 그린 독해지도 ▶

1　전기레인지의 종류
　용기 가열 방식에 따라〈 하이라이트레인지 : 직접가열 방식
　　　　　　　　　　　　 인덕션레인지 : 유도가열 방식

2　**하이라이트레인지**
　: 니크롬열선 배치
　　→ 세라믹글라스 판 직접가열
　┌ 장점 : 다양한 소재의 용기 사용가능
　└ 단점 : 에너지 효율이 낮아 조리속도 느림
　　　　　 화상 우려

3　**인덕션레인지**
　: 세라믹 글라스 판 밑에 나선형 코일 설치
　　코일에 고주파 교류전류 → 교류자기장 발생
　　→ 냄비바닥에 폐회로 생성
　　→ 맴돌이전류 발생　　＊ 맴돌이전류의 세기
　　→ 줄열효과 : 열 발생　　　∝ 코일의 전류 세기

4　인덕션레인지 원리와 강자성체의 자기이력현상
　• 자화 : 물체가 자기장에 의해 자석의 성질을 갖게 되는 것
　　자성체 : 자화된 물체　　　　일정값 이상에서는
　• 자화 세기 ∝ 자기장의 세기 → 자기포화상태
　　자기장이 사라지면 자석의 성질도 사라짐
　• 강자성체는 자화의 세기가 천천히 줄어들고
　　자기장이 사라져도 잔류자기가 남음 : 자기이력현상 ┐
　　　　↓　　　　　　　　　　　　　　　　　　　　　│ 반복
　　역방향 자기장 가해주면 자화 세기 0　　　　　　　│
　　　　↓　　　　　　　　　　　　　　　　　　　　　↓
　　자기장 더 세게 가해주면 자기포화상태　　　자기이력곡선
　• 자기에너지 ──전환──→ 열에너지 (∝ 자기이력곡선의 내부 면적)
　⇨ 강자성체 냄비 사용시 추가적인 열 발생

5　인덕션레인지의 장단점
　┌ 장점 : 에너지 효율이 높아 빠르게 조리 가능
　│　　　　화재 가능성이 낮고 안전
　└ 단점 : 강자성체 용기 사용해야함
　　　　　 전자파 우려

| 문장은 정교하게 & 문단은 정리하며 |

1 전기레인지는 용기를 가열하는 방식에 따라 하이라이트 레인지와 인덕션 레인지로 나눌 수 있다. 하이라이트 레인지는 상판 자체를 가열해서 열을 발생시키는 ㉠ 직접 가열 방식이고, 인덕션 레인지는 상판을 가열하지 않고 전자기유도 현상을 통해 용기에 자체적으로 열을 발생시키는 ㉡ 유도 가열 방식이다.
　▶ 용기의 가열 방식에 따른 전기레인지의 분류

2 하이라이트 레인지는 주로 니크롬으로 만들어진 열선을 원형으로 배치하고 열선의 열을 통해 그 위의 세라믹글라스 판을 직접 가열한다. (일정한 차례나 간격에 따라 벌여 놓음) 이렇게 발생한 열이 용기에 전달되어 음식을 조리할 수 있게 된다. 하이라이트 레인지는 비교적 다양한 소재의 용기를 쓸 수 있지만 에너지 효율이 낮아 조리 속도가 느리고 상판의 잔열로 인한 화상의 우려가 있다. (남아 있는 열)
　▶ 하이라이트 레인지의 작동 방식 및 장단점

3 인덕션 레인지는 표면이 세라믹글라스 판으로 되어 있고 그 밑에 나선형 코일이 설치되어 있다. (소라의 껍데기처럼 빙빙 비틀려 돌아간 모양) 전원이 켜지면 코일에 2만Hz 이상의 고주파 교류 전류가 흐르면서 그 주변으로 1초에 2만 번 이상 방향이 바뀌는 교류 자기장이 발생하게 되고, [과정 1] 그 위에 도체인 냄비를 놓으면 교류 자기장에 의해 냄비 바닥에는 수많은 폐회로가 생겨나며 [과정 2] (열 또는 전기의 전도율이 비교적 큰 물체를 통틀어 이르는 말) 그 회로 속에 소용돌이 형태의 유도 전류인 맴돌이전류가 발생한다. [결과] (전류가 흐를 수 있도록 구성된 회로) 이때 흐르는 맴돌이전류가 냄비 소재의 저항에 부딪혀 줄열 효과가 나타나게 되고 이 (변화하고 있는 자기장 안의 도체에 전자기 유도로 생기는 소용돌이 모양의 전류) 에 의해 냄비에 열이 발생하게 되는데, 이때 맴돌이전류의 세기는 나선형 코일에 흐르는 전류의 세기에 비례한다. (도체에 전류를 흐르게 했을 때 도체의 저항 때문에 열에너지가 증가하는 현상)
　▶ 인덕션 레인지의 작동 방식

4 인덕션 레인지의 가열 원리는 강자성체의 자기 이력 현상과도 관련이 있다. 일반적으로 물체는 자기장의 영향을 받으면 자석의 성질을 갖게 되는데 이것을 자화라고 하며, 자화된 물체를 자성체라고 한다. 자성체의 자화 세기는 물체에 가해 준 자기장의 세기에 비례하여 커지다가 일정값 이상으로는 더 이상 커지지 않는데, 이를 자기 포화 상태라고 한다. 이때 물체에 가해 준 자기장의 세기를 줄이면 자화의 세기도 줄어들기 시작하며, 외부의 자기장이 사라지면 자석의 성질도 사라진다. 그런데 강자성체의 경

우에는 외부 자기장의 세기가 줄어들어도 자화의 세기가 상대적으로 천천히 줄어들게 되고 외부 자기장이 사라져도 어느 정도 자화된 상태를 유지하게 되는데, 이를 자기 이력 현상이라고 하며 자성체에 남아 있는 자화의 세기를 잔류 자기라고 한다. 그리고 처음에 가해 준 외부 자기장의 역방향으로 일정 세기의 자기장을 가해 주면 자화의 세기가 0이 되고, 자기장을 더 세게 가해 주면 반대쪽으로 커져 자기 포화 상태가 된다. 이러한 과정을 반복하면 자기장의 세기에 따른 자화의 세기는 일정한 곡선을 그리게 되는데 이를 자기 이력 곡선이라고 한다. 이 과정에서 자기에너지는 열에너지로 전환되어 자성체의 온도를 높이는데, 이때 발생하는 열에너지는 자기 이력 곡선의 내부 면적과 비례한다. 만약 인덕션에 사용하는 냄비의 소재가 강자성체인 경우, 자기 이력 현상으로 인해 냄비에 추가로 열이 발생하게 된다.

▶ 인덕션 레인지에 적용된 강자성체의 자기 이력 현상

⑤ 이러한 가열 방식 때문에 인덕션 레인지는 음식 조리에 필요한 열을 낼 수 있도록 소재의 저항이 크면서 강자성체인 용기를 사용해야 한다는 제약이 있다. 또한 고주파 전류를 사용하기 때문에 조리 시 전자파에 대한 우려도 있다. 하지만 직접 가열 방식보다 에너지 효율이 높아 순식간에 용기가 가열되기 때문에 상대적으로 빠르게 음식을 조리할 수 있다. 그리고 무엇보다 상판이 직접 가열되지 않기 때문에 발화에 의한 화재의 가능성이 매우 낮고, 뜨거운 상판에 의한 화상 등의 피해로부터 비교적 안전하다는 장점이 있다.

불이 일어나 타기 시작함

▶ 인덕션 레인지의 장단점

01 [비교 이해] 답 ⑤

〈발문〉 ⊙ 직접 가열 방식(하이라이트 레인지)과 ⓒ 유도 가열 방식(인덕션 레인지)에 대한 설명으로 적절한 것은?

① ⊙ 직접 가열 방식은 유도 전류를 이용하여 용기를 가열한다. ✕

▶ 유도 전류를 이용해 용기를 가열하는 것은 ⓒ '유도 가열 방식'이에요. '유도 가열 방식'이라는 용어의 뜻을 곰곰 생각해 보면 바로 알 수 있어요.

근거 찾기

❸ 인덕션 레인지는 ~ 교류 자기장에 의해 냄비 바닥에는 수많은 폐회로가 생겨나며 그 회로 속에 소용돌이 형태의 유도 전류인 맴돌이전류가 발생한다. 이때 흐르는 맴돌이전류가 냄비 소재의 저항에 부딪혀 줄열 효과가 나타나게 되고 이에 의해 냄비에 열이 발생하게 되는데, ~

② ⓒ 유도 가열 방식은 상판을 가열하여 그 열로 음식을 조리한다. ✕

▶ 상판을 가열해 그 열로 음식을 조리하는 것은 ⊙ '직접 가열 방식'이에요. 이것도 '직접 가열 방식'이라는 용어만 봐도 바로 알 수 있겠죠?

근거 찾기

❷ 하이라이트 레인지는 주로 니크롬으로 만들어진 열선을 원형으로 배치하고 열선의 열을 통해 그 위의 세라믹글라스 판을 직접 가열한다. 이렇게 발생한 열이 용기에 전달되어 음식을 조리할 수 있게 된다.

③ ⊙ 직접 가열 방식은 ⓒ 유도 가열 방식에 비해 상대적으로 화상의 위험이 적다. ✕

▶ ⊙ '직접 가열 방식'은 상판을 직접 가열해 음식을 조리하기 때문에 상판의 잔열로 인한 화상의 우려가 있어요.

근거 찾기

❷ 하이라이트 레인지는 비교적 다양한 소재의 용기를 쓸 수 있지만 에너지 효율이 낮아 조리 속도가 느리고 상판의 잔열로 인한 화상의 우려가 있다.

④ ⊙ 직접 가열 방식은 ⓒ 유도 가열 방식과 달리 빠른 시간 안에 용기를 가열할 수 있다. ✕

▶ ⓒ '유도 가열 방식'은 에너지 효율이 높아서 순식간에 용기를 가열할 수 있어요. 반면 ⊙ '직접 가열 방식'은 에너지 효율이 낮아 조리 속도가 느리다고 했어요.

근거 찾기

❷ 하이라이트 레인지는 비교적 다양한 소재의 용기를 쓸 수 있지만 에너지 효율이 낮아 조리 속도가 느리고 상판의 잔열로 인한 화상의 우려가 있다.

❺ 인덕션 레인지는 ~ 직접 가열 방식보다 에너지 효율이 높아 순식간에 용기가 가열되기 때문에 상대적으로 빠르게 음식을 조리할 수 있다.

⑤✓ ⓒ 유도 가열 방식은 ⊙ 직접 가열 방식보다 사용할 수 있는 용기 소재에 제약이 많다. O

근거 찾기

❺ 이러한 가열 방식 때문에 인덕션 레인지는 음식 조리에 필요한 열을 낼 수 있도록 소재의 저항이 크면서 강자성체인 용기를 사용해야 한다는 제약이 있다.

02 [내용 이해] 답 ③

〈발문〉 윗글을 바탕으로 〈보기〉의 '전기레인지'를 이해한 내용으로 적절하지 <u>않은</u> 것은?

〈보기〉

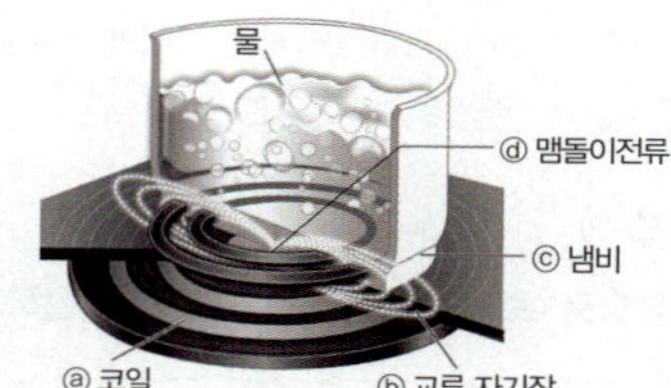

▶ 우선 〈보기〉에 나온 전기레인지가 하이라이트 레인지인지 인덕션 레인지인지부터 파악해야 해요. 교류 자기장을 통해 맴돌이전류를 발생시키는 것을 보니 인덕션 레인지란 걸 알 수 있네요. 무턱대고 선택지부터 읽지 말고 〈보기〉가 무엇인지, 지문과 어떤 관련이 있는지 확인한 후에 문제를 푸는 습관을 가집시다!

① ⓐ 코일에 고주파 교류 전류가 흐르면 ⓑ 교류 자기장이 만들어지는군. O

근거 찾기

❸ 인덕션 레인지는 ~ 전원이 켜지면 코일에 2만Hz 이상의 고주파 교류 전류가 흐르면서 그 주변으로 1초에 2만 번 이상 방향이 바뀌는 교류 자기장이 발생하게 되고 ~

② ⓑ 교류 자기장의 영향을 받으면 ⓒ 냄비의 바닥에 ⓓ 맴돌이전류가 발생하는군. O

❸ 그 위에 도체인 냄비를 놓으면 교류 자기장에 의해 냄비 바닥에는 수많은 폐회로가 생겨나며 그 회로 속에 소용돌이 형태의 유도 전류인 맴돌이전류가 발생한다.

✓ ⓒ 냄비 소재의 저항이 커지면 ⓑ 교류 자기장의 세기도 커지겠군. ✗

▶ 코일에 고주파 교류 전류가 흐르면 교류 자기장이 발생해요. 그리고 이 교류 자기장의 영향을 받아 냄비 바닥에 폐회로가 생겨나며 맴돌이전류가 발생합니다. 이 맴돌이전류가 냄비 소재의 저항에 부딪히면 냄비에 열이 발생하죠. 이렇게 보면 ⓑ '교류 자기장'은 코일에 흐르는 교류 전류 때문에 생기는 것이므로 ⓒ '냄비' 소재의 저항이 커진다고 해서, ⓑ '교류 자기장'의 세기가 커지는 것은 아님을 알 수 있어요. 지문에서 이 둘의 관계를 직접 언급하고 있지는 않지만, ⓑ '교류 자기장'은 외부에서 가해지는 교류 전류에 의해 발생하는 것이므로, ⓒ '냄비' 소재와는 관련이 없음을 알 수 있어요.

❸ 전원이 켜지면 코일에 2만Hz 이상의 고주파 교류 전류가 흐르면서 그 주변으로 1초에 2만 번 이상 방향이 바뀌는 교류 자기장이 발생하게 되고, 그 위에 도체인 냄비를 놓으면 교류 자기장에 의해 냄비 바닥에는 수많은 폐회로가 생겨나며 그 회로 속에 소용돌이 형태의 유도 전류인 맴돌이전류가 발생한다.

④ ⓓ 맴돌이전류의 세기는 ⓐ 코일에 흐르는 전류의 세기에 비례하겠군. ○

❸ 맴돌이전류의 세기는 나선형 코일에 흐르는 전류의 세기에 비례한다.

⑤ ⓓ 맴돌이전류가 흐르면 ⓒ 냄비 소재의 저항에 의해 열이 발생하는군. ○

❸ 이때 흐르는 맴돌이전류가 냄비 소재의 저항에 부딪혀 줄열 효과가 나타나게 되고 이에 의해 냄비에 열이 발생하게 되는데, ~

03 [내용 이해] 답 ②

〈발문〉 윗글을 바탕으로 〈보기〉를 이해한 내용으로 적절하지 <u>않은</u> 것은?

아래 그림은 두 물체 A, B의 자기장의 세기에 따른 자화 세기의 변화를 나타낸 자기 이력 곡선이다.

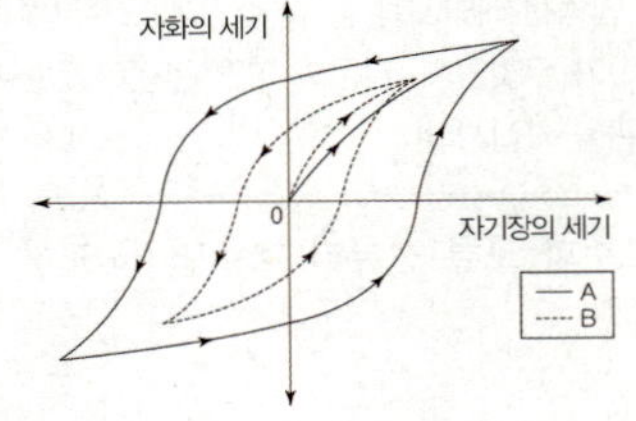

① 외부 자기장이 사라져도 자석의 성질을 지닌다는 점에서 A와 B는 모두 인덕션 레인지 용기의 소재로 적합하겠군. ○

▶ 〈보기〉에서 A, B가 각각의 자기 이력 곡선을 가지고 있는 것을 볼 때 둘 다 강자성체임을 알 수 있어요. 4문단에서 설명하고 있듯 강자성체는 외부 자기장이 사라져도 어느 정도 자석의 성질을 지니는 자기 이력 현상을 보여 주죠. 이는 다음 그래프에 표시한 것처럼 자기장의 세기가 줄어 0이 될 때, 자화의 세기가 0이 되지 않는 것을 통해서 확인할 수 있어요. 이런 강자성체는 인덕션 레인지 용기의 소재로 사용되기에 적합해요.

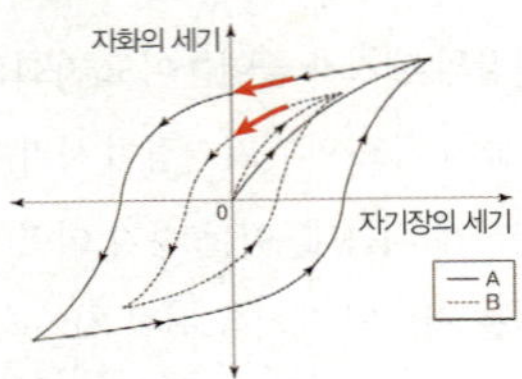

❹ 만약 인덕션에 사용하는 냄비의 소재가 강자성체인 경우, 자기 이력 현상으로 인해 냄비에 추가로 열이 발생하게 된다.
❺ 인덕션 레인지는 음식 조리에 필요한 열을 낼 수 있도록 소재의 저항이 크면서 강자성체인 용기를 사용해야 한다는 제약이 있다.

✓ A 소재의 용기 외부에 가해지는 자기장의 세기가 커질수록 발생하는 열에너지의 크기는 ~~계속 증가하겠군~~. ✗

▶ 4문단에서 자기에너지가 열에너지로 전환되어 자성체, 즉 용기의 온도를 높이는데, 이때 발생하는 열에너지는 자기 이력 곡선의 내부 면적과 비례한다고 했어요. 그리고 자성체의 자화 세기는 물체에 가해 준 자기장의 세기에 비례해서 커지다가 일정값(= 자기 포화 상태) 이상으로는 더 이상 커지지 않는다고 했어요. 즉, 자기장의 세기가 아무리 커져도 자화 세기가 일정값 이상으로는 커지지 않으니 용기가 가지는 자기에너지에는 한계가 있을 거예요. 그에 따라 열에너지도 일정값 이상으로는 증가하지 않을 것임을 알 수 있어요.

③ 인덕션 레인지의 전원을 차단했을 때 A 소재의 용기가 B 소재의 용기보다 잔류 자기의 세기가 더 크겠군. ○

▶ 잔류 자기는 자성체에 남아 있는 자화의 세기를 뜻해요. 인덕션 레인지의 전원을 차단하면 자기장의 세기가 0이 되잖아요? 그래프에서 자기장의 세기가 0일 때를 기준으로 보면, A가 B에 비해 자화의 세기가 크죠?

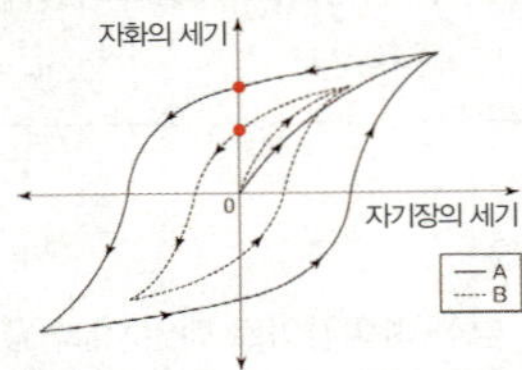

④ 용기의 잔류 자기를 제거하기 위해서는 B 소재의 용기보다 A 소재의 용기에 더 큰 세기의 자기장을 가해 주어야겠군. ○

▶ 선택지 ③에서 설명했듯이 잔류 자기는 자성체에 남아 있는 자화의 세기로, A가 B에 비해 잔류 자기가 더 커요. 잔류 자기를 0으로 만들기 위해서는 처음 가해 준 외부 자기장의 역방향으로 일정 세기의 자기장을 가해 주어야 하는데, A가 B에 비해 잔류 자기가 더 크니까 A에 더 큰 세기의 자기장을 역방향으로 가해 주어야 하겠죠.

❹ 처음에 가해 준 외부 자기장의 역방향으로 일정 세기의 자기장을 가해 주면 자화의 세기가 0이 되고, 자기장을 더 세게 가해 주면 반대쪽으로 커져 자기 포화 상태가 된다.

⑤ B 소재의 용기는 A 소재의 용기보다 자기장의 변화에 따라 발생하는 열에너지가 적겠군. ○

▶ 선택지 ② 해설에서 자기에너지가 열에너지로 전환되어 자성체의 온도가 높아지는데, 이때 발생하는 열에너지는 자기 이력 곡선의 내부 면적과 비례한다고 했어요. 그런데 자기 이력 곡선을 보면, B는 A에 비해 자기 이력 곡선의 내부 면적이 좁아요. 이에 비례해서 발생하는 열에너지도 적을 거예요.

❹ 이 과정에서 자기에너지는 열에너지로 전환되어 자성체의 온도를 높이는데, 이때 발생하는 열에너지는 자기 이력 곡선의 내부 면적과 비례한다.

쌤이 그린 독해지도

1 데이터의 특징을 제대로 나타내기 어렵게 만드는 결측치와 이상치

2 **결측치**
- 개념 : 데이터 값이 빠져 있는 것
- 처리 방법 : 대체(다른 값으로 채우는 것)
  1) **평균** – 연속적인 수치
  2) **중앙값** – 순위가 있는 값
  3) **최빈값** – 문자

3~5 **이상치**
- 개념 : 데이터의 다른 값에 비해 유달리 크거나 작은 값
- 발생 원인 : 측정 오류 등
  정상적인 데이터라도 왜곡하는 값이 있을 수 있음
- 처리 방법 : 중앙값
- 평면상에 있는 점들의 위치를 나타내는 데이터에서도
  이상치를 발견할 수 있음

이상치를 포함하는 데이터에서 직선 L을 찾는 방법
① 두 점을 무작위로 골라 정상치 집합으로 가정하기
② 이 두 점을 지나는 후보 직선을 그어 나머지 점들과
   후보 직선의 거리 구하기
③ 이 거리가 허용 범위 이내인 점들을 정상치 집합에 추가하기
④ 정상치 집합의 데이터 개수가 최대인 직선 = 직선 L

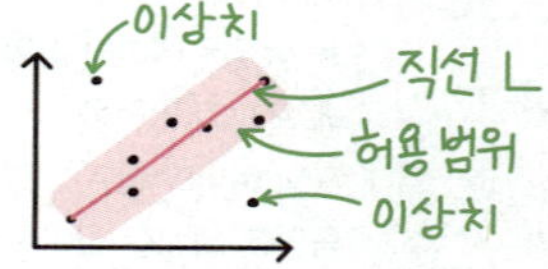

| 문장은 정교하게 & 문단은 정리하며 |

❶ 데이터를 처리할 때 데이터의 정확성은 매우 중요하다. 그런데 데이터에 결측치와 이상치가 포함되면 데이터의 특징을 제대로 ⓐ나타내기 어렵다.
▶ 데이터의 특징을 제대로 나타내기 어렵게 만드는 결측치와 이상치

❷ 결측치는 데이터 값이 ⓑ빠져 있는 것이다. 결측치를 처리하는 방법 중 하나인 대체는 다른 값으로 결측치를 채우는 것인데, 대체하는 값으로는 평균, 중앙값, 최빈값을 많이 사용한다. 중앙값은 데이터를 크기순으로 정렬했을 때 중앙에 위치한 값이다. 크기가 같은 값이 복수일 경우에도 순위를 매겨 중앙값을 찾고, 데이터의 개수가 짝수이면 중앙에 있는 두 값의 평균이 중앙값이다. 또 최빈값은 데이터에 가장 많이 나타나는 값을 이른다. 일반적으로 데이터 값이 연속적인 수치이면 평균으로, (석차처럼) 순위가 있는 값에는 중앙값으로, (직업과 같이) 문자인 경우에는 최빈값으로 결측치를 대체한다.
▶ 결측치의 개념과 결측치를 처리하는 방법 중 하나인 대체

❸ 이상치는 데이터의 다른 값에 비해 유달리 크거나 작은 값으로, 데이터를 수집할 때 측정 오류 등에 의해 주로 ⓒ생긴다.

그러나 정상적인 데이터라도 데이터의 특징을 왜곡하는 데이터 값이 있을 수 있다. 예를 들어, 데이터가 어떤 프로 선수들의 연봉이고 그중 한 명의 연봉이 유달리 많다면, 이상치가 포함된 데이터에 해당한다. 이런 데이터의 특징을 하나의 수치로 나타내려는 경우 ㉠대푯값으로 평균보다 중앙값을 주로 사용한다.
▶ 이상치의 개념과 발생 원인, 처리 방법

❹ 평면상에 있는 점들의 위치를 나타내는 데이터에서도 이상치를 발견할 수 있다. 대부분의 점들이 가상의 직선 주위에 모여 있다면 이 직선은 데이터의 특징을 잘 나타낸다고 할 수 있다. 이 직선을 직선 L이라고 하자. 그런데 직선 L로부터 멀리 떨어진 위치에도 몇 개의 점이 있다. 이 점들이 이상치이다.
▶ 평면상에 있는 점들의 위치를 나타내는 데이터에서도 발견될 수 있는 이상치

❺ ㉡이상치를 포함하는 데이터에서 직선 L을 찾는다고 하자. 이때 사용할 수 있는 기법의 하나인 A 기법은 두 점을 무작위로 골라 정상치 집합으로 가정하고, 이 두 점을 ⓓ지나는 후보 직선을 그어 나머지 점들과 후보 직선 사이의 거리를 구한다. 이 거리가 허용 범위 이내인 점들을 정상치 집합에 추가한다. 정상치 집합의 점의 개수가 미리 정해 둔 기준, 즉 문턱값보다 많으면 후보

직선을 최종 후보군에 넣는다. 반대로 점의 개수가 문턱값보다 적으면 후보 직선을 버린다. 만약 처음에 고른 점이 이상치이면, 대부분의 점들은 해당 후보 직선과의 거리가 너무 ⓔ멀어 이 직선은 최종 후보군에서 제외되는 것이다. 이 과정을 반복하여 최종 후보군을 구하고, 최종 후보군에 포함된 직선 중에서 정상치 집합의 데이터 개수가 최대인 직선을 직선 L로 선택한다. 이 기법은 이상치가 있어도 직선 L을 찾을 가능성이 높다.

A 기법

▶ 이상치를 포함하는 데이터에서 직선 L을 찾는 방법

01 [내용 이해] 답 ③

〈발문〉 윗글을 이해한 내용으로 적절하지 않은 것은?

① 데이터가 수치로 구성되지 않아도 최빈값을 구할 수 있다. ○

▶ 2문단에서 직업과 같이 데이터 값이 문자인 경우에는 최빈값으로 결측치를 대체한다고 하였으므로, 데이터가 수치로 구성되지 않아도 최빈값을 구할 수 있음을 알 수 있어요.

② 데이터의 특징이 언제나 하나의 수치로 나타나는 것은 아니다. ○

▶ 4문단에 따르면 평면상에 있는 점들의 위치를 나타내는 데이터에서, 대부분의 점들이 모여 있는 가상의 직선이 있다고 할 때 해당 직선은 데이터의 특징을 잘 나타낸다고 할 수 있다고 했어요. 이를 통해 데이터의 특징이 언제나 하나의 수치로 나타나는 것은 아님을 알 수 있어요.

③ 데이터가 정상적으로 수집되었다면 이상치가 존재하지 않는다. ✕

▶ 3문단에서 이상치는 데이터를 수집할 때 측정 오류 등에 의해 주로 생기지만, 정상적인 데이터라도 데이터의 특징을 왜곡하는 데이터 값이 있을 수 있다고 하였어요.

> **근거 찾기**
>
> ❸ 이상치는 데이터의 다른 값에 비해 유달리 크거나 작은 값으로, 데이터를 수집할 때 측정 오류 등에 의해 주로 생긴다. 그러나 정상적인 데이터라도 데이터의 특징을 왜곡하는 데이터 값이 있을 수 있다.

④ 데이터에 동일한 수치가 여러 개 있어도 중앙값으로 결측치를 대체할 수 있다. ○

> **근거 찾기**
>
> ❷ 결측치를 처리하는 방법 중 하나인 대체는 다른 값으로 결측치를 채우는 것인데, 대체하는 값으로는 평균, 중앙값, 최빈값을 많이 사용한다. 중앙값은 데이터를 크기순으로 정렬했을 때 중앙에 위치한 값이다. 크기가 같은 값이 복수일 경우에도 순위를 매겨 중앙값을 찾고, 데이터의 개수가 짝수이면 중앙에 있는 두 값의 평균이 중앙값이 다.

⑤ 데이터를 수집하는 과정에서 측정 오류가 발생한 값이라도 이상치가 아닐 수 있다. ○

▶ 3문단에 따르면 이상치는 데이터의 다른 값에 비해 유달리 크거나 작은 값이라고 했어요. 이와 같은 이상치의 개념을 고려할 때, 측정 오류가 발생한 값이더라도 그것이 데이터의 다른 값과 크게 차이가 없다면 이상치가 아닐 수 있어요.

> **근거 찾기**
>
> ❸ 이상치는 데이터의 다른 값에 비해 유달리 크거나 작은 값으로, 데이터를 수집할 때 측정 오류 등에 의해 주로 생긴다.

02 [추론] 답 ①

〈발문〉 윗글을 참고할 때, ㉠의 이유로 가장 적절한 것은?

① 중앙값은 극단에 있는 이상치의 영향을 덜 받기 때문이다. ○

▶ ㉠은 이상치가 포함된 데이터의 특징을 하나의 수치로 나타내려는 경우에 평균보다 중앙값을 주로 사용한다는 내용이었어요. 평균과 중앙값이 어떻게 다른지 생각해 봅시다. 우선 평균은 '여러 수의 합을 수의 개수로 나눈 값'이잖아요. 지문의 예시에서처럼 프로 선수 중 어느 한 명의 연봉이 유달리 많다면, 평균이 전체 프로 선수들의 연봉을 잘 나타낸다고 할 수 없을 거예요. 이처럼 평균은 이상치가 계산에 직접 반영되기 때문에 데이터의 특징을 왜곡할 수 있어요. 반면 중앙값은 데이터를 크기순으로 정렬했을 때 중앙에 위치한 값이라고 했어요. 극단적인 이상치의 값이 존재한다고 하더라도 그 이상치가 중앙값의 수치를 변화시킬 수는 없겠죠. 따라서 ㉠의 이유는 중앙값이 평균에 비해 이상치의 영향을 덜 받기 때문이라고 볼 수 있어요.

② 중앙값을 찾기 위해 데이터를 나열할 때 이상치는 제외되기 때문이다. ✕

▶ 중앙값은 전체 데이터를 크기순으로 정렬했을 때 중앙에 위치한 값이기 때문에, 이상치도 제외하지 않고 함께 나열하여 찾은 값이에요.

③ 데이터의 개수가 많아질수록 이상치도 많아지고 평균을 구하기 어렵기 때문이다. ✕

▶ 데이터의 개수가 많아진다고 해서 이상치가 많아지는 것은 아니에요. 데이터의 개수가 많아질수록 평균을 구하기 어려워질 수는 있지만 이 역시 ㉠과는 관련이 없어요.

④ 이상치가 포함되면 평균을 구하는 것이 중앙값을 찾는 것보다 복잡하기 때문이다. ✕

▶ 이상치가 포함되었을 때 평균을 구하는 것과 중앙값을 찾는 것의 복잡성에 대해서는 지문에서 확인할 수 없어요. 따라서 ㉠의 이유로 볼 수 없겠지요.

⑤ 이상치가 포함되면 평균은 데이터에 포함되지 않는 값일 가능성이 큰 반면 중앙값은 항상 데이터에 포함된 값이기 때문이다. ✕

▶ 평균은 데이터 값의 합을 데이터의 개수로 나눈 것이므로 평균값은 데이터에 포함되어 있을 수도 있고 그렇지 않을 수도 있어요. 그런데 이는 이상치의 포함 여부와 상관이 없어요. 한편 중앙값은 데이터를 크기순으로 정렬했을 때 중앙에 위치한 값이므로, 데이터에 포함된 값 중 하나가 중앙값이 되겠지요. 하지만 항상 그런 것은 아니에요. 왜냐하면 데이터의 개수가 짝수일 경우에는 중앙에 있는 두 값의 평균이 중앙값이 되기 때문이죠. 이 경우에는 데이터에 포함되지 않은 값이 중앙값이 되겠죠? 결국 이 선택지의 내용은 ㉠과는 관계가 없고, 그 자체로도 적절하지 않아요.

03 [비교 이해] 답 ⑤

〈발문〉 ㉡ '이상치를 포함하는 데이터에서 직선 L을 찾는다고 하자.'와 관련하여 윗글의 A 기법과 〈보기〉의 B 기법을 설명한 내용으로 가장 적절한 것은? [3점]

> 〈보기〉
>
> 다음과 같은 방법으로 직선 L을 찾는 B 기법을 가정해 보자. 후보 직선을 임의로 여러 개 가정한 뒤에 모든 점에서 각 후보 직선들과의 거리를 구하여 점들과 가장 가까운 직선을 선택한다. 그러나 이렇게 찾은 직선은 직선 L로 적합한 직선이 아니다. 이상치를 포함해서 찾다 보니 대부분 최적의 직선과 이상치 사이에 위치한 직선을 선택하게 된다.

① A 기법과 B 기법 모두 최적의 직선을 찾기 위해 최대한 많은 점을 지나는 후보 직선을 가정한다. ✕

▶ A 기법은 두 점을 무작위로 골라 이 두 점을 지나는 후보 직선을 긋는다고 하였고, B 기법은 후보 직선을 임의로 여러 개 가정한다고 하였어요. 따라서 둘 다 최대한 많은 점을 지나는 후보 직선을 가정하는 것은 아니에요.

② A 기법은 이상치를 제외하고 후보 직선을 가정하지만 B 기법은 이상치를 제외하는 과정이 없다. ✕

▶ A 기법은 두 점을 무작위로 골라 이 두 점을 지나는 후보 직선을 긋는다고 하였고, B 기법은 후보 직선을 임의로 여러 개 가정한다고 하였어요. 따라서 둘 다 후보 직선을 가정할 때 이상치를 제외하는 과정은 없다고 볼 수 있어요.

③ A 기법에서 최종적으로 선택한 직선은 이상치를 지나지 않지만 B 기법에서 선택한 직선은 이상치를 지난다 ✕

▶ 4~5문단을 보면 A 기법에서 찾은 직선 L은 데이터의 특징을 잘 나타내는 직선이며, 직선 L로부터 멀리 떨어진 위치에 있는 점들이 이상치임을 알 수 있어요. 따라서 A 기법에서 최종적으로 선택한 직선은 이상치를 지나지 않을 거예요. 한편 B 기법에서는 최적의 직선과 이상치 사이에 위치한 직선을 선택하게 된다고 하였어요. 따라서 B 기법에서 선택한 직선도 이상치를 지나지는 않을 거예요.

④ A 기법은 이상치의 개수가 문턱값보다 적으면 후보 직선을 버리지만 B 기법은 선택한 직선이 이상치를 포함할 수 있다 ✕

▶ A 기법은 정상치 집합의 점의 개수가 문턱값보다 적으면 후보 직선을 버린다고 하였어요. 즉 후보 직선을 버릴지 결정하는 기준은 이상치가 아니라 정상치의 개수이므로 적절하지 않은 진술이에요. 한편 B 기법에서는 최적의 직선과 이상치 사이에 위치한 직선을 선택하게 된다고 하였어요. 따라서 B 기법에서 선택한 직선은 이상치를 포함하지 않을 거예요.

⑤ A 기법에서 후보 직선의 정상치 집합에는 이상치가 포함될 수 있고 B 기법에서 후보 직선은 이상치를 지날 수 있다. ⭘

▶ A 기법은 무작위로 고른 두 점을 지나는 직선을 후보 직선으로 설정하기 때문에, 최종 후보군이 아닌 후보 직선에는 얼마든지 정상치 집합에 이상치가 포함될 수 있어요. 한편 B 기법에서 후보 직선은 임의로 정하는 것이기 때문에 이상치를 지나는 후보 직선도 있을 수 있어요.

04 [어휘] 답 ②

〈발문〉 문맥상 ⓐ~ⓔ와 바꿔 쓰기에 가장 적절한 것은?

① ⓐ 나타내기 : 형성(形成)하기 ✕

▶ ⓐ '나타내다'는 '어떤 일의 결과나 징후를 겉으로 드러내다.'라는 뜻이고, '형성하다'는 '어떤 형상을 이루다.'라는 뜻이므로 바꿔 쓰기에 적절하지 않아요

✔ ② ⓑ 빠져 : 누락(漏落)되어 ⭘

▶ ⓑ '빠지다'는 '차례를 거르거나 일정하게 들어 있어야 할 곳에 들어 있지 아니하다.'라는 뜻이고, '누락되다'는 '기입되어야 할 것이 기록에서 빠지다.'라는 뜻이므로 '빠지다'를 '누락되다'로 바꾸어 쓸 수 있어요.

③ ⓒ 생긴다 : 도래(到來)한다 ✕

▶ ⓒ '생기다'는 '없던 것이 새로 있게 되다.'라는 뜻이고, '도래하다'는 '어떤 시기나 기회가 닥쳐오다.'라는 뜻이므로 바꿔 쓰기에 적절하지 않아요

④ ⓓ 지나는 : 투과(透過)하는 ✕

▶ ⓓ '지나다'는 '어디를 거치어 가거나 오거나 하다.'라는 뜻이고, '투과하다'는 '장애물에 빛이 비치거나 액체가 스미면서 통과하다.'라는 뜻이므로 바꿔 쓰기에 적절하지 않아요.

⑤ ⓔ 멀어 : 소원(疏遠)하여 ✕

▶ ⓔ '멀다'는 '거리가 많이 떨어져 있다.'라는 뜻이고, '소원하다'는 '지내는 사이가 두텁지 아니하고 거리가 있어서 서먹서먹하다.'라는 뜻이므로 바꿔 쓰기에 적절하지 않아요. '멀다'가 '소원하다'와 유사하게 '서로의 사이가 다정하지 않고 서먹서먹하다.'라는 뜻으로 사용될 때도 있지만, 지문에 사용된 '멀다'는 단순히 '거리'가 멀리 떨어져 있다는 뜻이에요.

01 ③   **02** ④   **03** ⑤   **04** ④   [2022년 3월 고2 전국연합]

쌤이 그린 독해지도

인공지능 음성 언어 비서 시스템에서 오류 보정 기술
철자 오류 보정 방식 / 띄어쓰기 오류 보정 방식

②,③ 철자 오류 보정 방식
: 교정 사전 & 어휘별 통계 데이터
  기반으로 오류 보정
① 전처리 : 사용자의 발음이 불분명하게
        입력된 오류 보정
② 오류 문자열 판단 : 어절 단위로 구분해
            오류 존재 확인
③ 교정 후보 집합 생성
   └→ 오류 문자열과 교정 문자열
       모두 교정 후보
④ 최종 교정 문자열 탐색
   : 어휘별 통계 데이터 활용해
     결과 문장 도출

④ 띄어쓰기 오류 보정 방식
: 통계 데이터를 통해
  띄어쓰기 오류 보정
① 입력된 문장의 띄어쓰기를
  이진법으로 변환
② 올바른 문장에서 추출한
  통계 데이터와 비교
③ 빈도 수가 높은 띄어쓰기 결과에
  맞춰 오류 보정

⑤ 철자 오류 보정 방식 & 띄어쓰기 오류 보정 방식
- 공통점 : 통계데이터를 기반으로 함
- 단점 : 정확도 향상을 위해 데이터 양을 늘려야 하나
        속도 감소를 일으킴

| 문장은 정교하게 & 문단은 정리하며 |

❶ 최근 (스마트폰이나 자동차 등)에서 인공지능 음성 언어 비서 시스템이 사용되고 있다. 이 시스템이 제대로 작동하기 위해서는 사용자의 음성이 올바르게 인식되어야 한다. 그런데 불분명하게 발음하거나 여러 단어를 쉼 없이 발음하는 경우 시스템이 어떻게 이를 올바른 문장으로 인식할 수 있을까? 이럴 때는 입력된 음성 언어를 문자 언어로 변환한 다음, 통계 데이터를 활용하여 단어나 문장의 오류를 보정하는 자연어 처리 기술이 사용된다. 이러한 기술에는 철자 오류 보정 방식과 띄어쓰기 오류 보정 방식이 있다.
▶ 인공지능 음성 언어 비서 시스템에서 사용되는 자연어 처리 기술

❷ 철자 오류 보정 방식은 교정 사전과 어휘별 통계 데이터를 ⊙ 기반으로 잘못된 문자열을 올바른 문자열로 바꿔 주는 방식이다.[개념] 철자 오류 보정은 '전처리, 오류 문자열 판단, 교정 후보 집합 생성, 최종 교정 문자열 탐색' 과정을 거친다.[과정] 먼저 '전처리'는 입력 문장에서 사용자의 발음이 불분명하게 입력되어 시스템에서 처리가 불가능한 문자열을 처리가 가능한 문자열로 바꿔 주는 과정이다. 가령, '실크'가 '싥'으로 인식될 경우, '싥'이라는 음절이 국어에 쓰이지 않으므로 '실크'로 바꿔 준다. 이렇게 전처리가 끝나면 다음 단계인 '오류 문자열 판단' 단계로 넘어간다. 이 단계에서는 입력

[A]

문장을 구성하는 각각의 마디, 띄어쓰기의 단위
된 문장을 어절 단위의 문자열로 ⓛ 구분하여, 각 문자열이 교정 사전의 오류 문자열에 존재하는지 여부를 확인한다. 교정 사전이란 오류 문자열과 이를 수정한 교정 문자열이 쌍을 이루어 구축되어 있는 사전이다.[개념] 예를 들어 사람들이 자주 틀리는 어휘인 '할려고'의 경우, 교정 사전의 오류 문자열에 '할려고', 이를 수정한 교정 문자열에 '하려고'가 들어가 있다.
▶ 철자 오류 보정 방식의 개념과 과정 ①

❸ 처리된 문자열이 교정 사전의 오류 문자열에 존재하지 않을 경우 바로 결과 문장으로 도출되지만, 존재할 경우 '교정 후보 집합 생성' 단계로 넘어간다. 이 단계에서는 오류 문자열과 교정 문자열 모두를 교정 후보로 하는 교정 후보 집합을 ⓒ 생성한다. 예컨대 처리된 문자열이 '할려고'일 경우, '할려고'와 '하려고' 모두를 교정 후보로 하는 교정 후보 집합을 생성한다. 그런 다음 '최종 교정 문자열 탐색' 단계로 넘어간다. 여기서는 철자 오류가 거의 없는 교과서나 신문 기사와 같은 자료에서 어휘들의 사용 빈도를 추출한 어휘별 통계 데이터를 활용하여, 교정 후보 중 사용 빈도가 높은 문자열을 최종 교정 문자열로 선택하여 결과 문장을 도출한다. 만일 통계 데이터에서 '할려고'의 사용 빈도가 1회, '하려고'의 사용 빈도가 100회라면 '하려고'를 최종 교정 문자열로 선택하는 것이다.
▶ 철자 오류 보정 방식의 개념과 과정 ②

4 띄어쓰기 오류 보정 방식은 잘못된 띄어쓰기를 통계 데이터와 비교하여 올바른 띄어쓰기로 바꿔 주는 방식이다.[개념] 이를 위해서는 입력된 문장의 띄어쓰기를 시스템에서 처리할 수 있도록 이진법으로 변환하는 과정이 요구된다. 이 과정에서 음절의 좌나 우, 혹은 음절의 사이에 공백이 있을 때 1, 공백이 없을 때 0으로 표기한다. 가령 '동생이 밥 을 먹었다'라는 문장에서 '밥'은 음절의 좌, 우에 모두 공백이 있으므로 이를 이진법으로 나타내 '1밥1'이 되는데, 이를 편의상 '밥(11)'로 나타낸다. 같은 방법으로 '밥 을'은 두 음절의 좌, 사이, 우에 모두 공백이 있으므로 '밥을(111)'이 되고, '밥 을 먹'은 '밥을먹(1110)'이 된다. 이때 문장의 처음과 끝은 공백이 있는 것으로 처리한다. 이렇게 띄어쓰기를 이진법으로 변환한 다음, 올바르게 띄어쓰기가 구현된 문장에서 ㉢ 추출한 통계 데이터와 비교한다. 그 결과 빈도수가 높은 띄어쓰기 결과에 맞춰 띄어쓰기 오류를 보정한다. 만약 통계 데이터에서 '밥을(111)'의 빈도수가 낮고 '밥을(101)'의 빈도수가 높을 경우, 이에 따라 '밥 을'은 '밥을'로 띄어쓰기가 보정된다.[과정]
▶ 띄어쓰기 오류 보정 방식의 개념과 과정

5 이러한 방법들은 모두 올바른 단어나 문장에서 추출된 통계 데
철자 오류 보정 방식과 띄어쓰기 오류 보정 방식
이터를 기반으로 보정이 이루어진다는 공통점이 있다. 보정의 정확도를 ㉣ 향상시키기 위해서는 통계 데이터의 양을 늘리는 것이 요구되지만, 이 경우 데이터 처리 속도가 감소하게 된다는 단점이 있다. 이러한 문제점을 해결하기 위해 최근 보정의 정확도와 데이터의 처리 속도를 모두 향상시키기 위한 방안이 지속적으로 연구되고 있다. ▶ 철자 오류 보정 방식과 띄어쓰기 오류 보정 방식의 공통점과 개선점

01 [내용 이해] 답 ③

〈발문〉 윗글에서 알 수 있는 내용으로 적절하지 <u>않은</u> 것은?

① 잘못 입력된 문장이 보정되지 않으면 음성 언어 비서 시스템이 제 기능을 발휘하지 못한다. O

▶ 1문단에서 인공지능 음성 언어 비서 시스템이 제대로 작동하기 위해서는 사용자의 음성이 올바르게 인식되어야 한다고 했어요. 즉, 잘못 입력된 문장이 보정되어서 사용자의 음성이 올바르게 인식되어야 시스템이 제 기능을 발휘할 수 있어요.

〈근거 찾기〉
1 최근 스마트폰이나 자동차 등에서 인공지능 음성 언어 비서 시스템이 사용되고 있다. 이 시스템이 제대로 작동하기 위해서는 사용자의 음성이 올바르게 인식되어야 한다.

② 음성 인식 오류를 보정할 때는 사용자의 음성 언어를 문자 언어로 변환하는 과정이 선행된다. O

〈근거 찾기〉
1 그런데 불분명하게 발음하거나 여러 단어를 쉼 없이 발음하는 경우 시스템이 어떻게 이를 올바른 문장으로 인식할 수 있을까? 이럴 때는 입력된 음성 언어를 문자 언어로 변환한 다음, 통계 데이터를 활용하여 단어나 문장의 오류를 보정하는 자연어 처리 기술이 사용된다.

③ 철자 오류 보정 방식은 각 단계마다 입력된 문장을 음절 단위로 구분하여 데이터를 처리한다. ✕

▶ 철자 오류 보정 방식 중 전처리 단계에서는 문자열을 음절 단위로 구분하

여 데이터를 처리해요. 하지만 다음 단계인 오류 문자열 판단 단계에서는 문장을 어절 단위로 구분해 데이터를 처리해요. 따라서 각 단계마다 입력된 문장을 음절 단위로 구분한다는 설명은 적절하지 않아요.

〈근거 찾기〉
2 먼저 '전처리'는 입력 문장에서 사용자의 발음이 불분명하게 입력되어 시스템에서 처리가 불가능한 문자열을 처리가 가능한 문자열로 바꿔 주는 과정이다. 가령, '실크'가 '싥'으로 인식될 경우, '싥'이라는 음절이 국어에 쓰이지 않으므로 '실크'로 바꿔 준다. 이렇게 전처리가 끝나면 다음 단계인 '오류 문자열 판단' 단계로 넘어간다. 이 단계에서는 입력된 문장을 어절 단위의 문자열로 구분하여, 각 문자열이 교정 사전의 오류 문자열에 존재하는지 여부를 확인한다.

④ 띄어쓰기 오류 보정 방식에서 입력된 문장의 처음과 끝은 공백이 있는 것으로 처리된다. O

〈근거 찾기〉
4 가령 '동생이 밥 을 먹었다'라는 문장에서 '밥'은 음절의 좌, 우에 모두 공백이 있으므로 이를 이진법으로 나타내 '1밥1'이 되는데, 이를 편의상 '밥(11)'로 나타낸다. ~ 이때 문장의 처음과 끝은 공백이 있는 것으로 처리한다.

⑤ 통계 데이터에 포함된 데이터의 양을 늘리면 보정의 정확도는 증가하지만 처리 속도는 감소한다. O

〈근거 찾기〉
5 이러한 방법들은 모두 올바른 단어나 문장에서 추출된 통계 데이터를 기반으로 보정이 이루어진다는 공통점이 있다. 보정의 정확도를 향상시키기 위해서는 통계 데이터의 양을 늘리는 것이 요구되지만, 이 경우 데이터 처리 속도가 감소하게 된다는 단점이 있다.

02 [구체적 사례에 적용] 답 ④

〈발문〉 [A]를 참고로 하여 〈보기〉의 ㉮~㉭를 설명한 내용으로 적절하지 <u>않은</u> 것은? [3점]

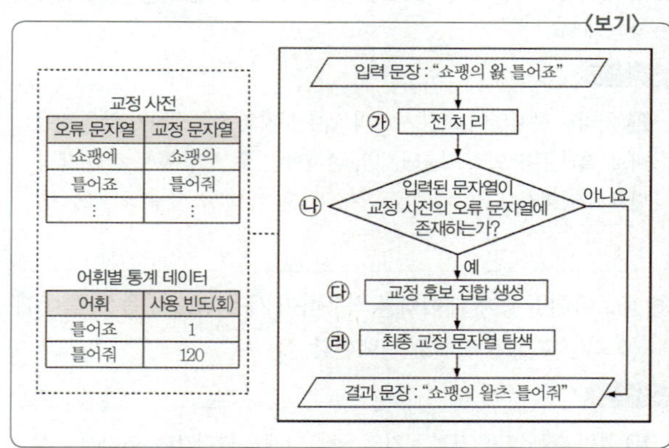

① ㉮ : '왏'를 '왈츠'로 교정하여 처리가 가능한 문자열로 바꿔 준다. O

▶ '왏'는 지문에 제시된 '싥'과 마찬가지로 국어에 쓰이지 않는 음절이므로 전처리 단계에서 '왈츠'로 바꿔 줍니다.

〈근거 찾기〉
2 먼저 '전처리'는 입력 문장에서 사용자의 발음이 불분명하게 입력되어 시스템에서 처리가 불가능한 문자열을 처리가 가능한 문자열로 바꿔 주는 과정이다. 가령, '실크'가 '싥'으로 인식될 경우, '싥'이라는 음절이 국어에 쓰이지 않으므로 '실크'로 바꿔 준다.

② ㉯ : '쇼팽의'를 교정 사전에서 확인한 결과 오류 문자열에 해당하지 않으므로 결과 문장으로 바로 보낸다. ○
▶ 교정 사전을 보면 '교정 문자열'에 '쇼팽의'가 있어요. 이처럼 '쇼팽의'는 오류 문자열에 해당하지 않으니 결과 문장으로 바로 보냅니다. 이때 '틀어죠'가 오류 문자열에 있으니 '틀어죠' 때문에 입력 문장을 결과 문장으로 바로 보낼 수 없다고 생각한 학생도 있을 수 있어요. 하지만 오류 문자열 판단 단계에서는 어절 단위로 문자열을 구분하기 때문에 '쇼팽의'와 '틀어죠'는 구분되어서 판단돼요.

> **근거 찾기**
> ❷ 이렇게 전처리가 끝나면 다음 단계인 '오류 문자열 판단' 단계로 넘어간다. 이 단계에서는 입력된 문장을 어절 단위의 문자열로 구분하여, 각 문자열이 교정 사전의 오류 문자열에 존재하는지 여부를 확인한다. 교정 사전이란 오류 문자열과 이를 수정한 교정 문자열이 쌍을 이루어 구축되어 있는 사전이다. 예를 들어 사람들이 자주 틀리는 어휘인 '할려고'의 경우, 교정 사전의 오류 문자열에 '할려고', 이를 수정한 교정 문자열에 '하려고'가 들어가 있다.
> ❸ 처리된 문자열이 교정 사전의 오류 문자열에 존재하지 않을 경우 바로 결과 문장으로 도출되지만, 존재할 경우 '교정 후보 집합 생성' 단계로 넘어간다.

③ ㉰ : '틀어죠'를 교정 사전에서 확인한 결과 오류 문자열에 해당하므로 '교정 후보 집합 생성' 단계로 보낸다. ○

> **근거 찾기**
> ❸ 처리된 문자열이 교정 사전의 오류 문자열에 존재하지 않을 경우 바로 결과 문장으로 도출되지만, 존재할 경우 '교정 후보 집합 생성' 단계로 넘어간다.

✔️ ㉱ : '틀어죠'가 교정 사전의 오류 문자열에 있으므로 ~~'틀어줘'만을 교정 후보로 하는~~ 교정 후보 집합을 생성한다. ✕
▶ 3문단을 보면 교정 후보 집합 생성 단계에서는 오류 문자열과 교정 문자열 모두를 교정 후보로 하는 교정 후보 집합을 생성한다고 나와 있어요. 따라서 '틀어줘'만을 교정 후보로 하는 교정 후보 집합을 생성하는 것이 아니라, '틀어죠'와 '틀어줘' 모두를 교정 후보로 하는 교정 후보 집합을 생성한다고 해야 맞는 내용이에요.

> **근거 찾기**
> ❸ 처리된 문자열이 교정 사전의 오류 문자열에 존재하지 않을 경우 바로 결과 문장으로 도출되지만, 존재할 경우 '교정 후보 집합 생성' 단계로 넘어간다. 이 단계에서는 오류 문자열과 교정 문자열 모두를 교정 후보로 하는 교정 후보 집합을 생성한다.

⑤ ㉲ : 어휘별 통계 데이터를 적용하여 사용 빈도가 높은 '틀어줘'를 최종 교정 문자열로 선택한다. ○

> **근거 찾기**
> ❸ 그런 다음 '최종 교정 문자열 탐색' 단계로 넘어간다. 여기서는 철자 오류가 거의 없는 교과서나 신문 기사와 같은 자료에서 어휘들의 사용 빈도를 추출한 어휘별 통계 데이터를 활용하여, 교정 후보 중 사용 빈도가 높은 문자열을 최종 교정 문자열로 선택하여 결과 문장을 도출한다. 만일 통계 데이터에서 '할려고'의 사용 빈도가 1회, '하려고'의 사용 빈도가 100회라면 '하려고'를 최종 교정 문자열로 선택하는 것이다.

03 [구체적 사례에 적용] **답 ⑤**

⟨발문⟩ 윗글을 바탕으로 할 때, ㄱ~ㅁ에서 ⟨보기⟩의 띄어쓰기 오류 보정이 일어난 이유로 가장 적절한 것은?

⟨보기⟩

입력 문장	→	결과 문장
ⓐ 나는 학생 이다		ⓑ 나는 학생이다

(통계 데이터 빈도수 비교 결과)

ㄱ. ⓐ의 '생(01)' > ⓑ의 '생(00)'
ㄴ. ⓑ의 '학생(100)' < ⓐ의 '학생(101)'
ㄷ. ⓐ의 '이다(101)' > ⓑ의 '이다(001)'
ㄹ. ⓑ의 '생이다(0001)' < ⓐ의 '생이다(0101)'
ㅁ. ⓑ의 '학생이(1000)' > ⓐ의 '학생이(1010)'

▶ 띄어쓰기 오류 보정 방식을 구체적 사례에 적용하는 문제예요. ⟨보기⟩의 입력 문장과 결과 문장을 비교해 보세요. 어떤 부분이 달라졌나요? ⓐ는 '학생∨이다'로 '학생'과 '이다' 사이를 띄어 썼는데, ⓑ는 '학생이다'로 '학생'과 '이다'를 붙여 썼어요. 통계 데이터에서 '학생∨이다'보다 '학생이다'의 빈도수가 더 높았으니 '학생이다'로 띄어쓰기가 보정되었을 거예요. 이 부분을 잘 설명한 선택지를 고르면 됩니다!

✔️ ㅁ ○
▶ 통계 데이터 빈도수가 ⓑ가 더 높아야 하니까, ⓐ가 더 높다고 한 ㄱ, ㄴ, ㄷ, ㄹ은 틀렸어요. ㄱ, ㄴ, ㄷ, ㄹ 모두 부등호가 반대로 바뀌어야 해요.

> **근거 찾기**
> ❹ 이렇게 띄어쓰기를 이진법으로 변환한 다음, 올바르게 띄어쓰기가 구현된 문장에서 추출한 통계 데이터와 비교한다. 그 결과 빈도수가 높은 띄어쓰기 결과에 맞춰 띄어쓰기 오류를 보정한다. 만약 통계 데이터에서 '밥을(111)'의 빈도수가 낮고, '밥을(101)'의 빈도수가 높을 경우, 이에 따라 '밥 을'은 '밥을'로 띄어쓰기가 보정된다.

04 [어휘] **답 ④**

⟨발문⟩ 문맥에 맞게 ㉠~㉤을 바꿔 쓴 것으로 적절하지 <u>않은</u> 것은?

① ㉠ 기반으로 : 바탕으로 ○
▶ '기반(基盤)'은 '기초가 되는 바탕. 또는 사물의 토대'라는 뜻이므로, '기반으로'는 '바탕으로'로 바꾸어 쓸 수 있어요.

② ㉡ 구분하여 : 나누어 ○
▶ '구분(區分)하다'는 '일정한 기준에 따라 전체를 몇 개로 갈라 나누다.'라는 뜻이므로 '나누다'로 바꾸어 쓸 수 있어요.

③ ㉢ 생성한다 : 만든다 ○
▶ '생성(生成)하다'는 '사물이 생겨나다. 또는 사물이 생겨 이루어지게 하다.'라는 뜻인데, 여기서는 두 번째 뜻으로 쓰이고 있으므로 '만들다'로 바꾸어 쓸 수 있어요.

✔️ ㉣ 추출한 : 고친 ✕
▶ '추출(抽出)하다'는 '전체 속에서 어떤 물건, 생각, 요소 따위를 뽑아내다.'라는 뜻이므로 '고치다'로 바꾸어 쓰기 어려워요. '뽑아내다'로 바꾸어 쓸 수 있어요.

⑤ ㉤ 향상시키기 : 높이기 ○
▶ '향상(向上)시키다'는 '실력, 수준, 기술 따위가 나아지게 하다.'라는 뜻이므로 '높이다'로 바꾸어 쓸 수 있어요.

쌤이 그린 독해지도

1 4비트를 1워드로 처리하는 컴퓨터의 데이터 표시법

최상위 비트   **데이터 비트**
: 양수일 때 0   : 정수의 절댓값을 이진수로 나타냄

2 부호화 절댓값   EX) -3 → 1011

: 음수일 때 최상위 비트 1로 표시

단점 ─ 오버플로를 처리하는 규칙이 없어서 연산이 부정확,
          ↳ 4비트 컴퓨터가 처리하는 1워드를 초과하게 된 것
      ─ 0000과 1000 모두 0을 나타냄 → 표현의 일관성과 저장공간의 효율성 떨어짐

3 1의 보수법   EX) -3 → 1100

          a에 대한 n의 보수
- 보수 : 보충을 해주는 수   □ + a = n

- 1의 보수법 : 음수일 때 최상위 비트를 1로 표시
              데이터 비트는 각 자리의 수에 대한 1의 보수로 표시

장점 - 오버플로 발생 시에도 계산값 정확
단점 - 계산값이 0000 또는 1111 모두 0을 나타냄

4 2의 보수법   EX) -3 → 1101

: 1의 보수로 나타낸 다음 데이터 비트에 1을 더함
  → 오버플로 발생 시 초과된 비트 버림으로써 0이 두가지로 표현되는 문제점 해결

| 문장은 정교하게 & 문단은 정리하며 |

❶ 컴퓨터는 0 또는 1로 표시되는 비트를 최소 단위로 삼아 내부
컴퓨터가 0과 1을 이용하는 이진법으로 연산을 수행하기 위해 사용하는 최소의 정보 저장 단위
적으로 데이터를 표시한다. 컴퓨터가 한 번에 처리하는 비트 수
는 정해져 있는데, 이를 워드라고 한다. 예를 들어 64비트의 컴퓨
터는 64개의 비트를 1워드로 처리한다. 4비트를 1워드로 처리하
는 컴퓨터에서 양의 정수를 표현하는 경우, 4비트 중 가장 왼쪽
자리인 최상위 비트는 0으로 표시하여 양수를 나타내고 나머지
3개의 비트로 정수의 절댓값을 나타낸다. 0111의 경우 가장 왼쪽
자리인 '0'은 양수를 표시하고 나머지 '111'은 정수의 절댓값 7을
이진수로 나타낸 것으로, +7을 표현하게 된다. 이때 최상위 비트
이진법으로 나타낸 수. 십진수 0, 1, 2, 3, 4, 5, 6, 7은 이진수 000, 001, 010, 011, 100, 101, 110, 111로 나타냄
를 제외한 나머지 비트를 데이터 비트라고 한다.
▶ 4비트 컴퓨터의 데이터 표시 방법
❷ 그런데 음의 정수를 표현하는 경우에는 최상위 비트를 1로 표
시한다. -3을 표현한다면 -3의 절댓값 3을 이진수로 나타낸 011에
최상위 비트 1을 덧붙이면 된다. 이러한 음수 표현 방식을 ㉠ '부
호화 절댓값'이라고 한다. 그러나 부호화 절댓값은 연산이 부정
확하다. 예를 들어 7-3을 계산한다면 7+(-3)인 0111+1011로

표현된다. 컴퓨터에서는 0과 1만 사용하기 때문에 1에 1을 더하
면 바로 윗자리 숫자가 올라가 10으로 표현된다. 따라서 0111에
1011을 더하면 10010이 된다. 10010은 4비트 컴퓨터가 처리하는
1워드를 초과하게 된 것으로, 이러한 현상을 오버플로라 한다.
부호화 절댓값에서는 오버플로를 처리하는 별도의 규칙이 없기
때문에 계산값이 부정확하다. 또한 0000 또는 1000이 0을 나타
내어 표현의 일관성과 저장 공간의 효율성이 떨어진다.
▶ 부호화 절댓값의 개념과 단점
❸ 음의 정수를 나타내는 또 다른 방식으로 ㉡ '1의 보수법'이 있
다. 보수란 보충을 해 주는 수를 의미하는 것으로, 어떤 수 a에 대
한 n의 보수는 a와의 합이 n이 되는 수이다. 예를 들어 1에 대한
1의 보수는 0이고, 0에 대한 1의 보수는 1이다. 1의 보수법으로 음
수를 표현하는 방법은 최상위 비트를 1로 표시하고 데이터 비트
는 각 자리의 수에 대한 1의 보수로 나타내는 방식이다. 1의 보수
는 각 자리의 수에 대해 합이 1이 되는 수이므로, -3을 1의 보수
법으로 표현한다면 -3의 절댓값 3을 이진수로 나타낸 011에 대
한 1의 보수 100이 데이터 비트가 된다. 여기에 음수를 표시하는

최상위 비트 1을 덧붙여 1100이 된다. 1의 보수법에서는 오버플로가 발생할 경우 별도의 처리 규칙을 활용하여 계산값을 정확하게 할 수 있다. 그러나 계산값이 0000 또는 1111인 경우 0을 나타내는 문제는 해결할 수 없다.

▶ 1의 보수법의 개념과 장단점

4 ㉮ 0이 두 가지로 표현되는 문제점을 해결한 음수 표현 방식이 '2의 보수법'이다. 2의 보수법은 1의 보수로 나타낸 다음 데이터 비트에 1을 더하는 방식이다. 2의 보수법으로 −3을 표현한다면, −3의 절댓값 3을 이진수로 나타낸 011에 대한 1의 보수 100을 구한 다음, 1을 더한 101에 음수를 표시하는 최상위 비트 1을 덧붙여 1101이 된다. 4비트를 1워드로 처리하는 컴퓨터를 가정하여 7−3을 2의 보수법으로 계산해 보자. 양의 정수를 표현하는 경우에는 1의 보수법이나 2의 보수법을 사용할 필요가 없다. 따라서 7−3은 7+(−3)이므로 2의 보수법으로 0111+1101이 된다. 이를 연산하면 10100이 되어 4비트를 초과하게 된다. 2의 보수법에서는 오버플로가 발생하면 초과된 비트를 버려야 하므로 그 결과 0100이 나온다.

▶ 2의 보수법의 개념과 장단점

01 [내용 이해] 답 ①

〈발문〉 윗글을 읽고 해결할 수 있는 질문이 아닌 것은?

① 컴퓨터에서 양의 정수인 경우 최상위 비트를 0으로 표시하도록 정한 이유는 무엇일까? ✕

▶ 1문단에서 양의 정수인 경우 최상위 비트를 0으로 표시한다고 하였지만, 그 이유에 대해서는 나와 있지 않아요.

> **근거 찾기**
>
> **1** 4비트를 1워드로 처리하는 컴퓨터에서 양의 정수를 표현하는 경우, 4비트 중 가장 왼쪽 자리인 최상위 비트는 0으로 표시하여 양수를 나타내고 나머지 3개의 비트로 정수의 절댓값을 나타낸다.

② 부호화 절댓값에서 저장 공간의 효율성이 떨어지는 이유는 무엇일까? ○

▶ 2문단에서 0을 나타내는 방식이 0000과 1000, 두 가지이기 때문에 저장 공간의 효율성이 떨어진다고 하였어요.

> **근거 찾기**
>
> **2** 또한 0000 또는 1000이 0을 나타내어 표현의 일관성과 저장 공간의 효율성이 떨어진다.

③ 컴퓨터에서 음의 정수를 표현하는 방식에는 어떤 것이 있을까? ○

▶ 음의 정수를 표현하는 방식으로 2문단에서 '부호화 절댓값', 3문단에서 '1의 보수법', 4문단에서 '2의 보수법'을 설명하고 있어요.

④ 컴퓨터 내부에서 데이터를 표시하는 최소 단위는 무엇일까? ○

> **근거 찾기**
>
> **1** 컴퓨터는 0 또는 1로 표시되는 비트를 최소 단위로 삼아 내부적으로 데이터를 표시한다.

⑤ 부호화 절댓값의 연산이 부정확한 이유는 무엇일까? ○

> **근거 찾기**
>
> **2** 부호화 절댓값에서는 오버플로를 처리하는 별도의 규칙이 없기 때문에 계산값이 부정확하다.

02 [내용 이해] 답 ⑤

〈발문〉 4비트를 1워드로 처리하는 컴퓨터에서 ㉠ '부호화 절댓값'과 ㉡ '1의 보수법'을 사용한다고 할 때, 이에 대해 이해한 내용으로 가장 적절한 것은?

① ㉠ 부호화 절댓값과 달리 ㉡ 1의 보수법에서는 오버플로가 발생하지 않을 것이다. ✕

▶ ㉡ '1의 보수법'에서도 오버플로가 발생할 수 있어요. 다만, '1의 보수법'에서는 ㉠ '부호화 절댓값'에서와 달리 별도의 처리 규칙을 활용해 계산값을 정확하게 할 수 있어요.

> **근거 찾기**
>
> **3** 1의 보수법에서는 오버플로가 발생할 경우 별도의 처리 규칙을 활용하여 계산값을 정확하게 할 수 있다.

② ㉠ 부호화 절댓값에 비해 ㉡ 1의 보수법에서 정수의 절댓값을 나타내는 비트의 개수가 많다. ✕

▶ 4비트를 1워드로 처리하는 컴퓨터에서는 ㉠ '부호화 절댓값'과 ㉡ '1의 보수법' 모두 정수의 절댓값을 나타내는 비트의 개수가 3개로 같아요.

③ ㉡ 1의 보수법과 달리 ㉠ 부호화 절댓값에서는 음의 정수를 표현할 때 최상위 비트가 1이다. ✕

▶ ㉠ '부호화 절댓값'과 ㉡ '1의 보수법' 모두 음의 정수를 표현할 때 최상위 비트는 1이에요.

④ ㉡ 1의 보수법에 비해 ㉠ 부호화 절댓값에서의 계산값이 더 정확할 것이다. ✕

> **근거 찾기**
>
> **3** 1의 보수법에서는 오버플로가 발생할 경우 별도의 처리 규칙을 활용하여 계산값을 정확하게 할 수 있다.

⑤ ㉠ 부호화 절댓값으로 표현한 음의 정수를 ㉡ 1의 보수법으로 표현하면 서로 다른 데이터 비트가 나올 것이다. ○

▶ ㉠ '부호화 절댓값'과 ㉡ '1의 보수법' 모두 음수를 표현할 때 최상위 비트 1을 쓴다는 점은 같아요. 하지만 데이터 비트의 경우, ㉠ '부호화 절댓값'은 절댓값을 이진수로 표현하지만, ㉡ '1의 보수법'은 각 자리의 수에 대한 1의 보수로 나타내기 때문에 서로 다른 데이터 비트가 나올 거예요.

03 [구체적 사례에 적용] 답 ⑤

〈발문〉 윗글을 바탕으로 〈보기〉를 이해할 때 적절하지 않은 것은? [3점]

> ─〈보기〉─
>
> (가) 4비트를 1워드로 처리하는 컴퓨터가 1의 보수법을 이용하여 4−7을 계산한다.
>
> (나) 4비트를 1워드로 처리하는 컴퓨터가 2의 보수법을 이용하여 −3−4를 계산한다.

▶ 주어진 숫자를 '이진법, 1의 보수법, 2의 보수법'으로 나타낼 수 있어야 문제를 풀 수 있어요. 하지만 지문에 힌트가 굉장히 많기 때문에 계산에 자신이 없어도 충분히 풀 수 있으니까 찬찬히 살펴봅시다!

우선 주어진 숫자를 이진수로 나타내야 해요. 어떻게 나타내는지 잘 모를 경우 지문의 맨 마지막을 보세요. 0~7을 이진수로 어떻게 나타내는지 알려 주고 있죠? 이걸 보고 풀어도 됩니다.

먼저 1의 보수법을 살펴볼까요? 3문단에서 음수를 표현할 때 데이터 비트는 각 자리 수에 대한 1의 보수로 나타내면 된다고 하면서, '1에 대한 1의 보수는 0이고, 0에 대한 1의 보수는 1이다.'라고 했어요. 그 얘기는 1은 0으로 바꾸고, 0은 1로 바꾸라는 뜻이에요! 만약 0100이라면 1011이 되는 거죠. 하나도 어렵지 않죠?

다음은 2의 보수법이에요. 4문단을 보면 2의 보수법은 1의 보수법에 데이터 비트 1을 더하기만 하면 돼요. 만약 1의 보수법으로 100이 나왔다면 101이 되고, 1010이 나왔다면 110이 되는 거예요.

그리고 마지막으로, 가장 왼쪽 자리인 최상위 비트는 양수일 때는 0, 음수일 때는 10이라는 것도 명심합시다!

자, 그럼 (가)를 봅시다. 1의 보수법으로 '4−7'을 표현하면, 4는 양수이므로 1의 보수법을 사용할 필요가 없으니 01000이에요. 그리고 7은 이진법으로 나타냈을 때 1110이고, 1의 보수법으로 나타내면 0000이지요. 그런데 음수이기 때문에 최상위 비트를 1로 표시하니 10000이 돼요. 결국 '4−7'은 0100 + 1000 = 1100과 같이 계산할 수 있어요.

(나)의 경우 2의 보수법으로 '−3−4'를 계산해야 해요. 우선 3은 이진법으로 나타냈을 때 0011이고, 1의 보수법으로 나타내면 1000이에요. 2의 보수법으로 나타내면 1010이죠? 그래서 −3은 11010이 돼요. 한편 4는 이진법으로 1000이고, 1의 보수법으로는 011, 2의 보수법으로는 1000이에요. 그래서 −4는 1100입니다. 이걸 그대로 계산하면 1101 + 1100 = 11001로 오버플로가 발생해요. 2의 보수법에서 오버플로가 발생하면 초과된 비트를 버리기 때문에 가장 왼쪽에 있는 1을 버려서 1001이 최종 답이 돼요.

① (가)의 경우 0100에 1000을 더하면 1100이 되어 오버플로가 발생하지 않겠군. ○

▶ (가)의 경우 5자리가 되지 않고 4자리에서 계산이 끝났기 때문에, 오버플로가 발생하지 않아요.

② (가)의 경우와 (나)의 경우 모두 계산 과정에서 1의 보수가 활용되겠군. ○

▶ (가)는 1의 보수법을 이용하는 계산이므로 당연히 1의 보수를 활용해요. (나) 역시 1의 보수를 구한 후 데이터 비트에 1을 더하는 2의 보수법을 이용하기 때문에 1의 보수가 활용돼요.

> **근거 찾기**
>
> ❹ 2의 보수법은 1의 보수로 나타낸 다음 데이터 비트에 1을 더하는 방식이다.

③ (가)의 경우 4의 데이터 비트는 100, (나)의 경우 −4의 데이터 비트는 100으로 같게 나타나겠군. ○

▶ 〈보기〉의 해설을 보면 알 수 있어요. (가)의 4는 양수이므로 이진수 100으로 표기해요. 또한 (나)의 −4는 음수이므로 절댓값 4를 이진수인 100으로 표현한 후, 이를 다시 1의 보수인 011로 나타내요. 그다음 1을 더하면 1001이 돼요.

④ (나)의 경우 오버플로가 발생하기 때문에 초과된 비트는 버려야 하겠군. ○

▶ 최종 계산에서 1101 + 1100 = 11001이 되므로 오버플로가 발생해요. 그런데 2의 보수법에서는 오버플로가 발생하면 초과된 비트를 버린다고 했어요.

> **근거 찾기**
>
> ❺ 2의 보수법에서는 오버플로가 발생하면 초과된 비트를 버려야 하므로 그 결과 0100이 나온다.

⑤ (나)의 경우 −4의 절댓값을 이진수로 나타낸 100에 1을 더하면 −4에 대한 2의 보수가 되겠군. ✕

▶ −4의 절댓값을 이진수로 나타낸 100에 1을 더하는 것이 아니라, −4의 절댓값을 이진수로 표현한 100에 대한 1의 보수 011에 1을 더한 후 최상위 비트 1을 덧붙여야 −4에 대한 2의 보수가 됩니다!

04 [추론] 답 ②

〈발문〉 〈보기〉와 같이 ㉮의 이유를 설명할 때, ⓐ∼ⓒ에 들어갈 내용으로 가장 적절한 것은?

> 〈보기〉
>
> (ⓐ)으로 표현된 (ⓑ)이 2의 보수법에서는 (ⓒ)(으)로 표현되기 때문이다.

▶ 0이 두 가지로 표현되는 것은 '부호화 절댓값'과 '1의 보수법' 모두에서 나타나는 문제예요. 따라서 ⓐ에는 부호화 절댓값과 1의 보수법 둘 다 들어갈 수 있어요. 다만 ⓐ가 무엇이냐에 따라 ⓑ와 ⓒ의 값은 조금씩 달라져요. 우선 ⓐ에 부호화 절댓값이 들어간다면 ⓑ에는 0000 또는 1000이 들어가게 돼요. 반면 ⓐ에 1의 보수법이 들어간다면 ⓑ에는 0000 또는 1111이 들어가야 하죠. 그런데 0000은 선택 사항에서 제외돼요. 왜냐하면 부호화 절댓값, 1의 보수법, 2의 보수법 모두 음수를 표현하는 방법들인데, 0000은 양수이기 때문이에요.

그럼 ⓒ를 계산해 볼까요? 부호화 절댓값의 1000과 1의 보수법의 1111을 각각 2의 보수법으로 계산해 보면 아래와 같이 모두 0000으로 나오는 것을 볼 수 있습니다. 즉, 2의 보수법에서는 +0이든 −0이든 상관없이 0은 모두 0000으로만 표현되네요.

ⓐ	ⓑ	2의 보수법으로 계산하는 과정	ⓒ
부호화 절댓값	1000	1의 보수법으로 표현하면 1111 → 여기에 1을 더해 2의 보수법으로 표현하면 10000 → 초과된 비트를 버리면 00000이 됨	0000
1의 보수법	1111	1111에 1을 더해 2의 보수법으로 표현하면 → 10000 → 초과된 비트를 버리면 00000이 됨	0000

정리하면, 답이 될 수 있는 것은 다음의 두 가지 경우뿐이라는 것을 알 수 있어요.
'ⓐ 부호화 절댓값, ⓑ 1000, ⓒ 0000' 또는 'ⓐ 1의 보수법, ⓑ 1111, ⓒ 0000'

	ⓐ	ⓑ	ⓒ
①	1의 보수법	0000	0001
②	1의 보수법	1111	0000
③	부호화 절댓값	0000	0001
④	부호화 절댓값	1000	1111
⑤	부호화 절댓값	1111	0000

▶ ⓐ∼ⓒ에 들어갈 내용으로 적절한 것은 선택지 ②예요.

01 ①　02 ④　03 ③　04 ③　05 ④　　　　　[2018년 3월 고1 전국연합]

> **쌤이 그린 독해지도**

1 초고층 건물을 지을 때 고려해야 하는 힘
- 수직 하중 : 건물 자체의 무게로 인해 땅 표면에 수직으로 작용하는 힘
- 수평 하중 : 바람이나 지진 등에 의해 건물에 가로 방향으로 작용하는 힘

2 수직 하중을 견디기 위한 구조
: 보기둥 구조
- 기둥과 기둥 사이에 수평 구조물인 보 설치
  그 위에 바닥 판을 놓은 구조
- 한 층당 높이가 높아짐
- 하중이 기둥에 집중되지 않고 분산

3 수평하중의 특성
① 건물에 미치는 영향이 수직 하중보다 큼
② 바람 ┌ 넓은 공간 → 좁은 공간 : 풍속이 빨라짐　　　⇨ 수평하중 증가
　　　　└ 공명현상

수평하중을 견디기 위한 구조

4 코어 구조
- 빈 파이프 모양의 철골 콘크리트 구조물을 건물 중앙에 세운 것
- 코어에 보와 기둥을 강하게 접합
- 가운데 빈 공간에 시설 설치

5 아웃리거 - 벨트 트러스 구조
- 코어 구조 보완 (코어에 무리한 힘이 가해지는 것을 예방)
- 벨트 트러스 : 철골로 외부 기둥을 삼각형 구조의 트러스로 벨트처럼 둘러싼 것
- 아웃리거 : 콘크리트로 벨트 트러스를 코어와 연결한 것

6 TLCD
- U 자형 관 안에 물이 채워진 것
- 초고층 건물의 상층부 중앙에 설치
- 관성의 법칙에 따라, 건물이 기울어진 반대쪽 관의 물 높이가 높아짐
  ↳ 건물을 기울어지게 하는 힘이 약화됨
- 물이 무거울수록, 관 전체의 가로 폭이 넓어질수록 흔들림 ⇓
- 수평하중과 수직하중을 함께 고려하여 설계해야함

| 문장은 정교하게 & 문단은 정리하며 |

1 초고층 건물은 높이가 200미터 이상이거나 50층 이상인 건물을 말한다. 이런 초고층 건물을 지을 때는 건물에 ⓐ 작용하는 힘을 고려해야 한다. 건물에 작용하는 힘에는 수직 하중과 수평 하중이 있다. 수직 하중은 건물 자체의 무게로 인해 땅 표면에 수직 방향으로 작용하는 힘이고, 수평 하중은 (바람이나 지진 등)에 의해 건물에 가로 방향으로 작용하는 힘이다.
　　　▶ 초고층 건물을 지을 때 고려해야 하는 힘 – 수직 하중, 수평 하중

2 수직 하중을 견디기 위해서 ⓑ 고안된 가장 단순한 구조는 ㉠ 보기둥 구조이다. 보기둥 구조는 기둥과 기둥 사이를 가로지르는 수평 구조물인 보를 설치하고 그 위에 바닥판을 놓은 구조이다. 보기둥 구조에서는 설치된 보의 두께만큼 건물의 한 층당 높이가 높아지지만, 바닥판에 작용하는 하중이 기둥에 집중되지 않고 보에 의해 ⓒ 분산되기 때문에 수직 하중을 잘 견딜 수 있다.
　　　▶ 수직 하중을 견디기 위한 구조 : 보기둥 구조

3 위에서 아래 방향으로만 작용하는 수직 하중과 달리 수평 하중은 사방에서 작용하는 힘이기 때문에 초고층 건물의 안전에 미치는 영향이 수직 하중보다 훨씬 크다. 수평 하중은 초고층 건물의 안전을 위협하는 주요 요인인데, 바람은 건물에 작용하는 수평 하중의 90% 이상을 차지한다. 건물이 많은 도심에서는 넓은 공간에서 좁은 공간으로 바람이 불어오면서 풍속이 빨라지는 현상이 발생해 건물에 작용하는 수평 하중을 크게 만든다. 그리고 바람에 의해 공명 현상이 발생하면 건물이 매우 크게 흔들리게 되어 건물의 안전을 위협하게 된다.
　　　▶ 수평 하중의 특징

4 건물이 수평 하중을 견디기 위해서는 기본적으로 뼈대에 해당하는 보와 기둥을 아주 단단하게 붙여야 하지만, 초고층 건물의 경우 이것만으로는 수평 하중을 견디기 힘들다. 그래서 등장한 것이 ㉡ 코어 구조이다. 코어는 빈 파이프 모양의 철골 콘크리트

구조물을 건물 중앙에 세운 것으로, 코어에 건물의 보와 기둥들을 강하게 접합한다. 이렇게 하면 외부에서 작용하는 수평 하중에도 불구하고 코어로 인해 건물이 크게 흔들리지 않게 된다. 그런데 초고층 건물은 그 높이가 높아질수록 수평 하중이 커지고 그에 따라 코어의 크기도 커져야 한다. 코어 구조는 가운데 빈 공간이 있어 공간 활용의 효율성이 떨어지기 때문에 현대의 초고층 건물은 ㉮ 코어에 (승강기나 화장실, 계단, 수도, 파이프 같은) 시설을 설치하는 경우가 많다. ▶ 수평 하중을 견디기 위한 구조 ① : 코어 구조

❺ 그런데 초고층 건물의 높이가 점점 높아지면 코어 구조만으로는 수평 하중을 완벽하게 견뎌 낼 수 없다. 그래서 ㉡ 아웃리거─벨트 트러스 구조를 사용하여 코어 구조를 보완한다. 아웃리거─벨트 트러스 구조에서 벨트 트러스는 철골을 사용하여 건물의 외부 기둥들을 삼각형 구조의 트러스로 짜서 벨트처럼 둘러 싼 것으로 수평 하중을 ⓓ 지탱하는 역할을 한다. 삼각형 구조의 트러스로 외부 기둥들을 연결하면 외부에서 작용하는 힘이 철골 접합부를 통해 전체적으로 분산되기 때문에 코어에 무리한 힘이 가해지는 것을 예방할 수 있다. 그리고 아웃리거는 콘크리트를 사용하여 건물 외벽에 설치된 벨트 트러스를 내부의 코어와 ⓔ 견고하게 연결한 것으로, 아웃리거와 벨트 트러스는 필요에 따라 건물 중간중간에 여러 개가 설치될 수 있다. 그런데 아웃리거는 건물 내부를 가로지를 수밖에 없어서 효율적인 공간 구성에 방해가 된다. 이런 단점을 극복하기 위해 ㉯ 아웃리거를 기계 설비층에 설치하거나 층과 층 사이, 즉 위층 바닥과 아래층 천장 사이에 설치하기도 한다. ▶ 수평 하중을 견디기 위한 구조 ② : 아웃리거─벨트 트러스 구조

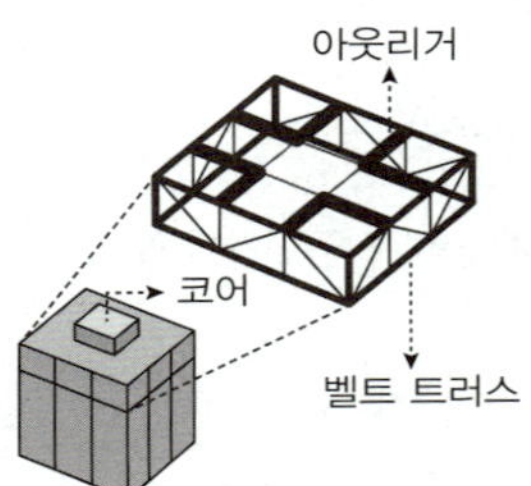

〈아웃리거 ─ 벨트 트러스 구조〉

[A]

❻ 초고층 건물은 특수한 설비를 이용하여 바람으로 인한 건물의 흔들림을 줄이기도 하는데 대표적인 것이 TLCD, 즉 동조 액체 기둥형 댐퍼이다. TLCD는 U자형 관 안에 수백 톤의 물이 채워진 것으로 초고층 건물의 상층부 중앙에 설치한다. 바람이 불어 건물이 한쪽으로 기울어져도 물은 관성의 법칙에 따라 원래의 자리에 있으려 하기 때문에 건물이 기울어진 반대 쪽에 있는 관의 물 높이가 높아진다. 그렇게 되면 그 관의 아래로 작용하는 중력도 커지고, 이로 인해 건물을 기울어지게 하는 힘을 약화시켜 흔들림이 줄어들게 된다. 물이 무거울수록 그리고 관 전체의 가로 폭이 넓어질수록 수평 방향의 흔들림을 줄여 주는 효과가 크다. 하지만 그에 따라 수직 하중이 증가하므로 TLCD는 수평 하중과 수직 하중을 함께 고려하여 설계해야 한다. ▶ 수평 하중을 견디기 위한 특수 설비 : TLCD

TLCD에 담긴 물리학 지식

용기에 담긴 물은 원래의 상태를 유지하려는 성질, 즉 관성의 법칙 때문에 운동 방향의 반대쪽으로 높아지게 돼요. 아래 그림처럼 말이지요.

TLCD도 이와 같은 원리를 이용한 설비예요. 건물이 왼쪽으로 휘청이면 순간적으로 물은 오른쪽으로 치우치게 되고, 물의 무게로 인해 건물의 흔들림을 줄일 수 있게 되는 거지요.

01 [내용 이해] 답 ①

〈발문〉 윗글의 내용에 대한 이해로 적절하지 않은 것은?

☑ ① 수직 하중은 수평 하중과 달리 사방에서 건물에 가해지는 힘이다. ✕

▶ 수직 하중은 땅 표면에 수직 방향으로 작용하는 힘이고, 수평 하중은 사방에서 작용하는 힘이라고 했어요. 이 선택지에서는 수직 하중과 수평 하중의 개념을 뒤바꾸어 설명하고 있네요.

근거 찾기

❸ 위에서 아래 방향으로만 작용하는 수직 하중과 달리 수평 하중은 사방에서 작용하는 힘이기 때문에 초고층 건물의 안전에 미치는 영향이 수직 하중보다 훨씬 크다.

② 건물이 높아질수록 건물에 가해지는 수직 하중은 증가한다. ○

▶ 수직 하중은 건물 자체의 무게로 인해 땅 표면에 수직 방향으로 작용하는 힘이에요. 그러므로 건물이 높아질수록 건물 무게가 무거워질 테니 수직 하중 역시 증가하겠죠.

③ 보기둥 구조에서 보의 두께는 한 층당 높이에 영향을 준다. ○

근거 찾기

❷ 보기둥 구조에서는 설치된 보의 두께만큼 건물의 한 층당 높이가 높아지지만, 바닥판에 작용하는 하중이 기둥에 집중되지 않고 보에 의해 분산되기 때문에 수직 하중을 잘 견딜 수 있다.

④ 넓은 공간에서 좁은 공간으로 바람이 불어오면 풍속이 빨라진다. ○

근거 찾기

❸ 건물이 많은 도심에서는 넓은 공간에서 좁은 공간으로 바람이 불어오면서 풍속이 빨라지는 현상이 발생해 건물에 작용하는 수평 하중을 크게 만든다.

⑤ 공명 현상은 건물에 가해지는 수평 하중을 증가시키는 요인이 된다. ○

근거 찾기

❸ 건물이 많은 도심에서는 넓은 공간에서 좁은 공간으로 바람이 불어오면서 풍속이 빨라지는 현상이 발생해 건물에 작용하는 수평 하중을 크게 만든다. 그리고 바람에 의해 공명 현상이 발생하면 건물이 매우 크게 흔들리게 되어 건물의 안전을 위협하게 된다.

02 [비교 이해] **답 ④**

〈발문〉 ⑦ 보기둥 구조, ⓛ 코어 구조, ⓒ 아웃리거－벨트 트러스 구조를 설명한 내용으로 적절하지 <u>않은</u> 것은?

① ⑦ 보기둥 구조는 기둥과 기둥 사이에 설치한 수평 구조물 위에 바닥판을 놓는 구조이다. **O**

> 근거 찾기
> **2** 보기둥 구조는 기둥과 기둥 사이를 가로지르는 수평 구조물인 보를 설치하고 그 위에 바닥판을 놓은 구조이다.

② ⑦ 보기둥 구조에서 보는 건물에 작용하는 수직 하중이 기둥에 집중되는 것을 예방한다. **O**

> 근거 찾기
> **2** 보기둥 구조에서는 설치된 보의 두께만큼 건물의 한 층당 높이가 높아지지만, 바닥판에 작용하는 하중이 기둥에 집중되지 않고 보에 의해 분산되기 때문에 수직 하중을 잘 견딜 수 있다.

③ ⓛ 코어 구조에서 코어는 건물의 높이가 높아짐에 따라 그 크기가 커져야 한다. **O**

> 근거 찾기
> **4** 초고층 건물은 그 높이가 높아질수록 수평 하중이 커지고 그에 따라 코어의 크기도 커져야 한다.

④ ⓒ 아웃리거－벨트 트러스 구조에서 ~~트러스~~는 아웃리거와 코어의 결합력을 높여 수평 하중을 덜 받게 한다. **✗**

▶ 트러스는 철골을 사용하여 건물의 외부 기둥들을 벨트처럼 둘러 싼 것이고, 이 트러스와 코어의 결합력을 높여 주는 것이 아웃리거예요. 따라서 아웃리거와 코어의 결합력을 트러스가 높여 준다는 설명은 적절하지 않아요.

> 근거 찾기
> **5** 아웃리거는 콘크리트를 사용하여 건물 외벽에 설치된 벨트 트러스를 내부의 코어와 견고하게 연결한 것으로, 아웃리거와 벨트 트러스는 필요에 따라 건물 중간중간에 여러 개가 설치될 수 있다.

⑤ ⓛ 코어 구조와 ⓒ 아웃리거－벨트 트러스 구조를 함께 사용하면 건물에 작용하는 수평 하중을 견디는 힘이 커진다. **O**

▶ 코어 구조만으로 수평 하중을 견뎌 내기 힘들기 때문에 아웃리거－벨트 트러스 구조를 사용하여 코어 구조를 보완한다고 했어요. 따라서 이 둘을 함께 사용하면 수평 하중을 견디는 힘이 커진다고 이해할 수 있어요.

> 근거 찾기
> **5** 초고층 건물의 높이가 점점 높아지면 코어 구조만으로는 수평 하중을 완벽하게 견뎌 낼 수 없다. 그래서 아웃리거－벨트 트러스 구조를 사용하여 코어 구조를 보완한다.

03 [내용 이해] **답 ③**

〈발문〉 문맥을 고려할 때, ㉮와 ㉯의 이유로 가장 적절한 것은?

① 건물의 외부 미관을 살리기 위해서 **✗**

② 건물의 건설 비용을 줄이기 위해서 **✗**

③ 건물의 공간을 효율적으로 활용하기 위해서 **O**

▶ ㉮가 포함된 문장을 보면, '코어 구조는 가운데 빈 공간이 있어 공간 활용의 효율성이 떨어지기 때문에' 코어에 여러 가지 시설을 설치한다고 했어요. 그리고 ㉯가 포함된 문장을 보면, '아웃리거는 건물 내부를 가로지를 수밖에 없어서 효율적인 공간 구성에 방해가 된다. 이런 단점을 극복하기 위해' ㉯와 같이 설치한다고 하였고요. 즉, 건물의 공간을 효율적으로 활용하기 위해 ㉮와 ㉯처럼 설치한다는 것을 알 수 있어요.

> 근거 찾기
> **4** 코어 구조는 가운데 빈 공간이 있어 공간 활용의 효율성이 떨어지기 때문에 현대의 초고층 건물은 ㉮ <u>코어에 승강기나 화장실, 계단, 수도, 파이프 같은 시설을 설치하는 경우가 많다.</u>
> **5** 그런데 아웃리거는 건물 내부를 가로지를 수밖에 없어서 효율적인 공간 구성에 방해가 된다. 이런 단점을 극복하기 위해 ㉯ <u>아웃리거를 기계 설비층에 설치하거나 층과 층 사이, 즉 위층 바닥과 아래층 천장 사이에 설치하기도 한다.</u>

④ 건물에 작용하는 외부의 힘을 줄이기 위해서 **✗**

⑤ 필요에 따라 공간의 용도를 변경하기 위해서 **✗**

04 [내용 이해] **답 ③**

〈발문〉 [A]를 바탕으로 〈보기〉의 'TLCD'를 이해한 내용으로 적절하지 <u>않은</u> 것은? [3점]

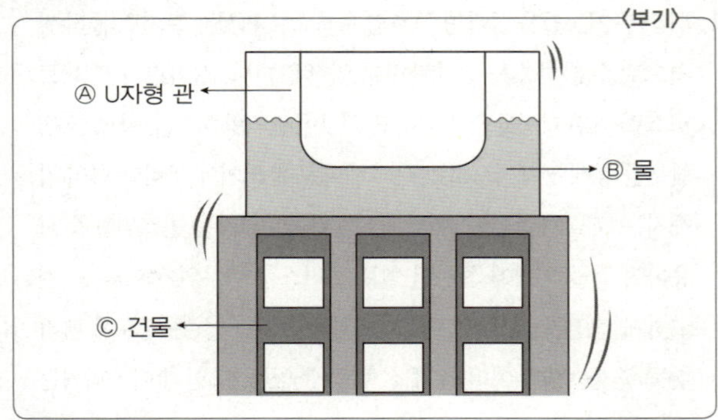

① Ⓐ가 한쪽으로 기울어도 Ⓑ는 원래의 자리에 있으려 할 것이다. **O**

> 근거 찾기
> **6** 바람이 불어 건물이 한쪽으로 기울어져도 물은 관성의 법칙에 따라 원래의 자리에 있으려 하기 때문에 건물이 기울어진 반대쪽에 있는 관의 물 높이가 높아진다.

② Ⓐ가 왼쪽으로 기울면 오른쪽 관에 있는 Ⓑ의 높이가 왼쪽보다 높아질 것이다. **O**

> 근거 찾기
> **6** 바람이 불어 건물이 한쪽으로 기울어져도 물은 관성의 법칙에 따라 원래의 자리에 있으려 하기 때문에 건물이 기울어진 반대쪽에 있는 관의 물 높이가 높아진다.

③ Ⓐ 전체의 가로 폭이 넓어질수록 ⓒ가 수평 하중을 견디는 효과가 ~~작아질~~ 것이다. **✗**

▶ 관 전체의 가로 폭이 넓어질수록 수평 방향의 흔들림을 줄여 주는 효과가 커져요.

> 근거 찾기
> **6** 물이 무거울수록 그리고 관 전체의 가로 폭이 넓어질수록 수평 방향의 흔들림을 줄여 주는 효과가 크다.

④ Ⓐ 안에 있는 Ⓑ의 양이 많을수록 ⓒ에 작용하는 수직 하중이 증가할 것이다. **O**

▶ TLCD는 초고층 건물의 상층부 중앙에 설치하므로, 담겨 있는 물의 양이 많아지면 건물 전체의 무게가 증가한다고 할 수 있어요. 그에 따라 수직 하중도 증가할 수밖에 없어요.

6 물이 무거울수록 그리고 관 전체의 가로 폭이 넓어질수록 수평 방향의 흔들림을 줄여 주는 효과가 크다. 하지만 그에 따라 수직 하중이 증가하므로 TLCD는 수평 하중과 수직 하중을 함께 고려하여 설계해야 한다.

⑤ Ⓐ에 채워진 Ⓑ의 무게가 무거울수록 Ⓒ의 수평 방향의 흔들림을 줄여 주는 효과가 클 것이다. ◯

6 물이 무거울수록 그리고 관 전체의 가로 폭이 넓어질수록 수평 방향의 흔들림을 줄여 주는 효과가 크다.

05 [어휘] 답 ④

〈발문〉 ⓐ~ⓔ의 사전적 의미로 적절하지 않은 것은?

① ⓐ 작용 : 어떠한 현상을 일으키거나 영향을 미침. ◯

② ⓑ 고안 : 연구하여 새로운 것을 생각해 냄. ◯

③ ⓒ 분산 : 갈라져 흩어짐. ◯

④ ⓓ 지탱 : 어떤 상태나 현상을 그대로 보존함. ✕

▶ '지탱'은 '오래 버티거나 배겨 냄.'이라는 뜻이에요. 그대로 보존한다는 뜻을 가진 단어는 '유지(維持)'예요.

⑤ ⓔ 견고 : 굳고 단단함. ◯

w w w . s a l t y b o o k s . c o m

Believe in yourself!

Remember your dream!

공부하느라 힘드시죠?
으라차차^^ 소리 한번 지르세요.
언제나 여러분의 성공을 기원할게요 *^^*

- 공부책 잘 만드는 쏠티북스가 -